中国古代名句鉴赏辞典

上海辞书出版社

主　编　林玉山

副主编　郭惠榕

编　者　林玉山　郭惠榕　陈学斌　陈丹霞　陈　原　林齐民
林　倩　林　鹰　林　彦　林玉英　于荣生　薛剑秋
倪志强　吴晓芳　殷　强　吴世灯　林京平　林雨璇
刘乃锦　黄新彦　李　萍　黄朝晖　林秋渝　殷睿捷
吴浩正　江梅钦　陈学明　林　琳

前　言

2015年5月,上海辞书出版社请我编一本《中国古代名句鉴赏辞典》,我深感此辞典的编纂意义重大,它可以弘扬中华优秀文化,推进社会主义文明建设,就欣然同意。

先前接受任务后,我即组织福建省辞书编纂研究中心的学者们进行编纂。在出版社认可我们的编写凡例和样稿后,将先秦到晚清的经典著作列出,由参与编写的学者们认领,分别负责各经典著作的阅读、抽取名言以及编写工作,成稿后又经主编审改、副主编编排而成。

在编写过程中,我们参考了历代经典著作的注释著作,采用了其正确的注释,也纠正了错误或不当的注释,还增加些新的注释,以满足读者阅读的需要。我们要感谢先贤、前贤,是他们的辛劳给我们提供了借鉴与方便,更使我们站在巨人的肩膀上,使本辞典能够有较高的学术水平。由于我们水平不够,在取舍和补充中,难免还会有许多不足,这纯粹应由我们负责,也欢迎方家和读者给予教正,如有再版,再加以订正。

林玉山

2023年6月12日

前言

[illegible]

[illegible]

目　录

凡　例

一、本辞典收录名句 4400 余条，所涉文献上起先秦，下讫晚清，包括经典文献、诗文名篇、小说戏剧、笔记杂著等著作。

二、选录名句的标准是：

① 知名度高，经常被引用的；

② 具有深刻思想内容、富有哲理的警言、格言，有利于弘扬传统美德、进行思想道德教育、培育民族精神；

③ 富有意味、文学性强的诗文佳句、隽语，有利于提升文学审美能力、写作能力；

④ 具有言简意赅、朗朗上口、易于记忆、便于传诵的语言形式。

三、本辞典按意义分类，共分 20 篇，每一篇分若干小目，同一小目下的条目以首字的汉语拼音顺序为序。所收名句涉及政治、哲学、法律、经济、军事、伦理、文学、教育、艺术、人生、养生、自然、科技等各方面内容。

四、每条目先列出古代名句，另起一行说明【语出】，并注释难字、难词，最后加以白话翻译。鉴赏部分从名句的整体串讲到指出今天的引申义和比喻义；从名句作者的介绍到名句所在古文献的背景介绍；从作者写作本句本篇的相关故事，到文学形式美的鉴赏，都可以充分展开论述，让读者受到思想教育和审美享受。

五、句子出处，除部分史书、诸子著作外，均标明朝代、作者、书名、折数、回数或篇名。朝代和作者书名间、书名和篇名间用间隔号隔开。

六、为便于读者检索，本辞典正文前编有名句分类索引。

凡 例

[illegible]

名句分类索引

一、政　治

二、哲　学

三、法　律

四、经　济

五、军　事

六、伦　理

七、文　学

八、教　育

九、艺　术

十、人 生

十一、养 生

十二、自 然

十三、科 技

十四、志 向

十五、品 德

十六、处 事

十七、社 交

十八、感 情

十九、人 才

二十、社 会

一 政治

1 为 政

爱多者则法不立,威寡者则下侵上。

【语出】《韩非子·内储说上》。

【通讲】对臣子过于宠溺,法令制度则难以建立;缺少威信则会被臣子欺压凌辱。

【鉴赏】如何为君?处于高位者如何对待臣下?此句对君主、臣下与法令之间的关系提出了建议。君主如果对臣下有太多的私人情感,法令制度就难以确立;如果君主没有足够的威严,就无法很好地统驭臣下,易于被臣下欺凌。

暗于治者,唱繁而和寡;审乎物者,力约而功峻。

【语出】晋·陆机《演连珠》。

【通讲】审:仔细了解。治理国家昏愦糊涂的人,尽管他说得很多,拥护和支持他的人却很少。能仔细和正确地认识客观事物的人,办事就可以费很小的气力而收到很大的效果。

【鉴赏】国家的管理者,不在于说得多而动听,而在于应该正确了解国家事务和通晓治国之道,才会把国家治理好。

不闻道者,何以去非性哉?无以去非性,则欲未尝正矣。欲不正,以治身则夭,以治国则亡。故古之圣王,审顺其天而以行欲,则民不令矣,功无不立矣。

【语出】《吕氏春秋·为欲》。

【通讲】不了解义利道德的人,怎么可能去掉不符合人的社会性的欲望呢?不去掉这些不符合社会性的天性,就不可能使人的欲求得到端正。人的欲求如果得不到端正,那么用来对己,就会使身体夭折,用来管理国家,则会导致国家灭亡。所以,古代圣明的国家管理者,顺应人的天性,并使他们实现这些欲求,这样人民就没有不服从其管理的,也就没有办不成的事。

【鉴赏】在此所说的“性”,当指人的社会性与自然性两方面适当结合的一种属性。只讲人的自然性,纵欲无度、贪求无度,就会夭亡或招灾祸;只讲人的社会性,处处事事都严格限制,人的正当欲望也不允许有,就会使人丧失灵性而致僵化,社会也会因此而窒息。要使两者适当结合,这似乎很难,不可不慎重。

财散则人聚,财聚则人散。

【语出】《旧唐书·裴延龄传》。

【通讲】财物散开则人心集聚,财物聚集则人心分散。

【鉴赏】横征暴敛,不得人心,散财于民,才得人心,国家也才会得到巩固。

仓廪实而知礼节,衣食足而知荣辱,上服度,则六亲固。四维不张,国乃灭亡。下令如流水之源,令顺民心。

【语出】《史记·管晏列传》。

【通讲】仓廪:粮仓。上:君主。服度:遵守法度。维:纲纪。四维:礼、义、廉、耻。粮仓充实,才知道礼节;衣食富足,才知道荣辱。君主遵守法度,六亲就能安定和睦。礼义廉耻不加以宣传,国家就要灭亡。施行政令要像水流的源头,使其顺从民心。

【鉴赏】表现了管仲治理国家政治、经济的思想。要使社会统治秩序稳定,使人民接受统治阶级的道德观念,遵从其制定的道德规范,就必须先使他们有较好的生活条件。也概括了中国古代义、利关系,说明了积蓄粮食的重要性。

操其要于上,而分其详于下。

【语出】宋·陈亮《论执要之道》。

【通讲】在上位掌握关键和原则,而把具体事务分给下属去做。

【鉴赏】上级和下级要有不同的分工,这是很重要的工作方法。

谗口中伤，金可铄而骨可销；虐政诛求，敲其肤而吸其髓。

【语出】《幼学故事琼林》。

【通讲】谗言一旦得逞，伤人是十分厉害的，就算是金子都可以熔化，骨头都可以销毁；政治暴虐，官府横征暴敛，老百姓肌肤都能被敲破，骨髓都能被吸干。

【鉴赏】谗言和虐政都极其可恶。

朝廷立国之势，正患文为之太密，事权之太分，郡县太轻于下而委琐不足恃，兵财太关于上而重迟不易举。

【语出】宋·陈亮《上孝宗皇帝第一书》。

【通讲】朝廷立国大业，担忧的是文件下得太多，权力太分散，郡县小官吏在下面权责太轻，办事琐碎，无法依靠，兵力财产太集中于中央而迟迟不能任意调动。

【鉴赏】凡事都应有个“度”，超过或不足都不太好。权力太分散了，自然不容易聚合民心，但倘若权力过于集中，又不利于调动地方的积极性。

朝政多门，用生国祸。

【语出】《晋书·庾亮传》。

【通讲】多门：很多权势之家。用：因，由，介词。朝廷的政治，被很多权势之家操纵，由此便会形成对国家的祸害。

【鉴赏】政出多门，就没有统一的法度，必然会祸国殃民。

臣维古今国势，必先富而后能强，尤必富在民生，而国本乃可益固。

【语出】清·李鸿章《试办织布局折》。

【通讲】我想古今国势，必须首先致富而后才能强大，特别要使人民生活富裕，国家政局才可稳固。

【鉴赏】以富国必先富民为其财政目标，是儒家理财治国的传统训条。

持其大纲,疏其节目,为政之上术也。

【语出】清·王夫之《读通鉴论·唐德宗》。

【通讲】掌握住大的纲要,对于末节细目可以粗疏一些,这是处理政事最高明的办法。

【鉴赏】治国理政,方方面面,必须以纲带目,眉毛胡子一把抓是要不得的。

大臣和则政事修。

【语出】《宋史·夏竦传》。

【通讲】大臣和睦就会把政事处理好。

【鉴赏】国家工作人员和睦是齐心协力治理国家的重要因素,将相和就是一个明证。

大臣谋国,当身任利害,岂得远怨市恩为自全计!

【语出】《明史·余子俊传》。

【通讲】大臣谋划国家大事,应该亲自承担利害,怎么能把远离怨恨责备、施恩讨好他人作为保全自己的方法呢!

【鉴赏】为政者要具有担当意识,不能一味讨好他人,只求自保。

大舜佐治,戒在比周;周公辅政,慎于其朋。

【语出】《晋书·天文志》。

【通讲】佐:帮助;协助。比周:互相勾结;植党营私。朋:朋党。大舜协助尧治理天下,防止互相勾结,植党营私;周公辅助成王施行国政,慎防结成朋党,互相攻讦。

【鉴赏】反对结党营私,是治理国家的关键。

当官者以匪躬为务,受任者以忘身为效。

【语出】《晋书·沮渠蒙逊载记》。

【通讲】匪躬:忠心耿耿,不顾自身。效:贡献。当官的人,用忠心耿耿、报效国家作为自己从事的任务;接受任命而办事的人,用不顾自身作为对国家的贡献。

【鉴赏】为官者应努力报效国家。

当官之法，惟有三事：曰清、曰慎、曰勤。

【语出】宋·吕本中《官箴》。

【通讲】当官的法则，只有三条，就是清廉、谨慎、勤勉。

【鉴赏】吕本中(1084—1145年)，南宋诗人，历官中书舍人、权直学士院。清，指的是清廉，公正廉洁；慎，指的是谨慎，谨言慎行；勤，指的是勤勉，好学上进。领导干部要做到这三个字，就要加强修养，树立信仰、公仆、自省、敬畏、法治、民主六种意识。从政务必做到清正廉洁，我们共产党的"官"，不但应做到清、慎、勤，还应该做到"立党为公、执政为民"。常修为政之德，常思贪欲之害，常怀律己之心，全心全意为人民服务。

道千乘之国，敬事而信，节用而爱人，使民以时。

【语出】《论语·学而》。

【通讲】领导一个有兵车千辆的大国，应当有敬业精神，认真工作，说话应兑现，以取信于民，节约用度，热爱人民，使用民力要把握好时机。

【鉴赏】对领导者的要求是敬业诚信、节俭爱民。要有好的领导艺术，用人要把握好时机。

帝王之道，莫尚于安民；安民之本，莫加于礼律。

【语出】《魏书·辛雄传》。

【通讲】帝王为政之道，其大要莫过于安定百姓；安定百姓的根本方法，莫过于礼乐教化。

【鉴赏】搞好礼乐教化，是治国安民的重要举措。

定祸乱者，武功也；能复制度、兴太平者，文德也。非武功不能以定祸乱，非文德不能以致太平。

【语出】唐·李翱《论事疏表》。

【通讲】制止灾祸混乱，是武力的功业；能够恢复秩序，使国家安定和繁荣，是开明政治的结果。离开靠武力造就的功业，就不能制止灾祸和混乱；没有开明政治的推行，也不能使国家安定繁荣。

【鉴赏】治理好国家，要抓武装。搞好国防建设，还要政治开明，做好文攻武卫。

洞然无为而天下自和，憺然无欲而民自朴。

【语出】《淮南子·本经训》。

【通讲】做到了恭敬无为，则天下自然会和睦稳定；做到了淡泊无欲，则人民自然会朴实安宁。

【鉴赏】这两句集中体现了刘安等人的道家政治思想。他们强调理想的治国方法应该是追求无为而治的境界，认为要想使天下太平，统治者必须做到节欲爱民，让百姓休养生息。只有做到勿扰百姓，顺乎自然，才能使人民返璞归真，达到举国上下和睦的局面。

发政如发矢，矢发不可复反，政发不可复收。

【语出】清·唐甄《潜书·六善》。

【通讲】发布政令就如射箭，箭射出去了就无法收回，政令发布出去了就不可再收回来。

【鉴赏】发布政令要慎重行事，不能朝令夕改，使人们失去对执政者的信任。

夫诚者，君子之所守也，而政事之本也。

【语出】《荀子·不苟》。

【通讲】诚实不欺，是君子应当遵守的原则，也是处理国家大事的根本。

【鉴赏】诚信无欺才能取信于民，才能把国家治理好。

夫为国不可以生事，亦不可以畏事。畏事之弊，与生事均。譬如无病而服药，与有病而不服药，皆可以杀人。夫生事者，无病而服药也。畏事者，有病而不服药也。

【语出】宋·苏轼《因擒鬼章论西羌夏人事宜札子》。

【通讲】治理国家既不可随便制造事端，也不可胆小怕事。“生事”如无病而服药,"畏事"如有病而不服药,它们都会置人于死地,这句话批评了北宋政权在处理对外事务上的失策。

【鉴赏】这是北宋元祐二年(1087 年)九月八日,时任翰林学士朝奉郎知制诰兼侍读的苏轼就西羌、西夏事宜写给宋哲宗的奏议。不可以生事,从小的方面说,是不能朝令夕改;从大的方面说,是保持制度的稳定。而不可畏事,则是说不能因为一些人对我们发展道路的非议和质疑,就缩手缩脚。在发展道路、政治制度等根本问题上,要有主张、有定力。苏轼意在奉劝朝廷既要谨慎持重,不可无端生事;遇事又不可畏缩,要主动作为。

夫为政有机,知其机者,能因败而为功,转祸而为福。

【语出】清·包世臣《说储》上篇。

【通讲】治理政务是有关键之道的。能够通晓为政的关键,就能转败为胜,转祸为福。

【鉴赏】治理政务要抓住主要问题。只有对自已所要治理的对象有充分了解,能够抓住主要问题,并且有正确的治理措施,才会达到预期目的,收到良好的效果。

夫治平至于人人皆可奢,则人之性尽;物物皆可贵,则物之性亦尽。

【语出】清·谭嗣同《仁学》。

【通讲】管理得尽善尽美,使群众人人都可富足,那么人性就完满了;使产品、商品都有价值,那么产品也发挥了最大限度的作用。

【鉴赏】领导者要使地尽其利,人尽可奢。最人道的管理,要使群众最大限度地得到物质的满足。

古人有言:"山薮藏疾,川泽纳污;瑾瑜匿恶,国君含垢。"唯陛下除诽谤,以招切言,开天下之口,广箴谏之路,扫亡秦之失,尊文武之德,省法制,宽刑罚,以废治狱。则太平之风,可兴于世;永履和乐,与天亡极。天下幸甚。

【语出】汉·路温舒《上书言宜尚德缓刑》。

【通讲】古人:指春秋时晋大夫伯宗。薮:生着草的沼泽地。疾:毒害的东西。瑾瑜:美玉。恶:斑,疵点。垢:耻辱。箴谏:规谏劝诫。治狱:指刑狱。履:践踏,走上。亡极:无限,没有尽头。春秋时晋大夫伯宗说:"山林草野里暗藏着毒虫猛兽,河流湖泊里容纳着污泥浊水,美玉内藏匿着斑点,国君忍受着诟詈。"但愿陛下能够除去诽谤,招得恳切的言论,让天下人敢于讲话,扩大规劝的道路,扫除秦朝的错误,尊崇文王、武王的仁德,慎用法制,放宽刑罚,以至于废止刑狱。那么太平的风气在世间可以兴起,永远走上和平快乐的道路,和天地一样无穷无尽。这样,普天之下都会感到十分幸福。

【鉴赏】表明了作者崇尚德政、放宽刑法的政治主张。

古之善为政者,在得人而已! 在求理而已!

【语出】唐·权德舆《贞元二十一年礼部策问五道·第一问》。

【通讲】古代善于管理国家的人,他的要领只不过是善于发现和使用人才罢了! 在于能够求取真理罢了!

【鉴赏】管理国家和企事业单位是件极其复杂的工作,但关键也就是两条:不断发现人才,用其所长;不断探求真理,修正错误,遵守社会和自然规律。

故仓无备粟,不可以待凶饥;库无备兵,虽有义,不能征无义;城郭不备全,不可以自守;心无备虑,不可以应卒。

【语出】《墨子·七患》。

【通讲】所以,粮仓中没有储备粮,就不能防备凶年饥荒;兵库中没有武器,即使自己有正义也不能去讨伐不义者;内城外城若不完备,就不可以自行防守;心中没有戒备之心,就不能应付突然的变故。

【鉴赏】这段话里墨子充分阐发了治国有备的主张,有备包括粮仓、兵库、城郭、心理四个方面。

故国者,重任也,不以积持之则不立。

【语出】《荀子·王霸》。

【通讲】积:即久之法。所以治理国家是个重大任务,不持之以恒地去掌握它就不能存在。

【鉴赏】治国责任重于泰山,不能有丝毫的懈怠。

故君子不得已而临莅天下,莫若无为。无为也而后安其性命之情。故贵以身于为天下,则可以托天下;爱以身于为天下,则可以寄天下。故君子苟能无解其五藏,无擢其聪明;尸居而龙见,渊默而雷声,神动而天随,从容无为而万物炊累焉。吾又何暇治天下哉!

【语出】《庄子·在宥》。

【通讲】临莅:来到某位置。性命之情:本性、真情。贵以身于:以身贵于,即"把身体看得贵重于……"。无解其五藏:不解开五脏,即不敞开心灵。五藏:五脏。擢:本意为擢拔,此指故意显露。尸居而龙见:身如尸一动不动,却神采奕奕。渊默而雷声:人的言行如沉默深渊,感染力如雷声震耳。炊累:炊烟游尘。所以,君子如不得已才出来治理天下,那最好是无为而治,一切顺其自然。只有这样,才能使人们都安定其本性真情。因此看重自身甚于看重统驭天下的人,才可以把天下交付给他;爱惜自身甚于爱惜统驭天下的人,才可以把天下交付给他。君子倘能不任意流露自己的情怀,不炫耀自己的聪明,安然不动而神采奕奕,沉静缄默而感人深切,精神活动顺乎自然,从容无为而万物自由自在。那我又何必专门去冥思苦想如何治理天下呢!

【鉴赏】"无为而治"是庄子的重要政治主张。之所以要"无为":一是治理天下必须顺其自然、按自然规律办事,不要人为地与自然规律对抗;二是为了安身、爱身,反对劬劳。至于无为的具体要求,总的说就是轻政简令,勿打扰按自然规律生产、生活中的老百姓。

故圣人明君者,非能尽其万物也,知万物之要也。故其治国也,察要而已矣。

【语出】《商君书·农战》。

【通讲】圣人和贤明的君王并不是什么都懂,而是懂得万事万物的要领。治理国家也只是考察事物的要领而已。

【鉴赏】领导者必须把握住繁复事物共同的规律,才能高瞻远瞩,居高临下,做到统领全局。

官吏浮冗,最为天下之大虑。

【语出】宋·毕仲游《试荫补人议》。

【通讲】官吏繁多,人浮于事,这是国家最大的忧虑。

【鉴赏】精兵简政,是治理国家的根本。

官省则事省,事省则人清;官烦则事烦,事烦则人浊。

【语出】《北史·苏绰传》。

【通讲】官吏的编制人员精悍,办理事情就干净利落;办事干净利落,官吏就难以浑水摸鱼。官吏冗杂,简单的事情也会搞得手续繁多,这就会给那些贪官污吏提供贪赃枉法的机会。

【鉴赏】裁减冗官,精简机构,是国家治理的重要方面。

国家多一冗员,不特多一糜廪禄之人,即多一朘民膏之人,甚且多一偾国是之人,亦何苦而设此累民累国之一位哉!

【语出】清·冯桂芬《汰冗员议》。

【通讲】朘:juān,剥削。偾:fèn,覆败。政府机构中多一个无事可做的人,不仅是多了一位消耗国家俸禄的人,还是多了一位搜刮民膏的人,甚至还是多了一位败坏国家事业的人。既然如此,为何还要设这样于国于民都不利的闲职呢!

【鉴赏】裁汰政府机构中的冗员非常必要,因为冗员的存在对国家和民众的危害非常之大。

国家之事,不可拘以一途,变而能通,所以国长久也。

【语出】《旧五代史·希范传》。

【通讲】国家的政务,不能拘泥于一种成规,要变化而使之通达,这样才能使国家长治久安。

【鉴赏】要根据不断变化的客观情况，及时修正国策。对于今天来说，要坚持改革开放，才能使国家富强。

国家之体，当先论其所入。所入或悖，足以殃民，则所出非经，其为蠹国，审矣。

【语出】宋·叶适《上宁宗皇帝札子三》。

【通讲】国家的整体，应该先考虑它的收入。收入的来源如不合情理，足以危害百姓，那么支出也必然不合理，可称之为祸国，这是十分明显的道理。

【鉴赏】国家取之于民亦需有“道”，所以为国家打算，不可对老百姓横征暴敛。

机权多门，是纷乱之原也。

【语出】《三国志·魏志·夏侯玄传》。

【通讲】管理同一政事的权力，如果同时属于许多部门，这就是造成纷争祸乱的根源。

【鉴赏】一切事务的管理，都必须权力集中，而不应政出多门。就比如城市管网建设，就经常给马路破肚，很浪费财力，又给群众带来不便。

经国之道，正家为本。

【语出】《明史·礼志》。

【通讲】治理国家的方法，以端正家风为根本。

【鉴赏】修身然后才能齐家，齐家然后才能治国。故治国必先正其家。

举所美必观其所终，废所恶必计其所穷。

【语出】《管子·版法解》。

【通讲】做自己喜欢做的事情时，必须要考虑它可能导致的结果；废除自己所讨厌的规定或事情，必须要考虑这样做可能引起的后果。

【鉴赏】领导者不能只凭自己的好恶去做某些事或废止某些事。领导者应从大局着眼，从长远考虑，然后才能做出明确而周密的决定和计划。

君人者，隆礼尊贤而王，重法爱民而霸，好利多诈而危。

【语出】《荀子·大略》。

【通讲】隆：兴盛，推崇。统治人民的人，推崇礼制，尊重贤人，就能成为王者；注重法制，爱抚人民，就能成为霸者；喜爱财货，多行诈巧，就会遭到危厄。

【鉴赏】执政者要以人民的利益为本，推行礼制、法制，决不贪腐，就会立于不败之地。

君者，善群也。群道当，则万物皆得其宜，六畜皆得其长，群生皆得其命。故养长时，则六畜育；杀生时，则草木殖；政令时，则百姓一，贤良服。

【语出】《荀子·王制》。

【通讲】时：适时。君，就是善于把百姓组织起来并使之群聚在自己周围的人。如果组织方式恰当，那么万物皆可安排合宜，六畜亦能繁衍生息，一切生物都能得享寿命。饲养牲畜适时，六畜就生育兴旺；砍伐种植适时，草木就繁荣茂盛；政令颁布适时，百姓就能被统一起来，有德才的人才会悦心诚服。

【鉴赏】《荀子·王制》记录了君主治理天下的规章制度。在上面这段话中，荀子阐述了如何正确处理人、社会和自然的关系，以达到平衡与协调发展。所谓“时”，不仅是“天时”“地利”，更是“人和”。不管是国家的根本制度，还是地方的发展思路，创造出“天时、地利、人和”的好时机，才能将它真正贯彻落实好。

苛政猛于虎也！

【语出】《礼记·檀弓下》。

【通讲】对百姓敲骨吸髓的政策，比吃人的老虎还凶猛。

【鉴赏】这是孔子对当时鲁国政治的描述，各级领导应从中汲取教训。

宽而疾恶，严而原情，政之善者也。

【语出】宋·司马光《迂书·宽猛》。

【通讲】政令宽但对恶的东西不容情，政令严但仍要符合情理，这便是良好的管理。

【鉴赏】治国须严明法令，惩恶不手软，但法令严明须宽严结合，治国如此，治一切事业都如此。

宽以惠下，德以为政。

【语出】《隋书·音乐志上》。

【通讲】要用宽容给下属以仁慈，用恩德来治理政事。

【鉴赏】这是各级领导应有的政治品德。

良医知病人之死生，圣主明于成败之事，利则行之，害则舍之，疑则少尝之，虽尧、舜、禹、汤复生，弗能改已！

【语出】《战国策·秦策三》。

【通讲】高明的医生了解病人的死和生，圣明的君主明了事业的成和败，对于人们的意见，有利的就去实行它，有害的就抛弃它，抱有怀疑的就稍微尝试一下，能这样做，那么即使尧、舜、禹、汤再生，也不能改变这种态度。

【鉴赏】为政者如何正确妥善地处理臣下的意见，有三种情况和处理方式。对其中没有把握、一时难以判明正误的意见，应该放到实践中去检验，尔后依据效果来定取舍，这是很正确的。

量时而置官，则吏省而民供。吏省则精，精得当才而不遗力。

【语出】晋·傅玄《傅子·安民》。

【通讲】根据当时的情况需要而设置职位，这样官吏就会减少而百姓能供养得起。官吏减少就会精干，官吏精干就能使他们的才能与职务相称而充分发挥他们的力量。

【鉴赏】在组织机构的职位设置问题上，要根据需要设置而不应因人设事。这样一方面可以减轻管理的成本，另一方面还可以提高办事效率。

临下以简，御众以宽，罚弗及嗣。

【语出】《尚书·大禹谟》。

【通讲】对下属的管理应简便而不扰民，治理民众应采用宽厚的政策，对罪犯的惩处不应株连他的后代。

【鉴赏】在封建社会里，难以做到政以宽简、罚不及嗣，但如果不实施这种合理政策就不能得民心。这种政策值得各代领导者借鉴。

令行禁止，为国之关楗。

【语出】《南齐书·崔祖思传》。

【通讲】楗：关门的木锁。号令一出则立即行动，禁令一下则立即停止，这是治国的关键。

【鉴赏】执行力是治国的首要条件。

民志于民而安于利，士志于士而安于义，勿抑其长，勿污其秀，乃以长养善气，礼乐兴，风俗美，三代之所以敦厚弘雅，迎天地之清淑者，岂在循名责实，苟求速效之间哉？……为人上者，因天之材，循人之性，利导之者顺，屈抑之者逆。

【语出】清·王夫之《宋论·太祖》。

【通讲】老百姓的志向在做老百姓且满足于利益；士人的志向在做士人且安心于道义。不要抑制他们的长处，不要污浊他们的德业，于是能长养正气，礼乐兴盛，风俗敦厚。夏、商、周三代之所以能做到风俗淳朴、正气宏大，能迎来天地清和，原因全在于此。难道是靠了循名责实、考核官吏士人以求速效所能做到的？……执政者要按照人的材质，遵循人的才性，因势利导，这才可以称为“顺”，压抑催逼只能称为“逆”。

【鉴赏】教育管理普通百姓与士人的道理。读书人修养当如此，治国者要教育天下之才，培养美好之风俗习惯也当如此，要建设精神文明远非一日之功。

名不正则言不顺；言不顺则事不成；事不成则礼乐不兴；礼乐不兴则刑罚不中；刑罚不中则民无所错手足。故君子名之必可言也，言之必可行也。君子于其言，无所苟而已矣！

【语出】《论语·子路》。

【通讲】思想原则不确定，理论就解释不通；理论解释不通，政治举措则不成；政治举措不成，文化事业就难以发达；文化不发达的社会，法律、制度就会混乱；当法律、制度一旦混乱，人民群众就会手足无措，不知如何是好。因此，国家领导人确定的思想原则一定要在理论上解释得通，理论上能说通的也一定可以实际奉行。国家领导人对他的理论言谈，绝不能随便马虎。

【鉴赏】“名”的含义十分复杂。“名正言顺”涉及的既是一个哲学问题，又是一个管理的方法论问题。国家管理系统要有基本的思想原则、基本的文化精神。在此基础上，通过理论解释（舆论导向）、政策措施、文化活动和刑罚实施等不同层次的管理方法，达到系统的综合管理目标，维护管理系统的稳定。

明君使事不相干，故莫讼；使士不兼官，故技长；使人不同功，故莫争。争讼止，技长立，则强弱不觳力，冰炭不合形，天下莫得相伤，治之至也。

【语出】《韩非子·用人》。

【通讲】英明的国家领导者使下属职责分明，办事互不干扰，所以不会发生争执；使下属不兼职，所以有专长；使下属不为同一件事立功，因此不会互相争功。争执没有了，又有专长，强弱就不会相斗，正像冰炭不在同一容器一样，大家互不伤害，这是治理国家的最高境界。

【鉴赏】上下级关系及分工非常明确，是治国理政的好方法。

明君者，非遍见万物也，明于人主之所执也。有术之主者，非一自行之也，知百官之要也。知百官之要，故事省而国治也。

【语出】《吕氏春秋·知度》。

【通讲】高明的国家领导者，不是普遍地观察万般事物，而是明白自己应掌握的东西。善于治理国家者，不是一切都亲自去做，而是了解各个部门的职责。只有了解各部门的职责，才能轻而易举地治理好国家。

【鉴赏】治理国家的方法是顺应自然，依靠下属。国家领导者不必事事躬亲，只需领导好，使下属尽力尽智就可以了。

明君之道，贱德义贵，下必坐上，决诚以参，听无门户，故智者不得诈欺。计功而行赏，程能而授事，察端而观失，有过者罪，有能者得，故愚者不任事，智者不敢欺，愚者不得断，则事无失矣。

【语出】《韩非子·八说》。

【通讲】英明的国家治理者治国理政的原则是：地位低的人可以议论地位高的人，下级不告发上级的过失也要负连带责任，用检验的方法判明事情的真相，不偏听偏信，这样做即使聪明的人也无法欺骗上级。按功行赏，量才授职，分析事情的起因来考察下属的过失，有过错的人给予处罚，有才能的人给予赏赐，所以愚笨的人就不能担任政事，聪明的人不敢蒙蔽上级，愚蠢的人不能决断大事，这样的治国理政就不会发生差错了。

【鉴赏】这是韩非的人才管理思想。这样，可以废除特权，避免胡乱授权，把德才兼备的人选拔到领导岗位上来。

明君之道，使智者尽其虑，而君因以断事，故君不穷于智；贤者敕其材，君因而任之，故君不穷于能；有功则君有其贤，有过则臣任其罪，故君不穷于名。

【语出】《韩非子·主道》。

【通讲】明智的国家领导者采取的办法是：使有智慧的人施展他所有的计谋，并据此决定大事，所以有取之不尽的智慧；使贤明的人修治其才能，并据此任用他们，所以有用之不竭的才能；若有功，上级享贤名；若有过，下级担罪责，所以有享不完的荣誉。

【鉴赏】领导者本身的智慧和才能是有限的，但如果他能够广纳群众意见，广泛收罗人才，则可以获得巨大的成功。

明王之治：功盖天下而似不自己，化贷万物而民弗恃；有莫举名，使物自喜；立乎不测，而游于无有者也。

【语出】《庄子·应帝王》。

【通讲】圣明的君王治理天下，功德布于四方，却不归功于己，仿佛和自己没有什么关系；恩泽施及万物，而老百姓说不靠君王之能；对百姓有恩泽却没有能者之名,使万物顺乎自然,各得其所,而自身立足于神妙之地,遨游于虚无之境。

【鉴赏】顺乎自然,水到渠成是人生的最高境界。无为而治,也是治理天下的最高境界。一个领导者如能达到庄子哲学中的这种境界,那么可说是举重若轻、游刃有余,立于不败之地了。

明主听其言,必责其用;观其行,必求其功。

【语出】《韩非子·六反》。

【通讲】明智的君主听臣属的陈述,必定要考察这些说法是否有实践价值;研究下属所作所为,一定要看它的实效如何。

【鉴赏】表现了韩非重功利、重实用的观点。今天对反对华而不实的言行和形式主义的流弊,还是非常有用的。

莫以刑与戮,能使风俗移。

【语出】明·郑明选《感怀》。

【通讲】不要以为使用严刑与杀戮的手段,就能使民风习俗得到改善。

【鉴赏】这句话反映了作者的政治主张:只有实行儒家的礼义,才是根本的治理途径,而严刑与杀戮都是无济于事的。这对今天也有启示意义。

目固有不见也,智固有不知也,数固有不及也。不知其说所以然而然,圣人因而兴制,不事心焉。

【语出】《吕氏春秋·别类》。

【通讲】眼睛本来就有看不到的东西,智慧本来就有弄不明白的道理,数术本来就有解决不了的问题。人们不知道一些事物的所以然,只知道就是那样。圣人顺应事物的固有情况创制制度,不对一时还不懂的问题凭主观进行判断。

【鉴赏】说明人的认识是有局限性的,强调对一时还不知其所以然的事物,应先顺应事物的自然发展,而不能主观臆断,或超越人的认识勉强从事。

穆公曰:“诚如先生之言,遂可以霸天下乎?”蹇叔对曰:“未也。夫霸天下者有三戒:毋贪,毋忿,毋急。贪则多失,忿则多难,急则多蹶。夫审大小而图之,乌用贪?衡彼己而施之,乌用忿?酌缓急而布之,乌用急?君能戒此三者,于霸也近矣。”

【语出】明·冯梦龙《东周列国志》第二十六回。

【通讲】秦穆公问大臣蹇叔:怎样才能称霸天下?蹇叔回答:要称霸天下,必须做到毋贪、毋忿、毋急这“三戒”。蹇叔认为:贪婪反而失去更多,气愤招致灾难,性急容易受挫。并指出正确的方法:“审大小而图之”“衡彼己而施之”“酌缓急而布之”。如果能审视目标的大小量力而行,何必还要贪呢?如果能衡量敌我的力量采取行动,何必气愤呢?如果能斟酌情况的缓急处理问题,何必着急呢?做到这“三戒”,离称霸天下就不远了。

【鉴赏】《东周列国志》是明末文学家冯梦龙改编的长篇历史小说。该书以“春秋五霸”和“战国七雄”为主线,描写了从“宣王中兴”到秦灭六国这段历史。权衡大小急缓,才能分清主次;做到上情下达、内外有别,才能有条不紊。把握好重大改革的次序,优先推进基础性改革,立治有体,施治有序,才能做到劈波斩浪、乘风而行。

虐人害物即豺狼,何必钩爪锯牙食人肉?

【语出】唐·白居易《杜陵叟》。

【通讲】我国古代理想中的“仁政”是“爱人利物”,《庄子·天地篇》中说:“爱人利物之谓仁。”虐待、伤害人民的就是凶恶的豺狼,并非一定要爪如钩、牙如锯、吃人肉的才算。

【鉴赏】诗句对暴政进行了愤怒的斥责,指出推行这种暴政的人虽然没有“钩爪锯牙”,本质上却同吃人的豺狼完全一样。

其计乃可用,不羞其位;其言可行,而不责其辩。

【语出】《淮南子·主术训》。

【通讲】他的计谋可用,就不要鄙薄他低下的地位,并因之而放弃不用;他的意见可以施行,就不要责难他的言辞华巧,而拒绝听取。

【鉴赏】善于抓住事物的本质,是每一位领导者所应具备的最基本的素质。

丘也闻有国有家者，不患寡而患不均，不患贫而患不安。盖均无贫，和无寡，安无倾。夫如是，故远人不服，则修文德以来之。既来之，则安之。

【语出】《论语·季氏》。

【通讲】远人：指本国以外的人，其他国家的人。据我孔丘所知，一个国家、一户人家，不怕东西少而怕不平均，不怕穷而怕不安定。因为平均分配就不会有穷人，上下和谐就不存在东西分多分少的问题，内部安定就不会有大危险。如果是这样做的话，其他国家的人不服从，就应该完善自己的文化、道德修养来吸引他们。这些人来了，也要同样地使他们安定。

【鉴赏】孔子阐明了他的政治思想的基本原则，为历来许多学者和政治家所奉行。

求木之长者，必固其根本；欲流之远者，必浚其泉源；思国之安者，必积其德义。

【语出】唐·魏徵《谏太宗十思疏》。

【通讲】浚：挖深，疏通。希望树木长高的，一定要使它的根扎得牢固；想让河水流得远的，一定会疏通它的源头；要想国家安定的，一定会多积德义。

【鉴赏】用浅显易懂的比喻，深入浅出地道出了一番定国安邦的大道理。

取法于上，仅得为中；取法于中，故其为下。

【语出】唐·李世民《帝范后序》。

【通讲】以上等作为标准，只能收到中等的效果；以中等作为标准，只能收到下等的效果。

【鉴赏】定的目标要高，目标定得太低，根本达不到做事的预期目的。无论立事还是治学，一定要放宽视野，高定标准，这样才能实现目标。《帝范》是唐太宗李世民自撰的一部论述为君之道的政治文献，成书于贞观二十二年(648年)。标准是一面镜子。标准决定质量,有什么样的标准,就有什么样的质量。必须坚持高标准、严要求,才能做到高质量。

权不欲见,素无为也。事在四方,要在中央;圣人执要,四方来效;虚而待之,彼自以之。

【语出】《韩非子·扬权》。

【通讲】权势不要显示于外,而要保持本色而虚静无为。政事在于四方百姓,控制决策的大权却在中央政府;圣明的国家治理者掌握着决策大权,四方百姓都会来献力;用虚静的态度对待他们,他们自然会发挥自己的才智。

【鉴赏】这是韩非的无为思想。韩非把它发展为以法治理国家和民众的基本原则,他的无为、不放任,是在法制内的无为、不放任。

然有治不治者,以实则治,以文则不治。若徒以文也,譬之优偶之戏,衣冠言貌,陈事辨理,无不合度,而岂其实哉!

【语出】清·唐甄《潜书·权实》。

【通讲】实,就是实干,踏踏实实做事。唐甄认为,为政最重要的是付出实际行动,这样天下就可以太平;反之,百姓就不得安宁。如果只管发文,不问落实,其结果只能是公文告示贴满大街小巷也形如空文。

【鉴赏】《潜书》为清初思想家唐甄(1630—1704年)所著,作者自称积30年而成。反对空谈、强调实干、注重落实,是我们党的一个优良传统,也是我们党能够在革命、建设和改革中不断带领人民夺取新胜利的关键。

人皆有不忍人之心。先王有不忍人之心,斯有不忍人之政矣。以不忍人之心,行不忍人之政,治天下可运之掌上。

【语出】《孟子·公孙丑上》。

【通讲】每个人都有不忍伤害别人的心理。过去的国家管理者有不忍伤害别人的心理,所以有不忍伤害别人的政治。用这样的心理,推行这样的政治纲领和措施,管理国家就像握在手上一样稳当、容易。

【鉴赏】由善人来施行"仁政",是孟子的一大理想。做人、对人都要有仁爱同情之心,我爱人人,人人也会爱我,世界就会很美好。因为人性是善的,所以当管理者按照善的原则来管理时,被管理者会以善来回报。这样,管理就会变得很容易。

人情不二,故民情可得而御也。审其所好恶,则其长短可知也;观其交游,则其贤不肖可察也。二者不失,则民能可得而官也。

【语出】《管子·权修》。

【通讲】人的性情都是一样的,所以老百姓的情绪是可以掌握的。看他爱好什么、厌恶什么,就可以知道他的优缺点。看他交什么样的朋友,就可以知道他的为人。通过这两点,就能妥善管理好人民。

【鉴赏】领导者应充分了解人民群众,以便管理。作为一名领导者,很重要的一点就是要充分地了解下属,只有这样,才能做到不错用、滥用人,才能给每一个人找到适合自己的岗位,使每个人都能发挥自己的作用。

人情挫辱,则壮厉之心生;政教烦苛,则苟免之行立。

【语出】《晋书·姚泓载记》。

【通讲】人的常情一旦遭受挫折和屈辱,就会激励自己产生雄心壮志;行政教化过于烦剧苛暴,就会产生苟且免于受害的行动。

【鉴赏】人总是要有一点精神的,人生受到挫折,会奋起追求美好的前程,行政教化简单一些,以免人民产生反感。

人少官多,十羊九牧。

【语出】《北史·杨尚希传》。

【通讲】人少官员多,好比十只羊有九个人去放牧。

【鉴赏】精简机构,裁撤冗官,提高机关工作效率,是治国之要策。

人生而有欲。欲而不得,则不能无求。求而无度量分界,则不能不争。争则乱,乱则穷。先王恶其乱也,故制礼义以分之,以养人之欲,给人之求。

【语出】《荀子·礼论》。

【通讲】人生下来就会有欲望,欲望得不到满足,就不能不去追求。追求而没有一定的限度与界限,就不能不出现争执。争执就会导致混乱,天下混乱就会带来贫穷。远古的明君唯恐发生天下大乱的局面,所以制定规范以使人们分享,用来满足人的合理欲望,给人以合理追求的余地。

【鉴赏】如何给人们以活动空间,使之在合理的范围内得到欲望的满足,是每个领导者必须解决的课题。制定合适的礼义规范,正是为了达到这一目的。

人之生不能无群,群而无分则争,争则乱,乱则穷矣。故无分者,人之大害也;有分者,天下之本利也。而人君者,所以管分之枢要也。

【语出】《荀子·富国》。

【通讲】人类在生活中不可能离开群居,群居而没有区分就会发生争执,争执就会产生动乱,动乱就将产生穷困。所以没有区分,是人类的大害;有区分,是人类的大利。而民众的领导者,便是掌管这种区分的中枢。

【鉴赏】“分”和“群”是相辅相成的。人类群体中的成员既分工协作又互相补充,才能够形成一种新的生产力。

人主不周密,则正言直行之士危;正言直行之士危,则人主孤而毋内;人主孤而毋内,则人臣党而成群。使人主孤而毋内,人臣党而成群者,此非人臣之罪也,人主之过也。

【语出】《管子·法法》。

【通讲】君王做事不周密,言行正直的人就会受到危害;言行正直的人受到危害,君王就会孤立、采纳不进好意见,这样一来,各级官员就会拉党结派,而这一切并不是官员的过错,过错在于君王。

【鉴赏】领导者应该谨慎地对待自己的言行,以确保正直诚实的人不受危害,从而保证整个团体和谐统一而不分帮裂派。

人主诚明于圣人之术，而不苟于世俗之言，循名实而定是非，因参验而审言辞。

【语出】《韩非子·奸劫弑臣》。

【通讲】一个国家治理者如果真正懂得了圣人的治理策略，就不会迁就世俗的议论。按言论和事实是否相符来判断是非，根据实际效果的检验来审查言辞的正确与否。

【鉴赏】一个领导者对下属以循名责实的办法来监督管理他们，以求实际功效。这实际上也是法治思想在具体行政治理上的一种应用，有助于形成人人讲真话、办实事的社会风尚。

人主之辨奸在明，而人主之去奸在断。

【语出】《明史·傅朝佑传》。

【通讲】国君辨别奸佞在于明察，而国君铲除奸佞在于果断。

【鉴赏】领导者必须明辨并果断铲除奸佞。

人主之所患，莫大乎唯言而莫予违。

【语出】清·顾炎武《日知录·封驳》。

【通讲】领导者最不应具备的品质，莫过于独断专行、发号施令，而不允许有不同意见，搞"一言堂"。

【鉴赏】对领导者的一个基本的要求是民主作风，允许反对意见的存在。在决策之后，仍需以民主作风对待来自下级的异议，不因命令已下而唯我之言是听。这样，可使上下级的意见得到沟通。

人主自智而愚人，自巧而拙人，若此则愚拙者请矣，巧智者诏矣。诏多则请者愈多矣，请者愈多，且无不请也。主虽巧智，未无不知也。以未无不知，应无不请，其道固穷。为人主而数穷于其下，将何以君人乎？穷而不知其穷，其患又将反以自多，是之谓重塞之主，无存国矣。

【语出】《吕氏春秋·知度》。

【通讲】君主如果自以为聪明，视他人为愚蠢；自以为灵巧，视他人为笨拙,那些被视为愚蠢笨拙的人就都要请你指示,你这个聪明灵巧的人就要发布诏令。诏令发布多了,请示的人就越来越多;请示的人越来越多,就将会不论什么事都来请示。君主即使聪明灵巧,也不可能无所不知。以不可能无所不知来应付无所不请,你的方法措施就会穷尽。身为君主却经常被臣下搞得智穷才尽,你将用什么去治理人民呢?更为严重的是,已经智穷才尽却不自知,反而更自以为贤明,这就叫"双重蔽塞",这样的君主来治国。国家就不可能保全了。

【鉴赏】聪明的领导者要把主要精力放在大政方针的制定上,而不要插手具体事务。聪明的领导者要相信群众,依靠群众,发挥群众的作用,而不要事事都亲力亲为。

仁义恩厚,人主之芒刃也;权势法制,人主之斤斧也。

【语出】汉·贾谊《陈政事疏》。

【通讲】仁义和恩德,是国君的锋芒与刀刃;权力和法制,是国君的砍刀和斧头。

【鉴赏】国君必须同时使用仁义恩德和权力法制软硬两手来治国理政。

仁义礼制,政之本也;法令刑罚,政之末也。无本不立,无末不成。

【语出】《隋书·酷吏传序》。

【通讲】仁义和礼制,是政治的根本;法令和刑罚,是政治的细枝末节。没有作为根本的仁义礼制,政治没法建立;没有法令刑罚这些细枝末节,政治也不会成功。

【鉴赏】治理国家,首先要靠道德仁义,但也要依靠刑法,只有两者完美结合,施政才能成功。

仁知,人材之美者也。所谓仁者,爱人也;所谓知者,知人也。爱人则无虐刑矣,知人则无乱政矣。治由文理,则无悖谬之事矣,刑不侵滥,则无暴虐之行矣。上无烦乱之治,下无怨望之心,则百残除而中和作矣。

【语出】《淮南子·泰族训》。

【通讲】仁惠和智慧,是人才中的优美品德。所说的仁惠,就是爱护别人;所说的智慧,就是能了解别人。爱护别人,就不会有暴虐的刑法;了解别人,就不会有混乱的政治。治国根据礼仪,那么就没有悖理和错误的事情了。刑罚不侵凌泛滥,那么就没有残暴的行为了。国家没有烦琐杂乱的治理,下民没有怨恨的情绪,那么各种败乱可以破除,而平和就会产生了。

【鉴赏】治理国家要施行仁政,而不靠残暴的刑罚来压制。否则,政令不清、滥用刑罚,只能导致国家混乱,民众忿愤,就不可能产生安详平和的局面。

任官者,宁以事胜人,无以人胜事。

【语出】宋·杨万里《冗官下》。

【通讲】担任官吏的人,宁可事多人少,决不可人浮于事。

【鉴赏】精简机构,裁减官员,是治理国家的重要政策。

任一人之力者,则乌获不足恃;乘众人之制者,则天下足有也。

【语出】《淮南子·主术训》。

【通讲】如果只用一个人的力量,就是乌获那样的大力士也不足依赖;要是用了万众的力量去做,那天下所有事都能办到。

【鉴赏】集体的力量非常重要。

肉食者鄙,未能远谋。

【语出】《左传·庄公十年》。

【通讲】肉食者:指占据高位、享受厚禄的统治者。鄙:鄙陋,目光短浅。身居高位者目光短浅,不能作长远打算。

【鉴赏】鲁庄公十年春天,齐国军队攻打鲁国,鲁庄公准备迎战,曹刿请求接见。他的同乡认为那些每天吃肉的大官会谋划这件事的,劝他不要参与。曹刿说:“肉食者鄙,未能远谋。”于是入宫廷进见庄公。此句是曹刿指责当时鲁国统治者缺乏政治、军事才能,不能作细致周密的谋划去指挥鲁国军队打败齐国。后世多引用以讽刺那些虽身居高位,却昏庸无能的统治者。这句话至今仍有借鉴意义,当权者作决策时,应有“不谋万世者,不足谋一时;不谋全局者,不足谋一域”的意识,具备深远的政治眼光和历史眼光。高屋建瓴,因势而谋,深谋远虑,运筹帷幄,明慎却不拘束,大胆却不狂妄。

丧乱以来,十有五年,后生者不见仁义礼让之风,吾甚伤之。其令郡国各修文学,县满五百户置校官,选其乡之俊造而教学之,庶几先王之道不废,而有以益于天下。

【语出】三国魏·曹操《修学令》。

【通讲】天下大乱以来,已经有十五年了,年轻一辈人没有见过以前仁义礼让之风,我十分感叹。所以命令各郡县努力倡导文化学术之风,县邑满五百户的要设置学官,选取乡里优秀人士进行教学培养,这样才能使先王之道不至于废弃,也有益于天下苍生。

【鉴赏】这一段话主要强调即使在国家困难情况下也要抓好教育。善治国者必重教化,教化与法治相辅相成,可称为软硬两手一起抓,而教化德育之功,非学校莫办,故曹操此言对后世治国者有启迪。

善为国者常使财胜事,不使事胜财。

【语出】《宋史·李宗勉传》。

【通讲】善于治理国家的人常使财富超过开支需要,不可使开支需要超过财富。

【鉴赏】国家财政不要出现赤字,这是治国理政所必须注意的。

善为理者,举其纲,疏其网。

【语出】唐·白居易《策林五十七》。

【通讲】善于理政的人,应抓纲带目,抓大事,疏小过。

【鉴赏】治理国家,千头万绪,抓大放小,才能井井有条。

上不行姑息之政,下不怀患失之心,则治平可计日而望也。

【语出】《明史·刘定之传》。

【通讲】皇上执政不无原则地宽容，臣下不考虑个人利害得失，那么政治清明指日可待。

【鉴赏】执法必严，是非分明，全心全意为人民服务，是治理国家的根本保证。

上贤，下不肖。取诚信，去诈伪。禁暴乱，止奢侈。

【语出】《六韬·上贤》。

【通讲】提拔贤能的人，撤掉违法乱纪的人。争取诚实守信，去掉欺诈虚伪。禁止暴乱，停止奢侈。

【鉴赏】这是治国理政的一般方法，其中把任用贤人放在首位，值得重视。

圣王为政，其发令、兴事、使民、用财也，无不加用而为者。是故用财不费，民德不劳，其兴利多矣！

【语出】《墨子·节用上》。

【通讲】德，通"得"。圣王施政，他发布命令，举办事业，使用民力和财物，没有不是有益于实用才去做的。所以使用财物不浪费，民众能不劳苦，他兴起的利益就多了。

【鉴赏】墨子阐述节用原则，其核心是以实用为准则，以够用为限度。这不仅是治政原则，也是经济法则。

省官以清吏治，增俸以责官廉。

【语出】清·王夫之《宋论·太祖》。

【通讲】减少官员以使吏治清明，增加俸禄以责成官吏清廉。

【鉴赏】冗官冗兵乃国之蠹虫，俗谓"龙多不起水"，故简政精兵从来是善治者奉行的政策；高薪养廉也是治贪的一帖药方。

事留则政稽，政稽则功废。

【语出】《晋书·荀勖传》。

【通讲】留：滞留。稽：留止，拖延。处事滞留就会稽延政务，政务稽延就不会有成就。

【鉴赏】政务必须及时处置,就像习近平同志在福州工作时所倡导的马上就办的精神一样。

受国之垢,是谓社稷主;受国不祥,是谓天下王。

【语出】《老子》第七十八章。

【通讲】受:承受。垢:责怨。社稷:国家。不祥:灾难。承受国家的屈辱、责怨,这才能叫作国家的主人;承受国家的灾难,这才配做一国之君。

【鉴赏】老子希望执政者能具备水一样的德性,能够受屈怨和抱怨,这样才能有国家、有天下,体现了其"无为"思想。

数披其木,无使木枝外拒;木枝外拒,将逼主处。数披其木,毋使枝大本小;枝大本小,将不胜春风;不胜春风,枝将害心。

【语出】《韩非子·扬权》。

【通讲】经常劈削修剪树木,不要使树枝向外伸展;树枝向外伸展,将会威逼主干的地位。经常劈削修剪树木,不要使树枝粗主干细;树枝粗主干细,将会经不起春风;经不起春风,树枝将会损毁树心。

【鉴赏】韩非借树枝的修剪论述君主统驭臣下的方法。这对现在的治理权力腐败有一定的参考价值。官员的权力独大,容易演变成无人监管、无人制约的情况,从而导致腐败的衍生。必须加强立法监督,加强相互制约,这样才能不损害一个国家的根本,使国家的运转迈入更加健康发展的轨道。

水太清无鱼,人太察则无徒。瑾瑜匿瑕,川泽纳污……苛政不亲,烦苦伤恩。

【语出】元·吴亮、许名奎《劝忍百箴·苛察之忍》。

【通讲】水如果太清了就不会有鱼,人如果太清高了就不会有朋友。美玉里匿藏着瑕疵,江河中容纳有污浊……苛刻的政治使统治者与被统治者之间不和睦,百姓烦怨哀苦,政府就会失去老百姓的拥戴。

【鉴赏】一切事要有标准在心,审时度势,大江大河很宽广,可以容纳污泥浊水;高山深谷可以陷藏腐毒之物,美玉里可以含有瑕疵,要容忍不光彩、不名誉的事,这是由于小错误并没有伤害大的德行。

顺性则聪明寿长,平静则业进乐乡,督听则奸塞不皇。

【语出】《吕氏春秋·先己》。

【通讲】顺:遵循。性:天性,自然规律。业进:事业发展。乐乡:乐于接受教化。皇:惶惑。遵循自然规律就能耳聪目明、延年益寿,国家安定就能事业发展,民众乐于接受教化,监督广听,即使奸邪闭塞也不会惶惑。

【鉴赏】遵从自然规律,和谐平静、广纳贤言是修身治国之本。

太上,下知有之;其次,亲而誉之;其次,畏之;其次,侮之。信不足焉,有不信焉。悠兮,其贵言,功成事遂,百姓皆谓我自然。

【语出】《老子》第十七章。

【通讲】最高明的统治者,百姓觉得他无所不在;稍次的,百姓亲近他,赞誉他;再次的,百姓对他害怕;最差的,百姓蔑视他、玩弄他。统治者言而无信了,老百姓才不信任他。高明的人悠闲而很少说话,但事情办好了,老百姓都说这是合乎自然的。

【鉴赏】这是对不同类型、不同水平的统治者的描述。高明的统治者顺应自然,成事而不露痕迹。

堂上远于百里,堂下远于千里,门廷远于万里。

【语出】《管子·法法》。

【通讲】君主如果对发生在堂上、堂下、门廷之内的事都不关心,那么即使事情就发生在近处,也仿佛相隔百里、千里、万里之远。

【鉴赏】说明君主要关心人民的生活。

天地不仁,以万物为刍狗;圣人不仁,以百姓为刍狗。天地之间,其犹橐籥乎?虚而不屈,动而愈出。多言数穷,不如守中。

【语出】《老子》第五章。

【通讲】刍狗:古代祭祀时用草扎成的狗,祭祀完就把它扔掉或烧掉。

橐籥(tuó yuè):风箱。数穷:屡次失败。守中:持守虚静。“守中”的“中”,通“冲”,指内心的虚静,不是儒家所谓的中正、中庸、不偏不倚。天地没有偏爱,对待万物就像对待刍狗一样,全凭万物自然生长;圣人没有偏爱,对待百姓也像对待刍狗一样,全靠百姓自作自息。天地之间,岂不像一个大风箱吗?它空虚而不枯竭,越鼓动风就越大,生生不息。因此,政令繁多却屡遭失败,还不如虚静无为。

【鉴赏】政令不在多、更不在繁,否则,就可能会陷入应付千变万化实际情况的局面,应对的方式是“守中”——守住底线、守住原则、守住根本,保持稳定,保持定力,才能万变不离其宗,最终以不变应万变。

天地之大德曰生;圣人之大宝曰位。何以守位?曰人;何以聚人?曰财。理财正辞、禁民为非曰义。

【语出】《周易·系辞下》。

【通讲】自然界的最大功德是滋养万物,当权者的最好宝贝是权力地位。怎样保住这地位呢?只有依靠爱护老百姓。怎样才能吸引人才呢?只有依靠物质利益。管理好财政,制定出合理的法令,制止少数人肆意妄为,这才是当权者最适宜、最合理的事。

【鉴赏】“义”实际上也就是对经济活动加以管理。而其中以财来聚人的思想,“理财正辞、禁民为非”的管理内容,对管理者有一定的参考价值。

天地之道故平,平则万物各得其所。及其不平也,此厚则彼薄,此乐则彼忧。

【语出】清·唐甄《潜书·大命》。

【通讲】天地的道理是公平,公平才会使各种事物各得其所。而社会不公平,这个优厚那个就微薄,这个欢乐那个就忧愁。

【鉴赏】痛斥封建剥削制度造成的贫富不均之现象,谓天下之乱皆从此起。

天无二日,土无二王。

【语出】《史记·高祖本纪》。

【通讲】天上没有两个太阳,地上一个国家不能有两个国王。

【鉴赏】不论自然界,还是社会,都不能有两个头头。

天下非一人之天下,乃天下之天下也。同天下之利者则得天下;擅天下之利者则失天下。

【语出】《六韬·文师》。

【通讲】天下不是一个人的天下,而是天下人的天下。与天下人一起分享天下的各种利益的人,才能得到天下人的拥护;独享天下的各种利益的人,就会失去天下的人心。

【鉴赏】这是姜太公告诫周文王的一段话。作为国家领导者仍须与天下人共利。任何单位领导者也一样,只有合理地分配单位成员的利益,单位才能办好,领导者自身的利益也能得到保障。

天下非一人之天下也,天下之天下也。阴阳之和,不长一类;甘露时雨,不私一物。万民之主,不阿一人。

【语出】《吕氏春秋·贵公》。

【通讲】天下不是一个人的天下,而是天下人的天下。阴阳调和,使万类生长;甘露时雨,不私降于一物。万民之主,不偏私某一个人。

【鉴赏】国家政权是人民的,而不是某一个人的。国家不是私人的,而是全体人民的。天下是全天下人的天下,要为全天下人谋福利。

天下可马上取之,不可以马上治之。

【语出】《魏书·儒林传序》。

【通讲】马上,这里意指凭借武力。可以用武力夺取天下,但不可以凭借武力治理天下。

【鉴赏】取得政权靠武攻,治理天下必须凭文治。

天下事,利之所在,即权之所在,不可轻以假人者也。

【语出】清·陈炽《庸书·税司》。

【通讲】天下的事情,利益所在的地方,就是权力所在的地方,不能随便就把权力交给别人。

【鉴赏】凡有利可图的事,必须把权力掌握在自己手中,不能随便给他人。以免为他人所控制,最终损害自己利益。

天下所以化在于学,百官所以治在于法,然则学为化原,法为治本,兹二者又可忽欤?

【语出】宋·司马光《并州学规后序》。

【通讲】天下人受教化在于学,百官治理百姓在于法,既然这样,那么学为教化的根本,法是治国的根本,此两者岂可疏忽吗?

【鉴赏】必须重视法治与道德教育,治国治民,有赖于学校教育。

天下一家,趣不糜烂,则为国宝。

【语出】《后汉书·桓帝纪》。

【通讲】天下如一家,使各个地方都无灾难,这就是国家之宝。

【鉴赏】全国亲如一家,每个地方都幸福安康,这是国宝。

天之生民未有无能者也。能其事而后可以食,无事而食,是众之殃,政之害也。是故圣人制天下之民,各从其能,以服于事,取有利于国家,然后可也。

【语出】宋·李觏《国用第三》。

【通讲】上天创造了万民百姓,每人都有一定的能力。能够做事然后能有饭吃,不劳而获吃白饭的人是大众的灾星,是国家政事的祸害。所以圣人管理天下万民,都根据各人的能力使其从事某一职业,取其有利于国家的事叫他们做,然后可以使天下太平。

【鉴赏】欲使民富国强,须从制度上保证不劳动者不得食,使各尽所能,为社会服务。

亡国之主,必自骄,必自智,必轻物。自骄则简士,自智则专独,轻物则无备。无备召祸,专独位危,简士壅塞。欲无壅塞,必礼士;欲位无危,必得众;欲无召祸,必完备。三者,人君之

大经也。

【语出】《吕氏春秋·骄恣》。

【通讲】亡国的君主，必然骄傲自满，必然自作聪明，必然轻视外物。骄傲自满就会傲视贤士，自作聪明就会独断专行，轻视外物就会没有准备。没有准备就会招致祸患，独断专行就会危及君位，傲视贤士就会造成听闻闭塞。要想不闭塞，就必须礼贤下士；要想君位不危险，就必须赢得大家的拥戴；要想不招致祸患，就必须把有关的东西准备齐全。这三条，是君主治理国家的重要原则。

【鉴赏】论述了君主应该注意的三个问题：骄傲自满、自作聪明、轻视外物。要努力做到礼贤下士、赢得大家的拥护、东西准备齐全。这是君主治理国家的重要原则，对今天各级党政领导也是极好的借鉴。

王天下者，轻县国而重士，故国重而身安；贱财而贵有知，故功得而财生；贱身而贵有道，故身贵而令行。

【语出】《黄老帛书·经法·大分》。

【通讲】治理国家的人，应该尊重知识分子而不十分看重一州一县的得失，这才能够使国家稳定，个人安宁；应该尊重知识而看轻钱财，这才能创建事业，获得财富；应该尊重理想道德而看轻自身，这才能获得高贵的地位，并使人服从自己。

【鉴赏】尊重知识，尊重人才，这是治理国家的法宝。

王者恃德不恃险。

【语出】《宋史·赵瞻传》。

【通讲】君王治理天下，依赖普施德政，不能依靠阴险狡诈的手段。

【鉴赏】广施德政，不搞阴谋诡计，是国家治理的关键。

威惠兼举，宽猛相资。

【语出】《隋书·樊子盖传》。

【通讲】威严和恩惠一起运用，宽大和严厉相互凭借。

【鉴赏】国家的治理首先要德治，但还要辅之以法。

为国之本，在乎忠信。

【语出】《北史·于谨传》。

【通讲】治理国家的根本，在于讲究忠诚和信用。

【鉴赏】每个人，每个单位，都应该讲诚信，大家都讲诚信，国家就有希望了。

为政，宽猛如循环。

【语出】《明史·刘基传》。

【通讲】治国理政，宽容和严厉的方法要像圆周运动一样周而复始。

【鉴赏】宽猛相济，是治国的良方。

为政犹沐也，虽有弃发，必为之。

【语出】《韩非子·六反》。

【通讲】沐：洗头。推行一项政治措施，就像洗头一样，虽然要脱落一些头发，但权衡利弊，也必须去做。

【鉴赏】一些重大措施，即使有损失和偏差，但从更大的利益出发，也必须坚决执行。

为政之道，得人治事，二者并重。得人不外四事：曰广收、慎用、勤教、严绳，治事不外四端：曰经分、论合、详思、约守。

【语出】《曾胡治兵语录·将材》。

【通讲】无论是治理民政或者军政，都必须用人得当、治事有方。要用人得当，只需注意四个方面：一是广泛收罗人才，加以考察；二是用人必须谨慎，扬长避短；三是要经常加以教育；四是对他们的过错要严加批评，令他们纠正。管理事务也要注意四个方面：一是在纷繁的事务中理出头绪，纲举目张；二是分类管理，相互配合，各司其职；三是遇事要深思熟虑；四是有健全的制度或大家必须共同遵守的规定。

【鉴赏】作者强调获取人才和治理事务应当双管齐下，不可偏废其一。有材不用，固是浪费；大材小用，也有损于事业；小材大用，更会危害事业，作为领导者对于使用人才和处理事务都应该认真谨慎。要治好军政，必须注意用人得当和管理事务。

为政之道，务于多闻。

【语出】三国蜀·诸葛亮《便宜十六策·视听》。

【通讲】治理国家事理，务必尽量多了解各方面的情况。

【鉴赏】各方面情况了然于心，才能制定正确的政策，治理好国家。

为治者不在多言，顾力行何如耳！

【语出】《史记·儒林列传》。

【通讲】治理国家的人不在于说得多，而在于身体力行得如何罢了！

【鉴赏】不说空话，多做实事，真抓实干，马上就办，这是国家工作人员应有的风范。

尾大于要，则不掉矣。

【语出】《淮南子·泰族训》。

【通讲】尾巴比腰部还大，就不好摇动了。

【鉴赏】比喻部下势力强大，就不听上级指挥。人员的分配，工种的区分以及上下级之间的关系对于一个机构的组成，都是非常重要的。

委任审于材器，听受审于忠邪，出令审于烦苛，兴师审于德力，赏罚审于喜怒，毁誉审于爱憎，议论审于贤愚，嬖宠审于奸佞。

【语出】《宋史·张昭传》。

【通讲】审：周密；慎重；仔细观察。材器：才能，器识。嬖：宠爱；恩幸。任用官吏要审察其才能、器识，听到各种意见要辨别其忠诚奸邪，发号施令要考虑其是否劳民伤财，兴师动众打仗要判断战争是否合乎正义以及自己的实力，赏善罚恶要避免凭感情用事，对人肯定或否定不可在爱憎上有所偏颇，议事论政切忌贤愚混淆，被宠爱的人中谨防有奸邪小人。

【鉴赏】怎样施政，这里做了很好的论述，值得今天为政者借鉴。

魏文侯使西门豹往治于邺，告之曰："必全功、成名、布义。"豹曰："敢问全功、成名、布义，为之奈何？"文侯曰："子往矣，是无邑不有贤豪辩博者也，无邑不有好扬人之恶、蔽人之善者也……夫

耳闻之不如目见之，目见之不如足践之，足践之不如手辨之。人始入官，如入晦室，久而愈明，明乃治，治乃行。”

【语出】汉·刘向《说苑·政理》。

【通讲】魏文侯派西门豹去管理邺这个地方，行前叮嘱他要“全功、成名、布义”。西门豹问怎样才能做到成全功名，广施仁义。魏文侯答道：耳朵听到的不如眼睛看到的可靠，眼睛看到的不如用脚踏勘的可靠，用脚踏勘的不如用手辨别的可靠。人们开始做官，好像进入暗室，越久越看得清楚，能明确把握才可以治理，这样的治理就能行得通。

【鉴赏】《说苑·政理》阐述了古代贤人为政的道理。怎样成长为一个好干部？除提高修养、加强学习之外，还要加强实践。一个能担当重任的干部，必须到实践中去经过一番捶打磨炼，愈艰苦、愈困难、愈复杂的环境愈是一种历练。

文贯九功，武经七德。

【语出】《晋书·王导传》。

【通讲】九功：古代指六府三事。《左传·文公七年》：“六府三事谓之九功，水、火、金、木、土、谷谓之六府。正德、利用，厚生谓之三事。”也指谨慎不可违反的九件事。七德：武功的七种德行。《左传·宣公十二年》：“夫武，禁暴、戢兵、保大、立功、安民、和众、丰财者也。”文治贯串九功，武功包有七德。

【鉴赏】在治国理政中，文治方面要做好九件事，在武功方面，要重视七种德行，这样，才能做到国家强盛，人民安居乐业。

文武之道，自古并行；威福之施，必也相藉。

【语出】《魏书·高祖纪下》。

【通讲】文治和武功的方法，自古以来就同时存在；威严和恩惠的施行，也一定是交互凭借的。

【鉴赏】文武、威福必须结合，才能治理好国家。

闻在宥天下，不闻治天下也。在之也者，恐天下之淫其性也；

宥之也者,恐天下之迁其德也。天下不淫其性,不迁其德,有治天下者哉?

【语出】《庄子·在宥》。

【通讲】只听说让世界自在、宽容,而未听说要统治世界。所谓"自在",是怕天下人扰乱自然无为的天性;"宽容",是怕天下人改变了自然无为的天德。天下人不扰乱自然无为的天性,不改变自然无为的天德,那还需要什么统治天下的人呢?

【鉴赏】"自在""无为""宽容",是庄子的哲学思想的重要内容。治理天下总是害怕不能约束天下人的言行,是无法成功的。相信人能够自我约束,自我教育,自我管理,然后加之以引导,则天下大治了。

无偏无党,王道荡荡。

【语出】《尚书·洪范》。

【通讲】为政如能不偏不倚、不徇私、不舞弊,那么王道政治就可推行到全天下。

【鉴赏】不结党营私,公平正义,是取得天下太平的重要保证。

武不可黩,敛不可厚,奢不可放,欲不可极。

【语出】《宋史·孙何传》。

【通讲】黩:滥用,此处指滥用兵力、好战。敛:收聚,此指赋税。兵力不可滥用,赋税不可繁重,开支不可放肆,欲望不可过度。

【鉴赏】用兵、财政、用度、欲望这些都是为政者必须注意的问题,要严加防范。

下君尽己之能,中君尽人之力,上君尽人之智。

【语出】《韩非子·八经》。

【通讲】昏庸糊涂的君主用自己的能力治国,一般普通的君主用众人的气力治国,英明睿智的君主用众人的智力治国。

【鉴赏】此句对当今的管理者如何进行全局统筹有一定的指导意义。不合格的管理者,只知道自己埋头干活。一般的管理者,能够组织下属去做事。高水平的管理者，懂得集合运用众人的智慧解决问题。不可事事抓在手中，合理恰当地放权、授权才能使众人发挥各自最大的智慧和能力完成任务。

下情上达，天下罔不治；下情上壅，天下无不乱。

【语出】《清史稿·太宗纪》。

【通讲】罔：无；没有。下面的情况能够传达上去，国家没有治理不好的；下面的情况受到壅塞蒙蔽，国家没有不出乱子的。

【鉴赏】国君了解民情，依民情办事，使老百姓有幸福感，国家就治理好。否则，就会出乱子。

先王有大务，去其害之者，故所欲以必得，所恶以必除，此功名之所以立也。俗主则不然，有大务而不能去其害之者，此所以无能成也。夫去害务与不能去害务，此贤不肖之所以分也。

【语出】《吕氏春秋·博志》。

【通讲】先王有了重大的事务，一定要设法消除干扰它、妨碍它的因素。因此，他的愿望定能实现，他所憎恶的也定能清除，这就是他们能建立功名的原因。平庸的君主则不然，有了重大事务却不能消除干扰与妨碍它的因素，这就是他们不能成功的原因。所以，能不能消除对事业的干扰与阻碍，就成了区分君主贤与不贤的重要方面。

【鉴赏】大政方针确定之后，必须坚决执行，干扰妨碍它的各种因素也必须消除、根治。这是各级领导者必须注意的问题。也是其应有的品德。

先哲王之政：一曰承天，二曰正身，三曰任贤，四曰恤民，五曰明制，六曰立业。

【语出】汉·荀悦《申鉴·政体》。

【通讲】先古的圣贤君王治理国家，有其恪守的原则：第一是遵照自然和社会的规律，第二是修正自身的言行，第三是任用贤能之士，第四是关心体恤百姓，第五是完善各种制度，第六是创立伟大的事业。

【鉴赏】《政体》一文提出了建立良好政体的六项的原则。古人治理国家的原则同样可以用来指导领导者治理单位的工作。

贤路当广而不当狭，言路当开而不当塞，治乱安危，莫不由此。

【语出】《宋史·乔行简传》。

【通讲】贤路：贤人仕进之路。言路：向上提出谏言的路径。贤人仕进之路应当宽广而不应当狭窄，向朝廷进言的途径应当开通而不应当闭塞，治乱安危都是由此决定的。

【鉴赏】告诫人们要广纳人才，广开言路。广用贤才，广开言路，国家就会安康，否则，就会危殆。

贤主愈大愈惧，愈强愈恐。凡大者，小邻国也；强者，胜其敌也。胜其敌则多怨，小邻国则多患。多患多怨，国虽强大，恶得不惧？恶得不恐？故贤主于安思危，于达思穷，于得思丧。《周书》曰："若临深渊，若履薄冰。"以言慎事也。

【语出】《吕氏春秋·慎大》。

【通讲】贤明的君主，他的国家越大他就越恐惧，他的国力越强他就越害怕。凡是大国，都是侵夺邻国使之变小了；凡是强国，都是战胜过敌国的。战胜了敌国就增多了仇怨，侵夺了邻国就增加了祸根，增加了仇怨和祸根，国家即使强大，怎能不恐惧不害怕呢？所以贤明的君主在平安的时候常常想到危险，在显达的时候常常想到困穷，在得利的时候常常想到损失。《周书》上面说："好像是下临深渊，好像是脚踏薄冰。"两句的意思就是说做事情应像临深渊、踏薄冰那样谨慎小心。

【鉴赏】阐明了贤明的君主所应有的品德，即在治理国家时应心存戒备，谨慎小心，居安思危。

秀干终成栋，精钢不作钩。仓充鼠雀喜，草尽兔狐愁。

【语出】宋·包拯《书端州郡斋壁》的颔联与颈联。

【通讲】包拯(999—1062年)，字希仁，庐州合肥(今安徽合肥)人，累迁监察御史，授龙图阁直学士。在古典小说、戏剧中被人称为"包青天""包龙图"式的清官典型。端州(今广东肇庆)，包拯早年曾任该州知府，将此诗题在其书斋墙上当作座右铭。其首联是“清心为治本,直道是谋身”,尾联是“史册有遗训,毋遗来者羞”。要像挺拔的树木一样成为国家的栋梁,要像钢铁一样公正不阿。当国库丰盈之时,若没有一个良好的管理体系,那么国库钱财必定会遭受贪污。倘若贪污小人失去其生活环境,也就是“草尽”的时候,那么贪污受贿的情况便会有所改善。

【鉴赏】北宋名臣包拯被人们称为清官,是因为他为官“清心为治本”,以清正为民当作治国之本;他做人“直道是谋身”,以刚直不阿作为立身之道。于是,他像“秀干终成栋”那样,成为国家的栋梁,像“精钢不作钩”那样,办事公正耿直,不参与勾心斗角。他知道“仓充”,国库丰盈之时,贪欲的硕鼠或爱食的麻雀会为能从中获取私利而暗喜,“草尽”,粮绝草尽之日,无论善免或狡狐都会感到难活而悲哀。因为历来世间善恶并存,正邪胶着,明争暗斗,屡见不鲜,如何治国安民,惩恶除奸,申冤理枉,理纷解结,便成为人们希望清官出现之缘由了。包拯这一座右铭中的两联名句,给后人的鉴赏启示确是历代为官做人的“遗训”之一。从该诗的节选中我们可以明白:要解决贪污受贿问题,其一从本质上先得端正为官之人的生活作风,纠正其思想理念,明白其为官的目的。其二从外界环境上,国家的掌权者应当改善国库等财政输出的管理环境,让贪污小人想要贪污却无从下手。

恤刑缓狱,乃为政之先;布德行惠,实爱民之本。

【语出】《旧五代史·刑法志》。

【通讲】慎用刑罚、减少诉讼,是为政应该首先考虑的;布施德政、推行恩惠,实是爱民的根本。

【鉴赏】实行德政,慎用刑罚,是为政者努力要做的。

言多变则不信,令频改则难从。

【语出】宋·欧阳修《准诏言事上书》。

【通讲】说的话变化太多,就难取信于民;发布的政令频繁改动,人们就无法遵行。

【鉴赏】执政者不能朝令夕改,失去执政的权威。

一人获利,踵者纷出,率作兴事,争先恐后。不防民之贪,转因而鼓舞其气,使皆思出而任事,是以趋利若鸷禽猛兽之发,其民日富,其国势亦勃兴焉。

【语出】清·谭嗣同《报唐才常书》。

【通讲】一个人先富起来,后继者亦纷纷争着劳作。不限制群众逐利的欲望,反而以此来鼓励他们辛勤劳动,使他们都想出来干事,所以一般群众趋利的积极性就大大调动起来了。百姓生活水平提高了,综合国力也加强了。

【鉴赏】领导者欲使群众积极工作,欲求生产率的提高,就有必要建立激励机制。

以身率人,自是不劳力。礼乐刑政,固不能废。只是本分做去,不以智术笼络天下,所以无为。

【语出】宋·朱熹《朱子语类》卷二十三。

【通讲】以身率人:用自己的行动作为别人的表率。劳力:花费气力。礼乐刑政:儒家两种理想的统治术。礼乐:是以德教化感化万民的统治方法。刑政:即靠刑罚与政令的强制性统治手段。智术:指以谋略、机智进行统治的法术。笼络:驾驭;控制。无为:儒家所推崇的以德政感化人民,不施行刑治的统治。以自己的行动作为别人的表率,自然不用花大气力。礼乐刑政,固然不能废除。只是要按本分去做,不可靠谋略、机诈来统治天下,这样就能做到"无为"(而治)。

【鉴赏】要达到理想的"无为"之治,统治者必须做到"以身率人",以自己的德行感化人民,而不可靠欺诈、谋略统治天下。

与其无地而输财,孰若受田之获利也?此亦劝其勤耳。大略自国以至于畿,税轻者不减二十而一,重者不逾十二,皆以役多少参折之也,此赋税之定令也。

【语出】宋·李觏《平土书》。

【通讲】与其没有土地还要交纳赋税,还不如得到土地耕种能获利。这种"平土"方法也是为了鼓励农民,使他们变得勤快罢了。大概从国都以至京畿一带的赋税，税轻的不少于二十分之一，税重的不超过十分之二，都以一家人应出徭役多少来折算，这是稳定赋税的法令。

【鉴赏】平均土地、减轻赋税是治理国家必不可少的两件大事。

欲无壅塞必礼士，欲位无危必得众，欲无召祸必完备。三者人君之大经也。

【语出】《吕氏春秋·骄恣》。

【通讲】经：道，准则。想让听谏言的道路畅通，就一定要礼遇直言之士；想王位没有危险，必定要得到众人的辅佐；想不招来祸患，一定要修整纲纪。三个方面是君王的大原则呀。

【鉴赏】礼遇直言之士、得到众人的拥戴和修明纲纪，是治国的三大原则。

元首明哉，股肱良哉，庶事康哉。

【语出】《尚书·益稷》。

【通讲】领袖明智而目光远大，下属和助手就会是正直而善于办事的，有益于群众的事也会办得又多又好。

【鉴赏】干部决定一切。有了英明的领导人，才会有能干的办事官吏，才会有群众的利益。

在德不在险。

【语出】《史记·孙子吴起列传》。

【通讲】国家的安危兴衰，在于是否推行德政，不在于山川城池等要塞。

【鉴赏】这是吴起对魏武侯说的话，说明国家巩固在于推行德政。

在上者不受虚言，不听浮术，不采华名，不兴伪事。言必有用，术必有典，名必有实，事必有功。

【语出】汉·荀悦《申鉴·俗嫌》。

【通讲】统治者不接受虚妄的言论，不信从虚浮的技艺，不采用华而不实的名称，不兴作伪诈的事业。说话必须产生实际效果，方法必须要有标准和法则,名声必须与事实相符,做事必须有结果来证实。

【鉴赏】为政之道,贵在实干。古往今来,凡事兴于实,败于虚。必须杜绝“虚言”“浮术”“华名”和“伪事”。注重落实是共产党人的政治本色。“空谈误国、实干兴邦”这是一个务实为政的新风尚。

振困穷,补不足,则名生;兴利除害,伐乱禁暴,则功成。

【语出】《淮南子·本经训》。

【通讲】赈济穷困,弥补不足者,这样就会有仁德的名声;兴利除害,讨伐动乱,禁止暴力,这样,便能实现天下大治。

【鉴赏】安民是治国之本,体恤百姓,使人民不受穷困之扰,如同兴利除害、除暴安良一样,二者是治国理政的重要问题。

政不可不慎也,务三而已:一曰择人,二曰因民,三曰从时。

【语出】《左传·昭公七年》。

【通讲】务三而已:致力于三件事罢了。择人:选拔人才。因民:顺应百姓。从时:遵从时令。治理国家不能不慎重呀,致力于三件事罢了:第一叫选拔人才,第二叫顺应百姓,第三叫遵从时令。

【鉴赏】说明了治国理政的三件重大事情:一是选拔人才;二是为人民服务,赢得民心;三是掌握时令,搞好农业生产。这对于今天,仍然有借鉴意义。

政宽则民慢,慢则纠之以猛;猛则民残,残则施之以宽。宽以济猛,猛以济宽,政是以和。

【语出】《左传·昭公二十年》。

【通讲】宽:宽厚;宽和。慢:轻慢。纠:纠正。猛:严厉。民残:民众受到伤害。济:调节。政治宽和了,百姓就会轻慢,轻慢就用严厉来纠正他们;严厉了百姓就会受到伤害,受到伤害就用宽厚来对待他们。用宽厚来调节严厉,用严厉来调节宽厚,政事因此才能协调。

【鉴赏】这是孔子对子产执政宽猛相济,使政和、民安的赞美。说明了“宽”“猛”这两种政治方法的相辅相成关系和应用的条件。或宽或猛,都是一种政治策略,如何实施这一政治策略,必须以审时度势和判断为前提,否则危害极大。

政令不明,举错不时,本事不理,夫是之谓人祆。

【语出】《荀子·天论》。

【通讲】举错:举,兴办。错:通"措",废止。举措,指各种措施。本事:指农桑之事,古时以农桑为本,商贾为末。祆:同"袄",灾祸。政治法令不明,措施不合时宜,对农业生产不治理,这就是人为的灾祸。

【鉴赏】要重视国家的政策、法令,以免造成人为的灾祸。

政有三品:王者之政化之,霸者之政威之,强国之政胁之。夫此三者,各有所施,而化之为贵矣。

【语出】汉·刘向《说苑·政理》。

【通讲】统治国家有三个级别:行王道的统治方法是凡事以教化为主旨;行霸道的方法是以威慑为主旨;以强力统治的是以胁迫为主旨。以上三种统治方法各有各的可行之处,然而以教化为主旨是最可取的。

【鉴赏】论述三种不同统治方法及其优劣。以教化为主旨,这样才能妥善处理好事情。这对单位的管理也有借鉴之处。

知道而不行,知贤而不举,甚乎穿窬也。

【语出】唐·皮日休《鹿门隐书六十篇》。

【通讲】知道道义而不实行,了解贤能而不提拔,这比小偷行为更坏。

【鉴赏】实行道义,举贤任能,是国家治理的根本。

至治之国,君若桴,臣若鼓。

【语出】《韩非子·功名》。

【通讲】至:至极。桴:鼓槌。治理得很好的国家,君臣之间的关系,必然会像鼓槌和鼓一样配合起来,才能发出节奏和谐的声音。

【鉴赏】韩非用"桴"与"鼓"的关系,形象地阐明了君臣的关系,对今天仍有借鉴意义,我们国家机关、上下之间应协调一致,才能管理好国家。

治不逾官，虽知不言。

【语出】《韩非子·难三》。

【通讲】官员办事不要越过权限，对于分外的事情，即使知道，也不要乱讲。

【鉴赏】这句话出自申不害之口，意思是当官者要“一个萝卜对一个坑”，不要“越俎代庖”。对于分外的事情，少说为佳，不必干扰别人办事。即使有好的建议，也应在人家征求自己意见时，可适当讲讲。

治大国若烹小鲜。

【语出】《老子》第六十章。

【通讲】鲜：鱼；生鱼。治理大国如同烹煎小鱼一样。

【鉴赏】鱼小，烹煎时怕鱼糜烂，不敢经常翻动它。治国也要避免举措繁多，否则民不堪其劳，容易引发动乱。

治国之道，当任德也。

【语出】汉·王充《论衡·非韩》。

【通讲】治理国家的方法，应当广施仁德，进行德化教育。

【鉴赏】施仁政，去暴政，才能得到老百姓的拥护，这是治理国家的根本方法。

治国之要有三：一曰食，二曰兵，三曰信。

【语出】晋·袁准《袁子正书·治乱》。

【通讲】治理国家的纲要有三：第一是粮食；第二是兵器装备；第三是讲信用。

【鉴赏】粮食保证民生，民以食为天；武器保证国防，国以防为安；信用保证安定，民以诚为本。有了这三样，国家就会治理得很好。

治乱之政，谓省官并职，去文就质也。夫绵绵不绝，必有乱结；纤纤不伐，必成妖孽。夫三纲不正，六纪不理，则大乱生矣。故治国者，圆不失规，方不失矩，本不失末，为政不失其道，万事可成，

其功可保。

【语出】三国蜀·诸葛亮《便宜十六策·治乱》。

【通讲】要治理乱政、必须裁汰冗官，去除虚职，不使闲散无用的官员群聚结党、危害政务。倘若三纲六纪废弛，就会大乱。治理国家，无规矩不成方圆，本立而不失其末，为政不能脱离理法道统，如此则万事可成，功业也可保长久。

【鉴赏】《便宜十六策》是诸葛亮所著的一部兵书，从十六个方面提出了一系列治国治军的原则和方法，故称"十六策"。《治乱》为《便宜十六策》中的第十二策。诸葛亮从纲纪、先后、远近、内外、本末、强弱、大小、人已等方面阐述治国理政的方略。他主张用律法来规范民众行为，维持社会秩序。治国理政，法律是重要依据，法律也是根本准绳，这样才能促进社会公平、激发社会活力，让一切创新创业的源泉充分涌流。

治民莫若平。

【语出】《孔子家语·辨政》。

【通讲】治理民众没有比公正更有效的了。

【鉴赏】公平、公正是处理行政事务的最重要原则。

治天下之大具有二，文与武也；用武则先威，用文则先德，威德足以相济，而后王道备矣。

【语出】《三国志·魏志·武帝纪》裴松之注引《九州春秋》。

【通讲】治理天下的主要方法有两种，文和武便是；用武就要先显示威力，用文就要先显示仁德，威力和仁德足以互相配合，而后治理国家的办法就完备了。

【鉴赏】这是参军傅幹向曹操提出的建议，要他放弃用武力而用仁德治理天下，曹操没有接受他的建议，但文武兼具，威德相济，也是治国之道。

致治之术，先屏四患：……一曰伪，二曰私，三曰放，四曰奢。

【语出】汉·荀悦《申鉴·政体》。

【通讲】治理国家的办法，首先要消除四害：……第一是虚伪，第二是谋私，第三是放纵，第四是奢侈。

【鉴赏】两面派，不诚实，为己谋私，不受约束，为所欲为，奢侈浪费，这四害不除，就无法实行仁义之道，就难以治理好国家。

诛暴而不私，以封天下之贤者，故可以为王伯；若使王伯之君诛暴而私之，则亦不可以为王伯矣。

【语出】《吕氏春秋·去私》。

【通讲】私：吝啬。王伯：称王称霸。诛杀残暴之人而不吝啬自己的土地，把它分封给天下的贤人，因此可以称王称霸；即使王伯之君诛杀残暴之人而吝啬自己的土地，那么也不可以称王称霸呀。

【鉴赏】要想统治天下，就必须除暴安良，大公无私，重用贤人。

主好要则百事详，主好详则百事荒。

【语出】《荀子·王霸》。

【通讲】君主治国如果喜好的是抓方针政策这类大问题，那么各种事情他就会了解得很清楚；君主如果喜欢大事小事一起抓，那么许多事情就等于无人过问。

【鉴赏】领导艺术是善于抓关键、抓重点，而不应该对下属的工作横加干涉。

子产曰："政如农功，日夜思之，思其始而成其终。朝夕而行之，行无越思，如农之有畔。其过鲜矣。"

【语出】《左传·襄公二十五年》。

【通讲】从政要像农民种地一样上心，播种过后，雨雪风霜，日夜操心。一开始思虑周全，最后才能成功。凡事从早到晚去办理，细想然后再做，跟农事有次序一样。这样才会少有过失。

【鉴赏】"政如农功，日夜思之"，也反映了古代中国以农立国的特点。因为注重发展农业经济，将发展农业视为安天下、稳民心的关键，所以才以农喻政。认真做事只能把事情做完，用心做事才能把事情做好。少一些浮躁、多一些思考，少一些盲干、多一些巧干，才能以细心谋事、用恒心成事。

子曰:“为政以德,譬如北辰,居其所而众星共之。”

【语出】《论语·为政》。

【通讲】北辰:北极星。共:同“拱”,环绕之意。当政者以德行来治理国家,就像北极星一样,安居其所,其他的星辰井然有序地环绕着它。

【鉴赏】这段话体现了孔子“为政以德”的思想。为政以德,是说当政者应实行德治。德,不仅是“立身”之本,而且是“立国”之基。既重视以德修身,也重视从政以德。“为政以德”,一是执政者要以德施政,善待民众,以赢得百姓的拥护;二是要以自身的道突出“德”的政治意义,认为“德”是区分“仁君”与“暴君”的标准之一,主张施行“德政”。

自古及今,文武并用,以文治世,以武克敌。

【语出】《清史稿·太宗纪》。

【通讲】从古至今,文德与武功并用,用文德治理国家,用武功战胜敌人。

【鉴赏】这是治国之道,值得我们借鉴。

自其所当先者为之,则其后必举;自其所当后者为之,则先后并废。

【语出】宋·苏辙《上皇帝书》。

【通讲】为政者要把重要的事情放在前面做,这样,其他次要的事情就会随之开展,否则会“先后并废”。

【鉴赏】要抓重要的事情先做,这是防止“先后并废”的关键。

足食足兵,为治天下之具。

【语出】清·魏源《默觚·治篇一》。

【通讲】足食:粮食富足。足兵:兵力雄厚。具:措施。粮食富足,兵力雄厚,是治理国家的重要措施。

【鉴赏】粮食充足,人民生活无忧;兵力雄厚,可以防止外国入侵,保卫国家安全,这是治国理政的保证。

2 民　本

安上在于悦下，为己在乎利人。

【语出】晋·陆机《五等诸侯论》。

【通讲】统治者要想自己平安无事，必须爱护和体恤下面的群众；自己要想得到利益，在于必须使别人首先获得好处。

【鉴赏】重视人民和他人的利益，确实是治理国家的一条重要原则。今天各级领导干部必须重视。

百姓安乐，便是朕之甲仗。

【语出】唐·吴兢《贞观政要·论仁义》。

【通讲】甲仗：铠甲兵器，此处指国防武装力量。百姓安居乐业，就是抗御敌人最好的武器。

【鉴赏】老百姓能安居乐业，国家就稳定。遇到外族入侵，也会同仇敌忾，必会抗御敌人。

不以一己之利为利，而使天下受其利；不以一己之害为害，而使天下释其害。

【语出】清·黄宗羲《明夷待访录·原君》。

【通讲】为：看作，当作。释：消除。应为天下人避害谋利。不以个人得到利益为利益，而是要使天下人都得到利益；不以个人受到伤害为害，而是要使天下人解除祸害。

【鉴赏】民众是国家一切政治生活的根本，以民为本，发扬民主，亲和友善，安定团结，对于当前正在努力构建的社会主义和谐社会，将会起到积极的作用。为天下人谋福利，为天下人去祸害，这应是每个领导者所追求的。

藏富于民，以培气脉，以尊体统；否则，浮收勒折，日增一日，竭民力以积众怒，东南大患，终必在此矣。

【语出】清·包世臣《中衢一勺·庚辰杂著三》。

【通讲】财富收藏在民间，可以培养国家的元气血脉，增强国家的实力和威严。否则，敲诈勒索，日甚一日，把人民财力榨干用尽，加深人民的怨恨，最终会造成东南地区的大乱。

【鉴赏】要以富民作为强国之本。对人民无限勒索，是杀鸡取卵的愚蠢行为。领导者要注意协调民众的个人利益和国家利益之间的关系，保证人民的基本利益。

帝王之道，莫尚乎安民。安民之术，在于丰财。

【语出】《三国志·魏志·杜恕传》。

【通讲】道：规律，道理，学问。尚：超过。安：安抚。在帝王治理天下的学问中，没有比使老百姓安居乐业更重要的道理。安抚老百姓的办法，在于使他们家产富裕。

【鉴赏】使老百姓安居乐业，生活富裕，国家才会稳固，否则，就会天下大乱。

凡君之所以立，出乎众也。立已定而舍其众，是得其末而失其本。得其末而失其本，不闻安居。……夫以众者，此君人之大宝也。

【语出】《吕氏春秋·用众》。

【通讲】安居：地位巩固。大宝：根本。大凡君主的确立，是出于众人的力量。君主的确立一成定局就舍弃众人，这是得到了细小的而丧失了重大的。得到细小的而丧失重大的，没听说过这样的统治会巩固。依靠众人，这是统治人的根本啊。

【鉴赏】得人心者得天下，失去了群众的拥护，执政者就失去了执政的基础。舍弃众人，必然亡国；依靠众人，国运亨通，得人心者得天下。人民群众的拥护是政权的基础。

凡为国者,一丝一毫皆当爱惜,惟于济民则不宜吝。

【语出】《宋史·司马康传》。

【通讲】大凡治理国家的人,一丝一毫都当爱惜,只是对救济百姓不应吝惜。

【鉴赏】民为本,在老百姓遭灾受难时,国家应毫不吝啬地加以救济。

凡政皆务以利民。

【语出】《宋史·叶康直传》。

【通讲】一切政治,都务必以利民为宗旨。

【鉴赏】必须考虑如何有利于人民。人民的利益高于一切。

古之善政者,贵于足食;欲求富国者,必先利人。

【语出】《旧唐书·韦坚传》。

【通讲】古代善于管理国家的人,重要的是使百姓免除饥饿;想要使国家富足的人,首先必须要让民众得到实惠。

【鉴赏】让人民衣食无忧,是治国者所必须注意的问题。

国命在乎民,民命在乎食。

【语出】宋·邵雍《秋怀三十六首》。

【通讲】民众是国家的生命,吃饭问题又是民众的生命。

【鉴赏】搞好经济建设,是取得政权之后最重要的事情。

国以民为本,强由民力,财由民出。夫民殷国弱,民瘠国强者,未之有也。

【语出】《三国志·吴志·陆逊传》。

【通讲】殷:殷实;富足。瘠(jí):贫穷。国家应该以百姓为根本,因为国力强盛是百姓出的力,国家的财赋也是由百姓供奉的。大凡百姓富足而国家贫穷,或者百姓贫穷而国家强盛的事,是从来没有过的。

【鉴赏】人民是国家的根基,要让老百姓富起来,国家才会富强。

国之兴也,视民如赤子;其亡也,以民为草芥。

【语出】《三国志·吴志·贺邵传》。

【通讲】看待老百姓像婴儿那样爱护,国家就会兴旺鼎盛。把老百姓像野草那样践踏摧残,国家就会覆亡。

【鉴赏】这是孙吴中书令贺邵劝谏吴帝孙皓要爱护百姓,阐述他与国家兴亡的关系时说的话。这对今天仍有借鉴意义。

国之兴也,视民如伤,是其福也;其亡也,以民为土芥,是其祸也。

【语出】《左传·哀公元年》。

【通讲】伤:受伤的人。土芥:粪土草芥。国家兴盛时,国君把百姓当作伤者一样爱护,这是它的福分。国家衰亡时,国君把人民视为粪土草芥,这是它的灾祸。

【鉴赏】春秋时期,吴国攻入楚国的时候,派人见陈怀公。怀公征求国人意见,是亲附楚国还是吴国,逢滑对怀公说,"国之兴也,视民如伤,是其福也;其亡也,以民为土芥,是其祸也",认为楚国虽然被吴国攻破,但并不是不能恢复。楚国没有斩杀百姓,而吴国因为战争尸横遍野,灾祸降临,吴国不会太久了。这个古训告诉人们:关爱百姓,国家就会兴盛;鱼肉百姓,国家就有祸患。国家的兴亡福祸取决于当政者对待人民的态度如何。人心向背,是决定一个政权盛衰的根本因素。"重民""亲民",得人心者得天下,失人心者失天下。只有代表和维护人民利益,得到人民群众的理解、支持和参与,赢得人民群众的信赖和拥护,国家才会兴旺。

今言富强者,一视国家本计,与百姓无与,抑不知西洋之富专在民,不在国家也。

【语出】清·郭嵩焘《致某人》。

【通讲】现在一谈到富强,都认为是国家政府的事,与民众无关,却不知道西方各国的财富在民间而不是由国家垄断。

【鉴赏】这里谈到的是中国古代财政管理上历来存在的两种看法:一是所谓"富强乃国家本计",倾向于国家财政充足,从而导致重税、滥发钱币等措施的实行。二是所谓“藏富于民”，则强调民富是国强的基础。

聚钱布金银于上者，其民贫，其国危；聚五谷于上者，其民死，其国速亡。

【语出】清·王夫之《读通鉴论·隋炀帝》。

【通讲】把财富聚敛在自己手里的统治者，他的老百姓便会贫困，他的国家就会走向危险；把五谷聚敛在自己手里的统治者，他的老百姓就会饿死，他的国家就会很快灭亡。

【鉴赏】民为本，社稷次之，民富则国强。仅仅依靠国家去储备钱粮是不够的，而是要让老百姓富起来。

君为政焉勿卤莽，治民焉勿灭裂。昔予为禾，耕而卤莽之，则其实亦卤莽而报予；芸而灭裂之，其实亦灭裂而报予。予来年变齐，深其耕而熟耰之，其禾蘩以滋，予终年厌飧。

【语出】《庄子·则阳》。

【通讲】灭裂：轻率。芸：耘，锄草。齐：同“剂”，方式方法。耰：平整土地，除去杂草。厌飧：粮食充足，吃饱。你治理国家不要太粗疏，管理人民不可太马虎。从前我种庄稼，耕作时简单草率，庄稼的收成也简单草率地回报我；我除草时马虎，粮食的收成也就马虎回报我。我第二年改变了方法，深耕细锄，那禾苗成长得茁壮茂盛，我整年都能吃饱。

【鉴赏】有多少付出，才会有多少收获。务农如此，治国也如此。为政者在治理国家中，要心中装着人民群众，就会得到人民的拥戴。鲁莽、马虎、糊弄、哄骗，都是没有敬业精神，没有责任感的表现。这是必须加以摒弃的。

乐民之乐者，民亦乐其乐；忧民之忧者，民亦忧其忧。乐以天下，忧以天下，然而不王者，未之有也。

【语出】《孟子·梁惠王下》。

【通讲】这是孟轲民本思想的重要观点。以百姓的快乐为快乐的人，百姓也会以他的快乐为快乐；以百姓的忧愁为忧愁的人，百姓也会以他的忧愁为忧愁。把天下人的快乐当作快乐,把天下人的忧愁当作忧愁,这样还不能够使天下归服,是没有先例的。

【鉴赏】齐宣王有一次在自己的行宫接见孟子,引发了孟子这番议论。有了优越的环境谁都会快乐,谁都希望得到快乐的享受。问题的关键是一般老百姓没有条件得到享受,但作为君主,能以人民的快乐为自己的快乐,人民也就会以君主的快乐为快乐,君主能以人民的忧愁为自己的忧愁来关心解决,那么人民一定也会以君主的忧愁为自己的忧愁去尽忠。所以说,圣明的君主与民同乐同忧,同呼吸,共命运,心中时刻装着天下人民,关心爱护人民,自然会受到人民的拥戴。乐民之乐、忧民之忧,群众同样会以德报德。以人为本、执政为民,党员干部要倾心为民,"乐民之乐"就体现在让发展成果惠及百姓,"忧民之忧"就体现在为群众排忧解难。这样就得到群众的拥护和支持。孟子这句话时至今日仍具有现实的社会借鉴作用。

民不畏威,则大威至。无狎其所居,无厌其所生。夫唯不厌,是以不厌。是以圣人自知不自见,自爱不自贵,故去彼取此。

【语出】《老子》第七十二章。

【通讲】大威:更大的威压,指民众的反抗。无狎(xiá):狎,通"狭",逼迫之意。即不要逼迫。无厌:厌,通"压",即不要堵塞。自知不自见(xiàn):有自知之明,不自我表现。如果人民不害怕(统治者的)威压,那么更大的祸乱就要发生了。(统治者)不要逼得人民不得安居,不要堵塞人民谋生的道路。统治者只有不压迫(人民),人民才不会厌恶(统治者)。因此有"道"的圣人有智慧而不自我表现,能自爱而不自显高贵。所以舍弃后者(自见、自贵),而采取前者(自知、自爱)。

【鉴赏】这是老子对治国理政的看法。老百姓不害怕统治者的威力、威胁时,大的灾乱就要发生。其次是劝诫统治者对百姓要亲善,不要让百姓居无定所,不要让百姓无法生存。统治者只有以圣人为榜样,自知自爱,不要对老百姓施以暴政,才能治理好国家。

民惟邦本,本固邦宁。

【语出】《尚书·五子之歌》。

【通讲】只有人民才是国家的根本,根本稳固以后,国家自然安宁。

【鉴赏】体现了以人为本、以民为本的治国思想。

民者，邦之命脉，欲寿国脉，必厚民生；欲厚民生，必宽民力。

【语出】《宋史·危昭德传》。

【通讲】百姓是国家的命根子；要延长国家的寿命，一定要让百姓生活富裕；要让百姓生活富裕，一定要减轻百姓负担。

【鉴赏】减轻百姓负担，增加百姓福利，是国家巩固的根本。

民之饥，以其上食税之多，是以饥。民之难治，以其上之有为，是以难治。人之轻死，以其上求生之厚，是以轻死。夫唯无以生为者，是贤于贵生。

【语出】《老子》第七十五章。

【通讲】无以生为者：不使生活过于丰厚奢侈的人。人民陷于饥饿，是因为统治者吞吃的赋税太多，因此发生饥荒。人民所以难于统治，是因为统治者强作妄为，因此难以统治。人民所以不怕死，是因为统治者不惜一切代价保养自己，老百姓因此才敢冒死反抗。只有那些不把保命养生看得过分重的人，比过分看重生命的人高明。

【鉴赏】统治者取税过多，百姓才饥饿；统治者养生过于优厚，百姓才把死看得很轻。统治者要恬淡无欲，清静无为，以消除社会上的贫困和动乱。

民之所望于主者三：饥者能食之，劳者能息之，有功者能德之。

【语出】《淮南子·兵略训》。

【通讲】老百姓对国君有三点要求：一是能给他们吃饱饭，二是让他们有适当的休息，三是有功劳时能予以赏赐。

【鉴赏】老百姓对领导者的要求都不会太高，无非是衣食住行各方面都能得到适当的满足。领导者要注意尽量满足老百姓的这些合理诉求。

明堂所赖者唯一柱，然众材附之乃立；大勋所任者惟一人，然群谋济之乃成。

【语出】宋·石介《上范经略书》。

【通讲】明堂:古代帝王用来宣明政教诸如朝会、祭祀、庆赏、选士等的厅堂。勋:勋业,功业。济:济助,辅助。明堂虽然依靠的是一根大柱支撑,可是只有在众多木材的辅助下才能矗立起来;大的功业虽然是由一人来担任,可是只有经过群策群力才能最终完成。

【鉴赏】群众的力量是伟大的,没有群众的支持,光靠一个人,是难以完成伟业的。

目贵明,耳贵聪,心贵智。以天下之目视,则无不见也;以天下之耳听,则无不闻也;以天下之心虑,则无不知也。辐凑并进,则明不塞矣。

【语出】《管子·九守》。

【通讲】眼睛贵在明辨事物,耳朵贵在听觉灵敏,头脑贵在思维敏捷。君主站在天下人的角度观察,就没有看不见的;站在天下人的角度倾听,就没有听不到的;站在天下人的角度思考,就没有不理解的。

【鉴赏】一个国家,要处理好各种矛盾、发展好各项事业,就需要民主集中制,动员大家一起来想、一起来干。从工作中的深入调研,到举行常规的听证会,再到项目进程中的沟通,通过各种方式,在各个层级、各个方面同群众协商,是我们做好工作的一个根本保证。

平易近民,为政之本。

【语出】宋·朱熹《朱子语类》卷一百零八。

【通讲】谦恭随和,体恤人民,这是治理政事的根本。

【鉴赏】为政要深入民间,了解民情,善察民生疾苦,解决人民的困苦。

钱谷,民之膏血,多取则民困而国危,薄敛则民足而国安。

【语出】《元史·拜住传》。

【通讲】膏血:人的脂肪和血液,比喻用血汗换来的劳动成果。敛:收集,征收。钱币和粮谷,是百姓用血汗换来的劳动成果,多取则人民困苦而国家危急,少取则人民富足,国家安定。

【鉴赏】元朝的拜住身居高位却极其体恤百姓,他劝谏皇帝要少征苛捐杂税,否则激起民怨,国家不保。这也告诫我们要把广大人民群众的利益放在首位,每项政策的制定都要符合人民的利益,这样才能民富国强。

窃闻致理之要,惟在于安民,安民之道,在察其疾苦而已。

【语出】明·张居正《请蠲积逋以安民生疏》。

【通讲】致:达到,实现。要:关键。实现国家安定的关键,就在于使百姓安居乐业;而要让百姓安居乐业,就必须体察他们的疾苦。

【鉴赏】张居正的这一观点继承并发展了儒家民本思想。明万历十年(1582年),张居正向明神宗上《请蠲积逋以安民生疏》,奏请在全国范围内停止带征钱粮,对于百姓积欠的部分不再追究。对于社会治理者,要让群众安居乐业,最需要的就是解决好群众切身的困难。只要我们了解到、处理好民众的疾苦,我们的周围就能吸引和凝聚起千百万民众,汇聚起建设国家、复兴民族的强大力量。

人为邦本,财实聚人,夺其财则人心自离,无其人则国本何恃?

【语出】《旧唐书·韦巨源传》。

【通讲】人民是国家的根本,财富充实可以使人聚集,夺走其财富则人心自然离散,没有了人民,国家的根本有什么可以依靠?

【鉴赏】要把经济搞上去,要给人民幸福,人民才会拥护,国家才会巩固。

人主者,天下一力以共载之,故安;众同心以共立之,故尊;人臣守所长,尽所能,故忠。以尊主主御忠臣,则长乐生而功名成。

【语出】《韩非子·功名》。

【通讲】国家管理者靠人民大众共同拥护他,所以能安稳;众人同心推举他,所以就尊贵;下属各以所长、各尽所能地配合他的管理措施,所以就忠。有了在受人尊敬的国家管理者指挥下的忠诚的管理队伍,则万民安乐,功成名就。

【鉴赏】国家治理的根本和基础在人民大众,领导者只有事事为民众着想,才能得到民众的支持和拥护。

善为政者，莫大于理人；理人者，莫大于既富之，又教之。

【语出】唐·李翱《平赋书序》。

【通讲】那些善于管理国家的人，都非常注重对人的管理；而要管理好人，就要使他们富裕起来，同时再教育好他们。

【鉴赏】如何管理好人，一方面要关心人的物质生活，同时又要注重思想教育。

上应天心，下合民志，不求福而福自至矣。

【语出】《元史·脱欢传》。

【通讲】向上能顺应上天的旨意，对下能符合百姓的意愿，即使不刻意求福而幸福自会到来。

【鉴赏】符合自然和社会的规律，顺应民意，国家会繁荣，人民生活就会幸福。

圣人之治天下，利民之事，丝发必兴；厉民之事，毫末必去。关市之赋，厉民之甚者也。

【语出】清·万斯大《周官辨非·天官》。

【通讲】圣人治理天下所用之道，凡是于民有利的事情，再小也要推行；于民有害的事情，再小也必须革除。而《周礼·天官》九赋中的"关市之赋"，对百姓最为有害。

【鉴赏】清代经学家万斯大(1633—1683年)的《周官辨非》是一部力证《周礼》为伪的著作。《周官》，又称《周礼》，作者不详，约成书于战国末年，是一部汇编行政法律规范的典籍。在这里，万斯大把"利民"作为执政治国的价值标准，具有民本思想的积极意义。群众利益无小事。服务群众、联系群众，更不能忽略了那些所谓的"小事"。关乎群众利益的大事小情，应该细致到"丝发"和"毫末"的程度，才能更好地做利民之事、去厉民之病。

天地之性人为贵。

【语出】《孝经·圣治》。

【通讲】性:事物固有的性质和特点。天地之间人是最为宝贵的。

【鉴赏】孔子提出“天地之性人为贵”的说法,反映了他将中国古代人文主义思想中积极的因素运用到统治中来,体现了他的人本主义思想。社会主义中国更应重视人民群众的作用。

天下之治乱,不在一姓之兴亡,而在万民之忧乐。

【语出】清·黄宗羲《原臣》。

【通讲】治:指国家治理得好。乱:与“治”相对,指国家不太平。一姓:特指一国之君。判断一个国家治理得好与否的标准,不是看国君家族的兴盛,而要看百姓忧愁还是快乐。

【鉴赏】治国理政的好坏就是看老百姓生活是否幸福,有获得感。

王者民之所往,君者不失其群者也。故能使万民往之而得天下之群者,无敌于天下。

【语出】汉·董仲舒《春秋繁露·灭国》。

【通讲】人民归顺治国的君王,君王是不能脱离群众的。所以能使人民归向自已的人,无敌于天下。

【鉴赏】领导者,即使地位极高,其本质亦只是人民的公仆而已。倘若每一位领导都能清醒地认识到这一点,那么就会密切联系群众,以便决策时更能符合群众的心意。群众也乐于接受这样的领导。

王者治天下,以安民为本。

【语出】《魏书·崔玄伯传》。

【通讲】君王治理天下,以安定百姓为根本。

【鉴赏】国家行政,不要扰民,使老百姓能过安定的生活。

为国者,必先知民之所苦,祸之所起,然后设之以禁。

【语出】汉·王符《潜夫论·述赦》。

【通讲】禁:禁令。治理国家的人,应该了解老百姓的疾苦、祸患产生的原因,然后再颁行禁令。

【鉴赏】执政者要了解人民的疾苦,为老百姓排忧解难。

为国者,得民则治,失之则乱;若不受利,而令尽用立效,亦为难也。

【语出】《三国志·吴志·陆逊传》。

【通讲】治理国家的人,若能得到百姓的支持,国家就能够治理好,若失去百姓的支持,天下就会乱起来;如果不让百姓得到好处,而让他们为国立功,也是很难的。

【鉴赏】能否得到人民的支持,是国家治乱的关键,要得到人民的支持,必须让老百姓有获得利益。

为国者以民为基,民以衣食为本。

【语出】《三国志·魏志·华歆传》。

【通讲】治理国家要以百姓为基础,而百姓又以衣食为根本。

【鉴赏】这是华歆上魏明帝的奏折。他认为要使国家没有饥寒的忧患,老百姓没有离乡背井的威胁,应尽量减少战争。只有解决了百姓的温饱问题,使他们的生活安定下来,国家才能繁荣昌盛。

为君之道,必须先存百姓,若损百姓以奉其身,犹割胫以啖腹,腹饱而身毙。

【语出】唐·吴兢《贞观政要·君道》。

【通讲】存:顾恤。奉:供奉。股:大腿。啖:吃。作为君王,必须首先顾恤老百姓,假如损害老百姓来供奉自己,就好比割掉大腿的肉来吃,肚子饱了而人也死了。

【鉴赏】这句话论述了为君之道——必须首先考虑百姓的利益。

为治之本,务在宁民。宁民之本,在于足用。足用之本,在于勿夺时。

【语出】《淮南子·泰族训》。

【通讲】时:农业生产的季节。治理国家的根本,务必做到使人民安居乐业。人民安居乐业的根本在于衣食用度充足。要做到衣食用度充足，必须使人民能正常地生产而不受干扰。

【鉴赏】努力发展经济，使人民生活富足，是治理国家的根本。

闻之于政也，民无不为本也，国以为本，君以为本，吏以为本。故国以民为安危，君以民为威侮，吏以民为贵贱，此之谓民无不为本也。

【语出】汉·贾谊《新书·大政上》。

【通讲】关于为政之道，可以说是民为政本，它是国家、君王、官吏三者的基础。国家的安危系于民，君王的有权威或受辱系于民，官吏的贵贱系于民，这就叫以民为本。

【鉴赏】肯定了民众在一国政治中所起的决定作用。领导者要倾听群众的呼声，在制定各项政策的时候，能反映群众的愿望，保护群众的利益。

五福：一曰寿，二曰富，三曰康宁，四曰攸好德，五曰考终命。

【语出】《尚书·洪范》。

【通讲】为政者要为人民谋求五种福祉：一是使寿命长，二是使生活有积蓄，三是使身体健康安宁，四是使有时间接受教育，五是使终老天年。

【鉴赏】为政者要为人民做好这五件事，才算是不忘初心。

衣人以其寒也，食(sì)人以其饥也。饥寒，人之大害也。救之，义也。人之困穷，甚如饥寒，故贤主必怜人之困也，必哀人之穷也。如此，则名号显矣，国士得矣。

【语出】《吕氏春秋·爱士》。

【通讲】给人衣服穿，是因为他在受冻；给人饭吃，是因为他在挨饿。挨饿受冻，是人的大祸害。拯救挨饿受冻的人，是仁义的行为。人的艰难窘迫比起挨饿受冻来更难以忍受，所以贤明的君主对处于困境的人一定要予以怜悯，对处于窘迫之境的人一定要给予同情。做到这一步，君主的名声就显赫了，一国之中最优秀的人就能得到了。

【鉴赏】领导者、为官者必须关心士民，这样士民才心甘情愿地为之死战。能否关心士民，是生死存亡的关键，不能不予重视。

有道之君，以乐乐民；无道之君，以乐乐身。乐民者，其乐弥长；乐身者，不乐而亡。

【语出】《三国志·吴志·陆凯传》。

【通讲】有道的君主，是用康乐使百姓欢乐；无道的君主，是用康乐使自己快乐。使百姓欢乐的君主，他自己的欢乐更长久；使自己快乐的君主，得不到欢乐且很快就会灭亡。

【鉴赏】这是陆凯劝谏孙皓的话。只要与民同乐，就会得到百姓的拥护，江山安稳；只沉溺于个人享乐的君主，必将失去民心，江山也难保。自己快乐，是否也使老百姓快乐，是有道抑或无道君主的区别。

责饱者必炊饭，责暖者必缝衣，责治者必养民。

【语出】清·唐甄《潜书·达政》。

【通讲】责：要求。炊饭：烧火做饭。治：安定。养民：使人民得到休养。要使肚子饱就必须做饭，要使身体暖就必须做衣服，要使国家安定就必须使人民得到休养。

【鉴赏】民众安乐，国家才会安定。

治国常富，而乱国必贫。

【语出】《管子·治国》。

【通讲】治国：治理得好的国家。乱国：不太平的国家。国家安定老百姓就富有，国家不太平老百姓的生活就贫困。

【鉴赏】说明治国之道在于国家要安定，才能使老百姓生活富裕。

治国有常，而利民为本；政教有经，而令行为上。苟利于民，不必法古；苟周于事，不必循旧。

【语出】《淮南子·氾论训》。

【通讲】常：常规。经：法度。治国有一定常规，而有利于人民是它的根本；刑赏、教化有不易法度，而政令通行是最高准则。只要有利于人民，就不一定要遵循古制，只要符合大事，就不必依照古章。

【鉴赏】制定政策、法令，一定要顺乎民意，合乎百姓利益，符合社会发展的大趋势，而不一定要照抄照搬古代章程，对古制也可以进行改革，以适应新形势的需要。

治国之道，爱民而已。

【语出】汉·刘向《说苑·政理》。

【通讲】道：方法。治理国家的方法，不过是爱护老百姓罢了。

【鉴赏】国家治理的目的是为了老百姓的幸福安康。一切为了人民。

3 民　心

爱人当以大德，不以私惠。军行之处，必须秋毫无犯，团结民心。长官之于属僚，须扬善公庭，规过私室。

【语出】《曾胡治兵语录·仁爱》。

【通讲】爱护百姓应当实行大的德政，而不是私下的小恩小惠。军队所到之处，必须秋毫无犯，才能够团结民心。长官对在自己身边任职的大小官员，应当在大庭广众之下赞扬他们的成绩，私下里规劝他们的过错。

【鉴赏】这句话论述了长官对待下属和百姓应有的态度。

布德信以服人心，明功罪以扬士气。

【语出】《清史稿·严正基传》。

【通讲】施恩德树威信可以使人心归服，明确地赏功罚罪可以使士气振奋。

【鉴赏】这是最好的人事工作原则，至今仍有借鉴意义。

代虐以宽，兆民允怀。

【语出】《尚书·伊训》。

【通讲】兆：数词，古代指百万或百亿。这里极言数量多。允：信；信赖。怀：归顺。用宽厚的政策去替代暴虐，所以广大群众都信赖并来归顺（商朝）。

【鉴赏】这是商朝贤臣伊尹训辞中的话。政策宽厚，会获取民心，得到人民的拥护。

道得众则得国，失众则失国。

【语出】《大学》。

【通讲】得到人民群众拥护的人，没有政权也能得到政权；失去人民群众拥护的人,有了政权也会失去政权。

【鉴赏】得民心者得天下,人民群众拥护,是政权的基础。

得民必有道。万乘之国,百户之邑,民无有不说。取民之所说而民取矣……此取民之要也。

【语出】《吕氏春秋·顺民》。

【通讲】赢得民心有一定的原则。无论是拥有万辆兵车的大国,还是只有百户人家的小邑,人民无不有所喜悦。只要做人民所喜悦的事,就能赢得民心了。做人民所喜悦的事,这是赢得民心的关键。

【鉴赏】怎样得民心,就是要做人民所喜悦的事。

反天下之心,天下不堪……离于天下,其去王也远矣。

【语出】《庄子·天下》。

【通讲】天下:此指天下人;人民。下同。王:文中之意为有德之王,但王比圣人还差一等。去王远,去圣人则更远,故此处之"王"可代表天下百姓的理想社会。违反天下人的心愿,天下人将不能忍受。背离天下人的心愿,离天下百姓所理想的社会就太远了。

【鉴赏】庄子学说的最高境界是天人合一,天意不可违,民心不可背。任何统治者要想治国平天下就必须顺乎民心,合乎民意。

故凡举事,必先审民心然后可举。

【语出】《吕氏春秋·顺民》。

【通讲】举事:做大事。执政者凡是在做大事之前,必须先察明民心所向,然后才能决定是否可举事。

【鉴赏】得不到人民的支持,执政者将一事无成。

国不务大而务得民心;佐不务多而务得贤俊。得民心者民往之,有贤佐者士归之。

【语出】汉·刘向《说苑·尊贤》。

【通讲】对于一个国家来说,重要的不是广大的疆域而是要得民心;辅佐的大臣不在于数量多，而在于才智出众。君主如果得民心，老百姓就愿意归附；君主如果有贤明的人辅佐，读书人就愿意为他服务。

【鉴赏】治国理政中人有重要作用。对于君王来说，民心和贤臣是必不可少的。对于领导者来说，群众的拥护和明智的意见也是成功的关键。

立君以一民，君执一则治，无常则乱。

【语出】《淮南子·诠言训》。

【通讲】国君登基后必须先使民心一致，坚持正确的政策，不能反复无常，以免动乱。

【鉴赏】稳定是立国之本。大至一国，小至一家，要想稳定，首要条件是有一系列稳定而久经考验的规范条例。无法则乱，无常法则大乱。

勠力一意，勉同断金。

【语出】《后汉书·桓帝纪》。

【通讲】只要大家团结一致，齐心协力，什么困难都可以克服。

【鉴赏】团结一致的民族、国家可以克服任何困难。

民愁竞造黄天说，岁熟知逢赤地荒。

【语出】清·丘逢甲《岁暮杂诗》。

【通讲】黄天说：东汉末年黄巾起义时曾提出“苍天已死，黄天当立”的口号。人民因不堪愁困，纷纷提出了“革命”的口号。丰收的年头，却好像颗粒无收的荒年一样。

【鉴赏】暗指当时风起云涌的反清革命斗争。描写人民生活的疾苦和反清斗争。

劝君不用镌顽石，路上行人口似碑。

【语出】宋·释普济《五灯会元·太平安禅师》。

【通讲】劝你不必镌刻顽石为自己树碑立传，路上行人的口就是活的记功碑。

【鉴赏】口碑比石碑好，丰碑镌刻在人民群众的心坎上才是有意义的。

人心一摇,国祸不浅。

【语出】《辽史·耶律屋质传》。

【通讲】一旦人心摇动,国家就要遭受大难。

【鉴赏】人心齐,泰山移。凝聚民心,团结奋斗,国则兴,否则国则亡。

人心者,国家之命脉也。

【语出】《明史·海瑞列传》。

【通讲】人民群众的意愿,是国家安然存亡的关键所在。

【鉴赏】人心所向,非常关键,得人心者得天下,失人心者必失天下。

人主之所恃者人心而已,如木之有根,灯之有膏,鱼之有水,农夫之有田,商贾之有财。失之则亡,此理之必然也。

【语出】《宋史·苏轼传》。

【通讲】国君所依赖的是人心,正如树木之有根,灯之不可无油,鱼之不能离水,农夫不能无田地,商贾一定要有资金。如果失掉它就要灭亡,这是必然的道理。

【鉴赏】人心向背,决定国家的兴亡。领导者要做得民心的事情。

仁言不如仁声之入人深也;善政不如善教之得民也。善政,民畏之;善教,民爱之。善政得民财,善教得民心。

【语出】《孟子·尽心上》。

【通讲】宣讲仁爱不如身体力行,赢得仁爱的声望,更能深入人心。施行好的政策不如实行好的教育更能获得民心。施行法令政策无非是让人害怕敬畏,而好的教育则能使百姓拥护爱戴。善政可以使人民和国家物资丰富、丰衣足食,而善教却能得到民心。

【鉴赏】领导者必须身体力行,由此才能获民心。这也是教育的根本。

圣人无常心,以百姓心为心。

【语出】《老子》第四十九章。

【通讲】圣人没有不变的想法,他是根据广大人民的看法来作为自己的观点的。

【鉴赏】顺乎民心是统治者取得成功的关键。我们各级干部要倾听群众的呼声，解决群众的困难，认真贯彻执政为民的方针，是政权巩固的基础。

顺人者昌，逆人者亡，此古今之所共也。

【语出】《后汉书·申屠刚传》。

【通讲】顺乎人心的统治，国家必然昌盛；违反人心的统治，国家必然走向灭亡。这是古往今来所证明的共同道理。

【鉴赏】人心向背，决定着国家的兴亡，为政者一定要顺应民心，一切为了人民。

天不可逆，人不可拂。

【语出】《辽史·耶律曷鲁传》。

【通讲】天：指自然规律。逆：违背；背叛。拂：违反；违背。自然规律和民心是不能违背的。

【鉴赏】遵从自然规律，顺应民心，为民办事，国家就会巩固，否则，国家就会危亡。

同胞共气，家国所凭。

【语出】《北齐书·孝昭纪》。

【通讲】凭：依靠。全体同胞团结一致，同心同德，这是国家兴旺的凭据。

【鉴赏】目标一致，团结奋斗，国家才会强盛。

同心合意，庶几有成。

【语出】《汉书·匡衡传》。

【通讲】庶几：也许可以。齐心协力，事情就能成功。

【鉴赏】团结就是力量。

为政之道，以顺民心为本，以厚民生为本，以安而不扰为本。

【语出】宋·程颐《代吕公著应诏上神宗皇帝书》。

【通讲】处理政务的方法，要以顺应民心为根本，以重视人民生活为根本，以安定而不扰民为根本。

【鉴赏】行政事务的根本是一切为了人民，要做到顺民心、保民生、不扰民。

先王先顺民心，故功名成。夫以德得民心以立大功名者，上世多有之矣。失民心而立功名者，未之曾有也。

【语出】《吕氏春秋·顺民》。

【通讲】先王治理天下首先顺应民心，所以功成名就。依靠德政赢得民心而建立大功名的，前代大有人在；失去民心而建立功名的，却从来不曾有过。

【鉴赏】得民心者得天下。领导者的一切言行都必须顺乎民心，否则，必将倒台。

政令既宣，若有不合于民者，因民之心而改之。

【语出】《魏书·高闾传》。

【通讲】政令虽然已经宣布了，如果有不适合于民众的，就应根据民众的愿望而加以更改。

【鉴赏】一切政令都要符合人民的利益。

政之所兴在顺民心；政之所废在逆民心。民恶忧劳，我佚乐之；民恶贫贱，我富贵之；民恶危坠，我存安之；民恶灭绝，我生育之……故从其四欲，则远者自亲；行其四恶，则近者叛之。故知予之为取者，政之宝也。

【语出】《管子·牧民》。

【通讲】管子指出，政权的成败在于人心的顺逆，政令能够推行，在于顺应民心；政令所以废弛，在于违逆民心。他看到了百姓厌恶忧患劳苦、贫困低贱、危险灾祸、家族灭绝，认为“牧民”之道在于“四顺”，即顺应百姓的这种愿望:"佚乐""富贵""存安""生育"。能满足百姓的"四欲",疏远的人会自动亲近归附;若使百姓陷入"四恶"的境地,亲近的人也会背叛逃离。

【鉴赏】《管子》是战国时齐稷下学者托名管仲所作,其中《牧民》《形势》《权修》《乘马》等篇存有管仲遗说。《牧民》篇讲的就是对人的管理,其中《四顺》是从人心向背来论述治理之道的。"民心"问题,对于一个执政党来说,是一个根本问题。为政者要切身体会民心所向、民生疾苦。我们必须努力奋斗,使发展成果更多更公平地惠及全体人民,朝着共同富裕的方向前行。

治天下者当用天下之心为心,不得自专快意而已也。

【语出】《汉书·鲍宣传》。

【通讲】自专:自己的意图独断专行。快意:随心所欲。治理天下的人应当以广大人民的心愿为重,决不能按自己的意图独断专行。

【鉴赏】说明治国理政之道在于一切为了人民,倾听群众呼声,回应群众关切。

众志成城,众口铄金。

【语出】《国语·周语下》。

【通讲】铄:销毁。只要大家齐心协力,就会像城墙一样坚不可摧;如果很多人一起毁谤,就是金石也可以销毁。

【鉴赏】得民心者得天下。群众的力量是伟大的,所以,统治者做事必须考虑到民心、民意。这句话告诫人们做事要齐心协力,富有合作精神,这样便有助于和人沟通,有助于事业的成功。

自古帝王得天下以得民心为本,失其心则失天下。

【语出】《元史·拜住传》。

【通讲】自古以来帝王取得天下以得到民心为根本,失掉民心就会失去天下。

【鉴赏】得民心者得天下。

4 倡 廉

罢冗员,减浮费,戒豪侈。

【语出】《金史·陈规传》。

【通讲】清退多余的官员,减少不必要的费用,劝诫人们不要豪华奢侈。

【鉴赏】要把有限的财力用在刀口上,节省一切不必要的开支,反对奢侈。

罢无能,废无用,损不急之官,塞私门之请。

【语出】《战国策·秦策三》。

【通讲】罢:罢黜。损:减少,除去。不急之官:可有可无的官职。私门:行私请托之门径。罢免无能的官吏,废除虚设的机构,裁减可有可无的官职,堵塞行私请托的门路。

【鉴赏】吴起为楚悼王精兵简政,扶正风气,使楚国国力大振。这对于今天也有借鉴意义。

不患其不富,患其亡厌也。

【语出】《汉书·景帝纪》。

【通讲】亡,通"无"。不应忧虑自己不富足,而应忧虑自己那种满足不了的贪欲。

【鉴赏】推崇廉洁之士,反对贪夫逐利。

诚欲正朝廷以正百官,当以激浊扬清为第一义,而其本在于养廉。

【语出】清·顾炎武《与公肃甥书》。

【通讲】要正朝廷必先正百官,应以激浊扬清为第一要旨,而其根本在于培养并保持廉洁的美德。

【鉴赏】顾炎武，明清之际杰出的思想家。此文为顾炎武写给外甥徐元文的信。徐元文，字公肃，顺治十六年(1659)状元，官至文华殿大学士兼翰林院掌院学士。顾炎武关注社稷民生，并对仕清的外甥苦口婆心，悉心劝导。大量事实证明，一个地方的工作，成在干部作风，败也在干部作风；一个地方的事业，兴在干部作风，衰也在干部作风。匡正祛邪、激浊扬清，这是传统文化中的从政之德，也是营造一个良好政治生态的题中之义。建设廉洁政治，实现干部清正、政府清廉、政治清明，才能使国家立于不败之地。

俸禄已足养廉，衣食之外，何用蓄积？

【语出】《金史·伯德特离补传》。

【通讲】俸禄已经足以使得官员廉洁，衣食之外，哪里还用得着积蓄？

【鉴赏】官员对自己的生活不能要求太高。

夫坚中则足以为表，廉外则可以大任，少欲则能临其众，多信则能亲邻国。

【语出】《韩非子·十过》。

【通讲】内心坚强就足以作为大家的表率，行为清廉就可以担任重要的职务，淡泊寡欲就能够统驭民众，诚实守信就能够亲近邻国。

【鉴赏】韩非提出了“为表”“大任”“临其众”和“亲邻国”的基本前提条件，即必须“坚中”“廉外”“少欲”和“多信”。那些不讲诚信、贪得无厌的官员，无论在古代还是现代，都是绝无可能从国家和人民的利益出发来为政治国的。一个廉洁质朴的官员，不仅能够在自己的岗位上发挥出色的作用，而且能够具有正面引导民众的良好社会效应。

广取以给用，不如节用以廉取之为易也。

【语出】宋·苏轼《策别厚货财一》。

【通讲】广泛征收租税来供给消费，不如节约费用以实现廉取来得容易。

【鉴赏】为国家安稳着想，少征节用，以实现“厚货财”的目的。

国家之败,由官邪也。官之失德,宠赂章也。

【语出】《左传·桓公二年》。

【通讲】章:明显;显著。国家的衰败,是由于官吏的邪恶。官吏的失德,是由于受宠而贿赂公行。

【鉴赏】春秋时期,鲁桓公从宋国取得原属郜国的传国大鼎,放进太庙,这是不符合礼仪的。臧哀伯规劝桓公说,国君要发扬德行阻塞邪恶做百姓的表率,显扬美德给子孙做示范。现在却毁灭德行,树立邪恶,把别国贿赂的器物放在太庙里,公开展示给百官看,百官都来效法,君王能惩罚谁呢?“国家之败,由官邪也。官之失德,宠赂章也。”桓公不听。自古以来,中华民族文化重视为政以德。中国历代思想家向来认为,立德是立身做人之本,官德是为官从政之基,将官德提到关乎国家兴衰成败的高度。官风正,民风就淳;官德好,百姓就会起而仿效。反之,官吏失德,徇私图贿之风便会盛行起来;官吏腐败,国家就会走向衰败,乃至崩溃。

节欲则民富,中听则民安。

【语出】《晏子春秋·问下》。

【通讲】欲:欲望;欲念。中听:判断讼事恰当适中。节制私欲,那么百姓就会富裕;判断讼事无差错,那么百姓就会安定。

【鉴赏】这句主要是对统治者而言。统治者如果享乐腐化,滥用民财,百姓自然不会富足。判断诉讼如果不公正,贪赃枉法,自然民心不服,也不会安定。这就要求统治者生活要节俭,处理民事纠纷刑事案件要公正。

居官当廉正自守,毋黩货以丧身败家。

【语出】《元史·刘斌传》。

【通讲】黩:侮辱;玷污。做官要清正廉洁遵守法纪,不可贪污受贿以致丧身败家。

【鉴赏】这是刘斌临终的遗言。他要求子孙要坚持操守,廉洁奉公,不要因财而毁灭自己。这句话以其深刻的哲理而引人深思。为政者应该注重对品格德行的培养,造就为人民服务的精神境界。

居官以不要钱为本。

【语出】清·曾国藩《咸丰十一年三月十三日字谕纪儿》。

【通讲】当官要以不贪污为最根本的立身原则。

【鉴赏】当官就不要想发财,更不能以官权来聚敛财富。为官清廉是官员的基本品质。

吏不畏吾严而畏吾廉,民不服吾能而服吾公;廉则吏不敢慢,公则民不敢欺;公生明,廉生威。

【语出】明·年富《官箴》刻石。

【通讲】下属敬畏我,不在于我严厉而在于我廉洁;百姓信服我,不在于我有才干而在于我办事公正。廉洁则下属不敢轻慢,公正则百姓不敢欺蒙。处事公正才能明辨是非,做人廉洁才能树立威信。

【鉴赏】年富(1395—1464 年),历事明成祖至明宪宗数朝,先后在地方和中央部门任职。他无论到哪里,都清廉刚正,从而成为一代名臣。公权本姓公,用权当为民。为官之本最重要的莫过于两点:一是公,二是廉。领导干部必须时刻清楚这一点,做到公私分明、克己奉公、严格自律。只有一心为公、事事出于公心,才能坦荡做人、谨慎用权,才能光明正大、堂堂正正。领导干部的公道正派就来自于此,在群众中的权威也来自于此。始终做到秉公用权、不以权谋私,依法用权、不假公济私,廉洁用权、不贪污腐败,这是执政用权应有的敬畏之心,也是领导干部理当铭记于心的"官箴"。

廉不言贫,勤不言苦;尊其所闻,行其所知。

【语出】古格言联《河南内乡县衙楹联》。

【通讲】真正廉洁的人,不会讲自己如何清贫;真正勤政的人,不会抱怨自己如何辛苦。君子崇尚他所听到的善言,努力践行自己所认知的理念。

【鉴赏】廉洁奉公,勤于政事,向来为儒家思想所提倡,是历代为官从政者应具备的品德。廉字打底、勤字当头,是领导干部安身立命的基本原则。不言贫而能廉,不怕苦而后勤,说到底还是要加强身心修炼和党性锻炼。

廉则约省无极，贪则奢泰不止。

【语出】汉·王充《论衡·非韩》。

【通讲】无极：没有止境。生性廉洁，就会极其节省；生性贪婪，就会奢侈无度。

【鉴赏】清廉的人甘于淡泊，贪婪的人流于荒淫。要做清廉的人，而不要做贪婪的人。

廉者常乐无求，贪者常忧不足。

【语出】宋·司马光《文中子补传》。

【通讲】廉洁的人经常以自己没有索取而感到高兴快乐，贪婪的人经常以自己没有更多的财富、更高的地位而忧愁烦恼。

【鉴赏】欲望太多，就会不断去追求，想方设法去得到，就非常烦心，一旦得不到满足，还非常忧心。廉洁的人没有什么奢求，心安理得快乐得很。要做廉洁的人，不要做贪婪的人。廉洁奉公，勤勤恳恳地为人民大众服务，不以权力谋取私利，这是一切领导干部乃至所有公职人员应当遵守的基本道德准则。

廉者，民之表也；贪者，民之贼也。

【语出】宋·包拯《乞不用赃吏奏》。

【通讲】清廉的官吏是人民的表率；贪赃的官吏，是残害人民的盗贼。

【鉴赏】要做清官，不做民贼。

廉者憎贪，信者疾伪。

【语出】《新唐书·陈子昂传》。

【通讲】廉：清廉；廉洁。信：讲究信用。疾：痛恨。伪：弄虚作假。廉洁之士憎恨贪得无厌，守信用的人痛恨弄虚作假。

【鉴赏】为人必须廉洁守信。

廉者，政之本也；让者，德之主也。

【语出】《晏子春秋·杂下》。

【通讲】廉洁和谦让是为政的根本,是品德的主要方面。

【鉴赏】从政者最基本的要求是要廉洁,否则官位不保,锒铛入狱;为人最主要的品德是谦让,只有谦让,才能生活在社会群体中。

临财莫如廉。

【语出】汉·刘向《说苑·政理》。

【通讲】临财:面临钱财。面临着钱财,没有什么能比廉洁更可贵的了。

【鉴赏】不贪财,要廉洁。这是为官应守住的底线。

能吏寻常见,公廉第一难。

【语出】金·元好问《薛明府去思口号》。

【通讲】有本事的官吏经常可以看到,但能做到公正清明就非常难了。

【鉴赏】为政者应该心里装着人民,一身正气,两袖清风。公廉本身是一种感召力和凝聚力,能极大地影响人、引导人、激励人。廉也是一种组织群众的方法,是一种最有效的特殊的思想政治工作艺术。

清风两袖朝天去,免得闾阎话短长。

【语出】明·于谦《入京》。

【通讲】朝天:进京。闾阎:贫苦百姓居住的地方。我进京拜见皇帝或官员时,什么也没带,甩着两只袖子,一派清风,就不会引得人们说长话短。

【鉴赏】诗句表现作者为官清廉的思想和作风,不为私利而去行贿,坦坦荡荡,正气浩然!值得后人借鉴学习。

清者莅职之本,俭者持身之基。

【语出】《周书·裴侠传》。

【通讲】清:公正廉洁。莅:到。公正廉洁是任职的根本,节俭是修身养性的基础。

【鉴赏】公正廉明、不徇私枉法,做一个好官;对自己力求节俭不奢侈,才是做人的本分。

求治之道，莫先于正风俗。

【语出】《明史·叶伯巨传》。

【通讲】寻求政治清明的办法，莫先于端正社会风俗。

【鉴赏】社会风清气正，才能使吏治清明。

上清而无欲，则下正而民朴。

【语出】汉·刘向《说苑·谈丛》。

【通讲】清：廉洁。上面廉洁没有贪心，下面就端正，老百姓就朴实敦厚。

【鉴赏】榜样的力量是无穷的。领导以身作则，就会带动群众，形成良好的社会风气。

是故明王之养民也，忧之劳之，教之诲之，慎微防萌，以断其邪。故《易》美"节以制度，不伤财，不害民"。

【语出】汉·王符《潜夫论·浮侈》。

【通讲】圣明君王统治老百姓，必使他们心中忧愁，使他们筋骨劳累，教导他们，启迪他们。注意微小的变化，把邪恶之事消灭在萌芽之中。因而《易》中高度赞美节俭有度的作风，以为这样可以不伤财，不害民。

【鉴赏】作者提倡勤俭以治国，反对浮华奢侈的作风。因为浮奢伤财害民，空耗国库。更重要的是，它腐蚀老百姓，让他们贪图安逸享受，不思劳作，无事生非，败坏社会风气，使国家混乱不堪。统治者为了治理好国家，也应该以身作则，自己养成节俭生活的习惯，促进由上而下良好风气的形成。

是时，魏王泰礼秩如嫡，群臣未敢谏。……遂良曰："今四方仰德，谁弗率者？唯太子、诸王宜有定分。"……帝尝怪："舜造漆器，禹雕其俎，谏者十余不止，小物何必尔邪？"遂良曰："雕琢害力农，纂绣伤女工，奢靡之始，危亡之渐也。漆器不止，必金为之，金又不止，必玉为之，故谏者救其源，不使得开。及夫横流，则无复事矣。"帝咨美之。

【语出】《新唐书·褚遂良传》。

【通讲】渐:征兆、苗头。唐太宗四子魏王李泰颇受宠爱,其礼仪等第及爵禄品级均与太子相同,大臣们都不敢谏言。褚遂良认为太子、诸王应有定分。唐太宗不以为意,并说:当日舜帝制造了漆器,禹帝雕饰俎器,谏言者不下十人,食器之类的小事为什么要如此苦谏呢?褚遂良答道,雕琢妨害了农事,过分的彩绣耽误了女工,这是“奢靡之始,危亡之渐”。如果喜好漆器不止,发展下去一定会用金子来做器具;喜好金器不止,发展下去一定会用美玉来做器具。因此诤臣必须在刚露出奢侈苗头时进谏,一旦奢侈成风,再进谏就难了。唐太宗很受触动,深表赞同。

【鉴赏】奢侈糜烂的开始就是国家危亡的征兆。奢靡之风的盛行,不仅会腐蚀干部、损害形象,也会危害公信、败坏风气。把有限的社会资源用于满足口腹之欲,任由奢靡之风蔓延,我们党就会脱离群众,就会失去根基、失去血脉、失去力量。我们要坚守节约光荣、浪费可耻的思想观念,做到艰苦朴素、精打细算,勤俭办一切事情。

我以不贪为宝。

【语出】《左传·襄公十五年》。

【通讲】以:认为;以为。我认为不贪图财物的品德才是宝贵的。

【鉴赏】指出了不贪图财物才是好品德。

字人无异术,至论不如清。

【语出】唐·杜荀鹤《送人宰吴县》。

【通讲】字:爱。清:清白廉洁。爱护老百姓没有特殊的办法,最好的理论不如为官清明廉正。

【鉴赏】为官清廉就是对老百姓最大的爱护。

5 爱 国

不嫌屋漏无干处，正要群龙洗甲兵。

【语出】宋 · 陈与义《观雨》。

【通讲】群龙：喻指抗敌救国英雄。甲兵：武器。不嫌弃因房屋漏雨而没有一处干的地方，只希望群龙降下大雨，好尽洗甲兵上的血污。意思是想让英雄们出来消灭敌人，平息战争。

【鉴赏】乱世中盼望英雄辈出保家卫国。诗人不以个人生活为苦，而热盼平定战祸、收复国土。表现了热爱人民、热爱国家的伟大情怀。

臣心一片磁针石，不指南方不肯休。

【语出】宋 · 文天祥《扬子江》。

【通讲】我的心是一片磁针石，不指向南方祖国不肯罢休。

【鉴赏】这首诗是文天祥代表南宋去北边元营谈判被拘，后来逃脱，在奔赴温州途中到达扬子江头所作。文天祥在《指南录后序》中记载了他“草行露宿，日与北骑相出没于长淮间……已而得舟，避渚洲，出北海，然后渡扬子江，入苏州洋，辗转四明、天台，以至于永嘉(今浙江温州)”的“逃脱”经历。诗中首句用“几日”言其用时之多，用“随风”言其在“逃脱”中能随时、随事制宜、随机应变，“游”离“北海”，叙述了他脱逃奔跑的经过，次句则表达出他终于“从”北方“回”到扬子江“头”的喜悦心情。诗中“南方”，指南宋朝廷。诗人以指南针比喻自己的一片忠诚，虽然历经患难、兵败被俘，但对自己国家的忠心至死不变。

错疑留守魂归夜，风雨声声唤渡河。

【语出】明 · 陈瑚《李映碧廷尉遗地图仍用前奉怀韵》。

【通讲】仿佛宗泽的英魂深夜归来，在狂风暴雨中大声疾呼：杀过黄河！杀过黄河！

【鉴赏】宋代的忠臣宗泽曾为东京留守，多次上书高宗，力请收复失地，皆为奸臣所阻，临死前还大呼三声“渡河”。此处借宗泽的英魂，召唤人们渡过黄河，收复被清兵占领的土地，表达了诗人爱国的心声。

公家之利，知无不为。

【语出】《左传·僖公九年》。

【通讲】见了对集体、国家有好处的事就去做。

【鉴赏】表现了集体主义、爱国主义的精神，值得大家学习。

苟利国家生死以，岂因祸福避趋之。

【语出】清·林则徐《赴戍登程口占示家人》。

【通讲】如果有利于国家，虽然要付出生命，我也在所不辞，又怎么能有祸就逃避、有福就趋迎呢？

【鉴赏】表现了作者为捍卫国家利益而坚持斗争的精神。只要对国家民族有利，他就不计祸福，生死以之，甘愿献出一切。这种以国事为重、不顾个人安危的高贵品质和深邃的爱国主义精神，正是五千年历史长河中沉淀下来的民族精神中最核心的那一部分。百余年来，爱国主义精神把个人命运与民族命运紧紧联系在了一起，推动一代又一代中国人向着中国梦前行，向着民族复兴的道路进发。

黑云压城城欲摧，甲光向日金鳞开。

【语出】唐·李贺《雁门太守行》。

【通讲】城头乌云翻滚，城下敌军如潮，但守军严阵以待，披挂整齐，倏然红日破云，照着鳞鳞铠甲，金光四射，将士们正准备反击。

【鉴赏】歌颂中唐平叛战争中的爱国将士。

胡未灭，鬓先秋，泪空流。

【语出】宋·陆游《诉衷情》。

【通讲】敌国未灭，头发先白，只落得热泪空流。

【鉴赏】描写作者爱国的情怀。

几番回首京华望，亡国悲歌泪涕多。

【语出】清·秋瑾《宝刀歌》。

【通讲】我几次三番回首眺望京城，为国家将亡而悲歌，不禁泪如雨下。

【鉴赏】此诗写于1900年庚子事变以后。抒发了深沉的爱国感情。

君子虽在他乡，不忘父母之国。

【语出】明·冯梦龙《东周列国志》第四十三回。

【通讲】君子即使身处异国他乡，也不会忘记自己祖国。

【鉴赏】祖国是我们的母亲，祖国永远在我们心中，对祖国的热爱比珠穆朗玛峰还高，比太平洋还深。

可怜七尺奇男子，忍使神州半陆沉？

【语出】宋·许及之《题曹娥庙》。

【通讲】可惜常常七尺奇男子们，怎能忍心让祖国神州大半沦于敌手？

【鉴赏】表现了强烈的爱国精神。

利于国者爱之，害于国者恶之。

【语出】《晏子春秋·谏上》。

【通讲】对于国家有利的事就要热心地去做；对国家有害的事就要憎恶它、远离它。

【鉴赏】中国传统思想中蕴涵着丰富深刻的爱国主义思想。爱国主义被中华民族始终奉为道德传统的最高原则，以热爱祖国为荣，以危害祖国为耻。这是华夏民族生生不息的文脉与精髓。

临患不忘国，忠也。

【语出】《左传·昭公元年》。

【通讲】面临祸患而不忘国家，这是忠。

【鉴赏】爱国是中华民族光荣传统，尤其是危难时刻，对国家忠心耿耿。在悠久的历史长河中，许许多多爱国志士刻骨铭心的爱国之情、矢志不渝的报国之志、生死不移的爱国之行，感人肺腑，代代传颂。

南渡君臣轻社稷，中原父老望旌旗。

【语出】元·赵孟頫《岳鄂王墓》。

【通讲】南宋的君臣们不以国家社稷为重，中原沦陷区的父老却盼望着宋军的旗帜。

【鉴赏】作者深刻批评以宋高宗、秦桧为代表的不抵抗主义者，同情挣扎于金朝统治下盼望着宋朝军队的到来的中原父老，表现了作者的爱国情怀。

拼将十万头颅血，须把乾坤力挽回。

【语出】清·秋瑾《黄海舟中日人索句并见日俄战争地图》。

【通讲】拼着付出十万人的头颅和鲜血，也要挽回祖国日渐沦亡的命运。

【鉴赏】作者大声疾呼，号召全国人民奋起保卫自己的国家，把国家从摇摇欲坠的危急局面中挽救出来。

忍看图画移颜色，肯使江山付劫灰！

【语出】清·秋瑾《黄海舟中日人索句并见日俄战争地图》。

【通讲】哪里能忍心看着我国在地图上改变颜色，怎肯听任帝国主义把我国江山付诸劫灰！

【鉴赏】此诗是作者在1905年第二次去日本时所写。1904年，日、俄两国为了争夺朝鲜和我国东北，在我国东北境内进行战争，作者对此表示极大愤慨。充分表现了作者强烈的爱国热情和对祖国命运忧虑的心情，真是撼动人心。这两句诗表明，她不忍心见到地图上祖国的领土换成别国的颜色，也绝不愿意让帝国主义战争来毁灭我国的大好河山。她用强烈的感情和激昂的语调倾泻了对祖国命运的无限忧虑。“忍”“肯”两个虚字前呼后应，恰到好处地表现了这种感情。

身在江海之上，心居乎魏阙之下。

【语出】《庄子·让王》。

【通讲】江海：这里借指一般百姓所居住生活的地方。魏阙：宫门两边的高台，后借指朝廷。置身于普通老百姓的行列之中，心里想到的却是高大宫墙之下的事情。

【鉴赏】虽然自己处在平民的地位，但心里时刻想着国家大事。正是天下兴亡，匹夫有责。

四万万人齐下泪，天涯何处是神州？

【语出】清·谭嗣同《题江建霞东邻巧笑图诗》。

【通讲】四万万同胞一齐痛哭流泪，世界上哪里还有我们的祖国？

【鉴赏】此诗作于签订《马关条约》后一年。描写宝岛台湾首次割让与日本，大陆瓜分之祸迫在眉睫，激起爱国救亡的紧迫感。

位卑未敢忘忧国。

【语出】宋·陆游《病起书怀》。

【通讲】地位低下，但不敢忘记处于患难的国家。

【鉴赏】心系国家兴亡，是每个老百姓的应有的良心。

文臣不爱钱，武臣不惜死，天下当太平。

【语出】《宋史·岳飞传》。

【通讲】惜：恐；怕。文官不贪爱钱财，武官不顾惜性命，天下自然太平。

【鉴赏】这是宋代爱国将领岳飞说过的一句名言。他认为文官们不贪图私利，清正廉洁，为国家鞠躬尽瘁，将士们英勇善战，不怕牺牲来保卫自己的国家，那么国家就会长治久安。为政者若都能恪尽职守，廉洁奉公，勇于为国牺牲，国家自然就能长治久安。

西风白发三千丈，故国青山一万重。

【语出】金·元好问《寄杨飞卿》。

【通讲】西风当头，我的白发似有千丈长；眺望远处，我沦落中的故国青山重重叠叠。

【鉴赏】真切地表达了诗人对于山河沦丧、国破家亡的悲痛，抒发了深切的爱国情怀。

贤者不悲其身之死，而忧其国之衰。

【语出】宋·苏洵《管仲论》。

【通讲】贤良的人，不悲痛他自己生命的灭亡，而是担忧他祖国的衰败。

【鉴赏】表现了强烈的爱国主义思想，个人的生命无所谓，而国家兴衰却至关重要。国家富强，人民生活也必然富裕。所以不必担心自己，而要考虑国家的兴亡，使国家强盛起来。

忧国如家，以天下为己任。

【语出】《北齐书·崔暹传》。

【通讲】任：责任；职责。崔暹担忧国家就像担忧自己的家一样，把国家的兴衰当作自己的责任。

【鉴赏】"以天下为己任"是中国古代伦理道德的价值理想。这种精神培育了炎黄子孙强烈的社会责任感，我们要前仆后继，养就舍小家顾大家的优秀品德。

只愁转眼瓜分惨，百首空城花蕊词。

【语出】清·秋瑾《柬徐寄尘》。

【通讲】花蕊词：花蕊夫人的宫词，花蕊夫人是五代时前蜀主王建之妃，能作诗，有宫词百首。只担忧转眼之间就要出现国家被瓜分的悲惨局面，到那时，你写的许多诗也不过像五代时花蕊夫人徐氏的宫词一样，对国家无补了。

【鉴赏】这是秋瑾写给好友徐寄尘的诗句。劝勉她参加革命。否则，你纵然很有才华，也于国无补，就像花蕊夫人空有百首宫词，不能避免亡国被俘的命运一样。洋溢着作者爱国的热情和革命的豪情壮志。

只有一丝牵，齐州万点烟。

【语出】清·王夫之《菩萨蛮》。

【通讲】齐州：指中国。心里只有一丝牵挂，那就是莽莽神州——已失去的江山。

【鉴赏】诗句表达明代遗民王夫之的故国之戚。缠绵悱恻，怆怀故国，感情深挚。

中原乱,簪缨散,几时收?试倩悲风吹泪过扬州。

【语出】宋·朱敦儒《相见欢》。

【通讲】中原:指以河南为中心的广大地域。簪缨:原是公卿的服饰,此处代指贵族士大夫。扬州:当时抗金前线的重镇。中原大乱,贵族士大夫逃亡,什么时候才能恢复失地?还是让悲风把我这满眶的泪水吹过扬州吧。

【鉴赏】描写作者收复失地的爱国情怀。

忠烈断金,精贯白日,荷戈俟奋,志在毕命。

【语出】《南史·宋本纪》。

【通讲】荷戈:拿着兵器。俟:等待。毕:结束。忠烈能熔断金石,精诚可以横贯皓天白日,拿着兵器等待奋战的机会,为国家牺牲生命就是我的志向。

【鉴赏】古代的忠义之士对国家强烈的赤胆忠心和高尚的爱国情操永远是中华儿女学习的榜样。当国家需要时,就要奋战疆场,为维护祖国的尊严和领土完整,宁可牺牲自己的生命。

专利国家,而不为身谋。

【语出】宋·司马光《谏院题名记》。

【通讲】专做有利于国家的事,而不为自身谋利益。

【鉴赏】当官不能谋私利,而要为国家勤奋工作。

6 兴亡

安危在出令，存亡在所任。

【语出】《史记·楚元王世家赞》。

【通讲】出令：制定法令。所任：所任用的人。国家的安危决定于颁发的政令，国家的存亡决定于任用的官员。

【鉴赏】法令制定得正确与否、用人得当与否是关系到一个国家安危存亡的关键，必须引起我们的重视。

臣观前代邦之兴，由得人也；邦之亡，由失人也。得其人，失其人，非一朝一夕之故，其所由来者渐矣。

【语出】唐·白居易《策林五》。

【通讲】国家兴盛，在于拥有人才；国家灭亡，则是因为丧失人才。得人也好，失人也好，都不是一朝一夕所致，而是长期发展变化的结果。

【鉴赏】中国是人才思想产生最早的国家。孟子认为"尊贤"是治国之本，指出国家"不用贤则亡""不信仁贤，则国空虚"，将能否任用贤才提升到国家存亡的高度来认识。祸患常积于忽微，在用人方面同样如此。对于那些跑官要官的，凭关系、凭感情选人用人的，哪怕是极少数例子，都不能等闲视之。

存不忘亡，安必虑危，古之善教。

【语出】《三国志·吴志·吴主传》。

【通讲】当国家存在时，不要忘记灭亡的危险，安乐时，必须时时想到危难，这是古代留下的重要教训。

【鉴赏】永远想到灭亡、危难。时时提防，才会保有安乐，必须记住这个辩证法。

存亡祸福皆己而已，天灾地妖不能加也。

【语出】《孔子家语·五仪解》。

【通讲】国家的存在与灭亡，灾祸与安稳，都在于统治者自己；天上的灾害，地下的妖异，都不可能把这些强加在你头上。

【鉴赏】执政者决定国家的存亡安危。

存亡在虚实，不在于众寡。

【语出】《韩非子·安危》。

【通讲】国家的生存还是灭亡，取决于国力的强还是弱，而不是民众的多或者少。

【鉴赏】一个国家的国力强盛往往是其能够存在并发展的重要保障。韩非强调了发展国家实力的重要性，只有国家综合实力提高，国家才能强盛。这对现在仍然具有借鉴意义。当然，我们现在更加注重综合国力的提高，将经济、自然、人等因素囊括在内，强调各因素的和谐发展。

耽于女乐，不顾国政，则亡国之祸也。

【语出】《韩非子·十过》。

【通讲】耽：沉溺。女乐：女子歌舞。沉溺于女子歌舞，不料理国家政事，就是国家灭亡的祸根。

【鉴赏】沉溺于声色是国家灭亡的祸患。

凡国之亡也，有道者必先去，古今一也。地从于城，城从于民，民从于贤。故贤主得贤者而民得，民得而城得，城得而地得。夫地得岂必足行其地、人说其民哉？得其要而已矣。

【语出】《吕氏春秋·先识》。

【通讲】凡是国家濒于灭亡的时候，有道之人必定会事先离开，古今都是一样的。土地的归属取决于城邑的归属，城邑的归属取决于人民的归属，人民的归属取决于贤人的归属。所以贤明的君主得到贤人们辅佐，人民自然就得到了；得到人民，城邑自然就得到了；得到城邑，土地自然就得到了。土地的获得，难道一定要亲自巡视那里，一定要亲自劝说那里的人民吗？只要抓住最关键的问题就行了。

【鉴赏】纳贤和用贤是非常重要的，只要能做到纳贤和用贤，就能抓住治国为政的关键。

国将亡，本必先颠，而后枝叶从之。

【语出】《左传·闵公元年》。

【通讲】国家将要灭亡，如同大树，树干必先行仆倒，然后枝叶随之落下。

【鉴赏】春秋时期，齐桓公问仲孙可以攻取鲁国吗？仲孙认为不行，因为鲁国还遵行周礼，周礼是立国的根本，"国将亡，本必先颠，而后枝叶从之"。仲孙劝齐桓公亲近鲁国这类有礼仪的国家，离间内部不和的国家，灭亡昏暗动乱的国家，这样才能称王称霸。仲孙强调了礼在治国中的重要作用。孔子一生推崇周礼，他说"不学礼，无以立"(《论语·季氏》)，主张"克己复礼"，要求人们"非礼勿视，非礼勿听，非礼勿言，非礼勿动"(《论语·颜渊》)。以礼治国，实现大同社会是孔子的终极理想。《乐记·乐论》："礼者，天地之序也……序，故群物皆别。"把"礼"这种人类社会的秩序看成是天地自然的秩序，有序，万物各得其宜。礼学思想在个人生活和国家治理中具有重要的作用和意义。

国虽大，好战必亡；天下虽平，忘战必危。

【语出】《史记·平津侯主父列传》。

【通讲】国家尽管民众地广，热衷于战争就会招致亡国之祸；国家虽然太平无事，放弃战备就必然出现危险局面。

【鉴赏】一个国家既不应该轻举妄动，任意挑动战争；也不能忘记战备，耽于和平幻想，那就可能忘国。说明了在和平年代应如何对待战争的事情。穷兵黩武必将玩火自焚。而忘记守备、忽略国防，也必然会将国家推向危险境地。

国之将兴，必有祯祥，君子用而小人退；国之将亡，贤人隐，乱臣贵。

【语出】《史记·楚元王世家》。

【通讲】国家将兴旺发达，必有祥瑞出现，君子受到重用而小人被排斥；国家将走向灭亡，贤能的人隐居不出，乱臣贼子当道掌权。

【鉴赏】由谁掌权，由什么人治理国家，关系到国家的兴亡。

国之兴也，天遣之贤人与极言之士；国之亡也，天遣之乱人与善谀之士。

【语出】《吕氏春秋·先识》。

【通讲】极：尽。谀：谄媚；奉承。国家将兴旺，上天会派来贤人和言无不尽的人；国家将灭亡，上天会派来作乱的人和善于阿谀奉承的人。

【鉴赏】各级官员能知无不言，言无不尽，国家就会兴旺；否则，国家将要灭亡。

火生于木，火发而木焚；奸生于国，奸成而国灭。

【语出】汉·张良《阴符经注·上篇》。

【通讲】火因木而燃起，火燃起木就被焚毁；奸人产生在国内，奸人成了气候国家就灭亡了。

【鉴赏】奸人要灭国亡国，要群起而攻之。

俭节则昌，淫佚则亡。

【语出】《墨子·辞过》。

【通讲】昌：兴盛。淫佚：纵欲放荡。俭朴节约国家就会兴盛，纵欲放荡国家就会灭亡。

【鉴赏】以习近平同志为核心的党中央提倡俭约，反对浪费，推行光盘活动，可以净化社会风气，使国家兴旺。纵欲放荡，社会风气必定低下，国家也必定衰亡。

礼义廉耻，是谓四维。四维不张，国乃灭亡。

【语出】《汉书·贾谊传》。

【通讲】礼、义、廉、耻，这是四项基本的准则。不遵守这四项准则，国家就会灭亡。

政治

【鉴赏】这是贾谊上书汉文帝的奏折中的话,他针对当时的社会问题,提出以礼义教化为主的治国理念。秦朝不讲礼义廉耻这四项准则,仅30年,江山社稷就垮了。因此礼、义、廉、耻这四项准则的确立很必要。只有这项制度确立了,社会成员才能各司其职,社会秩序才会井然有序,国家才能长治久安。

民伤则离散,农伤则国贫。

【语出】《南齐书·刘悛传》。

【通讲】伤:伤害。老百姓受到伤害,国家就会分崩离析,农民受到伤害,国家就会贫穷困乏。

【鉴赏】这句话反映了一种以民为本、以农业为主的思想。在制定政策时,都不要伤害人民群众,同时还要重视农业生产。因为国以民为本,民以食为天,伤民轻农,后果不堪设想。

亲贤臣,远小人,此先汉所以兴隆也;亲小人,远贤臣,此后汉所以倾颓也。

【语出】三国蜀·诸葛亮《前出师表》。

【通讲】贤臣:忠诚而有才干的官吏。小人:扰乱朝政的宦官。先汉:指西汉。兴隆:兴盛。后汉:指东汉。倾颓:灭亡。亲近忠诚而有才干的官员,远离扰乱朝政的宦官,这是西汉能够强大兴盛的原因;亲近扰乱朝政的宦官,远离忠诚而有才干的官员,这是东汉所以败亡的原因。

【鉴赏】劝谏后主刘禅要亲近贤臣,疏远小人,吸取后汉败亡的教训。

仁义不施,而攻守之势异也。

【语出】汉·贾谊《过秦论》。

【通讲】就是因为不施仁义,而攻守的形势却不同了啊。

【鉴赏】论述了秦朝灭亡的原因在于"仁义不施",希望汉文帝以此为鉴,施行仁政,以免重蹈秦国灭亡的覆辙。

盛服先生不用于世,忠良切言皆郁于胸,誉谀之声日满于耳,虚美熏心,实祸蔽塞。此乃秦之所以亡天下也。

【语出】汉·路温舒《尚德缓刑书》。

【通讲】盛服先生：儒者。熏：熏陶，这里有迷惑的意思。蔽塞：掩蔽。儒者不被当世重用，忠良的肺腑之言都埋在心中，奉承讨好的话充斥于耳，虚假的赞美之声迷住了心窍，所有这些都使得真正的祸患被遮掩起来。

【鉴赏】揭示了秦朝失去天下的原因。

是而不用，非而不息，乱亡之道也。

【语出】《韩非子·显学》。

【通讲】正确的不实行，错误的不禁止，这是国家走向混乱的道路。

【鉴赏】领导人如果是“老好人”，就会使国家、单位受害。因为他既不指出某些人错在哪里，并去纠正错误；也不明确地表示支持某些人的正确主张。这是非常危险的。

思危所以求安，虑退所以能进，惧乱所以保治，戒亡所以获存。

【语出】《晋书·潘尼传》。

【通讲】想到危险，因此能得到安全；考虑到后退，因此能前进；时时畏惧祸乱，因此能保持安定的局面；警惕灭亡，因此能获得生存。

【鉴赏】要学会辩证法，安危、进退、治乱、存亡，都是一对矛盾，要辩证地看问题，处理好各种关系，以求得自己和社会的进步。

天下将兴，其积必有源；天下将亡，其发必有门。

【语出】宋·苏轼《策断二十三》。

【通讲】积：各种因素的积聚。源：根源。发：爆发。门：原因。国家的兴亡必定有兴亡的原因。国家将要兴盛，它的各种因素的积聚一定有根源；国家将要灭亡，它的爆发也必然有原因。

天下虽兴，好战必亡。

【语出】唐·白居易《策林三》。

【通讲】国家兴盛时不可穷兵黩武，否则就会走向灭亡。

【鉴赏】和平发展，是应该努力争取的国策。

亡国之主,自谓不亡,然后至于亡,圣贤之君,自谓将亡,然后至于不亡。

【语出】《三国志·魏志·高堂隆传》。

【通讲】将要亡国的君主,自认为政权稳定,但是最后走向灭亡;聪明而有远见的君主,把国家看成有面临倾覆的危险而加以警惕,但是避免了亡国之祸。

【鉴赏】这是高堂隆谏疏中的话。魏明帝曹叡面对吴、蜀强敌,大修宫殿,耗费大量人力财力。高堂隆对他这种忘记国家危险处境而大兴土木的太平麻痹思想,痛加指斥。越是不忘危亡,越是安全。

以德胜人者昌,以力胜人者亡。

【语出】《后汉书·鲁恭传》。

【通讲】一个君主要是以仁德服人,国家必然昌盛;要是凭借武力去压服人,不久必然走向灭亡。

【鉴赏】治理国家,是实行仁政,还是暴政,是关系到国家是否长治久安的关键。

忧劳可以兴国,逸豫可以亡身。

【语出】《新五代史·伶官传序》。

【通讲】逸:安闲。豫:游乐。忧患勤劳可以振兴国家,安逸享乐可以毁灭自身。

【鉴赏】国家的振兴必须依靠全体人民的辛勤劳动以及对国家的安危强盛的忧患意识,个人如果沉溺于安逸享乐,只能毁灭自己。

置君,非以阿君也;置天子,非以阿天子也;置官长,非以阿官长也。德衰世乱,然后天子利天下,国君利国,官长利官。此国所以递兴递废也,乱难之所以时作也。

【语出】《吕氏春秋·恃君》。

【通讲】设置君主,并非用来奉承君王的;设置天子,并非用来奉承天子的;设置官长,也并非用来奉承官长的。只有到了道德衰颓、世道混乱的时候,天子凭借天下谋利益,国君凭借国家谋利益,官吏凭借官职谋利益。这就是国家有兴有亡、动乱时常发生的原因。

【鉴赏】治理国家者,必须做到天下为公。如果各级领导层都利用职权谋私,就是一个国家走向败亡的标记。

仲弓曰:"焉知贤才而举之?"子曰:"举尔所知。尔所不知,人其舍诸?"便见仲弓与圣人用心之大小。推此义,则一心可以丧邦,一心可以兴邦,只在公私之间尔。

【语出】宋·程颢、程颐《二程遗书》卷十一。

【通讲】鲁国的仲弓做了季氏的家臣,向孔子请教怎样发现并选拔贤才。孔子说:"选拔你所知道的。至于你不知道的贤才,别人难道还会埋没他们吗?"对此,二程作了如下评语:"推此义,则一心可以丧邦,一心可以兴邦,只在公私之间尔。"

【鉴赏】二程的学说被称作"身心之学"或"心性之学",主张"有是心,斯具是形以生"。在他们看来,当政者是否具有公心,关乎国家兴亡。有了公心,可以使国家兴盛;没有公心,一切从私心出发,会使国家灭亡。领导干部从走上岗位的第一天起,就面临着公与私的考验。领导干部就是要大公无私、坦荡做人、谨慎用权、光明正大、堂堂正正,才能得到群众的拥护。

专己者孤,拒谏者塞,孤塞之政,亡国之风也。

【语出】《后汉书·申屠刚传》。

【通讲】只凭个人意愿行事的人一定很孤立,拒绝采纳谏言的人使言路闭塞。一意孤行又不采纳别人意见的政治,乃是亡国的表征。

【鉴赏】广开言路,使施政正确,才会使国家强盛,否则,必定亡国。

自古乱亡之国,必先坏其法制而后乱从之。

【语出】《新五代史·王建立传》。

【通讲】从古以来,那些因祸乱而灭亡的国家,它的法律制度必先遭到破坏,祸乱才会接踵而来。

【鉴赏】法制建设非常重要,这是决定国家治乱的关键。

自古兴国皆赖忠贤。

【语出】《金史·移剌塔不也传》。

【通讲】自古以来,振兴国家都依仗忠臣贤士。

【鉴赏】忠厚贤士是国家的栋梁。

自古以来,国之兴亡,不由积蓄多少,唯在百姓苦乐。

【语出】《旧唐书·马周传》。

【通讲】自古以来,国家兴亡,不在于积蓄的多少,而在于是否知道百姓的苦乐。

【鉴赏】这是时任御史的马周上书劝谏唐太宗的话,他向太宗提出广施德化、少徭役、尚节俭、抑制诸王、选用贤才、以百姓苦乐为本的治国方策。以习近平同志为核心的党中央提出要让老百姓有获得感,则是关心老百姓苦乐的表现。

7 邦 交

两国相持，不斩来使。

【语出】元·郑延玉《楚昭公》第二折。

【通讲】两个国家交战，彼此不杀对方派来联络或谈判的使者。

【鉴赏】交战双方不杀使者。

亲仁善邻，国之宝也。

【语出】《左传·隐公六年》。

【通讲】亲近仁义和邻国友好，这是国家宝贵的措施。

【鉴赏】中国先秦思想家提出了“亲仁善邻，国之宝也”的思想。自古以来友善的中国人民就同各国人民友好相处，至今仍坚持“与邻为善，以邻为伴”和“睦邻、安邻、富邻”的观念，努力与邻国成为“好邻居、好朋友、好伙伴”。与邻国关系如此，邻里关系也是如此。古人在生活中总结出“千金买屋，万金买邻”“人到难处邻里亲”之类的生动民谚。邻里关系以和为贵，以让为德。亲仁善邻，乡邻和睦，是邻里关系的目标；相容相让、为对方考虑是基本的道德；邻里之间有无相恤，疾病相扶，患难相救，和睦相处，是邻里的相互支持。

8 安 危

爱臣太亲，必危其身；人臣太贵，必易主位。

【语出】《韩非子·爱臣》。

【通讲】对臣下过于宠信，必定会危及君主自己；臣下的地位过于尊贵，必定会改变君主的主导地位。

【鉴赏】此句主要阐释过于宠爱下属所导致的危险。下属的地位太过于尊显时，弊端重重，甚至危及君主的地位。于是乎，君主对待臣下，应该做到赏罚分明，牢牢掌握主导权、决定权，切莫让宠臣拥有的权力过大，否则，他们很可能产生篡位之心甚至付诸行动。这对防止下属作乱，巩固中央集权非常有利，也对当前的上下级关系有一定的借鉴意义。

安危之兆，祸福之机，匪独天时，亦由人事。

【语出】《陈书·虞寄传》。

【通讲】安危的征兆，祸福的关键，不仅是天命决定的，也有人为的原因。

【鉴赏】安危祸福，都是由自然、社会和人的因素决定的。

不去庆父，鲁难未已。

【语出】《左传·闵公元年》。

【通讲】不除掉庆父，鲁国的祸难没完没了。

【鉴赏】庆父杀死子般，后来又杀闵公，是个贪婪残暴、权欲熏心、品行极坏的人，是鲁国内乱的祸首。后在齐国的协助下，鲁国人杀死庆父，稳定了鲁国内政。“不去庆父，鲁难未已”提醒人们：对那些搅乱安宁、扰乱秩序、制造混乱、破坏稳定、危害安全的不法分子、邪恶势力必须坚决清除，彻底铲除祸根。

察乎安危,宁于祸福。

【语出】《庄子·秋水》。

【通讲】能够正确判断什么是安全,什么是危险,就能在纷乱的灾难与平安面前获得安宁。

【鉴赏】社会和个人都应该有预警能力,及早察觉危险,做好防范措施,保证国家和群众的安宁。

谄谀在侧,善议障塞,则国危矣。

【语出】《墨子·亲士》。

【通讲】君主周围充斥着阿谀奉承的小人,听不见好的意见,国家就危险了。

【鉴赏】任何领导者都不可近小人,远离贤良。否则,国家将危亡。

蹈危者,虑深而获全;居安者,患生于所忽。

【语出】《新五代史·冯道传》。

【通讲】身在险境的人,因深思熟虑而得以保全;处境安然的人,因疏忽大意而带来祸害。

【鉴赏】小心谨慎、深思熟虑,即使身处险境,也能平安。否则,会带来祸害。

独王之国,劳而多祸。

【语出】《管子·形势》。

【通讲】独王:独断专行。一个国家的国君如果独断专行的话,这个国家就会祸端不断。

【鉴赏】说明治国之道在于国君要广纳贤言。

凡持国,太上知始,其次知终,其次知中。三者不能,国必危,身必穷。

【语出】《吕氏春秋·察微》。

【通讲】掌握国家大权的人,水平最高的是能看到各种事情的开端,其次的应在事情发生之后预见到它的结局,再次也应在事情发生后注意它的发展变化情况。如果这三者都做不到,国家必定出现危机,自身也必定走上穷途末路。

【鉴赏】治理国家的人,必须有运筹帷幄的能力,能很好地分析事态的起因、发展和结果,应具有较好的预测能力、分析能力和判断能力。

覆巢毁卵而凤皇不翔,刳胎焚夭而麒麟不至。

【语出】《战国策·赵策四》。

【通讲】刳(kū):剖开。夭(ǎo):幼小的鸟兽。打翻鸟窝,毁坏鸟蛋,凤凰就不会飞来;剖挖母胎,伤害幼体,麒麟就不会出现。

【鉴赏】战国时期,魏国把安邑献给秦国,各国使臣纷纷入秦朝贺,只有赵国得不到接见。辩士谅毅受赵王之命赴秦,秦昭王要赵王杀掉平原君和赵豹,否则就率领各国人马到邯郸城去讨个公道。谅毅说,大王凡有好的衣服和美味都要让两个弟弟叶(shè)阳君、泾阳君共同分享,而且听说"覆巢毁卵而凤皇不翔,刳胎焚夭而麒麟不至",大王的兄弟友爱之情天下闻名,为什么要让赵王杀掉自己的兄弟呢?秦王无以反驳。"覆巢毁卵"指翻倒的鸟窝里不会有完好的卵。比喻整体毁灭,个体也不能幸存。

功冠天下者不安,威震人主者不全。

【语出】《后汉书·申屠刚传》。

【通讲】建立的功劳在全国人中最大的人是不安全的,威权很大使国君也感到惧怕的人是难以保全的。

【鉴赏】功盖当世者必须懂得及时退隐,否则会有生命危险。

居安思危,思则有备,有备无患。

【语出】《左传·襄公十一年》。

【通讲】处在安定的环境中要想到可能的危险,想到了就要有所防备,有了防备就不会有祸患。

【鉴赏】春秋时期,郑国多次攻打宋国,鲁襄公十一年九月,诸侯联合出兵再次进攻郑国。郑国贿赂晋国大批礼物。晋悼公因魏绛出谋整顿中原诸国及会合诸侯有功,便将乐器及乐队的一半赐给魏绛。魏绛拒绝了礼物,在赞颂了晋悼公的才能后,引用《尚书》“居安思危,思则有备,有备无患”来规劝晋悼公。这几句常省作“居安思危,有备无患”,具有深广的警戒意义,无论对治国、理家或其他事业都适用。要始终保持清醒的头脑,增强忧患意识,生活安宁时也想到有出现危险的可能。要有应付意外事件的思想准备,做好防范,等到事发时不至于惊慌失措、束手无策。

居高而必危,每处满而防溢。

【语出】《北史·炀帝愍皇后萧氏传》。

【通讲】居高位一定要有危险意识,而东西满了就要防止它溢出来。

【鉴赏】这是隋炀帝的皇后萧氏在《述志赋》里劝谏隋炀帝的话,但隋炀帝不听劝告,居高位而恣意妄为,终至自取灭亡。这必须引以为戒。

君之所慎者四:一曰大德不至仁不可以授国柄;二曰见贤不能让不可与尊位;三曰罚避亲贵不可使主兵;四曰不好本身、不务地利而轻赋敛,不可与都邑。此四务者,安危之本也。

【语出】《管子·立政》。

【通讲】君主需要慎重处理的问题有四个方面:一是对尊崇道德而不践行仁政的人,不可以授予国家大权;二是对遇到贤能不让位的人,不可以授予尊贵地位;三是对亲信或权势者不施惩罚的人,不可以任其统率军队;四是对不重视农业、不勤于土地收益而随意征收赋税的人,不能任命为地方官吏。这四方面是决定国家安危的根本问题。

【鉴赏】决定国家安危的重要因素在于君王有效控制人事管理。如果一个国家的执政者得不到群众的拥护,大臣之间不协作,掌握兵权的主帅没有公信,地方官吏不组织老百姓发展生产,那么政权也会潜伏着被颠覆的危险。因此,国君必须从这四个根本问题上加强对国家的治理。

理生于危心,乱生于肆志。

【语出】《旧唐书·李绛传》。

【通讲】国家治理得好,是由于当政的人随时都兢兢业业,小心谨慎;国家出现祸乱,则是由于当权者随心所欲,恣意妄为。

【鉴赏】国家或单位的当权者肩负着重任，一定要不负人民和群众所托，把工作做好，为人民和群众谋利益。

利而不利也、爱而不用也者，取天下者也。利而后利之、爱而后用之者，保社稷者也。不利而利之、不爱而用之者，危国家者也。

【语出】《荀子·富国》。

【通讲】给民众以利益，而不从他们身上获取利益，爱护民众，并且不役使他们的人，能够得天下。给民众以利益，然后从他们身上获取利益，爱护民众，然后役使他们的人，能够保住国家。不给民众以利益，而从他们身上获取利益，不爱护民众，并且役使他们的人，将危害国家。

【鉴赏】任何想得天下、保住国家并且治理好国家的人都应造福民众，这体现了荀况以民为本的思想。

民富则安，贫则危。明主之治也，分其业而一其事；业分则不相乱，事一则各尽其力，而不相乱，则民必安矣。

【语出】晋·傅玄《傅子·安民》。

【通讲】百姓富裕了，社会就安定；贫困了，社会就动乱。英明的君主治理国家，就要使百姓各有职业分工，并能专一从事于各自的工作；有了职业分工，人们的工作就不会相互错乱；工作专一，就可使人各尽其力，而工作不相互错乱，百姓必然可以安定。

【鉴赏】安民是治理国家的首要任务，安民的首要条件就是使人民各有职业分工，使士农工商四民都能专心致志地做好各自的分内工作。只有百姓安定，国家才会安定。

民之治乱，在于吏；国之安危，在于政。

【语出】汉·贾谊《新书·大政下》。

【通讲】老百姓治理得好与乱，关键在于官员；国家是安定还是危险，关键在于国家的政策。

【鉴赏】任用官吏，制定政策，是治国理政的重要任务。

人主太上喜怒必循理，其次不循理，必数更，虽未至大贤，犹足以盖浊世矣。……世主之患，耻不知而矜自用，好愎过而恶听谏，以至于危。

【语出】《吕氏春秋·似顺》。

【通讲】作为君主，修养最高的应是不论喜怒都能依照事理行事，修养一般的常常不遵循事理，但定能不断改正，虽然达不到大贤的水平，也还足以胜过昏乱的君主。君主的毛病，是把不知视为耻辱，而把自以为是当作荣耀，喜欢坚持错误，厌恶听人劝谏，以致使国家陷于危亡。

【鉴赏】各级领导者要善于依照事理行事，要听人劝谏，不断改正错误，否则，国家将危亡。

人主之患，莫大乎处危亡而不知；人臣之罪，莫大乎知危亡而不言。

【语出】《宋史·王伯大传》。

【通讲】国君的忧患，没有比处于危亡之中而不知为最大的了；臣子的罪过，没有比明知危亡而不言为最大的了。

【鉴赏】要居安思危，要时刻警惕危亡，知危而不危。

杀戮众而心不服，则上位危矣。

【语出】《管子·牧民》。

【通讲】只凭借严刑重罚、大规模镇压，群众心里充满着反抗情绪，统治者的地位就危险了。

【鉴赏】哪里有压迫，哪里就有反抗。亿万群众揭竿而起，统治就难以为继了。

深思远虑，安不忘危。

【语出】《后汉书·和帝纪》。

【通讲】考虑问题应该深远，安宁的时候不能忘记还有危难可能发生。

【鉴赏】这才是有政治眼光的。

生于忧患而死于安乐。

【语出】《孟子·告子下》。

【通讲】国家和个人的生存在于忧愁患难,死亡在于安于享乐。

【鉴赏】居安思危,防患于未然是无数国家兴亡的教训总结,也是个人生存发展的要害。人生在世,绝不可贪图安逸、纵情享乐,而要有忧患意识。

天下大乱,无有安国;一国尽乱,无有安家;一家皆乱,无有安身。

【语出】《吕氏春秋·喻大》。

【通讲】家:卿大夫的采地食邑。天下大乱了,就没有国家的安定;整个国家都乱了,就没有安定的采邑;整个采邑都乱了,就没有个人的安身之所。

【鉴赏】说明了整体和局部的辩证关系问题。在作者看来,只有整体的安定才有局部的安定,或者说局部的安定有赖于整体的安定。也说明天下安定的重要性。我们要捍卫国家的安全,保卫世界和平。

天下有三危:少德而多宠,一危也;才下而位高,二危也;身无大功而受厚禄,三危也。

【语出】《淮南子·人间训》。

【通讲】危:危害。天下有三件危险的事情:缺少德性却备受宠爱,一危;才能低下却身居高位,二危;身无大功却俸禄丰厚,三危。

【鉴赏】赏罚明,天下定。对无德无才无功的人,却宠爱有加,官高禄厚,肯定会误国害民,国家也就岌岌可危了。

天下之患,最不可为者,名为治平无事,而其实有不测之忧。坐观其变而不为之所,则恐至于不可救;起而强为之,则天下狃于治平之安,而不吾信。

【语出】宋·苏轼《晁错论》。

【通讲】狃(niǔ):习以为常而不加重视。天下的祸患,最难以解决的,莫过于表面上平安无事，实际上却存在着难以预料的隐患。坐观其变却不想办法解决，那么祸乱就会发展到无可挽回的地步；“起而强为之”而不等待时机，那么恐怕天下的人由于习惯了太平安逸，就不会相信并支持我们。

【鉴赏】《晁错论》是苏轼写的一篇人物评传，评论的是西汉初年景帝时期的政治改革家晁错削藩这一历史事件，并分析了晁错被杀的根本原因。历史上有很多类似教训：唐代开元盛世，玄宗却沉溺享乐，终致“安史之乱”；清朝康乾盛世，朝野却奢靡腐化，转而走向家道中落。一个国家生存和发展最主要的威胁，往往不是突如其来的重大灾难与变故，而恰恰是那些不易察觉、缓慢积累起来的倦怠与松懈。对已经看得清的方面，要深入研判、早做谋划、从容应对；对暂时难以看清的方面，要密切跟踪、未雨绸缪、灵活应对。

天下之祸不生于逆，生于顺。

【语出】明·钱琦《钱公良测语·鉴远》。

【通讲】天下的灾祸不是在逆境中产生的，而是在顺利的时候产生的。

【鉴赏】越是顺利的时候越容易产生祸乱。

危于累卵，难于上天。

【语出】《汉书·枚乘传》。

【通讲】比堆叠起来的蛋还要危险，比攀登上天还要艰难。

【鉴赏】情况极其危险、艰难。

委肉当饿虎之蹊，祸必不振。

【语出】《战国策·燕策三》。

【通讲】蹊(xī)：小路。振：救济、挽救。把肉扔在饿虎出没的小路上，祸患一定不可挽救了。

【鉴赏】战国时期，得罪秦王的秦将樊於期逃到燕国，太子丹收留了他。太傅鞠武劝阻太子，因质于秦国的太子逃回燕国，秦王对燕国已有积怨，现在太子又收纳他的叛将，这就像“委肉当饿虎之蹊，祸必不振”，燕国太危险了。后世以“委肉虎蹊”为成语，比喻处境十分危险，灾祸就要来临。

小人无朋，其暂为朋者，伪也。君子则不然，所守者道义，所行者忠信，所惜者名节。以之修身，则同道而相益，以之事国，则同心而共济，终始如一，此君子之朋也。故为人君者，但当退小人之伪朋，用君子之真朋，则天下治矣。

【语出】宋·欧阳修《朋党论》。

【通讲】小人并无朋党，只有君子才有。因为小人贪爱利禄财货，当他们利益相同时，就暂时勾结为朋党，这种朋党是虚伪的；等到他们利尽交疏时，就会反过来互相戕害，即使是兄弟亲戚也在所不惜。君子则不然，他们坚守的是道义，履行的是忠信，珍惜的是名节。以此来修养品德，就会志趣相投而相互补益；以此来为国家做事，就能够和衷共济，始终如一，这就是君子的朋党。所以做君主的，只要能斥退小人的假朋党，采用君子的真朋党，天下就可以安定了。

【鉴赏】那些搞小圈子、团团伙伙的，往往是以不当利益相勾连，看似很亲密，实则各怀异心、勾心斗角。这就是先贤所指斥的“小人之朋”。君子之交在同心同德，只有以共同的理想追求凝聚在一起，共同为了伟大的事业而奋斗，才能和衷共济、众志成城，锻造牢不可破的坚强团队。

义胜者谋立，人众者功济，如此则社稷犹可保也。

【语出】《宋史·文天祥传》。

【通讲】义：合理的主张和思想。胜：超过；胜过。谋：图谋。立：成立；存在。功：事情。济：成功。社稷：国家。保：安定。合理的主张占上风就采用，人多事情就好办，像这样国家就可安定。

【鉴赏】要建立文明社会，要使社会上风清气正，要培育许许多多对祖国忠诚和热爱、以国家民族的利益为己任，前仆后继、保国为民的群体，有了他们的存在，我们的国家即使历经劫难但每次都能重新振兴。

于安思危，危则虑安。

【语出】《战国策·楚策四》。

【通讲】在平安时期要想到有出现危险的可能，在危急中要考虑转危为安。

【鉴赏】战国时期,楚国虞卿建议春申君“于安思危,危则虑安”,趁着楚考烈王年迈,赶紧选定自己的封邑。“于安思危,危则虑安”提醒人们居安思危,防患未然。忧患意识是中华民族居安思危的高超智慧。增强忧患意识,最根本的是提高防患能力,才能转危为安。

子曰:“危者,安其位者也。亡者,保其存者也。乱者,有其治者也。是故君子安而不忘危,存而不忘亡,治而不忘乱,是以身安而国家可保也。”

【语出】《周易·系辞下》。

【通讲】《周易·系辞》是孔子阐释《易》理的文字。君子在国家安定的时候要不忘危险,国家存在的时候要不忘败亡,国家大治的时候要不忘变乱。强调当政者要有忧患意识,对可能威胁国家前途命运的困难和危险时刻保持警惕。居安思危,永不懈怠,兢兢业业,如此才能安身保国。对威胁国家前途命运的困难和危险时刻保持警惕。居安思危、永不懈怠,如此才能安身保国。

【鉴赏】《周易》亦称《易经》,简称《易》,儒家重要经典之一。《周易》中这句名言,警示大家要保持忧患意识,看到那些尚未出现而即将出现的问题,防患未然,从容应对。在社会治理中增强预见性,做到喜不忘忧,未雨绸缪,安身强国。

9 爱 民

安得广厦千万间，大庇天下寒士俱欢颜，风雨不动安如山！

【语出】唐·杜甫《茅屋为秋风所破歌》。

【通讲】哪里能得到广大房屋千万间，让天下贫寒之士都能遮风避雨，脸露笑容，风雨吹不动，安稳如泰山！

【鉴赏】这里的“广厦”既指遮风避雨的住房，也暗喻能使人们安定生活的开明的政治局面。诗人希望普天下的寒士都能得到一个不为风雨所动的庇护所，安居乐业。

陛下诚能择奉公疾恶之臣而使行之，陛下厉精而察之，去民之患如除腹心之疾，则其以私罪至某、赃罪正入己至若干者，非复过误，适陷于深文者也。

【语出】宋·苏辙《上皇帝书》。

【通讲】在《上皇帝书》中，苏辙提出了许多重要观点，“去民之患，如除腹心之疾”便是其中之一。苏辙向宋神宗提出这一观点，意在让皇帝推己及人、与民同忧，设身处地为百姓着想，同时把百姓疾苦提升到“腹心之疾”的高度，说明“去民之患”，刻不容缓。

【鉴赏】这对我们各级干部来说，就是要解决实际民生问题，面对民生疾苦，要像对待“腹心之疾”那样，认真对待，坚决除之。

不识农夫辛苦力，骄骢踏烂麦青青。

【语出】唐·孟宾于《公子行》。

【通讲】（公子们）不了解农民的耕作何等辛苦劳累，在农田里骄横地纵马疾驰，把青青的麦苗踩个稀烂。

【鉴赏】诗人谴责纵马游春的公子哥儿踏烂庄稼、不知稼穑之艰的恶行，抒发了对农民的同情和尊重之情。

不务先富民，而唯言益国，岂有民贫于下，而国富于上邪？

【语出】《南齐书·竟陵文宣王子良传》。

【通讲】不先努力使人民富裕起来，而只谈论如何使国家获得好处，难道有下面老百姓一贫如洗，而国家却很富裕的事吗？

【鉴赏】这是齐高帝的儿子竟陵王萧子良劝他父亲要关心人民疾苦时说的话。这里所说的人民和国家的本末关系今天对我们也很有启发。

不忧一家寒，所忧四海饥。

【语出】清·魏源《偶然吟十八首呈婺源董小槎先生为和师感兴诗而作》。

【通讲】不为自己一家的饥寒忧愁，而为整个天下人的饥寒忧愁。

【鉴赏】让全体人民脱贫致富，实现中国梦，就是中国共产党的品格和目标。

但得官清吏不横，即是村中歌舞时。

【语出】宋·陆游《春日杂兴》。

【通讲】只要官吏清明而不强横，乡里的老百姓就可以安居乐业了。

【鉴赏】当官的不欺压老百姓，老百姓就会安乐。

军国之务，爱民为本。民富则兵足，兵足则国强。

【语出】《辽史·食货志》。

【通讲】务：事；事情。军国的事情，其根本是爱护百姓，百姓富裕了兵力就充足，兵力充足国家就强大。

【鉴赏】这是治理国家的良策。重视农业，重视民心，反对掠夺。爱民、富民对巩固国家政权是非常重要的。

克国不及其民。

【语出】《淮南子·兵略训》。

【通讲】克：攻克；战胜。攻打敌国而不殃及它的百姓。

【鉴赏】废黜国君的同时，对他的百姓却应该安抚，不能因城门失火而殃及池鱼；在攻打国君时，要让百姓免受战火之苦难，因为百姓是无辜的。

吏不必可畏，从来必可轻。

【语出】汉·崔实引语。

【通讲】官吏不应使人感到畏惧，平民百姓从来就不可轻视。

【鉴赏】民为贵，官员不可高高在上，欺压老百姓。

利之而勿害，成之勿败，生之勿杀，与之勿夺，乐之勿苦，喜之勿怒，此治国之道，使民之谊也，爱之而已矣。

【语出】汉·刘向《说苑·政理》。

【通讲】要多做对老百姓有利的事，不要残害他们；要让老百姓想做的事情成功，不要让它失败；要让老百姓有生路，而不要杀戮他们；要给老百姓利益，而不要夺取他们的利益；要让他们快乐，而不要让他们痛苦；要让他们高兴，不要让他们生气。这些就是治理国家的原则，是使老百姓为统治者服务的要义。一句话，只要爱护他们就行了。

【鉴赏】在治理国家中，要处处为老百姓着想，为老百姓谋幸福，老百姓就会拥戴统治者，为统治者卖力。

命救火者伤人则止，财可为也。

【语出】《左传·哀公三年》。

【通讲】财可为也：财富是可以创造的。命令救火的人受伤就停下来，因为财富是可以创造的。

【鉴赏】《左传》记载：鲁哀公三年，王宫发生大火，很多人都在扑救。当季桓子赶到火场后却说，如果被火伤了就请停下吧，钱财没了还可以再创造。季桓子的这种重人轻财思想，实在是值得褒扬的善念。天下万物，以人为贵，而财富无论价值多么昂贵，都是人创造出来的。命和钱谁重谁轻一目了然，不要再愚蠢地为金钱而蝇营狗苟地生活了。

人力不可不惜，百姓不可不养，养之逸则富以康，使之劳而怨以叛。

【语出】《旧唐书·张文瓘传》。

【通讲】民众的力量不可不顾惜，老百姓不可不恤养，恤养而使之安逸便富裕而康乐，使用而使之劳苦则怨恨而背叛。

【鉴赏】要爱惜老百姓，让老百姓休养生息，让老百姓得到实惠。否则，就容易引起老百姓的反抗，对国家不利。

人主有能以民为务者，则天下归之矣。王也者，非必坚甲利兵、选卒练士也，非必隳人之城郭、杀人之士民也。上世之王者众矣，而事皆不同。其当世之急、忧民之利、除民之害同。

【语出】《吕氏春秋·爱类》。

【通讲】国家管理者如能为民谋利，那么民众都会服从他的管理。统一天下，并非靠坚利的武器和精兵猛将，也并非要毁坏别国城郭、杀害别国人民。过去统一天下者众多，虽然情况不同，但是他们的当务之急是为民兴利除害，这个基本的管理策略则是相同的。

【鉴赏】一个国家领导者若能时时处处为民众的利益着想，就可以使天下之民都归服于他。

仁君在上，则海内无馁殍之人。

【语出】唐·陆贽《均节赋税恤百姓六条·请以税茶钱置义仓以备水旱》。

【通讲】馁：饥饿。殍：饿死。明智仁厚的君主在位，国家就没有饥饿和饿死的人。

【鉴赏】对于今天来说，各级领导者都应保有为人民服务的初心，一切为了人民，就会使国家或单位治理得很好，人民生活就很富足。

仁于他物，不仁于人，不得为仁；不仁于他物，独仁于人，犹若为仁。仁也者，仁乎其类者也。故仁人之于民也，可以便之，无不行也。

【语出】《吕氏春秋·爱类》。

【通讲】对其他物类仁爱，对人却不仁爱，不能称为仁；对其他物类不仁爱而只对人仁爱，仍为具备仁德。所谓仁，就是对人类仁爱。因而有仁德的管理者对于百姓，只要便于他们获利，就没有什么事不去做。

【鉴赏】社会问题乃是人的问题。领导者必须以人为中心,以人为根本来衡量是非。

善为吏者树德,不善为吏者树怨。

【语出】汉·刘向《说苑·至公》。

【通讲】善于为官的人使人民对他感恩;不善于为官的人使人民对他怨恨。

【鉴赏】尽心尽力为老百姓谋幸福,是为官者的奋斗目标。

善为人上者,不忘其下。诚能爱而利之,天下可从也。

【语出】《淮南子·缪称训》。

【通讲】一个善于作国君的人,不会忘记自己的属民。国君如果真能爱护自己的属民并为他们办好事,老百姓就一定会顺从。

【鉴赏】爱护人们让他们过上好日子,就会受到人民的拥护。

上莫不致爱其下,而制之以礼。

【语出】《荀子·王霸》。

【通讲】统治者没有不表示爱护老百姓的,因而要用礼法来治理他们。

【鉴赏】这是荀子礼治的思想。统治者爱护老百姓,不仅要利民、惠民,还要教民、导民,向老百姓实施礼法,用礼法端正人的行为,使社会和谐稳固。

上天爱物之生,明王重民之命。

【语出】《魏书·张白泽传》。

【通讲】上天爱惜万物的生命,圣明的君王应以百姓的性命为重。

【鉴赏】生命是第一位的,明君重视老百姓的生命,就可以得人心,国家也就能巩固。

上之于下,如保赤子。

【语出】《荀子·王霸》。

【通讲】统治者对于老百姓,要像对待婴儿那样爱护。

【鉴赏】大大小小的官员,都要爱民如子。为官一任,造福百姓,“当官不为民做主,不如回家卖红薯”。

圣人不利己,忧济在元元。

【语出】唐·陈子昂《感遇》。

【通讲】济:接济;帮助。元元:平民百姓。圣人不为自己争利,他的担忧之心就在救助平民百姓。

【鉴赏】爱护百姓,全心全意为人民服务,是执政者应该注意的问题。

圣人南面而立,以爱利民为心,号令未出而天下皆延颈举踵矣,则精通乎民也。

【语出】《吕氏春秋·精通》。

【通讲】圣人南面为君,胸怀爱民利民之心,号令还没发出,天下人都已伸长脖颈,踮起脚跟殷切盼望了。这是由于圣人与人民精气相通的缘故啊。

【鉴赏】说明在位者只要胸怀爱民利民之心,与人民心心相印,就能受到人民的拥戴。

圣人者,不耻身之贱,而愧道之不行;不忧命之短,而忧百姓之穷。

【语出】《淮南子·修务训》。

【通讲】圣人不以自己的卑贱为耻辱,而羞愧的是大道没有推行;不苦恼自己生命的短暂,而担心的是老百姓的穷苦。

【鉴赏】伟大的人物都是先天下之忧而忧,后天下之乐而乐。他们虽处低下的地位,但考虑的是有利于国计民生的治国方略是否能够推行,他们努力为改变老百姓的贫困生活而不知辛劳地工作,全然不顾自己损害了健康,缩短了生命。

圣王之治世,不离仁义。

【语出】汉·桓宽《盐铁论·遵道》。

【通讲】圣明的君王治理国家，谨守着仁义之道。

【鉴赏】爱护人民，用人道、德性治理人民，才是英明君王的治政原则。

视民如子，见不仁者诛之，如鹰鹯之逐鸟雀也。

【语出】《左传·襄公二十五年》。

【通讲】鹰鹯(zhān)：老鹰。看待百姓有如自己的孩子。见到不仁的人就诛灭他，犹如老鹰追赶鸟雀一样。

【鉴赏】鲁襄公二十五年，晋国的程郑死了，子产开始了解然明，向他请教治国之道。然明说："视民如子。见不仁者诛之，如鹰鹯之逐鸟雀也。"子产很高兴，说自己以前只看到然明的外表，现在看清他的心了。此句反映古代的民本思想。对残害百姓的不仁行为，危害百姓生命财产安全的，必须严厉惩处，不姑息、不妥协。

叔向问晏子曰："意孰为高？行孰为厚？"对曰："意莫高于爱民，行莫厚于乐民。"又问曰："意孰为下？行孰为贱？"对曰："意莫下于刻民，行莫贱于害身也。"

【语出】《晏子春秋·问下》。

【通讲】《晏子春秋》系后人依托并采掇晏子言行而作。"意"字，均"德"字之讹也。"德"正字为"悳"，与"意"形近，故讹为"意"。"身"为"民"字之误。叔向向晏子请教："什么样的品德才是高尚的？什么样的行为才是宽厚的？"晏子回答："没有比爱护百姓更高尚的品德，没有比让百姓快乐更宽厚的行为。"又问："什么样的品德是低劣的？什么样的行为是卑贱的？"晏子答："没有比苛待百姓更低劣的品德，没有比祸害百姓更卑贱的行为。"

【鉴赏】一个人要有道德，一个官员要有官德。对于官员来说，道德的最高标准就是爱人民、为人民服务。树立官德，就要破除"官本位"思想，克服和纠正那种"当官做老爷"的封建习气，尽心尽力地为群众谋利益，当好人民的公仆。

行德爱人，则民亲其上；民亲其上，则皆乐为其君死矣。

【语出】《吕氏春秋·爱士》。

【通讲】君主施行仁德,爱抚人民,人民就会爱戴他;人民爱戴他们的君主,就都乐意为他们的君主去死了。

【鉴赏】施德亲民,才能得到人民的拥护。

有社稷者而不能爱民、不能利民,而求民之亲爱己,不可得也。

【语出】《荀子·君道》。

【通讲】统治者若不能爱护人民,不能让人民得利,却要求人民亲近、爱戴自己,是不可能的。

【鉴赏】统治者要想得到人民的拥戴,首先必须爱民、利民。历史上,所有暴君,都在农民起义中下台。

驭民如父母之爱子,如兄之爱弟。见其饥寒则为之忧,见其劳苦则为之悲,赏罚如加诸身,赋敛如取于己。此爱民之道也。

【语出】《六韬·国务》。

【通讲】管理人民要像父母爱护子女、兄长爱护弟妹一样,见到他们挨饿受冻就感到忧虑,见到他们辛劳困苦就感到悲伤,奖励或处罚他们就像奖励或处罚自己一样慎重,向他们收取各种赋税就像从自己身上收取一样。这就是爱护人民的基本原则。

【鉴赏】注意调整管理者与被管理者的关系。管理者至少应在观念上把被管理者的利益看得与自己一致,要"爱民如子"。

择良吏,轻赋役,则养民之要也。

【语出】宋·朱熹《答张》。

【通讲】挑选好的官吏,减轻赋税和徭役,这是爱护老百姓最紧要之点。

【鉴赏】老百姓最喜欢的是好官和减轻赋税。这是为政者必须关注的事情。

10 纳　谏

扁鹊不能肉白骨，微箕不能存亡国。

【语出】汉·桓宽《盐铁论·非鞅》。

【通讲】扁鹊：战国时的名医。微：微子，商纣王的庶兄，曾数谏纣王，王不听，遂出走。箕：箕子，商纣王的诸父，曾数谏纣王，王不听，把他囚禁。扁鹊不能使枯骨上长出肉来，微子和箕子不能使将亡之国得以生存下去。

【鉴赏】执政者不能广纳贤言，独断专行，国家肯定要走向灭亡。

不能独断，以人言断者，殃也。

【语出】汉·刘向《说苑·君道》。

【通讲】不能独自决断，别人怎么说就怎么决断，这是灾难。

【鉴赏】广纳群言，集中大家的智慧做出的决定才是可靠的，可以避免灾难的发生。

采择狂夫之言，不逆负薪之议。

【语出】《后汉书·班固传》。

【通讲】对狂乱的人说的话也要选择采纳，不应因发表议论的是背柴草的地位低贱的人就加以反对。

【鉴赏】要真正做到招揽人才，必须倾听和尊重各种人的意见。哪怕是狂乱的人、地位极低的人。

臣诚知不如徐公美，臣之妻私臣，臣之妾畏臣，臣之客欲有求于臣，皆以美于徐公。今齐地方千里，百二十城，宫妇左右莫不私王，朝廷之臣莫不畏王，四境之内莫不有求于王。由此观之，王之蔽甚矣！

【语出】《战国策·齐策一》。

【通讲】臣下的确知道自己不如徐公长得美，可是臣下的妻子偏爱臣，臣下的妾害怕臣，臣下的门客想要有求于臣，都说我比徐公漂亮。如今齐国土地方圆千里，有一百二十座城市，宫中妇女和左右的近臣，没有一个不偏爱君王；朝廷的大臣，没有一个不害怕君王；四境之内，没有一个不对大王有所求的。由此看来，大王受的蒙蔽太厉害了！

【鉴赏】领导者地位越高，越容易受到蒙蔽，这是因为身边人出于种种原因，会自觉或不自觉地迎合。这样就不容易掌握真实的信息，更不容易听到相反的意见。领导者怎么能保证处事决策不失误呢？这必须引起我们的警觉。

臣闻观于明镜，则疵瑕不滞于躯；听于直言，则过行不累乎身。

【语出】三国魏·王粲《仿连珠》。

【通讲】经常对照镜子检查自己，就会及时克服缺点；能听取直率的批评，就可以及时改正错误。

【鉴赏】王粲(177—217年)，汉末文学家，“建安七子”之一。其政治思想基本上属儒家，间杂有法家刑名之学。现在，利益关系和人际关系更复杂了，这更考验我们开展批评和自我批评的勇气与党性。忠言逆耳，良药苦口。对批评和自我批评，不能持有偏见，也不能心有余悸。

诚宜开张圣听，以光先帝遗德，恢宏志士之气。不宜妄自菲薄，引喻失义，以塞忠谏之路也。

【语出】三国蜀·诸葛亮《前出师表》。

【通讲】开张：扩大。圣：对皇帝的尊称。听：听闻。光：扩大。恢宏：发扬。妄自菲薄：自轻自贱。失义：失去大义。塞：堵塞。陛下应当广泛地听取群臣们的意见，以发扬光大先帝遗留下来的美德，发扬志士的气节，不应当随便地自轻自贱，以致堵塞忠贞之臣的进谏之路。

【鉴赏】劝谏后主刘禅要认清蜀汉所处的不利地位，要虚心纳谏。今天各级领导者也要广泛听取群众意见，为人民服务。

刺骨，故小痛在体而长利在身；拂耳，故小逆在心而久福在国。

【语出】《韩非子·安危》。

【通讲】针刺骨头时，人的身体感到微小的疼痛而获得长久的健康；听到逆耳忠言时，人的心里感到微小的不舒服但国家能够得到长久的福祉。

【鉴赏】韩非以古时候名医扁鹊刮骨疗毒的方法为喻，阐释了君主听取逆耳忠言的重要性。君主如果能够接受逆耳忠言，改正之前的错误，就可以使得国家长治久安。

从善如流。

【语出】《左传·成公八年》。

【通讲】听从正确的意见像流水向下一样迅速、自然。

【鉴赏】郑国是春秋时的小国。它为了防御楚国，和晋国签订了盟约。结盟的第二年，楚国即发兵进犯郑国。晋军有约在先，便派兵救援，路上与楚军相遇，楚军不战而退。晋将赵同等人主张乘机攻占楚国的蔡地。他们催请栾书元帅下令行动，但"中军佐"知庄子不让栾书元帅发兵，说："楚军已撤，郑国转危为安，我们就不该进攻楚国。"栾书觉得有理，毅然命令大军撤回晋国。对此，《左传》称赞栾书"从善如流，宜哉"。这句后成为成语，比喻能很快地接受别人好的意见，虚心听取他人的批评和建议，虚怀若谷地吸纳一切有益的意见。从善如流是胸怀，有海纳百川的气魄；从善如流是境界，有登高望远的眼光；从善如流是水平，常在理智的选择中增长本领。

谠言则听，谄言不听，王至是然，可为明焉。

【语出】唐·元结《至正》。

【通讲】谠：正直。正直的话就听取，讨好献媚的话就摒弃，君主能做到这点，就可以说是明辨是非的人。

【鉴赏】各级领导要做个明人，从中可以得到教益。

帝王之德，莫盛于纳谏。

【语出】《新唐书·吴兢传》。

【通讲】帝王的德行，没有比听取谏诤之言更美好的了。

【鉴赏】上级领导要善于听取群众的意见，才能搞好工作。

凡说之行也，道不智听智，从自非受是也。今自以贤过于尧舜，彼且胡可以开说哉？

【语出】《吕氏春秋·壅塞》。

【通讲】凡是一种主张能够实行，都是由于君主自觉其不甚明智，因而愿意听取那些高明的见解；由于君主认为自己的主张未必正确，因而愿意接受那些正确的主张。如果君主自以为贤明已胜过尧舜，谁还愿意向你阐述他的主张呢？

【鉴赏】领导者的谦虚，善于听取别人的意见是非常重要的。

防民之口，甚于防川。

【语出】《国语·周语上》。

【通讲】防：堵塞。堵塞老百姓的嘴巴，比堵塞江河的后果还要严重。

【鉴赏】这种堵塞百姓嘴巴的方法比堵塞江河造成的后果还严重，水能载舟也能覆舟！百姓一旦忍无可忍，就会像洪水一样冲毁残暴的政权。

广开言路，博采群谋。

【语出】明·俞汝楫《礼部志略》。

【通讲】政府要鼓励国人言事，以为施政的参考，广泛地采纳众人的意见谋略。

【鉴赏】民主要让群众讲话，天不会塌下来。倾听群众的呼声，是政府的重要职责。

广谋从众，则合于天心。

【语出】《汉书·郊祀志下》。

【通讲】广泛地听取众人的意见，就能合乎天下人民的心愿。

【鉴赏】群众是真正的英雄，高手在民间，认真听取他们的意见，就会顺乎民心。

广言路然后知得失，达民情然后知利病。

【语出】《宋史·林旦传》。

【通讲】广开言路，然后就会知道(政治的)得失；通达民情，然后就会知道(政治的)利弊。

【鉴赏】广泛听取各种人的意见，注意了解民情，注意行政中的利弊得失，才能把国家治理好。

广直言之路，启进善之门。

【语出】唐·柳宗元《贺赦表》。

【通讲】广：广开。启：开启。开拓能够直言进谏之路，开启使人走向善良之门。

【鉴赏】告诫为官者要善于纳谏，引导人们从善如流。

国之道，劝之使谏，宣之使言，然后君明察而治情通矣。

【语出】汉·王符《潜夫论·明暗》。

【通讲】治理国家的方法就是鼓励人们进谏，引导人们发表议论，这样君王才能够明察民情而通达治乱之道。

【鉴赏】一位优秀的领导者应该善于调动群众，发挥群众的个体活力，使之凝聚成强大的集体力量。

国之所以治者，君明也；其所以乱者，君暗也。君之所以明者，兼听也；其所以暗者，偏信也。是故人君通必兼听，则圣日广矣；庸说偏信，则愚日甚矣。

【语出】汉·王符《潜夫论·明暗》。

【通讲】国家之所以能治理好，是因为君主贤明；之所以混乱，是因为君主昏暗。君主之所以贤明，是因为他能听取多方意见；他之所以昏暗，是因为只听信一面之词。所以君主通达，必须兼听，那么他的智慧一天比一天增加；如果偏信庸人之言，那么他的愚笨就一天比一天厉害了。

【鉴赏】一个国家治理得太平与否，与它的国君是否明智有关。君主必须听取各方面的意见为治国的参考。当然，“兼听”过后，君主也须有裁决能力。

兼听则明,偏听则暗,此魏徵之对太宗;众怒难犯,专欲难成,此子产之讽子孔。

【语出】《幼学故事琼林》。

【通讲】听取多方意见就能了解事情的真实情况,单听信一方面的话,自己就糊涂,事情就弄不清楚,这是唐朝的魏徵同唐太宗说的话。众人愤怒起来是难以触犯的,专制独行的私欲是难以成功的,这是郑国大夫子产劝告子孔的话。

【鉴赏】古人魏徵和子产的话值得我们今天鉴戒。要全面听取各方面的意见,不能偏听偏信。

谏不足听者,辞不足感心也。

【语出】唐·韩愈《上张仆射第二书》。

【通讲】谏:劝说。不足听:不能使人听从。辞:措辞。如果真诚地规劝还不能使人听从,那是因为措辞不能感动人心。

【鉴赏】要发自内心,才能使人感动,也才能使人听从你。

谏鼓置于尧世,谤木立于舜庭。

【语出】《魏书·高祖纪上》。

【通讲】尧舜时代,有谏鼓、谤木立于朝廷上。

【鉴赏】这是北魏孝文帝鼓励臣民进谏的诏书内容。他认为不广泛征求意见就不能达到国家大治。我们领导者要虚怀若谷,让别人指出自己的过失,这对国家、社会、单位和个人进步,都是极有好处的。

节欲而听谏,敬贤而勿慢,使能而勿贱,为人君能行此三者,其国必强大,而民不去散矣。

【语出】汉·刘向《说苑·说丛》。

【通讲】节欲:节制私欲。谏:规劝。勿:不;不要。使:任用。节制个人私欲而听从臣子的规劝,敬重贤才而不要怠慢他们,任用有才能的人而不要轻视他们,当国君的如果能够做到这三点,那么他的国家就一定会强大起来,人民也会归附他。

【鉴赏】主政者要多听群众意见，尊重和使用好贤才，一定会把国家和单位治理好。

径寸之宝，或隐沙泥；以人废言，君子斯戒。

【语出】《梁书·武帝纪中》。

【通讲】细小的宝物，有的会隐藏于泥沙之中；因不是自己喜欢的人而拒绝他的有益言论，这是君子所要戒备的。

【鉴赏】各级领导要广纳八方，不可因人废言，或以言废事。

举善从谏，在上之明规；进贤谒言，为臣之令范。

【语出】《陈书·宣帝纪》。

【通讲】举：推荐。任用善士，接受进谏，这是为君的规范；举荐贤人，忠心进言，这是为臣的本职。

【鉴赏】这句话说明了为君为臣的正当关系。君主善于用人，他可以使那些拥有非凡才智的人为之所用，集思广益，善于纳谏，自会成就一番功业。

君子千言有一失，小人千言有一当。

【语出】元·关汉卿《包待制智斩鲁斋郎》第一折。

【通讲】有学问的人说一千句话不免有一处不妥当，平庸的人说一千句话也会有一句很中肯。

【鉴赏】不因人废言，要广泛听取人们的意见。

狂夫之言，圣人择焉。

【语出】《史记·淮阴侯列传》。

【通讲】择：选择。狂人说的话，圣人也要听他是否有正确之处。

【鉴赏】即使是圣人，也要广泛吸取别人的意见，哪怕是狂人说的话。

立言无显过之咎，明镜无见玼之尤。

【语出】《后汉书·宦者传》。

【通讲】玼：玉上的斑点，引申指缺点。对于进言的人不能因为讲了君主的过失而获罪，如同镜子一样不能因为照出了脸上的疵点就犯了过错。

【鉴赏】这是吕强引《韩非子》中的话以劝告皇帝，不要责备直言进谏的臣子。

良药苦口，惟疾者能甘之；忠言逆耳，惟达者能受之。

【语出】《三国志·吴志·孙奋传》。

【通讲】良药苦口，只有生病的人才能品出甜味；忠言逆耳，只有通达的人才能接受规劝。

【鉴赏】这是孙奋的大臣诸葛恪的笺书内容。他希望孙奋能够接受大臣苦口婆心的规劝，在萌芽中消除危险，打下福运吉祥的基础。

偏听生奸，独任成乱。

【语出】汉·邹阳《狱中上书自明》。

【通讲】生奸：使奸邪产生。独任：独断专行。成乱：使祸乱形成。偏听一方面的话，就会使奸邪得逞；独断专行地处事，就会使祸乱形成。

【鉴赏】不能偏听偏信，更不能专断专行。要倾听群众意见，要依靠群众，才能把事情办好。

求直言，通下情。

【语出】《宋史·赵不悫传》。

【通讲】征求直率的意见，了解民间情况。

【鉴赏】听取意见，了解民情，是治理国家的重要措施。

群臣、吏民能面刺寡人之过者，受上赏；上书谏寡人者，受中赏；能谤讥于市朝，闻寡人之耳者，受下赏。

【语出】《战国策·齐策一》。

【通讲】谏：规劝君主、尊长、朋友，使之改正错误和过失。谤：公开指责别人的过错。凡是能当面指责我的过错的，受上等奖赏；能上奏章规劝我的，受中等奖赏；能在公共场合批评议论我的过失，传到我的耳中的，受下等奖赏！

【鉴赏】战国时期,“邹忌讽齐王纳谏”是一则很著名的故事。齐威王接受邹忌意见,决定广开言路,下令求谏,说了这通话。它启示人们,统治者不可闭目塞听,要从谏如流,倾听来自各方面、各种形式的批评并积极加以改正,才有可能成功。

然则人主之务,在乎善听而已矣。

【语出】《吕氏春秋·先识》。

【通讲】看来君主首要的任务就是善于听取意见。

【鉴赏】不但君主,每个人都要善于听取别人的意见。拒“听”则事败,善“听”则事功,这是永恒的道理。

人君莫不好忠正而恶谗谀,然而历世之患,莫不以忠正得罪、谗谀蒙幸者,盖听忠难,从谀易也。

【语出】《后汉书·左雄传》。

【通讲】作为国君没有不是喜欢忠正而讨厌谗谀的,然而历代的灾祸,没有不是由于忠正而获罪、谗谀而受宠幸的,这大概是由于接受忠言比较难,听从谗谀比较容易。

【鉴赏】领导者要善于听取各方面的意见,决不能给讲真话的人穿小鞋,更不能打击报复他们。

人主之患也,不在于自少,而在于自多。自多则辞受,辞受则原竭。

【语出】《吕氏春秋·骄恣》。

【通讲】辞:拒绝。原:本指水源,这里用来比喻众人的意见。君主的弊病不在于自轻,主要在于自负。自负就会拒绝接受意见,拒绝接受意见就会使忠谏的源泉日渐枯竭。

【鉴赏】执政者骄傲自满,拒绝接受意见,必将导致专断专行,身败名裂。各级领导者务必不能自负,要善于听取各种意见,国家才会发展。

容直言、广视听而不理者,万无一焉。

【语出】唐·元稹《献事表》。

【通讲】能容纳各种直截了当的话，能广泛地观察并倾听意见，治理不好国家几乎是不会有的。

【鉴赏】广开言路，择善而行，是治国之要略，各级领导必须重视。

声一无听，色一无文，味一无果，物一不讲。

【语出】《国语·郑语》。

【通讲】果：美味。声音只有一个调就没有什么可听的，颜色都一样就不成文采，味道都一样就谈不上美食，事物单一就没有比较。

【鉴赏】事物不能单一，单一就难以发展。就像声音单一没有音乐，色调单一没有文采，味道单一没有美食，事物单一就不能比较一样。主事者如听不进不同意见，整日闭目塞听，就只能导致事败国亡。

汤武以谔谔而昌，桀纣以唯唯而亡。

【语出】《孔子家语·六本》。

【通讲】谔谔：忠言正谏的样子。唯唯：不分是非地答应顺从。成汤和武王因为能倾听大胆的批评，所以国家得以繁荣昌盛；夏桀和殷纣因为只能听唯唯诺诺的阿谀逢迎的话，所以身死国灭。

【鉴赏】广开言路，倾听逆耳的忠言，是我们的事业能否蒸蒸日上的重要保证。汤武盛，桀纣败，就是我们从中吸取经验教训的一面有益的镜子。

天下无事，则公卿之言轻于鸿毛；天下有事，则匹夫之言重于泰山。非智有所不能而明有所不察，缓急之势异也。

【语出】宋·苏轼《御试制科策》。

【通讲】公卿：泛指大臣。鸿：大雁。匹夫：一般百姓。智：头脑的聪慧程度。明：眼睛明亮，指观察能力。天下安定无事的时候，大臣们的谏言可能像鸿毛那样轻；天下出现不安定因素的时候，就连一般百姓的话也可能像泰山那样重。并不是人们的头脑不够聪慧，也不是人们的眼力不够敏锐，而是形势缓急的不同而造成了这个差异。

【鉴赏】形势不同，人们讲话的分量也不同。

天下之事，未尝不败于专而成于共。专则隘，隘则睽，睽则穷；共则博，博则通，通则成。

【语出】宋·司马光《越州张推官字序》。

【通讲】天下之事，没有一样不是失败于专断而成功于共同商量。专断了则言路狭隘，言路狭隘则有违常理，有违常理则治国之道穷；共同商量则言路开阔，言路开阔则治国之道上下畅达，上下畅达则事情容易成功。

【鉴赏】强调了建功立业之时齐心协力的重要性，以及专擅狭隘的危害性。司马光认为，专擅就势必偏私狭隘，偏私狭隘就众叛亲离，众叛亲离就陷入困窘；反之，协力就汇聚众力，汇聚众力就畅通无阻，畅通无阻就可以成功。一味固执己见，就会蔽塞言路；一味以功臣自居，难免自我孤立；老担心别人超过自己，自然貌合神离。一个人的成就大小看才能，才能发挥得如何则看度量；对领导干部而言，挣脱名缰利锁的束缚，收获的将是造福一方的发展业绩。下情上达，上旨下传，无不依靠共同商讨。专断独裁是一切有权者宜避免的毛病，上至皇帝、下至官吏莫不如此。

屋漏在上，知之在下。

【语出】《梁书·武帝纪下》。

【通讲】房屋上面漏雨，在下面的人才知道漏的地方究竟在哪里。

【鉴赏】上面的错误，自己往往不知道，只有下面的人才看得清楚。所以要广泛听取基层群众的意见，改正工作中的错误。

兴国之君乐闻其过，荒乱之主乐闻其誉；闻其过者，过日消而福臻，闻其誉者，誉日损而祸至。

【语出】《三国志·吴志·贺邵传》。

【通讲】兴盛国家的国君，乐于听到人们议论自己的过失；逸乐放纵的国君，喜欢听人们对他的赞誉。乐于听别人议论自己过失的国君，他的过失就会日渐消失而幸福就会来到；只愿听别人赞誉之声的国君，他的声誉就会日渐丧失，而灾祸就会来到。

【鉴赏】刚愎自用、昏庸腐朽的君主走向没落灭亡是可期的，我们必须引以为戒。喜欢闻过还是喜欢闻誉,会有完全不同的结果,这是值得我们深思的,还是闻过则喜的好。

虚心以为从谏之本,从谏以为求治之本。

【语出】《宋史·林略传》。

【通讲】虚心是听取意见的根本,听取意见是搞好政治的根本。

【鉴赏】听取广大民众的意见是治国理政的关键。

言路者,国家之命脉也。

【语出】《明史·黄巩传》。

【通讲】言路,进言之路。进言之路,是国家的命脉。

【鉴赏】言路通畅,能够听到各种意见,国家才会巩固。

言者不狂,而择者不明,国之大患,故在于此。

【语出】《汉书·晁错传》。

【通讲】进言的人不敢纵情而无拘无束地想说什么就说什么,决策的人不能从进言中明辨是非、辨别良莠,这就是国家的灾难所在。

【鉴赏】这是汉文帝写给晁错的奏折批示,指出言者不狂就不能振聋发聩,而择者不明就会流于人云亦云,这两者都是于国极为有害的,只有言者狂而择者明,才能知无不言、言无不尽,并使决策者能从中鉴别良莠,选择出解决问题的最佳方案。各级领导者要创造环境,让人敢讲话,而且能心明眼亮,心胸宽广。听取不同意见,择善而从之。

言之而是,虽在仆隶刍荛,犹不可弃;言之而非,虽在王侯卿相,未必可容。

【语出】唐·李世民《纳谏篇》。

【通讲】说得对,即使是出身奴隶,打柴草人之口,也不可舍弃;说得不对,即使出自官贵人之口,也未必可采纳。

【鉴赏】要听取底层人的意见。

有兼听之明，而无奋矜之容；有兼覆之厚，而无伐德之色。

【语出】《荀子·正名》。

【通讲】奋矜(jīn):傲慢。伐:自夸。有善于听取各种意见的明智，而没有自大傲慢的表现；有惠及万物的仁厚，而没有自吹自擂的神色。

【鉴赏】当政者要虚心地听取各方面的意见，把惠及老百姓的工作做好，并从不自夸，从不满足所取得的成绩。

欲知己过，要纳谠言。

【语出】《太平广记》卷二百四十一。

【通讲】谠言:正直的言论。要想知道自己的过错，就要虚心听取别人的善意批评。

【鉴赏】为人要善于听取别人的意见。

欲知平直，则必准绳；欲知方圆，则必规矩；人主欲自知，则必直士。故天子立辅弼、设师保，所以举过也。夫人故不能自知，人主犹其。存亡安危，勿求于外，务在自知。

【语出】《吕氏春秋·自知》。

【通讲】想知道平直是否达到要求，必须依靠水准器和墨线；想知道方圆是否合度，必须依靠方尺和圆规；君主想要了解自己，必须依靠敢于直言的贤士。所以天子要有辅政的大臣，要设置负责教导天子的师保，这主要是为了经常指出天子的过失。一般人本来都不容易了解自己的过失，君主就更是这样了。国家的存亡安危，不必到外边去找原因，主要的是了解自己的过失。

【鉴赏】要健全监察制度，对各级官员进行必要的监察。各级官员也要善于听取各方面的意见。这样才能保证国家的安全。

执政不能受谏，安能谏人。

【语出】清·钱大昕《十驾斋养新录·通鉴多采善言》。

【通讲】不能接受别人的批评，怎么能批评别人呢？

【鉴赏】乐于接受别人批评的人才有资格去批评别人。

至言忤于耳而倒于心，非贤圣莫能听。

【语出】《韩非子·难言》。

【通讲】至言：恳切而又有道理的话。忤：违逆。听：接受。最恳切而又有道理的话往往听起来不顺耳，不是贤明的圣人是不能接受的。

【鉴赏】要善于听不顺耳的忠言。

至忠逆于耳，倒于心，非贤主其孰能所之？故贤主之所说，不肖主之所诛也。

【语出】《吕氏春秋·至忠》。

【通讲】至忠之言不顺耳，使人心里感到别扭，如果不是贤明的君主，谁能听取至忠之言？因此，贤明的君主所喜欢的，正是不肖君主所要惩罚的。

【鉴赏】能否听取"逆耳"的忠言，关乎一个君主的成败，也关乎普通人事业的成败。

主德不通，民欲不达，此国之郁也。国郁处久，则百恶并起，而万灾丛至矣。上下之相忍也，由此出矣。故圣王之贵豪士与忠臣也，为其敢直言而决郁塞也。

【语出】《吕氏春秋·达郁》。

【通讲】通：畅通。达：实现。丛：聚集。忍：互相残杀。贵：着重。决：排除壅塞。君王的德政不畅通，民众的欲望不能实现，这是国家的郁结。国家的郁结停留的时间长久了，那么众多的邪恶一起出现，多种灾难聚集在一起就会到来了。上下互相残杀，也由此产生。因此，圣明的君主看重豪士和忠臣，是因为他们敢于直言而排除国家的郁结和阻塞。

【鉴赏】人体血脉不通就会生病，国家郁塞就会灭亡，圣明的君主重用直言之士，就是为了排除郁结和阻塞，振兴国运。

11 借 鉴

夫以铜为镜,可以正衣冠;以古为镜,可以知兴替;以人为镜,可以明得失。

【语出】唐·吴兢《贞观政要·任贤》。

【通讲】以:用来。正:端正。古:历史。兴替:兴盛与改朝换代。明:知道。用铜做镜子,可以用来端正自己的衣帽;拿历史来做镜子,可以知道国家兴盛与衰落的原因;用别人做镜子,可以知道自己的正确与错误所在。

【鉴赏】这三句话是唐太宗吊唁魏徵时说的,他慨叹魏徵之死让自己失去了一面镜子,并泣而久之。人一定要自知,从历史中吸取经验与教训,从他人的批评中认识不足,从而走向完美。

鉴前代败事,以为元龟。

【语出】唐·吴兢《贞观政要·杜谗佞》。

【通讲】治理国家要借鉴前代朝政的成败得失,作为经验教训。

【鉴赏】善于借鉴,认真总结前朝的成败原因,吸取经验教训,才能治理好国家。

历览覆车,可为鉴戒。

【语出】《清史稿·世祖纪二》。

【通讲】遍观前人失败的事例,可引为教训。

【鉴赏】要善于吸取前人的经验教训,才能治理好国家。

铭实表器,箴惟德轨。有佩于言,无鉴于水。

【语出】南朝梁·刘勰《文心雕龙·铭箴》。

【通讲】佩:带。无鉴于水:《尚书·酒诰》:"古人有言曰:'人无于水监

(鉴),当于民监。'"孔传:"视水见已形(貌),视民行事,见吉凶。"又《国语·吴语》载,伍子胥谏吴王夫差说:"王其盍(何不)亦鉴于人,无鉴于水。"鉴,镜。刘勰的意思是要以箴、铭的警言为镜,不要以水为镜。铭是表刻于器物上的赞词警言,箴的唯一作用在使道德规范就轨。有这些警言铭记心上,就无须去照镜用水。

【鉴赏】人们规范自己的言行需要一些凭借,前人以水为镜,照见的是自己的外表,而这两句话则指出前人的铭文、箴言表达了许多为人处世的道理。做人若以这些刻在器物上的先贤之言为镜,就可照见自己的内心,对应自己的品德,发现自己修养上还不足的地方。

前车已覆,后当改辙。

【语出】《元史·相威传》。

【通讲】辙:车轮在路面上压的痕迹。前面的车翻了,后面的车就应该改变方向。

【鉴赏】这是元世祖的御史大夫相威上书劝谏忽必烈不要再次征伐日本的话。他认为征讨倭国,已经失败,此后应当改变做法。做任何事情都应该注意吸取经验和教训。我们要记取这个道理。

前事之不忘,后事之师。

【语出】《战国策·赵策一》。

【通讲】不忘记过去的教训,可以作为今后的借鉴。

【鉴赏】战国时期,晋国大臣智伯掌握了大权,他派人向韩康子、魏桓子、赵襄子索要土地,遭到赵襄子拒绝。智伯联合魏、韩出兵围困赵之晋阳城三年。赵襄子派谋士张孟谈游说魏、韩,联合打败智伯军队并活捉智伯。张孟谈谢绝了赵襄子的封赏,他认为在历史上从来没有君臣权势相同而永远和好相处的,"前事之不忘,后事之师"。张孟谈功成身退,躬耕田亩,过着闲适生活。只有"前事不忘"的人记住的"前事"才可能成为后事之师。以史为鉴,通过以前的失败来总结规律,避免以后发生同样的问题,或解决以后发生的同样的问题,强调谨记历史经验教训的重要性。后将"前事不忘,后事之师"作为成语。

秦人不暇自哀，而后人哀之；后人哀之而不鉴之，亦使后人而复哀后人也。

【语出】唐·杜牧《阿房宫赋》。

【通讲】不暇自哀：来不及为自己哀叹。鉴之：以他为鉴戒。秦二世而亡，来不及哀悼自己，而后人替他们哀伤；如果后人哀悼他却不把他作为鉴戒吸取教训，也只会使更后的人又来哀悼这后人啊。

【鉴赏】讽喻唐敬宗的大兴土木，希望唐朝统治者能以秦亡为戒，不重蹈秦亡之覆辙。

事不师古，前典所戒。

【语出】《宋史·马默传》。

【通讲】做事不效法古圣先贤，这是以往经籍上所警戒的。

【鉴赏】以前圣贤的执政经验是非常宝贵的，值得后人认真借鉴。

天下无粹白之狐，而有粹白之裘，取之众白也。夫取于众，此三皇五帝所以大立功名也。

【语出】《吕氏春秋·用众》。

【通讲】天下没有纯白的狐狸，却有纯白的狐裘，这是选取许多白色的狐狸皮缝制而成的。善于从众人中吸取长处，这是三皇五帝能够建立丰功伟业的原因。

【鉴赏】要博采众长，这是君主取得成功的关键。

朕与卿等皆当取前代善恶为勉。

【语出】《元史·阿鲁图传》。

【通讲】（元顺帝说）我和你们（指撰写辽、金、元三朝历史的阿鲁图等官员）都应该把前代的善恶作为勉励自己的借鉴。

【鉴赏】以史为鉴，吸取有益的经验，防止重犯历史错误，是治国理政的关键。

12 其　他

古者天下之人爱戴其君，比之如父，拟之如天，诚不为过也。今也天下之人怨恶其君，视之如寇仇，名之为独夫，固其所也。

【语出】清·黄宗羲《原君》。

【通讲】拟：比。诚：实在。视之如寇仇：把君主作为强盗、仇敌一样来看待。独夫：众叛亲离的暴君。上古时代的天下人爱戴他们的君主，把他当作自己的父亲，比作上天，实在是不过分的。今天世上的人怨恨和厌恶他们的君主，把他看作强盗和仇敌，称他是众叛亲离的暴君，本来就是他应得的结果。

【鉴赏】黄宗羲指斥皇帝是强盗和"独夫"，表现了他莫大的勇气，反映了他反对封建专制主义制度的思想。

古之君人者，以得为在民，以失为在己；以正为在民，以枉为在己。

【语出】《庄子·则阳》。

【通讲】古代的明君，都把成功的成绩归之于老百姓，把失败归咎于自己；把正确归之于老百姓，把过错归之于自己。

【鉴赏】统治者要摆对个人和人民群众的关系，即使自己很英明，都要把功劳归于人民群众，把失误归之于自己，这样才会得到人民群众的拥戴。这是为政的正确之道。

民之所好好之，民之所恶恶之。

【语出】《礼记·大学》。

【通讲】当政者应该爱人民群众之所爱，恨人民群众之所恨。

【鉴赏】当政者和人民群众同命运，共呼吸，一切为了人民群众，这才是治国理政的正道，必取得人民群众的拥戴，政权才会牢固而长治久安。

明德在于论贱，行政在于信贵。

【语出】《战国策·赵策》。

【通讲】想取得显著的功德，必须关照到下层民众的利益；要贯彻政令，必须让地位高的人们能够奉行。

【鉴赏】统治者的大功德，是使老百姓广泛受益；而要使政令通达，就要让高贵的人也会执行。这样，才会实现社会公平正义，国家政权巩固。

正法以齐官，平政以齐民。

【语出】《荀子·富国》。

【通讲】以严明法纪来整饬官员，改进政治使老百姓一致。

【鉴赏】要治理好国家，对官员要严格管理，对老百姓要一致对待，都要遵纪守法。

至治之世，其民不好空言虚辞，不好淫学流说。

【语出】《吕氏春秋·知度》。

【通讲】真正的太平盛世，老百姓不喜欢空话和虚夸之辞，不喜欢不正派的学说和毫无根据的流言。

【鉴赏】国家处于太平盛世，文化宣传也是非常好的，都是实事求是，没有浮夸，也没有歪论邪说，正所谓盛世修文。

二

哲学

哲学

1 天与人

天行有常，不为尧存，不为桀亡。应之以治则吉，应之以乱则凶。

【语出】《荀子·天论》。

【通讲】天：自然界。常：常规；一定的规律。尧：我国原始社会部落联盟的首领，古代传说中的贤君。桀，夏朝最后一个君主，传说中的暴君。应(yìng)：适应；对待。自然界的运行是有一定规律的。这种规律，不因为有了贤明的君主尧才存在，也不因为出了暴虐的君主桀就消亡。用合理的措施适应它，事情就能办好；用不合理的措施对待它，事情就要办糟。

【鉴赏】自然界中所有事物的生死存亡都是有一定规律的，它不以人的主观意志而转移。人们应该了解并运用、适应这个规律，才能办好事情。

应天顺人。

【语出】汉·班彪《王命论》。

【通讲】顺应天意迎合人心，这就是王者应行之道。

【鉴赏】遵从客观规律，符合人民期望，这是执政者应该遵循的办事规程。

知天而不泥于神怪，知人而不遗于委琐。

【语出】唐·刘禹锡《答饶州元使君书》。

【通讲】了解天就不能拘泥于神怪，了解人就不能遗漏地位低下的人。

【鉴赏】要全方位地了解自然界和社会上的各种情况，不要轻易有所遗漏。

2 道与理

不得其术者，古人方之于冰杯之盛汤，羽苞之蓄火也。

【语出】晋 · 葛洪《抱朴子 · 极言》。

【通讲】汤：热水。苞：同“包”。办事采用了不当的方法，古人将其比喻为用冰做的杯子装滚烫的热水，用羽毛做的包裹贮存火种。

【鉴赏】办事的方法、手段不适当，不仅不能成事，而且还要坏事。

成事在理不在势。

【语出】宋 · 苏轼《拟进士对御试策》。

【通讲】理：公理。势：权势。事情的成功是由于符合公理，而不因为有强大的权势。

【鉴赏】符合道义，做事一定成功。

处天下事，以理不以势。

【语出】《明史 · 刘大夏传》。

【通讲】处置天下任何事情，都是以理服人而不是以势压人。

【鉴赏】有理走遍天下，无理寸步难行。

打蛇打在七寸。

【语出】清 · 王有光《吴下谚联》卷四。

【通讲】七寸：蛇有七寸，在头之下，腹之上，蛇的要害之处。打蛇就要打在蛇的七寸。

【鉴赏】解决问题要从关键处着手。

大道泛兮，其可左右。万物恃之以生而不辞，功成而不名有。衣养万物而不为主，常无欲，可名于小；万物归焉而不为主，可名

为大。以其终不自为大,故能成其大。

【语出】《老子》第三十四章。

【通讲】泛:广泛。左右:泛指各处。辞:辞让;推辞。常无欲:衍文。可名于小:可以把它称之为“小”。大“道”像泛滥的河水一样到处流溢,万物依靠它生存,而它对万物却从不干涉,化育万物却不自以为有功。它养育了万物却不认为主宰,总是没有自己的私欲,可以说是很渺小了;万物归附于它而它不认为主宰,可以算得上是伟大。正由于它始终不自以为伟大,所以才造就了自己的伟大。

【鉴赏】论述“道”的功能、本性之大,阐述“道”既是宇宙本性,又是普遍规律。论述道体广大,永存宇宙独立运行,无所不在。论证“道”的伟大崇高,其一是“功成而不有”,其二是“万物归焉而不为主”。“道”这种“万物归附于它,而它却不做主宰”的本性是值得歌颂的。今天领悟这个观点就是要有奉献精神。正是因为道始终不自以为大,所以才能成就伟大。老子这充满辩证的名言,是中华民族传统文化的精华。

大丈夫不怕人,只是怕理;不恃人,只是恃道。

【语出】明·吕坤《呻吟语·存心》。

【通讲】真正的男子汉不是怕什么人,只是怕那个真理;也不是依仗着什么人,而是凭借着天理。

【鉴赏】有了道理,就不会对什么人感到畏惧。有了道理的支持,从而也无须依仗什么人的势力保护。人应该自救,自救就要让道理成为你人格的一部分。

道可道,非常道;名可名,非常名。无,名天地之始;有,名万物之母。故常无,欲以观其妙;常有,欲以观其徼。此两者,同出而异名,同谓之玄。玄之又玄,众妙之门。

【语出】《老子》第一章。

【通讲】道:老子提出的哲学范畴,指宇宙的本原、规律、法则。可道:可以言说。常道:永恒的道。名:老子哲学的重要范畴之一,指“道”的真相。可名:可以说出的名。常名:恒久不变的名。无:老子哲学的重要范畴之一,与“有”相对。名:表述;命名。天地之始:天地混沌未开的状况。万物之母:万物的本原。妙:微妙。其:指“道”。徼(jiào):原意指边界,引申为事物的开端、征象。同出:指都出于“道”。玄:深远幽昧、不可测知的意思。玄之又玄:深远而又深远,另说这两个“玄”字为探索再探索的意思。众妙之门:一切幽昧深远的宇宙万物及其变化规律的总门。用语言说出来的“道”,它就不是哲学意义上永恒的“道”;用言词说出来的“名”,它就不是哲学意义上永恒的“名”,“无”是天地的始基,“有”是万物的根源。所以,经常从“无”中去观察“道”的微妙;经常从“有”中去认识“道”的端倪。“无”和“有”这两者,来源相同而名称不同。它们都是极其幽深的;极远极深,是一切变化的总门。

【鉴赏】老子第一次提出“道”这个概念,作为自己的哲学体系的核心。它是天地万物的本原,微妙玄虚。它的涵义博大精深,可从历史、文学、美学、哲学等方面去探索理解。它不具有任何质的形式,是一种神秘的精神实体。因此说这一章是《道经》的总纲。

凡事豫则立,不豫则废。

【语出】《中庸·二十章》。

【通讲】大凡做一件事情,预先有准备就能成功。反之,没有准备就会失败。

【鉴赏】做好准备,是办好事情的基础。

企者不立,跨者不行;自见者不明,自是者不彰,自伐者无功,自矜者不长。其在道也,曰余食赘形。物或恶之,故有道者不处。

【语出】《老子》第二十四章。

【通讲】企:同“跂”,抬起脚跟。跨:跃、越,阔步而行。余食:剩饭。赘形:多余的肉。踮起脚跟想站得高一点,反而站不稳;急切地大跨步前行,反而走不快;自我显示的人,反而不能显明;自以为是的人,反而不能彰显;自我夸耀的人,反而是无功劳之人;自高自大的人,反而不能持久。从“道”的观点来衡量,以上这些急躁炫耀的行为,可以说都是剩饭赘肉,惹人厌恶,所以有“道”的人是不这样做的。

【鉴赏】这一章是老子以退为进的辩证思想的具体化。老子认为事物不能过分，过分了都要向相反的方向转化，因此强调不能“自见、自伐、自是、自矜”，要做到“不争和退让”。

舍本逐末，哲贤所非。

【语出】北朝魏·贾思勰《齐民要术序》。

【通讲】放弃主要的而追求次要的，是聪明人所反对的。

【鉴赏】处理任何事情，必须抓住主要的，带动次要的。

射人先射马，擒贼先擒王。

【语出】唐·杜甫《前出塞》。

【通讲】要射人先把他骑的马射倒，要抓贼先抓他们的首领。

【鉴赏】说明解决问题应找关键、抓要害。

事有必至，理有固然。

【语出】《战国策·齐策四》。

【通讲】事情有必然要发生的，道理有本来就这样的。

【鉴赏】战国时期，孟尝君被逐出齐国，后来又返回。齐人谭拾子在边界迎接他，认为齐国士大夫的趋炎附势就像集市的聚散和人们嫌贫爱富一样，“事有必至，理有固然”，劝诫他不要怨恨这些人。世间万事万物的运行都有规律，并且决定事物必然向某种趋势发展。某些事情无论怎样防止，还是会出现，这是按照事物固有的规律发生发展的，是无法改变的。

事之所由成，非直行速获而可以终。

【语出】清·王夫之《张子正蒙注·动物篇》。

【通讲】事情的成功，不是不经过曲折，就可以迅速得到的。

【鉴赏】事情办成功很困难，而失败却是很容易的。

水出于山而走于海，水非恶山而欲海也，高下使之然也；稼生于野而藏于仓，稼非有欲也，人皆以之也。

【语出】《吕氏春秋·审己》。

【通讲】水从山里流出来奔向大海,并不是因为水厌恶山而向往大海,而是山高海低的形势使它这样的;庄稼生在田野而贮藏在粮仓中,并不是庄稼有这种欲望,而是人们都需要它。

【鉴赏】说明不能仅仅注意到现象,重要的是要弄清楚形成这种现象的原因。

天下未有无理之气,亦未有无气之理。

【语出】宋·朱熹《朱子语类》卷一。

【通讲】天下不存在没有"理"的"气",也不存在没有"气"的"理"。

【鉴赏】说明"理"和"气"不可分。"理"指宇宙万物的本原规律,"气"指形成万事万物的物质材料。也说明物质和规律是不可分的道理。

知古则可知后。

【语出】《吕氏春秋·长见》。

【通讲】知道古代就可以知道将来。

【鉴赏】要学习历史,从历史经验中探测未来的发展,能够更好地掌握自己、集体乃至国家的前途命运。

3 名与实

尔曹身与名俱灭，不废江河万古流。

【语出】唐·杜甫《戏为六绝句》。

【通讲】你们虽喧腾一时，但死后都身名俱灭；王（勃）、杨（炯）、卢（照邻）、骆（宾王）四个人的作品却如江河长流，万古不废。

【鉴赏】诗人赞美初唐四杰开创诗歌的新风气，名存万古，又批判那些轻薄为文、诽谤四杰的评论者。

夫世固有处极冷之时之地，而名实之权在焉。

【语出】明·钟惺《夏梅说》。

【通讲】世界上只有处在最冷的时候、最冷的地方，才能真正看出名与实是否真的吻合。

【鉴赏】在艰难困苦时，才可以看出人情世态的冷暖。那些趋炎附势的人是不会看"夏之梅"的，能赏夏之梅、叶的人才是真正的君子。能看望失意、败落的朋友的人才是真正的朋友。

官达者，才未必当其位；誉美者，实未必副其名。

【语出】晋·葛洪《抱朴子·博喻》。

【通讲】官运亨通的人，才能未必和他的地位相当；声誉很高的人，实际情况未必和他的声望一致。

【鉴赏】所有官高爵显、声名鼎盛的人都应该清醒地知道，当功成名就的时候，要谦逊地深感不足，不可忘乎所以。

冠尧之冠，行桀之行，亦桀也；服桀之服，行尧之行，亦尧也。

【语出】唐·马总《意林·物理论》。

【通讲】戴着尧舜的帽子，做着桀纣的事，也是像桀纣一样无道的人；穿着桀纣的衣服,做着尧舜的事,也是像尧舜一样贤明的人。

【鉴赏】不能只看表面形式,而要看实质内容。

进不繇道,位过其任,莫能有终。

【语出】《汉书·佞幸传赞》。

【通讲】繇(yóu):通"由"。道:途径。通过不正当的途径和手段得到提拔,而职务和地位又超过了自己的能力所及,这样的人没有能够有好结果的。

【鉴赏】班固在记述董贤等著名宠臣凭借他们的谄媚逢迎虽然曾经身居高位,但结果都无一善终的史事之后,写下了这样的评语。这永远值得我们警戒。

利不可以虚受,名不可以苟得。

【语出】汉·挚峻《报司马子长书》。

【通讲】利益,不该得到的不可平白接受;名誉,不符合实际的不应苟且得到。

【鉴赏】不追求名利,是为人的准则。

名不徒生,而誉不自长,功成名遂。

【语出】《墨子·修身》。

【通讲】好的名声不会凭空产生,好的赞誉不会自己出现,只有做出很大功绩的人,好名声才能够确立起来。

【鉴赏】要想得到好名声和别人对自己的赞誉,就要为社会、为他人多作贡献,建功立业。

名号大显,不可强求,必繇其道。治物者,不于物,于人。

【语出】《吕氏春秋·贵当》。

【通讲】繇(yóu):通"由"。自,从。名声显赫,是不能强求的,一定要遵循恰当的途径才能实现。整治器物,不在器物本身而在于人。

【鉴赏】追求名声,必须走恰当的途径,这就是诚实的劳动,对社会作出更大的贡献。

名无固实，约之以命实，约定俗成，谓之实名。

【语出】《荀子·正名》。

【通讲】名称和它所表示的实体之间，没有必然的关系。大家约定用某个名称给某个事物命名，在使用中又得到更广泛的承认，这就成了表示某一事物的名字。

【鉴赏】阐明了事物与它的名称之间的关系。

名正则治，名丧则乱。使名丧者，淫说也。说淫则可不可而然不然，是不是而非不非。故君子之说也，足以言贤者之实、不肖者之充而已矣，足以喻治之所悖、乱之所由起而已矣，足以知物之情、人之所获以生而已矣。

【语出】《吕氏春秋·正名》。

【通讲】一个国家在许多事情上能做到名实相副，国家就能安定；如果名不副实，国家就会混乱。造成名不副实都是由于那些浮夸的言论。它可以把不可以说成可以，把不是这样的说成是这样，把不对说成对，把不错说成错。因此君子的言论，能说贤人和不肖之人的实际情况就行了；能说明哪些是违背国家安定的、混乱是怎么产生的就行了，能使人了解事物的情况、人们得到它们才能生存的道理就行了。

【鉴赏】做到名实相符是国家安定的关键。要防范造谣惑众，要开展正面宣传，要报道真实情况，揭穿造谣者的丑恶嘴脸，使群众了解真相，懂得前行的方向。

无其实而喜其名者削，无德而望其福者约，无功而受其禄者辱，祸必握。

【语出】《战国策·齐策四》。

【通讲】约：约束；束缚。没有实质却图虚名的人名声会削弱，没有德行却希望享福的人会困窘，没有功劳却享受俸禄的人会受辱，灾祸一定跟随着来了。

【鉴赏】战国时期，颜斶(chù)向齐宣王阐述了得士者昌、失士者亡的道理，使齐宣王改变了王者尊贵的看法。“无其实而喜其名者削，无德而望其福者约,无功而受其禄者辱,祸必握”,便是颜斶向齐宣王阐述的看法。有了真正的学识、本领,建功立业,自然就会享有声望,人们应追求的是实至名归。“无德而望其福者约”告诫人们,要重视品德修养,道德高尚者能承担重任,厚德载物,行善积德才能承受得起福报,德不配位必有灾祸。“无功而受其禄者辱”告诫人们,不可邀虚功请赏,滥用权力、依傍权势获得奖赏,最终都会给自己带来祸害。

喜淫辞而不周于法,好辩说而不求其用,滥于文丽而不顾其功者,可亡也。

【语出】《韩非子·亡徵》。

【通讲】喜好浮夸的话语而不合乎法律,爱好诡辩论说而不讲求它的实用性,滥用华丽文采而不顾及它的效用,可能灭亡。

【鉴赏】法律高于一切,内容重于形式,效用大于文采。凡事应当考虑其实际功效,应当遵循一定的原则,否则不仅收效甚微,甚至适得其反。

悬牛首于门而卖马肉于内。

【语出】《晏子春秋·杂下》。

【通讲】店门口挂着牛头,店里面卖的却是马肉。意即表里不一,名实不副。

【鉴赏】这句在原文中只是一个比喻。春秋时齐灵公喜欢宫中女子女扮男装,于是上行下效,社会上妇女仿着男装蔚为风尚。齐灵公严令禁止,却有禁不止。齐相晏婴告诉灵公说,你自己的做法像挂牛头卖马肉一样,表里不一,言行相违,怎会使人信服?你若严令宫中女子不着男装,则社会上就没有谁敢穿了。说明名实不符,说的一套,做的是另一套。

峣峣者易缺,皦皦者易污。阳春之曲,和者必寡。盛名之下,其实难副。

【语出】《后汉书·黄琼传》。

【通讲】峣峣:高耸的样子。皦皦:洁白光亮的样子。高高耸立的东西,容易损坏或折断;洁白光亮的东西,容易被玷污。高雅的“阳春白雪”歌曲,附和着唱的人必定很少。在显赫的名声之下,其实际情况往往是很少相当的。

【鉴赏】处在显赫地位的人,不要忘乎所以,而要谦虚谨慎,兢兢业业。

用人不以名誉,必求其实。

【语出】宋·欧阳修《太尉文正丞公神道碑铭》。

【通讲】录用人才不能根据他的名声高低,而一定要考察其实际的德才。

【鉴赏】名实不副,也是常有的事。根据实际的德才来用人,才是正道。

浴不必江海,要之去垢;马不必骐骥,要之善走;士不必贤世,要之知道。

【语出】《史记·外戚世家》。

【通讲】骐骥(qí jì):骏马。知道:懂得道理。洗澡不必非到江海中去,重要在于去掉污垢;马不必非是骏马,重要在于善于奔跑;臣子不必非是圣贤,重要在于懂得做人、治国的道理。

【鉴赏】对一件事物的评定,不在乎它的名分,而在于它是否实用,必须提倡务实精神。不论采取什么办法,关键在于能达到目的。这种注重实际的,平民化的观点,无疑是有进步意义的。

中不胜貌,耻也。

【语出】《国语·晋语四》。

【通讲】外表和心里不一致的叫作羞耻。

【鉴赏】要培养表里一致的好品格。

4 务 本

秉纲而目自张，执本而末自从。

【语出】晋·杨泉《物理论》。

【通讲】抓住渔网的纲绳，渔网的眼就会自然张开；抓住事物的根本，枝节就会随之跟从。

【鉴赏】办事要抓住根本才容易成功。

除恶人，犹农夫之去草，令绝其本，勿使能滋。

【语出】《晋书·张轨传》。

【通讲】除去坏人，好像农夫除草一样，断绝它的根，勿使它蔓延滋长。

【鉴赏】除恶必须务尽。

得鱼而忘筌。

【语出】《庄子·外物》。

【通讲】筌：用竹子所编的渔具。鱼已捕到，就用不着筌了。

【鉴赏】劝诫人不要忘本。

伐木不自其本，必复生；塞水不自其源，必复流；灭祸不自其基，必复乱。

【语出】《国语·晋语一》。

【通讲】基：始。砍伐树木不从树根砍断，一定会重新生出芽来；堵塞水流不从源头堵住，水一定会继续流淌；消灭祸患不铲除其基础，祸乱一定会复发。

【鉴赏】办一切事情，都必须从根本抓起，从苗头杜绝威胁。

凡为治之大体，莫善于抑末而务本，莫不善于离本而饰末。夫为国者，以富民为本，以正学为基。民富乃可教，学正乃得义，民

贫则背善,学淫则诈伪。入学则不乱,得义则忠孝。故明君之法,务此二者。

【语出】汉·王符《潜夫论·务本》。

【通讲】治理国家的策略,没有比鼓励根本的事业(指农业),压制不重要的事业(指商业)更好的了,没有比舍弃农业而从事商业更坏的了。治理国家的人,应以使人民富足为根本,以端正学风为先导。人民富足则易于教化;学风纯正则正义得以伸张。人民贫穷,就会变坏;学风不正,弄虚作假之风就会盛行。只有提倡正学,国家才不会骚乱,而忠孝之风日长。因此,开明的君王一定要坚持这两条原则。

【鉴赏】国君必须重农以富民,正学以教民,国家才会欣欣向荣。这对于今天仍有借鉴意义。

夫富民者,以农桑为本,以游业为末。

【语出】汉·王符《潜夫论·务本》。

【通讲】使人民富裕的办法,是把农业作为根本,把商业作为次要的。

【鉴赏】农业是国家的根本。粮食是人民的生命。只有抓好农桑,才能使人民富足。

夫治国犹如栽树,本根不摇则枝叶茂盛。

【语出】唐·吴兢《贞观政要·政体》。

【通讲】治理国家就像种树一样,只要树根稳固不动摇,就能枝繁叶茂。

【鉴赏】《贞观政要》是“贞观之治”的翔实记录,记载了唐太宗李世民与身边大臣的论政对话,对后世颇具启示意义。正是由于唐太宗吸取隋朝灭亡的教训,借鉴了《老子》的治国之道,采取了一系列缓解社会矛盾的措施,才开创了政治清明、社会安定的“贞观之治”。我们治国理政,根本是中国共产党的领导和社会主义制度。保证根本不动摇,国家经济、政治、文化、社会和生态文明等方面的改革就能不断推进,中国梦必定实现。

末流之竭,当穷其源;枝叶之枯,必在根本。

【语出】明·叶之奇《草木子·杂俎》。

【通讲】末流:河水的下游。竭:干涸。穷:寻求到尽头。河流下游之水枯竭,应当从河流的发源地找原因;树木的枝叶干枯,那一定是树根上出了问题。

【鉴赏】凡事要从根本上找原因。

木无本必枯,水无源必竭。

【语出】明·冯梦龙《东周列国志》第三十八回。

【通讲】本:树根。竭:枯竭;干涸。树木没有根就一定会枯萎,河水没有源头就一定会干涸。

【鉴赏】根源是很重要的,要重视和保护根源,这是一切事物存在发展的基础。

譬如树木,治其末则枝叶未有害,本实先拔;培其本,则颠木田蘖也。

【语出】明·陶煦《租核·培本》。

【通讲】就像种树,如果仅仅修理它的树梢,则枝叶虽未受到伤害,而根却早已坏掉。如果注意培育树木的根,那么树枝就会长出新芽,枝繁叶茂了。

【鉴赏】这里所比喻的正是我们平常所谈论的抓主要矛盾。主要矛盾往往不是表面的种种现象,而是深藏在事物内部的根。其次,主要矛盾是种种现象产生的原因,与种种表象有千丝万缕的联系。

食者民之本,民者国之本,国者君之本。是故人君上因天时,下尽地利,中用人力,是以群生遂长,五谷蕃殖。

【语出】北朝魏·贾思勰《齐民要术·种谷》。

【通讲】粮食是百姓之本,百姓是国家之本,国家是皇帝之本。所以,做皇帝的上遵循天时,下挖掘土地的潜力,中充分利用人力,这样才能使百姓繁衍,五谷丰登。

【鉴赏】充分利用天时、地利、人和三种有利因素搞好农业生产,是治理国家之大要。

事必先正其本,然后其末可理。

【语出】《宋书·王弘传》。

【通讲】所有的事情必须首先端正它的根本,然后它的细枝末节就可以治理了。

【鉴赏】处事必须抓根本,而不能本末倒置。

天下事先本后末则易成。

【语出】《明史·郭任传》。

【通讲】天下的事情,先抓根本后抓枝节就容易成功。

【鉴赏】处理事物,要抓主要矛盾,古代很早就有辩证法思想。

万目不张举其纲,众毛不整振其领。

【语出】《三国志·魏志·崔林传》。

【通讲】目:网上的眼,比喻事物的从属部分。纲:渔网上的总绳,比喻事物的主要部分。振:挥动;抖动。渔网张不开就提起纲绳,裘毛不整齐就提起衣领。

【鉴赏】只要能抓住事物矛盾中的重点,一切疑难的问题都可以迎刃而解。

务农重本,国之大纲。

【语出】《晋书·齐王攸传》。

【通讲】从事农业生产,重视农业这个根本,是国家的总纲。

【鉴赏】重视农业生产,是治国之本。

物有本末,事有终始。知所先后,则近道矣。

【语出】《大学》。

【通讲】本:树根。末:树梢。任何事物都有根本和枝节,任何事情都有开始和终了。知道什么在先,什么在后,就接近于合理了。

【鉴赏】世上的事物都有本末始终,明确它们的先后次序,那就接近事物发展的规律了。对大学纲领有深切的认识和体会,自然距离大学之道的实现不远。

正其本,万事理。

【语出】《后汉书·范升传》引《易》佚文。

【通讲】把事物的根本端正了,与此有关的万事万物就井井有条了。

【鉴赏】办事情,治理纷繁复杂的事务要抓住根本,这是非常重要的。

政以得贤为本,理以去秽为务。

【语出】《后汉书·杨震传》。

【通讲】政事的根本就是要选拔贤才,治理好国家的首要任务就是要除去坏人坏事。

【鉴赏】人是最宝贵的,治国理政需要贤才,更要去除坏人坏事。

中无主而不止,外无正而不行。由中出者,不受于外,圣人不出;由外入者,无主于中,圣人不隐。

【语出】《庄子·天运》。

【通讲】中:指人的内心。不止:不停留,指"道"不停留。正:"匹"字形误,匹对,相对应的东西。不出:不输出教诲。隐:恻隐;同情。内心不自持,则大道不留驻;内心与外界不能相呼应,则大道不能推行。发自内心的东西(不合于道),不能影响外物,则圣人也不会去指点;由外部进入内心的东西,不能为心领悟,不能入主己心,圣人不会恻隐同情。

【鉴赏】庄子论述了内因和外因的关系。一切事物的发展变化有内因与外因两种条件,包括"道"的学说能否被接受和发挥作用,也如此。但内外二原因中,内因是根本,外因为依从,外因通过内因而起作用。

5 同 异

齐侯至自田，晏子侍于遄(chuán)台，子犹驰而造焉。公曰：“唯据与我和夫！”晏子对曰：“据亦同也，焉得为和？”公曰：“和与同异乎？”对曰：“异。和如羹焉，水火醯(xī)醢(hǎi)盐梅以烹鱼肉，燀(chǎn)之以薪……今据不然。君所谓可，据亦曰可；君所谓否，据亦曰否。若以水济水，谁能食之？若琴瑟之专壹，谁能听之？同之不可也如是。”

【语出】《左传·昭公二十年》。

【通讲】据：指春秋时期齐国大夫梁丘据。在齐景公与晏子的对话中，晏子批评梁丘据能同而不能和：国君认为可以的，梁丘据也说可以；国君认为不可以的，梁丘据也说不可以。接着，晏子用了两个比喻，如果用清水来给清水增加味道，谁能喝得下去？如果只是一琴或一瑟，谁能听得下去？并得出结论：“同之不可也如是。”

【鉴赏】“和”与“同”，表面上看很相似，实质上大异其趣。“同”，是绝对一致，既无变动也没有多样性，因此它代表了单调、沉闷和死寂。“和”和“和羹”(为羹汤调味)，必须齐之以味。“琴瑟专壹”为同，琴瑟相和才能奏出美妙的音乐。“和而不同”，是中国人处理“关系问题”的一个基本态度：和睦，但不求一致。对待不同文明，我们需要比天空更宽阔的胸怀，从不同文明中寻求智慧、汲取营养，为人们提供精神支撑和心灵慰藉，携手解决人类共同面临的各种挑战。

6 相 对

川泽纳污，山薮藏疾，瑾瑜匿瑕。

【语出】《左传·宣公十五年》。

【通讲】山薮(sǒu)：山野。瑾瑜：美玉。江河湖泽里容纳污泥浊水，山林草丛里躲藏毒害之物，美玉里藏匿着瑕疵。

【鉴赏】这句话符合哲学道理。事物都有美好的一面，也有缺陷的一面，不可能尽善尽美，这是一般规律。任何事物都有不可避免的缺陷，人也不会没有缺点。因此要用一分为二的观点对己、对人、对事。

贵贱有时，未可以为常也。梁丽可以冲城，而不可以窒穴，言殊器也。骐骥、骅骝一日而驰千里，捕鼠不如狸狌，言殊技也。鸱鸺夜撮蚤，察毫末，昼出瞋目而不见丘山，言殊性也。

【语出】《庄子·秋水》。

【通讲】梁丽：屋梁，大型圆木。狸狌：狸，野猫。狌，黄鼠狼。鸱鸺：即鸱鸮，猫头鹰。事物的贵贱价值，是随时变化而不固定的。栋梁可以用来冲撞城门，却不能用来堵塞洞穴，这是说器用不同。骏马良驹一天可以奔驰千里，但捕捉老鼠还不如野猫和黄鼠狼，这是说技能不同。猫头鹰在夜间能捉跳蚤，明察秋毫，但是大白天瞪着眼睛看不见丘山，这是说本性不同。

【鉴赏】贵贱无常势，是非无定理。各种事物有不同的特性和器用，要用发展变化的眼光来看待。人们要超越时空的局限和人为的俗见去认识自然，去看待世界万事万物。

君不闻海大鱼乎？网不能止，钩不有牵，荡而失水，则蝼蚁得意焉。

【语出】《战国策·齐策一》。

【通讲】您没听说过海大鱼吗？用渔网捕不到它，用鱼钩钓不上它，可是，当干得连一滴水都没有时，再小的蚂蚁、蝼蛄也能制服它。

【鉴赏】世上的生物都是相生相克的，大与小，强与弱不是一成不变的，大的未必一定强大，小的未必一定弱小，大小与强弱并非完全对立，各因其所处的条件发生变化。谁要想当强者，就应该根据自身条件来充分发挥自己的优势。

两虎诤人而斗，小者必死，大者必伤。

【语出】《战国策·秦策二》。

【通讲】诤：同“争”。两虎争人而相互厮打，小的必定会死，大的必定会受伤。

【鉴赏】战国时期，齐国和楚国绝交，之后两国交战。陈轸给秦惠王讲述卞庄子刺杀老虎的故事。“两虎诤人而斗，小者必死，大者必伤”，等到它们两败俱伤时去刺杀受伤的老虎，一举两得。陈轸劝秦惠王坐山观虎斗，等待齐国失败后发兵救援它，既获得救齐的利益，又没有攻打楚国的损失。此句说明利用两只老虎之间的矛盾，选择合适的时机行事，因此有了事半功倍的效果。启示人们不可盲目行事，要善于运用智慧，用较小的代价，取得较大的利益。

鸟则择木，木岂能择鸟。

【语出】《左传·哀公十一年》。

【通讲】鸟选择树木，树木怎么能选择鸟呢？

【鉴赏】鲁哀公十一年，孔文子准备攻打太叔，去征求孔子的意见。孔子回答他，祭祀的事，我曾经学过；打仗的事，我没有听说过。之后，孔子马上让人准备车马要离开，说：“鸟则择木，木岂能择鸟？”孔文子赶紧阻止他，解释说不是为自己打算，为的是防止卫国的祸患。孔子准备留下来，鲁国把他召回了。此句原意是指优秀的禽鸟会选择理想的树木作为自己栖息的地方，比喻贤者择主而事。鸟与木的关系，选择的主动权在鸟，木不能对前来栖息的鸟进行选择。当然木也不是完全被动，它可以通过自身的发展来吸引更优秀的鸟。比喻人才与环境的关系，优秀的人才应该选择能发挥自己才能的好单位和善用自己的好领导，而单位也可以创设良好条件吸引优秀人才。此言后来演变为“良禽择木而栖,贤臣择主而事”。

人无千日好,花无百日红。

【语出】明·施耐庵《水浒传》第四十四回。

【通讲】人生在世,不可能千日都好,也不可能凡事都好,就像那傲立枝头的花朵,不可能花开百日而继续维持其姹紫嫣红的繁荣。

【鉴赏】这是辩证法。人生和自然都在变化发展之中。居安要思危,好景肯定不常,都要时刻警惕自己的言行,以理智对待可能的变化发展以及各种不测,才能立于不败之地。

甚美必有甚恶。

【语出】《左传·昭公二十八年》。

【通讲】特别漂亮者必然有特别丑恶的行径。

【鉴赏】当初,叔向想要娶申公巫臣的女儿做妻子,他的母亲反对,说“甚美必有甚恶”,认为夏商周三代的灭亡都是由于美色,还举了大美女夏姬妖淫成性杀死三个丈夫的例子来说服儿子。此句隐含古代辩证法思想,启示我们要理解现象和本质的关系。现象是显现事物的外在方面,是表面的;本质是事物的内在方面,是深藏的。必须透过现象看本质,才能真正认识事物。

时有满虚,事有利害,物有生死。

【语出】《韩非子·观行》。

【通讲】天时有盛也有衰,事情有利也有弊,万物有生也有死。

【鉴赏】尽管这是韩非借以劝谏君主不要对万物万事的变化喜形于色,但他对事物本质的见解不可谓不深刻。世事无常,天地时节的变化、事情万物的变化都有不以人的意志为转移的客观规律。月满则亏,盛极必衰,这样的自然法则并非人为可控,应当予以尊重。

事无全遂,物不两兴。

【语出】明·徐祯稷《耻言》二。

【通讲】凡事没有件件都尽如人意的,事物没有彼此相对立的双方同时兴盛的道理。

【鉴赏】再美好的东西总会留点遗憾,要以平常心待之。

是亦彼也,彼亦是也。彼亦一是非,此亦一是非。

【语出】《庄子·齐物论》。

【通讲】此就是彼,彼就是此。彼有是有非,此也有是有非。

【鉴赏】彼此是事物的两个方面,它们既对立又统一,从对立看各有各的是非,从统一来看又彼此没有各自的是非,这就是庄子的辩证法。把握住这个道理,则一切问题都容易解决了。

太刚则折,太柔则废。

【语出】《汉书·隽不疑传》。

【通讲】刚:刚强。废:败。太刚强了就会折断,太柔弱了就会败坏。

【鉴赏】这是隽不疑劝诫暴胜之的话,强调做官要恩威并用,刚柔相济,方能树功扬名,否则就会失败。

太一出两仪,两仪出阴阳。阴阳变化,一上一下,合而成章。浑浑沌沌,离则复合,合则复离,是谓天常。

【语出】《吕氏春秋·大乐》。

【通讲】两仪:天地。"太一"是万物的本原。太一生天地,天地生阴阳。阴阳变化,一上一下,会合而成物体。浑浑沌沌,分离了又会合,会合了又分离,这就是自然的永恒规律。

【鉴赏】阐明了原始辩证法的思想,对立统一的规律。

天下皆知美之为美,斯恶已;皆知善之为善,斯不善已。故有无相生,难易相成,长短相形,高下相盈,音声相和,前后相随,恒也。

【语出】《老子》第二章。

【通讲】斯:则、就之意。恶:丑。已:同"矣"。也:语尾词。有无相生:

此章的“有”“无”指客观事物的存在与不存在，出现与不出现。相生：相对而生。相形：相互比较，相互体现。盈：原为满、增长，引申有包含、依靠之意。天下的人都知道美之所以为美，这就预示丑的观念同时存在了；都知道善之所以为善，恶的观念也就同时产生了。有和无相互对立而产生，难和易相互对立而完成，长和短相互对立而形成，高和低相互对立而包含，音和声相互对立而和谐，前和后相互对立而随顺，这是永远不变的对立统一体。

【鉴赏】阐述一切对立的事物，都具有相互依存的关系，集中鲜明地体现了老子朴素的辩证法思想。确认了对立统一是永恒的、普遍的法则。

物之有成必有坏，譬如人之有生必有死，而国之有兴必有亡也。

【语出】宋·苏轼《墨妙亭记》。

【通讲】坏：衰败。事物有成熟的时候就必然有衰败的时候，这正如人有活着的时候就必然有死亡的时候，而国家有强盛的时候也就必然有衰亡的时候一样。

【鉴赏】一切事物都处在相对中，都可以按一定环境条件而发生变化。

7 相 反

百人舆瓢而趋,不如一人持而走疾。

【语出】《战国策·秦策三》。

【通讲】一百个人共同扛着瓢快走,不如一个人拿着瓢跑。

【鉴赏】要善于使用人力,节约人力成本,裁汰冗员,因为一件事太多人做反而因互相牵制而做不好。

冰炭不同器而久,寒暑不兼时而至,杂反之学不两立而治。

【语出】《韩非子·显学》。

【通讲】冰块与火炭不能放在同一个器皿里,严寒与酷暑不会在同一个时间到来,互相矛盾和互相对立的学说,不能同时用以管理国家。

【鉴赏】通过对立不共存的冰炭和寒暑两个比喻来强调互相矛盾、处于对立面的学说,是不能兼容,不能同时用于治理国家的。韩非希望通过禁止一切矛盾对立的学说,将法家的学说置于尊崇的地位。后世常用“冰炭不相容”形容两种理论或事物处于完全相反的对立面,矛盾十分尖锐,无法并存。例如,北宋司马光在激烈反对与之政见不同的王安石所提倡的“熙宁变法”时,在给神宗皇帝上书时就这样形容,“臣之于王安石,犹冰炭之不可共器,若寒暑之不可同时”。

成立之难如升天,覆坠之易如燎毛。

【语出】《新唐书·柳玭传》。

【通讲】燎:烧。两句以“难如升天”“易如燎毛”作比喻,说明成功的不易,败亡的容易。

【鉴赏】成家立业很艰难,毁败功业却很容易。

大害必有小利为之媒,大利必有小害为之倪。

【语出】明·庄元臣《叔苴子内篇》卷一。

【通讲】媒:媒介。倪:事物细微的初始。大的祸害一定会有微小的好处替它作媒介,大的好处一定会有微小的祸害为它作铺垫。

【鉴赏】有害必有利,有利必有害;应当比较利与害孰小孰大,然后再决定取舍。既不能贪图小利,又不能凡是遇到祸害就摈弃。

当知器满则倾,须知物极必反。

【语出】《幼学故事琼林》。

【通讲】容器装得太满了易翻倒;应该知道事物走到了极端,就会向相反的方向发展。

【鉴赏】气量狭小的人容易自满而走向不好的方面。

凡人物者,阴阳之化也。阴阳者,造乎天而成者也。天固有衰嗛废伏,有盛盈坌息,人亦有困穷屈匮,有充实达遂,此皆天之容物理也。

【语出】《吕氏春秋·恃君》。

【通讲】凡是人和物,都是阴阳化育而成的。阴阳是由天创造而形成的。天本来就有衰微、亏缺、废弃、隐伏,有兴盛、盈余、聚积、生息;人也有困顿、穷窘、拮据、匮乏,有充足、富有、显达、成功。这些都是天包容万物的原则。

【鉴赏】说明生死穷通也是人生的固有之义,人们应该好好地面对。

凡治乱存亡,安危强弱,必有其遇,然后可成,各一则不设。

【语出】《吕氏春秋·长攻》。

【通讲】大凡治和乱,存和亡,安和危,强和弱,都必定彼此相遇,然后才能形成互相制约的关系;如果都彼此相同,就不能形成这种关系。

【鉴赏】说明矛盾双方互相依存和制约的辩证关系。

风马牛不相及。

【语出】《左传·僖公四年》。

【通讲】齐楚相距甚远,毫无干系,马牛不会走失到对方地界。后用此比喻事物间毫不相干。

【鉴赏】鲁僖公四年春天,齐桓公率领各诸侯国的军队进攻蔡国,打败蔡国后,接着又攻打楚国。楚成王派使者对齐军说,你们居住在北方,而楚国在南方,"唯是风马牛不相及也",没想到你们竟然进入我们楚国的领地,这是为什么?关于"风马牛不相及",有两种解释。一是孔颖达《疏》引服虔曰:"牝牡相诱谓之风……此言'风马牛',谓马牛风逸,牝牡相诱,盖是末界之微事,言此事不相及,故以取喻不相干也。""风"的意思为雌雄相诱。牛和马是不同种的牲口,即使是雌雄相诱,牛和马也不会走到一起去。另一种解释是,"风"指走失,齐楚相距甚远,毫无干系,马牛不会走失到对方地界。"风马牛不相及"后来成为使用得很广泛的一则成语,用以比喻事物之间没有任何共同点和相联系之处。相关词语还有"驴唇不对马嘴"等。

故礼烦则不庄,业烦则无功,令苛则不听,禁多则不行。

【语出】《吕氏春秋·适威》。

【通讲】不庄:不庄重。不行:行不通;不能执行。所以礼仪繁琐就会不庄重,经常改变行业就会没有成就,政令苛细就会没有人听从,禁令繁多就难以执行。

【鉴赏】任何一件事物都必须掌握一定的度,事物超过一定的限度,就会走向自己的反面。

见其可利也,则必前后虑其可害也。

【语出】《荀子·不苟》。

【通讲】看到一件事情可以获得好处,就必须多方面考虑它会有什么坏处。

【鉴赏】要全面地考察一件事的利弊,不能只看到利而忽视了害。这样,就能很好地处事了。

将欲歙之,必固张之;将欲弱之,必固强之;将欲废之,必固兴之;将欲夺之,必固与之。是谓微明。柔弱胜刚强。

【语出】《老子》第三十一章。

【通讲】固:通“姑”,姑且、暂时。想要收拢时,必须暂时打开;想要削弱的,必须暂时使它强大;想要废除的,必须暂时让它发展;想要夺取的,必须暂时付出。这叫作精微的见解。看上去柔弱的却能战胜看上去刚强的。

【鉴赏】从实用的角度看,这段话讲的是一种经营策略。但从经营艺术的角度看,这段话富有哲学意义。

紧行无善踪。

【语出】元·无名氏《小尉迟》第一折。

【通讲】紧急行走没有好的踪迹。

【鉴赏】急于求成的人不能把事情办好。

进有退之义,存有亡之机,得有丧之理。

【语出】《旧唐书·房玄龄传》。

【通讲】前进包含后退的意义,生存藏有灭亡的迹象,获得蕴含丧失的事理。

【鉴赏】对立统一这一辩证法思想,古人很早就知道了。

利或生害,害亦生利。

【语出】《旧唐书·郭元振传》。

【通讲】利或许生出害,害也能生出利来。

【鉴赏】利和害是对立的统一。

全则必缺,极则必反,盈则必亏。

【语出】《吕氏春秋·博志》。

【通讲】事物完满时便开始缺失,达到极点便开始返回,充盈时便开始亏缺。

【鉴赏】物极必反,任何事物发展到顶点时,便开始走向自己的反面。体现了辩证法的思维。

势到七八分即已，如张弓然，过满则折。

【语出】明·薛瑄《读书录》卷一。

【通讲】十分力量用到七八分就行了，就如同拉开弓似的，拉得超过了限度，就会折断。

【鉴赏】做事情都要留有余地。

事以急败，思因缓得。

【语出】清·申居郧《西岩赘语》。

【通讲】办事情操之过急就会失败，问题经过深思熟虑才会有收获。

【鉴赏】心急吃不了热豆腐，欲速则不达，这是个永恒的规则。

天下皆知求其所不知而莫知求其所已知者，皆知非其所不善而莫知非其所已善者，是以大乱。

【语出】《庄子·胠箧》。

【通讲】普天下的人都知道追求他们不知道的东西，却不知道研究他们已知道的；都知道否定他们所不擅长的，却不知道否定他们所已熟悉的，所以才会天下大乱。

【鉴赏】庄子善于逆向思维，所以常有特异的言论。人们往往习惯于常规的思维方式和生活方式。实际上，在这些已经习惯的东西中，有时存在着严重的缺陷，因为司空见惯而令人熟视无睹。人们可以学一下庄子的逆向思维。

真赝不同物，治乱不同日。

【语出】宋·宋祁《杂说》。

【通讲】赝：假的。真实和虚假不会体现在同一事物上，秩序和混乱也不会出现在同一时间。

【鉴赏】真和假、治和乱是完全对立的两种东西。求真必去假，求治必除乱，二者无法调和。

8 转 化

安危相易，祸福相生。

【语出】《庄子·则阳》。

【通讲】相易：相转化。安与危互相倚伏，祸和福彼此包含。

【鉴赏】相对的两面可以互相转化。

吃一分亏，受无量福。

【语出】明·冯梦龙《警世通言》卷三。

【通讲】与人交往时吃一点亏往往能得到更大更好的福报。

【鉴赏】吃亏是福。

持而盈之，不若其已；揣而锐之，不可长保。金玉满堂，莫之能守；富贵而骄，自遗其咎。功遂身退，天之道也。

【语出】《老子》第九章。

【通讲】持而盈之：手捧盈满，引申为自满自骄之意。揣：捶击。揣而锐之：捶击刀刃使它变得锋利。水碗已盛满，不如停止下来；捶打金属使它尖利，难保长久，必遭挫败。金玉满堂，没有守得住的；富贵而骄傲，必将给自己招灾。功成业就，退位收敛，这是合于自然规律的。

【鉴赏】老子认为物极必反。警惕不要走向反面，不要自我膨胀，要适可而止、见好就收，防止矛盾激化，告诫我们“富贵不能骄奢”，要善让。

尺蠖之屈，以求信也。龙蛇之蛰，以存身也。

【语出】《周易·系辞下》。

【通讲】信：通“伸”。尺蠖弯起身体，是为了伸展前行。龙、蛇冬眠，是为了保存自己。

【鉴赏】尺蠖是一种软体虫，爬行时一屈一伸。人们在社会生活中，往往也需要后退一步,然后才能前进。

反者道之动,弱者道之用。天下万物生于有,有生于无。

【语出】《老子》第四十章。

【通讲】反:同"返",循环往复。弱者:渺小,指道的作用是无形的,小得看不见,但其作用又是确实存在的。有:指道的有形质。无:指道的无形质。"道"的运动是相反相成,循环往复的;"道"的作用是感觉不出力量的"柔弱"。天下万物生于有形体的天地,有形体的天地生于无形体的"道"。

【鉴赏】自然界中的一切事物都是依着一定规律循环和相互转化的,没有离去,就不会有返回,没有"有"就没有"无",这是一条辩证法的原理。

刚柔变化,刚了化,化了柔,柔了变,变便是刚,亦循环不已。

【语出】宋·朱熹《朱子语类》卷七十四。

【通讲】刚和柔相互变化,刚了就化,化了就柔,柔了就变,变了又成了刚,循环下去永不停止。

【鉴赏】以刚柔为例,说明矛盾的双方互相联系,又互相转化,循环不止。

功高成怨府,权盛是危机。

【语出】宋·王迈《读渡江诸将传》。

【通讲】功劳太大,便遭到众人的怨恨;权势过盛,就隐伏着可怕的危机。

【鉴赏】叹息岳飞、韩世忠和刘锜等抗金有功的将领。

寒暑相推,阴阳代兴,运极则化,理乱相承。

【语出】《后汉书·蔡邕传》。

【通讲】天地之间寒和暑是互相推移的,阴和阳也是交替兴盛的,时运到极点就要起变化,国家的治和乱也是相承接的。

【鉴赏】揭示自然界和社会的发展变化。

哲学

花不损,何由成蜜。

【语出】《金史·斜卯爱实传》。

【通讲】花不受损,用什么制成蜜呢?

【鉴赏】两者的利益难于兼顾,必须有所选择。

欢乐极兮哀情多。

【语出】汉·刘彻《秋风辞》。

【通讲】欢乐到极点时,自然会涌出一种哀愁。

【鉴赏】这句话说明了"乐极生悲"的道理,追求快乐,也应有所节制。

积上不止,必致嵩山之高;积下不已,必极黄泉之深。

【语出】汉·王符《潜夫论·慎微》。

【通讲】不停地向上积累,一定会达到嵩山的高度;不停地向下挖掘,日积月累,也一定会达到黄泉一样的深处。

【鉴赏】这里用向上和向下比喻修善立德和为恶多端两种截然不同的结果。努力向上,会成为世人敬仰的楷模。相反,恶习不改,多行不义,必然走向坟墓。

积羽沉舟,群轻折轴,众口铄金,积毁销骨。

【语出】《史记·张仪列传》。

【通讲】铄:熔化金属。销:熔化。羽毛堆积多了也能把船压沉,轻东西聚载多了能把车轴压断,众人的嘴巴可以使金属熔化,毁谤积累下来也足以致人于毁灭之地。

【鉴赏】战国时期,秦相张仪力图以"连横"之策分化六国的"合纵"盟约。他来到魏国作相,试图说服魏襄王依附秦国,遭到拒绝;魏襄王死后,张仪又劝说魏哀王依附秦国,也没有成功。张仪便暗中让秦军攻打魏国,魏国战败。张仪趁机向哀王分析魏国形势,魏国地处中原,四通八达,容易受到邻国攻击,造成四分五裂;况且诸侯各国的"合纵"结盟是不可能成功的。张仪指出魏国如果忽视这些不利因素,就会像"积羽沉舟,群轻折轴,众口铄金,积毁销骨"一样,小患终将酿成大祸。魏哀王终于听从了张仪的劝说,背离“合纵”协议,请求与秦国“连横”。此句告诉我们,小到几乎可以忽略的因素如果多了也能有着极强的破坏力,小小的坏事积累起来就会造成严重的后果。

坚冰作于履霜,寻木起于蘖栽。

【语出】汉·张衡《东京赋》。

【通讲】寻:古代长度单位,八尺为一寻。蘖:树木砍去后又长出的芽子。坚实的冰由脚下寒霜凝聚而成,八尺高的树木由短短的嫩苗生长而成。

【鉴赏】只有寻始察终,才能更好地掌握事物的发展规律,做到防微杜渐或防患于未然。对症下药,才能立于不败之地。

苦心中,常得悦心之趣;得意时,便生失意之悲。

【语出】明·洪应明《菜根谭》。

【通讲】苦心:困苦的感受。悦心之趣:使心中喜悦而有乐趣。失意之悲:由于失望而感到悲哀。在困苦的逆境中能把握方向不屈奋斗,常常可以感受得到内心奋斗的喜悦,这种喜悦才是人生的真正乐趣;反之如果在得意时骄纵狂妄,往往会种下日后祸患的根苗,导致痛苦的悲剧。

【鉴赏】任何事情都是在发展变化着的,苦悲可以转化,得失不是永恒。苦中有乐,乐中有苦。一个人必须要及时铲除苦恼的根苗,否则得意过后失意的悲哀就会来到。人不能因为一时的得失来考虑自己的一生,不能因一时的苦乐而放弃人生的奋斗。

老来疾病,都是壮时招的;衰后罪孽,都是盛时造的。故持盈履满,君子尤兢兢焉。

【语出】明·洪应明《菜根谭》。

【通讲】持盈履满:盈是丰富,履是福禄,持盈履满是指已达最好程度的美满的物质生活。兢兢:小心谨慎。年纪大时,体弱多病,都是年轻时不注意爱护身体所招来的病根儿;一个人事业失意以后还会有罪孽缠身,那都是得志时埋下祸根儿。因此一个有高深修养的人,即使生活在幸福环境,处在事业巅峰，也要兢兢业业、戒骄慎言，为今后打下好基础。

【鉴赏】人的一生变化无常，就像是人的体格，青壮时不注意保养锻炼，就会老来多病，一个人在春风得意时要多做好事多积阴德，免得失势以后留下罪孽。而一个有修养有道德的人，在顺境、在得势时，总是小心翼翼，居安思危，才能防止不虞。

满而不损则溢，盈而不持则倾。

【语出】《史记·乐书》。

【通讲】水满了若是不减少一些它便会溢出来，容器满了若是不加以扶持就会倾倒。

【鉴赏】干什么事情都要有所节制，都要有个限度，事情到了一定的“度”就会向相反的方向转化。所以越是接近这个“度”，潜在的危险越大，任何骄傲自满都会招致灾祸，以致失败。

末大必折，尾大不掉。

【语出】《左传·昭公十一年》。

【通讲】末：树梢；末梢。掉：摇动。树木末梢粗大必折其干，尾巴太大则不能摇摆。

【鉴赏】鲁昭公十一年春天，楚国国君楚灵王在陈、蔡、不羹筑城，并打算派弃疾做蔡公，楚王就这件事向大夫申无宇征求意见。申无宇委婉地说，我听说有五种大人物不安排在边境，五种小人物不安排在朝廷。亲近的人不任外职，疏远的人不任内官。现在弃疾在外，郑丹在内，君王应加以戒备。楚王认为国都有高大的城墙很安全。申无宇又列举了郑、宋、齐、卫曾发生动乱的例子，提醒楚王“末大必折，尾大不掉”。此句体现了矛盾转化哲理，告诉我们：末与本，尾与身是矛盾的统一，末大与尾大超过了树木与动物承受力的限度，就会各自向其相反的方面转化：树被折断，尾摆动不了。旧时常以“尾大不掉”比喻部下势力强大，不听从上级的指挥调遣。现也比喻机构庞大，指挥不灵。

贫生于富，弱生于强，乱生于化，危生于安。

【语出】《后汉书·王符传》。

【通讲】富裕而不节俭就会变成贫穷，力量强大而骄傲自满就会走向衰弱，国家安定时而不注意修政就会发生动乱，安于现状的平稳而不防微杜渐就会走向危亡。

【鉴赏】这是王符在《浮侈篇》中的论点。国君应懂得防患于未然，保证国家的富强、安稳。

强弩之极，矢不能穿鲁缟；冲风之末，力不能漂鸿毛。

【语出】《史记·韩长孺列传》。

【通讲】鲁缟(gǎo)：鲁国出产的一种白色生绢，十分轻薄。冲风：猛烈的风。漂：通“飘”，飘扬，吹动。强弩射出的箭，到了末程，连鲁绢也穿不过；劲风到了尽头，其力量连羽毛也吹不动。

【鉴赏】这是韩长孺和亲政策最具说服力的话。生动形象地揭示了出兵讨伐匈奴对汉廷的不利因素。今天看来，这句话也说明了事物的发展变化规律，强弱会转化，必须谨慎从事。

丘山积卑而为高，江河合水而为大，大人合并而为公。

【语出】《庄子·则阳》。

【通讲】山丘是靠积聚小土石才高的，江河是汇集细小的流水才大的，伟大的人物是综合了众人的力量才成事的。

【鉴赏】群众的力量是无穷的。要相信群众、依靠群众，才能将革命事业推向前进。一切事物的发展都是由小到大，由少到多，伟大的事业始于足下，要从小事做起，不要看不起小事，一件件小事就会成就大事业。“千里之行，始于足下”，每个人都要从点滴做起。

人皆知取之为取也，不知与之为取之。

【语出】汉·刘向《说苑·谈丛》。

【通讲】人们都知道取得就是取得，却不懂得给予也是取得。

【鉴赏】这里论述的是予与取的关系，即给予和索取的关系。只有在给予以后才可能在需要时得其所需。

日中则移，月满则亏。

【语出】《战国策·秦策三》。

【通讲】太阳中午以后就会偏斜，月亮圆满以后就会亏缺。

【鉴赏】“日中则移，月满则亏”显示天地间万事万物都会由盛而衰，或发展到一定限度就会向相反方向转化。也可比喻人生兴衰荣辱和日月盈亏这个自然规律一样，都是处于不断的变化发展当中。人们要顺应规律，适应形势变化，才能把握好人生道路。

日中则昃，月盈则食。

【语出】《周易·丰》。

【通讲】昃(zè)：太阳偏西。太阳当顶直射，接着就开始偏西；月亮满圆以后，接着就慢慢缺损。

【鉴赏】任何事物发展到了极致，就要开始走向反面。辩证法的这一基本原则到处都在。

山川之精英，每泄为至宝；乾坤之瑞气，恒结为奇珍。

【语出】《幼学故事琼林》。

【通讲】山川里存有精华英气，每当发泄出来，都是最好的宝物；天地间所有的祥瑞之气结聚起来，都会成为奇异的珍宝。

【鉴赏】奇珍异宝，来之不易，弥足珍贵。

事多似倒而顺，多似顺而倒。有知顺之为倒、倒之为顺者，则可与言化矣。至长反短，至短反长，天之道也。

【语出】《吕氏春秋·似顺》。

【通讲】许多事看起来违背情理，实际上却是顺乎情理的；看起来是顺乎情理，实际上却是违背情理的。谁能懂得顺可以变为不顺，不顺可以变为顺，就可以同他讨论关于事物发展变化的问题了。夏至白天最长，以后渐渐变短；冬至白天最短，以后渐渐变长，这是自然的法则。

【鉴赏】说明矛盾对立的双方各自向其相反的方面转化，表现了辩证法的思想。

天下大势,分久必合,合久必分。

【语出】明·罗贯中《三国演义》第一回。

【通讲】分裂的时间长了,到一定时候就会出现统一;统一的时间长了,到一定时候又会出现分裂。

【鉴赏】说明社会局面不会一成不变,而是不断变化着的,“分”和“合”是可以转化的。

万物必有盛衰,万事必有弛张。

【语出】《韩非子·解老》。

【通讲】世上万物都会茂盛和衰败,万事都会松弛和紧张。

【鉴赏】事物都会在一定条件下互相转化,盛衰、张弛是一切事物发展变化的规律。

物至而反,冬夏是也;致至而危,累棋是也。

【语出】《战国策·秦策》。

【通讲】事物发展到一定程度就会向相反的方向转化,就像冬夏循环一样;事物发展到它的极致,就会有危险,就像累叠起来的棋子一样,随时有倒塌的危险。

【鉴赏】说明哲学的一个原理:物极必反,累高必危,在一定条件下,事物间都会转化。

蓄极则泄,闷极则达,热极则风,壅极则通。

【语出】明·刘基《司马季主论卜》。

【通讲】壅(yōng):堵塞。水蓄满了,便会漫溢出来;烦闷到了极点,便会达观起来;炎热到了极度,便会吹起风来;完全堵塞了,又会通畅起来。

【鉴赏】论述了物极其必反的道理。一切对立面发展到了“极”度,就会转向反面了。盛衰、得失自有天理。在大得大失、大盛大衰面前,保持着一份淡然的心境,无喜无悲,那可谓是大智大慧者了。

阳往交易阴，阴来交易阳，两边各各相对。

【语出】宋·朱熹《朱子语类》卷六十五。

【通讲】阳气过去交互变化成阴气，阴气过来交互变化成阳气，两边各各相对。

【鉴赏】朱熹所说的阴阳两气，两两相对，不可分离，说明矛盾的双方既相对立又相转化的规律。

一动一静，互为其根，动而静，静而动，辟阖往来，更无休息。

【语出】宋·朱熹《朱子语类》卷九十四。

【通讲】动和静，互相作为各自的根本，动转化成静，静转化成动，一往一来，更没有停止的。

【鉴赏】说明"动"和"静"两者相互依赖、相互渗透，并不断转化。

月满则亏，物盛则衰，天地之常也。知进而不知退，久乘富贵，祸积为祟。

【语出】《史记·田叔列传》。

【通讲】月亮圆了就会亏缺，事物兴盛了就会衰落，这是天地间的常规。只知道前进，不懂得后退，长时期地据有富贵，祸患日积月累，就会成为祸祟。

【鉴赏】对立统一规律，古代很早也有这种辩证法思想。

自古达人，何心得失……益有得有失者，物之常理；患得患失者，目之为鄙。塞翁失马，祸兮福倚。得丧荣辱，奚足介意？噫，可不忍欤！

【语出】元·吴亮、许名奎《劝忍百箴·失之忍》。

【通讲】自古以来，通达的贤者没有什么得失念头……有得有失，这是事物的常理。担心得不到，得到了又担心失掉，则被人鄙视。塞翁丢失了马，祸与福同在。得失和荣辱，哪里用得着放在心上。唉，(得失之心)难道不应该克制吗！

【鉴赏】要很好地对待得与失，对得与失都处之泰然。自然万物的变化，有盛便有衰；人世间的事情也同样如此，总是有得便有失。庸人在没有得到富贵权力的时候，就是害怕得不到，得到富贵权力的时候，则又唯恐失去，这是极不可取的。

纵欲之乐，忧患随焉。

【语出】清 · 申居郧《西岩赘语》。

【通讲】放纵欲望去追求享乐，忧愁祸患就会随之而来。

【鉴赏】要牢记乐极生悲的道理。

9 推 理

观水有术,必观其澜。

【语出】《孟子·尽心上》。

【通讲】澜:大波浪。观察水势有一定的方法,那就是一定要看它壮阔的波澜。

【鉴赏】说明观察事物要把握大的方面才能了解清楚。

见瓶水冻,知天下之寒。

【语出】《北史·崔浩传》。

【通讲】看见瓶里的水已经结冰,便知道天气已经寒冷了。

【鉴赏】以小见大,见微而知著,要从细小变化中看出事物的发展变化。

见一叶落,而知岁之将暮。

【语出】《淮南子·说山训》。

【通讲】看见第一片枯黄的树叶落下来,就知道一年已经快到末尾了。

【鉴赏】要善于分析断理,以小见大,睹微知著。要从事物衰微、变化前出现的征兆预测未来,做好准备。

有道之士,贵以近知远,以今知古,以益所见知所不见。

【语出】《吕氏春秋·察今》。

【通讲】有道的人,其可贵在于能够根据近的推知远的,根据今天的推知古代的,根据已经看到的推知尚未看到的。

【鉴赏】说明如何获得知识的方法,还是值得借鉴的。

10 知　行

博学之，审问之，慎思之，明辨之，笃行之。

【语出】《中庸·二十章》。

【通讲】审：详细。笃：踏实；忠实。广泛地学习各种知识，详细地向别人询问，缜密地进行思考，明确地分辨是非，踏踏实实地去践行。

【鉴赏】这段话讲的是学习的不同递进阶段。由博学到笃行，才能学有所依、学有所成、学有所用。既要学习，更要把学习的成果体现在工作中，这样才算是真正学会了、学活了、学好了。在道德实践中，知与行有着紧密的关系，两者的目标都是相同的，即善于坚持知行相结合的原则，就能达到目的。为了能行，必须先知，儒家主张的博学，首先是学道、学礼、学文。学道便是追求真理，学礼即学习“六艺”，学文即学习古代文献，也是博学求知的快捷途径，掌握前人对自然知识和社会知识的经验总结。有不懂的问题就要请教别人，并将学来的东西，经过认真地思考，深刻地领会，消化变成自己的东西。只有对学到的知识进行分析、考察，才能了解事物的本质，不被现象所迷惑。人学习之后，就会明白做人的道理，再把所学的知识去付诸行动，即运用到实践中，不断努力，永无止境，在道德实践的征途上日益前进。

不经一事，不长一智。

【语出】元·释大䜣《大龙翔集庆寺语录》。

【通讲】不经历那一件事情，就不会增长关于那一件事情的知识。

【鉴赏】实践是获得知识的重要途径。

读万卷书，行万里路。

【语出】明·董其昌《画禅室随笔·画诀》。

【通讲】万卷、万里：概数，泛言其多，并非实指。读上一万卷书籍，也要力求走完一万里路程。

【鉴赏】读书要和实践完满结合。

读有字书,却要识没字理。

【语出】明·鹿善继《四书说约》。

【通讲】识:认识;懂得。没字理:指实际生活中为人处世的大道理。读现存的有字之书,却一定要懂得现实生活中为人处世的大道理。

【鉴赏】读书要结合实际。

非知之难,行之难;非行之难,安之难也。

【语出】《晋书·庾冰传》。

【通讲】不是知道困难,是实行起来困难;不是实行起来困难,是让人民能安居乐业困难。

【鉴赏】让人民安居乐业是非常困难的,但再困难也要做成。

论先后,知为先;论轻重,行为重。

【语出】宋·朱熹《朱子语类》卷九。

【通讲】讲先后,首先要有知识;讲轻重,实践又是最重要的。

【鉴赏】知识重要,而实践则更重要。

三折肱知为良医。

【语出】《左传·定公十三年》。

【通讲】肱(gōng):手臂。多次折断臂膀,久病便成了良医。

【鉴赏】春秋时期,晋国范氏和中行氏准备攻打晋定公。齐国高强认为"三折肱为良医",民众不会支持攻打国君的行为。二人不听,最终失败。此句启示人们:经过多次失败,积累了丰富的经验,造诣能逐步提高。后比喻对某事阅历多,富有经验,成为内行。

行之力,则知愈进;知之深,则行愈达。

【语出】宋·张栻《南轩先生论语解序》。

【通讲】力:努力。则:就。达:通达。越是努力实践,知识学问就越会有进步;知识越是深厚,则做起事来越能获得成功。

【鉴赏】说明知行合一的道理。

学者贵于行之，而不贵于知之。

【语出】宋·司马光《答孔文仲司户书》。

【通讲】学者贵在能把所学的知识落实在自己的行动上，而不仅仅是懂得知识。

【鉴赏】学习的目的是重在实践，学之有用。

学之之博，未若知之之要；知之之要，未若行之之实。

【语出】宋·朱熹《朱子语类》卷十三。

【通讲】学问知识非常广博，不如了解其中的要点精华；理解了某一理论的要点精华，又不如付诸行动更为实际。

【鉴赏】读书重要，而人的行动实践更为重要。人们学要学其精，行要行得实；没有行动，学得再博也没有用处。

一语伤人，千刀搅腹。

【语出】宋·普济《五灯会元·崇梵余禅师》。

【通讲】一句话给人造成的伤害，就像千把刀搅乱胸腹一般。

【鉴赏】讲话要特别谨慎，不可恶语伤人，否则会给人造成重大伤害。

以近知远，以一知万，以微知明。

【语出】《荀子·非相》。

【通讲】了解事物，必得从近处、少处、细微处着手。

【鉴赏】说明了解事物的好方法。

有钱难买回头看，头若回看后悔无。

【语出】清·金埴《不下带编》卷四。

【通讲】善于总结过去的经验比金钱还要珍贵，能这样做便不会有后悔的事情了。

【鉴赏】善于总结经验，不断吸取教训，就会把事情办好。

知不知，上矣。过者之患，不知而自以为知。物多类然而不然，故亡国僇民无已。

【语出】《吕氏春秋·别类》。

【通讲】僇(lù):古同"戮"，杀害。知道自己有所不知，这种态度是很好的。有过错的人常有这样的毛病;明明不知却自以为知。许多事物看起来似乎是如此，其实并非如此;似乎明白了，其实并不明白，所以亡国害民的事就不断地发生。

【鉴赏】强不知为知，其后果是亡国害民。必须深刻认识，防止其危害的产生。认识事物应抱着"知之为知之，不知为不知"的态度，决不能不懂装懂。知道自己的不足，而不要不知道自己的错误，是非常重要的。

知不知，尚矣;不知知，病也。夫惟病病，是以不病。圣人不病，以其病病，是以不病。

【语出】《老子》七十一章。

【通讲】知不知:通常有两种解释:一为"知道却不自以为知道"，一为"知道自己有所不知"。不知知:不知道却自以为知道。病病:把缺点当作缺点。知道自己有所不知道，最好;不知道却自以为自己知道，这是毛病。有"道"的圣人没有这种毛病，因为他把"不知知"当成一种毛病。正因为将毛病当成毛病，因此才不至于犯这种毛病。

【鉴赏】对知识要有正确的态度，知之为知之，不要强不知为知。人们在求知的过程中，只有如此，才会有所进步。

知是行之始，行是知之成。

【语出】明·王守仁《传习录》卷上。

【通讲】知识是实践的开始，实践是知识的完成。

【鉴赏】实践是知识的源泉。

知行常相须，如目无足不行，足无目不见。论先后，知为先;论轻重，行为重。

【语出】宋·朱熹《朱子语类》卷九。

【通讲】知:指理论。行:指实践。理论和实践常常是相互依赖的,就像有眼睛而没有脚无法走路,有脚没有眼睛也看不见。以先后关系来看,应是先知道理论;从轻重关系上看,实践更为重要。

【鉴赏】说明理论与实践的相互依赖关系,认为理论先于实践,实践重于理论,两者不可偏废。

知之为知之,不知为不知,是知也。

【语出】《论语·为政》。

【通讲】知:知道。是知也:对待知与不知的正确态度。知道的就承认知道,不知道的就承认不知道,这就是对待事物的正确态度。

【鉴赏】孔子教诲子路要以正确的态度对待知与不知。也是教育人们做任何事都必须具有实事求是的精神。学习、为政都必须谦虚认真,老老实实,理解多少就说多少,不懂不能装懂,自欺欺人。真正的聪明智慧是为人处世实事求是,不懂就是不懂,虚心向他人学习,不耻下问,不知的问题一定要弄懂,直到获得真知。那些不懂装懂、自以为是的人应该铭记孔子的这句至理名言。

智莫大于阙疑,行莫大于无悔也。

【语出】汉·刘向《说苑·谈丛》。

【通讲】最大的智慧无非是能够解决疑难问题,最了不起的行为无非是一往无前,不后悔,不踌躇。

【鉴赏】领导者随时随地解决问题,果敢地沿着正确的道路坚持走下去,总会取得成功。

11 崇实

必得之事，不足赖也；必诺之言，不足信也。

【语出】《管子·形势》。

【通讲】做任何事情都要根据实际情况，主观上认为办得到的事，不一定靠得住；口头上答应的话，不一定能相信。

【鉴赏】凡事都要做到才算数。

不登高山，不知天之高；不临深溪，不知地之厚也。

【语出】《晋书·地理志上》。

【通讲】不登上高山，就不知道天的高度；不到深深的溪谷，就不知道地的厚度。

【鉴赏】只有通过实践，才能获得真知。

不量人力，令于人之所不能为，故其令废；使于人之所不能为，故其事败。

【语出】《管子·形势解》。

【通讲】不估计人的能力，命令人们去做他们所无法做到的事，他的命令等于是一句废话；派遣人去做他们无法完成的任务，他要做的事必然遭致失败。

【鉴赏】只凭主观想象、头脑发热，领导者决不能超越客观可能发出指示和命令，否则是不会有好结果的。

操千曲而后晓声，观千剑而后识器。

【语出】南朝梁·刘勰《文心雕龙·知音》。

【通讲】操：掌握。声：指音乐。器：指兵器。只有掌握了上千支曲子之后，方能通晓音乐；只有观察过上千口宝剑之后，方能识别武器。

【鉴赏】要想全面透彻地理解一部文学著作，首先必须阅读大量作品。《意林》引《新语》:“子云(扬雄)曰:能读千赋则善赋;君大(王君大)曰:能观千剑则晓剑。”刘勰语盖自此化出。我们今天在文学鉴赏和文学批评工作中，仍须提倡刘勰的这一唯物的观点。鉴赏文艺作品，既要善于识别香花与毒草，还要善于鉴定砾石与宝珠。提倡“观千剑而识器”，就是强调比较。刘勰的这种强调亲自实践。积累大量的感性材料，通过充分比较来鉴别事物性质的观点，同样也适用于其他领域。

持萤烛象，得首失尾。

【语出】明·徐光启《刻几何原本序》。

【通讲】拿着萤火虫照视大象，看见头看不见尾。

【鉴赏】办事要成功，必须有足够的条件，有恰当的工具。

凡闻言必熟论，其于人必验之以理。

【语出】《吕氏春秋·察传》。

【通讲】凡听到传闻一定要深入考察;关于人的传闻，一定要用事理加以验证。

【鉴赏】这是对于传闻最好的处理方法。

凡物之然也必有故。而不知其故，虽当，与不知同，其卒必困。

【语出】《吕氏春秋·审己》。

【通讲】事物的形成，都有其一定的原因。如果不知道它的原因，即使有时切合事物的实际，但与不切事物的实际并没有根本上的不同，其结果必然为这种事物所困窘。

【鉴赏】说明审己、知故的重要。强调凡事要先求诸己，只有真正明白了该事物之所以是该事物的原因，才能进入自由王国，不致为外物所困窘。

盖闻物有甘苦，尝之者识;道有夷险，履之者知。

【语出】明·刘基《拟连珠》。

【通讲】任何事物都有甘苦之分，只有尝试过才会知道;天下道路都有平坦坎坷之分，只有自己走过才会明白。

【鉴赏】这与毛泽东同志所说的“要想知道梨子的味道，就要亲口尝一尝”一样，都阐述了“实践出真知”的道理。我们的国家治理体系和治理能力，是我们在一步一个脚印的探索中走出来的，合不合适我们自己最清楚。我们的国家治理体系和治理能力总体上是好的，是有独特优势的，是适应我国国情和发展要求的。这是我们应该有的自信。

核事理之情，定说者之实也。

【语出】汉·王充《论衡·宣汉》。

【通讲】考查事情的情理，来判断说的话是否真实。

【鉴赏】要调查研究，实事求是。

见骥一毛，不知其状；见画一色，不知其美。

【语出】《尸子》卷下。

【通讲】只看到千里马身上的一根毛，是不能知晓其体态的；只见到画上的一点颜色，是不能欣赏画卷之美的。

【鉴赏】尸佼，战国时法家，相传为商鞅之师，主张确立法律制度并据此进行统治。这句话比喻只了解事物的局部而缺乏宏观把握。这种认知上的片面性，会导致偏于一隅，暗于大理。全面深化改革是一个系统工程，每一个领域的改革都需要其他领域的配合，改革越是深入，触及的利益关系越复杂，遭遇的矛盾问题越繁难，就越需要加强改革的耦合性、协同性和整体性。就需要具备调和的智慧，掌握协调各方的艺术，更加注重改革的顶层设计和统筹安排，才能取得整体的功能效应。

脚跟站定，如磐石砥柱，不可动摇；眼界放开，如黄鹄高举，见天地方圆。

【语出】清·胡达源《弟子箴言·奋志气》。

【通讲】处事脚踏实地，站稳脚跟，就会如磐石和基柱一样，在任何情况下，都能经受得住考验，毫不动摇；做人心胸开阔，立足长远，就会如高飞的黄鹄那样，洞悉事物的各个方面。

【鉴赏】立场坚定,眼界高远,就可以处理好各种事情。

经目之事,犹恐未真;背后之言,岂能全信。

【语出】明 · 施耐庵《水浒传》第二十六回。

【通讲】经目:亲眼看到。犹恐:还担心。岂:怎么;哪里。亲眼看到的事情,还担心不一定真实;而背后听到别人说的事情,又怎么能完全相信。

【鉴赏】道听途说是要不得的。

经事还谙事,阅人如阅川。

【语出】唐 · 刘禹锡《酬乐天咏老见示》。

【通讲】经历的事情多了懂得的事情才多,看过的人多了阅历就像溪水汇成江河一样也增多了。

【鉴赏】实践出真知,多实践,多经历各种事情,就会增加知识。

君子不以辞尽人。

【语出】《礼记 · 表记》。

【通讲】君子不应仅仅根据一个人的口头言词来肯定或否定他。

【鉴赏】听其言观其行,才能正确评价一个人。

口如扃,言有恒;口如注,言无据。

【语出】明 · 文皇后《内训》。

【通讲】扃(jiōng):门户。嘴巴像门一样常关着,说出的话就真实可信;嘴巴像流水一样滔滔不绝,说出的话就不可靠。

【鉴赏】说话必须言而有据。

毛羽不丰满者,不可以高飞。

【语出】《战国策 · 秦策一》。

【通讲】毛羽长得不丰满的鸟儿不能高飞。

【鉴赏】战国时期,苏秦劝说秦惠王并诸侯、吞天下,希望秦惠王能够重用自己来完成这个称霸伟业。秦惠王则用"毛羽不丰满者,不可以高飞"加

哲学

以推辞。此句比喻人的能力不够，不能好高骛远、不切实际地追求过高过远的目标。要根据自己的能力大小去做事，把奋斗目标定在自己能力所及的范围之内。只有面对现实，才能实现心中所想的人生目标。

美曰美，不一毫虚美；过曰过，不一毫讳过。

【语出】明·海瑞《治安疏》。

【通讲】有多少优点就说多少优点，不丝毫夸大一点；有多少过错就说多少过错，不丝毫隐瞒一点。

【鉴赏】讲话要实事求是。

名止于实，义设于适。

【语出】《庄子·至乐》。

【通讲】事物的名称应该受到事物内容的限制，义理的阐明应该与客观现实相一致。

【鉴赏】名称和义理都必须准确地反映客观事物的实际情况。

目所不见，非无色也；耳所不闻，非无声也；言所不通，非无义也。

【语出】清·王夫之《思问录·内篇》。

【通讲】自己的眼睛看不见，不应因此就认为没有颜色；自己的耳朵听不见，不应因此就认为没有声音；自己说不清楚的事物，不应因此就认为无规律可循。

【鉴赏】对待事物要实事求是，不要不懂装懂。只相信自己感知的主观唯心主义是极其错误的。

蚍蜉撼大树，可笑不自量。

【语出】唐·韩愈《调张籍》。

【通讲】蚂蚁想摇动大树，可笑它是这样不自量力。

【鉴赏】嘲笑那种不顾自己有多少力量，却对卓越崇高的人和事物妄加攻击的行为。做任何事情，必须考虑自己的能力，不要去做经过努力仍力不能及的事情。

墙高基下,虽得必丧。

【语出】《后汉书·郭太传》。

【通讲】墙很高大而基础低下,即使得到了必定丧失。

【鉴赏】名位很高,才德很低,尽管已得到荣誉和地位,很快就会丧失。

切莫为力量所不能为之事。

【语出】清·陆世仪《思辨录》。

【通讲】切忌做自己的力量达不到的事。

【鉴赏】做事应该量力而行。

人欲心辩,不欲口辩。心辩则言丑而不违,口辩则辞好而无成。

【语出】汉·王充《论衡·定贤》。

【通讲】人们竞争应该用心志,而不应该用言语。用心志竞争,纵然不善言辞也不脱离主题;用言语竞争,纵然说得天花乱坠也徒劳无益。

【鉴赏】王充反对空谈,主张力行。王充这种尚力行、忌空谈的思想观值得借鉴。

若升高,必自下;若陟遐,必自迩。

【语出】《尚书·太甲下》。

【通讲】陟:原意为"登升",这里引申为"走"。遐:远。尔:近。若要登高,一定要从低处开始;若要到远方,一定要从近处起步。

【鉴赏】脚踏实地,不要一步登天,才是成功的秘诀。

善言古者,必有验于今。

【语出】《汉书·董仲舒传》。

【通讲】善于阐述古代经验教训的人,谈的道理必定要经得起现实的检验。

【鉴赏】先圣王道,并不是完全有用的。这是对待历史遗产的正确态度。

善言古者合于今,善言天者合于人。

【语出】《后汉书·郎𫖮传》。

【通讲】大凡一个善于论说古代历史的人,一定也会懂得使之契合于现代治理之道;一个善于讲天道的人,一定也会把人道结合起来说清楚道理。

【鉴赏】无论讲历史也好,讲天道也好,都要为现实政治服务,泛泛而谈,不着边际是没有什么用处的。

实处着脚,稳处下手。

【语出】清·金缨《格言联璧·持躬》。

【通讲】一步一个脚印,步步落到实处;遇事有条不紊,始终把握关键。

【鉴赏】把事办实。

实事求是。

【语出】《汉书·河间献王德传》。

【通讲】"实事"就是客观存在着的一切事物,"求是"就是探求客观事物的内部联系,即规律性。

【鉴赏】办任何事情都要从实际出发。

世多似是而非,虚伪类真。

【语出】汉·王充《论衡·死伪》。

【通讲】世上多有似是而非、虚假像真的事情。

【鉴赏】鱼龙混杂,真假难辨,我们要去伪存真,不为假象所迷惑。

四体不勤,五谷不分。

【语出】《论语·微子》。

【通讲】四体:四肢,指两手和两脚。五谷:黍、稷、菽、麦、稻,这里泛指各种庄稼。四肢不劳动,五谷分不清。

哲学

【鉴赏】批评脱离实际、脱离劳动的人。

闻而审，则为福矣；闻而不审，不若无闻矣。

【语出】《吕氏春秋·察传》。

【通讲】听到传闻如果加以审察，就会带来好处；听到传闻如果不加审察，还不如没有听到。

【鉴赏】听话要有分析，要谨慎。听到传闻要加以调查审察，才可以避免产生错误。

行之笃，则凡所学问思辨而得之者，又皆必践其实而不为空言矣。

【语出】宋·朱熹《中庸章句》。

【通讲】笃：真纯；专一。能够在行动上真纯专一，那么凡是通过学习、疑问、思考、辨析而得到的认识，就都必然能落到实处而不至于成为空头理论了。

【鉴赏】要杜绝空头理论，人们要认真去实践，使平时在“学问思辨”中获得的知识能落到实处。

眼见方为的，传言未必真。

【语出】明·冯梦龙《醒世恒言》卷七。

【通讲】亲眼见到的才是真实的，传言之事未必可靠。

【鉴赏】凡事眼见为实，注重实际。

欲当大任，须是笃实。

【语出】宋·朱熹、吕祖谦《近思录》卷十。

【通讲】要想创大事业，担当大任务，最重要的就是笃厚忠实。

【鉴赏】笃厚忠实，才能扎扎实实地创业。

责小过以大恶，安能服人？

【语出】汉·王充《论衡·问孔》。

【通讲】用大的罪名去指责小的过失,怎么能够使人信服呢?

【鉴赏】实事求是,才能服人。

知所不豫,行且通焉。

【语出】清·王夫之《思问录·内篇》。

【通讲】如果有不明白的事,通过实践可以将其弄通。

【鉴赏】实践是检验真理的唯一标准。

纸上得来终觉浅,绝知此事要躬行。

【语出】宋·陆游《冬夜读书示子聿》。

【通讲】从书本上得到的知识终归是肤浅的,要真正领会就必须亲身去实践。

【鉴赏】《冬夜读书示子聿》是陆游的一首教子诗。“纸上得来终觉浅,绝知此事要躬行”是诗人的学习经验总结,强调了实践的重要性。做学问不能死读书、读死书,只有通过自身的实践,才能把从书本学到的知识化为自己的经验。一个既有书本知识,又有实践经验的人,才是真正有学问的人。这个观点在今天依然很有启迪和借鉴作用。

作事必须踏实地,为人切莫务虚名。

【语出】明·冯梦龙《警世通言》卷三十五。

【通讲】切莫:切忌;不可。务:从事;追求。做任何事情要脚踏实地去干,为人处世千万不要追求虚假的名声。

【鉴赏】做事不求虚名,而要踏实地做好,才有意义。

12 智 愚

庇其叶而伤其枝。

【语出】《史记·汲郑列传》。

【通讲】庇护叶子却伤害了枝干。

【鉴赏】做事情不能因小而失大。

不收金弹抛林外,却惜银床在井头。

【语出】唐·李商隐《富平少侯》。

【通讲】不去将弹出去的金弹拾回,任其丢失在林外,却对井上的辘轳架倒有几分怜惜。

【鉴赏】诗句讽刺富平少侯的昏愚无知。批评处事轻重不分、本末倒置的情形。

聪明用于正路,愈聪明愈好,而文学功名,益成其美;聪明用于邪路,愈聪明愈谬,而文学功名,适济其奸。

【语出】清·金缨《格言联璧·学问》。

【通讲】功名:科举时代称科第为功名。聪明用在正道上,越聪明越好,而以文才及第,更增加了他的美名;聪明用在邪路上,越聪明越糟,而以文才及第,恰好成就了他的奸恶。

【鉴赏】人的聪明应该用在正道上。

大智兴邦,不过集众思;大愚误国,只为好自用。

【语出】清·金缨《格言联璧·从政》。

【通讲】有大智慧的人振兴国家,只不过汇集众人的智慧而已;最愚笨的人贻害国家,只不过喜好独断专行而已。

【鉴赏】集思广益兴邦,独断专行误国。

哲学

合四十九人之智，智于尧禹。

【语出】清·魏源《默觚·治篇一》。

【通讲】把四十九人的智慧加起来，就胜于尧禹那样的圣人了。

【鉴赏】要善于集中众人的智慧。

刻舟求剑，固而不通；胶柱鼓瑟，拘而不化。

【语出】《幼学故事琼林》。

【通讲】刻舟求剑，固执而不通达事里；胶柱鼓瑟，拘泥而不知变化。

【鉴赏】人拘泥固执而不知变通，是应引以为戒的。

明者见危于无形，智者见祸于未萌。

【语出】《三国志·魏志·钟会传》。

【通讲】明：明智；贤明。形：形成。萌：发生；开始。明智的人在危险还未形成时就能预见到，智慧的人在灾难还未发生时就有所觉察。

【鉴赏】人要有先见之明，能够及时发现危险与祸端，这样国家才能够长治久安。

明者远见于未萌，而知者避危于无形，祸固多藏于隐微，而发于人之所忽者也。

【语出】汉·司马相如《上书谏猎》。

【通讲】有远见的人能预见事故于未发生之前，有智慧的人能在危害没有形成的时候就避开它，灾祸本来多半藏匿在隐蔽的地方，而发生在人们疏忽大意的时候。

【鉴赏】要有敏锐的洞察力的话，对危险就能防患于未然，同时也要以谨慎的态度对待周围的事物。防止因疏忽大意而发生意想不到的危险。应该具有远见卓识，防微杜渐。

人之心隐匿难见，渊深难测。故圣人于事志焉。圣人之所以过人以先知，先知必审征表。无征表而欲先知，尧、舜与众人同等。征虽易，表虽难，圣人则不可以飘矣，众人则无道至焉。无道

至则以为神,以为幸。非神非幸,其数不得不然。

【语出】《吕氏春秋·观表》。

【通讲】人心隐藏难见,像深渊那样难以窥测。所以圣人观察事情先要观察人的志向。圣人之所以能胜过一般人,是由于他能先知。要想先知,必须观察事物的特征和人的意向表现。如果没有什么特征也没有意向表现,却想先知,即使是尧、舜也和众人一样不可能。事物的特征虽然容易把握,人的意向表现虽难于考察,圣人都不会只停留在这些现象上。一般人没有办法达到先知,所以就把先知视为神奇,或看作侥幸。其实先知既非神奇,也非侥幸,而是圣人根据事物发展变化的规律看到了事物的必然趋势。

【鉴赏】要善于通过观察事物和人的外在表现看到它的实质。作者认为圣人之所以能够先知并非什么神奇或侥幸,而正是因为他们善于透过事物的表象洞察到事物的实质。这种唯物主义的认识论还是值得肯定的。

仁陷于愚,固君子之所不与也。

【语出】明·马中锡《中山狼传》。

【通讲】仁义如果陷入愚笨的境地,则是正人君子所不赞成的事情。

【鉴赏】面对吃人的狼,不应该抱有任何的幻想,而要坚决地斗争,毫不留情地消灭它。否则,是要被它吃掉的。"对敌人仁慈就是对人民的犯罪。"

文学曰:"明者因时而变,知者随世而制。"

【语出】汉·桓宽《盐铁论·忧边》。

【通讲】知:通"智"。贤良文学人士说:聪明人会随着时代的变化而改变策略,有智慧的人会按照世事变化的情况而制定法则。

【鉴赏】这句话强调了"变"的重要性和必要性,主张与时俱进,积极地根据时代发展的要求做出适当的调整,反对因循守旧。世间万物,变动不居;历史长河,不舍昼夜。形势在发展,时代在进步。要跟上时代的前进步伐,就不能身体已进入21世纪,而脑袋还停留在过去。摒弃不合时宜的旧观念,冲破制约发展的旧框框,才能让各种发展活力充分迸发出来。这正可以为促进共同发展提供不竭动力。

无参验而必之者，愚也；弗能必而据之者，诬也。

【语出】《韩非子·显学》。

【通讲】参验：运用事实进行检验、验证。没有运用事实进行验证就表示肯定的人，是蠢人；引用不能确定的事情作为依据的人，是骗子。

【鉴赏】韩非提出，只有愚笨的人才会轻易听信那些未经检验的话语；只有骗子，才会信口开河，诓骗他人。虚假与事实是对立矛盾的。尊重事实，杜绝虚假，言谈有据，才能更好地处理问题，了解世界。

贤人之言，未必可尽信；愚人之言，未必可尽弃。

【语出】明·钱琦《钱公良测语·导儒》。

【通讲】贤能人说的话，也会有疏误的地方，不一定要全信；愚笨人说的话，也会有可取的地方，不一定全都不听。

【鉴赏】不论贤人、愚人讲的话，都要认真地听，吸取正确的东西。全听或全不听，都不是恰当的。

贤愚在心，不在贵贱；信欺在性，不在亲疏。

【语出】汉·王符《潜夫论·本政》。

【通讲】是贤是愚取决于人的思想，不在于人的富贵与贫贱；诚实还是伪诈，取决于人的本质，而不在于亲近还是疏远。

【鉴赏】人的思想，人的本质，是决定一个人是好人还是坏人的关键。

贤者多财损其志，愚者多财生其过。

【语出】唐·吴兢《贞观政要·论贪鄙》。

【通讲】贤能的人有了更多的金钱，容易受物欲的诱惑，耽于逸乐，贪图享受，意志消沉，进而颓废落伍；愚昧的人有了金钱，有可能去干非法的勾当，金钱便成为伤风败俗并且给社会带来危害的妖孽。

【鉴赏】林则徐有句名言："子孙若如我，留钱做什么？贤而多财，则损其志；子孙不如我，留钱做什么？愚而多财益增其过。"如果领导干部不能正确看待社会财富分配变化，不能正确看待个人利益得失，就容易忘记党的宗旨和要求，拜金主义、享乐主义和极端个人主义就容易抬头，理想信念就会动摇。我们都应该正确处理好金钱、人生和理想三者之间的关系，努力提升我们的道德品质，从而抵挡住经济大潮中的种种诱惑，以浩然之气立身于天地之间。

愚者暗于成事，知者见于未萌。

【语出】《商君书·更法》。

【通讲】愚昧愚笨的人，等到事情都要成功了，还看不清成败；聪慧明智的人，却能从事物的萌芽状态中看到它的必然结果。

【鉴赏】只有目光远大的人才能高瞻远瞩，认清事物发展的走向和结果。

智者千虑，必有一失；愚者千虑，必有一得。

【语出】《史记·淮阴侯列传》。

【通讲】聪明的人即使经过反复思考，也难免有失误的时候；愚笨的人只要经过反复思考，一定会有所收获。

【鉴赏】人尽管聪明，也有失误的时候；人即使愚笨，也有高见的时候。不能把人看死。

知者顺时而谋，愚者逆理而动。

【语出】《后汉书·朱浮传》。

【通讲】聪明的人能顺应时势决定进退，愚昧的人的行为往往违背事理。

【鉴赏】时势和事理是决定人们行动进退的根据。

智者虑于未萌，机者重其先见。

【语出】《宋史·刘铱传》。

【通讲】聪明的人能考虑到尚未发生的事，灵巧的人贵在有先见之明。

【鉴赏】要善于洞察一切。

智者弃其所短，而采其所长，以致其功。

【语出】汉·王符《潜夫论·实贡》。

【通讲】聪明的人抛弃自己的短处，利用自己的长处，从而使自己的事业获得成功。

【鉴赏】取长补短，使自己事业成功。

智者严檃括于性理，不肆神以逐物。

【语出】晋·葛洪《抱朴子·酒诫》。

【通讲】檃括：即檃栝，古代矫正曲木的工具，这里借指道德行为的规范和要求。聪明的人随时都用高标准严格规范自己的性格行为，不放纵自己的欲望去追逐名利。

【鉴赏】有德行的人应该淡泊以明志，安贫而乐道。做到严于律己、节制个人欲望。

智之贵也，贵知化也。人主之惑者则不然，化未至则不知，化已至，虽知之，与勿知一贯也。

【语出】《吕氏春秋·知化》。

【通讲】一贯：一回事。智慧的可贵，贵在知晓事物的变化。头脑愚笨的君王却不是这样，变化没有发生，就一点儿也不知道，变化已经发生，虽然知道了，可又同不知道是一回事呢。

【鉴赏】富有智慧的人能知晓事物的变化，很有预见性；而愚蠢的人则没有预见性，不知道事物的变化。

自安于弱，而终于弱矣；自安于愚，而终于愚矣。

【语出】宋·吕祖谦《东莱博议·葵邱之会》。

【通讲】自己安心于软弱，最终也只能是软弱；自己安心于愚蠢，最终也只能是愚蠢。

【鉴赏】立志要高，才有大成就。

13 变 易

彼一时也，此一时也。

【语出】《汉书·东方朔传》。

【通讲】那是一个时候，现在又是一个时候。

【鉴赏】阐述时异则事异的道理。

不塞不流，不止不行。

【语出】唐·韩愈《原道》。

【通讲】河水没有堵塞，就没有更通畅的流动；没有停止，就没有大踏步的前进。

【鉴赏】事物总是在斗争中发展和进步的。

动静无端，阴阳无始。

【语出】宋·朱熹《答王子合》。

【通讲】动与静的交替，是没有开端的；阴和阳的变化，是没有起始的。

【鉴赏】任何事物都是相辅相成而又相互对立的。

夫树欲静而风不止。

【语出】《韩诗外传》卷九。

【通讲】树想要静息而风却刮个不停。

【鉴赏】说明客观事物往往不以主观愿望为转移。

夫物，量无穷，时无止，分无常，终始无故。是故大知观于远近。

【语出】《庄子·秋水》。

【通讲】分：名分；职分。故：一定的原因。对万物而言，数量是无穷无尽的,时间是无止境的,得与失是难以预料的,自始至终处于变化之中。所以,有大智的人观察事物能由近到远。

【鉴赏】世界都在发展变化之中,数量、时间、得失都在变动中。因此对任何问题都要用发展变化的、全面的观点来看待,否则对任何事物特别是人才都将产生误解或偏见。

夫以一世之变,欲以耦化应时,譬犹冬被葛而夏被裘。

【语出】《淮南子·齐俗训》。

【通讲】如果将以前的旧法来应对今日之新势,就好像冬天穿布衣而夏天穿皮裘一样。

【鉴赏】人必须有创新的精神,决不要步人后尘,拾人牙慧,我们要勇于别出心裁,这将是我们人生中宝贵的收获。

盖天下有万世不易之常理,又有权一时之变者。

【语出】宋·朱熹《朱子语类》卷五十八。

【通讲】权:暂且,姑且。大概天下有那万世不可变更的规律,又有在某一特定时间暂且可变更的规律。

【鉴赏】说明客观规律是变化发展的,既有恒常性,又有变通性。

寒暑渐于春秋,隆替起于得失。

【语出】《晋书·郤诜传》。

【通讲】渐:逐渐发展、演变的结果。隆替:兴废;兴衰。气候从寒冷到暑热必须要经过春秋四季逐步的变化,国家的盛衰是由于政事的得失而逐渐累积而导致的。

【鉴赏】自然界和人类社会都有自己的发展规律。国家要保持长久强盛,就要居安思危,防微杜渐,不能因小失大。

进退、盈缩、变化,圣人之常道也。

【语出】《战国策·秦策三》。

【通讲】前进和后退、扩张和收缩,以及时间的推移变化,这些都是圣人经常遵循的准则。

【鉴赏】这是燕人辩士蔡泽想取代秦相应侯，劝说他及时全身避祸、功成身退时说的话。这句话启示我们，在漫漫人生路上，有春风得意，也会有坎坷不平，但人生逆境十有八九。艰难和困苦、失败和挫折，时时伴随着我们。荣耀也罢，屈辱也罢，要经得起成败、得失、进退、福祸的考验，学会达观地看待一切，才能永远前进。

理无常是，事无常非。

【语出】《列子·说符》。

【通讲】世上没有永远正确的道理和永远错误的事情。

【鉴赏】事物总是发展的，总是处于对立的统一中。

契船而求剑，守株而伺兔。

【语出】《后汉书·张衡传》。

【通讲】刻船而寻找丢失的剑，守着树桩而等待捡死兔子。

【鉴赏】办事不可不明事理、不知变通。

琴有更张之义，瑟无胶柱之理。

【语出】《隋书·杨尚希传》。

【通讲】胶：用胶粘合。柱：琴瑟上面调音的木块。琴可以更换琴弦，瑟上调音的木块却不能粘住。

【鉴赏】不能墨守成规，要知道变通。

穷则变，变则通，通则久。

【语出】《周易·系辞下》。

【通讲】事物到了山穷水尽的地步就必然有所变化，变化则能通达，能通达则能恒久。

【鉴赏】它道出了一个颠扑不破的真理：世间万物，均有一个发生、发展和衰落的过程，到衰落阶段时，就必须寻求变化以谋出路。如果一味因循守旧而不思改变，就只能画地为牢，坐以待毙；反之，若能顺应环境变化做出相应调整,则可绝处逢生、化险为夷。这句话对后世的影响也很大。清末资产阶级维新派为了变法维新,就以《易传》的古训为依据,提出了“变者,古今之公理也”,以抨击封建顽固派的因循守旧,阐述变法图存的道理,在近代中国起到了发蒙启蔽的作用。我们要充分认识改革创新的重要性,随着世界变化日新月异,民众诉求日益增高,推进改革的挑战多、难度大。但必须坚持改革,不改不行。

素丝无常,唯所染之。

【语出】《三国志·蜀志·后主传》。

【通讲】白色的生丝染成什么颜色本来没有一定,只看用什么颜色去染它。

【鉴赏】一个人生来原来清白,以后随着环境的不同而产生不同的变化,或善或恶,相差甚远。

天道有迁易,人理无常全。

【语出】晋·陆机《塘上行》。

【通讲】事物的规律是运动变化的,人类社会的一切,也不可能是永远圆满的。

【鉴赏】世界上的一切都不可能是一成不变的。

无炽不灭,靡溢不损。

【语出】晋·葛洪《抱朴子·知止》。

【通讲】靡:没有。没有任何炽烈的火焰不熄灭,也没有任何不亏损的盈溢。

【鉴赏】知足可以免祸。人们要谦虚谨慎,善于对待自己一时的优势。

物之生也,若骤若驰,无动而不变,无时而不移。

【语出】《庄子·秋水》。

【通讲】万物的生长,犹如马儿飞奔,马车疾行,没有一个动作不在变化,没有什么时候不在变移。

【鉴赏】自然界各种事物都在不断运动、变化之中,“物无不变”反映了庄子朴素的辩证法思想。

闲云潭影日悠悠，物换星移几度秋。

【语出】唐·王勃《滕王阁》。

【通讲】投影深潭的闲云飘飘悠悠，物换星移不觉已过了几度春秋。

【鉴赏】形容时间过得很快。

循法之功，不足以高世；法古之学，不足以制今。

【语出】《战国策·赵策二》。

【通讲】高世：超越世俗。遵循旧制建立的功业不可能超过当世，效法古代的理论不能够治理好当代。

【鉴赏】战国时期，赵武灵王为了富国强兵，力排众议，顺应时势，实行改革，推行胡服、教练骑射。为了说服保守势力，他指出“循法之功，不足以高世；法古之学，不足以制今”，晓之以理，循循善诱，雄辩的口才令人折服。推行“胡服骑射”后，赵国逐渐成了除秦国之外国力最强的国家。治理国家必须重视传统，但不能食古不化。礼法是特定历史条件的产物，有些已经不符合当今社会的实际，因此没有亘古不变的礼法，礼法有必要随着时代的变化发展而变化。

一分为二，节节如此，以至于无穷，皆是一生两耳。

【语出】宋·朱熹《朱子语类》卷六十七。

【通讲】一分成二，节节都这样分下去，直到无穷无尽，都只是一生成两罢了。

【鉴赏】早在宋代，朱熹就提出了辩证法思想“一分为二”。“一”就是统一物，“二”就是统一物中所包含着的对立的两个方面。

14 审时度势

变通革弊，与时宜之。

【语出】《辽史·礼志一》。

【通讲】变革旧的事物、法则，树立新的事物、法则，要符合现实客观情况与事物之客观规律。

【鉴赏】人生在世，各自不同，人人所遇到的境遇也自不相同。为了与时代同步，我们必须随着客观情况的变化而不断变化。变通是天地间最大的智慧，让我们学会变通，走向成功的大道。

不为不可成，不求不可得，不处不可久，不行不可复。

【语出】《管子·牧民》。

【通讲】不做办不到的事情，不追求得不到的东西，不居于不能持久的地位，不推行不可重复的政策。

【鉴赏】知进退者是高士，识时务者为俊杰。审时度势，根据今天情况采取适当的措施，随着时间的不同而办事。这样的人必拥有心明眼亮、运筹帷幄的自若与安然。无论做什么事情，只要你有出类拔萃的智慧，遇事恰如其分地去做，何患得不到更大的成就？

乘时如矢，待时如死。

【语出】明·吕坤《续小儿语》。

【通讲】利用时机要像射箭一样准确及时，等待时机会像死去一样难熬。

【鉴赏】时机要很好地把握，它是稍纵即逝的。

成事之人不易事，见事之人不多事。

【语出】明·徐祯稷《耻言》二。

【通讲】能成就事业的人,不会轻易地变更自己的事业;能预见事情发展趋势的人,也不会节外生枝地多事。

【鉴赏】认真对待,不节外生枝,才会把事情办好。

大寒而后索求裘,不亦晚乎?

【语出】汉·扬雄《法言·寡见》。

【通讲】等到天气冷极了,才去寻求衣服皮袄,不是太晚了吗?

【鉴赏】聪明的人应该预见可能出现的灾难,而采取防患措施。

但愿审度时宜,虑定而动,天下无不可为之事。

【语出】明·张居正《答宣大巡抚吴环洲策黄酋》。

【通讲】希望对方审时度势,凡事深思熟虑后再付诸行动,如此天下就没有做不成的事情。

【鉴赏】这是张居正写给宣大巡抚吴环洲的事涉明朝北部边防的一封信。我们要认识到,形势是会发展变化的,我们的工作需要不断适应新的要求。如果用老办法来解决新问题,难免会碰钉子。

得闭口时须闭口,得放手时须放手。

【语出】明·冯梦龙《醒世恒言》卷六。

【通讲】得:能够。能够不说话的时候就不要多说话,能够住手的时候就要住手。

【鉴赏】凡事必须根据实际情况来办。

得时者昌,失时者亡。

【语出】《列子·说符》。

【通讲】时:时代潮流。顺乎时代潮流的就会昌盛,背离时代潮流的就会走向灭亡。

【鉴赏】时代潮流代表着民心所向,体现着社会发展的大势。所以,能够及时把握住时代的脉搏,顺应时代的潮流,其事业就会繁荣昌盛;而逆时代潮流而动,就会自取灭亡。这两句能从时代的大势看问题,显得眼界阔大，也很有社会学的观念，多用于告诫人们要顺乎时代潮流而动。

古之善为天下者，计大而不计小。

【语出】《旧唐书·陈子昂传》。

【通讲】古代善于管理国家的人，权衡一件事情的利弊时，能够着眼于大的方面而不去计较次要的得失。

【鉴赏】抓大放小，是处理事情的好方法。

旱斯具舟，热斯具裘。

【语出】明·刘基《郁离子·虞孚》。

【通讲】天大旱时，就要预备船只；天大热时，就要准备皮袄。

【鉴赏】学艺做事，都要有远见，早做准备。该学该做的都要学好做好，不要随意放弃，以免事到临头追悔莫及。

会做事底人，必先度事势，有必可做之理，方去做。

【语出】宋·朱熹《朱子语类》卷一百零八。

【通讲】度：考虑；估量。善于处理事情的人，必须先估察一下事情的态势，有必须要做的理由，才去做。

【鉴赏】处理所有事情，都应看看这事值不值得做，不要做毫无意义的事。

见机而作，不俟终日。

【语出】《周书·杨乾运传》。

【通讲】俟：等待。遇到机会就应及时采取行动，不要整天等待。

【鉴赏】抓住机会马上行动，是非常重要的。

君子见机而作，愚者暗于成事。

【语出】宋·李觏《易论》。

【通讲】有德行的人，总是抓住适当时机而有所作为；昏庸的人，不懂得把握时机而办不成事。

【鉴赏】时机难得,要善于把握时机促使事业成功。

君子失时,白首抱关。

【语出】晋·陶渊明《韩非》。

【通讲】抱关:看守城门。一个人尽管才德均优,但失去了时机,可能终生不过是个看门人而已。

【鉴赏】我们时代是产生英雄的时代,人人都可以把握机会,成为人才。

力能则进,否则退,量力而行。

【语出】《左传·昭公十五年》。

【通讲】自己估计力量能够完成就推行,办不到就撤退。要正确估量自己的能力才去做相应的事。

【鉴赏】不论是军事斗争,还是其他一切事情都得实事求是,不要勉强去做力所不能及的事。

量力而行之,相时而动。

【语出】《左传·隐公十一年》。

【通讲】相:察看;判断。估量自己的力量来做事,看准了时机行动。

【鉴赏】鲁隐公十一年七月,鲁、齐、郑联合起来攻克了许国,并把许国给了郑庄公。郑庄公让许庄公的弟弟许叔住在许国的东部边邑,争取到许国对自己的拥护,也借以巩固郑国的边防。君子认为,郑庄公在这件事上符合礼。礼,是治理国家、稳定社会、安抚百姓,并有利于后世子孙的。许国违背法度而庄公讨伐他们,服罪了就宽恕他们,揣度德行而处事,"量力而行之,相时而动",不给后人留下忧惧,可以说是懂得礼了。此句启示人们,办任何事情都必须估量自己的能力和条件,在符合自己能力的范围内做事。看准时机,针对具体情况采取行动。

难得而易失者时也,不俟终日者机也。

【语出】《北史·周本纪上》。

【通讲】难以得到而又容易失去的是时机,不等到日终就会失去的是时机。

【鉴赏】时机难得,不要轻易失去。要抓住时机来谋事。

骑马莫轻平地上,收帆好在顺风时。

【语出】清·袁枚《示儿》。

【通讲】轻:轻意。收帆:指下帆缓航。骑马的人不能在平坦的道路上就掉以轻心,驾船的人应在顺风时就应该及早收帆。

【鉴赏】人生活在顺境中不但要格外小心,还应该适可而止。

人无远虑,必有近忧。

【语出】《论语·卫灵公》。

【通讲】远:长远。近:眼前。人做事没有长远的考虑,一定有近处的忧患。

【鉴赏】人生要有长远打算,否则总会有眼前的忧患。要努力做到"未雨绸缪""防患于未然"。

时来易失,赴机在速。

【语出】《晋书·慕容垂载记》。

【通讲】时机的出现是瞬息即逝的,利用机会的关键在于迅速地抓住它。

【鉴赏】在政治和军事斗争中,迅速地把握机会而加以利用,以取得斗争的胜利。

时未可而进谓之躁,躁则事不审而上必疑;时可进而不进谓之缓,缓则事不及而上必违。

【语出】宋·王安石《上蒋侍郎书》。

【通讲】时机未成熟就做这就叫作急躁,急躁常常是没准备好就去做,这样必定会头脑不清;时机成熟了却不进这叫作迟缓,迟缓而错过时机之后才去做,这样就达不到预期目的。

【鉴赏】做事要掌握时机,及时处置,必定取得好的成果。

时移而治不移者乱。

【语出】《韩非子·心度》。

【通讲】时代已经前进就不能墨守成法。

【鉴赏】与时俱进,根据实际情况来办事。

时哉弗可失。

【语出】《尚书·泰誓上》。

【通讲】良机一到,绝不可失。

【鉴赏】时机稍纵即逝,要紧紧抓住,实现目标。

时之至间不容息,先之则太过,后之则不及。见利不失,遭时不疑。失利后时,反受其害。

【语出】唐·李筌《太白阴经·作战》。

【通讲】时:时机。至:到来。遭:遇。做任何事情都要抓住有利时机,其间不能有一息相差,过于急躁和错过时机都将一事无成。

【鉴赏】抓住时机,立即行动,是一切事情成功的关键。

顺风而呼,声不加疾也;际高而望,目不加明也,所因便也。

【语出】《吕氏春秋·顺说》。

【通讲】顺风呼喊,声音并没有加大,却能从远处听到;站在高处眺望,眼睛并没有更亮,却能看到远处。这是因为所凭借的东西有利啊。

【鉴赏】利用各种有利情势和客观条件,因势利导以达到自己目的的做法,还是有其普遍意义的。

俟河之清,人寿几何?

【语出】《左传·襄公八年》。

【通讲】俟(sì):等待。等待黄河清澈,人生能有多长寿命?

【鉴赏】鲁襄公八年冬天,楚国的子囊进攻郑国,讨伐郑国入侵蔡国。子驷、子国、子耳要顺从楚国,子孔、子蟜、子展要等待晋国救援。子驷说:“《周诗》有之曰:‘俟河之清,人寿几何?’”主张暂且顺从楚国,等晋国军队到了再顺从晋国。

为可为于可为之时则从，为不可为于不可为之时则凶。

【语出】汉·扬雄《解嘲》。

【通讲】在可做时来做可做的事，那万事都可顺利完成；反之在不可做时去做不可做的事，那万事都会遭到失败。

【鉴赏】做事情要选择时机、条件。掌握时机、条件，顺势而为，就容易成功。

以古制今者不达于事之变。

【语出】《战国策·赵策二》。

【通讲】以古代的理想治理当代的人，是不能适应时代的变迁的。

【鉴赏】劝人不要墨守成规，而要接受新事物。

以肉去蚁，蚁愈多；以鱼驱蝇，蝇愈至。

【语出】《韩非子·外储说左下》。

【通讲】用肉驱赶蚂蚁，反而招来更多的蚂蚁；用鱼驱除苍蝇，反而吸引更多的苍蝇。

【鉴赏】蚂蚁和苍蝇均具有十分灵敏的嗅觉，蚂蚁喜爱肉类的食物，苍蝇喜爱腥臭的食物，想通过它们最喜欢的肉类、鱼类食物驱赶它们，反而是事与愿违，它们会不断地被吸引，聚集过来。应当用它们最害怕闻到的气味去驱逐，才不会适得其反。现今常用于说明解决问题时，应该基于实际情况，因地制宜，因势利导。

因风吹火，用力不多。

【语出】宋·释普济《五灯会元·风穴延沼禅师》。

【通讲】顺着风吹火，用力不多而火焰会很快地大起来。

【鉴赏】顺着形势办事，省力而容易成功。

因时制宜者，为政之上务也；观人立教者，经国之长策也。

【语出】《北史·周室诸王传》。

【通讲】根据不同的时势制定适宜的措施，是治理国家的首要任务；观察人们的言行然后采取教导方式,是统治国家的长远策略。

【鉴赏】因时制宜,根据情况来教育人民是治理国家的良策。

因势利导,故操纵如意。操纵如意,故与民宜之;与民宜之,故有帅必从;有帅必从,故下无欺遁;下无欺遁,故往而有成。

【语出】清·汤鹏《浮邱子·训通》。

【通讲】因势利导,才能操纵如意。操纵如意,才能适合民众需要。适合民众需要,民众就会服从领导。对领导能服从,就不会有欺瞒、推诿的行为。下对上无欺瞒、推诿行为,事情才能做成。

【鉴赏】做事情不能单靠强制性的行政手段,一定要充分考虑客观条件,以利益来引导众人。决策要符合客观形势和民众意愿。如果决策违背民众的意愿,在实施过程中就会遭到抵触和客观条件的限制,最终无法成功。

勇者不避难……智者不失时。

【语出】《史记·仲尼弟子列传》。

【通讲】难(nàn):危难。失时:错过时机。勇敢的人不避危难……聪明的人不错过时机。

【鉴赏】这是子贡劝说吴王伐齐时说的话。现今也用以激励人们去勇敢地应对危难,不失时机地做好事情。

智者不背时而侥幸,明者不违道以干非。

【语出】唐·卢照邻《对蜀父老问》。

【通讲】聪明人不违背当时的潮流以获得意外的利益,明智的人不违背道义却获得不应得到的一切。

【鉴赏】聪明才智可以使得人们获得许多不失道义的利益。

制度时,则国俗可化而民从制。

【语出】《商君书·壹言》。

【通讲】制定法令制度要审度时势,旧风俗才能转变,民众才能遵守制度。

【鉴赏】要根据当时的形势制定相应的制度,制度才会发生好的作用。

15 实践力行

不闻不若闻之，闻之不若见之，见之不若知之，知之不若行之。

【语出】《荀子·儒效》。

【通讲】没有听说不如听说，听说不如亲眼所见，亲眼看见不如理解认识它，理解认识它不如动手去做。

【鉴赏】实践出真知，知道事理还远远不够，必须亲自实践。

但当力行吾道，使益光明，则彼之邪说如见晛耳，故不必深与之辨。

【语出】宋·朱熹《答程正思》。

【通讲】见晛(xiàn)：云消见日。此指“邪说”自然消失。只应当努力去实践我自己的人生之路，使它更加光明正大，那么别人的歪曲猜忌之说就会如云儿见到太阳一样自动消失了，实在没有必要去和他们深加剖辩。

【鉴赏】当自己的正确见解或行动遭到别人的误解或诽谤时，没必要花费口舌去和他们争论。要用自己的行动去说服别人，证明自己是正确的。

道虽迩，不行不至；事虽小，不为不成。

【语出】《荀子·修身》。

【通讲】迩：近。道路虽然很近，不前进不会到达；事情虽然很小，不去做不会成功。

【鉴赏】实干兴邦，只有努力去做，才会成就事业。

口能言之，身能行之，国宝也。

【语出】《荀子·大略》。

【通讲】不仅在嘴上说合乎道义的话，而且能身体力行去实践的人，才是国家最值得珍视的宝贝。

【鉴赏】言必信,行必果,这是为人的基本品质。

力行而后知之真。

【语出】清·王夫之《四书训义》卷十三。

【通讲】只有努力付诸实践,才有真知灼见。

【鉴赏】只有把知识运用于实践,才是真正有用的知识。

临渊羡鱼,不如退而结网。

【语出】《汉书·董仲舒传》。

【通讲】临:面对。渊:深潭。羡:希望得到。站在深潭边希望得到里面的鱼,还不如回家去结网。

【鉴赏】实干兴邦。空想是虚无,终日思考也不如片刻行动。行动,才是迈向成功的第一步。要有实干精神,不好高骛远,不幻想,从小事做起,从实事做起,只要付出了努力,最终就会获得成功。

权,然后知轻重;度,然后知长短。物皆然,心为甚。

【语出】《孟子·梁惠王上》。

【通讲】权:用秤量。度:用尺量。用秤称量,才能知道物的轻重;用尺子量,才能知道物的长短。事物都是这样,心更是这样。

【鉴赏】世界是可知的,只要实践,就可以认识世界。从中可以看出孟子这一具有朴素唯物主义思想的哲学家所闪耀出来的思想火花。

虚争空言,不如试之易效也。

【语出】《三国志·魏志·杜夔传》裴松之注引傅玄序。

【通讲】徒劳无益地争论,不如实地试验容易显出效果。

【鉴赏】空言无补,实干兴邦,努力实现中国梦。

一语不能践,万卷徒空虚。

【语出】明·林鸿《饮酒》。

【通讲】一句话都不能实行,读再多的书也没有用。

【鉴赏】重在实践,理论要与实践相结合。

以身教者从,以言教者讼。

【语出】《后汉书·第五伦传》。

【通讲】用自己的行动去教育人,别人就会听从;用言语去教育人,往往只能引起人们的争论不休。

【鉴赏】身教重于言教。

朝有所闻,则夕行之。

【语出】《后汉书·张衡传》。

【通讲】早上听得的道理,晚上就要去实践。

【鉴赏】学习贵在运用。学者贵在能把学到的知识运用到实践中去,而不仅仅是了解知识。

总之,事当创始,行之维艰,惟能不惑于人言,始能毅然而为之耳。诸利既兴,而中国不富强者,未之有也。

【语出】清·王韬《园文录外编·兴利》。

【通讲】总之,事情在开创的时候进展总是很困难,只有不被人言所左右,才能毅然坚持下去。当各种有益的事业兴办起来后,中国不因此富强是不可能的。

【鉴赏】精明干练的领导者要自信刚毅,急流勇进,为实现正确目标排除万难,打开工作局面。这样,实现中国梦就有希望了。

16 慎微杜渐

变故兴细微。

【语出】晋·傅玄《明月篇》。

【通讲】重大变故的发生,都是由细微的变化引起的。

【鉴赏】要重视细微之变化,防止重大事故的发生。

不矜细行,终累大德。

【语出】《尚书·旅獒》。

【通讲】矜:谨慎。细行:小节。累:影响到。对小节不谨慎,终究要损害大的品行。

【鉴赏】要重视小节。

不识庐山真面目,只缘身在此山中。

【语出】宋·苏轼《题西林壁》。

【通讲】认不清庐山的真面目,只因为身处庐山之中。

【鉴赏】苏轼由黄州贬赴汝州任团练副使时经过九江,游览庐山。瑰丽的山水触发诗人的逸兴,写下了诗文记游。这是一首借景说理的诗。"不识庐山真面目,只缘身在此山中",身在庐山,被庐山的一峰一峦所局限,视野狭窄,自然难见其真面目。它阐明了一个道理,要了解事物的全貌和本质,必须眼界开阔,整体把握,全面认识。它还启迪人们,看问题的角度不同,认识也各异,对事物的认识不可主观臆断。本诗还说明了当局者迷、旁观者清的道理。语言简明通俗,内涵丰富深刻,被后人视为警句。

尘羽之积,沈舟折轴。

【语出】晋·葛洪《抱朴子·嘉遁》。

【通讲】沈:同“沉”。轻如尘土羽毛,不断堆积,可以压沉大船,压断大车的车轴。

【鉴赏】对国家或个人来说,小弊端会积累为亡国灭身的大灾难。必须从极小处都要谨慎。

虫堕一器,酒弃不饮;鼠涉一筐,饭捐不食。

【语出】汉·王充《论衡·幸偶》。

【通讲】虫子掉进一个酒器,酒就要倒掉不再饮用;老鼠爬过一只饭筐,饭就要扔掉不再食用。

【鉴赏】要注重细节,不能因小失大。

蠹众则木折,隙大则墙坏。

【语出】《淮南子·说林训》。

【通讲】蠹虫虽然很小,多了就会使木头朽折;裂缝虽然微细,大了就会让土墙倒塌。

【鉴赏】蠹虫、裂缝都是微不足道的,但如果它们聚集到一起,其严重危害就显露出来了。所以我们要防微杜渐,防止最坏的情况发生。

凡人小过不治,遂至大咎。

【语出】《金史·完颜永功传》。

【通讲】咎:罪过。对于人的小过失如果不加惩处,将导致他犯更大的罪过。

【鉴赏】不要放纵小过失,否则就会犯大罪。

防祸于未然。

【语出】《汉书·孝成赵皇后传》。

【通讲】在祸患未发生前就应当加以防止。

【鉴赏】等到灾患发生了,再想办法应付,就是聪明人也是束手无策的了。预先做好预案就极有必要了。

防微杜渐,当慎于几先。

【语出】《清史稿·杨素蕴传》。

【通讲】几先:犹“机先”,事机萌动未发之时。若想把隐患消失于萌芽状态之中,应当在事机萌动未发之时就慎重对待。

【鉴赏】人们要善于发现机先,将隐患消灭在萌芽之中。

功之成,非成于成之日,盖必有所由起;祸之作,不作于作之日,亦必有所由兆。

【语出】宋·苏洵《管仲论》。

【通讲】兆:征兆。事业的成功,并不在于成功的那一天,一定有它成功的原因;灾祸的发生,并不在于发生的那一刻,一定有它发生的征兆。

【鉴赏】成功和祸患都是有先兆的,要善于观察发现。

官怠于有成,病加于小愈,祸生于懈惰。

【语出】《韩诗外传》卷八。

【通讲】有成:获得成就。加:增加。官吏往往因为工作有了一些成就而玩忽职守;人的病情加重,往往是因为症状稍有减轻就不加重视;灾祸的产生,往往是对可能出现的差错因懈怠而放松警惕。

【鉴赏】不要忽视小节,不要因有点成就而松懈。一切都要坚持到底。

毫厘之差,正之宜速;谬若千里,驷马弗追。

【语出】《魏书·拓跋澄传》。

【通讲】出现细微的差距,就应该迅速地纠正;假如谬误相差千里,驷马也难追及了。

【鉴赏】有错误,要及时纠正,否则后果不堪设想。

患生于忿怒,祸起于纤微。

【语出】《韩诗外传》卷九。

【通讲】纤微:细微的事。祸患的产生于愤怒,灾祸发生于细微的事。

【鉴赏】劝人做事应谨慎。

黄金铄众口，白玉生苍蝇。

【语出】明·吴承恩《杂言赠冯南淮比部谪茂名》。

【通讲】众口足可以熔化金属，蝇矢能弄脏白玉。

【鉴赏】谣言可以混淆是非，人们必须加以警惕。

机发而后思图，车覆而后改躅。

【语出】《北史·常景传》。

【通讲】机：弩牙，即弩机关。躅：踪迹。弩牙发动之后才考虑设法对付，车翻倒之后才想去改变车的轨迹。

【鉴赏】事情发生之后才想补救，为时已晚，而应早有防备。

见患而后虑，见灾而后救。

【语出】宋·王安石《再上龚舍人书》。

【通讲】祸患发生了才去考虑，灾难降临了才去援救。

【鉴赏】告诫人们做任何事情都要防患于未然。

戒惧乎其所不睹，恐畏乎其所不闻，在于慎所忽也。

【语出】《宋书·武三王传论》。

【通讲】应该对那些看不见的灾祸感到惧怕和引为警戒，应该对那些还听不见的坏消息感到害怕。这是因为必须在一些容易被人忽视的小事上就开始谨慎从事。

【鉴赏】江夏王刘义恭随其父刘裕征讨有功，备受宠幸。早年颇自谨饬，后奢侈放纵，又盘剥无度，在皇族内部权力斗争中终被杀。这是沈约在传后写的评语。告诫人们要警惕灾祸的发生，要谨慎从事。

禁微则易，救末者难，人莫不忽于微细，以致其大。

【语出】《后汉书·丁鸿传》。

【通讲】微：细小，指事物的开端。末：指事物的终结。抑制不良之事于萌芽阶段很容易，到酿成大祸时再来挽救就很困难了。人们往往忽视细小的东西，以致演变成大问题。

【鉴赏】这句话告诫我们，小节易制，大错难救，任何事物都有一个形成、发展、衰亡的过程，从事情的量变阶段开始就入手矫正，才不会酿成不可救药的质变后果。小病早医，无病早防。当然，末端治理也很重要，尤其是对于沉疴痼疾，更应加大打击力度，但是如果不注重源头防护，就会让不良习惯演变成不良做法，进而演变成贪污腐败，走上犯罪的道路。防微杜渐、未雨绸缪，努力把问题解决在萌芽状态。党员干部更应慎独慎微，保住小节，才能不失大节。

救漏防者，悉塞其穴，则水泄绝。穴不悉塞，水有所漏，漏则水为患害。

【语出】汉·王充《论衡·薄葬》。

【通讲】抢救有漏洞的堤坝，全部堵塞那些漏洞，水就漏不出去。洞没有全部堵住，水有的地方漏泄，漏泄的水就会形成灾害。

【鉴赏】防患于未然，杜绝一切漏洞，防范灾祸发生。

涓涓不塞，将为江河；荧荧不救，炎炎若向。

【语出】《六韬·守土》。

【通讲】小小的洞穴如不堵塞，就会变得像江河一样不可阻挡；小小的火花若不扑灭，就会成为熊熊烈焰难以奈何。

【鉴赏】要重视小事、小的方面，及早防备，以防不测。

临崖勒马收缰晚，船到江中补漏迟。

【语出】明·无名氏《名贤集》。

【通讲】到了悬崖边上才收住马缰绳，为时已晚；到了江中心才去补船上的漏洞，已经迟了。

【鉴赏】首先要有预见，不能事到临头才去解决，那就太晚了。

萌芽不伐，将折斧柯。

【语出】明·李梦阳《上孝宗皇帝书稿》。

【通讲】需要砍掉的树木，在它刚萌芽时不砍掉，等到长粗后再去砍伐，便十分艰难了。

【鉴赏】事态在刚刚萌发时,就要抓紧处理才容易成功。

千丈之堤,以蝼蚁之穴溃;百尺之室,以突隙之烟焚……此皆慎易以避难,敬细以远大者也。

【语出】《韩非子·喻老》。

【通讲】突隙:烟囱上的裂缝。千丈长的大堤,因蝼蚁的小洞而溃决;百尺高的房屋,因烟囱裂缝溅出的火花而被焚毁。不拘小节,不重微害,不注意在小处消除隐患,最终必酿成大祸。谨慎地对待容易的事以避免困难,郑重地对待细小的漏洞以远离大的灾祸。

【鉴赏】韩非子以此来比喻小毛病如不及时改正,终会酿成大灾祸。细节决定成败,只有不欺小节,才能走向成功与辉煌。无论是办文办会办事,还是落实上级部署,都应该一丝不苟、严谨细致、精益求精,于细微之处见精神,在细节之间显水平。做人、谋事、创业,都应该有这种不弃微末的能力,才能把好事办好、把实事办实。

墙坏于隙,木毁于其节。

【语出】《鬼谷子·谋篇》。

【通讲】墙从缝隙处毁塌,木从斑节处折断。

【鉴赏】事物往往在薄弱处破损,处事必须注意薄弱关节。

青萍一点微微发,万树千枝和根拔。

【语出】元·吴昌龄《张天师》第三折。

【通讲】青萍:即浮萍。和:连。微风初起于青萍之末,但增大之后却可以把大树连根拔起。

【鉴赏】说明要把祸患消灭在萌芽阶段的道理。

轻者重之端,小者大之源,故堤溃蚁孔,气泄针芒。

【语出】《后汉书·陈忠传》。

【通讲】重大的灾祸是从轻小的事情开始的,大的动乱是从小的事件发源的。所以人们常说河堤崩溃可能是由蚂蚁洞造成的，一个针尖般的小洞，会使蓄积的气全部泄出。

【鉴赏】这是陈忠上疏中所说的话，对今天的为政者也值得借鉴，对小问题要重视，及早处置。

去草绝根，在于未蔓。

【语出】《陈书·周迪传》。

【通讲】根除杂草，要在它还没有蔓延的时候。

【鉴赏】坏人坏事一露头，必须坚决打击，不留后患。

任大事，不觉难；做小事，不敢忽。

【语出】清·申居郧《西岩赘语》。

【通讲】完成一项艰巨任务，不要有畏难情绪；从事一件小的工作，也不可掉以轻心。

【鉴赏】不畏艰巨任务，也重视轻易小事，办任何事情，都成功在握。

若不早图，后君噬齐。

【语出】《左传·庄公六年》。

【通讲】噬(shì)：咬。齐：通“脐”。噬齐：用嘴咬肚脐够不着，比喻后悔也来不及。如果不早打主意，以后你就后悔莫及。

【鉴赏】春秋时期，楚文王向邓国借道攻打申国，邓国的国王邓祁侯是楚文王的舅舅。邓祁侯的三位外甥请求杀掉楚文王，并说：“若不早图，后君噬齐。”邓祁侯不听。楚文王灭了申国回国的那一年就进攻了邓国。此句用形象的比喻，说明除恶务必抓住时机，及早处理。除患若失去了良机，就会自害其身，后悔莫及。

声无细而弗闻，事未形而必彰。

【语出】《晋书·苻坚载记上》。

【通讲】声音即使再小也会听到，事物即使没有形迹也能显露彰著。

【鉴赏】凡事都必须防微杜渐。

为之于未有，治之于未乱。

【语出】《老子》第六十四章。

【通讲】要在事情尚未发生时就预防处理，要在祸乱产生之前就早做准备。

【鉴赏】在这段话中，老子论述了未雨绸缪、未兆易谋的道理，告诫人们要见微知著，在险情发生之前采取措施，防微杜渐。执政用权、推进改革，就应该洞幽烛微、明察秋毫，对苗头性、倾向性的问题了然于胸，早做应对。

勿谓小而弗戒，溃堤者蚁，螫人者虿。勿谓微而不妨，疽根一粟，袭肌腐肠。患尝消于所慎，祸每生于所忽。与其行赏于焦头烂额，孰若受谏于徙薪曲突。噫，可不忍欤！

【语出】元·吴亮、许名奎《劝忍百箴·忽之忍》。

【通讲】不要认为微小就不提防，蚁穴可以溃堤，蜂虿可以螫人。不要认为微小就掉以轻心，恶疮初发时不过像米粒大小，却能使肌肤破裂，肠胃腐烂。隐患会因谨慎而消除，祸难皆因疏忽而产生。与其在大火后奖赏救火者，不如听从别人改灶移柴的建议。唉，怎么能不忍呢！

【鉴赏】不要轻视小事，船有一个小缝隙就能沉船；轻是重的开端，小是大的渊源。明智的人谨慎细微，有智者能掌握时机。骄横奢侈生于富贵，灾祸患乱生于疏忽。

相嘘以成风，相吹而成俗。

【语出】明·归有光《士立朝以正直忠厚为本》。

【通讲】相互呼气可以因此形成风，相互鼓吹就能造成一种风气。

【鉴赏】公众舆论有巨大的作用。

一衣虽微，不可不慎，此污行辱身之渐也。

【语出】《明史·王溥传》。

【通讲】渐：逐渐发展。一件衣裳是小事，但玷污品行、玷辱身体，往往是从这些小事上逐渐发展起来的，因此不可不谨慎。

【鉴赏】防微杜渐是很重要的。认为小事不致妨碍大体，那就错了。尤其是处于穷困潦倒不得意的时候,仍旧不要丢掉奋发上进的雄心壮志而去取不义之财。

衣缺不补则日以甚,防漏不塞则日益滋。

【语出】汉·桓宽《盐铁论·申韩》。

【通讲】甚:超过。日以甚:一天比一天更坏得厉害。防:堤岸。滋:增多。衣破不补就一天比一天更破得厉害,堤岸破漏不堵塞的话泄漏会一天天变得厉害。

【鉴赏】告诫人们要及早发现隐患并加以处置,否则将会酿成大祸而难以收拾。

以敬为主,则内外肃然,不忘不助,而心自存。

【语出】宋·朱熹《答张敬夫》。

【通讲】肃然:恭敬严肃的样子。助:记住什么。以恭敬端畏为主,那么人的内外都恭整严肃,不必忘掉什么也不必记住什么,而人心也自然得到存养了。

【鉴赏】告诉人们要慎微杜渐,要很好地修养心性。

忧患生于所忽,祸起于细微。

【语出】汉·刘向《说苑·敬慎》。

【通讲】祸患都是由于粗心大意,而灾害都是从细小处引起。

【鉴赏】细节决定胜败,注意微小处,细心观察,就可以防患于未然。

17 其　他

比目之鱼，不相得则不能行。

【语出】《战国策·燕策二》。

【通讲】比：并列；紧靠。比目鱼，不能互相配合就不能游动。

【鉴赏】有人上书燕昭王，“比目之鱼，不相得则不能行，故古之人称之，以其合两而如一也”。用比目鱼做比喻，劝燕昭王和三晋结盟。燕昭王采纳了这个意见，和三晋合纵抗秦。古时认为，比目鱼每条鱼只有一只眼睛，一条鱼眼长在头左侧，另一条鱼眼长在头右侧，行动时必须两鱼合并，才能左顾右盼，不致顾此失彼。人们一直认为比目鱼的行动一定是两鱼相并，合二为一。一直到清代，郭柏苍在其所撰写的《海错百一录》中才提出，比目鱼并非不比不行。“比目之鱼，不相得则不能行”忠告人们：办事一定要紧密配合、协调一致，才能成功。

当局称迷，傍观见审。

【语出】《旧唐书·元行冲传》。

【通讲】棋局间对阵的人往往看不清局势，而在一旁观棋的人的见解，却往往是清楚的。

【鉴赏】当事人由于利害得失考虑太多，反而迷惑糊涂。局外人由于没有利害纠缠，往往冷静客观，看得清楚。处理事情，可以与局外人多多商讨。

夫登山而视牛若羊，视羊若豚。牛之性不若羊，羊之性不若豚，所自视之势过也。

【语出】《吕氏春秋·壅塞》。

【通讲】登上高山，看山下的牛就像羊一样，看羊就像小猪一样。牛本来不像羊那么小，羊本来也不像小猪那么小，这是由于所处的地势造成了错觉。

【鉴赏】要正确地认识事物，必须有正确的世界观和方法论，还要结合当时的具体形势、情况，才能得出正确的结论。

观川流之不息兮，悟有本之无穷。

【语出】宋·朱熹《朱子语类》卷三十六。

【通讲】看着那流个不停的河水啊，我悟到它的本源是无穷无尽的。

【鉴赏】说明事物由于来源丰富深厚，所以能永远发展、前进，鼓励人们做任何事都要坚持不懈，努力奋斗。

三

法律

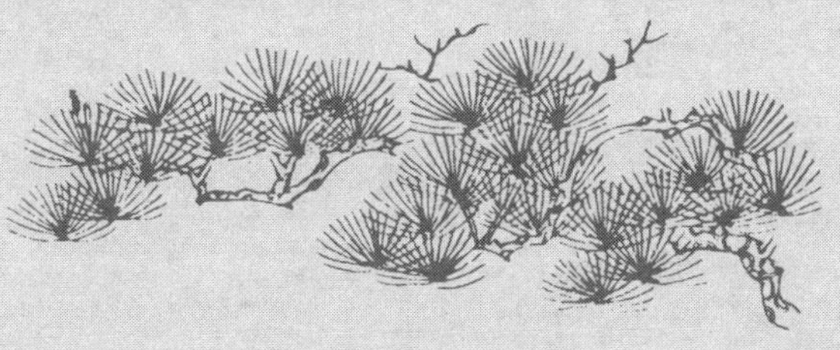

1 法 制

不以规矩,不能成方员。

【语出】《孟子·离娄上》。

【通讲】规:圆规。矩:直尺。不用圆规和直尺,就不能画成方形和圆形。

【鉴赏】木匠的规矩,其实就是治国者的仁政。就是一切正确的规则,没有仁政,就无法治理天下,没有规则,就很难办成任何事情。

臣闻法令者,人主之大柄,而国家治乱安危之所系焉,不可不慎……法令既行,纪律自正,则无不治之国,无不化之民。

【语出】宋·包拯《上殿札子》。

【通讲】法令是固国之本,颁行法令一定要慎之又慎。只有慎行法令,取信于民,则祸乱自平,天下易治。只要法令畅通,纪律和风气自然清正,那么就没有治理不好的国家,也没有不能教化的民众。

【鉴赏】包拯"以法律提衡天下"的法治主张及其执法如山的法治实践,给后人提供了极为珍贵的历史借鉴。为官之义在于明法。无明法不足以正纪纲,无纪纲就不能护公正、张道义。领导干部要摒弃好人主义和私心杂念,依法办事,执法严明,形成全民守法的社会风尚。

大罪必诛,法禁易全。

【语出】《晋书·刘颂传》。

【通讲】重大罪恶必加严惩,法律禁令就容易健全。

【鉴赏】健全国家法制,关键在于对罪大恶极的人敢于惩罚。

大作纲,小作纪。如纲不纲,纪不纪,虽有罗网,恶得一目而正诸?

【语出】汉·扬雄《法言·先知》。

【通讲】主要的原则为纲，次要的规则为纪。如果纲不像纲、纪不像纪，即使制度像罗网一样严密，又怎么会有一个细目的管理得法呢？

【鉴赏】要确立纲纪法度，才能使法制产生好的作用。

道不足以通庶事，不谓之道；法不足以行万世，不谓之法。

【语出】宋·毕仲游《试荫补人议》。

【通讲】法则不能概括很多事物，就不成其为法则；法律不能通行很多年代，就不能算是法律。

【鉴赏】法律应有相对的稳定性。

法不察民情而立之，则不成。

【语出】《商君书·壹言》。

【通讲】如果法制不考察民情而建立，就不会成功。

【鉴赏】研究国情、抓住根本，考察民情风俗来建立法制，才能治理好国家。

法不定，政多门，此乱国之风也。

【语出】汉·荀悦《申鉴·政体》。

【通讲】国家的法令朝令夕改，政府部门各自为政，这是一种扰乱国家的歪风。

【鉴赏】一个国家安定团结的重要保证是要做到政策法令的稳定和立法权力的集中统一。

法存则国安，法亡则国危。

【语出】宋·杨万里《上寿皇乞留张栻黜韩玉书》。

【通讲】有法制存在，国家就安定；法制没有了，国家就危险。

【鉴赏】法律，是衡量天下事物的标准，是君主掌握国家的准绳。法令得以执行，国家就治得好，法令松弛不严，国家就会遭难。

法令明具，而用之至密，举天下惟法之知。

【语出】宋·苏轼《策别课百官三》。

【通讲】具：具备。密：周密。法令必须明确具备，使用起来十分周密，使天底下的人都知道要遵守法令。

【鉴赏】法制社会要制定明确、周密的法令，并使全社会的人知法守法。

法令行则国治，法令弛则国乱。

【语出】汉·王符《潜夫论·述赦》。

【通讲】法令能够顺利施行，国家就会得到治理；法令松弛，国家就会遭受祸乱的侵害。

【鉴赏】要建立法制社会，认真执法。

法律度量者，人主之所以执下，释之而不用，是犹无辔衔而驰也。

【语出】《淮南子·主术训》。

【通讲】法律和度量制度，是君主用来控制臣民的工具，放弃它而不用，就像没有辔衔而让马奔跑。那是非常危险的。

【鉴赏】没有法律，则无以制天下。一定要健全法制，建立法制国家，依法治国。

法虽不善，犹愈于无法。所以一人心也。

【语出】《慎子·威德》。

【通讲】法律虽然不太理想，仍然比没有法律要好。因为它可以统一人们的思想和行为。

【鉴赏】一个社会必须有共同遵守的法律，才能有秩序、有纪律，成为和谐统一坚强的集体。无政府主义会导致国家崩溃。

法所以制事，事所以名功也。法立而有难，权其难而事成，则立之；事成而有害，权其害而功多，则为之。无难之法，无害之功，天下无有也。

【语出】《韩非子·八说》。

【通讲】法律是用来制约事情的,事情是用来表明功效的。法律在建立中遇到困难,权衡一下虽有困难但事能成功,就建立它;事成而有害处,权衡它的害处但功大于害,就完成它。不遇到困难的法制,没有害处的功利,天下是没有的。

【鉴赏】制定法律虽然有利有弊、利大于弊,也可以立,这是立法时一个最基本的原则。

法网之用,期世而行;宽惠之道,因时而布。

【语出】《宋书·明帝纪》。

【通讲】法网:严密的法律制度。使用严密的法律制度,要根据具体情况来决定;宽大恩惠的政策,也要依具体的情况来施行。

【鉴赏】世上万事万物都处于不断变化发展中,因而法律制度也要适时做出调整。在安定和平时期,以仁治国,使人民能安居乐业,从而推动经济的发展和社会的进步。在动乱时期,执法必严,违法必究,不严就无法惩戒不法者,这也是社会安定发展所需要的。

法者,所以适变也,不必尽同。

【语出】宋·曾巩《战国策目录序》。

【通讲】法制,是用来适应变化了的新情况的,不应该与历史上的旧法完全相同。

【鉴赏】新的法制应为"当世之法"。法制是可以因时应变的。

法制数变,国家之大患。

【语出】清·申涵煜《省心短语》。

【通讲】法令制度变化无度,这是国家的大祸患。

【鉴赏】制定法律法令要慎重。

凡政之大经,法教而已。

【语出】汉·荀悦《申鉴·政体》。

【通讲】一切政治的基本手段,不过是法制和教育罢了。

【鉴赏】依法治国，教化人民，这是执政的原则。

夫严刑者，民之所畏也；重罚者，民之所恶也。故圣人陈其所畏以禁其邪，设其所恶以防其奸，是以国安而暴乱不起。

【语出】《韩非子·奸劫弑臣》。

【通讲】严刑，是民众所畏惧的；重罚，是民众所厌恶的。所以圣人就设置民众所畏惧的严刑来禁止他们的邪念，采用民众所厌恶的重罚来防备他们的奸行，这样国家就会安定，暴乱的事也不会发生。

【鉴赏】严刑重罚的目的不在于惩罚人，而是为了展现法的威慑力，使人们能够自觉守法，从而达到安定社会、强大国家的目的。

盖天下之事，不难于立法，而难于法之必行。

【语出】明·张居正《请稽查章奏随事考成以修实政疏》。

【通讲】大凡国家大事，制定法令条例并不难，难的是有法必依。

【鉴赏】作为富有经验和智慧的杰出政治家，张居正深知有法必依的重要性及法律执行当中的困难。法律的生命力在于实施，法律的权威也在于实施。只有依法执政，依法行政，领导干部增强法治思维，在法治轨道上推动各项工作；全民用法、守法，才能形成良好的法治环境，为法治中国打下坚实的基础。

故《本言》曰："所以治者，法也；所以乱者，私也。法立，则莫得为私矣。"故曰：道私者乱，道法者治。上无其道，则智者有私词，贤者有私意。上有私惠，下有私欲，圣智成群，造言作辞，以非法措于上。上不禁塞，又从而尊之，是教下不听上、不从法也。是以贤者显名而居，奸人赖赏而富。贤者显名而居，奸人赖赏而富，是以上不胜下也。

【语出】《韩非子·诡使》。

【通讲】道：同"导(導)"，引导，遵循。所以《本言》说："国家的治理靠法令，国家的祸乱是因为私人关系。一旦法令真正建立，就没有人能使用私人关系了。"所以说：实行私人关系，就动乱，实行法令就治理。君上如果没

法律

有一定之规,那么,智者就会有为个人的言论,贤者就会有为自己的念头。君上有出于个人的恩惠,臣下就会有个人的欲望,有智有德的人聚在一起,制造舆论,对君主发表非议法令的学说。君上不对此予以禁止堵塞,反而去尊敬他们,这就是在教臣民不听从君主的话,教他们不服从法令。所以,贤者因显赫的名声而处上位,奸人靠赏赐而富裕。一旦贤者因显名而处上位,奸人靠赏赐而富裕,这样君主就不能控制臣下。

【鉴赏】遵循私道治国,国家就动乱;遵循法度治国,国家就安定。《荀子·君道》说:"法者,治之端也。"法律是治理好一个国家的开端。关于法制与治乱兴衰的关系,《管子·明法解》有类似的表述:"法度行则国治,私意行则国乱。"东汉王符的《潜夫论·述赦》亦言:"国无常治,又无常乱,法令行则国治,法令弛则国乱。"对此,《韩非子·有度》还有进一步的申论:"故当今之时,能去私曲就公法者,民安而国治;能去私行行公法者,则兵强而敌弱。"从"道私者乱"的告诫来看,严明纪律最需要秉持公心,最忌惮私心作祟。如果对纪律、规定置若罔闻,甚至以言代法、以权压法、徇私枉法,那么政治纪律的权威性何存、公信力安在?要处理好公与私的关系。面对党纪国法,党员干部应该少一些私欲熏心的侥幸,多一份廉洁奉公的坦荡。坚持纪律面前一律平等,坚持执纪所向没有特殊。党员拒绝说情风、关系网、利益链,才能让党的纪律真正严明起来,内化为道德自律,外化为行为自觉,才能最终臻于"道法者治"的善治境界。

国无常强,无常弱。奉法者强则国强,奉法者弱则国弱……今皆亡国者,其群臣官吏皆务所以乱,而不务所以治也。其国乱弱矣,又皆释国法而私其外,则是负薪而救火也,乱弱甚矣!

【语出】《韩非子·有度》。

【通讲】亡:衰弱。务:从事。释:丢掉。私其外:违反法度,营求私利。国家不会永远富强,亦不会长久贫弱。执行法度的人坚决,国家就会富强;执行法度的人软弱,国家就会贫弱。……现在这些国家都已衰落,是由于他们的大臣官吏都去做使国家乱而不是使国家治的事情。国家已经衰落,又都舍弃国法而营求私利,如同负薪救火,国家就更衰落了。

【鉴赏】这体现了韩非法家思想的重法核心。世事无常,国家的强弱并非一成不变。一定条件下强盛的国家会衰弱,弱小的国家会变强。国家强弱的辩证转化的重要条件之一就是法治。执法态度坚决与否极大地影响国家的强弱状态。执法坚决,国家可以从弱转强;执法不坚决,国家则由强变弱。这对于当世的国家治理方略依然有重要的借鉴意义。秉公执法是非常重要的,它是国家强弱的关键。让“奉法者强”,作为领导干部和立法、司法、执法者,一定要首先在实践中贯彻法治思维,做到知行合一、铁面无私。

建常立首,以靖为宗,以时为宝,以政为仪,和则能久。

【语出】《管子·白心》。

【通讲】确立规章制度,应当考虑三个方面的问题:一看是否符合安定的原则,二看是否合乎时宜,三看是否没有偏差。只有符合这三个条件,才能保证规章制度的长期执行。

【鉴赏】安定、合乎时宜、准确无误是确立长期有效的规章制度的三个必备条件。

民不畏死,奈何以死惧之? 若使民常畏死,而为奇者,吾得执而杀之,孰敢?

【语出】《老子》第七十四章。

【通讲】奇:奇诡;诡异。为奇者:为邪作恶的人。人民不害怕死,(统治者)为什么还用死刑来吓唬他们? 假使人民总是很害怕死,那么对于捣乱作恶的人,我们可以抓来杀掉,还有谁敢为非作歹?

【鉴赏】老子本着人道主义精神抨击高压政治、严刑峻法。老子告诉统治者,高压政治、严刑杀戮是无济于事的,是不该实行的。人民群众有不怕镇压、不怕牺牲的反抗精神,统治者要善待老百姓。

人犹水也,法令为堤防,堤防不固,必致奔突。

【语出】《北史·郎茂传》。

【通讲】老百姓好像是水,国家法令如同堤防,大堤不稳固,必然导致堤决泛滥。

【鉴赏】以法治国,建立法制国家,是国家巩固的重要保证。

仁之法在爱人,不在爱我;义之法在正我,不在正人。

【语出】汉·董仲舒《春秋繁露·仁义法》。

【通讲】仁爱的法规在于关心他人,不在于为个人谋利;正义的法规在于端正自己,而不在于强求于人。

【鉴赏】对自己要严格要求,不断提升自己的道德品质;对别人要仁慈关怀,不要与人争利,强人所难。

任人而不任法,则法简而人重。任法而不任人,则法繁而人轻。

【语出】宋·苏轼《私试策问》。

【通讲】任:信任。繁:繁苛。信任人而不信任法,那么法律简约而人被重视。信任法律而不信任人,那么法律苛杂而人被轻视。

【鉴赏】这句话告诫制定法律者,对人与法都不能有所偏重,否则将会导致人高于法或法律苛杂的局面。

胜理以治国则法立,法立则天下服矣。

【语出】《吕氏春秋·适音》。

【通讲】胜:任。以是否合理为标准治理国家,才能确立法律,以法治国,天下才能安定。

【鉴赏】以合理为标准实行法治,才能治理好国家。

圣君任法而不任智……任公而不任私。

【语出】《管子·任法》。

【通讲】聪明智慧的君主凭借法律而不是凭借个人的小聪明来治理国家……依靠公正而不是根据私利来处理事情。

【鉴赏】依法执政,秉公办事,这对今天的各级公务员仍然有借鉴意义。

圣人为法,必使之明白易知。

【语出】《商君书·定分》。

【通讲】圣人制定法令,必须使人们明白易懂。

【鉴赏】要使老百姓遵纪守法,制定的法令必须让老百姓掌握,因此,文字上要明白晓畅。

释规而任巧,释法而任智,惑乱之道也。

【语出】《韩非子·饰邪》。

【通讲】君主想抛弃原则而凭借自己的机巧,丢掉法律条令而凭借自己的聪明才智,就必然步入一条使自己迷惑昏乱的道路。

【鉴赏】治理国家要依靠稳定不变的法制。

天网恢恢,疏而不失。

【语出】《老子》第七十五章。

【通讲】天网:天道的网,指自然的惩罚。恢恢:宽广的样子。疏:稀;不密。失:错过。天道公平,作恶就要受惩罚,天网看起来很稀疏,但绝不会放过一个坏人。

【鉴赏】法律是有尊严的。法律的平等体现在它的公平和正义上,谁触犯法律就要受到法律的制裁,它警示人们不要以身试法,自取灭亡。

刑罚者,治乱之药石也;德教者,兴平之粱肉也。夫以德教除残,是以粱肉理疾也;以刑罚理平,是以药石供养也。

【语出】汉·崔寔《政论》。

【通讲】刑罚是治理社会混乱的药品,而道德教育则是使社会兴旺的营养品。只用说服教育去去除那些危害社会的罪犯,那等于不服药而用营养品去治病一样;单用刑罚而希望国家繁荣昌盛,那也等于想用药品去补养身体一样是无效的。

【鉴赏】整顿混乱局势必须依靠严刑峻法,但社会安定下来之后,就要用儒家的礼教来规范社会。这是治国的最重要的措施。对于今天来说,还应该用社会主义核心价值观来规范人们的思想。

刑靡定法,律无正条,徽纆妄施,手足安措。

【语出】唐·长孙无忌《进律疏议表》。

【通讲】徽纆(mò):绳索,古时特指拘捕罪人。实施刑罚没有稳定的法律,法律没有适当的条款,任意拘捕和关押人,老百姓将不知道手脚该放在何处。

【鉴赏】议定法律是非常必要的。

一民之轨莫如法。

【语出】《韩非子·有度》。

【通讲】能把全民的思想和行为统一到一定轨道和规范内的只有法律。

【鉴赏】建立一个强有力的政权和有纪律的社会必须有法律。

以至详之法晓天下,使天下明知其所避。

【语出】宋·苏轼《御试重巽以申命论》。

【通讲】要制定极其详细的法律条文并昭告天下,使所有的人都明确知道并且不违法。

【鉴赏】法制社会首先要做好普法工作。

制商贾者恶其盛,盛者人去本者众;又恶其衰,衰则货不通。故制法以权之。

【语出】宋·王安石《答韩求仁书》。

【通讲】控制商贾要注意的是:担心商贾势力太盛(赚钱太容易),商贾太发达了,弃农经商的人就会增多;同时又担心商贾衰落,商贾衰落了,则货物不流通,因此要制定法律加以控制调节。

【鉴赏】既要发展商业,又不影响农工业,这是领导者需要认真对待的大问题。

治国无法则乱,守法而弗变则悖。

【语出】《吕氏春秋·察今》。

【通讲】治理国家没有法制,国家就秩序大乱;法律不随着形势的发展而修订,就会脱离实际。

【鉴赏】国家没有法律不行,只有一成不变的法律也不行。

治国者,必以奉法为重。

【语出】明·罗贯中《三国演义》第九十六回。

【通讲】奉:尊崇。治理国家的人,必定将尊崇法律看得极为重要。

【鉴赏】执政者要重视法律,以为治国理政的有力工具。

2 执　法

不用法者，国有常刑。

【语出】《周礼·地官·小司徒》。

【通讲】不遵守法律制度的人，国家就应有毫不徇情的刑罚惩处他。

【鉴赏】依法治国，是非常重要的。

察五声而审克，应尔精详；讯三刺以简孚，宜乎谨慎。

【语出】《幼学故事琼林》。

【通讲】省察五种声音去问案，即辞听、色听、气听、耳听和目听，这叫审克，应该这样精细；讯三刺即讯群臣、讯群吏、讯万民，要用简明的道理，要谨慎从事。

【鉴赏】这句话论述了审查案件应遵循的原则和方法。

仇雠有善，不得不举；亲戚有恶，不得不诛。

【语出】《三国志·吴志·孙奋传》。

【通讲】仇雠：仇敌；仇人。仇人有长处，不能不推举；亲戚有罪恶，不能不惩罚。

【鉴赏】公正执法，不避亲仇，一视同仁，是非常重要的。

川流溃决，必问为防之人；比户延烧，必罪失火之主。

【语出】清·唐甄《潜书·远谏》。

【通讲】川流：河流。溃决：堤坝决口。问：问罪。防：堤坝。为防：修筑堤防。比户：户户相挨。延：蔓延。罪：治罪。长河大江决堤，一定要问罪于修筑堤防的人；一户连着一户地被火焚烧，一定要问罪于造成火灾的那个人。

【鉴赏】有了问题一定要从根本上找原因，追究责任人。

法不阿贵，绳不挠曲。法之所加，智者弗能辞，勇者弗敢争。刑过不避大臣，赏善不遗匹夫。

【语出】《韩非子·有度》。

【通讲】法律法令不迁就富贵权势的人，取直用的墨线不偏向弯曲的木料。法律之下，即使是有智慧的人也不能辩解，即使是有勇气的人也不能相争。不会因高官显臣而回避罪罚，不会因平民百姓而遗忘奖赏。

【鉴赏】这句话和如今"依法治国"的国家方略有相通之妙，强调了法律的公正严肃性。法律法规应当不偏不倚，法律面前人人平等。公平的立法与执法应当相统一。无论对官员还是对民众，都应当做到一视同仁，赏罚得当。这样，大家都不敢以身试法，而是遵守法律，奉公守法，国家的治理和维持也就顺畅得多。

法立，有犯而必施；令出，唯行而不返。

【语出】唐·王勃《上刘右相书》。

【通讲】返：通"反"，违反。法律一经制定，凡有违犯者，必须实施惩治；法令一经发出，只有坚决执行，决不能违反。

【鉴赏】此文的作者王勃(650—676年)，为"初唐四杰"之首。这位英年早逝的诗人，是当时最年轻的朝廷命官，《上刘右相书》是王勃的成名之作，王勃作此文时只有十四五岁。任何法律，如果没有严格执行，就会损害法律尊严、动摇法律根基。有法必依、执法必严、违法必究就显得更为突出、更加紧迫，必须成为全体社会成员的共同守则。

法令必行，邪正有别，则朝纲举矣。

【语出】《宋史·张士逊传》。

【通讲】法令通行无阻，坏人好人辨别清楚，那么朝廷的法度纪律就建立起来了。

【鉴赏】必须立法、执法，建立法制社会。

法小弛则是非驳。

【语出】唐·刘禹锡《天论上》。

【通讲】弛:松弛。法律在执行的过程中不得有半点松弛,否则是非就会混杂不明。

【鉴赏】执法要严,这是法制社会的要求。

法行于贱而屈于贵,天下将不服。

【语出】宋·苏辙《上皇帝书》。

【通讲】贱:平民百姓。贵:富贵者。法律只实行于平民百姓而不实行于权贵,天下人将不会服气。

【鉴赏】告诫执法者要做到法律面前人人平等。

夫奸,必知则备,必诛则止;不知则肆,不诛则行。

【语出】《韩非子·六反》。

【通讲】做坏事的人在一定能被察觉的情况下,他才会戒惧,在一定要受到惩罚的情况下,他才不敢做坏事;在不能被察觉的情况下,他就会放肆,在不会受惩罚的情况下,他就会更加横行无忌。

【鉴赏】法不严行,奸人侥幸;有此一念,铤而走险。对坏人坏事,只有做到有犯必知,有罪必诛,才能使他们有所惧怕,有所收敛。

圣王断狱,必先原心定罪。

【语出】《汉书·王嘉传》。

【通讲】明君审判案件,一定先问明犯罪人的犯罪动机。

【鉴赏】了解犯罪动机,是判案的关键。

同罪异罚,非刑也。

【语出】《左传·僖公二十八年》。

【通讲】非刑:不合刑律。相同的罪过而惩罚不同,这是不符合刑律的。

【鉴赏】春秋时晋文公有病,曹共公的侍从贿赂晋文公的卜筮之官,让他把得病的原因说成是由于灭了曹国。并说晋文公主持会盟而灭同姓的国家是不符合礼义的;曹国和卫国一样得到君王的诺言,却不能一样复国,这是不讲信用的,“同罪异罚,非刑也”。礼是用来施行道义的,信用是用来恪守礼义的,刑罚是用来纠正邪恶的,不能丢弃这三项。晋文公听后,恢复了曹共公的君位,曹共公就在许国和诸侯会盟。此句主张法律平等、公正的执法原则。只要犯罪,就要平等地适用刑罚,追究其刑事责任,不允许任何人有超越法律的特权。

王法赏罚,不阿贵贱。

【语出】《晋书·赵王伦传》。

【通讲】阿(ē):偏袒。国家的法律赏功罚罪,不偏袒富贵者,也不徇私贫贱者。

【鉴赏】公正执法,不论贫富贵贱,都在法律面前一律平等。

陷一无辜,与操刀杀人者何别;释一大憝,与纵虎伤人者何殊?

【语出】清·金缨《格言联璧·从政》。

【通讲】憝(duì):奸恶;坏人。陷害一个没有罪的人,和持刀杀人的人有什么两样呢?释放一个罪魁祸首,和纵虎伤人的人有什么差别呢?

【鉴赏】不能陷害好人,也不能放纵坏人。

刑当无多,不当无少。

【语出】《韩非子·难二》。

【通讲】当:恰当。刑罚惩处与犯罪相当,就不存在判刑太多的问题。判得不恰当,再少也可说多,而无所谓少。

【鉴赏】执行法律主要在于量刑适当。量刑不当,法律条款再少也是多余的。

刑愈轻,而愈不足以厚民之俗,往往反以长其悖逆作乱之心,而使狱讼之愈繁。

【语出】宋·朱熹《戊申延和奏札》。

【通讲】悖逆:违背;违反。刑罚越轻,越不能使民俗淳厚,往往反而助长了他们违法作乱的念头,从而使得官司词讼更加繁多。

【鉴赏】法治也是必要的。施刑的目的就是为了“厚民之俗”,因此刑不可过轻,否则不仅达不到预期效果,反而背道而驰。

刑政虽峻而无怨者,以其用心平、劝戒明也。

【语出】晋·常璩《华阳国志·刘后主志》。

【通讲】刑罚和政令虽然严厉,但没有怨恨不满的人,这是由于执法的人公平正直,并且对群众的教育、告诫是说得明明白白的。

【鉴赏】民众并不反对法制的严厉,而反对执法不公,不教而罚。

疑罪从去。

【语出】汉·贾谊《新书·大政上》。

【通讲】由于证据不足,使人难以定罪的罪犯,在定案时,应选择“无罪”的处理办法。

【鉴赏】没有确凿证据,不能轻率定罪。人的政治生命是非常重要的。

以刑止刑,以杀止杀。

【语出】唐·长孙无忌《唐律疏议·名例一》。

【通讲】实施刑罚是为了以后不用刑罚,执行死刑是为了以后没人触犯死刑。

【鉴赏】惩处并非刑罚的目的,刑罚的目的是制止犯罪。

与其杀不辜也,宁失于有罪。

【语出】汉·贾谊《新书·大政上》。

【通讲】辜:罪。不辜:无罪的人。与其冤枉处死无罪的人,宁可错误放掉一个可能有罪而不该释放的人。

【鉴赏】政治清明,在于不滥杀无辜,要做到法律公正、谨慎。“诛赏”都应该极其谨慎。对一个要处死的人,如果不是证据确凿,宁可不判。即使这可能使真正有罪的人逃脱法网,也比错杀人造成难以挽回的失误要好些。

针芒刺手，茨棘伤足，举体痛楚，刑惨百倍于此，可以喜怒施之乎？虎豹在前，坑阱在后，百般呼号，狱犴何异于此，可使无辜坐之乎？

【语出】清·金缨《格言联璧·从政》。

【通讲】小小的针尖刺了人的手，野生的蒺藜棘扎了脚，尚且感到全身都很疼痛，刑罚比这要惨烈百倍，怎么能随意施行呢？虎豹在前边拦路，身后有猎兽的陷坑，尚且吓得呼喊连天，牢狱与这种情形有什么两样，怎么可以牵连无罪的人进去呢？

【鉴赏】要施仁政，不施暴政；要正确执法，不搞冤假错案，轻罪不重判，保证人民的合法权益和人身安全。

执法如山，守身如玉。

【语出】清·金缨《格言联璧·从政》。

【通讲】执行法令像泰山一样坚定，保持自己的节操同玉石一样洁白。

【鉴赏】这是法官应有的品德，执法要严要廉。

3 赏　罚

诚有功，则虽疏贱必赏；诚有过，则虽近爱必诛。

【语出】《韩非子·主道》。

【通讲】诚：确实。疏贱：疏远卑贱。过：过失。近爱：亲近喜爱。诛：惩罚。对确实有功绩的人，即使其地位卑贱、与自己的关系疏远，也一定奖赏；对确实有过失的人，即使其与自己的关系亲近，也一定惩罚。

【鉴赏】奖惩要公道，不能以与领导者关系的亲疏而不同对待。

惩劝不明，则风俗污浊。

【语出】《晋书·刘毅传》。

【通讲】惩罚和奖励不能做到明白公正，社会风气必然是污秽混浊的。

【鉴赏】惩奖不明，只会使正气消亡，邪焰嚣张。

发号施令，在乎必行；赏德罚罪，在乎不滥。

【语出】宋·包拯《论星变奏》。

【通讲】号：号令。施：发布。在乎：在于。滥：过度。发布命令，关键在于一定要执行；奖赏善行，惩罚犯罪，在于不要过度。

【鉴赏】家有家规，国有国法。一个国家必须有令必行，同时还要有法必依，违法必究，赏罚分明，维护法律的权威及公平和公正，才能使国家长治久安。

罚不讳强大，赏不私亲近。

【语出】《战国策·秦策一》。

【通讲】讳：避忌；有顾忌躲开某些事或不说某些话。处罚不避讳有地位的人，行赏不偏袒亲信和关系亲近的人。

【鉴赏】战国时期卫国人商鞅由魏国逃亡到秦国，秦孝公任命他为丞相。商鞅先后制定一系列法令规定，执法公正没有偏私，“罚不讳强大，赏不私亲近”。法令实施一年后，路上没有人把别人丢失的东西捡走，百姓都不取非法的东西，秦国兵力强大，诸侯都感到害怕。赏是为了激励，罚是为了警醒。赏罚分明，是古今中外一切用人者的根本原则。管理者一定要正确使用赏罚，切莫随心所欲。只有罚不避亲，刑不畏贵，赏罚分明，才能令行禁止，让众人信服。

凡将举事，令必先出。曰事将为，其赏罚之数，必先明之。

【语出】《管子·立政》。

【通讲】凡是要开始办事之前，一定要先明确所有的要求和规定。也就是说开始办事之前，关于奖励和惩罚的诸般事项都必须言明。

【鉴赏】对于领导者来说，明确赏罚则是所有准备工作中一个尤为重要的组成部分。这样，不仅可以使工作人员目标明确，提高工作效率，还可以防止事后发生不必要的纠纷、麻烦。

凡赏非以爱之也，罚非以恶之也，用观归也。所归善，虽恶之，赏；所归不善，虽爱之，罚。此先王之所以治乱安危也。

【语出】《吕氏春秋·当赏》。

【通讲】对某人给予奖赏，不是由于喜欢他；对某人进行惩罚，不是由于厌恶他。施行赏罚的依据是人们做事所产生的效果。效果良好，即使你厌恶他，也要奖赏；效果不好，即使你喜欢他，也要惩罚。这是先王能使国家由乱而治、转危为安的重要原因。

【鉴赏】赏罚得当是治国的根本。

凡赏功罚罪，皆具事状颁告之，使君子知劝以迁善，小人知惧以自警。

【语出】《金史·孟浩传》。

【通讲】凡是对有关人员功劳的奖赏、罪恶的惩罚，都应该把他们的事迹情状公开颁布，使君子知道劝勉而变得更好，小人知道害怕而自我警戒。

【鉴赏】赏罚分明，是鞭策国家工作人员的最好办法。

凡为天下之民长也，虑莫如长有道而息无道，赏有义而罚不义。

【语出】《吕氏春秋·振乱》。

【通讲】凡是做天下人民的君长的，施政大计，最重要的是扶植有道而消除无道，奖赏正义而惩罚不义。

【鉴赏】赏罚必须分明。

国家大事，惟赏与罚。

【语出】唐·吴兢《贞观政要·论封建》。

【通讲】赏罚分明，是国家兴亡的大事。

【鉴赏】有赏有罚，才能调动人们干事创业的积极性，从而使国家强盛起来。

或求名而不得，或欲盖而名章，惩不义也。

【语出】《左传·昭公三十一年》。

【通讲】章：同“彰”，明显。有人想求名却得不到，有人想掩盖却使名字更明显，这是惩罚不义。

【鉴赏】春秋时，齐豹任卫国的司寇，是世袭大夫，做事不义，被记载为“盗”。邾国的庶其、黑肱，莒国的牟夷，带着土地逃亡，他们地位低下，只是为了谋求生存而已，不求什么名，却被记下名字，这是因看重土地的缘故，地名一定要被记载下来，他们的名字也因此被记下来，不义的行为无法消除。这两件事情，是用来惩罚放肆而去除贪婪的。人们做事时时要想到礼和义，不做不符合礼义、背弃礼义的事。《左传·昭公三十一年》：“或求名而不得，或欲盖而名章。”“欲盖而名章”后来一般都作成语“欲盖弥彰”，多用于形容某人做了坏事并且企图掩盖事实、隐瞒真相，结果适得其反，反倒让大家看清他的劣迹。

尽忠益时者虽仇必赏，犯法怠慢者虽亲必罚。

【语出】《三国志·蜀志·诸葛亮传》。

【通讲】对于竭尽忠心、有益于当世的人，即使是仇人也一定奖赏；对于违反法令、傲慢无礼的人,即使是亲人也一定惩罚。

【鉴赏】诸葛亮身为蜀国丞相,他秉公执法,赏罚分明,当街亭失守后,他含泪斩马谡,依功赏王平。我们要坚持“威之以法”与“严明公正”的原则,严格遵守法则,不得以个人私情干扰执法,刑赏不分亲疏贵贱,一律平等。

君舍法,而以心裁轻重,则同功殊赏,同罪殊罚矣。

【语出】《慎子·君人》。

【通讲】国君离开法律条文的规定,依据个人的喜怒好恶去裁定功过的轻重,那就会造成同样的功劳却有不同的赏赐,同样的罪过会有不同的惩罚。

【鉴赏】必须反对“以人为法,以言为法”,任何人、任何政党、任何组织都必须遵法、守法、执法,不能凌驾于法律之上,无视法律的尊严。

考核勤惰,行其诛赏;观察能殿,严加黜陟。

【语出】《宋书·礼志一》。

【通讲】殿:本指行军走在最后,引申为最后、最下。考核官吏的勤奋或懒惰,来实行惩罚或赏赐;观察他们的称职或不称职,严格执行进退升降。

【鉴赏】考核并加以奖罚升降,这是管理官员的好办法,值得借鉴。

课勤惰,察能否,而从以赏罚,则政柄不摇,贤愚并励矣。

【语出】《清史稿·沈文奎传》。

【通讲】课:考察。从:根据。考察官吏的勤奋与怠惰,检查官吏是否胜任本职工作,从而根据具体情况进行奖惩,那么政权就会得到巩固,无论是有才德的人或愚笨的人都会得到勉励。

【鉴赏】这是对官员管理的好办法,值得借鉴。

历古以来,不明赏罚而能治者,未之闻也。

【语出】《金史·孟浩传》。

【通讲】从古以来,赏罚制度不严明而使国家治理得好的,从来没听说过。

【鉴赏】赏罚分明是国家治理的保证。

利不兼,赏不倍。

【语出】汉·刘向《说苑·谈丛》。

【通讲】所获利益不能由一人独得,对下的奖励在同一件事上不重复。

【鉴赏】讲究管理中的平衡,以及分配和奖励中的成本核算。

明君不官无功之臣,不赏不战之士;治平尚德行,有事赏功能。

【语出】三国魏·曹操《论吏士行能令》。

【通讲】功:这里指有功劳、有才能的人。贤明的君主,不任用没有功劳的臣子,不奖赏没作战的士兵;国家太平时崇尚德行,战乱时则奖赏有功劳、有才能的人。

【鉴赏】用人应当德才兼备,德才一定要重视事功,因为在推动社会进步、历史发展的事业中作出贡献本身就是一种德行。

明主立政,有功者不得不赏,有能者不得不官,劳大者其禄厚……能治众者其官大。

【语出】《史记·范雎蔡泽列传》。

【通讲】英明君主治政的原则是,有功劳的人不应当不给奖赏,有才能的人不应当不给官职,功劳大的俸禄多,能治理民众的官职大。

【鉴赏】贤者上,有功者赏,这是治政者必须做到的。

若有作奸犯科及为忠善者,宜付有司,论其刑赏,以昭陛下平明之理;不宜偏私,使内外异法也。

【语出】三国蜀·诸葛亮《前出师表》。

【通讲】奸:奸邪;坏事。科:法令;条文。昭:彰明;显扬。平明:公平明察。假若有做坏事、违反法令或尽忠行善的,应该交付官府,论其功罪进行处罚或奖赏,以显示朝廷的公平明察。不应当偏袒私心,使宫廷和相府的法制有所区别。

【鉴赏】执政者要严明赏罚,以显示政府的公平明察,不应当有偏袒私心,使法制有所不同。

赏必加于有功,刑必断于有罪。

【语出】《战国策·秦策三》。

【通讲】赏赐一定是给有功的人,刑罚一定是判给有罪的人。

【鉴赏】战国时期,魏国智士范雎在魏国受到折辱,难以立足,他跟随秦昭王的亲信王稽来到秦国,给秦昭王写了一封信。信中说英明的君主"赏必加于有功,刑必断于有罪",他认为自己有才干,有益于治道,希望秦王对他量才录用。秦王看了这封自荐信后很高兴,召见范雎。扬善惩恶,赏罚分明。有功必赏,才能勉励能干的人努力工作;有罪必罚,才能惩戒罪恶的人不敢妄为。奖善与惩恶,是一个问题的两个方面,二者只有结合起来无所偏颇,才能实现社会稳定和国家的安定,收到最好的社会效果。

赏当贤,罚当暴。不杀不辜,不失有罪。

【语出】《墨子·尚同中》。

【通讲】辜:罪过。奖赏应给予德行相当的人,惩罚应给予罪恶相当的人。不错杀一个无罪的人,也不放过一个有罪的人。

【鉴赏】这是当今法治社会必须遵行的法则,有法必依,执法必严,促进社会文明进步。

赏罚不明,百事不成;赏罚若明,四方可行。

【语出】明·冯梦龙《东周列国志》第四十二回。

【通讲】赏罚不明,做什么事都不能成功;赏罚分明,到哪都能行得通。

【鉴赏】正确的赏罚,对人事工作是非常重要的。

赏罚之任,视乎权位,有得行者有不得行。至于维持是非之公,则吾辈皆有不可辞之责,顾亭林先生所谓匹夫,与有责焉者也。

【语出】《曾胡治兵语录·公明》。

【通讲】赏罚这种事,要根据自己权力地位的大小高低而定,有的行得通,有的行不通。至于维护是非的公正裁决,则是我们不可推卸的责任,正如顾炎武所说的“保天下者,匹夫之贱与有责焉耳矣”。

【鉴赏】赏罚分明,出于公心。

赏莫如厚,使民利之;誉莫如美,使民荣之;诛莫如重,使民畏之;毁莫如恶,使民耻之。

【语出】《韩非子·八经》。

【通讲】赏:奖励;奖赏。誉:赞扬;赞誉。毁:诋毁;贬低。既然要给予奖赏,不如给予丰厚的赏赐,使民众感到利益很大;既然要给予赞扬,不如大力地宣传赞美,使民众感觉非常光荣;既然要进行惩罚,不如予以重惩,令民众感到惧怕;既然要进行叱责,不如使其程度更为厉害,令民众感到羞惭。

【鉴赏】韩非认为,为政者必须赏罚分明、善恶分明。奖赏和惩罚在小到单位、大到国家中都扮演着重要的角色。人人心中都有一杆秤,好坏善恶能分清。该奖励时就应当给予奖励,该批评时就应该给予批评。这样才能服众,才能把制度更好地推行下去。

赏善而不罚恶,则乱;罚恶而不赏善,亦乱。

【语出】唐·元结《辩惑》下篇。

【通讲】只奖赏好的而不惩罚坏的,就没有规矩;只惩罚坏的而不奖赏好的,也没有规矩。

【鉴赏】赏罚分明恰当,是治理国家的重要法则。

赏重而信,罚痛而必,群臣畏劝,竞思其职。

【语出】汉·王符《潜夫论·三式》。

【通讲】奖赏丰厚一定要兑现,惩罚残酷一定要坚决执行,这样上下官吏就会更加谨慎努力,积极考虑自己的职责。

【鉴赏】奖罚分明,是人事工作的重要原则,唯有这样,才能调动人们的积极性,把工作搞好。

圣人不敢以亲戚之恩而废刑罚，不敢以怨仇之忿而废庆赏。

【语出】三国魏·徐幹《中论·赏罚》。

【通讲】对从不敢因亲戚的私情而废除国家的刑罚，也不敢以怨仇的私愤而不履行该给予的嘉奖和赏赐。

【鉴赏】公平合理的赏罚，就是撇开亲情和恩怨等外在因素，以法律为准绳。以公心灭私情，民众才会心悦诚服；在法治社会，更强调公民在法律面前一律平等，而不可徇私枉法，以一己之私乱国家之大计。

圣王为政，赏不避仇雠，诛不择骨肉。

【语出】《汉书·东方朔传》。

【通讲】圣明的君王施政，该奖赏的哪怕有私仇也不回避，该惩罚的即便是亲人也不袒护。

【鉴赏】执政必须公平正义。

世之治乱，在赏当其功，罚当其罪，即无不治。

【语出】《宋史·宋琪传》。

【通讲】人世间治理得好坏，在于有功的人能得到应得的奖赏，有罪的人受到应受的惩罚，赏罚得当，没有治理不好的。

【鉴赏】赏罚得当，是社会治理好的关键。

威德更兴，文武迭用。

【语出】《后汉书·桓谭传》。

【通讲】威刑与德治交替兴起，文武两手同时使用。

【鉴赏】威刑与德惠，二者相互依赖、相互补充。所以单纯凭借威刑而没有德惠，那就没法进行教化；而只靠德惠而没有威刑，人民就不怕死，就没法控制他们。

为政者，不赏私劳，不罚私怨。

【语出】《左传·昭公五年》。

【通讲】掌握政权的人，不奖赏对自己个人有功劳的人，不惩罚对自己个人有怨恨的人。

【鉴赏】为政者出于公心，这是基本的修养。

言赏则不与，言罚则不行，赏罚不信，故民不死也。

【语出】《战国策·秦策一》。

【通讲】说要奖赏却不兑现，说要处罚又不执行，赏罚都不守信用，所以百姓不愿为国家卖命。

【鉴赏】赏罚之本，在于劝善惩恶。赏之愈亟，功效愈速；罚之愈公，惩效愈明；赏罚不明，则万事不成。该赏的不能兑现，该罚的不进行惩处，都会丧失百姓信任。

用赏贵信，用刑贵正。

【语出】《鬼谷子·符言》。

【通讲】进行奖赏，重要的是要恪守诺言；使用刑罚，关键是要公正。

【鉴赏】守信、公正，是社会活动的重要原则。

有功而不赏，则善不劝；有过而不诛，则恶不惧。

【语出】汉·刘向《说苑·政理》。

【通讲】有功劳而不奖赏，好人就得不到鼓励、促进；有过错而不惩罚，恶人就不害怕。

【鉴赏】赏罚必须分明、严格。

正言不赏，妄言不罚，则谗佞终不去矣。

【语出】宋·宋祁《直言对》。

【通讲】对忠诚正直的话不加奖励，对邪僻虚妄的话不加惩治，恶意诬告、谄媚讨好的人就始终去除不掉。

【鉴赏】要形成系统规范的进言渠道，要营造良好的批评与自我批评的社会风气。

治国有二柄：一曰赏，二曰罚。

【语出】晋·傅玄《傅子·治体》。

【通讲】治理国家有两条最要紧:一为奖赏,二为惩戒。

【鉴赏】如果对有功的人不给以奖励,做好事的人便觉得没有希望;要是对奸邪之徒不给予惩治,做坏事的人就会愈加疯狂。因此要有赏有罚,才会调动人的积极性,把国家治理好。

至赏不费,至刑不滥。

【语出】《淮南子·氾论训》。

【通讲】恰当的奖赏,花费不多就可收到鼓励的效果;恰当的刑罚,不必大量使用就会制止犯罪。

【鉴赏】奖励和惩罚,不在于滥施,而在于得当。

至治之国,有赏罚而无喜怒。

【语出】《韩非子·用人》。

【通讲】至:至极。治理得很好的国家,只有功过相当的赏罚,没有凭个人一时高兴或愤怒而不恰当的奖惩。

【鉴赏】赏罚分明而有法度,是一个国家能够令行禁止的重要原因。那种凭个人一时喜怒滥施赏罚的作风,势必导致国家不治。

罪疑惟轻,功疑惟重。

【语出】《尚书·大禹谟》。

【通讲】罪大还是罪小难以断定时,按小罪处罚,功大还是功小难以判断时,按大功行赏。

【鉴赏】重赏轻罚,可以鼓励人们积极向上的精神,有利社会进步。

4 除恶

流言，灭之；货色，远之。

【语出】《荀子·大略》。

【通讲】流言蜚语，要扑灭它；财物、女色，要远离它。

【鉴赏】流言蜚语不说也不听，不义之财不能取，贪恋女色不可为。要做一个正直有道德的人。

赏者，国之危疾，不治必亡……然则治党之道无他，在绝其缘而已。绝其缘，则邪党不伐而自破，正党不解而自散。

【语出】清·唐甄《潜书·除党》。

【通讲】拉帮结派是给国家带来的危险疾病，不医治它，国家必定会灭亡……既然如此，那么治理帮派的方法没有别的，就在于断绝他们彼此间的联系，那么邪恶的帮派不攻自破，正当的帮派也不解自散。

【鉴赏】结党营私是国家的一大祸患。我们应该认真解决这个问题，唐甄的说法很值得借鉴。

手提三尺龙泉剑，不斩奸邪誓不休。

【语出】明·施耐庵《水浒传》第七十二回。

【通讲】龙泉：剑名。手握三尺龙泉宝剑，不把奸邪斩尽杀绝誓不甘休。

【鉴赏】表现了与奸邪势不两立的坚决态度。

5 守　法

故凡举事必循法以动，变法者因时而化。

【语出】《吕氏春秋·察今》。

【通讲】因此，做所有事情都要遵循法律，变法，则要根据时代的变化而变化。

【鉴赏】社会、国家必须依法而治，法又适应时代的变化而变化。

君子不为无益之事，不履辱身之行。

【语出】汉·王充《论衡·知实》。

【通讲】君子不做没有好处的事情，不走使自己受辱的路。

【鉴赏】人生路上步步要走好，不要去做违法的事情。

人无法则伥伥然，有法而无志其义，则渠渠然，依乎法而又深其类，然后温温然。

【语出】《荀子·修身》。

【通讲】伥(chàng)伥然：形容狂妄的样子。志：同“识”，知。渠渠然：惶窘不安的样子。温温然：得心应手的样子。人没有法度，行为便很狂妄；有法度而不理解它的道理，心情就惶窘不安；依从法度而又能深明事理，精通各类，然后才得心应手。

【鉴赏】法度是极其重要的，对人起着指导、制约作用。要使人知法、依法、遵法。

天下从事者，不可以无法仪；无法仪而其事能成者无有也。

【语出】《墨子·法仪》。

【通讲】法仪：法度；准则。人们要做什么事情，不能够没有法度和准则；没有法度和准则而能做成事情的一个也没有啊。

【鉴赏】告诫人们做任何事情都要遵循一定的法度与准则。

先人有则而我弗亏，行有枉径而我弗随。

【语出】《后汉书·崔骃传》。

【通讲】祖先有好的规范我是不会违反的，在人生的道路上我是不会跟着别人去走歪门邪道的。

【鉴赏】继承祖先好的东西，舍弃不好的东西，才能走好自己的路。

心合于道，说合于心。

【语出】《荀子·正名》。

【通讲】内心要符合道义，说话要符合内心。

【鉴赏】考虑问题要符合道义情理，说话要发自内心情感。

言无二贵，法不两适，故言行而不轨于法令者必禁。

【语出】《韩非子·问辩》。

【通讲】除了(君主的)命令之外，没有第二种尊贵的话语，国家的法律条令不可同时迎合公私双方，所以话语和行动不符合乎法律条令的必须禁止。

【鉴赏】法律是处理政治事务的最高准则，言辞行事都应当符合法律这一准则。法律的权威性由此可见一斑。没有法律，没有法治，社会就丧失了稳定性和秩序性，人民就得不到应有的保障。

6 遵　纪

夫事以密成，语以泄败，未必其身泄之也；而语及所匿之事，如此者身危。

【语出】《韩非子·说难》。

【通讲】事情由于保守机密而获得成功，话语因为泄露机密而导致失败，未必是说话者本人泄露机密；而谈话时涉及隐蔽的事情的话，就会处于危险之中。

【鉴赏】这说明了保密的重要性，对我们现今如何对待机密之事有一定的借鉴意义。一个睿智的人，应当明白什么话可以说，什么话不能说。特别涉及重大政治经济决策、军事科技机密的时候，应当慎之又慎。一旦泄密，就可能给国家和个人带来巨大的损害。

人有耻，则能有所不为。

【语出】宋·朱熹《朱子语类》卷十三。

【通讲】有羞耻心的人，就知道哪些事是不能做的。

【鉴赏】为人有羞耻之心，就会遵纪守法。

四

经济

1 农　事

谷贵饿农，谷贱伤农。

【语出】《新五代史·冯道传》。

【通讲】（灾荒之年）粮食太贵，农民将会受饿；（丰收之年）粮食太贱，又会影响农民的收入。

【鉴赏】这实际上是历代的一个老问题。处理好这个问题，在今天仍有其现实意义。

农人不饥，而天下肥；蚕妇不寒，而天下安。

【语出】唐·刘轲《农夫祷》。

【通讲】种田人不挨饿，国家就富裕；养蚕的妇女不受冻，国家就安定。

【鉴赏】搞好农桑，就会国富民安。

农，天下之大本，民所恃以生也。

【语出】《汉书·文帝纪》。

【通讲】恃：依赖；倚仗。农业是天下的根本，是百姓赖以生存的衣食来源。

【鉴赏】自古以来，农业一直都是国家的根本基础。汉文帝很注重发展农业，全国呈现出一派祥和繁荣的景象，为日后的“文景之治”奠定了基础。当今，仍然要把大力发展农业这一基本国策放在一等一的位置上来。

贫生于不足，不足生于不农，不农则不地著，不地著则离乡轻家。

【语出】汉·晁错《论贵粟疏》。

【通讲】著：附着；固定。地著：定居在一个地方。贫穷产生于物资不足，物资不足产生于不发展农业，不发展农业，农民就不能在农村定居，不定居就会轻易地离开家乡。

【鉴赏】深情表现出对农民生活窘困、大量流亡的忧虑。

无麦无禾，岁且荐饥，狱讼繁兴而盗贼滋炽。

【语出】宋·苏轼《喜雨亭记》。

【通讲】荐：通“洊”，接连。炽：盛。没有麦子和谷子，就会接连出现饥荒，诉讼与偷盗之事也会频繁出现。

【鉴赏】应该重视农事、关心农事。

无农则无食，无工则无用，无商则不给，三者缺一，则人莫能生也。

【语出】清·包世臣《说储》上篇。

【通讲】没有农业人们就没有饭吃，没有工业就没有器用，没有商业就没有供给。三者缺一，人们就不能正常地生活。

【鉴赏】农、工、商三者对于国计民生具有十分重要的作用，不能只搞单一的生产部门。有关国计民生的生产，都要重视其社会作用，进行统筹规划。

五谷者，万民之命，国之重宝。

【语出】北朝魏·贾思勰《齐民要术·杂说》。

【通讲】粮食是人民的生命，是国家的重要宝贝。

【鉴赏】民以食为天，务必确保粮食安全。

务民于农桑，薄赋敛，广畜积，以实仓廪，备水旱。

【语出】汉·晁错《论贵粟疏》。

【通讲】务：使……致力。薄：减轻。广：增加。使人民致力于农桑，减轻田赋捐税，多多地积蓄粮食，使粮仓充实，防备水旱之灾。

【鉴赏】执政者要重视农业生产。

乡村四月闲人少，才了蚕桑又插田。

【语出】宋·翁卷《乡村四月》。

【通讲】乡村四月没有人闲着,刚刚结束了蚕桑的事又要忙着插秧了。

【鉴赏】这是一首写四月乡村风光与农事的诗。采桑养蚕和插秧种稻是关系衣食的两大农事,家家户户都投入繁忙的劳作中。“才”与“又”两字,不言“忙”而“忙”自见。乡村的忙碌预示了丰收的年景。

欲民务农,在于贵粟。

【语出】汉·晁错《论贵粟疏》。

【通讲】贵:重视。要百姓从事农业生产,就要重视粮食。

【鉴赏】说明手中有粮、心中不慌的道理。

终岁勤勤,俯事俯离,服田力穑,不避寒燠。水旱者,造化之不常,良农不因是而辍耕;稼穑者,勤劳之所有,厥子乃不知于父母。农之家一,而食粟家六,苟惰农不昏于作劳,则家不给而人不足,噫,可不忍欤!

【语出】元·吴亮、许名奎《劝忍百箴·为农之忍》。

【通讲】燠(yù):暖;热。一年到头勤苦辛劳,奋力耕作,整治田土,种植庄稼不避寒冷和炎热。水旱灾害,是大自然的异常现象,好农民不因此而停止耕作;耕种庄稼,是勤劳之人的本分,其子孙却不知父母的艰难。一个农民之家耕种的粟黍,却有六家人来食用。如果农民懒惰,不努力耕作,家用就不会充裕,人们就不会富足。唉,怎么能不忍呢!

【鉴赏】赞扬农民的伟大贡献。农夫不怕寒暑,多事耕种,秋天才能收获庄稼。勤劳的农民不因为旱涝就不耕种田地。如果贪图安逸,不在田地里勤劳耕种,到了秋天就无法收获粮食。这样一定不会给家里带来花销,也无法奉养别人。

2 经　营

百里不贩樵，千里不贩籴。

【语出】《史记·货殖列传》。

【通讲】樵：柴。籴：买进(粮食)为籴，卖出(粮食)为粜，此处作粮食解。不到百里之外去贩运薪柴，不到千里之外去贩运粮食。

【鉴赏】买卖货物不能舍近求远，力争降低经营成本。这个现代经济范畴的概念在中国古代就已提出，更值得我们好好借鉴。

簿书齐整明白，吏无所容奸，则奸民惧而弊事理，良民下户畏事之人，不复被扰矣。

【语出】宋·陆九渊《与苏宰书》。

【通讲】财物簿册报表如果整理明白，办事人员就不能作弊，奸刁的人就会害怕，而原来有弊病的事就能理清，善良的贫民和怕事的人，就不会再被干扰了。

【鉴赏】簿书记录非常重要，在古代有保护善良百姓的作用，在现代可以保证管理系统合理有效。

财币欲其行如流水。

【语出】《史记·货殖列传》。

【通讲】财货钱币周转要使它如同流水一般。

【鉴赏】货币需要管理和流通。

财计为国之大命。

【语出】清·严复《原富·按语》。

【通讲】有关财政的大计方针是国家命脉之所在。

【鉴赏】管理好财用，才能使国家富强，这是立国之根本。

财者，为国之命，而万事之本。国之所以存亡，事之所以成败，常必由之。

【语出】宋·苏辙《上皇帝书》。

【通讲】经济，是国家的命脉，万事的根本。国家之所以存在或消亡，事情之所以成功或失败，往往是由于富裕或贫穷造成的。

【鉴赏】抓经济，是任何国家都要注意的。

城中寸土如寸金。

【语出】宋·僧清顺《十竹》。

【通讲】都市里的土地很贵，寸土有如寸金。

【鉴赏】寸土寸金，要爱惜土地，正确使用土地。

富国之本，在于食货。

【语出】《晋书·食货志》。

【通讲】食货:经济。国家富强的根本问题，在于发展经济。

【鉴赏】经济是国家的命脉，务必重视。

厚利非我利，轻财是吾财。

【语出】清·吴中孚《商贾要览》卷一。

【通讲】经商，如果贪图重利，则难以长久，终有一天会折本；如果薄利轻财，则生意旺盛而长久。

【鉴赏】经营生计，并不是说要汲汲于追求财利，而是要善于运筹。

货有高低三等价，客无远近一般看。

【语出】明·吴承恩《西游记》第八十四回。

【通讲】货物可以按等级定价，对顾客不论亲疏都要一视同仁。

【鉴赏】做生意要一视同仁，不欺老少。

积著之理:务完物、无息币；以物相贸，易腐败而食之货勿留；无敢居贵。

【语出】《史记·货殖列传》。

【通讲】经商获取盈利的原则是:努力提高商品的质量,决不让货币资金在流通中停顿下来;在商品交换中,不要留存容易变质而招致损失的货物,不要过分贪求高昂的价格。

【鉴赏】商品质量、资金利用和合理利润,这对我们今天的商业经营仍有指导意义。

君子以德,小人以力,力者德之役也。百姓之力,待之而后功;百姓之群,待之而后和;百姓之财,待之而后聚。

【语出】《荀子·富国》。

【通讲】领导者做事凭借正确的管理方法,体力劳动者做事凭借体力,直接生产者要服从领导者的管理。百姓的生产劳动,要在领导者正确的指导下才得以产生效益;百姓的群体,要在领导者的协调下才得以和谐;百姓的财物,要在领导者的调节下才得以集聚。

【鉴赏】领导者的脑力劳动具有组织、指挥生产的功能,它和直接生产者的体力劳动都是社会生产所必需的。双方的分工合作乃是生财和聚财的必要条件。

论其有余不足,则知贵贱。贵上极则反贱,贱下极则反贵。贵出如粪土,贱取如珠玉。

【语出】《史记·货殖列传》。

【通讲】只要看商品是多余还是缺少,就能预见它的价格高低。价格上涨到极点就会下跌,下跌到极点就会上涨。价格高时要把商品像粪土一样毫不吝惜地抛售出去,而价格低时则要当珠宝一样快买回来。

【鉴赏】说明了物价涨落的某些规律以及商业经营者根据这些规律应采取的措施。

农商为国根本,民之命脉也。

【语出】明·朱国桢《涌幢小品》卷二。

【通讲】农业、商业都是国家的根本大计,是人民生活的命脉。

【鉴赏】要发展商品经济,使有无互通、货物畅流,对农业和商业同等对待,协调发展。

千卖万卖,折本不卖。

【语出】清·王有光《吴下谚联》卷二。

【通讲】折本:亏损本钱。出售货物时价钱无论怎么开,就是不能亏了本钱。

【鉴赏】做生意的原则是不折本。

然则商非自通也。孳殖于农,而裁制于工,已则转之。

【语出】清·章炳麟《书·明农》。

【通讲】商品流通不是单纯自生自灭的,必须是来源于农业生产或工业制造,方可产生商品,商业本身的任务则是将这些产品流通开来。

【鉴赏】在经营中,产、供、销是有机结合的整体,产是基本,销是在产的基础上发展的。把流通扩展到企业的生产与经营,全面合理地规划了经营的重点与轻重缓急。

日中为市,致天下之民,聚天下之货,交易而退,各得其所。

【语出】《周易·系辞下》。

【通讲】组织一个集市,招来各方的老百姓,汇聚各地的物产,交换买卖后各归其地,各人都得到了自己想要的东西。

【鉴赏】这里论述了集市的组织、实质及功用。这对今天仍有借鉴的意义。

若劝农以土化,考工以机器,讲求商学,募兴新艺,通达道路,精治畜牧,官天府地,财富可冠五洲。

【语出】清·康有为《殿试策》。

【通讲】如果鼓励农民从事耕作,研究在工业中使用机器,讲求商业经营的学问,招募振兴新的技术,开通道路到各地方,精心管理畜牧业,管理好一切自然资源,中国的财富可超过五洲任何一个国家。

【鉴赏】提出经济建设使国家富强的看法,值得借鉴。

商有利亦有害。懋迁有无以流通天下，此利也。为商之人，必多巧枉，聚商之处，俗必淫靡，此害也。

【语出】清·李塨《平书订·财用下》。

【通讲】商业活动有利也有害，通过贸易使商品流通天下，这是利。但经商者往往精明奸诈，经商者聚集的地方，风气一定淫荡奢靡，这是害。

【鉴赏】商业的发展会带来一些负面影响。要利用法律、道德等手段，确保商业活动的健康发展。

生财有大道，生之者众，食之者寡，为之者疾，用之者舒，则财恒足矣。

【语出】《大学》。

【通讲】道：规律。生：生产。食之者：坐食俸禄不干活的人。为：创造。疾：迅速。舒：舒缓。财：物资货财。恒：时常；长久。创造财富有个大原则：生产的人多，消费的人少，创造得迅速，使用得舒缓，这样国家财富就可以经常保持充足。

【鉴赏】这段以蓄积财富的普遍规律说明治国之理和修养个人仁德。在上者有仁德修养，能谨慎持守，不受私欲诱惑，推己及人，自然会得到人民的拥戴而保有土地、拥有土地，人民又乐于耕作，不言而喻，财物必然富足。加之为君上者能知人善任，摒弃只会坐食俸禄、不会办事的鄙薄小人。这样，有贤德的人大公无私，能造福人民，创造财富迅速，用度节约，国库就会财富蓄积。当然，为了财富置道德廉耻于不顾，那便是不义之财，不义之财来得容易、失得快。

使国家足用，而财物不屈。

【语出】《荀子·王制》。

【通讲】屈：竭；穷尽。要把国家治理好，最重要的是发展经济，使国家财物富足。

【鉴赏】发展经济，是国家的命脉。

天下无所谓侈靡也，适其时之所尚，而无匮其地力人力之所生，则是已。

【语出】清·章炳麟《读〈管子〉书后》。

【通讲】天下没有什么侈靡不侈靡的，只要适合时代风尚，并且不使地力和劳动力耗费光，就不算是侈靡。

【鉴赏】消费是衡量社会生产提高与否的尺度。适当地提倡消费是有利于刺激经济发展的。刺激消费并不等于提倡超前的高消费。

畋不掩群，不取麛夭，不涸泽而渔，不焚林而猎。

【语出】《淮南子·主术训》。

【通讲】畋(tián)：打猎。掩：尽。麛(mí)：幼鹿。涸：竭；尽。打猎不捕杀整群的鸟兽，不捕杀幼兽，不把池塘里的水弄干捕鱼，不焚烧树林来打猎。

【鉴赏】要提倡环保，保护生态平衡。竭泽而渔，会造成许多灾难性的后果。同时，对人民也要轻徭薄赋，不要横征暴敛，要与民生息，这是治国的方略。

通商而出口货溢于进口者利，通商而出口货等于进口者亦利，通商而进口货溢于出口者不利。

【语出】清·马建忠《适可斋记言·富民说》。

【通讲】对外贸易中出口货多于进口货对国家是有利的，对外贸易中出口货等于进口货对国家也有利，对外贸易中进口货多于出口货对国家不利。

【鉴赏】这是对外贸顺差、逆差的看法，这对今天仍有借鉴意义。

物贱则伤农，钱轻则伤贾。故善为国者，观物之贵贱，钱之轻重。

【语出】《旧唐书·食货志上》。

【通讲】轻重：中国经济思想史上的重要概念，指商品和货币的价格标准之间的比例关系。农产品价低则损害农民，铜钱的含铜量太少则损伤商人。所以,善于管理国家经济的人应重视调节物价高低和钱币轻重。

【鉴赏】古代的经济思想对我们今天仍有参考价值。

勿营华屋,勿谋良田。

【语出】明·朱用纯《朱子家训》。

【通讲】营:建造;营造。华屋:豪华的房屋。谋:暗中计划。不要建造豪华的房屋,不要谋划良田。

【鉴赏】不要经营家业太多太好,能过日子就好。

政在节财。

【语出】《史记·孔子世家》。

【通讲】为政最要紧的是节制财力。

【鉴赏】没有财力,国家就难以维持,要爱惜财力,而不要滥用。

坐吃山空,立吃地陷。

【语出】元·秦简夫《东堂老》第一折。

【通讲】不从事生产只消费,金山银山也会被吃空,大地也会被吃得陷下去。

【鉴赏】不生产只消费后果严重。

3 富　民

必有生财之方而后赋税可得而收也。

【语出】清·顾炎武《日知录·财用》。

【通讲】必须先有增长财富的方法,然后才可望收得赋税。

【鉴赏】财税之要务是增长人民的财富。

谷足食多,礼义之心生;礼丰义重,平安之基立。

【语出】汉·王充《论衡·治期》。

【通讲】粮食充足,人们就会产生礼义之心;礼义隆重,社会就能奠定平安的基础。

【鉴赏】物质文明是精神文明的基础。

国计民生,当务之急也。

【语出】清·林则徐《畿辅水利议总序》。

【通讲】国家经济和人民生活是当前急需解决的大事。

【鉴赏】国家经济发展,人民生活水平提高,是治国理政的根本。

国以民为基,民以财为本。

【语出】《金史·高汝砺传》。

【通讲】国家以老百姓为基础,民众以财产为根本。

【鉴赏】财政是国家的根本。

善藏者,藏于百姓。

【语出】《晋书·慕容皝载记》。

【通讲】善于保藏财富的君主,是把财富藏在广大人民之中。

【鉴赏】只有人民富足,国家的财富来源才有深厚的基础。赋税太重,民穷则国弱。

善为国者，必先富民，然后治之。

【语出】《管子·治国》。

【通讲】善于治理国家的人，必须首先使人民富裕起来，然后才能治理好国家。

【鉴赏】大凡治国的道理，一定要先使人民富裕。人民富裕就会容易治理，人民贫穷就难以治理。

善为国者，藏之于民。

【语出】《三国志·魏志·赵俨传》。

【通讲】善于治理国家的人，将财富储藏在百姓之中。

【鉴赏】藏富于民，是治国的良策，民富则国强。

善为国者，移谋身之心而谋国，移富国之术而富民。

【语出】《慎子·逸文》。

【通讲】为国者：掌握国政的人。谋身之心：为自身打算的思想。谋国：为国家利益而谋划。富国：使国家富有。善于治国的人把为自身利益打算的思想转移到为国家利益着想上，把使国家富足的方法转用于使百姓富足上。

【鉴赏】对于为国者来说，富民高于一切确是最根本，也是最难的。

圣王在上而民不冻饥者，非能耕而食之、织而衣之也，为开其资财之道也。

【语出】汉·晁错《论贵粟疏》。

【通讲】圣明的帝王在位，百姓就不会受冻挨饿，这并不是帝王能够种粮食给他们吃、织布给他们穿，而是能够给他们开辟增长物质财富的途径。

【鉴赏】治国理政之道在于给老百姓提供发展生产、增加财富的正确道路和可行方法。

天下之乱本于饥。

【语出】《新唐书·李勣传》。

【通讲】天下祸乱的根本在于饥荒。

【鉴赏】治理国家要把经济搞上去,民富可以使国家安定。

欲富而家,先富而国。

【语出】《韩非子·外储说右下》。

【通讲】而:尔;你。要想使你的家富有,必须先使你的国富有。

【鉴赏】有国才有家,国家富强,人民才会幸福。

欲强国先富国,欲富国先富民。

【语出】清·郑观应《致梁纶卿书》。

【通讲】要使国家强大起来就必须先让国家富庶起来,要使国家富庶起来就必须先让百姓富裕起来。

【鉴赏】国强必有赖于国富,而富国必先富民。

足国之道,节用裕民,而善臧其余。节用以礼,裕民以政。彼裕民故多余,裕民则民富,民富则田肥以易,田肥以易,则出实百倍。

【语出】《荀子·富国》。

【通讲】足:富。裕:富裕。臧:同"藏"。使国家富足的途径是:节约用度,使人民富裕,而且善于储藏盈余。按照规定节约用度,以恰当的管理措施使民众富裕。实行了使民众富裕的管理方法,人民就会富裕,物资就有盈余,民众富了,土地就肥沃,而且能耕种好,粮食生产就成倍增加。

【鉴赏】这段话论述了使国家富足的方法。国家的富足和民众的富裕,一在于节用,二在于管理措施得当。

4 技　艺

积财千万，不如薄技在身。

【语出】北朝齐·颜之推《颜氏家训·勉学》。

【通讲】积财再多，总有用完之时，还不如自己有一门小手艺。

【鉴赏】小手艺在身，可以永远创造财富。财富再多，也会坐吃山空。

技无大小，贵在能精。

【语出】清·李渔《闲情偶寄·结构》。

【通讲】人所掌握的技能不在于大小，关键在于能够精通。

【鉴赏】技艺精通，吃遍天下。

良弓之子，必先为箕；良冶之子，必先为裘。

【语出】《列子·汤问》。

【通讲】手艺高明的工匠的独生子，必须先从编织竹器开始学习；善于冶炼的工匠的儿子，必须从连缀皮裘开始训练。

【鉴赏】学习必须打好基础，要从基本知识和基本技能的训练开始，不要好高骛远，不能一蹴而就。

鸳鸯绣了从教看，莫把金针度与人。

【语出】金·元好问《论诗三首》。

【通讲】鸳鸯绣好任凭看，牵针引线的秘法难于告诉别人。

【鉴赏】写作，除了做人和勤学苦读之外，也需要技巧——金针。但写作技巧只能意会，却难以言传。

5 积　贮

不测之渊起于汀滢，陶朱之资必积百千。

【语出】晋·葛洪《抱朴子·极言》。

【通讲】汀滢：水清浅的样子。陶朱：春秋时越国范蠡极富，称陶朱公。资：财富。百千：百钱千钱，言其少。深不可测的深渊，一定是由清浅的小水坑变成的；陶朱公的万贯家财，一定是从百钱千钱积攒起来的。

【鉴赏】财物不是一举而得的，要一步步积累才行。比喻积少成多。

不忧年俭，但忧廪空。

【语出】明·陈子壮《昭代经济言》卷十二。

【通讲】年俭：粮食歉收。廪：粮仓。不愁一年粮食歉收，愁的是粮仓空虚。

【鉴赏】说明贮存粮食的重要性。

仓无备粟，不可以待凶饥。

【语出】《墨子·七患》。

【通讲】仓库里没有多余的粮食，就无法对付荒年暴月。

【鉴赏】积存储备财物是天下的大事。

丰财者政事之本，而节用者又丰财之本也。

【语出】《宋史·洪拟传》。

【通讲】充实财富是政事的根本，而节约省用又是充实财富的根本。

【鉴赏】要提倡节俭，反对浪费，这是增长财富、使国家富强的重要措施。

夫地力之生物有大数，人力之成物有大限。取之有度，用之有节，则常足；取之无度，用之无节，则常不足。

【语出】唐·陆贽《均节赋税恤百姓六条·请两税以布帛为额不计

钱数》。

【通讲】土地上生产的财物有一个大致的数目,人们生产产品也有一个大致的限度。征取有一定的限度,使用财富有一定的节制,那么财富就经常充足;征取没有限度,使用财富没有节制,那么财用就经常缺乏。

【鉴赏】要有计划而适当地利用物力人力因素,使之不因一时的利益而失尽潜力,避免竭泽而渔、杀鸡取卵的做法。鼓励量入为出、细水长流。

积于不涸之仓者,务五谷也。

【语出】《管子·牧民》。

【通讲】积:积粮。不涸:不枯竭。务:努力从事。只要努力从事粮食生产,粮仓里的粮食就会取之不尽。

【鉴赏】说明了积蓄粮食的办法。

积贮者,天下之大命也。苟粟多而财有余,何为而不成?以攻则取,以守则固,以战则胜。

【语出】汉·贾谊《论积贮疏》。

【通讲】大命:命脉。粮食储备,是国家的命脉。如果粮食多而财赋充足,还有什么办不成的?用它来进攻就可以获取,用它来防御则可以坚守,用它来作战就能够胜利。

【鉴赏】论述了国家要重视粮食储备的道理。

节用储蓄,以备凶灾。

【语出】《后汉书·章帝纪》。

【通讲】凶:荒年。要注意节俭与储蓄,以防天灾人祸。

【鉴赏】储粮防灾是理政的要务。

三年耕必有一年之食,九年耕必有三年之食。

【语出】《礼记·王制》。

【通讲】三年耕种一定要有一年的储备粮,九年耕种一定要有三年的储备粮。

【鉴赏】说明重视农业与粮食贮备的重要性。

生之有时,而用之亡度,则物力必屈。古之治天下,至纤至悉也,故其畜积足恃。

【语出】《汉书·食货志》。

【通讲】物资的生产有时限,而使用起来没有限制的话,物力必然枯竭。古代治理天下者,非常谨慎,注意节俭细小物品,所以他们的物资储备足以维持正常所用。

【鉴赏】生产是受限制的,消费却没有限度,这样东西必然短缺,因此,储备和节俭在维持社会生活正常秩序中有非常重大的作用。人们应该力戒奢侈和浪费。善于治国的人,总是能够做到计划生产、节制消费,以保证国家始终有较充足的物资储备。

图匮于丰,防俭于逸。

【语出】晋·潘岳《藉田赋》。

【通讲】图:谋划。匮:匮乏。在丰收之年要防备不足之时,在宽裕之时要防备贫困之日。

【鉴赏】有备无患,丰以补歉,保证群众正常生活。

先王治国,无三年之储,曰国非其国。

【语出】《三国志·吴志·华覈传》。

【通讲】古代君主治理国家,要是没有可供三年之用的钱粮储备,就认为这个国家也就不成其为国家了。

【鉴赏】国家必须有所储备,以应不时之需,这是治国之道。

源而流者岁旱不涸,蓄谷者不病凶年。

【语出】唐·柳宗元《报袁君陈秀才避师名书》。

【通讲】源头有水岁旱不枯竭,蓄积了足够粮食就不怕水灾、旱灾等凶年。

【鉴赏】只有储备足够的粮食才能抵挡各种灾祸。

6 理　　财

财不患其不得，患财得，而不能善用其财；禄不患其不来，患禄来，而不能无愧其禄。

【语出】清·王永彬《围炉夜话》。

【通讲】患：原指祸患，此处用作担忧解。钱财不担心得不到，担心的是得到钱财后不能好好地使用；官禄、福分不担心不降临，担心的是有了官禄和福分却不能无愧于心地去面对。

【鉴赏】要善用钱财，运用得好会让财富为社会、为人类的生存发展服务；运用失当反而会因财而丧命。财富是百姓辛勤创造的，俸禄是老百姓的血汗钱，所以做官就要为民做主谋福，如果做官后不理民事，甚至碌碌无为，做个昏官，那就愧对了那份俸禄。

财上分明大丈夫。

【语出】元·石君宝《秋胡戏妻》第三折。

【通讲】钱财来往清楚明白，才算大男人。

【鉴赏】男子汉在钱财交往上要光明正大、清楚明白。

凡其一赋之出，则给一事之费，费之多少，一以式法。如是，而国安财阜，非偶然也。

【语出】宋·李觏《国用第十》。

【通讲】凡有一份赋税则给予一定的费用，费用的多少要制定统一的标准。只有这样才能做到国家稳定而财富充足。这不是偶然的。

【鉴赏】量入为出是财政管理的基本原则。做到收支平衡，略有结余，以扩大再生产。

古今帝王治国理财之要，莫先于节用，盖侈用则伤财，伤财必至于害民。

【语出】《元史·张珪传》。

【通讲】古今帝王治国理财的关键，首先是节省支出，浪费则使财力受损，财力受损肯定使老百姓受苦。

【鉴赏】治国之要在于节用，管好国家的钱袋子，得益于民。

节用者，理财之本。

【语出】宋·刘荀《明本释》卷中。

【通讲】节省开支，是管理钱财的根本。

【鉴赏】管理钱财最重要的事，是把节省开支放在首位。

今天下理财之急务，在乎节浮开流，革奢崇俭，所以富国而足民者，其大要不外于此。盖此乃本也，而其余则末也。

【语出】清·王韬《园文录外编·理财》。

【通讲】目前为国理财的当务之急在于节浮开流，革奢崇俭，国家富强、人民安康的关键不外乎此。节浮开流、革奢崇俭是富强的根本，其他都是枝节问题。

【鉴赏】中国应裁减员工，裁汰政府冗员，清除军费冒支以节约浮费；杜绝官场腐败现象，革除社会奢侈风气。

开源节流之法，为万世无弊之方。

【语出】《清史稿·柴潮生传》。

【通讲】开辟财源，节省开支，是世世代代无害的策略。

【鉴赏】理财的诀窍是开源节流。

量入以为出。

【语出】《礼记·王制》。

【通讲】要按照收入的多少，确定开支的限度。

【鉴赏】收支必须平衡，这是理财的基本原则。

善理财者如运水火焉。身在水火之外,斯收既济之功;身在水火之中,财有焚溺之患。

【语出】清·王永彬《围炉夜话》。

【通讲】既济:《易》卦名,象征着万事皆济。善于理财的人如同运用水火;置身于水火之外,才能运用自如大功告成;置身于水火之中,就有被焚烧淹溺的灾祸。

【鉴赏】理财有风险,必须谨慎对待。

务本节用财无极。

【语出】《荀子·成相》。

【通讲】一方面增加生产,努力创造财富;一方面节约开支,财富就会不断积累、极大丰富。

【鉴赏】开源节流是增加财富的最好办法。

一日之用,节之必量其所入。

【语出】宋·欧阳修《原弊》。

【通讲】一天的用度,应该节约开支,根据自己收入的情况决定支出的限度。

【鉴赏】这是持家的原则。

用度以量入为出。

【语出】宋·袁采《袁氏世范》卷二。

【通讲】用度应该根据收入的情况来决定支出。

【鉴赏】要用钱就要根据收入多少来决定,做到付出和收入相抵。

用于国有节,取于民有制。

【语出】宋·苏轼《叶嘉传》。

【通讲】国家开支要有节制,取财于民要有限度。

【鉴赏】天下的财物是有限的,国家在积聚财富时,开支方面,要节约,要体恤百姓、节制赋税。

中国地博物渊，不患无财，患无人理财。开源则谢不敏矣，节此自然之流，亦无人引为己任。陋儒动薄桑、孔，呜呼！桑、孔亦何可薄也！

【语出】清·汤寿潜《理财百策·卫田》。

【通讲】中国地大物博，不是财富少，而是没有善于理财的人来理财。要开发财源，都推辞说不能；要节约资源，也无人引为己任。浅薄的儒生动辄鄙薄善于理财的桑弘羊和孔仅。可悲啊！桑弘羊、孔仅有什么可鄙薄的呢！

【鉴赏】人不理财，财不理人。要重视理财、善于理财。

自强之道，首在理财。

【语出】清·陈虬《治平通议·变法十三》。

【通讲】要想自立于富强之林，最重要的是发展经济。

【鉴赏】要使国家富强起来，必须以经济建设为中心，大力发展生产力。

7 财 赋

夫财赋，邦国之大本，生人之喉命，天下理乱轻重皆由焉。

【语出】《旧唐书·杨炎传》。

【通讲】财政赋税是一个国家的根本所在，它之于养民犹如呼吸之于生死，天下治理得好坏、经济宏观调控能否成功都由此决定。

【鉴赏】财赋对国家是非常重要的，领导者必须给予高度重视。

理财以养民为本。

【语出】宋·朱熹《朱子语类》卷一百零八。

【通讲】理财：治理财政，包括财经制度、政策和赋税徭役等。治理财政应以养育人民为根本。

【鉴赏】国家财政经济赋税政策的制定，都应考虑老百姓，要"以养民为本"。

宁过于予民，不可过于取民。

【语出】宋·朱熹《朱子语类》卷十六。

【通讲】宁可过多地给予人民，不可过多地索取人民。

【鉴赏】当政者应当多给予人民群众，而不能过分地搜刮人民，赋税不能太重。

生财有道，理财有义，用财有法。

【语出】《宋史·徐勣传》。

【通讲】生财要讲究正道，理财要讲究合理，用财要讲究方法。

【鉴赏】这是财务管理的好办法。

天下国家之大务，莫大于恤民。而恤民之实在省赋，省赋之实在治军。若夫治军省赋以为恤民之本。

【语出】宋·朱熹《庚子应诏封事》。

【通讲】治国理政的首要大事，没有比体恤人民更重要的。而体恤人民的关键在于减省赋税，减省赋税的关键在于治理军队要节约经费开支，因此，治理军队、节省赋税是体恤人民的根本。

【鉴赏】当政者要恤民，要尽可能地减省人民群众的财赋税收的负担。

须一切从民正赋，凡所增各色，一齐除尽，民方始得脱尽。

【语出】宋·朱熹《朱子语类》卷一百十一。

【通讲】从民正赋：依从人民群众的承受能力征收赋税。正：征。要根据老百姓的负担能力来征收赋税，凡是增收的各种赋税，应全部取消，老百姓才能彻底获得解脱。

【鉴赏】强调对人民群众减免太过繁重的赋税，减轻人民群众的负担，很有意义。

五

军事

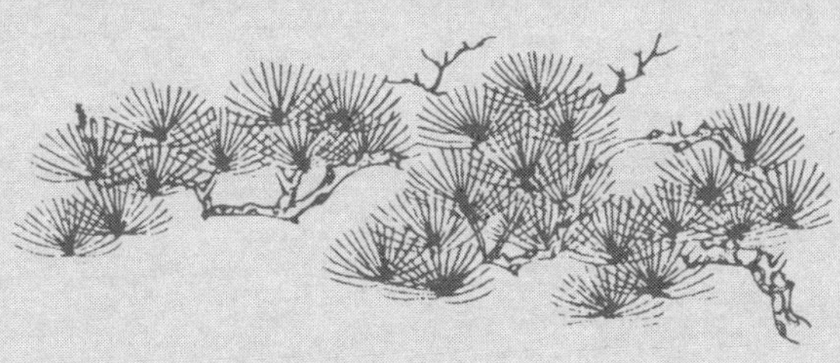

1 论　　战

百战百胜，不如不战。

【语出】明·杨柔胜《玉环记》。

【通讲】即使每战必胜，也不如不打仗好。

【鉴赏】打仗总会带来损失；即使次次打胜仗，还是不打仗为好，尽量走和平发展的道路。

兵苟义，攻伐亦可，救守亦可；兵不义，攻伐不可，救守不可。

【语出】《吕氏春秋·禁塞》。

【通讲】战争如果是正义的，那么，攻伐可以，救守也可以；战争如果是非正义的，那么，攻伐不可，救守也不可。

【鉴赏】这是对待正义战争和非正义战争的正确态度。

兵有四机：一曰气机，二曰地机，三曰事机，四曰力机。

【语出】《吴子·治兵》。

【通讲】作战的胜败关键有四：一是士气是否高昂的气机，二是地理形势是否良好的地机，三是是否善于运用间谍分化敌人的事机，四是装备是否优良的力机。

【鉴赏】要注意作战胜败的四个关键：气机、地机、事机、力机。

兵者国之大事，死生之地，存亡之道，不可不察也。

【语出】《孙子·计》。

【通讲】战争是国家大事，关系人民的生死以及国家的存亡，所以不可不慎重考虑。

【鉴赏】劝诫人们要慎战。

凡兵上义；不义，虽利勿动……夫惟义可以怒士，士以义怒，可与百战。

【语出】宋·苏洵《心术》。

【通讲】用兵之道，在于崇尚正义；不合乎正义，即使局面对自己有利也不要轻举妄动……只有正义，才能使士兵产生斗志，而士兵一旦因为正义而产生斗志，就会跟从你身经百战、出生入死。

【鉴赏】战争的正义性是极其重要的。为正义而战，士气必高，必操胜券。

夫兵不可偃也，譬之若水火然，善用之则为福，不能用之则为祸；若用药者然，得良药则活人，得恶药则死人。义兵之为天下良药也，亦大矣。

【语出】《吕氏春秋·荡兵》。

【通讲】战争是不可废止的，对待战争就如对待水和火一样，善于利用它就会造福于人，不善于利用它就会贻祸于人；又如同用药给人治病一样，用良药就能把人救活，用不好的药就会把人治死。正义的战争是治理天下的一剂事关重大的良药啊！

【鉴赏】不要怕战争，必要时，就要用正义的战争来解决所应解决的问题。

古圣王有义兵而无偃兵。兵之所自来者上矣，与始有民俱。

【语出】《吕氏春秋·荡兵》。

【通讲】偃：停止；废止。古代的圣王主张正义的战争，从未有废止战争的。战争的由来相当久远了，它是和人类一起产生的。

【鉴赏】这是古代最好的战争论。反对战争，但还废止正义的战争。

进不求名，退不避罪，唯民是保。

【语出】《孙子·地形》。

【通讲】军队战胜前进时，统帅不得居功求名；反之战败而退却时，更不可逃避责任。一进一退，全以保护人民为依归。

【鉴赏】统帅要敢于担当和负责，一切军事行动都要以保护人民为根本。

决胜料势，决战料情。情势已得，断在不疑。

【语出】《旧五代史·阎宝传》。

【通讲】料：估计；料想。断：决断。决定胜负，在于正确估计形势。决定战斗，在于准确了解敌情。形势和敌情都把握了，关键就是毫不犹豫地作出决定。

【鉴赏】估计形势，了解敌情，当机立断，是战争胜利的诀窍。

困兽犹斗，况人乎？

【语出】《左传·定公四年》。

【通讲】被围困的野兽还要作最后挣扎，何况人呢？

【鉴赏】春秋时，吴军追赶楚军到了清发，准备发起进攻。夫概王说，"困兽犹斗，况人乎？"如果知道不免一死，定会打败我们。如果让先渡河的楚军以为可以逃脱，后面的人就没有斗志了，等他们一半人过河以后，我们就可以攻击了。于是吴军接连打败楚军，连胜五仗，抵达郢都。此句比喻在绝境中还要挣扎抵抗，走投无路时不顾一切地采取极端的行动。

胜兵先胜而后求战，败兵先战而后求胜。

【语出】《孙子·形》。

【通讲】打胜仗的军队有胜利的把握再去作战，打败仗的军队在作战中追求胜利。

【鉴赏】作战策略，值得借鉴。

师直为壮，曲为老。

【语出】《左传·僖公二十八年》。

【通讲】出兵打仗理由正当，士气就旺盛，有战斗力，就能取得胜利。相反，理由不正当，士气就低落，就没有战斗力，就要打败仗。

【鉴赏】正义之师，必定取胜。

数战则民穷，久师则兵弊。

【语出】《战国策·燕策一》。

【通讲】弊：困乏；疲惫。频繁作战就会使百姓困穷，长期出兵就会使战士疲敝。

【鉴赏】战国时期，苏秦为燕昭王分析形势，认为齐“数战则民穷，久师则兵弊”，国力消耗，民劳兵疲，燕攻打齐的条件已经趋于成熟。穷兵黩武的危害极大，不仅会造成财尽力竭、生产破坏的经济崩溃，还会造成生灵涂炭、民怨沸腾的社会危机，最终则必然导致民族衰落、国家败亡的严重恶果。中国自古就有“国虽大，好战必亡”的箴言。

袒裼而按剑，则乌获不敢逼；冠胄衣甲据兵而寝，则童子弯弓杀之矣。

【语出】《宋史·苏洵传》。

【通讲】袒：裸露。裼：脱去上衣。袒裼：脱衣露体；赤身。乌获：战国时秦国猛士，他力能举鼎。赤身而手持刀剑，则乌获不敢逼近；全副武装而卧，则小孩弯弓可杀死他。

【鉴赏】用兵打仗，除了有很好的武器，更重要的还得有高度的警惕。

挽弓当挽强，用箭当用长。射人先射马，擒贼先擒王。

【语出】唐·杜甫《前出塞》。

【通讲】挽：拉。强：有力的。拉弓就应拉硬弓，用箭就要用长箭。射敌人要先射敌马，捉贼寇要先捉贼王。

【鉴赏】简明扼要地说明了作战要领。还启示我们做事要抓关键、攻要害。

以决胜败安危者，道也。

【语出】《孙膑兵法·客主人分》。

【通讲】决定战争胜败和国家安危的是真理、正义。

【鉴赏】战争的胜负决定于政治的好坏，即是否正义。

知彼知己，百战不殆；不知彼而知己，一胜一负；不知彼不知己，每战必殆。

【语出】《孙子·谋攻》。

【通讲】知敌情又知自己的实力，绝不会打败仗；不知敌情而知自己的实力，胜败参半；不知敌情又不知自己实力，每战必败。

【鉴赏】打仗要了解敌方和己方的各种情况，才会打赢。

至于重势既成，则以贸易攻人而有余，亦无待于兵刃矣！

【语出】清·章炳麟《读〈管子〉书后》。

【通讲】等到有了很强的经济实力，就可以不靠兵戎相见，而仅凭贸易进攻他国就绰绰有余了。

【鉴赏】国家的经济实力是最根本的，谁的经济实力强，谁就在国际上有发言权。领导者必须把发展本国经济作为头等大事。

主不可以怒而兴师，将不可以愠而致战。合于利而动，不合于利而止。怒可以复喜，愠可以复悦，亡国不可以复存，死者不可以复生。

【语出】《孙子·火攻》。

【通讲】君主不可因为一时恼怒而兴师作战，将帅不可因为一时怨愤而发动战争。有利则战，不利则止。这样做，恼怒可以重新变为欢喜，怨愤可以重新变为高兴，而国家灭亡了却不可以再存，将士死亡了却不可以复活。

【鉴赏】国君和将帅绝不可因为一时感情冲动而发动战争，对待战争要持慎重态度。

2 治　　军

兵贵精而不贵多。

【语出】《金史·陈规传》。

【通讲】军队士兵珍贵的是精锐而不是数量众多。

【鉴赏】军队在于有精兵强将，不在于数量多少。

带兵之人，第一要才堪治民，第二要不怕死，第三要不汲汲名利，第四要耐受辛苦。治兵之才，不外公明勤。不公不明，则兵不悦服；不勤，则营务钜细，皆废弛不治，故第一要务在此。不怕死，则临阵当先，士卒乃可效命，故次之。

【语出】《曾胡治兵语录·将材》。

【通讲】带兵的人，第一要有治理民政的才干，第二要不怕死，第三不能为了自己的私欲而急于求得名利，第四要不怕辛苦。治兵的才干，不外乎公正、严明、勤正。如果办事不公正，赏罚不明，军纪不严，士兵就不会心悦诚服。如果不勤于职责，军营里的大小事务便会堆积，难以治理。所以，最重要的就是要有治民的才干。不怕死，和敌人对阵时，才会身先士卒，士兵也才能冲锋陷阵，为你所用。这就是第二个条件。

【鉴赏】论述了带兵的人应具有的品质和才干，可以作为部队将官的修养要求。

古来名将，得士卒之心，盖有在于钱财之外者。后世将弁，专恃粮重饷优，为牢笼兵心之具，其本为已浅矣，是以金多则奋勇蚁附，利尽则冷落兽散。

【语出】《曾胡治兵语录·将材》。

【通讲】自古以来的名将，能够得到士兵的衷心拥戴，主要原因不在于钱财，而是名将以自己的一言一行感召人。后来的一些将领，专依靠自己粮多钱多来笼络士卒,这样的军心就不巩固。钱多,人人奋勇当先,归附到麾下;无利可图,就都作鸟兽散。

【鉴赏】将领不以钱财而以自己的模范行动来取得士兵的拥戴。

古人用兵,先明功罪赏罚。救浮华者莫如质,积玩之后,振之以猛。医者之治瘠痛,甚者必剜其腐肉,而生其新肉。今日之劣弁羸兵,盖亦当为简汰,以剜其腐肉者,痛加训练,以生其新者。不循此二道,则武备之弛,殆不知所底止。

【语出】《曾胡治兵语录·严明》。

【通讲】古人用兵,必定要首先明确立功有赏、有罪受罚的原则。去掉浮华的最好措施,便是质朴,在长期的恶习积存之后,必须采取果断、严厉的措施加以纠治。医生在治疗疮毒已经溃烂了的病人时,溃烂厉害的地方,必须把腐肉割去,以便能长出新肉。今天的老弱残兵,也应当予以淘汰,好比割去腐肉一样,剩下的进行严格的训练,以促使产生新的力量。如果不采取这两种办法,武备的松弛,就不知道要发展到什么程度了。

【鉴赏】论述了治军的原则。

见可而进,知难而退,军之善政也。

【语出】《左传·宣公十二年》。

【通讲】可:有利可打。难:无利不可以打。见到形势有利就前进,知道形势艰难就撤退,这是治军的良好准则。

【鉴赏】春秋时期,晋国和楚国为争夺霸权相互攻伐。郑国依附晋国,楚国就派兵攻打它。晋国听说楚国出兵,就派兵讨伐楚国。当得知郑国已和楚国讲和,晋国的士会认为现在楚国有德,不宜与之为敌,“见可而进,知难而退,军之善政也”。但先縠不同意,结果兵败。指挥作战要审时度势,抓住战机。该战则战,不该战则退,要避免不必要的牺牲。这启示我们工作也要学会见机行事,从实际出发,进退有据,该进则进,该退则退。但在现实中“知难而进”作为一种积极进取的人生态度,历来为人称道,视知难而进者为勇士,视“知难而退”者为懦夫。其实“知难而退”体现的是一种审慎的思考和睿智的理性,为进而退,是一种智慧;为跃而退,更是一种策略。

将谋欲密，士众欲一，攻敌欲疾。

【语出】汉·黄石公《三略·上略》。

【通讲】将帅的谋略，应严格保密；对士兵的要求，要步调一致；进攻敌人，要行动迅速果断。

【鉴赏】这是军事斗争中的重要战术。

将受命之日则忘其家，临军约束则忘其亲，援枹鼓之急则忘其身。

【语出】《史记·司马穰苴列传》。

【通讲】枹：鼓槌。援枹鼓：拿起鼓槌击鼓。将士接到征战的命令就要忘掉自己的家庭和亲人，击鼓进军时要奋不顾身。

【鉴赏】说明服从命令是军人的天职。

将者，士之心也；士者，将之肢体也。

【语出】汉·刘向《说苑·指武》。

【通讲】指挥员，是整个军队的神经中枢；广大的士兵，是指挥员可以任意支配的四肢和身体。

【鉴赏】官兵应上下团结一致，才能取得战争的胜利。

军中无戏言。

【语出】明·罗贯中《三国演义》第九十五回。

【通讲】军队中没有开玩笑的话。

【鉴赏】说明用兵打仗的严肃性。

练兵之道，必须官弁昼夜从事，乃可渐几于熟，如鸡伏卵，如炉炼丹，未可须臾稍离。天下事未有不由艰苦中得来，而可大可久者也。百种弊端，皆由懒生。懒则弛缓，弛缓则治人不严，而趣功不敏。一处弛则百处懒矣。

【语出】《曾胡治兵语录·勤劳》。

【通讲】练兵的方法，必须官兵昼夜苦练，才能越来越精熟，就像母鸡孵小鸡、火炉炼金丹,不能停歇。天下的事情,没有不从艰难困苦中得来,却能壮大、长久的。所有的弊端,都是由懒惰引起的。懒惰,则会弛缓,弛缓,则治人就不严,行动就不快。一处弛缓,则很多事都被耽搁了。

【鉴赏】论述了练兵之道,即必须艰苦、持久、勤奋、严格。

人贵专一,精神所至,金石为开。军旅之事,胜败无常,总贵确实而戒虚捏,确实则准备周妥,虚饰则有误调度,此治兵之最要关键也。粤逆倡乱以来,其得以肆志猖獗者,实由广西文武欺饰捏报,冒功悻赏,以致蔓延数省,流毒至今,莫能收拾。事上以诚意感之,实心待之,乃真事上之道,若阿附随声,非敬也。

【语出】《曾胡治兵语录·诚实》。

【通讲】人贵专一。精诚所至,金石为开。战场上的事情,胜败是没有规律的。总之,不论什么时候,都要真实,禁止凭空捏造事实。有真实的情报,才可能部署周密,虚饰军情则会使军事计划失误,这是治军最重要的关键。洪秀全发动金田事变以来,之所以能够迅速发展、节节胜利,实际上是由于广西的文武官员文过饰非,捏报军情,冒功请赏,以致太平军蔓延数省,影响至今,无人能收拾今天的混乱局面。替上司办事,应当以自己的诚意来感动他,以真心对待他,这才是真正的事奉上司之道。如果阿谀奉承,随声附和,这不是真正的尊敬上司。

【鉴赏】专一、真实,是治军领军的关键。

人情欲生而恶死,欲荣而恶辱。死生荣辱之道一,则三军之士可使一心矣。

【语出】《吕氏春秋·论威》。

【通讲】人之常情,是希望生存而厌恶死亡,希望光荣而厌恶耻辱。把生死荣辱的道理统一于义,就可以使三军将士同心同德了。

【鉴赏】发动战争必须进行战争动员,战争是正义的,必定得到将士的支持而取得胜利。

人之忠也，犹鱼之有渊。鱼失水则死，人失忠则凶。故良将守之，志立而名扬。

【语出】三国蜀·诸葛亮《兵要》。

【通讲】人有忠诚的品德，就好比鱼有了水。鱼离开水就会死，人失去忠诚的品德就很危险。所以好的将领都注意保护它，使部卒的志向得以实现，名声广为传扬。

【鉴赏】《兵要》是诸葛亮从军事实践中，总结出的"以法治军"所必须遵循的要领，共十则。忠诚作为军人的一种道德规范和价值追求，是由军队的特性决定的。对党忠诚是领导干部的生命线，是首要的政治本色。对党忠诚不能停留在口头讲讲、会上说说，而应该表里如一、知行合一、始终如一，这就必须坚定理想信念。

师克在和不在众。

【语出】《后汉书·杜诗传》。

【通讲】师：军队。克：战胜；攻破。军队胜敌的关键取决于全军团结协调，而不在于人数众多。

【鉴赏】克敌制胜在于全军的团结奋斗。

视卒如婴儿，故可与之赴深溪；视卒如爱子，故可与之俱死。

【语出】《孙子·地形》。

【通讲】对待士卒像对待婴儿一样，士卒就可以与他一起奔赴深溪；对待士卒像爱子一样，士卒就愿意与他一起死亡。

【鉴赏】军官爱护士兵，是非常重要的。

所谓治者：居则有礼，动则有成；进不可当，退不可追；前却有节，左右应麾；虽绝成阵，虽散成行；与之安危，其众可合而不可离，可用而不可疲；投之所往，天下莫当。

【语出】《吴子·治兵》。

【通讲】所谓治理好的军队：居处则有礼，行动则有成就；进不可挡，退不可追；前进退却有节制，左右两军响应配合；虽遇重大创伤仍然阵势不减,虽然分散仍然形成行列;与他们共度安危时,可以集中而不可分离,可以使用而不可使他们过于疲劳。这样的军队,派去攻敌,普天下没有能抵挡的。

【鉴赏】这是吴起对治兵的要求,但对各行各业如何用人行事都有很好的借鉴意义。

先胜之于此,则必胜之于彼矣。

【语出】《吕氏春秋·论威》。

【通讲】首先在军队中要做到有令必行,然后才能在战场上战胜敌人。

【鉴赏】想在战场上取得胜利,首先要抓好治军,做好听指挥,遵号令。

重赏之下,必有勇夫。

【语出】明·刘基《百战奇略·赏战》。

【通讲】给人以丰厚的奖赏,就一定有勇敢的人站出来。

【鉴赏】说明在作战中给士兵以重赏,士兵就会斗志昂扬,奋勇杀敌。

3 择　将

安边境，立功名，在于良将，不可不择也。

【语出】汉·晁错《言兵事疏》。

【通讲】安：安定。择：选择。择取精良的将领是使边境安定的关键所在。

【鉴赏】边境国防非常重要，必须选择良将任之，才能保卫国家。

得人者昌，失人者亡。设五百人之营，无一谋略之士，英达之材，必不成军，千人之营，无六七英达谋略之士，亦不成军。

【语出】《曾胡治兵语录·将材》。

【通讲】用人得当，军队就会发展壮大，常打胜仗；用人不当，那么就会给军队带来灾难。例如五百人的队伍，如没有一个有谋略的人，没有一个英明达于事理的人，就不成其为军队了。假设一千人的队伍，没有六七个有谋略、知晓军事的人，也不成其为军队。

【鉴赏】人才是建军的关键。

军中取材，专尚朴勇，尚须由有气概中讲求，特恐讲求不具，即浮气客气，夹杂其中，非真气耳。人才由磨练而成，总须志气胜，乃有长进，成败原难逆睹，不足以定人才。兵事以人才为根本，人才以志气为根本。兵可挫而气不可挫，气可偶挫而志不可挫。

【语出】《曾胡治兵语录·尚志》。

【通讲】军队中选拔人才，专门崇尚朴实勇敢，但必须在有气概的基础上选拔。只是担心选拔不真，则浮气、客气都夹杂其中，不是真正的气概。人才是经过磨炼而成的，总要志气胜，才有长进。成败本来就难以预料，因而不足以据此确定人才。战事以人才为根本；人才以志气为根本。军队可以受挫，但气不可受挫。气可以偶尔受挫，但志绝不可以受挫。

【鉴赏】选拔和培养人才，至关重要。

千军易得，一将难求。

【语出】元·马致远《汉宫秋》第一折。

【通讲】千军万马是比较容易组织起来的，一个优秀的将领却很难找到。

【鉴赏】优秀将领难以获得。

求将之道，在有良心，有血性，有勇气，有智略。

【语出】《曾胡治兵语录·将材》。

【通讲】如何做将帅呢？其一就是要有良心。有良心才能使士兵悦服，乐为你用。其二要有血性，有血性才能不顾一切，去争取胜利。其三要有勇气，才能杀敌制胜，临阵不畏怯。其四要有智略，有智略才能谋定而后动，决胜千里。

【鉴赏】良心、血性、勇气、智略，是将领的必备品质。

宰相必起于州部，猛将必发于卒伍。

【语出】《韩非子·显学》。

【通讲】州部：古代地方基层行政单位。卒伍：古代军队基层编制，五人为伍，百人为卒。宰相必定是从地方下层官员中提拔上来的，猛将必定是从士兵队伍中挑选出来的。

【鉴赏】韩非子是战国法家思想的集大成者，他强调国家的文臣武将，特别是高级官员和将领，一定要有基层实际工作经验。反之，如果缺乏基层历练，就有可能纸上谈兵，误国误民。

4 用 兵

兵法贵在不战而屈人。

【语出】《三国志·魏志·陈泰传》。

【通讲】屈人:使人降服。兵法最可贵的地方在于可以不进行战争能使敌人降服。

【鉴赏】打仗总会使双方受到损失,更让老百姓遭受战争的苦难。而能不打仗就达到战争的目的,那是最好的。和平解放北平,是最好的兵法战例。

兵贵胜,不贵久。

【语出】《孙子·作战》。

【通讲】用兵以速胜为贵,而不以旷日持久为贵。

【鉴赏】兵贵神速,抓住战机,百战百胜。

兵,机事,以速为神。

【语出】《新唐书·李靖传》。

【通讲】用兵是机密的大事,以迅速取胜为神妙。

【鉴赏】打仗以神速取胜。

不备不虞,不可以师。

【语出】《左传·隐公五年》。

【通讲】虞:预计;估计。师:出师;出兵。不防备意外,就不能出兵作战。

【鉴赏】四月,郑人入侵卫国郊外,要报上年东门一仗之仇。卫国人则带领南燕军队进攻郑国。郑人带领三军进攻燕军的前面,又派制地的军队袭击燕军的后面。燕国人害怕郑国的三军,却没有防备从后面袭击的郑军。六月,郑国带领制地人击败燕军。凡事预则立,不预则废。未雨绸缪,做任何事都需要先做准备,作出各种可能的预测,拟定各种方案,以便能采取应急措施。不要等事情发生了手足无措。

策之而知得失之计,作之而知动静之理,形之而知死生之地,角之而知有余不足之处。

【语出】《孙子·虚实》。

【通讲】策:筹算;分析。理:规律。形:侦察。角:较量。有余不足之处:指敌人较强或较弱的地方。分析研究双方情况,可得知双方所处条件的优劣得失;挑动敌人,可了解敌人的行动规律;侦察战地,可知战地各处是否利于攻守进退;小规模的兵力与敌试探性较量,可知敌人兵力部署的或有余或不足等虚实情况。

【鉴赏】用兵打仗时要仔细分析形势,掌握敌方的行动规律和强弱之处。

出军行师,将在自专,进退内御,则功难成。

【语出】汉·黄石公《三略·中略》。

【通讲】军队出发去执行战斗任务的过程中,将帅的指挥要有充分的自主权力。将帅在战斗中的一举一动,都受到国君的控制,就不会获得什么战功。

【鉴赏】将在外,君命有所不受。指挥员应有完全的自由,以应对战场上千变万化的形势。如果远离战场的人随便瞎指挥,难免招致失败。

凡兵之用也,用于利,用于义。

【语出】《吕氏春秋·召类》。

【通讲】凡是用兵,应该用在有利的地方,用于符合道义的地方。

【鉴赏】这是发动战争、用兵的原则:一必须对自己有利,二必须符合道义。

凡危急之时,只有在己者靠得住,其在人者皆不可靠。恃之以守,恐其临危而先乱;恃之以战,恐其猛进而骤退。凡用兵须蓄不

竭之气，留有余之力。

【语出】《曾胡治兵语录·兵机》。

【通讲】凡危急的时候，只有依靠自己的力量，他人是靠不住的。凭恃别人据守，恐怕临危的时候，他们就慌乱起来；依靠他们去作战，恐怕他们不是冒失猛进就是慌乱地急速退兵。凡是用兵，应当保持士气不衰，留有余力。

【鉴赏】作战要依靠自己，保持士气，方能取胜。

凡用兵，先论理之曲直；我若不直，兵决不当用。

【语出】《宋史·苏辙传》。

【通讲】凡是用兵打仗，先要论理之正或不正；我方如果理由不正当，这场战争决不可打。

【鉴赏】正义之师必胜，师出无名则败。

凡主将之道，知理而后可以举兵，知势而后可以加兵，知节而后可以用兵。

【语出】宋·苏洵《心术》。

【通讲】主将：指挥作战。将领指挥作战时必须遵守的原则：在通晓事理后才可以出兵，在了解敌我双方的形势后才可以作战，知道有所节制才可以打仗。

【鉴赏】作战的法则，今天仍有借鉴意义。

夫兵有本干：必义，必智，必勇。

【语出】《吕氏春秋·决胜》。

【通讲】用兵之道有它的根本原则：一定要符合正义，一定要善用智谋，一定要勇敢无畏。

【鉴赏】怎样才能取得战争的胜利，关键在于：正义是决定战争胜利的根本，智谋和勇敢是决定战争胜利的重要因素，三者缺一不可。

量力而知攻。善攻者，料众以攻众。

【语出】《管子·霸言》。

【通讲】能够正确估计自己攻击能力的人,才算得上真正懂得进攻。善于进攻的人,首先要分析部队的情况(能有把握地击败敌人),然后才去攻击敌人。

【鉴赏】应在充分分析敌我双方力量对比,肯定自己有压倒性优势之后,才发动进攻。

善攻者不尽兵以攻坚城,善守者不尽兵以守敌冲。

【语出】宋·苏洵《攻守》。

【通讲】善于进攻的将帅无须用尽所有的兵力就可以攻克防守坚固的城池;善于防守的将帅无须用尽所有的兵力就可守住受敌人冲击的要害之处。

【鉴赏】论述了攻与守的关系,极富哲理。

善用兵者以形固;夫能以形固,则力有余矣。

【语出】宋·苏洵《心术》。

【通讲】善于用兵的人能利用各种有利条件来保存自己的实力,并使之永无穷尽。

【鉴赏】论述了用兵之道。

水之形避高而趋下,兵之形避实而击虚。

【语出】《孙子·虚实》。

【通讲】水的流动方式是由高处向低处流,用兵打仗的规则是进攻敌人弱点而避开其坚实的地方。

【鉴赏】避实就虚是作战和做事的一个重要策略。

先知迂直之计者胜,此军争之法也。

【语出】《孙子·军争》。

【通讲】作战前先计算道路的远近以使进退不失时机,这是用兵打仗取胜的方法。

【鉴赏】用兵的计策值得借鉴。

以近待远，以佚待劳，以饱待饥，用兵之善计。

【语出】《宋史·郭諮传》。

【通讲】佚：通“逸”，安闲。充分休息，养精蓄锐。用接近战场的队伍迎击远道而来的敌人，用自己安逸休整的队伍迎击疲惫不堪的敌人，用自己饱暖的队伍迎击饥寒交迫的敌人，这是用兵的好办法。

【鉴赏】这是很好的战术。

用兵之道，攻心为上，攻城为下；心战为上，兵战为下。

【语出】三国蜀·诸葛亮《南征教》。

【通讲】指挥作战的原则，从心理上进攻敌人，这才是上策；进攻敌人的城堡，则是下策；精神上的战斗才是最重要的战斗；只凭兵器去战斗则是最不高明的办法。

【鉴赏】在战斗中，用好攻心战，就会兵不血刃而取得胜利。

用兵之道，最忌势穷力弱四字。力则指将士之精力言之，势则指大局大计，及粮饷之接续，人才之继否言之。

【语出】《曾胡治兵语录·兵机》。

【通讲】用兵之道，最忌讳“势穷力弱”四个字。“力”，是指将士的精力而言；“势”，则是指大局、大计，以及粮饷的接续、人才是否有继承的人而言。

【鉴赏】论述了用兵之道。

掌军之官不宜临时易代，兵家所忌。

【语出】《金史·卢庸传》。

【通讲】掌管部队的军官不适宜临阵时改变，这是兵家的大忌。

【鉴赏】不要轻易更换领导，不仅军事是这样，其他方面也是这样。

5 谋　略

百战百胜，非善之善者也；不战而屈人之兵，善之善者也。

【语出】《孙子·谋攻》。

【通讲】即使每战必胜，也不算最成功的军事家；只有那不战就能使敌人屈服的，才算是真正成功的伟大军事家。

【鉴赏】战争的谋略很重要，不用作战而能取胜才是上策。

兵固诡道，胜在用奇。

【语出】《宋书·张兴世传》。

【通讲】行军作战本来就讲究诡诈之道，其高超的地方就在于使用奇妙之策。

【鉴赏】作战在于善用计谋。

兵胜之术：密察敌人之机，而速乘其利，复疾击其不意。

【语出】《六韬·兵道》。

【通讲】战胜敌人的方法是：暗中仔细观察敌人的行动部署，及时抓住有利我方的机会，同时迅速打击敌人预料不到之处。

【鉴赏】战争中求胜的方法是掌握各种消息、情报，及时决策以及在战争中出其不意。

兵之情主速，乘人之不及，由不虞之道，攻其所不戒也。

【语出】《孙子·九地》。

【通讲】用兵的宗旨最重要的是速度，乘对方措手不及的时机，通过对方意料不到的关口，攻击其没有戒备的地方。

【鉴赏】论述了用兵之道。

得寸则王之寸，得尺亦王之尺。

【语出】《战国策·秦策三》。

【通讲】得到寸土就是王的寸土，得到尺地就是王的尺地。

【鉴赏】战国时期，范雎游说秦昭王，建议他联结远邦，攻伐邻国，逐步蚕食，各个击破，“得寸则王之寸，得尺亦王之尺”；范雎认为秦国现在不采用这个策略而去进攻远方的国家，岂不是个错误吗？后来“得寸则王之寸，得尺亦王之尺”发展成为成语“得寸进尺”，指得到了一寸，还想得到一尺，形容贪得无厌，欲望永不满足。“得寸进尺效应”指的是如果答应了别人的一个小要求，那么别人在此基础上再提一个更高点的要求，人们也会倾向于答应。

敌来不迎战，去而追之。

【语出】《金史·太祖本纪》。

【通讲】敌军初来不要急于迎战，待敌离去时追打。

【鉴赏】避其锋芒，打击弱点。是很好的战法。

凡攻敌必扼其喉而捣其心。

【语出】《晋书·宣帝纪》。

【通讲】捣：撞击；捣。凡是攻击敌人，一定要掐住他的喉咙而撞捣他的心脏，才能制敌于死亡。

【鉴赏】打击敌人要狠，要打击要害。

凡战之道，未战养其财，将战养其力，既战养其气，既胜养其心。

【语出】宋·苏洵《心术》。

【通讲】养：积蓄。战前应储备好粮饷，临战要养精蓄锐，作战要鼓舞士气，胜利后要修身养心。

【鉴赏】此句论述了作战的道理。古代的战法，储粮、休整、动员，都值得今天借鉴。

夫兵形象水，水之形，避高而趋下；兵之形，避实而击虚。水因地而制流，兵因敌而制胜。故兵无常势，水无常形；能因敌变化而取胜者，谓之神。

【语出】《孙子·虚实》。

【通讲】对兵形的掌握运用，其规律就像水的流动一样。水的流动，是避开高处而流向低处；战争的胜利，是避开敌人牢固设防处而攻其虚懈薄弱环节。水根据地势决定流向，军队根据敌情采取制胜方略。因此，用兵作战没有定势，正如水没有固定的形状和流向一样，能根据敌情变化而取胜的，才叫作用兵如神。据 1972 年山东临沂银雀山汉墓发掘的《孙子兵法》竹简，“兵无常势，水无常形”易为“兵无成势，无恒形”。

【鉴赏】《虚实》为《孙子兵法》十三篇中的第六篇。“虚实”是指在战场上通过分散、集中兵力的战术变化造成我强敌弱的形势来战胜敌人。改革发展的形势在变化，我们的思想观念、工作思路和工作重点也应跟着变，否则就会出现能力不足、思路不对、方法不当等问题。我们党是学习型政党，广大党员、干部不能作茧自缚、墨守成规，而应根据形势变化增长才干，掌握“水”的规律，在追寻中国梦中取胜。

夫兵有大要，知谋物之不谋之不禁也，则得之矣。

【语出】《吕氏春秋·论威》。

【通讲】用兵有其关键所在，如果善于使用出其不意，攻其不备，那就掌握了用兵的要略。

【鉴赏】用兵要有谋略，要在对方不注意时攻打他，肯定得胜。

夫攻者，借人之力以为功，且当诈巧，不可力争也。

【语出】《晋书·司马孚传》。

【通讲】攻打敌人的人，要善于借助别人之力以取得胜利，而且应当欺诈巧伪以迷惑敌人，不可以凭蛮力争斗。

【鉴赏】作战要智取，不可蛮干。

工欲善其事，必先利其器；武欲胜其敌，必先练其兵。

【语出】《旧唐书·陆贽传》。

【通讲】工匠要把活儿做好，首先要使工具精良；将领要战胜敌人，首先要练好军队。

【鉴赏】要想做好一件事，必须有所准备。当我们确立了远大的理想和目标之后，还要打好实现理想、目标的一切基础。练兵也是打仗取胜的基础。

攻心为上，攻城为下。

【语出】《三国志·蜀志·马谡传》。

【通讲】攻心：从心理上进攻。用兵打仗，运用心理战术征服对方为上策，用武力攻占城池为下策。

【鉴赏】打仗的法则重在攻心。

古今战阵之事，其成事皆天也，其败事皆人也。兵事怕不得许多，算到五六分，便须放胆放手。本无万全之策也。

【语出】《曾胡治兵语录·勇毅》。

【通讲】古今双方交战的事，打胜仗是天意，打败仗都是人为的。战争不必担心太多，只要有五六分胜利的把握，便应当放心大胆地去做。战场上本来就没有必胜的策略。

【鉴赏】论述打仗策略。对今天仍有借鉴意义。

古之贤将，能以兵尝敌，而又以敌自尝，故去就可以决。

【语出】宋·苏洵《心术》。

【通讲】古代的良将既能以自己的兵力去试探敌人的虚实，又能以敌人的兵力估计自己的强弱，这样就可以决定行动方针了。

【鉴赏】赞美古代明智将领的战略、战术。

古之用兵，全国为上。

【语出】《三国志·魏志·诸葛诞传》。

【通讲】古代军事家的用兵之道（主张运用政治或外交攻势，不需战斗），使敌全国屈服，这是上等的策略。

【鉴赏】不用作战而屈全国,是上等的用兵策略。

计听知覆逆者,唯王可也。计者,事之本也;听者,存亡之机也。计失而听过,能有国者寡也。

【语出】《战国策·秦策二》。

【通讲】能谋善断又能预知事情发展得顺利与否,只有大王您能做到。谋略,是成事的根本;决断,是存亡的关键。谋略错了而决断又出现失误,还能保住国家的实在少见。

【鉴赏】这是楚国谋臣陈轸出使秦国时对秦惠王所说的话。能谋善断是为政者所必须具备的品质,也是在竞争中争取主动、立于不败之地的条件。

将在谋不在勇,兵贵精不贵多。

【语出】明·冯梦龙《古今小说·临安里钱婆留发迹》。

【通讲】将领的价值在于他的谋略,而不在于他的个人勇敢;士兵可贵的是训练有素,而不是人数众多。

【鉴赏】将有谋略,兵士精干,这是取得胜利的重大法宝。

夫解杂乱纷纠者不控捲,救斗者不搏撠,批亢捣虚,形格势禁,则自为解耳。

【语出】《史记·孙子吴起列传》。

【通讲】捲(quán):同"拳"。控捲:握拳。搏撠(jǐ):搏斗击刺。批:排除。亢:敌人之盛气。批亢捣虚:避实就虚之意。格、禁:阻遏、制止。形格势禁:在形势上阻止、遏制敌方。解决纠纷不能挥拳相加,平息争斗不能帮着打,避实就虚,利用有利形势来牵制敌人,危难自可解除。

【鉴赏】这是孙膑在著名战例"围魏救赵"前给田忌做的时局、战事分析,这一精辟的军事理论,对现今战争、工作都还有指导意义。

军事有先一着而胜者,如险要之地,先发一军据之,此必胜之道也。有最后一着而胜者,待敌有变,乃起而应之,此必胜之道

也。至于探报路径,则须先期妥实办理。

【语出】《曾胡治兵语录·兵机》。

【通讲】军事有因为棋先一着而获胜的,如在险要的地方,自己先派一支军队据守住,这就是必胜之道。也有棋后一着获胜的,如等到敌情有变以后,再随机应变,这也是必胜之道。至于侦察探寻路径,则必须预先切实办理。

【鉴赏】论述作战策略。

善为士者,不武;善战者,不怒;善胜敌者,不与;善用人者,为之下。

【语出】《老子》第六十八章。

【通讲】士:武士,这里作将帅讲。不与:不争;不正面冲突。善于作将帅的人,是不逞勇武的;善于作战的人,是不靠强悍的;善于战胜敌人的人,不在于动辄跟敌人争斗;善于用人的人,对人的态度是很谦卑的。

【鉴赏】论述战略战术,要求将帅在对敌作战中不要逞其勇武,不要被敌人激怒,不要同敌人正面交锋。这在军事上有很大价值。

上不可则行其中,中不可则行其下。

【语出】《战国策·魏策二》。

【通讲】上策不行就实行中策,中策不行就实行下策。

【鉴赏】战国时期,五国伐秦失败,齐要联合秦攻打宋,魏担心齐秦联合,想要与秦讲和。苏秦游说魏王,提出对付秦的对策,上策是进攻秦国,中策是排斥秦国,下策是坚守合纵联盟,为使国家免于祸患,必须深究这三策,“上不可则行其中,中不可则行其下”。世间事往往纷繁复杂变化莫测,做事要取得成功或避免失败,必须有缜密的方案以应对各种可能的变化,并对各种方案反复推演,深思熟虑。对不同方案的得失利弊了然于胸,然后根据情势变化确定实施方案,上策不行就实施中策,中策不行还有下策,如果连下策都难以实施,就守住底线以免损失或失败。

胜而不骄,故能服世;约而不忿,故能从邻。

【语出】《战国策·秦策五》。

【通讲】忿:愤怒;怨恨。战胜而不骄傲,所以能使诸侯悦服;主盟而不急躁,所以能使盟国顺从。

【鉴赏】战国时期,秦攻占韩国重镇宜阳,秦王非常高兴。这时楚出兵援助韩,秦楚发生矛盾。有人游说秦王"胜而不骄,故能服世;约而不忿,故能从邻",建议与楚搞好关系,以免被钻空子。"胜而不骄"是王者作为,"约而不忿"是霸主胸襟。"胜而不骄",才能与人和睦共处;"约而不忿",不急躁、不埋怨、不怨恨、不恼怒,才能服众,团结周围的人。

事贵应机,兵不厌诈。

【语出】《北齐书·司马子如传》。

【通讲】做事贵在随机应变,用兵打仗则不厌弃施用欺诈。

【鉴赏】打仗时,为了克敌制胜,必须随机应变,采用迷惑敌人的方法。

熟审地势敌情,妥谋分击之举,或伺敌之缺点,蹈瑕而入;或趋敌之重处,并力而前;皆在相机斟酌。惟临阵,切忌散队,切戒贪财,得胜之时,尤宜整饬队伍,多求痛杀。

【语出】《曾胡治兵语录·兵机》。

【通讲】仔细地察看地势,了解敌情,妥善地策划分兵攻击敌人的行动,或者抓住敌人的缺点,乘虚而入;或者向敌人的要害部位全力发起进攻。这些,全在于将帅相机斟酌。尤其值得注意的是,临阵切忌队形散乱,切忌贪财。得胜的时候,更应当整顿队伍,争取多杀敌人。

【鉴赏】论述作战策略。

惟自古不谋万世者,不足谋一时;不谋全局者,不足谋一域。

【语出】清·陈澹然《寤言·迁都建藩议》。

【通讲】不从长远角度思考问题,就难以谋划周全一时之事;不以全局利益考虑问题,就难以筹谋局部之事。

【鉴赏】面对列强侵略与国势日衰,清末举人陈澹然于戊戌年(1898)写就《迁都建藩议》,提出这个著名观点。认为长远、全局目标不明确,阶段、局部目标就无从掌握。因此,做事需从时间、空间两个方面考虑,要将长远利益与全局利益置于首位，当前及局部行为都必须服从长远的和全局的利益。善于把眼前需要与长远谋划统一起来，善于把国内形势与国际环境结合起来，这样才能见微知著，胸有成竹，阔步前行。

为名者攻其心，为实者攻其形。

【语出】《战国策·韩策三》。

【通讲】为名分而争，就要瓦解对方的斗志；为实利而争，就要攻取土地、掠夺人口。

【鉴赏】对人、办事、处理各种问题，都要根据不同情况具体分析，制定适宜的办法。根据人、事、地、时的差异对症下药，治之宜殊。

吾之所短，吾抗而暴之，使之疑而却；吾之所长，吾阴而养之，使之狎而堕其中，此用长短之术也。

【语出】宋·苏洵《心术》。

【通讲】作战时，故意突出我方的短处，使敌人疑惧以致退却；把我方的长处隐藏起来，使敌人轻视而落入我方的圈套中。

【鉴赏】论述了作战时"以己之短，克彼所长"的战术。

五指之更弹，不若拳手之一抵；万人之更替，不如百人之俱至也。

【语出】《淮南子·兵略训》。

【通讲】抵：捣击。用五个手指轮番弹击，不如握拳一击。一万人轮流作战，不如一百人一起攻击。

【鉴赏】说明作战要集中力量的道理。许多人并不缺乏智慧和能力，只是常常不能专心致志，三心二意，最终却一事无成。做事时要把精力集中在一件事情上，全身心地扑入自已所要奋斗的事业中，必能摘取硕果。

先谋后事者逸，先事后谋者失。

【语出】《旧唐书·陈子昂传》。

【通讲】对一件事，先考虑谋划好了才去做的人，就不会遇到什么麻烦；

冒冒失失地动手后才去筹划该怎样做的人,必然要出错漏。

【鉴赏】凡事预则立,在做事之前,应该有全面周到的谋划,才会成事。

小敌之坚,大敌之擒也。

【语出】《孙子·谋攻》。

【通讲】力量弱小的军队,如果只知道固守硬拼,就会成为强大敌人的俘虏。

【鉴赏】作战策略,值得借鉴。

以计代战一当万。

【语出】《晋书·杜预传》。

【通讲】用一条妙计作战可抵得上千军万马。

【鉴赏】大将军杜预善用计谋指挥作战,以少胜多,以一当万。

用兵有言:“吾不敢为主,而为客;不敢进寸,而退尺。”是谓行无行,攘无臂,扔无敌,执无兵。祸莫大于轻敌,轻敌则几丧吾宝。故抗兵相若,哀者胜矣。

【语出】《老子》第六十九章。

【通讲】为主:即主动挑起战争。为客:被动退守,即在战争中采取守势。行:行列;阵势。行无行:意为虽然有阵势,却像没有阵势可摆。攘:因愤怒而伸出手臂。攘无臂:意为虽说要奋臂,却像没有胳膊可举一样。扔:捉。扔无敌:虽然面临敌人,却好像没有敌人可捉一样。执:拿。执无兵:虽然有兵器,却好像没有兵器可拿一样。抗兵:敌对双方。相若:相等。抗兵相若:意为两军力量相当。哀者:慈爱的、悯惜的。用兵打仗的人说过这样的话:“我不敢采取攻势,而采取守势;不敢前进一寸,而要后退一尺。”这就是说,摆阵势,像没有阵势可摆一样;挥胳臂,像没有胳膊可举一样;迎敌人,像没有敌人可攻击一样;手执兵器,像没有拿武器一样。最大的祸患莫过于低估了敌人的力量,低估敌人的力量,就几乎丧失了我的“三宝”的原则。所以,当两军相对、力量相当时,慈悲的一方可以获胜。

【鉴赏】老子阐述战争中以退为进的战略战术思想。不要主动挑起战争,面对强大的敌人,宁可后退,也不主动出击。在战争中不应让敌人察觉自己的行动,让敌人捉摸不定,才能取得战争的主动权。战争中最大的灾祸就是轻敌。老子在本章中所论述的兵法还值得我们借鉴。

运筹策帷帐中,决胜千里外。

【语出】《史记·留侯世家》。

【通讲】运:运用。筹:指谋划。帷帐:古代军中的帐幕。在帐幕中策划军机要事,决定胜负于千里之外。

【鉴赏】形容将帅的雄才大略、指挥若定。

制号政令,欲严以威;庆赏刑罚,欲必以信;处舍收臧,欲周以固;徙举进退,欲安以重,欲疾以速;窥敌观变,欲潜以深,欲伍以参;遇敌决战,必道吾所明,无道吾所疑。

【语出】《荀子·议兵》。

【通讲】处舍:营垒。收臧:辎重。伍以参:交互错杂。道:行,做。制度命令既要严明又要威重;庆赏刑罚既要果断又要信实;营垒辎重既要周密又要牢固;进退转移,既要安全又要稳重,既要紧张又要快速;观察敌情,既要隐蔽又要深入,还要不断核实;遇敌决战,一定要用有把握的打法,不用没把握的打法。

【鉴赏】在战争中,三军统帅要有大谋略,把所有问题都考虑周到,定能取得战争的胜利。

智可以欺王公,不可以欺豚鱼;力可以得天下,不可以得匹夫匹妇之心。

【语出】宋·苏轼《潮州韩文公庙碑》。

【通讲】智:智谋。豚鱼:指小动物。人用智谋可以欺骗王公却欺骗不了小动物,用武力可以夺取天下却得不到民心。

【鉴赏】说明天道与人事的区别,告诫人做任何事情只有顺应天道才能得人心。

6 士　气

夫战，勇气也。一鼓作气，再而衰，三而竭。

【语出】《左传·庄公十年》。

【通讲】鼓：作动词用，击鼓、敲鼓。作战全凭勇气，第一次击鼓振奋勇气，第二次击鼓勇气就衰弱一些，第三次击鼓勇气就没有了。

【鉴赏】鲁庄公十年春天，齐国军队攻打鲁国，鲁庄公将要迎战，曹刿请求庄公召见他。曹刿认为应取信于民而后战，并请求跟随军队。鲁庄公和曹刿同乘一辆战车，在长勺和齐军作战。庄公刚上战场就要击鼓进军，曹刿认为不行。等到齐军擂鼓三次之后，曹刿告诉庄公可以击鼓进军了。齐军大败。庄公问曹刿取胜的原因，曹刿说，作战全凭勇气，"一鼓作气，再而衰，三而竭"，齐军三鼓后，勇气衰竭了，而鲁国军队的勇气刚刚振奋，所以战胜他们。此句从心理学的角度，分析了士气盛衰与胜负的关系，精练地提出，保护士卒的积极性和旺盛的士气，是夺取胜利的关键。后人用此来比喻乘劲头大的时候要一口气把事情做好，振奋精神，一鼓作气，势如破竹。"一鼓作气"已成为成语，形容做事时要鼓足干劲，勇往直前。

荆廷尝有神白猿，荆之善射者莫之能中，荆王请养由基射之。养由基矫弓操矢而往，未之射而括中之矣，发之则猿应矢而下，则养由基先中中之者矣。

【语出】《吕氏春秋·博志》。

【通讲】楚国朝廷中曾有一只白色的神猿，楚国那些善射的人没有一个能射中它，楚王请养由基来射它。养由基拿着弓箭去了，还没有张弓，就已经决定了白猿必被射中的命运，所以箭一射出去，白猿就应弦坠落，这是因为养由基在射中目标以前就早已有把它射中的精神准备。

【鉴赏】精神力量以及良好的心理素质是非常重要的。光有技艺而没有压倒对方的精神力量和良好的心理素质，也难以成功。

一可以胜十，十可以胜百，百可以胜千，千可以胜万，万可以胜天下。

【语出】《战国策·秦策一》。

【通讲】一人拼死可以胜过十人，十人拼死可以胜过百人，百人拼死可以胜过千人，千人拼死可以胜过万人，万人拼死可以攻取天下了。

【鉴赏】此句激励人们面对数倍于我的强敌毫不畏惧，发扬以一当十的大无畏的英雄气概、顽强的战斗意志、勇敢的战斗作风，以高昂的士气压倒敌人、战胜敌人，夺取胜利。

震雷始于曜电，出师先乎声威。

【语出】南朝梁·刘勰《文心雕龙·檄移》。

【通讲】雷霆的震响开始于耀眼的闪电，军队的出动先要有威赫的声势。

【鉴赏】这两句以形象的语言描摹了事物发端的重要性。看到闪电就惧怕震雷的猛烈，听到声势就惧怕军队的威力。能有一个好的开端，事情就能发展得比较顺利。在为人处世中，应重视亮相时刻给人的印象。

7 征　伐

安得壮士挽天河，尽洗甲兵长不用！

【语出】唐·杜甫《洗兵马》。

【通讲】怎能得到强壮有力之士挽下银河，把甲胄、兵器全部清洗，永不再用！

【鉴赏】诗人表现对和平生活的渴望。他热情地幻想有壮士挽来天河之水，尽洗天下甲兵，从而永远消灭战争，使人民安居乐业。

兵者，凶器也。不可不审用也。

【语出】《韩非子·存韩》。

【通讲】武器是凶残的东西，是不能不审用的。

【鉴赏】战争关系到国家的胜败存亡，要非常谨慎从事。

将军百战死，壮士十年归。

【语出】北朝民歌《木兰诗》。

【通讲】将军和勇士出生入死、身经百战，有的牺牲在沙场，有的征敌十年才得凯旋。

【鉴赏】描写战争的残酷无情，说尽了古今亲历战争、从刀枪丛中生还者的感受。

男儿何不带吴钩，收取关山五十州。

【语出】唐·李贺《南园》。

【通讲】吴钩：宝刀名，传为春秋时吴王阖闾所造。关山五十州：指黄河南北藩镇割据之地。好男儿何不挎上宝刀去出征，收复那失去的山河五十州！

【鉴赏】诗人虽闲居南园（李贺读书处，在福昌昌谷），内心怎能不焦虑不安？于是他直抒胸臆，吟成了以上的诗句。此诗意在鼓励书生投笔从戎、报效国家。

善用兵者，修道而保法，故能为胜败之政。

【语出】《孙子·形》。

【通讲】善于用兵打仗的人，修明政治，保证法纪，所以能成为战争胜败的主宰者。

【鉴赏】在战争中，要有政治组织纪律的保证，才能取胜。

追北归来血洗刀，白日不动苍天高。

【语出】明·李梦阳《石将军战场歌》。

【通讲】把敌人追逐至北方，回来后用敌人的鲜血来冲洗自己的大刀。这时，青天还是那么高，太阳也仍然安然不动。

【鉴赏】描写一位将军战场杀敌归来时的情景，豪迈的英雄气概跃然纸上。

8 战　　祸

白骨露于野，千里无鸡鸣。

【语出】三国魏·曹操《蒿里行》。

【通讲】累累白骨暴露在野外，千里之内连鸡鸣的声音都听不见了。

【鉴赏】东汉末年，战乱连年不断，人民大量死亡，社会生产遭到严重破坏。诗人控诉了残酷的内战。

从此太平销兵甲，记取红羊换劫年。

【语出】唐·殷尧藩《李节度平虏》。

【通讲】"红羊换劫"，即遭逢国难，古人以丙午、丁未为国厄之年，因丙、丁属火，色朱，未属羊，故称之为"红羊劫"。但愿从今后天下太平、永无战事，记住这兵连祸结的浩劫之年。

【鉴赏】抒发了对消弭战乱、祸害的太平世界的期盼之情，语味苍凉，感情沉郁。

国破山河在，城春草木深。

【语出】唐·杜甫《春望》。

【通讲】国都沦陷了，只有山河还在。春天的长安城中，到处草木丛生。

【鉴赏】描写了唐朝国都长安被安禄山叛军攻陷后的破落景象。

海天龙战血玄黄，披发长歌览大荒。

【语出】苏曼殊《以诗并画留别汤国顿》。

【通讲】"龙战"一词出于《易经》中"龙战于野，其血玄黄"一语，本指阴阳两气的交战，这里借指列强的侵华战争。"大荒"，荒废不治之意，特指大灾之年。列强的侵华战争使大地流满了又黑又黄的血迹，看到多灾多难的祖国我只能披头散发，长歌当哭。

【鉴赏】描写祖国遭受列强的武装侵略，人民惨遭屠杀，国家荒废不堪。表现了对祖国命运的关怀。

九州犹虎豹，四海未桑麻。

【语出】明·刘基《古戍》。

【通讲】敌寇到处侵扰，国家战事不息；人民不得安居乐业，大片土地荒凉。

【鉴赏】表现出诗人对国宁民安的向往。

朝为耕种人，暮作刀枪鬼。

【语出】唐·陈羽《梁城》。

【通讲】早上还是种田人，晚上成了刀下鬼。

【鉴赏】中唐以来，藩镇割据，互相杀伐。很多善良农民被征兵而死于战祸。诗作反对不义战争，同情无辜战死者。对偶整齐，对比鲜明，感染力强。

9 胜　　败

兵出无名，事故不成。

【语出】《汉书·高帝纪上》。

【通讲】名：正当的理由。出兵打仗，如果没有正当的理由就不会成功。

【鉴赏】师出有名才能胜利。

图穷匕首见。

【语出】《战国策·燕策三》。

【通讲】穷：穷尽。见：同"现"。打开地图到尽头，藏在图里的匕首露了出来。

【鉴赏】战国末年，荆轲奉燕太子丹之命赴秦劫持秦王，他把秦将樊於期的人头及燕国的地图进献给秦王。在奉图的时候，"图穷匕首见"，荆轲立即抓住匕首刺秦王，不中，秦王拔剑抵抗，卫兵乘机上前杀了荆轲。比喻事情发展到最后，真相或本意显露了出来。现多作贬义词，指企图掩盖事情真相最终显露出来或图谋不轨最后阴谋败露。

一时之强弱在力，千古之胜负在理。

【语出】明·冯梦龙《东周列国志》第十四回。

【通讲】一时：短时间的；暂时的。千古：长久的。短时间势力的强弱可能是由权力的大小来决定，但长久的胜负却取决于公理。

【鉴赏】不要凭一时之强力取胜，公理最终能战胜强力。

以乱攻治者亡，以邪攻正者亡，以逆攻顺者亡。

【语出】《战国策·秦策一》。

【通讲】用内政混乱的国家去攻打治理清明的国家，必亡；用邪恶之国去攻打正义之国，必亡；用倒行逆施的国家去攻打顺应时势的国家，必亡。

【鉴赏】此句现在仍具有讽喻警戒意义。事物和社会历史的发展都有它的客观规律,不以人的主观意志为转移。一切违背这种客观规律的行为,不管力量多么强大,最终都必然失败甚至灭亡。

因则贫贱可以胜富贵矣,小弱可以制强大矣。

【语出】《吕氏春秋·顺说》。

【通讲】只要善于因势利导,贫贱的就可以胜过富贵的,弱小的就可制服强大的。

【鉴赏】处于劣势不要害怕,通过各种努力,发挥各种作用,可以转为优势的,一定要树立这种必胜的信心。

勇则战,怯则北;战而胜者,战其勇者也;战而北者,战其怯者也。

【语出】《吕氏春秋·决胜》。

【通讲】北:败逃。有勇气才能作战,胆怯则将败逃;战胜的一方是以其勇气为战的,战败的一方则是以其胆怯为战的。

【鉴赏】作战靠的是勇气,勇气足,就能战胜敌人,无往不胜。

用武则以力胜,用文则以德胜。文武尽胜,何敌之不服!

【语出】《吕氏春秋·不广》。

【通讲】用武就凭力量取胜,用文就凭仁德取胜。用文用武都能取胜,还有什么样的敌人不能归服呢?

【鉴赏】对付敌人不但要用武力,也要用仁德,文武兼施,任何强大的敌人也会被打败。

10 备 战

兵可千日而不用，不可一日而不备。

【语出】《南史·陈暄传》。

【通讲】即使长期不打仗，每天也要做好战斗的准备。

【鉴赏】阐述了军队备战的重要性。

兵者，百岁不一用，然不可一日忘也。

【语出】《鹖冠子·近迭》。

【通讲】军队这个组织，可能一百年都派不上一次用场，但是不可以有一天忘记它的作用。

【鉴赏】长期处在和平环境中的国家，任何时候也都不可忘掉保卫国家的军队。

凡战必悉熟偏备，知彼知己，然后可也。

【语出】《吕氏春秋·察微》。

【通讲】凡作战一定要熟悉全部情况，做好各方面的准备，知己知彼，然后才可以作战。

【鉴赏】知彼知己，是战争准备的重要因素。

高筑墙，广积粮，缓称王。

【语出】《明史·朱升传》。

【通讲】筑起高大的城墙，广泛积聚粮食，延缓称王的时间。

【鉴赏】这是朱升向朱元璋提出的一项斗争策略。这一斗争策略是十分正确的，朱元璋完全采纳了这一建议，为他此后建立大明王朝奠定了坚实基础。对今天的我们也有借鉴意义，就是要加强国防建设，抓好经济，不称霸。

故用兵之法，无恃其不来，恃吾有以待也；无恃其不攻，恃吾有所不可攻也。

【语出】《孙子·九变》。

【通讲】所以用兵的原则，不要指望敌人不来，而要依靠自己作好充分准备等待敌人来；不要指望敌人不进攻，而要依靠自己具有不可攻破的力量。

【鉴赏】作战者必须立足在作好充分准备、使敌人不可攻破的基础上，不能存侥幸心理。否则，指挥者最终总会失败。

虑必先事而申之以敬，慎终如始，终始如一，夫是之谓大吉。

【语出】《荀子·议兵》。

【通讲】在事前要周密考虑，并且要慎之又慎，慎重对待事情终结如同对待开始一样，始终如一，这就叫作大吉。

【鉴赏】在打仗前要自始至终周密筹划，做好各种准备，打起仗来一定会取胜。

民不知兵，富而教之。

【语出】宋·苏轼《居士集叙》。

【通讲】兵：军事。教之：教以军事常识。如果百姓不懂得军事，就应该先让他们富裕起来，然后再施行军训。

【鉴赏】要向群众普及军事知识，才能加强国防。

善用兵者，无沟垒而有耳目。

【语出】《管子·制分》。

【通讲】善于指挥战争的将领，宁可没有坚固的工事，也必须有了解敌人一举一动的情报人员。

【鉴赏】在战争中，情报工作异常重要，这是取胜的法宝。

事不前定不可以应猝，兵不预谋不可以制胜。

【语出】宋·辛弃疾《议练民兵守淮疏》。

【通讲】事情如果不提前准备妥当，一旦突然发生军情就难以应付；作战不先加筹划就无法克敌制胜。

【鉴赏】战前的筹划准备对克敌制胜极其重要。

虽至治之隆平，犹戒国而强兵。

【语出】《隋书·虞世基传》。

【通讲】即使是天下大治，一派升平，仍然要有所警戒，使军队强大。

【鉴赏】必须以强大的国防来维护和平。

兴师者必先蓄积食、钱、布、帛。不先蓄积，士卒数饥。饥则易伤，重迟不可战。战则耳目不聪明，耳不能听，视不能见；什部之不能使，退之不能解，进之不能行。

【语出】《越绝书·计倪内经》。

【通讲】征发军队必须先积聚粮食、钱财、布帛。不先积聚准备，出征士兵就会多次挨饿。饥饿就容易伤害身体，行动迟缓，难以投入战斗。打仗时耳目不灵，耳听不见，眼看不清；部队难以指挥，要它退不能迅速散开，要它进不能快速向前。

【鉴赏】说明“有备而战”，并指出了给养不足、将士易伤、战之必败的后果。

养军千日，用军一时。

【语出】元·马致远《汉宫秋》第三折。

【通讲】平时训练军队，为的是打仗时能有效地投入战斗。

【鉴赏】平时训练军队是为了一时打仗。

预备不虞，军之善政。

【语出】《晋书·桓冲传》。

【通讲】不虞：没考虑到的意外。随时准备应付可能发生的意外事件，这是行军打仗的最好措施。

【鉴赏】有备无患，做好发生突发事件的预警方案，是非常重要的，这样才可立于不败之地。

约期打仗最易误事。然期不可约，信则不可不通也。

【语出】《曾胡治兵语录·曾国藩论军事谋略》。

【通讲】约定好打仗的日期是最容易误事的。但是，日期虽然不可规定，但信息却必须畅通。

【鉴赏】作战必须信息畅通。

枕戈待旦。

【语出】《晋书·张寔传》。

【通讲】晚上枕着武器等天亮。

【鉴赏】必须时刻警惕敌人，毫不松懈。打仗是这样，做其他事也是这样坚持不懈。

六

伦理

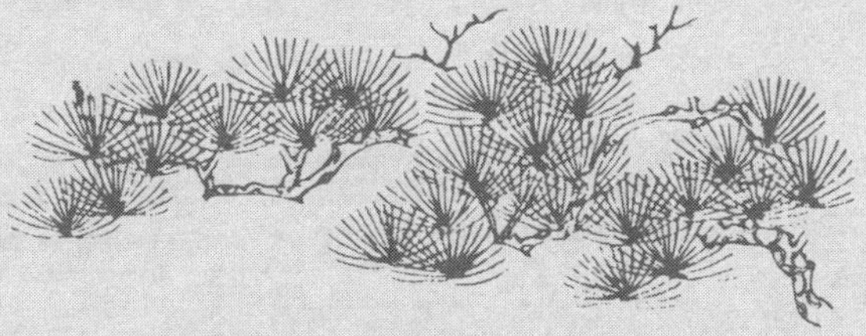

1 道　德

不恒其德，无所容也。

【语出】《周易·恒》。

【通讲】人不能保持自己的高尚品德，就无法立身于人世间。

【鉴赏】一个人如果没有道德作根本，就不能立身。

不愧于人，不畏于天。

【语出】《诗经·小雅·何人斯》。

【通讲】如果没有做什么有愧于人的事，那么我们对于上天也没有什么可怕的。

【鉴赏】不做亏心事，内心坦荡，又有何惧？

不在逆顺，以义为断；不在憎爱，以道为贵。

【语出】《后汉书·刘梁传》。

【通讲】不管处于逆境还是顺境，应当以道义决断一切；不论是憎恨还是喜爱，应当把道义放在首位。

【鉴赏】道义是看待世界、判断爱憎的唯一标准。

才乎才，有德以为功，无德以为乱。

【语出】宋·李觏《潜书》。

【通讲】才干啊才干，有德行的用它来建功立业，无德行的人用它来行恶作乱。

【鉴赏】才必须和德相配，才能发挥有益的效果。

才者，德之资也；德者，才之帅也。

【语出】《资治通鉴·周威烈王二十三年》。

【通讲】资:凭借;依靠。才能,是德行的凭借;德行,是才能的统帅。

【鉴赏】要努力做个德才兼备的人。

财能使人贪,色能使人嗜,名能使人矜,势能使人倚。四患既都去,岂在尘埃里?

【语出】宋·邵雍《男子吟》。

【通讲】色:女色。嗜:喜欢。钱财能使人贪图,女色能使人沉迷,名誉能使人骄傲,权势能使人仗恃。男儿大丈夫既然去除了财、色、名、势这四种祸患,难道还是尘埃里的凡人?

【鉴赏】大丈夫要戒除财、色、名、势这四大祸患,就是一个高尚的人。

恻隐之心,仁之端也;羞恶之心,义之端也;辞让之心,礼之端也;是非之心,智之端也。人之有四端也,犹其有四体也。

【语出】《孟子·公孙丑上》。

【通讲】恻隐:同情。端:端绪;萌芽。同情心是仁的萌芽;羞恶心是义的萌芽;辞让心是礼的开端,是非心是智的开端。人有这四种心理萌芽,就像人有四肢一样。

【鉴赏】儒家崇尚的仁、义、礼、智不仅是四种伦理道德,也是人生的四大规则。这四端说明了每个人都大有潜力,每个人都应培育恻隐、羞恶、辞让、是非之心,进而得到进一步的发展。

恻隐足以为仁,而仁不止于恻隐;羞恶足以为义,而义不止于羞恶。

【语出】宋·苏轼《子思论》。

【通讲】有了同情心足以推行仁德,而仁德不仅仅停留在恻隐之心上;有了羞耻之心足以坚持道义,但道义不仅仅停留在羞耻之心上。

【鉴赏】仅有恻隐和羞恶之心是远远不够的,仁义道德还有更广泛的内容,需要我们全面了解和贯彻。

常存仁孝心，则天下凡不可为者，皆不忍为，所以孝居百行之先；一起邪淫念，则生平极不欲为者，皆不难为，所以淫是万恶之首。

【语出】清·王永彬《围炉夜话》。

【通讲】孝居百行之先：古人把孝行看得较重，认为孝行是所有行为之首。心中总存有仁爱孝顺之心意，那么只要是世界上不能够做的事，自己便都不忍心去做，因此说孝行是一切行为中首先应该做到的。心中一存有淫恶的念头，那么平常极不愿意去做的事，都可能会做起来，没有什么顾虑，所以说淫邪之心是各种坏行的开始。

【鉴赏】在自己的道德修养中，一定要记住："百善孝为先，万恶淫为首。"孝顺父母；是人的基本道德，色欲是一个人欲望中最强烈的，只可节制它，不可放纵它。否则，什么坏事都会干出来。

崇德莫大乎安身，安身莫尚乎存正，存正莫重乎无私，无私莫深乎寡欲。

【语出】《晋书·潘尼传》。

【通讲】要崇尚仁德没有比安身立命更重大，要安身立命没有比保存正气更高尚，要保存正气没有比无私更重要，要无私没有比减少物欲之累更深远。

【鉴赏】人对物欲的追求要适可而止，否则就非常危险，轻则陷牢狱之灾，重则丧生。减少物欲的追求，就可以做到无私，保存正气、安身立命、崇尚仁德。

道德不厚者，不可以使民。

【语出】《战国策·秦策一》。

【通讲】使：役使。道德不高尚的人不能役使老百姓。

【鉴赏】苏秦用连横的主张游说秦惠王，指出秦土地肥沃，人口众多，兵精粮足，有称霸天下的潜力，希望秦王任用他来实现这个大业。秦王则用毛羽未丰，"道德不厚者，不可以使民"等来推辞。此句表明一个人即使学识再深、能力再强、官位再高、权力再重，如果离开了德，也是难以被人信服,没有道德的人就难以当好管理者。

道是一重公众物事,当随人而接引。学是一个寻常家饭,当随事而警惕。

【语出】明·洪应明《菜根谭》。

【通讲】公众物事:指社会大众的事。接引:佛家语,本指引渡众生,例如《无量寿经》中有“以此宝手接引众生”,此处当迎接或引导解。人生的道理是社会公众的事,所以应该顺着人性去引导;做学问就像每个人吃家常饭那样普遍,因而应该随着事物的变化留心观察和提高警觉。

【鉴赏】道德、学问主要是依靠自身努力来完成的,而不像机遇等更多地取决于外部条件。因而,道德学问应随事警惕。

德比于上,故知耻;欲比于下,故知足。

【语出】汉·荀悦《申鉴·杂言下》。

【通讲】道德修养,同那些品德高尚的人相比较,所以知道自己的不足而觉得羞耻;个人欲望,同那些比自己差的人相比较,所以就会感到满足。

【鉴赏】比,怎么比,是个很重要的问题,这是每个人都必须认真考虑的问题。应该比德才,而不应该比生活。

德不广不能使人来,量不宏不能使人安。

【语出】明·刘基《郁离子·德量》。

【通讲】恩德不广博,则不能招揽人才;气量不宏大,则不能安定人才。

【鉴赏】有德行的人,人家才会信服,才会跟着他走。心胸宽广的人,才能容纳各种人,人才才不会跑掉。

德全者昌,失全者亡。

【语出】汉·枚乘《上书谏吴王》。

【通讲】品德完美的人必然昌盛,品德有缺陷的人必然灭亡。

【鉴赏】人要养成完美的品德,对自己是极有好处的。

德溢乎名，名溢乎暴，谋稽乎誸，知出乎争，柴生乎守，官事果乎众宜。

【语出】《庄子·外物》。

【通讲】稽：考求。誸（xián）：急。柴（zhài）：用于防守的栅栏，这里指堵塞。道德的败坏是由于追求名声，名声的败坏是由于喜欢显露自己。计谋生于急迫，智慧产生于斗争，设立栅栏篱障是为了防守。官事的成功是因为众人感到适宜。

【鉴赏】一切听任自然，凡事不可强求。所以道德败坏于求名，名声败坏于爱自我表现，所以我们不可以追求名声。我们还要注意，计谋生于急迫，智慧出于争论。为政者能适应百姓的需要便能成功，违反百姓的意愿就得不到安定。要根据百姓的需要来决定为政者的政策，不能急功近利而违背自然规律。

德輶如毛，民鲜克举之。

【语出】《诗经·大雅·烝民》。

【通讲】道德行为像羽毛一样的轻，但是一般人却很少拿起来身体力行。

【鉴赏】做好事并不难，关键是去不去做。

德有所长而形有所忘，人不忘其所忘而忘其所不忘，此谓诚忘。

【语出】《庄子·德充符》。

【通讲】道德超过常人的人，人们就会忘记他形体上的缺陷。如人们不忘记应该忘记的东西，却忘记了不应该忘记的东西，这才是真正的遗忘，即不该有的忘记。

【鉴赏】人的一生随时都会面对选择问题，哪些该牢记的，哪些该遗忘的，应该有个选择的原则。如果只重视人的外表而不重人的德行，就是选择不当了。

德者身之基，俭者德之舆。

【语出】《南齐书·王俭传》。

【通讲】舆:本谓车厢,又称地为"舆",这里是基础、根本的意思。道德是立身的基础,节俭是道德的根本。

【鉴赏】节俭可以培养人们的道德,从而可以立于社会之中。

德者,事业之基,未有基不固而栋宇坚久者。

【语出】明·洪应明《菜根谭》。

【通讲】基:基础。一个人的品德是他一生事业的基础,如同兴建高楼大厦,假如不事先把地基打稳固,就绝对不能建筑坚固耐久的房屋。

【鉴赏】品德的修养是人生的基础,一个品行不端的人,很难在事业上有所成就,即使可能荣誉于一时,但终究会贪赃枉法、误国误民。所以成功的事业者必须德才兼备。

德之休明,不在位之高下。

【语出】唐·李白《武昌宰韩君去思颂碑》。

【通讲】休明:美好旺盛。一个人的品德是否美好旺盛,不在于他的地位高低。

【鉴赏】人的美德不是来自人的地位高低。

动天之德莫大于孝,感物之道莫过于诚。

【语出】《宋史·何铸传》。

【通讲】能惊天动地的道德没有比孝更大的,能感动万物的品德没有超过诚实的。

【鉴赏】孝顺是道德中最重要的,诚信是品德中最要紧的。对父母要尽孝,对人要诚信。

凡制国治军,必教之以礼,励之以义,使有耻也。夫人有耻,在大足以战,在小足以守矣。

【语出】《吴子·图国》。

【通讲】凡治理国家和军队,一定要进行礼的教育,用义来鼓励,这就能使人有羞耻观念。人有了这种观念,强大时足以进攻,弱小时足以守备。

【鉴赏】除儒家之外，兵家也很重视礼、义。礼、义可一般地解释为文化修养、道德观念。这方面的影响是潜移默化的，需要长期的努力才能见效。

凡智愚无他，在读书与不读书；祸福无他，在为善与不为善；贫富无他，在勤俭与不勤俭；毁誉无他，在仁恕与不仁恕。

【语出】明·吕坤《呻吟语·修身》。

【通讲】对于智慧与愚蠢的区别，只在于读书与不读书的缘故；灾祸与幸福的区别，只在于做善事与不做善事的缘故；贫穷与富贵的区别只在于勤俭与不勤俭的缘故；诋毁与赞誉的区别，只在于仁爱宽恕与否的缘故。

【鉴赏】作为人的品格修养，提出了以读书来增长智慧，以行善积德来避祸，勤俭以致富，还要宽厚以待人。

夫令名，德之舆也；德，国家之基也。

【语出】《左传·襄公二十四年》。

【通讲】令名：好名声。德之舆：承载品行的车子。好名声承载着美德，德行是国家和家族的基础。

【鉴赏】范宣子执政，小诸侯国的贡赋很重。子产就托人带信给范宣子。子产认为治国应该重德轻财，“夫令名，德之舆也；德，国家之基也”，治国以德，可以获取美好的名声，塑造良好的国家形象，使国家根基稳固。有美德就能快乐，快乐就能统治长久。范宣子听后很高兴，于是减轻了小诸侯国的贡赋。自古以来，政德隆，民德昌；政德毁，民德降。政与德的建设一直是与国家兴旺、衰退有紧密联系的。注重发挥道德在治国理政中的重要作用，以官员或者公职人员道德素质的提升促进整个社会道德建设，是国家兴旺的基础。

高而能下，满而能虚，富而能俭，贵而能卑，智而能愚，勇而能怯，辩而能讷，博而能浅，明而能暗，是谓损而不极。能行此道，唯至德者及之。

【语出】汉·刘向《说苑·敬慎》。

【通讲】身居高位却能够到群众中去，多才多艺却仍能保持谦虚的态度，生活富裕却仍能节俭，身处显贵却能像卑微的人一样生活，聪明却能像愚笨的人一样处世，勇敢但却能像胆小的人那样行事，善于辞辩而不轻易出言，见识广博而不舍弃浅显的道理，英明但有时能糊涂一下，这就是所谓的一步而不退到尽头。能做到这点的，只有道德操行至善至美的人。

【鉴赏】这段话论述了适当退让的重要性。强调条件优越的人应该能自动有所谦退，只有自觉地时时有所退让，才能避免极端处事。

公平正论不可犯手，一犯则贻羞万世；权门私窦不可着脚。一着则玷污终身。

【语出】明·洪应明《菜根谭》。

【通讲】窦：储藏粮食的窖，壁间的小门也叫窦。私窦：私门，后门。着脚：踏进去。社会大众所公认的规范不可以触犯，触犯了那你就会遗臭万年；凡是权贵人家营私舞弊的地方千万不可踏进去，走进去了那你一辈子的清白人格就被玷污。

【鉴赏】勿犯公论，勿陷权门，这是正直的人。他宁可穷困也不依附权贵，他不会去违背公德、触犯国法，他会安贫乐道，保持清白的人格。

官吏不要钱，男儿不做贼，女子不失身，才有了一分人。连这个也犯了，再休说别个。

【语出】明·吕坤《呻吟语·修身》。

【通讲】当官为吏的不贪婪钱财，男儿丈夫不做贼为寇，女子不失身，这样才有了一分人格。如果连这个也都保持不了，那就再也不要说别的东西了。

【鉴赏】分别提出当官的，男儿、女子作为“人”最基本的要求，值得我们遵守。

国有四维，一维绝则倾，二维绝则危，三维绝则覆，四维绝则灭。倾可正也，危可安也，覆可起也，灭不可复错也。何谓四维？一曰礼，二曰义，三曰廉，四曰耻。

【语出】《管子·牧民》。

【通讲】国有四维。缺了一维,国家就会倾侧;缺了两维,国家就会危殆;缺了三维,国家就会颠覆;缺了四维,国家就会灭亡。什么叫四维?一曰礼,二曰义,三曰廉,四曰耻。

【鉴赏】“四维”说出自《管子》一书。礼、义、廉、耻是维系国家的四项道德准则,如果它们不能被推行,国家极易灭亡。每个时代都有每个时代的精神,每个时代都有每个时代的价值观念。这种核心价值观,承载着一个民族、一个国家的精神追求,体现着一个社会评判是非曲直的价值标准。我们必须培育和践行社会主义核心价值观。

和大怨,必有余怨;报怨以德,安可以为善?是以圣人执左契,而不责于人。故有德司契,无德司彻。天道无亲,常与善人。

【语出】《老子》第七十七章。

【通讲】和:和解;调和。左契:收债的凭证,古时借债,刻木为契,从中剖为左右两半。执左契:债权人保存左边的一半以作为收债的依据,负债人保存右边的一半。责:讨债;索取。司:主管。彻:周朝的一种税收法。司彻:指掌管收税的官。调解深重的怨恨,必然会有余留的怨恨,这哪里算得上好办法呢?因此,有“道”的圣人根本不去与人结怨,有如拿着借债的契据存根,却并不向人索取偿还。有“德”的人就像掌握借据的人一样宽容大度,没有“德”的人就像掌管税收的人一样苛刻计较。自然的规律是没有偏爱的,总是帮助善人。

【鉴赏】统治者不要与民结怨,要与人为善。不要用税赋来剥削百姓,用刑法来压迫百姓。因为这才符合天道,也就可以获得天道辅佑。做个有德自善之人,就会得天道福佑了。

货贿为贤所贱,德行为贤所贵。

【语出】唐·张九龄《亲贤》。

【通讲】货:钱财。贿:财物。贱:轻视。贵:重视。钱财被有德有才的人看得极轻,人的道德、品行被有德有才的人看得很重。

【鉴赏】看重德行,看轻钱财,是中国老百姓所要做的事情。

俭，德之共也；侈，恶之大也。

【语出】《左传·庄公二十四年》。

【通讲】共：大。节俭，是善行中的大德；奢侈，是邪恶中的大恶。

【鉴赏】《左传》记载，鲁庄公二十四年，雕镂桓公庙的椽子，这件事与去年的桓公庙的梁柱上涂上红漆一样，都是不合礼制的。御孙劝阻说，“俭，德之共也；侈，恶之大也”，先君具有大德，而国君这样做是把他放到大恶中去，恐怕是不行的。崇尚节俭、反对奢侈是中华民族的传统美德。节俭能使人不被外物所役使，约束自己，避免犯罪，走正直的路；奢侈能使人产生贪欲，贪图富贵，随意浪费，甚至贪赃受贿或盗人财物，败家丧身。“居安思危，戒奢以俭”（魏徵《谏太宗十思疏》），“历览前贤国与家，成由勤俭败由奢”（李商隐《咏史》），历史和现实都表明，一个没有艰苦奋斗、勤俭节约精神作支撑的民族，难以自立自强；一个没有艰苦奋斗、勤俭节约精神作支撑的国家，难以发展进步。

俭，美德也，过则为悭吝，为鄙啬，反伤雅道；让，懿行也，过则为足恭，为曲谨，多出机心。

【语出】明·洪应明《菜根谭》。

【通讲】悭吝：小气，吝啬；为富不仁。鄙啬：有钱而舍不得用，斤斤计较。雅道：即正道，此处指与朋友交往之道。懿行：美好的行为。足恭：过分恭维来取悦于人。曲谨：把谨慎细心专用在微小的地方，有假装谦恭的意思。机心：诡诈狡猾的用心。节俭朴素本来是一种美德，然而过分节俭，就是小气，就会变成为富不仁的守财奴，如此反有伤正道。谦让本来也是一种美德，可是太过分，就会变成卑躬屈膝处处讨好人，反而给人一种好用心机的感觉。

【鉴赏】节俭固然是美德，过分节俭就变成吝啬；谦让固然是美德，过分谦让就变成谄媚，如果节俭到吝，谦让至伪，这实际上是一种小人俗人的表现，是不可取的。

君之德三：曰仁，曰明，曰武。

【语出】宋·司马光《进修心治国之要札子状》。

【通讲】人君有三大应守的道德:一是仁慈,二是明智,三是勇武。

【鉴赏】这是司马光上奏仁宗说的话。这三种道德,对于今天的各级领导者,也是适用的,也是应该努力加以修炼的。

君子不患位之不尊,而患德之不崇;不耻禄之不夥,而耻智之不博。

【语出】汉·张衡《应间》。

【通讲】夥:多。君子不担心地位不够尊崇,而担心自身道德不够完善;不以收入不够高为耻,而以学识不够渊博为耻。

【鉴赏】《应间》是东汉科学家张衡重任太史令时写的一篇议论文章,体现了张衡一生不求功名利禄、为科学献身的坚定信念。人无德不立,官无德不为。有些干部往往比较关注仕途升迁、官位薪水,而对立德、立言、立行则漠不关心。这是很危险的,这不仅会伤害公共利益、贻误发展机会,也会断送自己光明的前途。

君子见人之困则矜之,小人见人之困则幸之。

【语出】《韩诗外传》卷二。

【通讲】君子见了困穷的人就会怜悯,小人见了困穷的人则感到庆幸。

【鉴赏】关怀帮助有困难的人,是有道德的人所乐于做的事情。

君子义以为质,礼而行之,孙而出之,信以成之。

【语出】《论语·卫灵公》。

【通讲】君子做事以符合道义为原则,依照礼节实行它,用谦逊的语言说出它,用诚实的态度完成它。

【鉴赏】"诚""信""德""义""廉""不欺"等等都是人们所尊奉的金科玉律。

宽则得众,敏则有功,公则说。

【语出】《论语·尧曰》。

【通讲】说(yuè):悦。宽厚就会得到众人的拥护,勤敏就会有功绩,公平就会使百姓高兴。

【鉴赏】这是为官应具备的品格。

劳而不伐,有功而不德,厚之至也。

【语出】《周易·系辞上》。

【通讲】付出许多劳动而不居功自夸,做出很大成绩而不自认为有恩德于人,这种人的品德是极其崇高的。

【鉴赏】居功不夸,付出不求回报,应成为人们的品德。

劳苦之事则争先,饶乐之事则能让。

【语出】《荀子·修身》。

【通讲】饶:富足;充足。碰到劳苦的事就抢在头里去做,碰到享乐的事却要谦让。

【鉴赏】古人都知道吃苦在前,享乐在后的道理,我们今人更要这样做。

老氏称:"上德不德,是以有德,下德不失德,是以无德。"

【语出】《史记·酷吏列传》。

【通讲】老氏:即老子,道家学派的创始人。上德:最有德的人,即得道、体道的人。下德:最无德的人。最有德的人并不表现为外在形式的德,所以实际上是有德;最无德的人死守着形式上的德,所以实际上无德。

【鉴赏】这几句引老子的语言,论述了有道德和没道德的人的道德表现。上德即基本上能认识和掌握"道"的人,是无为而无以为。下德是不能认识和掌握"道"的人,是无为而有以为。"上德"和"下德"的界限在于"有为"还是"无为"。

利于人者,虽难必举;利于己者,虽易勿为。

【语出】《旧唐书·崔彦昭传》。

【通讲】有利于他人的,虽然艰难必定去做;有利于自己的,虽然容易却不应该去干。

【鉴赏】要做个专门利人、毫不利己、品德高尚的人。

内心谦下是功,外行于礼是德;自性建立万法是功,心体离念是德;不离自性是功,应用无染是德。若觅功德法身,但依此作,是真功德。若修功德之人,心即不轻,常行普敬。心常轻人,吾我不断,即自无功。自性虚妄不实,即自无德。为吾我自大,常轻一切故。

【语出】《坛经·疑问》。

【通讲】内心里谦虚而不自满是功,在外礼敬他人是德。由自己的本性中建立万种佛法是功,自心本体离开妄念邪念是德。不离开自己的本性是功,运用无沾无染是德。如果想要寻求功德法身,只要根据这个原则来做,这就是真正的功德。那些修习功德的人,心里是很谦虚的,常常对他人他事十分尊敬。如果心中常常看不起他人、轻视他人,总想着自己如何如何,那就一点功也没有。自己的本性如果虚妄不实,那就是无德,这是因为骄傲自大、唯我独尊,目中无人的缘故。

【鉴赏】对别人要尊敬,要很谦逊,而不要唯我独尊,这才是最大的功德。

贫贱之知不可忘,糟糠之妻不下堂。

【语出】《后汉书·宋弘传》。

【通讲】糟糠:酒糟和谷皮,比喻粗劣食物。堂:前室;正厅。在贫贱时结交的朋友不能忘掉,同甘苦、共患难的结发妻子不能休掉。

【鉴赏】东汉光武帝刘秀打算把姐姐湖阳公主下嫁给太中大夫宋弘,当刘秀征询宋弘的意见时,宋弘就用这句话表明自己不愿抛弃结发妻子而与皇帝攀亲。宋弘的这句话千古流传。在你最痛苦危难的时候,别人伸出援助之手,帮你渡过难关,这样的朋友值得依赖,不能忘记。同样和你携手共渡难关、经过风雨磨难的妻子是最为珍贵的,不能抛弃。一个人富贵后如果忘记老朋友和结发妻子是最没有道德的,应受到谴责。

栖守道德者,寂寞一时;依阿权势者,凄凉万古。达人观物外之物,思身后之身,宁受一时之寂寞,毋取万古之凄凉。

【语出】明·洪应明《菜根谭》。

【通讲】道德:指人类所应遵守的法理与规范。依阿:依附迎合,指自己缺乏独立人格,凡事都随意附从他人意见。达人:智慧高超、胸襟开阔、眼光远大的人。恪守道德节操的人,只不过会遭受一时的冷落;而那些依附权势的人,却会遭受千年万载的唾弃与凄凉。胸襟开阔且通达事理的人,重视物质以外的精神价值,顾及死后的名誉。所以他们宁愿承受一时的寂寞,也不愿遭受永久的凄凉。

【鉴赏】宁愿栖守道德而寂寞一时,也就甘于淡泊了。反之,如魏忠贤、严嵩、和珅等人,几乎个个都是依仗权势的佞幸奸臣,他们最后都落得凄凉万古的悲惨下场,当今很多大官依仗权势,贪污腐化,也被投入囹圄。这说明为人处世不可不慎呀!

亲亲而尊尊,生者养而死者藏。

【语出】唐·韩愈《送浮屠文畅师序》。

【通讲】亲亲:善待亲人。尊尊:尊敬老师。养:抚养。藏:同“葬”,安葬。善待亲人而尊敬老人,活着的人都能得到抚养,死去的人有人送终安葬。

【鉴赏】必须注意建立和乐的家庭生活。

人道之始,莫先于孝悌。

【语出】《晋书·潘尼传》。

【通讲】人道:道义。孝悌:孝顺父母,敬爱兄长。人在道义上首先应该遵守的是孝顺父母、敬爱兄长。

【鉴赏】百善孝为先。自古以来,中国一直是一个讲孝的国度。在社会文明发展的今天,孝敬父母、尊敬兄长是每个人必须遵循的道德规范。

人之孝行,根于诚笃。

【语出】宋·袁采《袁氏世范》卷一。

【通讲】人为了尽孝而所做的种种,其根本在于有一颗诚挚的心。

【鉴赏】孝道的根本即诚挚之心是无论什么时候都需要倡导的。在当今社会我们更需要学习保持这种诚挚之心,孝养父母,报效祖国。

儒有不宝金玉,而忠信以为宝;不祈土地,立义以为土地;不祈多积,多文以为富。

【语出】《礼记·儒行》。

【通讲】读书人不以金玉为宝,而以忠信为宝;不求得土地,而以建立义理为土地;不求财富的积累,而以多有著述为富有。

【鉴赏】我们不去追求金银财宝,而应追求道德的完善、正义的建立、文化的自信、对国家和人民的忠诚!

三德:一曰正直,二曰刚克,三曰柔克。

【语出】《尚书·洪范》。

【通讲】为政之道,就是对人民要有三种美德:一是正直无私,二是刚强有为,三是柔和有恩。

【鉴赏】官员应具有这三种美德,才是好官员。

诗品出于人品。

【语出】清·刘熙载《艺概·诗概》。

【通讲】品:品格。诗的品格取决于诗人的品格。

【鉴赏】人品决定诗品。

士处家必以孝敬为本,在朝则以忠节为先。

【语出】《魏书·王洛儿传》。

【通讲】士人在家中一定要以孝敬为根本,在朝廷为官则以忠顺节义为首义。

【鉴赏】在家尽孝,在职尽忠,是为人的基本品德。

恃德者昌,恃力者亡。

【语出】《史记·商君列传》。

【通讲】恃:仗恃。昌:兴旺发达。仗恃仁德的人兴旺,仗恃暴力的人灭亡。

【鉴赏】赵良引用《周书》上的话警告商鞅,要他推行仁义而放弃法治。

这对我们也有启示意义,仁德极可贵,暴力极可畏。

恕思以明德,则令名载而行之,是以远至迩安。

【语出】《左传·襄公二十四年》。

【通讲】恕思:宽恕之心。令:善;美。迩:近。以宽恕之心来彰显美德,那么美好的名声就会载着美德广为流传,远方的人会因此而归附,近处的人则会安居乐业。

【鉴赏】彰显美德的重要性。

顺德者昌,逆德者亡。

【语出】《汉书·高帝纪上》。

【通讲】逆:抵触;不顺从。顺应道德的人才会昌盛,忤逆道德的人必然灭亡。

【鉴赏】这句话是刘邦向天下公布项羽杀义帝并号召各诸侯对他进行讨伐的"檄文"。谁违背道义,必然灭亡。不识时务者或不按规律办事者必须警醒。

王政之先,无以加孝;人伦之本,莫大尊亲。

【语出】《元史·昭献元圣皇后传》。

【通讲】王者的政事,优先的是守孝道;人伦的根本,尊奉双亲为最高。

【鉴赏】孝是最重要的,是为人的基本品质。在家不孝的人,很难为国尽忠。

忘恩负义,禽兽之徒。

【语出】《增广贤文》。

【通讲】忘恩负义的人,无异于禽兽。

【鉴赏】要懂得报恩。

无德而禄,殃也。

【语出】《左传·闵公二年》。

【通讲】禄:享受俸禄。没有德行而受禄,这是灾殃。

【鉴赏】享受国家的俸禄,就要有功于国家。如果道德低下,无功受禄,就会给国家带来祸害,个人也会为人所厌恨,最终导致灾祸。古语“不患无位而患德之不修”“不患位之不尊,而患德之不崇”,可见“德”之重要。“德不配位,必有灾殃”,厚德才能承载万物。

无官何患,无钱何惮?休教无德人轻慢。

【语出】元·张养浩《山坡羊·述怀》。

【通讲】没有官做何须担忧?没有钱财何须害怕?不要因为没有道德修养而被人看轻。

【鉴赏】诗句表现对官位、金钱不屑一顾的态度。可是不能不讲道德,表现了封建时代一个正直的知识分子的崇高情操,值得我们学习。

胸中洒落如光风霁月。

【语出】宋·黄庭坚《豫章集·濂溪诗序》。

【通讲】心胸开阔得如雨后初晴的风、雨雪停止后的月亮。

【鉴赏】比喻人的品格高尚、胸襟开阔。

修德之目有三,曰清心,曰寡欲,曰崇俭,皆致寿之原。

【语出】《宋史·度宗本纪》。

【通讲】道德修养的要点有三,即清心、寡欲、崇俭,这些都是长寿的根本。

【鉴赏】道德品质高的人,往往长寿。不为名利所累,身心自然康健。

修之于身,其德乃真;修之于家,其德乃余;修之于乡,其德乃长;修之于邦,其德乃丰;修之于天下,其德乃普。故以身观身,以家观家,以乡观乡,以邦观邦,以天下观天下。吾何以知天下之然哉?以此。

【语出】《老子》第五十四章。

【通讲】修德于一身,他的“德”就可以纯真;修德于一家,他的“德”就会游刃有余;修德于一乡,他的"德"就会增长;修德于一国,他的"德"就广大;修德于天下,他的"德"便会普遍得到认同。修德要推己及人、见微知著。所以要做到从自己本身的情形去观照别人的情形,从自己一家的情形去观照别人家的情形,从自己一乡的情况去观照其他乡的情况,从自己一国的情形去观照别的国家的情形,从目前天下的状况观照将来天下的状况。我靠什么来了解天下这样的现实呢?就是用的这个道理。

【鉴赏】论述了"德"的功能和作用。用德修身、治家、治乡、治国、治天下,作用极大。

懿德茂行,可以励俗。

【语出】唐·韩愈《祭薛中丞文》。

【通讲】懿德:美德。茂:美好。高尚的品德和美好的行为,能够激励社会习俗的改进。

【鉴赏】社会风俗的改进,要靠全体人民高尚的品德和良好的行为规范。

有德者昌,无德受殃。

【语出】《晋书·苻坚载记上》。

【通讲】有道德的人将会昌盛,没有道德的人将会遭受祸殃。

【鉴赏】人做好道德修养是非常重要的,一定要努力做个有道德的人。

有德者昌,无德者亡。

【语出】《北史·薛辩传》。

【通讲】有道德的就昌盛,没有道德的便灭亡。

【鉴赏】道德非常重要,是决定国家昌盛或灭亡的关键。

有源之水,寒洌不冰;有德之人,厄穷不塞。

【语出】宋·胡宏《胡子厄言·文王》。

【通讲】寒冽(liè):寒冷。厄:灾难;困苦。塞:阻止;使受困。有源泉的水,即使天气寒冷,也不会冻结成冰;有美德的人,即使处境困窘,也不会失意潦倒。

【鉴赏】具有高尚品德的人,绝不能在一时的挫折中倒下。

曰仁义,礼智信,此五常,不容紊。

【语出】《三字经》。

【通讲】仁、义、礼、智、信称作“五常”,这五种纲常是不容许紊乱的。

【鉴赏】人人都应该了解“五常”,更应该确实遵行,能做到这五条才配称作“人”。仁是有不忍人之心、恻隐之心,看见别人受苦,就像自己受苦一样。义是合宜的才做,像偷盗的行为是不合宜的,因此不应做。礼是要在一定的规范内做事,不逾越范畴,这样彼此才能相安无事;智者必得保持清醒的头脑,对人对事才有正确的判断力,因此智者最好杜绝那些会使人迷失心智的东西。信者必不轻言,话未经考虑就随便说出了口,如果做不到,就会坏了信用。

知言则有以明道义,而于天下之事无所疑。养气则有以配夫道义,而于天下之事无所惧。

【语出】宋·朱熹《朱子语类》卷五十二。

【通讲】能见辞察意就能明白道德义理,从而知晓天下之事;能修养浩然之气就会配合道德义理,从而对天下之事毫无畏惧。

【鉴赏】说明人的深厚的品德修养对于立身处世的重要性。

知、仁、勇三者,天下之达德也。

【语出】《中庸·二十章》。

【通讲】智慧、仁爱、勇敢这三种美德,都是天下人人所应有的品德。

【鉴赏】智勇双全,是人们所追求的,再加上对人有仁爱之心,就是个完美的人格。

至德之世,不尚贤,不使能;上如标枝,民如野鹿,端正而不知以为义,相爱而不知以为仁,实而不知以为忠,当而不知以为信,蠢动而相使,不以为赐。是故行而无迹,事而无传。

【语出】《庄子·天地》。

【通讲】道德达到极完美程度的时代,不推崇贤哲,不任用能人;君主就像树梢,人民就像野鹿都自然无为;品德端正却不知什么是义,相爱却不知什么为仁,诚实却不知什么为忠,认真却不知什么为信,动一动都是在互相帮助,却不认是赐给。因此,虽然行动却没有遗迹,虽做事却不见流传。

【鉴赏】庄子描绘了这样一幅道德极其完美的图画,也许这是人类只能企盼而无法实现的。不需要任何说教,人们按自己的天性去做,纯出自然。

至人无己,神人无功,圣人无名。

【语出】《庄子·逍遥游》。

【通讲】道德修养最高尚的人,才能进入忘我的境界;精神世界能够完全超脱物外的人,才能抛弃一切建树功名和事业的世俗观念,思想修养臻于完美的人,才能不去追求名誉和地位。

【鉴赏】每一个想成为具有高尚道德修养的人必须朝"无己""无功""无名"的方向努力。

治身莫先于孝,治国莫先于公。

【语出】宋·苏轼《司马温公行状》。

【通讲】治理自身首要的是要孝敬父母,治理国家首要的是秉公办事。

【鉴赏】孝敬父母,为国尽忠,这是为人应有的品德。

种树者必培其根,种德者必养其心。

【语出】明·王守仁《传习录》卷上。

【通讲】种树的人,一定要培植树根;着手立德的人,一定要从修养自己的内心做起。

【鉴赏】人要立德,必须加强自身修养。

作德心逸日休,作伪心劳日拙。

【语出】《尚书·周官》。

【通讲】做的是符合德行的事,内心就坦荡轻松,而且日子过得顺当;做事弄虚作假,思想上就会整天盘算个人得失,而使自己的日子越来越不好过。

【鉴赏】老老实实做人比弄虚作假更为可取。

2 道义

不戚戚于贫贱，不汲汲于富贵。

【语出】晋·陶渊明《五柳先生传》。

【通讲】不为贫穷卑贱而忧愁，不为发财做官而奔忙。

【鉴赏】《五柳先生传》是陶渊明的自传，五柳先生的形象正是陶渊明的自画像。五柳先生“环堵萧然，不蔽风日”，居室简陋，家徒四壁；“短褐穿结”，衣着粗陋，打满补丁；“箪瓢屡空”，饭碗空空，饮食不继；但他“晏如也”，安然自得。“不戚戚于贫贱，不汲汲于富贵”与文中“不慕荣利”相照应，五柳先生的生活困弊不堪，但处之泰然，安贫乐道。赵孟頫在《五柳先生传论》中评价说“志功名者，荣禄不足以动其心；重道义者，功名不足以易其虑。”

不义不昵，厚将崩。

【语出】《左传·隐公元年》。

【通讲】不义：不义于君。昵：亲近，这里是“拥护”“拥戴”的意思。没有正义就不能号召人，势力虽大反而会崩溃。

【鉴赏】郑庄公的弟弟共叔段在封地京地逾制建立城墙，有谋反的嫌疑，大臣劝庄公赶紧遏制弟弟的做法，以免蔓延，庄公说：“多行不义必自毙。”接着，共叔段让西部和北部边境听从自己的命令，大臣再次劝郑庄公除掉隐患，庄公说：“无庸，将自及。”之后，共叔段继续扩大地盘，大臣认为对共叔段该动手了，庄公说：“不义不昵，厚将崩。”这是一个兄弟相争的故事，揭示了亲情和利益的对立冲突。庄公代表了合理和正义，共叔段则图谋不轨。凡是作恶、耍阴谋诡计，损害他人正当权益，危害社会的行为，都是非正义行为，即使暂时有较强势力，最终还是要垮台。

不义而强，其毙必速。

【语出】《左传·昭公元年》。

【通讲】不义：不合乎道义。毙：死，这里指失败、灭亡。不合道义而强大,一定很快灭亡。

【鉴赏】赵文子在楚国令尹设的享礼宴上赋《小宛》第二章,意在告诫令尹勿失仪败德。叔向认为楚王弱,令尹强,令尹即使取得君位,也不会善终,因为“不义而强,其毙必速”,正像西周虽赫赫强盛,不义却使它灭亡。正义战胜邪恶、进步战胜反动、光明战胜黑暗,前进战胜倒退,这是人类社会的普遍规律。谁违抗它,就会受到惩罚;这就是历史的辩证法。邪恶势力貌似强大,但由于违背历史潮流,是不义的,尽管可能得逞一时,但是正义战胜邪恶的历史潮流不可阻挡。正义终将战胜邪恶。

财不如义高,势不如德尊。

【语出】汉·刘向《说苑·说丛》。

【通讲】钱财、权势都赶不上道义高尚。

【鉴赏】道义高尚是最重要的。

从道不从君,从义不从父。

【语出】《荀子·子道》。

【通讲】应该根据原则行事,而不一定根据君主的意志行事;应该做合乎真理的事,而不一定按父亲的意见办。

【鉴赏】道义高于一切,一切服从真理。在道义面前,不为权势、也不能为亲情所屈从。

大丈夫宁为玉碎,不为瓦全。

【语出】《北齐书·元景安传》。

【通讲】瓦:用土烧成的器物。大丈夫宁愿作为玉器而被打碎,也不愿作为瓦片以求得保全。

【鉴赏】大丈夫宁愿为正义牺牲生命,也不愿苟全性命。违逆正义,苟且偷生,是我们所不取的。

得道多助,失道寡助。

【语出】《孟子·公孙丑下》。

【通讲】合乎正义的就能得到更多人的帮助，不合乎正义的得到的帮助就很少。

【鉴赏】正义为人心之所向，必得众人之助。

多行不义必自毙。

【语出】《左传·隐公元年》。

【通讲】多行不义之事，必定要自遭失败。

【鉴赏】郑庄公的弟弟共叔段在封地京地逾制建立城墙，大臣祭(zhài)仲对庄公说，这将会成为国家的危害，要赶紧遏制弟弟的做法，以免共叔段的贪欲蔓延。庄公说："多行不义必自毙，子姑待之。"古往今来，凡是作恶多端的人、搞阴谋诡计的人，都没有好下场，必定自取灭亡。

凡谋者，疑也。疑则从义断事。从义断事，则谋不亏。谋不亏，则名实从之。贤主之举也，岂必旗偾将毙而乃知胜败哉？察其理而得失荣辱定矣。

【语出】《吕氏春秋·召类》。

【通讲】偾(fèn)：毁坏。凡是进行谋划的人，都是由于对事情有疑虑。有了疑虑就应根据义的原则去判断。根据义的原则去判断，谋划就不会有失误；谋划没有失误，名誉和实利就会得到了。贤明的君主做事，怎么会等到军旗倒了，大将死了，才知道胜败呢？只要详察事理，得失荣辱就可以判定了。

【鉴赏】说明了如何谋划的道理。详察事理，根据义的原则去分析判断，谋划就不会失误。

凡言，须先度是非可否。果近于义而后言，则其言可践。恐不近于义，其言将不可复也。

【语出】宋·朱熹《朱子语类》卷二十二。

【通讲】果：确实。凡是讲话，必须先考虑一下是非和能不能做。如果确实合乎义然后再做出向别人承诺的话，那么这个承诺就可以付诸实践。最为担心的是(事情)与义相违背，(而做出的)承诺又无法收回来。

【鉴赏】讲话之前要三思,合义则讲,不合义切不可乱讲,更不能对别人轻易做出承诺。

凡有血气,皆有争心,故利不可强,思义为愈。

【语出】《左传·昭公十年》。

【通讲】血气:指血性、生命。愈:超过。凡有血气的人,都有争夺之心,所以利益不可强取,想到符合道义才更胜一筹。

【鉴赏】鲁昭公十年,齐国发生四姓之乱,陈氏、鲍氏攻打栾氏、高氏,并瓜分了他们的田邑。这时,晏子劝陈桓子把所得到的栾氏、高氏财产交给齐景公,说"凡有血气,皆有争心,故利不可强,思义为愈"。最后陈桓子将财产全部上交给齐景公。义利观是古老的论题,孔子说"见利思义,见危授命"(《论语·宪问》),又说"君子喻于义,见利而思义;小人喻于利,见利而忘义"(《论语·里仁》)。见利思义与见利忘义虽只是一字之差,但却反映了对立的价值观。孟子发展了孔子的义利观,主张"舍生取义"。但儒家并不是把"义"与"利"对立起来,孔子还说"富而可求也,虽执鞭之士,吾亦为之"。"可求"的标准是"义",见到利益,衡量它是否符合道义,符合即可取,不符合则不应据为己有,正如孟子所说"义,人之正路也"。"天下熙熙,皆为利来,天下攘攘,皆为利往"(《史记·货殖列传》),但在利益的诱惑面前,应坚持以义为重。

粉骨碎身浑不怕,要留清白在人间。

【语出】明·于谦《咏石灰》。

【通讲】即使粉身碎骨我也全然不怕,为的是要把清白的品质留在人间。

【鉴赏】以石灰喻指诗人自己,表达自己的志向和信念。不顾个人安危,挺身而出,拯救国家民族于危急之中。

蝮蛇口中草,蝎子尾后针,两般犹未毒,最毒负心人。

【语出】明·冯梦龙《警世通言》卷二十五。

【通讲】蝮蛇:毒蛇。蝎子:毒虫。两般:两样。负心:忘恩负义。蝮蛇口中的草,毒虫蝎子尾巴后的针,这两种东西还不是太毒,而最毒的是负心汉。

【鉴赏】把忘恩负义的人视作比蝮蛇、蝎子还要毒辣。

告以义而欣然色喜者，善心之所发也；责以正而赧然色惭者，耻心之所动也。

【语出】清·胡达源《弟子箴言·奋志气》。

【通讲】告诉他合乎道义之事而其人顿露喜色乐意前往去做，这是他善良的本性受到了启发；以公正之义责备他而其人显得不安面露愧色，这是他天生的羞耻之心被感动了。

【鉴赏】人要善良，要有羞耻心。

苟失其道，则兄弟不阿；苟得其义，虽仇雠不废。

【语出】《后汉书·刘梁传》。

【通讲】假如不遵守人的行为规范，即使是在兄弟之间，也不会和睦；如果按照规范行事，即使在仇人之间，也不会不讲原则。

【鉴赏】刘梁在《辩和同之论》中提出的“道”和“义”，就是人的行为规范、做人的准则。大家遵从了这种规范和准则，社会才能安定。

古之得道者，穷亦乐，达亦乐，所乐非穷达也。道得于此，则穷达一也，为寒暑风雨之序矣。

【语出】《吕氏春秋·慎人》。

【通讲】古代得道的人，困窘时高兴，显达时也高兴，高兴的不是困窘或显达本身，而在于他所坚守的道义。如果他有了这样的修养，那么，困窘和显达对他来说，就都是一样的了，就像寒暑风雨交替出现一样。

【鉴赏】正确对待困窘和显达，是每个人应有的品质。

古之义士，虽死不避，栾布哭彭，郭亮丧李。王修葬谭，操嘉其义。晦送杨凭，擢为御史。此其用心，纯乎天理。后之薄俗，奔走利欲，利在友则卖友，利在国则卖国。回视古人，有何面目？

【语出】元·吴亮、许名奎《劝忍百箴·背义之忍》。

【通讲】古时的义士就是死也绝不畏避。栾布祭祀彭越，郭亮器吊李固都是这样;王修请求埋葬袁谭,曹操赞美他的忠义;杨晦送别杨凭,被提升为御史。这是因为他们的用心完全合乎天理。后代的人都为利欲而奔走,把礼义看得很淡薄,朋友处有利可图就出卖朋友,国家事有利可图就出卖国家。这样的人对照古人还有何脸面活在世上呢?

【鉴赏】为了忠义而不惜牺牲自己的生命,这是很高尚的品德,为了个人利益,出卖朋友,出卖组织,出卖国家,是极其卑鄙的人,必须共讨之。

积正不倦,必生节义之志;积邪不止,必生暴弑之心。

【语出】汉·王符《潜夫论·慎微》。

【通讲】坚持正道不知懈怠,一定会产生富有节操礼让的品行;积累邪恶不停止,一定会产生暴虐犯上的心思。

【鉴赏】坚持正道而停止邪恶,是我们长期的修养目标。

救灾恤邻,道也。行道,有福。

【语出】《左传·僖公十三年》。

【通讲】恤:救济。赈灾救济邻国,是正道。实行正道,有福。

【鉴赏】僖公十三年冬天,晋国饥荒,向秦国求助,秦穆公询问百里奚,百里奚说,"救灾恤邻,道也。行道,有福"。秦国于是把粮食送到晋国。僖公十四年冬天,秦国饥荒,向晋国求援,晋国却幸灾乐祸,不予救援。僖公十五年,在韩原交战中,秦穆公擒获晋惠公。秦穆公君臣施行仁政,恤邻爱民,行有道。中国历来注重睦邻友好,行善救灾恤邻,扶危济困,相扶相助。解救百姓的灾难,解除邻国的祸患。邻国或邻居间以相扶相助为伦理义务。

君子苟能无以利害义,则耻辱亦无由至矣。

【语出】《荀子·法行》。

【通讲】苟:假如;如果。无:不。君子如果能够不以财利伤害正义,那耻辱也就无从到来了。

【鉴赏】看见金钱就不顾道义,必将自取其辱。

君子惧失义，小人惧失利。

【语出】《太平御览·人事部》。

【通讲】有德行的人害怕失去道义，小人担心失去利益。

【鉴赏】君子和小人的差别就是为道义还是私利。

君子尚义，小人尚利。尚利则乱，尚义则治。

【语出】宋·邵雍《义利吟》。

【通讲】君子崇尚道义，小人崇尚私利。崇尚私利国家就混乱，崇尚道义国家就安定。

【鉴赏】每个人要有正确的义利观。

君子思义而不虑利，小人贪利而不顾义。

【语出】《淮南子·缪称训》。

【通讲】君子考虑的是道义而对那些私利不屑一顾，小人贪图的是利禄而背弃仁义。

【鉴赏】君子与小人对义与利有不同的选择，只有那些舍利取义的人才称得上是真正的君子。

君子学道则务本，小人见利则忘生。

【语出】宋·邵雍《善恶吟》。

【通讲】有德行的人学习道义是致力于根本，而小人见到私利就会连生命都忘记了。

【鉴赏】君子为了道义，小人为了私利，两者天差地别。

君子以义死难，视死如归；生而辱不如死而荣。

【语出】《史记·范雎蔡泽列传》。

【通讲】君子为了正义而死于危难，把死看作如同回家一样；活着遭受侮辱不如光荣地牺牲。

【鉴赏】为正义事业、为国家、为人民的利益而赴死难，就是生得伟大、死得光荣。

君子义死而不可以富贵留也，义为而不可以死亡恐也。

【语出】《淮南子·精神训》。

【通讲】君子可以为正义而献身，而不能因贪图富贵而苟存；君子可以为正义英勇献身，而绝不会害怕死亡，你再用死来恐吓又有什么用呢？

【鉴赏】为了正义的事业，真正做到了威武不能屈，富贵不能淫。

君子义以为质，得义则重，失义则轻，由义为荣，背义为辱。

【语出】宋·陆九渊《与郭邦逸》。

【通讲】君子以道义为重，得到道义的人就受到尊重，丧失道义的人就不值一提；遵循道义是光荣，背离道义则是耻辱。

【鉴赏】符合道义的事一定要去做，我们在实际生活中要自觉做到见利思义，以义取利，而对有损国格、人格的事不能沾边，做一个高尚的人、有益于人民的人。

君子喻于义，小人喻于利。

【语出】《论语·里仁》。

【通讲】喻：知晓；懂得。利：财利；私利。君子晓得的是道义，小人懂得的是财利。

【鉴赏】孔子对比了君子与小人两者之间对于义与利的不同态度，也就是君子与小人在仁德问题上的分歧。仁人君子重道德，守法度，行为美好；小人以利为先，见利忘义，置社会道德准则于不顾，以期达到追求私利的目的。正如晋代范宁所说："弃货利而晓仁义，则为君子；晓货利而弃仁义，则为小人。"孔子教人们的行为要以义为准则，背离仁德的利千万不可取，切不可忽略了做人的最基本原则。

君子之自行也，动必缘义，行必诚义，俗虽谓之穷，通也。行不诚义，动不缘义，俗虽谓之通，穷也。然则君子之穷通，有异于俗者也。故当功以受赏，当罪以受罚。赏不当，虽与之必辞；罚诚当，虽赦之不外。

【语出】《吕氏春秋·高义》。

【通讲】君子自己的行为,一举一动都要遵循义的准则,所作所为都要达到义的标准,世俗虽然认为行不通,对君子来说是行得通的。所作所为不能达到义的标准,一举一动不能遵循义的准则,世俗虽然认为行得通,对君子来说是行不通的。那么君子对通和不通的看法,与世俗的看法是不同的。所以,有功应该受赏,有罪应该受罚。如果奖赏不当,即使是奖给自己也一定要谢绝;如果处罚合理,即使要赦免自己,也不要例外。

【鉴赏】作为君子,一切言行都要遵循义的准则,违反义的准则,甘愿受罚。这是何等的高贵品质啊! 这也是我们每一个人的追求。

量己者,令终而义全;昧利者,身陷而名灭。

【语出】《魏书·太祖纪》。

【通讲】量:估量;衡量。令:使;让。全:保全。昧:贪图。能够正确估量自己的人,他的美好名声就能坚持到底,他的道义就能得到保全;而贪图名位和利益的人,自身会陷入困境,名声就会遭到毁灭。

【鉴赏】这是北魏道武帝下达的诏书。目的是说明官名仅仅是形式,而德操对国家的治理才真正具有重大作用。他告诫他们,利益与名号是毁誉弊端出现的原因,而道义和德操则是神鉴明识的宝贵财富。这对我们也有很好的借鉴作用。

穷不失义,达不离道。

【语出】《孟子·尽心上》。

【通讲】穷:困厄。达:显达;得志。即使处于困厄也不丢弃正义,即使得志也不背离正道。

【鉴赏】这是孟子对宋勾践说的话,要他"尊德乐义"。这种对待道和义的态度值得借鉴。

人能弘道,则博利时俗,行非其义,则咎悔及身。

【语出】《隋书·艺术传论》。

【通讲】一个人能够使道德得到弘扬,就会给社会带来很大的利益;言行不符合道义,就会惹祸招灾。

【鉴赏】为人必须讲道义。

时不可以苟遇，道不可以虚行。

【语出】唐·王勃《常州刺史平原郡开国公行状》。

【通讲】时俗不要随意地投合，道义不要虚假地实施。

【鉴赏】道义要予以足够的重视。

私仇不及公，好不废过，恶不去善，义之经也。

【语出】《左传·哀公五年》。

【通讲】私仇不涉及公事，喜爱他但不掩盖他的过错，厌恶他而不抹杀他的优点，这是道义的标准。

【鉴赏】春秋时期，晋国范昭子的家臣王生对张柳朔有成见，但王生却向范昭子推荐张柳朔去做柏人的长官。范昭子说："这个人不是你的仇人吗？"王生回答："私仇不及公，好不废过，恶不去善，义之经也。"王生这种公心和胸怀，不无借鉴意义。推荐、选拔、任用人才必须出于公心，一视同仁，不偏不倚。不凭主观臆断，不凭个人好恶，不分亲疏，五湖四海、任人唯贤。

无道之君以刃残人，有道之君以义行诛。

【语出】《后汉书·钟离意传》。

【通讲】没有修养的君主用刀残害人，有修养的君主是用礼义进行诛惩的。

【鉴赏】有道与无道的区别，即以德服人或以力服人的不同。

以义断恩。

【语出】《隋书·李安传》。

【通讲】以大义断绝私恩。

【鉴赏】任何事必须秉公行事，不徇私情。

义不反顾，计不旋踵。

【语出】《史记·司马相如列传》。

【通讲】旋踵：旋转脚跟向后走，即后退。为了正义，只有奋勇向前，绝不回头;计策已定,必须勇敢前进,绝不后退。

【鉴赏】为了实现正义的事业,考虑好了实现正义事业的方针政策,就必须一往直前。

义不负心,忠不顾死。

【语出】明·罗贯中《三国演义》第二十六回。

【通讲】负:辜负。顾:顾及。只要坚守道义就不会辜负自己的良心,坚守忠诚就不会顾及自己的生死。

【鉴赏】做人要坚守道义,坚守忠诚。

义理之道彰,则暴虐奸诈侵夺之术息也。

【语出】《吕氏春秋·怀宠》。

【通讲】彰:明。息:灭。阐明了义理之道,那么暴虐、奸诈,侵夺之术就会被消灭了。

【鉴赏】阐明义理,伸张正义,弘扬正气,邪恶就会被消除了。

义胜利者为治世,利克义者为乱世。上重义则义克利,上重利则利克义。

【语出】《荀子·大略》。

【通讲】把道德标准看得比物质利益更重要的社会,就是安定的社会;反过来就会天下大乱。最高统治者重视道德标准,社会就会把道德标准放在物质利益之上;最高统治者重视物质利益,社会就会把物质利益放在道德标准之上。

【鉴赏】道德和物质利益都是社会所需要的。领导者的引导得法可以使人民群众以道德来控制物质利益的追求。如果一味追求物质利益而置道德于不顾,社会就可能出现大问题。

义以生利。

【语出】《国语·晋语一》。

【通讲】人们的言行符合道德规范的要求才能够产生利益。

【鉴赏】道德规范又反映了一定社会条件下人们对社会公德的要求，“义以生利”也说明义是使人们的正当利益不受侵犯的道德保证。不过，这种主张把利说成是义的派生物，也就歪曲了物质条件和思想意识的真实关系。

义者不毁人以自益。

【语出】汉·刘向《新序·杂事三》。

【通讲】品德正直的人，绝不会以诋毁别人来抬高自己。

【鉴赏】要做品德高尚的人，绝不做小人。

义之所在，身虽死，无憾悔。

【语出】《战国策·秦策三》。

【通讲】道义之所在，虽然牺牲生命，也没有什么悔恨。

【鉴赏】应该有“杀身以成仁”的道德修养。

盈必毁，天之道也。

【语出】《左传·哀公十一年》。

【通讲】盈满之后必然毁坏，这是天之道。

【鉴赏】鲁哀公十一年，吴国将要攻打齐国，越王勾践率领部下前去朝见。吴王和臣下都得到赠送的礼物。吴国人都很高兴，只有伍子胥感到忧惧。伍子胥说这是越国贿赂吴国，如同人豢养牲畜，到时一定要杀掉。他劝谏吴王早日解决越国，不要留下祸患。吴王夫差不听。伍子胥被派到齐国，出使前把儿子托付给齐国的鲍氏。吴王听说这件事，便派人把属镂宝剑赐给伍子胥要他自杀。伍子胥临死时预言吴国快要灭亡了，因为“盈必毁，天之道也”。公元前473年越国灭亡吴国。此句反映古代辩证思想，比喻事物发展到一定程度，就会向相反的方向转化。古语有“盛极而衰，盈满则亏”“事满则亏，盈满则毁”“物壮则老”等。其中“满招损，谦受益”则提醒人们骄傲自满、不思进取将招致不良的后果，甚至会祸端骤起；谦虚才能取得成就，赢得别人的称颂。

游道虽广，交义为长。

【语出】《宋书·颜延之传》。

【通讲】交往的方式虽有很多种，而道义上的交往才是长久的。

【鉴赏】道义是交往的基础。

志适不期贵，道存岂偷生。

【语出】唐·柳宗元《游石角过小岭至长乌村》。

【通讲】只求志向能够适合时宜而不期望地位高贵，只要道义存在就不敢苟且求生。

【鉴赏】不求地位高贵，而求道义长存。

志意修则骄富贵，道义重则轻王公。

【语出】《后汉书·逸民传序论》。

【通讲】志向高远就看轻富贵，道义深重就轻视王公。

【鉴赏】人们要养成远大的志向，践行道义，对富贵权贵都不屑一顾，做一个真正的人。

终身为善不足，一旦为恶有余。

【语出】宋·何坦《西畴老人常言·律己》。

【通讲】一个人一辈子做好事不显得多，然而只要做一件坏事就显得太多了。

【鉴赏】劝诫人们要一辈子做好事，不做坏事，终身做一位有道义的人。

3 仁　义

博爱之谓仁，行而宜之之谓义，由是而之焉之谓道，足乎己无待于外之谓德。

【语出】唐·韩愈《原道》。

【通讲】博爱叫作“仁”，行为得当就是“义”，沿着“仁”“义”之路去做便是“道”，使自己具备完美的修养，而不去依赖外界的力量就是“德”。

【鉴赏】论述了仁义道德的核心内容，使自己具备完美的修养。

不鼓不成列。

【语出】《左传·僖公二十二年》。

【通讲】鼓：击鼓进攻。列：成列；排成一行。不进攻还没有排好阵势的敌人。

【鉴赏】宋襄公和楚军在泓水边作战。宋军已经排成列了，楚军还没全部渡过河。司马子鱼说：“敌人多，我军少，趁他们还没全部渡过河，赶紧下令进攻吧。”宋襄公说：“不可以。”等楚军过了河但未摆成阵势，子鱼又劝宋襄公进攻，宋襄公说：“还不可以。”等到楚军摆好阵势，宋襄公才下令进攻，结果宋军大败，宋襄公大腿受伤，侍卫被杀。这个故事表明宋襄公是个目光短浅的君主。既然要讲仁慈，为何要与人为敌呢？既然与人为敌了，却偏又讲起仁慈来了，实在是前后矛盾。毛泽东认为宋襄公是一种“蠢猪式的仁义道德”。故事提醒人们要抓住战机，攻其不备，先发制人，彻底消灭敌人的有生力量，这样才能夺取战争的胜利。这个成语现多用于形容人的迂腐。

当仁，不让于师。

【语出】《论语·卫灵公》。

【通讲】当：适合；得当。让：谦让。面对实践仁道的时机，即使是自己的老师也不必谦让。

【鉴赏】如果是符合“仁”的事情,是没有必要谦让的,应当勇于实行,只要是有益于人民的好事,就不要推辞,而要勇挑重任。

德无不容,仁也;道无不理,义也;义明而物亲,忠也;中纯实而反乎情,乐也;信行容体而顺乎文,礼也。

【语出】《庄子·缮性》。

【通讲】理:条理;理顺。物亲:物类相亲。情:人的本性。信行:行为守信,诚信之行。容体:容仪得体。文:礼仪的规定。无所不容的德就是仁,无所不顺的道就是义,义理彰明、物类相亲就叫作忠,心中朴实纯厚而且返归本真就叫作乐,诚信显著、容仪得体、合于一定礼仪就叫作礼。

【鉴赏】这段话宣传仁义忠乐礼,今天我们要批判性地继承这些观点。

多行无礼必自及也。

【语出】《左传·襄公四年》。

【通讲】及:殃及。多做不合礼仪的事,灾祸一定会发生在自己身上。

【鉴赏】礼仪,是中华传统美德。孔子说:“不知礼,无以立也。”不知道礼仪,就不能立身处世。现代的礼包括礼节、礼貌、礼仪,礼仪是一种行为规范,能使人们的生活更有秩序,使人际关系更为和谐。随着社会交往的日益扩大,真诚的礼仪已成为扩大交流、增进友谊、加强合作、促进发展的重要手段,在现代社会的许多方面都发挥着重要作用。

古之君民者,仁义以治之,爱利以安之,忠信以导之,务除其灾,思致其福。故民之于上也,若玺之于涂也,抑之以方则方,抑之以圜则圜;若五种之于地也,必应其类,而蕃息于百倍。此五帝三王之所以无敌也。

【语出】《吕氏春秋·适威》。

【通讲】古代统治人民的人,用仁和义治理百姓,用爱和利使百姓安定,用忠和信来引导百姓,致力于为民除害,想着为民造福。所以百姓对于君子来说,就像把印玺打在封泥上一样,用方形的按就成方形的,用圆形的按就成圆形的;就像把五谷种在土地上一样,收获的粮食必定与种子同类,而且能成百倍地增长。这就是五帝三王无敌于天下的原因。

【鉴赏】统治者对人民仁至义尽,为民除害造福,势必得到人民的拥护,就能无敌于天下。

精于义者,眼界大心地平;徇于利者,眼界小心地险。

【语出】清·胡达源《弟子箴言·辨义利》。

【通讲】精于仁义的人,眼界远大、心胸宽阔;热衷于私利的人,眼光短浅、居心窄险。

【鉴赏】追求仁义,除却私利,就会目光远大,心胸宽广,情操高远,人生的道路就会走得很长久。

君人之道,仁义为主,仁者爱人,义者理务。

【语出】《晋书·刑法志》。

【通讲】君人:帝王。理务:处理政务。帝王的原则,应该以仁义为主导,以仁心爱护人民,以正义处理政务。

【鉴赏】仁义、仁心、正义,是为政者应有的原则。

君子不仁则不成,不义则不生。仁义,真人之性也,又将奚为矣?中心物恺,兼爱无私,此仁义之情也。

【语出】《庄子·天道》。

【通讲】不成:不能成就功名。不生:不能立身于社会。中心:心居中,中正无偏私。物恺:和乐外物。君子不仁就不能成其功名,不义就不能立身于社会。真正的人必须讲仁义,不然还有什么好讲的呢?心正无私,与万物同乐,这就是仁义的内容。

【鉴赏】"仁"是儒家学说的核心,"仁义"之论是儒家治国纲领,不讲仁义则无法成名、立身。

君子所以为君子,以其仁也,若贪富贵而厌贫贱,则是自离其仁,而无君子之实矣。

【语出】宋·朱熹《论语集注》。

【通讲】君子之所以叫作君子，是由于他的仁德，如果贪图富贵而厌恶贫贱，那就是他自己背离了仁德，而不再有君子的内在涵养了。

【鉴赏】君子的道德品质，就是不贪不厌。人们不可贪图富贵、厌恶贫贱，要永远保持自己的节操和人格。

君子务本，本立而道生。孝弟也者，其为仁之本与！

【语出】《论语·学而》。

【通讲】务：专力。本：基础；根本。立：建立。道：仁道。弟：通“悌”。仁：仁爱，儒家一种道德准则。与：语气词。君子致力于根本、根本的东西确立了，仁道也就产生了。孝顺父母，敬爱兄长，就是仁的根本吧！

【鉴赏】孔子论述了做人最基本的道德修养是孝顺父母、尊重兄长。孝悌是仁爱的基础，明确树立了根本，人生的各种大道理都是从这根本中产生出来的。孝是中华民族的传统美德，人只要有善事父母、友爱兄弟这些仁爱的基础，才能谈到爱别人。所以作为仁人君子不仅要孝父母、敬兄弟，还要更好地体现仁爱精神。

力行近乎仁，好问近乎智，知耻近乎勇。

【语出】《中庸·二十章》。

【通讲】努力实践接近于仁，勤学好问接近于智，知道羞耻接近于勇。

【鉴赏】儒家自古就以仁、智、勇为修身的道德标准。用力行、好问、知耻来诠释仁、智、勇的理论，体现了汉儒重行动、重实践、轻玄思的特点。

穷鸟入怀，仁人所悯。

【语出】北朝齐·颜之推《颜氏家训·省事》。

【通讲】穷途末路的鸟儿扑进人的怀中，这是有仁慈之心的人所怜悯的事。

【鉴赏】对穷途末路的人要多加关怀，这是怀有仁慈之心的人所喜欢做的事情。

仁德治之本，功利治之效，务本而效自至。

【语出】《宋史·陈良翰传》。

【通讲】仁义道德是政治的根本,功效利益是政治的成效,致力于根本然后成效自然会实现。

【鉴赏】施仁德之政,是儒家的政治思想,这对我们也还有借鉴作用。

盛德必有后,仁义终克昌。

【语出】《隋书·音乐志中》。

【通讲】盛德之人不会绝后,有仁有义终究能够昌盛。

【鉴赏】仁义之德非常重要,希望每个人共有之。

勿恃势力而凌逼孤寡;毋贪口腹而恣杀牲禽。

【语出】明·朱用纯《朱子家训》。

【通讲】恃(shì):依赖。凌逼:欺侮逼迫。恣(zì):任意。不要依凭势力去欺侮逼迫失去父亲的孩子和失去丈夫的女性,不要为满足食欲而任意宰杀家畜、家禽。

【鉴赏】在日常生活中要保护弱势群体和动物。

因人之力而敝之,不仁;失其所与,不知。

【语出】《左传·僖公三十年》。

【通讲】敝:损害。与:结交;亲附。知:通"智"。依靠别人的力量,又反过来损害他,这是不仁道的;失掉自己的同盟者,这是不明智的。

【鉴赏】春秋时期,秦国、晋国借口郑国曾对晋文公无礼且与楚国亲近,联合攻打郑国。临危之际,郑国的烛之武受命只身前往交涉,他能言善辩,巧妙地利用秦、晋之间的矛盾,分析保郑灭郑对秦国的利与不利,终于说服了秦伯。秦不仅撤兵,还派人帮助郑国防守。晋国子犯请求晋文公攻击秦军,晋文公说:"因人之力而敝之,不仁;失其所与,不知。"晋也撤兵了。郑国的危机解除了。此句话说明不能以怨报德、忘恩负义,不能伤害曾真诚帮助过自己的人。同时忠告人们:智者与人有效合作,愚者喜欢单打独斗。只凭借一己之力,不与人合作或者不会与人合作就不可能成大气候。具有团结协作的精神,才能够发挥优势、取得成功。

4 礼　貌

恭以敬，可以摄勇；宽以正，可以容众；恭以洁，可以亲上。

【语出】汉・刘向《说苑・政理》。

【通讲】恭敬礼貌的态度可以震慑住刚勇的人，宽厚正直的作风可以容纳群众，恭敬廉洁可以让上司信任。

【鉴赏】主要强调了“礼”的重要性。礼貌、恭敬、宽厚、正直、廉洁都是为人处世的秘诀。作为各级领导者来说更应时时不忘这些原则。在处理上下级关系、协调同级关系中，这些原则的应用是不可缺少的。

君子敬而无失，与人恭而有礼，四海之内，皆兄弟也。

【语出】《论语・颜渊》。

【通讲】高尚的人认真对待工作，避免出差错，对人尊敬、保持礼貌，这样天下的人都像兄弟一样对待他。

【鉴赏】人的目标和能力的发展须基于已有的条件。而社会或组织是可以给人以补偿的，只要他遵循恰当的原则。

礼莫大于敬上，德莫盛于爱下，能敬能爱，人臣之道也。

【语出】《明史・贵州土司传》。

【通讲】礼仪没有大于尊敬上司的，品德没有超过爱护下属的，能够敬上爱下，这是做臣子的道理和方法。

【鉴赏】敬上爱下，是做人的基本道理。为政者要对中央负责，也要对民众负责。

礼让一寸，得礼一尺。

【语出】三国魏・曹操《礼让令》。

【通讲】礼貌谦逊地让别人一寸，便会得到别人一尺的回敬。

【鉴赏】不要为争名夺利而影响团结,而应该礼让谦逊。

礼尚往来,往而不来,非礼也。来而不往,亦非礼也。人有礼则安,无礼则危。

【语出】《礼记·曲礼上》。

【通讲】礼仪重视相互交往。只去不来,不合乎礼仪。只来不去,也不合乎礼仪。人有礼就能相安,无礼就会遇到危险。

【鉴赏】中国传统文化重视礼仪,而礼仪的一大准则是"礼尚往来"。在现代社会生活中,灵活使用这一原则确是处理人际关系的一大法宝。

礼,身之干也。敬,身之基也。

【语出】《左传·成公十三年》。

【通讲】礼仪,是身体的躯干。恭敬,是身体的基础。

【鉴赏】成公十三年春季,晋厉公派遣郤锜来鲁国请求援兵,处理事务时态度不严肃。孟献子说,郤氏恐怕要灭亡了吧!"礼,身之干也。敬,身之基也。"郤子却没有基础。作为国君的卿,接受命令来请求出兵,想以此保卫国家,但却态度怠惰,这是不顾国君的命令,不灭亡还能怎样呢?讲礼重仪是中华民族优秀传统,从古至今,源远流长。孔子说"不学礼,无以立"(《论语·季氏》),就是说不学礼就难以有立身之处。礼和敬是立身处世的根基,是有教养的直接表现,也是做人最基本的要求,礼仪是一种待人接物的行为规范,也是交往的艺术。尊重是礼仪的本质,文明礼仪,强调的是"尊重为本"。

人而无礼,胡不遄死?

【语出】《诗经·鄘风·相鼠》。

【通讲】胡:何;为什么。遄:速;赶快。人没有礼貌和行为准则,为什么不赶快死掉?

【鉴赏】每个人应该有礼貌,应该遵守行为准则。

人而无礼,罪莫大焉。

【语出】《旧五代史·后唐庄宗纪》。

【通讲】人没有礼是最大的罪过。

【鉴赏】中国一向是礼仪之邦,礼教对人心起到了制约的作用。人们一丝一毫都不能超过礼,礼教确立了人的社会位置,使社会秩序化、和谐化。

无礼而好陵人,怙富而卑其上,弗能久矣!

【语出】《左传·昭公元年》。

【通讲】怙:仗恃。没有礼节而喜欢凌驾别人之上,仗恃富足而看不起他的长上,不能长久了。

【鉴赏】没有礼节,看不起别人,是极不应该的。

约之以礼,驱之以法。

【语出】宋·苏洵《张益州画像记》。

【通讲】驱:驾驭。以礼仪来约束,用法制来驾驭。

【鉴赏】礼仪和法制是社会生活中必须坚持的原则。

5 尊　老

慈鸦尚还哺，羔羊犹跪足。人不孝其亲，不如禽与兽。

【语出】《劝孝歌》。

【通讲】慈鸟乌鸦尚且懂得把食物吐出来喂养年老的父母，羊羔吃奶的时候犹且明白跪着向母亲表示感谢。人要是不孝敬他的双亲，真是连禽兽也不如啊！

【鉴赏】这是劝导人们行孝的歌谣。一个人从出生到长大成人，不知凝聚了父母的多少心血与艰辛！孝养自己的父母，是每个人都应具有的道德品质。

古之人谋黄发番番，则无所过。

【语出】《史记·秦本纪》。

【通讲】黄发：指老年人。番番：同"皤皤"，白发的样子。古代人能虚心向老年人请教，所以没有办错的事。

【鉴赏】秦穆公曾因不听蹇叔、百里奚两位老臣的忠告，发兵伐晋，惨败于崤。老人是个宝，要重视老人的参谋作用。

后生固为可畏，而高年尤是当尊。

【语出】《幼学故事琼林》。

【通讲】后我出生的年轻人，固然不可轻估，应该重视，但年高的老人更应当得到关注和尊重。

【鉴赏】应该关怀年轻人，也应该尊重老人。

矜孤养老，邦家之大政。

【语出】宋·苏舜钦《论五事》。

【通讲】矜：怜悯；同情。心疼孤儿，赡养老人，这是国家政事中的大事情。

【鉴赏】文明社会必须关心孤儿和老人这样的弱势群体。

融四岁，能让梨，弟于长，宜先知。

【语出】《三字经》。

【通讲】孔融四岁的时候，就懂得将较大的梨让给兄长，自己吃较小的。这种恭敬兄长的道理，是我们在小时候就应该知道的。

【鉴赏】兄弟之间就是须“兄友弟恭”，而孔融所表现出来的就是“弟恭”。这样，兄弟和睦相处，不是很好吗？

若要好，问三老。

【语出】明·唐海《中山狼》第三出。

【通讲】要想把事情办好，要向有经验的老年人请教。

【鉴赏】老人有丰富的经验，办事多向老人请教才会把事情做好。

身体发肤，受之父母。

【语出】明·沈鲸《易鞋记》第三十一出。

【通讲】头发皮肤等自己身上的一切都是父母给的。

【鉴赏】爱惜自己的身体就是孝顺自己的父母。

身有伤，贻亲忧，德有伤，贻亲羞。

【语出】《弟子规》。

【通讲】不要使身体轻易受到伤害，让父母亲忧虑；孝敬父母，更要注重自己的品德修养，不可以做出伤风败德的事，使父母亲蒙受耻辱。

【鉴赏】父母生我们养我们，含辛茹苦，而不求报答。而我们对父母最好的回报，就是做个身体健康、品学兼优的人。

士必以诗书为性命，人须从孝悌立根基。

【语出】清·王永彬《围炉夜话》。

【通讲】孝悌：孝指孝顺，悌是敬爱、顺从兄长。读书人将读书看作自己立身处世的根本，做人必须以孝顺友爱作为基础。

【鉴赏】诗书立业，孝悌做人是为人之道。饱读诗书并用之于实践，自然可以安身立命。孝是顺事父母，悌是友爱兄弟。从最基本的孝悌做起，自然能打下坚实的道德基础。

事父母能竭其力。

【语出】《论语·学而》。

【通讲】侍奉父母要尽心尽力。

【鉴赏】子夏力行孔子的教言，实践孝亲之道，这就是人们最重要的事情。

谁言寸草心，报得三春晖？

【语出】唐·孟郊《游子吟》。

【通讲】谁说我这像小草一样的些微孝心，能报答得了犹如春天阳光一样的母爱呢？

【鉴赏】把自己比作小草，把母爱比作三春的阳光，这种比喻既形象，又确切。

长者赐，不敢辞。

【语出】《礼记·曲礼上》。

【通讲】长辈赏赐东西，不敢辞谢。

【鉴赏】对长辈要尊重，辞谢长辈的赏赐，是有伤长辈的心，是大不敬。

6 言 行

凡言者，以谕心也。言心相离。而上无以参之，则下多所言非所行也，所行非所言也。言行相诡，不祥莫大焉。

【语出】《吕氏春秋·淫辞》。

【通讲】参：考察。诡：背离。语言是来表达心声的。语言和心意互相分离，居上位就无法考察，那么下面就会言行不一致。言论和行动互相违背，没有什么比这更不吉祥的了。

【鉴赏】言论和行动相一致，才会吉祥如意。

君子以言有物而行有恒。

【语出】《周易·家人》。

【通讲】有德行的人说话要有根据，而不必考虑说话的措辞；行为要始终一贯，而不遇事推辞。

【鉴赏】这是对人们言行的基本要求，人人必须记取。

君子欲讷于言而敏于行。

【语出】《论语·里仁》。

【通讲】讷(nè)：出言迟钝。言语要谨慎，行动却要敏捷。

【鉴赏】这句话可以作为我们言行的指导原则。一言既出，驷马难追，讲话要注意场合、对象、影响、效果。而认准的事情可以立即行动，要以习近平总书记在福州工作时提倡的"马上就办"精神快速办理。

能行之者未必能信，能言之者未必能行。

【语出】《史记·孙子吴起列传》。

【通讲】能实际去做的人未必能高谈阔论、讲出道理，能高谈阔论的人未必能实际去做。

【鉴赏】说明实践和理论、说和做统一的困难，应该努力做到两者的统一。

无稽之言，不见之行，不闻之谋，君子慎之。

【语出】《荀子·正名》。

【通讲】没考察过的话，没有经历过的做法，没有听到过的主意，君子应该谨慎对待。

【鉴赏】对各种言行和主张，都要慎重对待，认真处理。

言必当理，事必当务，是然后君子之所长也。

【语出】《荀子·儒效》。

【通讲】当：符合。说话一定要符合理性，事务一定要符合缓急，这才是君子所见长的。

【鉴赏】杰出的人，他的言行一定合情合理，必有其非同常人之处。

言必顾心，心必副事。

【语出】唐·陆贽《奉天论赦书事条状》。

【通讲】口里说的要符合心里想的，心里想的要符合事情的实际。

【鉴赏】说话要符合实际。

言必虑其所终，行必稽其所敝。

【语出】《礼记·缁衣》。

【通讲】说话之前必须先考虑到它最终会怎么样，做事之前必须考察它可能导致的后果如何。

【鉴赏】必须考虑事物发展的状况、结果。

言不惭，行不耻。

【语出】汉·扬雄《法言·学行》。

【通讲】不惭：没有羞愧。不耻：引申为正直。言语应当诚挚，行为应当正直。

【鉴赏】要做到自己的言行都无愧于心。

言不苟出，行不苟为；择善而后从事。

【语出】《淮南子·主术训》。

【通讲】苟：任意；随便。不随便说话，不随便行事；要认定是有益的事，然后才去做。

【鉴赏】一个人对自己的言行必须持慎重态度。要辨明是非，择善而从。

言不取苟合，行不取苟容。

【语出】《史记·范雎蔡泽列传》。

【通讲】取：做；说。苟合：苟且附和。苟容：苟且取悦。不说苟且附和别人的话，不做苟且讨好别人的事。

【鉴赏】这是范雎赞扬吴起的话，这种正直不阿的精神值得我们学习。

言出而为民信，事行而为世法。

【语出】宋·欧阳修《章望之字序》。

【通讲】话说出口，老百姓就相信；事情实行起来，社会上就效法。

【鉴赏】说话要算数，做事要有人效法。

言顾行，行顾言。

【语出】《中庸·十三章》。

【通讲】说话应该考虑自己能否做得到，或已经做得怎么样；做事应该想想自己事先是怎样说的。

【鉴赏】说话要实事求是，要说到做到，办事要言而有信。

言同百舌，胆若鼷鼠。

【语出】《魏书·汝阴王天赐传》。

【通讲】百舌：鸟名，善鸣，其声多变。鼷(xī)鼠：鼠类最小的一种，易惊恐。说得如百舌鸟一般动听，胆量却同鼷鼠一般小。

【鉴赏】一个人不能话说得好听,却不行动。

言无据者不信,事无证者难凭。

【语出】清·胡达源《弟子箴言·远小人》。

【通讲】说话没有根据就不会使人相信,做事没被证实就不能作为凭证。

【鉴赏】说话必须有真凭实据。

言有物,而行有恒。

【语出】《周易·家人》。

【通讲】恒:经常;常常。说话要有内容,做事要持之以恒。

【鉴赏】言之无物,等于没说。做事有始无终,等于没做。

言之易,行之难。

【语出】《吕氏春秋·不苟》。

【通讲】事情谈起来容易,做起来难。

【鉴赏】说到不容易做到,但言必信,行必果是每个人做人的原则。

言忠信,行笃敬。

【语出】《论语·卫灵公》。

【通讲】笃:专心全意。敬:慎。说话应当出自内心,诚挚忠信,行为要专一、谨慎。

【鉴赏】言行是一个人立身的基础。要非常注意自己的言行合乎规范,就是讲真话,做真事。

一出言,则言必有当然之则,不可失也;一行事,则事必有当然之则,不可失也。

【语出】宋·朱熹《朱子语类》卷十六。

【通讲】一旦说出某句话,这句话就有个当然的法则,这是不可忽略的;一旦去做某件事,这件事就肯定有个当然的法则,这是不可忽略的。

【鉴赏】无论是说话还是做事,都必须对自己所说的话或所做的事负责任，这个责任，就是朱子此语所强调的“不可失”的“当然之则”。这个“当然之则”，就是有利于国家和人民，自己要有个担当，要有责任心。

以言伤人者利于刀斧；以术害人者毒于虎狼。

【语出】宋·林逋《省心录》。

【通讲】用言语伤人比刀斧还要锋利；用权术害人比虎狼还要恶毒。

【鉴赏】千万不要以言伤人，千万不要以权术害人。

庸言必信之，庸行必慎之。

【语出】《荀子·不苟》。

【通讲】庸：常。平常说的每一句话，都必须说了算数；平常的任何一种行为，都一定要谨慎又谨慎。

【鉴赏】人们必须谨言慎行，对自己的言行负责。

有理而无益于治者，君子弗言；有能而无益于事者，君子弗为。

【语出】《尹文子·大道》。

【通讲】虽然能说得头头是道，但对治理国家没有什么帮助，这样的话，有见识的人是不会说的；虽然很能干，但不能解决面临的实际问题，这样的事，明白事理的人是不会做的。

【鉴赏】没有实际效益的言与行，都是不可取的。

知者不言，言者不知。

【语出】《庄子·天道》。

【通讲】知识丰富的人不多表露，夸夸其谈的人则多是缺乏知识。

【鉴赏】不要在众人前好表现自己，夸夸其谈正是浅薄之人。

众人之唯唯，不如一士之谔谔。

【语出】唐·吴兢《贞观政要·纳谏》。

【通讲】唯唯：顺从应承的样子。谔谔：敢直言的样子。许多人都唯唯诺诺、应承顺从，也不如一个人直言争辩，敢于发表自己的意见。

【鉴赏】说明说话要正直，不要屈从权贵。

七

文学

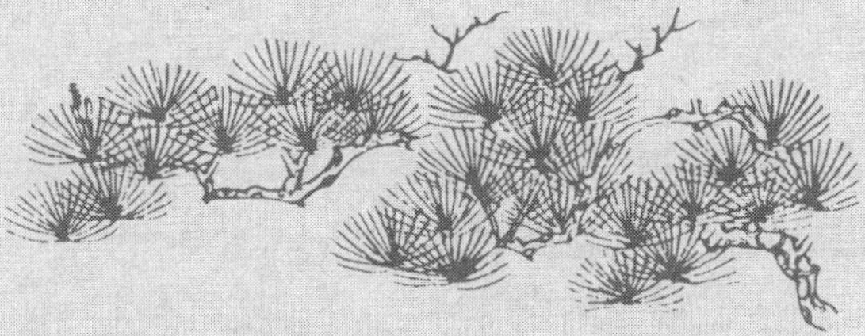

1 论 文

文所以载道也。

【语出】宋·周敦颐《通书·文辞》。

【通讲】写文章就是用来阐明思想的。

【鉴赏】说明了写文章的目的。文章应该为了反映时代，为治理社会服务。

文以辨洁为能，不以繁缛为巧；事以明核为美，不以深隐为奇。

【语出】南朝梁·刘勰《文心雕龙·议对》。

【通讲】辨：道理明晰。事：指文章中所阐述的道理和列举的事实。核：准确。文章以说理明晰、行文简洁为高，不以冗长繁复为巧；文中所阐述的道理或列举的事实以明白准确为要，不以艰深隐晦、难于理解为奇。

【鉴赏】这几句是针对论说文而言的，论说文都是阐述某种观点和说明某些道理的，因此，首先在内容上应该观点明确、道理清晰，而且作为论据所列举的事实要准确翔实，使读者易于接受。其次在写法上要注意行文简洁明了，既不能冗长繁复，使自己的观点反隐而不彰，又不能一味地追求艰深隐晦，难于为人们所理解。

文章最忌随人后。

【语出】宋·黄庭坚《赠谢敞王博喻》。

【通讲】写文章最忌讳的是跟在人家后面人云亦云。

【鉴赏】写文章要有自己的新意和风格特点。

2 文体

吐糟粕而吸菁华，略形貌而取神骨。

【语出】清·许印芳《与李生论诗书跋》。

【通讲】糟粕：酒糟，喻指事物粗劣的部分。菁华：指事物精粹的部分。形貌：指诗歌作品外在的东西。神骨：指诗作的思想内容和风格特征。学诗要去除粗劣，吸取精华；省略外在的东西，学到诗歌作品的精神和风格。

【鉴赏】论述了学诗的正确方法。

一语天然万古新，豪华落尽见真淳。

【语出】金·元好问《论诗三十首》。

【通讲】摒除了一切浮华的陈饰，流露出一股朴实真诚的气质，平淡自然，佳句天成，读来颇有清新异常的感觉。

【鉴赏】一个人作品应真实自然，无须雕饰。鼓励人们向陶渊明学习。

箴者，所以攻疾防患，喻针石也。

【语出】南朝梁·刘勰《文心雕龙·铭箴》。

【通讲】箴(zhēn)：古代的一种文体，以规劝告诫为主。攻：攻克，这里有治疗的意思。针石：古时治病的石针，现已失传。箴这种文体，是用来规劝告诫、治病防患的，好比针石一样。

【鉴赏】这两句以治病防患的针石为喻，强调箴的劝诫作用。这种文体现在已经没有了，但人们还常把劝诫的话称为“箴言”。

3 构　思

寂然凝虑，思接千载；悄焉动容，视通万里。吟咏之间，吐纳珠玉之声；眉睫之前，卷舒风云之色。

【语出】南朝梁·刘勰《文心雕龙·神思》。

【通讲】吐纳：偏义复词，指吐，发出。眉睫(jié)：睫毛，指眼前。创作活动进入艺术构思时，想象飞翔得很远，聚精会神地思考，思绪可上接千年前的生活；悄然转动眼神，视线好像看到万里外的景物。吟咏之间，发出了珠圆玉润的声音；凝思之际，眼前就呈现出风云变幻的景象。

【鉴赏】这几句讲创作构思时，想象可以不受时空的限制，飞越千载，神游万里，任意翱翔，随心驰骋。想象飞腾起来了，各种念头会随之而来，这时就会出现文思泉涌的现象。

诗不可有我而无古，更不可有古而无我。

【语出】清·刘熙载《艺概·诗概》。

【通讲】我：代指作家自己的创新。古：代指对古人的继承。诗不可以只有创新而无继承，更不可以只有继承而无创新。

【鉴赏】写诗应继承加创新。

搜句忌于颠倒，裁章贵于顺序。

【语出】南朝梁·刘勰《文心雕龙·章句》。

【通讲】搜：搜集；寻求。裁：剪裁，比喻写文章时对材料的取舍安排。搜集句子时切忌颠倒，剪裁章节时贵在顺序。

【鉴赏】忌颠倒和贵顺序是一个意思，都是说写文章时要文理通顺、脉络分明、层次清晰，无论是集句成章还是积章成篇，都不能颠三倒四、语无伦次，缺乏逻辑性，使读者不知所云。这是创作的经验之谈，谋篇布局时应该切记。

惟古于词必己出，降而不能乃剽贼。

【语出】唐·韩愈《南阳樊绍述墓志铭》。

【通讲】古人遣词造句都努力创新，后来的人不能创新便抄袭剽窃古人的词句。

【鉴赏】写文章必须创新，而不能剽窃。

为求一字稳，耐得半宵寒。

【语出】清·顾文炜《苦吟》，见《随园诗话》卷五。

【通讲】为了一个字用得妥切，都要忍耐深夜的寒冷。

【鉴赏】说明诗人用词遣字慎重认真。

文不按古，匠心独妙。

【语出】唐·王士源《孟浩然集序》。

【通讲】写文章贵在不守旧套，精思巧构才有独到之处。

【鉴赏】写文章一定要有新意。

心生而言立，言立而文明，自然之道也。

【语出】南朝梁·刘勰《文心雕龙·原道》。

【通讲】心：思想感情。立：创造；产生。文：文章。明：表明；显明。有了心灵思维，就有了语言，有了语言，就有了文章辞采，这是自然的道理。

【鉴赏】说明写文章一定要有思想感情。

意不先立，止以文采辞句绕前捧后，是言愈多而理愈乱。

【语出】唐·杜牧《答庄充书》。

【通讲】意：指文章的主题思想。止：同"只"。写文章不先确立主题，只是在语言文字方面兜圈子，就会造成词句愈多而道理愈乱的状况。

【鉴赏】写文章要确立主题。

意新语工，得前人所未道者，斯为善也。

【语出】宋·欧阳修《六一诗话》。

【通讲】工:工巧;巧妙。斯:这。立意新颖,用语巧妙,从而创作出前人所未能写出的文章,这才算得上是好作品。

【鉴赏】论述了创作的要求。

意在笔先者,定则也;趣在法外者,化机也。

【语出】清·郑燮《竹》。

【通讲】定则:固定的法则。趣:情趣;妙趣。化机:变化的关键。在下笔之前要先立意,这是创作时固定不变的法则;在法则之外横生妙趣,这是创作时灵活变化的关键。

【鉴赏】说明立意对写作的重要性。

有所主于中,而不能发于外,亦不是至善;务饰于外,而无主于中,亦不是至善。

【语出】宋·朱熹《朱子语类》卷十六。

【通讲】心里虽有想法,却无法用恰当的言辞表达出来,这不算完美;只顾外部形式上的言语修饰,而没有表达一定的主见,也不能说是完美。

【鉴赏】说明文章要做到内容和形式完美的统一,不可偏于一端。

著述文章,皆要有纲领。

【语出】宋·朱熹《朱子语类》卷一百三十九。

【通讲】写作文章,都先要有个纲目要领。

【鉴赏】写文章的重要一环是下笔前对整篇文章要有个完善的构思,拟出写作纲目,然后行文运笔,才会层次清晰,内容充实。

4 写 作

阿婆还是初笄女，头未梳成不许看。

【语出】清·袁枚《遣兴》。

【通讲】我阿婆如今仍像当年初学打扮、刚刚加笄(簪子)的青春少女一样，头未梳成之前是不让人看的。

【鉴赏】这是一个比喻，用以比方自己严肃认真的创作态度。对待自己的作品要进行反复的推敲修改，直到自己完全满意了才给别人看。诗句语言通俗，比喻生动、新颖、确切，从事文学创作的人可以借鉴。

比不应事，未可谓喻；文不称实，未可谓是也。

【语出】汉·王充《论衡·物势》。

【通讲】比：比方。应：符合。喻：清楚；明白。称：相称；符合。是：正确。打比方如果不符合事实，就不能说清楚；写文章如果不真实，就不能说是正确的。

【鉴赏】提倡要有好的文风。

笔端肤寸，膏润天下，文章之用，极其致矣。

【语出】唐·刘禹锡《唐故相国赠司空令狐公集》。

【通讲】肤寸：古代长度单位，一肤为四寸，比喻极小。膏润：如油脂滋润。四寸之笔虽小，但能滋润天下。文章的功用，是非常大的呀！

【鉴赏】以膏润天下比喻文章虽小而作用非凡。

笔落惊风雨，诗成泣鬼神。

【语出】唐·杜甫《寄李十二白二十韵》。

【通讲】一开始下笔就使风雨惊动，诗稿写成使鬼神哭泣。

【鉴赏】这两句以高度夸张的语言，形容诗歌艺术强大的力量。指出写作要敏捷、神妙。

闭门觅句非诗法，只是征行自有诗。

【语出】宋·杨万里《下横山滩头望金华山》。

【通讲】觅：寻找；搜索。诗法：作诗的法则。征行：旅行；游历。终日闭门不出，绞尽脑汁搜寻诗句，这不是作诗的正确方法；只要多多出门游历，亲自观察和体验事物，自然就会写出好诗。

【鉴赏】论述写诗的正确方法，要深入实际生活，才会写出好诗。

变则其久，通则不乏。

【语出】南朝梁·刘勰《文心雕龙·通变》。

【通讲】变：变革；创新。通：会通，此处指继承。文学创作要善于革新才能持久，也要善于继承才不会贫乏。

【鉴赏】文学创作的原则，既要继承，又要创新。

创意造言，皆不相师。

【语出】唐·李翱《答朱载言书》。

【通讲】创造新意与言辞，都不要沿袭过去。

【鉴赏】写作必须创新。

辞约而旨丰，事近而喻远。

【语出】南朝梁·刘勰《文心雕龙·宗经》。

【通讲】言辞简约而包含的旨意丰富，取事很近而喻理深远。

【鉴赏】此二句与《史记·屈原列传》中司马迁对《离骚》的评价意涵相近。司马迁言："其文约，其辞微，其志洁，其行廉。其称文小而其指极大，举类迩而见义远。"说出了文学作品应追求的一种境界，应言辞简练而意义深刻，也就是言简意赅。

读千赋则善赋。

【语出】汉·桓谭《新论·道赋》。

【通讲】读了很多的赋,就具有擅长写赋的能力。

【鉴赏】广泛阅读是写作的基础。

读书破万卷,下笔如有神。

【语出】唐·杜甫《奉赠韦左丞丈二十二韵》。

【通讲】把万卷书读得融会贯通,写诗时就像有神灵帮助似的。

【鉴赏】广博读书是写作的基础。说明多读书的好处。

二句三年得,一吟双泪流。

【语出】唐·贾岛《题诗后》。

【通讲】虽然只是两句诗,却是经过三年思考才得来的。吟哦之时,便激动得泪水长流。

【鉴赏】这句话反映了写诗作文的刻苦和动情,值得我们学习。

凡群言发华,而降神实务,修辞立诚,在于无愧。

【语出】南朝梁·刘勰《文心雕龙·祝盟》。

【通讲】修辞立诚:《周易·文言》"修辞立其诚",原意是修理文教以树立诚信,这里指写祝辞要真诚。举凡各种文章都要求散发华丽的文采,而请神降临用的祝辞则务求朴实,修辞要虔诚,无愧于内心。

【鉴赏】文章根据不同的写作目的应该有不同的写作要求。这两句话揭示了平常文章与祭文的不同要求,文章华丽是为了娱人眼目,但祭祀用的文章更重在内心的真诚,文字真诚祭祀也才真诚,而真诚往往表现在朴素中。

凡为文以意为主,气为辅;以辞采章句为之兵卫。

【语出】唐·杜牧《答庄充书》。

【通讲】凡是写文章,以意义为主,以气势为辅助,以文采章句为它的卫士。

【鉴赏】说明了写作的三要素:意义、气势、文采。

繁采寡情,味之必厌。

【语出】南朝梁·刘勰《文心雕龙·情采》。

【通讲】采:文采。繁采:词藻华美而繁多。味:体会;玩味。华美的词藻过于繁多而真情实感很少的作品,让人品味起来必然生厌。

【鉴赏】在文学创作中,形式要为内容服务,缺乏真情实感、一味堆砌词藻的作品,往往没有长久的生命力。可供论述内容苍白、感情贫乏的诗文没有艺术感染力时引用。

丰而不余一言,约而不失一辞。

【语出】唐·韩愈《上襄阳于相公书》。

【通讲】丰:丰富。约:简约。写文章文采丰丽而不多一字,简约而不少一字。

【鉴赏】人们写文章要言简意赅。

夫桃李不言而成蹊,有实存也;男子树兰而不芳,无其情也。

【语出】南朝梁·刘勰《文心雕龙·情采》。

【通讲】桃树和李树不会说话,但是人会在树下踩出路来,只是因为它们会结出果实;男人种兰花却不觉得芳香,是因为没有那种情趣。

【鉴赏】前句比喻只要有可取的良好本质,形式并不那么重要。没有真情实感,写的跟想的恰好相反的文章不会是好文章;后句的意思是做任何事要有合适的对象,才会有更好的结果。像草木那样微小的事物,尚且要依赖感情、依靠果实,何况文章,要以抒情述志为本。

夫缀文者情动而辞发,观文者披文以入情。

【语出】南朝梁·刘勰《文心雕龙·知音》。

【通讲】作家创作,总是由内而外,即先有客观现实的感发而产生的内在情态,这种情态通过辞章表达出来。阅读文章的人通过文辞来了解作者所要表达的感情,沿着文辞找到文章的源头,即使是深幽的意思也将显现,被人所理解。

【鉴赏】这两句说明了创作者如何形成文章,读者如何阅读理解的过程。文章写作重在有情所动,有真情就能激发辞彩,而读者也是从言辞中理解作者的情感。

改章难于造篇,易字艰于代句。

【语出】南朝梁·刘勰《文心雕龙·附会》。

【通讲】章:章节。易:变换。代:取代。修改章节比重写一篇文章更困难,更换一个字比取代一句话还艰苦。

【鉴赏】修改文章,既要保持原作的内容风格,又要字斟句酌,精益求精,确实是十分艰苦的。有时为了修改一个字、一句话,付出的劳动比重写一篇文章还多。可用以反映修改文章的艰苦。

盖文章经国之大业,不朽之盛事。年寿有时而尽,荣乐止乎其身,二者必至之常期,未若文章之无穷。

【语出】三国魏·曹丕《典论·论文》。

【通讲】写文章是治理国家的大事业、流传不朽的美好之事。人的年寿到一定时候就会终结,荣耀和欢乐也只能伴随自己的一生,二者不能长久地保持下去,不如文章能流传久远、无穷无尽。

【鉴赏】说明写文章对国家和个人的重大意义。

晦塞为深,虽奥非隐;雕削取巧,虽美非秀矣。

【语出】南朝梁·刘勰《文心雕龙·隐秀》。

【通讲】晦塞:同"晦涩",隐晦难懂。隐:指含蓄。秀:指精警。把晦涩当作艰深,虽然奥秘却不是含蓄;用雕琢去求工巧,虽然华丽却不是精彩。

【鉴赏】文章如果故作高深,写得人们读都读不懂,正好说明它"虽奥非隐",很可能是故弄玄虚,用来文饰浅薄;文辞如果雕琢堆砌,虽然华丽却绝不精辟,只能是华而不实之作。可见"晦涩"和"雕削",都是文章的大忌。

句有可削,足见其疏;字不得减,乃知其密。

【语出】南朝梁·刘勰《文心雕龙·镕裁》。

【通讲】疏:粗疏,指文意联系不紧密,中间有多余的、无关宏旨的语句。

文章中有可以删削的句子，足见其粗疏；文章中没有一个可以削减的字，才知道其精密。

【鉴赏】古人云"文不惮改"，而在修改时，要注意尽可能地去掉那些多余的或可有可无的字句，这样，文章才会精练细密。这几句可供论述文章删削的基本原则时引用。意少一字则义阙，句长一言则辞妨。

俪采百字之偶，争价一句之奇；情必极貌以写物，辞必穷力而追新。

【语出】南朝梁·刘勰《文心雕龙·明诗》。

【通讲】俪：对偶。采：辞采。百字：五言诗二十句，指全篇。讲究全篇的对偶辞采，争取一句的奇特警策；在情景上一定尽力刻画形貌，在用词上一定尽力要求新颖。

【鉴赏】《文心雕龙·明诗》是专题论诗的。它分别论述了各代的诗，指出了各代诗的特点及其优点、弱点，不乏精辟的见解。这句话讲的是南朝刘宋初期的诗风特点：讲究对偶、讲究辞采、刻画细致、用词新颖，对东晋的诗风既有继承又有革新。特别是"俪采"二句对讲究骈俪辞采的诗风作了典型的概括，因此常被人们征引。

炼辞得奇句，炼意得余味。

【语出】宋·邵雍《论诗吟》。

【通讲】锤炼词语得到奇句，锤炼主题得到耐人回想的意道。

【鉴赏】题意高，文句美，是写作的基本要求。

论如析薪，贵能破理。

【语出】南朝梁·刘勰《文心雕龙·论说》。

【通讲】论：古代的一种主要用于说理的文体。析薪：劈柴。破理：按木料的纹理破开。论中的说理应该像劈柴一样，贵在能按照木材中固有的纹理自然破开。

【鉴赏】这两句可供引用说明论说文中的观点应顺应事理，能被人们接受，说理时应层层分析，入情入理。

论山水，则循声而得貌；言节候，则披文而见时。

【语出】南朝梁·刘勰《文心雕龙·辨骚》。

【通讲】论：此处是写的意思。循声：顺着声音。貌：样子，此指山水的形貌。节候：节令物候。披文：阅读文辞。见时：感受到时令的特点。说到山水，就能使读者仿佛可以顺着声音看到山光水色的样子；说到节令物候，就能使读者在阅读时似乎可以感受到所写时令的寒暖特点。

【鉴赏】这几句可供引用论述在创作写景状物的篇章时，要尽可能描写得细致准确、形象逼真，要能使读者阅读时仿佛可以身临其境。也可用以形容某些作品描写精彩、生动传神。

篇之彪炳，章无疵也；章之明靡，句无玷也；句之清英，字不妄也。

【语出】南朝梁·刘勰《文心雕龙·章句》。

【通讲】彪炳：文采焕发。疵（cī）：缺点；毛病。明靡：明白细腻。玷（diàn）：白玉上的斑点，比喻缺点。清英：清新英挺。一篇文章文采焕发，是由于章节没有毛病；章节明白细腻，是由于句子没有缺点；句子清新英挺，是因为文字没有虚妄。

【鉴赏】刘勰认为："夫人之立言，因字而生句，积句而成章，积章而成篇。"因此，要使全篇好，必须"章无疵"；要使章节好，必须"句无玷"；要使句子好，必须"字不妄"。确实，要写出好文章，谋篇布局、炼字琢句的工夫不能忽视，粗制滥造是写不出"彪炳"之文的。

情往似赠，兴来如答。

【语出】南朝梁·刘勰《文心雕龙·物色》。

【通讲】这两句大意是：把感情倾注于客观景物就像赠予一样，客观景物触发的意兴就像酬答一样。

【鉴赏】这里说的是创作过程中主观与客观的关系、情与景的关系。作者用充满感情的眼睛观察景物，而景物又触发了作者的意兴，使作者产生了创作的冲动，获得了创作的题材，写出了情景交融的作品。作者用"似赠""如答"形容"情往""兴来"的过程，既形象又恰切。

情以物兴，故义必明雅；物以情观，故词必巧丽。

【语出】南朝梁·刘勰《文心雕龙·诠赋》。

【通讲】思想感情因为景物的触动而兴起，所以包含的意义必须明白雅正；景物因为带着思想感情去观睹，所以使用的词语必须精巧华丽。

【鉴赏】这两句揭示了文学创作中情与景的关系。自然万物、山川草木自有其特点，代表了天道运行之规律，因此，当用人的思想来表现这些事物的时候，应该高雅而明了。这些景物又因为带了人的情感色彩，因此被表达的时候，应该辞藻华丽了。

情欲信，辞欲巧。

【语出】《礼记·表记》。

【通讲】感情要真实，言辞要和顺美巧。

【鉴赏】这是写作的两个基本要求。

请君莫奏前朝曲，听唱新翻杨柳枝。

【语出】唐·刘禹锡《杨柳枝词》。

【通讲】《杨柳枝》虽是乐府旧题，但唐代白居易、刘禹锡等人所写的《杨柳枝》都采用了七言绝句这种新的形式，所以称之为“新翻”。请你不要再奏前朝的旧曲了，还是听我唱一曲新谱的《杨柳枝》吧！

【鉴赏】诗人主张文学贵在创新，所以他劝别人不再迷恋过去时代的作品，把眼光放在新的创作上。

屈平所以能洞监风骚之情者，抑亦江山之助乎。

【语出】南朝梁·刘勰《文心雕龙·物色》。

【通讲】屈平：屈原。洞监：明察；深入地理解。风骚：原指《诗经》《楚辞》，这里泛指诗赋等文学作品。抑：或者；也许。屈原之所以能深入地领悟诗赋等表情达意的功能，写出那么好的作品来，或许是江山对他有所帮助吧！

【鉴赏】楚国名山大川的壮丽风光开阔了屈原的眼界，陶冶了屈原的情操，唤起了他对乡土的热爱，因而他的所有作品中，几乎都渗透着对祖国的深情,历来被誉为伟大的爱国主义诗人。本句可用于说明山水风光、自然景物对作家创作的重要作用。

权衡损益,斟酌浓淡,芟繁剪秽,弛于负担。

【语出】南朝梁·刘勰《文心雕龙·镕裁》。

【通讲】权衡:衡量。损益:减少增加。斟酌:考虑。芟(shān):剪除。弛:解除。衡量文字哪里要增,哪里要减;考虑笔墨哪里该浓,哪里该淡。删节多余的字句,剪除芜秽的内容,使文章减轻负担,避免冗长累赘。

【鉴赏】文章写成后,要反复修改,去粗存精,删繁就简,务使文字精练、中心突出,这是创作的经验之谈,值得记取。粗率的急就之作,是很难取得成功的。

人所易言,我寡言之;人所难言,我易言之。

【语出】宋·姜夔《白石道人诗说》。

【通讲】易:轻易;常常。寡:少。别人常常讲的话,我就少讲;别人所很难说到的,我就多讲些。

【鉴赏】阐述了写作诗文要独辟蹊径、不能步人后尘的道理。

汝果欲学诗,工夫在诗外。

【语出】宋·陆游《示子遹》。

【通讲】你如真要学习写诗,应该在诗外痛下功夫。

【鉴赏】这是陆游重要的诗论,表现了重视在创作中加强生活阅历的思想。他反对闭门空想而重视接触现实、加强阅历。

善删者字去而意留,善敷者辞殊而意显。

【语出】南朝梁·刘勰《文心雕龙·镕裁》。

【通讲】敷:铺陈;排列。殊:不同。善于删削的人,文章中一些多余的字虽然去掉了,但意思仍保留下来;善于铺陈的人,文章中所用的辞藻各不相同,而意思愈来愈明显。

【鉴赏】古人写文章讲究熔炼剪裁,即用尽可能少的文字,表达尽可能多的意思,同时,又讲究铺张扬厉,即表情达意务求淋漓尽致。因此好文章有时泼墨如云,有时惜墨如金,可见"删"和"敷"是对立统一、相反相成的。什么时候该简,什么时候该繁,要根据文章的内容而定。这两句可供论述文章要认真剪裁、力求繁简得当时引用。

诗不厌改,贵乎精也。

【语出】明·谢榛《四溟诗话》卷二。

【通讲】诗不怕修改,可贵的在于精到。

【鉴赏】写作要精益求精。

诗文随世运,无日不趋新。

【语出】清·赵翼《论诗》。

【通讲】诗文:代指文学创作。世运:时代的命运,指世事兴衰治乱的变化更替。文学创作是随着时代的变化而变化的,它没有一天不向着新的方面发展。

【鉴赏】论述了文学创作和社会的关系。

收百世之阙文,采千载之遗韵。谢朝华于已披,启夕秀于未振。

【语出】晋·陆机《文赋》。

【通讲】收罗百世阙疑的文章,采集千年遗留下来的韵味。放弃早晨已经开放的花,促使晚上没有开放的花开放。

【鉴赏】写文章必须继承前人,但继承是为了创新。创作务去陈言,独出心裁。

所谓文者,务为有补于世而已矣。

【语出】宋·王安石《上人书》。

【通讲】文章,一定要对世间有所补益。

【鉴赏】阐述了写文章一定要对社会有实用价值观点。

体要与微辞偕通，正言共精义并用。

【语出】南朝梁·刘勰《文心雕龙·征圣》。

【通讲】体现实际重要的内容与微妙的词语是相通的，正确的说明同精深的义理是相并为用的。

【鉴赏】这句话揭示了文章写作的一般道理在于文质兼美、体用并重。美丽的词藻是为了表达重要的内容而使用；说明的全面深刻，是为了表达精妙的道理。在文章写作上不可为文采而文采，为说明而说明。应该注意语言形式与表达内容之间的关联。

为人性僻耽佳句，语不惊人死不休。

【语出】唐·杜甫《江上值水如海势聊短述》。

【通讲】我的僻性是特别喜欢写诗琢句，如果写不出惊人之语，那就至死也不肯罢休。

【鉴赏】表示作者在诗歌创作中极其重视语言的锤炼。诗圣杜甫对诗歌语言的刻意求工，对文学创作的严肃认真态度，是值得后人学习的。

为情而造文。

【语出】南朝梁·刘勰《文心雕龙·情采》。

【通讲】造文:作文。为了抒发思想感情才去写诗作文。

【鉴赏】这句以简洁的语言，说出了“情”与“文”的正确关系。人们先有了某种感触、认识，然后再去写诗作文，用语言文字表达出来，这样的作品才能打动人心。如果反过来“为文而造情”，或为文而造文，那么写出来的作品矫揉造作、无病呻吟，必然苍白无力。清人袁枚在《随园诗话补遗》卷七中说:“文以情生，未有无情而有文者。”说的也是这个意思。可见真情实感对于文学创作的重要性。

文贵如布帛菽粟，有益于世尔。

【语出】《明史·陈济传》。

【通讲】菽:本谓大豆，引申为豆类的总称。文章要像布帛菽粟那样对人世有益，才可贵。

【鉴赏】文章必须对社会有好处,才能得到肯定。

文人之笔,劝善惩恶也。

【语出】汉·王充《论衡·佚文》。

【通讲】文人写的作品,是为了提倡美好的,惩罚邪恶的。

【鉴赏】说明了写文章的社会功用。

文以意为主,辞以达意而已。

【语出】金·赵秉文《竹溪先生文集引》。

【通讲】文章以内容为主,言辞能够表达内容就行了。

【鉴赏】写作要简明扼要,不追求辞藻华丽。

文章不难于巧而难于拙,不难于曲而难于直,不难于细而难于粗,不难于华而难于质。

【语出】宋·李涂《文章精义》。

【通讲】巧:奇巧。拙、直:自然朴实。曲:内容曲折。细:繁文细节。粗:简赅。华:华美。质:质朴。用词不在于奇巧而在于自然朴实,内容不在于曲折而在于平直简赅。

【鉴赏】论述了写文章的精要。

文章当以理致为心肾,气调为筋骨,事义为皮肤,华丽为冠冕。

【语出】北朝齐·颜之推《颜氏家训·文章》。

【通讲】文章应当以思想感情为心肾,气质情调为筋骨,典故事实为皮肤,美丽的文辞为帽子。

【鉴赏】说明写文章要注意思想、气质、典实、文采四个方面。

文章合为时而著,歌诗合为事而作。

【语出】唐·白居易《与元九书》。

【通讲】文章应该为反映时代而写,诗歌应该为反映现实而作。

【鉴赏】体现了现实主义的创作观。白居易现实主义的文学主张,对今天仍有现实意义。创作要反映时代的现实特征。

文章,经国之大业,不朽之盛事。

【语出】三国魏·曹丕《典论·论文》。

【通讲】经国:治理国家。大业:大事。写文章是与治理国家有关的、经久不衰的大事。

【鉴赏】充分肯定了文章的重大作用与价值。

文章千古事,得失寸心知。

【语出】唐·杜甫《偶题》。

【通讲】文章是传之千古的事业,而其中的甘苦得失只有作者自己心里知道。

【鉴赏】诗篇表达杜甫晚年对文章写作的见解,号召人们要认真写作。诗句对仗工整,语言高度概括,含蕴丰富,富有哲理。

我手写我口,古岂能拘牵!

【语出】清·黄遵宪《杂感》。

【通讲】我手下所写的文章,便是我嘴里要说的话,怎么能够被古人牵着鼻子走!

【鉴赏】表现作者的创作原则,即从破除尊古贱今的观点开始,主张以现实生活、活在人民口头的语言写作,这样的作品才有生命力,所论值得遵循。

物色尽而情有余。

【语出】南朝梁·刘勰《文心雕龙·物色》。

【通讲】物色:景物。景物描写得十分详尽而感情的抒发还含蓄有余。

【鉴赏】我国古代抒情的诗文作品,历来讲究即景抒情、情景交融。同时大都注意写景时穷形尽相、务求充分,而抒情则含蓄蕴藉,做到"含不尽之意见于言外"。这句可供引用论述作品中情与景的关系,也可用以表现丰富而含蓄的辞采。

纤巧以弄思,浅察以炫辞。

【语出】南朝梁·刘勰《文心雕龙·谐隐》。

【通讲】纤:细。炫:炫耀。从纤细巧妙处玩弄文思,凭浅薄的理解来炫耀文辞。

【鉴赏】这句是对学识浅薄、华而不实的人的一种抨击。善于耍小聪明,乐于说故弄玄虚之词虽然博人眼球,但终究是不入流的一种手段。为文做人皆应正道直行、志虑忠纯。以小伎俩吸引关注的行文与为人是不值得肯定的。

新诗改罢自长吟。

【语出】唐·杜甫《解闷十二首》。

【通讲】长:经常。新写一首诗,反复修改后自己时时吟咏。

【鉴赏】反复修改是写好文章的基础。

以其所知谕所不知,而使人知之。

【语出】汉·刘向《说苑·善说》。

【通讲】用他所知道的譬喻所不知道的,而让人懂得那件事。

【鉴赏】譬喻在写作中有很重要的作用。

以少总多,情貌无遗。

【语出】南朝梁·刘勰《文心雕龙·物色》。

【通讲】少:指语言简练。总:总括。用简洁的语言概括丰富的内容,把事物的情态状貌表现无遗。

【鉴赏】这两句的原意是赞美《诗经》的语言虽极其简练,却具有很强的表现力。在这两句之前,作者还举了很多例子,如:"灼灼"状桃花之鲜,"依依"尽杨柳之貌,"杲杲"为出日之容,"瀌瀌"拟雨雪之状,"喈喈"逐黄鸟之声等,确实是"以少总多",把桃花、杨柳之状貌,黄鸟、草虫之声情,绘声绘色地刻画出来了。现在可用以说明文学作品言简意赅的重要性,或用于赞美某些作品的言约意丰。

义典则弘，文约为美。

【语出】南朝梁·刘勰《文心雕龙·铭箴》。

【通讲】义：道理。典：明白正确，合乎常情。弘：大，此指雄辩，有感染力。约：简练。道理正确，合乎常情，文章才有分量，能说服人；文辞简洁精练，才显得优美。

【鉴赏】在原书中，这两句是阐述铭箴文（类似今天的格言、警句、座右铭式的两种文体）的创作原则的，这种文体不仅辞约意丰，而且对仗工整，因此优美而易于记诵。本句意思与"文以辨洁为能，不以繁缛为巧；事以明核为美，不以深隐为奇"（刘勰《文心雕龙·议对》）相近，可供引用说明一般议论文的写作方法。

意得则舒怀以命笔，理伏则投笔以卷怀。

【语出】南朝梁·刘勰《文心雕龙·养气》。

【通讲】意得：指文思涌现。命笔：执笔写作。理伏：指文思阻塞。投笔：掷笔。卷：收。文思涌现就舒展情怀执笔书写，文思阻塞就收起情思放下笔来。

【鉴赏】要写出好的作品，不仅要有创作的愿望，更需要有灵感、有冲动。光凭冥思苦想，是写不出好文章的。所以刘勰主张文思畅达时就命笔行文，文思枯竭时就干脆投笔卷怀，不要硬去搜索枯肠。这种见解是可取的。

吟安一个字，捻断数茎须。

【语出】唐·卢延让《苦吟》。

【通讲】反复吟咏要弄妥帖一个字，胡须都搓捏断了好几根。

【鉴赏】写作要认真、勤奋。

约举以尽情，昭灼以送文。

【语出】南朝梁·刘勰《文心雕龙·颂赞》。

【通讲】灼：明。送文：文章结尾。简约地略举梗概以尽文章中的未尽之情，清楚明白地终结全文。

【鉴赏】这两句说明了文章写作中结尾应做到的要求。文章的结尾要清楚明白,篇末点题、照应,都是总结全文的一种清楚明白的方式。文章结尾清楚明白,才能让读者再次明白文章的中心,从而领会作者的表达意图。

志足而言文,情信而辞巧。

【语出】南朝梁·刘勰《文心雕龙·征圣》。

【通讲】志:思想。言:语言。文:文采。信:真实。辞:文辞。巧:美好。思想内容要充实,语言要有文采,感情要真实,文辞也要美好。

【鉴赏】这是强调写作应当遵循的基本原则,即内容与形式的完美统一。干巴巴的语言,单调而艰涩的词汇,绝不会写出生动感人的文章,即使有美好的心志、丰富的感情,但言粗辞拙,可读性差,也很难打动人心、感染读者。

状难写之景,如在目前;含不尽之意,见于言外。

【语出】宋·欧阳修《六一诗话》。

【通讲】把不容易描写的景象,描写得使读者像亲眼看到一样真切;把自己所要表达的情意含蓄地表现在文字中,让读者通过文字去领会。

【鉴赏】这是作文写景抒情的妙法。

字字看来皆是血,十年辛苦不寻常。

【语出】清·曹雪芹《红楼梦》凡例。

【通讲】这书中每一个字看起来都像血一样,我用十年的辛苦来写成这本书真是不同寻常。

【鉴赏】曹雪芹用十年写《红楼梦》,凭着惊人的意志和毅力完成了这一伟大作品,表示任何创作都要花费大量心血。

作诗切忌议论。此最易近腐、近絮、近学究。

【语出】清·方东树《昭昧詹言》卷一。

【通讲】絮:絮叨;啰唆。学究:迂腐;浅陋。写诗最忌讳议论,有议论最容易接近陈腐,接近啰唆,接近浅陋。

【鉴赏】说明写诗的忌讳。

5 文 采

标序盛德，必见清风之华；昭纪鸿懿，必见峻伟之烈。

【语出】南朝梁·刘勰《文心雕龙·诔碑》。

【通讲】标：显出；突出。懿：美。烈：功业。标立叙述死者隆盛的功德，文辞必须见到有如清风的华彩；昭著纪录死者的鸿勋美绩，必须显现高大的功业。

【鉴赏】这两句话写出了前人认为写作碑文的最高要求和准则。表现了对过往人物功业一种肯定的态度。对于过世的人，中国人的传统往往趋向于从好的方面去评价，这句话就体现了这样的一种价值取向，表现出对前人的一种尊重。

不薄今人爱古人，清词丽句必为邻。

【语出】唐·杜甫《戏为六绝句》。

【通讲】我不菲薄今人，也热爱着古人，只要能写出清新的文词和美丽的诗句，我就一定将他引为同调。

【鉴赏】这两句指吸取古人今人作品中优秀的成分来充实提高自己的创作。

谈欢则字与笑并，论戚则声共泣偕。

【语出】南朝梁·刘勰《文心雕龙·夸饰》。

【通讲】戚：忧愁；悲哀。偕（xié）：在一起。谈到欢乐时文字和笑声并至，论到忧伤时语言和哭泣同来。

【鉴赏】这里说的是一种渲染的写作手法。在写抒情性的诗文时，作者将感情凝于笔端，对欢乐或悲伤的情态进行绘声绘色地刻画，以激起读者的共鸣，使自己的作品具有强大的艺术感染力，读者将随着充满感情的辞采或悲或喜，不能自已。

体不备不可以为成人，辞不足不可以为成文。

【语出】唐·韩愈《答尉迟生书》。

【通讲】身体各器官没有发育成熟的人不能称为成人，遣词造句不够丰富通达的不能称为成功的文章。

【鉴赏】说明文章成功的要求。

言之无文，行而不远。

【语出】《左传·襄公二十五年》。

【通讲】文：文采。行：流传；流行。言辞没有文采，就不能流传到远处。

【鉴赏】《左传·襄公二十五年》记载，仲尼曰："《志》有之：'言以足志，文以足言。'不言，谁知其志？言之无文，行而不远。"（孔子说："《志》上有这样的话：'言语用来表达心志，文采用来修饰语言。'不说，谁知道你的心志？言辞没有文采，就不能流传到远处。"）此句表达的是言与文的关系，即内容与形式的关系。思想要靠语言来表达，文采可以帮助语言表达。文采和内容配合要适当，语言要准确鲜明、生动形象、精练精辟。

英辞润金石，高义薄云天。

【语出】《宋书·谢灵运传》。

【通讲】薄：迫近。文辞精华足以滋润金石，文章中的义理迫近云天。

【鉴赏】文章的词句、文义都非常优美，也借喻情深义重。

6 章 法

别裁伪体亲风雅，转益多师是汝师。

【语出】唐·杜甫《戏为六绝句》。

【通讲】涤除淫靡虚伪的文风，继承《诗经》的传统，广泛师承，不拘一家，才是你的老师。

【鉴赏】作者要在批判继承的基础上进行创造，学习古今文学的精华，自铸伟辞。

农夫见莠，其必锄也。

【语出】南朝梁·刘勰《文心雕龙·史传》。

【通讲】莠：野草。农夫看见了野草就一定要锄掉。

【鉴赏】这句话用以形容人们对完美的一种追求。原文指的是作家在写传记史书时会采取的一种态度——为长者讳。对于一个有德之人，在记叙他的事迹的时候，往往会省略他的一些人生瑕疵，给人们留下完美的印象。

启行之辞，逆萌中篇之意；绝笔之言，追媵前句之旨。

【语出】南朝梁·刘勰《文心雕龙·章句》。

【通讲】启行：原意是起程、出发，这里指文章的开头。逆萌：预先发端。绝笔之言：指文章的结尾。追媵(yìng)：追继；承接。文章的开头就应该预先稍稍显露出文章中心部分的意思；文章结尾处的语言，也要能承接照应前面中心部分的主旨。

【鉴赏】这几句以骈四俪六句法，指出散文创作在谋篇安章上文气贯通、意脉不断、前后呼应的重要性。论述作者在构思时应注意文章首尾照应、一气呵成。表现了古人对文章精神的追求。

情者，文之经；辞者，理之纬。经正而后纬成，理定而后辞畅，此立文之本源也。

【语出】南朝梁·刘勰《文心雕龙·情采》。

【通讲】经:织物的纵线。纬:织物的横线。经线拉正了，纬线才能织成布帛；思想确定了，文辞才能畅达。这是写作的根本原理。

【鉴赏】以织布时经纬线的交错来比喻文章情理与文辞的结合，把文章的情理与文辞的主从本末关系表达得非常明白。

诗质要如铜墙铁壁，气要如天风海涛。

【语出】清·刘熙载《艺概·诗概》。

【通讲】诗的内容质地如铜墙铁壁似的厚实，而诗的气势如天风海涛般的磅礴。

【鉴赏】表现诗歌的内容和形式互相结合的重要性。

字删而意缺，则短乏而非核；辞敷而言重，则芜秽而非赡。

【语出】南朝梁·刘勰《文心雕龙·熔裁》。

【通讲】删掉了字句使意思残缺，这是短缺而不是精练；词句增加了，却使语义重复，这是繁杂而不是丰富。

【鉴赏】说明如何加工文章的文字，既要精练又不芜杂。

7 才 思

奇文共欣赏，疑义相与析。

【语出】晋·陶渊明《移居》。

【通讲】好文章大家共同欣赏，疑难处大家一起分析。

【鉴赏】陶渊明辞官归隐后不久，一场大火把他的田居烧成了灰烬，之后他将家搬到南里之南村，《移居》就写于此时。“敝庐何必广，取足蔽床席”，虽然房子很简陋，但“邻曲时时来，抗言谈在昔”，与邻居们谈古论今，谈天说地。“奇文共欣赏，疑义相与析”，欣赏的喜悦、思考的专注、讨论的热烈、豁然的神情，读书人的体验呼之欲出。语言平常如口语，但看似浅显，实际嚼之味醇、思之情真、悟之意远。

深文隐蔚，余味曲包。

【语出】南朝梁·刘勰《文心雕龙·隐秀》。

【通讲】蔚：文采华美。曲：深隐的地方。包：藏；不露。深刻的文辞含蓄而多彩，言外的意味深隐而不露。

【鉴赏】文章贵在含蓄。诗文要言尽意不尽，富有回味余地，这才是好的作品。

思风发于胸臆，言泉流于唇齿。

【语出】晋·陆机《文赋》。

【通讲】文思发自于内心，如风飞扬；言语流于唇齿，似泉流淌。

【鉴赏】诗句用风和泉形容人才思敏捷、文笔流畅。

8 文　骨

辞必高然后为奇，意必深然后为工。

【语出】唐·孙樵《与友人论文书》。

【通讲】工：工巧。措辞高超然后才会奇特，立意深刻然后才会工巧。

【鉴赏】说明了文章的措辞与立意。

横素波而傍流，干青云而直上。语时事则指而可想，论怀抱则旷而且真。

【语出】南朝梁·萧统《陶渊明集序》。

【通讲】素波：白色的波浪。干：冒犯。旷：旷达。横过白色的波浪而傍流，冲着青云而直上蓝天。讲时事就指而可想，论怀抱就旷达而且真诚。

【鉴赏】以形象的语言、精练的文字，高度评价了陶诗的品格超群拔俗和恬淡飘逸。

文章须自出机杼，成一家风骨。

【语出】《魏书·祖莹传》。

【通讲】写文章应当自出心裁，独创新意，形成自己独有的风格。

【鉴赏】写文章必须有独创性，特别要有特异的风格。

志高则其言洁，志大则其辞宏，志远则其旨永。

【语出】清·叶燮《原诗·外篇上》。

【通讲】立场高远的人，其谈吐为文自然显得高洁纯正；志气宏大的人，他的文章就显露出宏伟的气势；目光长远的人，他的文章中就蕴含着深刻久远的意蕴和哲理。

【鉴赏】志向远大对写文章的影响巨大。文如其人，文者气之所形。诗文中的语言表达除了具备一定的语言素养外，更多的是人的气质、思想、文化底蕴的体现。多读书，多积累，确实值得现代为文者所借鉴。

9 其　他

登山则情满于山，观海则意溢于海。

【语出】南朝梁·刘勰《文心雕龙·神思》。

【通讲】一想到登山，作家的感情就倾注到高山之中；一想到观海，作家的情意就洋溢于大海之间。

【鉴赏】在文学创作过程中，神思起着重要作用。创作构思时的想象，可以不受时空的限制，可以不受客观事物实际形态的制约，任意翱翔，浮想联翩，作家能把自己的思想感情融入被想象的事物中。这两句常引来说明神思、想象在文学创作活动中的重要性，也可用来形容某人文思敏捷，灵感丰富，才情横溢。

诗可以兴，可以观，可以群，可以怨。

【语出】《论语·阳货》。

【通讲】诗有启发鼓舞的感染作用，有考察社会现实的认识作用，有互相感化的教育作用，有批评不良政治的讽喻作用。

【鉴赏】说明诗歌的社会作用。

八

教育

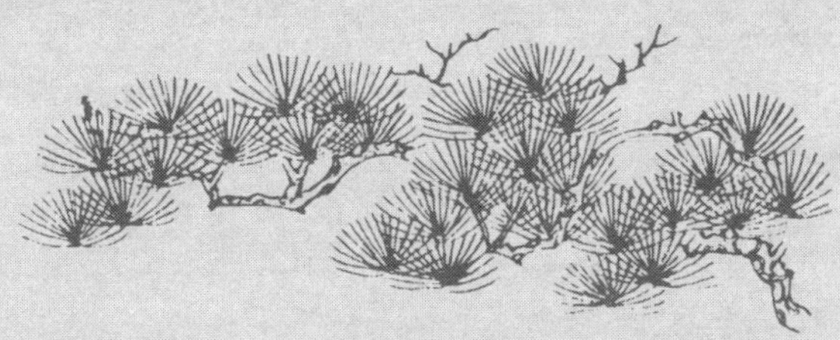

1 师 道

必知天性不乘于教，终不能栣。

【语出】汉·董仲舒《深察名号》。

【通讲】栣(rěn)：禁止。必须知道，天性如果不依靠教育，应该禁止的东西，就不能禁止了。

【鉴赏】说明教育的重要性。

凡学，必务进业，心则无营。疾讽诵，谨司闻；观欢娱，问书意，顺耳目，不逆志；退思虑，求所谓；时辨说，以论道，不苟辨，必中法；得之无矜，失之无惭，必反其本。

【语出】《吕氏春秋·尊师》。

【通讲】凡学习，一定务求增进学业，这样，心中就没有疑惑了。要努力诵习所学过的知识，小心谨慎地聆听老师的教诲；看到老师欢悦高兴的时候，请教书中的意旨，并要注意顺适老师的耳目，不违背老师的心志；回来仔细思考，探求老师所讲授的道理；要时时研讨辨析，以求把老师讲授的道理彻底弄懂，但要注意别胡乱辨别，一定要合乎法度；有所得不要自夸，有所失也不要感到羞愧，一定要回到自己的天性即耳闻、目见、口言和心知上来。

【鉴赏】全面论述了学习的目的、方法，值得借鉴。

凡学之道，严师为难。师严，然后道尊。道尊，然后民知敬学。

【语出】《礼记·学记》。

【通讲】道：第一个“道”，指道理；第二、第三个“道”，指儒家的主张。严：尊敬。在学习方面，尊师是最难的。只有老师受到尊敬，“道”才会被重视。只有“道”受到重视，百姓才会认真去学习。

【鉴赏】论述了尊师对学习的重要性。

父生师教，然后成人。事师之道，同乎事亲。德公进粥林宗，三呵而不敢怒；定夫立侍伊川，雪深而不敢去。

【语出】元·吴亮、许名奎《劝忍百箴·事师之忍》。

【通讲】父母生育，教师教育，然后才能成为人。对待教师的道理，与对待父母一样。魏昭为老师郭泰做粥，三次受呵斥而不敢生气；游酢立身等待程颐，即使雪很深了，也不敢离开。

【鉴赏】一日为师，终身为父。尊重、侍奉老师就像对待自己的父母一样，这是人的品格。侍奉老师，必须忍得误解、委屈和困苦。

古之圣王未有不尊师者也。尊师则不论其贵贱贫富矣。若此则名号显矣，德行彰矣。

【语出】《吕氏春秋·劝学》。

【通讲】古代圣王没有不尊敬老师的。尊敬老师，就不会计较他们的贵贱贫富了。像这样，就会名声大振、德行显明。

【鉴赏】圣人一心一意地尊敬老师，所以能成为圣人。此句论述了尊师的必要性。

故教也者，义之大者也，学也者，知之盛者也。义之大者，莫大于利人，利人莫大于教。知之盛者，莫大于成身，成身莫大于学。

【语出】《吕氏春秋·尊师》。

【通讲】义：某种理论、观点。知：知道。于：介词，比。教：教人。成身：使自身提高修养。所以教人的人，是宣传理论和主张的最重要的人；学习的人，是知道得很多的人。宣传理论主张最重要的，没有什么比对人有利更重要的，对人有利没有什么比教人更重要。知道得很多，没有什么比提高自身修养更重要，提高自身修养没有什么比学习更重要。

【鉴赏】教人和学习在人生中都是至关重要的。我们一定要重视教育，重视学习。

国将兴，必贵师而重傅……国将衰，必贱师而轻傅。

【语出】《荀子·大略》。

【通讲】国家会兴盛，一定是尊重老师，重视培养人才……国家会衰亡，必定是轻视老师和不注重培养人才。

【鉴赏】说明尊师重教是决定国家兴衰的关键。

疾学在于尊师。

【语出】《吕氏春秋·劝学》。

【通讲】要很快地学到知识，重要的是要尊敬老师。

【鉴赏】尊敬老师，可以得到老师更多的教诲。

建国纬民，立教为本；尊师崇道，兹典自昔。

【语出】《魏书·肃宗纪》。

【通讲】纬：约束。建立国家约束百姓，以设立教化为根本；尊敬老师，崇尚道义，这是自古以来的法则。

【鉴赏】尊师重教是治国教民的首要任务，自古到今都是这样，更值得今天借鉴。

经师易求，人师难得。

【语出】《北史·卢诞传》。

【通讲】经师：博通儒家经典之人。博通儒家经典之人容易找到，立身处世可为人师表的人却难求得。

【鉴赏】这是魏帝给王子们寻求老师的诏书。说明教师的职责不仅仅是给人传授知识，更重要的是教育学生懂得做人的道理。今天虽然道德模范即“人师”不断涌现，但比起教人学术经典的“经师”，还是少得可怜。每个人都要努力提高自己的道德修养水平。

年方三十，志立学成，既居禄位，先酬师德。

【语出】唐·玄奘《大唐西域记·印度》。

【通讲】年纪刚三十岁，志向确立了，学业有成就了。身居高位，待遇优厚，首先酬谢老师的恩德。

【鉴赏】老师在个人的成长中非常重要，所以如果取得成就，别忘了感谢老师。

青成蓝，蓝谢青；师何常，在明经。

【语出】《魏书·李谧传》。

【通讲】青成于蓝，蓝也感谢青；做老师的未必永远就是老师，关键在于通晓经书。

【鉴赏】教学相长，师生共进，达到通晓经书的目的。

三代所以盛者，学校兴，师道立。

【语出】宋·陈真晟《正风教疏》。

【通讲】夏商周三代兴旺发达的原因，是因为学校兴盛，师道确立不移。

【鉴赏】学校的设立，尊师重教，是治理国家、教化人民的根本措施。

师必胜理行义然后尊。

【语出】《吕氏春秋·劝学》。

【通讲】做老师的一定要做到“胜理行义”，然后才能尊显。

【鉴赏】说明做老师的职责所在。

师之教也，不争轻重尊卑贫富，而争于道。

【语出】《吕氏春秋·劝学》。

【通讲】老师施教，应该是有教无类，不计较学生的轻重尊卑，而应该看重他们是否能接受所传授的道理。

【鉴赏】说明老师施教的目的在于传道。

事师之犹事父也。

【语出】《吕氏春秋·劝学》。

【通讲】侍奉老师就像侍奉父亲一样。

【鉴赏】一日为师，终身为父，进一步说明尊师的必要性。

是故无贵无贱，无长无少，道之所存，师之所存也。

【语出】唐·韩愈《师说》。

【通讲】道：道理。所以选择老师时，没有贵贱之分，没有长幼之别，只要是道理所在，也就是老师所在。

【鉴赏】择师的唯一条件就是要有真本领，圣人无常师。虚心学习老师的长处，以人之长处来弥补自己的不足。不耻下问，向同龄人、向比自已年轻的甚至自己的学生去学习，这才是一个正确的择师态度。

所加于人，必可行于己，若此则师徒同体。

【语出】《吕氏春秋·诬徒》。

【通讲】凡是想要别人做到的，一定自己先要做到，这样，就能师生一体了。

【鉴赏】身教重于言教，老师都做到了，学生也会跟着去做。

为师之务，在于胜理，在于行义，理胜义立则位尊矣。

【语出】《吕氏春秋·劝学》。

【通讲】做老师的关键问题，在于使自己所讲授的道理能够得到充分发挥，在于使自己的学说能够付诸实行。

【鉴赏】老师传授知识的目的在于传道并在实践中加以实现。

为学莫重于尊师。

【语出】清·谭嗣同《浏阳算学馆增订章程》。

【通讲】学习最主要的是尊重老师。

【鉴赏】只有尊师才能重道，只有重道，在民众中才能形成爱学习的良好风气。

学校之官，所以为政事之本，道德之归，而不可以一日废焉者也。

【语出】宋·朱熹《静江府学记》。

【通讲】学校之官：此代指学校。归：归宿。此引申作根本、基本。学校教育,是用来作为(一个国家)政治事业的根本,(培养人们)道德质量的基地,因而一天也不可废弃!

【鉴赏】教育事业是非常重要的,在任何时候,都要兴教重教。

学者处不化不听之势,而以自行,欲名之显、身之安也,是怀腐而欲香也,是入水而恶濡也。

【语出】《吕氏春秋·劝学》。

【通讲】从师学习的人,如果持不接受教化、不听从教诲的态度,自己随意行事,尽管他想使自己成名、使自身安乐,那也是不可能的,这就如同怀揣腐臭的东西却希望闻到芳香,进入水中却厌恶沾湿一样。

【鉴赏】说明了怎样做才算是尊师。

学者师达而有材,吾未知其不为圣人。

【语出】《吕氏春秋·劝学》。

【通讲】从师学习的人,如果他的老师通达,而自己又有才能,这样的人就不会不成为圣人。

【鉴赏】要成为名人,要向名师学习,而且不断增长自己的才能。

一日为师,终身为父。

【语出】西周·姜太公《鸣沙石室佚书·太公家教》。

【通讲】一天当我的老师,我一辈子都把老师看成是我的父亲。

【鉴赏】父母给了我们生命,而老师给了我们慧命。没有谦虚恭敬的心,很难长养学问。教师是崇高的职业,肩负传承文明的使命。尊师重教是中华民族的传统美德。

以圣贤之道教人易,以圣贤之道治己难;以圣贤之道出口易,以圣贤之道躬行难;以圣贤之道奋始易,以圣贤之道克终难。

【语出】清·金缨《格言联璧·学问》。

【通讲】用圣贤之道教导别人容易,而用圣贤之道严格要求自己就显得艰难了;口说圣贤之道容易,实际行动按圣贤之道去做就很难了;以圣贤之道激发自己的意志，开始时很容易，要持之以恒、善始善终就很难了。

【鉴赏】要贯彻圣贤之道。要努力以圣贤之道来学习、实践。

义之大者，莫大于利人，利人莫大于教。

【语出】《吕氏春秋·尊师》。

【通讲】没有比利人这种事更重要的了，而利人没有比教育更重要的了。

【鉴赏】教育是非常重要的事业。

余立侍左右，援疑质理，俯身倾耳以听。或遇其叱咄，色愈恭，礼愈至，不敢出一言以复。俟其欢悦，则又请焉。

【语出】明·宋濂《送东阳马生序》。

【通讲】我站在老师身边，在向老师请教问题时，躬身侧耳，非常恭敬，有时碰到他大声斥责，脸色则更恭敬，礼数则更周到，一句话也不敢顶撞，等他心情好了，再去提问请教。

【鉴赏】古代大学者宋濂尊师求学的态度非常虔诚，值得我们认真学习。

谆谆而后喻，譊譊而后服。

【语出】宋·王安石《庄周下》。

【通讲】谆谆：恳切地教导。譊譊(náo)：据理论辩。经过恳切教导之后才能明白道理，经过据理辩驳之后才能心悦诚服。

【鉴赏】真理越辩越明。

2 教　学

博学而笃志，切问而近思，仁在其中矣。

【语出】《论语·子张》。

【通讲】笃：忠实；保持不变。博学广闻又坚持自己的志向，深切了解自己未悟之事并随时思考自己能及之事，仁的境界就达到了。

【鉴赏】这是汉章帝诏书中的一句话，目的在于与群儒“共正经义”。广泛学习人类的各种知识，来发展马列主义，思考解决今后的发展道路，就能达到美好的境界。

不兴其艺，不能乐学。

【语出】《礼记·学记》。

【通讲】兴：喜欢。不喜欢那种技艺，就不能愉快地去学习它、掌握它。

【鉴赏】兴趣是学习的动力，要想学习好，要培养和增强学习和兴趣。

大匠诲人以规矩。

【语出】《孟子·告子上》。

【通讲】良工巧匠以使用规和矩的基本技术去教自己的徒弟。

【鉴赏】教学要得法，首先将最基础的知识技能教给学生，还要使学生举一反三、触类旁通。

凡授书不在徒多，但贵精熟。

【语出】明·王守仁《传习录》卷中。

【通讲】讲授书本知识不追求科目多，而要把最精粹的东西教给学生，使其能熟练地掌握。

【鉴赏】教书育人要精准，教书务精不务多。

苟不教，性乃迁，教之道，贵以专。

【语出】《三字经》。

【通讲】如果父母、师长们不去好好教育他，他的性情就会变迁；教导的方法，最重要的在于能使孩子专心。

【鉴赏】如果小时不用心教育，那么他的本性就会发生转变，容易往坏处发展。“专心”可以说是学习的利器，做什么事都必须专心，能专心就会有定力。有定力的孩子，学习能力会特别强！

古之王者，建国亲人，教学为先。

【语出】《北史·刘芳传》。

【通讲】古代的君王，建设国家，爱护百姓，都以教育为头等大事。

【鉴赏】治国首先要抓教育。

教学相长。

【语出】《礼记·学记》。

【通讲】教与学双方应互相促进。

【鉴赏】这规定了教和学的关系，老师和学生应该互相学习，互相促进。

教也者，义之大者也。

【语出】《吕氏春秋·尊师》。

【通讲】教育，这是最有意义的事啊！

【鉴赏】要重视教育，要深刻认识教育的重大意义。

君民建国，教学为先；移风易俗，必自兹始。

【语出】《隋书·炀帝纪上》。

【通讲】统治人民、建设国家，教学应当优先；转移风气、改变习俗，必须从这里开始。

【鉴赏】治国理政、移风易俗，都必须首先要抓好教育。

君子一教，弟子一学，亟成。

【语出】《荀子·大略》。

【通讲】亟:急;快。教师全心全意地讲授,学生集中精力地学习,很快就会获得成功。

【鉴赏】教师教得认真,学生学得专心,学习就会成功。

青,取之于蓝而青于蓝;冰,水为之而寒于水。

【语出】《荀子·劝学》。

【通讲】蓝:蓼蓝,其叶可以做蓝色染料。靛青是从蓼蓝草中提炼出来的,但比蓼蓝草的色泽更深;冰凌是由水变成的,但比水寒冷得多。

【鉴赏】后来者可居上,学生可以比老师更强,时代才会进步。

圣人施教,各因其材,小以成小,大以成大,无弃人也。

【语出】宋·朱熹《论语集注》。

【通讲】圣人施行教育,(是)根据各个学生资质和才能的不同(而有针对性地进行教育),(资质和才能)小的就培养成低一级的人才,(资质和才能)大的就培养成高一级的人才,(因此)不可能有(不堪造就而)被遗弃的人。

【鉴赏】教育工作者,要因材施教,使每个人都能成为国家有用的人才。

师之所以为师,言必出于道,行必由于道,教必本于道。

【语出】明·薛瑄《送孔节文分教徐州序》。

【通讲】道:道德规范。本:依据。老师之所以作为老师,是他的言教必然出自道德,他的行为必定符合道德,他的教学一定依据道德规范。

【鉴赏】说明老师的责任首要是传授道德规范给学生。

为治所至,必以兴学校、明教化为先。

【语出】宋·朱熹《续近思录》卷九。

【通讲】为了达到治理国家的目的,必须把兴办学校、教育人民放在首位。

【鉴赏】教育是治国兴国的首要任务。

学不厌,智也;教不倦,仁也。

【语出】《孟子·公孙丑上》。

【通讲】学习不知道疲倦是有智慧的表现,教学生不感到疲倦是仁慈的表现。

【鉴赏】刻苦学习,认真教学,阐明了对待教和学的正确态度。

言近而指远者,善言也。

【语出】《孟子·尽心下》。

【通讲】近:浅显。指:旨,意义。语言虽然浅显,但意义深远,这才称得上是“善言”。

【鉴赏】说明教学应由近及远,深入浅出,起到好的教学效果(“善言”)。

引而不发,跃如也。

【语出】《孟子·尽心上》。

【通讲】教育别人就像教别人射箭一样,只将弓拉满,但不射出箭,只做出跃跃欲试的样子。

【鉴赏】说明教学的方法要善于引导启发,不要填鸭式的教学。

欲开民智,必建学堂;欲图本富,必兴工艺。

【语出】清·汤寿潜《理财百策·寺规》。

【通讲】要开发群众的智慧,必须建立学校;要使得国家富强,必须发展工艺。

【鉴赏】要开发民智必须办新式学堂,发展新兴工艺,来增强国家实力。

3 治　　学

不广求，故得；不杂学，故明。

【语出】隋·王通《中说·魏相》。

【通讲】学习不能贪多图广，少而精才会有所得；不杂乱地学，才能深刻领会。

【鉴赏】学习方法很重要，一要精，二要专。

大道以多歧亡羊，学者以多方丧生。

【语出】《列子·说符》。

【通讲】歧：岔道。方：方向。大道因岔路多而易使羊走失，求学的人如果经常改变学习内容、学习方法，就会丧失本性，迷失方向，甚至丧失生命。

【鉴赏】告诫人们要学有专攻。比喻因情况复杂多变或用心不专而迷失本性、迷失方向，误入歧途，一无所成，后果严重。

发然后禁，则扞格而不胜；时过然后学，则勤苦而难成；杂施而不孙，则坏乱而不修；独学而无友，则孤陋而寡闻；燕朋逆其师；燕辟废其学。此六者，教之所由废也。

【语出】《礼记·学记》。

【通讲】扞格：互相抵触；格格不入。燕：亵。辟：譬喻，为教学方法。《学记》这段话阐述了“教之所由废”即教学失败的六种原因。分别是：问题发生后才设法禁止，则学生会产生强烈的抗拒心理而没有效果；错过了最佳的学习时机，即使再勤奋刻苦也难以奏效；教学杂乱无章不能循序渐进，则学生学习会陷入混乱而难见成效；独自冥思苦想而没有学友间的相互切磋，就会浅薄见闻不广；亵慢同学，就会违背师教；亵慢师教，就会荒废学业。

【鉴赏】一个人学习，不接触外部世界，好比闭门造车，是行不通的；只有向他人学习,察纳雅言,才能获得更多知识,弥补自身缺憾。古今中外,读书治学最终成大器者,大多十分注重结交学友。

古今之成大事业、大学问者,必经过三种之境界:"昨夜西风凋碧树。独上高楼,望尽天涯路",此第一境也。"衣带渐宽终不悔,为伊消得人憔悴",此第二境也。"众里寻他千百度,蓦然回首,那人却在灯火阑珊处",此第三境也。

【语出】王国维《人间词话》。

【通讲】《人间词话》是近代著名学者王国维的文学批评著作。他的"人生三境界"说,是对历史上成功者的经验总结。第一境界登高远眺,所见尽是肃杀的秋景,西风黄叶,山高水长,案书何达? 王国维将此句解读为:做学问成大事业者,第一境界要有执着的追求,登高望远,瞰察路径,明确目标与方向。第二境界尽管遇到百般困难,还要执着地追求,忘我地奋斗。第三境界人在经过多次周折、多年磨炼之后,就会日渐成熟,豁然开朗,进而取得最后的成功。

【鉴赏】三种境界启示我们,读书不仅要有明确的目标、有不移的恒心,还要提高读书效率和质量。要坚持阅读与思考的统一;坚持读书和运用相结合;锲而不舍、持之以恒。

好高欲速,学者之通患。

【语出】宋·朱熹《答林泽之》。

【通讲】喜欢追探高深,期望迅速有所成就,这是学者的通病。

【鉴赏】学问是一点一滴地积累起来的,好高骛远、急功近利,反而欲速不达,不可能有所成就。这是过去学者的通病,现在我们在求学中应避免这种毛病。

兼取众长,以为己善。

【语出】宋·朱熹《答林叔和》。

【通讲】把大家的长处都吸收过来,变成自己的长处。

【鉴赏】做学问,切忌有门户之见,互相非毁。善学者,要能选择其切于已者,先次用力;而于其所未及者,姑置而两存之。

尽信书,则不如无书。

【语出】《孟子·尽心下》。

【通讲】相信书上所说的一切,还不如没有书。

【鉴赏】把书上的一切都当作不能违背的教条,那就完全无法做好任何事情。

近来始觉古人书,信着全无是处。

【语出】宋·辛弃疾《西江月·遣兴》。

【通讲】近来才觉得古人写的书,不可深信,一无是处。

【鉴赏】用艺术之笔说明"尽信书,则不如无书"。运用含蓄、曲笔写出,回味无穷。

精良止如留,疏恶去如摈。

【语出】宋·王安石《扬扇》。

【通讲】应当保留住精华的东西,对于糟粕要努力加以摈弃。

【鉴赏】学习要善于取其精华,弃其糟粕,方有益。

究天人之际,通古今之变,成一家之言。

【语出】《汉书·司马迁传》。

【通讲】探求天象与人事亦即自然现象与政治社会之间的关系,通晓从古到今的变化,形成一家独立的学说。

【鉴赏】探求做学问的方法。

举一而三反,闻一而知十,乃学者用功之深、穷理之熟,然后能融会贯通以至于此。

【语出】宋·朱熹《答姜叔权》。

【通讲】由一个事例能够推知类似的三个,听到一个而能够推知类似的十个,这才是学习者真正努力的学习啊!经过深入挖掘,穷究幽微之后,方能达到融会贯通的境界。融会贯通就是把各类知识与道理融化汇合，得到全面透彻的理解。

【鉴赏】学习首重方法。在学习中养成归纳、总结的良好习惯，以近及远，以小见大，见端知末，总结出事物之规律。故不该读死书、死读书，而是要学会创造性地学习。

君子爱日以学，及时而成；难者不避，易者不从。

【语出】唐·马总《意林·曾子》。

【通讲】从(zòng)：放纵；随便。君子能抓紧时间学习，碰到难处不退缩，遇到容易的地方也不马虎随便。

【鉴赏】学习要认真细致。

君子之学，博于外而尤贵精于内，讨诸理而尤贵达于事。

【语出】明·王廷相《慎言·潜心》。

【通讲】人们读书，一方面要博览群书，但更重要的是精读，挖掘书的内涵；另一方面是要研究书中所蕴含的真理，但更重要的是运用这些道理去了解实际事物，即所谓学以致用、学贵力行。

【鉴赏】告诉我们如何读书。首先要博览群书，只有多读书才能使自己的视野开阔，在多读的同时，还要注意精读，那就是要把一本书的内容挖掘透彻，除了多而精，读书时还要注意将书本知识和实际应用结合起来，将书中的道理用于实践中。将读书的深度和实践的运用结合起来，才能收获甚丰。

堪笑翰林陶学士，年年依样画葫芦。

【语出】宋·陶穀《题玉堂壁》。

【通讲】可笑翰林院的陶学士，年年都是依样画葫芦。

【鉴赏】鞭挞墨守成规、不动脑筋、不求创新、不求进取的人。

譬如登山，人多要至高处，不知自低处不理会，终无至高处之理。

【语出】宋·朱熹《朱子语类》卷八。

【通讲】做学问犹如登山一样,人们都想要爬到最高处,不知道不从低处开始,最终不可能有到得了最高处的道理。

【鉴赏】朱子在此将学习比作登山,说明学习须从基础开始,一步步地向上攀登,才能到达学术的高峰。

切于己而不遗于物,本于行事之实而不废文字之功,极其大而不略其小,究其精而不忽其粗。学者循是而用焉,则既不务博而陷于支离,亦不径约而流于狂妄。

【语出】宋·朱熹《四书或问·大学或问》。

【通讲】从自己身上体察事理而又不遗漏世间事物;以躬行实践为根本而又不废弃书本知识的功效,穷究事物大的一面而又不忽略其小的一面,细研事物精细之处而又不忽视其粗疏之处,学者按照这一道理而用力,就会既不务求广博而陷于松散无序,也不寻求简约而流于狂妄自大。

【鉴赏】朱子对自己的"致知格物"理论做了很好的阐释和发挥,这对我们仍有启发意义。

穷理以虚心静虑为本。

【语出】宋·朱熹《朱子语类》卷九。

【通讲】理:此处意为事物的本质规律。穷理:穷究事物的本原之"理"。要探究事物的规律,就必须以心境空寂、万虑尽除为根本。

【鉴赏】朱子教人运思,强调"虚静",这样就能心无杂虑,专一"穷理"。

穷理之学,诚不可以顿进,然必穷之以渐。俟其积累之多,而廓然贯通,乃为识大体耳。

【语出】宋·朱熹《答王子合》。

【通讲】诚:的确;确实。俟:等;待。廓然:大而广阔的样子。大体:即事物的根本。穷究事物规律的学问,确实不能一下子便有很大的长进,而必须慢慢地穷究。等到自己平时的积累丰厚了,而心里顿然开阔,首尾通达,这时才能真正认识事物的根本。

【鉴赏】必须有平时"穷之以渐"的积累,才会有最后"廓然贯通"的"识大体”。这是符合认识规律的。今天对那些急于求成、希求“顿进”的人也有很好的借鉴作用,要有“渐”的功夫。

人不博览者,不闻古今,不见事类,不知然否,犹目盲、耳聋、鼻痈者也。

【语出】汉·王充《论衡·别通》。

【通讲】一个人如果不博览群书,就不会了解古今,看不到事物的相同点和不同点,不知道事物的对与错,这好像眼瞎、耳聋、鼻子生疮一样。

【鉴赏】广泛学习,才能视野开阔。基础厚实,知识广博,才能取得令人瞩目的成就。

人得一知己,须对知己而无惭;士既多读书,必求读书而有用。

【语出】清·王永彬《围炉夜话》。

【通讲】人生能够得到一位知己,一定要做到面对知己不惭愧;士人既然多读诗书,必须做到读书而能致用。

【鉴赏】人生难得一知己,得一知己足矣。知己者互为慰藉,追求一致,心心相印。读书人广泛求学、学以致用是读书的唯一目的。

人之情,不能亲其所怨,不能誉其所恶,学业之败也,道术之废也,从此生矣。

【语出】《吕氏春秋·诬徒》。

【通讲】道术:原指道德与方术,这里指学术、礼仪之术。人之常情,不能爱他所恨的,不能赞誉他讨厌的。学业的毁弃,道术的废弛,正是由此产生的。

【鉴赏】憎恶和自己心意不合的,不能爱其所恨赞其所恶,是学业毁弃,学术和礼仪废弃的原因。

人之为学,不可自小,又不可自大。

【语出】清·顾炎武《日知录·自视欿然》。

【通讲】为学:治学。自小:自以为低下。人研究学问,既不能自卑又不能自大。

【鉴赏】自卑,对研究学问缺乏信心;自大,对研究学问容易自满,都对研究学问一点用处也没有。

人之为学,当知其何所为而为学,又知其何所事而可以为学。

【语出】宋·朱熹《答曾无疑》。

【通讲】人们做学问,应当知道他为什么而学习,又知道他怎样做才可以学习。

【鉴赏】在学习上,首先要端正学习态度,其次要明确学习方法。学习的态度和方法,是搞好学习的两个关键。

人之知识,若登梯然,进一级,则所见愈广。

【语出】宋·陆九渊《删定官轮对札子》。

【通讲】我们学习知识就像是登梯,每向上走一级,所见之境则更广,视野也更加开阔。

【鉴赏】用登梯来形容学习的境界,学习是一个逐步深入的过程,也是一个向上攀登的过程。每上一个阶梯,我们的视野就会越发开阔。俗话说站得高,才能看得远。这句话用比喻的手法表达了陆九渊对知识和学习的一种态度,对后人深有启发。

如攻坚木,先易者而后其节目;如解乱绳,有所未通则姑置而徐理之,此观书之法也。

【语出】宋·朱熹《读书之要》。

【通讲】攻:砍。节目:树木枝干交接处纹理纠接不顺的地方。徐:缓慢。(读书)犹如砍坚硬的木头,先从那容易处开始砍,然后再砍节目处;又犹如解乱绳,有解不通的,就暂且放下来慢慢去整理。这就是读书的方法。

【鉴赏】读书如砍硬木,如解乱绳,应采取先易后难的方法,逐步深入,然后再全部掌握。

如其可取,虽世俗庸人之言,有所不废;如有可疑,虽或传以为圣贤之言,亦须更加审择。

【语出】宋·朱熹《学规类编》。

【通讲】如有可取之处,就是平凡愚庸的人说的话,也不应放弃;如有值得怀疑的,就是传为圣哲贤人说的话,也要更加审慎地选择。

【鉴赏】对于人们讲的话,应该可取就取,可疑就疑,切不可因人废言。

若果有志,无书不可读。但能剖析精微,玩味久熟,则众说之异同,自不能眩,而反为吾磨砺之资矣。

【语出】宋·朱熹《答程允夫》。

【通讲】果:果真;真的。眩:眼睛昏花。砺:磨刀石。磨砺:本指把有尖、刃的金属用工具磨锋利,此指磨炼、锻炼。资:资本;本钱。如果有志向,什么书都可以读。只要对书中的精细幽微之处都剖析得很清楚了,长时间的细细品味达到了纯熟的地步,那么各家之说的相同或不同,自然就不会混淆不清了,反而成为我们自己进行研究的资本了。

【鉴赏】读书要"有志",即明确读书的目的,未读之前先有一个目标。读书还要精细熟研,而不是浮光掠影,草草完事;读书更要有识,善于辨别各家学说的正误。这样,才"无书不可读",而读之必有得。

善读书者曰攻,曰扫。攻则直透重围,扫则了无一物。

【语出】清·郑板桥《花间堂诗草跋》。

【通讲】善于读书的人,采用钻研和浏览的方法。钻研就能深入理解,浏览就能博览群书,不致遗漏。

【鉴赏】精读和泛读是很好的读书方法,要兼而用之,学问就会精进。

善学邯郸,莫失故步。

【语出】清·袁枚《续诗品·尚识》。

【通讲】我们要善于学习别人的东西,不要丢掉自己的特点。

【鉴赏】学习、借鉴他人或外地经验是必不可少的。所以,要"善学邯郸",充分评估自身的条件,但切不可亦步亦趋,应该有吸收、有创新,形成自己的独特风采。不要别人的经验没有学到,自己的事又耽误了。

善学其如海,不满也不乏。

【语出】清·无名氏《学忌》。

【通讲】善于学习的人,就像大海那样既不自满,也不自卑。

【鉴赏】自满和自卑,是学习的敌人。

善学者尽其理,善行者究其难。

【语出】《荀子·大略》。

【通讲】尽:彻底探索。究:坚持到底。善于学习的人总要彻底探索事物的道理,善于实干的人总要把难办的事情办好。

【鉴赏】道理不在深浅,坚持探索则通;事情不在难易,坚持到底则成。善学者和善行者的成功秘诀就在“尽”“究”二字上。

善学者,若齐王之食鸡也,必食其跖数千而后足,虽不足,犹若有跖。

【语出】《吕氏春秋·用众》。

【通讲】跖(zhí):鸡脚。善于学习的人,就像齐王吃鸡一样,一定要吃上几千只鸡脚才能满足,即使不够,不是还有鸡脚吗。

【鉴赏】学贵多取,要从各方面汲取知识。对学到的知识如果还不满足,就要继续博采广收。

善疑者,不疑人之所疑,而疑人之所不疑。

【语出】明·方以智《疑何疑篇》。

【通讲】善于质疑的人,不会在常人所怀疑的方面找问题,而在常人不怀疑的方面找问题。

【鉴赏】做学问必须善于质疑。

善则从之,恶则去之,而无毫发之累。

【语出】宋·朱熹《朱子语类》卷一百三十六。

【通讲】累:牵挂;连累。书中好的见解就依从它,不好的见解就抛弃它,而不要有丝毫的牵挂。

【鉴赏】读书要善于识别正确的和错误的见解。正确的就吸收,不正确的就抛弃。正确继承民族文化遗产,也应该这样。

上学以神听,中学以心听,下学以耳听。

【语出】《文子·道德》。

【通讲】上等的学法是用"神"去听,中等的学法是用"心"去听,下等的学法是用"耳"去听。

【鉴赏】要做到学有所获,就要学会用"神"去听,用"心"去听,而不能浮于表面。上等之法,就是学思并用,努力做到用心灵去倾听、学习,唯其如此,方能把握知识的精髓。思考越深,收获越大。

绳锯木断,水滴石穿;学道者须加力索;水到渠成,瓜熟蒂落,得道者一任天机。

【语出】明·洪应明《菜根谭》。

【通讲】把绳索当锯子摩擦久了可锯断木头,水滴落在石头上时间一久就可贯通坚石,同理,做学问的人也要努力用功才能有所成就。各方细水汇集在一起自然能形成一道细流,瓜果成熟之后自然会脱离枝蔓而掉落,同理,修行学道的人也要听任自然才能获得正果。

【鉴赏】治学治家做事业有两条基本原则要遵循:一是要善于等待机会,二是要勤于积累、不断充实自己,积累就得勤学。要牢记功夫若深、铁棒成针的道理。

圣贤之学,非造次可成,须在积累。积累之要,在专与勤。屏绝它好,始可谓之专;久而不倦,始可谓之勤。

【语出】《宋史·王岩叟传》。

【通讲】造次:仓促;急遽。圣贤的学问,不是轻易可取得成功的,重要的是积累。积累的要领在专与勤。屏绝其他爱好,始可叫专;历久而不厌倦,始可叫勤。

【鉴赏】做学问要取得成功,必须坚持专和勤。

时时温习,觉滋味深长,自有新得。

【语出】宋·朱熹《朱子语类》卷二十四。

【通讲】经常温习(以前学过的),就会觉得其味无穷,自然会有新的收获。

【鉴赏】新的知识常常出于对旧知识的复习、琢磨,我们应重视已学过的知识,不断温故知新,尽快提高自己的水平。

说《诗》者不以文害辞,不以辞害志。

【语出】《孟子·万章上》。

【通讲】《诗》:《诗经》。文:词;字。辞:文句。志:诗意。解说《诗》的人不要死抠字眼而误解了句意,也不要死抠词句而误解了诗的本旨。

【鉴赏】咸丘蒙误解了《诗经·小雅·北山》的诗句,孟子用这句话开导他。孟子灵活的统观全篇的读书方法值得我们学习。

所谓徒守纸上语,拟规画圆,模矩作方,此初学之通病。

【语出】宋·朱熹《答欧阳希逊》。

【通讲】规:画圆形的工具。矩:画方形的工具。我们所说的那种只是拘泥于书上的语句的学习方法,就像只会按照规的样子画圆,模仿矩的型号作方,这是初学者普遍的毛病。

【鉴赏】学习要反对模仿,学习要创新。

体规画圆,准方作矩,终为人之臣仆。

【语出】宋·宋祁《释俗》。

【通讲】依据圆规去画圆形,按照方形去做角尺,终究只能做别人的奴仆。

【鉴赏】做学问要向名家学习,才能有所成就;但还要独立思考、有所创新,才能青出于蓝而胜于蓝。

同乎己则以为是,异乎己则以为非者,学术之公患也。

【语出】清·方苞《通蔽》。

【通讲】乎:于。公患:共同的毛病;通病。与自己相同的观点就认为正确,与自己不同的观点就认为错误,这是学术研究的通病。

【鉴赏】自以为是,不能吸纳别人的真知灼见,不利于学术研究。

万口一词,不可破也;千年一律,不自知也。

【语出】明·李贽《题孔子像于芝佛院》。

【通讲】儒家之徒都将一些教条奉为金科玉律“不可破也”,一千年都一样,实为愚昧懵懂不自知也。

【鉴赏】对封建社会传统的偶像和教条予以大胆的抨击。

万物有乎生而莫见其根,有乎出而莫见其门。人皆尊其知之所知,而莫知恃其知之所不知而后知,可不谓大疑乎!

【语出】《庄子·则阳》。

【通讲】万物都有产生的原因,却没有谁能窥测它的根源;万物都有出生的地方却没有人能寻知它的门径。人们都重视自己的智能所能知道的知识,却无人知道重视那些自己的智慧无法知道却必须去掌握的知识,这不是最大的疑惑吗?

【鉴赏】人类只有认识到知识的无穷尽,才能不断进步。人们的认识有一定的局限性,这就需要不断探索、不断研究、不断发现。

为学大病在好名。

【语出】明·王守仁《传习录》卷上。

【通讲】做学问的最大敌人是喜好虚名。

【鉴赏】要实实在在地做学问,才能做好。

为学患无疑,疑则有进。

【语出】宋·陆九渊《黄元吉荆州日录》。

【通讲】患:担心。疑:疑问。做学问就怕没有疑问,有疑问才会有长进。

【鉴赏】学习必须善于质疑，有疑必问，学问才会进步。学问学问，又学又问。解决疑问，学问大进。

为学立志贵坚，规模贵大，充践服行，死而后已。

【语出】《宋史·何基传》。

【通讲】做学问立定志向、崇尚坚定，规模崇尚广大，充分实践，切实照办，一直到死而作罢。

【鉴赏】做学问必须立定志向，规模广大，充分实践，才能取得好的效果。

惟先博而后约，然后能不流于杂。

【语出】宋·朱熹《答汪太初》。

【通讲】学习要多闻博见，在这个基础上进行归纳概括，学到的知识才不流于驳杂。

【鉴赏】要处理好博与专的关系。要学得专，首先应打好基础，广博德闻，再由此归纳总结，才能得到真正的知识。

惟有识，则是非明；是非明，则取舍定；不但不随世人脚跟，并亦不随古人脚跟。

【语出】清·叶燮《原诗·内篇下》。

【通讲】只有自己有独立的见解，在学习中才能分清是非，决定取舍，而不会亦步亦趋地人云亦云，亦不会盲从古人。

【鉴赏】凡事要有自己的主见，用自己的大脑来判断事物的是非，千万不要人云亦云。用自己的头脑和眼睛认识世界。让我们真正找到自己！

未得乎前，则不敢求其后；未通乎此，则不敢志乎彼。

【语出】宋·朱熹《穷理篇》。

【通讲】前面的问题没有得到解决，就不能再去探求后面的问题；这里的问题还没有弄通透，就不敢把志趣转到另一个问题上。

【鉴赏】做学问,要专深,要把某个问题或对问题的每个侧面都弄懂弄通,然后才能研究另一个问题。不可贪多图快,浅尝辄止。

温故而知新,可以为师矣。

【语出】《论语·为政》。

【通讲】知:探求。温习学过的知识,可以从中探求新的知识,就能当人老师了。

【鉴赏】学习是一件不能间断、不断重复的事,不仅能巩固旧知识,也能获得新知识。掌握知识需要长期而艰苦的努力,知识的积累的确是一个循序渐进的过程。

物固莫不有长,莫不有短,人亦然。故善学者,假人之长以补其短。故假人者,遂有天下。

【语出】《吕氏春秋·用众》。

【通讲】事物都有长有短,人也一样。所以善于学习的,都借众人之长来补自己之短。能借人之长补己之短的人都是贤明君主,因而能拥有天下。

【鉴赏】事物和人都有长处和短处,这是精彩的辩证法。学习的基本法则是取别人之长,补自己之短。善学之人都会用大家之长来补自己的不足。善于取长补短,这才是有智慧的表现。

学必求其心得,业必责于专精。

【语出】清·章学诚《文史通义·博约》。

【通讲】学习必须求得领会其精神实质,学业贵在专精。

【鉴赏】学习一定要专精,学懂其精神实质才行。

学而不已,阖棺乃止。

【语出】《韩诗外传》。

【通讲】阖棺:盖上棺盖,比喻去世。学习没有完结的时候,直到死去。

【鉴赏】对待学习的坚持态度,生命不息,学习不止。

学而不止，高而愈下。

【语出】宋·欧阳修《送秘书丞宋君归太学序》。

【通讲】下：指态度谦恭，不自满。做学问不应该止息，造就愈高愈不能骄傲。

【鉴赏】做学问一不能停息，二不能骄傲，这样才能取得更大成就。

学海迷茫未有涯，何来捷径指褒斜。

【语出】清·赵翼《上元后三日芷堂过访草堂》。

【通讲】褒斜：山谷名，在陕西省终南山，这里指终南山。知识如广阔的海洋无边无际，哪有什么终南捷径呢？

【鉴赏】说明读书要勤奋刻苦，才能在无垠的知识海洋中学有所成。

学如弓弩，才如箭镞。识以领之，方能中鹄。

【语出】清·袁枚《续诗品·尚识》。

【通讲】箭镞：箭头。鹄(gǔ)：射箭的目标；箭靶子。学问像弓弩，才能如箭头，学识的高低与深浅，都会直接影响到欣赏水平或创作效果。

【鉴赏】无论阅读别人的作品，还是自己从事创作，学识的高低与深浅，都会直接影响到欣赏水平或创作效果。学识是才能的引导，才能是学识的发挥，只有当学识的弓弩弯如满月，才识的箭镞才能飞似流星。

学似海收天下水，性如桂奈月中寒。

【语出】宋·曾巩《寄晋州孙学士》。

【通讲】桂：传说月亮上有高五百丈的桂树。奈：即“耐”。学问要像收尽了天下水的大海一样渊博，性情要像月宫中经霜斗寒的桂树一样坚强。

【鉴赏】性情坚强，才能刻苦学习，也才能有渊博的知识。

学所以开人之蔽，而致其知。学而不知其方，则反以滋其蔽。

【语出】宋·陆九渊《送杨通老》。

【通讲】学习是为了解决人迷惑不解的问题，而让人明白。学习了而不能知道解决问题的方法,就会使人更加迷惑。

【鉴赏】学习的目的是能用于解决实际问题。

学所以厉行也,博学而薄行,学奚足尚?

【语出】《清史稿·孙诒经传》。

【通讲】薄行:品行不端正;品行轻薄。学习的目的是磨砺品行,学识渊博而品行不端正,那么学习有什么可值得崇尚呢?

【鉴赏】学习的关键在于培养人的道德品行。

学猥则倦,倦则意怠。

【语出】《三国志·魏志·钟会传》裴松之注。

【通讲】猥(wěi):杂;多。同一时间学习的书籍过多,容易疲倦,疲倦情绪一产生,意志便懈怠了。

【鉴赏】学习也必须劳逸结合。

学问之道,惟虚乃有益,惟实乃有功。

【语出】明·彭汝让《木几冗谈》。

【通讲】求学的人,只有谦虚才能进步,只有有诚心才能取得成果。

【鉴赏】学习的敌人是自满,只有虚心踏实地学习,才能学到真本领。

学以治之,思以精之,朋友以磨之,名誉以崇之,不倦以终之,可谓好学也已矣。

【语出】汉·扬雄《法言·学行》。

【通讲】通过学习去研习经典,通过思考使学问精深,通过朋友之间的切磋琢磨使学问精益求精,以自己所获得的名誉使学术受到人们的尊崇,活到老,学到老,这才算是真正的学习。

【鉴赏】我们应该把培养和发展思维能力作为教育学习的中心任务。在学习知识的过程中,每个人都应该认真地去思考,集思广益,力争通过不懈的努力,成为一名具有真才实学的人。

学者不可无宗主，而必不可有门户。

【语出】清·章学诚《文史通义·浙东学术》。

【通讲】学者不能没有在自己的学科里十分敬仰的宗师，但一定不能有门户之见而排斥异己。

【鉴赏】学术可以百家争鸣，但不能百家争斗、排斥异己。

学者，学其所不能学也；行者，行其所不能行也；辩者，辩其所不能辩也。知止乎其所不能知，至矣；若有不即是者，天钧败之。

【语出】《庄子·庚桑楚》。

【通讲】天钧：自然的本性。学习，是学他所不能学的东西；做事，是做他所不能做的事情；辩论，是辩他所不能辩的问题。对知识能探求到不能知的地步，就是最好的求知态度。如果不是这样，就只能抱残守缺，日久自然是要失败的。

【鉴赏】学习是无止境的，不断追求才能学习到更多的知识。

学者要收拾精神，并归一路。如修德而留意于事功名誉，必无实诣；读书而寄兴于吟咏风雅，定不深心。

【语出】明·洪应明《菜根谭》。

【通讲】收拾精神：指收拾散漫不能集中的意志。并归一路：指合并在一个方面，也就是专心研究学问。实诣：实在造诣。吟咏：作诗歌时的低声朗诵。风雅：风流儒雅，后世比喻诗文。求取学问一定要集中精神，专心致志于研究，如果立志修德却又留意功名利禄，必然不会取得真实的造诣；如果读书不重视学术上的讨论，只把兴致寄托在吟咏诗词等风雅事情上，那一定不会深入进去取得心得。

【鉴赏】历来做学问讲究个勤字，勤中苦，苦中乐，本来就没快捷方式可寻，读书只知道吟风弄月、讲求风雅，寻章摘句、不务实学、不求甚解，这种人怎么能求到真才实学呢？修德是为了提高自己的素质，学习不是为了装点门面、附庸风雅。

学者用功,须是渐进而不已,日计不足,岁计则有余。

【语出】明·朱舜水《题安积觉逐日功课自实簿》。

【通讲】钻研学问必须循序渐进,从不间断。每天积累一点,虽不算多,但若长年累月地坚持,知识就积累得富余起来。

【鉴赏】说明做学问要循序渐进,不断坚持努力,知识就会很丰富。

学者有段兢业的心思,又要有段潇洒的趣味,若一味敛束清苦,是有秋杀无春生,何以发育万物。

【语出】明·洪应明《菜根谭》。

【通讲】兢业:也可作兢兢业业,小心谨慎、尽心尽力之意。潇洒:清高绝俗,放荡不羁,不受任何拘束的风貌。敛束:收敛约束。秋杀:秋天气象凛冽,毫无生机,秋杀与春生对称。杀:凋谢。一个做学问的人,既要有缜密思考、刻苦敬业的精神,又要有潇洒脱俗的胸怀,这样才能保持生活的情趣。假如只知一味克制压抑自己,使自己过极端清苦的生活,就只会感到生活如秋天的肃杀而无生机,这又怎能培育万物的成长而至开花结果呢?

【鉴赏】古人讲究学以致用。要德、智、体、美并重。尤其是在现代社会,生活就等于一种竞争,如果不多懂得社会、了解社会,何以生存?读书人要会读书,还要会生活。

学者之病,最忌自高与自狭。

【语出】清·方正学《赠俞子严溪喻》。

【通讲】做学问的人的弊病,最忌讳的是自高自大和心胸狭窄。

【鉴赏】学习的敌人是自满和自狭。

循序而渐进,熟读而精思。

【语出】宋·朱熹《读书之要》。

【通讲】学习要按照顺序慢慢地深入下去,不仅要读得熟,而且要勤于思考。

【鉴赏】这是很好的读书方法,一是循序渐进,二是熟读,三是思考。做到了这三点，学习有大进，读书收获多。

夜学晓未休，苦吟神鬼愁。如何不自闲，心与身为仇。

【语出】唐·孟郊《夜感自遣》。

【通讲】晚上学习到天亮都不停止，苦苦吟诵使神鬼发愁；为什么不自找空闲，偏让内心与身体为仇敌？

【鉴赏】学习固然重要，但也要劳逸结合，不要影响身心健康。

一苦一乐相磨练，练极而成福者其福始久；一疑一信相参勘，勘极而成知者其知始真。

【语出】明·洪应明《菜根谭》。

【通讲】参：交互考证。勘：仔细考察。知：与“智”通。人的一生有苦有乐，只有在苦难中不断磨炼得来的幸福才能长久；求学中既要有信心也要有敢于怀疑的精神，只有在不断考证释疑中得到的学问才是真学问。

【鉴赏】一个真正有学问的人，要抱着学无止境的态度，活到老，学到老。不论求知识，还是求幸福，都需要经过个人的长期努力，经过不断锤炼才会得到，才会牢靠。

有便于学者，无不为也；有不便于学者，无肯为也。

【语出】《吕氏春秋·博志》。

【通讲】只要有益于学习的事，就要去做；只要是无益于学习的事，就不要去做。

【鉴赏】论述有益于学习的事必须多做。

4 勤 学

笨鸟先飞早入林。

【语出】元·关汉卿《陈母教子》。

【通讲】笨拙的鸟先飞起来，也能早飞到林子。

【鉴赏】才力差的人做事赶先一步就可以走在别人前面。

不奋苦而求速效，只落得少日浮夸，老来窘隘而已。

【语出】清·郑板桥《靳秋田索画》。

【通讲】不勤奋苦学而只想急于求成，只能落个少年时浮夸、年老时困窘的境地而已。

【鉴赏】少年搞好学习很重要。

不合时宜，遇事触忿，此亦一病。多读书自能消之。

【语出】明·吴麟徵《寄六弟玉书》。

【通讲】不切实际，不能适应形势，一碰到事情就多感触，多不满。这是个大毛病，但多读书可以改正它。

【鉴赏】说明多读书的好处。

不目见口问，不能尽知也。

【语出】汉·王充《论衡·实知》。

【通讲】不用眼睛观察，不用口询问，就不能得到广博的知识。

【鉴赏】多看多问，就会扩充知识。

不求于博，何以考验其约？

【语出】宋·朱熹《朱子语类》卷九。

【通讲】不使学问广博，怎么能考查他的常识是否精约呢？

【鉴赏】只有具备了广博的知识,才能在此基础上获得精到的见解。应该很好地处理"博"和"约"的关系,要努力求博,才有精约的可能。

不学自知,不问自晓,古今行事,未之有也。

【语出】汉·王充《论衡·实知》。

【通讲】之:前置宾语,代指这种事。不学习,自己却掌握了知识;不请教,自己却明白了道理,古往今来经历过的事情中,从来也没有过。

【鉴赏】不可能有生而知之的天才。学问学问,必须又学又问。不学不问,哪来学问?

才出于学,器出于养。

【语出】《清史稿·刘熙载传》。

【通讲】才能来源于学习,器量来源于修养。

【鉴赏】才器非常重要。

川学海而至海,故谋道者不可有止心;莠非苗而似苗,故穷理者不可无真见。

【语出】清·王永彬《围炉夜话》。

【通讲】川:河流。川学海:意指河流学习大海。莠:野草。莠非苗:意指野草不是禾苗。河流学习大海的兼容并包,在接纳涓涓细流的同时,最后也流向大海,所以追求学问修养的人不能够有停滞不前的疏懒之心;野草不是禾苗却长得与禾苗相似,所以探究事理的人不能没有真知灼见。

【鉴赏】河流不弃细流,故能成其大。学问也如河海一样,永无止境,真心向学的人,应该生命不息,追求不止。正像田里的野草与禾苗常常真假难辨一样,真理与谬误往往纠缠在一起,所以穷究事理的人应善于分清良莠。否则,行事失宜就会后悔莫及。

大志非才不就,大才非学不成。

【语出】明·郑心材《郑敬中摘语》。

【通讲】宏大的志向没有才能就不可能实现，而很高的才能不通过学习是不能形成的。

【鉴赏】志气和学习相辅相成。

旦旦而学之，久而不怠焉，迄乎成。

【语出】清·彭端淑《为学一首示子侄》。

【通讲】坚持天天学习，时间再久也不松懈，一直到成功。

【鉴赏】持久努力地学习，必定有成。

读书须切己用功。

【语出】清·王永彬《围炉夜话》。

【通讲】切己：切实，对自己有用。读书必须自己实实在在地用功。

【鉴赏】“书山有路勤为径”。读书是为了增长自己的学问，非自己辛勤攻读不能有所收获。

凡人便是生知之资，也须下困学、勉行底工夫，方得。

【语出】宋·朱熹《朱子语类》卷八。

【通讲】生知：即生而知之，指天资聪颖过人，生下来便有学问。困学：发奋学习。勉行：勤奋努力地实践。即使人们具有聪颖过人的天资，也必须有勤奋学习、积极实践的工夫，才会有收获。

【鉴赏】为学要勤奋，还要善于践行，否则，天资再高也无用。

焚膏油以继晷，恒兀兀以穷年。

【语出】唐·韩愈《进学解》。

【通讲】膏油：灯油。晷(guǐ)：日影，这里指白天。恒：常常。兀兀(wù wù)：用心劳苦的样子。穷：尽。晚上点起油灯接着白天学习，常常用心苦学，终年不息。

【鉴赏】夜以继日，终年不息，这是韩愈用心苦学的情况。这种学习的用心和劳苦是值得人们效仿的。

古者国之政事，未有不成于学校也。

【语出】宋·刘岑《全州学记》。

【通讲】古时候，治理国家的一整套事情，没有哪一样不是成功于学习的。

【鉴赏】学习好本领，增长才干，是办好事情的基础。

击石乃有火，不击元无烟。人学始知道，不学非自然。

【语出】唐·孟郊《劝学》。

【通讲】石头只有经过击打，才会有火花出现；如果不击打，甚至连一点儿烟也不会冒出。人只有通过学习，才能够掌握知识，领悟真理；如果不学习，则一无所知，懵懵懂懂。

【鉴赏】没有付出，就没有收获，没有努力的学习，则不可能获得丰富的知识。只有不断地努力，我们的人生才能闪烁出耀眼的光芒，充满知性的光辉。

积学以储宝，酌理以富才。

【语出】南朝梁·刘勰《文心雕龙·神思》。

【通讲】积累知识好比储存珍宝，明辨事理可以增进自己的才能。

【鉴赏】学习可以获得知识，有了知识可以明白事理。

伎工于习，事成于勉。

【语出】明·宋懋澄《与曹大》。

【通讲】伎：同“技”，技艺。工：精通；熟练。勉：努力；勤奋。技艺因为不断练习而精巧，事情因为不懈努力而成功。

【鉴赏】要不断学习技艺，要努力才能取得成功。

剑虽利，不厉不断；材虽美，不学不高。

【语出】《韩诗外传》卷三。

【通讲】宝剑即使再锋利，不磨砺也斩不断东西；人的天赋即使再好，不学习也不能提高一步。

【鉴赏】天赋再高,也要学习。

见岁若月,学问不厌,不知老之将至。

【语出】《晏子春秋·杂下》。

【通讲】见:觉得。学问:学习问难。觉得一年就跟一个月那么短暂,学习问难,从不厌倦,简直不觉得老年即将来到。

【鉴赏】我们应该学习晏子好学不倦的精神。

晋平公问于师旷曰:"吾年七十,欲学,恐已暮矣。"师旷曰:"何不炳烛乎?"平公曰:"安有为人臣而戏其君乎?"师旷曰:"盲臣安敢戏其君乎? 臣闻之,少而好学,如日出之阳;壮而好学,如日中之光;老而好学,如炳烛之明。炳烛之明,孰与昧行乎?"平公曰:"善哉!"

【语出】汉·刘向《说苑·建本》。

【通讲】晋平公一次问盲乐师师旷:"我已经七十岁了,很想学习,但恐怕太晚了。"师旷答道:"为什么不点起蜡烛呢?"平公听了很生气,说:"哪有做臣子取笑君主的呢?"师旷说:"盲臣哪敢戏弄君主呢? 我曾听说过,少年时好学,如同初升的太阳一样光鲜明亮;壮年时好学,如同中午的太阳一样炽热似火;老年时好学,就像用蜡烛照明一样,在黑暗中闪光。点蜡烛走路,与摸黑行走相比,哪个更好呢?"晋平公不禁赞道:"说得好啊!"

【鉴赏】师旷用"日出""日中""炳烛"来说明学习的重要性和人生学习的三个阶段,鼓励人们要活到老、学到老。年轻人要不负光阴、抓紧时间、好好学习。中年时,精力旺盛、视野开阔,应该努力拓展读书的广度和深度,打牢一生的学问基础。年老时,时间充裕、阅历丰富,要有锲而不舍、常读常新的态度、百读不厌的劲头,在读书世界里感悟人生、乐以忘忧。

荆山之璞虽美,不琢不成其宝;颜、冉之才虽茂,不学不弘其量。

【语出】《晋书·景帝纪》。

【通讲】荆山:山名。在春秋楚国境内,相传卞和得玉于此。璞:含玉的石头,未经雕琢的玉。颜、冉:孔子学生颜渊和冉有。荆山的玉石虽然粹美,但不经雕琢不能成为宝贝;颜渊和冉有的才华虽然茂盛,但不学习就不能弘大他们的雅量。

【鉴赏】"玉不琢不成器",即使很聪慧的人,如果不学习也无法成就将来的功业。要获得知识,除了先天的条件,更要靠不懈怠的勤奋和百折不回的努力。道德修养是修炼出来的,人们要不断提高自己的道德修养水平。

居近而识远,处今而知古,其唯学乎?

【语出】宋·司马光《文中子补传》。

【通讲】住在近处而能知道远方的情况,处在今天而能知道古代的事情,这大概只有靠学习了吧?

【鉴赏】说明学习的作用在于知远知古。

君子之学必日新,日新者日进也。不日新者必日退,未有不进而不退者。

【语出】宋·程颢、程颐《二程遗书》卷二十五。

【通讲】君子学习一定要做到日新,日新就是每一天都要有进步。若不日新,便是日退。未有半上落下,不进而不退的。

【鉴赏】古人尚且如此,在日新月异的现代社会,处于瞬息万变之中,要跟上时代节拍,更须积极进取、奋发前行、与时俱进。过去有效的,现在未必有效;过去不合时宜的,现在却可能势在必行;过去不可逾越的,现在则需要突破。

君子之学,不为则已,为则必要其成,故常百倍其功。此困而知,勉而行者也。

【语出】宋·朱熹《中庸章句》。

【通讲】君子对于学习,不学就算了,学就一定要学成,所以他们常常花百倍的气力追求成功。这就是刻苦努力地去求知,勤勉不懈地去学习。

【鉴赏】学习要有决心、耐心、恒心。为学者要有"为则必成"的决心,要有“百倍其功”的耐心,还要有“困知勉行”的恒心。以此“三心”来严格要求自己,学习还有什么不成的呢?

君子之学,死而后已。

【语出】清·顾炎武《与人书》。

【通讲】君子做学问,直到生命结束才算停止。

【鉴赏】做学问是一辈子的事情,活到老,就要学到老。

君子之于学也,其不懈犹上天之动,犹日月之行。

【语出】三国魏·徐幹《中论·治学》。

【通讲】君子对待学习的态度,永不松懈犹如天上日月天体之运行,永不止息。

【鉴赏】凡事要从点滴做起,持之以恒,磨杵成针,没有什么事是办不到的。

苦苦苦,不苦如何通今古?

【语出】清·曹端《书户》。

【通讲】要通晓古今的事理就要刻苦用功读书。

【鉴赏】学问是刻苦攻读得来的。

立身百行,以学为基。古之学者,一忍自持。聚萤作囊,忍贫读书,车胤匡衡。耕助画佣,牛衣夜织,忍苦向学,倪宽刘寔。

【语出】元·吴亮、许名奎《劝忍百箴·好学之忍》。

【通讲】立身处世的百种职业都是以学习为基础的。古代的学者都以忍耐精神约束自己。聚萤作囊,凿壁偷光,为人耕作,积钱读书,车胤、匡衡是忍贫读书的典范;夜织牛衣,卖画读书,忍受所有苦、矢志问学的,倪宽和刘寔可称是代表了。

【鉴赏】勤奋好学是非常重要的,读书可以做好百行百业。也是积德的基础,历史上有许多好学的榜样,是成为我们学习的榜样。如晋朝时车胤,家里贫穷买不起灯油,夏天时他就用袋子装几十只萤火虫,用萤火虫的光亮来读书,夜以继日,后升为吏部尚书,还有匡衡、苏秦、兒宽、刘寔、宁越等也是好学的榜样。

良田少锄理,兰焦香亦薄。

【语出】唐·王建《励学》。

【通讲】虽是肥沃的田土,如不经常耕耘,像兰和蕉这类植物,香气也变得淡薄了。

【鉴赏】即使人天赋很高,不学习也就退步了。劝告人要勤奋学习。

披蒲编,削竹简。彼无书,且知勉。

【语出】《三字经》。

【通讲】西汉的路温舒阅读抄在蒲草上的文字,公孙弘则把《春秋》刻在竹子削成的竹简上。他们二人因为家里贫穷买不起书,却还知道勤勉好学。

【鉴赏】古代人得书不易,虽然没有书,却不因此而放弃学习,反而想尽各种办法取得书来读。反观现在印刷术发达,书本取得甚为容易,我们除了要效法他们用功读书的精神之外,更要爱惜书本。

锲而舍之,朽木不折;锲而不舍,金石可镂。

【语出】《荀子·劝学》。

【通讲】锲(qiè):用刀子刻。镂(lòu):雕刻。雕刻如果半途而废,那连烂木头都弄不断;如果坚持雕刻而不停止,那么金属和石头也可以雕出花纹。

【鉴赏】坚持不懈地做事、读书,方见成效。

勤于学问,谓之懿德。

【语出】唐·吴兢《贞观政要·崇儒学》。

【通讲】懿:美。发愤读书,叫作美德。

【鉴赏】勤学,是人的必备品德。

犬守夜，鸡司晨，苟不学，曷为人。

【语出】《三字经》。

【通讲】狗在夜间会替人看守家门，公鸡在每天早晨天亮的时候就会报晓，人如果不能用心学习，还有什么资格称为人呢？

【鉴赏】世间的万事万物都有自然界所赋予的职责，如狗能看门、鸡会报晓。而显而易见。我们必须用心学习。

人才不甚相远，只看好学不好学，用心不用心耳。

【语出】《仕学正则》。

【通讲】人的天资本来没有多大差别，只看好学还是不好学，用心不用心罢了。

【鉴赏】天才出于勤奋，刻苦和专注必定成功。

人好学，虽死犹存；不学者，虽存，谓之行尸走肉耳。

【语出】晋·王嘉《拾遗记》。

【通讲】人喜欢学习，死了精神还在；不喜欢学习，虽然活着，叫作没有灵魂的尸体。

【鉴赏】无知，等于死亡。追求知识，是每个人一生都需要的。

人一已百，虽柔必强。

【语出】宋·何坦《西畴老人常言》。

【通讲】人家练一次，自已练百次，即使是弱者，也一定能转变为强者。

【鉴赏】即使自已很笨，不断刻苦学习，也会成为有学问的人。

人一能之，已百之；人十能之，已千之。果能此道矣。虽愚必明，虽柔必强。

【语出】《中庸·二十章》。

【通讲】别人一次就能做到的事，我用百倍的力量去完成它；别人十次就能做好的事，我用千倍的力量去完成它。如果能够这样，即使是愚笨的人也会变聪明，即使是软弱的人也会变坚强。

【鉴赏】说明了笨鸟先飞的道理,勤奋、努力是其关键。

人之学如渴而饮河海,大饮则大盈,小饮则小盈。

【语出】晋·杨泉《物理论》。

【通讲】人的学习就像是在口渴的时候喝江河和大海里的水。如果大口喝,那么水就大,小口喝的话,那么水也就小。

【鉴赏】一个求知若渴的人既能在学习中体会到无尽的乐趣,也能感受到知识的无穷无尽。学习成果的大小取决于学者自身的主观能动性,努力则多得,懈怠则无所获。

日滔滔以自新,忘老之及己也。

【语出】《淮南子·缪称训》。

【通讲】时间不断流逝,但仍然不倦地求取进步,忘记了年岁增长的衰老降临于自己。

【鉴赏】活到老,学到老,进步到老,这应该是我们所追求的。

日闻所未闻,日见所未见。

【语出】唐·吴兢《贞观政要·尊敬师傅》。

【通讲】闻:听讲。见:读书。每天都要听没有听过的知识,每天都要看没有看过的文章。

【鉴赏】学习永远在路上。

日习则学不忘,自勉则身不堕。

【语出】三国魏·徐幹《中论·治学》。

【通讲】习:温习;练习。堕:堕落。天天复习,学到的知识就不会忘掉。经常对自己提出要求加以勉励,自己就不会落后。

【鉴赏】复习和高目标是求取学问的重要因素。

如负薪,如挂角。身虽劳,犹苦卓。

【语出】《三字经》。

【通讲】像朱买臣在担柴时,把书悬在担子上边走边读诵;像李密放牛时,就将书挂在牛角上。这两人虽然从事于劳动身体的工作,却还是坚持勤奋读书,卓然自立。

【鉴赏】朱买臣和李密二人,一个打柴、一个放牛,都是从事劳苦工作的人,却能卓然自立,不忘读书。我们有这么好的读书环境,父母又全力支持,怎能不更加用功学习呢?

如囊萤,如映雪。家虽贫,学不辍。

【语出】《三字经》。

【通讲】像车胤用袋中的荧光照书,像孙康以雪的反光来读书,他们两人的家境虽贫穷,但还是努力学习,不肯中断。

【鉴赏】车胤、孙康家里虽贫穷,却勤学不辍,后来都成了有名的读书人。我们现代人,生活过得好,衣、食、住、行样样俱全,条件比他们好多了,如果不肯用功,实在应该感到惭愧。殊不知,欲令家庭高尚,要有好儿孙,家中须留读书种,才有希望啊!

身不饥寒,天未尝负我;学无长进,我何以对天。

【语出】清·王永彬《围炉夜话》。

【通讲】身体不遭受饥寒,就是上天没有亏待我;学问没有长进,我有什么脸面去面对苍天。

【鉴赏】人只要好学不厌,才能成为大学问家。读书人脚踏实地,到死才会停止学习。

圣人生于疾学。不疾学而能为魁士名人者,未之尝有也。

【语出】《吕氏春秋·劝学》。

【通讲】疾:努力。魁士:杰出的贤士。圣明之人产生于努力学习。不努力学习而能成为杰出人物的,是不曾有过的事。

【鉴赏】努力学习是成功的钥匙。要想成为杰出名人,必须努力学习。

十年窗下无人问,只图个一举成名天下知。

【语出】元·高明《琵琶记·蔡公逼试》。

【通讲】寒窗苦读,无人相识,当然万分痛苦;可是一旦成功上榜,立刻就能天下知名。

【鉴赏】这两句诗用来勉励人们用功努力。激励读书人要力求上进,才能声名大显;也暗喻人情冷暖,世态炎凉。

是故聪与敏,可恃而不可恃也;自恃其聪与敏而不学者,自败者也。昏与庸,可限而不可限也;不自限其昏与庸而力学不倦者,自力者也。

【语出】清·彭端淑《为学一首示子侄》。

【通讲】自败者:自甘失败的人。自力者:力求上进的人。所以说聪明和灵敏可以依靠而又不可以依靠;一味依靠聪明和灵敏而不去认真学习,这样的人终究会失败。愚钝和平庸,能限制人的发展也可能限制不了;自己不受愚钝和平庸的限制而坚持学习不停止,这就是力求上进能够成功的人。

【鉴赏】有天分而不努力学习,终致平庸而一无所成。资质平庸倘能不断刻苦学习,终会学有所成而能与天才并美。

书中自有黄金屋。

【语出】宋·宋真宗《励学篇》。

【通讲】只要用心攻读,书中自然有黄金般华贵的房屋等待你来享用。

【鉴赏】倡言天下士子读书勤学,以谋求个人幸福,它在一定程度上推动了古代文化教育事业发展的同时,也造就了无数读书人老死寒窗的悲惨遭遇,种下了读书只为谋利、读书人轻视实践的严重后果。

苏老泉,二十七。始发愤,读书籍。彼既老,犹悔迟。尔小生,宜早思。

【语出】《三字经》。

【通讲】苏老泉到了二十七岁,才开始发愤读书;他年纪大了,还后悔自己学得太晚,你们这些小孩子,应该早点用功读书才对。

【鉴赏】苏洵二十七岁才发愤读书,成为一个有学问的人,但他仍然觉得学得太晚了。所以我们应该从现在起就努力求学,若等到年纪大,可就后悔莫及了。

天大寒,砚冰坚,手指不可屈伸,弗之怠。录毕,走送之,不敢稍逾约。

【语出】明·宋濂《送东阳马生序》。

【通讲】怠:放松。天气非常寒冷,砚池里的水冻成坚硬的冰,手指都不能屈伸,也不敢停止抄写。抄完,跑着送还,一点也不敢超过还书期限。

【鉴赏】明初的宋濂虽然身居高官,又是文坛泰斗,但是在年轻时有十年寒窗的苦读,这几句就记叙了他苦读时的真实境况。正因为如此刻苦的学习,他才成为一代大学者。他这种虽处贫穷仍苦读的精神值得我们学习。

头悬梁,锥刺股。彼不教,自勤苦。

【语出】《三字经》。

【通讲】晋朝的孙敬读书时,用绳子把头发绑在屋梁上,以免打瞌睡;战国时的苏秦,用尖锥刺大腿,来提醒自己用功。他们不用别人教导、督促,都知道主动努力苦学。

【鉴赏】孙敬、苏秦因用功求学,后来果然都位居卿相,名扬四海。这种结果,无非是自己发愤勤学得来的。我们应该学习他们自觉地勤奋学习的精神。

万几之暇,不废观书。

【语出】宋·江少虞《宋朝事实·圣学》。

【通讲】在日理万机的闲暇之际,也要用来读书学习。

【鉴赏】抓紧时间,努力学习,精神可嘉,值得效仿。

为学无间断,如流水行云,日进而不已也。

【语出】清·王永彬《围炉夜话》。

【通讲】做学问一定不可间断,要像不息的流水和飘浮的行云那样,每日不停地前进。

【鉴赏】学海无涯苦作舟,只有不间断地耕耘才会有收获。只要具有锲而不舍的精神,学问自会日益长进。

吾尝终日而思矣,不如须臾之所学也。

【语出】《荀子·劝学》。

【通讲】须臾:一会儿。我曾经整天冥思苦想,但是不如学习一会儿的收获大。

【鉴赏】要善于学习。没有学习为基础,光冥思苦想是没有用的。

昔仲尼,师项橐。古圣贤,尚勤学。

【语出】《三字经》。

【通讲】从前的孔子,也曾向七岁的项橐请教。他虽然学问已很渊博,但还是不断地勤于学习,更何况一般人,更是应该努力才是。

【鉴赏】孔子被称为生而知之的圣人,但他仍不以为足而处处求学。他学习任何人的优点,向不同的人领教,所以学问自然与我们大不相同。孔子这种时时学、处处学的精神,值得我们认真学习。

学不精勤,不如不学。

【语出】《周书·李贤传》。

【通讲】为学如果不精通不勤奋,还不如不学。

【鉴赏】学习必须精通勤奋,才有所得。

学不可以已。

【语出】《荀子·劝学》。

【通讲】学习是不可以停止的。

【鉴赏】不断地学习,自身才能日臻完善。

学而时习之,不亦说乎?有朋自远方来,不亦乐乎?

【语出】《论语·学而》。

【通讲】时:适当的时间。习:复习;练习。说(yuè):古代通"悦",高兴,愉悦。学习知识而又能经常去复习、练习,不也是很令人高兴的事么？有朋友远道而来,不也是令人快乐的事么?

【鉴赏】孔子是我国古代伟大的思想家和教育家,在教授学生们知识的过程中,将做人的基本原则和为人处世的道理贯穿其中。教导学生为学做人的方法,只有通过知识的求得,并能反复的温习,才能使所学知识得以巩固,使所学习知识转化为实践应用能力。就是在网络时代的今天,这一学习方法仍然是大家所推崇的。而学习就是通过对旧知识的复习来领悟新知识,从中体会获得新知识的快乐。中国传统文化注重"修身",也就是"修养"。要提高个人修养就必须学习,用知识来武装自已。能与远方来的学友探讨学问,更是人生的一大乐趣。因此,从《论语》述三个关联问题中(另一为"人不知而不愠,不亦君子乎?"),表达了孔子教学生学习、交友和注重修养的乐趣。也反映了孜孜学习、待人接物彬彬有礼是仁人君子应具备的精神。

学士简练于学,成熟于师。

【语出】汉·王充《论衡·量知》。

【通讲】学士要在学问上下功夫磨炼,在老师指导下成熟起来。

【鉴赏】学习要勤奋,还要名师的指点,才能有所成就。

学者如登山焉,动而益高。

【语出】三国魏·徐幹《中论·治学》。

【通讲】学习如同攀登高山,只要不停努力,学问就会越来越高。

【鉴赏】不论山高路远,只要坚持,都能达到目的。只要坚持努力,就会成为大学者。

噫,少而不勤,无如之何矣。长而善忘,庶几以此补之。

【语出】宋·秦观《精骑集序》。

【通讲】少年时不勤奋,是无法弥补了。年龄大了又善于遗忘,只有寄希望于勤奋来弥补了。

【鉴赏】少年时应珍惜时光,勤而好学,老年时就不会只有伤悲了。

赵中令，读鲁论。彼既仕，学且勤。

【语出】《三字经》。

【通讲】宋朝的中书令赵普，每天读诵、研究《论语》；他虽然已经做到了高官，但还是很勤于学习。

【鉴赏】《论语》是一本最为简要精粹、不可多得的好书，身为一个大官尚且如此虚心好学，我们普通人，怎能不更加勤学呢？

真积力久则入，学至乎没而后止也。故学数有终，若其义则不可须臾舍也。

【语出】《荀子·劝学》。

【通讲】没：通“殁”，死。诚心积累，功夫持久，就能够深入，学习要到死才能停止。所以，从学习的程序上说，是有终结的，若是从其意义上说，一刻也不可停止。

【鉴赏】学习重要的是长久积累，活到老，学到老，学到死。

孜孜日求益，犹恐业未博；况我性顽蒙，复不勤修学？

【语出】唐·王建《砺学》。

【通讲】发愤读书每天都务求长进，还担心学识不广博；何况我天生愚昧，还不刻苦学习？

【鉴赏】天性差的人，更要勤奋学习。

子思曰：学所以益才也，砺所以致刃也。吾尝幽处而深思，不若学之速；吾尝跂而望，不若登高之博见。

【语出】汉·刘向《说苑·建本》。

【通讲】砺：磨砺。子思说：要想增长才干，就要努力学习；要使刀刃锋利，就要勤加磨砺。与其一个人独自思考，不如向他人学习效率高；与其踮起脚来张望，不如登上高处看得远。

【鉴赏】本领不是天生的，是要通过学习和实践来获得的。不经过一番战天斗地的坚持，不经过一番风雨兼程的磨砺，一个人很难具备渊博的学识，更遑论把知识学深学透，更何谈学以致用、知行合一。

子曰："知之者不如好之者，好之者不如乐之者。"

【语出】《论语·雍也》。

【通讲】孔子说，懂得学习的人不如喜爱学习的人，而喜爱学习的人不如以学习为乐趣的人。

【鉴赏】孔子讲了学习的三层境界：知—好—乐。其中"知之"是学习的较低境界，相当于"要我学"；"好之"是学习的较高境界，相当于"我要学"；"乐之"是学习的最高境界，相当于"我爱学"。以学习为乐事，这样所学的知识才能够入脑入心、灵活运用。领导干部应该把学习作为一种追求、一种爱好、一种健康的生活方式，做到好学乐学。

自天子至于庶人，未有不须学而成者也。

【语出】唐·韦嗣立《请崇学校疏》。

【通讲】从帝王到平民百姓，没有不学习而能成为有用之人的。

【鉴赏】学习对于成才实在是太重要了。要成为干才，就必须认真刻苦地学习。

坐破寒毡，磨穿铁砚。

【语出】元·范子安《竹叶舟》。

【通讲】把毡子都坐破，把铁铸的砚台都磨穿了。

【鉴赏】形容发愤读书，持久不懈。

坐下着足处，两砖皆穿。

【语出】《明史·曹端传》。

【通讲】座椅下放脚的地方，两块砖都被鞋底磨穿了。

【鉴赏】明朝的曹端，学习非常刻苦认真，以使放脚的两块砖都被磨穿了。我们现代人也要学习他这种刻苦攻读的精神。

5 贵　　学

不知理义，生于不学。

【语出】《吕氏春秋 · 劝学》。

【通讲】不明事理，是由于不学的缘故。

【鉴赏】说明学习的重要性。

耳有所闻，不学不如聋；目有所见，不学不如盲。

【语出】唐 · 马总《意林 · 吕氏春秋》。

【通讲】耳朵虽能听见，但是不学习，还不如个聋人；眼睛虽然能看见，但是不学习，还不如个盲人。

【鉴赏】说明学习的重要性。

君子成德立行，身没而名不朽，其故何哉？学也！

【语出】三国魏 · 徐幹《中论 · 治学》。

【通讲】君子修养品德而成就功业，即使生命完结了而声名却流传不朽，是什么使他们这样的呢？是学习啊！

【鉴赏】说明学习的重要性。

且天生人也，而使其耳可以闻，不学，其闻不若聋；使其目可以见，不学，其见不若盲；使其口可以言，不学，其言不若爽；使其心可以知，不学，其知不若狂。故凡学，非能益也，达天性也。

【语出】《吕氏春秋 · 尊师》。

【通讲】天造就人，使人的耳朵可以听见，眼睛可以看见，口可以说话，心可以知事明理；可是，如果不学习，耳有所闻反不如耳聋，目有所见反不如眼瞎，口有所言反不如不能言，心有所知反不如精神失常。因此，凡学习，并不是能给人另增加什么，而是使人通达天性。

【鉴赏】从各个方面论述学习的重要性。

人而不学,虽无忧,如禽何?

【语出】汉·扬雄《法言·学行》。

【通讲】人不学习,虽也没有什么可忧虑的,但那和禽兽有什么两样呢?

【鉴赏】人不学习,等同于禽兽,虽鞭挞过当,但对人们是一个大警醒。

人皆知以食愈饥,莫知以学愈愚。

【语出】汉·刘向《说苑·建本》。

【通讲】人们都知道用食物抵挡饥饿,而不知道用学习来治愈愚笨。

【鉴赏】学习可以消除愚笨。

人之不学,犹谷未成粟,米未为饭也。

【语出】汉·王充《论衡·量知》。

【通讲】人不去学习,就像谷子还没有脱成米粒,米粒还没有做成饭食一样啊。

【鉴赏】人不学习,就不能成才。

人之立身,不可以无学。

【语出】《新唐书·褚遂良传》。

【通讲】人们树立己身,不可以没有学识。

【鉴赏】学习是非常重要的。

日月两轮天地眼,读书万卷圣贤心。

【语出】宋·朱熹《白鹿洞书院联》。

【通讲】天地因太阳和月亮有了两只眼睛,人靠读书广博而具备圣贤的慧心。

【鉴赏】日月是天地的眼睛,因此世界有了光明。人们要靠读书,才有看清世界的眼睛,具有圣贤的智慧之心。因此,人们必须发奋学习,刻苦读书。

容体不足观，勇力不足恃，族姓不足道，先祖不足称。然而显闻四方，流声后胤者，其唯学乎？

【语出】《隋书·儒林传论》。

【通讲】胤：后代。容貌、身体不值得观赏，勇敢、力气不值得仗恃，出身门第不值得夸耀，祖辈的光荣不值得自己称道。能够使四方知道自己响亮名声的，能使自己的声誉影响到后代的，恐怕只有学术上的成就了。

【鉴赏】学术上的成就是很难达到的，所以给予的荣誉也最高。当然，这个学术，不是纯学术，而必须是利国利民的。

少年人只宜修身笃行，信命读书，毋深以得失为念……所谓得固欣然，败亦可喜耳。

【语出】明·吴麟徵《家诫要言》。

【通讲】固：固然。欣然：高兴。少年人只适宜修身养性，全心全意来施行，相信命运来努力读书，不要一直以得失为念……所谓得到固然高兴，就是失败也是可喜的。

【鉴赏】少年人应该修身读书，不要太在意得失。

为国家者罔不崇儒尊道，学校为先。

【语出】《北史·刘芳传》。

【通讲】治理国家的人，没有一个不以尊崇儒道、兴立学校教育为首要大事的。

【鉴赏】抓好学校教育是治国的首要任务。

未有不学而能者，学所以修身也，身修则无不治矣。

【语出】宋·王安石《皇侄右卫大将军岳州团练使宗实可起复旧官泰州防御使知宗正寺制》。

【通讲】能：才能。治：治理好。没有不经过学习而成才的人，只有学习才能修养身心，身心修养好了，那么就有能力把事情办好。

【鉴赏】要重视学习，注意修身养性，这样才能把事情办好。

吾生也有涯，而知也无涯。

【语出】《庄子·养生主》。

【通讲】涯：边际；极限。人的生命是有限的，而知识却是无限的。

【鉴赏】《庄子·养生主》是一篇谈养生之道的文章。“养生主”意思就是养生的要领。人的生命是有限的，而知识是无限的。面对浩瀚的知识海洋，要有时不我待的紧迫感，抓紧时间努力学习，尽可能多地摄取知识，完满自己的人生。面对浩瀚的知识，只有不间断地、持续地充电，才能不间断地、持续地释放能量。读书不仅是胜任领导工作的必然要求，也是推动学习型政党、学习型社会建设的迫切需要。

学不足以修己治人，则为无用之学。

【语出】清·方苞《苏厚子先生传》。

【通讲】学识不能用来改造自己，为社会服务，则是没有用处的。

【鉴赏】说明了学习的目的。

学犹饰也。器不饰，则无以为美观；人不学，则无以有懿德。

【语出】三国魏·徐幹《中论·治学》。

【通讲】学习就像是装饰器物一样。一件物品如果不进行加工装饰，就不会美观；如果不学习，就不能培养高尚的道德。

【鉴赏】没有人生下来就是完美无缺的。人的美德修养来自后天的磨砺与培养，我们的美德要靠我们自身努力培养，而学习就是最好的培养自身美德的方法。

学则治，不学则乱。

【语出】清·黄宗羲《明儒学案》卷四十一。

【通讲】有学识就能治理事物，没学识，事理就会混乱。

【鉴赏】无论从政或从事其他行业，都必须学习。

学则智，不学则愚。

【语出】清·黄宗羲《明儒学案》卷四十一。

【通讲】智:聪明。愚:愚蠢。学习,可以使人变得聪明;不学习,人就会蠢笨。

【鉴赏】学习的重要性不言而喻。

学者,非必为仕;而仕者,必如学。

【语出】《荀子·大略》。

【通讲】如:意为谋。学习的人,不一定要为了做官;而做官的人,必须要谋求学习。

【鉴赏】学习不是为了做官,而做了官的人,肩负的责任很大,必须博闻广见,精通事理且品德高尚,就必须要加强学习。

学者,学所以为人。

【语出】清·黄宗羲《宋元学案》卷十八。

【通讲】学习,就是要学怎样做人。

【鉴赏】学习的根本目的是懂得如何做人。

玉不琢,不成器,人不学,不知义。

【语出】《三字经》。

【通讲】玉石如果不加以琢磨,就没有办法成为有用的器具;人如果不努力学习、求上进,就不知道为人处世的道理。

【鉴赏】人的本质也跟玉一样,想要成器,就须求学;如果不求学,就不知道圣贤之道,不知道哪些是合乎义理应该做的,哪些是不合乎义理不应该做的。分不清好人坏人,因此易结交不良的朋友,自己也受到熏染,最后结党结派,危害社会,情形就更加严重了。这就是不求学、不明义理的后果。知识和才能是后天获得的,学习对于人来说,非常重要。

6 惜　阴

爱日惜力，寸阴无弃。

【语出】《周书·萧圆肃传》。

【通讲】爱惜时光珍惜气力，连一寸光阴也不要浪费。

【鉴赏】一寸光阴一寸金，寸金难买寸光阴。时间一溜走，就再也回不来了，怎么能不珍惜呢？

爱惜芳时，莫待无花空折枝。

【语出】宋·欧阳修《减字木兰花》。

【通讲】人应当珍惜青春，莫等青春过了，什么事情也做不成。

【鉴赏】爱惜花开时候，不要等到花落了什么也得不到。

白日莫闲过，青春不再来。

【语出】元·史九敬先《庄周梦》第二折。

【通讲】白日：指时光。时光不要虚度，美好的青春不会再来。

【鉴赏】劝勉人们要珍惜大好时光，切莫虚度青春年华。

百年那得更百年，今日还须爱今日。

【语出】明·王世贞《梦中得语云"百年那得更百年，今日还须爱今日"句，因戏成短歌》。

【通讲】人生即使有百年光阴，可是百年一过，又怎能再有另一个百年呢？岁月不留人，我们既然拥有今日，就该好好爱惜。

【鉴赏】劝人珍惜可贵的光阴，莫等岁月流逝，才空自叹息，那已是无补于事了。

百年三万六千日，光阴止有瞬息间，万事犹如一梦。

【语出】明·朱权《冲漠子》第一折。

【通讲】即使是一百年的时间也只有三万六千天,时间转眼就会消逝。万事犹如一场梦。

【鉴赏】就是能活 100 岁,也要抓紧时间学习工作。

尺璧非宝,寸阴是竞。

【语出】《千字文》。

【通讲】直径一尺的玉璧并不值得珍爱,而短似一寸的光阴却不可放过,必须争取利用。

【鉴赏】光阴易逝不复来,所以是非常宝贵的。

尺璧非宝,重此寸阴。

【语出】汉·李尤《漏刻铭》。

【通讲】直径一尺的玉璧,并不能算作真正的宝贝,我们更应该看重而短似一寸的光阴。

【鉴赏】时间比宝玉更为贵重,要抓紧时间学习和工作,为国为民多作贡献。

寸阴寸金,寸草寸心。

【语出】清·李惺《老学究语》。

【通讲】一寸光阴犹如一寸金子,小草回报春光献出一片真情。

【鉴赏】光阴是极其宝贵的,特别要抓住美好的春光做出骄人的成绩,献出赤子之心。

蹉跎莫遣韶光老。

【语出】宋·翁森《四时读书乐》。

【通讲】蹉跎:虚度光阴。韶光:美好的时光。不要虚度光阴,让美好的时光白白浪费过去。

【鉴赏】劝诫人要惜时。

对酒当歌,人生几何?譬如朝露,去日苦多。

【语出】三国魏·曹操《短歌行》。

【通讲】对着酒，向着歌，一生时光能有几何？人生就像清晨的露水一样短促，逝去的岁月实在太多。

【鉴赏】感到生命短促，抒发功业未就、壮志未酬的慷慨豪壮之情，十分感人。

古人倦夜长，尚秉烛游，况少年白昼而掷之乎？

【语出】《太平广记》卷十七。

【通讲】秉：持。掷：抛弃。古人尚且"秉烛夜游"，难道年轻人反而抛掷时光吗？

【鉴赏】劝诫年轻人不能虚度年华。

光阴似箭，日月如梭。

【语出】清·文康《儿女英雄传》第二十四回。

【通讲】时光飞逝就像射出去的箭，日月交替就像织布时的梭。

【鉴赏】形容时光流逝之快，劝诫人们要爱惜时光。

何事居穷道不穷，乱时还与静时同。家山虽在干戈地，弟侄常修礼乐风。窗竹影摇书案上，野泉声入砚池中。少年辛苦终身事，莫向光阴惰寸功。

【语出】唐·杜荀鹤《题侄弟书堂》。

【通讲】"居穷"的"穷"指"穷困"，"道不穷"的"穷"作"穷尽"讲。"家山虽在干戈地，弟侄常修礼乐风"两句形成对比，"干戈"借指战争，"礼乐"指儒家所尊奉的道德规范。面对动荡时局，虽然处境困窘，却能谨守礼道，勤奋修业。故乡虽处战乱，弟侄却能精心研学、修身养德。由人及景，再现了弟侄伏案苦读、砚池笔耕的修学情景。年轻时勤奋努力必将终身受益，岁月匆匆，切莫懒惰懈怠，虚度光阴。

【鉴赏】品读全诗，其意也深，其情也真，循循善诱，语重心长。这句古诗谆谆教导小朋友们，要从小做起、从身边做起、从小事做起，养成好思想、好品德。

花有重开日,人无再少年。

【语出】元·关汉卿《救风尘》第一折。

【通讲】花儿有重新开放的日子,人不会再有年少的时候。

【鉴赏】时光飞逝,可要抓紧走好人生路,创立功业。

君看白日驰,何异弦上箭。

【语出】唐·李益《游子吟》。

【通讲】太阳匆忙奔跑,就像弦上射出的箭。

【鉴赏】时光易逝。要爱惜时间。

墨磨日短,人磨日老;寸阴是竞,尺璧匆宝。

【语出】黄兴《笔墨铭》。

【通讲】墨锭越磨越短,人越消磨时光越年老;一寸长的光阴也要争取利用,直径一尺的玉璧算不上宝物。

【鉴赏】光阴非常宝贵,用于做学问,人一天天老去,有限的人生要使用的光阴并不多,当然比尺璧更为贵重了。

莫等闲,白了少年头,空悲切!

【语出】宋·岳飞《满江红》。

【通讲】不要虚度光阴,让少年之头变成白发满头,到时候纵然悲伤懊悔,又有何用!

【鉴赏】这是岳飞震烁千古的爱国主义名作。他时时鞭策自己,奋斗不息。此等壮语,真可以警示后人!

莫负青春取自惭。

【语出】明·于谦《示冕》。

【通讲】不能辜负了自己的青春,到老年时自取惭愧,后悔莫及了。

【鉴赏】劝诫青年要惜时。

青春须早为,岂能长少年。

【语出】唐·孟郊《劝学》。

【通讲】要趁年轻时早有作为,人的一生岂能永远青春年少!

【鉴赏】诗人以青春难以永驻劝人抓紧时间努力学习。

劝君莫惜金缕衣,劝君须惜少年时。

【语出】唐·无名氏《金缕衣》。

【通讲】劝你不必爱惜那华丽贵重的金缕衣,劝你必须珍惜自己的青春年华。

【鉴赏】少年青春的岁月是一生最美好的时代,的确应该加倍地予以珍惜。

人间只道黄金贵,不问天公买少年。

【语出】金·元好问《无题》。

【通讲】世间人都只知道黄金很贵重,而不愿用它来向天公买取青春年华。

【鉴赏】人一生中最好的时光便是青少年时期,这种青春年华比黄金都要贵重。切不可一味贪恋财富而虚掷年华。

人生天地之间,若白驹之过隙,忽然而已。

【语出】《庄子·知北游》。

【通讲】人生于天地之间,寿命极短,就像骏马跑过狭窄通道,瞬间即过。

【鉴赏】人的一生很快就过去了,一寸光阴一寸金,寸金难买寸光阴,生命短暂,我们要抓紧工作,追求事业的长久。

人之年少,譬如阳春。莺花明媚,不过九旬,夏热秋凄,如环斯循。人寿几何,自轻身命;贪酒好色,博弈驰骋。狎侮老成,党邪疾正;弃掷诗书,教之不听。玄鬓易白,红颜早衰;老之将至,时不再来。不学无术,悔何及哉!噫,可不忍欤!

【语出】元·吴亮、许名奎《劝忍百箴·年少之忍》。

【通讲】人的少年时期,就像阳春三月一样。莺花明媚之时,倏忽间就过去了。炎热的夏天之后,又是凄清的秋天,如此循环往复。人的寿命并没有多长,如果自轻身命,贪酒好色,赌博驰马;欺侮老实诚信之人,与邪恶的人结党成伙,嫉害正人君子;把诗书扔在一边,不听别人的教训。那么,黑发易白,红颜就很快会衰老;老年就会立刻来到,青春却再不会来。而终老一生,不学无术,后悔也来不及了。唉,怎么能不忍呢!

【鉴赏】人要重视自己的青春年少,人的少年与壮年,像春天一样明媚,但少壮几时兮奈老何?勉励人们,青少年时期应当努力学习,应当做善事,创造不悔的一生。

日思无日,莫待无时思有时。

【语出】明·徐畛《杀狗记》第六出。

【通讲】经常在有的时候思考没有的时候,不要等到没有的时候想到有的时候。

【鉴赏】时间很宝贵,要抓紧时间,爱惜时间。

三更灯火五更鸡,正是男儿读书时。黑发不知勤学早,白首方悔读书迟。

【语出】唐·颜真卿《劝学》。

【通讲】灯火明亮的半夜,公鸡打鸣时的黎明,都是青少年读书的大好时光。如果我们在年少时(黑发)不知道早早勤奋学习,等到我们年老(白首)的时候,就会追悔莫及。

【鉴赏】青少年时期是我们学习的最佳时期,精力充沛,记忆力好,思维能力强。在这样的大好时期,正是读书学习的好时候。

少不勤苦,老必艰辛。

【语出】宋·李邦献《省心杂言》。

【通讲】年少时不勤苦学习和工作,年老时生活便会艰难辛苦。

【鉴赏】青少年是人生最好的年华,要抓紧这大好时光为人生打下基础,否则,人老时就不堪回首了。

少年易老学难成，一寸光阴不可轻。

【语出】宋·朱熹《劝学》。

【通讲】少年很快就会变成老年，而学业要取得成就却很难，所以对一分一秒的时间都应珍惜。

【鉴赏】少年是学习的最好时机，要抓紧时间努力学习。否则，很快成为老人。

少则志一而难忘，长则神放而易失。

【语出】晋·葛洪《抱朴子·勖学》。

【通讲】一：专一。放：分散。神放：精神分散。少年时心思专一，因而学的东西不易遗忘；长大了精神分散，因而学的东西容易忘记。

【鉴赏】学习必须趁少壮之时，否则，效果就差些。

少壮不努力，老大徒伤悲。

【语出】汉乐府《长歌行》。

【通讲】年轻时不努力，到年老时再感到伤悲也就徒然无益了。

【鉴赏】人应该珍惜自已的青春时代，不要让大好年华白白浪费。

少壮轻年月，迟暮惜光辉。

【语出】南朝梁·何逊《赠诸游旧》。

【通讲】年轻时不重视岁月的流逝，年老时却很珍惜光阴。

【鉴赏】青少年时往往不爱惜黄金般的年华，到年老时却珍惜所余不多的人生美好的光阴呀。

少壮真当努力，年一过往，何可攀援？

【语出】《三国志·魏志·王粲传》裴松之注引《魏略》。

【通讲】一个人年轻力壮时，确实应该努力，时间一年一年地过去，你还有什么时间可以攀登。

【鉴赏】趁着年轻时，要不断努力，争取为社会作出最大的贡献。

圣人不贵尺之璧，而重寸之阴。时难得而易失也。

【语出】《淮南子·原道训》。

【通讲】圣人不认为“尺璧”是宝贵的，而认为“寸阴”价值连城。因为时光难得却容易流逝。

【鉴赏】珍宝可以失而复得，时间流走却无法找回。所以说圣人惜时甚于惜金。我们对于易于流失的光阴也要紧抓不放，努力学习，努力工作。

盛年不重来，一日难再晨；及时当勉励，岁月不待人。

【语出】晋·陶渊明《杂诗》。

【通讲】人的青春不会有两次，一天也不会有两个早晨，所以青年人应及时努力，因为岁月并不等待你。

【鉴赏】时不再来，时间极其宝贵，人们应抓紧时间，努力学习、工作，不能虚掷美好难再的光阴。

失于盛年，犹当晚学，不可自弃。

【语出】北齐·颜之推《颜氏家训·勉学》。

【通讲】在少年时代失去学习机会的人，应该抓紧以后的时间进行学习，而不应自暴自弃。

【鉴赏】年轻时失去学习的机会，就要抓紧以后的年华加紧学习。

逝者如斯夫！不舍昼夜。

【语出】《论语·子罕》。

【通讲】逝：消逝。舍：停止。消逝的时间，像流水一样呀！日日夜夜一刻不停地流去。

【鉴赏】此句至理名言是孔子站在河边上，望着滚滚流去的河水，触景生情，有感而发。感叹时间如流水，一去不复返，提醒人们要珍惜时间，分秒必争。因此，也就有流传千古而不衰的名言：“一寸光阴一寸金，寸金难买寸光阴。”我们现在读来，更有现实意义，作为组成社会的一个分子，要惜时如金，具有滴水穿石的顽强精神和永不自满的博大胸怀。把握时间，持之以恒，孜孜不倦追求科学文化知识，为国家的发展，民族的强盛做出不懈的努力。

岁月不居，时节如流。

【语出】三国魏·孔融《与曹公论盛孝章书》。

【通讲】居:停止。岁月更替永不停止,时节像流水一样,一去便永不回头。

【鉴赏】时间过得飞快,人们要惜时。

天地无穷期，生命则有穷期，去一日，便少一日；富贵有定数，学问则无定数，求一分，便得一分。

【语出】清·王永彬《围炉夜话》。

【通讲】无穷期:永远存在而无止境的期限。宇宙间天地万物永恒存在,没有结束的时候,而人的生命却是十分短暂的,时间消逝一天,生命就减少一天;财富和地位是命中注定,而学问却并非命中注定,认真地钻研学问,多下一点功夫,就多一点收获。

【鉴赏】生命有限,而学海无涯,所以要将有限的生命投入到无限的求学中去。青春年少的学子,要抓住宝贵的时间学习,而进入暮年的老者,也要抓住稍纵即逝的光阴,求学不怠。

勿谓寸阴短，既过难再获；勿谓一丝微，既缁难再白。

【语出】清·朱经《责己》。

【通讲】丝:头发。缁:黑。时间过去就不会再来,头发白了不会再变黑。

【鉴赏】告诫人们要珍惜时间,趁年轻的时候努力学习。

勿谓今日不学有来日，勿谓今年不学有来年。

【语出】宋·朱熹《劝学文》。

【通讲】不要说今天不学习还有明天,今年不学习还有明年。

【鉴赏】学习知识要抓住分分秒秒的时间,切不可把今日事拖到明日。如果总是拖延下去,那么“明日复明日,明日何其多”,就什么都学不到了。人们要珍惜时间,努力学习。

7 读　书

博学多识，疑则思问。

【语出】汉·王符《潜夫论·叙录》。

【通讲】广泛学习，增长学识，有了疑难问题就向人请教。

【鉴赏】读书要多质疑，不能尽信书。

不能学者，遇师则不中(zhòng)，用心则不专，好(hào)之则不深，就业则不疾，辩论则不审，教人则不精；于师愠(yùn)，怀于俗，羁(jī)神于世；矜势好尤，故湛于巧智，昏于小利，惑于嗜欲；问事则前后相悖，以章则有异心，以简则有相反；离则不能合，合则弗能离，事至则不能受：此不能学者之患也。

【语出】《吕氏春秋·诬徒》。

【通讲】不善于学习的人，虽也从师，可总不中意；虽也用心，却不专一；虽也有爱好，却不深入；虽也有学业，却不努力；虽也辩论，却不明是非；虽也施教于人，却不精诚。又常怨恨老师，安于凡俗，精神为时务所缠绕；以势骄人，而好标新立异，滥用智巧，迷恋于小利，惑乱于嗜欲；一问事就前后矛盾，词不达意，或言简语略，心口不一；分散的问题不能综合，而综合在一起的问题却又不会分析，以致事到临头也无法容受：这都是不善于学习的害处啊！

【鉴赏】论述学习中存在的各种问题，值得我们警戒。

重帘不卷留香久，古砚微凹聚墨多。

【语出】宋·陆游《书室明暖终日婆娑其间倦则扶杖至小园戏作长句》。

【通讲】层层帘幕垂而不卷，室内的香气经久不散；古老的石砚略呈凹形，聚集在池内的墨汁浓而且多。

【鉴赏】诗句反映了诗人在“老学庵”内读书生活的一个侧面。研读喜爱的书籍,研磨浓墨,展纸挥毫,透露出创作的乐趣。

粗缯大布裹生涯,腹有诗书气自华。

【语出】宋·苏轼《和董传留别》。

【通讲】一个"自"字,强调了高雅不凡的气质源于书香熏染。"气"不仅指读书带给人的儒雅之气,更是指在面对人生失意和窘迫时所表现出的豁达态度。在生活中身上包裹着粗衣劣布,但是读书很多,增长了知识,还提升了人的精神境界,使人气质高雅。

【鉴赏】中华文明是世界上唯一没有中断的文明传承,蕴含着做人做事和治国理政的大道理,智慧光芒穿透历史,思想价值跨越时空,是中华民族永远不能离别的精神家园。通过研读优秀传统文化典籍,固本培元,不断提高人文素养和精神境界。

大抵观书先须熟读,使其言皆若出于吾之口。继以精思,使其意皆若出于吾之心。然后可以有得尔。

【语出】宋·朱熹《读书之要》。

【通讲】大抵:一般说来。尔:句尾语气词,无义。一般说来,看书首先必须熟读,使书中的话都像是自己说出的一样。其次是精密思考,使书中的意思都像是自己想出来的一样。这样才会有收获。

【鉴赏】读书要熟读精思。熟读,就能对书中文句组合有感性的了解;精思,对书中文句的深层含义就会有理性的认识。要善读书,都应该如此。

但且谨守规矩,朝夕模之不暂废辍,积久纯熟,则不待模拟而自成方圆矣。切不可辄萌妄念,求之于言语文字之外也。

【语出】宋·朱熹《欧阳希逊》。

【通讲】辍:中间停顿;停止。只是暂且遵循着书本上的条条框框,早晚模拟没有片刻的停顿,中断,时间久了,(对这些规矩)也就烂熟了,那时等不及去模拟别人就能自己画出来了。万万不可于此时又忽然转向,萌生虚妄不实的念头,脱离书本,在言语文字之外下功夫。

【鉴赏】读书要勤,"不暂废辍",这样"积久纯熟",熟能生巧,自会有所成。读书要实,以书为本,在“言语文字之外”下功夫,不仅是“妄念”,也绝不会有所成就。这才是真正的读书方法。

到老始知气质驳,寻思只是读书粗。

【语出】清·王豫《蕉窗日记》卷二。

【通讲】到年老的时候才知道自己的素质不好,想来想去只怪自己年轻时读书粗心大意。

【鉴赏】抓紧青春大好时光努力学习,为人生道路打下很好基础。

读书百遍而义自见。

【语出】《三国志·魏志·王肃传》裴松之注引《魏略》。

【通讲】义:义理;道理。见:通“现”,显现。读书超过一百遍,那么其中的道理就会自然而然显现出来(使读书人明了)。

【鉴赏】书籍是人类进步的阶梯,那些意蕴深厚的名著,只有反复阅读体会,才能穷尽其中的事理。书读百遍,需要的是一种持之以恒的精神;其义自见,更需要一种独立思考的态度。在读书的长路上,恒心与思索缺一不可,让我们读百遍书,悟万般义吧。

读书不见圣贤,如铅椠佣;居官不爱子民,如衣冠盗。讲学不尚躬行,为口头禅;立业不思种德,为眼前花。

【语出】明·洪应明《菜根谭》。

【通讲】铅:古时用来涂抹简牍上错字用的一种铅粉。椠:不易捣坏的硬板,在没有发明纸笔的古代,就在板子上写字。铅椠:代指纸笔。铅椠(qiàn)佣:指写字匠。衣冠盗:偷窃俸禄的官吏。读书不去研究古圣先贤思想的精髓,最多只能成为一个写字匠;做官如果不爱护人民,只知道领取国家俸禄,那就像一个穿着官服戴着官帽的强盗。只知研究学问却不注重身体力行,那就像一个不懂佛理只会诵经的和尚;事业成功后不想为后人积一些阴德,那就像一朵眼下很艳丽却很快就凋谢的花儿。

【鉴赏】就识文断句而言,应首先懂得文章,在此基础上要明白文之精髓所在。要学以致用,用自己之所学贡献于国家社会。读书要从中明理,从中自省。为学而学,不能以所学指导言行,指导实践,用于社会,其所学于世何用?同样,居官、立业不能益于社会,不能益于子孙后代,那么业不会牢靠,官不会居久,史不会留名。

读书不破费,读书万倍利。

【语出】宋·王安石《劝学文》。

【通讲】读书不算浪费,因为读书是一本万利的事业。

【鉴赏】开卷有益,说明读书的重要性。

读书不下苦功,妄想显荣,岂有此理?为人全无好处,欲邀福庆,从何得来?

【语出】清·王永彬《围炉夜话》。

【通讲】欲邀福庆:想得到幸福和喜庆之事。不下苦功夫读书,却妄想通过读书取得富贵功名,世上怎么会有这样的道理呢?做人完全不做对社会有益的事,想得到福分希望喜事降临,那么这些福分从哪里得来呢?

【鉴赏】有播种才会有收获。自古以来读书有成的人,都是肯下苦功夫的。求富求福,也要多做对社会有益的事情,多多积德,才会有福报。

读书贵精熟,不贵贪多。

【语出】明·胡居仁《居业录·学问》。

【通讲】读书要精读,不能只贪多。

【鉴赏】读书要专精,学习不贪多图广,才有所得。

读书贵神解,无事守章句。

【语出】清·徐洪钧《书解》。

【通讲】读书最可贵的是能领会书的主题,不必拘泥于它的章节和语句。

【鉴赏】读书要抓住主旨。

读书好处心先觉,立雪深时道已传。

【语出】清·袁枚《随园诗话》卷三。

【通讲】立雪指尊师重道。如果读懂书的要义,精神就会首先领悟;如果像宋人杨时那样做到程门立雪,尊敬师长,治世之道即可以向百姓推广。

【鉴赏】说明认真读书与尊敬师长的重要性。

读书患不多,思义患不明。患足已不学,既学患不行。

【语出】唐·韩愈《赠别元十八协律六首》。

【通讲】读书怕太少,思考怕不清楚。读书怕容易满足,学习了怕不去做。

【鉴赏】治学要成功,必须做到多读、深思、虚心、躬行。

读书即未成名,究竟人高品雅;修德不期获报,自然梦稳心安。

【语出】清·金缨《格言联璧·学问》。

【通讲】读书即使还没能成就功名。毕竟人品高雅;积累德行而不求得报酬,便会心平气和,无忧无虑。

【鉴赏】读书是很高雅的品性。

读书将以穷理,将以致用也。

【语出】宋·程颢、程颐《二程粹言·读书篇》。

【通讲】读书的目的就是探究事物的道理,在探究道理的基础上,更要学以致用。

【鉴赏】重要的是通过学习,理解其中的道理。在深刻理解这些道理的基础上,用于实际的生活。我们更要善于读书,善于将知识用于社会实践中去。

读书能使人寡过,不独明理。此心日与道俱,邪念自不得乘之。

【语出】明·吕坤《呻吟语·修身》。

【通讲】读书能够使人少犯过错,不仅仅明白道理。这个心灵整天与大道相吻合,邪恶的念头自然不可能乘隙而入的。

【鉴赏】这里说明读书的作用。不仅仅是增加知识而已。更重要的是能够使自已减少过错。

读书能自刻苦,自愤激……由浅入深,由卑及高,以迩达远,以赴古人之奥区,以自畅其性情才力之所不尽。

【语出】清·郑燮《板桥自叙》。

【通讲】迩:近。能刻苦读书,发愤激励自已……由浅到深,由低到高,由近到远,可探究深奥的学术领域,可表现自已那没有显示出来的性格才能。

【鉴赏】郑板桥刻苦读书的体会。值得今天学者借鉴。

读书人最怕诵底是古人语,做底是自家人。这等读书虽闭户十年、破卷五车,成甚么用!

【语出】明·吕坤《呻吟语·修身》。

【通讲】对读书人来说最不该的是,诵读的是上古人的语言,但却做的还是自家的人。这样的读书,就是潜心十年读书破五车,那又能够成就个什么用场呢!

【鉴赏】学用结合,非常重要。学习到的知识,必须运用到实际生活中去。这样不致成为书呆子。

读书贪多,最是大病。

【语出】宋·朱熹《朱子语类》卷一百四。

【通讲】读书最大的禁忌是贪多,贪多必然嚼不烂。

【鉴赏】读书不能没有选择。

读书无疑者,须教有疑;有疑者,却要无疑,到这里方是长进。

【语出】宋·朱熹《朱子语类》卷十一。

【通讲】读书没有疑问的,应教导他提出疑问;有疑问的,却又要教他(解决问题)没有疑问,到这个时候才是长进了。

【鉴赏】怎样读书?这里做了极好的诠释。读书无疑是还没有掌握书中的真味,应不断思考质疑,有疑应立即释疑,释疑而心中有得,自然长进,这样才能达到读书的目的。

读书先务精而不务博，有余力乃能纵横。

【语出】宋·黄庭坚《答苏大通》。

【通讲】读书贵在能精而不求博，有余力才能扩大阅读范围。

【鉴赏】学习贵在专精，能专精则会理解透彻，能理解透彻就会取得成功。

读书要玩味。

【语出】宋·程颢、程颐《二程遗书》卷十四。

【通讲】玩：体会。看书要慢慢体会个中意味。

【鉴赏】学习要提倡思考，认真体会文中的真理。

读书要在存心久。

【语出】宋·苏轼《次韵张甥棠美述志》。

【通讲】存心：专心；用心。读书最要紧的是专心致志，持之以恒。

【鉴赏】读书务必专注持久，才会有收获。

读书有三到：谓心到、眼到、口到。……三到之中，心到最紧。

【语出】宋·朱熹《训学斋规》。

【通讲】读书要做到三到：即思考到、眼看到、口读到。……三到之中，思考到最重要。

【鉴赏】读书要三到，是很好的读书方法，并重点指出勤于思考的重要性。这值得我们借鉴。

读书欲睡，引锥自刺其股，血流至足。

【语出】《战国策·秦策一》。

【通讲】引：取；拿。股：大腿。当读书困倦、睡意袭来的时候，就拿锥子扎自己的大腿，鲜血流到了脚跟上。

【鉴赏】战国时期，苏秦游说秦惠王，十次上书都没被采用。渐渐费用匮乏,穷困潦倒,神情憔悴,面色黄黑。回到家,妻子装作没看见继续织布,嫂子不给他做饭,父母亲不跟他说话。苏秦羞愧地感叹,这都是我的罪过啊!于是他发愤读书,“读书欲睡,引锥自刺其股,血流至足”。最后终于学富五车,联合齐、楚、燕、赵、魏、韩合纵抗秦,佩六国相印,成就一番功业。苏秦锥刺股的故事,后来演化为成语“引锥刺股”,用来表现刻苦学习、自强不息的精神境界。

读书之法,莫贵于循序而致精,而致精之本,则又在于居敬而持志。此不易之理也。

【语出】宋·朱熹《行宫便殿奏札二》。

【通讲】居敬:是一种道德修养的工夫,即“主一无适”,也就是要求人们要时刻对于义理或道德的至善加以牢固地执着。敬:同“静”。持志:与“居敬”义大致相同,即保持志向的专。易:变更。读书的方法,没有比有步骤有次序地读书从而达到对书义的精细理解更重要的了;而精通书义的根本,却又在于时刻保持虚静的心境和志向的专一。这是不可变更的真理。

【鉴赏】读书也应要循序渐进,这是一个由易而难的过程。首先要牢固正确地抓住这些信息,领会文章的大意,进而领会文章主旨,揣摩语言特色。读书如不能循序渐进,只是囫囵吞枣,终将一事无成。读书必须“居敬而持志”。没有虚静的心境,心乱如麻,怎么能读好书?没有意志的坚定和专一,半途而废,更不能读好书。这是千真万确的真理。

读书之法无他,惟是笃志虚心,反复详玩,为有功耳。

【语出】宋·朱熹《答李守约》。

【通讲】笃:专心。笃志:意志专一。读书的方法没有别的(窍门),只是要专心致志,除却私心杂虑,虚心向学,反复研究探索,这样才有长进,取得成功。

【鉴赏】这句话强调了两点:一、专心致志,除却杂念,如此方可进入境界;二、反复玩味,细心深研,如此方能有得。

读书志在圣贤,非徒科第;为官心存君国,岂计身家;守分安

命,顺时听天。

【语出】明·朱用纯《朱子家训》。

【通讲】圣贤:道德学问达到完善无缺的人称为圣;品德好、才能出众的人称为贤。非徒:不只是为了。科第:唐朝开科取士称科举。因分有甲、乙、丙等次第,故称考试为科第。身家:个人和家庭。读书是为了做一个品德好而且有学问的人,而不是单单为了中举做官;当官把心思放在国家和君王上,怎么可以计较个人和家庭;顺应天命,做好自己应该做的事而不妄求。

【鉴赏】顺应时代潮流,顺从自然的发展,不去强求其他什么东西。

多读书达观今古,可以免忧。

【语出】明·吴麟徵《家诫要言》。

【通讲】多读书可以对人生采取一切听其自然、随遇而安的态度,就可以没有忧虑了。

【鉴赏】说明读书的好处。

多读书则气清,气清则神正,神正则吉祥出焉,自天佑之;读书少则身暇,身暇则邪间,邪间则过恶作焉,忧患及之。

【语出】明·吴麟徵《乙卯自戒》。

【通讲】多读书就会精神焕发。精神焕发就无邪念,品行端正。品行端正就会带来许多好处、吉利,上天也会保佑。少读书就会很清闲,由于清闲,邪恶的念头乘虚而入。邪念侵入就会产生过失和罪恶,可忧愁的事就会来到。

【鉴赏】有时间应该多读书,会带来许多好处。

凡人才学便须知着力处,既学便须知得力处。

【语出】宋·朱熹、吕祖谦《近思录》卷二。

【通讲】凡人刚开始学习时,就须明白把精力用在哪个部分,学习之后,就须知道应该用在什么地方。

【鉴赏】学习时重点学什么,学后如何用,这都是必须注意的事情。

泛讲未必吻合，而习之纯熟者妙。

【语出】明·王廷相《慎言·潜心》。

【通讲】泛泛地讲，就不会深切体会书中的意旨；只有经常复习，才可十分熟练。

【鉴赏】深入研究，经常复习，才能搞好学习。

非读书，不明理；要知事，须读史。

【语出】清·李光庭《乡言解颐·人部》。

【通讲】不读书，就不能明白事理；要知道天下古今大事，必须读史书。

【鉴赏】读书明理，读书懂史，读书的好处实在多。

富不肯读书，贵不肯积德，错过可惜也；少不肯事长，愚不肯亲贤，不祥莫大焉！

【语出】清·王永彬《围炉夜话》。

【通讲】致富之后不愿意读书，地位高了不愿意积德，错过这些读书和积德的机会十分令人惋惜；年少不愿意尊敬长者，愚昧又不愿意接近贤能的人，没有比这更大的不吉之兆了。

【鉴赏】读书和向贤良的人学习，是非常重要的。更要及时向贤人请教，如果不虚心学习，又故步自封，那就糟糕了。

古今来许多世家，无非积德；天地间第一人品，还是读书。

【语出】清·金缨《格言联璧·学问》。

【通讲】从古到今的许多世家大族，多是由积累仁德而成；天地间第一等高雅的品性，还是归读书求学。

【鉴赏】读书是第一等高雅的品性。

好读书，不求甚解。每有会意，便欣然忘食。

【语出】晋·陶渊明《五柳先生传》。

【通讲】喜欢读书，不过分在字句上下功夫。每当对书中意旨有所领会的时候，就高兴得连饭也忘了吃。

【鉴赏】《五柳先生传》是陶渊明的自传，五柳先生的形象正是陶渊明的自画像。五柳先生“好读书，不求甚解”，不死抠字句的解读，不求读书的系统；“每有会意，便欣然忘食”，只重在会己心，惬己意，追求读书的真谛、精神的享受，也就是从中寻找思想上的共鸣和感情上的寄托。“愚生三季后，慨然念黄虞。得知千载上，正赖古人书。”（陶渊明《赠羊长史》）正是这种读书态度的最好说明。

何谓享福之人，能读书者便是；何谓创家之人，能教子者便是。

【语出】清·王永彬《围炉夜话》。

【通讲】什么样的人可以称作享福的人，能够读书并能从读书中得到快乐的人就是；什么样的人可以称作能创立家业的人，有能力教导子孙并善于教导子孙的人就是。

【鉴赏】人们要以读书为乐，因为读书可以明事理，修身养性，这难道不是乐事吗？真正善于建立家业的人，就是善于教育子孙的人，能够教育好子弟，比留下万贯家财有益得多。

积财千万，无过读书。

【语出】北朝齐·颜之推《颜氏家训·勉学》。

【通讲】积累很多的财产，还不如读书有用。

【鉴赏】书籍是人类进步的阶梯，知识就是力量，读书比财产有用。

家纵贫寒，也须留读书种子；人虽富贵，不可忘稼穑艰辛。

【语出】清·王永彬《围炉夜话》。

【通讲】稼穑：收刈庄稼的意思，泛指农业生产。即使家境很贫寒，也要让子孙读书；虽然已经是大富大贵的人，也不可忘记耕种收获的艰辛。

【鉴赏】在古代，贫穷之人的唯一出路是通过科举考试出人头地，现在高科技时代，如果没有知识，确实也难以胜任工作，所以仍然要刻苦读书。节俭是载福的车，奢侈是造成祸患的根源。富贵的人，也要知道耕种的艰辛，才会节俭守福。

经熟讲者,要妙乃见。

【语出】汉·王充《论衡·恢国》。

【通讲】见:同“现”。经典著作只有经过反复阅读,精微的道理才能充分显现出来。

【鉴赏】书读百遍,其义自见。要认真地反复地学习,才能掌握精微的知识。

旧书不厌百回读,熟读深思子自知。

【语出】宋·苏轼《送安惇秀才失解西归》。

【通讲】读过的书,不怕经常读、反复读,读得滚瓜烂熟,经过深入思考,你自会体会到书的意味。

【鉴赏】鼓励人多读、勤读书,熟读深思体会书的深层含义。

君子进则能益上之誉而损下之忧。不能而居之,诬也;无益而厚爱之,窃也。学者非必为仕,而仕者必如学。

【语出】《荀子·大略》。

【通讲】君子入朝做官,就能增加君主的荣誉而减少民众的忧患。没有才能而待在官位上,就是行骗;对君主、民众毫无裨益而享受优厚的俸禄,就是盗窃。学习的人不一定都是为了去做官,而做官的人一定要努力学习。

【鉴赏】荀子的这段话强调了学习是为官者的基本功课,不断学习是官员正心诚意、修齐治平的一种修炼方式,故成为历代为官者的箴言。为官一任、治理一方,学习是一件多么重要的事。习近平同志还用“盲人骑瞎马,夜半临深池”的俗语,说明不学习就可能迷失方向、陷入危机。发展一日千里,工作日益复杂,没有科学性、预见性、主动性,怎么做好决策?少知而迷、不知而盲、无知而乱,正是因为没有主动学习;本领不足、本领恐慌、本领落后,也正是因为没有积极学习。学习,只有不断学习,才能在工作中打开新局面、掌握主动权。这是关乎党和国家事业发展的大事情。

开卷则有所益。

【语出】《金史·世宗纪下》。

【通讲】看书就有所裨益。

【鉴赏】知识就是力量，读书将获得知识，对人们是百益而无一害。只要读书，都有好处，但也要有所选择，不能见书就看。

看书求理，须令自己胸中点头；与人谈理，须令人家胸中点头。

【语出】清·金缨《格言联璧·学问》。

【通讲】读书探求学问，必须读懂弄通，使自己心中清清楚楚；和别人谈论学问，必须明白透彻，使别人心悦诚服。

【鉴赏】读书必须读懂弄通。

看书须放开眼孔，做人要立定脚跟。

【语出】清·王永彬《围炉夜话》。

【通讲】立跟：站稳脚跟。读书必须放开眼界胸怀宽广；做人要站稳立场，把握住正确的原则。

【鉴赏】世上书很多，而善于读书的人要有开阔的眼界，能够从形形色色的书中作出正确的判断，而做人则要坚定自己的信念和立场，在大是大非问题上不可含糊，基本的道德准则不能违背，这样才能成为一个受人敬重的人。

看文字，须是如猛将用兵，直是鏖战一阵；如酷吏治狱，直是推勘到底，决是不恕他方得。

【语出】宋·朱熹《朱子语类》卷九。

【通讲】鏖战：苦战。推勘：追查。看书必须如猛将带兵打仗一样，就是要苦战一番(才可)；如严酷的官吏判案，就是要追查到底，决然不宽恕他才行。

【鉴赏】看书要沉下心，耐得下性子，吃得下苦，还要认真考究，绝不马马虎虎才行。

口而诵，心而惟，朝于斯，夕于斯。

【语出】《三字经》。

【通讲】读书的时候，一方面除了口中要读出声音外，另一方面也须用心思考它的义理，要这样从早到晚不断地精进用功。

【鉴赏】这段是说求学之人读书用功的方法。凡是读经、史、子、集各类书，一定要讽诵吟咏，心里思考。而且必须从早到晚用心，这样日日精进用功，必能熟记不忘，成为自己的学问。古人说读书有“三到”：口到、手到、心到。口到，就是嘴里要念出声，口念耳听可以帮助记忆。再者，中国的诗文都很注重声调的变化，所以念出声可以帮助自己感受它的意味。手到，是要常写、常批、常抄。手写虽比口念要慢，但在写时却加深了不少印象。心到，不论读书、写字都要用心，不但当时要专注，而且还要时时用心思考，日夜不放下这颗心。如此用功，学问没有不成就的。

名须没世称才好，书到今生读已迟。

【语出】清·袁枚《随园诗话》卷四。

【通讲】名声到死后被人称扬才美好，书到现在才读已经嫌迟。

【鉴赏】名声迟称扬无所谓，读书迟了就不好了。读书迟了不利于人们创立功业。

男儿须读五车书。

【语出】唐·杜甫《柏学士茅屋》。

【通讲】男儿要读破万卷书。

【鉴赏】书籍是人类进步的阶梯。必须广泛读书，才能掌握丰富的知识，也才能做出一番大事业来。

抛金似泥，不如富购书；有书堆数仞，不如读盈寸。

【语出】清·刘岩《杂诗》。

【通讲】与其挥金如土，还不如多买些书；有许多书堆在那里，还不如马上读一本。

【鉴赏】买书，看书，是很重要的事情。

人家不必论贫富，惟有读书声最佳。

【语出】唐·翁承赞《书斋谩兴二首》。

【通讲】人不必计较贫困或者富裕，只有读书的声音最动听。

【鉴赏】读书获得知识，可以改变命运，就不在乎贫富了。

人有知学，则有力矣。

【语出】汉·王充《论衡·效力》。

【通讲】人有知识学问，就有力量了。

【鉴赏】知识是很重要的，它是力量的源泉。

人之能为人，由腹有诗书。是书勤乃有，不勤腹空虚。

【语出】唐·韩愈《符读书城南》。

【通讲】人之所以能作为人，是由于肚子里有诗书。勤奋才有诗书，不勤奋肚子空无所有。

【鉴赏】深入钻研并沉醉于书籍之中，探索其精微之处，融会贯通，领会其精神实质。

少年读书，如隙中窥月；中年读书，如庭中望月；老年读书，如台上玩月。皆以阅历之浅深，为所得之浅深耳。

【语出】清·张潮《幽梦影》。

【通讲】少年读书，如隙中窥月，只见部分，不见大体；等到了中年，人的阅历有了增加，虽然视野比起少年广阔了，但还是有一定的局限性；而老年时读书，经历了人生，读书时想的东西更加多了，对问题的看法也更加准确，更重要的是功利色彩已悄然退去，更多的是一种清静自然的心情。

【鉴赏】随着年龄的增长，我们读书时的收获也越来越多。就让书籍伴随我们的一生，也让读书的乐趣成为我们一生的快乐吧。

书不千轴，不可以语化；文不百代，不可以知变。

【语出】唐·皇甫湜《谕业》。

【通讲】轴:卷。化:融会贯通。不读千卷之书就不知道融会贯通,不读百代之文就不能通晓变异。

【鉴赏】读书的作用描述得非常透彻。

书籍之事,患人不好,好之无伤也。

【语出】《三国志·吴志·孙休传》。

【通讲】对于读书这件事,担心的是人们不喜欢它,喜欢它则没有什么害处。

【鉴赏】书永远是人类最可贵的精神财富,人们应该好读书,读好书,积累知识,用知识武装自己的头脑,做社会的有用之才。

徒读书不能穷理也,即实穷之,亦属口耳。

【语出】清·李塨《论学》卷一。

【通讲】徒:仅仅。穷:研究。仅仅只是读书,就无法透彻理解大理,就是把书本读得滚瓜烂熟,也无法得到真正的知识。

【鉴赏】读书应结合实践,理解运用。

外物之味,久则可厌;读书之味,愈久愈深。

【语出】宋·程颢、程颐《二程粹言·读书篇》。

【通讲】世俗中许多东西,随着时间的推移,它们会让我们感到厌恶或疲倦;唯有读书的感受却不同,历久而弥新,其中个味,蕴藉无穷,随着时间的流逝,而越发浓郁迷人。

【鉴赏】读书,就像打开了一扇扇新的未知世界之窗,心情伴书平和而宁静,灵魂伴书纯净而超然。书中的滋味,值得我们用一生体会。

万金之富,不以易吾一日读书之乐也。

【语出】明·薛瑄《薛子道论·上篇》。

【通讲】家中有万两黄金之富,也不能换取我一日读书的乐趣。

【鉴赏】说明读书给人们带来无穷的乐趣。

为善最乐,读书便佳。

【语出】清·阮葵生《茶余客话》卷十二。

【通讲】做好事是为人的最大快乐,读书是更大的快乐。

【鉴赏】读书可以获得无比的乐趣。

习读书之业,便当知读书之乐;存为善之心,不必邀为善之名。

【语出】清·王永彬《围炉夜话》。

【通讲】不邀为善之名:做了善事不要到处宣传而获取行善的名誉。将读书作为自己的事业,就应当知道读书的乐趣;心中存有行善的心意,就不必去获取行善的名声。

【鉴赏】爱好读书是中国的传统美德之一,而读书的目的不只是追求知识,同时也为了更好地修身养性,中国的读书人更讲究与人为善,默默奉献。

学无早晚,但恐始勤终随。

【语出】宋·张孝祥《勉过子读书》。

【通讲】随:不努力,放任,随便。学习不在于起步的早或晚,但怕开始的时候很勤奋,到最后就随便而不努力了。

【鉴赏】说明学习要勤奋,并要坚持不断。

学,须是如饥之须食,寒之须衣始得。

【语出】宋·朱熹《上蔡先生语录》。

【通讲】学习,应该像饥饿的人对饭食的急切需要,寒冷挨冻的人对衣服的急切需要一样才行。

【鉴赏】学习要成为人们对衣食一样需要,才会坚持不断。

一灯能除千年暗,一智能灭万年愚。

【语出】《坛经·忏悔》。

【通讲】灯:指佛法。智:指佛智。有一盏灯能够驱除千年的黑暗,有一种智慧可以灭绝万年的愚昧。

【鉴赏】读书是开启智慧的关键。

幼而学，壮而行，上致君，下泽民。

【语出】《三字经》。

【通讲】幼小的时候就要好好求学，等到长大了再把所学实行出来。上可辅助君主治理国家，下能为人民谋福利。

【鉴赏】读书的真正目的的不外修身、齐家、治国、平天下。但大目标则在治国、平天下，而不在求取名利权位。青少年初学时，树立正确的目标是非常重要的。

丈夫拥书万卷，何假南面百城。

【语出】《魏书·李谧传》。

【通讲】大丈夫只要拥书万卷，何必要有统辖百城的尊贵。

【鉴赏】读书是最有意义的，拥书万卷比统辖百城要尊贵得多。

至乐无如读书，至要莫如教子。

【语出】清·金缨《格言联璧·齐家》。

【通讲】最大的乐事比不过读书，最重要的事比不过教子。

【鉴赏】读书学习和教育好子女是极为重要的事情。

子不学，非所宜，幼不学，老何为。

【语出】《三字经》。

【通讲】小孩子在幼年时期若不接受教育，努力学习书中的学问及为人处世的道理，这是非常不适当的；年幼的时候，如果不努力求学，到了老年时，往往一事无成，又能有什么作为呢？

【鉴赏】要知道“读书贵在年少”，因为这时期身体壮、精力足、记忆力好、学习能力也强，如果不趁此大好时光学习，尔后必然没有成就，又如何服务人民、贡献社会呢？

自近及远，由粗至精，循循有序，而日有可见之功矣。

【语出】宋·朱熹《朱子全书》卷四。

【通讲】循循:有步骤、有次序的样子。从浅近到深远,从粗略到精微,有步骤、有次序地去学习,这样每天便都能见出功效来。

【鉴赏】学习是一种循序渐进的过程,先学习粗浅的,再学习精深的,先学习眼前的,再学习远古的,一步一步地学习,才能获得成效。

自早至暮,无非是做工夫时节。

【语出】宋·朱熹《朱子语类》卷八。

【通讲】从早上到晚上,都是做学问下功夫的时间。

【鉴赏】只要抓紧,都有学习的时间。动辄以没有时间为托词而不读书是不对的。

8 深　　思

不深思则不能造于道。不深思而得者，其得易失。

【语出】宋·晁说之《晁氏客语》。

【通讲】不深思就不能求得学问。不深思而得到的知识，也容易失掉。

【鉴赏】深思对于学习非常重要。

不学而求知，犹愿鱼而无网焉，心虽勤而无获矣。

【语出】晋·葛洪《抱朴子·勖学》。

【通讲】不学习而想得到知识，如同想捕鱼而没有渔网一样，心里虽然急切，但也不会有收获。

【鉴赏】要想得到知识，必须努力学习。

骨曰切，象曰瑳，玉曰琢，石曰磨，切瑳琢磨，乃成宝器。人之学问知能成就，犹骨象玉石切瑳琢磨也。

【语出】汉·王充《论衡·量知》。

【通讲】骨头要经过切，象牙要经过磋，宝玉要经过雕琢，石头要经过磨，切磋琢磨，使这些平凡无奇的东西成为宝物。人的学问、知识、能力，就像加工骨角、象牙、玉石，要经过反复切磋琢磨一样，须经反复磨炼、研讨才能精益求精，以成一家之言。

【鉴赏】想要获得真知，必须慎思多想，反复推敲、切磋琢磨，才能在学问上做到精益求精，日有所长。

广识未必皆当，而思之自得其真。

【语出】明·王廷相《慎言·潜心》。

【通讲】博览群书未必精当，只有善于思考才能体会其要旨。

【鉴赏】在学习中，我们一方面要尽可能多地博取知识，另一方面要善于质疑,做到学有所思。探索其精微之处,才能将获取的知识融会贯通,更好地领会其精神实质。

虑不清,则未可定然否。

【语出】《荀子·解蔽》。

【通讲】没有深思熟虑,就不能看出是与非。

【鉴赏】做任何事情,确定对与不对,都必须深思熟虑才行。

人生危脆,必当远虑。

【语出】《宋书·张邵传》。

【通讲】人生脆弱,存在很多危险,一定要深谋远虑。

【鉴赏】人生非常脆弱,每走一步都要谨慎,对于人生道路怎么走,需要深谋远虑,才能走好走稳。

人之进学在于思,思则能知是与非。

【语出】宋·朱熹《论语集注》。

【通讲】人们要想学业长进就必须思考,思考就能知道是正确的还是错误的。

【鉴赏】学习中要多问几个为什么,学与思要结合起来,勤思考才能得真知。

是非者,不徒耳目,必开心意。

【语出】汉·王充《论衡·薄葬》。

【通讲】判断是非的人不只凭耳目的闻见,一定要通过内心思考。

【鉴赏】判断一件事情的是非曲直,光听光看还不够,还必须进行深入的分析思考,才会得出正确的结论。

事者,生于虑,成于务。

【语出】《管子·乘马》。

【通讲】务:勉力从事。办事开始于思虑,成功于努力去做。

【鉴赏】办事情,一要先考虑好如何做,二要努力去做。这样,事情就会办成。

万物静观皆自得。

【语出】宋·程颢《秋日偶成》。

【通讲】世界上的一切事物只要通过冷静地观察思考,就会有所收获。

【鉴赏】对事物必须冷静地观察思考,就会有所收获。

为学之道,必本于思。思则得知,不思则不得也。

【语出】宋·晁说之《晁氏客语》。

【通讲】做学问的方法,必须把思考作为根本,思考就能得到知识,不思考就不能得到知识。

【鉴赏】学习必须多思考。

学不进,率由于因循。

【语出】明·薛瑄《读书录》卷三。

【通讲】学习之所以不能进步,是由于因循守旧,没有独立思考的精神。

【鉴赏】学习必须独立思考,才有收获。

学而不思则罔,思而不学则殆。

【语出】《论语·为政》。

【通讲】罔:迷惘;茫然;蒙蔽。殆:疑惑。只读书而不思考就会感到迷惘,无所收获;只是思考而不读书,有时就会空想,疑惑不解。

【鉴赏】孔子辩证地分析了学与思的关系,他主张学思结合,认为二者并重。强调了学生不但要勤奋好学,而且要勤于思考,其效果就会事半功倍。反之,只善于思考,而不去认真学习,那么神思就会枯竭,无所收获,很多问题便无所适从。孔子通过言简意赅的十二个字告诫人们:学思结合,偏一不可,勤奋努力,刻苦钻研是事业有成的重要途径。

学而不思,则疑阂实繁。

【语出】晋·葛洪《抱朴子·博喻》。

【通讲】阂(hé):阻碍。学习时如果不动脑筋思考,就会遇到很多疑惑障碍。

【鉴赏】只是读书,却不动脑筋思考,就会茫然不解。

学非有碍于思,而学愈博则思愈远;思正有功于学,而思之困则学必勤。

【语出】清·王夫之《四书训义》卷六。

【通讲】学习不会有碍于思索,而且学得越广博,思索就越深远;思索更有助于学习,思索感到困惑,学习必然更加勤奋。

【鉴赏】世间万事皆可为学问,我们应当把学习知识和重视思考结合起来,在学习中思考,在思考中学习。只有深刻而周到的思考,才会产生创造的灵感,才会更有学习的动力。

9 好　问

博学切问，所以广知。

【语出】汉・黄石公《素书・原始》。

【通讲】广博地学习、认真仔细地询问，才会有丰富的知识。

【鉴赏】又学又问，才会有知识。

不能则学，疑则问。

【语出】《礼记・曾子制言》。

【通讲】不会的，就要去学会它；有疑惑的地方，就应去请教别人。

【鉴赏】不辞苦学，不耻下问，是做好事情的关键。

不知则问，不能则学。

【语出】《吕氏春秋・谨听》。

【通讲】不知就要问，不会就要学。

【鉴赏】不知不能不可怕，关键在于勤问好学。

苟知问学犹饮食，则贵其化，不贵其不化。记问之学，入而不化者也。

【语出】清・戴震《原善》。

【通讲】问学，犹如饮食一样，只有吸收消化了，才能转化为人的知识。记问之学是食而不化的。

【鉴赏】要使自己的认识不断地接近客观事实，接近真理，最重要的条件之一就是要不断学习，不断追求新知并将其消化吸收。真正地将其掌握，力争做一个学有所得、学以致用的人。

好问则裕，自用则小。

【语出】《尚书・仲虺之诰》。

【通讲】勤于向人请教学习的人,学识就会变得充实;自以为是的人,知识就会逐渐浅薄。

【鉴赏】虚心向学,是做学问的法宝。

君子学以聚之,问以辩之。

【语出】《周易·乾》。

【通讲】君子通过学习积累知识,通过请教和讨论弄清道理。

【鉴赏】学问学问,必须又学又问。

敏而好学,不耻下问。

【语出】《论语·公冶长》。

【通讲】敏:聪明,也可释为勤勉。耻:羞耻;耻辱。下问:向学问不如自己的人请教。聪明而喜爱学习,向地位、学识不如自己的人请教,并不以此感到耻辱。

【鉴赏】"不耻下问"已成为我国家喻户晓、妇孺皆知的至理名言。撇开孔子当时说这句话的时代背景,就现在而言,为人们讲出学和问两方面的为学之道。为学光有聪明不行,还要有爱好学习的习惯,更要有不以向学问不如自己的人请教为耻辱的虚心学习精神,这样才会在为学的过程中学有所得、学有所进,也才能取得学有所长的效果。

圣人之所以为圣也,只是好学下问。

【语出】宋·朱熹《朱子语类》卷一百二十一。

【通讲】圣人之所以为圣人,没有其他的,只是因为喜欢学习并且向比自己学识差或职位低的人请教。

【鉴赏】勤学好问,才能成为圣人。

问事弥多而见弥博。

【语出】汉·王充《论衡·书解》。

【通讲】询问的事情越多,见识就越广博。

【鉴赏】要学习孔子的"每事问",有疑必问,多问多知。

无羞亟问,不愧下学。

【语出】《战国策·齐策四》。

【通讲】亟(qì):屡次。下学:向地位低的人学习。不以屡次向人请教为羞,不以向地位低的人学习为愧。

【鉴赏】颜斶对齐宣王说,帝王要治理好国家,应虚心学习、不耻下问,这对我们今天仍有教益。

学问之法,不为无才,难于距师,核道实义,证定是非也。

【语出】汉·王充《论衡·问孔》。

【通讲】距:通"拒",抗拒。学习的方法,不在于有无才能,而难在反问老师,核实道义,证定是非。

【鉴赏】学习要懂得问难,在问难中求得真知。

昼夜学问,无所羞耻。

【语出】汉·王充《论衡·程材》。

【通讲】日夜学习请教,毫不认为羞耻。

【鉴赏】学习要有勤奋和谦逊的品格。

10 教　子

爱之而弗劳，是姑息之爱也。

【语出】宋·朱熹《朱子语类》卷四十四。

【通讲】弗：不。因疼爱一个人而不忍让他去劳作，这是毫无原则的宽容之爱。

【鉴赏】教育子女不可因“爱”而流于“姑息”。“溺爱”对子女的成长并没有好处。

伯叔话，休要管；勿唧唧，道短长；孩童闹，规己子。

【语出】明·无名氏《女儿经》。

【通讲】伯：丈夫的哥哥。唧：窃窃私语声。道：说。短长：好坏。规：劝告。有话当面说，不要在人家背后嘀嘀咕咕地说别人的对或错。孩子吵架，要先管好自己的儿女，不要去指责别人。

【鉴赏】劝诫女子出嫁后在家庭生活中的行为规范。

藏书万卷可教子，遗金满籝常作灾。

【语出】宋·黄庭坚《题胡逸老致虚庵》。

【通讲】家有万卷藏书，就可以用来教育儿子；给子孙留下整箱黄金，只能招来灾祸。

【鉴赏】藏书给后代，能以诗书教育后代，泽被子孙。给子孙留下金玉满堂，反而会给子孙带来灾祸。有警世作用。

臣闻爱子，教之以义方，弗纳于邪。骄奢淫泆，所自邪也。四者之来，宠禄过也。

【语出】《左传·隐公三年》。

【通讲】春秋时，卫庄公宠溺儿子州吁（xū）。州吁任性、霸道，庄公听之任之。卫国大夫石碏劝庄公要用正道教育孩子,不要让他走上邪路,“骄、奢、淫、泆(逸),所自邪也”,这些恶习的产生,就是因为父母宠爱得太过分。卫庄公没有听从大夫的忠告。州吁后来杀死了兄长桓公,篡位不到一年,被石碏巧施计谋杀死。我听说喜欢儿子,应当用道义教导他,使他不要走上邪路。骄傲、奢侈、荒淫、放荡,这是走上邪路的来由。四种恶德之所以发生,是由于宠爱太过分。

【鉴赏】如何教育子女,是非常重要的问题,这里提供了很好的方法,值得借鉴。

成就人才,即是栽培子弟;暴殄天物,自应折磨儿孙。

【语出】清·王永彬《围炉夜话》。

【通讲】暴殄天物:不爱惜财物,把财物随意乱丢的意思。所谓成就人才,就是将子弟培养成人;如果浪费财物,自然会使子孙受苦受难。

【鉴赏】要有广大的胸怀,培养人才,也与培养自己的子孙没有什么两样。不要浪费资财,让子孙知道财富要通过辛勤的劳动获得,鼓励子孙依靠自己,自立成才。

大家礼义教子弟,小家凶恶训儿郎。

【语出】《增广贤文》。

【通讲】识大体的人家用礼义教育子弟,而见识小的人家只知道用凶恶的打骂来教训子女。

【鉴赏】教育子女要用恰当的方法。

儿曹不敢望其进步,若得养祖宗元气,于乡党中立一人品,即终身学究,我亦无憾。浮华鲜实,不特伤风败俗,亦杀身亡家之本。文字其第二义也。

【语出】明·吴麟徵《家诫要言》。

【通讲】儿曹:儿辈。学究:此指布衣书生。不特:不只;不当。伤风败俗:原指败坏风俗。后常用于谴责行为不正当。伤:损害。败:破坏。文字:文章。此指读书求取功名。对儿辈我不敢希望他们有很大成就,如果能养得祖宗的元气，在乡里有一个很好的人品，即使终身都当布衣书生，我也没有遗憾。如果为人浮华不实在，不只伤风败俗，也会引来杀身亡家的祸患。读书求取功名倒是第二位的。

【鉴赏】教育子弟应保持和发扬祖宗的气节，做一个正直的人，朴实无华的人，不一定要求取功名。

父否母然，子无适从。

【语出】宋·宋祁《杂说》。

【通讲】父亲说不对，母亲说对，当子女的就不知道该依从哪一方面好了。

【鉴赏】父母要有效地教育子女，必须意见一致。即使有不同意见，也不要在子女面前表现出来。

父母常失，在不能已于媚子。

【语出】汉·王符《潜夫论·忠贵》。

【通讲】已：停止。父母经常犯的过失，在于不能停止对子女的溺爱。

【鉴赏】对子女溺爱只能培养败家子、逆子，这是为父母的最大过失。

父母威严而有慈，则子女畏慎而生孝矣。

【语出】北朝齐·颜之推《颜氏家训·教子》。

【通讲】父母在教育子女的过程中既要保持威严，也要对子女慈爱，所谓恩威并用。这样的话，子女就会对那些恶的事物有所畏惧，而不失对父母的孝养之心。

【鉴赏】慈以育德，严以成才。这是父母培养孩子、训练礼义的总原则。我们的目的是让孩子具备自信心、大爱心、恭敬心、宽容心这些高尚品质。要让孩子具有以上品质，就须父母率先垂范，父母有时也必须严厉地斥责孩子。这是指有关系到孩子生命或他的将来十分重要的事。

父母之爱子，则为之计深远。

【语出】《战国策·赵策四》。

【通讲】父母疼爱子女，就要为他们考虑得很深远。

【鉴赏】战国时期,秦国攻打赵国。赵国形势危急,向齐国求救。齐国要求用长安君做人质,才肯出兵。赵威后溺爱儿子长安君,执意不肯,拒绝任何人进言。赵国危在旦夕。老臣触龙用"父母之爱子,则为之计深远"的道理终于说服了赵威后,让长安君到齐国做人质,得到齐国的援助,化解了危机。此句启示父母:钟爱子女就要为他们的长远考虑,让他们学会独立生活,经受艰苦锻炼,甚至挫折和失败的磨难,历经各种考验而成长、成人、成才,直到成功。

父善教子者,教于孩提。

【语出】宋·李邦献《省心杂言》。

【通讲】善于教育子女的父亲,总是在孩子还是婴儿时就着手做起。

【鉴赏】孩子在小的时候,宜养成好品德、好习惯,终身受益不浅。长大成型就不好办了。

父子之间不责善,责善则离。

【语出】《孟子·离娄上》。

【通讲】父母最好不要亲自管教子女,父子之间不求全责备,因为这样会伤害到亲子之间的感情,最严重时子女会愤而离家出走,为家庭带来莫大的悲剧。

【鉴赏】教育子女要得法,才会有成效。

广积不如教子,避祸不如省非。

【语出】宋·李邦献《省心杂言》。

【通讲】一个人多积钱财不如教育好子女,躲避祸患不如反省自己的过失。

【鉴赏】留给子女的是精神财富,比留给物质财富的要好得多。自己没有过失,灾祸就不会找上门来。

教弟子,如养闺女,最要严出入,谨交游。若一接近匪人,是清净田中下一不净的种子,便终身难植嘉禾矣!

【语出】明·洪应明《菜根谭》。

【通讲】匪人:泛称行为不正的人。嘉禾:指长得特别茂盛的稻谷。教导子弟,要像养育一个女孩子那样谨慎才对,最关键的是要严格管束出入和注意交往的朋友。万一不小心结交了行为不正的人,就等于是在良田里种下了坏种子,很可能一辈子也难以长成有用之才。

【鉴赏】养不教,父之过,中国人历来重视子弟教育。除书本知识外,尤其重视环境的选择。良好的环境是教育成功的基础因素之一。

教子弟于幼时,便当有正大光明气象;检身心于平日,不可无忧勤惕厉工夫。

【语出】清·王永彬《围炉夜话》。

【通讲】气象:气质形象。忧:忧患。勤:勤勤努力。惕:敬惧。厉:危险。《周易·乾》:“夕惕若厉,无咎。”(咎:过失,灾难。)在子弟幼年时就要开始教导,培养他们光明磊落的气概;在平日生活中要时时作内心反省,不能没有忧患意识和自我勤勉、敬惧的修养功夫。

【鉴赏】对孩子的教育要早抓,在孩子幼小的心灵中建立良好的思想品德基础,培养其正直向上的性格,使孩子健康成长。

居身务期质朴,教子要有义方。

【语出】明·朱用纯《朱子治家格言》。

【通讲】日常生活一定要简单朴素,教育子女要有良好的方法。

【鉴赏】在治家中,生活简朴可以节省费用又能培养美德,对子女教育要注意方式方法。

蒙养是圣功,琢磨全在小。

【语出】清·陈其德《趁早歌》。

【通讲】从小抓紧启蒙教育是不朽的功业,道德品行全靠小时候的培养。

【鉴赏】抓小孩的教育,特别要注意道德的养成。

人遗子,金满籯。我教子,惟一经。勤有功,戏无益。戒之哉,宜勉力。

【语出】《三字经》。

【通讲】一般人遗留给子孙的，是一整箱的金子。但我教给孩子的，只是一部好的经典。勤劳就有功效，嬉戏是没有益处的。应该警惕自己，须时时勤勉用功！

【鉴赏】留给子孙的是金银财宝，还是精神文明，是非常重要的问题。如果子孙贤能，又何必积金给他；如果子孙不肖，纵使家财豪富，也是枉然。要教育孩子努力读书，凡是勤恳向学的，则必然日日都会有进步；如果怠惰嬉戏，不但没有益处，而且还会有损害。用功一分，就有一分的功效，大家要励志求学，千万不要坐耗岁月、蹉跎光阴，那就太可惜了。

汝今既入此，应努力上进，尽得其奥。勿惮劳，勿恃贵，勇猛刚毅，务必养成一军人资格。汝之前途，正亦未有限量，国家正在用武之秋，汝纵患不能自立，勿患人之不己知。

【语出】清·张之洞《诫子书》。

【通讲】你既已入了日本的士官学校，就应努力上进，要把军事的奥妙学会。不要害怕劳累，不要认为自己身份高贵，要勇敢坚强，有毅力，务必把自己培养成一名合格的军人。你前途远大，国家正在发展军事的时期，你要担心能不能自立，不要担心别人不了解你。

【鉴赏】这是张之洞写给儿子的一封信，谆谆教导自己的儿子，让他自立自修，做一个合格的军人。这对于我们今天作为父母的，也是很好的学习榜样，应该送子参军，鼓励子女为国立功。

上智不教，而成下愚。

【语出】北齐·颜之推《颜氏家训·教子》。

【通讲】智力虽然超人，但不加以教育，也会成为愚笨的人。

【鉴赏】不受教育，聪明人也会成为蠢人。

身教亲于言教。

【语出】清·魏源《默觚·学篇二》。

【通讲】用自身的实际行动去教育人，比只用言辞去教育人更容易被人接受。

【鉴赏】自身做好了,是无声的命令。

守淡薄,安本分;他家富,莫眼热;行嫉妒,损了心;勤治家,过光阴。

【语出】明·无名氏《女儿经》。

【通讲】淡薄:这里指贫穷。安:遵守。行:行为。嫉妒:对他人的才能、名誉、地位、金钱等比自己强的人心怀怨恨。治:治理。光阴:这里指日子。这句说要耐得住贫穷,守本分,人穷志不能穷,更不能因贫穷而去干不法之事。别人富了也不嫉妒人家,嫉妒只会使自己的良心变坏。勤劳持家,俭朴过日子,不要铺张浪费才对。

【鉴赏】劝诫女子治家过日子的行为规范。

贤俊者自可赏爱,顽鲁者亦当矜怜,有偏宠者,虽欲以厚之,更所以祸之。

【语出】北朝齐·颜之推《颜氏家训·教子》。

【通讲】贤俊:才智出众。赏爱:赏识和喜爱。顽鲁:愚钝。矜怜:怜惜。才智出众的孩子自然令人喜爱,但愚笨的,也应予以怜惜;偏爱孩子的人,虽然想厚待孩子,但更因此使其得祸。

【鉴赏】说明对孩子不论贤愚都应一视同仁,不要偏心。

养不教,父之过。教不严,师之惰。

【语出】《三字经》。

【通讲】生了子女,如果只是将孩子养大,供给他们衣食住行方面的生活需求,却未尽心尽力地施以良好的教育,这就是父母亲的大过失。孩子上学后,老师如果不严格地督导调教,让学生成就学问与人格,这是为人师表者怠忽了自己的职责。

【鉴赏】教育好子女,是人生第一要务。若想要把孩子教育好,必须由父母与老师两方面密切配合,而且不应只是在知识上的传授,更重要的是要教导孩子为人处世的道理,在他知识未开、习气未成的阶段,让他养成端庄的品格,才能培育出优秀的下一代。

遗子黄金满籯,不如一经。

【语出】《汉书·韦贤传》。

【通讲】籯(yíng):箱笼一类的器具。给后代留下大量钱财,不如留下一部经书。

【鉴赏】书籍是人类进步的阶梯。给子孙留下经典,有了知识,就能生存于世。所以如果想让后世子孙永享富贵的话,留下再多的钱财意义也不大,多读书,眼界开阔了,心智明了了,认准方向了,到社会上拼搏,一定会取得成功。所以,给子女以良好的教育,比给他们留下钱财、创造舒适的条件更有价值。

以清白遗子孙,不亦厚乎。

【语出】《南史·徐勉传》。

【通讲】厚:丰厚;富足。把清清白白做人的榜样留给后代子孙,不也是很厚重的一笔财富吗?

【鉴赏】南朝的徐勉为官十分清正廉洁,他什么也没给儿子徐崧留下,留下的只是厚重的清白品质。我们要向他学习做人的清白品德,也要求子孙后代要清清白白地做人。

雨泽过润,万物之灾也;情爱过义,子孙之灾也。

【语出】清·金缨《格言联璧·齐家》。

【通讲】雨水过于丰润,万物就会遭受洪涝的灾害;对子孙的恩爱超过了道义的限制,就会给子孙带来灾祸。

【鉴赏】不要溺爱子女。

子弟少年知识方开,须以端谨长厚养其心,为一生人品根基。

【语出】清·申居郧《西岩赘语》。

【通讲】小孩刚开始有求知欲望时,必须以端正谨慎的态度培养他们敦厚的品质,为他们一生的健康成长打好基础。

【鉴赏】对小孩的教育重点在于培养他们敦厚的品德。

子弟有才，制其爱毋弛其诲，故不以骄败；子弟不肖，严其诲毋薄其爱，故不以怨离。

【语出】清·金缨《格言联璧·齐家》。

【通讲】对有才能的子弟，要节制自己的亲爱之情却不放松对他的教诲，这样他才不至于因骄傲自满而失败；对愚顽的子弟，要严格教诲却不减轻对他的亲爱之情，这样他才不至于因为怨恨而分离。

【鉴赏】教育子女要有正确的方法。

纵容子孙偷安，其后必至耽酒色而败门庭；专教子孙谋利，其后必至争赀财而伤骨肉。

【语出】清·王永彬《围炉夜话》。

【通讲】偷安：偷闲安乐。赀财：资财；钱财。放纵容忍子孙沉溺于眼前的安乐，子孙以后一定会沉迷于酒色而败坏门庭；一心只教导子孙去谋取钱财，子孙以后一定会因争夺财产而伤害骨肉亲情。

【鉴赏】对子女教育很重要。应该教导子女刻苦学习，加强修养，知道礼义廉耻。而如果教子女谋求利益，子女就会失去做人的基本道德，放弃读书的乐趣而成为财富的奴隶。这是非常有害的。

九

艺术

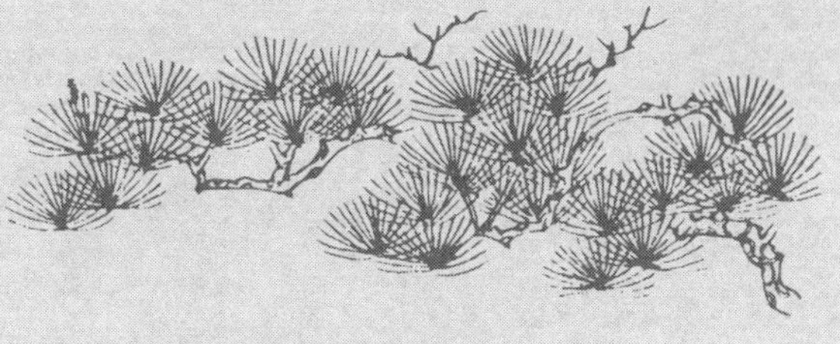

艺术

1 音　　乐

此时无声胜有声。

【语出】唐·白居易《琵琶行》。

【通讲】这时虽然没有一点声音，其意境却胜于有声音的时候。

【鉴赏】这是《琵琶行》中描写音乐演奏的名句，也常常用以形容相似的境界。

古人学乐，只是收敛身心，令入规矩，使心细而不粗，久久自然养得和乐出来。

【语出】宋·朱熹《朱子语类》卷三十五。

【通讲】乐：音乐，六艺之一。六艺指礼、乐、射、御、书、数，是孔子所规定的古代读书人必须学习的六种技艺。收敛：约束。和乐：和谐的音乐。古代人学习音乐，只是约束自己的身心，使其合于一定的规范，让自己的内心纤细而不粗钝，时间一长，自然就养得"和乐"出来。

【鉴赏】说明音乐对人的作用：音乐使人收敛身心，合乎人生规范，经过长时间的养成，就会达到理解"和乐"的境界。

和乐精妙，固表里而相资矣。

【语出】南朝梁·刘勰《文心雕龙·乐府》。

【通讲】和美协调音乐的精微奥妙，确实要靠乐曲和歌词的互相配合啊。

【鉴赏】音乐的美妙在于乐曲和歌词的相互配合。这两句道出了美的产生根源在于和谐，指明了从古至今，和谐一直是人们所追求的一种生活价值取向。词曲相得是和谐，而天地间万事万物能共生发展，莫不是找寻到和谐的具体方式。艺术如此，生活更如此。

乐也者，和情性，移风俗，动天地，感鬼神，祸福所基，盛衰攸系。

【语出】《北史·斛斯椿传》。

【通讲】音乐可以调和人的性情，移风易俗，惊天动地，感动鬼神，是福祸产生的依据，也关系到国家的盛衰。

【鉴赏】说明音乐对个人和社会有重大作用。

余音绕梁俪，三日不绝。

【语出】《列子·汤问》。

【通讲】梁俪(lì)：屋梁。绝：断；息。余音围着屋梁飘绕，三天仍不停息。

【鉴赏】后世引用时多作"余音绕梁，三日不绝"。可供引用赞美和形容某些人的歌声或演奏的乐曲声高亢激越，优美动听；也可用于形容某些好诗、妙文读后令人难忘。

欲将心事付瑶琴，知音少，弦断有谁听！

【语出】宋·岳飞《小重山》。

【通讲】满腔心事欲付与瑶琴，可是知音太少，即使弹断琴弦，又有谁来听呢！

【鉴赏】由于人们对作者北伐主张不尽理解，因此他在词句中抒发了曲高和寡、知音难遇的感慨，表达了词人内心的无限悲愤之情。

2 美 感

余霞散成绮，澄江静如练。

【语出】南朝齐·谢朓《晚登三山还望京邑》。

【通讲】绮:带花纹的丝织品。练:白色的绢绸。美丽的晚霞一片片散开，犹如一幅幅彩色的绸缎;澄澈的江水风平浪静，宛如一条洁白的绢绸。

【鉴赏】晚霞的动、绚与江水的静、淡相互映衬，给人以美的感受。

欲把西湖比西子，淡妆浓抹总相宜。

【语出】宋·苏轼《饮湖上初晴后雨》。

【通讲】想要把西湖比作美女西施，无论是淡妆还是浓妆都是适宜的。

【鉴赏】诗人咏西湖美景，晴天"水光潋滟"，雨天"山色空蒙"，总是有一番奇妙景色。但是西湖太美了，诗无法穷尽西湖之美。"欲把西湖比西子，淡妆浓抹总相宜"，一个空灵又贴切的奇妙比喻传出西湖的神韵。西施是春秋越国有名的绝代美女，无论是淡雅妆饰，还是盛装打扮，都一样美丽动人;西湖无论春夏秋冬，花朝月夕，水光山色，晴日雨雾，景致同样都美不胜收。诗人把西湖比作西施，让读者充分发挥想象，描绘出自己心中西湖的美景。那种美千姿百态、千变万化，只可意会不可言传。这首诗能传诵千古，就是因为这一出色的比喻。宋人武衍赞叹:"除却淡妆浓抹句，更将何语比西湖?"(《正月二日泛舟湖上》)后来"西子""西子湖"便成了西湖的别称。

3 美丑

美色不同面，皆佳于目；悲音不共声，皆快于耳。

【语出】汉·王充《论衡·自纪篇》。

【通讲】漂亮的人不是同一个脸孔，但都会使人喜欢；哀婉的音乐不是同一个声调，但都会使人快乐。

【鉴赏】美，对于每一个人都是一种享受，何人不爱美？

若夫目好色，耳好声，口好味，心好利，骨体肤理好愉快，是皆生于人之情性者也；感而自然，不待事而后生之者也。

【语出】《荀子·性恶》。

【通讲】至于眼睛爱看美色，耳朵爱听乐音，嘴巴爱好美味，内心爱好私利，肌体皮肤爱好愉快舒适，这都是由于人的情欲和本性而产生的；一接触感受就自然会那样，是不会等事情发生后而产生的。

【鉴赏】荀子论述了人对美的要求和审美感知能力的存在是人不可避免的自然本性，肯定了人对美的要求的合理性，且具有人类的普遍性。表明了荀子对美的看法。当然，他还不能认识人对美的要求以及人的审美感知能力是社会历史的产物。

无丑不能，无恶不知。丑不能，恶不知，病矣；不丑不能，不恶不知，尚矣。

【语出】《吕氏春秋·用众》。

【通讲】不要鄙视没有才能的人，不要厌恶无知的人。鄙视没有才能的人，厌恶无知的人是有害的。不鄙视没有才能的人，不厌恶无知的人，是高尚的。

【鉴赏】缺乏才能、知识，是很正常的，关键在于要以此作为努力学习的动力，这样肯定可以成为高尚的人。

一顾倾人城，再顾倾人国。

【语出】汉·李延年《歌》。

【通讲】她回眸一顾，全城的人都出来观看；她回眸再顾，全国的人也要赞美她绝代的风姿。

【鉴赏】这是李延年描写他妹妹美貌的诗句。用“一顾”“再顾”“倾人城”“倾人国”的递进手法前后紧扣，突出描写少女的美丽。

有妍必有丑为之对，我不夸妍，谁能丑我？有洁必有污为之仇，我不好洁，谁能污我？

【语出】明·洪应明《菜根谭》。

【通讲】妍：美好。事物有美好就有丑陋来对比，假如我不自夸美好，又有谁会讽刺我丑陋呢？世上的东西有洁净就有肮脏，假如我不自好洁净，有谁能脏污我呢？

【鉴赏】对任何事情采取一种极端看法、做法都是有害的。要在精神上能超越美丑洁污之上，对此无所偏好，人们也就难于有所毁誉。人固然会有许多癖好，一个有修养的人必须自省其所好的道德水准，看看和志向一致与否。

玉颜自古为身累，肉食何人与国谋？

【语出】宋·欧阳修《唐崇徽公主手痕和韩内翰》。

【通讲】自古以来，有多少女子因自己的美貌而受累；又有几个享受高官厚禄的人能为国家出谋划策？

【鉴赏】汉唐时期，为了缓和民族矛盾，常以公主远嫁少数民族。所以女子因貌美受累，而高官又有谁能为国家出谋划策呢？

十

人生

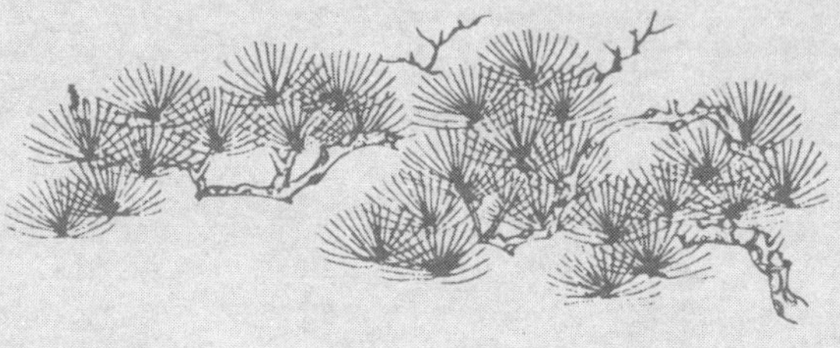

1 衣食住行

民可百年无货，不可一朝有饥，故食为至急也。

【语出】《后汉书·刘陶传》。

【通讲】老百姓可以长期没有财物，但不能有一天的饥饿。所以，粮食是最紧急的物品。

【鉴赏】说明积贮粮食的重要性。

民之为道也，有恒产者有恒心，无恒产者无恒心。苟无恒心，放辟邪侈，无不为已。

【语出】《孟子·滕文公上》。

【通讲】老百姓行为的规律是：有固定产业的人，才会有稳定的思想规范和行为准则，没有固定产业的人就不会有这种规范和准则。如果没有稳定的思想规范和行为准则，那就任何坏事都干得出来。

【鉴赏】这里讲的是个人行为与其所占有的固定产业间的关系。让老百姓有机会置"恒产"是领导者经常提到的一项稳定社会的基本措施。

一夫不耕，将或受其馁；一妇不织，将或受其寒。

【语出】《魏书·高祖纪上》。

【通讲】馁：饥饿。一个农夫不耕种，就会有人挨饿；一个女子不纺织，就会有人受寒。

【鉴赏】只有发展生产，才能有温饱。

衣不求华，食不厌疏。

【语出】宋·王安石《长安县太君王氏墓志》。

【通讲】穿衣服不追求华丽，饮食不在乎清淡。

【鉴赏】论述了安贫乐道的思想。

2 生　　死

赤条条来去无牵挂。

【语出】清·丘圃《虎囊弹》。

【通讲】赤条条地来到世上，赤条条地离开，心里无牵也无挂。

【鉴赏】把生死置之度外，展现了超凡脱俗、俯仰天地的气概。

垂死病中魂一缕，迷离唯记汉家秋。

【语出】清·王夫之《初度口占》。

【通讲】病得快要死了，还剩下一缕残魂，迷迷糊糊地只记得现在是汉家的秋天。

【鉴赏】虽然明朝早已灭亡，但作者在诗中还是念念不忘故国。这种至死不渝忠于自己民族的精神值得称赞。

达士者，达乎死生之分。达乎死生之分，则利害存亡弗能惑矣。

【语出】《吕氏春秋·知分》。

【通讲】通达事理的人，通晓死生之义。通晓死生之义，那么利害存亡就不能使他迷惑了。

【鉴赏】能够正确对待生死问题，就是大无畏大智慧之人。知晓了舍生取义的道理，就会成为一个有高尚道德的人，成为一个最有智慧的人。

大丈夫看得生死最轻，所以不肯死者，将以求死所也。死得其所，则为善用死矣。成仁取义，死之所也，虽死贤于生也。

【语出】明·吕坤《呻吟语·应务》。

【通讲】真正的大丈夫，把生存与死亡看得非常轻淡。之所以不肯随便去死，是因为将要求死得有价值。死得其所，那就是善于对待死亡了啊。

成就了仁德而取得了道义,那就是死亡的真正价值啊。即使死了,也比生存还要高尚啊!

【鉴赏】大丈夫置生死于度外,愿成仁取义。这是人生的最高境界。

富以苟不如贫以誉,生以辱不如死以荣。

【语出】清·梁章钜《古格言》卷三。

【通讲】在苟且偷生中富贵不如在赞誉声中贫穷,在屈辱中活着不如在光荣中死去。

【鉴赏】人活着要有尊严,否则,活着还有什么意义?

固知一死生为虚诞,齐彭殇为妄作,后之视今,亦犹今之视昔,悲夫!

【语出】晋·王羲之《兰亭集序》。

【通讲】固:同"故",于是。一:看作一样。虚诞:虚幻荒诞。彭:彭祖,传说中活到八百岁的长寿老人。殇:未成年而死的短命者。妄作:妄为。把死和生视为一体是虚妄荒诞的,把长寿与短命等同起来是胡说。后人看我们,也会像我们现在看古人一样,这是多么可悲的啊!

【鉴赏】生有别于死,短命也不同于长寿,把两者等同起来,是多么荒谬的呀!

含气之伦,有生必终,盖天地之常期、自然之至数。

【语出】《后汉书·赵咨传》。

【通讲】只要是有气息的东西,有生就一定有死,这是天地之间的一定规律、自然界必然的道理。

【鉴赏】人总是要死亡的,是自然之理,不值得过于重视,早在汉代赵咨就有这种薄葬的观点,值得我们重视。

结死生之约,同荣枯之计。

【语出】《后汉书·冯异传》。

【通讲】缔结了共同死生的条约,制订了共同盛衰的计划。

【鉴赏】李轶说起事之初，他与刘秀友好，曾订有共同生死荣枯的誓言。交朋友就该这样。

每览昔人兴感之由，若合一契，未尝不临文嗟悼，不能喻之于怀。

【语出】晋·王羲之《兰亭集序》。

【通讲】昔人：古人。若合一契：像符契相合。临：视。喻：晓得。怀：内心。每看古人对生死问题的看法，与今人的看法像符契一样完全吻合，不能不临文嗟悼，人同此心。

【鉴赏】阐述了作者对生死问题的看法与古人的看法像符契一样完全吻合，说明人同此心，心同此理，这是一种自然而生的感慨。

气不通者，强壮之人死，荣华之物枯。

【语出】汉·王充《论衡·别通》。

【通讲】气息闭塞不通的话，强壮的人也要死亡，旺盛的树也要干枯。

【鉴赏】气通则活，气闭则死。王充借此说明人要通于学术，广采博览，才能成为强者，而不会枯亡。

人生孰无死，贵得死所耳。

【语出】明·夏完淳《狱中上母书》。

【通讲】人生谁能不死呢？贵在能死得其所。

【鉴赏】人生的价值在于为社会、为人类作出贡献。为此而死是很值得的。

人生有死，死得其所，夫复何恨！

【语出】《魏书·张普惠传》。

【通讲】人皆有死，如果死在值得的地方，那又有什么遗憾呢！

【鉴赏】死得有意义、有价值，就是人生的最大满足。

日薄西山，气息奄奄；人命危浅，朝不虑夕。

【语出】晋·李密《陈情表》。

【通讲】薄:接近。奄奄:气息短促微弱的样子。危浅:危险;不长久。太阳落到西山,只有一点点气息;人的生命快消失了,早上都不能考虑晚上的事。

【鉴赏】描写人的寿命即将结束:早晨活着,但不能考虑晚上的事,随时都有死亡的可能。形象生动,含蕴深刻,富有哲理。

若义重于生,舍生可也;生重于义,全生可也。

【语出】《后汉书·杜乔传》。

【通讲】要是在道义比生命还重的时候,舍掉生命而保全道义是可以的;要是在生命比道义还重要的时候,保全生命就是必要的了。

【鉴赏】这是史家在评论李固、杜乔时,对生命与道义关系的论述;认为在昏暗的君主统治之时,逃避现实,不是求生以害仁。

生不足以使之,则利曷足以使之矣?死不足以禁之,则害何足以禁之矣?

【语出】《吕氏春秋·恃君》。

【通讲】就连生存都不足以驱使他,那么荣利又怎么能足以驱使他呢?就连死亡都不足以禁止他,那么祸害又怎么能足以禁止他呢?

【鉴赏】说明只要通晓死生之义,明辨死生之分,就能很好地对待。

生以义,死亦以义,何惧之有?

【语出】明·焦竑《玉堂丛语·义概》。

【通讲】为正义而活着,也为正义而死亡,有什么可怕的呢?

【鉴赏】为正义而死是很光荣的。

生,亦我所欲也;义,亦我所欲也。二者不可得兼,舍生而取义者也。

【语出】《孟子·告子上》。

【通讲】生命是我所喜爱的,道义也是我所喜爱的,如果两者不能同时得到,我就宁可牺牲生命而选取道义。

【鉴赏】生命是非常宝贵的，人们非常爱惜自己的生命，但为了正义事业的需要牺牲生命时，就应该视死如归。

死人不为鬼，无知，不能害人。

【语出】汉·王充《论衡·论死》。

【通讲】死人不会变成鬼，没有知觉，也不会害人。

【鉴赏】古人很早就有唯物主义思想，宣扬无神论，坚决反对迷信。

虽死之日，犹生之年。

【语出】《三国志·吴志·孙登传》。

【通讲】死了如同活着一样。

【鉴赏】形容人虽死犹生，死得有价值、有意义。

天下莫不以物易其性矣。小人则以身殉利，士则以身殉名，大夫则以身殉家，圣人则以身殉天下。

【语出】《庄子·骈拇》。

【通讲】天下莫不以外物而错乱其本性。小人为了私利而丧命，士人为了求名声而搭上性命，大夫为了家族而牺牲，圣人则为了天下而舍命。

【鉴赏】人们要注意名利等对自己的影响，有些人追求名利、追求荣耀，最后身败名裂，以身殉之。我们要正确对待名利，使自己和社会得以安定。

我最怜君中宵舞，道男儿到死心如铁。

【语出】宋·辛弃疾《贺新郎·同父见和再用韵答之》。

【通讲】中宵舞：典出晋代祖逖和刘琨的“闻鸡起舞”，原意是珍惜光阴，这里用来描绘陈亮的爱国热情。我最钦佩你中夜起来舞剑，说大丈夫到死，心也如铁一般坚定。

【鉴赏】此词是作者与南宋另一位爱国词人陈亮的唱和之作。表达陈亮（也包括作者）虽然身处逆境，但仍抱有统一祖国的坚定信念。

一死鸿毛或泰山,之轻之重安所处。

【语出】宋·文天祥《言志》。

【通讲】之:语助词。安:怎样。处:安排。人的死或轻于鸿毛或重于泰山,究竟走哪条路,全看自己怎么安排。

【鉴赏】死的意义千差万别,要看每个人自己选择。

志士不忘在沟壑,勇士不忘丧其元。

【语出】《孟子·滕文公下》。

【通讲】元:头。有志之士,葬身沟壑而无恨;勇敢的人,抛头颅洒热血在所不惜。

【鉴赏】人必须为真理而舍生忘死。

3 送　　别

孤帆远影碧空尽，惟见长江天际流。

【语出】唐·李白《黄鹤楼送孟浩然之广陵》。

【通讲】一片白帆消失在碧空的尽头，只见浩浩长江流向天边。

【鉴赏】描写送别时的景象，而一往情深都包含在这景象之中。

相见时难别亦难，东风无力百花残。

【语出】唐·李商隐《无题》。

【通讲】相见很难，离别更难，何况在这东风无力、百花凋谢的暮春季节啊！

【鉴赏】诗句绘写分别时难分难舍的心情。一波三折，层层深入。

已知泉路近，欲别故乡难。

【语出】明·夏完淳《别云间》。

【通讲】我已经知道离死去不远了，使我难以忍受的是要同故乡作最后的诀别。

【鉴赏】诗句写作者被捕后离开故乡华亭(古称云间，即今上海市松江区)时的心情。表现诗人热爱故乡土地人民的感情，以及视死如归的报国决心。

执手相看泪眼，竟无语凝噎。

【语出】宋·柳永《雨霖铃》。

【通讲】紧拉着双手，流泪的眼睛互相凝视，喉咙哽咽，竟一句话也说不出来。

【鉴赏】描写恋人遽然分别之情状，双手紧握，泪眼相看，纵有千言万语，不知从何说起。语言精练，感情深挚。

4 旅　途

好峰随处改，幽径独行迷。

【语出】宋·梅尧臣《鲁山山行》。

【通讲】一路上奇峰峻岭在眼前不停地变换，独自一人行走在蜿蜒幽深的小路上迷失了方向。

【鉴赏】梅尧臣《鲁山山行》是一首五律诗，写得新颖自然，曲尽山行情景。“好峰随处改，幽径独行迷”是全诗的颔联。“好”字可见诗人对群山峻岭的赞赏，与前句“适与野情惬”相契合。诗人山行于其中，美景“随处”扑面而来，一个“改”字正展示了诗中“千山高复低”的景象。一步一景，曲径幽深，竟不知走到哪儿，于是“迷”了。此“迷”不仅是野景之迷人，更是心境之沉入。山之幽，景之趣，情之深，“迷”字将诗人被大自然所陶醉之情表露无遗。

满眼风波多陕汋，看山恰似走来迎。子细看山山不动，是船行。

【语出】唐·无名氏《浣溪沙》。

【通讲】子细：仔细。放眼远望，只见微风吹来，江面上波光荡漾。看着江边的山，就好像是来迎接你似的，但当你仔细一看，山并没有动，而是你的船在江水中前行。

【鉴赏】这是一首绝佳的旅游词。描述了在旅途中壮美的祖国山河，风、江、水波、山峦、船、人，一一点到，词人游山玩水的豪迈愉快之情，无不感染着读者。

5 闲　适

采菊东篱下，悠然见南山。

【语出】晋·陶渊明《饮酒》。

【通讲】在东篱之下采摘菊花，悠然间，远处的南山映入眼帘。

【鉴赏】《饮酒》陶渊明弃官归隐后陆续写成的一组共二十首五言古诗，为酒后即兴之作，大多直抒胸臆，挥洒真情，实际上是借“饮酒”的题目，写对世事人生的感慨。第五首格调最为闲雅有致。菊花有傲霜风骨，为诗人热爱之物，“采菊”含着诗人热爱自然、超脱尘世的情趣；“悠然”透出诗人的悠闲自在；“见”是于有意无意之间的一瞥，日暮山岚，萦绕峰际，飞鸟结伴，归巢栖息。诗人神逸方外的闲逸心情表露无遗。“采菊东篱下，悠然见南山”既是写景又是抒情，将优美的环境和诗人淡泊的心境水乳交融，用王国维的话来说就是“不知何者为我，何者为物”，达到了物我合一的化境。这两句诗句是妙手偶得之笔，是在不经意中道出的“绝妙好辞”，可谓浑然天成，不工而工，为后世所称道。

人生太闲，则别念窃生；太忙，则真性不现。故士君子不可不抱身心之忧，亦不可不耽风月之趣。

【语出】明·洪应明《菜根谭》。

【通讲】别念：杂念；邪念。真性：心的真实本性，也就是本然之性。抱：保持。耽：迷恋。一个人整天太闲，一切杂念就会在暗中悄悄出现；整天奔波劳碌不堪，又会使人丧失纯真的本性。所以但凡一个有才德的君子，既不愿使身心过度疲劳，也不愿整天沉迷在声色犬马的享乐中。

【鉴赏】这种既不可太闲、又不可太忙的生活原则，从另一个角度来理解，就是劳逸结合。一张一弛，才能忙闲结合。

日长睡起无情思，闲看儿童捉柳花。

【语出】宋·杨万里《闲居初夏午睡起》。

【通讲】夏天白日漫长，午睡醒来无情无绪；闲来无事，看着孩子们捕捉飘飞的柳花。

【鉴赏】这是杨万里脍炙人口的诗作。以《闲居初夏午睡起》为题的绝句有两首，这是其中一首。诗作于乾道二年，杨万里丁忧守丧在家，此时主战派张浚忧愤已死，宋孝宗对金朝再次割地赔款，以叔侄之国相称。四十岁正当壮年的诗人闲居在家，"默阅世变，中有感伤"（叶真《爱日斋丛钞》）。"闲"字透出他的无奈、无聊，英雄无用武之地的愁闷。陈衍《石遗室诗话》说，诚斋诗"大抵浅意深一层说，正意反一层说，侧一层说"。"闲看""捉柳花"用词看似漫不经心，实则炼字讲究，极婉转地表露出字面下的苦闷之情，孩子"捉柳花"的天真烂漫，与诗人闲居的苦闷心情形成对比，也使诗人得到一丝安慰。

日出而作，日入而息，凿井而饮，耕田而食。

【语出】古歌谣《击壤歌》。

【通讲】太阳出来便开始劳动，太阳下山便休息。自己凿口井喝水，自己耕田吃饭。

【鉴赏】描写了一幅自给自足、与世无争的社会生活情景。

奢者富而不足，何如俭者贫而有余；能者劳而俯怨，何如拙者逸而全真。

【语出】明·洪应明《菜根谭》。

【通讲】劳而俯怨：劳苦而怨谤集身。逸而全真：安闲而能保全本性，本为道家语，因为道家把完美无缺的人称为真人。奢侈无度的人财富再多也感到不够用，这怎么比得上虽然贫穷却生活节俭而感到满足的人呢；有才干的人假如由于心力交瘁而招致大众怨恨，哪里比得上笨拙的人由于安闲无事而就能保全纯真本性。

【鉴赏】每个人要崇俭养廉，守拙全真。生活上要有知足感，工作中要讲究方法。不能因为自己有多方面的才能便事必躬亲，处处辛劳，结果可能会招致怨恨还办不好事情。

心要如天平，称物时物忙而衡不忙，物去时即悬空在此。只恁静虚中，正何等自在！

【语出】明·吕坤《呻吟语·存心》。

【通讲】心灵要像天平那样，称量物体的时候，物体被搬来运去而秤杆却一点也不忙；物体被搬下去了的时候，也就自然在这里悬浮了。就在这虚无清静之中，已经不知道有多少的自在了！

【鉴赏】我们自己的心灵也像秤杆一样，保持那天然的平衡，物体来了我便显示它的重量与多少。决不会因为喜怒哀乐而改变什么。心灵始终如一地纯净。自在就是不受外界的干扰，而能顺其自然的本性。来之则应，去之则寂。不管世事怎么变动，我不会动摇自己的理想信念。世界打眼前经过，我不能随波逐流、任意浮动。

6 隐 逸

苟全性命于乱世，不求闻达于诸侯。

【语出】诸葛亮《出师表》。

【通讲】苟全：姑且保全。闻达：闻名显达。诸侯：指当时各地的当权者。在变乱的年代里只求保全自己的性命，不想在各地当权者中获得显达的地位和名声。

【鉴赏】表达了对人生的失望，不想进取，而过起隐逸无争的生活。

红颜弃轩冕，白首卧松云。

【语出】唐·李白《赠孟浩然》。

【通讲】年壮时放弃做官，直到晚年依旧隐卧于松风白云中间。

【鉴赏】不愿在腐败官场里做官，而隐居于山林之中。

怀正志道之士，或潜玉于当年；洁己清操之人，或没世以徒勤。

【语出】晋·陶渊明《感士不遇赋》。

【通讲】或：有的。潜玉：把玉石藏起来，比喻隐居。没世：终生。一些心怀正直、立志治世的人，不得不在年富力强的时候潜藏隐居；一些洁身自好、操行端正的人，也只好徒自劳苦，虚度一生。

【鉴赏】现实的黑暗压抑摧残有才华的正直之士，迫使他们放弃理想，在忧郁悲愤之中抛掷余生。诗人对此融注了他无限的感伤，抒发了愤慨的感情。

邪人必微，邪谋必阴。阴则难明，微则易信。

【语出】唐·刘禹锡《上杜司徒书》。

【通讲】奸邪的人必定表现乖巧，奸邪的计谋必定很隐蔽。隐蔽就难以被发觉，乖巧就容易被信任。

【鉴赏】要注意从乖巧和隐蔽中发现问题。

宴安鸩毒，古人深戒；死于逸乐，又何足怪。饱食无所用心，则宁习博弈之艺；逸居而无教，则又近于禽兽之忧。

【语出】元·吴亮、许名奎《劝忍百箴·安之忍》。

【通讲】贪图享乐等于喝下用鸩鸟羽毛泡成的毒酒，这是前人深情的告诫；安乐容易导致死亡，又有什么值得奇怪呢？吃饱了饭却不用一点心思，还不如去学习下棋游戏。安逸地生活着却不受教育，那就有沦于禽兽的忧愁。

【鉴赏】忧患使人生存，而安乐使人身亡。忧患能使人警惕，惶惑不安而增加人的忧虑，所以就有了保全性命的道理；安乐容易使人松懈，放纵疏忽了人的志向，所以有了导致死亡的可能。

7 成　败

打算精明，自谓得计，然败祖父之家声者，必此人也；朴实浑厚，初无甚奇，然培子孙之元气者，必此人也。

【语出】清·王永彬《围炉夜话》。

【通讲】朴实浑厚：即老实忠厚。凡事过于计较、毫不吃亏的人，自以为得计，但是败坏祖宗名声的，必定是这种人；朴实忠厚待人的人，刚开始虽然不见他有什么突出的表现，然而使子孙能够有一种淳厚之气的，就是这种人。

【鉴赏】论述了精于为自己考虑的人必定败落家风，而心地宽宏敦厚的人必定会振兴家业。

大凡做一件事，就要当一件事。若之苟且粗疏，定不成一件事。

【语出】明·吕坤《续小儿语》。

【通讲】苟且：马虎。每做一件事，就要当成一件事来办。假若马虎粗疏，一定办不成。

【鉴赏】人们做事情一定要认真，千万不可粗疏、马虎，否则将一事无成。

得主者昌，失主者亡。

【语出】《三国志·魏志·程昱传》。

【通讲】能选择到一个好的主人，前途就远大；若失掉好的主人，就会招致失败。

【鉴赏】在政治上，必须选择正确的路线，站队站错了，就会毁灭自己的政治生命。在生活上，必须选择好的主人，到他家当员工、当保姆，他会给你带来许多好处。

凡百事之成也，必在敬之；其败也，必在慢之。

【语出】《荀子·议兵》。

【通讲】敬：谨慎；严肃。一切事情之所以取得成功，是由于能够严肃认真地对待它；而失败的原因，在于办事轻慢、懈怠。

【鉴赏】事情的成败在于对待人生的态度。

凡始事难，成事易。赓续以终之则是，中道而弃之则非。

【语出】《清史稿·柴潮生传》。

【通讲】凡事开头难，完成时容易。继续坚持到底是对的，中途停止则是错误的。

【鉴赏】办事必须有始有终，万事开头难，但坚持下去，就会成功。

功成虽欲善持盈。

【语出】宋·苏轼《骊山三绝句》。

【通讲】取得功业之后，最主要的事情就是要善于保持胜利的果实。

【鉴赏】创业难，守业更难。但务必要守住。

功者难成而易败，时者难得而易失也，时乎时，不再来。

【语出】《史记·淮阴侯列传》。

【通讲】时：时机；机会。功业难成而失败容易，时机难遇而失去容易，机不可失，时不再来。

【鉴赏】机遇、时机对人的成功往往起到关键的作用。

几事不密则害成。

【语出】《周易·系辞上》。

【通讲】如把决定命运的机密随便泄露他人，必须带来灾害而招致失败。

【鉴赏】保密的重要性跃然纸上。

积力之所举，则无不胜也；众智之所为，则无不成也。

【语出】《淮南子·主术训》。

【通讲】团结群众的力量，就没有不能胜任的事；集中大家的智慧，就没有不会成功的事。

【鉴赏】团结就是力量，只要团结，就没有办不成的事。

奸邪之迹，虽曰难辨，然久之自败。

【语出】《宋史·李沆传》。

【通讲】巧伪奸诈的事迹，虽说难以分辨，然日久天长，自然会败露真相。

【鉴赏】奸邪可以隐瞒一时，但不能隐瞒一世，在暴露时，必须惩罚。怎能有侥幸之心？

九仞之积，犹亏一篑之功。

【语出】唐·魏徵《十渐不克终疏》。

【通讲】仞：古代八尺为一仞。篑：盛土的筐。筑九仞高的土山，最后由于只差一筐土而不能完成。

【鉴赏】做一件事情因只差最后一点的努力而不能成功。

立身成败，在于所染。兰芷鲍鱼，与之俱化。慎乎所习，不可不思。

【语出】唐·吴兢《贞观政要·慎终》。

【通讲】立身的成功与失败，在于一个人所接触的环境。接触兰草、白芷，或是接触咸鱼，都会受到它们的影响。对于习惯不可不慎重，不能不认真思考。

【鉴赏】这是贞观十三年魏徵向唐太宗所上奏书中的一段话。这段话说明了环境对人的影响程度。一个人处在特定的环境中，应该有清醒的头脑，对周围事物加以分析辨别，才有可能从善弃恶，成功地创立自己的事业。

明君贤将，所以动而胜人，成功出于众者，先知也。先知者，不可取于鬼神，不可象于事，不可验于度，必取于人，知敌之情者也。

【语出】《孙子 · 用间》。

【通讲】高明的君王，贤能的将领，之所以行动就能取胜，成功超过众人，是因为他能先知。所谓先知，不能靠鬼神祈祷，不能仅凭以往的经验推论，不可用凭借星宿的位置来验证，不能由主观揣测来验证，一定要从了解敌情的人那里获取信息。

【鉴赏】信息非常重要，如何获取信息，军事之外，对各个行业，都具有普遍的适应性。

明君之所以立功成名者四：一曰天时，二曰人心，三曰技能，四曰势位。

【语出】《韩非子 · 功名》。

【通讲】英明的国家领导者用来建立功业、成就盛名的条件有四个：一是得天时，二是顺人心，三是发挥人的技能和才能，四是有权势和地位。

【鉴赏】一个真正合格的国家领导者，必须以正确的常规法纪去治理国家和民众，懂得如何用人，懂得如何保持和应用自己的权势和地位，建立功业。

谋泄者事无功，计不决者名不成。

【语出】《战国策 · 齐策三》。

【通讲】计谋如果泄露，事情就不能成功；定下计谋，如果犹豫不决，名声就不能成就。

【鉴赏】战国时期，楚怀王死的时候，太子横在齐国充当人质。是扣留太子还是送他回国，齐国君臣意见不一。苏秦建议薛公田文将太子扣留下来，要求楚国割让淮北的土地，说“谋泄者事无功，计不决者名不成”，让薛公快速行动，并请求出使楚国为薛公游说。此句启示人们，若要取得成功，必须作充分的准备、周密的谋划、严格的保密和果断的行动。若计划泄露了，或多谋而寡断，议而不决，决而不行，则将一事无成。

人之才，成于专而毁于杂。

【语出】宋·王安石《上仁宗皇帝言事书》。

【通讲】人的才能，成功在于专一，失败在于庞杂。

【鉴赏】学术有专攻，要想样样通，势必样样不通。

舍近谋远者，劳而无功；舍远谋近者，逸而有终。

【语出】《后汉书·臧宫传》。

【通讲】舍：放弃。谋：图谋。逸：舒缓。舍弃近的图谋远的，劳苦而无功效；舍弃远的图谋近的，安逸且有结果。

【鉴赏】说明做事情不可舍近而求远的道理。

射幸数跌，不如审发。

【语出】《三国志·蜀志·谯周传》。

【通讲】射箭时希望侥幸射中，则多有不中，不如仔细瞄准之后再发射。

【鉴赏】做事要事先做好准备并等待时机进行，才能把事情办好。

事当难处之时，只让退一步，便容易处矣；功到将成之候，若放松一着，便不能成矣。

【语出】清·王永彬《围炉夜话》。

【通讲】事情在难以处理的时候，只要能退一步着想，就容易处理了；事业在将要成功的时候，如果一着不慎，就会以失败而告终。

【鉴赏】退让一步容易处世；最后一刻不可松劲，行千里者半九百。在走向成功的途中，有着无数的艰辛，此时最需要有坚强的毅力和勇气，咬紧牙关，坚持到最后。

事有举之而有败，而贤其毋举之者，负之时也。

【语出】《韩非子·说林下》。

【通讲】事情因为有去做而产生失败，就认为不做才是好，这只是看到它失败的时候而已。

【鉴赏】这句评论的是宋国一个叫监止子的富商，他同别人竞买价值百金的一块璞玉,假装失手摔破而赔了百金,后又修好了摔痕,卖掉收益了千金。可见无论从事何事,总有失败的可能,但在失败时不应只是懊恼后悔,而是应该积极反省,思考对策,从中找到反转的方法。

为山九仞,功亏一篑。

【语出】《尚书·旅獒》。

【通讲】仞:古代长度单位。堆积九仞高的山,由于差一筐土而没有完成。

【鉴赏】一件事情由于最后的疏忽或松懈,招致失败而令人惋惜。

我辈办事,成败听之于天,毁誉听之于人,惟在己之规模气象,则我有可以自立者,亦曰不随众人之喜惧为喜惧耳。

【语出】《曾胡治兵语录·勇毅》。

【通讲】我们办事,成败只能听天由命,诋毁和称赞也随别人的便。只有自己行事的准则,靠自己来制定,也就是说,不随众人的喜惧而喜惧。

【鉴赏】说明办事的原则,不以众人的喜惧而喜惧。

无屋漏工夫,做不得宇宙事业。

【语出】明·吕坤《呻吟语·存心》。

【通讲】屋漏:屋漏是房室中西北隅放设小帐的地方。没有不愧于暗室的工夫,一定做不成天下宇宙的事业。

【鉴赏】当然,一个人只有在独处的时候都能够把握住自己,也就是所谓的"慎独"功夫,绝没有什么虚伪不实在的地方。也只有这样的人,才能够干出一番伟大的事业来。而一个人独处时最能检验他的品德。最基本的都做不好,又怎么能向外拓展呢?

小不忍,则乱大谋。

【语出】《论语·卫灵公》。

【通讲】不忍:不能忍耐愤怒,也指不能忍耐小恩小利。乱:扰乱;败坏。谋:谋略。小事情上不能容忍、割舍、忍耐,就会败坏成就大事的可能。

【鉴赏】要成就大业必须具有超人的容量,要能忍常人所不能之忍。只有付出一定代价、牺牲一时的快乐才能保证大计划的完成。

心才不正,其终必至于败国亡家。

【语出】宋·朱熹《朱子语类》卷十五。

【通讲】人的心地稍有不端正,最终必然导致败国亡家的结局。

【鉴赏】人们要心术端正,不可妄生邪念,对国对家都有好处。

一败不足衄,后功掩前羞。

【语出】宋·欧阳修《送黎生下第还蜀》。

【通讲】衄(nǜ):损伤,挫败。一次失败算不上什么,后边的功劳自然会遮蔽前边的羞愧。

【鉴赏】失败是成功之母,失败之后,吸取教训,经过努力,必然会成功。

知前日之所以失,即知今日之所以得。

【语出】《明史·熊汝霖传》。

【通讲】了解了以前之所以失败,就可以懂得今天之所以成功。

【鉴赏】失败乃成功之母,总结了失败的教训,就可以取得今天的成功。

众叛亲离,难以济矣。

【语出】《左传·隐公四年》。

【通讲】济:成。众人背叛,亲近离开,难以成功。

【鉴赏】春秋时期,卫国公子州吁杀死哥哥卫桓公,自己做了国君,引发国人强烈不满;他又联合宋国、陈国、蔡国一起攻打郑国。鲁国国君对此非常担心,鲁国大夫众仲认为国君可用恩德取得百姓的爱戴,还没有听说靠胡作非为赢得人心的,州吁"众叛亲离,难以济矣"。果然没过多久,州吁就被石碏设计杀害了。此句形容不得人心,陷入完全孤立。后来多用"众叛亲离"形容极端孤立。

自人君公卿至于庶人,不自强而功成者,天下未之有也。

【语出】《淮南子·修务训》。

【通讲】上自君主公卿，下到平民百姓，自己不发愤图强而能够功成名就的在天下是没有的。

【鉴赏】任何人要想取得成功必须努力进取。辉煌的成就是通过超乎常人的艰苦奋斗才能得到的。

作舍道边，三年不成。

【语出】《后汉书·曹褒传》。

【通讲】在道路边修建房舍，修建三年也修不好。

【鉴赏】在道路边上修房子，过路人都要妄加评论，众说纷纭，难以决策。办一件事情，人多嘴杂，反而碍事。

8 盛 衰

骐骥盛壮之时，一日而驰千里；至其衰也，驽马先之。

【语出】《战国策·燕策三》。

【通讲】骐骥：骏马。驽：劣马。良马壮年之时，一天可以奔驰千里；到它衰老时，劣马也能跑在它前面超过它。

【鉴赏】战国末年，秦将王翦破赵，兵临易水，燕国形势危急。太子丹请求太傅想想对付秦国的办法，太傅向太子推荐深谋远虑的田光。田光对来拜访他的太子丹说“骐骥盛壮之时，一日而驰千里；至其衰也，驽马先之”，自己已经衰老，不能担当重任。田光向太子丹推荐了智勇双全的荆轲。此句表明物极必反，任何强大的事物终有一天会衰退，任何事物都难逃此规律。这句古语说明强大的事物一旦到了衰弱的时候，已经今非昔比，发挥不了当年的作用。

兴必虑衰，安必思危。

【语出】《史记·司马相如列传》。

【通讲】事物处于兴旺发达的时候，必须考虑到衰落；处于安全和平的环境时，必须想到可能出现的危险。

【鉴赏】事物总是处在兴衰成败的不断变换之中，我们不应陶醉于一时的得意，要兢兢业业考虑可能产生的各种危险，才能立于不败之地。

9 祸　福

不知而自以为知，百祸之宗也。

【语出】《吕氏春秋·谨听》。

【通讲】宗:本。对不懂的事物却自认为懂了，是各种祸患出现的根本原因。

【鉴赏】对不懂的事物要认真研究，不能装懂。否则会带来祸害，这是我们必须警惕的。

侈不可极，奢不可穷，极则有祸，穷则有凶。

【语出】宋·邵雍《奢侈吟》。

【通讲】侈、奢:奢侈。奢侈浪费不能太过分，太过分就会招来祸患和灾难。

【鉴赏】奢侈浪费是灾祸的根由，人们必须警惕。

侈将以其力毙，专则人实毙之。

【语出】《左传·襄公二十九年》。

【通讲】专:专横。奢侈者将因自己力量强大而致死，专横者人们就会消灭他。

【鉴赏】齐国高子容与宋国司徒来见知伯，两人走后，晋国大夫司马侯认为这两个人都难以避免灾祸，“子容专，司徒侈，皆亡家之主也”。因为“侈将以其力毙，专则人实毙之”。这说明了奢侈和专横的危害。前者因奢侈把资财挥霍尽了，自取死亡；后者仗着有点权势专横、危害百姓，落个可悲的下场。应引以为戒。

德不称，其祸必酷；能不称，其殃必大。

【语出】《后汉书·王符传》。

【通讲】一个国家的官吏,如果品德与他的职位不相称,带来的灾祸一定会很大;如果才能与他的职位不相称,同样也会带来很大的灾祸。

【鉴赏】这是王符在其《贵忠篇》中所说的话。说明为官必须有才德,否则,会给国家和其本人带来灾祸。

敌存灭祸,敌去召过。

【语出】唐·柳宗元《敌戒》。

【通讲】敌人存在的时候,能提高警惕,因而避免灾祸;而敌人没有了,却容易丧失警惕,反遭祸害。

【鉴赏】不论有无敌情,都必须保持高度的警惕。

放荡功不遂,满盈身亦灾。

【语出】宋·张咏《劝学篇》。

【通讲】放纵不受拘束,事业就不会成功;骄傲到极点,灾祸就要随身而来。

【鉴赏】要约束自己,要谦逊,就可以远离灾祸。

分争者不胜其祸,辞让者不失其福。

【语出】《晏子春秋·杂下》。

【通讲】分争:纷争;争执纠纷。胜:承受。争执不休的人将承受不住袭来的祸害,谦逊辞让的人不会失去自己的福气。

【鉴赏】纷争不休是制造矛盾冲突的根由,势必不断引出祸害;而推辞谦让则人际关系团结和睦、相安无事,自然不失其福分。俗云"进一步者路更窄,退一步者路自宽"即是这个道理。告诫人们不可一味相争而导致祸端,而要互相谦让以谋和睦安乐。

夫祸患常积于忽微,而智勇多困于所溺。

【语出】《新五代史·伶官传序》。

【通讲】祸患常常是因为平时细小事情的积累,大智大勇的人常常是被自己所溺爱的东西所困。

【鉴赏】小问题置之不管，会酿成大问题。一定不能放过平时细微的过失和差错，正是这些细小的问题导致了后来的弥天大祸。对小事、小节、小利不能掉以轻心。千里之堤，毁于蚁穴。

福或修于慊望，祸多出于不期。

【语出】《宋史·南汉刘氏世家》。

【通讲】慊(qiè)：满足。慊望：满足欲望。不期：出乎预料；疏忽大意。幸福从知道满足欲望而获得，祸害多由疏忽大意而造成。

【鉴赏】幸福来自知足，不过度追求欲望，就会感到幸福；不知足，就永远感到不幸福。谨慎可以防止祸害的产生。

福来有由，祸来有渐；渐生不忧，将不可悔。

【语出】《三国志·吴志·孙奋传》。

【通讲】渐：事件发展的开端。好运气的到来，有一定的原因；灾祸的降临，是从萌芽开始的。祸乱的萌芽出现了，如果不加警惕，后悔就来不及了。

【鉴赏】这是诸葛恪劝孙奋时说的话。吴国齐王孙奋"擅私杀""数越法度"。太傅诸葛恪上笺劝谏，希望他谨慎行事，避免国家危殆。

福莫大无祸，利莫美不丧。

【语出】《淮南子·诠言训》。

【通讲】幸福没有比没有灾祸更大的，利益没有比不丢失什么更好的。

【鉴赏】阐明"欲不过节"的道理的，说明"知足不辱"与祸福相对的观点。告诫人们要克制个人欲望。

福莫福于少事，祸莫祸于多心。唯更事者，方知少事之为福；唯平心者，始知多心之为祸。

【语出】明·洪应明《菜根谭》。

【通讲】少事：指没有烦心的琐事。一个人最大的幸福莫过于无扰心的琐事可牵挂，一个人的灾祸没有比疑神疑鬼更可怕的了。只有那些整天奔波劳碌、琐事缠身的人，才知道无事一身轻是最大的幸福；只有那些经常心如止水、宁静安详的人，才知道猜疑是最大的灾祸。

【鉴赏】多心招祸，少事为福。祸端多半是由多事而招来，多事又源于多心，多心是招致灾祸的最大根源。一个心地光明的人自然俯仰无愧，根本不用怀疑别人对我有过什么不利的言行。

福善之门莫美于和睦，患咎之首莫大于内离。

【语出】《汉书·东平思王刘宇传》。

【通讲】莫美于和睦：没有比和睦更好。咎：灾祸。莫大于内离：没有比内部离间更坏。福分和亲善的来路没有比和睦更好，祸害再大也没有比内部离间更大。

【鉴赏】阐述了“和睦是最大的幸福，内部离间是最大的祸害”的道理。

福之至也，人自生之；祸之至也，人自成之。

【语出】《史记·龟策列传》。

【通讲】幸福的到来，是人们自己努力争取的；灾难的降临，是人们自己造成的。

【鉴赏】古人这种“祸福由人”的观点是十分正确的，值得我们借鉴。

恭敬撙节，福之基也；骄佷傲慢，祸之始也。

【语出】《南史·颜延之传》。

【通讲】撙(zǔn)：限制；节省。撙节：抑制。佷(hěn)：狠；毒辣。恭敬抑制，是幸福的基础；骄横傲慢，是灾祸的开始。

【鉴赏】人不要骄横，对别人要恭敬抑制。

豪华尽出成功后，逸乐安知与祸双。

【语出】宋·王安石《金陵怀古四诗》。

【通讲】豪华是在功业成就之后才慢慢享受，淫逸安乐就同时招来祸害了。

【鉴赏】淫逸安乐是祸害之源。

厚味来殃，艳色危身；求高反坠，务厚更贫。

【语出】三国魏·卞兰《座右铭》。

【通讲】吃得太好必招来祸殃，妖艳的女人会伤害生命，求取高位反而落到低处，谋求丰厚反而更加贫困。

【鉴赏】追求高目标是对的，但要量力而行，分析情势来争取，否则，就只能走向反面。

患之所由，常由有所贪。

【语出】汉·王充《论衡·薄葬》。

【通讲】祸乱的产生，常常是由于有所贪求。

【鉴赏】贪招患，要杜绝贪心。

祸常发于所忽之中，而乱常起于不足疑之事。

【语出】明·方孝孺《深虑论》。

【通讲】祸患常发生于一时的疏忽中，灾乱常在不足怀疑的事情上发起。

【鉴赏】疏忽大意是祸乱产生的根源，必须引起足够的重视。

祸福茫茫不可期，大都早退似先知。

【语出】唐·白居易《九年十一月二十一日感事而作》。

【通讲】茫茫：渺茫。不可期：难以预料。大都：大致上。早退：早日退身。祸福渺茫难以预料，大致说来，早日退身就近于有先见之明了。

【鉴赏】早日退出是非之地，是非之争，就能避祸。

祸福无门，唯人所召。

【语出】《左传·襄公二十三年》。

【通讲】灾祸或福分没有定数，是由人们自己招来的。

【鉴赏】春秋时期，季氏让公鉏担任马正，公鉏怨恨而不肯做。闵子马劝公鉏不要这样，因为“祸福无门，唯人所召”，您如果对父亲孝顺恭敬，可能比悼子还富有；如果邪乱不合法度，可能祸患远远大于百姓。公鉏听从闵子马的话,恪守职责。后来公鉏氏因此致富,又担任了鲁襄公的左宰。此句体现了古人在祸福问题上的唯物观。福分不是靠祈求神灵或依靠他人得到的,而是凭借自己的修行与努力来获得。祸患也并非从天而降或他人陷害的,而是自己行为不当招致的。即使诸如旱涝、地震、泥石流等天灾难以预料,但许多灾祸是因人类破坏环境,造成生态恶化导致的。天灾难料,人事可为,应避祸趋福,不可怨天尤人。“天作孽,犹可违;自作孽,不可活”(《尚书》)、“天行健,君子以自强不息”(《周易》)、“多行不义,必自毙”(《左传》)、“吉凶由人”(《左传》)等,与“祸福无门,唯人所召”所昭示的道理是一样的。

祸福无门,惟人之召;人无衅焉,妖不妄作。

【语出】《新唐书·魏徵传》。

【通讲】灾祸和幸福是没有门径的,只是由人自己招致而来;人没有瑕隙,妖孽不会随意作怪。

【鉴赏】灾祸和幸福,都是人自己引来的。

祸与福相贯,生与亡为邻。

【语出】《战国策·楚策四》。

【通讲】祸与福相通,生和死为邻。

【鉴赏】此句阐述了“祸”与“福”、“生”与“亡”的辩证关系,说明了吉凶祸福相互转化的道理。因祸可以得福,坏事可以变为好事。世间一切事物都在不断发展变化,对立双方在一定的条件下,向各自的对立方向转化。幸福的时候可能潜伏着灾祸;祸事临头的时候,也许未来有好运相随。得意不要忘形,失意不要颓废。成语故事“塞翁失马,焉知非福”就是一种形象生动的解释。

节食则无疾,择言则无祸。

【语出】宋·何坦《西畴老人常言》。

【通讲】能节制饮食,就不会得病;不随便说话,就不会有灾祸。

【鉴赏】节食节言少病少灾。

今有人于此，断首以易冠，杀身以易衣，世必惑之。是何也？冠，所以饰首也，衣，所以饰身也，杀所饰，要所以饰，则不知所为矣。世之走利有似于此。危身伤生、刈颈断头以徇利，则亦不知所为也。

【语出】《吕氏春秋·审为》。

【通讲】今天在这里有这样一个人，他砍下头颅去换取一顶帽子，残杀躯体去换取一件衣服，世上的人一定认为他不可理喻。为什么呢？帽子是为了装饰头部的，衣服是为了装饰身体的，残杀了需要装饰的头和躯体，去求得作为装饰用的衣帽，这样的人不知道他们所做的事情是为了什么。世上那些贪图财利的人就与这种情况相似。他们不惜害身伤生，以至断头折颈去追求财利，也同样是不知道自己所做的事情是为什么。

【鉴赏】贪图钱财，贪污腐化，被判刑入狱，害身伤生，这是谁都知道的。但偏偏有人以身试法，终落得可耻的下场。世人要永远记取这一教诲呀。

君子多欲则贪慕富贵，枉道速祸；小人多欲则多求妄用，败家丧身。

【语出】宋·司马光《训俭示康》。

【通讲】君子贪心就要企慕富贵，不走正路，加速灾祸的到来；小人贪心就会四处钻营，恣意挥霍，致使家败人亡。

【鉴赏】人不能贪心，否则会家破人亡。

临祸忘忧，忧必及之。

【语出】《左传·庄公二十年》。

【通讲】面临灾祸而忘记忧患，忧患一定会到来。

【鉴赏】鲁庄公二十年冬天，周天子王子颓设宴款待五位大夫，宴会上遍舞六代舞蹈。郑厉公就与虢叔说，哀或乐不是时候，灾祸一定会降临。现在王子颓歌舞不倦，这是以祸患为快乐。司寇杀人，国君都会为此减膳撤乐，何况敢以祸患为快乐。篡夺天子大位，还有比这个更大的祸患吗？“临祸忘忧，忧必及之”。此句告诫人们要及早警惕和防备祸患的发生，不可盲目乐观。祸患多隐藏在隐微的地方，发生在人们疏忽的时候。必须防患于未然，对可能突发的危机有预判，对可能出现的各种情况预先考虑应对的措施。有个成语“未雨绸缪”，说的就是这个道理。这样在危险突然降临时，才不至于手忙脚乱，束手无策，甚至一败涂地。

戮力操行而吉福至，纵情施欲而凶祸到。

【语出】汉·王充《论衡·命义》。

【通讲】努力修炼品行，好事福气就会来到；肆意放纵情欲，恶果祸祟就会来到。

【鉴赏】注重操守，节制情欲，必然福至祸离。

美味腐腹，好色惑心，勇夫招祸，辩口致殃。

【语出】汉·王充《论衡·言毒》。

【通讲】美味腐蚀肠胃，美色惑乱人心，勇士招致祸害，辩士招致灾殃。

【鉴赏】凡事都应辩证地看。不宜贪恋美色，过分奢侈，过分偏激。

名利之不宜得者竟得之，福终为祸；困穷之最难耐者能耐之，苦定回甘。

【语出】清·王永彬《围炉夜话》。

【通讲】得到不该得的名声和利益，福分终究会成为灾祸；最难以忍耐的贫穷和困厄能够忍耐过去，困苦一定会转变为甘甜。

【鉴赏】“君子爱财，取之有道”，如果贪求不义之财，获取非己之名，表面上看是暂时得到福分，但最后终会被人识破，财去名空，还落得个贪贿罪名。

匹夫枉死于怀璧，丰狐召灾以美皮。

【语出】晋·葛洪《抱朴子·安贫》。

【通讲】丰狐：大狐狸。平民百姓由于怀揣宝玉而含冤死，大狐狸因为一身好皮毛而招来杀身祸。

【鉴赏】抱朴子认为富能招灾；安于贫困，方能全生。提醒人们财帛不可轻露。

其政闷闷，其民淳淳；其政察察，其民缺缺。祸兮，福之所倚；福兮，祸之所伏。孰知其极？其无正也。正复为奇，善复为妖。民之迷，其日固久。是以圣人方而不割，廉而不刿，直而不肆，光而不耀。

【语出】《老子》第五十八章。

【通讲】闷闷：昏暗不明、糊涂，含有宽宏淳厚之意。缺缺：狡猾欺诈。极：究竟。正：定。无正：无定；没有确定的标准。方而不割：方正而不割伤人。刿(guì)：割伤。廉而不刿：锐利而不伤害人。直而不肆：直率而不放肆。国家的政治宽容，人民就淳厚质朴；国家的政治严苛，人民就狡黠诡诈。灾祸啊，幸福正躲藏在它里面；幸福啊，灾祸也正隐藏在它之中。谁知道它们的终极？它们并没有一个定准。正可能随时转变为邪，善可能随时转变为恶。人们的迷惑不解，已经有很长的时日了！所以有“道”的圣人方正但不伤人，锐利但不至于把人刺伤，直率却不至于放肆，明亮但不显得刺眼。

【鉴赏】老子指出祸福、正奇、善恶是可以互相转化的，由于政治上的原因，人民也会变化：政治宽厚，人民淳朴；政治苛刻，人民狡诈。老子还对统治者发出警告，最终告诉统治者圣人的处世哲学：“方而不割，廉而不刿，直而不肆，光而不耀。”

弃德崇奸，祸之大者也。

【语出】《左传·僖公二十四年》。

【通讲】崇：崇尚。抛弃大德，崇尚邪恶，是最大的祸患！

【鉴赏】鲁僖公二十四年，郑国要进攻一边听从郑国一边却又亲附卫国的滑国，郑文公还下令逮捕了周襄王派去请求不要进攻滑国的使者。周襄王大怒之下准备领着狄人攻打郑国。富辰规劝周襄王说，上等的策略是用德行安抚百姓，其次是亲近亲属，然后推及别人。酬劳有功，亲近亲属和近臣，尊敬贤者，这是德行中的大德。接近聋人，跟从昏昧的人，支持固陋的人，重用奸诈的人，这是邪恶中的大恶。“弃德崇奸，祸之大者也”。郑国具备以上德行，狄人却有着上述邪恶，跟从邪恶用狄人，恐怕不可以。此句告诫人们讲求道德，弃绝奸诈，与人为善。如果内心奸诈，不讲公德又缺私德，积怨太多，就会受到报复，酿成大祸，那就悔之晚矣。

人之贪满者多祸，其守约者多福。

【语出】《新五代史·司天考》。

【通讲】贪得无厌的人多祸，而生活简朴、恪守简约的人多福。

【鉴赏】贪得无厌的人，必然去追求不义之财，势必走上犯罪的道路。许多贪腐官员不就是最好的反面教材吗？

天有不测风云，人有旦夕祸福。

【语出】元·高明《琵琶记·五娘吃糠》。

【通讲】天气有无法预测的风云变幻，人也会有旦夕之间突然降临的灾难和幸运。

【鉴赏】这是在赵五娘的婆婆死后，赵五娘对邻居说的话。对于无法控制的一些事变的突然发生，我们要冷静应对。

天与弗取，反受其咎；时至不行，反受其殃。

【语出】《史记·淮阴侯列传》。

【通讲】与：赐予。咎：追究罪责。上天赐予的不接受，反而会受到惩罚；时机来了不行动，反而遭受灾殃。

【鉴赏】天时、机遇对于任何人都是十分重要的，面对天时、机遇要果断出击，紧紧抓住，因为机会往往稍纵即逝。错失天时、机遇，必然遭受灾祸。

小人之口，为祸天下。

【语出】汉·王充《论衡·言毒》。

【通讲】小人的嘴巴会给天下带来灾祸。

【鉴赏】要防小人，小人一言可以亡国。

削株掘根，无与祸邻，祸乃不存。

【语出】《战国策·秦策一》。

【通讲】株：露出地面的树桩。挖树要除根，不与祸为邻，祸患才不存。

【鉴赏】这句启示人们，消灭邪恶的东西要彻底干净，斩草除根，除恶务尽，不留后患，才能让邪恶的东西没有重新滋生的机会。

殃咎之来，未有不始于快心者。故君子得意而忧，逢喜而惧。

【语出】明·吕坤《呻吟语·存心》。

【通讲】灾殃和祸患，大都由痛快舒心的时候萌发。所以君子在一帆风顺时感到不安，遇到喜事却心存恐惧。

【鉴赏】要想真正保有自己所得来的利益，最好是自己谦虚退让，不要心里高兴得太过了。心中一旦高兴，就会出现疏漏，就会被人乘虚而入，灾祸便会降临。每个人要提防警惕，检点行为，不至于被人暗算而遭受祸殃！

一日纵敌，数世之患也。

【语出】《左传·僖公三十三年》。

【通讲】纵：放。一天放走了敌人，会带来几辈子的祸患。

【鉴赏】鲁僖公三十三年春，秦灭滑国。晋国先轸认为秦君违背蹇叔的话，贪婪而使百姓劳苦，这是上天给我们的机会，机不可失；我们有丧事秦国不悲伤，反而攻打我们的同姓国家，秦国无礼，"一日纵敌，数世之患也"。于是下达了出击秦军的命令。对敌作战要抓住战机，打击邪恶要抓住时机。对敌人的放纵就是犯罪。要有"宜将剩勇追穷寇"的精神，不妥协、不姑息，穷追猛打，否则祸患无穷。

音聋色盲，驰骋发狂，老氏预防。朝歌夜弦，三十六年，嬴氏无传。金谷欢娱，宠专绿珠，石崇被诛。人生几何，年不满百；天地逆旅，光阴过客。若不自觉，恣情取乐；乐极悲来，秋风木落。噫，可不忍欤！

【语出】元·吴亮、许名奎《劝忍百箴·乐之忍》。

【通讲】五音使人耳聋，五色使人眼瞎，骑马打猎使人发狂，这是老子说的告诫的话。白天歌舞，夜里奏乐，短短三十六年，秦王朝就失传了。石崇在金谷园内纵情欢乐，专宠爱妾绿珠，因此被人杀害。人生能有多久，不到百年时光；天地是暂居的旅店，光阴是永远的过客。如果不自警惧，一味纵情取乐，就会乐极生悲，像秋风过后的草木零落一般。唉，怎么能不忍呢！

【鉴赏】喜欢淫乐和女色的人，就会损伤精神、失掉灵气，凡事不能达于极点，到了极点就会衰退。欢乐不能达于极致，达于极致就要变成了哀伤；

欲望不能放纵,放纵就造成灾祸。

遇病而后思强之为宝,处乱而后思平之为福,非蚤智也;幸福而先知其为祸之本,贪生而先知其为死之因,其卓见乎。

【语出】明·洪应明《菜根谭》。

【通讲】蚤:同“早”。蚤智:先见之明。幸福:此处幸有非分而得到的意思,幸福是指侥幸得到的幸福。一个人只有在生过病之后才能体会出健康的可贵,遭遇变乱之后才会思念太平的幸福,其实这都不是什么有远见的智慧;能预先知道侥幸得到的幸福是灾祸的根源,既爱惜生命而又能明白有生必有死之理,才算是超越凡人的真知灼见。

【鉴赏】一个人要有洞察力,能预测事物的发展变化,对事物要有先见之明,把生死的道理看破,把成败的因果看清,洞烛机先,潇洒于世。

誉不虚出,而患不独生;福不择家,祸不索人。

【语出】《管子·禁藏》。

【通讲】赞誉名声不会凭空产生,祸患灾难也不会无故出现;幸福并不只降临在那些特定的家庭,灾祸也不会无缘无故地找到你的头上。

【鉴赏】福不会侥幸求得,祸也不能侥幸避开。

怨之所聚,乱之本也。

【语出】《左传·成公十六年》。

【通讲】本:根源。怨恨积聚得太多,便成了祸乱的根源。

【鉴赏】怨恨是魔鬼,怨引祸发。人与人之间,人与社会之间,都要消除怨恨。

知有己不知有人,闻人过不闻己过,此祸本也。故自私之念萌则铲之,谗谀之徒至则却之。

【语出】明·吴麟徵《家诫要言》。

【通讲】只知道有自己而不知道有别人,只听见别人的过失而不听自己的过失,这是灾祸的根源。所以,自私的念头一发生就要铲除掉,在别人面前说他人的坏话和专会谄媚、奉承的人一来到就应该远离他。

【鉴赏】与人交往要多看别人优点,远离谗佞之徒。

志高虑远,祸发所忽。

【语出】《后汉书·齐武王缜传》。

【通讲】一个人志向高大,谋虑深远,往往因忽略了小事而遭遇大祸。

【鉴赏】必须重视小事,小不忍则乱大谋,细节决定成功。否则,即使志向高大,深谋远虑,也会大祸临头。

10 贫　富

豺狼死而犹饿兮，牛腹尸而不盈。

【语出】唐·柳宗元《哀溺文》。

【通讲】尸：死。盈：满足。贪婪的豺狼到死还觉得饥饿，大肚子的牛临死时腹中还觉空空如也。

【鉴赏】贪得无厌的人至死不悟。

多藏者厚亡，故知富不如贫之无虑；高步者疾颠，故知贵不如贱之常安。

【语出】明·洪应明《菜根谭》。

【通讲】厚：堆积；增多。高步：代指地位尊贵的人，形容走路高视阔步、目空一切。疾颠：跌得快。财富聚集太多的人，总忧虑自己的财产被人夺去，可见富裕有不如贫穷那样使人无忧无虑；身份地位很高的人，忧虑自己的官位被人争走，可见为官不如平民那样逍遥自在。

【鉴赏】一无所有的人了无牵挂，足以潇洒自在。无官一身轻，无财不担心。人生就这么怪，生于治世，天下太平，贵者难尽情作威作福，富者也难得不义之财；处于乱世，暴富显贵多了，贼盗也多了。人处富贵之中能思贫贱之乐，足见其平日修养，但许多人在贪求富贵时往往有过之而无不及。要牢记富者多忧、贵者多险。

夫贵不与富期而富至。

【语出】《战国策·赵策三》。

【通讲】贵：显贵。人尊贵了，不追求富裕，富裕自会到来。

【鉴赏】战国时期，魏公子牟在告别范雎时说"夫贵不与富期而富至"，并说：不追求美味，美味自会到来；不追求骄奢，骄奢自会到来；不想死亡，死亡也自会到来。它揭示出贪欲所带来的罪恶，总结某些为官者由官位到权势，最后由犯罪到亡身的运行轨迹，被后人称为官周律。告诫人们要防微杜渐，“勿以恶小而为之”，把祸患消灭在萌芽状态。

夫贵为天子，富有天下，是人情之所同欲也。然则从人之欲，则势不能容，物不能赡也。故先王案为之制礼义以分之。使有贵贱之等，长幼之差，知愚、能不能之分。

【语出】《荀子·荣辱》。

【通讲】古代帝王拥有最尊贵的地位，拥有天下最多的财富，这是人所共同的欲望。然而放任人们的欲望，人们就无法互相容纳，物资也不够用。所以古代帝王制定了互利协作的管理秩序，确立了等级和行业分工，使人们有上下级之分、长幼的差别，有智慧和愚笨、能与不能的区分。

【鉴赏】荀子认为，等级名分、社会分工都应以“礼义”作为度量分界。

富而不骄者鲜。

【语出】《左传·定公十三年》。

【通讲】鲜：少。富有而不骄傲的很少。

【鉴赏】春秋时期，卫国公叔文子要在家里宴请卫灵公，大夫史鳝说，您要招致祸患了。您富有而国君贪婪，富裕而能守住臣子之礼的能免除灾难，“富而不骄者鲜”，我只见到您一个。骄横而不灭亡的，从来没有。公叔文子死后，他那骄横的儿子公叔戍遭到卫灵公驱逐。此句告诫我们，当物质潮流席卷而来的时候，要守护精神家园的独立与纯粹，毋让心为物役。财富应当成为个人发展和社会进步的“催化剂”，富而思源、富而思进，富了后更要加强修养，不要狂妄，要懂得谦让，乐于帮助别人，救济他人。

富贵不傲物，贫穷不易行。

【语出】《晏子春秋·问下》。

【通讲】物：指他人。易：改变。富有的时候不要看不起别人；贫穷的时候不能改变自己的节操。

【鉴赏】富贵和贫穷都是许多人可能遇到的，要很好地对待富贵和贫穷。

富贵而忘贫贱,君子不为。

【语出】《明史·曹国长公主传》。

【通讲】富贵了就忘记贫贱,君子是不会这样做的。

【鉴赏】富贵了如果忘了贫贱,这是很不道德的。

富侮贫,贵侮贱,强侮弱,恶侮善,壮侮老,勇侮懦,邪侮正,众侮寡,世之常情,人之勇忠。识盛衰之有时,则不敢行侮以贯怨;知彼我之不知,则不敢抗侮而构难。

【语出】元·吴亮、许名奎《劝忍百箴·侮之忍》。

【通讲】以富欺贫,以贵凌贱,以强胜弱,以恶侮善,以壮轻老,以勇辱懦,以邪压正,以众攻寡,这是人世间的常情,也是常人逞勇表忠的机会。但认识到事物均有盛衰兴替,就不敢再欺侮他人以取怨;认识到彼我力量对比必然发生变化,就不敢再对抗欺侮而横生是非。

【鉴赏】人要忍受别人的侮辱,不要凭借凶暴欺负善良者,不要凭借钱多欺负贫穷的人,要知道昌盛和衰落都是一时的事情,人和人之间总有力量不对等的时候。无言不答,无德不报,这是君子的美德;一个眼神也回击,这是小人的小心眼。

今天下之患,莫大乎贫。

【语出】清·顾炎武《郡县论》。

【通讲】患:担忧;忧虑。天下最大的忧虑,莫过于贫困。

【鉴赏】贫困,对于国家,对于老百姓,都是致命伤,要摆脱贫困。

农夫心内如汤煮,公子王孙把扇摇。

【语出】明·施耐庵《水浒传》第十五回《苦热歌》。

【通讲】久旱不雨的灾情,使种田人心里像沸水翻滚;那些豪门阔少,却悠闲地摇动着手中的纨扇。

【鉴赏】用精简的笔墨和朴实的语言,写封建专制统治下,劳动人民与剥削者之间的阶级矛盾。

人不可以苟富贵，亦不可以徒贫贱。

【语出】宋·苏轼《上梅直讲书》。

【通讲】苟:苟且。徒:听任。人不可以用不正当的手段谋求富贵,也不可以听任过贫困低贱的生活。

【鉴赏】我们面对贫困的生活,必须设法改变,但要过富裕生活,要依靠自己诚实的劳动,而不能走歪道。以习近平同志为核心的党中央提出精准扶贫,就是让数百万困难群众走上富裕道路的保证。

十指不沾泥，鳞鳞居大厦。

【语出】宋·梅尧臣《陶者》。

【通讲】手指连泥也不碰一下,却住在铺满瓦片的高楼大厦。

【鉴赏】《陶者》短小精悍,反映了劳动者的疾苦。劳动者"陶尽门前土"辛苦劳作,却"屋上无片瓦",无安身之所;"十指不沾泥"的不劳作者,却"鳞鳞居大厦"。这是多么强烈的对比!"十指""鳞鳞"形象鲜明。诗中只用客观描述,不做主观论断,但字里行间透露出对劳动者的同情,对社会不公现象的愤慨。钱锺书在《宋诗选注》中说:"唐诗里像孟郊《织妇词》的'如何织执素,自著蓝缕衣',郑谷《偶书》的'不会苍苍主何事,忍饥多是力耕人',于溃《辛苦行》的'陇上扶犁儿,手种腹长饥。窗下掷梭女,手织身无衣'和杜荀鹤《蚕妇》的'年年道我蚕辛苦,底事浑身著苎麻',也都表示对这种现象的愤慨。"

贪得者，身富而心贫；知足者，身贫而心富；居高者，形逸而神劳；处下者，形劳而神逸。孰得孰失，孰幻孰真，达人当自辨之。

【语出】明·洪应明《菜根谭》。

【通讲】贪得钱财的人身处富贵而内心贫乏,身居贫困的人知足安乐而内心充裕;身居高位的人安闲舒适而心神操劳,身处低微的人劳动艰辛而心神安逸。到底是谁得到了人生快乐而谁又失掉了人生快乐呢?究竟是谁生活虚幻而谁又生活真实呢?通达明白的人应该自己好好将其分辨清楚。

【鉴赏】如何对待贫穷与财富,这是检验我们的人生观是否正确的尺子。一个人的欲望如果只是追求金钱或权势,他便永远不能获得满足。身居贫困、地位低下的人知足而常乐。

我家富,莫欺贫;借物件,就奉承;应他急,感我情。积阴德,贻子孙。

【语出】明·无名氏《女儿经》。

【通讲】物件:东西。奉承:这里指借给。阴德:旧时指人做了好事,在迷信者相信的阴间是可以记功的。贻:遗留。自家富裕了,也不要以为就高人一等,更不要侮辱贫穷的邻里街坊;邻居间常有来往,向你借东西时不要吝啬,应真心诚意地借给人家;帮助别人解决了着急的事,他们就会感激你。多做好事,积下阴德,对自已的子孙有好处。

【鉴赏】这是劝诫女子嫁人后处理邻里关系的行为规范,也适用于其他人群。

无财为贫,原宪非病;鬼笑伯龙,贫穷有命。造物之心,以贫试士;贫而能安,斯为君子。民无恒产,因无恒心。不以其道得之,速奇祸于千金。噫,可不忍欤!

【语出】元·吴亮、许名奎《劝忍百箴·贫之忍》。

【通讲】原宪:春秋鲁(一说宋)人,孔子弟子。传说蓬户褐衣蔬食,不减其乐。后多用以泛指贫士。伯龙:李威,字伯龙,前秦时期大臣。参与诛杀厉王苻生,联合苟太后杀死苻法。建元十年(374)去世。没有钱叫作贫,原宪没有生病;伯龙被鬼讥笑,贫穷原本命定。造物主的原意是要用贫穷来检验有志气的人,处理贫穷而能安贫乐道,这就是君子。百姓没有固定产业,是没有坚强意志的缘故;不用正当方法得来的,罕见的祸患会突然落到获得千两金子的人头上。咳,能不克制吗?

【鉴赏】怎样正确对待贫穷?贫贱不能改变他,这才是大丈夫。贫贱而不谄媚的自我守身,不如安于贫贱以守道为快乐这样来忘掉贫贱。君子安守贫贱,通达人事天意,处境很艰难反而越坚强,不舍弃青云般高远的志向。富和贵,是人人想要的东西。但如果通过不正当的途径得到的,就不会长久。背离正道追随财富,祸患就到来得快。

在富莫骄奢，骄奢多自亡。

【语出】唐·邵谒《金谷园怀古》。

【通讲】处在富贵时不要骄傲和奢侈，骄傲奢侈的人容易自招败亡。

【鉴赏】要富贵不要骄奢。

朱门酒肉臭，路有冻死骨。

【语出】唐·杜甫《自京赴奉先县咏怀五百字》。

【通讲】豪门贵族家里吃不完的酒肉在腐烂冻臭，路旁却有许多冻饿而死的尸骨。

【鉴赏】诗句表现了封建社会统治阶级的享乐腐化生活、劳动人民的贫困境遇，鞭挞了贫富悬殊的社会丑象。对比强烈，寓理深刻。

11 感　　世

遍身罗绮者，不是养蚕人。

【语出】宋·张俞《蚕妇》。

【通讲】那些浑身上下穿着绫罗绸缎的人却不是养蚕人。

【鉴赏】诗歌以一位养蚕女的口吻来写，讲述了她在城里卖丝所见，满是心酸。勤劳于养蚕的人没有能力穿上“罗绮”，而那些不劳而获的人却“遍身罗绮”。作者有感于社会的不合理、不公平，把对劳动者的同情浸润于诗句中，充满了对社会的讽刺和批判。

不惜歌者苦，但伤知音稀。

【语出】汉·无名氏《西北有高楼》。

【通讲】我不是可怜那唱歌的人心里有什么苦楚，而是为她歌声里的痛苦不被人理解而悲哀。

【鉴赏】这是既有对人生的深刻感受、又有对艺术精心推敲的抒情杰作。

长恨人心不如水，等闲平地起波澜。

【语出】唐·刘禹锡《竹枝词》。

【通讲】长恨人心还不如瞿塘峡的江水，无缘无故会在平地上兴风作浪。

【鉴赏】人间到处是平地，却无故兴起波澜，可见人心的险恶有甚于峡中之水。

车如流水马如龙。

【语出】南唐·李煜《望江南》。

【通讲】车辆络绎不绝，好似滔滔流水；马儿十分矫健，宛如海上游龙。

【鉴赏】南唐后主李煜国破被俘，囚于北宋的都城汴京。他写下这首词追恋故国的繁华。

铛垒侧畔观时变，冠带场中看偶新。

【语出】明·袁宏道《斋中偶题》。

【通讲】世事变幻不定，荣华富贵也不过像黄粱一梦，新近出现的显贵又能得意多久呢？

【鉴赏】诗人看尽宦海浮沉，颇多感慨。这两句诗深于世味，对那些汲汲于富贵的人不啻是冷水浇背。

城南百姓多为鱼，买鱼欲烹辄凄恻。

【语出】宋·刘敞《城南行》。

【通讲】一场水灾，城南百姓多葬身汪洋，我每当买鱼欲烹，就感到悲伤不已。

【鉴赏】诗人见鱼如见百姓被淹死，因此不忍烹鱼而食。寄托了对人民苦难的同情。

春不得避风尘，夏不得避暑热，秋不得避阴雨，冬不得避寒冻，四时之间，无日休息。

【语出】汉·晁错《论贵粟疏》。

【通讲】农民春天无法避风尘，夏天无法避暑热，秋天无法避风雨，冬天无法避寒冻。一年四季之间，都没有时间休息。

【鉴赏】感叹农民田间农作之苦。

从来好事天生险，自古瓜儿苦后甜。

【语出】元·白朴《阳春曲·题情》。

【通讲】好事多磨，要成就一件好事其中必然充满着艰难险阻，如同瓜儿一样，总要经过一番“苦”然后才能“甜”。

【鉴赏】人必须历经困苦，然后才能得到安乐和幸福；事业必须经过艰苦的创造，然后才能得以成功。勇往直前，必能采撷人生的甘果，成为最后的笑者。

地皆宜避暑，人自要趋炎。

【语出】宋·真山民《山亭避暑》。

【通讲】虽然世界上到处可以避暑，可是人们就是要趋炎附势。

【鉴赏】此诗虽写山中凉亭周围景色，却寄寓着他的人生态度。指责那些趋炎附势、投靠新朝的人物。

儿童相见不相识，笑问客从何处来。

【语出】唐·贺知章《回乡偶书》。

【通讲】村边遇见几个儿童，笑嘻嘻地问道："客人，您是从哪里来的？"

【鉴赏】描写回乡后的老迈衰颓与反主为宾的悲哀，写尽沧桑之感。

凡奸臣皆欲顺人主之心，以取亲幸之势也。是以主有所善，臣从而誉之；主有所憎，臣因而毁之。凡人之大体，取舍同者则相是也，取舍异者则相非也。

【语出】《韩非子·奸劫弑臣》。

【通讲】大凡奸臣们都想顺从君主的心意，是为了取得被宠幸后拥有的权势。所以君主所喜好的，大臣就恭维讨好；君主所厌恶的，大臣就中伤诋毁。大凡人的普遍情况是，爱憎选择相同的人则互相肯定，爱憎选择不同的人则互相否定。

【鉴赏】韩非对于人性的弱点可谓是洞察秋毫。权臣的溜须拍马，为民族的大害。现在的官员应当引以为戒。人们总是偏向与自身喜好相同的人在一起，但这样的偏执性容易走向极端，使社会难以进步。

访旧半为鬼，惊呼热中肠。

【语出】唐·杜甫《赠卫八处士》。

【通讲】询问旧友，一半已离开人世；惊讶悲唤之余，不禁血热中肠。

【鉴赏】描写亲友凋残，说明了人生变化的剧烈；感叹世情更替的不测。

夫人之相与，俯仰一世，或取诸怀抱，晤言一室之内；或因寄所托，放浪形骸之外。虽取舍万殊，静躁不同，当其欣于所遇，暂得于己，快然自足，曾不知老之将至；及其所之既倦，情随事迁，感慨系之矣！

【语出】晋·王羲之《兰亭集序》。

【通讲】相与：相互交往。俯仰：周旋；应付。晤：见面。晤言：面对面说话。所托：指所爱好的事物。放浪：恣意放任。万殊：千差万别。静躁：静和动，指人的禀性不同。快然：愉快的样子。自足：自己感到满足。曾：竟。所之：所得到的事物。系：随着；附着。遇到高兴的事，就会得到一时的满足，感到无限的愉快，甚至忘乎所以，"不知老之将至"；等到他们对自己所向往的事物感到厌倦的时候，无限的感慨便会随之而来。

【鉴赏】强调了个人的情趣，但又论述人的共同特点。

夫天地者，万物之逆旅也；光阴者，百代之过客也。而浮生若梦，为欢几何？

【语出】唐·李白《春夜宴从弟桃花园序》。

【通讲】逆旅：客舍。欢：欢乐。天地是万物暂时栖身的客舍，光阴是百代匆匆的过客，人生漂浮如梦，能有多少欢乐？

【鉴赏】描写对人生的感叹。

夫有以噎死者，欲禁天下之食，悖；有以乘舟死者，欲禁天下之船，悖；有以用兵丧其国者，欲偃天下之兵，悖。

【语出】《吕氏春秋·荡兵》。

【通讲】如果因为有因吃饭而被噎死的事，就要废止天下的一切食物，这是荒谬的；如果因为有人因乘船而被淹死的事，就废弃天下的一切船只，这是荒谬的；同样，如果因为有因战争而亡国的事，就废止天下的一切战争，这也是荒谬的。

【鉴赏】做事因为出了点问题，就索性不干了，是完全错误的。一件事情，看准了就干，不怕失误，不怕出问题而缩手缩脚。

寄蜉蝣于天地，渺沧海之一粟，哀吾生之须臾，羡长江之无穷。挟飞仙以遨游，抱明月而长终。

【语出】宋·苏轼《前赤壁赋》。

【通讲】蜉蝣:一种只能活几个小时的小昆虫。须臾:片刻。挟:带。遨游:游玩。人的生命于天地渺小得犹如沧海一粟，哀叹生命只有短暂片刻，非常羡慕长江的无穷无尽。多么希望携着飞仙共同遨游，抱着明月而永远长存。表达了希望携着飞仙一起游玩，与明月永远长存的愿望。

【鉴赏】慨叹自身之渺小、生命之短暂，希望长存。

盖在殷忧必竭诚以待下；既得志则纵情以傲物。

【语出】唐·魏徵《谏太宗十思疏》。

【通讲】殷忧:深重的忧患。殷:深。竭诚:竭尽诚意。傲物:傲气凌人，看不起别人。物:这里指自己以外的人。在忧患深重的时候，对待下面的人总是竭尽诚意；一旦达到了目的，就放纵自己的感情，用傲慢的态度来对待别人。

【鉴赏】一针见血地指出了不积德义的表现所在。

耕人有炙肤皲足之烦，农女有捋桑行馌之勤。

【语出】明·宋濂《阅江楼记》。

【通讲】行馌(yè):给在田里耕种的人送饭。描写了农夫夏天赤日烤灼皮肤、冬日严寒冻裂手足，农妇采集桑叶、给田间耕种的送饭。

【鉴赏】悲叹农民田间辛勤劳作的辛苦。

功名富贵若长在，汉水亦应西北流。

【语出】唐·李白《江上吟》。

【通讲】要是功名富贵能够永远保持的话，那汉水也就会从东南倒流向西北了。

【鉴赏】描写功名富贵的不足恃。

宫中美人一破颜，惊尘溅血流千载。

【语出】宋·苏轼《荔支叹》。

【通讲】宫中美人见到鲜荔枝破颜一笑,路上传递荔枝的快马溅起的鲜血,却流过千年。

【鉴赏】苏轼不仅写杨贵妃笑,而且把老百姓被马踏死的历史同妃子的享乐作了对比,尖锐地批判了那个吃人的封建时代。

毂既破碎,乃大其辐;事已败颖,乃重太息。

【语出】宋·王安石《再上龚舍人书》。

【通讲】毂:车轮中心的圆木。辐:车轮中插入中心毂上的一根根直木。重:多次。太息:叹气。车轮上的毂坏了,辐就无法插入。事情已经失败,才不断叹息。

【鉴赏】事情失败后再补救、感慨,就来不及了。

国赋三升民一斗,屠牛那不胜栽禾!

【语出】清·龚自珍《己亥杂诗》。

【通讲】国赋规定交三升,老百姓却被迫交了一斗。这样下去,把牛宰了,也比种庄稼好。

【鉴赏】严厉谴责了官吏们残酷的掠夺行径,对人民的悲惨生活深表同情。

何意百炼刚,化为绕指柔。

【语出】晋·刘琨《重赠卢谌》。

【通讲】哪里在意百炼成钢,只是化为绕着手指的柔弱丝线。

【鉴赏】自叹历尽挫折,从刚强变为柔弱。语似自嘲,实则自励,并劝勉友人要坚强不屈。

今夫不善内而恃外者,未有不为罴之食也。

【语出】唐·柳宗元《罴说》。

【通讲】罴:即棕熊,也称“人熊”。现在那些不善于壮大自己的力量而依靠外力的人,没有不变为人熊的食物的。

【鉴赏】任何的外力都是靠不住的,我们不能只依靠外力,我们只有发展壮大,增强自己的力量才能保护和拯救我们自己。

力拔山兮气盖世,时不利兮骓不逝。

【语出】秦·项羽《垓下歌》。

【通讲】我的力量足以拔起一座大山,我的气概足以笼盖世界,可是时运不济啊——只有乌骓马还没有离我而去。

【鉴赏】虽然勇力超群,英雄盖世,却仍不能掌握自己的命运。

两蛾眉千古光辉:汉和番昭君去,越吞吴西子归。战马空肥。

【语出】元·张可久《湘妃怨·怀古》。

【通讲】两位古代的美女有千古不灭的光辉:汉朝要和番,就由王昭君去;越国吞并了吴国,西施才得回来。至于战马呢,那是白白把它们喂肥了。

【鉴赏】歌颂王昭君、西施这两位古代美女,批评了负责保卫国家的那些大臣们。

年年岁岁花相似,岁岁年年人不同。

【语出】唐·刘希夷《代悲白头翁》。

【通讲】每年每岁开出的花都是相似的,而每年每岁的人就不一样了。

【鉴赏】作者以每年花开有时来反衬人的青春不再,抒发了对岁月流逝的悲哀。

匹夫无罪,怀璧其罪。

【语出】《左传·桓公十年》。

【通讲】百姓没有罪,怀里藏着玉璧就有了罪。

【鉴赏】鲁桓公十年记载:当初,虞公想要虞叔那块宝玉,虞叔没有给他。不久,虞叔为此后悔,因为周有谚语"匹夫无罪,怀璧其罪"。虞叔担心宝玉给自己招来祸患,就把宝玉献给了虞公。虞公又要虞叔的宝剑,虞叔觉得虞公贪得无厌,将会给自己带来祸患。就发兵攻打虞公。虞公逃亡到共池。此句原指财宝能致祸,后也比喻人有才能、有理想而遭害。

千里搭长棚，没有个不散的筵席。

【语出】清·曹雪芹《红楼梦》第二十六回。

【通讲】长棚：旧时亲友聚会之所。筵席：即宴席。千里搭聚会的长棚，再好的宴席总会有散的时候。

【鉴赏】说明人生有聚就有散。要以平常心看待人生的聚与散。

前人栽树，后人乘凉。

【语出】清·翟灏《通俗编·俚语集对》。

【通讲】前世的人栽树，后世的人乘凉。

【鉴赏】前人总是为后人作出牺牲和贡献。

人生到处知何似，应似飞鸿踏雪泥。泥上偶然留指爪，鸿飞那复计东西。

【语出】宋·苏轼《和子由渑池怀旧》。

【通讲】人生所到的踪迹像是什么？就像飞鸿踏过雪泥。泥上偶然留下了指爪印痕，鸿雁飞来飞去哪管东还是西。

【鉴赏】仁宗嘉祐年间(1056—1063)，苏轼兄弟赴京应举，途经河南渑池，寄宿于县中僧舍，在寺内墙上题诗。嘉祐六年(1062)，苏轼赴任陕西路过渑池，其弟苏辙送他到郑州，然后返回京城开封，写了首《怀渑池寄子瞻兄》寄赠，感慨“曾为县吏民知否？旧宿僧房壁共题”。苏轼则在和诗《和子由渑池怀旧》的头四句发表议论“人生到处知何似，应似飞鸿踏雪泥。泥上偶然留指爪，鸿飞那复计东西”。人生或读书、或做官、或求生，东奔西走，辛苦劳顿，就像是鸿雁来来往往偶然在雪地上留下爪印一样。诗人感叹人生飘忽不定，富有哲理意味。“雪泥鸿爪”后来便成了惯用的成语，比喻往事遗留的痕迹。清朝纪昀评道：“前四句单行入律，唐人旧格；而意境恣逸，则东坡之本色。”“泥上偶然留指爪，鸿飞那复计东西”可算是对仗，但其文意承上直说，所以是“单行入律”。

人生识字忧患始，姓名粗记可以休。

【语出】宋·苏轼《石苍舒醉墨堂》。

【通讲】人生识字就开始有了忧患,能粗记自己的姓名就可以罢休了。

【鉴赏】《石苍舒醉墨堂》是苏轼在汴京寄赠友人、书法家石苍舒所作,是苏轼早期的七古名篇,亦是诗人论书法的代表名篇之一,“人生识字忧患始,姓名粗记可以休”出自此诗的一、二句。诗人用戏谑的语气开篇,把“忧患”的根源归于“识字”,读来让人惊异。古人轻视识字的要数项羽最有名气。《史记·项羽本纪》中说:“项籍少时,学书不成,去学剑,又不成。项梁怒之。籍曰:‘书足以记姓名而已。剑,一人敌,不足学,学万人敌。’”作者巧妙地用了项羽这个典故而不落用典的痕迹。紧接着两句是“何用草书夸神速,开卷惝恍令人愁”。开头四句是要恭维石苍舒草书出众,却偏说读书识字会给人带来忧患,识字本已多余,更何况是运笔迅疾、龙飞凤舞的草字,根本不该学。这种反说的方式前人称为“骂题格”。“人生识字忧患始,姓名粗记可以休”后常被文人们用来自我解嘲,感叹命途多舛。

人似秋鸿来有信,事如春梦了无痕。

【语出】宋·苏轼《正月二十日与潘郭二生出郊寻春忽记去年是日同至女王城作诗乃和前韵》。

【通讲】人就好像秋天的大雁,来去都会有音信可寻。往事就好像春天的梦,连一点痕迹都没有。

【鉴赏】从元丰三年(1080)到元丰五年(1082),在正月二十这个日子,诗人一共写了五首诗,正月二十对苏轼而言似乎是个值得纪念的日子。元丰五年,诗人“忽记去年是日”,友人伴送出城所感到的春意,不免心旌荡漾。“出郊寻春”,诗人却没有写寻春所获,而是宕开一笔,忽出警句:“人似秋鸿来有信,事如春梦了无痕。”纪昀评价说:“三、四(句)深警。”鸿雁随着自然气候的变化南来北往,人有感于外界信息而动。但人间的讯息比自然季候要复杂得多,人的思绪、经历有如春天的梦,时过境迁,了无痕迹。苏轼之所以有“人似秋鸿,事如春梦”的感叹,是由于他遭受乌台诗案的沉重打击,蒙冤被贬黄州已两年,此时有意识地把一切往事、一切留恋和烦恼推向“春梦了无痕”的虚无境地,“平时种种心,次第去莫留”(《子由自南都来陈三日而别》),来消除痛苦,自我解脱,表现出诗人旷达的胸襟。“人似秋鸿,事如春梦”是苏轼有名的比喻,它上接首联,反照下文,无论是从内容还是结构上看,这一联都为全诗的关键。

若将世路比山路，世路更多千万盘。

【语出】宋·范成大《四十八盘》。

【通讲】如果把人生之路和山路相比，人生之路更要曲折漫长。

【鉴赏】人生之路比山路更曲折漫长，人人要注意走好。

三十而立，四十而不惑，五十而知天命，六十而耳顺，七十而从心所欲，不逾矩。

【语出】《论语·为政》。

【通讲】立：独立。不惑：遇事不迷惑。天命：指宇宙自然之理。耳顺：能听进好、坏话，并能辨别是非。逾：超越。从：随。矩：法度之器，规矩。三十岁开始自立，四十岁面对一切事情都能明白其中之理而不被迷惑，五十岁了解宇宙自然之理，六十岁时对别人所说的话能分清是非，七十岁便能随心所欲、随意而为，但一切行为都不会超越规矩准则。

【鉴赏】孔子用精练的语言总结了自己人生经历的实践经验。在漫长的人生历程中，从成长到成熟，人都会经历不同的几个阶段，道路并非平坦。人生目标确定后，只有通过孜孜不倦地追求学问来丰富自己、完善自己，才能日有进益，加之社会实践经验的积累，一步一个脚印地前进，才能到达人生的彼岸。

石火光中争长竞短，几何光阴？蜗牛角上较雌论雄，许大世界。

【语出】明·洪应明《菜根谭》。

【通讲】石火光中：指以铁击石所发出的火光一闪即逝，用来形容人生的短促。蜗牛角上：比喻地方极小。许大：多大。人生就像击石所产生的短暂火光一闪即逝，在这种短暂的生命里去争名夺利究竟能剩多少时间？人类在宇宙中所占的空间就像蜗牛触角那么小，在这狭小地方去争强斗胜究竟有多大世界呢？

【鉴赏】人处于世间，如果能从宇宙和用历史的眼光来看待人生，会深感人生之渺小，生命之短暂。以此而言，何必去斗胜争强、求名夺利？

天高地迥，觉宇宙之无穷；兴尽悲来，识盈虚之有数。

【语出】唐·王勃《滕王阁序》。

【通讲】迥：远。盈虚：盛衰、得失、成败等。数：天命。天高地远，更觉得宇宙浩瀚无穷；乐极生悲，认识到盛衰得失自有定数。

【鉴赏】感叹宇宙的浩瀚，人生的乐悲。

弦者思折伯牙之指，御者愿摧王良之手。

【语出】汉·王充《论衡·累害》。

【通讲】伯牙：古代传说人物，相传生于春秋时代，善于弹琴，琴艺高超。王良：春秋时的善御者。弹琴奏乐的人总想折断伯牙的手指，驾驭车马的人总想摧残王良的手臂。

【鉴赏】嫉贤妒能、损人利己是人性中恶的一面，必须引起我们的警觉。

向之所欣，俯仰之间，已为陈迹，犹不能不以之兴怀，况修短随化，终期于尽。古人云："死生亦大矣。"岂不痛哉？

【语出】晋·王羲之《兰亭集序》。

【通讲】向：过去。兴怀：引起感慨。修短：指寿命的长短。随化：听凭造化。期：期限。尽：消灭。过去令自己快慰的事物，转眼间成为陈旧的往事，尚且不能不因此而感伤，更何况人的寿命最终都要归于终结啊！生与死都是大事，这样想来怎么不悲痛呢？

【鉴赏】反映作者的内心苦闷和伤感之情，读来令人感慨万千，愁绪满怀。

小人之幸，君子之不幸。

【语出】《旧唐书·太宗纪上》。

【通讲】邪恶之徒的幸运，就是好人的灾难。

【鉴赏】不应对那些为非作歹的人滥施赦免。否则会鼓励人们犯罪和坑害好人。

小人只怕他有才，有才以济之，流害无穷；君子只怕他无才，无才以行之，虽贤何补？

【语出】清·金缨《格言联璧·持躬》。

【通讲】小人只害怕他有才能，有才能来济助，流害更加无穷；君子只害怕他没有才能，没有才能帮助他行动，即使品德好又有什么用？

【鉴赏】人必须德才兼备，缺一不可。

有高人之行者，必见非于世；有独知之虑者，必见毁于民。

【语出】《商君书·更法》。

【通讲】高人：高过于一般人。见：被。非：反对。行为超过一般人的，就会遭人反对；有独到见解的，就会遭人诽谤。

【鉴赏】有特异行为和独特思想的人，容易遭到人们反对。

朝露贪名利，夕阳忧子孙。

【语出】唐·白居易《不致仕》。

【通讲】朝露：早晨的露水，喻指年轻时代。夕阳：傍晚的阳光，喻指年老时期。对于一般人来说，年轻的时候往往贪图名誉和利益，年老的时候又忧虑子孙后代的生活。

【鉴赏】人的一生要潇洒些，不能年轻时为名利奋斗，年老时为子孙忧虑，一辈子都忙活着。

争名利何年是彻？看密匝匝蚁排兵，乱纷纷蜂酿蜜，闹穰穰蝇争血。

【语出】元·马致远《夜行船·秋思·离亭宴煞》。

【通讲】这样争名夺利到哪年才能定？那些人密密麻麻像蚂蚁排阵，乱纷纷像蜜蜂酿蜜，闹嚷嚷像苍蝇争血。

【鉴赏】辛辣讽刺了争名逐利之徒。热衷于名利的人，像蚂蚁、蜜蜂、苍蝇一样，忙忙碌碌，争争吵吵，可笑至极。

争权于朝，争利于市，争而不已，不畏死。财能利人，亦能害人，人曷不悟，至于丧身？权可以宠，亦可以辱，人胡不思，为世大僇？达人远见，不与物争，视利犹粪土之污，视权犹鸿毛之轻。污则欲避，轻则易弃。避则无憾于人，弃则无累于己。噫，可不忍欤！

【语出】元·吴亮、许名奎《劝忍百箴·争之忍》。

【通讲】争权于朝廷，争利于市场，争而无休无止，强悍不怕死。钱财可以给人以好处，也能害人。人为什么不悟于此，以至于丧失生命？权可以使人得志，亦可以使人受辱。人为什么不对此深思，而终被诛戮？豁达的人具有远见，不争于外物，把利看成污浊的粪土，把权力看得轻如鸿毛。污浊，就不想接近；轻贱，就弃而不惜。避利就无憾于人，弃权就身无祸患。唉，怎么能不忍呢！

【鉴赏】只要不与别人相争，天下就没有人能与你争。不愿做官的人，性情清廉寡欲。喜欢做官的人，生性贪婪好利。不把利欲放在心上的人，就会视爵位俸禄为粪土。人能面对权利，不以个人进退为重，很少考虑个人的权利，还会有什么被别人怨恨，从而为自己留下祸患的。如果死对国家有利，都可能接受，何况只是送玉冠带！这些东西不过是粪土罢了！

子孺避权，明哲保身；杨李弄权，误国殄民。盖权之于物，利于君，不利于臣；利于分，不利于专。惟彼愚人，招权入己。炙手可热，其门如市；生杀予夺，日指气使；万夫协息，不敢仰视。苍头庐儿，虎而加翅，一朝祸发，迅雷不及掩耳。李斯之黄犬谁牵，霍氏之赤族奚避？噫，可不忍欤！

【语出】元·吴亮、许名奎《劝忍百箴·权之忍》。

【通讲】张良放弃权位，这种明智的抉择保全了自己；杨国忠、李林甫玩弄权柄，贻误国事，也祸害了百姓。大凡权势这种东西对君主有利，对臣子不利；对等级名分有利，对大臣专权不利。只有蠢人才把权力揽在自己手中，气焰无比，进出他大门的人像赶集一般，人们的生命财产由他随意处置，用眼色和盛气指使别人，众人见他都屏住呼吸，没有人敢抬头看他一眼。小人得势，如同老虎长了翅膀，一旦祸事发生，就像迅疾的雷声使人来不及捂住耳朵。李斯的黄狗有谁再牵？霍光的家族遭株连，谁能逃脱？唉，怎么能不忍呢！

【鉴赏】张良避势让权，因而能够明哲保身；杨、李独断专权，以至于失掉性命和家庭。只有那些蠢人，才把权力揽入自己手中。人民如果授权给自己，也要好好使用权力，为人民服务，而不要为自己谋利。

纵有千年铁门限，终须一个土馒头。

【语出】宋·范成大《重九日行营寿藏之地》。

【通讲】铁门限：相传唐代僧人智永禅师书法极佳，求者不断，门限被踏穿，遂用铁皮裹之，人称“铁门限”，此喻寿命之长。即使长寿活至一千年，最终还要变成一堆土。

【鉴赏】诗句感叹人生有限。表现了作者对生命规律的清醒认识。即长寿也免不了一死，对人生应有豁达的态度。

12 贵 贱

富贵非吾愿,帝乡不可期。怀良辰以孤往,或植杖而耘耔。

【语出】晋·陶渊明《归去来兮辞》。

【通讲】愿:愿望。帝乡:指仙境。期:期盼。植:安放。耘:除草。耔(zǐ):在草根培土。富贵并不是我的愿望,仙境也难以寻觅,我心怀良辰美景,归去田园耕耘农桑。

【鉴赏】表达自己决心躬耕陇亩、安于田园生活的情怀。

富贵非吾愿,清闲守自然。

【语出】元·谷子敬《城甫柳》第三折。

【通讲】荣华富贵并不是我所向往的,我只求清闲自在地过日子。

【鉴赏】不求富贵,甘愿过清闲生活,多么自在呀。

富贵他人合,贫贱亲戚离。

【语出】晋·曹摅《感旧》。

【通讲】合:聚集。富贵了,外人也会前来凑合;贫贱的时候,亲戚也能离去。

【鉴赏】势利小人趋炎附势、嫌贫爱富,感叹世态炎凉、人情淡薄。作者给予深刻的批判。

富贵者送人以财,仁人者送人以言。

【语出】《史记·孔子世家》。

【通讲】送人以财:拿钱财送给人。送人以言:给人赠言。仁人:道德高尚的人。富贵的人送行时赠给人的是钱财,品德高尚的人送行时赠予的是嘉言。

【鉴赏】不同的人送人的东西不同,送人有意义的话使人向上奋进,比送钱财当然有用得多。

诟莫大于卑贱,而悲莫甚于穷困。

【语出】《史记·李斯列传》。

【通讲】诟(gòu):耻辱。人最大的耻辱莫过于地位卑贱,最大的悲哀莫过于生活贫困。

【鉴赏】这是秦代丞相李斯的名言,反映他的人生观和处世哲学。要改变卑贱和穷困的状况,是对的,也是人们的正当追求,但必须有原则,必须考虑到国家和人民的利益。

贵不凌贱,富不傲贫。

【语出】《晏子春秋·问下》。

【通讲】地位高的时候不要欺凌地位低下的人,富有的时候不要看不起贫穷的人。

【鉴赏】人在社会上都是平等的。地位的高低,拥有财富的多与少,都不能成为欺压劣势方的条件。

贵不专权,罔惑上下;贱能守分,不苟求取。

【语出】唐·元结《喻友》。

【通讲】职位高不专权跋扈,不欺骗上级和下级;身份低能守住职分,不随便地去获取名利官位。

【鉴赏】不论地位高低,都要遵守道德规范。

贵而忘贱者不久。

【语出】汉·黄石公《素书·遵义》。

【通讲】自己富贵了,就忘记了贫贱时的困苦,这种人难以长久地保有富贵。

【鉴赏】永远记住贫贱时的困苦,才能走向富贵、保住富贵。

那的是为官荣贵?止不过多吃些筵席,更不呵安插些旧相知,家庭中添些盖作,囊箧里攒些东西。

【语出】元·张养浩《来履曲》。

【通讲】什么是做官的荣华富贵？只不过多吃些宴席，要不便是在衙门里安插些老朋友，家中添些用具，口袋、箱箧中积聚些东西。

【鉴赏】作者鞭挞了贪官污吏，指出他们利用职权谋取私利，多吃多占，广积钱财。这对今天的为官者也敲响了警钟。

势为天子，未必贵也；穷为匹夫，未必贱也。贵贱之分，在行之美恶。

【语出】《庄子·盗跖》。

【通讲】地位、权势大为天子，未必就尊贵；穷困为普通百姓的，未必就卑贱。是尊贵还是卑贱，不取决于地位权势，而取决于德行的美丑。

【鉴赏】怎样看待贵贱？贵贱不在于地位高低，而在于品德的高下。每个人必须提高自己的德行。地位又最终决定于品德，有德而盛，无德而亡，只不过是时间早晚的事罢了。许多省部级官员因贪腐而走进牢狱，不是最好的说明吗？我们一定要守住道德的底线。

我欲贱而贵，愚而智，贫而富，可乎？曰：其唯学乎！

【语出】《荀子·儒效》。

【通讲】我想由卑贱变成高贵，由愚蠢变成明智，由贫穷变成富有，可以不可以呢？回答说：大概唯一的办法就在于学习吧！

【鉴赏】知识就是力量，学习可以改变人的命定，卑贱的地位、贫困的生活、愚昧的思想，都将和你告别。

勿慕贵与富，勿忧贱与贫；自问道何如，贵贱安足云？

【语出】唐·白居易《续座右铭》。

【通讲】道：德行。不要羡慕别人的地位高、钱财多，不要忧虑自己的低贱与贫穷；自己应该问自己德行怎么样，高贵与低贱何足谈说？

【鉴赏】什么最重要？德行最重要。而地位和钱财无非是过眼云烟。富贵和贫贱都会发生变化。

勿以身贵而贱人，勿以独见而违众，勿恃功能而失信。

【语出】三国蜀·诸葛亮《将苑·出师》。

【通讲】作为将军不能因为自己身居高位而看轻别人，也不要以为自己的见解独到，刚愎自用而听不进部下的意见，不可以凭借自己功绩显赫就失去人忠信本分的品质。

【鉴赏】一个人事业的成功，除了靠自身的努力之外，还要靠别人的帮助。无论地位高低、富贵贫穷，都应该以诚待人，虚心听取别人的建议，才能做到不断完善。只有讲诚信、重然诺，才能永操胜券。

丈夫贵功勋，不贵爵禄饶。

【语出】唐·姚合《送任畹评赴沂海》。

【通讲】贵：重在。功勋：功绩。爵：官职。禄：俸禄；钱财。饶：多。大丈夫是以建立功勋为重，而不是以升官发财为重。

【鉴赏】大丈夫要为国家、为人民建功立业。

诛不避贵，赏不遗贱。

【语出】《晏子春秋·问上》。

【通讲】该处死刑，不因为地位高贵就避而不判；该受奖赏，不因为地位低贱而漏掉他。

【鉴赏】在法律面前，人人平等，赏罚不拘贵贱，在今天对我们仍有借鉴意义。

13 其　　他

白丝与红颜，相去咫尺间。

【语出】唐·邵谒《览镜》。

【通讲】咫尺：形容极短的距离。白发苍苍与红颜青春之间不过是极短的距离。

【鉴赏】说明人生易老。

草木不霜雪，则生意不固；人不忧患，则智慧不成。

【语出】清·魏源《默觚·治篇二》。

【通讲】百草树木不经历霜雪严寒，生命力就不会旺盛；人倘若没有忧患意识，其智慧就难以发挥出来。

【鉴赏】经历艰难困苦，可以增长智慧。

人生直作百岁翁，亦是万古一瞬中。

【语出】唐·杜牧《池州宋孟迟先辈》。

【通讲】直：即使。人即使能活到了100岁，但在万古的历史长河中也不过是一眨眼的时间。

【鉴赏】说明人生极其短暂。

如人饮水，冷暖自知。

【语出】宋·释道原《景德传灯录·道明禅师》。

【通讲】人生犹如喝水，是凉是热只有喝的人自己才知道。

【鉴赏】说明在人生道路上，所有苦辣酸甜的经历只有自己才能体会出来。

欲渡黄河冰塞川，将登太行雪满山。

【语出】唐·李白《行路难》。

【通讲】想要渡过黄河，可河水结了冰，难以渡过；想要登上太行山，但大雪却将山路埋没，无法登攀。

【鉴赏】说明人生道路极其曲折艰难，要有足够的勇气去面对，才能赢得人生。

运去黄金失色，时来铁也生光。

【语出】明·冯梦龙《警世通言》卷三十一。

【通讲】时：时机，时运。时运去了，就是黄金也变得黯然失色；时运来了，就是铁块也闪闪发光。

【鉴赏】运气、时机对人生是非常重要的，它会给人生带来或好或坏的影响。人们要注意把握时机、利用时机，改善自己的境遇。

十一 养生

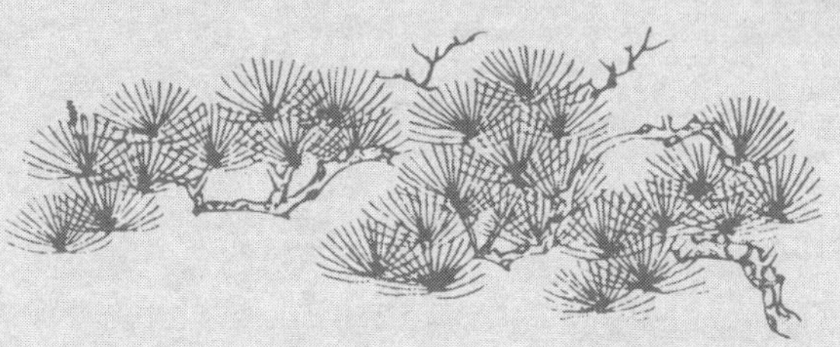

1 医　理

久视伤血，久卧伤气，久坐伤肉，久立伤骨，久行伤筋。

【语出】清·曹庭栋《老老恒言·防疾》。

【通讲】眼睛看东西的时间长了损伤气血，躺卧的时间长了损伤肺气，坐的时间长了损肌肉，站立的时间长了损失骨骼，行路的时间长了损伤韧带。

【鉴赏】休息、劳作、运动过量，都有害健康。

人处疾则贵医。

【语出】《韩非子·解老》。

【通讲】处疾：生病。人生病就尊重医生。

【鉴赏】人一旦生病，就希望医生能治好自己的病，所以特别尊敬医生。谁都希望有健康的身体，但人一辈子，总难免生病，其实不光是生病期间，平日也应该尊重医生。尊重是相互的，这对于现在的医患关系有相当的启发。

2 防　病

病已成，而后药之；乱已成，而后治之。譬犹渴而穿井，斗而铸锥，不亦晚乎！

【语出】秦汉间无名氏著、唐·王石水注《素问·四气调神大论》。

【通讲】疾病已经产生了，然后才用药物去治疗；祸乱已经造成了，然后才去拯救。这好比是渴了才去打井，面临战斗才去铸造武器，这不是太迟了吗！

【鉴赏】应该防患于未然。对身体的护养，应根据四时节候，注意调养，预防疾病的发生。治未病，是非常科学的，值得我们重视。

惩病克寿，矜壮死暴。

【语出】唐·柳宗元《敌戒》。

【通讲】疾病要能预防才能长寿，自认身体健壮的人却会突然死亡。

【鉴赏】防病爱体，才能长寿。

冬不欲极温，夏不欲穷凉。

【语出】晋·葛洪《抱朴子·极言》。

【通讲】穷：尽。穷凉：指极其凉爽。冬天，生活环境不要要求太暖和；夏天，生活环境不要要求太凉爽。

【鉴赏】古人阐述的生态环境合乎辩证法，值得重视、效法。

动摇则骨气得消，血脉流通，病不得生。

【语出】《三国志·魏志·华佗传》。

【通讲】人经常活动身体，骨节就会灵便，气血就会通畅，就不会得病。

【鉴赏】运动是治病防病的良方。

凡食无强厚味,无以烈味重酒,是以谓之疾首。食能以时,身必无灾。

【语出】《吕氏春秋·尽数》。

【通讲】厚味:厚重的味道。烈味:味道浓烈的食物。重酒:味浓重的酒。疾首:导致疾病的发端。灾:疾病。吃东西,不要追求厚重的味道,不要饮用烈性酒,因为这是导致疾病的祸端。按时吃饭,身体就必然不会生病。

【鉴赏】饮食能够有节制、有规律,身体才能健康。

故视强,则目不明;听甚,则耳不聪;思虑过度,则智识乱。

【语出】《韩非子·解老》。

【通讲】因而视力用得过度,眼睛就不再明亮;听力用得过度,耳朵就不再灵敏;推演思索过度,思想智慧就会产生混乱。

【鉴赏】人是有极限的,人体的各个器官如耳朵、眼睛、大脑的功用都存在一定的限度。一旦使用超过限度,就容易使其受到损伤,反而导致效率下降。这符合人体医学原理,可以用于劝诫人们要劳逸结合,尽量不要破坏正常的生活工作规律。特别是现在过度透支体力脑力的青壮年上班族,要注意保护自己的视力、听力、脑力等等,不可疲劳过度、透支生命。

疾小不加理,浸淫将遍身。

【语出】宋·欧阳修《奉答子华学士安抚江南见寄之作》。

【通讲】小病不予以治疗,就会侵害到全身。

【鉴赏】要重视小病的治疗,否则,小病会闹成大病。

慎风寒,节饮食,是从吾身上却病法;寡嗜欲,戒烦恼,是从吾心上却病法。

【语出】清·金缨《格言联璧·摄生》。

【通讲】谨慎地防止风寒的侵害,饮食有节制,是从身体上防病的方法;少一些个人的嗜好欲望,防止烦恼之事,是从心理上防病的办法。

【鉴赏】如何保持身心健康,是非常重要的。注意风寒,是从身体上预防疾病。节制的饮食可使机体免疫力在老龄时仍保持旺盛,从而延缓衰老过程。节制对私欲和名利的奢望,减轻不必要的烦恼,会使人变得心地坦然、心情舒畅,这都非常有利于健康。

以弭病于将然为先,而攻治为后。

【语出】唐·刘禹锡《答道州薛侍郎论方书》。

【通讲】疾病在发生之前就应该加以防止,并作为首要任务,而把疾病发生后的治疗放在次要地位。

【鉴赏】预防在先,治疗在后,这一医疗工作的重要原则,在一千多年前已被刘禹锡所论述,古人的智慧值得赞叹,也值得我们借鉴。

治已病,不若治未病。

【语出】清·曹庭栋《老老恒言·防疫》。

【通讲】与其等病生成了再去吃药打针,还不如不等生病就预先防治。

【鉴赏】防病是当务之急。

3 养 身

安步可以当车，晚食可以当肉。

【语出】《幼学故事琼林》。

【通讲】缓步而行可以当作坐车，迟些吃饭就如同吃肉一般美味，胃口大开。

【鉴赏】这是战国时齐人颜蠋说的，这对于今天人们养生仍有借鉴意义。

毕数之务，在乎去害。何谓去害？大甘、大酸、大苦、大辛、大咸，五者充形生害矣。大喜、大怒、大忧、大恐、大哀，五者接神则生害矣。大寒、大热、大燥、大湿、大风、大霖、大雾，七者动精则生害矣。

【语出】《吕氏春秋·尽数》。

【通讲】使寿命终其天年的关键，在于善于避开危害。什么叫避开危害？甜、酸、苦、辣、咸都不要过度，不然这五种东西充满体内，生命就要受到危害。喜、怒、忧、恐、哀都不要过度，因为这五种东西都与精神相通，一过度，生命就会受到危害。冷、热、燥、湿和风、雨、雾也都不能过甚，因为这七种东西都能影响人的精气，一旦过甚，生命也就受到危害。

【鉴赏】说明了养生的方法，从饮食到情绪到居处，都得注意避开危害生命的因素，无论哪一方面都要做到恰宜有度。

病来如山倒，病去如抽丝。

【语出】清·曹雪芹《红楼梦》第五十二回。

【通讲】病来得很突然，去得却很缓慢。

【鉴赏】描写病状，有利于人养生。

病里莫生嗔，宽心保病身。

【语出】元·高明《琵琶记·五娘侍奉公病》。

【通讲】嗔：怒。正在害病的时候不要生气，心境宽舒，就可以达到病体康复的目的。

【鉴赏】病人心情舒畅，情绪良好，是有益于恢复健康的。这个治病养生良方值得重视。

不欲极饥而食，食不过饱；不欲极渴而饮，饮不过多。

【语出】晋·葛洪《抱朴子·极言》。

【通讲】不要饿到极点才吃东西，吃东西也不能吃得过饱；不要口渴到极点才喝水，喝水也不应喝得太过量。

【鉴赏】养生的方法之一是不能暴饮暴食。古人阐述的饮食规律值得重视、效法。

沉忧损性灵，服药亦枯槁。

【语出】唐·孟郊《怨别》。

【通讲】沉闷忧伤有损于身心健康，即使服药也不起什么作用。

【鉴赏】心情愉悦有益健康。

吃饭先喝汤，不用请药方。

【语出】清·李光庭《乡言解颐·人部》。

【通讲】吃饭时先喝一点汤水，就会身体健康，不用吃药打针。

【鉴赏】饭前喝汤，有益健康。

大怒不怒，大喜不喜，可以养心。

【语出】明·钱琦《钱公良测语·繇庚》。

【通讲】遇到令人十分愤怒的事而不愤怒，遇到特别高兴的事而不喜形于色，这样可以养护心性。

【鉴赏】控制情绪有益健康。

多才惹得多愁，多情便有多忧。

【语出】元·徐再思《题情》。

【通讲】聪明过头会招惹很多愁苦，感情丰富会带来许多忧伤。

【鉴赏】控制情绪有益健康。

多言则背道，多欲则伤生。

【语出】宋·李邦献《省心杂言》。

【通讲】话说得过多，就容易偏离常道，所谓言多必有失；贪欲过分，就会损伤身体。

【鉴赏】少些欲望，少讲话，有益健康。

发宜多梳，齿宜多叩。

【语出】清·梁章钜《退庵随笔·摄生》。

【通讲】头发应该经常梳理，牙齿应该经常叩动。

【鉴赏】梳发叩齿是养生的好方法。

凡食之道，大充，伤而形不臧；大摄，骨枯而血沍。

【语出】《管子·内业》。

【通讲】沍(hù)：闭塞。关于饮食的道理，过于吃饱了，反而要损伤身体而无法长壮实；过于饥饿，也会使身体瘦弱，血液闭塞。

【鉴赏】很好地阐述了不能过饥过饱的饮食科学理论，在现代也是正确的。

凡食之道，无饥无饱，是之谓五藏之葆。

【语出】《吕氏春秋·尽数》。

【通讲】饮食的原则，是保持不饥不饱的状态，这是保证五脏调和安适的最好方法。

【鉴赏】说明养生之道。

夫血脉之藏于身也,犹江河之流地。江河之流,浊而不清;血脉之动,亦扰不安。

【语出】汉·王充《论衡·道虚》。

【通讲】血脉隐藏在人的身体中,就像江河在地上流淌一样。江河奔流,则水浑浊不清;血脉流动得过快,肌体也会受到影响,不得安宁。

【鉴赏】中医认为经络是气血运行的通道。只有经络通畅,气血才能川流不息地营运于全身。畅通经络在养生方法中主要形式有二:一是活动筋骨,以求气血通畅。流水不腐,户枢不蠹,如太极拳、五禽戏等;二是保持情绪平和,各种情绪活动都对抒发自己感情起着协调生理活动的作用。如果情志波动超过了常度,则将引起机体多种功能紊乱而导致疾病。

甘脆肥脓,命曰腐肠之药;羹藜含糗,难语太牢之滋。

【语出】《幼学故事琼林》。

【通讲】命:名;叫作。羹藜:粗劣的食物。糗:干粮。太牢:古代祭祀用的牛羊。甘甜酥脆、肥嫩浓厚的食物,都应该叫作腐烂肠胃的苦药;每天吃些汤水、米饭杂粮的人,不可能和他谈论吃牛肉是什么滋味。

【鉴赏】饮食应该清淡,过于油腻反而伤害身体。

过饮不节,杀人顷刻。

【语出】明·李时珍《本草纲目·烧酒》。

【通讲】饮食不加以节制,终将使人在顷刻之间死去。

【鉴赏】节制饮食是养生之道。

居处不理,饮食不节,劳过度者,病共杀之。

【语出】《韩诗外传》卷一。

【通讲】起居没有规律、饮食没有节制、操劳过度的人,各种疾病会侵袭而夺去他的性命。

【鉴赏】爱护生命,注重养生,在起居、饮食、劳逸结合等方面都要注意。

口必甘味，和精端容，将之以神气，百节虞欢，咸进受气。

【语出】《吕氏春秋·尽数》。

【通讲】饮食要可口，进食的时候精神要和谐集中，姿态要端正，用精气加以控制，这样，全身的关节就舒适，都能够受到食物所固有的养分的滋养。

【鉴赏】说明养生之道。

口腹不节，致疾之因；念虑不正，杀身之本。

【语出】宋·李邦献《省心杂言》。

【通讲】吃喝没有节制，这是致病的原因；心中多是歪门邪道的念头，这是身败名裂的根由。

【鉴赏】养生的方法之一是控制饮食，去除邪念。

乐之务在于和心，和心在于行适。

【语出】《吕氏春秋·适音》。

【通讲】愉快的关键在于使心情平和，使心情平和在于行为的得宜适中。

【鉴赏】阐明养生的方法——心情平和、行为适中。

萝卜上了街，药方把嘴撅。

【语出】清·李光庭《乡言解颐·人部》。

【通讲】嘴撅：同"嘴噘"。时常食用一些萝卜，身体就会安康，不用吃药了。

【鉴赏】萝卜是很好的食疗食物。

恼一恼，老一老；笑一笑，少一少。

【语出】明·胡文焕《类修要诀》。

【通讲】如果因事而自寻一阵子烦恼，可能就会显得衰老一些了；如果每天常笑乐一阵子，可因而显得年轻一些。

【鉴赏】现代医学研究发现，精神心理保健是人体健康的一个重要环节，一切对人体不利因素的影响中，最能使人短命夭亡的就是不良的情绪。所以要豁达开朗，笑口常开。

能尊生者，虽贵富不以养伤身。

【语出】《庄子·让王》。

【通讲】养：指食色。注重自己生命的人即使富贵，也不重食色来戕害自己的身体。

【鉴赏】劝诫人注重养生，不要贪色。

怒后不可便食，食后不可发怒。

【语出】清·梁章钜《退庵随笔·摄生》。

【通讲】愤怒之后不要马上就吃饭，吃过饭后不要轻易发怒。

【鉴赏】发怒不利于饮食。

且夫出舆入辇，命曰蹷痿之机；洞房清宫，命曰寒热之媒；皓齿蛾眉，命曰伐性之斧；甘脆肥脓，命曰腐肠之药。

【语出】汉·枚乘《七发》。

【通讲】出入都乘坐车子，就是麻痹瘫痪的兆头；常住幽深的住宅、清凉的宫室，就是伤寒和中暑的媒介；贪恋女色、沉溺情欲，就是摧残性命的利斧；甜食脆物、肥肉烈酒，就是腐烂肠子的毒药。

【鉴赏】枚乘给我们提供了一个很好的养生之方；经常散步，走路有利于血脉流动，居室没必要华美繁饰，生活习惯上更要清心寡欲；少食甜食，少食肥肉，少饮烈酒，不要暴饮暴食。人们万不可为满足一时之愉，种日后病体之根，一定要注意养生健体。

人大怒破阴，大喜坠阳，大忧内崩，大怖生狂。

【语出】《淮南子·精神训》。

【通讲】人大怒就会破坏体内的阴气，大喜就会挫伤阳气，大忧会使精神崩溃，大的恐怖会使人疯癫。

【鉴赏】不怒、不喜、不忧、不惊方令人精神安宁。我们要做到遇到令人愤怒、惊喜、愁苦、惊慌的事情而不怒、不喜、不忧、不惊,保持思想的定力,做好手中的事情。

少思虑以养心气,寡色欲以养肾气,勿妄动以养骨气,戒嗔怒以养肝气,薄滋味以养胃气,省言语以养神气,多读书以养胆气,顺时令以养元气。

【语出】清·金缨《格言联璧·摄生》。

【通讲】减少思虑烦恼以养心气,减少色欲以养肾气,不乱动以养骨气,不发怒以养肝气,少吃喝以养胃气,少说话以养精神,多读书以养胆气,顺时令以养元气。

【鉴赏】怎样保健,古人给我们开出了良方。少思虑少烦恼则心神平和;减少色欲有利于养肾;不说没用的话有利于养精神;广博的学识可以增加人的才气和胆识;按季节的特点对身体进行保健。若都能按此法去做,必定能达到延年益寿的功效。

神大用则竭,形大劳则敝,形神离则死。

【语出】汉·司马谈《论六家要旨》。

【通讲】精神使用过度就会衰竭,身体劳累过度就会疲惫。如果精神与身体分离就会死亡。

【鉴赏】一张一弛,文武之道,二者都是人体的生理需要。身体是一切事业的资本。工作再忙,都要注意劳逸结合。另外淡泊名利,也是保持精神安逸的好方法。

圣人之于声色滋味也,利于性则取之,害于性则舍之,此全性之道也。世之贵富者,其于声色滋味也多惑者,日夜求,幸而得之则遁焉;遁焉,性恶得不伤?

【语出】《吕氏春秋·本生》。

【通讲】遁:放纵。圣人对于声色滋味的态度是,有利于生命的就采用它,不利于生命的就舍弃它,这是保全和发展人的生命的一条重要原则。社会上的富贵者,多迷惑于声色滋味,日求夜索,一旦得到就耽迷沉溺其中而不能自拔;耽迷沉溺其中而不能自拔,他的生命怎么能不受到伤害呢?

【鉴赏】阐述了养生之道,无论是物质生活还是精神生活,都要有利于人的生命的存在和发展,否则,不但不能长寿,还会减寿。

食过则成积聚,饮过则成痰癖。

【语出】清·梁章钜《退庵随笔·摄生》。

【通讲】痰癖:中医病症名。吃喝得过多就容易积食成病、积水成痰癖。

【鉴赏】饮食的养生方法。

食能以时,身必无灾;无饥无饱,是之谓五藏之葆。

【语出】《吕氏春秋·尽数》。

【通讲】吃饭能按时进餐,身体就不会有什么病痛灾害;不吃得过饱,也不过分饥饿,这可以说是使五脏六腑健康的宝贝。

【鉴赏】这是古代的饮食理论,一是按时,二是不过饱,三是不过饥,很有实用价值。饮食能按时并节制,这是养生之道。

食能止饥,饮能止渴;畏能止祸,足能止贪。

【语出】宋·李邦献《省心杂音》。

【通讲】吃饭能止住饥饿,喝水能抵住干渴;心存畏惧能防止祸败,常怀满足能防止贪婪。

【鉴赏】养生和修身的方法。

食、色,性也。

【语出】《孟子·告子上》。

【通讲】食:饮食。色:男女之情。性:人的本性。饮食和男女之情,是人的本性。

【鉴赏】饮食和性生活,是人们养身的重要需要,有助于身心健康。

食饮有节,起居有常。

【语出】清·梁章钜《退庵随笔·摄生》。

【通讲】吃喝要有节制,日常起居也要有一定的规律。

【鉴赏】养生良方。

食欲数而少,不欲顿而多。

【语出】清·曹庭栋《老老恒言·饮食》。

【通讲】吃饭每天应采用多餐制,每顿饭少吃一点,不能暴饮暴食。

【鉴赏】吃饭方面的养生。

树怕剥皮,人怕伤心。

【语出】清·李惺《老学究语》。

【通讲】树木害怕剥掉树皮,人害怕伤了内心。

【鉴赏】过度伤心是养生的大害。

爽口物多终作疾。

【语出】明·李时珍《本草纲目·樱桃》。

【通讲】好东西吃得过多就容易得病。

【鉴赏】节制饮食有利养生。

睡侧而屈,觉正而伸,早晚以时。先睡心,后睡眼。

【语出】宋·蔡季通《睡诀》。

【通讲】屈着身子侧面睡觉,醒来时摆正伸直身子,起床睡觉都要定时。睡觉时,先让心静下来,然后再闭上眼睛入睡。

【鉴赏】睡觉的养生之道。

思索生知,慢易生忧,暴傲生怨,忧郁生疾。

【语出】《六韬·守土》。

【通讲】思索产生智慧,懈怠疏忽产生忧愁,暴躁傲慢产生愤怨,忧愁郁闷产生疾病。

【鉴赏】养生之要是控制情绪。

体欲常劳，食欲常少。

【语出】清·梁章钜《退庵随笔·摄生》。

【通讲】经常干些体力活锻炼身体，吃饭应适可而止，不要吃得过饱。

【鉴赏】多运动，控制食量是养生的关键。

晚饭少吃口，活到九十九。

【语出】清·钱大昕《恒言录》。

【通讲】晚饭少吃一点，就能健康长寿。

【鉴赏】节制饮食，有利健康。

心察损神，语多伤气。

【语出】清·申居郧《西岩赘语》。

【通讲】劳心过度，就会损害精神；言语无度，就会伤害元气。

【鉴赏】养生之道值得重视。

心大则百物皆通，心小则百物皆病。

【语出】宋·朱熹、吕祖谦《近思录》卷二。

【通讲】心胸开阔，办什么事都会通顺；心胸狭窄，做什么事都会出毛病。

【鉴赏】心胸宽广，有益健康。

形劳而不休则弊，精用而不已则劳，劳则竭。

【语出】《庄子·刻意》。

【通讲】形：形体。弊：疲乏。精：精神。身体劳累不止，就会疲乏；精神消耗不止，就会枯竭。

【鉴赏】庄子认为喜、怒、哀、乐、好、恶，乃精神的大害，说明颐养精神的重要性。我们要注意节制精力、体力的消耗。

养生治性，行义求志。

【语出】宋·苏轼《灵壁张氏园亭记》。

【通讲】摄养心身，以保长寿；陶冶心性，好行义事，以求能守其平素所养之志。

【鉴赏】做一个人，应该培养生活的乐趣，陶冶自己的性情；奉行仁义的思想，追求美好的志愿。

一宿体宁，再宿心恬，三宿后颓然嗒然，不知其然而然。

【语出】唐·白居易《庐山草堂记》。

【通讲】嗒然：自己遗忘了自己的样子。睡的第一晚觉得身体舒适了，第二晚感觉心安神定了，第三晚就放松得自己忘却自己的形骸了，不知为什么如此而竟然如此了。

【鉴赏】人们因整日忙碌而心力交瘁，应该抽时间给自己放松一下，文武之道，一张一弛，娱乐休闲，积聚精力，其实是保持身心健康的一种策略，以便日后更好地投入工作。

知生也者，不以害生，养生之谓也。

【语出】《吕氏春秋·节丧》。

【通讲】了解生命，其意义在于不以外物伤害生命，即为了养生。

【鉴赏】说明养生的方法最重要的是要了解生命。

至若发肤不可毁伤，曾子常以守身为大；待人须当量大，师德贵于唾面自干。

【语出】《幼学故事琼林》。

【通讲】身体发肤是父母给的，应多加保护，不能毁坏或受伤，曾子在《孝经》中说，要把保护身体当成大事。待人器量要大，唐朝宰相娄师德说过，就是人家的唾沫吐在你的脸上，你也不要在乎，由它自己晾干去吧。

【鉴赏】为人应该有大器量。

智者之养生也，必须四时而调寒暑。

【语出】清·曹庭栋《老老恒言·燕居》。

【通讲】聪明人养护自己的身体，一定会根据一年四季气候的变化来调理安排日常的穿衣和饮食。

【鉴赏】养生的关键在于善于调理穿衣和饮食。

自静其心延寿命，无求于物长精神。

【语出】唐·白居易《不出门》。

【通讲】平静内心就可延长寿命，不贪求就精神旺盛。

【鉴赏】静心和无欲是养生之道。

醉浓饱鲜，昏人神志。若蔬食菜羹，则肠胃清虚，无滓无秽，可以养神。

【语出】明·徐榜《宦游日记》。

【通讲】饱食鱼肉，酒醉醺醺的就会神志不清。如果饮食清淡，肠胃就会清洁虚空，没有污秽渣滓，这样就可以保养精神。

【鉴赏】食物的种类多种多样，所含营养成分各不相同，饮食要做到合理搭配。饮酒无节制，挑肥拣瘦，喜精恶粗，不爱吃清淡的食物，长期以来，人们认为这才是富贵生活的象征。殊不知天生五谷以养人，各种食物都有人类必需的营养元素，如果不注意食品的合理调配，就会影响人体对所需营养物质的摄取，乃至于影响健康。因此，全面合理的饮食、适量充足的营养，是保证生长发育和健康长寿的必要条件。绝不可逞一时之痛快，暴饮暴食，将心理和身体的健康置于脑后。

4 健　身

不见闲人精力长，但见劳人筋骨实。

【语出】清·徐荣《劝民》。

【通讲】看不见闲散懒惰的人有精神、气色好，只看见辛勤劳作的人身强力壮。

【鉴赏】适当劳作有益健康。

凡养生，莫若知本，知本则疾无由至矣。

【语出】《吕氏春秋·尽数》。

【通讲】凡是养生，莫如知道根本，知道根本那么疾病就无法产生了。

【鉴赏】说明养生之道，值得我们重视。

人体欲得劳动，但不当使极尔。动摇则谷气得消，血脉流动，病不得生，譬犹户枢不朽是也。

【语出】《三国志·魏志·华佗传》。

【通讲】人的身体要经常得到操劳活动，但是不应当让它达到极点。身体活动了，体内的各种营养成分就会被消化，血液流动加快，疾病就不容易产生，比如门轴因为经常转动不容易腐朽一样。

【鉴赏】运动是生命之源，适当的劳作对身体健康很有好处。

心要常操，身要常劳。心愈操愈精明，身愈劳愈强健。但自不可过耳。

【语出】明·吕坤《呻吟语·修身》。

【通讲】头脑要经常思索，身体要经常劳动。头脑越思索也就越清明，身体越劳动也就越强健。自然这都不能过分。

【鉴赏】人都有心灵与肉体。两方面都要磨炼，才能保持正常生理心理的运转。当然要劳逸结合,才能不损伤身体。

一身动则一身强。

【语出】清·颜元《颜习斋言行录》。

【通讲】运动可以提高身体新陈代谢,使身体各器官充满活力,延缓衰老,保持健康。

【鉴赏】清代杰出的思想家和教育家颜习斋,强调“习动”。他告诫学生不要做只会空谈而不会动手实践的迂腐书生,向他们讲述“一身动则一身强”的道理。他这里讲的“动”既包括实践,也包括体育运动。颜习斋在教育实践中,自己也身体力行。他精通射箭、骑马、技击、武术等多种运动,坚持锻炼身体,因而,他到老年仍有“愈益康健豪迈”之感。一个人要想成就一番事业,首先要有健康的体魄。

5 治　　病

溃痈虽痛，胜于养肉。

【语出】《三国志·魏志·董卓传》裴松之注引《典略》。

【通讲】把身上的痈穿破，虽然感到痛，却比痈留在人身上要好得多。

【鉴赏】应从根本上来着手解决问题。

吾有术，名五禽之戏，一曰虎，二曰鹿，三曰熊，四曰猿，五曰鸟。亦以除疾，兼利蹄足，以当导引。

【语出】《后汉书·华佗传》。

【通讲】有一种锻炼方法，叫作五禽戏，一叫虎戏，二叫鹿戏，三叫熊戏，四叫猿戏，五叫鸟戏，它可以用来防治疾病，使腿脚轻便利索，可以当作导引之术。

【鉴赏】生命在于运动，练五禽戏，可以起到全面保健的功效，虎戏可醒脑提神、强壮筋骨；鹿戏可明目聪耳、舒筋和络、滑利关节；熊戏可健腰膝、消胀满；猿戏可提高人体对外界反应的灵敏度，还可防治腰脊疼痛；鸟戏可增强呼吸机能，对提高人体平衡能力等都有神奇的疗效。

心安病自除。

【语出】宋·陆游《午醉径睡比觉已甲夜矣》。

【通讲】心情和顺自然不会生病。

【鉴赏】保持良好的心态对养生非常重要。

心病终须心药治，解铃还是系铃人。

【语出】清·曹雪芹《红楼梦》第九十回。

【通讲】精神思想上的疾病必须用心药即从思想上、精神上来治疗，解铃还须原来系铃的人来解才行。

【鉴赏】由思想上、精神上所产生的疾病，不是药物所能治疗的，必须找出根源，从思想上、精神上治疗。

6 长　寿

草木无欲，寿不逾岁；人多情欲，寿至于百。

【语出】汉·王充《论衡·道虚》。

【通讲】草木没有情欲，寿命没有超过一年；人类富有情欲，寿命能够长达百年。

【鉴赏】宗教哲学认为情欲伤身折寿，王充则认为情欲能促长寿。但事物都有个度，情欲过度，当然伤身。

凡生长也，顺之也。使生不顺者，欲也。故圣人必先适欲。

【语出】《吕氏春秋·重己》。

【通讲】欲：欲望。适：节制。大凡生命能长久，是顺应生命规律的原因。不顾生命是因为自己的欲望，所以圣人养生必先节制欲望。

【鉴赏】要使生命长久，一定要顺其规律、节制自己不该有的欲望。

夫水之性清，土者扫之，故不得清。人之性寿，物者扫之，故不得寿。

【语出】《吕氏春秋·本生》。

【通讲】扫(gǔ)：即汩，扰乱。水的本性是清的，用土扰乱它，所以不能够清。人的本性是长寿的，对物品的嗜欲扰乱他，所以不能够长寿。

【鉴赏】清心寡欲，是长寿的保证。物品的诱惑，人的贪欲，对寿命是十分有害的。

胜理以治身，则生全以；生全则寿长矣。

【语出】《吕氏春秋·适音》。

【通讲】依循事理来修身养性，生命就保全了；生命保全了，寿命就长久了。

【鉴赏】说明修身养性可以长寿。

晚年惟好静，万事不关心。

【语出】唐·王维《酬张少府》。

【通讲】到了晚年只喜欢清静，对各种世事全都不再关心。

【鉴赏】要很好地享受晚年生活。

无忧者寿。

【语出】晋·葛洪《抱朴子·道意》。

【通讲】无忧无虑的人长命。

【鉴赏】人的寿考，不是祈求鬼神得来的，而是靠自己修身养性，排除欲念，消除烦恼才能得到。

盈缩之期，不但在天；养怡之福，可得永年。

【语出】三国魏·曹操《步出夏门行》。

【通讲】盈：长。缩：短。盈缩之期：借指寿命的长短。养怡：保持身心和乐。人的寿命的长短，不仅由天决定；只要善于调养，保持身心和乐，可享长寿之福。

【鉴赏】人的心情愉快，是长寿的关键。人们要善于养生，永葆身心健康，享受快乐人生。

十二

自然

1　四时(春夏秋冬)

爆竹声中一岁除,春风送暖入屠苏。

【语出】宋·王安石《元日》。

【通讲】爆竹声中送走旧的一年,迎着和煦的春风人们畅饮屠苏酒。

【鉴赏】诗句描述人们除旧迎新、欢乐开怀的景象,渲染了欢乐气氛。爆竹声声,送走过去的日子;春风送暖,带来新春的气息;美酒甘醇,唤起人们美好的憧憬。王安石不仅是政治家,还是诗人,诗中既写出民间习俗,又形象地表现了万象更新的景象,还传达出对政治改革乐观自信的情绪。

蚕事正忙农事急,不知春色为谁妍?

【语出】宋·朱淑真《东马塍》。

【通讲】蚕妇们忙于采桑,农夫们急于种田,那美好的景色让谁来欣赏呢?

【鉴赏】描写了春天的农村小景,大好春光空自暄妍,无人赏景,反映农事繁忙,农民辛苦。

赤日炎炎似火烧,野田禾稻半枯焦。

【语出】明·施耐庵《水浒传》第十六回《苦热歌》。

【通讲】鲜红的太阳,灼热得有如燃烧中的烈焰,田野中的稻苗已有一半被烤得枯黄了。

【鉴赏】形容夏日炎阳的酷热无情,不仅秧苗干枯,就连农民的眼泪也被蒸干了。形象地反映出民生的疾苦。

春到人间草木知。

【语出】宋·张栻《立春偶成》。

【通讲】春天来了,冰雪融化,草木萌芽,透露春到人间的讯息。

【鉴赏】“春到人间草木知”运用了拟人手法，让读者感受到草木的亲近。立春，春回大地，万物复苏，连草木这些植物都感受到季节的变化，争先冒出地面，展现自己的绿意，装点自然。这与“春江水暖鸭先知”有异曲同工之妙。

春风如醇酒，著物物不知。

【语出】宋·程致道《过红梅阁》。

【通讲】春风犹如醇厚的美酒滋润万物，万物在春光里不知不觉地生机勃发。

【鉴赏】用醇酒比喻春风，新鲜奇妙，贴切生动。大自然的万物在春风的滋润中复苏，草绿花开，陶醉在明媚的春光里，一派生机盎然的初春景象。两句诗十个字，字字写春风，实乃佳句。春风化物，使人不禁想起杜甫“随风潜入夜，润物细无声”这样描写春雨的名句。

春也万物熙熙焉，感其生而悼其死；夏也百草榛榛焉，见其盛而知其阑；秋也严霜降兮，殷忧者为之不乐；冬也阴气积兮，愁颜者为之鲜欢。

【语出】唐·卢照邻《释疾文·悲夫》。

【通讲】熙熙：兴盛。榛榛：草木杂生的样子。阑：残。殷忧：深忧。鲜欢：少欢。春天万物生长，感觉其兴盛也悼念它的死灭；夏天百草杂生而知道它的残弱；秋天严霜下降，深忧者为之不快乐；冬天阴气积发，人们愁眉苦脸，也很少快乐。

【鉴赏】描写人们对四时景色的慨叹。

春有百花秋有月，夏有凉风冬有雪；若无闲事挂心头，便是人间好时节。

【语出】宋·无门和尚《颂》。

【通讲】春天有百花，秋天有明月，夏天有凉风，冬天有白雪；如果没有闲事挂在心头，便是人间的好时节。

【鉴赏】春夏秋冬，风花雪月，四时的变迁，美景的幻化，只有那些心无挂碍、豁达淡定的人才能从容欣赏,使之成为心中的净土和乐园。

冬无愆阳,夏无伏阴,春无凄风,秋无苦雨。

【语出】《左传·昭公四年》。

【通讲】愆:过度。愆阳:阳气过盛。冬天不会过于温暖,夏天不会过于阴寒,春天没有寒冷凄楚的风,秋天没有久下成灾的雨。

【鉴赏】比喻一年春夏秋冬四时有序,节气调和,风调雨顺,五谷丰收。亦可以气象借喻天下安宁,国泰民安。

冬者岁之余,夜者日之余,阴雨者时之余也。

【语出】《三国志·魏志·王肃传》裴松之注引《魏略》。

【通讲】冬季是一年的空闲时间,夜晚是一天的空闲时间,阴雨天是全年春夏秋冬四时的空闲时间。

【鉴赏】三国魏之董遇经常教导学生抓住"三余"时间努力读书。

芳菲歇去何须恨,夏木阴阴正可人。

【语出】宋·秦观《三月晦日偶题》。

【通讲】繁花似锦的春天虽然离去,但又何须遗憾?夏日那茂盛的树木正称人心意。

【鉴赏】诗歌开头"节物相催各自新",告诉我们四季的轮转替代是自然规律,即使"痴心儿女挽留春",也阻挡不住春天离去的脚步,只是徒增人们的伤感。"芳菲歇去何须恨,夏木阴阴正可人"两句,诗人用"何须恨"一扫春天逝去带来的惆怅之情,用"正可人"转入对夏日景物的赞美,表达了乐观、豁达的心境。全诗富有理趣,引人思索。

夫学问者,犹种树也,春玩其华,秋登其实。

【语出】北朝齐·颜之推《颜氏家训·勉学》。

【通讲】学:学习。华:同"花"。实:果实。做学问,就像种树一样,春天开花,秋天就能挂果了。

【鉴赏】做学问像种树一样,有一种循序渐进的因果关系,只要勤奋努力,定能有所收获。

黄梅时节家家雨,青草池塘处处蛙。

【语出】宋·赵师秀《约客》。

【通讲】梅子转黄时节,处处都在下雨;长满青草的池塘边上,传来阵阵蛙鸣声。

【鉴赏】黄梅时节,江南细雨绵绵,正如“自在飞花轻似梦,无边丝雨细如愁”。池塘边的蛙声此起彼伏,衬出夜的寂静,但也透露出作者期待又有些焦躁的心情,“有约不来过夜半”,诗人正苦苦等候友人的到访。细雨阻挡了友人前来的脚步,蛙声含着诗人落寞之心境,全然不同于辛弃疾“稻花香里说丰年,听取蛙声一片”的喜悦。寻常之夜景写出诗人特别之感受。

开春始雷,则蛰虫动矣。时雨降,则草木育矣。饮食居处适,则九窍百节千脉皆通利矣。王者厚其德,积众善,而凤皇圣人皆来至矣。共伯和修其行,好贤仁,而海内皆以来为稽矣……以此言物之相应也。

【语出】《吕氏春秋·开春》。

【通讲】开春之后,雷声一响起,冬天蛰伏的动物就苏醒了。适时的春雨落下来,草木就生长发育了。人的饮食起居适宜,各种器官、筋骨、血脉就都畅通了。统治天下的人提高他的德行,积累更多的善行,就会吸引凤凰和圣人都来到他的身边。共伯修养他的品行,喜爱贤士仁人,海内的贤士仁人就都来与他同心治国……这些可以说明许多事物之间都有相应的因果关系。

【鉴赏】说明事物之间都有联系,互相之间都会有影响,体现了辩证的世界观。

绿杨烟外晓寒轻,红杏枝头春意闹。

【语出】宋·宋祁《玉楼春》。

【通讲】绿杨烟外,有早晨的轻寒;红杏枝头,呈喧闹的春意。

【鉴赏】描写杏花盛开、蜂蝶争喧的美好春天景象。

明月照积雪,朔风劲且哀。

【语出】南朝宋·谢灵运《岁暮》。

【通讲】朔风:北风。明亮的月光照着洁白的积雪,强劲的北风如哀鸣般地呼啸。

【鉴赏】描绘了晚冬时节月夜雪景。

秋气堪悲未必然,轻寒正是可人天。绿池落尽红蕖却,荷叶犹开最小钱。

【语出】宋·杨万里《秋凉晚步》。

【通讲】都说秋气足以使人悲伤,其实未必这样,初寒时节正是宜人的季节。碧绿池塘里红艳的芙蕖都落尽了,但还有新长出来的铜钱大小的荷叶。

【鉴赏】秋风瑟瑟,秋雨潇潇,秋天是一个让人感伤的季节,但在诗人眼中秋寒却是宜人的。荷花凋敝,一池残红,在这衰败的景象中,诗人从池中那新生的小小的荷叶中看到了生机,看到了希望。诗中展现了诗人乐观、豁达的生活态度。诗人观察入微,描写生动。

秋霜降者草花落,水摇动者万物作。

【语出】《史记·李斯列传》。

【通讲】秋天霜降落时花草就凋零,春天冰块化解时万物就生长。

【鉴赏】客观条件的变化决定了事物的生灭发展,对这种客观规律应有所认识。

秋早寒则冬必暖矣,春多雨则夏必旱矣。

【语出】《吕氏春秋·情欲》。

【通讲】秋季冷得早,冬天一定暖和;春天多雨,夏季必定干旱。

【鉴赏】这是有趣的气候现象,说明自然界的某些规律。

随风潜入夜，润物细无声。

【语出】唐·杜甫《春夜喜雨》。

【通讲】在春风的伴随下，蒙蒙细雨在深夜里来到人间，它滋润着万物的生长却不发出喧嚣的声音。

【鉴赏】描画春夜的雨景和诗人喜雨的心情。

天不言，四时行焉；地不言，万物生焉。

【语出】《北史·长孙道生传》。

【通讲】天不说话，四季照常运行；地不说话，万物照样生长。

【鉴赏】自然规律不可抗拒，该发生的都会发生，我们要顺应并利用规律，为我们服务。

天生阴阳，寒暑燥湿，四时之化，万物之变，莫不为利，莫不为害。

【语出】《吕氏春秋·尽数》。

【通讲】上天自然产生的阴和阳，寒冷、酷暑，干燥、潮湿，四时的变化，万物的演化，既有有利的一面，也有有害的一面。

【鉴赏】中医养生学的“天人相应”观点，体现了以人为中心的环境观念和生态观念的思想。顺应自然，认识和掌握自然规律，发挥人的主观能动作用，趋利避害，而适寒暑，做好养生保健。

天无私覆也，地无私载也，日月无私烛也，四时无私行也，行其德而万物得遂长焉。

【语出】《吕氏春秋·去私》。

【通讲】天覆盖万物，从没有偏私；地承载万物，从没有偏私；日月普照万物，从不偏私；春夏秋冬依次更替，从没有偏私。天地、日月和四季都各施其恩德，以使万物得以生长。

【鉴赏】天地日月时辰都无私，因而人事也无私。大自然无私，万物得以成长；人事无私，天下才能治理好。

夏虫不可以语于冰。

【语出】《庄子·秋水》。

【通讲】生长在夏天的虫,不可以与之说冬天的冰。

【鉴赏】要注意和改变知识片面、浅薄的问题。

纤云四卷天无河,清风吹空月舒波。

【语出】唐·韩愈《八月十五夜赠张功曹》。

【通讲】河:银河。波:月光。纤细的云彩向四处卷去,看不见天上的银河了;清风吹拂夜空,月光洒落大地如水般荡漾。

【鉴赏】描写了中秋节皓月当空的美丽夜景。

由来月明如白日,共道春灯胜百花。

【语出】唐·王维《同比部杨员外十五夜游有怀静者季》。

【通讲】春灯:花灯。历来元宵夜的月亮就明如白天,大家一同游玩,都说这个元宵的花灯比那百花齐放还要美丽。

【鉴赏】描写了春节元宵夜灯光如昼、花灯红火的美景。

着意寻春不肯香,香在无寻处。

【语出】宋·辛弃疾《卜算子》。

【通讲】认真地去寻找春天的踪迹,却闻不到一丝花香;总以为春天是无处可寻的了,却又飘来缕缕的芳香。

【鉴赏】春天的气息,若是认真去寻找,很难寻得到,但在不经意时,却可突然发觉。此句从意蕴看,很富于生活哲理,将春天拟人化,写得扑朔迷离,引人入胜。

2 天　地

名缰利锁，天还知道，和天也瘦。

【语出】宋·秦观《水龙吟·赠妓娄东玉》。

【通讲】老天爷如果知道名缰利锁的害处，连他也会消瘦。

【鉴赏】作者屡试不第，深为功名所困，因此对封建科举制度发出诅咒。但今天，我们要谨防名缰利锁的侵害。

天地有正气，杂然赋流形。

【语出】宋·文天祥《正气歌》。

【通讲】天地之间有一种正气，它赋予万物而变化为各种形体。

【鉴赏】《正气歌》是文天祥在元世祖忽必烈至元十八年除夕被关押在大都监狱中写的，全诗充满浩然正气，表现了作者坚贞的民族气节和坚强不屈的信念。天地间的正气"杂然赋流形"，"下则为河岳，上则为日星"，正气在奔腾的黄河大江间，在巍峨的崇山峻岭中；在辉煌的日月间，在璀璨的星辰里。"于人曰浩然，沛乎塞苍冥"，它赋予人就成为浩然之气，充塞于天地之间。孟子曰："吾善养吾浩然之气，其为气也，至大至刚，以直养而无害，则塞于天地之间。"正气是亘古不绝的巨大力量。"时穷节乃见，一一垂丹青"，文天祥正是在国事危难之际，一心抗元，为国捐躯，"留取丹心照汗青"。

我劝天公重抖擞，不拘一格降人才。

【语出】清·龚自珍《己亥杂诗》。

【通讲】我希望老天爷重新抖擞起精神来，不拘泥于一定之规，把人才降临到人间。

【鉴赏】作者热烈地期待着创造新时代的各种人才，以变革极为黑暗、令人窒息的现实。

我自横刀向天笑，去留肝胆两昆仑。

【语出】清·谭嗣同《狱中题壁》。

【通讲】去：指康有为。留者：指刘光第、作者本人等被拘诸君子。我自会横着大刀，向天而笑；出走的人也好，留在京城的人也好，他们都像昆仑山一样屹立人间。

【鉴赏】诗作描写作者敢于斗争的革命精神。他们肝胆相照，光明磊落，像昆仑山一样崇高和坚毅。

系绝于天，不可复结；坠入深渊，难以复出。

【语出】《汉书·枚乘传》。

【通讲】拴缚在天上的绳子断了，就不可能再连结；人掉进了深潭，就很难出来。

【鉴赏】一旦铸成大错，将难以弥补。

下民易虐，上天难欺。

【语出】宋·张端义《贵耳集》。

【通讲】下民：指老百姓。虐：侵害。上天：上帝；天神。平常百姓容易侵害，神圣的天帝却难以欺蒙。

【鉴赏】侵害民众没有好结果，最终要受到惩罚。

一览天下小，五洲如在掌。

【语出】清·黄遵宪《登巴黎铁塔》。

【通讲】登塔俯视，天下变得狭小，五大洲好像都在掌中。

【鉴赏】诗人游历欧亚各地，登法国首都巴黎埃菲尔铁塔，赋诗抒怀，表达了藐视英法列强和运天下于指掌的豪情壮志。也展示了诗人的爱国情怀和民族自信的胸襟。

一片世情天地间。白，也是眼；青，也是眼。

【语出】元·乔吉《山坡羊·寓兴》。

【通讲】青、白眼：据《世说新语·简傲》刘孝标注，阮籍能以青、白两种眼对待不同的人物,用青眼表示尊重或喜爱,用白眼则表示轻蔑或憎恶。天地之间到处都是人情冷暖,世态炎凉。同样一双眼睛,有时对你青眼相向,有时却是白眼相加。

【鉴赏】诗句讽刺社会上的"势利眼"。

仲尼祖述尧舜,宪章文武,上律天时,下袭水土。辟如天地之无不持载,无不覆帱(dào);辟如四时之错行,如日月之代明。万物并育而不相害,道并行而不相悖。小德川流,大德敦化,此天地之所以为大也。

【语出】《中庸·三十章》。

【通讲】覆帱:覆被;覆盖。并育:一齐发育,引申为竞相发育。孔子继承尧、舜,效法文王、武王,尊崇上天的运行规律,遵循水土的自然法则。如同天无所不覆盖、地无所不负载,如同四季交错运行、日月更替照耀。万物竞相生长而互不妨害,日月运行、四时更替而互不冲突。小的德行如河水一样长流不息,大的德行使万物敦厚淳朴。这就是天地的伟大之处啊!

【鉴赏】世界是多元的,不同文化、不同制度,都有其发展变化的规律。这种规律,中国古代就称之为"道"。推进人类各种文明交流交融、互学互鉴,是让世界变得更加美丽、各国人民生活得更加美好的必由之路。不管是人与人之间还是国与国之间,只要是正面的、积极的文化、制度、理想,就可以相互理解、相互帮助,共同前行。

3 山　　水

曾经沧海难为水，除却巫山不是云。

【语出】唐·元稹《离思》。

【通讲】曾经历过沧海的人，会觉得别处的水很难成其为水；除了巫山以外，其他地方的云简直不能算是云。

【鉴赏】这两句诗，诗人用来比喻自己同已故妻子之间难以忘怀的爱情。浩瀚万里的沧海，极其深广；巫山之云相传为神女所化，美丽无比。到过沧海、巫山的人，自然不会再赏识别处的水和云了。暗写了他同亡妻之间深沉的感情。

登东山而小鲁，登泰山而小天下。

【语出】《孟子·尽心上》。

【通讲】登上东山，便觉得鲁国小；登上泰山，便觉得天下小。

【鉴赏】只有站得高，才能看得远。

飞流直下三千尺，疑是银河落九天。

【语出】唐·李白《望庐山瀑布》。

【通讲】一道水流奔腾而下，好像银河从九重天上降落人间。

【鉴赏】描写瀑布奔腾直下的景象，气势宏伟，奇特惊天。

会当凌绝顶，一览众山小。

【语出】唐·杜甫《望岳》。

【通讲】一定要登上最高的峰顶，在那里可以俯览显得非常渺小的群山。

【鉴赏】这是杜甫青年时代游览山东时所作。反映了诗人敢于攀登泰山绝顶的勇气，怀有一种不避艰险、敢攀高峰的雄心壮志。

开源不亿仞，则无怀山之流；崇峻不凌霄，则无弥天之云。

【语出】晋·葛洪《抱朴子·广警》。

【通讲】源头不在万丈之高的山上，就不会有环抱大山的河流；险峻的山峰不高插云霄之上，就不会有遮满天空的浓云。

【鉴赏】立场弥高，就会有无限风光在险峰。

两岸青山相对出，孤帆一片日边来。

【语出】唐·李白《望天门山》。

【通讲】两山对峙，构成长江的大门；一片孤帆，好似从日边驶来。

【鉴赏】描写天门山上游东望之景，从两山夹峙中遥见日边孤帆，好似一幅美丽的图画。

落木千山天远大，澄江一道月分明。

【语出】宋·黄庭坚《登快阁》。

【通讲】群山落木萧萧，天空辽远阔大，皎皎明月辉映，江水澄澈如练。

【鉴赏】《登快阁》是黄庭坚在太和知县任上登快阁时所写的一首名作。此联写景，诗人"了却公家事"后，登阁远眺，秋高气朗，天远月明，气象阔大，愉悦之情油然而现。杜甫有"无边落木萧萧下，不尽长江滚滚来"为人传诵，谢朓有"余霞散成绮，澄江净如练"之名句，黄庭坚的诗句汲取了前人的养料加以熔铸，再造出新境界。张宗泰《鲁斋所学集》评此二句："其意境天开，则实能劈古今未泄之奥妙。"

莫言下岭便无难，赚得行人错喜欢。正入万山圈子里，一山放出一山拦。

【语出】宋·杨万里《过松源晨炊漆公店》。

【通讲】正因为上山很艰难，人们便把下山看得容易和轻松。上山过程中要攀登多少道山岭，下山途中也会相应遇到多少道山岭。山仿佛有意给行人设置了重重障碍；而行人的种种情绪——意外、惊诧、烦恼，直至恍然大悟，也都在这一"放"一"拦"中表现出来。

【鉴赏】此诗为南宋诗人杨万里在建康江东转运副使任上的外出纪行

之作。诗人途经皖南松源时,见群山环绕忽有所悟,以山区行路寄寓深刻哲理,告诉人们:人生在世就是不断地与各种困难作斗争,无论顺境逆境,都应保持警醒,不可懈怠。经济社会发展,就好比爬山越岭,上了一定的高度就过了一个坎,然后又要面对另一个高度,过更高的坎。我们要坚持底线思维,凡事从坏处准备,做到有备无患,牢牢把握主动权,做到“乱云飞渡仍从容”。无论做什么事,都要对前进道路上的困难有充分的思想准备,不要被一时的成功所麻痹。语言通俗但富有理趣,引人思索。

问渠那得清如许,为有源头活水来。

【语出】宋·朱熹《观书有感》。

【通讲】要问池塘的水为什么会这样清澈?因为源头不停地有活水流来。

【鉴赏】《观书有感》是朱熹影响最大的说理诗,这是两首中的其一。头两句描绘池塘特点,“半亩方塘一鉴开,天光云影共徘徊”,池塘清澈如镜,映照着天光云影。三四句“问渠那得清如许,为有源头活水来”,揭示池塘清澈的原因,是因为“源头”源源不断地给它输送“活水”。诗以生动的形象说明抽象的道理,学问的精深、思维的活跃、艺术的灵感等都有赖于不断获得新的知识,才能不枯竭、不陈腐、不污浊,永远“深”而且“清”,不断学习才能永葆活力。朱熹的说理诗尤能寓理于物,不生硬呆滞。

先圣有谚曰:“不踬于山,而踬于垤。”山者大,故人顺之;垤微小,故人易之也。

【语出】《韩非子·六反》。

【通讲】先圣说过一句话:“没有被大山绊倒,反而被小土堆绊倒。”山因为其大,人们重视,所以可以安全通过;土堆因为其小,人们忽略,反而容易跌倒。

【鉴赏】韩非借这条谚语强调刑罚的重要性,他认为,重刑能够使人感到惧怕,从而无人敢犯法;而刑罚太轻则人们不畏惧法律、敢于胡作非为。

闲上山来看野水,忽于水底见青山。

【语出】宋·翁卷《野望》。

【通讲】闲来登山看水,忽然在水中看到青山的倒影。

【鉴赏】翁卷为"永嘉四灵"之一,作品有一种平淡简远的美感,《野望》便是一例。诗人登山是为了看水,却在水中看到山,"水底见青山"将水之清澈、山之青翠包揽其中,多么清新的一幅画面。"闲"表现诗人的闲适心境,"野水"增添了诗的野趣,与诗题《野望》相印合。诗句用白描手法,构成浅淡、明净的画面,给读者留下深刻印象。

心如止水鉴常明,见尽人间万物情。

【语出】唐·刘禹锡《和仆射牛相公寓言》。

【通讲】心静如水就会像永远明亮的镜子,看清人世间万事万物的情状。

【鉴赏】内心平静,不受情绪影响,才能看清真理。

一叶蔽目,不见太山;两豆塞耳,不闻雷霆。

【语出】《鹖冠子·天则》。

【通讲】一片树叶挡住了眼睛,就会看不见泰山;两颗小豆塞住了耳朵,就会听不见响雷。

【鉴赏】决不能受蒙蔽而致充耳不闻,视而不见。

易于反掌,安于太山。

【语出】《汉书·枚乘传》。

【通讲】比翻罢手掌还要容易,比泰山还要安稳。

【鉴赏】做事情极其容易、安稳。

鱼无水,则不得而生;人失足,必不可以步;国失民,亦不可以治。

【语出】北朝齐·刘昼《刘子·贵农》。

【通讲】治:安定。鱼离开了水,就不能够存活;人失去双脚,就不能够步行;国家丧失了民心,就不能够安定。

【鉴赏】说明国家安定的关键,在于深得民心。

玉之在山,以见珍而终破;兰之生谷,虽无人而自芳。

【语出】南朝梁·萧统《陶渊明集序》。

【通讲】玉在山中,由于它的珍贵被世人发现而最终遭致破坏;而兰生幽谷,虽然无人欣赏却依旧芬芳。

【鉴赏】这是萧统对陶渊明高洁品格的赞颂,值得我们效仿。

欲路上事,毋乐其便而姑为染指,一染指便深入万仞;理路上事,毋惮其难而稍为退步,一退步便远隔千山。

【语出】明·洪应明《菜根谭》。

【通讲】欲路:泛指欲念、情欲、欲望。染指:喻巧取不应得的利益。理路:泛指义理、真理、道理。惮:害怕。关于欲念方面的事,绝对不要贪图便宜,而就不正当地占为已有,一旦贪图非分的享乐就会坠入万丈深渊;关于真理方面的事,绝对不要由于畏惧困难,而生退缩的念头,因为一旦退缩就会和真理正义有千山万水之隔。

【鉴赏】人的欲望是一个客观存在,但是过分去放纵情欲物欲就容易迷失本性,人不能纵欲胡来,而应从小刻苦磨炼,不惧艰难,修身养性,从而逐步建立起一个高尚的精神世界。

4 日　月

露从今夜白，月是故乡明。

【语出】唐·杜甫《月夜忆舍弟》。

【通讲】露水从今夜开始晶莹，月光唯有故乡的最明亮。

【鉴赏】描写了诗人久立望月、夜露侵衣的情景，抒发了忧时、思乡、忆弟的深切感情。

梦觉隔窗残月尽，五更春鸟满山啼。

【语出】宋·张耒《福昌官舍》。

【通讲】夜里从梦中醒来，隔窗望去，残月已快消失；才五更时分，春鸟却已在满山遍野啼叫不停了。

【鉴赏】诗句描绘了一幅初春景象，拂晓时分，残月欲尽，春山清幽，处处闻啼鸟，生机无限。

无意怀人偏入梦，有心看月未当圆。

【语出】清·方贞观《断句》。

【通讲】无意怀念的人偏偏进入梦中，有心去赏看明月却偏偏不圆。

【鉴赏】不在意的反而成功，在意的反而不易成功。凡事不要强求，都要以平淡心对待之。

五更千里梦，残月一城鸡。

【语出】宋·梅尧臣《梦后寄欧阳永叔》。

【通讲】五更时分做了一个梦，千里迢迢和你相会，醒来后只看见残月的清光，只听见满城晓鸡鸣啼。

【鉴赏】作此诗时，诗人居母丧将近三年。前两句陈述自己离开朝廷已经很久，在故乡闲居的情形。"五更千里梦，残月一城鸡"扣题，写出梦中与友人相会，梦醒唯见残月，唯听鸡鸣的惆怅之情。这两句化用杜甫《梦李白》二首其一“故人入我梦,明我长相忆……落月满屋梁,犹疑照颜色”。“残月”犹在,不见故人“颜色”,耳边只留“一城鸡”声,离情别绪涌上心头。“鸡唱”还是催人上朝的信号,《周礼·春官·鸡人》即利用鸡的“夜呼旦,以叫百官”,这一句还寄托着去国(离开京城)之惆怅,暗含对政治生活的眷念。因此有人认为这联诗句“状难写之景,含不尽之意”。

夕阳无限好,只是近黄昏。

【语出】唐·李商隐《登乐游原》。

【通讲】西下的太阳无限美好,只是再美好,也已接近黄昏时刻。

【鉴赏】诗句抒写诗人多少既赞赏而又惋惜的感情!

星之昭昭,不若月之曀曀。

【语出】《晏子春秋·谏下》。

【通讲】昭昭:明亮的样子。不若:不如。曀(yì)曀:阴暗貌。星星的明亮,不如月的阴暗。

【鉴赏】由于本身质的规定性,星的光亮远不如月,即使月处于昏暗的状态,也比星星明亮。它一方面说明了事物的限度,即万物都存在于某种限度之中;另一方面也说明星与月是不可比拟的。可用于说明事物彼此之间的差异。

勋业有光昭日月,功名无间及子孙。

【语出】清·曹雪芹《红楼梦》第五十三回。

【通讲】昭:明亮。功业闪光能与日月同辉,功名无涯可传及子孙。

【鉴赏】建立功名具有相当的重要性。

远路不须愁日暮,老年终自望河清。

【语出】清·顾炎武《五十初度时在昌平》。

【通讲】河:黄河。路途遥远,也无须为天色将黑而忧愁;老年人终日满怀信心地盼望着看到黄河水清的那一天。

【鉴赏】不论多少艰难险阻,日暮途穷,都要坚持到底,必将取得最后胜利。

5 风　云

风号大树中天立，日薄西山四海孤。

【语出】清·项圣谟《题自画大树》。

【通讲】在狂风怒号中大树当空而立，这时已是夕阳西斜，周围四方也没有伴侣，显得极其孤独。

【鉴赏】大树在暮色苍茫、孤立无伴的环境中，仍能迎着狂风，傲然挺立，这就突出地展现出作者坚贞不屈的民族立场和伟大人格。

风乍起，吹皱一池春水。

【语出】南唐·冯延巳《谒金门》。

【通讲】忽然一阵微风，吹得一池春水粼粼波纹。

【鉴赏】形象地写出了春风徐拂、池水滟滟的美妙境界。抒写闺中少妇感春怀人的心情。

风至而树枝动，树枝不能致风。

【语出】汉·王充《论衡·变动》。

【通讲】风刮来树枝就摆动，但树枝并不能招来风。

【鉴赏】要探究因果关系，是原因带来结果，不是结果带来原因。

风中柳絮水中萍，聚散两无情。

【语出】元·王从叔《阮郎归》。

【通讲】像风中飘飏的柳絮，水中漂泊的浮萍，聚也无情，散也无情。

【鉴赏】柳絮浮萍，飘荡不定，抒写了聚散的无常。

浮云遮月不分明，谁挽长江一洗放天青？

【语出】清·董士锡《虞美人》。

【通讲】月亮被浮云遮住，看不分明，有谁能够挽起长江，洗净浮云，让天空放晴呢？

【鉴赏】此词通过秋景，寄托对国家的忧虑。“浮云遮月”，比喻鸦片战争期间时局混沌；挽江洗天，希望能够让国运亨通。

海压竹枝低复举，风吹山角晦还明。

【语出】宋·陈与义《观雨》。

【通讲】暴雨有如大海倾泻一样骤下，竹枝被压弯了下来，但随即又会恢复往日的挺拔；风吹云聚，山角为之晦暗，但随即又恢复了光明。

【鉴赏】困难就如同那倾盆大雨、乌云遮月，必定是暂时的。困难终将被克服，心存希望，心有阳光，一切的落魄失意，都被我们抛在后面。

漫天坠，扑地飞，白占许多田地。冻杀吴民都是你！

【语出】元·张明善《落梅风·咏雪》。

【通讲】雪花满天飘坠、扑地飞舞，白白占去了许多田地。把老百姓冻死的都是你！

【鉴赏】借雪来痛斥掠夺民地、残害人民的统治者。

溪云初起日沉阁，山雨欲来风满楼。

【语出】唐·许浑《咸阳城西楼晚眺》。

【通讲】溪上的云刚刚升起，太阳已经从阁楼的西边落下去；山雨即将来到的时候，风首先吹满城楼。

【鉴赏】从某种预兆可以推测重大事变即将发生。人们要注意观察思考。

夜半狂歌悲风起，听铮铮、阵马檐间铁。

【语出】宋·辛弃疾《贺新郎·用前韵赠金华杜仲高》。

【通讲】夜半狂歌，悲风乍起，听檐间铁马铮铮作响，好似骏马万匹奔向战场。

【鉴赏】淳熙十六年(1189)，杜叔高从金华到上饶拜访辛弃疾，辛以此词送别，表达了深厚的友情和光复神州的愿望，充满了爱国激情。

夜来风雨声，花落知多少。

【语出】唐·孟浩然《春晓》。

【通讲】夜间风声阵阵、雨声潇潇，不知多少鲜花被它们摧落？

【鉴赏】描写春天的景色，抒发惜春、爱花的心情。语言浅白，格调清新，情趣盎然。

夜阑卧听风吹雨，铁马冰河入梦来。

【语出】宋·陆游《十一月四日风雨大作》。

【通讲】深夜卧听风吹雨打之声，昔日骑骏马踏冰河的战斗情景，不禁进入梦中。

【鉴赏】诗句描写陆游罢居孤村时仍渴望保卫国家的雄心，表现了其爱国主义的思想。

一点浩然气，千里快哉风。

【语出】宋·苏轼《水调歌头》。

【通讲】浩然气：见《孟子·公孙丑上》："我善养吾浩然之气……其为气也，至大至刚，以直养而无害，则塞于天地之间。"快哉亭：在黄州长江之滨。战国楚·宋玉《风赋》有"快哉此风"一语，因以名亭。胸怀一点浩然正气，身披千里爽快的凉风。

【鉴赏】描写胸怀浩然正气，在精神上会感到十分快意。词风疏畅豪爽，对仗工整。

有风方起浪，无潮水自平。

【语出】明·吴承恩《西游记》第七十五回。

【通讲】有风会起浪，没有潮汐水面自然很平静。

【鉴赏】事情的发生都有它的原因，绝不会是无缘无故的。

云想衣裳花想容，春风拂槛露华浓。

【语出】唐·李白《清平调词》。

【通讲】见到云就想到她的衣裳，见到花就想到她的容貌。春风吹拂着栏杆，在露水滋润下花朵显得更为浓艳。

【鉴赏】诗句既写出牡丹花的艳丽，也写出杨贵妃的美貌。清新流丽，千古绝唱。

昨夜西风凋碧树，独上高楼，望尽天涯路。

【语出】宋·晏殊《蝶恋花》。

【通讲】昨夜的西风吹落了树上的绿叶，独自走上高楼，远望通向天涯的道路。

【鉴赏】词写离情别绪。后人也常用于做学问必须站得高、看得远，方能成功。

6 景　　物

长天落彩霞，远水涵秋镜。花如人面红，山似佛头青。

【语出】元·张可久《一枝花·湖上晚归》。

【通讲】辽阔的天空飘落下彩色的晚霞，浩渺的湖泊涵有清澈如镜的秋水。花像美人的脸色一样红润，山像佛头一样淡青。

【鉴赏】描写西湖十分优美的晚景，并融入作者的欢快心情，画面开阔，色彩丰富，节奏轻松明快。对仗工整，音调和谐。

春城无处不飞花，寒食东风御柳斜。

【语出】唐·韩翃《寒食》。

【通讲】春天的长安城没有一处不是落花纷飞，寒食节中东风把宫中御柳轻轻吹拂到一边。

【鉴赏】描写了长安美丽的春光，抒发了诗人对春光的热爱。以轻丽之笔，写出承平景象。

春风不解禁杨花，蒙蒙乱扑行人面。

【语出】宋·晏殊《踏莎行》。

【通讲】春风不懂得拘管扬花，让它漫天飞舞，乱扑行人的脸庞。

【鉴赏】描绘暮春景象，抒写时光流逝的轻愁。

春风十里扬州路，卷上珠帘总不如。

【语出】唐·杜牧《赠别》。

【通讲】在这春风骀荡的十里扬州路上，不论卷起哪家的珠帘，都见不到如此美丽的容貌。

【鉴赏】抒写诗人所爱女子的美丽动人。不论你卷起哪家歌楼的珠帘，里面的女子都不及她。

春色满园关不住,一枝红杏出墙来。

【语出】宋·叶绍翁《游园不值》。

【通讲】那满园的美丽春色关不住,一枝红杏已经探出墙来。

【鉴赏】叶绍翁《游园不值》脍炙人口,全诗的描写抓住了春景特点。“满园春色关不住,一枝红杏出墙来”形象鲜明、构思奇特,传诵千古。“春色”和“红杏”都被拟人化,景中含情、景中寓理。钱锺书先生说此诗脱胎于陆游《马上作》:“平桥小陌雨初收,淡日穿云翠霭浮;杨柳不遮春色断,一枝红杏出墙头。”但比陆游写得新警。“红杏”虽只有“一枝”探出墙头,但带来的是春的讯息,让人想象到满园的美丽春色,盎然春意,勃勃生机。也让人得到启示,新生的美好事物是禁锢不了的,它必然要冲破束缚,蓬蓬勃勃。

春色恼人眠不得,月移花影上栏干。

【语出】宋·王安石《夜直》。

【通讲】美好的春色撩拨得人无法入眠,花影摇曳,跟随月光移动映上栏杆。

【鉴赏】“春色扰人眠不得,月移花影上栏干”为王安石诗词名句。“月移花影上栏干”的良宵美景,让诗人“眠不得”,思绪跌宕起伏,“恼人”并非苦恼而是兴奋。王安石曾向仁宗皇帝上万言书,倡导改革,但未被采纳。此时遇到了赏识他的神宗,君臣风云际会,宏图即可大展,锐意变法的抱负即将实现。诗中把政治上的际遇与大自然的春色融为一体,大好的景色象征大好的形势,景物的描绘里融进了政治理想。作者含蓄地表达自己的喜悦,富有无限诗情画意,令人回味。

春透水波明,寒峭花枝瘦。

【语出】宋·秦湛《卜算子》。

【通讲】春光透彻,水波明净,春寒料峭中,花枝显得更加清瘦。

【鉴赏】写尽春情,气韵峭健。

大漠孤烟直,长河落日圆。

【语出】唐·王维《使至塞上》。

【通讲】大沙漠中一道孤烟直冲云霄,黄河的上游的落日似车轮般圆。

【鉴赏】这两句描写塞上大漠、孤烟、长河、落日这些特有景色。长河,指黄河。王国维《人间词话》云:“此种境界,可谓千古壮观。”孤烟何以能直?前人有各种不同的解释。或说是用作烽火的狼粪之烟,故能直而不散,或说是沙漠中多回风所致。其实也不必深究,诗人只是写他眼中所见的景象,以壮丽、雄浑的画面对西北大漠风光作了艺术的反映。这两句,同样也显示了王维诗作风格的多样化,他在雅淡清绮之外,也颇多雄浑豪放之笔。

等闲识得东风面,万紫千红总是春。

【语出】宋·朱熹《春日》。

【通讲】很容易便识得春风的面目,这万紫千红,到处都是春天的景象。

【鉴赏】表面上看,“等闲识得东风面,万紫千红总是春”吟咏了春回大地,百花齐放、生机勃勃的春天景象。但结合前两句“胜日寻芳泗水滨,无边光景一时新”,可知作者是在“泗水滨”欣赏美景,而此时泗水已被金人统治,诗人不可能去游春。原来诗中暗含哲理,“泗水”暗指孔门,“寻芳”即求圣人之道。“仁”的外现是生意,“东风”的外现便是万紫千红。看到万紫千红便感到春的存在,正如看到万物的生意,便感到“仁”的存在一样。不露痕迹地说理,是朱熹的独特之处。

风暖鸟声碎,日高花影重。

【语出】唐·杜荀鹤《春宫怨》。

【通讲】暖风阵阵,鸟声轻碎,丽日当空,花影重重。

【鉴赏】这是描写大好春光的名句,春风吹拂,鸟语花香,丽日当空,令人心醉神迷!

风摇竹影书签乱,花落池波砚水香。

【语出】元·王蒙《玉山主人书画舫》。

【通讲】竹影摇晃,架上的书签在风中飘动;花落在池塘中,连砚水也染上了香气。

【鉴赏】玉山主人即元末诗人顾瑛,这句诗描写了他的书画舫的雅趣。

忽如一夜春风来，千树万树梨花开。

【语出】唐·岑参《白雪歌送武判官归京》。

【通讲】好像一夜之间春风忽然来到，使千万棵树上开满了梨花。

【鉴赏】描写北方白雪。整夜下着大雪，好像忽然在一夜之间，春风吹了起来，使成千上万的树枝上开满了雪白的梨花。诗人用梨花来形容挂满枝头的洁白雪花，多么高雅，多么形象动人。

黄河九曲天边落，华岳三峰马上来。

【语出】明·许彬《送李佑之赴陕西参议》。

【通讲】黄河曲曲弯弯向天边落去，华岳高耸的三峰向马头迎来。

【鉴赏】送别从北京前往陕西的友人，描写去陕西路上的景色。“天边落”形容黄河的气势；“马上来”表现华山的灵动。展现给读者宏伟的气势、生动的形象。

接天莲叶无穷碧，映日荷花别样红。

【语出】宋·杨万里《晓出净慈寺送林子方》。

【通讲】碧绿的荷叶无边无际一直延伸到水天相接的远方，在阳光的辉映下荷花显得格外红艳。

【鉴赏】诗句表达了作者对西湖六月美景的赞美之情。一“碧”一“红”，色彩艳丽，突出了莲叶和荷花给人带来的强烈的视觉冲击力。“接天”与“无穷”，既写出莲叶之无际，又渲染了天地之壮阔，气象宏大，给人极其丰富的想象空间。“映日”与“荷花”相衬，整幅画面绚烂生动。花叶的柔美与境界的阔大，阴柔与阳刚在诗中得到了统一，让人感受六月西湖“风光不与四时同”的“别样”之处。诗句明白晓畅，广为传诵。

近水楼台先得月，向阳花木易逢春。

【语出】宋·苏麟《断句》。

【通讲】靠近水边的楼台(因为高而没有树木遮挡)能先看到月亮的投影，迎着阳光的花木(因为光照充足)繁茂，容易形成春天的景象。

【鉴赏】宋朝俞文豹《清夜录》：“范文正公镇钱塘，兵官皆被荐，独巡检苏麟不见录，乃献诗云：‘近水楼台先得月，向阳花木易逢春。’”之后，苏麟得到了提拔。诗句借自然景物比喻因靠近某种事物而获得优先的机会。后来，人们就用“近水楼台先得月”指因关系接近而易于获得便利，亦简作“近水楼台”。这首诗因为只写了两句，所以被称为“断句”。“易为春”，后来演变为“易逢春”“早逢春”。

君看一叶舟，出没风波里。

【语出】宋・范仲淹《江上渔者》。

【通讲】你看江上有一叶扁舟，颠簸在风浪里。

【鉴赏】“君看一叶舟，出没风波里”是诗中的三四句，描绘了一幅江上渔民的辛劳图景。渔民为何要冒着生命危险在江上劳作呢？诗的一二句已经告诉读者原因，“江上往来人，但爱鲈鱼美”，鲈鱼味道鲜美，但捕捉不容易。这不免让人联想“谁知盘中餐，粒粒皆辛苦”（李绅《悯农》）。诗人对驾着一叶扁舟在江中风浪里颠簸的渔民充满了关切与同情。诗句言近而旨远，词浅而意深。

梨花院落溶溶月，柳絮池塘淡淡风。

【语出】宋・晏殊《无题》。

【通讲】开满雪白梨花的空寂院落，只看见月光冉冉流动；掩映碧绿杨柳的静静池塘，吹着一阵阵淡淡清风。

【鉴赏】全诗表达主人公的相思之情。“梨花院落溶溶月，柳絮池塘淡淡风”为晏殊的写景名句。院落中梨花飘香、柳枝摇曳，月色溶溶、微风阵阵，景色迷人，勾起无尽的回忆。伊人已去，只留下寂寥伤感。此联对仗工整。

落日熔金，暮云合璧，人在何处？

【语出】宋・李清照《永遇乐》。

【通讲】落日像熔解的金子金光荡漾，金色的晚霞围绕青山色彩艳丽。景致如此美妙，我现在人在何处？

【鉴赏】《永遇乐》以今昔元宵的不同情景作对比，抒发了深沉的盛衰之感和身世之悲。起始句“落日熔金，暮云合璧”描绘元宵暮景，夕阳西沉，金光璀璨，霞绕青山，绚丽多姿。词句对仗工整，辞采鲜丽，形象飞动。但紧接着一句“人在何处”，却是一声充满迷惘与痛苦的长叹。词人置身繁华之中，恍惚回到“中州盛日”，但马上发现只是幻觉，痛感“物是人非事事休”，不由自主发出叹息。这声叹息看似突兀，实则表现了辗转漂泊、无家可归的词人在似曾相识的情景面前产生的一时的感情活动，含蕴丰富，耐人咀嚼。

明月松间照，清泉石上流。

【语出】唐·王维《山居秋暝》。

【通讲】明亮的月光在松林中洒下稀疏的影子，清泉从山石上流过，发出潺潺的水声。

【鉴赏】运用声色、静动的对比，描写秋山夜景的美。

牧童归去横牛背，短笛无腔信口吹。

【语出】宋·雷震《村晚》。

【通讲】放牛娃在牧归的路上，横坐牛背，手持短笛，随口吹奏着即兴自编的乐曲。

【鉴赏】描绘了一幅富有诗意的村晚牧归图。抒发作者对田园生活的向往赞美之情。

青山缭绕疑无路，忽见千帆隐映来。

【语出】宋·王安石《江上》。

【通讲】青山层层叠叠曲曲盘盘，像是没有了去路，忽然看见有无数帆船从远处忽隐忽现地驶过来。

【鉴赏】《江上》为王安石晚年作品，全诗写泛舟江上所见的景物。“青山缭绕疑无路，忽见千帆隐映来”从上句写云、雨转到写江边的青山。重峦叠嶂，曲折环绕，路在何方？视野被山阻断，似乎前途一片茫然。突然，诗人笔锋一转，在“青山缭绕”之中，远远地看见“千帆”在山林的掩映下，正隐隐约约向近处驶来。景象豁然开朗，眼界顿时开阔。这是诗人江行的特殊感受，在字里行间暗含着对人生哲理的深刻体验，启人遐思。据说后来陆游的名句“山重水复疑无路，柳暗花明又一村”正是由此生发出来的。王安石晚年辞官闲居于江宁府(今南京)城东门与钟山之间的“半山园”，追求心境的宁静，创作中出现了不少这样雅丽工致的绝句，表达恬淡的心绪。连黄庭坚也称赞:“荆公暮年作小诗,雅丽精绝,脱去流俗。”

疏影横斜水清浅,暗香浮动月黄昏。

【语出】宋·林逋(bū)《山园小梅》。

【通讲】那疏落横斜的花枝倒映在清浅的池水间,那清幽的芳香在昏黄的月色下漂浮蔓延。

【鉴赏】林逋种梅养鹤成癖,终身不娶,世称“梅妻鹤子”。《山园小梅》中的名句“疏影横斜水清浅,暗香浮动月黄昏”,被誉为千古咏梅绝唱。诗人不从梅花形态和色彩入手,而着笔于倒影和花香。花枝横斜,倒映水中,一种别样的灵动;朦胧月色,缕缕清香,一种清幽的芬芳。“横斜”描其风姿绰约之美,“浮动”写其芳香飘然之感。枝之疏影、花之暗香、清澈之水、微茫之月,融为一体,构成一幅清美而朦胧的画面,充满神韵,令人陶醉。欧阳修说:“前世咏梅者多矣,未有此句也。”陈与义认为林逋的咏梅已压倒唐齐己诗中名句“前村深雪中,昨夜一枝开。”王十朋评价更高:“暗香和月入佳句,压尽千古无诗才。”辛弃疾则在《念奴娇》词中奉劝骚人墨客“未须草草赋梅花,多少骚人词客。总被西湖林处士,不肯分留风月”。后来,“疏影”“暗香”成了梅花的代名词。五代南唐江为有残句:“竹影横斜水清浅,桂香浮动月黄昏。”既写竹又写桂,没有道出二者的特点,也未能构成统一的意境,而林逋只改了两字,将“竹”改成“疏”,将“桂”改成“暗”,便使梅花形神活现,可见林逋点化诗句的功力。

停车坐爱枫林晚,霜叶红于二月花。

【语出】唐·杜牧《山行》。

【通讲】停下车来,是因为爱赏枫林晚景,那经霜的枫叶竟比二月的鲜花还要火红。

【鉴赏】描写山行中所见秋景。枫林晚照,霜叶流丹,令人心旷神怡。

惟江上之清风,与山间之明月,耳得之而为声,目遇之而成色;取之无禁,用之不竭,是造物者之无尽藏也,而吾与子之所共适。

【语出】宋·苏轼《前赤壁赋》。

【通讲】只有这江上的清风和山间的明月，耳朵听见的就是声，眼睛看到的就是色彩；取不绝，用不完，自然界无尽的宝藏就是我和你共同去享受的。

【鉴赏】这是多么美妙的景色，多么值得我们舒心享受啊！

无边落木萧萧下，不尽长江滚滚来。

【语出】唐·杜甫《登高》。

【通讲】无边无际的林木，树叶萧萧飘落；无穷无尽的长江，江水滚滚而来。

【鉴赏】描写登高所见的江天秋色。雄浑、寥廓而又肃杀、凋零的气象，使诗人更加感到太空浩茫，岁月悠久。诗句对仗工整，气韵流畅。

一年好景君须记，最是橙黄橘绿时。

【语出】宋·苏轼《赠刘景文》。

【通讲】你必须记住，一年最美的景致是在橙黄橘绿的时节。

【鉴赏】这首诗是元祐五年(1090)苏轼知杭州时赠送好友刘景文的，苏轼曾称刘景文为“慷慨奇士”，两人交情颇深。为了突出“橙黄橘绿”时节，诗的前两句先是抓住“荷尽”“菊残”描绘出残秋的萧瑟景象。橘在古诗词中里被称颂为“嘉树”，屈原有《橘颂》，张九龄有《感遇(江南有丹橘)》。橘有“经冬犹绿林”“自有岁寒心”的坚贞节操，橘有“独立不迁”“深固难徙”的独立、坚定的品格，橘就是有道德的君子，“可以荐嘉客”。“一年好景君须记，最是橙黄橘绿时”，苏轼借歌颂橘赞颂刘景文的品格。宋人胡仔把这两句与韩愈《早春呈水部张十八员外》诗中“最是一年春好处，绝胜烟柳满皇都”相提并论，认为“二诗意思颇同而词殊，皆曲尽其妙”(《苕溪渔隐丛话》)。

欲高览美景，要趁年轻时。

【语出】明·袁宏道《登华》其二。

【通讲】若要攀登高峰绝壁，领略大自然的壮伟风光，就要趁年轻力壮、自由自在的大好岁月。

【鉴赏】登高览美景，要趁年轻时，用于事业也一样。最好在年轻力壮时，就开始创业。待到年老体衰，就很难登上险峰峻岭了。含意深刻，可作座右铭。

云霞雕色，有逾画工之妙；草木贲华，无待锦匠之奇。

【语出】南朝梁·刘勰《文心雕龙·原道》。

【通讲】贲：装饰。华：花。色彩缤纷的云霞，像精心雕绘过一样，超过了画工的妙笔；鲜花满缀的草木，像刻意装饰过一般，不需工匠奇绝的手艺。

【鉴赏】这句写自然界的景物造化之美妙全在天然，并不是人工斧凿而成。无论是气象之万千还是草木之花实，皆是不以人的主观为转移的，这种创造力，甚至比人为的还要高明巧妙。本句揭示了文学创作应达到的一种境界。

浙江之潮，天下伟观也。自既望以至十八日为最盛。方其远出海门，反如银线；既而渐近，则玉城雪岭，际天而来，大声如雷霆，震撼激射，吞天沃日，势极雄豪。

【语出】清·周密《观潮》。

【通讲】浙江：钱塘江。伟观：宏伟壮观的景象。既望：阴历十六日。银线：银白色的丝线。玉城雪岭：状海潮之色及奔腾席卷之势。际天：连天。激射：潮势如激水喷射，迅猛无比。吞天沃日：吞蓝天，洗白日。钱塘江的海潮展现了天底下最雄伟壮观的景色。从阴历十六日至十八日时是它最壮观的时候。当它从大海口进来时，仅仅像一条银色的丝线；然后它渐渐地迫近，好像玉色的城池和白色的雪山，铺天而来，声音洪亮得如天上打雷，潮水四处喷射，迅猛无比，好像要吞蓝天洗白日，气势雄壮而豪迈。

【鉴赏】描写钱塘江海潮的美景。

7 疆域

一寸山河一寸金。

【语出】《金史·左企弓传》。

【通讲】一寸国土一寸金。

【鉴赏】极言国土的宝贵。

祖宗疆土，当以死守，不可以尺寸与人。

【语出】《宋史·李纲传上》。

【通讲】祖先遗留给我们的领土，应当拼死保卫它，不能够把一尺一寸的土地随意割让给别人。

【鉴赏】每个人都应有珍惜祖国领土、誓死捍卫疆土的决心，决不能做丧地辱国的卖国贼。

8　生物(花草鸟兽虫鱼)

白鸟群飞烟树末，青山都在雪花中。

【语出】元·顾瑛《泊垂虹桥口占》。

【通讲】白鸟：当指白色的江鸥。烟云笼罩下的树梢上，一群群白鸟在飞舞，远远望去，似乎青山都在雪花之中。

【鉴赏】用雪花来形容成群结队、漫空飞舞的白色水鸟，显得生动、贴切。再加上烟树、青山作为背景，就更像一幅优美的图画了。

不是花中偏爱菊，此花开尽更无花。

【语出】唐·元稹《菊花》。

【通讲】并不是在所有的花中我对菊花特别偏爱，而是因为菊花凋谢之后，再也不会有别的什么花存在了。

【鉴赏】人们要学习菊花的优良品质。

不知细叶谁裁出，二月春风似剪刀。

【语出】唐·贺知章《咏柳》。

【通讲】不知那丝丝柳叶是谁裁出，原来二月的春风像巧匠手中的剪刀。

【鉴赏】这两句是对大自然生化万物所唱的赞歌。且比喻新巧，出语自然。

残雪压枝犹有橘，冻雷惊笋欲抽芽。

【语出】宋·欧阳修《戏答元珍》。

【通讲】残余的积雪压在枝头，但仍有未凋落的橘子；春雷震响，惊醒竹笋要发新芽。

【鉴赏】诗句写出了在残冬初春交替时节生命勃发的景象。虽是残雪累累,却仍有柑橘垂挂枝头;虽是寒雷殷殷,但竹笋正要用积蓄的力量冒出新芽。生命的顽强和作者的昂扬之志可见一斑。苏轼《赠刘景文》“荷尽已无擎雨盖,菊残犹有傲霜枝”便是受此影响。

草木知春不久归,百般红紫斗芳菲。

【语出】唐·韩愈《游城南晚春》。

【通讲】花草树木意识到春天将要离去,纷纷以各种绚丽的色彩,竞相争奇斗艳。

【鉴赏】写晚春花卉,灿烂芳华,抒发诗人的惜时奋发之心和积极的人生情怀。

怊怅后庭风味薄,自锄明月种梅花。

【语出】宋·刘翰《种梅》。

【通讲】那后庭花风味浇薄,令人感伤失意,还是在明月的清辉下栽种梅花吧。

【鉴赏】此诗咏高洁的襟怀。明月与梅花,清雅不俗、高洁超尘,展现诗人不凡的襟抱。

巢居者先知风,穴处者先知雨。

【语出】汉·王充《论衡·实知》。

【通讲】先:预先。知:知道;感知到。在巢中居住的动物,能预先知道将要刮风:在洞中生活的动物,能预先知道将要下雨。

【鉴赏】事物发展都有征兆。

出淤泥而不染,濯清涟而不妖。

【语出】宋·周敦颐《爱莲说》。

【通讲】莲花生长于淤泥之中,却不为淤泥所沾染,出水于清波之中却不妖艳。

【鉴赏】人生活在污浊的环境中,却不受它的影响,生活在品德低劣的人中间,仍能保持自己高尚的品德,不与他们同流合污。一个人只要他树立了正确的人生观,就能抵御外界不良因素的侵袭,做到堂堂正正、一身正气。

穿花蛱蝶深深见,点水蜻蜓款款飞。

【语出】唐·杜甫《曲江》。

【通讲】穿来穿去的蝴蝶在花丛深处时隐时现,轻点水面的蜻蜓在慢悠悠地飞翔。

【鉴赏】诗人以穿花的蝴蝶、点水的蜻蜓来描绘一幅生机勃勃、春意盎然的美景。抒发了诗人对大好春光的爱恋之情。

春蚕到死丝方尽,蜡炬成灰泪始干。

【语出】唐·李商隐《无题》。

【通讲】春蚕到死时才把丝吐尽;蜡烛燃成灰烬后,流下的烛泪才会干。

【鉴赏】以蚕丝之"丝"暗喻思念之"思",以烛泪之"泪"来比方愁人之"泪"。写出了人间的千古至情。在表示对某种事业或信仰的执着追求时,也常借用这两句表达,的确能震撼人心。

朵如葡萄,核如枇杷,壳如红缯,膜如紫绡,瓤肉莹白如冰雪,浆液甘酸如醴酪,大略如彼,其实过之。

【语出】唐·白居易《荔枝图序》。

【通讲】朵:颗粒。缯:绸。颗粒像葡萄一样,核像枇杷一般,外壳像一层红绸,内膜像紫色丝绸,果肉洁白如冰雪,汁液甜中微酸像甜酒、像奶酪,大致上像那些东西,事实上又胜于它们。

【鉴赏】荔枝乃宫中贡品,北方的普通百姓大多没机会品尝,怎么才能让他们看到所写的字就能感觉尝过一般呢?这可不是一件容易的事。但白居易能用北方人所喜闻乐见的东西形象地比喻,如葡萄、红绸、紫丝、冰雪、甜酒、奶酪等,使人一看就明白,仿佛看见了一样,仿佛正在品尝着它的美味。这真是大手笔呀!

凡植木之性:其本欲舒,其培欲平,其土欲故,其筑欲密。

【语出】唐·柳宗元《种树郭橐驼传》。

【通讲】筑:捣土。所有种树的特性:树根要非常舒展,培土要很均匀,移栽树木时保留树根周围的老土,捣土要结实。

【鉴赏】教育孩子和种树一样,必须顺应他们的天性,夯实基础、细心培育,才有望成龙成凤。

芙蕖则不然,自荷钱出水之日,便为点缀绿波;及其劲叶既生,则又日高一日,日上日妍。有风既作飘摇之态,无风亦呈袅娜之姿,是我于花之未开,先享无穷逸致矣。

【语出】清·李渔《芙蕖》。

【通讲】荷钱:荷叶初生时的铜钱状。初生的荷叶出水即三三两两浮于水面之上,为绿波做了点缀;等到荷花的茎叶长成以后,一天天增高,一天天好看起来。风吹荷花飘摆扶摇,无风时也呈现出美好的姿态,这样花还未开,我已经就欣赏到它那无比超逸的韵致了。

【鉴赏】描写荷花清丽而富有天然韵致的神态,荷钱点缀于绿波,荷叶日高日妍,飘摇之态,袅娜之姿,逐次勾勒出荷叶初生、荷花未开之时那羞涩迎风的姿容。赞美荷花,也赞美出污泥而不染的清纯脱俗的人。

蝮螫手则斩手,螫足则斩足。

【语出】《史记·田儋列传》。

【通讲】蝮蛇咬了手就要砍掉手,咬了脚就要砍掉脚(以免蛇毒蔓延到全身)。

【鉴赏】在要害关头时须下决心,当机立断,丢车保帅,弃小存大。

红豆生南国,春来发几枝?

【语出】唐·王维《相思》。

【通讲】红豆产于温暖的南方,春天来了,它又长出了几枝?

【鉴赏】描写对朋友的深切思念。

虎不知兽畏己而走也,以为畏狐也。

【语出】《战国策·楚策一》。

【通讲】老虎不知道动物是害怕自己才逃跑的，以为是害怕狐狸而逃跑的。

【鉴赏】战国时期，楚宣王对北方各国都害怕他的手下大将昭奚恤感到奇怪，大臣江乙给他讲了一个故事：一只被老虎抓到的狐狸对老虎说，你可不敢吃我，老天让我做百兽的统领，你要是吃了我，就是违抗老天。如果你不信，那么我走在前面，你走在我后面，看看野兽们是不是看到我就逃跑。结果，果真如此。"虎不知兽畏己而走也，以为畏狐也"。江乙分析，如今楚国国土纵横五千里，昭奚恤统兵百万，北方各国害怕昭奚恤，实际上是害怕大王啊。江乙讲这个故事是要楚宣王透过现象看到本质。此句比喻倚仗别人的势力欺压人，也讽刺了那些仗着别人威势招摇撞骗的人。

饥不从猛虎食，暮不从野雀栖。

【语出】汉乐府《猛虎行》。

【通讲】猛虎：喻横暴不义之人。野雀：喻卑鄙小人。即使非常贫困也不会跟随横暴不义之人去作恶，即使非常窘迫也不会与卑鄙小人为伍。

【鉴赏】对不义之人要保持高度警惕。

疾风知劲草，严霜识贞木。

【语出】《宋书·顾恺之传》。

【通讲】经过了猛烈的大风，才知道哪些草是顽强有力而摧折不了的。只有经过严霜的考验才能知道松柏的坚贞。

【鉴赏】真正的友谊往往是在一个人最困难的时候才体现出来的，只可同富贵不可共患难的朋友只如流水浮云，绝不能交，更不可委以重托。交友为人，慎之又慎啊！

橘生淮南则为橘，生于淮北则为枳。

【语出】《晏子春秋·杂下》。

【通讲】一次，晏子奉命出使楚国，楚王设酒席款待，但楚王为了羞辱他，有意让两个小吏捆着一个犯人上来。楚王问："这人是干什么的？"小吏回答："齐国人，犯了偷盗罪。"楚王便问晏子："齐国人天生就善于偷盗吗？"晏子答道："我听说，橘树生长在淮河以南就是橘树，生长在淮河以北就变成了枳树,它们只是叶子相似,而果实味道却不同了。为什么会这样呢?因为水土不一样了。这人生长在齐国不偷盗,到了楚国就偷盗,该不会是楚国的水土使人变得善于偷盗了吧?”

【鉴赏】“橘生淮南则为橘,生于淮北则为枳”,现在常用来比喻一旦环境改变,事物的性质也可能随之改变。也证明不能盲目照搬别人、别国的经验。如果不顾我们自己的“土壤情况”,盲目学习外国的制度和模式,学到的也只会是皮毛,更有可能带来灾难性后果。

两朵隔墙花,早晚成连理。

【语出】后唐·牛希济《生查子》。

【通讲】连理,两棵树的枝条连生,比喻真心相爱的夫妇。隔着一堵墙的两朵鲜花,总有一天结为连理。

【鉴赏】以花喻美女,连男方也比喻为花,用语甚新。女子希望突破墙壁的间阻,共谐连理。描写男女间的爱情。

两个黄鹂鸣翠柳,一行白鹭上青天。

【语出】唐·杜甫《绝句》。

【通讲】两个黄鹂在翠柳上对唱,一行白鹭在青天上翱翔。

【鉴赏】诗中不仅以“两个”“一行”的数量词相对,而且在颜色的黄、白、翠、青搭配上也极其和谐,因而组成了一幅美丽的图景。

鹿死不择音。

【语出】《左传·文公十七年》。

【通讲】音:通“荫”,指庇荫的地方。鹿将死时不会选择荫蔽的地方。

【鉴赏】鲁文公十七年,晋灵公认为郑穆公亲附楚国,因此在与宋、卫等国国君会盟时不肯会见郑穆公。郑国子家写了封信给晋灵公,信中引用古语“鹿死不择音”,说如果大国以德对待事奉它的小国,小国便会恭顺大国;如果大国不能以德对待小国,小国就会像鹿一样四处狂奔,还谈什么选择呢?此句用以比喻情况危急,只求一时避险能够安身,无法慎重考虑更多。

落红不是无情物，化作春泥更护花。

【语出】清·龚自珍《已亥杂诗》。

【通讲】那些飘零的落花并不是无情的东西，落在地上化成春天的泥土后，更加爱护着花。

【鉴赏】诗人以“落红”自比，表示即使化作春泥，也要护卫国家、民族的发展。寄寓遥远，深富哲理。

马思边草拳毛动，雕盼青云睡眼开。

【语出】唐·刘禹锡《始闻秋风》。

【通讲】拳毛：蜷曲的马毛。战马想起了边疆的草，连拳曲的鬃毛也会抖动起来；大雕盼望着青云，为此睁开了睡眼。

【鉴赏】描绘诗人不甘蛰伏、勇于进取的顽强斗争精神。诗中用马和雕比喻自己。虽处困境，但仍盼望重新投入战斗，实现远大的理想。

马有千里，不必骐骥之驹；鸟有仁圣，不必凤凰之雏。

【语出】汉·王充《论衡·讲瑞》。

【通讲】有千里马，但不一定是骐骥生的驹；有仁圣鸟，但不一定是凤凰生的雏。

【鉴赏】儿子是英雄，老子不一定是好汉。这是对血统论的有力批判。

梅花一时艳，竹叶千年色。

【语出】南朝宋·鲍照《中兴歌》。

【通讲】梅花只有一时的艳丽，竹叶却能永葆长青。

【鉴赏】诗歌颂扬竹叶历千年而不变色的坚贞品质，衬托诗人不图一时虚美，但求永恒的人生价值。

梅须逊雪三分白，雪却输梅一段香。

【语出】宋·卢梅坡《雪梅》。

【通讲】梅花须逊让雪花三分晶莹洁白，雪花却输给梅花一段清香。

【鉴赏】梅花在古诗词中是高贵品格的象征，“雪”代表了晶莹剔透、洁白无瑕。“梅花”傲雪开放,而“飞雪迎春到”,梅雪争为报春使者,“骚人搁笔费评章”。但诗人巧妙地点出梅和雪各有优劣,梅不如雪白,雪没有梅香。诗的言外之意是人各有长短,贵在要有自知之明,取长补短。诗句既有情趣,也有理趣,值得咏思。

麋鹿成群,虎豹避之;飞鸟成列,鹰鸷不击。

【语出】汉·刘向《说苑·杂言》。

【通讲】性情温驯的麋鹿,要是它们成群结队,凶恶的虎、豹都要躲避它们;飞鸟成队在一起,猛禽鹰、鸷都不敢袭击它们。

【鉴赏】只要团结一心,弱小都能够面对强大。

漠漠水田飞白鹭,阴阴夏木啭黄鹂。

【语出】唐·王维《积雨辋川庄作》。

【通讲】广漠空蒙的水田上,白鹭在飞翔;浓荫茂密的树林里,黄鹂在歌唱。

【鉴赏】描绘夏日雨后的田野风光。“漠漠”“阴阴”四字使画面开阔、境界幽深。意味深广。

鸟必择木而栖;交匪人者,有危身之患。

【语出】明·吴麟徵《诫昌侄》。

【通讲】鸟一定选择好的树来栖息。如果结交不正之人,就会有危及自身的祸害。

【鉴赏】人应当选择明白事理的朋友。

鸟飞返故乡兮,狐死必首丘。

【语出】战国楚·屈原《九章·哀郢》。

【通讲】首丘:语出《礼记·檀弓》“狐死正首丘”;传说狐狸死后,它的头总是向着巢穴,譬喻不忘故土。鸟儿朝故乡飞啊,狐狸死后头也总是向着它的窝巢。

【鉴赏】表现中国传统知识分子九曲回肠的爱国心。

鸟宿池边树，僧敲月下门。

【语出】唐·贾岛《题李凝幽居》。

【通讲】鸟儿在池边的树枝上栖息，僧人在月下轻轻敲门。

【鉴赏】描绘深山幽居的境界。作者为“推”还是“敲”而成就一佳话，而“推敲”一词也就成了作诗文苦心琢磨的代名词。

鸟同翼者而聚居，兽同足者而俱行。

【语出】《战国策·齐策三》。

【通讲】翅膀相同的鸟类聚居在一起，足爪相同的兽类一起行走。

【鉴赏】战国时期，淳于髡一天之内向齐宣王推荐了七个人，齐宣王觉得推荐得太多了。淳于髡则用“鸟同翼者而聚居，兽同足者而俱行”说明贤士需要靠贤士来推荐的道理。此句比喻同类的东西常聚在一起，指志向与个性相同的人聚集在一起。后概括为物以类聚、人以群分。它启示人们，要了解一个人，通过观察他的社交圈子，就可从中知道他的价值取向。古人的这种识人的方法，无疑是值得借鉴的。现代多用来比喻坏人和坏人常在一起，一般用于贬义。

驽马恋栈豆。

【语出】《三国志·魏志·曹爽传》裴松之注引干宝《晋书》。

【通讲】栈豆：马槽中的豆料。能力低下的马留恋马槽中的豆料。

【鉴赏】庸人目光短浅，顾惜眼前小利。

拼却老红一万点，换将新绿百千重。

【语出】宋·杨万里《又和风雨二首》。

【通讲】拼却残春老花一万朵，也要换来绿叶百千重。

【鉴赏】原借描写残春花落叶茂的景色，暗讽在朝志士渐被排挤、奸佞日益横行的情况。后反其意而用，喻指前辈、长者不遗余力荐引、培育新人。

墙角数枝梅，凌寒独自开。遥知不是雪，为有暗香来。

【语出】宋·王安石《梅花》。

【通讲】墙角的几枝梅花,冒着严寒独自盛开。远远看去也知道那不是雪,因为隐隐传来梅花的缕缕香气。

【鉴赏】这是王安石的一首咏梅诗。自古咏梅常与雪联系在一起,比如何逊《咏早梅》的"衔霜当路发,映雪拟寒开",卢梅坡《雪梅》的"梅须逊雪三分白,雪却输梅一段香"。而本诗并不是要以雪映梅,也不是要以梅拟雪,它突出的是梅的品格"凌寒独自开",在百花凋谢的严寒中盛开的傲骨。"遥知不是雪"为的是引出梅花的香气,寒冬不能遏制梅花的怒放,也掩盖不住它的芬芳。诗人在诗中表达了对梅花的赞美之情,应是有所寄托。王安石善于化用前人诗句推陈出新,营造自己独特的意境,如"为有暗香来"出自北宋诗人林逋的《山园小梅》:"疏影横斜水清浅,暗香浮动月黄昏。"

松柏之下,其草不殖。

【语出】《左传·襄公二十九年》。

【通讲】殖:繁殖;生长。松柏的下面,草是不能茂盛生长的。

【鉴赏】鲁襄公二十九年,楚康王死,其子郏(jiá)敖即位,任命他的叔父公子围为令尹。郑国的使者子羽认为这种安排欠妥,"松柏之下,其草不殖",预言公子围必将取代郏敖。此句指王子围权大势强,郏敖势弱如小草,必不长久。后用来比喻弱者在强大势力面前,受压抑、遭钳制,难以生存和发展。

松柏之姿,经霜犹茂;蒲柳常质,望秋先零。

【语出】《晋书·顾悦之传》。

【通讲】松柏的挺拔之姿,虽然经历寒霜仍然茂密;蒲柳的平常品质,还没有到秋天,就已经凋零了。

【鉴赏】品格坚贞的人经得起严峻考验,性格懦弱的人容易消极颓废。

呜呼!安得使余多暇日,又多闲田,以广贮江宁、苏州、杭州之病梅,穷予生之光阴以疗梅也哉?

【语出】清·龚自珍《病梅馆记》。

【通讲】唉！如何能让我有更多闲暇的日子、有很多的闲田，用来大量地贮存江宁、苏州、杭州的病态的梅花，用我一生的光阴去救治这些病梅呢？

【鉴赏】病梅在这里被龚自珍比喻为感受到封建毒害的知识分子。表现了作者摆脱社会束缚、保护人才的强烈愿望，发出了回天无力、无可奈何的叹息。警示我们要培养人才，使人才健康成长。

无意苦争春，一任群芳妒。

【语出】宋·陆游《卜算子》。

【通讲】争春：原指春天群花怒放，这里喻指社会上献媚取宠的丑行。妒：则指朝廷上嫉贤害能的行为。没有心思去争艳斗妍，听任百花对我的嫉妒。

【鉴赏】这是一首咏梅诗，借梅抒怀，以梅自喻。词人以拟人化手法写梅花与群芳，花人合一，寄兴深永，是咏物词中不可多得的佳作。

昔人论竹，以为绝无声色臭味可好，故其巧怪不如石，其妖艳绰约不如花，孑孑然有似乎偃蹇孤特之士，不可以谐于俗。

【语出】明·唐顺之《竹溪记》。

【通讲】孑(jié)孑然：孤独的样子。过去人谈论竹子，认为竹子没有鲜艳的颜色和美好的气味，所以它没有奇石的巧怪，没有花卉的姿态柔美、色彩艳丽，孤独地挺立着，就像那些清高孤傲正直的人一样，不愿与世俗同流合污。

【鉴赏】竹因自己的清高、孤傲、独立的情操而被仁人志士所喜爱。不流于习俗，不附和于众人，心中自有一腔清幽之气，傲然挺立于世。

细数落花因坐久，缓寻芳草得归迟。

【语出】宋·王安石《北山》。

【通讲】我久久地坐着，细数着一片片落花，慢慢地寻找芳草，很晚才回家。

【鉴赏】王安石晚年退居南京钟山(又称北山)。全诗描绘了一幅闲居的生活小景。前两句围绕“水”来写,清澈的泉水从北山流到山塘,一片滟滟波光。“细数落花因坐久,缓寻芳草得归迟”,写出诗人的闲适生活。看见落花便去“细数”,一二三四,也不知数了多久。不是心静,何以如此?一边慢慢走一边找寻芳草,走走停停,也不知走了多久。不是悠闲,何以这般?但在这闲情逸致的背后又何尝不隐藏着诗人的落寞和无奈?道已不行,回家亦无事可做了。

象以齿焚身,蚌以珠剖体。

【语出】汉·王符《潜夫论·遏利》。

【通讲】大象因为有牙齿而丧生,蚌因为有珍珠而惨遭剖身。

【鉴赏】有特别宝贵的东西容易遭到人的暗算,要特别提防。

萧萧远树疏林外,一半秋山带夕阳。

【语出】宋·寇准《书河上亭壁》。

【通讲】秋风萧瑟,远处一片稀疏的树林,秋山的一半被夕阳余晖映照着。

【鉴赏】在《书河上亭壁》题下,诗人写了四首诗,分咏春夏秋冬,这首写秋景。写作此诗时,诗人已被贬。“萧萧远树疏林外”,秋风萧瑟,不免让人染上“愁”色,带着愁绪。但越过树林,抬眼远望,“一半秋山带夕阳”,秋天特别的美扑面而来。夕阳照射,山色带着浓浓红晕,夕阳与山峰交相辉映,一片亮丽,不由联想起白居易《暮江吟》中的“一道残阳铺水中,半江瑟瑟半江红”的景象。诗中“带”字用得极妙,远远望去,不是夕阳照着秋山,倒仿佛是秋山披带着夕阳余晖,把秋山由被动变为主动,景象也格外动人,饶有兴味,愁情似乎也被一扫而空。

小荷才露尖尖角,早有蜻蜓立上头。

【语出】宋·杨万里《小池》。

【通讲】娇嫩的小荷叶刚从水面露出尖尖的叶角,早有一只可爱的蜻蜓站立在叶尖上头。

【鉴赏】杨万里《小池》是一首写景小诗,通过对泉眼、细流、树阴、小荷、蜻蜓的描绘,展现了一幅富有生命力的生动画面。“小荷才露尖尖角,早有蜻蜓立上头”把镜头聚焦在池中的荷叶上。“才”代表荷的新生,“小荷”的“尖尖角”蕴含无限生机。“早”字写出那立在叶角的轻盈的蜻蜓似乎要率先领略美妙的景色。作者像一个高明的摄影师,善于捕捉小细节,抓住景物特征,构成动态的、妙趣天成的画面。后用“小荷才露尖尖角”形容新生事物或初露头角的年轻人。

小楼一夜听春雨,深巷明朝卖杏花。

【语出】宋·陆游《临安春雨初霁》。

【通讲】在小楼里一整夜听着春雨滴滴答答,深幽的小巷明天一清早就有人叫卖杏花了。

【鉴赏】陆游62岁被起用为严州知府,赴任前,先到临安(今杭州)觐见皇帝,住在客栈时写了这首诗。这首诗反映了老年陆游对官场生活既厌倦又无可无不可的态度。颔联“小楼一夜听春雨,深巷明朝卖杏花”被广为传诵。一夜春雨,绵绵不尽,既是春天的讯息,又是愁人的思绪,夜不能寐,国事家愁都随雨声飘入心头。诗人用明媚的春光与落寞情怀构成了鲜明的对照。钱锺书《宋诗选注》认为“这一联仿佛是引申陈与义《怀天经智老引访之》的名句‘杏花消息雨声中’。”

新松恨不高千尺,恶竹应须斩万竿。

【语出】唐·杜甫《将赴成都草堂途中有作先寄严郑公五首》。

【通讲】我恨不得让新松长到千尺高,而对于恶竹,则必须全部加以芟除。

【鉴赏】描写对新松倾注热烈的爱,对恶竹务必除去。表示扶持君子、抑制小人的强烈爱憎之情,兼寓扶善疾恶之意。

宴安鸩毒,不可怀也。

【语出】《左传·闵公元年》。

【通讲】宴:安乐。鸩(zhèn):传说中一种有毒的鸟,用它的羽毛泡的酒能毒死人。鸩毒:毒酒。安乐就像毒酒,不能够怀恋。

【鉴赏】鲁闵公元年,狄人进攻邢国。管仲建议齐桓公救邢国,他说,戎狄像豺狼一样是不会满足的;中原各国互相亲近,是不能抛弃的,“宴安鸩毒,不可怀也”。于是齐国人出兵救援邢国。“宴安鸩毒,不可怀也”以“鸩毒”为喻,劝诫人们切不可沉湎于安逸之中。“鸩毒”能致人死命,“宴安”能毁灭人生。“宴安鸩毒”已成为人们习用的成语。

咬定青山不放松,立根原在破岩中。千磨万击还坚劲,任尔东西南北风。

【语出】清·郑燮《竹石》。

【通讲】竹子扎根于岩石的缝隙,经受风霜雨雪的击打,但始终“咬定青山不放松”。经过无数次磨难,岩竹变得愈发坚忍不拔,任凭狂风肆虐也毫不动摇。

【鉴赏】《竹石》是郑板桥的一首题画诗,也是一首托物言志的咏物诗。诗人表面上写竹,实则借竹喻人,表现其正直倔强的品格,以及绝不向邪恶势力低头的铮铮铁骨。只有树立高度的价值观自信,才能站稳价值立场,才能保持清楚认识,才能具备政治定力。自信,才有执着的坚守;自信,才有自觉的践行。

野凫眠岸有闲意,老树着花无丑枝。

【语出】宋·梅尧臣《东溪》。

【通讲】野鸭睡卧在水岸边,悠闲自在;老树遒劲的枝干上开满鲜花,艳丽动人。

【鉴赏】“野凫眠岸”是水岸边常见的景象,若不是诗人的闲情逸致又怎能感觉到野鸭的悠闲呢?“老树着花”写出老树的勃勃生机,又怎能不是诗人青春气息的勃发呢?欧阳修说梅尧臣“文词愈清新,心意难老大,有如妖娆女,老自有余态”(《水谷夜行》)。“老树着花无丑枝”正是“老自有余态”,恰是作者“心意难老大”的自我写照。宋代胡仔评价:“似此等句,须细味之,方见其用意”(《苕溪渔隐丛话》)。

野火烧不尽,春风吹又生。

【语出】唐·白居易《赋得古原草送别》。

【通讲】燎原的烈火没法把野草完全烧死,只要春风一吹,它又会重新生长起来。

【鉴赏】描写野草顽强的生命力。也说明一切新生事物都具有极强的生命力。

一朵忽先变，百花皆后香。

【语出】宋·陈亮《梅花》。

【通讲】梅花一朵最先绽放，百花都随其后才开放。

【鉴赏】这是歌颂梅花品格的诗句。隆冬腊月，梅花绽放枝头，“欲传春信息，不怕雪埋藏”。傲雪凌霜，高洁、坚韧，正是梅花风骨。“梅占百花魁”，它不与百花争春争艳，香在百花先。梅花被历代文人墨客吟咏不绝。

一番桃李花开尽，惟有青青草色齐。

【语出】宋·曾巩《城南》。

【通讲】大雨过后，繁花似锦的桃花、李花已零落殆尽，只剩下眼前齐刷刷的一片萋萋青草。

【鉴赏】曾巩《城南》一二句“雨过横塘水满堤，乱山高下路东西”描写大雨时的景象，三四句“一番桃李花开尽，惟有青青草色齐”描写大雨后的情形。桃花和李花虽艳丽，但被大雨打得七零八落，奄奄一息；青草虽不起眼，却在雨水的冲刷下生长得更青翠，生机盎然。诗人以暴雨后的花和草作对比，突出表现青草顽强的生命力。辛弃疾《鹧鸪天》“城中桃李愁风雨，春在溪头荠菜花”，意境与此类似。

一蜂至微，亦能游观乎天地；一虾至微，亦能放肆乎大海。

【语出】《关尹子·六匕》。

【通讲】一只蜜蜂虽小，也能飞来飞去，游观天地；一只虾虽小，也能自由自在地在大海中游览。

【鉴赏】东西虽小，可起的作用可不小。

一花独放不是春，百花齐放春满园。

【语出】《增广贤文》。

【通讲】一枝单独开放的花朵不能代表春天的到来,只有百花竞艳才是人间春色。

【鉴赏】《增广贤文》是明代编写的启蒙读物,汇集了历代各种格言、谚语。后经明、清两代文人不断增补,故又名《增广贤文》。这句民谚阐述了整体和部分的辩证关系,体现了联系的观点,说明了事物是客观的和发展变化的。阳光有七种颜色,因而绚烂;世界有多种文化,因而精彩。不论是中华文明,还是世界上存在的其他文明,都是人类创造的成果。推动文明交流互鉴,可以丰富人类文明的色彩。

一路稻花谁是主,红蜻蛉伴绿螳螂。

【语出】宋·乐雷发《秋日行村路》。

【通讲】谁是这一路盛开的稻花的主人?只见红蜻蛉伴着绿螳螂。

【鉴赏】这首诗描绘了淳朴、自由、优美的农村风光,"一路稻花谁是主,红蜻蛉伴绿螳螂"是千古名句。诗人选取了农村最常见的稻花、蜻蛉、螳螂组成一幅自然、丰收、和谐景象:秋日的田野里稻谷正在扬花秀穗,"稻花香里说丰年",洋溢着喜悦之情;红蜻蛉围着稻花低飞,绿螳螂在稻叶上爬动,生机勃勃。诗中色彩的运用也有特点,钱锺书《宋诗选注》中说:"古人诗里常有这种句法和颜色的对照,例如白居易《寄答周协律》'最忆后庭杯酒散,红屏风掩绿窗眠',李商隐《日射》'回廊四合掩寂寞,碧鹦鹉对红蔷薇',韩偓《深院》'深院下帘人昼寝,红蔷薇映碧芭蕉',陆游《水亭》'一片风光谁画得?红蜻蜓点绿荷心'。乐雷发的第三句比陆游的新鲜具体,全诗也就愈有精彩。"

一树梅花不算春。

【语出】清·乐钧《南乡子》。

【通讲】一棵梅花开得再好,也算不上春天。

【鉴赏】光一树开满梅花算不得春天,要万紫千红才是春。这句话含有深刻的哲理,即个人再有本领也办不成事,要群策群力,大家参与,才能迎来美好的春天。

一薰一莸,十年尚犹有臭。

【语出】《左传·僖公四年》。

【通讲】薰:香草,比喻善类;莸(yóu):臭草,比喻恶物。香草臭草在一起,十年之后还会有臭气。

【鉴赏】春秋时期,晋献公想立骊姬做夫人,让人占卜,繇辞“一薰一莸,十年尚犹有臭”,不吉利。晋献公不听,立了骊姬。结果逼死太子,重耳逃亡到蒲城,夷吾逃亡到屈地。此句说明香与臭混在一起,只闻到臭闻不到香;比喻善常被恶所掩盖,善易消而恶难除。它提醒人们善恶并存,要不断发扬、扩大善与积极的因素,缩小、消除恶与消极的因素。

一枝动则万叶不宁,一心散则万虑皆妄。

【语出】清 · 申居郧《西岩赘语》。

【通讲】一棵树的主干摇动则树上的叶子难以安宁;一个人的精神意志衰退了,那么再多再好的计划也会变成一纸空文。

【鉴赏】人的精神意志非常重要,它决定着人的行动是否成功。

有蛇于此,击其尾,其首救;击其首,其尾救;击其中身,首尾皆救。

【语出】《战国策 · 魏策四》。

【通讲】救:援助。这里有一条蛇,你打它的尾,它的头就会来救;你打它的头,它的尾巴就会来救;打击它的腰部,首尾都会来救。

【鉴赏】任何事物都是呈系统的状态存在的,从系统内部构成因素看,是普遍联系的;从外部与周围其他事物的联系看,也是普遍联系的。事物之间以及事物内部各要素之间是相互影响、相互制约的关系。我们观察和处理问题时必须树立全局观点,不要孤立地只看系统中的局部或某个要素问题。

鱼游于沸鼎之中,燕巢于飞幕之上。

【语出】《梁书 · 陈伯之传》。

【通讲】鱼在沸腾的鼎中游动,燕子在摇晃的帷幔上做窝。

【鉴赏】处于形势危急之中还不知晓。

欲收重泉之鳞,非偃息之所能获也;陨高墉之禽,非静拱之所能捷也。

【语出】《晋书·裴頠传》。

【通讲】偃息:躺在床上。墉(yōng):城墙。要想捕捉深水里的鱼,不是躺在床上可以获得的;要想射落高墙上的禽鸟,不是静默拱手而坐可以取得的。

【鉴赏】要想获取,必须付出辛勤的劳动。

欲致鱼者,先通谷;欲求鸟者,先树木。水积而鱼聚,木茂而鸟集。

【语出】《文子·上德》。

【通讲】想要招致鱼儿,必须先把溪水疏通引来;想要求得鸟儿,必须先把树种好。溪水积聚起来以后,鱼才会聚拢来;林木茂密之后,鸟才会集聚在一起。

【鉴赏】要想办成一件事,必先具备成事的基础和条件。要想罗致人才,首先要创造有利于人才生活、创业的环境。

渊深而鱼生之,山深而兽往之,人富而仁义附焉。

【语出】《史记·货殖列传》。

【通讲】生:产生。附:依附。河水深了,鱼儿就会游去;山林茂密了,野兽就会出没其中;人富有了,仁爱之心就会产生。

【鉴赏】经济是基础,经济决定人们的思想意识,人富有了,会产生仁爱之心,愿意将钱资助社会上贫困的人。

栽培剪伐须勤力,花易凋零草易生。

【语出】宋·苏舜钦《题花山寺壁》。

【通讲】栽培花木要勤于剪枝培土,否则花儿容易凋落,而杂草容易蔓延。

【鉴赏】要培养一个人,需要经过反复锤炼才行。

泽雉十步一啄，百步一饮，不蕲畜乎樊中。

【语出】《庄子·养生主》。

【通讲】蕲(qí)：通“祈”，请求。沼泽中的野鸡，四处奔走觅食，自由自在，它不希求人喂养而身困樊笼之中。

【鉴赏】自由是多么可贵，虽生活艰难，却自由自在。

斩草不除根，萌芽依旧生。

【语出】清·唐甄《潜书·去奴》。

【通讲】斩除杂草如不连根除去，它依旧会发出新芽，重新生长。喻指祸患如不根本上加以消除，还会重新出现。

【鉴赏】说明除恶务尽。要从根本上解决问题。

丈夫生世会几时，安能蹀躞垂双翼？

【语出】南朝宋·鲍照《拟行路难》。

【通讲】安能：怎么能。蹀躞(dié xiè)：小步行走。大丈夫在世上能有多少时间，怎能像垂着翅膀小步行走的鸟一样呢？

【鉴赏】做个大丈夫，就要雄飞，去创立功业。

知否？知否？应是绿肥红瘦！

【语出】宋·李清照《如梦令》。

【通讲】你可知道？你可知道？应是绿叶繁茂、红花凋零。

【鉴赏】《如梦令》借宿酒醒后询问花事，曲折委婉地表达了词人惜花伤春之情。“绿肥红瘦”是全词的精绝之笔，历来为世人所称道。绿叶和红花的色彩对比，茂盛肥大和凋零稀少的状态对比，使得描写形象生动。“绿肥红瘦”与起句的“雨疏风骤”前后呼应，相映成趣。词人为花悲喜，为花醒醉，为花憎风恨雨，凡一切美的事物年华，都在此一痛惜情怀之内。《草堂诗余别录》评：“结句尤为委曲精工，含蓄无穷意焉。”

质本洁来还洁去，不教污淖陷渠沟。

【语出】清·曹雪芹《红楼梦》第二十七回。

【通讲】淖:烂泥。鲜花原本是纯洁地来到世上,还要让它纯洁地离去,不要让它陷落于泥沼沟渠之中。

【鉴赏】要保护好美好的事物,不让环境来污染。

鸷鸟将击,必匿其形。

【语出】《元史·阔里吉思传》。

【通讲】鸷鸟:一种凶猛的鸟。匿:隐藏。凶猛的鸟将要发起攻击的时候,必定要隐藏它的形迹。

【鉴赏】元成宗时,诸王将帅共议边防,一致认为要停战撤兵,唯独赵王阔里吉思不以为然,就用“鸷鸟将击,必匿其形”来表明应严阵以待,后来果然不出赵王所料。这说明,任何事物的外在现象有真假之分,我们不能不为外表所迷惑,而是要透过现象去认识事物的本质。

竹外桃花三两枝,春江水暖鸭先知。

【语出】宋·苏轼《惠崇春江晓景》。

【通讲】绿竹萧疏,掩映着几树桃花。一江春水,鸭子首先感到了暖意。

【鉴赏】惠崇,北宋著名的和尚画家,《春江晓景》是他画图的题名,遗憾的是原画早已失传。所以,引出不少鉴赏的歧义。这两句是苏轼题惠崇《春江晓景》的前两句,后两句是“蒌蒿满地芦芽短,正是河豚欲上时”。关于题画诗的鉴赏,北宋诗人晁补之在《和苏翰林题李甲画雁》诗中有云“诗传画外意,贵有画中态”道出赏画题诗的两个要点:原画的“画中态”与题画诗的“画外意”。苏轼题画诗的首句言画面除翠竹之外仅见“三两枝”刚开的“桃花”,可谓“报春早”矣。据此,惠崇画的题名应是“春江晓景”,不是“晚景”。次句是十分珍贵的“画中态”——鸭戏春江图。苏轼在题画诗中将原本“无知”的鸭,用拟人手法写成“先知水暖”的鸭,便传出了“画外意”:早春已到,万物复苏,快来迎春吧!表达了诗人对春天气息的敏感和对生命活力的赞叹。

竹有低头之叶,梅无仰面之花。

【语出】清·袁枚《常记》。

【通讲】竹子劲挺而竹叶向下,梅花傲雪而花不上仰。

【鉴赏】为人高洁却做人低调,对人不傲慢。

庄周梦为胡蝶,栩栩然胡蝶也,自喻适志与!不知周也。俄然觉,则蘧蘧然周也。不知周之梦为胡蝶与,胡蝶之梦为周与?

【语出】《庄子·齐物论》。

【通讲】喻:即"愉",愉快。蘧蘧然:惊惶的样子。庄周梦见自己变成蝴蝶,栩栩然跟真蝴蝶一样,觉得自己很快乐,根本忘了自己是庄周。一会儿醒来,奇怪自己怎么是庄周。不知道是庄周梦见了蝴蝶呢,还是蝴蝶梦见了庄周?

【鉴赏】庄子认为,人与物,物与物,是与非,生与死之间都无差别,所以他提出等长短、齐万物、一生死、泯是非的观点。如果人们忘了身外的一切存在,最后干脆连自身也忘了,这样就达到天地万物人类之"齐",这是庄子思想的核心。庄子用齐是非、混成毁、一有无来倡导他的齐一万物之论,显然是空想。

9 舟　　车

春水碧于天，画船听雨眠。

【语出】前蜀·韦庄《菩萨蛮》。

【通讲】江南的春水碧绿明净，胜过蓝天，躺在画船中听着雨声让人惬意地入睡。

【鉴赏】描写江南美景、游人生活富有诗意。

春水船如天上坐，老年花似雾中看。

【语出】唐·杜甫《小寒食舟中作》。

【通讲】春水漫涨，坐船就如天上飘；老眼赏花，就像蒙着一层雾。

【鉴赏】描写年迈体衰而又略带酒意的人坐船的情景，极其真切动人。

春雨断桥人不渡，小舟撑出柳阴来。

【语出】宋·徐俯《春游湖》。

【通讲】春雨过后，水涨淹桥，人们无法渡河，一只小船从浓绿的柳阴中悄然驶来。

【鉴赏】徐俯《春游湖》写早春游湖所见美景。"春雨断桥人不渡"，一场春雨，一座被水淹没的小桥，无法到对岸欣赏春天美景，对于春游的人们，真是愁煞！"小舟撑出柳阴来"，柳阴深处，悠悠撑出一只小船来，真是柳暗花明。没有刻画湖光山色，已将满湖春色烘托出来，以实写虚，虚实结合，多么美妙的意境！短短两个诗句，跌宕转折，颇有意味。钱锺书《宋诗选注》称南宋词家张炎号称"千古绝唱"的词句"荒桥断浦，柳阴撑出扁舟小"便是蜕化于徐俯的这首诗。

大江东去浪千叠，趁西风驾着那小舟一叶。

【语出】元·关汉卿《单刀会》第四折。

【通讲】长江滚滚东流，激起浪花千层，我乘风驾着那一叶小舟，破浪前进。

【鉴赏】描绘了关羽单刀赴宴所表现出美的智勇双全。歌颂关羽知难而上、百折不回的英雄气概。

两岸猿声啼不住，轻舟已过万重山。

【语出】唐·李白《早发白帝城》。

【通讲】两岸猿声不停地传来，不知不觉间轻舟已过了一重又一重的山峰。

【鉴赏】描写作者流放夜郎，途中遇赦，所表现出的轻快欢畅的心情。

肴核既尽，杯盘狼藉。相与枕藉乎舟中，不知东方之既白。

【语出】宋·苏轼《前赤壁赋》。

【通讲】肴核：指鱼肉果品。狼藉（jí）：杂乱不堪。枕藉（jiè）：靠着睡觉。既白：已经发白，即天亮了。鱼肉果品都已经吃光，桌子上杯盘杂乱无比，朋友们互相靠着在船上睡觉，不知不觉东方发白、天已亮了。

【鉴赏】描绘在赤壁月夜，作者与友人泛舟江上，喝酒聊天的憨态，表现了超脱、旷达的情怀。

迅风驾舟，千里不息；纵帆不收，载胥及溺。夫人之得势也，天可梯而上；及其失势也，一落地千丈。朝荣夕悴，变在反掌。炎炎者灭，隆隆者绝。观雷观火，为盈为实，实天收其声，地藏其热。高明之家，鬼瞰其室。噫，可不忍与欤！

【语出】元·吴亮、许名奎《劝忍百箴·势之忍》。

【通讲】趁顺风行船，行驶千里也不停止；但扬帆不收，就会导致人与船一起淹没。人在得势时，可以步步登天；一旦失去权势，就会一落千丈。早上的鲜花，傍晚就凋零了，这种变化易如反掌。熊熊大火会熄灭，隆隆雷声会消失，看着雷和火，有满耳之声，有耀眼之火，可是天收去雷声，地藏去炎热。高位在家，鬼在窥视他的内屋。唉，怎么能不忍呢！

【鉴赏】那些胆大妄为、凭借势力的人，就像顺风行船，眨眼之间可以行驶千里。但是如果不自己经常警惕戒备,而是一意放纵自己行为,就一定有人翻船淹没的灾难随之而来。位居显赫重要地位的人,应该多加小心,要守身自正,不要过分。

怨不在大,可畏惟人。载舟覆舟,所宜深慎。

【语出】《旧唐书·魏徵传》。

【通讲】民怨不在大小,唯有人感到可怕。因为老百姓拥护与否,就像大水一样可以浮起船,也可以使船翻沉。

【鉴赏】劝诫为君者要重视民怨,为政者应该非常谨慎。

凿井当及泉,张帆当济川。

【语出】唐·李白《赠友人三首》。

【通讲】打井就应当打到泉眼,扬帆驾舟就应当渡过河川。

【鉴赏】办一切事,必须坚持到底。

10 楼　　台

楼观沧海日，门对浙江潮。

【语出】唐·宋之问《灵隐寺》。

【通讲】登楼观看大海上的太阳，寺门正对着浙江中的潮水。

【鉴赏】借远处的“沧海日”“浙江潮”来烘托灵隐寺的建筑宏伟，展现了杭州灵隐寺开阔壮观的景色之美。

身怯九天风露冷，楼台倒影浸秋星。

【语出】清·严复《上海刘氏园见白莲孤开归而成吟》。

【通讲】身体柔弱禁不住九天高处风露的寒冷，莲池中倒映着楼台的倩影又浸着秋夜的明星。

【鉴赏】描绘秋夜美景，抒发作者高处不胜寒的感受。

11 路　桥

二十四桥明月夜，玉人何处教吹箫。

【语出】唐·杜牧《寄扬州韩判官》。

【通讲】玉人：指判官韩绰。在扬州二十四桥的明月夜下，你在什么地方教人吹箫呢？

【鉴赏】描写秋日江南的美丽风光，表达了对朋友真挚的问候情意。

今日送君须尽醉，明朝相忆路漫漫。

【语出】唐·贾至《送李侍郎赴常州》。

【通讲】今日为你送行，你可要尽兴而醉；到明日只有互相思念，漫漫长路，人各一方，相离天涯了。

【鉴赏】描写与朋友亲密的感情，相聚尽情欢乐，相离依依难舍，想到不知何日相逢，难免引发怅惘之情。

三杯通大道，一斗合自然。

【语出】唐·李白《月下独酌》。

【通讲】只要喝下三杯酒，就会让人走向美好人生的大道；如果喝下一斗酒，就会使自己与大自然合而为一。

【鉴赏】这是诗仙李白好酒所得出的体会，喝酒可使人领悟人生的大道理，更使人超脱世俗，达到超然忘我的境界。

天津桥上无人识，独倚阑干看落晖。

【语出】唐·黄巢《自题画像》。

【通讲】站在天津桥上，没有人认识自己；独自靠着栏杆，默默地欣赏落日夕晖。

【鉴赏】描写黄昏夕阳与满天红霞的美景，抒发作者飘逸洒脱的情感。

溪边古路三叉口，独立斜阳数过人。

【语出】宋·苏轼《纵笔三首》。

【通讲】在溪边古路的三岔口，独自站在夕阳中数着过路行人。

【鉴赏】《纵笔三首》是苏轼64岁在儋州时所作，第一首自嘲衰老，第二首写处境寂寞，第三首写与儋州百姓的深情。第二首先写“父老”围观戴着“乌角巾”曾做过“宰官”的他，紧接着“溪边古路三岔口，独立斜阳数过人”。热闹过后，诗人在“数”少得可怜的“过人”，可知环境的偏僻，加以诗中的“古路”“斜阳”“独立”，显得孤单、悲凉。诗人并未进行议论或抒发情感，而寂寞与悲凉自在物象中显现。豁达的诗人把这种悲凉用悠然闲适的笔触不露痕迹地表达出来。王文诰评：“此三首平淡之极，却有无限作用，未易以情景论也。”

一天星点明归路，十里荷香送出城。

【语出】宋·杨万里《六月将晦夜出凝归门》。

【通讲】满天的星星闪着光亮照亮了我回家的道路，长达十里的一路荷香送我步出城门。

【鉴赏】描绘夜晚出城回家的一路美景，抒发了作者轻快悠闲的心情。

十三

科技

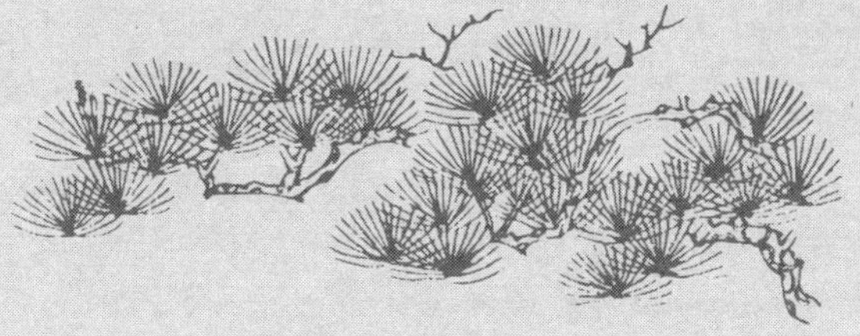

1 物　性

和氏之璧，不饰以五采；隋侯之珠，不饰以银黄。其质至美，物不足以饰之。

【语出】《韩非子·解老》。

【通讲】和氏之璧和隋侯之珠都是古代帝王必争的宝物。和氏之璧，是古时候闻名的美玉，相传是春秋时期楚人卞和发现的，所以称为和氏之璧。隋侯之珠，是古时候有名的明珠，传说隋侯治好了受伤的巨蛇，蛇化身小儿献宝珠报恩，所以称为隋侯之珠。这几句意为不需要用各种色彩来装饰和氏之璧，也不需要用白银黄金来装饰隋侯之珠。它们本身材料质地已经美到极致了，没有什么东西可以用来装饰它们。

【鉴赏】可见，本质极为美好的物品，无须再进行刻意的修饰，一旦弄巧成拙，反而令人感到狗尾续貂。特别是很多自然形成的事物，过度的雕琢修饰往往容易损毁其天然的风韵。自然之美，值得人们好好欣赏、细细品味。

和氏之璧，出于璞石；隋氏之珠，产于蜃蛤。

【语出】汉·王符《潜夫论·论荣》。

【通讲】石：未经雕琢的玉石。蜃蛤：大的蛤蜊。和氏璧出自璞石、隋氏珠产于大蛤蜊。

【鉴赏】有才能的人都出自平常的人之中。

黄金无足色，白璧有微瑕。

【语出】宋·戴复古《寄兴》。

【通讲】没有百分之百纯的黄金，白璧也有小小的瑕疵。

【鉴赏】对人不求全责备。这个不求全的道理，适用于任何事物，比喻生动，富含哲理。

火形严,故人鲜灼;水形懦,故人多溺。

【语出】《韩非子·内储说上》。

【通讲】火的外在形态威严可怕,因而人们很少被火烧伤;水的外在形态柔和软弱,因而被淹死的人很多。

【鉴赏】这是韩非法治理论中一个著名的比喻。他以水火为喻,主张治理国家时,应当订立严峻的刑法,使民众望而生畏,引以为戒,不愿也不敢以身试法。这一点,特别适合于现阶段的整顿作风。

金刚则折,革刚则裂。

【语出】汉·刘向《说苑·敬慎》。

【通讲】金属过分坚硬就容易折断,皮革过分坚硬就容易破裂。

【鉴赏】处理人与人之间的关系应有一定的忍让。

金可柔而不可夺重,石可破而不可夺坚。

【语出】唐·马总《意林·任子》。

【通讲】金子可被柔化但不可改变它质地重实的本性,石头可被打破但不可改变它质地坚硬的本性。

【鉴赏】要永远保持初心,永葆革命青春。

镜破不改光,兰死不改香。

【语出】唐·孟郊《赠崔纯亮》。

【通讲】镜子破了,不会改变它的光泽;兰草死了,不会改变它的香气。

【鉴赏】品德高尚的人永远保持其优秀品质。

兰生幽谷,不为莫服而不芳;舟在江海,不为莫乘而不浮。

【语出】《淮南子·说山训》。

【通讲】莫服:无人佩戴。芳:香。莫乘:无人乘坐。兰草生于幽谷,不因无人佩戴而不芳香;舟船泊于江河,不因无人乘坐而沉没。

【鉴赏】物品不会因为一时没人使用而失去其价值。

宁有瑕而为玉,毋似玉而为石。

【语出】明·张居正《辛未会试录序》。

【通讲】瑕:玉上的杂斑。毋:不要。宁可做一块有杂斑的美玉,也不要做貌似美玉的石头。

【鉴赏】玉和石有本质的不同。玉质优,石质劣。宁劣优而有些瑕疵,不可质劣而完美。事物是由本质决定的。

剖开顽石方知玉,淘尽泥沙始见金。

【语出】明·冯梦龙《古今小说·张道陵七试赵昇》。

【通讲】顽:顽固。剖开顽固的石头才能知道玉石,淘尽泥沙才能见到金子。

【鉴赏】玉石、金子要经过切磋、淘洗才能得到。

岂不罹凝寒,松柏有本性。

【语出】三国魏·刘桢《赠从弟三首》。

【通讲】凝寒:严寒。哪能会不遭受严寒?松柏自有它不怕风霜的本性。

【鉴赏】诗人在这里运用了比兴的手法。以松柏比喻有崇高气节的人,说他们不是没有遇到严酷的考验,只是由于他们本性刚正坚强,所以能不向严寒低头,始终傲然挺立。

染于苍则苍,染于黄则黄,所以入者变,其色亦变,五入而以为五色矣。故染不可不慎也。

【语出】《吕氏春秋·当染》。

【通讲】被苍色涂染就会变成苍色,被黄色涂染就会变成黄色,所用于涂染的颜料变化,染后的颜色也跟着变化,用五种颜色就会变成五种颜色。所以,对染色要慎重呀!

【鉴赏】接触什么样的颜色,就染出什么的布。推而广之,人必须重视择友、重视自己所处的环境。与人结交不当可致身死,国君择臣不当可致国灭。

头醋不酽彻底薄。

【语出】明·施耐庵《水浒传》第五十一回。

【通讲】酽:浓厚。头道醋不浓厚,以后各道就都极其淡薄。

【鉴赏】做事情如开头不顺利的话,往后就一直不顺当了。

物必先腐也,而后虫生之;人必先疑也,而后谗入之。

【语出】宋·苏轼《范增论》。

【通讲】物体一定是自身先腐烂了,然后才生出虫子;人一定是自己起了疑心,才会听得进谗言。

【鉴赏】人和事物都是本身出了问题,外部东西才能侵入。

朽木不可雕也,粪土之墙不可杇也。

【语出】《论语·公冶长》。

【通讲】朽:腐烂,多指木头。雕:雕刻。粪土:腐土。杇:用泥灰抹墙,此处指粉刷。腐朽的木头不可用以雕刻,腐土一样的墙壁是不可以被粉刷的。

【鉴赏】孔子的这句话虽是针对他的学生宰我白天睡觉不学习的懒惰表现有感而发,但实际上对人们有普遍的教育意义。"朽木不可雕"如今已成为妇孺皆知的成语,是对那些嘴上说胸怀大志,要干一番轰轰烈烈的大事业,而实际行动不愿做出任何努力的人给予的有力针砭。对只说空话,不干实事的人用再多的功去造就,正像是雕刻朽木、粉刷粪土墙一样白费力气。常言道:一分耕耘,一分收获,只有通过辛勤的努力,才会成就大事业。

玉以洁润,丹紫莫能渝其质;松表岁寒,霜雪莫能凋其采。

【语出】《隋书·苏威传》。

【通讲】渝:改变。表:特出;屹然独立貌。玉石由于洁白润泽,丹紫的颜色也不能改变它的本质;松树屹然独立于寒冬,霜雪也不能损伤它的神采。

【鉴赏】只要自身刚正不阿、意坚志强,就不会受到外在恶势力的腐蚀。

曰："夫物之不齐，物之情也。或相倍蓰，或相什百，或相千万。子比而同之，是乱天下也。巨屦小屦同贾，人岂为之哉？"

【语出】《孟子·滕文公上》。

【通讲】蓰(xǐ)：五倍。倍蓰：数倍。屦(jù)：鞋。天下万物没有同样的，它们都有自己的独特个性，这是客观存在。物品的价值有的相差一倍、五倍，有的相差十倍、百倍，有的甚至相差千倍、万倍。倘若你将它们等同看待，就是扰乱天下。如果巨屦(做工粗糙的鞋)与小屦(做工精细的鞋)同样价钱，那么，谁还肯做小屦呢？

【鉴赏】孟子这段话强调了事物的差异性。物质世界如此，人的精神世界亦然。的确，从政治制度看，各国有各国的国情，各国有各国的体制，各国有各国的历史，怎么可能千篇一律？每个国家都应该根据国情选择合适的道路。从政治到文化，从制度到历史，只有认识到差别，才能真正尊重别人、坚持自己。

中河失船，一壶千金。

【语出】《鹖冠子·学问》。

【通讲】在河中心翻了船，一个葫芦也会有千金的价值。

【鉴赏】说明物无固定的贵贱，其价值以它所起的作用而定。不起眼的葫芦在翻船后成为宝贵的救生用具，其价值何其大也。不要轻视任何人任何物，都要充分发现并充分发挥其价值。

2 事　　理

抱薪救火，薪不尽，火不灭。

【语出】《史记·魏世家》。

【通讲】薪：柴草。抱着柴草救火，柴草不烧完，火是不会灭的。

【鉴赏】选择正确的办法，才能获得成功。办法不对头，只能越搞越糟。

慈石召铁，或引之也；树相近而靡，或軵之也。

【语出】《吕氏春秋·精通》。

【通讲】磁石吸引铁，是因为有一种力在吸引它；树木彼此相近就会互相摩擦，这是因为有一种力在推动它。

【鉴赏】说明客观事物之间都有一定的联系，而使它们发生联系的，是一种客观存在的力。

大厦将颠，非一木所支也。

【语出】隋·王通《中说·事君》。

【通讲】将要倾覆的大厦，不是一根木头所能撑住的。

【鉴赏】众人的力量大，要依靠群众，发动群众。

迨天之未阴雨……绸缪牖户。

【语出】《宋史·李熙靖传》。

【通讲】迨：趁着；等到。绸缪：紧缠密绕。趁着天气未变，在阴雨之前，赶紧把窗户密封好。

【鉴赏】一切事情应防患于未然。

夫物新则壮，旧则老；新则鲜，旧则腐；新则活，旧则板；新则

通，旧则滞：物之理也。

【语出】清·康有为《应诏统筹全局折》。

【通讲】世间万物新生的则多健壮，陈旧则衰老；新生则鲜活，陈旧则腐朽；新生则灵活，陈旧就刻板；新生则通达，陈旧则阻滞。这都是事物本身的道理啊。

【鉴赏】新与旧是一对历史的、发展的、辩证的概念。历史的进步，正是由于不断地新陈代谢，解放思想，不断创新，绘就美丽的宏伟蓝图。

辅车相依，唇亡齿寒。

【语出】《左传·僖公五年》。

【通讲】辅：颊骨。车：齿床。颊骨和齿床互相依靠；嘴唇没有了，牙齿就会感到寒冷。

【鉴赏】晋献公要向虞国借路去攻打虢国，虞国大夫宫之奇劝虞公说，虢国是虞国的外围，虢国灭亡了，虞国必然跟着灭亡，谚语“辅车相依，唇亡齿寒”说的就是虞国和虢国的关系啊。虞公不听劝告，竟然答应晋国的请求。宫之奇只好带领全族人逃出虞国。晋国轻而易举灭掉虢国，回国时把虞国也给灭了。后多用“唇亡齿寒”形容两个邻国之间的关系。也可形容人与人或单位与单位之间相互依存、利害相关、命运紧密相关。它启示我们，事物是互相联系的，在观察分析问题时要有联系的观点，不要把事物看成是孤立存在的。

冠虽故，必加于首；履虽新，必关于足。上下有分，不可相倍。

【语出】汉·刘向《说苑·谈丛》。

【通讲】帽子虽然旧了，但仍然一定要戴在头上；鞋子虽然是新的，却仍得穿在脚下。上下是有分别的，不能违背。

【鉴赏】这里以帽子和鞋子作比喻，说明上下、高低之分不能错乱。在管理工作中，分级、分序进行是使工作有条不紊的前提。

基广则难倾，根深则难拔。

【语出】《晋书·孝愍帝纪》。

【通讲】地基厚实就难以倒塌,根扎得深就难被拔出来。

【鉴赏】打好基础,对任何事物都是非常重要的。

激湍之下,必有深潭;高丘之下,必有浚谷。

【语出】明·刘基《司马季主论卜》。

【通讲】浚:深。湍急的水流下面一定有深潭,峻峭的高山之下一定有深渊。

【鉴赏】事物都有它的基础。

坚金砺所利,玉琢器乃成。

【语出】宋·欧阳修《赠学者》。

【通讲】刀剑等兵器必须经过磨砺才会锋利,璞石只有经过雕琢之后才成为美玉。

【鉴赏】社会的每一个进步、每一项成果,都是人们积极努力,经过艰苦磨炼、奋斗的结果。积极向上的努力、勤奋不懈的追求永远是我们前进的力量源泉。只要有不懈的意志,努力不断的奋斗,最终的胜利必然就在不远的前方。

近朱者赤,近墨者黑。

【语出】晋·傅玄《太子少傅箴》。

【通讲】接近朱砂的会被渐渐变红,接近墨的则会慢慢变黑。

【鉴赏】接近善人将使人心向善,而亲近坏人则会使人堕落邪恶。朋友在我们的生活中极其重要。我们一定要在择友、交友上慎重抉择,不可疏忽大意。

名正理顺,垂之无穷。

【语出】唐·颜真卿《请复七圣谥号状》。

【通讲】垂:传下去。名义正,理由通,这种事情就可以永远不断地流传下去。

【鉴赏】任何事情都要合乎事理。

蓬生麻间,不扶自直;白纱入缁,不练自黑。彼蓬之性不直,纱之质不黑,麻扶缁染,使之直黑。

【语出】汉·王充《论衡·率性》。

【通讲】缁(zī):黑色。蓬草长在大麻中间,不用扶助就能挺直;白纱放到黑色里面,不用染色就会变黑。蓬草的生性不直,白纱的质地不黑,依靠大麻扶助、黑色染就,才使得蓬草变直,白纱变黑。

【鉴赏】环境好坏对人性转变的方向具有巨大影响作用,我们要重视社会环境。

皮之不存,毛将安傅?

【语出】《左传·僖公十四年》。

【通讲】傅:通“附”,附着,靠近。皮已经不存在了,毛又将附着在哪里?

【鉴赏】鲁僖公十四年冬季,秦国发生饥荒,派人到晋国请求购买粮食,晋国人不给。庆郑说:“背弃恩惠就会失去亲人,幸灾乐祸就是不仁,贪图所爱惜的东西就是不祥,激怒邻国就是不义。这四种德行都丢掉了,用什么来守卫国家?”虢射说:“皮之不存,毛将安傅?”此句比喻事物失去了赖以生存的基础,就不能存在。它启示我们基础是根本,是事物赖以存在的依据,如果本末颠倒,那将是得不偿失的。基础不牢,地动山摇,事物甚至会因为失去存在的基础而消亡。

物不素具,不可以应卒。

【语出】《史记·范雎蔡泽列传》。

【通讲】卒:通“猝”,指突发事变。事情不在平时做好准备,就不能够应付突然发生的事变。

【鉴赏】凡事必须做好充分准备和预案,才能对付突发事件。

物闲则蠹,人闲则废。

【语出】清·胡达源《弟子箴言·奋志气》。

【通讲】一般物体闲置的时间长了就会生虫毁废,一个人整日无所事事就会没有用处。

【鉴赏】运动是生命之源。

先明后不争。

【语出】清·申涵光《荆园小语》。

【通讲】事情先说清楚,事后就很少发生争执。

【鉴赏】预先做好各种事情,就可以少些争执。

心得而听得,听得而事得,事得而功名得。

【语出】《吕氏春秋·先己》。

【通讲】心得其理,就能够听到真实的正确的情况;能听到真实的、正确的情况,政事就会处理得恰宜得当;政事处理得恰宜得当,自然会功成名就。

【鉴赏】说明处理政事的方法首先要掌握准确的情况。

形存则神存,形谢则神灭。

【语出】南朝梁·范缜《神灭论》。

【通讲】形:形体。神:精神。谢:失去。形体存在,精神就存在;形体失去,精神也就消亡了。

【鉴赏】精神从属于形体,它不能脱离形体而独立存在。古人很早具有朴素的唯物主义观点。

形枉则影曲,形直则影正。

【语出】《列子·说符》。

【通讲】枉:弯曲;不直。形体弯,影子自然就曲;形体直,影子自然就正。

【鉴赏】影由形生,形影不离,形的枉直决定着影的曲正,平常说的"身正不怕影子歪"就是这个意思。品德高尚的人,美名自会远播;行为不端的地方,邪僻就容易泛滥。可用以劝告人严于律己,加强自我修养,使自己的行为端直。

悬衡而知平,设规而知圆。

【语出】《韩非子·饰邪》。

【通讲】把秤杆悬起来就知道平与不平,把圆规放在位置上就知道圆与不圆。

【鉴赏】依法以治,才能公正无邪。

有备则制人,无备则制于人。

【语出】汉·桓宽《盐铁论·险固》。

【通讲】有所准备就能制服人,没有准备就要受人控制和摆布。

【鉴赏】有备无患,有备主动的观点不但适用于军事斗争,在其他领域也适用。

源不深而望流之远,根不固而求木之长,德不厚而思国之安,臣虽下愚,知其不可,而况于明哲乎!

【语出】唐·魏徵《谏太宗十思疏》。

【通讲】下愚:最愚笨的人,这里是魏徵自谦之词。明哲:明智的人,这里指唐太宗。源头不深而想让河水流得远,树根扎得不牢固而希望树木长得又高又大,不积德义而要想使国家安定,我虽然十分愚笨,也知道这是办不到的,更何况是明智的圣人呢!

【鉴赏】用反诘的句式,将“明哲”与“下愚”加以对比,从反面论证定国安邦的道理,既切合君臣之间的礼节,又增强了说服力。

栉,所以去乱发;浴,所以濯肤垢。

【语出】宋·宋祁《杂说》。

【通讲】梳篦,是用以去掉紊乱了的头发的;洗澡,是用以清除皮肤上的污垢的。

【鉴赏】比喻人应该经常开展批评和自我批评,才能保持思想的整洁。

自细视大者不尽,自大视细者不明。

【语出】《庄子·秋水》。

【通讲】以观察小事物的方法去观察大事物,就看不全面;以观察大事物的方法去观察小事物,就看不分明。

【鉴赏】任何事物都有大小、巨细之分,不同事物要采取不同方法。要按照事物的客观规律去观察事物、处理问题,否则会造成失误。

走不以手,缚手走,不能疾;飞不以尾,屈尾飞,不能远。

【语出】《淮南子·说山训》。

【通讲】奔跑不用手,但把手捆住跑,便不能跑得快;鸟飞不用尾巴,但少了尾巴,就不能飞得很远。

【鉴赏】次要东西也有四两拨千斤的作用,不可轻视,也要让其发挥作用。

3 技　术

国家欲振兴商务，必先通格致，精制造；欲本国有通格致、精制造之人，必先设立机器、技艺、格致书院，以育人材。

【语出】清·郑观应《盛世危言·商务五》。

【通讲】国家要振兴商务，必须先讲求科技，精通机器制造；要本国有懂得科技知识、精通制造技术的人，就必须先创办工科及理科高等院校，来培育人才。

【鉴赏】创办近代理工科高等院校以培养科技人才，是近代工业发展和振兴民族经济的时代需要。经济要发展，教育必先行。

机器者，真为国家之命脉也。

【语出】清·朱志尧《求新制造机器厂·自序》。

【通讲】机器制造，实在是国家经济发展的命脉。

【鉴赏】要使国民经济发展，必须重视机器的制造、创新。在今日之中国，这句话是很有借鉴意义的。

4 效 果

孤则易折，众则难摧。

【语出】《资治通鉴·宋太祖文皇帝元嘉元年》。

【通讲】一支箭容易折断，箭多了就很难折断了。

【鉴赏】众人拾柴火焰高，团结就是力量，众志成城，才能取得胜利。

一夫当关，万夫莫开。

【语出】唐·李白《蜀道难》。

【通讲】只要有一个男子守在关前，即使有一万个人也别想把关打开。

【鉴赏】形容剑阁地形的险要。蕴含抓住关键就可以解决问题的哲理。

用恶报恶，乱莫甚焉。

【语出】汉·王充《论衡·谴告》。

【通讲】用恶的报复恶的，祸乱没有比这更厉害的了。

【鉴赏】不要恶恶相报，扰乱社会秩序。

月晕而风，础润而雨。

【语出】宋·苏洵《辨奸论》。

【通讲】月亮周边出现了光圈，天就要刮风；础石潮湿了，天就要下雨。

【鉴赏】说明任何事物的出现都有原因，都有先兆。

治大者不可以烦，烦则乱；治小者不可以怠，怠则废。

【语出】汉·桓宽《盐铁论·刺复》。

【通讲】烦：烦琐。做大事情时不能搞得太烦琐，一烦琐就容易混乱；做小事情时不能拖拉，一拖拉就会前功尽弃。

【鉴赏】做大事情不烦琐，做小事情不拖拉，这是办事情的原则，今天仍可借鉴。

子独不闻夫寿陵余子之学行于邯郸与？未得国能，又失其故行矣，直匍匐而归耳。今子不去，将忘子之故，失子之业。

【语出】《庄子·秋水》。

【通讲】寿陵：地名，燕国境内。国能：指赵国的才能和本事。故行：原有的本事。你没听说过寿陵少年到邯郸去学走路的故事吗？不但没有学会赵国人的走法、却连自己原有的走法也忘记了，结果只好爬着回去。现在你若不赶快走开，将会忘了你原有的本领，失掉了你本来的学业。

【鉴赏】执意追求自然之道的人，其结果只能是徒劳无益，如同邯郸学步，这就是庄子相对主义的不可知论。“邯郸学步”也批判模仿照搬，必然出乖露丑。

5 积　　微

大厦之成，非一木之材也；大海之润，非一流之归也。

【语出】明·冯梦龙《东周列国志》第十六回。

【通讲】大厦的建成，不能只靠一棵树的木材；大海的润泽，也不是仅凭一条河流的汇聚。

【鉴赏】大厦需众材，海润要百川，事成聚众谋，学成采百家。放眼今日之中国，无论是全面深化改革，还是改善社会民生，抑或是建设法治国家，都有一个遵循规律、循序渐进的过程，爬坡迈坎、攻坚克难，积跬步至千里，积小胜为大胜，蹄疾步稳、行稳致远，则大事可为、大业可成。

飞尘增山，雾露助海。

【语出】汉·张衡《奏事》。

【通讲】空气中飘浮的微小灰尘，也能增加山的高度；雾露一样的小水滴，也能对大海有所帮助。

【鉴赏】积小善可以成大功，点滴知识会有助于渊博学问的养成。不要小看灰尘和水滴。

撼大摧坚，要徐徐下手，久久见功，默默留意。攘臂极力，一犯手自家先败。

【语出】明·吕坤《呻吟语·应务类》。

【通讲】摧撼大而坚固的事物，一定要慢慢地下手着力，长时间才能见出功效来，还要默默地留意在心。张开膀子，极尽力量的话，一犯上手，自己就先顶不住了。

【鉴赏】如何才能成就事业？必先从小事做起，积累经验，由少及多。而且还有耐心和恒心，不能急于求成，要想一举成功，是不行的。

合抱之木，生于毫末；九层之台，起于累土；千里之行，始于足下。

【语出】《老子》第六十四章。

【通讲】合抱：两臂围拢，形容树木粗大。毫末：幼苗，比喻细小。合抱的大树由细小的幼苗长成，九层的高台由一筐一筐的泥土堆成，千里远的行程须从脚下开始。

【鉴赏】这句话形象地论证了大事都是由小事逐渐发展演变而来的道理。在阐明事物发展变化规律的同时，也告诫人们，无论做什么事情，都必须具有坚强的毅力，从小事做起，成就大事业。

合升斗者实仓廪，并小流而成江海。

【语出】汉·刘向《说苑·政理》。

【通讲】聚集一升一斗的粮食，最终可以把仓库装得满满的；合并无数涓涓细流，可以变成大江大海。

【鉴赏】事业和学问都是由一点一滴做成的。

积薄为厚，积卑为高。

【语出】《淮南子·缪称训》。

【通讲】为：成为。卑：低。薄的，可以积累成为厚的；低的，可以堆成高的。

【鉴赏】薄不必馁，低不必悲，技能、学问和财富都是一点一滴积累起来的，关键在于要有恒心和毅力。

积一勺以成江河，累微尘以崇峻极。

【语出】《晋书·虞溥传》。

【通讲】积聚一勺一勺的水，可以形成江河；积累微细的尘土，可以形成崇高的山峰。

【鉴赏】从来不能轻视小的东西，积少成多，积小成大，伟大的事业必须从小事做起，万里之行，也只始于足下。

尽小者大，积微者著。

【语出】《荀子·大略》。

【通讲】要能够容纳所有细小的东西，才可能变得巨大；积累了无数微不足道的努力，才可能变得引人注目。

【鉴赏】大事业是由无数小事构成的，显赫的名声，是由大量微小的努力形成的。

千金之裘，非一狐之皮；台庙之榱，非一木之枝。

【语出】汉·刘向《说苑·建本》。

【通讲】榱（cuī）：屋椽。价值千金的皮衣，不是一只狐狸的皮能够做成的；规模宏大的建筑所需要的椽子，不是一根树木的枝条可以凑得成的。

【鉴赏】要完成一件有价值的事，必须有许多人的努力。团结就是力量，众人拾柴火焰高。

山不让尘，川不辞盈。

【语出】晋·张华《励志诗》。

【通讲】让：推辞；舍弃。盈：满。山所以高，是因为它不舍弃微尘；河所以深，是因为它不拒绝水多。

【鉴赏】不可忽视小，积小成大。积小功可以成大业，积小善可以成大德，积小学可以成巨学，积小财可以成大富，广纳众可以成大事。

山积而高，泽积而长。

【语出】唐·刘禹锡《唐故监察御史赠尚书右仆射王公碑》。

【通讲】山是由土石日积月累而高耸起来的，水是由点滴积聚才长流不断的。

【鉴赏】两个“积”字，突出了量变的作用。不断积累，山可高，水可长。学业、事业乃至国家间的互信也如此，都需要经过长期不断的积累，点滴努力，铸就成功。不管是国与国之间的交往，还是一个地区乃至全球的发展，只要不断努力，积小胜为大胜，积跬步以至千里，就一定能达到既定的目的地。

为山者基于一篑之土，以成千丈之峭；凿井者起于三寸之坎，以就万仞之深。

【语出】北朝齐·刘昼《刘子·崇学》。

【通讲】为：造。基：开始。篑：盛土的竹器。峭(qiào)：山势高徒。坎：坑；地洞。就：成。仞(rèn)：古代7尺或8尺叫1仞。万仞：万仞，形容极深。从一筐筐土做起，可以堆积成千丈的高山；凿井从挖三寸的地洞开始，可以挖到万仞那么深。

【鉴赏】勉励人要不懈努力，积极进取。

勿轻小事，小隙沉舟；勿轻小物，小虫毒身。

【语出】《关尹子·九药》。

【通讲】虫：毒蛇。不能忽视小事，小小的一条裂缝就可以使一条船沉没；不要忽视小东西，一条小小的毒蛇就可以让人丧生。

【鉴赏】任何事物都是从小到大发展起来的，小事都是大事的苗头，对小事不加以处理，任其发展下去，终会变成灾难。

物之生长，无卒成暴起，皆有浸渐。

【语出】汉·王充《论衡·道虚》。

【通讲】卒：同“猝”，突然。万物生长，没有突然成就的，都有一个逐渐成长的过程。

【鉴赏】体现了古代人即有哲学智慧。没有量的积累，就没有质的飞跃。

一日一钱，千日一千，绳锯木断，水滴石穿。

【语出】宋·罗大经《鹤林玉露·一钱斩吏》。

【通讲】每天只拿一文钱，一千日就会变为一千文，用绳子锯圆木，也总有一天能锯断，水滴滴落于硬石之上，也终会滴穿。

【鉴赏】学习或者办事只要有恒心，坚持不懈，就能够战胜困难，得到成功。恒心对于每一位不甘于平庸、渴望实现自己人生价值的奋斗者是多么可贵。

越十年生聚，而十年教训。

【语出】《左传·哀公元年》。

【通讲】生聚：繁殖人口，聚积物力。教训：教育训练。越国十年生殖聚积，十年教育训练。

【鉴赏】春秋时期，吴王夫差在夫椒打败越国，进入越地。越王勾践坚守会稽山，向吴国求和。伍子胥告诫吴王要防备勾践，不要让越国有生存壮大的机会，吴王不听。伍子胥说"越十年生聚，而十年教训"，二十年后吴国的宫殿要变成沼泽了。越王勾践"十年生聚，十年教训"，发愤图强，最后一举攻占吴国，报仇雪耻。古人云"人生逆境十有八九"，人都可能遭受挫折和失败，要在逆境中砥砺意志，奋发努力，锐意进取。从逆境中奋起，争取新的成功。

众呴飘山，聚蚊成雷。

【语出】《后汉书·第五伦传》。

【通讲】呴(xǔ)：吹气。众人吹气能动摇大山，众蚊飞舞声如雷鸣。

【鉴赏】集中众多的轻微力量能起很大的作用。

铢积寸累，工夫到后，自然贯通。

【语出】宋·朱熹《朱子语类》卷九。

【通讲】铢：古衡制单位，为一两的二十四分之一，比喻极其微少。铢积寸累：一点一滴地积累。一点一滴地积累下去，工夫到家了，自然就一切通透。

【鉴赏】要做好一件事情都要靠平时一点一滴地积累起来的，没有平时的积累，就不会有最后的"贯通"。

6 规　律

爱有大而必失，恶有甚而必得。智慧不能去其恶，威力不能全其爱。

【语出】晋·陆机《吊魏武帝文》。

【通讲】爱太大必然失去，恶太过必然得到。智慧无法去掉他的恶，威力也不能成全他的爱。

【鉴赏】“爱恶之得失”是自然规律，不是智慧及威力所能改变的。

芳林新叶催陈叶，流水前波让后波。

【语出】唐·刘禹锡《乐天见示伤微之敦诗晦叔三君子皆有深分因成是诗以寄》。

【通讲】春天树木的新叶催落了旧叶，奔腾的流水前波让位给后波。

【鉴赏】说明新陈代谢是自然界不可避免的规律。

夫自冬寒徂夏暑者，必经春之温和乃至焉。自平原以至山巅，必经山麓之攀跻乃能登焉。

【语出】清·康有为《大同书》。

【通讲】从寒冷的冬天到暑热的夏天，中间必定要经过温和的春天。从平原到山巅，也必须经过山脚的攀登才能登上山顶。

【鉴赏】事物发展的规律规定了大同社会必须经过一定的过渡时期后才能达到。

凫胫虽短，续之则忧；鹤胫虽长，断之则悲。故性长非所断，性短非所续，无所去忧也。

【语出】《庄子·骈拇》。

【通讲】凫：野鸭。胫：小腿。野鸭的腿虽短，给它接长了，它就难受；鹤的腿虽长,给它截短了就会痛苦。所以生来就长是不必截短的,生来就短是不必接长的,没有必要去为野鸭腿短或为鹤的腿长而忧愁。

【鉴赏】庄子在这里所阐明的是客观唯物主义。世间万物都有其客观的自然规律,人们不能按照主观意愿去断鹤续凫。

观天文以极变,察人文以成化。

【语出】南朝梁·刘勰《文心雕龙·原道》。

【通讲】仔细地观察天文以追究它的变化规律,详明地考察人文以完善它的教化作用。

【鉴赏】此二句讲出了古人文化发展的一种轨迹。先人通过观察天道自然的运行规律,发现农业耕作的时序,从而实现农业生产的需要。把握现实社会中的人伦秩序,来规范君臣父子之间的关系,形成教化的力量。说明了人与自然之间的一种隐形的默契。

贱而不可不任者,物也;卑而不可不因者,民也;匿而不可不为者,事也;粗而不可不陈者,法也;远而不可不居者,义也;亲而不可不广者,仁也;节而不可不积者,礼也;中而不可不高者,德也;一而不可不易者,道也;神而不可不为者,天也。

【语出】《庄子·在宥》。

【通讲】任:用;使用。因:听从;随顺。匿:隐匿,指细小琐碎不起眼的。陈:陈述;公告。节:小节。中:合乎;得到。易:变化。为:顺从。低贱但不可不用的,是物品;卑下但不可不依靠的,是百姓;细小琐碎不起眼而不可不去做的,是事情;虽然粗略但不可不发布出来的,是法律;虽然渺远但不可不去做的,是义;关系再亲近也不可不推广的,是仁;细末的小节不可不注意积累的,是礼;能做到就不能不给予高评价的,是德;本于一然而不能不变化的,是道;神妙然而不可不顺从的,是自然。

【鉴赏】尊重自然规律,是非常重要的。物任其用,人尽其才,事依其理,一切都要按客观规律进行。这里庄子指出了顺其自然在各种具体事例上的要求,应该引起我们的重视。

流水不腐,户枢不蝼,动也。形气亦然,形不动则精不流,精不流则气郁。

【语出】《吕氏春秋·尽数》。

【通讲】腐:臭败。蝼:蠹;蛀蚀。形气:形体和气,中医把人体生理上的新陈代谢、内部机能的活动功能称作“形气”。精:指体内的精气。气郁:形气郁结,不流动。流动的水不会发臭,转动的门轴不会被虫蛀,这是由于不断运动的缘故。人的身体和精气也是这样,身体不活动,体内的精气就不运行;精气不运行,气就滞积不通。

【鉴赏】说明生命在于运动。人经常运动则不容易得病,东西也因经常运动不易受侵蚀。

乱天之经,逆物之情,玄天弗成。解兽之群,而鸟皆夜鸣;灾及草木,祸及昆虫。

【语出】《庄子·在宥》。

【通讲】经:正常秩序;自然规律。玄天:上天;大自然。解:分解;离析;拆散。破坏了天的规律,悖逆了事物的常情,使自然乱了秩序。群兽离散,飞鸟夜鸣,殃及草木,祸及昆虫。

【鉴赏】顺其自然,是庄子为自己的“无为”说列举的又一例证。自然和社会都有其规律,要尊重这个规律。生态平衡是典型的自然规律,哪怕只打断一个生物链,则危及鸟兽,祸及昆虫。

任情返道,劳而无获。

【语出】北朝魏·贾思勰《齐民要术·种谷》。

【通讲】返道:违反客观规律。放任自己的情绪而违反客观规律,付出再多的劳动也不会有收获。

【鉴赏】遵循客观规律办事才会成功。

盛必有衰而生必有死,物之常理也。

【语出】宋·欧阳修《祭蔡端明文》。

【通讲】必:一定。常:永久;永恒。有盛就一定有衰,有生就一定有死,这是世间万物永恒的道理。

【鉴赏】对立统一规律无处不在,无时不在,要很好地掌握这一规律,来驾驭世界万物。

水行莫如用舟,而陆行莫如用车。以舟之可行于水也而求推之于陆,则没世不行寻常。

【语出】《庄子·天运》。

【通讲】没世:一生一世;一辈子。寻常:古代八尺为寻,两寻为常,"寻常"指距离极短。在水中行走没有比得上船的,在陆地上行走没有能比得上车的。因为船可以在水中行走,便想在陆地上推着船走,一辈子也只能走丈把距离。

【鉴赏】世间万物都有其自身的规律和特点,做任何事情都要尊重事物的客观规律,船只能在水中走,而在陆地就走不了。我们做任何事,都要遵循社会和自然的客观规律。

水之积也不厚,则其负大舟也无力……风之积也不厚,则其负大翼也无力。

【语出】《庄子·逍遥游》。

【通讲】江河之水汇集不深,浮载大船时就没有力量……聚积的风不大,托负巨大的翅膀时便力量不够。

【鉴赏】水深才能浮大船,风大才能展巨翅,人有远大的理想和高度的修养,才能获得最大的成功。

思虑熟则得事理,得事理则必成功。

【语出】《韩非子·解老》。

【通讲】深思熟虑才能认识到事物的规律性,按照事物发展规律办事一定能成功。

【鉴赏】按客观规律办事才会成功。

同声相应，同气相求。水流湿，火就燥。

【语出】《周易·乾》。

【通讲】相同的声音，就相互共鸣感应；气质相同，就互相影响。水往低湿处流动，火向干燥的物体延烧。

【鉴赏】前两句说明同类事物具有一致性的规律。后两句说明客观规律的不可变更性。

毋先物动，以观其则。动则失位，静乃自得。

【语出】《管子·心术上》。

【通讲】不要急于行动，要观察事物运动的规律。盲目的行动会使领导者丧失他的地位，静心观察，指挥就能自然成功。

【鉴赏】这“静”包含不冲动，不盲目行动，静观事物的内部规律，等待适当的行动机会。

物之兴衰，情之起伏，理有固然矣。

【语出】《后汉书·郭皇后纪》。

【通讲】理：道理；规律。固：本；本来。世上的事物有兴衰，人的情感有起伏，自然规律本来就是这样的。

【鉴赏】东汉光武帝刘秀的郭皇后虽一度尊宠无比，但失宠时却也自身难保。这个故事启发人们居安思危，防患于未然，以很好地治国、理家和修身。

消息盈虚，终则有始。

【语出】《庄子·秋水》。

【通讲】消亡后又生长，充实后又空虚，旧事物的死亡又孕育着新事物的开始。

【鉴赏】阐明了对宇宙事物发展变化的规律。

欲速，则不达；见小利，则大事不成。

【语出】《论语·子路》。

【通讲】欲:想。速:快。不达:不能实现。成功心切,想要加快速度,反而达不到目的;贪恋小的实惠,就干不成大事情。

【鉴赏】事物总有自身的发展规律,如果按规律办事就会事半功倍,反之则会欲速则不达。如果违背事物发展的客观规律,强求速成,不但达不到预期效果,可能还会事与愿违。

舟循川则游速,人顺路则不迷。

【语出】唐·马总《意林·唐子》。

【通讲】循:顺着。川:河流。船顺流行驶就快,人顺路而行就不会迷失方向。

【鉴赏】办事要遵循事物的客观规律,要随着时代的潮流奋勇向前。

十四

志向

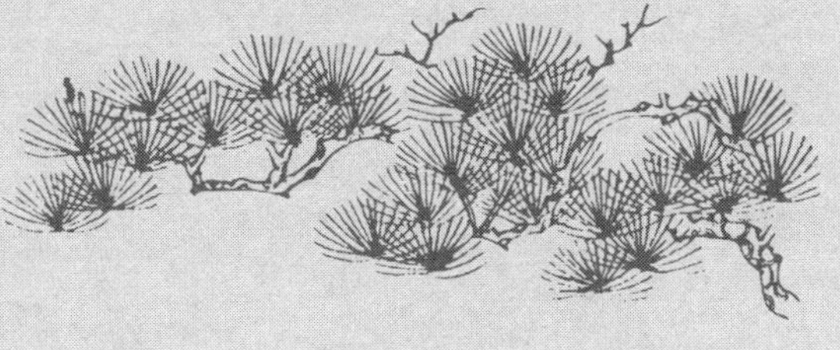

1 报　国

保天下者，匹夫之贱与有责焉耳矣。

【语出】清·顾炎武《日知录·正始》。

【通讲】国家强盛还是衰亡，每个老百姓都有责任。

【鉴赏】表现了热爱祖国、报效祖国的主人翁责任感。

不请长缨，系取天骄种，剑吼西风。

【语出】宋·贺铸《六州歌头》。

【通讲】请缨：意为自请参军杀敌，系用《汉书》终军“愿受长缨，必羁南越王而致之阙下”的典故。天骄种：指匈奴酋帅，语本《汉书·匈奴传》“胡者，天之骄子也”。剑吼：见王嘉《拾遗记》，谓帝颛顼有剑，“未用之时，常于匣里如龙虎之吟”。无路请缨去生擒敌方的首领，连匣中的宝剑也在西风中怒吼了。

【鉴赏】此为宋词中罕见的豪放派佳作。表现了词人积极参战、报效祖国的豪情。一个“吼”字，反映出词人满腔的愤慨，英风飒飒，读之令人肝胆俱热。

成败利钝不计较，但持铁血报祖国。

【语出】清·秋瑾《宝剑歌》。

【通讲】是成功还是失败，是顺利还是曲折，这些我都不放在心里；我唯一的想法就是，用自己手中的武器和满腔热血，去报答祖国。

【鉴赏】有血性的人，以满腔热血报效祖国。

楚虽三户能亡秦，岂有堂堂中国空无人！

【语出】宋·陆游《金错刀行》。

【通讲】楚国虽剩下三户还能灭亡秦国，岂有堂堂中华而没有一个英雄人物呢！

【鉴赏】诗人借赞美金错刀寄寓抗金报国之志,抒发了强烈的爱国精神。

从今别却江南路,化作啼鹃带血归。

【语出】宋·文天祥《金陵驿》。

【通讲】今天我离别江南,只有化作啼血的杜鹃飞回故土。

【鉴赏】文天祥自知国亡家破,不能生还,所以他希望像古蜀帝一样,化作啼血的杜鹃飞回江南。表现了以死报国的决心。

带长剑兮挟秦弓,首身离兮心不惩。

【语出】战国楚·屈原《九歌·国殇》。

【通讲】腰间佩戴长剑啊手持秦制的大弓,身首虽然分离啊壮心依然不变。

【鉴赏】赞颂了为国捐躯的勇士英勇顽强的战斗精神和宁死不屈的英雄品格。

但使玄戈销杀气,未妨白发老边才。

【语出】明·戚继光《盘山绝顶》。

【通讲】只要能使胡兵销尽杀气,停止入侵,我这个边防将军不妨为之长驻边陲,直到白发垂老。

【鉴赏】抒发作者满腔的爱国热情。

感时思报国,拔剑起蒿莱。

【语出】唐·陈子昂《感遇》。

【通讲】时局维艰,使我有心报国,从草野平民的人丛中拔剑而起、投身国事。

【鉴赏】全诗系公元686年诗人从军北征、绝域归来的感慨之作。作者认为要从民间选拔敢于报效国家的人。

苟利社稷,死生以之。

【语出】《左传·昭公四年》。

【通讲】只要有利于国家,死生都不管它。

【鉴赏】国家利益高于一切,为了国家可以献出一切,死生在所不惜。

苟利社稷,则不顾其身。

【语出】汉·马融《忠经·百工》。

【通讲】假如是对国家社会有利的事,那我将牺牲一切去做。

【鉴赏】愿为国家社会牺牲一切,是每个人应有的道德品质。

国破方知人种贱,义高不碍客囊贫。

【语出】清·秋瑾《感愤》。

【通讲】国家残破了才知道我们这个民族已经被人轻视;穷困并不影响我们高尚的革命志气。

【鉴赏】描写作者对国家民族命运的深切关注,抒发了要不顾一切投身于革命斗争的崇高志向。"义高不碍客囊贫",诗人始终坚持着她的革命理想。"客囊贫",是说客囊无钱。

捐躯赴国难,视死忽如归。

【语出】三国魏·曹植《白马篇》。

【通讲】为了拯救国家于危亡,甘愿献出生命,把死亡看得就像回家一样,不当回事。

【鉴赏】这两句诗描写勇士为捍卫祖国边境而献身的壮烈精神。表现了高度爱国主义精神。

苦心焦思,以日继夜,苟利于国,知无不为。

【语出】唐·韩愈《为裴相公让官表》。

【通讲】费尽心思,夜以继日,只要对国家有利,凡是知道的,就没有不去做的。

【鉴赏】这是官员应该有的操守,为国家鞠躬尽瘁。

临命须掺手,乾坤只两头。

【语出】清·章炳麟《狱中赠邹容》。

【通讲】临死时咱们要手搀着手,天地之间只有我们献出两颗人头。

【鉴赏】1903 年,作者因《苏报》案与邹容同在上海租界被捕。此诗以亲切口吻赞扬了邹容的革命精神,表现出革命者临危不惧、准备牺牲的大无畏精神。

论文青眼今犹在,报国丹心老更同。

【语出】宋·刘挚《夜直中书省寄左丞子容公》。

【通讲】具有很强的感染力。其中,"更"字之设,读来使人倍感鼓舞。当年品评文章时,你对我的奖掖,至今还镌刻在我的记忆里;现在你我进入垂暮之年,那一份报效国家的赤诚之心,愈显得同样殷切。

【鉴赏】描写师友间的深情厚谊,源于同具报效国家的赤子之心。

谋身拙为安蛇足,报国危曾捋虎须。

【语出】唐·韩偓《安贫》。

【通讲】安蛇足:即寓言"画蛇添足",此处用以讽刺精心谋私。捋虎须:典出《庄子·盗跖》,孔子游说盗跖被驱逐后说:"丘所谓无病而自灸也。疾走料虎头,编虎须,几不免虎口哉!"比喻诗人忠于唐王室,敢于与权倾朝野的篡逆之臣进行抗争。我不善于刻意为自已打算,但危急关头,为报效国家,曾抵制过残暴而不可一世的恶人。

【鉴赏】描述了诗人舍身为国的"凛然有烈丈夫之气"。

男儿要当死于边野,以马革裹尸还葬耳。

【语出】《后汉书·马援传》。

【通讲】边野:边疆。好男儿应该死于保卫边疆的沙场,用马革裹尸还葬故土。

【鉴赏】这是马援主动要求带兵出征匈奴,临行时对好友说的豪迈之语。表现了马援强烈的爱国精神。爱国不是纸上谈兵,要有敢于为国献身的雄心壮志和实际行动。

人生一死浑闲事,裂眥穿胸不汝忘。

【语出】金·宇文虚中《在金日作》。

【通讲】人生一死完全是平常事;即使我眼眶裂、胸腑穿,也绝不会忘却故国宋朝。

【鉴赏】作者曾是宋朝臣子。南宋初使金,被扣留,后为金朝翰林学士。但他始终不忘宋朝,这就是他心志的表现。诗句视死如归,绘声绘色,洋溢着悲壮之美。

仁道不远,则杀身以成仁,义重于生,则捐生而取义。

【语出】《隋书·诚节传序》。

【通讲】到了需要实践仁道的时候,可以牺牲自己的生命来成就仁道;如果面临着比生命更重要的大义,就要舍弃生命来成就大义。

【鉴赏】为了国家、人民的利益、理想、大义,即使牺牲生命,也在所不惜。

三十功名尘与土,八千里路云和月。

【语出】宋·岳飞《满江红》。

【通讲】我年已三十,所成就的功名轻微如尘土;带兵转战南北八千余里,日夜驰驱,看到的只是天上的云和月。

【鉴赏】表达了作者抗金必胜的坚强意志,表现了强烈的爱国主义感情。

生无以救国难,死犹为厉鬼以击贼。

【语出】宋·文天祥《指南录后序》。

【通讲】活着没有能够解救国家的患难,死了还要变作恶鬼以惩罚敌人。

【鉴赏】生死都要为国家,这是为人的基本准则。

时局如斯危已甚,闺妆愿尔换吴钩。

【语出】清·秋瑾《柬徐寄尘》。

【通讲】吴钩:吴地产的一种似剑而曲的武器名,这里用作武装的代称。时局发展到这种地步已经非常危急,希望你脱下红妆,拿起武器来。

【鉴赏】秋瑾希望她的朋友徐寄尘在国家民族危急存亡之秋挺身而出,

脱下闺妆，换上武装，直接投身革命。反映出诗人自己对国家民族命运深刻的忧患意识。

所谓誓不与贼俱生，所谓鞠躬尽力，死而后已，亦义也。

【语出】宋·文天祥《指南录后序》。

【通讲】这就是与敌的仇恨不共戴天，全心全意、兢兢业业，直到生命的终结，也是义。

【鉴赏】与敌人不共戴天，宁为玉碎，不为瓦全。最后鞠躬尽瘁，死而后已。文天祥借诸葛亮在《出师表》中的话以明志，深为令人钦佩，值得我们学习。

投死为国，以义灭身。

【语出】三国魏·曹操《让县自明本志令》。

【通讲】投死：效死。为了国家、为了大义而献出生命。

【鉴赏】为了祖国，为了真理，牺牲生命在所不惜。

王师北定中原日，家祭无忘告乃翁。

【语出】宋·陆游《示儿》。

【通讲】大宋军队平定中原的那一天，家祭时千万不要忘记告诉你们父亲的亡灵。

【鉴赏】这首诗作于嘉定二年十二月，是陆游的绝笔亦是遗嘱，是他九千多首诗中最脍炙人口的一首。陆游一生念念不忘"北定中原"，"砥柱河流仙掌日，死前恨不见中原"，虽屡遭投降派排挤打击，但爱国热情始终没有消减。"这首悲壮的绝句最后一次把将断的气息又来说未完的心事和无穷的希望。"（钱锺书《宋诗选注》）"王师北定中原日，家祭无忘告乃翁"，诗人对国家如此执着的爱，给读者以强烈的震撼！

忘其身故必死。必死不如乐死，乐死不如甘死，甘死不如义死，义死不如视死如归。

【语出】汉·刘向《说苑·指武》。

【通讲】将士们在战场上只担心不能取胜，从而忘了自己，抱着必死的信念前去战斗。如果一定要赴死的话，不如高兴地去死，高兴地去死不如心甘情愿地去死，心甘情愿地去死不如为义而死，为义而死不如视死如归。

【鉴赏】人们热爱和平，珍惜生命，但是现实中仍有战争，仍有流血事件在发生。为崇高理想而献身的精神，永远是中华民族的传统美德。我们要继承和发扬这种精神，为祖国的和平、富强，贡献出自己的一切。

为国忘私仇，千秋思廉蔺。

【语出】清·严允肇《古风》。

【通讲】为了国家的大局而忘记个人的仇隙，千年万载人们都思念廉颇和蔺相如将相和的故事。

【鉴赏】古往今来，众多历史英雄人物都以国家利益为重，今天，我们应将这种爱国精神发扬光大，更好地为人民服务。

闲居非吾志，甘心赴国忧。

【语出】三国魏·曹植《杂诗》。

【通讲】过闲散的生活不是我的希望，我心甘情愿地投入为国家排除忧患的斗争中。

【鉴赏】曹植被贬闲居，仍希望有机会能施展抱负，为国分忧。这种不得志仍忧国事的豪情壮志，值得赞叹。

匈奴未灭，无以家为。

【语出】《史记·卫将军骠骑列传》。

【通讲】在匈奴没有消灭、还威胁着国家的情况下，用不着考虑置立家业的事。

【鉴赏】应该学习霍去病不顾家庭安乐而奔赴国难的崇高精神。

休言女子非英物，夜夜龙泉壁上鸣。

【语出】清·秋瑾《鹧鸪天》。

【通讲】不要说女子中没有英雄人物，挂在壁上的龙泉宝剑夜夜都在发出不平之鸣。

【鉴赏】诗句表现了男女平权的先进的民主主义思想。描绘女子心中的不平和报国杀敌的英雄气概。

夜视太白收光芒,报国欲死无战场!

【语出】宋·陆游《陇头水》。

【通讲】太白:星名,即金星。收光芒:指中国衰弱。夜晚仰观天象,看到了自己祖国的衰败,不惜用自己的生命来报效祖国却报国无门。

【鉴赏】陆游的诗歌风格雄奇奔放、沉郁悲壮,洋溢着强烈的爱国主义激情,热爱祖国、热爱家乡、爱恋着祖国人民,更能显示出战士的本色。

一寸丹心图报国。

【语出】明·于谦《立春日感怀》。

【通讲】一颗红心就是为了报国。

【鉴赏】反映了诗人报国的赤子之心。

一腔热血勤珍重,洒去犹能化碧涛。

【语出】清·秋瑾《对酒》。

【通讲】满腔热血为拯救祖国危亡而洒出,化作碧海波涛。

【鉴赏】秋瑾崇尚古代的英豪侠士,自小就喜欢骑马、击剑,自号鉴湖女侠。有英武男儿的刚烈性格,立志献身革命事业。一代女豪侠,为革命献身,年仅31岁。她为了革命事业而献身的壮烈豪情,永远值得世人学习铭记。

一身报国有万死,双鬓向人无再青。

【语出】宋·陆游《夜泊水村》。

【通讲】一身用以报国,虽万死而不辞;双鬓已经斑白,再无法使它变成黑色。

【鉴赏】诗句描写作者虽怀报国壮志而白发催人的悲愤。他感叹双鬓斑白、不能再亲为的是报国之志未酬。表现了作者的爱国情怀。

以身许国,但求福国利民,与民除害。

【语出】清·林则徐《给内人家书》。

【通讲】把自己的一切献给国家,只求得造福于国家,施利于人民,为民除害。

【鉴赏】人生的目的,应是为国为民。

丈夫须兼济,岂得乐一身。

【语出】唐·薛据《古兴》。

【通讲】大丈夫必须兼顾匡济国家和百姓,怎能只求个人的快乐。

【鉴赏】有志气的人应该为国家为老百姓谋幸福,而不能企求个人安乐。

只有沙场为国死,何须马革裹尸还!

【语出】清·徐锡麟《出塞》。

【通讲】马革裹尸:东汉名将马援的话,马援认为男子汉不应死在儿女身边,而应战死沙场,用马革裹尸归来。我只知道应该在战场上为国牺牲,何必一定要用马革裹着尸体回来!

【鉴赏】作者是清末革命组织光复会的成员,在安庆刺杀安徽巡抚恩铭不成而壮烈牺牲。诗句描绘作者为国家为革命血战而死、义无反顾的豪情壮志。

壮志饥餐胡虏肉,笑谈渴饮匈奴血。

【语出】宋·岳飞《满江红》。

【通讲】我满怀奋勇杀敌的壮志,准备在打仗时,饿了就吃胡人的肉,谈笑间渴了就喝匈奴的血。

【鉴赏】岳飞立誓要雪耻复国,杀敌抒恨,忠胆热忱,感人至深。我们要学习岳飞的爱国主义精神。

2 为　民

不愁屋漏床床湿，且喜溪流岸岸深。

【语出】宋·曾幾《苏秀道中自七月二十五日夜大雨三日秋苗以苏喜而有作》。

【通讲】我不愁屋漏打湿了床铺，只欣喜条条河流涨满了雨水。

【鉴赏】此诗写久旱逢甘雨的心情。表现关心民瘼的精神，然杜诗沉郁，此诗流利。

长太息以掩涕兮，哀民生之多艰。

【语出】战国楚·屈原《离骚》。

【通讲】我长吁短叹禁不住泪盈双眼，我哀怜那人民的生涯充满艰难。

【鉴赏】诗句展现了屈原同情人民疾苦的思想。

大丈夫处世，当扫除天下。

【语出】《后汉书·陈蕃传》。

【通讲】大丈夫生存在世，应为天下人兴利除弊。

【鉴赏】这是陈蕃说的话，鼓励人要为天下众生谋幸福。

但愿苍生俱饱暖，不辞辛苦出山林。

【语出】明·于谦《咏煤炭》。

【通讲】只希望老百姓都能过上温饱的生活，纵然千辛万苦我也愿走出深山老林。

【鉴赏】《咏煤炭》是明代名臣于谦的一首咏物诗。作者以煤炭自喻，托物言志，抒发了自己“鞠躬尽瘁、死而后已”，造福百姓的博大胸怀与无私品质。

但愿众生皆得饱，不辞羸病卧残阳。

【语出】宋·李纲《病牛》。

【通讲】只要天下百姓人人吃得饱，即使耕田劳累病倒在夕阳之下，也绝不推辞。

【鉴赏】李纲被贬谪武昌后内心抑郁不平，作《病牛》以自慰。诗人运用比喻和拟人手法，借咏牛言情述志，形象生动，立意高远，为后世传诵。耕牛身体羸弱，耕作田间筋疲力尽却无人怜惜，但它没有怨天尤人，因为它心甘情愿为众生的温饱而劳作。这两句将病牛与“众生”联系起来写，以“但求”与“不辞”对举，强烈地抒发了病牛不辞羸病，一心向着众生的志向。结句中的“残阳”是双关语，既指夕阳，又指病牛的晚年，它与“卧”相结合，表现老牛身体病弱却力耕负重、死而后已的精神。诗中的病牛是诗人形象的化身。

东山高卧时起来，欲济苍生未应晚。

【语出】唐·李白《梁园吟》。

【通讲】我虽然像“东山高卧”的谢安一样过着隐居的生活，但必要时仍会起来，要拯救人民于痛苦之中现在还不算晚。

【鉴赏】描写诗人因当时政治腐败而隐居，但又想起来拯救苍生，为国家建立功绩。东晋名臣谢安一度隐居东山（在今浙江绍兴上虞西南），被人称为“高卧东山”，有人希望他出来主持政局，说：“斯人不出，如苍生何？”便是这两句诗的出典。

非甚不便于民，且莫妄更；非大有益于民，则莫轻举。

【语出】清·金缨《格言联璧·从政》。

【通讲】如果不是对百姓很不便利的事，就不要随便变更；如果不是对百姓很有益处的事，就不要轻易兴办。

【鉴赏】一切为了人民，方便群众，造福百姓。

夫民，不难聚也。爱之则亲，利之则至，誉之则劝，致其所恶则散。

【语出】《庄子·徐无鬼》。

【通讲】百姓并不难以聚会。爱护他们,他们就和你亲近;给他们利益,他们就会到来;表扬他们,他们就会勤奋;做他们厌恶的事,他们就会离散。

【鉴赏】人民是我们事业的基础。一切为了人民,是我们行政的法则。一切措施都应该为人民着想。否则,一切都为统治者着想,横征暴敛为自己,千百条政策为维护自己,结果只能脱离人民群众,甚至起而反抗,则会带来巨大麻烦。这是为政者必须认真思考的事情。

夫圣人之举事也,唯务便人,唯求利物。若损益相半,则不必迁移;若利害相悬,则事须追改。

【语出】唐·白居易《论和籴状》。

【通讲】圣人办事,只求方便群众,只求有利于事,如果带来的好处与害处对半,则无须改变;若二者相差悬殊,则必须改变过去的做法。

【鉴赏】在决策中当以效益挂帅,以便民为出发点,有利则趋,而不唯上。

鞠躬尽瘁,死而后已。

【语出】三国蜀·诸葛亮《后出师表》。

【通讲】鞠躬:弯着身子,表示恭敬谨慎。已:止。恭敬谨慎地竭尽全力做事,直到死才停止。

【鉴赏】我们应该像诸葛亮那样,为国家为人民尽忠尽职,奋斗终生。

3 为　公

不累于俗，不饰于物，不苟于人，不忮于众。愿天下之安宁以活民命，人我之养毕足而止。以此白心。

【语出】《庄子·天下》。

【通讲】苟："苛"字之讹，苛求。忮(zhì)：悖逆；违背。不受世俗的牵累，不用外物的矫饰，不苛求他人，不违背民意，愿天下长治久安，愿百姓都能安生，愿自己和他人的生活能得到满足保证。就用这些来表明我们的志向吧！

【鉴赏】这是庄子为代表的道家学派的宣言书，其实质与儒家的大同理想相一致。不违背民意，求社会长治久安，让所有人生活富足，这就是"道家之志"，这对我们今天也有借鉴意义。

不以私意害公法，乃国家之福。

【语出】《宋史·陈宗礼传》。

【通讲】不以一私的意见破坏公法，这是国家的福祉。

【鉴赏】不以个人的意见来决定国家的治理，执政以公，是强国的关键。

尽诚可以绝嫌猜，徇公可以弭谗诉。

【语出】唐·刘禹锡《上杜司徒书》。

【通讲】徇：从。弭：止息。竭尽忠诚可以杜绝嫌疑猜忌，一心为着国家利益可以止息谗言诽谤。

【鉴赏】忠诚和为公，就不怕任何风浪。

任天下之大，立心不可不公；守天下之重，持心不可不敬。

【语出】《宋史·汤汉传》。

【通讲】敬：审慎；敬肃；不怠慢。负责国家大事，思想不可不公正；掌握国家重权,思想不可不审慎。

【鉴赏】为国家办事,必须公正、谨慎。

为一身谋则愚,而为天下谋则智。

【语出】宋·苏洵《审敌》。

【通讲】只为自己打算的人就会变得愚蠢,一心为天下着想的人就会变得聪明。

【鉴赏】一心为公,胸怀天下,是为人的修养。

惟德被生民,而功施社稷。勒之金石,播之声诗,以耀后世而垂无穷。

【语出】宋·欧阳修《相州昼锦堂记》。

【通讲】社稷:国家。勒:刻。将恩德施于人民,为国家建功立业,光耀后代,流芳百世。

【鉴赏】昼锦堂主人韩琦的远大志向和高尚品德,值得今人学习。

先天下之忧而忧,后天下之乐而乐乎!

【语出】宋·范仲淹《岳阳楼记》。

【通讲】先于天下的人预见到国家的忧患,及早考虑对策;天下的人都已安居乐业,最后才与天下人同享安乐。

【鉴赏】范仲淹的这种不管身处何地、身居何职都忧国忧民的精神,值得我们学习。

4 立　志

哀莫大于心死，而人死亦次之。

【语出】《庄子·田子方》。

【通讲】最大的悲哀是人心的死亡，身体的死亡还在其次。

【鉴赏】人的志气是非常重要的，如形体虽生而人心已死，则虽生又有何义？碰到任何困难和挫折，都不能丧气。

白发未除豪气在。

【语出】宋·陆游《度浮桥至南台》。

【通讲】白发未变，豪气尚在。

【鉴赏】作者陆游的雄心壮志坚定无比，老而不衰。激励缺乏雄心壮志的年轻人，应当向老而弥坚的人看齐，力求上进，做一番利国利民的大事业！

办事业未有决心，空谈终成画饼。

【语出】清·朱志尧《朱志尧事迹》。

【通讲】想办大事业而没有坚强的意志和决心，只知道夸夸其谈，最后将只会得到用笔画的饼，一无所用。

【鉴赏】要成就一番事业，必须有坚定的意志和决心，而不能纸上空谈。

乘长风破万里浪。

【语出】《宋书·宗悫传》。

【通讲】驾着吹向远方的风，渡过广阔万里的波涛。

【鉴赏】南朝宋左卫将军、豫州刺史宗悫年幼时，叔父宗炳问他将来有什么志向，他就用这话回答宗炳。从小立志对人生是非常重要的。

泛驾之马可就驰驱，跃冶之金终归型范；只一优游不振，便终身无个进步。

【语出】明·洪应明《菜根谭》。

【通讲】泛驾之马：性情凶悍不易驯服控御的马，借以比喻不守常规的豪杰。跃冶之金：当铸造器具熔化金属往模型里灌注时，金属有时会暴出模型外面，这就是所谓跃冶之金，比喻不守本分而自命不凡的人。型范：铸造时用的模具。一匹性情凶悍的马，只要训练有素、驾驭得法，仍然可以骑上它飞奔疾驰；在熔化时爆出熔炉以为可以铸成名剑的金属，最终还是被人注入模型变成利器。一个人如果只要贪图吃喝玩乐而游手好闲，就会使精神陷于萎靡不振的状态，如此就一辈子也没有什么出息。

【鉴赏】一个有志向、有事业追求的人不要怕艰苦的磨炼。一个追求者的一生可能要走弯路、有过失，但只要方向正确，坚持努力，终将会有所成就。

非才无以济其志，非志无以辅其才。

【语出】宋·朱熹《通鉴室记》。

【通讲】没有才学就不能实现自己的志向，没有志向也不能增加自己的才学。

【鉴赏】立志和成才的辩证关系在这里阐述得多么透彻呀！

夫学须静也，才须学也，非学无以广才，非志无以成学。

【语出】三国蜀·诸葛亮《诫子书》。

【通讲】学习时需要精神集中，要增进才干就必须学习；不学习就不能增进才干，不立志就不能学有所成。

夫志，气之帅也，人之命也，木之根也，水之源也。

【语出】明·王守仁《教条示龙场诸生》。

【通讲】志气，是一个人精气神之统帅，是人生命之根本，就好像树木的根系，江水的源头。

【鉴赏】中国人崇道尚志，把立定远大的志向，作为成人之本。所谓

"志",指的是坚定的信念,是对某种价值目标追求的宏愿和决心,是激励人们勇往向前,克服一切艰难险阻,达到人生理想,实现人生价值和意义的源泉。志不立,人何以堪?

高怀无近趣,清抱多远闻。

【语出】唐·孟郊《送温初下第》。

【通讲】怀有远大志向的人不会对眼前的利益感兴趣,襟怀高洁的人自会声名远扬。

【鉴赏】人必须怀有远大的志向。

高山仰止,景行行止,虽不能至,然心乡往之。

【语出】《史记·孔子世家》。

【通讲】仰:仰望。止:语助词。景行:大路,比喻行为光明正大。乡:通"向",向往。仰望着高山,可以向上攀登;遵循着大路,可以向前迈进。虽然不能达到最高的境界,可我的内心却始终向往着它。

【鉴赏】一定要树立高远的目标,努力去攀登,去前行。司马迁把孔子的道德学问比喻成高山,令人敬仰;比喻成大路,导人遵循。抒发了自己十分向往成就圣人的思想。

功不十倍,不可以果志;力不兼两,不可以角敌。

【语出】唐·皇甫湜《谕业》。

【通讲】没有下十倍的功夫,就不可能实现自己的志向;不具备同时对付两个人的力气,就不能与对手较量。

【鉴赏】实现志向,与对手较量,都要有充分的准备和足够的实力。

立志不可不早,非谓暮年可宽也。

【语出】清·申涵光《荆园进语》。

【通讲】人立大志,不能不从年少时开始,到年老也不能有丝毫松懈。

【鉴赏】立志要早,并要坚持到老。

立志欲坚不欲锐,成功在久不在速。

【语出】宋 · 张孝祥《论治体札子》。

【通讲】锐:急速。无论做任何事情,都应该坚定不移、持之以恒,而不是急功近利;成功的关键在于持久,而不在于速战速决、急于求成!

【鉴赏】许多成功者之所以获得成功财富,往往并不是拥有机遇或是更聪明的头脑,而只在于多坚持了一段时间,有了坚持和忍耐,才能胜券在握。立志建功都要坚定不移,持之以恒。

立志则有本,譬之艺木,由毫末拱把,至于合抱而干云者,有本故也。

【语出】宋 · 程颢、程颐《二程粹言 · 论学篇》。

【通讲】有了志向就如有了根本,这好比种树,由开始的小苗,长到拱把那样粗,最后成为直插云霄的合抱大树。这都是由于有了根本的缘故。

【鉴赏】立志是取得成功的根本。

男儿当提剑汗马以取公侯,何能如先生为博士也!

【语出】《周书 · 宇文贵传》。

【通讲】男子汉应当提着宝剑,骑着跑得出汗的战马以取得公侯爵位,怎能像先生一样做一个读书的博士!

【鉴赏】男儿当以驰骋疆场、建功立业,不能做只会钻故纸堆的腐儒。

贫不足羞,可羞是贫而无志;贱不足恶,可恶是贱而无能;老不足叹,可叹是老而虚生;残不足悲,可悲是死而无闻。

【语出】明 · 吕坤《呻吟语 · 修身》。

【通讲】贫穷并不足以让人感到羞愧,值得羞愧的是没有志气;卑贱并不足以让人感到厌恶,值得厌恶的是没有能力;衰老并不足以让人感到叹息,值得叹息的是虚度一生;残疾并不足以让人感到悲哀,值得悲哀的是死了却没人知道。

【鉴赏】贫穷、卑贱、衰老、残疾都不可怕,只要有志气、有能力,不虚度一生,都可以创造人生的奇迹,这也是我们对待人生的应有态度。贫穷和低贱都不必羞愧，而要立志气、增才能。

品卑由于无志，无志由于识低。

【语出】清·申居郧《西岩赘语》。

【通讲】品行低下是因为没有大志，没有大志是因为见识短浅。

【鉴赏】要努力做一个有见识、有志气、品质高尚的人。

弃燕雀之小志，慕鸿鹄以高翔。

【语出】《梁书·陈伯之传》。

【通讲】抛弃像低飞燕雀那样的小志向，而向往大雁天鹅那种远走高飞的宏伟目标。

【鉴赏】要努力做一个摆脱渺小目标而树立伟大志向的人。

千金何足重，所存意气间。

【语出】南朝宋·鲍照《代朗月行》。

【通讲】千金不足为贵重，宝贵的是有志气。

【鉴赏】立大志、建功业，比黄金千斤还要贵重。

人患志之不立，亦何忧令名不彰耶？

【语出】南朝宋·刘义庆《世说新语·自新》。

【通讲】一个人只怕不能立定志向，又何必担忧美名得不到发扬呢？

【鉴赏】立下大志，必会成功立业，也会美名传播。

人间岁月堂堂去，劝君快上青云路。

【语出】宋·辛弃疾《菩萨蛮·送曹君之庄所》。

【通讲】堂堂：盛大。青云：比喻志向高远。光明匆匆而去，劝你快快立志去做一番事业。

【鉴赏】光阴易失，要立志做个大功业。

人若志趣不远，心不在焉，虽学无成。

【语出】宋·张载《经学理窟·义理篇》。

【通讲】人如果志向短浅、兴趣狭窄，心思又不集中，即使学习也不会有成就。

【鉴赏】志向高远，专心致志，这是学习成功的法宝。

人生不得行胸怀，虽寿百岁犹为夭也。

【语出】《南史·萧惠开传》。

【通讲】胸怀：志向；抱负。人生不能够实践自己的抱负，即使长命百岁也等于少年夭折罢了。

【鉴赏】人生必须实现自己的志向，为国为民，才有价值，否则便等同行尸走肉，活得再长又有什么用呢？

人生境遇无常，须自谋一吃饭本领；人生光阴易逝，要早定一成器日期。

【语出】清·王永彬《围炉夜话》。

【通讲】成器：意指成就大业。人一生的环境和遭遇变化难料，自己必须要具备一技之长作为谋生的本领，才能少受环境困扰；人一生的寿命很短暂，时光容易消逝，必须尽早给自己定下成就事业的期限。

【鉴赏】逆境与顺境常常不能由自己把握，要在逆境顺境中都能自立，就必须有一技之长。光阴易逝，日月如梭，人当早立志、早成器。今天我们不能不引以为训。

人生岂草木，寒暑移此心。

【语出】唐·韦应物《拟古七首》。

【通讲】人怎能像草木那样，随着寒暑变化而改变心志呢？

【鉴赏】人不能随意改变自己的志向。

人生志气立，所贵功业昌。

【语出】唐·陶翰《赠郑员外》。

【通讲】人生立下大志,贵在能为国家建功立业。

【鉴赏】立志为国家建立功业。

人之为事,必先立志以为本,志不立则不能为得事。

【语出】宋·朱熹《朱子语类》卷十八。

【通讲】人们做事,必须先立下志向作为根本,志向不立就不能办好事。

【鉴赏】“志”是人们行事的根本。志立则事成,有了志向,就有了办事的无穷动力,还怕什么事办不成吗?

人之学也,不志其大,虽多而何为?

【语出】宋·苏辙《上枢密韩太尉书》。

【通讲】志:有志于。学习如果没有远大的志向,即使学问再多也是毫无用处的。

【鉴赏】学问要拿来为国家为人民谋利益,志向越大,学问的作用也发挥得越大。

若梁灏,八十二,对大廷,魁多士,彼既成,众称异,尔小生,宜立志。

【语出】《三字经》。

【通讲】宋朝的梁灏,八十二岁的时候才考中状元,在殿上答复皇帝的问题时能对答如流,成为所有读书人的魁首。他这么一大把年纪了,仍然完成自己的志向,让大家都觉得很惊讶。你们这些后辈读书人,也应该早点立下志愿向他看齐才对。

【鉴赏】我们一旦立下志向,只要努力学习,终究会成功的,千万不可因一时的挫折,就丧失了自己的志气。梁灏这种“活到老,学到老”的精神、毅力,实在是现代年轻的读书人所应该效法的好榜样。

生当作人杰,死亦为鬼雄。

【语出】宋·李清照《绝句》。

【通讲】活着当做人中豪杰,死了也应是鬼中英雄。

【鉴赏】李清照以词著称，诗作较少，但这首五言绝句却广为流传。项羽垓下战败，以"无颜见江东父老"自刎乌江，他的豪壮气概令人感叹。诗人借项羽不肯南渡，对仓皇南逃苟安江南的南宋进行了辛辣的讽刺。正是朝廷败逃使得百姓颠沛流离、家破人亡，李清照也在逃难中失去丈夫，孤苦伶仃，凄惨度日。诗作借古讽今，"至今思项羽，不肯过江东"，痛恨宋朝当权者苟且偷安的时政，怨愤之气溢于字表。如此慷慨的诗篇出自一位女诗人之手，实为难得。

生为百夫雄，死为壮士规。

【语出】三国魏·王粲《咏史诗》。

【通讲】百夫：很多男子。规：模范。活着要做男子中的英雄，死了要成为壮士的模范。

【鉴赏】不论生或死，都要做英雄模范。

生为直臣，死当作直鬼。

【语出】《明史·周新传》。

【通讲】生在世间是正直的臣子，死去之后应当成为一个正直的鬼魂。

【鉴赏】正直是为人的基本道德，应该把为人正直当作一生的追求。

誓麾白羽扇，一扫天日翳。

【语出】清·顾炎武《哭顾推官》。

【通讲】麾(huī)：挥动。白羽扇：用白色羽毛制成的扇子。天日：天空和太阳。翳(yì)：障蔽气体。发誓要挥舞起白羽扇，一举把天空中的污浊气体扫除干净。

【鉴赏】污浊气体必须扫除干净。

士之所以能立天下之事者，以其有志而已。

【语出】宋·朱熹《通鉴室记》。

【通讲】士：此指前代的圣哲贤人。圣哲贤士之所以能够成就得天下的大事业，是由于他们有远大的志向罢了。

【鉴赏】只有树立远大的志向，才能成就功业。

太上有立德，其次有立功，其次有立言。虽久不废，此之谓不朽。

【语出】《左传·襄公二十四年》。

【通讲】最高的是树立德行，其次是建立功业，再次是留下言论，即使逝去久远也不会被废弃，这就是不朽。

【鉴赏】鲁襄公二十四年，范宣子迎接到晋国的穆叔，请教他什么是"死而不朽"，穆叔回答：听说"太上有立德，其次有立功，其次有立言"，虽久不废，此之谓不朽。人生目标是立德，立功，立言。"立德"即树立高尚的道德；"立功"即为国为民建立功绩；"立言"即提出具有真知灼见的言论。而其中，立德为先。经过后人的阐释，发展为"三不朽"。"三不朽"凝练了中国传统文化中的最高人生理想，同时蕴含着为人、处事、成业的朴素道理，激励人们追求圣言之传承、功业之存世、美德之垂范，并成为许多人立身处世的最高目标。

泰山一掷轻鸿毛。

【语出】唐·李白《结袜子》。

【通讲】生命虽如泰山之重，必要时也不惜一掷，就像鸿毛那么轻。

【鉴赏】尽管生命比泰山还重，不能轻易牺牲；可是士为知己者死，若蒙赏识，便可毫不吝惜地献出自己的生命。

唐刘晏，方七岁，举神童，作正字，彼虽幼，身已仕，尔幼学，勉而致，有为者，亦若是。

【语出】《三字经》。

【通讲】唐朝的刘晏，才七岁就已经饱读诗书，被唐明皇称为神童，而且还任刊正文字的正字官。他虽然年纪小，却已经在为国家效力。你们这些年少求学的人，正好应以此勉励自己，努力达成。大家只要肯发愤图强、有所作为，也一定能跟他一样的。

【鉴赏】刘晏年纪这么小，就已经出来当官，从事治国安民的大事，幼学之人,正该勉力造就自己。只要肯效法他,有所作为,也能和他一样成功。

天下无不可化之人,但恐诚心未至;天下无不可为之事,只怕立志不坚。

【语出】清·金缨《格言联璧·处事》。

【通讲】天下没有不可被感化的人,只害怕用心不真诚;天下没有干不成功的事,只害怕意志不坚定。

【鉴赏】用心诚,意志坚,什么事情都可以办成。

髫发厉志,白首不衰。

【语出】《后汉书·伏湛传》。

【通讲】髫(tiáo)发:小儿垂发,借指幼年。从小就确立和完善自己的志向,一直到满头白发的老年,仍然不放松要求。

【鉴赏】从小到老都要有明确的生活目的,从不放任自己。

玩人丧德,玩物丧志。

【语出】《尚书·旅獒》。

【通讲】耍弄别人,有损于自己的道德;只顾玩赏喜爱的东西,会使人失去进取的志向。

【鉴赏】说明应该尊重别人,应集中主要精力努力进取。

王曰:"呜呼!凡我有官君子,钦乃有司,慎乃出令,令出惟行,弗惟反。以公灭私,民其允怀。学古入官,议事以制,政乃不迷。……戒尔卿士,功崇惟志,业广惟勤,惟克果断,乃罔后艰。……"

【语出】《尚书·周官》。

【通讲】周成王告诫"有官君子"(大夫以上有职事者)要忠于职守、勤于政务时说:你们要认真对待你们的职责,不能怠惰疏忽,要知道"功崇惟志,业广惟勤"。这句话中的两个"惟"字当"由于"讲,意思是说,取得伟大的功绩,在于志向远大;完成伟大的事业,在于工作勤奋。

【鉴赏】不管是国家要实现振兴,还是个人要成就事业,都必须具备两个条件,一为立志,二为勤勉。立志是前提,勤勉为保障,无志不足以行远,无勤则难以成事。

为草当作兰,为木当作松。

【语出】唐·李白《于五松山赠南陵常赞府》。

【通讲】做草就要做寒秋飘香的兰草,做木就要做严冬不凋的松木。

【鉴赏】要做一个像兰花一样高洁、青松一样坚贞的人。

学者不患才不及,而患志不立。

【语出】《晋书·虞溥传》。

【通讲】学习的人,不担心才力不够,而担心志向不建立。

【鉴赏】立下坚定的志向非常重要,志坚可以顽强地长久地坚持学习,就可以学习得很渊博。

学之广在于不倦,不倦在于固志。

【语出】晋·葛洪《抱朴子·崇教》。

【通讲】学问的广博在于永不懈怠地去学习,永不松懈的精神来源于持之以恒的志气。

【鉴赏】志气对于学习非常重要,它是永恒学习的动力。

益重青青志,风霜恒不渝。

【语出】唐·李隆基《赐新罗王》。

【通讲】坚定旺盛的志向,即使在逆境中也永不改变。

【鉴赏】逆境重重也不能改变人的志向。

有所赖者,志气荡而易流;无所赖者,志气困而易奋。

【语出】清·胡达源《弟子箴言·奋志气》。

【通讲】家庭富裕而有权势的人,会觉得有所依赖,因此他的心志轻浮而容易转移;家贫而无权势的人,没有什么可依赖的,因此他的心志会因困顿而奋发向上。

【鉴赏】穷而志益坚，这样的人可能会成就大事业。

有心雄泰华，无意巧玲珑。

【语出】宋·辛弃疾《临江仙·戏为山园苍壁解嘲》。

【通讲】泰华：泰山、华山，是五岳中的两座。无意：不愿意。志向要比泰山、华山还要雄伟刚正，而不要奸巧圆滑，八面玲珑。

【鉴赏】人立志要雄伟刚正。

有志不在年高，无志空活百岁。

【语出】清·无名氏《三侠五义》。

【通讲】有志气的人不一定年纪大，无志气的人白白地活到一百岁。

【鉴赏】志气和年龄没有关系，人要尽早立志，不虚度年华。

有志方有智，有智方有志。惰士鲜明体，昏人无出意。兼兹庶其立，缺之安所诣。珍重少年人，努力天下事。

【语出】明·汤显祖《智志咏示子》。

【通讲】惰士：懒惰的人。鲜：少。明体："体"同"礼"，意是礼的本体。出意：产生出意志的志向。兼兹：两者兼而有之，指志和智。庶其："庶"和"其"组成复合词组，表示出现上述某种情况的结果的可能性。立：建树；成就。安所诣：哪里有什么造诣。有志向的人可以变得聪明，聪明的人更要有远大的志向。懒惰的人缺乏礼的本体，昏庸的人没有志向。兼有志向和智慧的话就可以立于世上，缺乏志向和智慧哪里会有什么造诣。珍惜年少时光，努力学习，成才后为天下、为国家奉献。

【鉴赏】"志"和"智"是人生成就大事业所必备两个方面，两者相辅相成，相得益彰。如果有"智"而无"志"，或有"志"又无"智"，那都难成大器，甚至一事无成。

有志者，事竟成，破釜沉舟，百二秦关终属楚；苦心人，天不负，卧薪尝胆，三千越甲可吞吴。

【语出】清·蒲松龄《题镇纸铜尺》。

【通讲】这是清代蒲松龄考试失败后对自己的勉励联。上联用的是项羽破釜沉舟、大破秦兵的典故，说明做事要有项羽那种拼搏到底、义无反顾的决心。下联用的是越王勾践卧薪尝胆、灭吴雪耻的典故，表示要学越王勾践刻苦自励、发愤图强的毅力。

【鉴赏】做任何事情，有了决心和毅力，还会不成功吗？怀着矢志不渝的决心，穷毕生精力，必然会取得卓越的成就。

有志者事竟成，伫看荣华之日；成丹者火候到，何惜烹炼之功。

【语出】《幼学故事琼林》。

【通讲】有志气的人，他的事业最终能够成功，坚持下去，荣耀的时刻指日可待；仙丹的炼成是由于火候已到，何必再可惜终日烹炼的工夫。

【鉴赏】事业的成功，来自坚持，来自艰苦奋斗，来自时机，来自志气。

愿保金石志，无令有夺移。

【语出】唐·孟郊《同年春燕》。

【通讲】希望保持金石一样的志向，而没有任何动摇。

【鉴赏】人要坚持志向不动摇。

丈夫皆有志，会是立功勋。

【语出】唐·杨炯《出塞》。

【通讲】功勋(xūn)：指对国家人民作出的重大贡献，立下特殊功劳。男子汉都很有志气，必将看到自己建功立业。

【鉴赏】大丈夫要立志建功立业。

丈夫四方志，安可辞固穷。

【语出】唐·杜甫《前出塞》。

【通讲】安可：怎么能。辞：推辞；回避。固穷：君子能安处穷困，视为当然。丈夫有远大的志向，怎么能够去回避那贫困的生活呢？

【鉴赏】志士经得起困难的考验。

丈夫为志,穷当益坚,老当益壮。

【语出】《后汉书·马援传》。

【通讲】益:更加。有志气的男子汉,处境困难更要坚定不移,年纪衰老更加朝气蓬勃。

【鉴赏】这是马援的励志诗。任何人立志都要不畏艰难和困苦,贫穷不能丧志,要有理想,有志气,有奋斗目标。老并不可怕,只要人老心不老,则会更加坚强,这是我们做人应具有的品质。一个有事业心的人,绝不会因为一时的挫折或年岁增长而消极颓唐。

丈夫志,当景盛,耻疏闲。

【语出】宋·苏舜钦《水调歌头》。

【通讲】大丈夫的志向应奋发有为,以无所作为、无所事事为耻。

【鉴赏】志向对于人生是非常重要的,立志高远,才能干出一番大事业。

丈夫志四海,万里犹比邻。

【语出】三国魏·曹植《赠白马王彪》。

【通讲】大丈夫志在四海,万里之遥也看得犹似近邻一般。

【鉴赏】深刻描写兄弟分离的情感,虽然分别了,但心怀大志,虽远隔万里,也像近邻一样,具有豪情壮志。

志不立,天下无可成之事;虽百工技艺,未有不本于志者。

【语出】明·王守仁《教条示龙场诸生》。

【通讲】没有远大志向,就办不成事,即使是各种工匠,也没有不是靠志气学成技艺的。

【鉴赏】阐述不树立远大的志向,天下就没有可成功之事的道理。人们立志是非常重要的。

志不真则心不热,心不热则功不紧。

【语出】清·颜元《习斋先生言行录·杜生》。

【通讲】志向不纯真,内心就不热切;内心不热切,做事就没有紧迫感。

【鉴赏】立志高远才是事业成功的最强大动力。

志当存高远。

【语出】三国蜀·诸葛亮《诫外甥书》。

【通讲】志:志向。存:怀抱。人应当有远大的志向。

【鉴赏】人应该立下壮志。

志高品高,志下品下。

【语出】清·石成金《传家宝全集》。

【通讲】志向高则品德高尚,志向低则品德低下。

【鉴赏】人若无志,人生就失去方向,失去了前行的动力。唯有及早立下高远之志,并且为之终生奋斗,人生才有意义,才能干出一番事业!

5 进　　取

安贫乐道，恬于进趣。

【语出】《后汉书·韦彪传》。

【通讲】乐道：以守道为乐。恬：淡漠；淡泊。进趣：努力向前，有所作为。处于贫困境地，仍以守道为乐，淡泊于努力而有所作为。

【鉴赏】物质贫穷并不可怕，所谓穷且益坚，即物质上贫穷，但精神上却很富有，在淡泊中努力地有所作为，以促进社会的进步与发展。

达能兼善而不渝，穷则自得而无闷。

【语出】三国魏·嵇康《与山巨源绝交书》。

【通讲】世遇通达就以济世为己任，而且始终不渝；世遇穷困不得志就自得其乐，但也不觉闷。

【鉴赏】无论是身处显达的地位，还是穷困而不得志，都应有积极进取的人生态度，这样才能随遇而安。

道理既知缝罅，但当穷而又穷，不可安于小成而遽止也。

【语出】宋·朱熹《朱子语类》卷九。

【通讲】遽：立即；迅速。既然对事物的道理已略有了解，就应当继续穷究下去，不可满足于小的成功而立即停止。

【鉴赏】那些稍有所成就沾沾自喜、停止不前的人会从这句话中得到教益。

飞蛾爱灯非恶灯，奋翼扑明甘自陨。

【语出】清·魏源《读书吟示儿者》。

【通讲】飞蛾喜爱灯火而不厌恶灯火，鼓起羽翼甘愿牺牲生命也要扑向光明。

【鉴赏】教育人要热爱光明,追求自己的理想。为了追求光明的理想,即使是牺牲自己的生命也在所不惜。如果没有飞蛾扑火的献身精神,紧要关头贪生怕死,光明就不会到来,胜利也就不可能实现。

故不积跬步,无以至千里;不积小流,无以成江海。骐骥一跃,不能十步;驽马十驾,功在不舍。锲而舍之,朽木不折;锲而不舍,金石可镂。

【语出】《荀子·劝学》。

【通讲】跬(kuǐ)步:古代称跨出一脚为“跬”,两脚为“步”,“跬步”指微小的距离。不积累一步半步的距离,就无法到达千里之远的地方;不积累细小的流水,就不能汇聚成江河大海。

【鉴赏】锲而不舍,持之以恒,这是读书为学应有的态度,也是做人做事急需的品质。读书是一个长期的需要付出辛劳的过程,不能心浮气躁、浅尝辄止,而应当先易后难、由浅入深,循序渐进、水滴石穿。

怀与安,实败名。

【语出】《左传·僖公二十三年》。

【通讲】眷恋享受,安于现状,只能败坏功名。

【鉴赏】春秋时期,晋公子重耳逃亡到齐国,齐桓公给他娶了妻子,还赠给他八十匹马。重耳安于齐国的生活,不想走了。随行的人在桑树下秘密商量,准备让重耳离开齐国。重耳的妻子姜氏杀掉告密的女仆,对重耳说,你有远大的志向,走吧,“怀与安,实败名”。姜氏与子犯商量,灌醉了重耳,将重耳送出齐国。多了安逸心,就会少了奋进志;一心贪图安逸,难免心向歧道,被安逸所困,为安乐所迷,以致坠入深渊而不觉。“忧劳可以兴国,逸豫可以亡身”,贪图安逸、追求享受,必定祸害终身。

跬步不休,跛鳖千里;累积不辍,可成丘阜。

【语出】《淮南子·说林训》。

【通讲】跬步:古代称跨出一脚为“跬”,两脚为“步”,“跬步”指微小的距离。一小步一小步不断地走,跛脚鳖也能到达千里之外的地方;不停地堆积沙石,就可以形成高丘。

【鉴赏】尽管客观条件不好,但只要不懈地努力,也能够取得成功。相反,即使有好的条件而自身不努力也是不行的。

路曼曼其修远兮,吾将上下而求索。

【语出】战国楚·屈原《离骚》。

【通讲】道路是那样无止境地悠长而辽远,我将要上上下下地去寻觅、追求、探索。

【鉴赏】一个具有远大抱负的人不顾道路的漫长悠远上下求索。表现出坚贞不屈的精神和在艰难困苦中勇敢地追求理想的实现的志向。

男儿事业须自奇。

【语出】前蜀·贯休《送卢舍人三首》。

【通讲】奇:不同凡响。男子汉应当做出轰轰烈烈的事情来。

【鉴赏】努力创造最好的业绩。

千淘万漉虽辛苦,吹尽狂沙始到金。

【语出】唐·刘禹锡《浪淘沙》。

【通讲】千遍万遍地淘金虽然辛苦,但吹走了无用的废沙,就看到光亮的黄金。

【鉴赏】历经千淘万漉而不放弃,面对困苦努力奋斗,正是自己人生阅历、知识能力不断提升的过程。只要有不屈之意志、勤奋刻苦之精神,就能克服一切困难,最终而取得胜利。

人生万事须自为,跬步江山即寥廓。

【语出】元·范梈《王氏能远楼》。

【通讲】跬步:相当于今人的一步,喻距离之小。人生的许多事情都要靠自己去做,只要自己向前迈出一步,就可进入一个无比广阔的世界。

【鉴赏】人生要靠自己去创造,广阔自由的天地要靠自己去发现,要做到这样,要有积极、乐观豁达的人生态度。

人生在勤，不索何获？

【语出】汉·张衡《应闲》。

【通讲】人的一生最重要的就是勤劳，不勤劳的耕种，怎么能有所收获呢？

【鉴赏】涓涓之水终可磨损大石，只有勤奋不懈地努力，矢志不渝地追求，才能获得成功。

日月所照，梯山航海；风雨所均，削衽袭带。

【语出】《宋书·明帝纪》。

【通讲】梯山：架梯登山。航海：行船过海。衽：衣襟。日月照射之下，翻山越海；风雨吹打之中，衣襟、衣带都被损坏。

【鉴赏】必须经历艰难困苦，才能取得创业的成功。

少年作迟暮经营，异日决无成就。

【语出】明·吴麟徵《家诫要言》。

【通讲】年轻时不想有作为，却做暮气沉沉的事情，以后他日肯定没有成就。

【鉴赏】少年应抓紧美好时光，有所作为，为日后成就大业打下基础。

身可危也，而志不可夺也。

【语出】《礼记·儒行》。

【通讲】生命受到威胁可以不怕，坚持的原则却不能改变。

【鉴赏】身家性命可以危亡，但理想、志向、原则是不可抛弃的。

圣可积而致……途之人可以为禹。

【语出】《荀子·性恶》。

【通讲】普通人可以通过学习、修养，积累优秀品质成为完美无缺的圣人，所以大路上的每一个人都能成为大禹。

【鉴赏】圣人并不是天生的，也不是高不可攀的。每一个人只要坚持上进，就可以达到。

矢之速也，而不过二里，止也；步之迟也，而百舍，不止也。

【语出】《吕氏春秋·博志》。

【通讲】箭的速度很快，射程却不超过二里，因为它飞一段就停下来了；步行速度很慢，却可以走到数百里之外，因为脚步不停。

【鉴赏】论述了锲而不舍的重要性，只要持这种态度，即使很普通的人也会取得很好的成绩。

天下事有难易乎？为之，则难者亦易矣；不为，则易者亦难矣。

【语出】清·彭端淑《为学一首示子侄》。

【通讲】天下的事情有困难和容易的区别吗？努力去克服它，那么，困难的也变得容易了；不努力去克服它，那么，容易的也变得困难了。

【鉴赏】再难的事，只要努力去做，就一定会做成。

天下无憨人，岂可妄行欺诈；世上皆苦人，何能独享安闲。

【语出】清·王永彬《围炉夜话》。

【通讲】憨人：指愚笨的人。天下没有一个真正愚蠢的人，怎么能恣意妄为去做欺侮诈骗他人的事呢？世界上大多数人都在吃苦，怎么能独自去享受安逸闲适的生活呢？

【鉴赏】不做欺诈之事，不贪安闲舒适，这是做人的品德。为人处世之道，第一要义是谦和诚实，不怕吃亏，人生在世必须奋斗，奋斗就意味着有苦痛。

天下无难事，只怕有心人。

【语出】明·王骥德《题红记》第二十七回。

【通讲】天下没有做不了的难事，再难的事也害怕你有心去做。

【鉴赏】只要用心，没有克服不了的困难。

天下之事，因循则无一事可为；奋然为之，亦未必难。

【语出】明·归有光《奉熊分司水利集并论今年水灾事宜书》。

【通讲】人类社会的事情，不积极进取，就没有哪件事能办好；振奋精神去做,事情也不一定困难得束手无策。

【鉴赏】人们必须奋发有为,绝不能墨守成规。

图功未晚,亡羊尚可补牢;浮慕无成,羡鱼何如结网。

【语出】清·王永彬《围炉夜话》。

【通讲】浮慕:意指浮想联翩枉自羡慕。谋求功业什么时候开始都不算晚,因为即使羊跑掉了再来补羊圈还来得及;只是心存幻想羡慕别人却不会有什么结果,站在水边希望得到水中的鱼,不如赶快回家织渔网。

【鉴赏】任何事只要诚心去做,哪怕很晚入道,也能通过脚踏实地的努力,使事情得到成功。要想结出丰硕的果实,关键是要拿出实际行动,有的人虽然立志很高,但是从来不见诸行动,这样永远不会有什么成效。

湾头正堪泊,淮里足风波。

【语出】唐·孟浩然《问舟子》。

【通讲】河的湾头正在等着你去停泊,淮河里有足够的风波助你行船。

【鉴赏】事业一旦开了头,就要有勇往直前的精神。路途是漫长的,而且途中还会有种种险阻,在奋斗的路途中,同样也有许多有利的条件在等待你去利用,一切的一切都必须由我们自己鼓足勇气去争取。

为者常成,行者常至。

【语出】《晏子春秋·杂下》。

【通讲】为:实际去做。坚持不懈的人常常获得成功,不停地行走的人往往能够到达目的地。

【鉴赏】两个"常"字,说明有志者、有恒心者,事业一定能获得成功。反之,外界条件再好,本人能力再强,只要你不去做,就一定什么事业也做不成;行路也是如此,不怕慢,只怕站,只要不停,终究会到达目的地。只要对事业有孜孜不倦的精神,有锲而不舍的态度,则一定能获得成功。坚持就是胜利。

一噎之故,绝谷不食;一蹶之故,却足不行。

【语出】汉·刘向《说苑·谈丛》。

【通讲】因为哽住一次饭,就不吃饭;因为跌了一次跤,就不走路。

【鉴赏】因噎废食,因蹶废行,都是不足取的,要吸取教训再干。

志道者少友,逐俗者多俦。

【语出】汉·王符《潜夫论·实贡》。

【通讲】俦:伴侣。那些积极上进、追求理想的人朋友很少,而那些随波逐流、庸庸碌碌的人却同伙很多。

【鉴赏】坚持真理、追求真理的卓越的人才毕竟是少数,普通人总是多数,特立独行、积极上进的人不必为朋友少而不安。

6 雄心壮志

昂昂独负青云志，下看金玉不如泥。

【语出】唐·李渤《喜弟淑再至为长歌》。

【通讲】气宇轩昂胸怀壮志，俯下身子去看连泥土都不如的金玉。

【鉴赏】青云志远超黄金宝玉。

不畏浮云遮望眼，只缘身在最高层。

【语出】宋·王安石《登飞来峰》。

【通讲】不怕浮云会遮住了远望的视线，只因为人已经站在山的最高峰。

【鉴赏】《登飞来峰》为王安石30岁时所作。“不畏浮云遮望眼，只缘身在最高层”，语序应是“只缘身在最高层，不畏浮云遮望眼”，但作者却倒过来先说果再说因，突出“不畏”，表达诗人的勇气。作者借登飞来峰，抒发豪迈气概，寄托壮怀。诗句给我们两点启示：一是浮云处时短暂，总会被吹散，不必害怕；二是务必站得高，才能看得清、看得远。

沧海可填山可移，男儿志气当如斯。

【语出】宋·刘过《盱眙行》。

【通讲】沧海：大海。斯：这；这样。大海可以填平，高山也能移走，好男儿应当有这样的雄心壮志。

【鉴赏】人必须树立雄心壮志。

长风破浪会有时，直挂云帆济沧海。

【语出】唐·李白《行路难》。

【通讲】我终有一天能够乘着长风破万里浪，挂起云帆，横渡沧海。

【鉴赏】表现了诗人对施展抱负的渴望和坚定的人生信念。

痴儿不了公家事，男子要为天下奇。

【语出】宋·王庭珪《送胡邦衡之新州贬所》。

【通讲】只有痴呆的人对国家大事难以尽力，真正的男子汉要为国家建立奇功。

【鉴赏】这是男子汉的雄心壮志，值得效仿。

大风起兮云飞扬，威加海内兮归故乡。

【语出】汉·刘邦《大风歌》。

【通讲】大风刮起呵云彩飞舞又飘扬，威权行遍全国呵我回到了故乡。

【鉴赏】语言雄浑有力，表现了这位开国皇帝的不平凡的气概，同时也流露出他统一平定天下后踌躇自得的神情。这首歌用的还是楚地歌谣的传统调子，因而它仍是自由舒展的“楚辞体”。

大海从鱼跃，长空任鸟飞。

【语出】唐·玄览《佚题》。

【通讲】大海可以让鱼随意跳跃，长空可以任鸟尽情飞翔。

【鉴赏】借指在广阔的天地里充分施展抱负。

大鹏一日同风起，扶摇直上九万里。

【语出】唐·李白《上李邕》。

【通讲】鹏：传说中的大鸟。扶摇：急剧盘旋而上的暴风。大鹏鸟随旋风而起，一日盘旋升上高空九万里。

【鉴赏】有客观事物支持，可以取得更大的成就。

大丈夫，千山万水往长远处看。

【语出】清·华广生《白雪遗音·火炉子热了》。

【通讲】有志之士，虽然经过千辛万苦，但他的目光总是能看到远方。

【鉴赏】有远大志向的人，其目光都是远大的。

但有路可上，更高人也行。

【语出】唐 · 龚霖《登太行山诗》。

【通讲】只要还有路可攀登，不管多么高，有志气的人也是要登上去的。

【鉴赏】人要树立远大志向，永远向上攀登。

风萧萧兮易水寒，壮士一去兮不复还！

【语出】《战国策 · 燕策三》。

【通讲】萧萧：风声。易水：古水名，是当时燕国的南界。北风呼啸，易水冰冷，壮士这次出征，就不再回来了！

【鉴赏】战国末年，秦军兵临易水，燕国形势危急，勇士荆轲奉燕太子丹之命前往秦国行刺秦王。太子和宾客身着白衣素冠，在易水边为荆轲饯别。荆轲好友高渐离击筑，荆轲和而歌曰："风萧萧兮易水寒，壮士一去兮不复还！"后人称为《易水歌》。易水诀别，是一个身赴虎穴自知不能生还的壮士的慷慨悲歌，流传千古。后用以表现以身赴敌的英雄气概，表现了英雄赴难、义无反顾的献身精神。歌声声调激越，扣人心弦。

鸿鹄高飞，一举千里。

【语出】汉 · 刘邦《鸿鹄歌》。

【通讲】鸿鹄高高地飞翔，一飞就有千里之远。

【鉴赏】赞扬具有雄才大略的英雄。

黄沙百战穿金甲，不破楼兰终不还。

【语出】唐 · 王昌龄《从军行》。

【通讲】楼兰：汉时西域的古国，故址在今新疆若羌县东北。穿着铁甲在沙尘中百战，不拿下楼兰国绝不回返。

【鉴赏】描写战士艰苦卓绝的斗争和必胜的信心。

精卫衔微木，将以填沧海。

【语出】晋 · 陶渊明《读山海经》。

【通讲】精卫鸟口衔着细小的木棍，想要填平大海。

【鉴赏】坚强的意志，与不懈的恒心是通向成功的钥匙，只要树立坚强的意志，我们就会慢慢找到自己通向成功的“钥匙”。

俱怀逸兴壮思飞，欲上青天揽明月。

【语出】唐·李白《宣州谢朓楼饯别校书叔云》。

【通讲】我们都怀有飘然欲飞的豪情逸兴，想飞上青天把明月揽在手中。

【鉴赏】描写诗人豪情满怀，飘逸不群。

老骥伏枥，志在千里。烈士暮年，壮心不已。

【语出】三国·魏·曹操《步出夏门行》。

【通讲】良马虽因年老力衰伏于槽中，但仍有驰骋于千里的雄心；有志之士即使到了晚年，也不会放弃他的雄图壮志。

【鉴赏】诗歌表达的就是这种老当益壮的奋斗精神，从而成为千古名句。

老子犹堪绝大漠，诸君何至泣新亭？

【语出】宋·陆游《夜泊水村》。

【通讲】绝大漠：为汉武帝赞扬大破匈奴的霍去病之语。泣新亭：东晋王导批评过江文士悲观颓唐之事。我老夫还能横渡沙漠追击敌人，你们诸位如何只是一味空自悲泣？

【鉴赏】全诗抒发了报国无门、壮心未已的情怀，批判了南宋贵官们苟安不前的行径。

枥骥不忘千里志，病鸿终有赤霄心。

【语出】明·张居正《慰刘生卧病苦吟》。

【通讲】枥骥：伏在食槽上的骏马。鸿：即鸿鹄，也称天鹅。赤霄：漫布红霞的天空，指天空极高处。伏在食槽上的骏马时刻不忘它那驰骋千里的志向，身患疾病的天鹅始终都有腾飞云霄的雄心。

【鉴赏】高尚的有作为的人永远志在千里，即使遇到困难也雄心不减。

良马不念秣，烈士不苟营。

【语出】唐·张籍《西州》。

【通讲】秣：牲口的饲料。烈士：有志气的人。苟：苟且。营：营求；钻营。良马志在千里，不会顾及草料的好坏；有志气的人以天下为己任，不会只顾谋求眼前的一点儿私利。

【鉴赏】心怀天下的人目光远大，不会去营求私利。不求个人名利，不求个人享受待遇，这是我们所追求的品德。

猛志逸四海，骞翮思远翥。

【语出】晋·陶渊明《杂诗》。

【通讲】逸：超越。骞(qiān)：飞举。骞翮(hé)：举翅起飞。翥(zhù)：飞。远大的志向超越四海，举起翅膀要冲天远飞。

【鉴赏】这是作者对自己少壮时胸怀大志的回忆。他把自己比作大鹏，意气何其盛大，志向何其高远！

莫道桑榆晚，为霞尚满天。

【语出】唐·刘禹锡《酬乐天咏老见示》。

【通讲】桑榆：旧指日暮。据《太平御览》三引《淮南子》："日西垂景在树端，谓之桑榆。"(景：同影。)原书注文说："言其光在桑榆上。"为霞：即指夕阳造就的晚霞。不要叹息日落西山、为时已晚，它洒下的绚丽云霞，依然锦绣满天。

【鉴赏】描写作者对岁月年华、人生事业老而弥坚的乐观主义精神。抒发了激扬风发的豪情。

男子千年志，吾生未有涯。

【语出】宋·文天祥《南海》。

【通讲】男子有远大的志向，要永远为国家的事业奋斗下去。

【鉴赏】为国效劳，建设繁荣富强的国家，是我们远大的志向。

岂无怀土心，所羡千里途。

【语出】清·顾炎武《丈夫》。

【通讲】哪个人没有怀恋故乡的心境,但大丈夫向往的是为天下建立功业。

【鉴赏】大丈夫志在四方,勇于建功立业。

蚯蚓霸一穴,神龙轻九天。

【语出】明·方孝孺《闲居感怀》。

【通讲】九天:九重天,指天极高处。蚯蚓独占区区一穴之地就心满意足,而神龙却志在九天凌空翱翔。

【鉴赏】志气高的人比没志气的人更能取得大成绩。

人无百年不衰之筋骸,而有百年不衰之志气。

【语出】清·胡达源《弟子箴言·奋志气》。

【通讲】人没有至死都不衰老的筋骨,而有至死都不衰退的志气。

【鉴赏】人可衰老,而志气会越来越坚毅。

三军可夺帅也,匹夫不可夺志也。

【语出】《论语·子罕》。

【通讲】夺:改变。匹夫:古指平民中的男子。志:志向;意志。三军的统帅可以被改变,一个男子汉的志向却不可以被改变。

【鉴赏】孔子告诉人们,三军的力量虽然强大,由于种种原因,统帅可以被改变。虽然一个人的力量与三军相比微乎其微,但若有了崇高的理想和坚定的气节,就能在生死存亡的关键时刻不为威胁利诱所动摇,恪守信念,坚定意志,保持人格的尊严。正如《集解》孔安国说:“三军虽众,人心不一,则其将帅可夺而取之。匹夫虽微,苟守其志,不可得而夺也。”

失之东隅,收之桑榆。

【语出】《后汉书·冯异传》。

【通讲】在东边失去,又在西边得到。

【鉴赏】初虽有失,而终得成功。做每件事,都应有坚持到底的决心。

太山不立好恶，故能成其高；江海不择小助，故能成其富。故大人寄形于天地而万物备，历心于山海而国家富。

【语出】《韩非子·大体》。

【通讲】泰山对土石没有喜欢或厌恶之心，因而能够形成它的宏伟高大；江海对细流不选择不拒绝，因而能够形成它的广阔浩瀚。所以君子的气概要像天地那样宏大而使万物齐备，胸怀要像江海那样宽广而使国家兴盛。

【鉴赏】个人的成功、国家的富强都不是一蹴而就的。这比荀子的“不积跬步，无以至千里，不积小流，无以成江海”更进一步。只有拥有“海纳百川”的胸怀，虚心接受对自身有帮助的建议或行为，个人才能取得成功，国家才能更加强盛。

吞舟之鱼，不游枝流；鸿鹄高飞，不集污池。

【语出】《列子·杨朱》。

【通讲】吞舟之鱼：大鱼。枝流：分杈的小河、支流。鸿鹄(hú)：即天鹅。大鱼不会在杈河支流中游泳，天鹅不会在污浊水池边栖息。

【鉴赏】大鱼喜遨游，天鹅性高洁。狭小的支流不能供大鱼生存，龌龊的污池岂可供天鹅容身。比喻有远大志向的人不肯到不能施展身手的地方去，也说明没有良好的环境，就不能吸引有才干的人前来。

王侯无种英雄志，燕雀喧喧安得知？

【语出】唐·周昙《陈涉》。

【通讲】王侯英雄抱有天生的宏伟志向，闹闹嚷嚷的小麻雀怎能知晓？

【鉴赏】小人怎么知道大丈夫的志向。

有不可及之志，必有不可及之功；有不忍言之心，必有不忍言之祸。

【语出】清·王永彬《围炉夜话》。

【通讲】不可及：不是轻易能达到。有不能轻易达到的志向，一定会建立不同凡响的功业；有不忍心指出别人错误的想法，一定会因不忍心批评别人而造成祸患。

【鉴赏】立大志者则能成大业,志向有多高,事业也会有多大。这是因为你树立什么样的志向,你的潜意识中就会做什么样的努力,你得到的结果也与志向的高低一样。对于错误,就要坚决纠正它,否则,最后酿成大祸,悔之莫及。

欲挽天河,一洗中原膏血。

【语出】宋·张元幹《石州慢·己酉秋吴兴舟中作》。

【通讲】天河:指银河。中原:指黄河中下游地区。决心挽下天河,洗尽中原大地的腥膻血污。

【鉴赏】"靖康事变"后,金兵南下,宋高宗仓皇南渡,战争的血污充斥中原大地。词人想象天河中水势滔滔,定能洗尽中原大地战争带来的血腥。表现了作者收复失地的决心。

丈夫志不大,何以佐乾坤?

【语出】唐·邵谒《送从弟长安下第南归觐亲》。

【通讲】男子汉志向不宏大,凭什么去辅佐天下?

【鉴赏】大丈夫必须立下宏大的志向。

振衣千仞冈,濯足万里流。

【语出】晋·左思《咏史》。

【通讲】在高山上整理衣冠,在长河中洗双足。

【鉴赏】气概何等豪迈。

争目前之事,则忘远大之图;深儿女之怀,便短英雄之气。

【语出】明·吴麟徵《乙卯自戒》。

【通讲】图:宏大的志向。深:陷入。短:少;欠。为争眼前的事情,而忘了远大的志向;陷入儿女之情,便缺乏了英雄气概。

【鉴赏】不要为眼前事情所困,不要为儿女之情所惑,展现英雄气概,实现远大志向。

志不可不高，志不高，则同流合污，无足有为矣；心不可太大，心太大，则舍近图远，难期有成矣。

【语出】清·王永彬《围炉夜话》。

【通讲】无足有为：即无所作为。难期有成：意思是说难有成就。志向不能够不高远，志向不高远，那么就会受不良环境的影响，与庸俗低级之流浑然一体而不能有所作为；心气不能太大，心气太大，不立足于眼前而好高骛远，就难有希望取得成功。

【鉴赏】志当存高远，有坚强的意志，才能建立功业。但奋斗的目标必须与实际的能力相适应。不切实际地追求过高过远的目标，也难以实现，结果是空忙一场。

志行万里者，不中道而辍足；图四海者，匪怀细以害大。

【语出】《三国志·吴志·陆逊传》。

【通讲】有志行万里路的人，不会在半路上停步；谋划统一天下大业的人，不会计较小事而妨害大局。

【鉴赏】这是陆逊劝阻孙权征讨公孙渊的话。它告诫人们，要想有所成就，不能半途而废、因小失大，而要坚忍不拔、持之以恒。

竹帛青史，岂可让人。大抵真心实作，无不可图之功。

【语出】明·吴麟徵《寄禀伯兄秋圃》。

【通讲】竹：竹简。帛：帛书。竹帛青史：古代无纸，把文字写在竹片和纺织品上，故以竹帛代称书籍，此指史书，又引申为青史留名。踏踏实实地工作，就没有达不到的功业。在青史上留名，怎么能让给别人呢。

【鉴赏】努力做出大功业，一定要在青史上留名。

壮心未与年俱老，死去犹能作鬼雄。

【语出】宋·陆游《书愤》。

【通讲】壮志雄心并未随年老俱衰，纵然死去仍能做鬼中的英雄。

【鉴赏】此诗作于诗人 73 岁时，表明他年虽老而志不衰。更显出陆游的爱国精神。

壮心欲填海，苦胆为忧天。

【语出】宋·文天祥《赴阙》。

【通讲】雄心想要把大海填平，苦胆为天下忧虑。

【鉴赏】为老百姓创立功业，为老百姓忧虑。

自古奇人伟士，不屈折于忧患，则不足以成其学。

【语出】明·方孝孺《答许廷慎书》。

【通讲】屈折：指挫折。从古到今，许多伟大人物没经受过忧患的挫折，就不能成就他的才学和志向。

【鉴赏】没有雄心壮志，就无法克服各种困难，经受住各种磨难，取得才学，实现理想抱负。

7 果　　敢

当断不断，反受其乱。

【语出】《史记·春申君列传》。

【通讲】断：判断；决定。乱：祸害。到了应该做出决断的时候，而不能决断，反过来就要遭受祸害。

【鉴赏】做事要果断而不武断，这样才能把事情做好。如果遇事优柔寡断、当断不断的话，就会错失很多良机，受到许多祸害。

果决人似忙，心中常有余闲；因循人似闲，心中常有余忙。

【语出】清·金缨《格言联璧·存养》。

【通讲】处事果断利落的人看起来很忙，但心中却常常清闲自在；处事死守成式的人看起来清闲，但心中老觉得有干不完的事。

【鉴赏】处事必须果断。

快马一鞭，快人一言。

【语出】宋·释道原《景德传灯录·道明禅师》。

【通讲】好马只需打一鞭子就会飞跑起来，精明强干的人只说一句话就会把事情确定下来。

【鉴赏】精明强干的人做事果断。

人间何处不巉岩。

【语出】宋·苏轼《慈湖夹阻风》。

【通讲】在人生的道路上，到处都会碰到困难的。

【鉴赏】人生的道路绝不是平坦的，要敢于面对，坚定前行。

五心六意，歧道多怪。

【语出】汉·焦延寿《易林·复之随》。

【通讲】心中没有主见,三心二意,遇到岔道就不知走哪条道好。

【鉴赏】办任何事,都必须有主见。

疑行无成,疑事无功。

【语出】《商君书 · 更法》。

【通讲】犹豫踟蹰的行动是不会成功的,迟疑不决地办事是不可能有效果的。

【鉴赏】这是商鞅要求秦孝公要坚定不移地实施变法所说的话。办事情不能瞻前顾后、畏首畏尾,否则将一事无成。论述了做事成败得失的关键在于行动是否迟疑不决,做事情是否犹豫不定。

弈者举棋不定,不胜其耦。

【语出】《左传 · 襄公二十五年》。

【通讲】耦(ǒu):对手。棋手举棋不定,就无法战胜对手。

【鉴赏】春秋时期,卫国大夫宁殖驱逐了卫献公,另立公孙剽为国君,但临终前嘱咐儿子宁喜将卫献公接回。卫献公派人和宁喜商谈复位的事,宁喜答应了。大臣们都反对宁喜这样做,大夫大叔仪说"弈者举棋不定,不胜其耦",预言宁喜必将有祸。卫献公回国后就杀了宁喜。"弈者举棋不定,不胜其耦"现在多写作"举棋不定",指优柔寡断的人遇到问题犹豫不决,拿不定主意。

8 奋　进

百尺竿头须进步。

【语出】宋·释道原《景德传灯录·招贤大师》。

【通讲】虽然到达很长的竿子的顶端，仍然不能停止前进。

【鉴赏】一个人的修养或学业虽然达到很高成就，但仍应不断努力前行。

办得坚固心，一味向前，何患不进。

【语出】宋·朱熹《朱子语类》卷一百十六。

【通讲】立下了坚定强固的心志，只是埋头前行而不顾及其他，为什么担心不进步？

【鉴赏】只要意志坚定，不断努力，就不用担心不进步。

老来益当奋志，志为气之帅，有志则气不衰，故不觉其老。

【语出】清·申涵光《荆园进语》。

【通讲】年纪老了更应当奋发起志向，志向是人的精神支柱，有志向则精神不会衰退，因此就感觉不到自己年老了。

【鉴赏】不应年老而衰退。

凝寒不缩栗，动止不回顾。

【语出】《金史·世纪》。

【通讲】天寒不打哆嗦，嘈乱也不回头看。

【鉴赏】形容意志坚强，不怕困难，奋勇向前。

事不克济者，患在不为，不患其难。

【语出】《宋史·刘一止传》。

【通讲】事情之所以不能成功,只怕不去做,不怕它困难。

【鉴赏】不怕困难,勇于去做,事情都会成功。

行百里者半于九十。

【语出】《战国策·秦策五》。

【通讲】百里路程,走到九十里只算到了一半。

【鉴赏】此句比喻做事愈接近成功愈困难,愈要认真对待。激励人在做事的时候要一鼓作气,不可半途而废。目标越近,越不能懈怠,越要加倍努力。善始善终,坚持到最后才是重要的,不可功亏一篑。

志之所趋,无远勿届,穷山距海,不能限也。志之所向,无坚不入,锐兵精甲,不能御也。

【语出】清·金缨《格言联璧·学问》。

【通讲】趋:归向。届:到。人若志存高远,则无不可实现之目标,纵然山海尽头,亦不能阻止其追求理想的步伐;目标明确,则无攻不破的壁垒,即使是精兵坚甲,也无法抵御他的坚定信念。

【鉴赏】立志,是指立下志愿,树定志向。有志者事竟成,只有树立远大志向,并为之不懈奋斗,才能登上成功的巅峰。精神意志有着改变世界的力量。如果志向坚定,就能为了志向而不断奋斗、为了志向而顽强拼搏,越是艰难困苦,越会愈挫愈勇。也只有解决了"立志"的问题,才能真正找到自己工作和生活的价值。所谓人生理想,就是人们建立在对社会发展种种可能性认识的基础上根据自己的能力、特点所确立的奋斗目标。确定人生理想首先是要立志,也就是确立自己终生追求的目标。这种志向一经确立,往往对之后的一生都起到了极大的作用。

9 壮志难酬

碧血未消今战垒，白头相见旧征衣。

【语出】清·顾炎武《酬朱监纪四辅》。

【通讲】烈士的鲜血还没有从今天的战垒中消失；现在白首相逢，仍未脱下旧时的征衣。

【鉴赏】这两句诗体现了作者矢志不移、不折不挠的斗争精神。作者感情深沉执着，既抒发了壮志未酬、年华已逝的无限感慨，又表现了生命不息、斗争不止的坚强决心。

出师未捷身先死，长使英雄泪满襟。

【语出】唐·杜甫《蜀相》。

【通讲】领兵出征，还未取得胜利便先死去，常使后世的英雄为之热泪满襟。

【鉴赏】这两句诗原来写三国时蜀汉丞相诸葛亮。表达了对担负起国家兴亡之责的志士豪杰的崇敬之情，抒发了壮志未酬身先死的感慨。

此身合是诗人未？细雨骑驴入剑门。

【语出】宋·陆游《剑门道中遇微雨》。

【通讲】我这样子应该像一个诗人吧？在细雨中骑上瘦驴退到剑门关。

【鉴赏】这首诗作于诗人由陕西南郑前线被贬四川成都途经剑门关时，是陆游最脍炙人口的名篇之一。诗人以"此身合是诗人未"自问，却没有回答，而是描绘了一幅细雨骑驴的景象。李白、杜甫、高适、岑参都曾入蜀；李白酒醉骑驴游华阴，杜甫自称"骑驴三十载"，孟浩然骑驴寻梅，孟郊、贾岛骑驴苦吟……于是，入蜀与骑驴就与"诗人"联系到一起了。自己"细雨骑驴入剑门"，"此身合是诗人未？"结合前两句诗句"衣上征尘杂酒痕，远游无处不销魂"，可知虽长期奔走，但壮志难酬。"细雨骑驴入剑门"一句含不尽之意。全诗别出心裁、构思新颖，含蓄地表达作者衷情难诉、报国无门的情怀。陈衍说："剑南七绝，宋人中最占上峰，此首又具最上峰者，直摩唐贤之垒。"

此中何处无人世，只恐难酬烈士心。

【语出】清·顾炎武《海上》。

【通讲】神仙境地虽好，但在那里无法伸展救国济民的抱负。

【鉴赏】救国济民永远是我们的心愿。

功业未及建，夕阳忽西流。

【语出】晋·刘琨《重赠卢谌》。

【通讲】还没有建功立业，人却就要老了。

【鉴赏】叹惋时间过得快，抒发自己功业未就的心情。

国仇未报壮士老，匣中宝剑夜有声。

【语出】宋·陆游《长歌行》。

【通讲】国仇还没有报，壮士就已经老了，匣中的宝剑依然夜夜铿然作响。

【鉴赏】创作此诗时，陆游已经50岁了，此时他只能"成都古寺卧秋晚"，"上马击狂胡，下马草军书"的壮志无从实现，只剩"白发种种来无情"的落寞凄凉。"国仇未报壮士老，匣中宝剑夜有声"表达了作者虽有渴望"三更雪压飞狐城"为国杀敌的雄心，但只能像被收在匣子中的宝剑一样无用武之地的失望和愤懑。正如作者在《三月十七日夜醉中作》一诗中所写"逆胡未灭心未平，孤剑床头铿有声"。诗人的心声、宝剑的鸣声，在这里汇合成一支震撼人心的悲愤交响曲。

了却君王天下事，赢得生前身后名。可怜白发生。

【语出】宋·辛弃疾《破阵子》。

【通讲】一心想完成国家统一的大业，赢得生前死后的美名，可叹壮志未酬却双鬓已白。

【鉴赏】描写在想象中驰骋疆场、英勇杀敌的战斗生活，以抒发自己抗金复国的理想。由于南宋主和派的阻挠，作者备受挫折，理想无法实现。唱响了失意英雄的慷慨悲歌。

人而无恒，不可以作巫医。

【语出】《论语·子路》。

【通讲】人没有恒心的话，不可以当巫师和医师。

【鉴赏】没有恒心就是古代认为最低贱的职业巫师和医师都不能做成，说明做任何事情必须要有恒心，否则就会一事无成。

生不得志，攻苦食淡；孤臣孽子，卧薪尝胆。贫贱患难，人情最苦。子卿北海之上牧羝，重耳十九年之羁旅，呼吸生死，命如朝露。饭牛至晏，襦不蔽骭；牛衣卧疾，泣与妻诀。天将降大任于斯人，必先饿其体而乏其身。噫，可不忍欤！

【语出】元·吴亮、许名奎《劝忍百箴·苦之忍》。

【通讲】一生不得志，才能刻苦攻读，饮食清淡；被疏远的臣属和庶出之子，才能够卧薪尝胆。贫穷和受苦受难，是人世间苦中之苦。苏武牧羊于北海之上，重耳流离列国十九年，常常面临命如朝露、非生即死的境地。汉代王章喂牛至黄昏，短布单衣不蔽小腿；病卧于牛衣之间，与妻子相对流泪诀别。天要把重大责任降于此人，必然先使他饥乏困苦。唉，怎么能不忍呢！

【鉴赏】吃得苦中苦，方为人上人。苏武、重耳和王章就是这样的人，值得我们敬仰和效法。天将把很大的责任放在某人身上，一定要使他受累受难，挫伤他的心意。当然必须忍受这种苦难，增益自己的才能，成就大事业，成就天降之大任。

十年磨一剑，霜刃未曾试。

【语出】唐·贾岛《剑客》。

【通讲】十年磨成一剑，还未试过锋芒。

【鉴赏】说明下的功夫很深，凝聚多年心力，很想发挥其作用，跃跃欲试之情溢于言表。每个人都要肯下苦功，努力为国为民建功立业，“试试锋芒”。

往者不可谏,来者犹可追。

【语出】《论语·微子》。

【通讲】往者:过去的。谏:说;劝止。来者:未来的。追:追回;抓住。过去的人和事不能改变,将来的机会则必须抓住。

【鉴赏】人生没有后悔药。在生活中应吸取以往的教训,抓住现在的时机,做好当前的事,追求未来的成功。

醉里挑灯看剑,梦回吹角连营。

【语出】宋·辛弃疾《破阵子》。

【通讲】醉:因为被迫闲居、唯有借酒浇愁。梦:因为壮志在现实中难以实现,只能求之于梦中。在醉里挑灯看剑,梦中感到号角吹响各军营。

【鉴赏】这是作者送给好友陈亮的词句。描写驰骋疆场、英勇杀敌的战斗场景,抒发作者抗金复国的壮志。悲愤交织,撼人心旌。

10 自强不息

筚路蓝缕，以启山林。

【语出】《左传·宣公十二年》。

【通讲】筚路：柴车。蓝缕：破衣服。启：开。驾着简陋的柴车、穿着破旧的衣服去开辟山林。

【鉴赏】春秋时期，楚庄王率军攻打郑国。郑国派卿大夫皇戌出使晋军，称晋国出击，郑国为后，楚军必败。晋国下军副将栾书极力反对，说楚王攻克庸国后经常教育百姓牢记楚国先君若敖、蚡冒开创基业时筚路蓝缕的生活，警戒、畏惧之心不可懈怠。晋国出兵，结果被楚军打败。《史记·楚世家》记载："昔我先王熊绎辟在荆山，筚路蓝蒌以处草莽，跋涉山林以事天子，唯是桃弧棘矢以共王事。""筚路蓝缕，以启山林"形容创业的艰苦。"艰难困苦，玉汝于成"，艰苦奋斗的创业精神，是中华民族优秀的文化传统，积极探索、勇于创新，艰苦奋斗、知难而进是艰苦创业的核心内容。

不经一番寒彻骨，那得梅花扑鼻香。

【语出】唐·黄蘖禅师《上堂开示颂》。

【通讲】梅花要不是经受住一次次风霜摧折之苦，哪会有素馨沁人的花香。

【鉴赏】借梅花傲雪迎霜、凌寒独放的性格，勉励人克服困难、立志成就事业。表现了对待一切困难所应采取的正确态度。

成事自来输有志，不教勋业镜中看。

【语出】元·王恽《送刘侍郎》。

【通讲】输：送、给，这里是"归之于"的意思。事业的成功从来就属于志坚不移的人，我们不应该把建功立业只当成镜中的事物来看待。

【鉴赏】只有坚强的意志，不断奋斗，事业就会成功。

砥行厉心,困而弥笃。

【语出】《隋书·薛濬传》。

【通讲】磨炼行为和心性,处于困境更加坚定坚持。

【鉴赏】任何时候都要多加磨炼,不怕困境。

花落但余心向日,剑埋终有气干霄。

【语出】清·归庄《元日》。

【通讲】但:只是。余:剩下。干霄:直冲云霄。干:触及。花儿凋落,只剩下一颗向阳的心;宝剑沉埋,终究还保留着冲天豪气。

【鉴赏】即使失败,仍要保持豪气冲天的志向。

蹶足之马,尚想造途;失晨之鸡,犹思改旦。

【语出】唐·张鷟《监尹勤奏学生多无经业举送至省落第并请退还本邑以激励庶望生徒进益》。

【通讲】蹶:倒;颠仆。已经倒地的马,还想踏上旅途;早上不能啼叫的鸡,还想换一天早上再试试。

【鉴赏】人不能受挫丧志,而应不断坚持,直到取得成功。

君子不恤年之将衰,而忧志之有倦。

【语出】三国魏·徐幹《中论·修本》。

【通讲】恤:担忧;忧虑。倦:倦息;消沉。有道德有学问的人不忧虑年岁的衰老,却担心意志的消沉。

【鉴赏】人活着就要奋斗,高尚的人不怕衰老,而怕失去斗志。

君子遇失意,为人必有所进;小人遇失意,为人必有所退。

【语出】清·恽敬《与余铁香》。

【通讲】君子遇到失意的事,并不灰心丧气,一定能从中汲取教训,有所增益;小人遇到失意的事,一定心灰意懒,上进心大大减退。

【鉴赏】人都会碰到失意的时候,但应正确对待,应奋进而不应灰心减退。

君子自强不息,斯其道也。

【语出】《后汉书·黄琼传》。

【通讲】君子应该不懈地努力,永远自强奋斗不止,这就是君子之道。

【鉴赏】自强不息是一种奋斗精神,它积极进取,不满足于现实,不为一时的挫折所吓倒,在漫长的征途上,上下求索。

男儿立身须自强。

【语出】唐·李颀《缓歌行》。

【通讲】男儿立身,必须坚强努力,奋发向上。

【鉴赏】男儿志在四方,应努力向上。

闻道有蚤莫,行道有难易,然能自强不息,则其至一也。

【语出】宋·朱熹《中庸章句》注语。

【通讲】蚤莫:即早暮,先后的意思。至:达到成功。接受道理有前有后,实行道理有难有易,然而能自己努力向上,永不松懈,那么在必能成功上是一样的。

【鉴赏】人只要自强不息,都能达到成功。

《象》曰:天行健,君子以自强不息。

【语出】《周易·乾》。

【通讲】《象传》是解释卦象立义的。天行:天道。健:运行不息。天之运行,四时交替,昼夜更迭,岁岁年年无有止息,无有差错,君子当效法天道之健,以自强不息。

【鉴赏】这句话体现中华民族深沉的精神追求与坚毅的个性品质,以天与人对应,不仅是一种思想方法,更是一种顺天而动、法天而行的世界观念。如同天的刚强劲健,人也应该是刚毅坚卓、力求进步的。独立自主、自尊自强、坚韧不拔、不屈不挠……这正是我们最可宝贵的民族特性。今天,尤需我们这代人有所担当、有所作为。

行之苟有恒，久久自芬芳。

【语出】汉·崔瑗《座右铭》。

【通讲】只要能坚持不懈地奋斗，时间长久了，自然可以做出成绩来。

【鉴赏】有了恒心、决心，什么事情会办不成？

眼前多少难甘事，自古男儿当自强。

【语出】唐·李咸用《送人》。

【通讲】尽管目前的处境很不好，但志士自古以来就是自强不息，不为逆境所屈服。

【鉴赏】鼓励男儿立志。

一息尚存，此志不容少懈。

【语出】明·胡居仁《居业录·圣贤》。

【通讲】只要还有一口气，就要为实现自己的志向奋斗不懈。

【鉴赏】立下志愿就要全力坚持去实现。

以不息为体，以日新为道。

【语出】唐·刘禹锡《问大钧赋》。

【通讲】体：生存，比喻首要。道：引申为方向。应当把自强不息当成最重要的事情，把争取每天都有新的进步当成努力的方向。

【鉴赏】自强不息，努力奋斗。

十五

品德

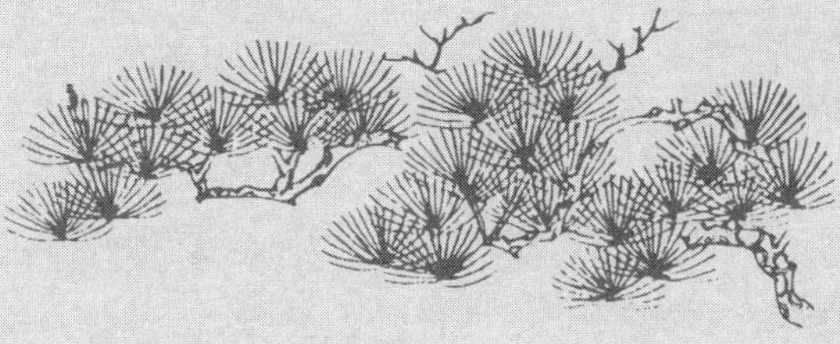

壹品款

1 善　恶

长恶不悛，从自及也。

【语出】《左传·隐公六年》。

【通讲】悛(quān)：悔改。从：随即；跟着。自及：自取祸害。滋长了恶而不悔改，马上就得自取祸害。

【鉴赏】郑庄公请求与陈国讲和，陈桓公蔑视郑国，没有答应。君子说"长恶不悛，从自及也"。《商书》曰："恶之易也，如火之燎于原，不可乡迩，其犹可扑灭？"恶的蔓延就像火在原野上蔓延，熊熊燃烧，无法靠近，怎么还能扑灭呢？因此善事可做，恶事莫为。善必寿老，恶必早亡。做恶事而不悔改，长期积累就会形成大恶而自招祸患。

诚曰：秀大师说，诸恶莫作，一名为戒，诸善奉行名为慧，自净其意名为定。彼说如此。

【语出】《坛经·顿渐》。

【通讲】志诚回答说：神秀大师说，任何恶事恶行都不要做，这叫作戒。任何善行都要努力去做，这叫作慧。自己无污无染这叫作定。这是神秀所讲的戒慧定。

【鉴赏】"戒慧定"应该成为每个人的修养原则。

惩恶而劝善。

【语出】《左传·成公十四年》。

【通讲】惩：责罚；惩罚。劝：勉励；奖励。惩处邪恶，劝勉向善。

【鉴赏】《左传·成公十四年》："《春秋》之称微而显，志而晦，婉而成章，尽而不污，惩恶而劝善。非圣人谁能修之？"唐·刘知幾《史通·忤时》："《春秋》之义也，以惩恶劝善为先。"善与恶并存于一个社会之中，惩恶才能劝善、扬善，恶不惩则善难扬。扬善必须惩恶。

锄一恶，长十善。

【语出】《宋史·毕仲衍传》。

【通讲】除掉了一恶，等于助长了十善。

【鉴赏】除恶务尽，才能扬善。

从善如登，从恶是崩。

【语出】《国语·周语下》。

【通讲】登：攀登高山。崩：山石崩坠。向好的学习，像登山一样，每前进一步都很艰难；向坏的学习，像山崩塌一样，很快就难以收拾。

【鉴赏】这句古谚非常形象地说明了从善之难、从恶之易，是古代先贤的劝世箴言，为后世政治家所重视。说明学好难、学坏易的道理，警示人们要好好把握自己，不要滑向罪恶的深渊。从善越是难、从恶越是易，领导干部越要加强内心自律。自觉树立和践行社会主义核心价值观，始终保持积极的人生态度、良好的道德品质、健康的生活情趣；努力做到慎独、慎初、慎微。

恶忌阴，善忌阴，故恶之显者祸浅，而隐者祸深；善之显者功小，而隐者功大。

【语出】明·洪应明《菜根谭》。

【通讲】阴：指事物的背面，这是不容易被人发现的地方。阳：指事物的正面，是大家都能看得到的地方。一个人做了坏事最担心的是不容易被人发觉，做了好事最不宜的是自己宣扬出去。所以坏事如果能及早被发现那灾祸就会相对小些，如果不容易被人发现那灾祸就会更大；如果一个人做了好事而自己宣扬出去那功劳就会变小，只有在暗中默默行善才会功德圆满。

【鉴赏】人不能做坏事，做坏事而损人利己，会让人憎恶，有的事不论对他人或自己都会造成极大灾祸。一个人从哪个方面讲都不应做坏事，而是应该抱着为善不求名的态度。帮助别人应是全身心投入，默默地奉献。

恶，犹疾也；攻之则益悛，不攻则日甚。

【语出】三国魏·徐幹《中论·虚道》。

【通讲】攻:这里指改正、克服。悛:悔改。坏品质,像人的疾病一样,不断地克服它,就会一天天改正;不克服它,就一天比一天更厉害。

【鉴赏】不改正错误就会养痈于患。

福仁而祸淫,善积者昌,恶积者丧,古今常数也。

【语出】《三国志·蜀志·后主传》裴松之注引《诸葛亮集》。

【通讲】行善者得到福,作恶者得到祸;多做善事的就会昌盛,多做恶事的就会败亡,这是从古到今不变的道理。

【鉴赏】善有善报,恶有恶报。

福在积善,祸在积恶。

【语出】汉·黄石公《素书·安礼》。

【通讲】幸福在于积累善行,祸患在于积聚恶绩。

【鉴赏】多做善事就会得到幸福,多做坏事就会带来祸患。

刚亦不吐,柔亦不茹。

【语出】《晋书·顾众传》。

【通讲】茹:吃。强硬的东西亦不吐出来,柔软的东西也不吃进去。

【鉴赏】人应有不畏强暴、不欺弱小的品质。

功莫美于去恶而为善,罪莫大于去善而为恶。

【语出】汉·贾谊《新书·修政》。

【通讲】功德没有比除去邪恶而奉行美善更大的了,罪责没有比抛弃美善而改行邪恶更大的了。

【鉴赏】人要去恶为善,而不应去善为恶。

攻人之恶毋太严,要思其堪受;教人以善毋过高,当使其可从。

【语出】明·洪应明《菜根谭》。

【通讲】毋:无;不。恶:指缺点、隐私。堪受:能否接受。当责备别人的过错时不可太严厉,要考虑到对方能否承受;教诲别人行善时,不可以期望太高,要顾及对方能否做到。

【鉴赏】在处理人际关系中应当有些儒家“恕”的观念,“恕”就是宽恕、原谅。“恕”不是无原则的宽容不管,而是要充分考虑对方的智力和承受力。不考虑实际效果,这是责人或教诲时所不足取的。对人要求不能太高,要让人家能够接受,只有人家接受了,才有效果。

过失多曰稔恶,罪恶大曰贯盈。

【语出】《幼学故事琼林》。

【通讲】过失太多叫恶已成熟,罪恶甚大叫恶贯满盈。

【鉴赏】人在一生中应少过失,不作恶。

好恶不愆,民知所适,事无不济。

【语出】《左传·昭公十五年》。

【通讲】愆(qiān):过失。适:适合;适宜。喜爱、厌恶都不过分,百姓知道怎么做适宜,事情就没有不成功的。

【鉴赏】春秋时期,晋国荀吴领兵进攻鲜虞,包围了鼓城。鼓城有人请求叛变交出鼓城,荀吴不接受。他引用叔向的话“好恶不愆,民知所适,事无不济”,并说我们厌恶有人带着我们的城邑叛变,为什么喜欢别人带着城邑叛变我们呢?对厌恶的事情加以奖赏,对喜欢的又该怎么办呢?我们要量力而行,不能因为想取城池却走向邪路。于是让鼓城人杀了叛徒而修缮防御设备。这个名句至今仍有现实意义。现代社会,总体上是开放的、多元的,人们有了更多选择的机会,但绝对不能混淆社会生活中的是非、善恶、美丑的界限。坚持什么、反对什么,倡导什么、抵制什么,褒扬什么、贬斥什么,都应该旗帜鲜明,才能形成积极向上的价值导向,形成全社会共同的行为准则,形成强大的力量,办好各项事情。

毁誉杂至,观其事则毁誉明;善恶混淆,公其心则善恶判。

【语出】宋·李邦献《省心杂言》。

【通讲】诋毁和赞誉交相而来,看他所做的事,是毁是誉就很明白了;好的和坏的一时难以分清,能以公心对待,是好是坏便容易判别了。

【鉴赏】只要出于公心,好坏毁誉都可以分清。

积善余庆，积恶余殃。

【语出】《北史·李孝伯传》。

【通讲】善事积累多了就会获得幸福，恶事积累多了就会遭到灾殃。

【鉴赏】要多做善事，不做恶事。

疾恶如仇，闻善不惑。

【语出】唐·汤衡《讲德联句》。

【通讲】憎恨坏人坏事，像憎恨仇敌一样；听说好人好事，应该努力向他们学习，决不困惑。

【鉴赏】这是对待好人好事和坏人坏事的正确态度。

俭则约，约则百善俱兴；侈则肆，肆则百恶俱纵。

【语出】清·金缨《格言联璧·持躬》。

【通讲】节俭就会有节制，有节制则百善都会兴起；奢侈就会放肆，放肆则百恶都会爆发。

【鉴赏】崇俭戒奢是中华民族的传统美德。"俭"与"侈"对一个人修身养性的影响，在"百善俱兴"与"百恶俱纵"的强烈对比中呈现得淋漓尽致。节俭与奢侈绝不仅仅是个人生活问题，更关系到领导干部的党性修养和为政之德。

居高位者易骄，处佚乐者易侈。骄则善言不入，而过不闻；侈则善道不立，而行不顾。

【语出】《明史·陶安传》。

【通讲】佚：同"逸"，安逸。居于高位的人容易骄傲，处于逸乐的人容易奢侈。骄傲就听不进好言相劝，那么也就听不到自己过错批评；奢侈就会不走正道，那么也就不会顾及自己的行为。

【鉴赏】这是明太祖朱元璋与陶安等众大臣讨论骄奢问题时的答案。这也给我们也敲响了警钟，当官者不能目中无人骄傲自大，否则会脱离群众，当官做老爷；处于安逸生活环境中也不可奢侈，而要时刻以节俭修身，始终保持亲民为民、谦虚谨慎、清廉俭朴的优秀品格。各级公务员必须戒骄戒侈,走正道,负起自己的职责。

君子不能无小恶,恶不积无防于正道;小人或时有小善,善不积不足以立忠。

【语出】《旧唐书·魏徵传》。

【通讲】君子不可能没有小的过失,过失不积累就无妨于正直之道;小人或者偶尔做小的好事,好事不积累就不足以建立忠正。

【鉴赏】正确对待君子的小恶和小人的小善。

君子游道,乐以忘忧;小人全躯,说以忘罪。

【语出】汉·杨恽《报孙会宗书》。

【通讲】游:沉浸。说:同"悦",喜悦。君子沉浸于大道,快乐得忘记了忧愁;小人保全了性命,高兴得忘记了罪过。

【鉴赏】君子乐于实现仁义之道,小人乐于保全自己。

君子有机以成其善,小人有机以成其恶。

【语出】宋·苏洵《远虑》。

【通讲】君子得到时机是为了做好事,小人得到时机是为了干坏事。

【鉴赏】不同的人对时机的把握有不同。

其所善者,吾则行之;其所恶者,吾则改之。

【语出】《左传·襄公三十一年》。

【通讲】人们认为好的,我就照办;人们讨厌的,我就改正。

【鉴赏】郑国人闲时在乡校议论执政得失。然明建议毁掉乡校。子产不同意,他认为乡校是人们议政的场所,"其所善者,吾则行之;其所恶者,吾则改之"。而且听说凭借忠善可以减少怨恨,没听说用威势可以防止怨恨。用威势难道不能很快制止议论?但是那就像防止河水决口一样,大决口伤人必然很多,拯救不了。不如开个小口导流,所以不如听到这些议论,把它当作良药来用。这句是郑国子产的"民本观",在今天仍有借鉴价值。要实施"善政",首先应当畅达民意,体察民情,顺应民心,遵从民意。发扬优点,改正错误,才能在施政中为百姓谋福祉,为国家谋未来。

谦柔卑退者,德之余;强忍奸诈者,祸之始。

【语出】宋·李邦献《省心杂言》。

【通讲】谦虚柔顺自卑退让,是德行的节余;强横残忍残暴奸伪多诈,是祸患的开始。

【鉴赏】我们每个人都要养成谦虚、柔顺、自卑、退让的良好德行,戒除强横、残暴、奸伪、多诈的恶行。

求人之失,虽小而可恕,谓重如泰山;身行不义,虽入大恶,谓轻于鸿毛。

【语出】《辽史·太祖纪上》。

【通讲】对待别人的错误,即使是很小的而且是可以原谅的过错,也把它看得重如泰山;自己做事不义,即使是很大的罪恶,也把它看得轻如鸿毛。

【鉴赏】奸佞群小害人护己的行为多么丑陋,必须给予揭露和批判。

人而好善,福虽未至,祸其远矣;人而不好善,祸虽未至,福其远矣。

【语出】三国魏·徐幹《中论·修本》。

【通讲】一心行善,即使福分还没有来,起码离祸患远了;一意从恶,即使祸患还没及身,但离福分却远了。

【鉴赏】为善可以得福远祸。

人未说为善,先须疾恶。能疾恶,然后能为善。

【语出】宋·朱熹《朱子语类》卷十三。

【通讲】人在还没有说要为善时,先必须痛恨恶。能做到痛恨恶,然后才能为善。

【鉴赏】能做到痛恨恶,才能够区分善恶,然后才能“为善”。否则,连善恶都区分不了,如何能为善?

人有善念，天必佑之。

【语出】《增广贤文》。

【通讲】心地善良的人，上天一定会保佑他。

【鉴赏】倡劝人们要做善良的人。

人之难，不可虞也。

【语出】《左传·昭公四年》。

【通讲】别人有祸难，不应因此而高兴。

【鉴赏】人应有同情心，幸灾乐祸是要不得的。

人之为善，百善而不足；人之为不善，一不善而足。

【语出】宋·杨万里《庸言》三。

【通讲】人做好事，百件不算多；人做不好的事，一件就不算少。

【鉴赏】每个人应该努力做好事，不做坏事。

人之性也善恶混。修其善则为善人，修其恶则为恶人。

【语出】汉·扬雄《法言·修身》。

【通讲】人的本性是善与恶混合而成的。人如果注重修养善的一面，就成为善人；修养恶的一面，就成为恶人。

【鉴赏】这是扬雄的人性兼善恶论，正确与否也很难说。但用来说明人需要修养、需要训练，却是很恰当的。

善不积，不足以成名；恶不积，不足以灭身。

【语出】《周易·系辞下》。

【通讲】不坚持积累好的东西，就不能成名；能不断克服坏的东西，就不会有身败名裂的危险。

【鉴赏】做好事，干坏事，终究会得到相应的报答，好事做多了后必有福；坏事干多了，后必有祸。

善不可失，恶不可长。

【语出】《左传·隐公六年》。

【通讲】善不可丢失，恶不可滋长。

【鉴赏】要经常做有益于人的好事、善事，并且持之以恒，不断积累，形成善德。不做损害别人利益的恶事，即使是微小的恶事也不可使之滋长，以免造成危害和恶果。

善恶到头终有报，只争来早与来迟。

【语出】明·施耐庵《水浒传》第九十九回。

【通讲】人做好事、做恶事，都会有报应，只是报应的时间有迟早罢了。

【鉴赏】劝诫人们不能干坏事，要多做好事。

善盈而后福，恶盈而后祸。

【语出】明·冯梦龙《东周列国志》第二回。

【通讲】盈：满。善事做多了以后就会得福，坏事做多了以后就会遭祸。

【鉴赏】做善事得福，做坏事遭殃，善有善报，恶有恶报，这是社会的定律。

势可为恶而不为，即是善；力可行善而不行，即是恶。

【语出】清·金缨《格言联璧·悖凶》。

【通讲】在情势上可以干坏事而没有干，这便可称作善；有能力做好事却不去做，这便可称作恶。

【鉴赏】人要多做善事，不做坏事。

为善如负重登山，志虽已确，而力犹恐不及；为恶如乘骏走陂，鞭虽不加，而足不禁其前。

【语出】清·金缨《格言联璧·持躬》。

【通讲】做好事如背负重物去登山，志向虽已确定，但还唯恐力气不够用；做恶事像骑着骏马下陡坡，虽然不敢妄打一鞭，却不能禁止马向前奔跑。

【鉴赏】为善难，为恶易。

为善则流芳百世，为恶则遗臭万年。

【语出】《幼学故事琼林》。

【通讲】多做善事的人，自然传留芳名到百世，为后代所传诵；老干坏事的人，自然他的恶名遗留到万年，永远为人们所痛恨。

【鉴赏】人要多为善而不为恶。

闻善不及，兹谓有知。

【语出】《隋书·五行志下》。

【通讲】知：通"智"。发现了别人的长处，总觉得自己比不上，这就叫有智慧。

【鉴赏】要善于发现别人的长处。

闻忠善以损怨，不闻作威以防怨。

【语出】《左传·襄公三十一年》。

【通讲】损：减少。听说凭借忠善可以减少怨言，没听说用威势可以防止怨恨。

【鉴赏】郑国人闲时在乡校议论执政得失。然明建议毁掉乡校。子产不同意，他认为乡校是人们议政的场所，人们赞成的，就照办；人们反对的，就改正。而且"闻忠善以损怨，不闻作威以防怨"。用威势难道不能很快制止议论？但是那就像防止河水决口一样，大决口伤人必然很多，拯救不了，不如开个小口导流。所以不如把听到的议论当作良药来用。此句是子产对待民议和民怨的为政之道。为政者应善于听取民众声音，及时调整治理策略，用威势压制民众只能引发更大的怨恨。此句亦可用于在人际关系中化解恩怨。中华民族一向以待人宽厚为美德，宽容大度、宽宏大量。在人际交往中常常因利益冲突或理解错位产生恩怨，应避免过激或对抗行为，对待对方的怨恨或怨言采取宽厚的态度，减少人际摩擦。

毋毁众人之名，以成一己之善；毋没天下之理，以护一己之过。

【语出】清·金缨《格言联璧·持躬》。

【通讲】不要诋毁众人的声名，而为自己争得好处；不要埋没天下的公理,而袒护自己的过失。

【鉴赏】不为自己争利,不袒护自己过失。

勿以恶小而为之,勿以善小而不为。

【语出】《三国志·蜀志·先主传》。

【通讲】不要以为坏事小就去做,不要以为好事小就不去做。这是刘备临终前给其子刘禅的遗诏中的话,劝勉刘禅要进德修业,有所作为。

【鉴赏】积小善方成大善,积小恶可酿大恶。如果今天不以犯小错为耻,明天就有可能会犯大罪。因此每一个人都要严于律己,不做坏事,还要尽量做对别人有利的事,这样才能建设美好的家园。

小人有恶中之善,君子有善中之恶。

【语出】明·庄元臣《叔苴子内篇》卷五。

【通讲】君子:指有才德的人。小人一般而言很坏,但坏中也有好的一面;君子一般而言很好,但好中也有不好的一面。

【鉴赏】要辩证地看待人,不要把人看死。

效小节者不能行大威,恶小耻者不能立荣名。

【语出】《战国策·齐策六》。

【通讲】效:模仿;效法。专门注意细枝末节的人是做不出有威望的大事的,不能忍受小耻辱的人是建立不起荣誉和美名的。

【鉴赏】战国时期,燕军破齐,攻下聊城,据守多年。齐将田单久攻不下。鲁仲连写信给燕将,劝燕将罢兵息民,“效小节者不能行大威,恶小耻者不能立荣名”,忍一时耻辱,建万世伟业,建议燕将或归燕、或降齐。最后,燕将罢兵离去。只有志向远大,胸怀宽广,才能高瞻远瞩。不计较眼前的得失,能够忍辱受屈,把自己的前途、命运同国家、百姓发展联系起来,才能建立功名。

性如茧如卵,卵待覆而为雏,茧待缫而为丝,性待教而为善。

【语出】汉·董仲舒《春秋繁露·深察名号》。

品德

【通讲】人的性情就好像蚕茧和鸡蛋,鸡蛋需要经过孵化才成为小鸡,蚕茧需要经过缫制才能成丝,人的性情需要经过教育指导才能使之从善。

【鉴赏】每一个明智的领导者都应该起一个老师的作用,尽量挖掘出每个下属的潜质,而每一个发掘的过程都需要领导者有敏锐的眼光、充分的耐心和虚怀若谷的精神境界。

一为不善,众美皆亡。

【语出】《三国志·吴志·孙和传》裴松之注引《殷基通语》。

【通讲】亡:同“无”,丧失。只要做一件坏事,其他优点就全部被抹杀。

【鉴赏】这是一种错误的评价人的观点。评价一个人不该持全盘肯定或全盘否定的态度。尽管如此,即使经常做好事,做一件坏事就成为自己的污点,那么自己也难辞其咎。

以小善为无益,以小恶为无伤,凡此皆非所以安身崇德也。

【语出】宋·王安石《致一论》。

【通讲】认为做小小的善事对自己没有什么好处,认为做小小的恶事对修养没有什么妨碍,所有这些都不是使自己生活安宁、使道德变得高尚的正确态度。

【鉴赏】小善可以积大善,小恶也会酿大恶,应做到小善多做、小恶莫为,才能养成高尚的品德。

有善于己,然后可以责人之善;无恶于己,然后可以正人之恶。

【语出】宋·朱熹《大学章句》。

【通讲】正:纠正。自己有善行,然后才可以要求别人也应有善行;自己无恶行,然后才可以纠正别人的恶行。

【鉴赏】人要“正人”,须先正自己。今天还可引来讽劝某些品行不佳的领导者,只有自己以身作则,才能领导得了他的部属。

兆始恶者有终殃,积不善者无余庆。

【语出】《北史·崔宏传》。

【通讲】积不善:长期做坏事。作恶的人开始的征兆不好,最终一定会有灾祸;长期不做好事的人,不会留下福泽。

【鉴赏】劝告人要做善事,不做坏事。

执一术而百善至,百邪去,天下从者,其唯孝也!

【语出】《吕氏春秋·孝行》。

【通讲】采取一种行为就可以使百善俱至、百邪俱去、天下顺服的,只有孝了吧!

【鉴赏】孝顺是百善之首,每个人一定要尽孝道。

2 公　　私

充一个公己公人心，便是胡越一家；任一个自私自利心，便是父子仇雠。天下兴亡、国家治乱、万姓死生，只争这个些子。

【语出】明·吕坤《呻吟语·存心》。

【通讲】仇雠：相互视为仇敌。保持一个大公无私的心态，那势不两立的吴国和越国便会成为一家；任由一个自私自利的心理，即使是骨肉之亲的父亲和儿子也会成为仇人。天下的兴衰、国家的治乱、人民的存亡，所争夺的也就是心灵的偏向。

【鉴赏】自私自利的心理会让人六亲不认、丧尽天良。天下所有的纷争也都从这里萌发的。自私自利可以说是万恶之源。可见，天下的兴盛、国家的治理、百姓的生存，都是要一个大公无私的心灵。

非至公无以主天下，非博爱无以临四海。

【语出】《梁书·简文帝纪》。

【通讲】没有至公之心不能主宰天下，没有对人间的普遍之爱不能统领全国。

【鉴赏】公心、爱心，是凝聚人心的两个主要因素。得民心者得天下。

夫私视使目盲，私听使耳聋，私虑使心狂。三者皆私设精则智无由公。智不公，则福日衰，灾日隆。

【语出】《吕氏春秋·序意》。

【通讲】精：甚；严重。为了私利去看就会使眼睛无所见，为了私利去听就会使耳朵发聋，为了私利去思虑就使内心狂悖。视、听、思虑都是为了私利，严重了那么智慧就不会用到公正上。智慧不用到公正上，那么福气就会天天减少，祸患就会天天增多。

【鉴赏】私字当头，就没有了理智，福气远离，祸患就会随之而来。

公道达而私门塞，公义立而私事息。

【语出】《韩诗外传》卷六。

【通讲】为公的路畅通了，为私的门就堵塞了；为公的道理树立起来了，为私的事情就停止了。

【鉴赏】公事公办，不塞私货，这是为官者的品德。

公生明，偏生暗。

【语出】《金史・高汝砺传》。

【通讲】公正能使得诸事清楚，偏颇就会产生昏暗。

【鉴赏】出于公心，公正办事。

公天下之身，公天下之物，其唯至人矣。

【语出】《列子・杨朱》。

【通讲】把天下之身视为己身，把天下之物看作己物，只有最完美的人才能做到。

【鉴赏】为天下人献身，为天下人谋利益，这才是伟人。

公听并观，名垂当世。

【语出】《史记・鲁仲连邹阳列传》。

【通讲】公听：公正地听取。并观：全面地观察。公正地听取意见，全面地观察问题，就能在当代留下美好的名声。

【鉴赏】怎样处理政事，才能留下好名声，一是听取意见要公正，二是观察问题要全面。

公正无私，一言而万民齐。

【语出】《淮南子・修务训》。

【通讲】做事公正而没有私心，说一句话就能使千千万万民众团结一致。

【鉴赏】出于公心办事，会得到众人的支持。

国而忘家,公而忘私,利不苟就,害不苟去。

【语出】汉·贾谊《治安策》。

【通讲】忠于国家而忘掉自家,为公而忘私,见利不随便谋取,见害不苟且逃避。

【鉴赏】大公无私,敢于担当。这是每个官员应当有的品格。

居官有二语,曰:"惟公则生明,唯廉则生威。"居家有二语,曰:"惟恕则平情,惟俭则用足。"

【语出】明·洪应明《菜根谭》。

【通讲】廉:正直高洁。威:敬畏。恕:恕是"将心比心,推己及人"的意思。情平:情绪平稳、毫无怨天尤人之意。做官有两条原则,就是只有公正无私才能判断明确,只有清白廉洁才能使人敬服;治家有两条原则,就是多替别人设想心情自然平和,生活节俭朴素家用自然充足。

【鉴赏】公正廉明是古代做官的基本要求,持家同样如此。为人应心气平和,保持勤俭节约的传统美德,要牢记为官公廉、居家恕俭。

利在一身勿谋也,利在天下者谋之;利在一时勿谋也,利在万世者谋之。

【语出】清·金缨《格言联璧·从政》。

【通讲】只对一个人有好处的事,就不要谋划去做了,对天下人都有好处的事就谋划去做;只有一时好处的事就不要谋划去做了,对长远有利的事就谋划去做。

【鉴赏】要为人民的长远利益去谋划。

私仇不入公门。

【语出】《韩非子·外储说左下》。

【通讲】个人之间的仇怨,不能带到处理国家事务中来。

【鉴赏】说明办事要公私分明。

勿视小惠伤大体，毋借公道遂私情。

【语出】清·金缨《格言联璧·持躬》。

【通讲】不要光盯着一点小利而损害整体，不要利用职务之便为自己办事。

【鉴赏】为人必须摒弃私利私心。

寤寐不惊忘嗜欲，何须采药炼金丹。

【语出】清·严慎修《处世格言》。

【通讲】平日做事公平、正直，睡觉休息不会突然惊醒，又没有什么私癖贪欲，那么年寿自然会长久，怎么还用得着靠采药炼丹来养生呢?

【鉴赏】为人公平正直有利于养生长寿。

昔先圣王之治天下也，必先公，公则天下平矣。平得于公。尝试观于上志，有得天下者众矣，其得之必以公，其失之必定以偏。

【语出】《吕氏春秋·贵公》。

【通讲】从前圣明的帝王治理天下，一定先从公出发，做到了公，天下就能太平安定。太平安定由于公而获得。曾经观览上古时代的有关记载，得天下而又失天下的多了，得天下必定是因为公，而失天下则必定是因为偏私。

【鉴赏】说明君主立国治天下"必先公"的道理，做到"公"则得天下，而失去公则失天下。每一个执政者都要认识到能否正确地处理"公"和"私"的问题，是关乎国家的治乱存亡的大问题。

小人则以身殉利……圣人则以身殉天下。

【语出】《庄子·骈拇》。

【通讲】小人为自己利益牺牲自己身体……圣人为天下利益牺牲自己身体。

【鉴赏】两种人的目的虽很不同，但其牺牲自己则一，此乃老庄思想。但为天下利牺牲自己，才是高尚的。

行不由径，非公事不见卿大夫。

【语出】《史记·仲尼弟子列传》。

【通讲】径：小路，此指邪路。走路不从邪路走，不是为了公事不去拜见卿大夫。

【鉴赏】为人正派，不走后门办事。

尧有子十人，不与其子而授舜；舜有子九人，不与其子而授禹；至公也。

【语出】《吕氏春秋·去私》。

【通讲】帝尧有十个儿子，可尧不把帝位传给儿子，而传给了舜；舜有九个儿子，可他也不把帝位传给儿子，而传给了禹；帝尧和帝舜都做到了大公无私。

【鉴赏】尧舜都把帝位传给贤人而不传给自己的儿子，充分说明了他们为公去私，这种品德值得我们学习。

以其平日为己之心为公家办事，自然修举。

【语出】宋·朱熹《朱子语类》卷一百零八。

【通讲】公家：犹言"公室"，古时对政府的泛称。修举：完美；成功。用平时为自己办事的全心全意去为公家办事，自然事事都能妥善地办成。

【鉴赏】政府工作人员必须努力为人民服务。

有口不以私言，有目不以私视。

【语出】《韩非子·有度》。

【通讲】有嘴也不会因私事而说，有眼也不会因私事而看。

【鉴赏】我们要大公无私，一言一行，一举一动，都要先国后家，先公后私，不能将私利放在公益之上，家事放在国事之上。

源清则流清，心正则事正。

【语出】明·薛瑄《读书续录》卷二。

【通讲】源头清净水流就会清净，内心公正做事就不会不公。

【鉴赏】要努力做到源清心正。

政在去私。私不去则公道亡,公道亡则礼教无所立,礼教无所立则刑罚不用情,刑罚不用情而下从之者,未之有也。

【语出】晋·傅玄《傅子·问政》。

【通讲】为政之道在于无私。私心存在就不会有公道,没有公道就没有礼教,而不讲礼教,法律刑罚就无法实施公正。惩罚不公正而要求百姓听从是不可能的。

【鉴赏】领导者"大公无私"因为"私不去则公道亡"。而老百姓对领导者的要求也无非就是公正无私。

只大公了,便是包涵天下气象。

【语出】明·吕坤《呻吟语·存心》。

【通讲】只要能够做到大公无私,便是那包括涵容天下的气象。

【鉴赏】做到大公无私,要在去"私"上下功夫。不追求富贵财禄、名誉地位,才能包涵天下。

治官事则不营私家。

【语出】汉·刘向《说苑·至公》。

【通讲】办理公家的事,就不应该借此牟取私利。

【鉴赏】不假公济私是一切公务员应该遵守的原则。

3 忠　　信

不宝金玉，而忠信以为宝。

【语出】《礼记·儒行》。

【通讲】人应当把忠诚守信看成最珍贵的东西。

【鉴赏】忠信是最好的人格。

发于心而自尽，则为忠；验于理而不违，则为信。忠是信之本，信是忠之发。

【语出】宋·朱熹《朱子语类》卷二十一。

【通讲】为人办事发自内心而且尽了自己的力量，这就是忠；所说的话检验于天理而不相违背，这就是信。忠是信的根本，信是从忠上生发出来的。

【鉴赏】为人处世，要以忠诚守信为准则。

肝脑总应涂旧阙，须眉谁复叹新亭？

【语出】清·张煌言《追往》。

【通讲】叹新亭：《世说新语》载西晋王朝覆灭后，逃到江南的一些士大夫曾在新亭（在今南京市）相聚，为北方的沦丧而唏嘘叹息。我的肝血脑浆总应该涂在旧朝的宫阙之上，真正的男子汉谁会再去新亭上作无谓的叹息？

【鉴赏】东晋丞相王导曾批评士族中因西晋覆亡而表现出的绝望颓丧情绪，要他们共同振作起来。作者在这里借用它来表现对明王朝的忠诚和坚强不屈的斗争意志，表示自己绝不悲观叹息，而是要坚持斗争到底，虽为国牺牲在所不惜。

黄金若粪土，肝胆硬如铁。

【语出】清·石达开《入川题壁》。

【通讲】把黄金视为粪土一样贱，而忠诚义勇的心却如同铁一样坚强。

【鉴赏】人要有忠贞的节操。

疾风知劲草，板荡识诚臣。

【语出】唐·李世民《赐萧瑀》。

【通讲】板荡：世局动荡不安。在疾风的吹袭下，可以知道哪一棵是刚劲有力的韧草；在动荡不安的局势里，可以说明了谁是忠诚坚贞的臣子。

【鉴赏】在危急艰险的环境里，最能看出一个人品格的高下；我们必须保持忠贞志士的伟大情操，浩然气节绝不改变。

交近则必相靡以信，远则必忠之以言。

【语出】《庄子·人间世》。

【通讲】邻近的国家的交往应以信用来维系，距离远的国家应以忠实的语言让对方了解。

【鉴赏】国家间或是人际关系，信用和忠诚都是必须的。否则，就没有良好的关系。

君子有大道，必忠信以得之，骄泰以失之。

【语出】《大学》。

【通讲】君子：指为君上者。道：修己治人之术。忠信：尽己之心而不违于物。骄泰：骄横放纵。君子有个大原则，就是必须用忠诚信义来争取民心，骄横奢侈就会失去民心。

【鉴赏】在儒家的德政思想中，立信于民占有极其重要的位置。孔子在《论语·子路》里说："上好信，则民莫敢不用情。"即为君上者讲信用，人民就会以实情相告。为上者做到言出即行、表里如一，以实际行动取信于人民，得到人民的信服，就会得到民心，获得人民的支持和拥护，国家政权也因此而得到巩固。所以说，治国的大原则就是必须忠诚守信来争取人民的拥戴，骄横放纵、奢侈荒淫就会失去民心，危害国家。

君子之道，莫大乎以忠诚为天下倡。世之乱也，上下纵于亡等之欲，好伪相吞，变诈相角，自图其安而予人以至危。畏难避害，

曾不肯捐丝粟之力以拯天下，得忠诚者起而矫之，克己而爱人，去伪而崇拙，躬履诸难，而不责人以同患，浩然捐生，如远游之还乡，而无所顾悸。由是众人效其所为，亦皆以苟活为羞，以避事为耻。

【语出】清·曾国藩《治心经·诚心篇》。

【通讲】君子之道重在以忠诚二字倡导天下，匡扶正义，敢于承担责任。天下大乱之时，人们大多畏难避害，想尽办法谋求自身的安全，不肯出点滴之力来拯救天下的危难。只有忠义之士，视死如归，奋起匡正时乱。于是，人们都以他们为榜样，以苟且偷生为羞，以避事避害为耻，终于能够“戡定大乱”。

【鉴赏】曾国藩的《治心经》讲心、身并治，口、体兼防。对现实来说，领导干部要勤勉任事、敢于担当，不要逃避责任、无所作为。对工作任劳任怨、尽心竭力、善始善终、善做善成。

利不可两，忠不可兼。不去小利，则大利不得；不去小忠，则大忠不至。故小利，大利之残也；小忠，大忠之贼也。圣人去小取大。

【语出】《吕氏春秋·权勋》。

【通讲】利不可两得，忠不可兼到。不抛弃小利，大利就不能得到；不抛弃小忠，大忠就不能实现。所以说，小利是最大利的危害，小忠是大忠的危害。圣人抛弃小利小忠，而选择大利大忠。

【鉴赏】国家利益和个人利益，忠于国家和忠于个人，就是大和小的关系，如何处理这种关系，是非常重要的。我们要舍小利、小忠，而践行大利、大忠。

谋事杀良，非忠也；乘人之危，非仁也。

【语出】《后汉书·盖勋传》。

【通讲】商量政事而杀害贤良，不是忠直之人；利用别人处境的不利而加害于人，不是仁德之人。

【鉴赏】做人要做忠直、仁德的人。

神莫神于至诚。

【语出】汉·黄石公《素书·本德宗道》。

【通讲】最使人感动的,莫过于一颗赤诚的心。

【鉴赏】人最重要的是要有一颗赤诚的心。

士不忘身不为忠,言不逆耳不为谏。

【语出】宋·欧阳修《论杜衍范仲淹等置政事状》。

【通讲】忘身:舍弃生命。逆耳:不顺耳。将士不能舍弃生命就算不上忠诚,意见听起来顺耳就算不上直言规劝。

【鉴赏】提出“忠”和“谏”的标准。

天不容伪。

【语出】宋·苏轼《潮州韩文公庙碑》。

【通讲】天神绝对不会容忍虚伪。

【鉴赏】劝诫人们要真诚,不要虚伪。

天之所覆,地之所载,人之所履,莫大乎忠。

【语出】汉·马融《忠经·天地神明》。

【通讲】总括一句话,就是天地之间,以及人的所有行为中,没有比忠诚更为重要的了。

【鉴赏】“忠”是最重要的,所谓“忠”,就是诚,也就是“真心”,总括起来就是“诚实尽心”。唯有“忠”,才能使各种行为归于正道。

小知不可使谋事,小忠不可使主法。

【语出】《韩非子·饰邪》。

【通讲】小知:小聪明。谋:策划;计划;谋划。小忠:对私人或者一小批人的忠诚。主法:掌管律法。只拥有小聪明的人不可以让他筹谋政治事务,只拥有一点忠诚度的人不可以让他掌管律法。

【鉴赏】只懂得耍小聪明的人往往目光短浅,缺乏大智慧,因此不能让这样的人谋划国家政治方面的宏观事务。只拥有小忠的人往往私心较重,无法秉公处事,因此不能让这样的人掌控律法制度。常用于警醒任人谋事、派人执法时,必须弄清被派任者是只懂得耍小聪明还是能够运用大智慧,是出于私利之心还是公正之心。

用士不患其非国士,而患其非忠;世非患无臣,而患其非贤。

【语出】汉·王符《潜夫论·论荣》。

【通讲】采用人才,不要担心他不是一国中的杰出人才,而应该考虑他是否忠诚;不必担心找不到臣子,而应该考虑他是不是贤明。

【鉴赏】提出了用人的标准:忠诚和贤明,即要求所用之人既要忠诚不二,又要精明强干。

忠臣惟知有国,而不知有身,故恶恶不避其患。

【语出】《辽史·萧阿剌耶律义先等传论》。

【通讲】恶恶:憎恨邪恶。忠于国家的臣子只知为国操劳,而不考虑自身的利害,所以他们敢于憎恨邪恶而不惧后患。

【鉴赏】一切国家工作人员都应该为国家鞠躬尽瘁、死而后已。

自古忠贤,工谋于国则拙于身,多矣。

【语出】《新唐书·王忠嗣传》。

【通讲】自古忠诚贤能的人,善于为国家谋划而拙于为个人打算,这样的人是很多的。

【鉴赏】中国自古以来就是英雄辈出的国度,为了国家和人民而抛头颅、洒热血的英烈不计其数,这都应是我们后人学习的榜样。

4 刚　直

不掩贤以隐长，不刻下以谀上。

【语出】《晏子春秋·向上》。

【通讲】刻：苛刻。谀(yú)：谄媚；奉承。不掩盖别人的贤良，不抹杀别人的长处，不苛待下级，不谄媚上司。

【鉴赏】这几句写一种刚直无私的品格，针砭那些嫉贤妒能、媚上压下的人，至今仍可借鉴。

不以雄名疏野贱，唯将直气折王侯。

【语出】唐·王建《寄上韩愈侍郎》。

【通讲】不因为自己令名卓著，就疏远乡野众庶，而对王公贵族却敢于直言抗争。

【鉴赏】对老百姓尊敬有加，对王公贵族不卑屈，这才是正直的人。

当官力争，不为面从。

【语出】《资治通鉴·唐高祖武德九年》。

【通讲】面对上司要敢于坚持正确的意见，而不要当面唯唯诺诺。

【鉴赏】怕丢乌纱帽，对上级不敢坚持正确意见，是要不得的。

刚、明，世之碍也。刚而婉，明而晦，免祸也夫！

【语出】明·吕坤《呻吟语·修身》。

【通讲】刚直与明晓，有碍于处世。如果刚直的人能够委婉一些，明晓的人能够隐晦一些，那么也就避免了灾祸。

【鉴赏】太刚正、太明白，会招致那些对立面的反对。刚强的人在待人接物时，多一些委婉含蓄，批评人也不要太露骨，那些清楚明白的人，最好有时难得糊涂，不必强硬出头，所以为人处世要能屈能伸。加上一点为人处世的技巧方法,就会两全其美了。

宁洁身以守滞,耻胁肩以苟合。

【语出】晋·葛洪《抱朴子·名实》。

【通讲】守滞:安心于不得志。耻:以……为耻。胁肩:耸起肩膀,显出讨好的姿态。宁愿让自己保持高尚品德而安心于困厄,而以耸起肩膀苟且迎合权贵为耻。

【鉴赏】人必须有刚直不阿、洁身自守的高尚思想。

宁直毋媚,宁介毋通,宁恬毋竞。

【语出】清·王豫《蕉窗日记》卷二。

【通讲】宁:宁可。直:正直。毋:不要。媚:奉承献媚。介:耿直;有骨气。通:圆滑;变移。恬(tián):淡泊;恬静。竞:追逐名利。宁愿正直而不去奉承拍马,宁愿耿直而不圆滑多变,宁愿淡泊而不去争名夺利。

【鉴赏】人们要养成正直、耿直、淡泊等优秀品质。

曲生何乐,直死何悲。

【语出】唐·韩愈《祭穆员外文》。

【通讲】委曲求全地生活有什么欢乐,正直不屈而死有什么悲伤。

【鉴赏】要树立正确的人生观,宁站着死,也不跪着生。

人怜直节生来瘦,自许高材老更刚。

【语出】宋·王安石《与舍弟华藏院此君亭咏竹》。

【通讲】怜:喜爱。自许:自己称许自己。人们喜爱竹子生下来便瘦削挺直,竹子也称许自己是老而益刚的超拔之材。

【鉴赏】要做一个刚正不阿的人。

松柏本孤直,难为桃李颜。

【语出】唐·李白《古风》。

【通讲】孤直:孤高正直。难为:难以做出。桃李颜:比喻妖颜媚态。为人要像松柏一样高傲正直，不要像桃李那样以妖颜媚态取悦于人。

【鉴赏】要做正直的人，不做献媚的人。

特立而独行。

【语出】唐·韩愈《与于襄阳书》。

【通讲】不受世俗观念的影响，坚持自己的独特主张。

【鉴赏】见解独特才有创造性。

违上顺道，谓之忠臣；违道顺上，谓之谀臣。

【语出】汉·荀悦《申鉴·杂言上》。

【通讲】违背君主意志，顺乎人情事理，这样的人叫作忠臣；违背人情事理，屈从君主旨意，这样的人则是逢迎拍马的臣子。

【鉴赏】对上级要敢于直言，做个正直的人，而不应拍马奉迎。

喜为异说而不让，敢为高理而不顾。

【语出】宋·苏轼《荀卿论》。

【通讲】异说：与众不同的学说。让：退让。高理：与众不同的伟论。顾：顾忌。喜欢提出离经叛道的学说，在论辩中从不肯退让；敢于陈述与众不同的言论，而对于个人的处境无所顾忌。

【鉴赏】敢为真理而斗争。

心如铁石，气若风云。

【语出】唐·杨炯《唐右将军魏哲神道碑》。

【通讲】心如铁石一样坚贞，气节像风云一样高洁。

【鉴赏】做人要意志坚定、气节高洁。

贞刚自有质，玉石乃非坚。

【语出】晋·陶渊明《戊申岁六月中遇火》。

【通讲】质：本性。乃：却。坚贞刚直的品德本来就有自己的本性，如果与玉石相比，则玉石不能算作最坚硬。

【鉴赏】人应该养成坚贞刚直、比玉石还要坚硬的品质。

正身而直行，众邪自息。

【语出】《淮南子·缪称训》。

【通讲】为人品行端正、行为正直，就会跟一切邪恶无缘。

【鉴赏】人正不怕影子歪。

直臣无党。

【语出】《晋书·刘毅传》。

【通讲】正直无私的臣子，是不会拉帮结派的。

【鉴赏】不谋私利，就不会结党营私。

直言者，国之良药也；直言之臣，国之良医也。

【语出】清·唐甄《潜书·抑尊》。

【通讲】正直的言论，对于国家是上好的药物；敢于直言的臣子，对于国家是高明的医生。

【鉴赏】敢于讲真话，才能治理好国家。

自古明人不做暗事。

【语出】明·冯梦龙《古今小说·李秀卿义结黄贞女》。

【通讲】从古代以来，光明磊落的人不做偷偷摸摸的事。

【鉴赏】做人要光明磊落。

5 节操

安能摧眉折腰事权贵，使我不得开心颜！

【语出】唐·李白《梦游天姥吟留别》。

【通讲】我怎么能够低头弯腰去侍奉权贵，那会使我的心情压抑痛苦，不得舒畅！

【鉴赏】诗人为维护人格独立，坚决反对封建等级制度。他对权贵投以高度的蔑视，鲜明地反映出诗人的反抗精神。

安能以皓皓之白，而蒙世俗之尘埃乎。

【语出】战国楚·屈原《渔父》。

【通讲】怎可用我清白之身，蒙受世俗尘埃的污染呢？

【鉴赏】在世俗社会中，要保持自己的清白。屈原所说的清白，就是不同流合污，干干净净做人，为国为民鞠躬尽瘁。

安危不贰其志，险易不革其心。

【语出】唐·魏徵《群书治要·昌言》。

【通讲】遇到安稳、危机、艰险、顺利之时，都不改变自己的心志。

【鉴赏】志向和操守重于一切。

不为穷变节，不为贱易志。

【语出】汉·桓宽《盐铁论·地广》。

【通讲】为：因为。变节：改变气节。贱：地位低下。易志：改变志向。不因穷困改变自己的气节，也不因地位低下而改变自己的志向。

【鉴赏】穷困和低贱，都不能改变自己的志向。即使贫穷，也不低三下四地向人乞讨，更不能丢掉原则去做偷盗或杀人越货之类的坏事；即使身份低贱，也应该志存高远，做利国利人之事，体现人生的价值。

不为轩冕肆志，不为穷约趋俗。

【语出】《庄子·缮性》。

【通讲】轩：高大的车子。冕：古代大夫戴的帽子。轩冕：这里指代身居高位。不因为享有高官厚禄而忘乎所以，也不因为贫困拮据而随波逐流。

【鉴赏】不论穷达，都能保持高尚的品德。

不虚美，不隐恶，不雷同以偶俗。

【语出】晋·葛洪《抱朴子·明本》。

【通讲】虚美：把不美说成美。雷同：人云亦云。偶俗：附和世俗之见。不作无根据的赞美，不掩盖丑恶现象，不人云亦云地附和世俗之见。

【鉴赏】这是抱朴子赞美司马迁的话，后来人们就用这几句话赞扬人公正、有卓见。

不要人夸好颜色，只留清气满乾坤。

【语出】明·王冕《墨梅》。

【通讲】乾坤：天地间。不希图别人夸奖自己的颜色怎样好看，只希望将清香留在这天地之间。

【鉴赏】保留自己为人的清正廉洁是非常重要的。

处逸乐而欲不放，居贫苦而志不倦。

【语出】汉·王充《论衡·自纪》。

【通讲】身处安逸欢乐之境也不放纵欲望，在贫困苦难之时志向也不松懈。

【鉴赏】安贫乐道，自律自强。任何时候都不纵欲、不松志，是修身养性的基础。

大丈夫行事，当磊磊落落，如日月皎然。

【语出】《晋书·石勒载记下》。

【通讲】大丈夫做事，要光明磊落，就像日月那样洁白。

【鉴赏】这是石勒自立为后赵皇帝时说的话。光明正大是每个人应有的品格，应努力修养之。

丹可磨而不可夺其色，兰可燔而不可灭其馨，玉可碎而不可改其白，金可销而不可易其刚。

【语出】北朝齐·刘昼《刘子·大质》。

【通讲】丹：朱砂。兰：香草。燔(fán)：焚烧。馨(xīn)：香气。销：熔化。易：改变。丹砂可以磨碎，却不能磨去它的赤色；兰花可以焚烧，却不能泯灭它的芳香；美玉可以击碎，却不能改变它的洁白；金子可以熔化，却不能改变它的刚坚。

【鉴赏】人在任何情况下，都不能改变原来高贵的品质和坚贞的志向。

捣麝成尘香不灭，拗莲作寸丝难绝。

【语出】唐·温庭筠《达摩支曲》。

【通讲】将麝香捣成粉尘仍保留着香味，把莲藕拗断成一寸寸的，它的丝仍然没有断灭。

【鉴赏】志士即使粉身碎骨，其志仍坚贞不渝。

富贵不能淫，贫贱不能移，威武不能屈，此之谓大丈夫。

【语出】《孟子·滕文公下》。

【通讲】财富地位不能使其迷惑腐化，贫苦穷困不能改变其志向，权势武力不能使其屈服变节。这才是大丈夫。

【鉴赏】孟子这段名言，闪耀着思想和人格力量的光辉，两千多年来，鞭策了无数英雄豪杰、仁人志士，成为他们不畏强暴、坚持正义的精神支柱。有了理想信念做主心骨，行为就有了指南针、有了坐标系，能够面对荣华不贪慕、面对利益不伸手、面对考验不变色。在孟子眼中，这是判断一个人是不是“大丈夫”的标准。

富贵一时，名节千古。

【语出】《明史·赵光抃传》。

【通讲】一时：片刻。千古：时间久远。荣华富贵只是片刻的事情，好的名誉与节操才会千古流传。

【鉴赏】人要追求好的节操。

国有道，则有达之理，故不变其未达之所守。若国无道，则有不幸而死之理，故不变其平生之所守。不变其未达之所守易，不变其平生之所守难。

【语出】宋·朱熹《朱子语类》卷六十三。

【通讲】有道：政治清明。无道：政治腐败、黑暗。达：显贵，与“穷”相对。国家政治清明，人们就有显达的可能，所以就要不改变其未曾显达之时的操守。如果国家政治黑暗，人们就有可能遭遇不幸而死去，所以就要不改变其一辈子都必须保持的操守。不改变尚未显贵时的操守容易，不改变一辈子都奉行的操守就很艰难了。

【鉴赏】无论是国“有道”还是“无道”，自己达还是不达，都应坚持自己的节操。无论处于何种境遇，都应保持自己的气节，追求自己的人生理想。永不放弃，永不变易。

见利不动，临死不恐。

【语出】汉·刘向《新序·义勇》。

【通讲】在财利面前不动心，死难临头不畏惧。

【鉴赏】不要名，不怕死，人生做到了极致。

见义必许死，临危当指囷。

【语出】唐·李咸用《古意论交》。

【通讲】囷(qūn)：古代的一种圆形谷仓。指囷：《三国志·吴志·鲁肃传》“周瑜为居巢长，将数百人故过候肃(鲁肃)，并求资粮。肃家有两囷米，各三千斛。肃乃指一囷与周瑜”，后因以“指囷”比喻慷慨资助朋友。见了正义的事业，一定要勇于为之献身；在他人处境危险时，一定要慷慨资助。

【鉴赏】勇于为正义事业献身，勇于帮助别人。这是一个人应该有的品格。

贱不周智，贫不妨行。

【语出】汉·桓宽《盐铁论·地广》。

【通讲】地位低贱并不影响一个人的才智，贫穷也不会妨碍一个人拥有高尚的德行。

【鉴赏】地位和财富都不影响才智和德行。

节士不以辱生。

【语出】《韩诗外传》卷十。

【通讲】富有气节的人不会屈辱地生活。

【鉴赏】人要尊严地生活，有气节的人怎么会屈辱地生活呢？

君子不以昏行易操，不以夜昧易容。

【语出】唐·马总《意林·唐子》。

【通讲】君子不因为在夜晚做事而改变自己的节操，不会因为晚上睡熟了而改变自己的容颜。

【鉴赏】在没有人监督的情况下，也要保持自己的节操。

君子违难不适仇国，交绝不出恶声。

【语出】《后汉书·袁绍传》。

【通讲】一个有修养的人逃亡时不到敌国去，友谊断绝时不说恶毒的话。

【鉴赏】这是刘备劝袁绍之子袁谭不要去投奔曹操时说的话，表明了其立场分明，品德高雅。

君子以立不易方。

【语出】《周易·恒》。

【通讲】君子立身处世，不论遭遇任何事变，都绝对不会改变操守。

【鉴赏】操守，是每个人追求的东西。

可杀而不可辱。

【语出】《礼记·儒行》。

【通讲】可以选择死亡，但不能接受耻辱。

【鉴赏】一个人必须养成宁死不屈的节操。

渴不饮盗泉水，热不息恶木阴。

【语出】晋·陆机《猛虎行》。

【通讲】纵然口渴难忍，也不饮盗泉之水；纵然热不可耐，也不休息在恶木之阴。

【鉴赏】描写有志之士即使在艰难中也要对自己严格要求，坚持自己的操守。

苦口的是良药，逆耳必是忠言；改过必生智慧，护短心内非贤。

【语出】《坛经·疑问》。

【通讲】苦口的是良药，逆耳必是忠言。改过才能增长智慧，回护短处不是贤明的做法。

【鉴赏】要善于听取别人的意见，坚决改正自己的缺点。

烂死于沙泥，吾宁乐之；若俯首帖耳，摇尾而乞怜者，非我之志也。

【语出】唐·韩愈《应科目时与人书》。

【通讲】俯(fǔ)：低。即使烂死于泥土中，我也心甘情愿；如果要做出卑躬屈膝、摇尾乞怜的样子，绝对不是我的意愿。

【鉴赏】表达了作者不屑于摇尾乞怜的超凡出众抱负和怀才不遇的愤慨。

名节重泰山，利欲轻鸿毛。

【语出】明·于谦《无题》。

【通讲】歌颂了志士轻利重节的高贵品质。

【鉴赏】展现了中华儿女对名节的态度。

男儿自有守，可杀不可苟。

【语出】宋·梅尧臣《古意》。

【通讲】男子汉自有节操，可以牺牲性命，不可以苟且偷生。

【鉴赏】节操对于一个人是极为重要的。

宁可清贫，不可浊富。

【语出】明·罗贯中《三遂平妖传》第二十回。

【通讲】浊：浑浊，这里指手段卑劣。宁可清贫一生，也不能以卑劣的手段致富。

【鉴赏】一生清贫，比用不正当手段得来的富贵生活要好得多，因为心安理得。

宁可枝头抱香死，何曾吹落北风中！

【语出】宋·郑思肖《画菊》。

【通讲】宁可在枝头抱着香气而死，哪里会被北风吹落在地！

【鉴赏】借画菊表现作者高尚的民族气节与坚贞操守，暗示他对来自北方的蒙古统治者决不屈服。这两句用的是传统的比兴寄托的手法。

宁以义死，不苟幸生，而视死如归，此又君子之尤难者也。

【语出】宋·欧阳修《纵囚论》。

【通讲】苟：苟且。为正义而死，不苟且偷生，视死如归，这种境界连君子也是难以达到的。

【鉴赏】为正义而牺牲，是人生的最宝贵品质。

贫而无谄，富而无骄。

【语出】《论语·学而》。

【通讲】谄：巴结。贫穷的时候不要奉承巴结别人，富贵的时候不能对人傲慢无礼。

【鉴赏】这是孔子弟子子贡的话语。劝诫人们在贫穷和富贵时的行为规范。

清越而瑕不自掩，洁白而物莫能污。

【语出】唐·刘禹锡《明赞》。

【通讲】清越:高超出众。瑕:玉石上的斑点,比喻缺点。污:污染。品德高尚、操守出众者,并不掩饰自己的缺点;纯净洁白者,外物并不能将其污染。

【鉴赏】高尚的人不受外界的污染。

穷不忘操,贵不忘道。

【语出】唐·皮日休《六箴序》。

【通讲】贫穷不忘记节操,富贵要讲究德行。

【鉴赏】一个人不论贫富,都要有操守。宁可饿死,也不偷窃;即使富贵,也不奢侈。

穷不易操,达不患失。

【语出】宋·李邦献《省心杂言》。

【通讲】身在困境不改变自己的节操,得志之时不计较自己的得失。

【鉴赏】永远守住为人的节操,而不计较个人得失。

屈节辱命,虽生,何面目以归汉。

【语出】《汉书·苏武传》。

【通讲】如果屈节辱命,即使活着,又有什么面目回到汉朝廷。

【鉴赏】汉武帝的大臣苏武,出使匈奴被扣,他历尽艰辛,决不投降,被扣十九年才得以归还。这种富贵不能淫、威武不能屈的气节,永远激励着一代又一代的炎黄子孙。

屈平词赋悬日月,楚王台榭空山丘。

【语出】唐·李白《江上吟》。

【通讲】屈原创作的词赋像高悬天空的日月,永远发出光明;而楚王所建造的那些亭台楼榭,只剩下一些光秃秃的山丘了。

【鉴赏】这两句诗歌颂了古代爱国诗人屈原(屈平),并讽刺荒淫无道的楚王。说明了伟大的人格与作品是永恒的,而荣华富贵则不过是过眼烟云。

人当由道义得，不当苟取也；当守节安贫，不当妄去也。

【语出】汉·王充《论衡·问孔》。

【通讲】人应该通过道义的途径获取富贵，不应该用不正当的手段获取；应该保持节操安于贫贱，不应该不择手段地消除贫贱。

【鉴赏】在处理义和利的关系上，应当先义后利。

人而无仪，不死何为？

【语出】《诗经·鄘风·相鼠》。

【通讲】仪：仪表，指人的尊严。人丧失尊严，不死做什么？

【鉴赏】要保护和尊重人的尊严，做一个有尊严的人。

人固有一死。死，有重于泰山，或轻于鸿毛，用之所趋异也。

【语出】《汉书·司马迁传》。

【通讲】人谁都会有一死，但每个人各有死法，各有所因，体现出不同的价值。

【鉴赏】成仁取义是死的最高境界，是重于泰山的伟大气节，虽死犹生，精神永存！

人生贵贱，各有赋分；君子处之，遁世无闷。龙陷泥沙，花落粪溷；得时则达，失时则困。步骘甘受征羌席地之遇，宗悫岂较乡豪粗食之羞。买臣负薪而不耻，王猛鬻畚而无求。苟充诎而陨获，数子奚望于公侯。噫，可不忍欤！

【语出】元·吴亮、许名奎《劝忍百箴·贱之忍》。

【通讲】宗悫(què)：人名。人生的富贵与贫贱，各有自己的本性；君子在这种境遇中，避世却不烦闷。龙会陷在泥沙，花可能落在粪坑；获得时机则能腾达，失去时机即陷困顿。步骘自愿接受征羌给他在地上设席的待遇，宗悫哪会计较乡间豪绅给他粗粝食物吃的羞辱。朱买臣背着柴读书却不感到羞愧，王猛卖畚箕为职业，却不追求名位。如要人在富贵时不骄横，在贫贱时不颓丧，步骘、宗悫等人何尝有仰慕公侯的心思呢？唉，怎么能不忍呢！

【鉴赏】人应该做到在贫贱时不颓丧，在富贵时不骄纵。不厌弃贫贱、倾慕富贵，而是随时机行动，不能失去道义。

人生自古谁无死，留取丹心照汗青。

【语出】宋·文天祥《过零丁洋》。

【通讲】自古人生在世谁没有一死呢？就让我留下这赤诚之心光照史册吧！

【鉴赏】《过零丁洋》是文天祥《指南录》中的一篇，为其代表作之一。南宋末年，文天祥在潮州与元军作战时被俘，第二年途经零丁洋时，写下了《过零丁洋》。元军逼迫他写信招降在崖山坚守抵抗的张世杰，诗人以诗明志。全诗饱含沉痛悲凉之情，既叹国家"山河破碎"又叹自己"身世浮沉"，把家国之恨、艰危困厄渲染到极致，在最后一联却由悲而壮、由郁而扬，迸发出"人生自古谁无死，留取丹心照汗青"的诗句，慷慨激昂、气势磅礴，显示了诗人的民族气节和舍生取义的生死观。谢榛说"结句当如撞钟，清音有余"（《四溟诗话》）。这联感召了多少志士仁人为真理献身，成为一曲千古不朽的壮歌。

人之足传，在有德，不在有位；世所相信，在能行，不在能言。

【语出】清·王永彬《围炉夜话》。

【通讲】足传：足于言传之意，即留名于世。人的名声足以被人流传赞美，在于有良好的品德，不在于有多高的权位；世人相信一个人，主要看他的行动如何，并不看他是否会说。

【鉴赏】德行高尚才能美名流传于后世，自古以来的帝王权高位显，却是俱往矣，值得后世称道的却不多。看一个人，一定要看他是否有实际成果，绝不能光听他讲得如何好听，成果才是真正判断人的标准。

辱莫大于不义，故不义，迫生也。而迫生非独不义也，故曰迫生不若死。

【语出】《吕氏春秋·贵生》。

【通讲】在耻辱当中，没有比不义这种可耻行为更大的了，所以行不义之事就是迫生,即苟且偷生,使生命的天性完全被压抑。况且,造成迫生的还不仅仅是不义。所以,与其苟且偷生,还不如死。

【鉴赏】人间最大的耻辱是苟且偷生,宁为道义而死,不妨舍生取义。这句话批判苟且偷生,指出不义是最大的耻辱。

若社稷颠覆,当背城死战,安能区区偷生苟活。

【语出】《北齐书·季式传》。

【通讲】社稷:国家。颠覆:灭亡。背:背靠着。区区:拘泥;局限。如果国家面临灭亡,应该背靠城墙决一死战,怎么能苟活求生呢?

【鉴赏】贪生怕死,是人之常情;但高度的爱国主义精神,使我们视死如归,舍生取义,是我们的可贵品德。

圣达节,次守节,下失节。

【语出】《左传·成公十五年》。

【通讲】节:遵守规则,忠于职守。圣人通达节义,其次者(贤者)守住节义,最下者(愚者)失去节义。

【鉴赏】鲁成公十五年春,诸侯们把杀宣公太子而自立为王的曹成公抓起来送到京师。诸侯准备让子臧进见周王而立他为曹国国君。子臧辞谢说,古书上有这样的话"圣人通达节义,其次保守节义,最下失去节义",做国君不合我的节义。我虽然比不上圣人,又岂敢失掉节义呢?于是逃亡到宋国。这个古训有现实意义,在多元的社会中尤其要守节义、讲道德。要重视个人道德修养,不违背道德,更不能胡作非为。在社会生活中遵守社会公德,在职业领域中遵守职业道德,在家庭中遵守家庭道德,才能处理好人与人的关系、人与社会的关系、人与自然的关系,形成和谐社会。

品德

石可破也,而不可夺坚;丹可磨也,而不可夺赤。坚与赤,性之有也。性也者,所受于天也,非择取而为之也。豪士之自好者,其不可漫以污也,亦犹此也。

【语出】《吕氏春秋·诚廉》。

【通讲】石头可以破开,然而却不可改变它的坚硬;朱砂可以磨碎,然而却不可改变它朱红的颜色。硬度和颜色分别是石头、丹砂的本性所具有的。本性是与生俱来的,不是可以任意择取变更的。洁身自好的豪杰义士,其名节也像“石坚”“丹赤”一样无法玷污。

【鉴赏】《吕氏春秋》用伯夷、叔齐的故事来阐述这一观点。伯夷和叔齐是商末孤竹君的儿子。父亲去世后,他们因不愿互相伤害均放弃王位。二人听说周文王仁德,便前去投奔。等他们到了周地,文王已死,武王崇尚计谋,借助贿赂,倚仗武力,维持威势。他们认为周德已经衰微,誓死不做周的子民,去首阳山采薇而食,最后饿死在那里。理想信念,就决定着一个人能不能在更高的位置、以更广的视角看待人生,看待世界。我们要坚持“革命理想高于天”,保持蓬勃朝气、昂扬锐气、浩然正气。

使君自有妇,罗敷自有夫。

【语出】汉・无名氏《陌上桑》。

【通讲】使君:郡太守或州刺史,是汉代大行政区的长官。使君有你的妻室,我罗敷有我的丈夫。

【鉴赏】表现了罗敷不畏权势、义正辞严的气概,也谴责了权贵的荒淫无耻。也表现了罗敷对爱情的忠贞,这值得我们学习。

士固有杀身以成名,唯义之所在,虽死无所恨。

【语出】《史记・范雎蔡泽列传》。

【通讲】士人本来就应当牺牲生命以成全名节,只要正义存在,就是死了也无怨恨。

【鉴赏】为正义而献身,死而无悔。

士皆知有耻,则国家永无耻矣。

【语出】清・龚自珍《明良论》。

【通讲】一个国家的士人都有羞耻心的话,那就永远不会有国耻了。

【鉴赏】我们要懂得人贵有耻的道德意义,明白有无羞耻心是衡量一个人乃至一个民族是否有尊严、有气节、有勇气的标志;我们要懂得怎样做是知耻、明耻,不做无耻、可耻之事。自觉维护个人人格的尊严和荣誉,维护国家的尊严和荣誉。

事不辞难，罪不逃刑，臣之节也。

【语出】《后汉书·李膺传》。

【通讲】遇到困难的事不躲避，犯有罪责不逃走，这是做臣子的大节所在。

【鉴赏】做人要有敢于担当的精神，对自己的言行敢于负责。

事亲孝，与士信，临财廉，取与义，分别有让，恭俭下人，常思奋不顾身，以徇国家之急。

【语出】汉·司马迁《报任安书》。

【通讲】事：侍奉。孝：孝顺。信：信用。廉：廉洁。义：道义。分别：能分别长幼，即知礼节。下人：待人谦逊。（李陵）侍奉双亲很孝顺，与人结交守信用，处理钱财恪守廉洁，对待取舍讲究道义，能分别长幼，谦让有礼，恭敬节俭，甘居人下，常想奋不顾身，以身殉国家之危急。

【鉴赏】这是司马迁对李陵自守节操的品德的赞美。

守死善道，有陨无二。

【语出】《晋书·周嵩传》。

【通讲】陨：落，指死。坚持到底，固守正道，即使牺牲，也不改变素志。

【鉴赏】为了国家，为了人民的利益，英勇奋斗、不怕牺牲，这种精神值得我们学习、敬仰。

树坚不怕风吹动，节操棱棱还自持。

【语出】明·于谦《北风吹》。

【通讲】棱棱：光明正直而有锋芒的样子。有志气的人应当坚定，虽然受到苦难，但应保持昂扬的精神。

【鉴赏】在人生道路中，苦难随时都会降临，但我们决不气馁，而应坚决克服之，永远保持乐观向上的志气。

太阿之剑，犀角不足齿其锋；高山之松，霜霰不能渝其操。

【语出】唐・张九龄《与李让侍御书》。

【通讲】太阿(ē)：宝剑名。犀角：犀牛角，极坚硬。齿：锉损。锋：锋刃。霰(xiàn)：小冰粒。渝：改变。操：操守。坚硬的犀角，也不能锉损了太阿宝剑无坚不摧的锋刃；再寒冷的霜霰，也不能改变傲雪凌霜的高山青松的节操。

【鉴赏】人在任何艰难困苦时都不能改变其高尚的节操。

天下至大，方身则小；生为重矣，比义则轻。

【语出】《隋书・诚节传论》。

【通讲】天下算是最大的，但比起身体性命就太小了；生命对人是最重要的，但比起正义原则就微不足道了。

【鉴赏】道义、节操比生命都重要，做一个人，千万不要失去道义节操。

铁可折，玉可碎，海可枯，不论穷达生死，直节贯殊途。

【语出】宋・汪莘《水调歌头・客有言持志者未知其用因赋》。

【通讲】直节：刚直的气节。殊途：指不同的方面。不论是穷困还是通达，不论是生还是死，在任何情况下，自己的节操和志向都不会动摇，贯穿一生。

【鉴赏】人要永远保存自己的节操和志向。

头可断，膝不可屈。

【语出】《明史・代简王朱桂传》。

【通讲】头颅可以砍掉，但双膝决不能弯曲(指低头屈服)。

【鉴赏】为了道义，宁可死，而决不向敌人屈服。

无根本的气节，如醉汉殴人，醉时勇，醒来退消，无分毫气力；无学问的识见，如疱人炀灶，面前明，背后左右，无一些照顾。

【语出】清・金缨《格言联璧・学问》。

【通讲】炀灶：在灶前烤火。没有基础坚实的气节，遇事就会像醉汉打人一样,醉的时候奋不顾身,勇力无比,酒醒之后,精神消散,便没有一点气力了;没有学问的见识,就像厨师面对炉灶一样,眼前光亮耀人,背后及左右两边,却一点也顾不上照应。

【鉴赏】人要有坚实的气节,要有学问的见识。

行欲方者,直立而不挠,素白而不污,穷不易操,通不肆志。

【语出】《淮南子·主术训》。

【通讲】挠:弯曲。肆:放纵。所谓行为要方正,就是指为人要正直而不屈从,秉性要洁白而不污秽。还要做到不因困穷而改变自己的操守,也不因显达而放纵自己、胡作非为。

【鉴赏】一个人处于社会,应该保持自己独有的做人本性,行为上更要公平、正直。既不能因为困顿穷乏而丧失做人的立场,损害名誉,也不能因一时的显赫而趾高气扬,视他人为草芥。

养气要使完,处身要使端。

【语出】宋·陆游《自勉》。

【通讲】完:完美。端:端正。培养节操要做到尽善尽美,立身处世要做到端正无邪。

【鉴赏】做人要守节操,端正无邪。

一丝一粒,我之名节;一厘一毫,民之脂膏。宽一分,民受赐不止一分;取一文,我为人不值一文。谁云交际之常,廉耻实伤;倘非不义之财,此物何来?

【语出】清·张伯行《禁止馈送檄》。

【通讲】"一丝一粒"虽小,却牵涉我的名节;"一厘一毫"虽微,却都是民脂民膏。对百姓宽待一分,那么百姓所得就不止一分;向百姓多索取一文,那么我的为人便一文不值。谁说这是日常的交际,实际上是伤了廉耻;如果不是不义之财,这些东西怎么来的?

【鉴赏】这篇《禁止馈送檄》体现了廉洁奉公的做人原则与道德操守。张伯行(1652—1725 年),河南仪封(今河南兰考)人,曾任福建巡抚、江苏巡抚、礼部尚书。他清廉刚直，从不收受礼物，极力反对以馈赠之名，行贿赂之实，被康熙誉为“天下第一清官”。清正廉洁，自古以来就是中华民族的传统美德。要树立正确的人生观、价值观、世界观，人之心胸，多欲则窄，寡欲则宽。为政者应以身作则，旗帜鲜明地反腐倡廉，坚定不移地做人民的好公仆，让清廉知耻之德永远发扬光大。对于我们党员、干部来说，不能在“小节”上疏于防范，认为吃几顿饭，收点小东西无伤大雅，其结果往往是“小节小慎，大节难保”，最终铸成大错，毁了前途和名声。

亦余心之所善兮，虽九死其犹未悔。

【语出】战国楚·屈原《离骚》。

【通讲】只要合乎我心中美好的理想，纵然死掉九回我也不会懊丧。

【鉴赏】表现了诗人对美好理想执着追求的精神。他的理想是抗击强秦的侵略，维护楚国的独立，实行清明的政治。诗人为了实现理想，虽九死而无一生，他也是心甘情愿，始终不悔。这种精神，光照后人。

英睿当乱而不移，忠贤临危而尽节。

【语出】《南齐书·齐高帝纪》。

【通讲】睿:看得深远。移:动摇。英勇睿智的人在动乱面前毫不动摇，忠臣贤士面临危难能够守住节操。

【鉴赏】英睿、忠贤之辈总会在民族危难之际挺身而出，保持了一种可贵的民族节操。我们要学习他们，在一次次劫难中昂起头来，求得民族和国家的发展。

与其辱以生，毋宁饥以死。

【语出】清·释函可《即事》。

【通讲】在异族统治下，丧失了民族尊严，苟且偷生，还不如饿死以全民族气节。

【鉴赏】释函可是明朝末年的爱国诗人。他因为南京抗清志士撰文纪事而受清廷治罪，流放到辽东半岛的千山群峰叠起的寺庙中。诗句表达作者对满清政府的仇恨，对投降满清政府、苟且偷生的鄙视。

丈夫不作寻常死，纵死常山舌不磨。

【语出】明·张家玉《自举师不克与二三同志怏怏不平赋比》。

【通讲】常山：指颜杲卿。安史之乱时，史思明等攻常山，常山太守颜杲卿据城抵抗，城破被俘，大骂敌人，被割舌不屈而死。

【鉴赏】为自己的信仰而献身的精神是中华民族的光荣传统，代代相传，传承不绝。

志士不饮盗泉之水，廉者不受嗟来之食。

【语出】《后汉书·乐羊子妻传》。

【通讲】志士：有远大志向的人。廉者：正直的人。嗟来：比喻带有侮辱性的施舍。有远大志向的人不喝盗泉里的水，刚直方正的人不接受带有轻蔑性的施舍。

【鉴赏】这是乐羊子妻劝乐羊的一句话，当时乐羊在路上捡到一块金子，交给妻子后妻子不仅不高兴，还劝诫乐羊一番。我们要学习乐羊子妻这种深明大义、见利不动的高贵气节。

志士感恩起，变衣非变性。

【语出】唐·孟郊《送韩愈从军》。

【通讲】有志之士感激国家对他的恩情而奋起立功，即使地位改变了也不会改变自己原来的品性。

【鉴赏】永远做一个有志气的人。

志士仁人，无求生以害仁，有杀身以成仁。

【语出】《论语·卫灵公》。

【通讲】害：损害。志士仁人，不能贪图活命而损害仁德，只能牺牲自己来保全仁德。

【鉴赏】志士仁人在必要时要舍弃生命，保全仁德。现今也用以鼓励人们要为维护正义事业而宁肯自我牺牲。

竹死不变节,花落有余香。

【语出】唐·邵谒《金谷园怀古》。

【通讲】竹子即使是死了,也不会改变它坚实的竹节;花儿即使飘落到地上,也依然保留着残余的芳香。

【鉴赏】有高尚情操的人永不改变其美好的本质。

纵死犹闻侠骨香。

【语出】唐·王维《少年行》。

【通讲】纵然为行侠仗义而牺牲生命,那铮铮侠骨,也会永世留芳。

【鉴赏】诗句歌颂少年游侠,任侠仗义、视死如归的精神跃然纸上。

6 勤　俭

不节，则虽盈必竭；能节，则虽虚必盈。

【语出】唐·陆贽《均节赋税恤百姓六条·请两税以布帛为额不计钱数》。

【通讲】奢侈，财物虽多也必定枯竭；节俭，财物虽少也必定充足。

【鉴赏】这是针对夏桀奢侈、商汤节俭发出的议论。告诫人们必须崇尚节俭。

惰而侈则贫，力而俭则富。

【语出】《管子·形势解》。

【通讲】懒惰又奢侈，生活就会贫困；勤劳而节俭，生活就会富足。

【鉴赏】如果懒惰成性、贪图安逸、坐享其成，即使有金山银山，也会坐吃山空。勤奋是家与国的财富之源，而节俭会积累财富，只有不懈勤奋和善于节俭，才能不断地为家与国创造出殷实和富足。

凡言节用，非偶节一事，便能有济。当每事以节俭为意，则积久累日，国用自饶。

【语出】《宋史·王岩叟传》。

【通讲】凡讲到节用，不是偶然在一件事上节约，就能成功。应该事事都注意节俭，日久天长，国家财政自然富足。

【鉴赏】节用爱民，是治理国家的关键。

富贵本无根，尽从勤里来。

【语出】明·冯梦龙《醒世恒言》卷三十五。

【通讲】富贵本来就没有根，不是固定地专属于某些人的，富贵都是从勤劳努力、艰苦奋斗中得来的。

【鉴赏】只有勤劳，才能获得富贵。

富贵如传舍,惟谨慎可得久居;贫贱如敝衣,惟勤俭可以脱卸。

【语出】清·金缨《格言联璧·持躬》。

【通讲】处富贵犹如住在旅舍中,只有小心谨慎的人才可住得长久;处贫贱就像穿着破衣服,只有勤俭节约才可以脱卸得掉。

【鉴赏】谨慎和勤俭是保持富贵生活和摆脱贫困的法宝。

恭俭福之舆,傲侈祸之机。

【语出】《北史·崔冏传》。

【通讲】恭俭:恭敬节俭。舆:车。傲侈:傲慢奢侈。机:事情变化的枢纽;有重要关系的环节。恭敬节俭是承载福禄的车子,傲慢奢侈给祸患提供了契机。

【鉴赏】这两句是崔冏临终时告诫两个儿子的话。我们要像崔冏那样,正确教育孩子,注重对他们人格的塑造,使他们养成恭敬节俭的品质,戒除傲慢奢侈。

恭俭有节,则户口充羡;赋敛无艺,则版图衰减。

【语出】《宋史·梅询传》。

【通讲】充羡:充足有余。无艺:无限度;无法度。版:户籍。图:地图。版图:指一国的户口、疆域。帝王恭谨节俭,则国家人丁兴旺,户口增加;赋税捐费过于繁重,户口疆域就会减少。

【鉴赏】国家要节俭,不要用费过度以增加人民的赋税负担。负担过重不利于国家发展。

躬节俭,崇孝弟,信赏罚,重农桑。

【语出】《金史·世宗纪下》。

【通讲】躬:自身;亲自。自身节俭,崇尚孝悌,信奉赏罚,重视农桑。

【鉴赏】这是史书赞扬金世宗的话。金世宗继位后,实行了一系列的改革措施,使中原遭到破坏的农业生产迅速恢复到辽宋时期的水平。这些措施值得作为我们治国理政的借鉴。

俭以足用。

【语出】《旧唐书·李藩传》。

【通讲】节俭可以使财用充足。

【鉴赏】"节流"是很重要的,即使亿万富翁,不加节制,财富很快花光。而节俭,则可以保证财用充足。

俭约不贪,则可延寿;奢侈过求,受尽则终。

【语出】明·龙遵叙《食色绅言》。

【通讲】勤俭节约不贪婪,就可以延年益寿;过于追求奢侈,最终会吃到苦头。

【鉴赏】不追求奢侈就可以益寿。

节俭胜求人。

【语出】宋·龚明之《中吴纪闻》。

【通讲】平常生活节约俭朴,胜过因铺张浪费而处处求人告借。

【鉴赏】生活上节俭,就不会花费太多,就不会求人告借,这是多好呀!

节俭约费,先王格谟;去华敦朴,哲后恒宪。

【语出】《晋书·慕容暐载记》。

【通讲】格谟:格言。恒宪:经常的典范。节约俭朴,减省费用,是从前君王的格言;屏去浮华,敦厚淳朴,是英明君主的榜样。

【鉴赏】节俭、朴实、无华,是古代君王的格言,对我们今天仍有借鉴意义。

衣不求华,食不厌蔬。

【语出】宋·王安石《长安县太君王氏墓志》。

【通讲】穿衣不追求华丽,吃饭不嫌弃粗淡。

【鉴赏】必须坚持清淡节俭的生活。

居家之方,唯俭与约;立身之道,唯谦与学。

【语出】南朝梁·萧绎《金楼子·立言》。

【通讲】主持家政的最好方式，只有勤俭和节约；为人的最好原则，只有谦逊与学习。

【鉴赏】这是治家的良方，也是个人修养的准则。治家在于俭约，人生的成功在于谦虚和学习。

历观古今，以约失之者实寡，以奢失之者盖众。

【语出】晋·陆云《国起西园第表启》。

【通讲】从古到今加以观察，以节俭而丧失天下的君主实在太少了，以奢侈而丧失天下的君主确实太多了。

【鉴赏】说明君王的俭奢与国家的兴亡密切相关。

民生在勤，勤则不匮。

【语出】《左传·宣公十二年》。

【通讲】匮：缺乏。百姓生活之计在于勤，勤劳就不会匮乏。

【鉴赏】鲁定公十二年，郑国附晋，楚庄王攻郑，围城三月，郑国投降。晋军救郑，到达黄河，听说郑楚讲和，遂驻军不前。是进是退，晋军意见不一致。栾武子反对攻楚，认为楚君一再告诫楚民要居安思危、艰苦创业，晋国不可与楚国结怨。栾武子还引楚国君“民生在勤，勤则不匮”的箴言加强说服力。此句忠告人们：勤劳是中华民族传统美德，是做人、立身、安家、兴邦的根本。只要勤劳就不会缺衣少食，生计就不会困乏。幸福不会从天降，美好生活靠劳动创造。

品德

贫无可奈惟求俭，拙亦何妨只要勤。

【语出】清·王永彬《围炉夜话》。

【通讲】无可奈：不知怎么对付。拙：笨拙；愚钝。贫穷得毫无办法的时候，只有节俭来渡过难关；天性愚笨的人只要勤奋努力，还是可以弥补不足的。

【鉴赏】人生不是一帆风顺的，难免有贫穷潦倒的时候，面对贫穷不应该丧失志气，要用节俭来改变贫穷的面貌。天才在于勤奋，通过勤奋可以弥补天资的不足，如果懒惰、荒废，即使是天才也毫无成就。

勤能补拙，俭以养廉。

【语出】清·金缨《格言联璧·从政》。

【通讲】勤奋能弥补天资的不足，节俭可以培养廉洁的美德。

【鉴赏】勤奋和节俭都是人的美德。鲁迅先生曾说，我哪里有天才，我是把喝咖啡的时间都用上了，说明勤奋的确可以弥补天资的不足。而生活节俭、花费不多，可以养成廉洁的美德。

勤与俭，治生之道也。不勤，则寡入；不俭，则妄费。

【语出】清·陈弘谋《训俗遗规》卷三。

【通讲】勤俭是维持生活的根本之道：不勤收获就少，不俭就会造成浪费。

【鉴赏】这句话将勤俭的重要性阐述得非常清楚。

清贫乃读书人顺境，节俭即种田人丰年。

【语出】清·王永彬《围炉夜话》。

【通讲】对于读书人来说，清贫的生活就是顺遂的境界；对于种田人来说，节俭过日子也就是丰收之年。

【鉴赏】不能因清贫而不读书，家贫反而应更加发愤学习，力求一举成名。囊萤映雪、凿壁偷光、悬梁刺股等故事都是不畏家贫而努力读书的例子。节俭是高尚的美德，有粮常思无粮时，平常注意节约，那么即使荒年也会是丰收年。

人生在勤，勤则不匮。

【语出】《魏书·食货志》。

【通讲】人生在于勤勉，勤勉了就不会贫乏。

【鉴赏】勤劳能致富，人富裕了，人生就会过得很美满。

丧贵致哀，礼存宁俭。

【语出】《后汉书·明帝纪》。

【通讲】治丧达到表示哀伤就够了，举行礼仪以安宁节俭为本。

【鉴赏】汉明帝在节葬诏中所主张的提倡节俭、反对奢侈的态度，是值得发扬和实行的。

奢侈之费，甚于天灾。

【语出】《晋书·傅咸传》。

【通讲】挥霍浪费的费用，比天灾更严重。

【鉴赏】天灾会带来财产的损失，但毕竟有限，而奢侈所产生的浪费则无法估量。

食不重味，衣不重采。

【语出】《史记·吴太伯世家》。

【通讲】重：重复；重叠；多。吃的饭菜没有多种味道，穿的衣服没有多种文采。

【鉴赏】生活上必须艰苦朴素。

谁知盘中餐，粒粒皆辛苦。

【语出】唐·李绅《悯农》。

【通讲】谁知碗中的白米饭，每一粒都浸透着农夫的血和汗。

【鉴赏】这首诗对农民的劳动果实充满了珍惜，对农民充满了同情，因此千百年来犹如格言一直流传众口。诗用古绝形式，平仄不拘，因而简古朴实，有助于词意的表达。这两句将深刻的道理寓于日常生活之中：谁人不吃饭？谁人不浪费？但当你不慎落了一粒饭时想起此诗，便油然升起一股愧疚之情。推而及于他物，也是如此。因此这简单 10 字对于培养节俭的品德，具有多么重要的意义。李锳《诗法易简录》称此诗“纯以意胜，不在言语之工”，可见内容的健康对于一首诗来说是最为要紧的。

虽富巨万，服食粗弊。

【语出】唐·玄奘《大唐西域记·跋禄迦国》。

【通讲】弊：低劣。虽然有成千上万的财富，穿的吃的却都很粗糙、低劣。

【鉴赏】这是唐僧记述跋禄迦国风俗的话。钱多而尚节俭，国家、社会、个人都应蔚成风气。

所玩者小，所系者大；所乐者浅，所患者深。

【语出】《元史·张养浩传》。

【通讲】系:牵扯;失联。玩耍是小事,但带来的祸患是大事;它带来的欢乐瞬息即逝,但留下的祸患却很深。

【鉴赏】元英宗打算在元宵节张灯叠筑鳌山,张养浩即上疏劝谏。皇帝开始时非常生气,看过疏书之后转而为喜,即打消了叠筑鳌山的想法。崇尚节俭,是每个为政者和个人都必须注意的,否则,祸患无穷,家国难保。

唯使俭而合礼,勿得奢而乖度。

【语出】《陈书·宣帝纪》。

【通讲】宁可节俭也要合乎礼义,不要因为奢侈而违反法度。

【鉴赏】这句话是孝宣帝给其儿子的遗诏,他要求儿子为他修墓治丧要节俭,不能由于奢侈而违反法度,大操大办则违反了先王的规定。古代帝王的这种节俭精神还是值得我们学习的。

惟俭可以助廉,惟恕可以成德。

【语出】《宋史·范纯仁传》。

【通讲】廉:清廉;不苟取。恕:原谅;宽恕。只有节俭可以使人廉洁奉公,只有宽容可以使人养成好的品德。

【鉴赏】节俭和宽容是中华民族的传统美德。节俭是持家富国的关键,宽以待人,使人养成好的品德,这是建设文明社会所必需的。

惜衣有衣,惜食有食。

【语出】明·冯梦龙《警世通言》卷三。

【通讲】平时爱惜衣服,就常有衣服穿;平时爱惜粮食,就常有饭吃。

【鉴赏】节约就减少费用,就有衣穿,有饭吃。

一节省而国有余用,民有盖藏,不知其几也。

【语出】明·海瑞《治安疏》。

【通讲】盖藏:储藏。一节省开支,国家有剩余的钱财,老百姓有储藏,好处不知有多少。

【鉴赏】说明节俭的好处。

以俭治身，则无忧；以俭治家，则无求……蒸豆菜菹，勿以为讶。食钱一万，无乃太过。噫，可不忍欤！

【语出】元·吴亮、许名奎《劝忍百箴·俭之忍》。

【通讲】以节俭修身，就不会有忧虑；以节俭治家，则无求于人……粗茶淡饭，不必惊讶。日食用钱上万，太过分了。唉，怎么能不忍呢！

【鉴赏】节俭是非常重要的。因为节俭得天下，因为奢侈而失天下。官员只有节俭才有助于保持清廉，人们勤俭节用，可以增加自己的财富。

有事服劳，弟子之职。我独贤劳，敢形辞色。《易》称劳谦，不伐终吉，颜无施劳，服膺勿失。

【语出】元·吴亮、许名奎《劝忍百箴·劳之忍》。

【通讲】有事尽其劳动，是弟子的职责。独有我做事多，而不敢抱怨推辞。《易》说勤劳谦逊的人，不夸耀自己，终有好结果。颜渊不显示自己的功劳，牢记别人好处于心。

【鉴赏】勤劳而谦逊的人，会有好结局。不要夸耀自己的美德，在别人面前显示自己的功劳。要做到为国家、为人民、为父母做事辛劳，不应抱怨。在父母活着时尽心尽力，父母死后，还时刻想念他们。

自古创业之君，历涉勤劳，达人情，周物理，故处事咸当。

【语出】《明史·兴宗孝康皇帝传》。

【通讲】周：周到；遍及。周物理：周知事物的道理。自古创业的君主，多次经历辛勤劳苦的事情，通晓人情世故，周知事物的道理，所以处理事情都很恰当。

【鉴赏】这是创业君主的优秀品质，值得各级领导人借鉴。

7 谦　谨

败莫大于不自知。

【语出】《吕氏春秋·自知》。

【通讲】莫:没有。最大的失败在于没有自知之明。

【鉴赏】自知之明是做事的基础,失去这个基础,任何事情必定失败。

不共春风斗百芳,自甘篱落傲秋霜。

【语出】明·冯梦龙《醒世恒言》卷二十九。

【通讲】不共:不同。百芳:百花。篱落:篱笆。菊花不在春风中与百花争芳斗艳,甘愿屈处篱笆旁边傲迎秋霜。

【鉴赏】不必与人争强斗胜,而甘处低位笑傲艰难险阻。

不骄方能师人之长,而自成其学。

【语出】清·谭嗣同《论学者不当骄人》。

【通讲】不骄傲才能学习别人的长处,从而促进自己学习的成功。

【鉴赏】学习的敌人是骄傲自满。

不清不见尘,不高不见危。

【语出】汉·王充《论衡·自纪》。

【通讲】尘:用作动词,指被灰尘污染。不清洁的东西看不出被灰尘污染,不高出别人就不会被人危害。

【鉴赏】做人要低调,不要太张狂,就会一生平安。

登峭坂而不跌坠者,慎于大也;跨阜垤而好颠蹷者,轻于小也。

【语出】北朝齐·刘昼《刘子·慎隙》。

【通讲】攀登险陡的山坡而不会跌落坠下的人,是因为谨慎大的方面;

跨越小沟低坎却常常跌倒的,是因为轻视小的方面。

【鉴赏】对大事谨慎,对小事也要谨慎,才能安全无误。

功成而弗居。

【语出】《老子》第二章。

【通讲】居:居功骄傲。有了功绩,不能骄傲。

【鉴赏】即使成绩再大,都要谦虚。

瓜田不纳履,李下不整冠。

【语出】三国魏·曹植《君子行》。

【通讲】在瓜田之中不要俯下身去穿鞋,在李树之下不要伸出手来整冠。

【鉴赏】在瓜田中穿鞋,容易被人误以为在偷瓜,在李树下整冠容易被误认为在伸手摘李。告诫人们在容易涉嫌的场合要小心谨慎,以免引起误会。

怀重宝者不以夜行,任大功者不以轻敌。

【语出】《战国策·赵策二》。

【通讲】揣着珍宝的人不要在晚上行走,担任重要职务的人不能轻视敌人。

【鉴赏】携带珍宝的人晚上走路,会使自己处在危险的境地;担负重任的人对敌人掉以轻心,会招来祸患。一个人声名显赫,不可避免会遭到非难和攻击。聪明的人,能够时时提醒自己,谨慎处事,逢凶化吉。此句告诫人们,肩负重大使命、责任或胸怀远大志向和目标时,必须时时谨慎、细致、周密,容不得任何疏忽和麻痹大意。

坏崖破岩之水,源自涓涓。

【语出】《后汉书·丁鸿传》。

【通讲】冲毁山岩的大水,源头只不过是涓涓细流。

【鉴赏】细小的水流,可以汇集成巨流,足以冲毁山岩。千万不要小看细小的东西,对每一件小事都要谨慎对待。

祸不入慎家之门。

【语出】唐 · 王勃《平台秘略论 · 规讽》。

【通讲】灾祸不会降落在谨慎人的家里。

【鉴赏】要把祸患消灭在萌芽之前，必须处事谨慎，防微杜渐。

节酒慎言，喜怒必思。

【语出】《晋书 · 凉武昭王李玄盛传》。

【通讲】节制饮酒，谨慎言谈；当你高兴或发怒的时候，要理智地想想是否恰当。

【鉴赏】要人们不要酗酒，对自己的言行要谨慎。

矜功不立，虚愿不至。

【语出】《战国策 · 齐策四》。

【通讲】矜：自夸。虚愿：不切实际的愿望。骄傲自满不能成就功业，只有空想无法达到目的。

【鉴赏】"矜功不立"常用作贬义词，指那些追名逐利，沽名钓誉，自恃有功，自我吹嘘，妄立大功而不成、为图虚名而不得、陶醉虚名而无德行的人。启示人们要淡泊名利，多办实事，不务虚名。

谨德须谨于至微之事，施恩务施于不报之人。

【语出】明 · 洪应明《菜根谭》。

【通讲】不报之人：无力回报的人。谨言慎行必须从最小的地方做起，一个人助人应该帮助那些无法回报你的人。

【鉴赏】一个修养好的人，就是在细微的小事情上同样谨言慎行，不因其小就有违道义。以助人而言，必须为善而不报，从思想上就不能存有让对方感恩图报的小人之念，如果这样就是一种毫无诚意的伪善。

泾溪石险人兢慎，终岁不闻倾覆人。却是平流无石处，时时闻说有沉沦。

【语出】唐 · 杜荀鹤《泾溪》。

【通讲】舟行水上,险要之处,人们往往能够思想集中,小心谨慎,事故反而不易发生;平流无险的地方,却容易放松警惕,麻痹大意,因此常常"舟覆人亡"。

【鉴赏】这首诗体现出"生于忧患,死于安乐"的警示:在一帆风顺时,更要小心谨慎,切不可自满疏忽,否则会乐极生悲。今日中国,喜与忧交织,危与机同在。越是形势向好,越应保持"兢慎"的态度,确保"中国梦"巨轮始终劈波斩浪、奋勇前行。

惧满盈,则思江海下百川。

【语出】唐·魏徵《谏太宗十思疏》。

【通讲】惧:害怕。盈:满。下百川:下于百川。担心自己会骄傲自满,就应当想到江海的地势比所有的河流都低下。

【鉴赏】千万不要骄傲自满,海纳百川,位卑有容,所以汇聚成大海的浩浩荡荡。要虚怀若谷,只有以谦虚的精神做事,才能在事业上取得成功。

君子以虚受人。

【语出】《周易·咸》。

【通讲】君子用谦虚的态度,来接受他人的言行。

【鉴赏】谦虚是美德。

劳谦,君子有终,吉。

【语出】《周易·谦》。

【通讲】君子有功劳而能谦逊,就可把事情办到底,就会吉祥顺利。

【鉴赏】立有功劳不居功,谦逊为人,哪会有办不成的事?

力能胜贫,谨能胜祸。

【语出】北朝魏·贾思勰《齐民要术序》。

【通讲】辛勤劳动可以战胜贫困,谨慎行事可以避免灾祸。

【鉴赏】勤奋和谨慎是人们应该养成的两种品格。

器满则溢,人满则丧。

【语出】宋·李邦献《省心杂言》。

【通讲】器物盛满了东西就会溢出来,人骄傲自满了就会毁掉自身。

【鉴赏】人不可骄傲自满。

谦,美德也,过谦者怀诈;默,懿行也,过默者藏奸。

【语出】清·金缨《格言联璧·持躬》。

【通讲】谦虚,是一种美德,但过于谦虚的人会心怀伪诈;默然不语,是美好的品行,但过于沉默的人会心藏奸恶。

【鉴赏】凡事不要过头,谦虚和少讲话,都是美德,但过头了,就会有所过失。

钱能福人,亦能祸人,有钱者不可不知;药能生人,亦能杀人,用药者不可不慎。

【语出】清·王永彬《围炉夜话》。

【通讲】钱财能够为人带来福分,也能造成祸患,有钱的人不能不明白这个道理;药物能够救活人,也能够毒死人,用药的人不能不谨慎。

【鉴赏】钱和药都是双刃剑。要善用钱,努力用钱造福,注意不能用钱遗祸。钱财万贯者,一定要谨慎。凡药三分毒,用药不当,也会损害人体机能,很可能死人,所以用药的人一定要谨慎从事。

强中更有强中手,莫向人前夸大口。

【语出】明·凌濛初《初刻拍案惊奇》卷三。

【通讲】能干的人中还有更能干的人,不要在人面前说大话。

【鉴赏】为人要谦虚。

强中更遇强中手,恶人须服恶人磨。

【语出】明·冯梦龙《醒世恒言》卷三十四。

【通讲】本领高强的人,自以为天下无敌,却仍会遇到更强的高手;恶人到处做坏事,总有一天,会受到更恶的人的折磨。

【鉴赏】学海无涯，凡是有成就的人绝不可自鸣得意、目空一切，因为人上还有人，天外还有天。高手云集，竞争激烈。你不一定都是赢家，而坏人最终会受到报应。

轻言则纳侮。

【语出】明·薛瑄《读书录》卷一。

【通讲】轻易说大话或发表言论的人会招致羞辱。

【鉴赏】说话要谨慎。

轻誉者失实……轻许者失言。

【语出】宋·崔敦礼《刍言》卷中。

【通讲】轻易赞誉别人，经常有失实的地方；轻易给别人许诺，往往难以兑现。

【鉴赏】不要轻易赞誉和许诺别人。

人誉我谦，又增一美；自夸自败，还增一毁。

【语出】清·陈弘谋《养心遗规》卷下。

【通讲】别人赞誉自己，自己就谦逊礼让，这样就增加了一样美德；自我夸耀会导致失败，这样便增加了一份灾祸。

【鉴赏】人必须谦逊，而不要自夸。

日慎一日，以求事之济，一怀焦愤之念，则恐无成。千万忍耐，忍耐千万。"久而敬之"四字，不特处朋友为然，即凡事亦莫不然。

【语出】《曾胡治兵语录·勇毅》。

【通讲】一日比一日谨慎，以求办事成功。如果只是忧心如焚，恐怕一事无成。总之，即使有不顺意的事，也要逆来顺受，千万忍耐。常常存着敬重的心，不仅仅是对朋友这样，无论什么事都应该这样。

【鉴赏】说明了为人处事必须注意的原则。

三思而后行。

【语出】《论语·公冶长》。

【通讲】三:多次。三思:反复思考。每件事情都要经过多次考虑,然后才去行动。

【鉴赏】千百年来,中国人每遇到大事时,都会想起“三思而后行”这句古话。凡是成就非凡事业的人,都会继承古人留下来的三思而后行的美德,做事果断而不鲁莽。反复考虑,权衡利弊是为了减少差错,以免造成不堪设想的后果和难以挽回的损失。如果事先将各方面情况做了缜密的思考,有了充分的思想准备,做起事来就能应付自如,不会出现乱了章法、手足无措的现象。当然,三思并不是意味着遇事优柔寡断、无所适从,而是谨慎行事,为了把事情做得更好。

三思而言,九虑而行。

【语出】《周书·于谨传》。

【通讲】再三思考后才说,反复考虑后再去做。

【鉴赏】说话做事要谨慎小心。

善游者溺,善骑者堕。

【语出】《淮南子·原道训》。

【通讲】擅长游泳的人往往被水淹死,很会骑马的人往往有坠马的灾祸。

【鉴赏】告诫人们在自己熟悉的事物面前不可掉以轻心,招致失败。

善则称人,过则称己,则民不争。

【语出】《礼记·坊记》。

【通讲】有优点和成绩就归于别人,有缺点和错误就自己承担。这样,百姓就会彼此谦让相待。

【鉴赏】每个人应努力养成不居功、不诿过的谦逊作风。

慎重则必成,轻发则多败。

【语出】宋·苏轼《拟进士对御试策》。

【通讲】谨慎从事就一定会成功，轻举妄动容易失败。

【鉴赏】做事必须谨慎，不要轻举妄动。

圣人千虑，必有一失；愚人千虑，必有一得。

【语出】《晏子春秋·杂下》。

【通讲】即使大智大慧的人，考虑很多次，也难免有一次失误；即使迟钝笨拙的人，考虑很多次，总有一次会是正确的。

【鉴赏】天才不会事事正确，笨人也绝非一无是处。每个人都要谦逊。

是非只为多开口，烦恼皆因强出头。

【语出】《增广贤文》。

【通讲】惹是生非只因为说话太多，很多烦恼都是由于争强好胜造成的。

【鉴赏】为人要谨慎，要谦让。不多嘴，不多管无谓的事。

事不三思，终有后悔。

【语出】明·冯梦龙《古今小说·陈御史巧勘金钗钿》。

【通讲】三思：再三考虑，做事不经过反复考虑，过后总有后悔的时候。

【鉴赏】凡事三思而后行。

事难行，故要敏；言易出，故要谨。

【语出】宋·朱熹《朱子语类》卷二十二。

【通讲】事情难做，所以人们要勤勉；话容易说出来，所以人们要慎重。

【鉴赏】谨言慎行，是每个人要注意的。

事者难成而易败也，名者难立而易废也。千里之堤，以蝼蚁之穴漏；百寻之屋，以突隙之烟焚。尧戒曰："战战慄慄，日慎一日"。

【语出】《淮南子·人间训》。

【通讲】寻：古代长度单位。突隙：烟囱缝隙。尧：传说中的贤主。事业是不容易成功而容易失败的，名声是不容易树立而容易损坏的。长达千里的堤坝,常常因为蝼蛄、蚂蚁的小孔穴而泄漏;百寻高的大厦,常常因为烟囱一点缝隙的火苗而焚坏。所以尧告诫说:“恐惧戒慎,一天比一天小心。”

【鉴赏】为人处事一定要小心谨慎,一个小小的失误往往会酿成大的祸端,所以绝对不能等闲视之。

守身不敢妄为,恐贻羞于父母;创业还须深虑,恐贻害于子孙。

【语出】清·王永彬《围炉夜话》。

【通讲】一个人谨守自己的行为而不敢胡作非为,是怕自己的行为不谨慎,会使父母蒙羞;在创立事业之前,要认真权衡考虑,以免因为自己在事业上做出错误的选择,而使子孙后代受到影响。

【鉴赏】注重品德修养的人,常常考虑到自己的言行对父母的影响,决不随心妄为;一个人在创业之前,一定要谨慎选择自己所从事的事业,唯恐选择错误会危害自己的子孙。

虽休勿休,日慎一日。

【语出】《旧唐书·岑文本传》。

【通讲】休:美好。虽然已经很美好了,却不以为十分完美,一天比一天更加谨慎。

【鉴赏】高标准、严要求,我们每个人都应有这种人生追求,决不停步,永远向上。

坦途不戒,骥或蹶;羊肠畏惴,驽可越。

【语出】明·宋濂《持敬斋铭》。

【通讲】即使是平坦的大路,如果漫不经心,千里马也可能摔跤;虽然是羊肠小道,如果小心翼翼,劣马也可以翻越它。

【鉴赏】谨慎小心,再难的事也会办成;麻痹大意,再易的事也会办不成。

韬光逐薮,含章未曜。

【语出】《晋书·皇甫谧传》。

【通讲】含章:包孕美质。曜(yào):光耀;照耀。将光彩藏匿起来,追求成为草野之人;包含美质,不露光华。

【鉴赏】隐蔽自己,不露真才。

为大不足以为大。

【语出】《庄子·徐无鬼》。

【通讲】自认自己所做的事很伟大的人,到头来绝成不了大器。

【鉴赏】因为小口袋最容易满,人类的器量也是如此,器量小的最容易自满。

位极将相,无忘谦抑。

【语出】《旧唐书·浑瑊传》。

【通讲】官职虽然达到文、武官员的最高等级,但是不要忘记谦逊。

【鉴赏】唐德宗时,河中节度使浑瑊屡立战功,仍然尊重王室,服从中央,这种身居高位,仍然躬自约束的谦逊态度,是值得每个人学习的。

位已高而意益下,官益大而心益小,禄已厚而慎不敢取。

【语出】汉·刘向《说苑·敬慎》。

【通讲】地位高,更要谦恭;官越大,更不能独揽大权;待遇优厚,应有不敢领取的谨慎态度。

【鉴赏】这是对待地位、权力、薪酬的正确态度,每个公务员都应记取。

畏盈居谦,乃终有庆。

【语出】晋·葛洪《抱朴子·臣节》。

【通讲】庆:幸福。随时警惕自满的可怕后果而经常处于谦逊谨慎的地位,才能最终获得幸福。

【鉴赏】谦逊,是每个人都要养成的美德。

贤者任重而行恭,知者功大而辞顺。

【语出】《战国策·赵策二》。

【通讲】贤德的人,责任重大但行为恭谨;聪明的人,功劳卓著但言辞和顺。

【鉴赏】告诫人们要谨慎从事,不能麻痹大意。

心不可不虚,虚则义理来居;心不可不实,实则物欲不入。

【语出】明·洪应明《菜根谭》。

【通讲】虚:谦虚;不自满。实:真实,这里指择善执着。一个人一定要抱着虚怀若谷的胸襟,只有谦虚才能容纳真正的学问和真理;同时,一个人又要抱着择善执着的态度,因为只有坚强的意志才能抵抗外来物欲的侵入。

【鉴赏】一个有作为的人,要虚心学习前人的经验和今人的知识,以形成自己的智慧。只有依靠自己形成的正确认识,才能鉴别善恶,抵御私心杂念的侵袭。

行莫大于谨敬。

【语出】汉·陆贾《新语·无为》。

【通讲】敬:敬肃;谨慎。做事最重要的是谨慎。

【鉴赏】只有谨慎认真,才能把事情做好。

虚己者,进德之基。

【语出】明·方孝孺《杂诫》。

【通讲】虚心克己,是增进德行的基础。

【鉴赏】谦逊是很重要的德行。

有一分谦退,便有一分受益处;有一分矜张,便有一分挫折来。

【语出】清·胡达源《弟子箴言·崇礼让》。

【通讲】有一点谦让退避之心,便能受到相应的益处;有一点骄傲自满之意,便会有相应的挫折到来。

【鉴赏】谦让退避是美德,退一步海阔天空,不会有冲突,也不会有什么挫折。

朕以弓矢定四方,识之犹未能尽,况天下之务,其能遍知乎!

【语出】《资治通鉴·唐太宗贞观元年》。

【通讲】务:事务。我是在马上用弓箭平定天下,而对弓箭却并不完全了解,更何况管理国家的各项事务,怎么能都通晓呢?

【鉴赏】这几句表明了唐太宗虚怀若谷的求知精神。知识是无穷无尽的,学业有专攻方向,更应虚心求教!尊重知识、尊重专家,不要刚愎自用,事业才会有成。

主不谨户,盗者夜舞。

【语出】宋·宋祁《杂说》。

【通讲】主人对关门闭户不谨慎,偷东西的人晚上会高兴得跳舞。

【鉴赏】防盗要从小事抓起。

自家好处掩藏几分,这是涵蓄以养深;别人不好处要掩藏几分,这是浑厚以养大。

【语出】明·吕坤《呻吟语·存心》。

【通讲】自己身上的长处要掩藏着几分,这叫作涵容藏蓄,从而培养自己的深厚德性;别人的短处,也要替他掩藏上几分,这叫作浑朴厚道,从而培养自己宽大的胸怀。

【鉴赏】对自己的长处,要抱着谦虚的态度,对别人的短处,不要刻意去暴露。有容人之量。人与人之间其实就是相互学习、相互尊重的。少讲自己的优点和别人的缺点,这是个人修养的目标。

自矜其智非智也,谦让之智斯为大智;自矜其勇非勇也,谦让之勇斯为大勇。

【语出】清·胡达源《弟子箴言·崇礼让》。

【通讲】自夸自己的才智不能算自己有才智,谦称自己无才智才是大才智;自夸自己勇力过人不算有勇力,谦称自己不如他人才是有大勇。

【鉴赏】凡事要谦让。

自满九族散，匪骄百善寻。

【语出】宋·种放《谕蒙诗》。

【通讲】九族：本指本人以上的父、祖、曾祖、高祖和本人以下的子、孙、曾孙、玄孙，也有指异姓亲属的。匪：不。自满，亲属都团聚不拢；不骄傲，很多好事都自己找上门来。

【鉴赏】谦逊会给人们带来许多好处。

自是者不章，自建者不立。

【语出】三国魏·阮籍《达庄论》。

【通讲】自己吹嘘自己的人不会成名，自己树立自己的人是树立不起来的。

【鉴赏】自吹自擂并不足以使自己成名。

足于学而不求知，丰于功而不自炫。

【语出】《元史·刘敏中传》。

【通讲】足：充足；足够。丰：大。炫：夸耀。学识渊博却不求别人知道，功劳伟大却不自我炫耀。

【鉴赏】元代的刘敏中虽然学识渊博，但却不求别人知道，即使成就了丰功伟业，也不到处炫耀，沾沾自喜。我们要扎扎实实地学习知识，充实自己，学问再高也不向人夸耀；做出成绩也要“不自炫”，继续努力，这是我们应有的品德。

最忌于众中称说己长，及述他人如何赞举于己。

【语出】清·魏禧《日录里言》。

【通讲】为人处世最忌讳的是当着众人的面称道自己的长处以及宣扬别人如何称赞自己。

【鉴赏】为人一定要谦虚谨慎。

8 修 身

敖不可长，欲不可从，志不可满，乐不可极。

【语出】《礼记·曲礼上》。

【通讲】骄傲不能让其滋长，欲望不可以放纵，思想不可以自满，娱乐不可以过分。

【鉴赏】这是人们自我修养的必修课。

把意念沉潜得下，何理不可得？把志气奋发得起，何事不可做？今之学者，将个浮躁心观理，将个委靡心临事，只模糊过了一生。

【语出】明·吕坤《呻吟语·存心》。

【通讲】如果把自己的意念沉静下来，什么真理不可以得到呢？如果把自己的志向和意气振奋起来，有什么事情不可以做到呢？现如今的学者们，只是把一个浮躁的心理去观察事物的真理，用一个萎靡的心理去从事具体的事业。这样一来，只是糊里糊涂地活了一辈子。

【鉴赏】如何才能做好事情？一是要耐得住性子，二是要有信心、要有斗志。否则，浮躁和萎靡，只能混过一生，毫无建树。

饱肥甘，衣轻暖，不知节者损福；广积聚，骄富贵，不知止者杀身。

【语出】宋·李邦献《省心杂言》。

【通讲】饱食肥美甘甜的食物，身穿绫罗绸缎而不知节俭的人，好日子就不会长久；广积钱财，骄横淫乱而不知道休止，就会招来杀身之祸。

【鉴赏】养生之道值得重视，修身之道也值得重视。

饱食大官真似鼠，厌逢俗客欲称猫。

【语出】明·袁宗道《有感戏作》。

【通讲】饱食终日，无所作为，就像寄食在御厨里的大老鼠。不愿会见那些竞逐功名富贵的俗客，就像大白天懒得外出活动的猫儿。

【鉴赏】此两句自比鼠猫，颇为幽默，诗人自我解嘲，亦可见当时国事之日非，朝政之难为。

彼富我仁，彼爵我义，君子固不为君相所牢笼。人定胜天，志一动气，君子亦不受造化之陶铸。

【语出】明·洪应明《菜根谭》。

【通讲】彼富我仁：出自《孟子》"晋、楚之富不可及也。彼以其富，我以吾仁；彼以其爵，我以吾义，吾何谦乎哉"。牢笼：牢的本义是指养牛马的地方，此含有限制、束缚等意。志一动气：志是一个人心中对人生的一种理想愿望，一是专一或集中，动是统御、控制发动，气是指情绪、气质、禀赋。陶铸：陶是范土制器，铸是熔金为器。别人有财富我坚守仁德，别人有爵禄我坚守正义，所以君子绝对不会被君相的高官厚禄所束缚或收买。人的智慧一定能战胜大自然，思想意志可以转变自己的感情气质，所以君子绝对不受命运摆布。

【鉴赏】做人应超越天地，不求名利，不受富贵名利的诱惑，具有高风亮节不为任何权势所左右，遵从大义，相信自我，一个有为的人理应锻炼自己的意志，开阔自己的心胸，具有了人定胜天的气概，铸造自己的人格。

品德

闭心自慎，不终失过兮。秉德无私，参天地兮。

【语出】战国楚·屈原《橘颂》。

【通讲】小心谨慎从不轻率，自始至终不犯过失啊。遵守道德毫无私心，真可与天地相比啊。

【鉴赏】橘树的可贵精神在于坚守清高立场，永葆独立不迁的人格，这正是我们每一个人应该努力追求的崇高节操。只有坚持好的品质，才能成为一个顶天立地的人。我们应该把橘树的形象牢记于心，作为激励自己坚守节操的榜样，不断努力，不断奋斗。

必有忍也，若能有济也。

【语出】《国语·周语中》。

【通讲】若:乃;才。济:成功。一定要能够忍耐,才能有成功。

【鉴赏】要学会忍耐,这是获得成功的关键。

博闻强识而让,敦善行而不怠,谓之君子。

【语出】《礼记·曲礼上》。

【通讲】知识渊博,记忆力强,仍然很谦逊。做了很多对群众有益的事,仍然不懈怠。这样才算是品德高尚的人。

【鉴赏】论述了品德高尚的人的优秀品质,值得每个人效仿。

博闻强志,明于治乱,娴于辞令。

【语出】《史记·屈原贾生列传》。

【通讲】闻:学识。志:同"识",记忆力。娴:熟悉。学识广博,记忆力强,了解治理国家的道理,熟悉外交辞令。

【鉴赏】这是司马迁对屈原的称赞,也可以作为人们修身养性的标准,我们应该努力为之,做个像屈原那样的人。

博学笃志,切问近思,此八字是收放心的工夫;神闲气静,智深勇沉,此八字是干大事的本领。

【语出】清·王永彬《围炉夜话》。

【通讲】博学笃志:具有广泛、渊博的知识及坚强的意志。智深勇沉:指智慧、谋略、勇敢、沉着。广泛地涉猎知识,志向坚定,切实地向人请教,并仔细思考,这是研习学问的重要功夫;心神安详,无浮躁之气,拥有深刻的智慧和沉毅的勇气,这是做大事所需具备的主要能力。

【鉴赏】"博学笃志,切问近思",要记住收心向学的这八个字要诀,学必专心,学亦有道,学要思索,而做大事则要具备神静气闲,智勇沉着的气质。

不出于门户而天下治者,其惟知反于己身者乎!

【语出】《吕氏春秋·先己》。

【通讲】不出门就能把天下治理得很好,这恐怕只有懂得自身修养并有自知之明的人才能做到吧!

【鉴赏】说明修身养性的重要性。

不刻意而高，无仁义而修，无功名而治，无江海而闲，不道引而寿，无不忘也，无不有也，澹然无极，而众美从之。此天地之道，圣人之德也。

【语出】《庄子·刻意》。

【通讲】江海：隐士隐居之地。道引：即“导引”，一种锻炼身体的方法，主要是四肢运动，其目的是健康长寿。不刻意追求而自然高尚，不讲仁义而自然修身，不求功名而自然治世，不处江湖而自然悠闲，不事保养而自然长寿，无所不忘，无所不有，恬淡无极而所有的美聚于一身，这才真是天地的大道，圣人的真德。

【鉴赏】高尚、仁义、功名、长寿等，都要经过主观努力、积极进取、刻苦修炼才能得到。不刻意而高尚只是一种空想。

不耐烦，干不得事；不忍气，做不得人。

【语出】清·申涵煜《省心短语》。

【通讲】没有不怕麻烦的耐心，这样的人就办不成大事；如果没有能容忍的度量，就无法为人处世。

【鉴赏】耐心和容忍是人应该努力养成的品格。

不受尘埃半点侵，竹篱茅舍自甘心。

【语出】宋·王淇《题梅》。

【通讲】不受到尘埃一点点侵害，竹篱茅屋自己也心甘。

【鉴赏】不受尘俗污染，洁身自爱。

不修其身，虽君子而为小人。

【语出】宋·欧阳修《答李诩第二书》。

【通讲】不提高自己的思想品德，君子也要变成小人。

【鉴赏】在思想品德修养方面，只有进行时，没有休止符。

不学问，无正义，以富利为隆，是俗人者也。

【语出】《荀子·儒效》。

【通讲】不学习，没有正义感，以追求财富为目标，这是庸俗的人。

【鉴赏】注意学习，修身养性，富有正义感，这是为人的根本。而追求财富，就未免庸俗，是不可取的。

不自反，则终日见人之尤也；诚反己，则终日见己之尤也。

【语出】清·魏源《默觚·学篇二》。

【通讲】自反：自我反省。尤：过失。反己：反省自身。如果不肯经常反省自己，那么每天只能看见别人的短处；如果能够真心反省自己，那么每天都能看见自己的短处。

【鉴赏】要严格反省自己，才能发现自己的短处，而看到别人的长处。

不自重者取辱，不自畏者招祸；不自满者受益，不自是者博闻。

【语出】清·金缨《格言联璧·持躬》。

【通讲】不自我珍重的人会招来耻辱，不自存畏惧的人会招来祸害；不骄傲自满的人能得到好处，不自以为是的人能见闻广博。

【鉴赏】"四不"是人修养的目标。

财贿不以动其心，爵禄不以移其志。

【语出】明·罗贯中《三国演义》第二十七回。

【通讲】贿：财物。金银财物不能动摇他的心神，爵位俸禄不能改变他的志向。

【鉴赏】财富、官位、高薪，都动摇不了有高尚品德的人的志向。

丑不能，恶不知，病矣。不丑不能，不恶不知，尚矣。

【语出】《吕氏春秋·用众》。

【通讲】丑：耻，这里作意动用法，以……为耻。恶：过失，这里作意动用法，以……为过失。病：困窘。尚：上；最好的。鄙视缺乏能力的人，厌恶无知的人，是有害的。不鄙视没有才能的人，不厌恶无知的人，是高尚的。

【鉴赏】不要看不起缺乏能力、缺乏知识的人，应该帮助他们迎头赶上。

怠者不能修，而忌者畏人修。

【语出】唐·韩愈《原毁》。

【通讲】怠：懈怠。忌：嫉妒。因为懈怠，自己就不能好好地修身养性；因为嫉妒，又使他害怕别人能很好地修身养性。

【鉴赏】揭示损毁他人的根源在于“怠”与“忌”。

得其好言，不足喜；得其恶言，不足怒。

【语出】明·张居正《答甘肃巡抚侯掖川》。

【通讲】好言：称赞的话。恶言：不好听的话。听到别人赞扬的话，不要沾沾自喜；听到别人指责的话，不要骤然发怒。

【鉴赏】要善于听取别人对自己的批评意见和看待对自己的赞扬。

独立不惭影，独寝不愧衾。

【语出】北朝齐·刘昼《刘子·慎独》。

【通讲】品行高洁的人，单独站立不会有愧于自己的身影，单独睡觉不会有愧于所盖的被子。

【鉴赏】要能够慎独，在单独一个人的环境里都要自觉地做好品德修养。

品德

耳中常闻逆耳之言，心中常有拂心之事，才是进德修行之砥石。若言言悦耳，事事快心，便把此生埋在鸩毒中矣。

【语出】明·洪应明《菜根谭》。

【通讲】拂心：不顺心。砥石：是一种磨石，此处当磨炼、教训解。鸩毒：鸩，是一种有毒的鸟，其羽毛有剧毒，泡入酒中可制成毒药，成为古时候所谓的鸩酒，人喝了酒后立即死亡。耳中假如能经常听些不爱听的话，心里经常想些不如意的事，这些都像是敦品励德有益身心的磨刀石一样。反之假如每句话都很好听，每件事都很称心，那就等于把自己的一生葬送在毒药中了。

【鉴赏】忠言往往就是逆耳的语言，最有价值。听见逆耳的忠言绝对不可气恼，而人家一夸奖就得意洋洋，那你的生活就显得轻浮，在无形中会削弱自己发奋上进的精神，最容易沉湎在自我陶醉的深渊中。如此就等于自浸于毒酒中而毁掉自己的前程，即使活着也等于丧失了生存的意义。人生之路漫漫，有时难免误入歧途，如果你能主动地去听取不同的意见，你将更快取得成就，人生从而也变得更加美好。

凡事之本，必先治身。

【语出】《吕氏春秋·先己》。

【通讲】大凡做事的根本，一定要首先修身，完善自身。

【鉴赏】说明做事的关键在于修身。

反听之谓聪，内视之谓明，自胜之谓强。

【语出】《史记·商君列传》。

【通讲】能听取相反的意见叫作聪，能自我涤察的叫作明，能自我克制的叫作强。

【鉴赏】人生最大的对手往往不是外在的敌人，而是自身。一个真正的强者智者，不在于没有缺点和错误，而在于能及时认识、勇于承认并坚决改正缺点和错误，不断地战胜超越自己。

富贵不淫贫贱乐，男儿到此是豪雄。

【语出】宋·程颢《秋日偶成》。

【通讲】身处富贵不可胡作非为，身临贫贱也应乐天知命，男儿如能有这样的修养，才算是英雄豪杰。

【鉴赏】这是人们修身养性的重要方面。正确对待富贵、贫贱。

高行微言，所以修身。

【语出】汉·黄石公《素书·原始》。

【通讲】道德品行高而言语小心谨慎，这就是修身养性之道。

【鉴赏】修身的关键是品德高言语谨慎。

古之真人,知者不得说,美人不得滥,盗人不得劫,伏戏、黄帝不得友。死生亦大矣,而无变乎己,况爵禄乎!若然者,其神经乎大山而无介,入乎渊泉而不濡,处卑细而不惫,充满天地,既以与人,己愈有。

【语出】《庄子·田子方》。

【通讲】说:说服。滥:产生淫乱的念头。伏戏:即伏羲。介:阻碍。既:全。既以与人:全部用来给他人。古时候的真人,智慧的人不能说服他,美人不能勾引他,强盗不能抢劫他,伏羲和黄帝不能与他交友。死生是件极大的事情,却不能影响他,何况是爵禄呢!像这样的人,他的精神穿过大山不受阻碍,进入深渊不会淹没,处于卑贱不觉困顿,他的精神充满天地,一贯帮助别人,自己反而愈加充实。

【鉴赏】道德修养很高的人,他所坚持的理想很难被即使很有智慧的人说服,美女也无法勾引他,强盗也没有办法对他抢劫,即使很有权势的人如伏羲黄帝他也不与他们交往,他不怕死,不爱爵禄,他不怕任何艰难险阻,也不怕处于卑贱,他只知道一贯帮助别人,而不虚度年华。我们要提倡做这样的人。一个脱离了低级趣味的人,一个有益于人民的人。

故君子力事日强,愿欲日逾,设壮日盛。君子之道也:贫则见廉,富则见义,生则见爱,死则见哀;四行者不可虚假,反之身者也。

【语出】《墨子·修身》。

【通讲】所以君子勤劳于事,就会一天比一天强劲,志向一天比一天远大,庄敬的品行一天比一天完善。君子之道应包括如下方面:贫穷时表现出廉洁,富足时表现出仁义,对生者表现出慈爱,对死者表示出哀痛。这四种品行不是可以装出来的,而是必须自身具备的。

【鉴赏】点明了修身对于治国平天下的功利效应,也指出了修身所产生的必然结果。

贵不与骄期而骄自至,富不与奢期而奢自至。

【语出】《新唐书·魏徵传》。

【通讲】期:约定;相约。高贵与骄傲并没有相约,可是高贵了而骄傲自己就会到来;富裕与奢侈并没有相约,可是富裕了而奢侈自己就会到来。

【鉴赏】高贵了容易骄傲,富裕容易奢侈,所以人们要特别注意加强自己的道德修养,做到贵不骄,富乃俭。

贵而不骄,胜而不恃,贤而能下,刚而能忍。

【语出】三国蜀·诸葛亮《将材》。

【通讲】恃:违背。地位显贵但不骄傲,取得了胜利但不胡作非为,德才卓著但能够体察下情,性格刚强但能够忍让。

【鉴赏】位高权重而不骄横跋扈,怎样做个有道德的人,那就应该对下属同僚能礼贤下士,虚怀若谷,认真倾听别人不成熟、不完善乃至错误的意见和建议,江河不拒细流,才能成其广大。军事指挥员必须具备上述基本品质。

和氏之璧,不能无瑕;隋侯之珠,不能无纇。

【语出】三国魏·杜恕《体论》。

【通讲】纇(lèi):丝上的疙瘩,引申为毛病、缺点。和氏璧虽然好,但也会有斑点;隋侯之珠尽管很美,但不会没有缺点。

【鉴赏】说明人再好也会有不足之处。

己未善,则舍己之未善而从人之善;人有善,则取人之善而为己之善。

【语出】宋·朱熹《朱子语类》卷五十三。

【通讲】自己有不善,就舍弃自己的不善而依从别人的善;人有善,就吸取别人的善而成为自己的善。

【鉴赏】"善"的标准古今有所不同,但强调一旦发现自己的不足就立即抛弃,发现别人的长处就吸取,这则是一条古今皆同的行之有效的思想修养原则。今天仍可用来勉励别人或勉励自己。

见利争让，闻义争为，有不善争改。

【语出】隋·王通《中说·魏相》。

【通讲】碰到有益之事彼此谦让，听到仁义之事就争先恐后去做，有了缺点错误就努力改正。

【鉴赏】一个人的品德应该是不争利，不饰过，见义而勇为。

见善思齐，足以扬名不朽；闻恶能改，庶得免乎大过。从善则有誉，改过则无咎。兴亡是系，可不勉欤？

【语出】唐·吴兢《贞观政要·教戒太子诸子》。

【通讲】见到贤能的人，就希望自己也能达到那样的修养，则能够扬名不朽；知道错失能改，则能够避免大的过失。接受别人的好意见就会得到赞誉，能改过就没有灾祸。这关系到国家兴亡，能不自勉吗？

【鉴赏】阐述了改过从善的重要性。

建大功于天下者，必先修于闺门之内，垂大名于万世者，必先行之于纤微之事。

【语出】汉·陆贾《新语·慎微》。

【通讲】闺门：闺房的门，这里指房门。成就天底下伟大功业的人，必定从加强自身修养开始；取得万古流传美名的人，必定从做小事情开始。

【鉴赏】要建立大功业，一定要从小事做起。

今有宝剑良马于此，玩之不厌，视之无倦；宝行良道，一而弗复。欲身之安也，名之章也，不亦难乎？

【语出】《吕氏春秋·博志》。

【通讲】如果有一把宝剑，人们都会拿来把玩观赏；有一匹良马，人们都想一乘为快。并且人们对此总也不会厌倦。可是，对于非常宝贵的品行和优秀的学说，人们往往浅尝辄止，不肯反复学习钻研。这样的人想使自身安定，名声显扬，不也太难了吗！

【鉴赏】劝诫人们不要玩物丧志，要注重品行的修养和学习有价值的传统文化。

金玉满堂，莫之能守。富贵而骄，自遗其咎。诸侯骄人则失其国，大夫骄人则失其家。魏侯受田子方之教，不敢以富贵而自多。盖恶终之衅，兆于骄夸；死亡之期，定于骄奢。先哲之言，如不听何！昔贾思伯倾身礼士，客怪其谦。答以四字，衰至便骄。斯言有味，噫，可不忍欤！

【语出】元·吴亮、许名奎《劝忍百箴·骄之忍》。

【通讲】金玉满堂，却难以持守。富贵而骄奢，便自食恶果。国君对人傲慢会失去政权，大夫对人骄慢会失去领地。魏文侯接受了田子方的教诲，不敢以富贵自高自大。恶果以骄傲自夸为先兆；灭亡以骄奢出现而确定。先哲的话，人们若不听，会怎么样呢！贾思伯平易近人，礼贤下士，客人不理解其谦虚的原因。思伯回答了四个字：衰至便骄。这句话让人回味无穷，唉，怎么能不忍呢！

【鉴赏】骄盈，必然会给自己留下恶果，骄傲必伴随衰败，所以绝不能骄傲。

静中念虑澄澈，见心之真体；闲中气象从容，识心之真机；淡中意趣冲夷，得心之真味。观心证道，无如此三者。

【语出】明·洪应明《菜根谭》。

【通讲】真体：人性的真正本源。冲夷：冲是谦虚、淡泊，夷是夷通、和顺、和乐。人在宁静中心绪才会像秋水一般清澈，这时才能发现人性的真正本源；人在安详中气概才会像晴空白云一般舒畅悠闲，这时才能发现人性的真正灵魂；人在淡泊中内心才会像平静无波的湖水一般谦冲和蔼，这时才能获得人生的真正乐趣。大凡要想观察人生的真正道理，再也没有比这三种方式更好的了。

【鉴赏】一个有志之士如何修身养性？那就是宁静、闲适、淡泊。一个人的心静如止水，就不会有一点邪念袭来；当一个人内心非常安闲时，就能出现从容不迫的神态，容易发现事理的微妙；当一个人的心处于淡泊状态，他的情趣就会悠然自得，没有任何东西可以掩蔽他内心的真趣。

酒色便佞，乱德之甚也，不可以不戒。

【语出】《晋书·慕容廆载记》。

【通讲】酗酒、女色、谀佞之人,会严重败坏道德,不可以不警戒。

【鉴赏】人们要远离酒色小人。

酒色是鸩,如以双斧伐枯树;力量不胜,如以寸胶澄黄河。

【语出】《幼学故事琼林》。

【通讲】鸩:鸟名,相传其羽有毒,用它的羽毛泡酒为毒酒。人要是只在美酒和女色上寻找乐趣,身体就经受不住,就像用两把斧头去砍伐一棵枯朽的树;由于力量不足而难以胜任,如同想用一寸的胶水把黄河澄清一样。

【鉴赏】男人一定要远离酒色。

酒中不语真君子,财上分明大丈夫。

【语出】《增广贤文》。

【通讲】酒醉后不胡言乱语的人才是真正的君子,对钱财始终清醒的人才是大丈夫。

【鉴赏】人不能酗酒,也不能见钱眼开。

救寒莫如重裘,止谤莫如自修。

【语出】《三国志·魏志·王昶传》。

【通讲】重:高贵;贵重。裘:皮衣。止:阻止。谤:毁谤;恶意地攻击别人。修:学习。挽救受寒的人没有比得上贵重的皮衣了,阻止诽谤之言不如自我完善。

【鉴赏】人生世间,飞短流长,每个人都有可能面对这些毁谤,关键是要不断完善自己,做到尽善尽美是阻止毁谤最有力的武器。对待别人的诽谤,最好的办法是反躬自省,有则改之,无则加勉。

居卑而后知登高之为危,处晦而后知向明之太露;守静而后知好动之过劳,养默而后知多言之为躁。

【语出】明·洪应明《菜根谭》。

【通讲】处晦:在昏暗的地方。养默:沉默寡言。站在低处然后才知道攀登高处的危险,在暗处然后才知道置身光亮的地方会刺眼睛;保持宁静心情然后才知道喜欢活动的人太辛苦,保持沉默心性然后才知道话说多了很烦躁。

【鉴赏】这是卑尊、晦明、静动、默躁的对比,强调的是人有所作为时应学会多向思维,人的体验往往是在对比之中才更加深刻。不可因一时的荣辱明暗而自我封闭,过分地自卑或自傲。

居上位而不骄,在下位而不忧。

【语出】《周易·乾》。

【通讲】身居高位、担负要职而不骄矜自傲,未被重用而地位低下也不悲观失望。

【鉴赏】一个思想情操高尚的人,绝不在意于个人的进退得失。

举世都是我心。去了这我心,便是四通八达,六合内无一些界限。要去我心,须要时时省察这念头,是为天地万物,是为我。

【语出】明·吕坤《呻吟语·存心》。

【通讲】每个人都有私心。去掉了私人,便就是四通八达了,上下天地和东西南北四方也就没有一些儿界线隔阂了。然而,要去掉私心,就必须无时无刻不反省审察,这心中所生起的念头是为了天地万物,还是为了我自己!

【鉴赏】人们往往有私心,而私心往往会遮住视线。在去除私心的过程中,是为天下苍生还是仅仅为了一己私利,应很好地加以选择。

君子必慎其独也。

【语出】《大学》。

【通讲】一个君子人在独处的时候,言行方面也一定要谨慎小心,不能随便。

【鉴赏】独处时没有人看见,要特别警惕自己不做坏事。

君子博学而日参省乎己,则知明而行无过矣。

【语出】《荀子·劝学》。

【通讲】参:检验。省:考察。知:同“智”。君子学习广博的知识,又能每天检验考察自己，就会变得智慧精明，而行动上也不会犯错误了。

【鉴赏】不仅应该虚心求学，还要不断反省自己，才能行为正确。

君子处患难而不忧，当宴游而惕虑；遇权豪而不惧，对茕独而惊心。

【语出】明·洪应明《菜根谭》。

【通讲】茕独：孤苦伶仃的意思。君子虽然生活在恶劣环境中绝对不忧心忡忡，可是安乐悠游时却能知道警惕，以免堕落迷途；君子即使遇到豪强权贵绝不畏惧，但是遇到孤苦无依的人却具有同情心。

【鉴赏】怎样才算修养深、品德高的人，就是要有较强大的意志力，不为外物所扰而坚持品性。做到在享乐安然的环境中能保持清醒，不屑权势，更不惧权势，同情并救助贫苦无助之人。

君子独立不惭于影，独寝不惭于魂。

【语出】《晏子春秋·不合经术者》。

【通讲】魂：指心。独立：独自站立。不惭于影、不惭于魂：意谓自己反省，不做坏事，不内疚。有道德的人一个人独处时，对自己的影子、对自己的灵魂都不会感到惭愧。

【鉴赏】孔子到齐国去见景公却不去见晏子。子贡问孔子不见晏子的原因，孔子说"吾闻晏子事三君而顺焉"，意思是晏子先后事奉过三个国君，都很顺利，受到重用，因此不以为然。晏婴听到此事后说："以一心事三君者所以顺焉，以三心事一君者不顺焉。"并表白自己守正不阿，事君问心无愧，身正不怕影子斜，为人不做亏心事，半夜不怕鬼敲门。以君子独自反省，因不做坏事而不感到内疚，说明品行端正的重要性。

君子坦荡荡，小人常戚戚。

【语出】《论语·述而》。

【通讲】戚戚：悲伤的样子，引申为局促忧愁。修养高的人，往往胸怀坦荡；修养低的人，经常是忧愁满脸。

【鉴赏】君子胸怀坦荡而小人总是斤斤计较，患得患失，所以君子之风成为我们所追求的目标。

君子以慎言语，节饮食。

【语出】《周易·颐》。

【通讲】说话要小心，饮食要节制，这都是君子修身养德之道。

【鉴赏】讲话小心以避祸从口出，节制饮食有利健康。谈话谨慎和节制饮食是养德养生的大要，这都是我们应该践行的。

君子之学进于道，小人之学进于利。

【语出】隋·王通《中说·天地》。

【通讲】君子学习是为了修养道德，小人学习是为了牟取私利。

【鉴赏】君子和小人的学习目的完全不同。

老冉冉其将至兮，恐修名之不立。

【语出】战国楚·屈原《离骚》。

【通讲】冉冉：渐渐地；慢慢地。修：美好。眼看着衰老就渐渐地降临到我的头上，我忧虑的却是美好的功名还没有树立。

【鉴赏】人的老境会渐渐到来，而美好的名誉却不能建立，诗人为此而焦虑不安。不忧虑自己将要老了，而是忧虑一个人毕生孜孜以求地追求品德上的自我完善。这是何等的高尚品德呀！

廉于财，节于色，疏于酒，持身以礼，奉上以忠，忧乐与士卒同。

【语出】宋·许洞《虎钤经·论将》。

【通讲】在财钱面前能保持廉洁，在女色面前能有节制，对酒食能疏而远之，用礼义来修养自身，以忠诚来侍奉君主，忧愁和欢乐与官兵相同。

【鉴赏】这是古代对官员的要求，同样适用于现今的各级官员，这些最基本的品德修养，每个公务员应牢记在心，付诸实践。

每一食，便念稼穑之艰难；每一衣，则思纺绩之辛苦。

【语出】唐·吴兢《贞观政要·教戒太子诸王》。

【通讲】稼:种植庄稼。穑:收割谷物。稼穑:意思是农业劳动。每当到吃饭的时候,便会想到农民种庄稼时付出的辛勤劳动;每当穿衣服的时候,便会想到纺织工的辛苦。

【鉴赏】享受时必须牢记劳动的艰辛。每一个人都要珍惜别人的劳动成果,对劳动人民存感激之心。这有助于一个人修身养性、陶冶情操。奢侈是一种罪过,于己于家于国都有害。

目不视恶色,耳不听恶声。

【语出】《孟子·万章下》。

【通讲】眼睛不去看不好的东西,耳朵不去听不好的东西。

【鉴赏】要学习伯夷正直高尚的品德。不去看那低级淫秽的东西,不去听那靡靡之音。

目失镜,则无以正须眉;身失道,则无以知迷惑。

【语出】《韩非子·观行》。

【通讲】须眉:胡子和眉毛,多指容貌、面容。迷惑:指失误、差错、偏颇。眼睛缺少了镜子,就没办法剃须、刮脸、修面;立身失去了原则,就没办法知道失误、差错之处。

【鉴赏】这句通过眼睛缺失镜子就无法剃须修面为喻,阐释了立身失道就无法辨明是非的道理,强调立身须有道,须坚持根本的原则。

内省不疚,何恤人言?

【语出】《后汉书·班超传》。

【通讲】疚:羞愧。恤:怕。只要我问心无愧,又何必害怕他人的话呢?

【鉴赏】表现了班超胸怀坦荡,严于内省,决不沉浸于个人私怨的高风亮节,值得效仿。

内省而不穷于道,临难而不失其德。天寒既至,霜雪既降,吾是以知松柏之茂也。

【语出】《庄子·让王》。

【通讲】反省自己，内心并不穷困于道，面临危险也不失我的德行。严寒已经到来，霜雪降临大地，我才真正看到松柏的茂盛。

【鉴赏】应该提倡在极端困苦艰难之中甘之如饴、终不失其德的精神。环境越是艰险，越能锻炼人的意志，在寒冬中可以看出松柏的坚强无畏，这是我们所追求的。

怒时光景难看，一发遂不可制，既过思之，殊亦不必，故制怒者当涵养于未怒之先。

【语出】清·申涵光《荆园进语》。

【通讲】愤怒时一切都觉得不顺眼，一旦发怒又难以克制，可事后又觉得实在没有发怒的必要。因此，爱发脾气的人应该平时就加强自身的修养。

【鉴赏】人必须制怒，做个有涵养的人。

怒，宜实力消融；过，要细心检点。

【语出】宋·弘一大师《格言别录》。

【通讲】愤怒之气，应该全力使之消退和缓；对于过失，要细心省察以免再犯。

【鉴赏】制怒、省过，是人重要的修身养性之课程。

咆哮者不必勇，淳淡者不必怯。

【语出】晋·葛洪《抱朴子·清鉴》。

【通讲】大喊大叫的人，不一定就勇敢；说话温和的人，未必就怯懦。

【鉴赏】有修养的人对人说话一定温和，而不必大喊大叫。

齐家先修身，言行不可不慎；读书在明理，识见不可不高。

【语出】清·王永彬《围炉夜话》。

【通讲】治理家事先要修身养性，一言一行不能够不谨慎；读书的目的在于通达事理，认识和见解不能不高深一些。

【鉴赏】以修身齐家治国平天下作为人生追求的目标，而将修身作为最重要的修养基础,读书要懂得其中的义理才有意味,如果读书时不专心,势必不能理解其中的精微之处。

其所以为圣贤者,修之于身,施之于事,见之于言,是三者所以能不朽而存也。

【语出】宋·欧阳修《送徐无党南归序》。

【通讲】那些人之所以能成为圣明贤德的人,用修身来立德,用干实事来立功名,以写文章来立一家之言,这三者才是他们能千古流芳的原因。

【鉴赏】修身、齐家、治国、立言。这便是古代士子们的修养标准和政治理想。只有这样,人才能做到不朽。

气盛便没涵养。

【语出】明·吕坤《呻吟语·存心》。

【通讲】意气太盛了,便没有涵养了。

【鉴赏】人的意气是不能没有的。没有血气,就不能使自己成为站立的人。但是气血太盛了,又容易招惹灾祸。对于年轻人来说,应该多学习,多补充自己的不足。要做个有涵养的人,遇到事情不会慌张,就能够沉得住气了。

品德

器量须大,心境须宽,切须鼓舞作第一等人勾当。

【语出】明·吴麟徵《家诫要言》。

【通讲】勾当:事情。度量、心胸要大,内心境界要宽,一定要使人振作起来,做头等人的事情。

【鉴赏】鼓励人应有所作为。

求备之心,可用之以修身,不可用之以接物;知足之心,可用之以处境,不可用之以读书。

【语出】清·王永彬《围炉夜话》。

【通讲】求备:求得完美的心思。追求完美的想法,可以用于自我修身养性,即不可用在待人接物上;易满足的心理,可以用在对环境的适应上,却不可以用在读书求知上。

【鉴赏】“律己以严，待人以宽。”修身是为了律己，应该求备，接物是为了待人，不可求全责备。读书不能知足，只能求深。而对所处的境遇，则应该知足。

求在我者，仁义礼智；求在外者，富贵利达。

【语出】清·胡达源《弟子箴言·辨义利》。

【通讲】我所追求的，是仁、义、礼、智、信；不为我所追求的，是财利和权贵。

【鉴赏】应该树立正确的人生观，才会有正确的人生追求。

去谗远色，贱货而贵德。

【语出】《礼记·中庸》。

【通讲】摒除谗言、远离女色，不追求物质享受而提倡美好的品德。

【鉴赏】这是儒家的修身原则之一，对于我们仍有借鉴作用。

人皆因禄富，我独以官贫。所遗子孙，在于清白耳。

【语出】《隋书·房彦谦传》。

【通讲】别人都因为有了俸禄而富裕，唯独我因为做官而贫穷。能留给子孙的，就在于清白罢了。

【鉴赏】为官不贪，留给子孙的不是财产，而是为人清白的精神，这对子孙是最好的遗产。

人君所以修其心、治其身者也，修其心治其身，而后可以为政于天下。

【语出】宋·王安石《洪范传》。

【通讲】君主要先修心治身，充实德行，而后才能理政治国平天下。

【鉴赏】《洪范传》是北宋政治家、文学家王安石的重要哲学著作。王安石通过为《尚书·洪范》作传注的形式，阐述了天人不相干、灾异不足畏的思想。在中国传统文化中，“修齐治平”既是进行道德教育和践履的理论体系,也是提高道德修养的最高境界和根本目的。先有修心治身的道德,后有经世治国的政德。党员干部要注重修身养德,自觉陶冶道德情操。

人品须从小做起,权宜苟且诡随之意多,则一生人品坏矣。

【语出】明·吴麟徵《示儿辈》。

【通讲】人品要从小养成,如果见风使舵、狡诈多变的心意多,那么一生的人品就坏了。

【鉴赏】人的品德应从小养成。

人生不可安闲,有恒业,才足收放心;日用必须简省,杜奢端,即以昭检德。

【语出】清·王永彬《围炉夜话》。

【通讲】杜奢端:是杜绝奢侈极端的生活习性。昭检德:显示勤俭、检点、朴实的美德。人活在世上不能够只满足于安逸闲淡,有了长久经营的事业,才能够将放失的本心收回。平常花费必须简单节省,杜绝奢侈的习性,就可以显示出勤俭的美德。

【鉴赏】对待人生,必须要有追求学问道德的恒心,将读书、工作作为一生的事业。没有恒心,则一事无成。日常的生活不必过于讲究,要俭用,保持良好的品德。

人咸知饰其面,而莫修其心。

【语出】汉·蔡邕《女诫》。

【通讲】咸:都。饰:打扮。每一个人都知道修饰自己的容貌,却不知道修养自己的思想品德。

【鉴赏】这本是蔡邕对妇女训诫的话。现今对那些不重视品德修养的人也是一个很好的警示。

人心之病,莫甚于一私。

【语出】宋·杨万里《答陈国材书》。

【通讲】人的思想毛病,没有比自私更大的。

【鉴赏】杜绝私心,是做人的基本原则。

人一生大罪过,只在自是自私四字。

【语出】明·吕坤《呻吟语·修身》。

【通讲】人一生最大的罪过,就在于自以为是和自私自利。

【鉴赏】一个人自以为是,目空一切,听不得别人意见,一个人看事物不可能全面,这也是蹈险的重要因由。自私自利就是社会的大蠹虫,会闹得人心分散,自以为是和自私自利是人生的两大罪过。

人有八疵,事有四患,不可不察也。非其事而事之,谓之总;莫之顾而进之,谓之佞;希意道言,谓之谄;不择是非而言,谓之谀;好言人之恶,谓之谗;析交离亲,谓之贼;称誉诈伪以败恶人,谓之慝;不择善否,两容颜适,偷拔其所欲,谓之险。此八疵者,外以乱人,内以伤身,君子不友,明君不臣。所谓四患者:好经大事,变更易常,以挂功名,谓之叨;专知擅事,侵人自用,谓之贪;见过不更,闻谏愈甚,谓之狠;人同于己则可,不同于己,虽善不善,谓之矜。此四患也。能去八疵,无行四患,而始可教已。

【语出】《庄子·渔父》。

【通讲】总:总揽、把持,越位越权之意。希意道言:迎合别人意图而顺情说话。败恶:败坏;毁坏。慝(tè):奸诈;邪恶。两容颜适:两面脸,好坏两容而脸色永远微笑。偷拔:暗暗攫取。经:管理。变更易常:改变常规秩序法令。专知(智)擅事:自恃聪明独断专行。很:倔强。人有八种毛病,事有四种祸患,不可不明察。不是自己的事也要包揽过去,这叫越位越权;没有理会也讨好说话,叫作佞;迎合别人意图而顺情说好话,叫作谄;不讲是非一味奉承,叫作谀;喜欢对有关方面说别人的坏话,叫作谗;在朋友与亲人之间进行挑拨离间,叫作贼;造谣生事败坏他人,叫作奸邪;不论善恶,两边讨好,使自己得利,叫作险。这八种毛病,对外扰乱别人,对内伤害自身,君子不和他交朋友,贤明的君主不用他做臣下。所谓四患是:总想管理国家大事,标新立异以捞取功名,叫作贪得无厌;自持聪明,专行独断而分割他人,叫作利欲熏心;知过不改,听到劝告反而变本加厉,叫作刚愎;赞同自己的就说他好，反对自己的，就是好也不说好，叫作自负。去掉八种毛病、四种祸患的人，才可以教育。

【鉴赏】庄子列举了人类社会生活中的疵有八种、患有四种。人贵在从善，贵在自觉，这是我们在日常生活中必须引以为戒的。

人只一念贪私，便销刚为柔、塞智为昏、变恩为惨、染洁为污，坏了一生人品。故古人以不贪为宝，所以度越一世。

【语出】明·洪应明《菜根谭》。

【通讲】一念：一刹那所引起的观念。恩：惠爱。惨：狠毒。度越：超越的意思。一个人只要心中刹那间引出贪婪或偏私的念头，那他就容易把原本刚直的性格变得很懦弱，聪明的心智被蒙蔽得很昏庸，慈悲的心肠就会变得很残酷，原本纯洁的人格就会很污浊，结果是毁灭了一辈子的品德。所以古圣先贤认为，做人要以"不贪"二字为修身之宝，这样，才能超越他人、战胜物欲，度过一生。

【鉴赏】一个人不要有贪心，要清清白白地做人。品行的修养是一生一世的事，一念贪私，万劫不复。生活中一些人抵不住"贪"字，灵智为之蒙蔽，刚正之气由此消除。在商品社会，许多人经不住贪私之诱，以身试法。一些人大半生清白可鉴，却晚节不保，极其可惜。

仁厚刻薄，是修短关；行止语默，是祸福关；勤惰俭奢，是成败关；饮食男女，是死生关。

【语出】明·吕坤《呻吟语·修身》。

【通讲】仁爱敦厚与尖酸刻薄，这是人德行高下的关口；言谈举止多寡，这是人遭祸与得福的关口；辛勤懒惰与节俭奢侈，这是人事业成功与失败的关口；饮食与性事，这是人生死存亡的关口。

【鉴赏】一个人要有仁厚的品质，遇事不慌，沉静安详，物质与情感的享受要有节制，一味地纵欲，招病引灾、伤筋动骨，会危及生命。

仁宗味淡而撤蟹，晋武尚朴而焚裘。

【语出】《幼学故事琼林》。

【通讲】宋仁宗口味清淡、生活节俭，当他知道新蟹价贵，便不吃了；晋武帝崇尚俭朴把下人献的雉头裘在殿前烧毁，并昭告天下不得献异服。

【鉴赏】崇尚生活俭朴，不过奢侈生活。

日省其身，有则改之，无则加勉。

【语出】宋·朱熹《论语集注》。

【通讲】我每天反省自己。别人提到自己的缺点错误，有，就改正；如果没有，也应从中引以为戒，勉励自己今后不要去犯。

【鉴赏】我们只有不断提高自我反思、自我教育、自我陶冶、自我雕琢的自觉性，不断对灵魂深处非道德的东西进行自我解剖，才能逐步达到自我完善的目的。

日月欲明，浮云盖之；河水欲清，沙石濊之；人性欲平，嗜欲害之。

【语出】《淮南子·齐俗训》。

【通讲】濊(wèi)：通"秽"，污秽。太阳月亮希望光芒四射，可是飘浮的云层遮盖了它；江河的水希望清澈澄净，可是泥沙乱石污浊了它；人的性情希望平淡节制，可是嗜好欲望损害了它。

【鉴赏】修养性情，首先应控制无限的欲望和嗜好。否则，就会走向堕落。

荣辱之来，必象其德。

【语出】《荀子·劝学》。

【通讲】之：助词，无义。象：根据；如同。一个人取得荣誉还是招来羞辱，一定是和他的品德分不开的。

【鉴赏】人的获誉或取辱，内因是起决定作用的。这句话警诫人要修养自己的品德。

汝若全德，必忠必直；汝若全行，必方必正。终身如此，可谓君子。

【语出】唐·元结《自箴》。

【通讲】全德：使道德更完整。全行：使行为完整。方：坦率。正：正派。你如果想使自己的道德完美，必须忠诚、正直；你如果想使自己的品行更完美，必须坦率、正派。一辈子这样做人，就可以称为君子了。

【鉴赏】这是自身修养的良方，做个有道德的人的标准。这是元结对有"时人"教他"显身之道"："君欲求权，须曲须圆；君欲求位，须奸须媚"的坚定反驳。要努力做一个忠诚、正直、坦率、正派的人。

善亦如之，德远而后兴。

【语出】《左传·昭公四年》。

【通讲】善也是这样，德行深远然后才能兴盛。

【鉴赏】鲁昭公四年夏天，诸侯们前往楚国会合，楚灵王在诸侯面前很骄纵。伍举劝他不要过于骄侈，否则是不会成功的。楚灵王不听。子产认为楚王骄纵而不听从劝谏，不到十年就会完蛋。左师向戍说，没有十年的骄纵，他的恶名就不会远播，臭名远扬后就会被人抛弃，"善亦如之，德远而后兴"。崇德向善是中华民族传统美德，孕育了厚德载物、德行天下的优良传统，成为中华民族生生不息的强大动力。因此要营造崇德向善的环境，形成崇德向善的社会风气。

上善若水。水善利万物而不争，处众人之所恶，故几于道。居善地，心善渊，与善仁，言善信，政善治，事善能，动善时。夫唯不争，故无尤。

【语出】《老子》第八章。

【通讲】上：最。上善若水：老子认为水德近于道，故以水喻圣人。恶：卑湿之地。几：接近。几于道：即接近于道。居善地：居住时善于选择地方(即卑下之地)。渊：沉静、深沉之意。与：交往。仁：通"人"。与善仁：意为与人交往要善于真诚相待。政善治：为政要善于治理好国家。最高的善就像水一样。水虽善于滋润万物却不与万物相争，它总是处于人们所厌恶的低下地方，所以也就最接近"道"。最高的善人居住要像水那样选择低下的地方，心胸要保持深沉宁静，交友要真心相爱，说话要诚信可靠，从政要有条理，干事要利用特长，行动要抓住时机。正因为他像水那样与世无争，才没有什么过失。

【鉴赏】老子认为最完善的人格就应具有水的特性，水具有柔和的特点，甘愿处在卑下的地方，能滋润万物而不与相争，始终如一地永远付出，通过对水的描绘来达到对“道”的歌颂。进一步阐述“以柔克刚”“不争无尤”的哲学。

上之所好，下必从之，是故居上者必慎其所好也。

【语出】《晋书·江统传》。

【通讲】上面的人喜欢什么，下面的人一定跟着喜欢什么，所以，处在上位的人一定要谨慎他的爱好。

【鉴赏】上不端，下不正，为上的必须谨慎从事，做出榜样。

身已贵而骄人者，民去之；位已高而擅权者，君恶之；禄已厚而不知足者，患处之。

【语出】汉·刘向《说苑·敬慎》。

【通讲】身份高贵却很骄傲的人，民众会离开他；官做大了而又独揽大权的人，国君会憎恶他；俸禄优厚而又不知道满足的人，灾祸会跟随他。

【鉴赏】要很好地处理地位、权力、薪酬等问题，处理好各种人际关系，知足常乐。

身正，则家齐；国治，而天下平。

【语出】宋·朱熹《孟子集注》。

【通讲】自身端正，就能整治好家庭；国家治理好了，天下才能太平。

【鉴赏】提高自身修养是非常重要的，它关系齐家治国平天下。

身之不能治，而何暇治天下乎！

【语出】《庄子·天地》。

【通讲】连自身都不能治理好，又哪有工夫治理天下呢！

【鉴赏】治理天下，首先要治理自身，要搞好自身的修养。

深自省察以致其知，痛加剪落以诚其意。

【语出】宋·朱熹《朱子语类》卷十五。

【通讲】剪落：削除；删除。深刻地反省检查自己以使自身固有的知识得到提高，痛切地剪裁削除自身的私虑以达到真纯的意念。

【鉴赏】“知”是人生下来就固有的，“意”本来也是“诚”的，只是由于为“欲”所隔，从而无法参透万物。所以要通过“省察”“剪落”以达到致知、诚意。我们应时刻反省自己，去除自身的缺点，从而获得完善的个体修养。

圣人不为可非之行，不憎人之非己也；修足誉之德，不求人之誉己也。

【语出】《淮南子·诠言训》。

【通讲】圣明的人不做那些会引起非议的事情，也就不怕别人诽谤自己；修养足以使人称颂的德行，而并不求别人的赞誉。

【鉴赏】人们谨慎从事，就不会有流言蜚语；修身养性，好声誉也会自己兴起。

圣贤仙佛，英雄豪杰，无不以济人济物为本，无不以损己利人为正道。爱人之道，以严为主，宽则心弛而气浮。

【语出】《曾胡治兵语录·仁爱》。

【通讲】道德高尚的人，道家、佛家，英雄豪杰等，没有不以利人济物为根本，没有不以牺牲自己的利益而为百姓谋利益作为自己应做的正道。爱人之道，应当以严谨为主，否则，众人就会不专心而浮躁。

【鉴赏】济人济物，损己利人，应是人们道德修养的追求。

失刑者，严而不检；丧德者，高而不尊。

【语出】三国魏·阮籍《通易论》。

【通讲】不依据法律条文惩处，尽管严厉，仍然约束不了犯罪；一个人丧失了德行，尽管地位很高，也不能令人尊敬。

【鉴赏】领导人不仅要严以律己，还要秉公执法。不然，既无法树立威信，也难以治理国家。

施舍不倦，求善不厌。

【语出】《左传·昭公十三年》。

【通讲】厌：满足。施舍财物不知疲倦，追求善行从不满足。

【鉴赏】此句论述了有仁德修养的人，对施舍布恩乐此不疲。慈善是中华民族的传统美德，形成了乐善好施、扶危济困、邻里互助等优良传统。一个人做一两件善事不难，难的是坚持一辈子做善事，这种坚持就是拥有一颗善心，支配善行。

士君子只求四真：真心、真口、真耳、真眼。真心无妄念，真口无杂语，真耳无邪闻，真眼无错识。

【语出】明·吕坤《呻吟语·修身》。

【通讲】士君子只是追求四个真实：真实的心灵、真实的口嘴、真实的耳朵、真实的眼睛。真实的心灵不会有虚妄的念头，真实的口嘴不会说杂乱的语言，真实的耳朵不会听到邪恶的声音，真实的眼睛不会有错误的见识。

【鉴赏】"四真"是每个人要注意的道德修养，不为物欲杂念所迷乱，才能真正做到"四真"。

士人第一要有志，第二要有识，第三要有恒。有志则不甘为下流；有识则知学问无尽，不敢以一得自足；有恒则断无不成之事。三者缺一不可。

【语出】《曾胡治兵语录·诚实》。

【通讲】士人第一要有志气，第二要有见识，第三要有恒心。有志气，才不会甘为下流；有见识，则知道学无止境，不敢自满；有恒心，便没有办不到的事。三个方面，缺一不可。

【鉴赏】有志、有识、有恒，是军人修养的要求，要努力做到。

事有失当，改之勿疑；法或未完，修之无倦。

【语出】《宋史·苏辙传》。

【通讲】事情处理不得当，即进行改正不应犹豫；法令如果不完备，即进行修订不可懈怠。

【鉴赏】有失当就坚决改正,有缺陷就加以修整,这是必要的。

是故君子戒慎乎其所不睹,恐惧乎其所不闻。莫见乎隐,莫显乎微,故君子慎其独也。

【语出】《中庸·一章》。

【通讲】见:通“现”,显现。独:个人独处。因此,君子在没有人看见的时候也谨慎守道,在没有人知道的时候也生怕离道。即使在隐蔽之处,或在细微的事情上,也没有离道的表现。所以,君子在独处独知的时候也十分谨慎。

【鉴赏】慎独是指君子在无人监督的情况下,凭着高度自觉,按照一定的道德规范行动,不做任何有违道德信念、做人原则的事。党员和领导干部也要有“慎独”的修养,在私底下、细微处,始终不越轨、不逾矩。

守身必谨严,凡足以戕吾身者宜戒之;养心须淡泊,凡足以累吾心者勿为也。

【语出】清·王永彬《围炉夜话》。

【通讲】淡泊:求得安适之意。保持自身的节操必须谨慎严格,凡是会损害自己操守的行为,都应该戒除;要以宁静淡泊涵养自己的心胸,凡是会使我们心灵疲累不堪的事,都不要去做。

【鉴赏】洁身自好的人,要注意自己的品德修养。去追求恬静的生活方式,不追求过分的享乐与利益,贪财爱利、损人利己、骄奢淫逸、嗜酒好色、赌博斗狠,这些都是损害操守的行为,要注意戒掉。

树德莫如滋,去疾莫如尽。

【语出】《左传·哀公元年》。

【通讲】滋:滋长。去:除去。疾:毒害。尽:彻底。好的思想品德是靠慢慢养成的,去除坏习惯要尽可能彻底。

【鉴赏】做人要革除坏习,养成美德。

水清则见毫毛，心清则见天理。

【语出】明·薛瑄《读书录》卷二。

【通讲】水清澈才能看到水中细小的东西，心中清静才能明白世间的道理。

【鉴赏】心灵美，才懂理。

（宋句践谓孟子）曰："何如斯可以嚣嚣矣？"曰："尊德乐义，则可以嚣嚣矣。故士穷不失义，达不离道。穷不失义，故士得己焉；达不离道，故民不失望焉。古之人，得志，泽加于民；不得志，修身见于世。穷则独善其身，达则兼善天下。"

【语出】《孟子·尽心上》。

【通讲】嚣嚣：自得无欲貌。宋句践问孟子："怎样才能做到安详自得呢？"孟子答道："尊崇德，喜爱义，就可以安详自得。士人穷困时不缺失仁义，显达时不背离道德。穷困时不缺失仁义，所以能安详自得；显达时不背离道德，所以百姓才会不失所望。古时候的人，恩惠施于百姓，不得志时就修养身心立身于世。不得志时要修养好自身，得志时要努力让天下人都能受益。"

【鉴赏】"穷则独善其身，达则兼善天下"，精炼地表达了儒者入世与出世的政治选择和人生态度，成为从古至今众多知识分子立身处世的座右铭。这既蕴含了进退之间深刻的内在矛盾，也彰显了儒家通权达变的思想方法和精神气度。孟子所说的这句话，是传统中国的"内圣外王"之道，体现了中华民族所崇尚的品德和胸怀。中国一心一意办好自己的事情，既是对自己负责，也是为世界作贡献。

贪天之功以为己力。

【语出】《左传·僖公二十四年》。

【通讲】贪：贪求；贪取。把天所成就的功绩以为是自己的力量。常说"贪天之功，据为己有"。现指抹杀群众或领导的力量，把功劳归于自己。

【鉴赏】晋国公子重耳流亡 19 年后重新回国执政，成为晋文公。晋文公对跟随他流亡的人论功行赏。唯独没有赏赐割大腿肉熬汤给他喝的介子推。介子推认为那些受到奖赏的人是“贪天之功以为己力”,之后他就与母亲一起隐居。此句多用于指责或讽刺那些沽名钓誉之辈以及野心家,他们欺上瞒下,抹杀真正的成功原因,攘夺他人的功劳,算在自己的名下。后来人们常用“贪天之功,据为己有”这句成语比喻把别人的成绩、发明创造等占为己有。

天道何亲,惟德之亲;鬼神何灵,因人而灵。

【语出】明·刘基《天道》。

【通讲】亲:亲近。灵:灵验。上天只亲近有德行的人,鬼神是根据人的善恶行为显示其灵验。

【鉴赏】说明品行修养的重要性。

天知、神知、我知、子知,何谓无知?

【语出】《后汉书·杨震传》。

【通讲】天知道,地知道,我知道,你知道,怎么能说不知道呢?

【鉴赏】这是杨震断然拒绝贿金时说的话。拒绝贿赂是为官清廉的一种表现,修身养性要从慎独工夫做起,即使在别人看不见听不到的情况下,也绝对不要做坏事,不要因受贿而毁了自己一世的清白。

颓惰自甘,家道难成;乖僻自是,悔误必多。

【语出】明·朱用纯《朱子家训》。

【通讲】颓:颓废;精神不振。僻:孤僻。惰:懒惰。自甘:自己情愿。颓废懒惰,沉溺不悟,成家立业之道就很难有继续发展的可能。在言行上常常自以为是,必然会有许多后悔和错误。

【鉴赏】在日常生活中要注意勤俭以成家立业,在与人关系中,要注意自己的言行。

晚食以当肉,安步以当车,无罪以当贵,清静贞正以自虞。

【语出】《战国策·齐策四》。

【通讲】虞:同“娱”,自娱。晚点吃饭权当吃肉,安闲步行权当乘车,不犯王法权当富贵，保持清静寡欲而自得其乐。

【鉴赏】战国时期，颜斶(chù)向齐宣王阐述了得士者昌、失士者亡的道理，使齐宣王改变了王者尊贵的看法。当齐宣王提出要礼遇颜斶的时候，却遭到颜斶的拒绝。颜斶表明自己更愿意过“晚食以当肉，安步以当车，无罪以当贵”自得其乐的生活。此句告知人们要知足，不要贪求功名利禄，不追求奢华和享受，过自然纯真的生活，便不会受到毁誉羞辱。

罔游于逸，罔淫于乐。

【语出】《尚书·大禹谟》。

【通讲】罔：不可。游：游荡。逸：安逸。淫：沉溺。人们不能沉溺于安逸和享乐。

【鉴赏】安逸和享乐是对人的腐蚀剂，使人丧失意志和生活目标，而变成对社会、对人民无用的废物。

为官长当清、当慎、当勤，修此三者，何患不治乎？

【语出】《三国志·魏志·李通传》裴松之注引王隐《晋书》。

【通讲】作为地方长官应当做到为官清廉、处事谨慎、为政勤勉，遵循这三项，还怕治理不好地方吗？

【鉴赏】清廉、谨慎、勤勉，今天的各级公务员仍然可以将其作为道德修养的目标，公可以为国为民建功立业，私可以保一生平安，免牢狱之灾。

为人子，方少时，亲师友，习礼仪。

【语出】《三字经》。

【通讲】作为家中子弟，正当年纪还小的时候，就要亲近名师、贤友，跟他们学习应对进退的礼节与进德修业的方法。

【鉴赏】如果大家都懂礼，自然减少了许多无谓的争端，社会将更加和谐。

闻人之谤当自修，闻人之誉当自惧。

【语出】明·胡居仁《居业录·学问》。

【通讲】听到他人的诽谤，听到责备自己的话，就应当自我检查，加强自身的修养；听到赞美自己的话，应心存畏惧，防止自己喜形于色，忘乎所以。

【鉴赏】要严格要求自己，不怕诽谤，听到责备自己的话要检查改正，善改自己的错误，对赞扬自己的话也能自觉对待，不必沾沾自喜。

无时不存养，无事不省察。

【语出】宋·朱熹《朱子语类》卷六十二。

【通讲】时时都要进行操守修养，事事都要留心审视观察。

【鉴赏】人的修养是怎么养成的？一要时时注意，二要事事留心。

吾日三省吾身：为人谋而不忠乎？与朋友交而不信乎？传不习乎？

【语出】《论语·学而》。

【通讲】日：每天。省：检查；反省。谋：考虑，这里指考虑事情、做事。信：诚实；诚信。传：传授；老师传授的知识。习：复习；温习。我每天多次地进行自我反省：为别人办事竭尽全力了吗？和朋友交往诚实守信吗？老师传授知识，是否用心认真地复习了？

【鉴赏】本章是孔子的学生曾子谈加强自身修养的最好方法就是检查自己的思想和行为。"三省吾身"就像每个人每天要洗脸一样，成为自觉的要求，否则，就会灰尘满脸。古人从做事是否尽己所能、与朋友交往是否真诚、学习是否刻苦认真三个方面来自省、鞭策自己，其精神实质就是踏踏实实做人，认认真真干事。在当今社会，我们要反省的就是多方面了。坚持自省，道德修养就会不断提高，工作学习也会天天进步。

昔者先圣王，成其身而天下成，治其身而天下治。

【语出】《吕氏春秋·先己》。

【通讲】以前的圣主，修养自身而使王道成功，治理自身而使天下太平。

【鉴赏】要圣主想王道成功、天下大治，就必须提高自身修养。

孝悌有闻,人伦之本;德行敦厚,立身之基。

【语出】《隋书·炀帝纪上》。

【通讲】孝顺父母,敬爱兄长,是人伦的根本;道德品行诚朴厚道,是立身的基石。

【鉴赏】这是我们品德修养的目标,要努力为之啊!

行远自迩,登高自卑。

【语出】《北齐书·魏收传》。

【通讲】自近而及远,自低而登高。

【鉴赏】做事、修身,必须循序渐进、逐步深入,逐步提高,点滴积累,才能成功。

修己而不责人,则免于难。

【语出】《左传·闵公二年》。

【通讲】自己修身而不责备别人,就能免于灾祸。

【鉴赏】鲁闵公二年,晋献公派太子申生进攻东山的皋落氏。里克进谏,认为派遣太子出征不妥,率领军队不是太子的事,而且领兵易陷太子于失去威严或不孝的境地。晋献公还不能确立嗣君,太子担心被废。里克规劝太子"修己而不责人,则免于难"。此句是自我修养的基本标准。每个人"独善其身",以德修身、端正行为、遵守规范、提升道德、健全人格,同时对人不求全责备,这样就不会带来祸患。

修身则严诚欺之界,观人则辨义利之防。

【语出】《清史稿·朱珪传》。

【通讲】防:堤岸,这里是界限的意思。修养道德就要严格区分诚信与欺诈的界限,观察人就要分清忠义与贪利的界限。

【鉴赏】要把诚信作为自己道德修养的重要内容,看人要以是忠义还是贪利作为考察的标准。

修身正行，不能来福；战栗戒慎，不能避祸。

【语出】汉·王充《论衡·累害》。

【通讲】行为端正、品行美好的人，不能招来幸运；提心吊胆、谨慎小心的人也不能避开祸害。

【鉴赏】社会是复杂的，好人有时得不到好报，处处小心也会招祸。但要勇于捍卫正义，同邪恶势力作坚决的斗争，这样才有可能在险恶丛生的处境中自保。

以镜自照见形容，以人自照见吉凶。

【语出】唐·张九龄《进千秋节金镜录表》。

【通讲】形容：容貌形象。吉凶：利害得失。用镜子可以看见自己的形象气色；把别人当作自己的镜子，可以看出自己的行为得失。

【鉴赏】用别人来对照自己，就可以看出自己的不足。

意诚而心正，心正而身修，身修而家齐，家齐而国治，国治天下平。

【语出】宋·吴潜《奏论君子小人进退》。

【通讲】意念诚实心地就纯正，心地纯正就可以修身，修身就可以齐家，齐家就可以国家大治，国家大治就天下太平。

【鉴赏】阐述了“意念”“心地”“家庭”“国家”与“天下”五者间的关系，强调了人的意念诚实的重要性。

欲修其身者，先正其心；欲正其心者，先诚其意；欲诚其意者，先致其知，致知在格物。

【语出】《大学》。

【通讲】修：修养。正：端正。致：推极；获取。格物：研究事物的原理。想要修养自己的身心，就先要端正自己的心态，想要端正自己的心态，就先要证实自己的诚意，想要证实自己的诚意，就要先丰富自己的知识，丰富知识就在于深入研究事物的原理。

【鉴赏】国家由个体的人组成，最终归结到人的德行和道德人格。

早夜以思，去其不如舜者，就其如舜者。

【语出】唐・韩愈《原毁》。

【通讲】就：追求。早晨晚上都在考虑，去掉自己与虞舜不同的地方，追求那些与虞舜相合的地方。

【鉴赏】努力向有最高道德的人看齐。

蚤作而夜思，勤力而劳心。

【语出】唐・柳宗元《送薛存义序》。

【通讲】蚤：同"早"。作：做事。思：回想检查。每日很早就起身劳作，干了一天工作，夜里还要对自己白天的行为进行一番回想，整天劳心劳力难得休息。

【鉴赏】要努力做个兢兢业业、不辞劳苦的人。

责己厚，故身益修；责人薄，故人易从。

【语出】宋・朱熹《论语集注》。

【通讲】严于律己，所以有益于自身修养；宽以待人，所以别人易于服从。

【鉴赏】为人处世必须严于律己、宽以待人。我们必须按照这样的原则去处理自己和别人的关系，提高自身的思想修养。

酌人之言，补己之过。

【语出】唐・白居易《策林四》。

【通讲】从别人的话里汲取有益的东西，来弥补自己的过失和不足。

【鉴赏】要善于吸收别人的有益东西。

子曰："见善如不及，见不善如探汤。"

【语出】《论语・季氏》。

【通讲】汤：古时指热水。孔子说，看到善的行为，就唯恐自己达不到；看到不善的行为，就好像把手伸到开水中一样要赶快避开。

【鉴赏】修身养德，最重要的是要趋善避恶。始终以先进为榜样、以楷模为标杆,发现自己的缺点,时时修炼道德的境界。要常怀敬畏之心,不因蝇头小利而鼠目寸光,不为荣耀光环而急功近利,切实练就金刚不坏之身。

子曰:“见贤思齐焉,见不贤而内自省也。”

【语出】《论语·里仁》。

【通讲】贤:形容词用作名词,贤者,德才兼备者。齐:相同。内:方位名词作状语,在心里。孔子说:要取他人之长补自己之短,又要以他人的过失为鉴,自我反思、反省,不重蹈覆辙。

【鉴赏】“见贤思齐”,昭示了榜样的示范作用;“见不贤而内自省”,则是说明反面典型的警示作用。《论语》中的这句话正是要说明,在生活中应做到以他人为镜,借鉴好的,加以发扬,照见差的,加以改正。

自损者必有益之,自益者必有决之。

【语出】《孔子家语·六本》。

【通讲】自己给自己找不足会得到好处,自己给自己找优点会受到损伤。

【鉴赏】自我批评对自己有好处。

自心归依觉,邪迷不生,少欲知足,能离财色,名两足尊。自心归依正,念念无邪见,以无邪见故,即无人我贡高,贪爱执著,名离欲尊。自心归依净,一切尘劳爱欲境界,自性皆不染著,名众中尊。

【语出】《坛经·忏悔》。

【通讲】自己的心皈依了觉悟,偏见迷误就不会立生,清心寡欲而知足常乐,能够远离财色,这叫作福慧充足。自己的心皈依了正,就会念念没有偏见,而因没有偏见的缘故,就会没有人我的区别,傲慢自大、贪欲爱憎的执着,这个叫作远离欲妄尊。自己的心皈依了清净,任何尘世烦劳爱憎欲妄境界,自己本性都不沾染执着,这个叫作众生尊——众生中最为尊贵者。

【鉴赏】警示人们要远离财富和女色,要心皈依正,去除邪念,才能远离尘世烦劳。

9 改　过

败子回头金不换。

【语出】清·文康《儿女英雄传》第十五回。

【通讲】败家子改过后比黄金还值钱。

【鉴赏】犯过错误的人认真改过之后不容易再犯错误，成为好人，非常值得称赞。

不知戒，后必有。

【语出】《荀子·成相》。

【通讲】不能从错误中总结经验教训，以后还会重蹈覆辙。

【鉴赏】犯了错误要认识错误，吸取教训，引以为戒。

改过贵勇而防患贵怯。

【语出】宋·朱熹《答蔡季通》。

【通讲】怯：胆小，这里指谨慎。改正过错，可贵的在于勇敢；防止祸患，可贵的在于谨慎。

【鉴赏】防止祸患需要慎之又慎。

苟政有过差，勿惮于改。凡可以安百姓者，当悉言之，庶上下交修，天变可弭也。

【语出】《元史·仁宗纪二》。

【通讲】惮：畏惧；害怕。庶：副词，表示可能或期望。弭：消除；停止。如果执政过程中有错误，不要害怕纠正。所有有利于老百姓安居乐业的想法，都要讲出来，如果上下级能够多加交流，天大的灾祸也能消除。

【鉴赏】为了人民的利益，勇于改正错误，上下级能团结沟通，也就可以战胜任何天灾。

过而不改，是谓过矣。

【语出】《论语·卫灵公》。

【通讲】过：过失。是：这。谓：叫作。有了过错而不悔改，这才叫过错。

【鉴赏】一个人能够知错必改是有道德修养的表现。在人生的道路上，难免犯错误，但别怕犯错，只要每次都能及时悔改，就能取得进步和成功。

过而不悛，亡之本也。

【语出】《左传·襄公七年》。

【通讲】悛（quān）：悔改。有过错而不思悔改，这是灭亡的根本原因。

【鉴赏】春秋时期，卫国孙文子来到鲁国，与鲁襄公并肩登上台阶。穆叔知道后说，“过而不悛，亡之本也”，像孙文子这样自以为是的人，必定要遭受挫折。按照当时的礼仪规定，国君和贵宾登阶上殿，国君先登两级，然后贵宾登一级。孙文子与鲁襄公一同登上台阶，是无礼的行为。孔子说“过而不改，是谓过矣”，有了过错却不加以改正，这才是真正的过错。有了错误而不改正，势必一错再错，终至一败涂地，葬送了自己的名声和事业。现在常说的“怙恶不悛”，也是指坚持作恶，不思悔改的意思。

积思勉之功，旧习自除。

【语出】宋·陆九渊《语录下》。

【通讲】勉：勉励。能够时时反省自勉，原来不好的习惯自然会消除。

【鉴赏】要多多反省自勉，才能不断进步。

见善必行，闻过必改，可以畜德。

【语出】明·钱琦《钱公良测语·徭庚》。

【通讲】畜：积储。看见有益的事就去做，听见自己的过错就改正，可以培养良好的品德。

【鉴赏】要提升自己的道德水平，要努力行善改过。

见兔而顾犬，未为晚也；亡羊而补牢，未为迟也。

【语出】《战国策·楚策四》。

【通讲】顾：回头看。亡：丢失。牢：饲养牲畜的栏圈。见到兔子再放出猎犬，还不算晚；丢失了羊再修补羊圈，也不算迟。

【鉴赏】战国时期，楚襄王享乐腐化，奢侈浪费，不理国政。大臣庄辛劝谏无果，只好躲避到赵国。五个月后秦国伐楚，很快占领楚都郢。楚襄王流亡到城阳，派人到赵国请回庄辛。庄辛引用俗语"见兔而顾犬，未为晚也；亡羊则补牢，未为迟也"进言，最终使楚襄王醒悟，改弦易辙。这句比喻处理事情发生延误或错误以后，如果赶紧去挽救，还不为迟。说明应及时修正错误、总结经验，以减少损失。后衍生出成语"见兔顾犬""亡羊补牢"，指应从错误和失败中去汲取教训，及时补救。

迷而知反，得道不远。

【语出】《魏书·高谦之传》。

【通讲】只要能迷途知返，就离正道不远。

【鉴赏】知错能改，就会走上正道。

迷途知返，往哲是与；不远而复，先典攸高。

【语出】南朝梁·丘迟《与陈伯之书》。

【通讲】往哲：以往的贤哲。与：赞同。先典：古代典籍。攸高：赞许。迷失道路而能知返，这是先贤们所赞许的；迷途不远而能归来，更为古之典籍所称道。

【鉴赏】这是丘迟写给陈伯之希望他归降梁朝的信。词语简练凝重、情理交汇，易于打动人心。这也是对隐入迷途人的警语。

明主者，务闻其过，不欲闻其善。

【语出】《战国策·燕策一》。

【通讲】贤明的君主努力想听到自己的缺点，而不想听人家赞扬自己的优点。

【鉴赏】多发现自己的缺点，及时改正，是君主贤明的表现。

人谁无过？过而能改，善莫大焉。

【语出】《左传·宣公二年》。

【通讲】谁能没有过错？错而能改，就没有比这更好的了。

【鉴赏】春秋时，晋灵公生性残暴，滥杀无辜。厨师熊掌炖得不透，他就当场把厨师处死。臣下士季进谏，晋灵公不得不表示自己知道过错了，准备改掉。士季对他说："人谁无过？过而能改，善莫大焉。"遗憾的是，晋灵公言而无信，残暴依旧，赵盾屡次劝谏，晋灵公不仅不听，还派人刺杀赵盾。最后晋灵公被赵盾的弟弟赵穿杀死。此句用以勉励犯了错误的人。古语说"人非圣贤，孰能无过"，古往今来的名人、伟人犯错误者比比皆是，关键在于对待错误的态度。如果讳疾忌医，坚持错误，则将一错再错，不可救药；只要知过而改，吸取教训，就能使坏事变成好事，所以古人称为"善莫大焉"。

人有过失，己必知之；己有过失，岂不自知？

【语出】宋·李邦献《省心杂言》。

【通讲】岂：怎能。别人有过失，自己一定知道；自己有过失，自己怎会不知道？

【鉴赏】要善于发现自己的缺点。

人之视小过也，愧怍悔恨如犯大恶，夫然后能改。"无伤"二字，修己者之大戒也。

【语出】明·吕坤《呻吟语·修身》。

【通讲】怍：惭愧。无伤：没有多大妨害。人犯小错误，像犯了大罪过一样惭愧、悔恨，然后才能改正错误。"无伤"二字，是提高自己品德修养应大大警惕的。

【鉴赏】这是对待自己小错误的正确态度。

圣人之于善也，无小而不举；其于过也，无微而不改。

【语出】《淮南子·主术训》。

【通讲】举：兴办。圣人对于好的事，不因为它小而不去做；而对于过失,不因为它小而不改正。

【鉴赏】善事即使再小,也要做。过失错误,再小也要改正。这就是做人的基本原则。

士贤能而不用,有国者之耻;主上明圣而德不布闻,有司之过也。

【语出】《史记·太史公自序》。

【通讲】贤能的读书人不被任用,是君主的耻辱;君主圣明而仁德不被宣传是官吏的过错。

【鉴赏】要善于任用贤才,要善于宣传仁德,才能使国家强大。

痛莫大于不闻过,辱莫大于不知耻。

【语出】隋·王通《中说·关朗》。

【通讲】一个人所患的病痛,没有比不听自己的过失更大了;一个人所受的侮辱,没有比不知道什么是廉耻更大了。

【鉴赏】要善于听取别人对自己过失的批评,知耻,是一个人的起码品德。

吞刀刮肠,饮灰洗胃。

【语出】《南史·荀伯玉传》。

【通讲】吞下刀子以刮去烂肠,喝下石灰水以洗涤坏胃。

【鉴赏】人应知过,要悔过自新,痛改前非。

悟已往之不谏,知来者之可追。实迷途其未远,觉今是而昨非。

【语出】晋·陶渊明《归去来兮辞》。

【通讲】追:补救。觉察到过去的错误已不可挽救,却知道未来的事情可以补救。走上迷途确实并不远,因为已经觉察到如今所做的是正确的而以前所做的是全然不对的。

【鉴赏】抒写了作者辞官归隐时的思想感情,感人至深。

一过改而一善著，百过改而百善融。

【语出】《宋史·皮龙荣传》。

【通讲】融:大明。一种过失的改正就使一种善行显现出来，百种过失的改正就会使百种善行大明。

【鉴赏】善于改正自己的过失，就会彰显善行。

一念之非即遏之，一动之妄即改之。

【语出】明·薛瑄《薛子道论·上篇》。

【通讲】非:不对。遏:制止。妄:谬误。一个念头错了，就要马上制止；一个举动错了，就要立即改正。

【鉴赏】要善于改正错误。

有过则当速改，不可畏难而苟安也。

【语出】宋·朱熹《论语集注》。

【通讲】苟安:只顾眼前安逸。有了过错就应当迅速改正，不要害怕困难而只顾贪图暂时的安逸。

【鉴赏】有了过失要敢于正视，要敢于改正。

有则改之，无则加勉。

【语出】宋·朱熹《论语集注》。

【通讲】有缺点错误就改正，没有缺点错误就进一步勉励自己做好。

【鉴赏】要正确对待自身的缺点和错误，要正确对待别人对自己的批评意见。

知过而能改，闻善而能用。

【语出】宋·程颢、程颐《二程粹言·论学篇》。

【通讲】知道自己的过错而能及时改正，听到好的意见而能及时采用。

【鉴赏】要善于改正过错、听取意见。

知过非难，改过为难；言善非难，行善为难。

【语出】《资治通鉴·唐德宗建中四年》。

【通讲】知道自己的错误不难，改正自己的错误最难；说好话不难，做好事就困难了。

【鉴赏】要善于改过和行善。

知过能改，便是圣人之徒；恶恶太严，终为君子之病。

【语出】清·王永彬《围炉夜话》。

【通讲】恶恶太严：批评恶人的言词过分严厉。知道过错便能改正，就可以说是圣人的弟子；攻击恶人太过严厉，终究会成为君子的过失。

【鉴赏】能够及时改过的人，必定有谦虚的品德，能及时接受正确的意见。对于别人的过失，不能一棍子打死，使人没有改过的机会。

知过之谓智，改过之谓勇。

【语出】清·陈确《瞽言近言集》。

【通讲】知道自己的缺点，这叫作聪明；改正自己的缺点，这叫作有勇气。

【鉴赏】人要善于发现并改正自己的缺点。

自归依者，除却自性中不善心、嫉妒心、谄曲心、吾我心、诳妄心、轻人心、慢他心、邪见心、贡高心及一切时中不善之行，常自见己过，不说他人好恶，是自归依。常须下心，普行恭敬，即是见性通达，更无滞碍，是自归依。

【语出】《坛经·忏悔》。

【通讲】能归依自己本性的人，根除自己本性中的不善之心、嫉妒之心、谄曲之心、唯我之心、骄狂之心、轻人之心、傲慢他人之心、偏见邪见之心、狂妄自大之心，以及在任何时候中的不善之行为。能够经常看到自己的过错，不言论他人的是非好恶，这就是能归依自己的本性。经常怀有怜悯、体恤、谦下之心，对所有的人都恭敬如仪，便可明白自己的本性而通达无滞无碍，这就是归依自己的本性。

【鉴赏】尽早发现美中不足，不作恶，多做善事。

自家过恶自家省，待祸败时省已迟矣；自家病痛自家医，待死亡时医已晚矣。

【语出】清·金缨《格言联璧·悖凶》。

【通讲】自己的过失须自己反省，等祸乱败亡发生时再反省就太迟了。自己的疾病要自己及时医治，到将死的时候再医治就迟了。

【鉴赏】自己的过失要自己改造好，自己的病痛要自己治。

10 勇　敢

临大难而不惧者，圣人之勇也。

【语出】《庄子·秋水》。

【通讲】遭遇大灾难而不恐惧的，是圣人的勇气。

【鉴赏】面临大难而不畏惧，人们应该有这样的大勇大智。

一忍可以支百勇，一静可以制百动。

【语出】宋·苏洵《心术》。

【通讲】忍耐一次可以增加百倍的勇气，冷静一下可以阻止上百次的轻举妄动。

【鉴赏】人要善于忍耐和冷静，这是人生的法宝。在关键时刻的一时忍耐胜过鲁莽的勇敢，同样，关键时刻的宁静和冷静可以制止躁动。忍和勇、动和静的辩证内涵，值得我们深思。

以众勇无畏乎孟贲矣，以众力无畏乎乌获矣，以众视无畏乎离娄矣，以众知无畏乎尧舜矣。夫以众者，此君人之大宝也。

【语出】《吕氏春秋·用众》。

【通讲】依靠众人的勇敢就不惧怕勇猛无敌的孟贲了，依靠众人的力量就不用惧怕力大无穷的乌获了，依靠众人的视力就不惧怕赶不上视力超群的离娄了，依靠众人的智慧就不惧怕赶不上古代圣主尧和舜了。依靠众人，这是统治人民的根本法宝啊！

【鉴赏】依靠群众，动员群众，关心群众，是巩固政权的法宝。

主静之力大于千牛，勇于十虎。

【语出】明·吕坤《呻吟语·存心》。

【通讲】保持镇静的力量要大于千头牛的力量，勇猛要超过十只虎的勇猛。

【鉴赏】制动主静，要与自己的原始欲念作斗争，要与心灵意念作斗争。静可以制胜千军万马，而能够保持镇静的力量和勇气却是无法形容的。静则无欲，没有利害得失的挂牵。力量就是极大的了。

11 刚　毅

不是一番寒彻骨，怎得梅花扑鼻香。

【语出】明·冯梦龙《二刻拍案惊奇》卷三十五。

【通讲】不经历极其寒冷的冬天就不会迎来梅花开放的扑鼻香气。

【鉴赏】只有经历了艰苦生活的磨炼，才会有美满的结果。

论至德者不和于俗，成大功者不谋于众。

【语出】《史记·赵世家》。

【通讲】至德：至高的德行。和：附和。讲究最高德行的人，不附和世俗之见。成就大业的人不一定凡事都和民众商议。

【鉴赏】大政方针确定以后，就要坚决实施，而不被俗见所累，太在乎大众的想法，只会贻误时机。

气要坚，神莫耗；若不行，空老耄。

【语出】唐·吕岩《三字诀》。

【通讲】意志要坚强，精力不要虚耗；如果不身体力行，那便是白活了一生。

【鉴赏】凝精聚力，建功立业。

穷且益坚，不坠青云之志。

【语出】唐·王勃《滕王阁序》。

【通讲】穷：穷途末路。益：更加。坠：落。一个人在穷途末路、穷困潦倒时，应该更加坚强，原来的凌云志向不能因此而坠落。

【鉴赏】人生不可能一路顺风，碰到挫折、逆境，仍然愈挫愈勇，意志坚强，不畏险阻，才会战胜困难，克服险阻，走向成功。

受不得穷，立不得品。

【语出】清·申居郧《西岩赘语》。

【通讲】受不了穷困的折磨，就树立不起自己的品性。

【鉴赏】只有经历过艰难困苦，经受各种磨难，才会锻炼自己坚贞的品格。

岁寒见松柏，疾风知劲草。

【语出】《北史·节义传序》。

【通讲】在严寒的岁月中才能显现松柏的风格，在猛烈的大风中才能了解到那些坚韧的草。

【鉴赏】环境的艰苦可以锻炼人，显示人的坚强品质。

岁寒，然后知松柏之后凋也！

【语出】《论语·子罕》。

【通讲】岁寒：严寒的冬天。凋：凋落；凋零。如果不是天气寒冷，就不会知道松树、柏树是最后落叶的。

【鉴赏】孔子以松柏傲寒而屹立作比喻，赞扬在乱世和逆境中，像松柏那样坚贞不屈，傲雪挺立，仍然保持崇高的尊严和气节的人们。他认为，在风平浪静的春夏季，其他树木和松柏没有区别，都是郁郁葱葱、一片碧绿。只有到了严冬酷寒，其他树木一片凋落，唯独松柏经得起风霜雨雪的考验，历劫不凋。人也如此，越是艰难困苦的恶劣环境，越能考验一个人的品质，孔子鼓励人们要像松柏那样耐寒，具有经冬不凋的品质，在任何严酷环境中都要坚持真理、守正不阿，保持君子的节操。

岁老根弥壮，阳骄叶更阴。

【语出】宋·王安石《孤桐》。

【通讲】（桐树）越老，根越粗壮；烈日暴晒，树叶更加茂密旺盛。

【鉴赏】人生道路上屡遭挫折，而斗志弥坚。

未遇烈风，谁知劲草？

【语出】《北齐书·高保宁传》。

【通讲】没有遇到猛烈的大风,谁能知道什么草是坚韧的?

【鉴赏】在恶劣环境中锻炼才能够显示人的坚强意志和坚定立场。

一心定而事得。

【语出】唐·武则天《臣轨上》。

【通讲】心志坚定,办事就能成功。

【鉴赏】坚强的意志对做事是极其重要的。

毅然特立,有为之士也。

【语出】明·朱舜水《毅》。

【通讲】毅然:坚定的意志。特立:独立。有不可动摇的意志的人,是有所作为的人。

【鉴赏】意志坚强,无坚不攻,无难不克。

有欲则不刚,刚者不屈于欲。

【语出】宋·程颢、程颐《二程粹言·论学篇》。

【通讲】私欲多的人不刚强,刚强的人不会屈服于私欲。

【鉴赏】无私则无畏,则刚强。

丈夫可杀不可羞。

【语出】唐·吕温《读句践传》。

【通讲】男子汉大丈夫,可以被杀掉,但绝不能容忍羞辱。

【鉴赏】在任何时候都要维护人格尊严。

12 礼　　让

各自责，则天清地宁；各相责，则天翻地覆。

【语出】明·吕坤《呻吟语·修身》。

【通讲】遇到事情的时候，各人自我责备，则天地宇宙都会清净安宁；各人相互责备，就会闹得翻天覆地。

【鉴赏】相互谦让，才有亲和力、凝聚力。

肯救人坑坎中，便是活菩萨；能脱身牢笼处，便是大英雄。

【语出】清·王永彬《围炉夜话》。

【通讲】坑坎：山坑、坎坷，这里比喻极端艰难困苦。肯去救助陷入艰难困苦中的人，便如同菩萨再世；能够摆脱世俗人情的束缚，超然于俗务之外的人，便可以称之为杰出的人。

【鉴赏】要努力做一个杰出的人才，能知人所难，助众人之所苦，特别在困难之际能够挺身而出，摆脱世俗的束缚，抵御名利的诱惑。

利居众后，责在人先。

【语出】唐·韩愈《送穷文》。

【通讲】好处要先让给别人，责任要抢先承担。

【鉴赏】要多承担责任。

名驹已自思千里，老子终当让一头。

【语出】宋·陈师道《赠魏衍三首》。

【通讲】名驹：语出《史记》正义引《鲁仲连子》，相传鲁仲连“奇伟俶傥”，足智多谋，年方十二，时人号为千里驹，这里用来称誉魏衍。老子句：用欧阳修称赞苏轼的话“老夫当避路，放他出一头地也”(《与梅圣俞书》)，借以自谦。你这匹骏马已奋蹄千里，我这老头儿总该让你一步。

【鉴赏】表现了师长对青年学者的热情鼓励。

让得祥，争得殃。

【语出】清·金埴《不下带编》卷一。

【通讲】遇事能谦让，就会得到吉祥；如果寸利必争，就要自取祸殃了。

【鉴赏】纷争的人不能制止灾祸，谦让的人不会失去福分。

让礼一寸，得礼一尺。

【语出】三国魏·曹操《礼让令》。

【通讲】向别人礼让一寸，别人会礼让一尺来回报。

【鉴赏】对人谦让，会得到加倍的好处。中国自古是礼仪之邦，人际的交往注重礼节，遇到争执也讲究以礼谦让。因此应该将以礼待人、以礼相让的传统美德发扬光大。

让一得百，争十失九。

【语出】唐·马总《意林·周生烈子》。

【通讲】推让一份会得到一百份，争抢十次会失败九次。

【鉴赏】为人要多退让，不争执。

仁不轻绝，智不轻怨。

【语出】《战国策·燕策三》。

【通讲】仁慈的人不轻易与人断交，明智的人不轻易怨恨别人。

【鉴赏】战国时期，燕王喜轻信栗腹的话，认为长平之战使赵国兵力严重受损，打算起兵攻赵。燕王不听乐间的劝阻，终于遭受重大挫败，乐间也因而离燕入赵。燕王喜写信给乐间，提出“仁不轻绝，智不轻怨”，责备乐间离燕是暴露了燕王的过错，没有尽到忠诚的责任，并希望乐间能够回到燕国。此句指要有广阔的胸襟肚量、海纳百川的气度。要对人宽厚，能容人错处。不轻易动怒，不计较，不怨恨。

终身让路，不枉百步；终身让畔，不失一段。

【语出】《新唐书·朱敬则传》。

【通讲】让一辈子路，最多也不过多走一百步；让一辈子田埂，最多也不过损失一小段。

【鉴赏】谦让处世，所施者有限，所得者极多。何乐而不为呢？

13 专　一

矮板凳，且坐着；好光阴，莫错过。

【语出】清·王永彬《围炉夜话》。

【通讲】要有耐心坐在小小的板凳上，切莫错过这大好的时光。

【鉴赏】要抓住大好的时光苦读书。要以超人的毅力去忍受成名前的艰辛与寂寞。板凳要坐十年冷，一举成名天下闻。

工贵其久，业贵其专。

【语出】宋·陈亮《耘斋铭》。

【通讲】做事情贵在能够持久，干事业贵在能够专一。

【鉴赏】事情再容易，也不可能一蹴而就，必须有持久的韧性。干事业也要专注，不能东一榔头西一棒。

人有不为也，而后可以有为。

【语出】《孟子·离娄下》。

【通讲】人有所不为，然后才有所为。

【鉴赏】人只有有所不为，才能有所作为。应该根据具体情况，来决定什么该做，什么不该做，做人应是有原则的，处世做事是应当有所追求的。有原则就应当有所取舍，办事应当专一，人们必须舍弃自身暂时的安逸享乐，才能真正有所作为。

为将之道，当先治心。泰山崩于前而色不变，麋鹿兴于左而目不瞬，然后可以制利害，可以待敌。

【语出】宋·苏洵《心术》。

【通讲】为将之道，首先应当加强自我修养——也就是智谋、胆识、勇力、坚忍精神等等的锻炼，即使是泰山崩倒在眼前，也能做到面不改色；麋鹿突然从身边跑过，也能做到目不转睛。只有这样，才能够掌握住战争情势变化的利弊，可以对付敌人。

【鉴赏】一个人要有勇毅专注的品质，才能驾驭事情，战胜困难和敌人。

物情大忌不量力，立志亦复嘉专精。

【语出】宋·刘过《呈陈总领》。

【通讲】物情：事理人情。不量力：不估量自己的能力。嘉：好。专精：集中精力，专心致志。人情事理最忌讳的是不自量力，确立志向也应该以专一为嘉。

【鉴赏】做事要量力而行，立志要专一，不可太大太杂。

一边去看文字，一边去思量外事，只是枉费了工夫。

【语出】宋·朱熹《朱子语类》卷十一。

【通讲】枉费：白费；空费。（读书时）一边用眼睛看着书上的文字，一边心里想着其他的事情，只是白白浪费了时间。

【鉴赏】读书要心无外物，专心致志，才真正有所收获，切忌人在而心不在。

右手画圆，左手画方，不能两成。

【语出】《韩非子·功名》。

【通讲】用右手画圆圈，同时又用左手画方形，结果两个都画不成。

【鉴赏】一心不能二用，必须专心，才能成功。

忠实而无才，尚可立功，心志专一也；忠实而无识，必至偾事，意见多偏也。

【语出】清·王永彬《围炉夜话》。

【通讲】偾（fèn）：跌倒。偾事：败事。忠厚诚实的人虽然才能一般，但还有可能建立功业，这是因为用心专一的缘故；忠厚诚实但没有胆识，必然会导致失败，这是因为其想法和见解都偏离正确方向的缘故。

【鉴赏】只要踏实努力专心致志地追求，即使才力稍弱些，也可以成就事业。但如果缺乏见识，方向错了，即使再努力，也可能会将事情弄糟。

14 诚　信

白圭之玷，尚可磨也；斯言之玷，不可为也。

【语出】《左传·僖公十年》。

【通讲】白圭：白玉。白玉被玷污，尚可以磨掉；誓言被自己违背，将无法自白。

【鉴赏】这是对春秋时晋国荀息自背誓言而终致自尽，且清名被玷污的评论。说明人不能贪一时之利而失去大节，失言于人，遗恨百世；也反映了古人重许诺，言出必行的道德规范。

百虑输一忘，百巧输一诚。

【语出】清·顾图河《任运》。

【通讲】考虑再周密，若有疏忽就可能失败；技艺再精巧，若缺乏真诚也无法成功。

【鉴赏】诚信是中华民族世代相传的传统美德，我们在人际交往中，必须讲诚实、守信用。心底无私天地宽。倘若我们在为人处世中能够做到以诚相待，事业就会成功。

百乱之源，皆出嫌疑纤微。

【语出】汉·董仲舒《春秋繁露·度制》。

【通讲】思想混乱、错误百出的原因，都是出于互相猜疑，互不信任。

【鉴赏】诚信自古是中华民族的传统美德，诚信是人生立身之本，是国家立业之本，是人类发展之本。在日常生活里，绝不能凡事皆疑，使好人蒙冤。人与人之间只有树立诚信，才能建立起和谐的社会，获得共同发展。

不可乘喜而轻诺，不可因醉而行嗔，不可乘快而多事，不可因倦而鲜终。

【语出】明·洪应明《菜根谭》。

【通讲】不要乘着高兴对人随便许下诺言，不要在醉酒时不加控制乱发脾气，不要乘着一时称心如意不加检点惹是生非，不要因为疲劳疏懒而有始无终、半途而废。

【鉴赏】人有很多毛病往往是不自觉的，这是必须警惕的。如高兴时有求必应，轻诺寡信，借酒发疯，以致酒后无德。人在权势头上容易忘记应尊重理解别人，忘记应收敛检点自己。待人行事宜言而有信，恒心如一。

不利人之危，仁也；不乘人之乱，勇也；不失旧约，信也。

【语出】《清史稿·沈文奎传》。

【通讲】不在别人有危难时趁机取利，是仁义；不在别人昏乱时趁机要挟打击，是勇敢；不背弃从前的盟约，是诚信。

【鉴赏】要做个有仁义、勇敢、诚信的人。

诚，圣人之本，物之终始，命之道也。

【语出】宋·朱熹《太极图说解》。

【通讲】道：此处指万事万物的一种当然的理想法则。真实而不虚伪，是古圣先贤们立身处世的准则、万事万物发展变化的途径，也是人类命途发展的理想法则。

【鉴赏】以诚为本，守住诚信，为人是这样，自然界也是这样。万事万物的发生、发展、变化，都是遵循着自身固有的规律，毫不做作的。这就是要诚信。

诚则始终不忒，表里一致，敬信真纯，往而必孚。

【语出】明·朱舜水《诚》。

【通讲】忒(tè)：差错。为人真诚，始终都不会发生差错；表里如一，谨慎有信，真挚纯正，就会得到别人的信服。

【鉴赏】诚信是立身处世的准则，是人格的体现，我们呼唤诚信，致力于建设诚信的社会。

凡人主必信,信而又信,谁人不亲?故《周书》曰:"允哉!允哉!"以言非信则百事不满也。故信之为功大矣。

【语出】《吕氏春秋·贵信》。

【通讲】凡是做君主的一定要讲诚信,诚信而又诚信,还能有谁不与你亲近呢?所以《周书》上说:"诚信啊!诚信啊!"这就是说没有诚信什么事也不能成功。所以诚信的功效太大了。

【鉴赏】诚信不但"君主"要讲,每个人都要讲。诚信也列入了社会主义核心价值观的内容之中。

非信无以使民,非民无以守国。

【语出】《资治通鉴·周显王十年》。

【通讲】没有信用,就没法领导老百姓;离开了老百姓,就无法保卫自己的国家。

【鉴赏】对老百姓讲诚信,是关系到国家安危的关键。

富润屋,德润身,心广体胖,故君子必诚其意。

【语出】《大学》。

【通讲】润:润泽;润饰。广:宽平。胖:安舒。有钱的人房间装饰得很华丽,有仁德的人心里宽畅,身体自然也安舒了。所以君子一定要诚实自己的心意。

【鉴赏】作为君子,一定要有诚意,在意念将发未发的瞬间要告诫自己,使意念真实无妄。由于意念是非,必然表现在各种言行上,而意念真诚又是美好道德品质的表现。所以有仁德的君子,做事光明正大,内心毫无愧疚,自然心胸坦然开朗,身体舒适健壮全归于诚意的结果。

公曰:"信,国之宝也,得原失宝,吾不为也。"

【语出】《吕氏春秋·为欲》。

【通讲】公:晋文公。信:讲信用。原:春秋时国名,在今河南济源一带,为晋文公所灭。文公伐原,约期七日,七日已过,虽再坚持一日即可攻克,文公仍搬兵而去,表示不失信于民。晋文公说:"讲信用,是国家的珍宝,得到原国而失去珍宝,我不干。"

【鉴赏】诚信为立国之本,政府失信于民,政权必亡。

苟信不继,盟无益也。

【语出】《左传·桓公十二年》。

【通讲】苟:如果。继:连续;接着。盟:立誓缔约。如果一再不讲信用,结盟也没有好处。

【鉴赏】春秋时期,鲁桓公想和宋国、郑国讲和。秋季,桓公和宋庄公在句渎之丘会盟。由于不知道宋国对议和有无诚意,所以又在虚地会见;冬季,又在龟地会见。宋公拒绝议和,所以桓公和郑厉公在武父结盟,盟后就率领军队进攻宋国。之所以发生这场战争,是因为宋国不讲信用。"信"是个人品格,一言既出,驷马难追;"信"是国家责任,一言九鼎,一诺千金。信,更是一种价值理念,人无信不可,民无信不立,国无信不威。

古者言之不出,耻躬之不逮也。

【语出】《论语·里仁》。

【通讲】躬:自身。逮:及,做得到。古时候的人不轻易许诺,就是认为说了却做不到是可耻的。

【鉴赏】人要有诚信,必须很好地践诺。

季布无二诺,侯嬴重一言。

【语出】唐·魏徵《述怀》。

【通讲】季布:汉初楚人,他任侠守信,当时人称"得黄金百斤,不如得季布一诺"。侯嬴:战国时魏国人,担任大梁夷门监的小官,信陵君救赵问计于他,他献窃符救赵及杀晋鄙夺军权的计策,为了遵守不泄密的诺言,他在信陵君至晋鄙军中之日北向自刭。季布从不改变他的诺言,侯嬴一句话重于泰山。

【鉴赏】季布、侯嬴重信不轻诺。

精诚所加,金石为开。

【语出】《后汉书·广陵思王荆传》。

【通讲】只要真心诚意地去做，金属石头那样坚硬的东西也能使它开裂。

【鉴赏】对人真诚，能产生极大的感动力量。以诚实的语言、行动，真心实意地待人，最终必将得到他人的信任。精诚必须成为人的品质，有了精诚之心，就可以融化一切，心死可以复活，什么困难都可以克服。

君臣不信，则百姓诽谤，社稷不宁。处官不信，则少不畏长，贵贱相轻。赏罚不信，则民易犯法，不可使令。交友不信，则离散郁怨，不能相亲。百工不信，则器械苦伪，丹漆染色不贞。夫可与为始，可与为终，可与尊通，可与卑穷者，其唯信乎！

【语出】《吕氏春秋·贵信》。

【通讲】一国中君臣不讲诚信，百姓就会指责他们，国家就不会安宁。做官不讲诚信，年轻人就不会敬畏老年人，尊贵的和卑贱的就会互相轻视。赏罚没有诚信，人们就容易犯法，不愿接受使令。交朋友不讲诚信，就会离散结怨，不能互相亲近。各行工匠不讲诚信，制造的产品就会粗劣使假，所用的丹漆色调不纯。可以和你一起开始，又可以和你一起到达终点，可以和你共同尊贵，又可以和你共同忍受卑下与困穷的，大约只有诚信吧！

【鉴赏】诚信是立国之本，也是社会主义核心价值观的核心内容。各行各业，各色人等，都要有诚信。

君子立身，虽云百行，唯诚与孝，最为其首。

【语出】《隋书·高祖纪下》。

【通讲】立身：立足社会。首：最重要。君子在社会上立足成名，尽管需要修养的品行有很多方面，但只有诚和孝才是最重要的。

【鉴赏】抛开旧社会忠孝伦理的道德观念，今天这句话对我们还是很有教育意义的。对国家、对党、对组织，我们要讲忠诚。对他人，对同事朋友，我们要讲诚信。对我们的父母，要尽孝道。诚与孝，的确是做一个人最根本的道德规范。

君子之言,信而有征,故怨远于其身。

【语出】《左传·昭公八年》。

【通讲】信:真实。征:证验。君子的话,诚实而有根据,所以怨恨远离其身。

【鉴赏】鲁昭公八年春,晋地魏榆石头开口说话。晋平公就此事问师旷,师旷认为石头本不会说话,但是如果做事不合时宜,激起民愤,便会有不会说话的物体开口。现在宫殿高大奢侈,百姓怨声载道,石头说话不也是很自然的事吗? 叔向认为师旷说的是君子之言,“君子之言,信而有征,故怨远于其身”;小人的话,虚假而没有根据,灾祸就会降临其身。说话是否信而有征,是君子和小人的区别之一。无论说话、学问,都需要有凭有据,不可捕风捉影。孔子博学深思,好古敏求,对夏殷之礼,能言其大概。但既无典籍可为依据,又少资料可以质证,无征不信。由此,我们可见圣人做学问的谨严。

刻薄不赚钱,忠厚不折本。

【语出】明·冯梦龙《醒世恒言》卷三。

【通讲】做买卖时,对人刻薄的不一定能赚到钱,忠厚老实的也不一定会亏本。

【鉴赏】做生意要公平诚信。

马先驯而后求良,人先信而后求能。

【语出】《淮南子·说林训》。

【通讲】使用马应首先看它是否经过调教训练,然后才看它是否素质优良;择用人应首先考察他是否忠诚,然后才考核他的能力。

【鉴赏】选用人才的要求,一是对事业忠诚,二是德才兼备。

毛遂片言九鼎,人重其言;季布一诺千金,人服其信。

【语出】《幼学故事琼林》。

【通讲】毛遂凭三寸不烂之舌说服了楚国,使赵国重于九鼎大吕(古代的宝器),所以人们都说毛遂一句话的作用很大,抵得九鼎大吕,所以都重视他的言语；汉朝的季布很注重承诺，当时有“得黄金百斤，不如季布一诺”的说法，人们非常佩服他的信用。

【鉴赏】说出的话一定要兑现，承诺的话也一定要做到，诚信是极其重要的。

能信不为人下。

【语出】《左传·昭公元年》。

【通讲】信：信用。能守信用的人不会处于别人的下风。

【鉴赏】鲁昭公元年正月十五，公子围在虢地与诸侯国大夫会见，重温襄公二十七年宋国盟会的友情。祁午赞誉赵文子辅佐晋国作为盟主会合诸侯、大夫，安宁国家、平定动乱的功劳，认为楚国不守信用欺骗晋国，提醒赵文子要加以戒备。赵文子则认为，楚国之所以驾凌在晋国之上，是因为子木有害人之心，我有爱人之心；我要用信用作为根本，继续做下去；好比如农夫，只要勤于除草培土，即使有一时灾荒，最终也一定获得丰收。我听说“能信不为人下”，只怕我还做不到啊。在中华民族几千年的文明史中，诚信始终作为一种善德为社会各阶层所推崇。古人云，人无忠信，不可立于世。诚信是为人之道，是立身处世之本。诚信才能赢得尊严，讲信用的人必然受到别人的尊重，因此才不会居于人下。

诺而寡信，宁无诺；予而喜夺，宁无予。

【语出】明·彭汝让《木几冗谈》。

【通讲】答应了他人又缺少信义，不如不答应；给了他人东西又想夺回，不如不给予。

【鉴赏】说话要算数，承诺要兑现。

匹夫不负然诺。

【语出】《新唐书·卢祖尚传》。

【通讲】普通人也不辜负自己的许诺。

【鉴赏】然诺必践，这才是诚信的表现。

其言必信，其行必果，已诺必诚。

【语出】《史记·游侠列传》。

【通讲】信：信用。诚：真心实意。人说话必须讲信用，做事要果断，已经许下的诺言一定要真心实意地去履行。

【鉴赏】言必信，行必果，诺必诚，这是我们应该具备的基本素质。唯有讲求信用、讲求真诚，才会赢得别人的信赖和帮助。

弃信背邻，患孰恤之？

【语出】《左传·僖公十四年》。

【通讲】恤：体恤；同情。丢弃信义，背弃邻国，有祸患时谁同情你？

【鉴赏】鲁僖公十四年冬季，秦国发生饥荒，派人到晋国请求购买粮食。晋国人不给。庆郑说，背弃恩惠会失去亲人，幸灾乐祸是不仁，贪图所爱惜的东西是不祥，激怒邻国是不义。这四种德行都丢掉了，用什么来守卫国家？"弃信背邻，患孰恤之？"没有信用就会发生灾祸，失去援助，必定失败。此句提醒人们必须重承诺、守信用。重诺守信是立国、立业之本，也是个人安身立命的精神法宝。反对"寡信"的"轻诺"，更反对"言而无信""背信弃义"。我们应坚守"诚信"这个取信于民的人文精神和道德信念。

巧诈不如拙诚，惟诚可得人心。

【语出】《韩非子·说林上》。

【通讲】巧妙的欺骗比不上笨拙的诚实，只有诚实可以赢得人的信任。

【鉴赏】普通情况下，人们喜爱"巧"而非"拙"。乍一看，"巧诈"是灵活的手段，但人与人的相处，往往"日久见人心"，玩花样欺瞒他人只会使人心背离。相反，"拙诚"或许言语行为比较呆笨，但诚心地做事待人，终能赢得他人的信任。韩非认为，与其奸巧诡诈地欺哄瞒骗他人，不如真心实意地对待他人。这样的常情常理，不仅适用于人与人之间的交往，亦适用于企业的产品和服务销售。

上疑下欺，君臣乃离。

【语出】宋·柳开《默书》。

【通讲】君主不信任臣属，大臣欺骗君主，君主和臣属就离心离德了。

【鉴赏】这是古代君臣关系的论述。对今天如何处理上下级关系仍然有借鉴意义。

慎取与，重然诺。

【语出】明·孙承恩《史仲子简斋墓志铭》。

【通讲】谨慎买卖，讲究信用。

【鉴赏】买卖公平，注意道德信誉，不要像贪婪的市侩那样斤斤计较，唯利是图。

受人之托，忠人之事。

【语出】明·冯梦龙《警世通言》卷三十四。

【通讲】接受别人托你做的事，就要尽心尽力把它做好。

【鉴赏】诚信是人的品格，一旦答应人家的请托，就要努力做好。

水倍源则川竭，人倍信则名不达。

【语出】汉·刘向《说苑·谈丛》。

【通讲】倍：通“背”，违背。河水背离了源头，就会枯竭；人违背了信誉，好名声就无法树立起来。

【鉴赏】水不能离开源头，人不能背弃诚信，否则，就会失败。

天地之所以不息，国之所以立，圣贤之德业，所以可大可久，皆诚为之也。故曰：诚者，物之终始，不诚无物。

【语出】《曾胡治兵语录·诚实》。

【通讲】天地之所以经久不息，国家之所以能够建立，圣贤的德业之所以能长久地大行于天下，都是因为一个“诚”字。所以说，诚，关系到世间万物的生死存亡；不诚，就没有一切。

【鉴赏】诚信是一切之本。

天曰顺，顺维生；地曰固，固维宁；人曰信，信维听。

【语出】《吕氏春秋·序意》。

【通讲】天要顺行，顺行，万物才能生长；地要牢固，牢固，万物才得安宁；人要诚信，诚信，所说的话才有人听。

【鉴赏】遵循自然界的运行规律，万物才得以生长安宁，人必须诚信，才有人听从他。

为国之道，食不如信。立人之要，先质后文。

【语出】《宋书·江夷传》。

【通讲】为：治；治理。质：真实；诚信。文：文采；文饰。治理国家的道理是：给民以食物不如给民以信义；做人首先要讲诚信，而后才可饰之以文。

【鉴赏】治理国家，就要取信于民，诚信是做人做事的根本。如果一个人不讲信用，就算他才华横溢也难以立足社会。

唯诚可以应天，唯实可以安民。

【语出】《宋史·苏舜钦传》。

【通讲】只有诚恳可以顺应上天，只有真实可以安抚百姓。

【鉴赏】公务员为人诚实对于国家和老百姓都是很重要的。

我无尔诈，尔无我虞。

【语出】《左传·宣公十五年》。

【通讲】虞：欺骗。我不骗你，你也不骗我。

【鉴赏】鲁宣公十四年，楚国申舟经过宋国到齐国，但按楚庄王的命令不向宋国借路。宋国认为这是把它当作楚国的边境，就是亡国，于是把申舟杀了。九月楚庄王派兵包围了宋国。第二年五月，楚国军队要撤离宋国，申舟儿子申犀认为楚庄王失信了。这时申叔向楚庄王建议，建好房子，让种田的人回来，宋国就会听命于楚。宋人害怕了，派华元在夜里潜入楚营对子反说，宋国城里已经易子而食了，即使这样，兵临城下而被迫签订盟约，宁可亡国也不能从命。如果你们退兵三十里，宋国将唯命是听。随后，楚庄王命令退兵三十里,宋楚讲和,盟誓说"我无尔诈,尔无我虞"。人们要真诚相待,互不欺诈。后人将这句话演化成成语"尔虞我诈"或"尔诈我虞",意思完全相反,成了你欺骗我,我暗算你,彼此间相互倾轧,玩弄阴谋手段,勾心斗角。

无信患作,失援必毙。

【语出】《左传·僖公十四年》。

【通讲】患:灾祸。无信用,祸患就会来;失去援助,必定失败。

【鉴赏】鲁僖公十四年冬季,秦国发生饥荒,派人到晋国请求购买粮食。晋国人不给。庆郑说,背弃恩惠会失去亲人,幸灾乐祸是不仁,贪图所爱惜的东西是不祥,激怒邻国是不义。这四种德行都丢掉了,用什么来守卫国家?丢弃信义、背弃邻国,有祸患时谁同情你?"无信患作,失援必毙"。诚信,是为人处世的基本准则,也是我们民族的传统美德。有智者言:"失去信用是最大的失败。"一个言而无信的人不可能得到他人的尊重和社会的认同,就不可以在社会上立足。纵使你有过人的天赋,也会寸步难行,陷入孤立无援的境地。"失道寡助",必然招来灾祸。治国处世,可引以为戒。

小信成则大信立,故明主积于信。赏罚不信,则禁令不行。

【语出】《韩非子·外储说左上》。

【通讲】在小事上能够做到讲求信用,那么大信用也能确立,所以英明的君主通过遵守信用逐渐累积声望。如果赏罚不讲信用,那么法规禁令就无法推行下去。

【鉴赏】韩非强调了信用的重要性。虽然他当时是从是否能顺利推行法规禁令的角度出发来立论,但不难看出,讲求诚信是非常重要的。信用的确立,并非一朝一夕,通常需要长期的遵守。不仅如此,维护信用亦是极为不易,任何一点小事上信用的丢失都可能引起大信用的丧失。

信不由中,质无益也。

【语出】《左传·隐公三年》。

【通讲】中:同"衷"。诚意不是发自内心,即使交换人质也没有益处。

【鉴赏】郑武公和郑庄公先后担任周平王的卿士。但是周平王又暗中把朝政分托给虢公。郑庄公得知后埋怨周平王，周平王却说没有这个事情。于是周郑交换人质。周平王死后，周王朝准备将政权交给虢公打理。于是，郑国率兵割取了周朝属地的小麦，又抢了周朝属地的谷子。从此周和郑结下怨恨。君子说“信不由中，质无益也”。信任如果不是发自内心，即使有人质，也是假意敷衍。如果心地光明、坦诚相待，相互之间保有信任，哪里用得着人质呢？这句话强调了诚信的重要性。

信是言行相顾之谓。

【语出】宋·朱熹《朱子语类》卷二十一。

【通讲】信，就是所说的和所做的不相违背的意思。

【鉴赏】人们要讲诚信，讲到就要做到，否则，就会失信于人。

信以结之，则民不倍。

【语出】《礼记·缁衣》。

【通讲】倍：通“背”，背叛。用政令的稳定性和恪守信用去团结群众，人民就不会背叛政府。

【鉴赏】政策法令不能朝令夕改，要取信于民。

一信字是立身之本，所以人不可无也；一恕字是接物之要，所以终身可行也。

【语出】清·王永彬《围炉夜话》。

【通讲】立身：树立自己的形象。古人有三立：立身、立德、立言。一个信字是在世上立身的根本，所以人不可没有信用；一个恕字，是待人接物最重要的品德，所以人应该终生奉行。

【鉴赏】信就是诚实、实现诺言，“言必信，行必果”是做人的基本要求。人失去了信用，就很难在社会上立足。待人接物都要做到恕，即“己所不欲，勿施于人”，避免和减少不必要的人际纠纷，这才能做好待人接物。

一语为重百金轻。

【语出】宋·王安石《商鞅》。

【通讲】兑现自己的诺言为重，其重胜过万金。

【鉴赏】践行承诺是极其重要的。

以信待人，不信思信；不信待人，信思不信。

【语出】晋·傅玄《傅子·义信》。

【通讲】用诚信对待他人，就是本来怀疑你的人也会相信你的；用伪诈对待他人，就是本来信任你的人也会不敢相信你的。

【鉴赏】诚信待人，人必诚信；欺诈待人，人必欺诈。恪守道义的诚信，不仅能使自己实现心灵的净化和品行的升华，而且可以化解矛盾，赢得真诚的信赖和友谊。

自诚明，谓之性；自明诚，谓之教。诚则明矣，明则诚矣。

【语出】《中庸·二十一章》。

【通讲】由于诚恳而明白事理，这叫作天性；由于明白事理而做到诚恳，这是教育的结果。真诚就会明白事理，能够明白事理也就能够做到真诚了。

【鉴赏】论述诚与明的关系。人能够明白事理，就可以确定自己内心所向的目标，以此去指导自己的行为。由于人天生性善，也可反躬自省，自己的行为是否合于心中向善的本性，即真诚。如此看来，真诚与明白事理，互为促进，相辅相成。"自诚明"是说由真诚而明理。"自明诚"是说由明理而真诚。不论是出于天性或是教育的结果，一个人处世立身的原则都应是为仁行善，自觉自愿，不为外在力量所促使，做到这样，人就能达到至真至纯、至善至美的境界。

自古皆有死，民无信不立。尾生以死信而得名，解扬以承信而释劫。范张不爽约于鸡黍，魏侯不失信于田猎。世有薄俗，口是心非，颊舌自动，肝隔不知；取怨不道，种祸之基。

【语出】元·吴亮、许名奎《劝忍百箴·信之忍》。

【通讲】自古以来人人都要死，如果对人民不讲信用，就不能保全统治。尾生以死于信而得以闻名，解扬以履行信用而获释。范式、张劭未违背告别的欢饮之约,魏文侯不因行酒和下雨而失信于虞人的狩猎之约。世上有一种轻薄的风气,就是口是心非,信口开河却不负任何责任。这样做势必招致怨恨,埋下祸根。

【鉴赏】人一定要有诚信,决不能口是心非,如果没有信用来守护自己,即使活着又怎么来立身呢?取信于民极其重要,否则,国家就站不住脚。

作人无一点真恳的念头,便成个花子,事事皆虚;涉世无一段圆活的机趣,便是个木人,处处有碍。

【语出】明·洪应明《菜根谭》。

【通讲】花子:即叫化子,乞丐的俗称。做人没有一点真情实意,就会变成一个一无所有的乞丐,不论做任何事情都不踏实;一个人生活在世界上如果不懂得一点灵活应变的情趣,就像是一个没有生命的木头人,不论做任何事都会到处碰壁。

【鉴赏】"诚信"是个首要原则。诚而善是基础,办事还须灵活,尤其是具体事物应有变通之法。有的事这样办不成换个方式就成,此时不行换个时间就成。做到真诚为人,圆转涉世。

15 贵　　和

不动气，事事好。

【语出】明·吕坤《呻吟语·存心》。

【通讲】如果自己不随便任意动怒的时候，什么事情都是好事情！

【鉴赏】人一旦动气，首先遭到伤害的就是动气者自己。一旦生气动怒，人的神智便不会清楚，处理问题也会偏激。和气生财，平易近人，只要一个和平气象，就可以把任何事情办好。

单者易折，众者难摧，戮力一心，然后社稷可固。

【语出】《北史·吐谷浑传》。

【通讲】戮力：同"勠力"，并力、尽力。单个的东西就容易被折断，数量众多的则难以被摧毁，齐心合力，团结一致，国家就能够稳固。

【鉴赏】全国人民和谐团结，是国家稳固的保证，当今炎黄子孙要紧密团结，同心协力，为实现中华民族复兴的中国梦而奋斗。

二人同心，其利断金；同心之言，其臭如兰。

【语出】《周易·系辞上》。

【通讲】两人如能一心一德，其力量足可切断金属；一心一德之人所说出的话，其芳香有如幽兰。

【鉴赏】说明团结的重要性。

苟非上下一心、内外一心、局中局外一心，未有不半途而废者矣。

【语出】清·李鸿章《筹议海防折》。

【通讲】如果不能朝野一心、内外一心、局内局外一心，那就势必会半途而废的。

【鉴赏】一旦确定了近期工作目标，那么就应该动员全体成员团结一心为实现目标而努力。

礼之用，和为贵。

【语出】《论语·学而》。

【通讲】礼的效用最重要的是调节人际关系使达到人和。

【鉴赏】礼是我国古代用于调整社会关系、维持社会秩序的一种规范。这种规范，在于将事物调节至均衡。也就是将各种关系调整到均衡、和谐。

猛兽交斗，自效于卞庄者。

【语出】《晋书·刘乔传》。

【通讲】效：献出。卞庄：卞庄子，春秋鲁国人，任卞邑大夫，以勇力著称，传说他曾刺死双虎。猛兽互相争斗，自动送死于卞庄子。

【鉴赏】自家相争，他人获利。内部争斗，一定要停止。

世人惟不平则鸣，圣人以无讼为贵。

【语出】《幼学故事琼林》。

【通讲】一般的人遇到不公正的事情则鸣不平；所有有德望的人总是以百姓没有因相争而诉讼公庭为贵。

【鉴赏】要努力创造社会和谐的环境。

一百万买宅，千万买邻。

【语出】《南史·吕僧珍传》。

【通讲】花一百万买住宅，花一千万买好邻居。

【鉴赏】选择好邻居事关重大。

意粗性躁，一事无成；心平气和，千祥骈集。

【语出】宋·弘一大师《格言别录》。

【通讲】粗心大意，性情浮躁，就会一件事也办不成；心平气和，性情温厚，各种吉祥事就会集于一身。

【鉴赏】为人必须心平气和,才能办好事情。

冤家宜解不宜结,各自回头看后头。

【语出】明·冯梦龙《醒世恒言》卷二十。

【通讲】积怨成仇的事,应该尽量避免,不让它发生,越过眼前争端,为将来着想。

【鉴赏】这是处理人际关系的座右铭。为人处世对一时是非,要善于看待矛盾、解决纠纷、与人为善,给自己创造一个轻松愉快的人际环境。

16 其　　他

不受苦中苦，难为人上人。

【语出】明·吴承恩《西游记》第三十二回。

【通讲】经不住艰难困苦的磨炼，就不能出人头地。

【鉴赏】要有所成就，就必须能吃苦。

不须浪饮丁都护，世上英雄本无主。

【语出】唐·李贺《浩歌》。

【通讲】浪饮：无节制地饮酒作乐。丁都护：又作“丁督护”，南朝时的一种乐曲名。不要在哀伤的乐曲声中痛饮不已，英雄从来都不是特定的某个人。

【鉴赏】不要怕失败挫折，英雄就在坚持中产生。

品德

才敏过人，未足贵也；博辩过人，未足贵也；勇决过人，未足贵也。君子之所贵者，迁善惧其不及，改恶恐其有余。

【语出】三国魏·徐幹《中论·虚道》。

【通讲】才华敏锐超过一般人，不算可贵；渊博善辩超过一般人，不算可贵；勇敢果断超过一般人，不算可贵。君子所看重的是：向别人的优点学习、靠拢，唯恐做不到；改正自己的错误，唯恐没有完全改正。

【鉴赏】虚心向人学习，以补自己不足，这是人很重要的品德。

才有片善，必自矜；见人之善，必不喜；人告之以过，亦不受。从狭隘上生万般病痛。

【语出】宋·朱熹《朱子语类》卷四十九。

【通讲】刚刚有点小的成功，必然自吹自擂；看见别人的成功，必然心中不乐；别人忠告其有过错，也不接受。这都是从心胸狭窄上生出来的许多毛病。

【鉴赏】对心胸狭窄之徒的各种表现作了入木三分的刻画,很多祸根在于“狭隘”。我们要有广阔的心胸,对别人的成功表示祝贺和高兴。

采得百花成蜜后,为谁辛苦为谁甜?

【语出】唐・罗隐《蜂》。

【通讲】你采得百花成了蜜,这是为谁辛苦,又是为了使谁享受甜蜜?

【鉴赏】歌颂只求奉献、不计酬报的精神。

地有远行,无有不至;不至焉者,不行也,非远罪也。

【语出】宋・文天祥《题戴行可进学斋》。

【通讲】路程虽然遥远,但只要去走,就没有达不到的;至于没有达到,那是因为没有去走,并不是路途遥远的罪过。

【鉴赏】做任何事,只要坚持不懈,就会克服困难,取得成功。

红尘不向门前惹,绿树偏宜屋角遮,青山正补墙头缺。

【语出】元・马致远《夜行船・秋思・拨不断》。

【通讲】闹市的飞尘到不了我家的门前,绿色的树木居然可以遮住屋角,远处的青山正好填补了墙头上的缺口。

【鉴赏】在写景中表现出作者不愿与混浊的社会同流合污的高洁态度。

骐骥之踢躅,不如驽马之安步。

【语出】《史记・淮阴侯列传》。

【通讲】踢躅(jú zhú):徘徊不前。驽马:劣马。安步:稳步向前。骏马如果徘徊不前,还不如劣马稳步向前。

【鉴赏】骏马比劣马好,但条件优秀的未必就能胜过条件不好的。只要努力向前,条件不好的也会取得进步、成功。

青蝇嗜肉汁而忘溺死,众人贪世利而陷罪祸。

【语出】汉・班固《难庄论》。

【通讲】苍蝇喜欢肉汤而忘记了淹死的危险，许多人为了贪图世俗利益而陷入了犯罪的灾祸。

【鉴赏】贪污受贿必将把自己送进监牢。

日日行，不怕千万里；常常做，不怕千万事。

【语出】清·金缨《格言联璧·处事》。

【通讲】天天走，不怕有千万里的路程；不停地去做，再多的事也能做完。

【鉴赏】有坚忍的意志，始终坚持，再长的路也会走完，再多的事，也会做完。

天上若无难走路，世间哪个不成仙。

【语出】清·袁枚《随园诗话补遗》。

【通讲】如果天上没有难走的路，那么世间之人又有哪个不能成仙呢？

【鉴赏】作者以成仙比喻成就功业以及诗文创作，乃至推广到做任何事情，都要历经艰难困苦，才能获得最终的胜利。艰苦的环境可以培养人的勇敢精神，也能够磨炼人的坚强意志。只有辛勤的付出，才会硕果累累，要想成功必然汗迹斑斑。

天下最有受用，是一"闲"字，然"闲"字要从勤中得来；天下最讨便宜，是一"勤"字，然"勤"字要从闲中做出。

【语出】清·金缨《格言联璧·处事》。

【通讲】天下最让人感到舒服的，是一个"闲"字，但"闲"字必须从日常的勤劳中才能得来；天下最讨便宜的，是一个"勤"字，但"勤"字必须在闲暇的时候体现出来。

【鉴赏】要正确处理"忙""闲"，关键在于"勤"字。

为人在世莫嗜懒，嗜懒之人才智短。百事由懒做不成，临老噬脐悲已晚。丈夫志气掀天地，拟上百尺竿头立。百尺竿头立不难，一勤天下无难事。

【语出】清·钱德苍《解人颐·勤懒歌》。

【通讲】为人处世不能偷懒，偷懒的人会缺少才智。人懒则百事无成，到老则后悔莫及。有志者要不断进取，只要勤奋，天下就没有难做的事情，即使百尺竿头也能昂然挺立。

【鉴赏】唯有通过辛勤劳动、诚实劳动、创造性劳动，才能为全面深化改革提供最澎湃的激情、最持久的动力，把发展推向新境界、让梦想抵达新高度。

十六

处事

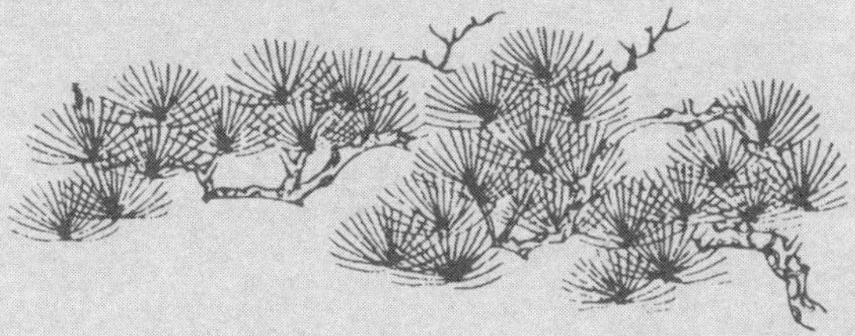

1 处　世

把自己太看高了，便不能长进；把自己太看低了，便不能振兴。

【语出】清·王永彬《围炉夜话》。

【通讲】把自己看得太高了，就无法再求得进步；把自己看得太低了，便失去振作的信心。

【鉴赏】人怎样看待自己，应该有自知之明，不卑不亢。要知道自己的长处，充分发挥自己的能力，朝适合自己的方向去努力，既不能抬头看天，目空一切。也不能妄自菲薄，将自己太看低，以免自暴自弃，永远难以振作了。

白璧本不瑕，青蝇亦何为。

【语出】明·徐渭《寄吴宣镇》。

【通讲】白璧：洁白的玉璧。瑕：玉表面上的杂色斑点。青蝇：苍蝇的一种。如果洁白的美玉上本来就没有一点杂色斑点，那么青蝇又能怎样呢？

【鉴赏】只要自己品质高尚，外界也无法影响他。

谤生于仇，亦生于忌。求孔子于武叔之咳唾，则孔子非圣人；问孟轲于臧仓之齿颊，则孟子非仁义。黄金，王吉之衣囊；明珠，马援之薏苡。以盗嫂污无兄之人，以笞舅诬娶孤女之士。彼何人斯，面人心狗。荆棘满怀，毒蛇出口。投畀豹虎，豹虎不受。人祸天刑，彼将自取。我无愧怍，何慊之有。噫，可不忍欤！

【语出】元·吴亮、许名奎《劝忍百箴·谤之忍》。

【通讲】诽谤产生于仇恨，亦产生于忌妒。若问武叔有关孔子的为人，则孔子不是圣人；问臧仓有关孟轲的言行，则孟子不行仁义。（流言）将王吉的衣服说成黄金，将马援的薏苡果实说成明珠。以与嫂子通奸污蔑没有兄长的人，用打岳父的罪名诬陷娶孤女的士人。这是什么样的人啊，人面兽心，满腹诡计，出口恶言。扔给豹虎，豹虎都不肯吃。作恶必受天罚，咎由自取。自己没做亏心的事,就无憾于世。唉,怎么能不忍呢!

【鉴赏】谤生于仇,毁谤由忌恨而发生,仲尼就像太阳和月亮,没有谁能达到他的思想和深奥的高度。显示出圣贤不以尖刻的语言责备人的气度。有的人冠冕堂皇,他的心肠却像野兽般不可估测。上不负天,下不负人。别人凭依官职安身,我凭借着义处世,我有什么遗憾呢?

谤之无实者,付之勿辩可矣;谤之有因者,非自修弗能止。

【语出】清·钱大昕《十驾斋养新录·止谤》。

【通讲】谤:指责。查无实据的指责,就不要去辩解了,因为事实胜于雄辩;有根有据的指责,就必须靠加强自我修养、及时改正缺点来制止了。

【鉴赏】这是对待别人指责的正确态度,人们应该遵从。

卑而不失尊,曲而不失正。

【语出】《晏子春秋·问下》。

【通讲】卑:谦恭。曲:迁就。谦恭但不失尊严,迁就但不失正直。

【鉴赏】告诫人们为人处世要不卑不亢,能迁就忍让而又坚持原则。

不加功于亡用,不损财于亡谓。

【语出】《汉书·杨王孙传》。

【通讲】不在无用的事情上用功夫,不在无意义的事情上耗费钱财。

【鉴赏】做事用钱一定要考虑到功效。

不尽人情,举足尽是危机;不体物情,一生俱成梦境。

【语出】清·金缨《格言联璧·接物》。

【通讲】不合乎人的常情,所到之处都潜伏着危机;不按事情的实际办事,一生便会一事无成。

【鉴赏】要合乎人情,要合乎事态,办事才会成功。

不忘久德,不思久怨。

【语出】《孔子家语·颜回》。

【通讲】久:旧;过去。不要忘记过去的恩德,也不要耿耿于旧的私怨。

【鉴赏】不能忘恩,不记私怨。这是处世的重要原则。

不以智累心,不以私累己;寄治乱于法术,托是非于赏罚。

【语出】《韩非子·大体》。

【通讲】不让过量的思考使内心疲劳,不因个人的私利令自身受害;将治理国家的混乱寄托在法治和术治上,将彰显是非曲直寄托在奖赏与惩罚上。

【鉴赏】这句是韩非对于"无为而无不为"的统治之术的一个叙述,融合兼用商鞅的"法"和申不害的"术",阐明顾全大局者如何行事处事的方法。结合老子的哲学与法家的统治术,体现出不凡的见识和气度,具有一定的思想深度。

不作无益害有益,功乃成;不贵异物贱用物,人乃足。

【语出】宋·王溥《唐会要》卷四十八。

【通讲】不以无益的事情去损害有益的事情,事情就会取得成功;不因看重奇异的物品而轻视常用的物品,就容易满足。

【鉴赏】害有益,贱用物,事情就难以成功。

察言观色,度德量力。此八字处世处人,一时少不得底。

【语出】明·吕坤《呻吟语·应务》。

【通讲】考察别人的言论,并且观看他人的脸色、表情;测试自己的德行,衡量自己的能力。在处世待人时,这些是一刻也缺少不得的。

【鉴赏】我们在社会交往当中,如何处理好自己与他人的关系。最关键的一条就是要知己知彼,这就得善于察言观色,随时考察别人的言论。我们认识理解了别人的情况,就会做出对策来。在从事一件事业前,一定评估一下自己的德行,看能否得到众人的拥护和支持。估计能办成的,就坚决办下去,争取成功;如估计能力不够,那还不如自己一开始就不要做什么非分之想,脚踏实地地做一点力所能及的事情。

成事不说，遂事不谏，既往不咎。

【语出】《论语·八佾》。

【通讲】说：解释。遂：完成。谏：谏阻；劝阻。咎：追究。已经做过的事就不要再解释了，已经完成的事就不要劝阻了，已经过去的事就不必再追究了。

【鉴赏】孔子的这几句话早已成为警语名句。最初是针对他的学生宰我失言有感而发的议论。当时，鲁哀公问宰我，古代用什么木料做社神牌位。宰我回答：夏朝人用松木，殷人用柏木，周朝人用栗木。之后又随便加一句，说是让老百姓战战栗栗。这便违背了孔子行仁政的思想原则。话已出口，难以收回，孔子听后立即给予批评。并教育人们话到嘴边留三分，不能无所顾忌，随便乱讲，谨防造成不良后果。

持索捕风几时得？将刀斫水几时断。

【语出】唐·韦应物《难言》。

【通讲】索：绳索。得：捉到。将：持；拿着。斫：砍。拿着绳子去捉风，什么时候能捉到？拿着刀去砍水，什么时候能砍断？

【鉴赏】要量力而行，不要办那些经过努力仍然办不到的事情。办不到的事偏要干，只能徒劳无功。

宠辱若惊，贵大患若身。何谓宠辱若惊？宠为下，得之若惊，失之若惊，是谓宠辱若惊。何谓贵大患若身？吾所以有大患者，为吾有身，及吾无身，吾有何患？故贵以身为天下者，若可寄于天下；爱以身为天下者，若可托于天下。

【语出】《老子》第十三章。

【通讲】有的人得宠和受辱都感到惊恐，重视身体就像重视大祸患一样。什么叫得宠和受辱都惊恐呢？得宠本质上是卑下的，得到宠爱感到惊恐不安，失去宠爱也感到惊恐不安，这就叫得宠和受辱都感到惊恐。什么叫重视身体像重视大祸患一样？我所以有大祸患，是因为我有这个身体，如果没有这个身体，我还会有什么祸患呢？所以，能够看重自己的身体，并以这种态度去处理事情的人，才可以把天下交付给他；能够爱惜自己的身体,并以这种态度去处理事情的人,才可以把天下托付给他。

【鉴赏】反映了老子主张忍辱负重、无我利人的思想。老子歌颂了这种人。这是上德的人,因为他们不为荣辱所移,不为患难所慑,敢于损一身而全天下,无私无畏,是最可靠的人。最终,还是这种人得天下。

处世让一步为高,退步即进步的张本;待人宽一分是福,利人实利己的根基。

【语出】明·洪应明《菜根谭》。

【通讲】处世:即基本的做人态度。张本:前提;准备。为人处世遇事都要有退让一步的态度才算高明,因为让一步就等于是为日后进一步做好准备;而待人接物以抱宽厚态度是一种福分,因为给人家方便实际上是日后给自己留下方便的基础。

【鉴赏】为人处世宜宽厚,虽然有时退让和宽容是建立在自己苦忧的基础上,也应把快乐让给别人。这种牺牲精神可以求得自我的精神慰藉,也足以赢得世人的敬重。

大行不顾细谨,大礼不辞小让。

【语出】《史记·项羽本纪》。

【通讲】大行:干大事。顾:顾念;考虑。细谨:细枝末节。让:责备。干大事的人可以不考虑细枝末节,行大礼不避小的责备。

【鉴赏】这是樊哙在鸿门宴上劝说刘邦的一句话。在关乎大事业的关键时刻,很难顾上“细谨”“小让”。但我们应也要注意,要想干出一番大的事业,对自己平时的一言一行等细枝末节也应加以重视,才能成就一番宏图伟业。

大言必招自尤,小心终是寡过。

【语出】宋·弘一大师《格言别录》。

【通讲】说大话一定会招来灾祸,小心谨慎一定会减少过失。

【鉴赏】不说大话,谨慎从事,是人的美德。

大丈夫居世，贵行其意，何能远为子孙计哉！

【语出】《后汉书·李充传》。

【通讲】大丈夫生活在社会上，最可贵的是按照自己的意愿行事，哪里能够为子孙的长远利益去考虑呢！

【鉴赏】子孙自有子孙福，父辈很难也没有必要去为子孙做长远打算，路要由子孙自己去走。关键在于实现自己的人生价值。

大丈夫行事，论是非，不论利害；论逆顺，不论成败；论万世，不论一生。

【语出】清·黄宗羲《宋元学案》卷八十四。

【通讲】大丈夫行事讲究是与非，而不是利害关系。大丈夫行事，不会计较眼前的成败。顺境、有意义的事，当然要做；即使面对逆境，还是要勇往直前。大丈夫所计较的是千秋万世，而不是争一时的成败。

【鉴赏】一个人首先要树立正确的人生观、价值观，抛去功名利禄之心。要努力做对人民、对国家有益的事。无愧于自己的人生，无愧于国家、人民。

待人宜宽，惟待子孙不可宽；行礼宜厚，惟行嫁娶不必厚。

【语出】清·王永彬《围炉夜话》。

【通讲】对待他人应该宽容，但是对待子孙千万不能宽容；礼尚往来要周到厚重，但是办婚事时不宜太铺张。

【鉴赏】如何对待子孙是个严肃而重大的事情。教育子女要严格，否则难以成才。嫁娶之时，大肆铺张，会让子女养成奢华浪费的不良习气，所以为子女计，当节俭办婚事。

胆欲大而心欲小，智欲圆而行欲方。

【语出】清·胡达源《弟子箴言·扩才识》。

【通讲】设想事情怎样做时，胆子要大一些，而去做时则要小心谨慎；充实自己的学问要尽量广博一些，而处世做人则要行为方正。

【鉴赏】对人们做事、学习、处世最好的劝告。胆大心细，智谋高行为正,是为人处世的法则。

当言则言,不视时而退缩;可去则去,不计利而迟回。

【语出】《宋史·王遂传》。

【通讲】迟回:迟疑;犹豫;徘徊。应当讲的话就要讲,不可因时机不合而退缩;应该辞去就辞去,不考虑私利而犹豫。

【鉴赏】既要对自己的言行负责,又敢说敢做,不为环境和私利而退缩。

当与人同过,不当与人同功,同功则相忌;可与人共患难,不可与人共安乐,安乐则相仇。

【语出】明·洪应明《菜根谭》。

【通讲】患难:艰难困苦。应当有与人共同承担过失的雅量,不要有共享功劳的念头,因为共享功劳彼此就会互相猜忌;可以有与人共患难的胸襟,不要有跟人共安乐的贪心,因为安乐之中彼此容易互相仇视。

【鉴赏】待人处事要勿争,争则陷入一种自寻的烦恼之中,不争则是与人相安的一种方式,要做到过归己任,功让他人。

得官不欣,失位不恨。

【语出】汉·王充《论衡·自纪》。

【通讲】得到官职不沾沾自喜,失去高位不痛心疾首。

【鉴赏】树立为人民服务的思想,身处顺境时,不要盲目乐观;身处逆境时,不要灰心丧气。

得意浓时休进步,须防世事多番覆。

【语出】明·冯梦龙《古今小说·闹阴司司马貌断狱》。

【通讲】浓时:程度很深的时刻。番覆:同"翻覆",反复无常。一个人在非常得意的时候就不要咄咄逼人,应该防备世上许多事情都是反复无常的。

【鉴赏】凡事得留有余地,以防备各种不测。

对失意人莫谈得意事，处得意日莫忘失意时。

【语出】清 · 金缨《格言联璧 · 持躬》。

【通讲】对困顿失意的人不要谈一帆风顺的事，身处志得意满的时候，不要忘记过去的困顿失意。

【鉴赏】要很好地处理得意和失意的关系。

多言不可与远谋，多动不可与久处。

【语出】隋 · 王通《中说 · 魏相》。

【通讲】不能与爱说话的人谋划大事，不能与轻举妄动的人长久相处。

【鉴赏】爱说话的人容易泄密，不能与这种人谋划大事；轻举妄动的人容易突发意外事件，也不能与这种人长久相处在一起，以防坏事。

恩里由来生害，故快意时须早回首；败后或反成功，故拂心处莫便放手。

【语出】明 · 洪应明《菜根谭》。

【通讲】恩里：恩惠；蒙受好处。快意：得意；心情舒畅。拂心：不能随心所愿地做事。身处顺境被主人恩宠，往往会招来祸患，所以一个人志得意满时应该见好就收，尽早身退；遭受挫败后有时反而会使一个人走向成功之路，因此不如意时，千万不可就此罢休，放弃追求。

【鉴赏】得意时早回头，失败时不灰心，这是经验之谈。从做人角度看，得意时更要谨慎，不骄不躁。一个人受了挫折不要气馁，要牢记失败乃成功之母。

恩怕先益后损，威怕先松后紧。

【语出】清 · 金缨《格言联璧 · 接物》。

【通讲】对他人的恩惠不能先多后少，对下级的威势不能先宽松后严厉。

【鉴赏】对人的恩惠以及对下级的威势都有恰当的方法方式才能奏效。

凡大人之道有三：一曰正蒙难，二曰法授圣，三曰化及民。

【语出】唐 · 柳宗元《箕子碑》。

【通讲】伟大人物的处世原则有三条:一是蒙受危难不屈服,二是将治理天下的法则传给圣明的君主,三是使百姓受到教化。

【鉴赏】这三条处世原则至今仍有借鉴意义。

凡举事无为亲厚者所痛,而为见仇者所快。

【语出】《后汉书·朱浮传》。

【通讲】凡是做事,不要使亲人痛心,仇人高兴。

【鉴赏】我们所办的一切事情都应该有利于人民。

凡乱人之动也,其始相助,后必相恶。为义者则不然,始而相与,久而相信,卒而相亲,后世以为法程。

【语出】《吕氏春秋·慎行》。

【通讲】邪恶的人在一起行动,开始还能互相帮助,后来就渐渐地互相憎恨了。行义的人就不是这样,他们开始只是在一道做事,相处久了就彼此信任,最终可以发展到互相亲爱,后世的人把这当作为人处世的准则。

【鉴赏】阐明了为人处世的准则:要行义,不能作乱。

凡事有前人行之终罢者,必有其不可行之故。至于屡行屡罢,必后人不信前人,以为我行之必可行,而人复一人,汔于不行,则亦可悟矣。

【语出】清·冯桂芬《校邠庐抗议·以工巧为币议》。

【通讲】任何事有人干过但最终停止,其中必有行不通的道理。至于一次次都没有干成的事,一定是后人不信前人,以为我能干成的缘故,但人复一人,几乎还是不行。这样就应该有所觉悟了。

【鉴赏】对前人干过但未成功的事,一定要弄清楚它干不成的原因。对于许多人都未能干成的事,一定要谨慎,不要自以为是,冒失行事。

饭休不嚼就咽,路休不看就走,人休不择就交,话休不想就说,事休不想就做。

【语出】明·吕坤《呻吟语·应务》。

【通讲】饭食不要不经过咀嚼就咽下去，道路不要不经过察看就往前走，人不要不经过选择就去交结，话不要不经过考虑就说出来，事情不要不经过思考就做。

【鉴赏】做每件事都要认真思考，经过仔细勘察，做事就要求稳妥慎重、细心，周密，这样百无一失。

放得功名富贵之心下，便可脱凡；放得道德仁义之心下，才可入圣。

【语出】明·洪应明《菜根谭》。

【通讲】脱凡：超越尘世。入圣：进入光明伟大的境界。能丢开追逐功名富贵的思想包袱，就可以超越庸俗的尘世；不受仁义道德等教条的束缚，才能进入圣贤超凡绝俗的境界。

【鉴赏】一个人要在平凡中奋斗，不可太热衷于功名富贵。假如太热衷于仁义道德，或者把道德当教条，同样是不可取的。做人要有原则，要有灵活性，不能极端化。

非理之财莫取，非理之事莫为。

【语出】明·冯梦龙《古今小说·沈小官一鸟害七命》。

【通讲】非理：不符合道理。不符合道理的财物不要获得，不符合道理的事情不能去干。

【鉴赏】不可做不义之事，也不能取不义之财。

非我而当者，吾师也；是我而当者，吾友也；谄谀我者，吾贼也。

【语出】《荀子·修身》。

【通讲】非：批评；否定。谄谀：奉承拍马。批评我批评得正确的，就是我的老师；赞同我赞同得正确的，就是我的朋友；奉承我的，就是害我的贼寇。

【鉴赏】对于自己的所作所为的评价，就可以看出人的居心，应明智地分析这些评价以区分师、友、敌。

诽在己，誉在上。

【语出】《战国策·东周策》。

【通讲】诽：诽谤。誉：赞扬。忠臣让百姓的批评和不满落在自己身上，让赞美归于君主。

【鉴赏】周昭文君免去与百姓关系好的前相工师藉，任命吕仓为相，百姓很有意见。昭文君闷闷不乐。吕仓让人向昭文君进言，国家所做的一切总有人赞同有人反对，忠臣则“诽在己，誉在上”，大臣获得赞扬会危及君主的地位。昭文君认为此话有理，就让吕仓继续做相。在封建社会，大臣声望太高“不是皇帝之福”。即使深得君主之心，也会在君主忌讳下遭受杀身之祸，历史上不乏其例，因而“诽在己，誉在上”就成了重臣自保之道。

凤皇非梧桐不栖，非竹实不食。

【语出】《北史·魏高阳王雍传》。

【通讲】竹实：又称竹米，竹子所结的实。凤凰不遇到梧桐树不停下歇宿，不是竹子所结的果实就不吃。

【鉴赏】行事当有所选择。

富而好礼，孔子所诲；为富不仁，孟子所戒。盖仁足以长福而消祸，礼足以守成而防败。怙富而好凌人，子羽已窥于子皙；富而不骄者鲜，史鱼深警于公叔。庆封之富，非赏实殃；晏子之富，如帛有幅。去其骄，绝其吝，惩其忿，窒其欲，庶几保九畴之福。噫，可不忍欤！

【语出】元·吴亮、许名奎《劝忍百箴·富之忍》。

【通讲】富有而爱好礼义，这是孔子的教诲；只图致富而不施行仁义，这是孟子的告诫。大凡行仁义的完全可以保持幸福而消除灾祸，爱好礼义的完全可以保持已有的成就而防止失败。自恃富有而喜欢欺侮别人，子羽已观察到子皙的结局；富有而不骄傲的人很少，史鱼对公叔提出深刻的警告。庆封的富有不是上天赏赐，实为灾祸；晏子的富有如同布帛那样有一定的限度。舍弃骄傲，根除吝啬，控制怒气，节制情欲，这样才能保证享受多种福分。唉，怎么能不忍呢！

处事

【鉴赏】以富有而不骄横来自守,不如富有而爱好礼义来忘掉富有会更好一些。行仁义可以增加福气、消除祸患。仗着富有傲视他人,是不能长久的。而且富贵就像布帛有边幅,应该有所控制。富人不能随意增加财富,否则将是自取灭亡。这是说所有的人都应务必除掉夸耀妄诞,杜绝鄙陋吝啬这些事情,控制心中的怒气,堵塞性情中的贪婪爱欲。若能够做到舍弃骄横吝啬,压制怒气断绝欲望,才可能享受这福分。

富视所与,达视所举。不程其义之当否,而轻于赐予者,是损金帛于粪土;不择其人之贤不肖而滥于许与者,是委华衮于狐鼠。

【语出】元·吴亮、许名奎《劝忍百箴·与之忍》。

【通讲】富裕了,看他把财物送给什么样的人;做了显贵的大官,看他举荐的是什么样的人。不权衡道义上的应当不应当,一概轻率地给予财物,这样做如同将金银布帛扔入粪土之中;不区别人的好与劣、善与恶而随随便便地授予官爵,这样做如同把华贵的衣服穿在狐鼠一类的动物身上。

【鉴赏】在考虑取或给的时候,不顾道义上的应当与不应当,而一概轻率地给予,这就如同将金银布帛等物扔在粪土中了是不可取的。

功成而身退,为天之道;知进而不知退,为乾之亢。验寒暑之候于火中,悟羚羊之悔于大壮。天人一机,进退一理;当退不退,灾害并至。

【语出】元·吴亮、许名奎《劝忍百箴·勇退之忍》。

【通讲】亢:只知道前进,不知道退守;只知道生存,而不知道死亡;只知道取得,而不知道丧失。一个人成就了功业就抽身引退,是符合自然规律的。只知道进取而不知道引退,这就是《易经》"乾卦"中所说的"亢"。火中能验证寒暑交替的征候,处在鼎盛时要觉悟羊撞藩篱进退两难的灾咎。天时人事同一枢机,进取引退道理相同,应当引退而不退,灾害就会一起降临。

【鉴赏】一个人成就了功业,建立了名望,就应该含藏收敛,这是符合自然规律的。该隐退的时候不隐退,灾难就会接连发生,怎能不急流勇退呢?

孤莫孤于自恃。

【语出】汉·黄石公《素书·本德宗道》。

【通讲】孤:孤立无助。自恃:自以为是。一个人最大的孤立莫过于只相信自己。

【鉴赏】认为自己事事正确的人,怎么可能与人共事。

古今有为之士,皆不轻为之士;乡党好事之人,必非晓事之人。

【语出】清·王永彬《围炉夜话》。

【通讲】古往今来有作为的人,都不会轻率地行事;乡里中的好事之徒,一定不是什么事情都通晓的人。

【鉴赏】做一件事情,必须经过细致的观察和周到的准备,才可能取得成功。轻率妄为者,难以成就大业。做起来眼高手低,事事不能,这样的人,并非有什么真才实学,只是一些轻浮之徒而已。

故凡人必别宥然后知,别宥则能全其天矣。

【语出】《吕氏春秋·去宥》。

【通讲】别宥:去除成见。全其天:善其身。所以,人一定要去除成见然后才能明智,去除了成见才可以保自身的平安。

【鉴赏】局限、蔽碍是人认识事物的大敌。故非有志者不能至也。

瓜田李下,古人所慎;多言可畏,譬之防川。

【语出】《北齐书·袁聿修传》。

【通讲】瓜田里、李树下,都是古人为避嫌疑而行为谨慎的地方;流言是非常可怕的,古人把防范流言比作防止河水的泛滥。

【鉴赏】流言非常可怕,必须注意避嫌,以避免麻烦,这是为人处世应注意的地方。

害人之心不可有,防人之心不可无,此戒疏于虑也;宁受人之欺,毋逆人之诈,此警伤于察也;二语并存精明而浑厚矣。

【语出】明·洪应明《菜根谭》。

【通讲】逆：预先推测。察：本意是观察，此处作偏见解，有自以为是的意思。“害人之心不可有，防人之心不可无”，这是用来劝诫在与人交往时警觉性不够思考不细的人；宁可忍受他人的欺骗，却不事先拆穿人家的骗局，这是用来劝诫那些警觉性过高想得太细的人。一个人在和人相处时能把上面两句话并存警戒，才算是警觉性高又不失淳朴宽厚的为人之道。

【鉴赏】在社会中，如何与人交往。一是不存害人之心，二是要有防人之心，三是对人要忍让。但防人是有前提的，对坏人、小人、俗人，是非防不可。但不必人人防，事事防。同样忍让也是有前提的忍让，小事忍，自己利益忍，绝非事事处处忍。防之太甚不好，缺乏人生经验同样不适于社会。

好便宜者不可与共财，多狐疑者不可与共事。

【语出】清·申涵光《荆园小语》。

【通讲】爱占便宜的人，不能与他共有财富；常疑神疑鬼的人，不能和他一块干事情。

【鉴赏】共财、共事的人必须有所选择。

厚者不毁人以自益也，仁者不危人以要名。

【语出】《战国策·燕策三》。

【通讲】忠厚的人不靠伤害别人来抬高自己的声誉，仁德的人不靠伤害别人求得好名声。

【鉴赏】战国时期，燕王喜轻信栗腹的话，认为赵国兵力在长平之战中严重受损，打算起兵攻打赵国。燕王不听乐间的劝阻，终于遭受重大挫败，乐间也因而离燕入赵。燕王喜写信给乐间，提出仁慈的人不轻易与人断交；明智的人不轻易怨恨别人。责备乐间离燕是暴露了燕王的过错，引用谚语“厚者不毁人以自益也，仁者不危人以要名”，希望乐间能够回到燕国。乐间怨恨燕王没有采纳自己的计策，最终还是留在赵国，并且没有回复燕王。做人要做忠诚宽厚，仁爱善良的人。不可用言语、行动等形式诋毁、损害他人人格；不可捏造并散布流言蜚语，贬低他人品德，毁坏他人名誉；更不可不择手段贬损他人抬高自己。

惠不在大，在乎当厄；怨不在多，在乎伤心。

【语出】清·金缨《格言联璧·接物》。

【通讲】恩惠不在大小，而在于他正当困顿之际；仇怨不在多少，而在于是否让人伤心。

【鉴赏】在人困顿时给人恩惠。

惠能向别驾言："欲学无上菩提，不可轻于初学。下下人有上上智，上上人有没意智。若轻人，即有无量无边罪。"

【语出】《坛经·行由》。

【通讲】惠能对别驾说：要想学习至高无上的佛道，不能轻视初学者，地位低下的人也会有超常的智慧，高贵的人也会埋没了智慧。如果轻视人，就会有数不尽的罪过。

【鉴赏】要善于向所有的人学习，不要看不起一般的人。一般的人也有很高的智慧。看轻人，就会有很大的罪过，必须引起足够的注意。

见人背语，勿倾耳窃听。入人之室，勿侧目旁观。到人案头，勿信手乱翻。

【语出】清·金缨《格言联璧·接物》。

【通讲】看到别人私下议论什么，不要有意窃听；进入别人的家门，不要到处乱看；来到别人桌前，不要随手乱翻。

【鉴赏】保护隐私权，是一个国家文明的体现。不探听别人隐私，尊重别人的隐私权，是一个人的所应具有的品格、修养。

见人不是，诸恶之根；见己不是，万善之门。

【语出】清·金缨《格言联璧·持躬》。

【通讲】只看别人的缺点，是各种灾恶的根源；能看到自己的过失，各种福善就会从此开始。

【鉴赏】多看自己的过失，少看别人的缺点。

见人而不自见者，谓之蒙。

【语出】三国魏 · 徐幹《中论 · 修本》。

【通讲】蒙：失明。只看到别人的不足，看不到自己的错误，叫作睁眼瞎子。

【鉴赏】要善于发现自己的缺点和过失，而不是只盯着别人的不足。

见人善行，多方赞成；见人过举，多方提醒。此长者待人之道也。闻人誉言，加意奋勉；闻人谤语，加意警惕，此君子修己之功也。

【语出】清 · 王永彬《围炉夜话》。

【通讲】见人过举：见到别人行为过分的言行举动。看到他人好的行为，就千方百计地称赞与帮助；看到他人行为失当，则用多种方法加以提醒。这是受到尊敬的长者对待他人的方法。听到他人称赞自己的话，就更加努力奋进；听到他人批评自己的话，就更加留意自己的行为，加以警惕。这就是正人君子修身的功夫。

【鉴赏】能够为别人的善行而高兴，毫不吝惜地加以赞扬；能够对别人的过失而担心，毫不犹豫地加以提醒。为人着想，与人为善，这就是长者风范。对待别人的议论要有博大的胸怀和宽容的气度。让别人有说话的机会，让自己通过自省受益，这样才能提高自己的修养。

江海不与坎井争其清，雷霆不与蛙蚓斗其声。

【语出】明 · 刘基《郁离子 · 韩垣干齐王》。

【通讲】坎井：坏井；废井。雷霆：雷暴；霹雳。蛙蚓：青蛙和蚯蚓，传说蚯蚓夏夜能鸣。长江和大海不会与废弃不用的水井去竞争谁更清澈，响雷不会与青蛙和蚯蚓比谁的声音更高。

【鉴赏】没必要和人家去争强斗胜。

狡兔有三窟，仅得免其死耳。

【语出】《战国策 · 齐策四》。

【通讲】窟：洞穴。狡兔有三个洞穴，仅仅能够免掉一死而已。

【鉴赏】战国时期,孟尝君的门客冯谖(xuān)为他收债,却假托孟尝君的命令,把所有欠债人的债款都取消掉,还当场把债券烧掉。回来后冯谖称他为孟尝君买回仁义。一年后,齐闵王把孟尝君赶回领地薛邑,还差百里,薛地的百姓扶老携幼在路旁迎接孟尝君。孟尝君悟到这就是冯谖给他买回的仁义。冯谖说"狡兔三窟,仅得免其死耳",现在您只有一个洞窟,还不能高枕无忧,请让我再去为您挖两个洞窟吧。在冯谖的策划下,孟尝君求得祭祀先王的礼器,在薛邑建立宗庙。冯谖认为现在三窟已经凿就,可以高枕无忧了。此句告诉我们,人要保护自己就应有多种措施和应对办法,这样才能有效避祸,使自己立于不败之地。后有成语"狡兔三窟",比喻隐蔽的地方或方法多。

戒太察,太察则无含弘之气象。

【语出】明·薛瑄《读书录》卷三。

【通讲】为人以过于苛薄为鉴戒,过于苛薄就不会有宽大的胸怀。

【鉴赏】为人过于苛刻会脱离群众,没有人脉,对自己很不利。

处事

尽前行者地步窄,向后看者眼界宽。

【语出】清·金缨《格言联璧·持躬》。

【通讲】一往直前,不及时总结经验教训的人,路会越走越窄;前进一段,总结一段,及时查漏补缺,前途就格外远大。

【鉴赏】要善于总结经验教训,才能继续前进。

进步处便思退步,庶免触藩之祸;着手时先图放手,才脱骑虎之危。

【语出】明·洪应明《菜根谭》。

【通讲】触藩:进退两难。骑虎之危:比喻做事冒险。事业顺利进展时,应该有一个抽身隐退的准备,以免将来像山羊角夹在篱笆里一般,把自己弄得进退两难;刚开始做一件事时,就要预先计划好在什么情况下应该罢手,不至于以后像骑在老虎身上一样,无法控制形成的局面。

【鉴赏】怎样做事?做事是为了成事,既不能一股劲猛进,也不能犹犹豫豫,应当知进知退,张弛有度,居安思危、处进思退才是行事的好办法。

进学莫如谦,立事莫如豫;持己莫若恒,大用莫若畜。

【语出】明·吴麟徵《乙卯自戒》。

【通讲】求学一定要虚心,做事情应事先有所准备;坚持自己要有恒心,充分发挥作用一定要积贮。

【鉴赏】求学、办事可以从中获得教诲。

精而益求其精,备而益求其备。

【语出】清·王夫之《宋论·太宗》。

【通讲】做任何事情,都要好上加好,力争达到尽善尽美的程度。

【鉴赏】尽善尽美是处事的原则。

精细者,无苛察之心;光明者,无浅露之病。

【语出】宋·弘一大师《格言别录》。

【通讲】为人处世既要精确细致,又应没有苛刻繁琐的居心;既要光明磊落,又应避免浅显外露的毛病。

【鉴赏】要做一个精确细致的光明磊落的人。

静者生门,躁者死户。

【语出】明·吕坤《呻吟语·存心》。

【通讲】清静等于开辟了生存之门,而躁动其实是开辟了死亡之门。

【鉴赏】沉静者,在待人接物中能够以谦逊的态度出现,别人也乐于与之交往。而躁动者,易引起他人反感,使他人避而远之,也就是生生地堵住了自己与他人交流的机会。所以为人处世,要主静戒躁,才能使自己不断完善。

救已败之事者,如驭临崖之马,休轻策一鞭;图垂成之功者,如挽上滩之舟,莫少停一棹。

【语出】清·金缨《格言联璧·处事》。

【通讲】挽救已经做错的事，就像驾驭面对悬崖的奔马，要小心谨慎，不要贸然采取措施；谋图将要完成的功业，就像撑着上滩的船，必须全力以赴，不能稍微停歇。

【鉴赏】要正确处理败局、危局，才能胜券在握。

居处必先精勤，乃能闲暇；凡事务求停妥，然后逍遥。

【语出】清·金缨《格言联璧·处事》。

【通讲】先要把住室收拾得干干净净，才能闲下心来；先要把该做的事做完，才能有悠然自得的情趣。

【鉴赏】该做的事做了，心情就会悠然自得，因为没有什么顾虑了。

居家戒争讼，讼则终凶；处世戒多言，言多必失。

【语出】明·朱用纯《朱子家训》。

【通讲】在家过日子应避免由互相争执而引起的诉讼，诉讼最终没有好处。待人接物，应付世情要避免多说话。话说多了，必然会顾此失彼，或疏于考虑，有失分寸，说出了不该说的话，因而得罪人或给自己惹上麻烦。

【鉴赏】在日常生活中应注意戒争讼、少说话，避免人际关系中的各种矛盾的产生。

居其正而审其差者也，绌其异而反其同者也。

【语出】宋·朱熹《观心说》。

【通讲】居：遵循。差：差谬，此指错误的见解。绌(qū)：折服；说服。反：同“返”。遵循那些正确的见解而审察那些错误的见解，说服那些不同的观点而返归相同的观点。

【鉴赏】要正确对待错误的和不同的观点。引导和说服是最好的办法。

举世而誉之而不加劝，举世而非之而不加沮，定乎内外之分，辩乎荣辱之境，斯已矣。

【语出】《庄子·逍遥游》。

【通讲】加劝：越发努力。加沮：更加沮丧。内外：自身与身外。即使世上的人都赞誉他,他也不会因此更加努力;即使世上的人都非难他,他也不会因此就特别沮丧。人应该清楚地辨别自身与外物的不同,应该认清荣誉与耻辱的界限,这就可以了。

【鉴赏】人生不应为外物所蒙蔽,一旦摆脱功利的桎梏,就会荣辱皆忘,不为赞扬所激动,不为批评所沮丧。而沿着自己既定的理想目标坚定地走下去。

君子不责人所不及,不强人所不能。

【语出】隋·王通《中说·魏相》。

【通讲】德行修养很好的人,不会责备别人不去做那种力所不能及的事,不会强迫别人去做他没法做到的事。

【鉴赏】这是与别人相处的最好办法。

君子闲时要有吃紧的心思,忙处要有悠闲的趣味。

【语出】明·洪应明《菜根谭》。

【通讲】君子应效法大自然的变化,闲暇时要有紧迫感做一番思考,忙碌时要做到忙里偷闲,享受生活乐趣。

【鉴赏】论述人生的处事法则。即在闲暇无事时存有应变之心,忙碌紧张中要忙里偷闲享受日常生活中的雅趣。要保持"吃紧时忙里偷闲,悠闲时居安思危"的境界。

君子言忧不言乐,然而乐在其中也;小人知乐不知忧,故忧常及之。

【语出】宋·叶适《习学记言序目·毛诗》。

【通讲】君子谈论忧愁而不谈论快乐,但他们却有不尽的快乐;小人只知道快乐而不知道忧愁,所以忧愁常常降临在他们身上。

【鉴赏】说明思忧则乐,溺乐则忧。要很好处理忧和乐的关系。

君子宜净拭冷眼,慎勿轻动刚肠。

【语出】明·洪应明《菜根谭》。

【通讲】冷眼:冷静观察。刚肠:个性耿直。君子不论遇到什么情况,都应注意保持冷静态度细心观察,切忌随便表现自己耿直的性格以免坏事。

【鉴赏】遇事坦诚直率当然没错,但要看对象能否接受,坦诚直率往往伴随着教化、固执、生硬。而遇事的目的是解决问题,把事办好。

君子有过不辞谤,无过不反谤,共过不推谤。谤无所损于君子也。

【语出】明·吕坤《呻吟语·修身》。

【通讲】君子做人,有了过错决不拒绝别人的议论;没有过错的话,也不会去反对别人的议论;共同犯下了过错,也决不会把责任推卸给同伴。因为议论并不能给君子带来任何伤害!

【鉴赏】君子伟大之处不在于不犯错误,而在于正确对待错误。自己没有犯什么过错,别人因为误解或者道听途说而作出的诽谤,也不去反驳。在合作中出现失误,主动承揽责任,可以增强彼此的凝聚力,共同把事办好。

君子有九思:视思明,听思聪,色思温,貌思恭,言思忠,事思敬,疑思问,忿思难,见得思义。

【语出】《论语·季氏》。

【通讲】君子要有九种思虑:看的时候要考虑看明白没有,听的时候要考虑听清楚没有,脸上的表情要考虑是否温和,容貌仪表要考虑是否谦恭,所说的话要考虑是否诚实,对待工作要考虑是否严肃认真,有疑问要考虑是否请教了别人,要发怒时要考虑会有什么后果,看到有利可得时要考虑是否应该得到。

【鉴赏】智慧是一个人各种能力的总和,包括观察感知能力、记忆力、思维能力、想象力、创新能力、实践操作能力等。要做个君子,就要面对各种挑战,很好地加以处理。

君子有三戒:少之时,血气未定,戒之在色;及其壮也,血气方刚,戒之在斗;及其老也,血气既衰,戒之在得。

【语出】《论语·季氏》。

【通讲】戒:告诫;警告。色:美色。壮:壮年,古以三十岁左右为壮年。方刚:正盛。斗:逞强;斗胜。得:贪婪。君子有三戒:少年时,血气没有定型,应时时告诫自己不能受美色诱惑;到了壮年,血气方刚,应告诫自己不要逞强好斗;到了老年,血气衰弱,应告诫自己不要依恋名利。

【鉴赏】要很好地把握住人生在这三个阶段的不同特征,人生中的每个阶段尽量让自己的人生发出光辉。

君子与人共事,当公人己而不私。苟事之成,不必功之出自我也;不幸而败,不必咎之归诸人也。

【语出】明·吕坤《呻吟语·应务》。

【通讲】君子与他人共同做事的时候,应当致力于他人与自己的共同利益,而不自谋私利。假若事业成功了,也不必说这功劳全部归我;假如事业失败了,更不必把过错都归咎于他人。

【鉴赏】怎样与人共事,首先不谋私利,第二办事成功不居功,第三办事失败不归咎于别人。这样才能团结一致、凝聚力量,把事做好。

君子之处世,贵能有益于物耳,不徒高谈虚论,左琴右书,以费人君禄位也。

【语出】北朝齐·颜之推《颜氏家训·涉务》。

【通讲】物:自身以外的人和物。君子处世,贵在能有益于社会万物,不只知高谈阔论、抚琴读书,白白浪费国家俸禄。

【鉴赏】为人处世,应该从事实际工作,做有利于社会、有利于国家的事。而不要高谈阔论、养尊处优。

君子之所取者远,则必有所待;所就者大,则必所忍。

【语出】宋·苏轼《贾谊论》。

【通讲】君子要想达到长远的目标,就必须等待;要想实现远大的志向,就必须有所忍耐。

【鉴赏】论述了“待”与“忍”的重要性。

开诚心布公道。

【语出】《宋史·洪咨夔传》。

【通讲】开诚:敞开胸怀,揭示诚意。布:宣布;宣告。公道:公正的道理。诚心诚意地提出公正的见解。

【鉴赏】真诚坦率是为人处世的基本道德品质,真诚的人任何时候都说真话,实事求是,公正无私。我们要远离虚伪和狡诈,养成率直、诚实的品德。

夸而有节,饰而不诬。

【语出】南朝梁·刘勰《文心雕龙·夸饰》。

【通讲】夸:夸张。节:节制。饰:修饰。诬:捏造事实,无中生有。夸张而有分寸,修饰而不捏造。

【鉴赏】夸饰(或称夸张)是一种修辞方法,指用夸大的字句来形容事物,以启发读者的想象力,增强文辞的表现功能。但夸张和修饰都必须适度,如果过了头,反会使人感到荒诞虚假,其效果就适得其反了。

冷眼观人,冷耳听语,冷情当感,冷心思理。

【语出】明·洪应明《菜根谭》。

【通讲】当:持;处理。要用冷静的眼光观察人,用冷静的耳朵听别人的话,用冷静的心情处理感情,用冷静的头脑去思考其中的道理。

【鉴赏】一个成熟的人待人是冷静的,处世是理智的,这样遇事才不会感情冲动、不知所措,做事才会有条不紊、有序而行。冷静观人,理智处世,我们必须坚持。

狸埋之,狸掘之,是以无成功。

【语出】《三国志·吴志·孙权传》裴松之注引《国语》。

【通讲】狐狸多疑,把得来的食物埋在地下,不久又掘来看看,所以没有成功。

【鉴赏】一个人疑心过度,做事难成。

利剑不可近，美人不可亲；利剑近伤手，美人近伤身。

【语出】唐·孟郊《偶作》。

【通讲】利剑不可靠拢，美人不可亲近；靠拢利剑要刺伤手，亲近美人要损害身心。

【鉴赏】英雄难过美人关，许多人往往在女色上失足，所以，应该怕利剑伤手那样远离美人，不要受其诱惑，保持自己身心健康。

利虽倍于今，而不便于后，弗为也。

【语出】《吕氏春秋·长利》。

【通讲】在目前虽然可以获得几倍的利益，但是对长远的将来却要造成损害，这样的事是不能做的。

【鉴赏】办任何事业，要有长远的观点，还要为了子孙的发展留下相当的空间。

两惠无不释之怨，两求无不合之交，两怒无不成之祸。

【语出】清·金缨《格言联璧·接物》。

【通讲】双方互惠互让就没有解不开的仇怨，双方相求相爱就没有交不成的朋友，双方相仇相怨就没有生不成的祸害。

【鉴赏】处理人与人的关系应该相求相爱、互惠互让、消除仇怨。

量力而动，其过鲜矣。

【语出】《左传·僖公二十年》。

【通讲】过：过失。鲜：少。估量自己的力量然后再行动，过失就会少了。

【鉴赏】鲁僖公二十年，随国率领汉水以东的诸侯国背叛楚国。冬天，楚国军队攻打随国，与随国人讲和后回国。君子说，随国被攻打，是不自量力啊。“量力而动，其过鲜矣。”成败是在于自己，难道在于别人？一切从实际出发，实事求是，做人做事要有自知之明，根据自身的条件、能力的大小做出选择，不超过力所能及的范围，这样过失就会减少，事情成功的可能性就会增大，才能实现目标。

吝少失多,廉贾不处;溺近迷远,中人所非。

【语出】唐·陆贽《奉天请罢琼林大盈二库状》。

【通讲】精明的商人不会为一点蝇头小利而抛弃大的利益;而沉溺于眼前利益不顾长远利益,一般百姓也不会认同。

【鉴赏】领导者必须判断轻重缓急,决定取舍。分清主次,以取得最大限度的效益。

虑天下者,常图其所难,而忽其所易;备其所可畏,而遗其所不疑。

【语出】明·方孝孺《深虑论》。

【通讲】人们考虑问题不能只考虑自认为很难解决的或自己所畏惧的问题,而忽略那些自认为容易的或没有疑问的问题。

【鉴赏】要全面考虑和解决各种各样的问题,这样才能成就大业。

孟浪由于轻浮,精详出于暇豫。

【语出】《幼学故事琼林》。

【通讲】办事轻率多由于性情轻狂浮薄所致;精细周详的安排往往来自从容准备。

【鉴赏】办事精细周详,要从容准备。

面前的田地要放得宽,使人无不平之叹;身后的惠泽要流得久,使人有不匮之思。

【语出】明·洪应明《菜根谭》。

【通讲】田地:心田;心胸。不平之叹:对事情有不平之感时所发出的怨言。匮:缺乏。一个人待人处事的心胸要宽厚,使你身边的人不会有不平的牢骚;死后留给子孙与世人的恩泽要流得长远,才会使人们有不断的思念。

【鉴赏】人生在世究竟该怎样做人是一个重要的话题。人在世时宽以待人、善以待人,多做好事,遗爱人间。而恩泽要遗惠长远,则应该多做著书立说、修桥建校之类能在人心和社会上长久留存的善举。只有多为别人着想,心底无私,眼界广阔,胸怀宽厚,才是一生做人的追求。

面谀之词，有识者未必悦心；背后之议，受憾者常至刻骨。

【语出】清·金缨《格言联璧·接物》。

【通讲】听到当面奉承的话，有见识的人不一定就心里高兴；对背后的议论，被诋毁的人常怀刻骨之恨。

【鉴赏】正直的人不讲奉承话，也不背后议论人。

明者独见，不惑于朱紫；听者独闻，不谬于清浊。

【语出】《后汉书·陈元传》。

【通讲】一个眼力很好的人即使一人所见，也不会为朱紫两种颜色所迷惑；一个听力很好的人即使一人所闻，也不会分辨不出清音和浊音。

【鉴赏】执政者不要为众人的议论所左右，要自己做出决断。

莫之大祸，起于须臾之不忍，不可不谨。

【语出】清·王永彬《围炉夜话》。

【通讲】无论多大的灾祸，都是由于一时不能忍耐而造成的，所以行事不能不谨慎。

【鉴赏】忍就是自控。为人处世，最主要的是不能情绪激动，因须臾之不忍而酿成大祸的事例屡见不鲜，故必须学会忍让，忍得一时之气，免去大祸之忧。

谋不忠，则欺于人；交不信，则欺于友；传不习，则欺于己欺于师。

【语出】宋·朱熹《答吕子约》。

【通讲】替别人谋事不尽力而为，就欺骗了别人；同朋友交往不诚实，就欺骗了朋友；对老师传播的学业不温习，就欺骗了自己又欺骗了老师。

【鉴赏】这是处理人与人关系和师生关系的良方。

能刚能柔，重可负也；能信能顺，险可走也；能知能愚，期可久也。

【语出】《北史·魏收传》。

【通讲】信:同“伸”,伸展。既能刚猛,又能柔顺,才能承担重任;既能伸展自己,又能顺从别人,才能渡过险关;既能发挥才智,又能藏智守拙,才能保持长久。

【鉴赏】一个人应有什么品德,这里做了极好的说明。

能有所忍也,然后可以就大事。

【语出】宋·苏轼《留侯论》。

【通讲】如果能有所忍耐的话,就一定能够成就大的事业。

【鉴赏】忍耐是成就大事业的关键。

念头昏散处要知提醒,念头吃紧时要知放下;不然恐去昏昏之病,又来憧憧之扰矣。

【语出】明·洪应明《菜根谭》。

【通讲】昏散:迷惑。憧憧:心意摇摆不定。头脑感到昏沉纷乱时应该平静下来让头脑清醒;工作烦琐情绪紧张时,要懂得把工作暂停一下,以便使情绪恢复镇定轻松。否则恐怕刚刚治好昏沉纷乱的毛病,便又处在左右为难、思绪摇摆不定的困扰中。

【鉴赏】一个人努力工作、创造事业固然很重要,但不可过分劳累、过度紧张,要懂得劳逸结合,而那种处于昏昏然工作状态的人,辛苦固然可叹,成效却不见得明显,有时还会适得其反。

宁耐,是思事第一法。安详,是处事第一法。谦退,是保身第一法。涵容,是处人第一法。置富贵、贫贱、死生、常变于度外,是养心第一法。

【语出】明·吕坤《呻吟语·存心》。

【通讲】宁静忍耐,是思虑事情的第一大法;安和周到,是处理事情的第一大法;谦虚退让,是保全自身的第一大法;含蓄宽容,是交接处人的第一大法。把那些财富权贵、贫穷卑贱、生存死亡、永恒变化等置之度外,是修养心灵的第一大法。

【鉴赏】宁耐、安详、谦退、涵容,是很好的临事方法,而最根本的是调整自己的心灵。心理平衡了,对待任何事物都不会有烦恼的。而让心理平衡的办法,就是把那些富贵、贫贱、生死、苦乐等各种对立矛盾的概念彻底地从头脑中清除出去。这种养心的办法,是非常重要的。

宁失信于天下而决不失信于同人,宁受亏一身而决不能亏及同事。

【语出】清·陈炽《续富国策·纠集公司说》。

【通讲】宁可对天下其他人不守信用,也不能对与自己共事的人不守信用;宁可自己一人吃亏,也不能让与自己共同工作的人吃亏。

【鉴赏】作为主持单位事务的人,必须对与单位利益有关的人讲信用,切实维护他们的利益,不能欺骗他们。这样,单位才有可能立于不败之地。

宁守浑噩而黜聪明,留些正气还天地;宁谢纷华而甘淡泊,遗个清名在乾坤。

【语出】明·洪应明《菜根谭》。

【通讲】浑噩:同"浑浑噩噩",指人类天真朴实的本性。黜:摒除。纷华:繁华富丽。乾坤:象征天地、阴阳等。人宁可保持天真淳朴的本性而摒除后天的机诈乖巧,保留一些刚正之气还给大自然;宁可抛弃世俗的荣华富贵而甘于淡泊、清虚恬静,留一个纯洁高尚的名声还给天地。

【鉴赏】一个人必须重视自己的正气、清名。追求奢侈名利会使人堕落。这是我们必须警惕的。

宁为鸡口,无为牛后。

【语出】《战国策·韩策一》。

【通讲】宁可做鸡群的头领,不做牛群的随从。

【鉴赏】战国时期,苏秦为楚国组织合纵联盟来到韩国游说韩王抗秦。苏秦认为韩国地理位置险要,拥有良弓劲弩,士卒骁勇善战,不应向秦国称臣屈服。他还引用俗语"宁为鸡口,无为牛后"激将韩王。最后,韩王同意抗秦。此句比喻宁在局面小之地当家自主,不愿在局面大之地任人支配。鼓励人自尊自立,争做领头者而不要做跟随者。后也指根据能力在局面小或层次低一级的地方更能发挥相应的作用。也说“宁做鸡头,不做牛尾”。

怒不变容,喜不失节,故是最为难。

【语出】《三国志·魏志·宣武下皇后传》。

【通讲】愤怒和激动时能从容镇静,高兴和兴奋时能不失分寸,这是最难做到的事。

【鉴赏】正确对待喜怒,是非常重要的。

捧海浇萤,烈火消冻。

【语出】《南齐书·陈显达传》。

【通讲】捧起大海的水浇灭萤火,用猛烈的火消除冷冻。

【鉴赏】极其容易办到的事情,也要认真对待。

贫贱非辱,贫贱而谄求于人者为辱;富贵非荣,富贵而利济于世者为荣。讲大经纶,只是实实落落;有真学问,决不怪怪奇奇。

【语出】清·王永彬《围炉夜话》。

【通讲】怪怪奇奇:原意是奇怪,这里是指故弄玄虚。贫穷与地位卑微不是什么耻辱的事,但因为贫穷和地位卑微去向人献媚,求取非分的利益,这样就很可耻了;获得巨大财富和很高的地位,也不一定是什么荣耀的事,但是有了财富和地位后乐于以此帮助他人,却是很光荣的事。讲求大的学问和道理,应该能落到实处;真正有学问,绝不会故弄玄虚。

【鉴赏】做一个真正人,必定能做到穷且益坚,不坠青云之志,那么必定能够激励自己发愤去成就一番事业。富贵之后,也会济世助人,施行仁义。做大学问也讲究平实可行,切中时弊,有实事求是之意,无哗众取宠之心。

朴能镇浮,静能御躁。

【语出】清·申居郧《西岩赘语》。

【通讲】厚朴能克服轻浮,冷静能防止烦躁。

【鉴赏】为人要厚朴,遇事要冷静。

其未得之也，患得之。既得之，患失之。苟患失之，无所不至矣。

【语出】《论语·阳货》。

【通讲】之：代指官位。无所不至：无所不为，什么事都能做出来。没得到的时候，担心得不到。得到了，又担心失去它。假如担心失去它，就什么事情都做得出来。

【鉴赏】绝不能患得患失。如果过分看重得失，会错过人生旅途中的许多美好的东西，以至于原本就属于自己的东西也会失去。

其益如毫，其损如刀。

【语出】《魏书·高允传》。

【通讲】所得到的好处，如同毫毛；遭受的损失，好似以刀割肉。

【鉴赏】做事情要防止益小害大，得少失多。

骐骥不能与罢驴为驷，而凤凰不与燕雀为群，而贤者亦不与不肖者同列。

【语出】《史记·日者列传》。

【通讲】骐骥：骏马。罢：同"疲"。罢驴：劣驴。驷：同驾一辆车的四匹马。骏马不能与病驴同驾一辆车，凤凰不能和燕雀同群，而志行高洁的贤人当然也不能和不三不四的不肖者为伍。

【鉴赏】品格高洁的人不愿与品质低劣的人共处，这是人们的处世原则。不同道的人又怎能安然相处！

气忌盛，心忌满，才忌露。

【语出】明·吕坤《呻吟语·修身》。

【通讲】血气忌讳过盛，心胸忌讳过满，才华忌讳显露。

【鉴赏】一个人要有道德修养。血气要忌盛，做事要思前想后，避免做错事。要谦虚不自满。一个人有才华，必须懂得自处，不能过于显露，否则既让人觉得你不稳重、浮躁，又会招致忌恨。

气象要高旷，而不可疏狂；心思要缜密，而不可琐屑；趣味要冲淡，而不可偏枯；操守要严明，而不可激烈。

【语出】明·洪应明《菜根谭》。

【通讲】疏狂：狂放不羁的风貌。缜密：细致周全。琐屑：烦杂琐细。一个人的气度要高旷，却不可流于粗野狂放；心思要周详，却不可繁杂纷乱；生活情趣要清淡，却不可过于枯燥单调；言行志节要光明磊落，却不可偏激刚烈。

【鉴赏】一个人要想做到不偏颇、恰到好处，言行以至思想境界需要进行一个很长的磨炼过程。

轻财重气，卑躬厚士。

【语出】《陈书·蔡景历传》。

【通讲】看轻钱财而重视气节，谦逊待人而礼贤下士。

【鉴赏】处事的重要原则。

轻听发言，安知非人之谮诉？当忍耐三思；因事相争，焉知非我之不是，须平心再想。

【语出】明·朱用纯《朱子家训》。

【通讲】听了别人的话，不加以判断或求证就轻易相信，表达自己的意见，怎么知道不是以虚伪的事实挑拨是非，诬陷别人？应当好好地一再地考虑思索；因为事情相争，怎么能知道不是我的不是，一定要存心公正，冷静地思考、反省啊。

【鉴赏】要注意言语之间的是非，凡事都要三思而后行。

求个良心管我，留些余地处人。

【语出】清·王永彬《围炉夜话》。

【通讲】管我：严格要求自己，自我管理。要求自己有一颗良善的心，时时严格要求自己不违背它；给别人留一些余地，让别人也有容身之处。

【鉴赏】严于律己，则无事不可成功；宽于待人，则无人不可相处。

热火不燔，向者多焦。导水不溺，涉者多没。

【语出】明·何景明《郑子擢郎中序》。

【通讲】燔(fán)：烧。拿着火把的人，火烧不着他；而向着火飞去的，往往被烧焦了。引水的人水淹不着他，而从水里走过去的人往往会淹死在水里。

【鉴赏】拿火把的人是在为人们照明，引水的人是为他人造福，所以能够保全自已。而利己者往往欲望过多，常为争一己之利而大打出手，难免要吃大亏。

人该顺时，不可趋时。

【语出】清·申居郧《西岩赘语》。

【通讲】人应该顺应时世，不应该趋附时世。

【鉴赏】只有顺应时世，才能取得发展。

人光明磊落便是好人。

【语出】宋·朱熹《朱子语类》卷七十四。

【通讲】人只要能做到胸怀坦荡，光明正大，便是高尚的人。

【鉴赏】为人处世当襟怀坦白，心底无私。

人情反覆，世路崎岖。行不去处，须知退一步之法；行得去处，务加让三分之功。

【语出】明·洪应明《菜根谭》。

【通讲】人情：指人的情绪欲望。人世冷暖变化无常，人生道路崎岖不平。当你遇到困难走不通时，要明白退一步的方法；当你事业一帆风顺，一定要有谦让三分的胸襟和美德。

【鉴赏】人生之路高低曲折，当你遇到挫折时必须鼓足勇气继续奋斗。高歌猛进时，不要忘记救助那些穷苦的人，因为这样可以为你自已消除很多祸患于未然。

人情忌殊异，世路多权诈。

【语出】唐·韩愈《县斋有怀》。

【通讲】人情最忌讳的是随时变化，世间人事多权诈。

【鉴赏】人情因世事的权诈而经常发生变化，我们要根据变化的情况而加以很好地处置。

人善于自见，而文非一体，鲜能备善。是以各以所长，相轻所短。

【语出】三国魏·曹丕《典论·论文》。

【通讲】体：这里指作家特有的风格表现。鲜：少。备善：指兼有各种文体之长。人们善于表达自己的思想、感受，但文章风格却多种多样，很少有文章能够完美无缺。所以人们往往分别以自己的优点、长处，去攻击别人的不足。

【鉴赏】很少有人能齐备完善各种风格，在为文为人时，要多看到别人的优点，并以之为我所借鉴。

人生芳秽有千载，世上荣枯无百年。

【语出】宋·谢枋得《和曹东谷韵》。

【通讲】人生在世，品行无论是芳香高洁，还是污秽低下，都会在身后流传千载，但在世时无论是得志、落魄，还是荣华、困窘，却都是过眼云烟，极其短暂的。

【鉴赏】人活在世上，只有多做对国家、对人民有益的事，才能赢得后代人的仰慕。人的荣华富贵只是过眼云烟，唯一能留给后人的是人品和名声。

人生减省一分便超脱了一分。如交游减便免纷扰，言语减便寡愆尤，思虑减则精神不耗，聪明减则混沌可完，彼不求日减而求日增者，真桎梏此生哉！

【语出】明·洪应明《菜根谭》。

【通讲】愆：错误；过失。尤：怨恨。桎梏：古代用来锁绑罪犯的刑具，引申作束缚。人生在世能减少一些麻烦，就多一分超脱世俗的乐趣。交际应酬减少，就能免除很多不必要的纠纷困扰。闲言乱语减少，就能避免很多错误和懊悔。思考忧虑减少,就能避免精神的消耗。聪明睿智减少,就可保持纯真本性。假如不设法慢慢减少以上这些麻烦,反而千方百计去增加这方面的活动,就等于是用枷锁把自己的手脚锁住一生。

【鉴赏】人生中要减繁增静。为人处世固然需要小心谨慎,凡事三思,不过切忌思之极点,便会杞人忧天。有了欲念之后就会丧失纯真的本性。假如聪明过度,反而会危害到本身的生存,聪明反被聪明误。

人虽无艰难之时,却不可忘艰难之境;世虽有侥幸之事,断不可存侥幸之心。

【语出】清·王永彬《围炉夜话》。

【通讲】人生即使还没有遇到艰难困苦,但却不能忘记人生之路并非一帆风顺,也会遇到逆境;世界上虽然有侥幸取得成功的事情,但是一定不要希望通过侥幸取得成功。

【鉴赏】人即使一帆风顺,也要常思逆境的艰辛,更加小心谨慎,避免因一帆风顺而得意忘形。世界上会有侥幸之事,事情要取得成功必定要花费不少功夫和心力,心存侥幸是很愚蠢的。

人之过误宜恕,而在己则不可恕;己之困辱宜忍,而在人则不可忍。

【语出】明·洪应明《菜根谭》。

【通讲】恕:宽恕;原谅。困辱:闲穷屈辱。别人的过失和错误应该多加宽恕,可是自己有过失错误却不可宽恕;自己受到屈辱应该尽量忍受,可是别人受到屈辱就要设法替他消解。

【鉴赏】恕以待人,忍以制怒;待人要宽,律己要严。待人要宽,为的是给人自新的机会。待己要严,因为不严会使自己一错再错。以恕己之心恕人,就可以维护住人际之间的良好关系。

忍小忿而就大谋。

【语出】宋·苏轼《留侯论》。

【通讲】忿:愤恨。就:成功。做事情时如能忍受小小的忿恨就能成就远大的计划。

【鉴赏】小不忍则乱大谋。

日中必彗,操刀必割。

【语出】汉·贾谊《新书·宗首》。

【通讲】熭(wèi):晒;晒干。当太阳正当顶的时候,必须抓紧时间晒干东西;手里拿着刀的时候,必须用它来宰割。

【鉴赏】果断地处事,否则,后患无穷。

善谋生者,但令长幼内外,勤修恒业,而不必富其家;善处事者,但就是非可否,审定章程,而不必利于己。

【语出】清·王永彬《围炉夜话》。

【通讲】恒业:专业。善于谋求生活的人,只是使家中全体成员不分年纪大小,家内家外,都能勤奋地做好自己从事的事业,而不必去刻意追求富贵。会处理世事的人,只是就事情对与不对作出判断,在订立制度和章程时,一定不能光考虑到自己的利益。

【鉴赏】有远见的人并不刻意去追求如何大富大贵,而是教导子孙有稳定的职业和收入,使家庭用度如细水长流。要本着公正的态度来处理事体,而不能从自己的私利出发,这样才受到大家的尊敬。

上交不谄,下交不骄,则可以有为矣。

【语出】汉·扬雄《法言·修身》。

【通讲】与上面来往能做到不阿谀逢迎,与下面交往能做到不盛气凌人,这样就可以有所作为了。

【鉴赏】这是对上级、对下级正确的态度,也是人们修养的准则。

舍己毋处其疑,处其疑即所舍之志多愧矣;施人毋责其报,责其报并所施之心俱非矣。

【语出】明·洪应明《菜根谭》。

【通讲】舍己:牺牲自己。毋处其疑:不要存犹疑不决之心。假如一个人在关键时刻需要自我牺牲，就不应计较利害得失，有了计较得失之心就会对自己要做的牺牲感到犹疑不决，就会使志节蒙羞。一个人施恩惠给他人，绝对不要指望得到回报，如果责成人家感恩回报那原来帮助人的一番好心就会变质而面目全非了。

【鉴赏】舍己是紧要关头的自我牺牲；施人行善则是几十年如一日地自愿奉献。为了让别人活得更好些，自己默默奉献。

慎者美德也，而过用之，则流于葸。

【语出】清·朱之瑜《慎》。

【通讲】葸(xǐ)：害怕。谨慎是人的美德，但过于谨慎，就会与害怕胆怯等同起来。

【鉴赏】凡事不要过头，谨慎过头了，就会变成胆怯。

慎终如始，则无败事。

【语出】《老子》第六十四章。

【通讲】为人行事，结束能像开始一样兢兢业业，就不会有做不好的事。

【鉴赏】有始有终，就能做好一切事情。

生有益于人，死不害于人。

【语出】《礼记·檀弓上》。

【通讲】活着应有益于别人，死了也不要有害于活着的人。

【鉴赏】这是齐大夫国子高临死前说的话，要求“我死则择不食之地而葬我焉。”就是用无法耕种的贫瘠之地来埋葬他。这种临葬以俭、为后代着想的精神值得敬仰、学习。

圣人不积，既以为人，己愈有；既以与人，己愈多。天之道，利而不害；圣人之道，为而不争。

【语出】《老子》第八十一章。

【通讲】圣人不积累财富，尽全力帮助他人，自己反而更加充实富有；给予他人的越多，自己得到的也就越多。天之道，利万物而不害；圣人之道，追求有为而不争。

【鉴赏】舍与得,给予与获得,是同时并存的两个方面。给予的同时也就是在获得,坚持不断地给予,就一定会有大收获。中华民族是尚道义的民族。讲情重义、先义后利,是中国人数千年来一以贯之的道德准则和行为规范。要懂得互惠互利、彼此双赢,摆脱有你没我、有我没你的零和思维。

圣人敬小慎微,动不失时;百射重戒,祸乃不滋;计福勿及,虑祸过之。

【语出】《淮南子·人间训》。

【通讲】敬小慎微:对细小的事情也持谨慎的态度。射:预备。滋:发生;滋蔓。圣人注意细小的事情发生,行动不失时机。百种预备,多次提醒,灾祸才不会发生。对好事的考虑不要过多,对坏事的防备却一定要周到仔细。

【鉴赏】做每一件事,都应反复考虑,不可轻举妄动。这样尽可能做到志在必得,万无一失。

施惠无念,受恩莫忘;凡事当留余地,得意不宜再往。

【语出】明·朱用纯《朱子家训》。

【通讲】施:给予。惠:恩惠。给别人以好处,不要牢牢记着,接受了别人的好处千万不要忘掉;凡事都要留下可回旋之地,心满意足、称心如意的时候,不要一直向前。

【鉴赏】这是为人处世的正确办法,对我们仍有借鉴意义。

施于人而不忘,非天布也。商贾不齿,虽以事齿之,神者弗齿。

【语出】《庄子·列御寇》。

【通讲】天布:上天给人类的广泛赐予。不齿:不对话,引申指不与之交往。神者:精神上。施恩于人却总忘不了让人家回报,这违背了上天对人类广泛而普遍赐予的原则。施恩图报的人,连商人都瞧不起他而不愿与他交往;迫不得已与之交往时,内心还是蔑视他。

【鉴赏】这是对施恩于人者与受人之恩者双方提出的道德准则。但愿在市场经济社会里，这种施受原则及一切美好的精神传统能发扬光大！施恩不图报，这是中华民族的传统美德。我们给人家帮助，绝不图报。但对受助者来说，则应“受人滴水之恩，当思涌泉相报”。这是一种多么美好的人际关系准则。施方与受方才都越发大度、主动，结果人际关系越发和谐美好。

十分不耐烦，乃为人大病；一味学吃亏，是处事良方。

【语出】清·王永彬《围炉夜话》。

【通讲】乃为人大病：为人最大的缺点。处事轻浮，耐不得麻烦，是一个人最大的缺点；为人处世抱着宁可吃亏的态度，就是最好的处世之道。

【鉴赏】碰到麻烦事，应当审慎地处理，使其得到合理的解决，如果一事当头时马上暴跳如雷，只能自害。善于立身处世的人，都能够吃得亏，忍得气。宁可让人，不要别人让我。

士君子之处世，贵能有益于物。

【语出】北朝齐·颜之推《颜氏家训·涉务》。

【通讲】士人君子立身处世，贵在能对社会对他人做一些有益的事情。

【鉴赏】要努力做对社会有益的事情。

事但观其已然，便可知其未然；人必尽其当然，乃可听其自然。

【语出】清·王永彬《围炉夜话》。

【通讲】只要观察已经发生之事的情形，就可以预知将要发生的情况；一个人一定要尽其本分，然后才能听任其自然发展。

【鉴赏】如何观察事态的发展。事物都有其自身发展变化的规律，通过已经发生的事情，可以判断它未来的结果，如果上天能够提供良好的自然条件，加上自身十分的努力，就会功成名就。

事到手且莫急，便要缓缓想；想得时切莫缓，便要急急行。

【语出】清·金缨《格言联璧·处事》。

【通讲】遇事先要冷静思考,找到解决问题的最佳方法;考虑好后就要抓紧时机,赶快去做。

【鉴赏】凡事都要谋划好了才赶快去做。

事贵速成,后将受制于人矣。

【语出】《元史·囊加歹传》。

【通讲】做事应崇尚速成,落后则将受制于他人。

【鉴赏】做事要赶快做,落后是要挨打的。

事求可,功求成。用力少,见功多者,圣人之道。

【语出】《庄子·天地》。

【通讲】事情求可行,功业求成就。用的力气要少,获得的功效要多,这就是圣人之道。

【鉴赏】办可行之事,求可成之功,要成功之效。

事有知其当变而不得不因者,善救之而已矣;人有知其当退而不得不用者,善驭之而已矣。

【语出】清·金缨《格言联璧·接物》。

【通讲】知道事情应该改变但不得不按原来的做法去做的,只有婉转挽救而已;知道某人应该斥退但不得不任用的,只有妥善驾驭而已。

【鉴赏】处理事情和任用某人,都应该注重方式方法。

势利纷华,不近者为洁,近之而不染者为尤洁;智械机巧,不知者为高,知之而不用者为尤高。

【语出】明·洪应明《菜根谭》。

【通讲】势利:指权势和利欲。智械机巧:运用心计权谋。权利和财富使人眼花而乞求,不接近这些的人就清白,接近了而不受其污染那就更清白;权谋诡诈,不知道者算高明,知道了却不使用就更高明了。

【鉴赏】现实生活中必然遇到权势名利,有人格、有原则的人才可能出污泥而不染;也正为了保持自己的人格,而视权势如浮云,不耻于机巧权谋的运用。

是等辈人，如履泥涂，负于重石，渐困渐重，足步深邃。若得遇知识，替与减负或全与负。是知识有大力故，复相扶助，劝令牢脚。若达平地，须省恶路。无再经历。

【语出】《地藏菩萨本愿经·利益存亡品》。

【通讲】这些人，如行走在泥泞里，又背负了重石，渐渐便感到行走困难，渐渐地感到重压之累，脚步也渐渐地沉陷下去。如果碰到有知识的人，帮助他，给他减少重压，甚至全部除去他身上的重负。因为这有智慧、有知识的人，具有很大的力量，再去扶持他，就会使他的步伐稳定。如果走到了平坦的大道上，必须要反省那危险的道路，这样就不会再走到险道去了。

【鉴赏】人生就要敢于负重前行。

受不得屈，做不得事。

【语出】清·申居郧《西岩赘语》。

【通讲】忍受不了屈辱，就做不成大事。

【鉴赏】要办成大事，总要经历艰难险阻，总要受人阻挠，所以要忍受屈辱才能成功。

疏广散金以除子孙之祸。

【语出】晋·葛洪《抱朴子·守堉》。

【通讲】疏广：西汉宣帝时人，任太子太傅五年。后称病还乡，以宣帝所赐黄金广济乡人。汉朝的疏广把自己的钱财散发给邻里，使子孙无所仗恃，为后代消除了灾祸。

【鉴赏】给子孙留下的不应是钱财，而应是优良的家训家风。一些用自己的优裕条件惯坏子弟的人，应从中吸取教益。

树橘柚者，食之则甘，嗅之则香；树枳棘者，成而刺人。故君子慎所树。

【语出】《韩非子·外储说左下》。

【通讲】种植橘柚的人,吃起橘柚来则是甜的,闻起橘柚来是香的;而种植荆棘的人,荆棘长大后却会刺伤人。所以君子必须谨慎选择所种植的树木。

【鉴赏】这句出自韩非记录的一则寓言。通过这则以树代人的寓言,韩非告诫人们特别是拥有权势的上位者要认真慎重地选择下属、助手、朋友,以免到危急时刻反受其害。现在多引申为在做事之前要仔细严谨,深思熟虑,对可能产生的各种影响或后果进行预判,不然可能作茧自缚,引火烧身。

衰飒的景象就在盛满中,发生的机缄即在零落内。故君子居安宜操一心以虑患,处变当坚百忍以图成。

【语出】明·洪应明《菜根谭》。

【通讲】衰飒:凋落、枯萎,指境遇衰败没落。零落:指人事的衰败凋落。百忍:比喻极大的忍耐力。衰败零落的景象往往是在很早的繁茂时就种下祸根,机运转变的种子多半是在零落时就已经种下。所以君子应当在平安无事时保持清醒的理智,以便防范未来某种祸患的发生。一旦处身于变乱灾难之中,就要拿出毅力、咬紧牙关,坚定信念继续奋斗,以求事业成功。

【鉴赏】盛极必衰,居安思患。日月盈亏是自然规律,人生兴衰也是不断变化着的。盛的时候应保持清醒,防患于未然;衰的时候不应自暴自弃。

塑像栖神,盍归奉亲;造院居僧,盍往救贫。

【语出】清·金缨《格言联璧·惠吉》。

【通讲】与其雕塑神像让神居住,还不如回家侍奉父母;与其建造庭院留住僧人,还不如去救助穷人。

【鉴赏】敬奉神佛,不如孝顺亲人和救助穷人。

他骂我,我不听。不回言,人自评。升斗上,要公平。买物件,莫亏人。

【语出】明·无名氏《女儿经》。

【通讲】升、斗:古代的容量单位。处事要学会忍让,买卖要公平,不损人。任何事情世间都有公论。

【鉴赏】在处理与人关系时，要忍让，不损人。

太刚则折，至察无徒。

【语出】《晋书·周凯传》。

【通讲】察：看得清。徒：党徒；同一类或同一派别的人。过于刚直则会折断，极其明察就没有门徒。

【鉴赏】政治太苛刻就会使统治者与百姓之间不和睦，百姓就会怨声载道，对人太苛求，也会失去群众，我们后人治世处世一定要避免至刚至察。

贪夫徇财，烈士徇名，夸者殆权，众庶冯生。

【语出】《史记·伯夷列传》。

【通讲】徇：同"殉"。冯：同"凭"，依仗。贪利的人为财而死，好义的人为名而亡，夸耀权势的人死于争权，平民百姓追求生存。

【鉴赏】不为名利权势，做一个普通老百姓，倒可以获得生存。

谈说之术，齐庄以立之，端诚以处之，坚强以持之，譬称以谕之，分别以明之，欢欣愤满以送之，宝之，珍之，贵之，神之。如是则说常无不行矣。

【语出】汉·刘向《说苑·善说》。

【通讲】谈判游说的方法是：严肃慎重地树立自己的观点，正直诚恳地处理它，把持自己的观点要坚决强硬，常用譬喻来说明它，分门别类把事情讲清楚，根据情况，以或欢欣、或愤懑的明确表情传达自己的观点，让人觉得它珍贵难得、神妙莫测。如果这样，谈判游说能常常得到成功。

【鉴赏】论述了如何谈判，其中谈到谈判的基本手法值得借鉴。

螳螂捕物，鹊随其后。

【语出】《庄子·山木》。

【通讲】螳螂专心捕蝉，却忘记了鸟鹊在后面捕食它。

【鉴赏】警示人们不能见利忘害。在追求某一利益时，要警惕可能产生的危害。世间一切事物都处于某种被制约的地位，利和害，生和死，随时随地都存在着。

陶者能圆而不能方，矢者能直而不能曲。

【语出】宋·苏轼《送张道士序》。

【通讲】陶者：制陶器的人。矢者：造箭的人。制陶器的人能做圆的而不能做方的，造箭的人能做直的箭不能做弯曲的箭。

【鉴赏】用两个贴切的比喻，形容人行事圆通而方正，行为直率而不俯就。

天长地久。天地所以能长且久者，以其不自生，故能长生。是以圣人后其身而身先，外其身而身存。非以其无私邪？故能成其私。

【语出】《老子》第七章。

【通讲】不自生：不为自己而生存。天地是长久存在的。天地之所以能够长久存在，是因为它们的运行、存在不是为了自己，所以能够长久。因此圣人把自己摆在后面，反而在众人中会占先；面临危险时先把自身置之度外，结果反而能保全自己。不正因为他不自私吗？所以反倒成就了他自己的事业。

【鉴赏】老子说明利他（“退其身”“外其身”）和利己（“身先”“身存”）是辩证的关系，利他往往能转化为利己，老子想以此说鼓励大家都来利他，养成谦退无私的精神。

天地之养也一，登高不可以为长，居下不可以为短。

【语出】《庄子·徐无鬼》。

【通讲】一：同一；一样。登高：居高位，指人事而非自然物体。天地对人的养育是一样的，因此登上高位的人不可自以为高人一等，地位低下的也不必觉得比别人矮。

【鉴赏】人生在世，有人当高官，有人地位卑下。当官的不要高傲看不起别人，地位低下的也不必自卑。

天下之事,理胜力为常,力胜理为变。

【语出】明·冯梦龙《东周列国志》第十四回。

【通讲】理:公理。力:强权。常:正常。变:变异;反常。天下的事情,公理胜于强权是正常的,而强权战胜公理则是反常的。

【鉴赏】为人处世要讲公理,绝不能恃强凌弱,欺人太甚。

天下之至柔,驰骋天下之至坚。无有入无间,吾是以知无为之有益。

【语出】《老子》第四十三章。

【通讲】天下最柔弱的东西,能够驾驭和征服天下最坚硬的东西。无形的力量能穿透没有间隙的东西,我因此知道了"无为"是有好处的。

【鉴赏】阐述柔能胜刚、弱能胜强以及无为的好处。老子一贯主张"守柔""无为"。说明守柔才是常胜之道。

听言不可不察。不察则善不善不分。善不善不分,乱莫大焉。

【语出】《吕氏春秋·听言》。

【通讲】察:仔细考察。听取别人的意见不可以不仔细考察。不仔细考察就会善恶不分,善恶不分,混乱没有什么比这更严重的。

【鉴赏】对听取的意见,要仔细考察。否则,善恶不分,就会给国家和人民带来祸乱。

听言不厌其广,广则庶几其无壅;择之不厌其审,审则庶几其无误。

【语出】清·申涵煜《醒心短语》。

【通讲】听取意见,不要厌烦多,意见多了就不会有阻塞;选择可行的意见要不厌倦地仔细推敲,这样做事就不会有失误。

【鉴赏】要认真听取别人的意见。

听一边话,且莫判断是非,必细参两家情事,乃得。

【语出】清·申居郧《西岩赘语》。

【通讲】只听单方面的意见,就不要判断谁是谁非,必须兼听两方面的意见,才能辨清真实情况。

【鉴赏】要听双方意见,才能做出正确判断。

徒恐其兴一利即生一弊,多一事即生一害,屏而不为,则真因噎废食矣。

【语出】清·张培仁《洋务运动·论励精图治之益发》。

【通讲】只是害怕干一件有益的事会同时产生一些有害的影响,就干脆什么也不干,那就真像"因噎废食"了。

【鉴赏】要么不图有政绩,但也绝不会犯什么错误;要么大有作为但要冒风险。这也需要领导者审时度势,有的放矢、灵活运用。

亡我者,我也。人不自亡,谁能亡之?

【语出】明·吕坤《呻吟语·修身》。

【通讲】消灭我的人,只能是我自己。人如果不自我毁灭,谁还能够使他灭亡呢?

【鉴赏】如果我们自己能够很好地处世为人,安贫乐道,无私利人,自然不会招来横祸的。否则,亡我的只能是我们自己,而不是别人。

为善不积邪,安有不闻者乎?

【语出】《荀子·劝学》。

【通讲】邪:同"耶",疑问词。做好事只怕不能积累吧,哪有能积累而不被人知道的呢?

【鉴赏】坚持行善,那么他总是会得到好报的。

为善之端无尽,只讲一让字,便人人可行;立身之道何穷,只得一敬字,便事事皆整。

【语出】清·王永彬《围炉夜话》。

【通讲】端:指事物的一头或一方。无尽:无尽头。做善事的方法是没有止境的,只要能做到一个让字,那么人人都可以行善;立身处世的方法也很多,只要做到一个敬字,那么就能事事理顺。

【鉴赏】要做到为善在让、立身在敬。这是为人处世之道。让就是与世无争,并能主动地舍弃。敬就是敬人,要做到面色温和文雅,气色平易近人,才能事事理顺。

为无为,事无事,味无味。大小多少,报怨以德。图难于其易,为大于其细;天下难事,必作于易;天下大事,必作于细。是以圣人终不为大,故能成其大。夫轻诺必寡信,多易必多难。是以圣人犹难之,故终无难矣。

【语出】《老子》第六十三章。

【通讲】以"无为"的态度去作为,以"无事"的方式去做事,以无味作为味。大生于小,多起于少,用恩德去报答怨恨。解决困难的事要从容易的地方着手,做大事情要从细小的地方入手。天下的难事,一定从简易开始;天下的大事,必定从细微的小事开始。所以有"道"的圣人永远不认为自己在做大事情,才能成就大事。轻易答应别人的要求,一定很少遵守信约;把事情看得太容易,遇到的困难就一定多。因此有"道"的圣人遇到事情都把它看得很困难,所以最终也就不困难了。

【鉴赏】阐述了做事原则,大是由小积累而成的,做大事应由做小事开始,不应该看轻小事。这里还体现了老子朴素的辩证法思想,大和小、难和易,这都是辩证统一的,没有易就没有难,没有小就没有大,反之亦然。

为子孙作富贵计者,十败其九。

【语出】宋·李邦献《省心杂言》。

【通讲】替子孙作富贵打算的人,十个有九个要失败。

【鉴赏】不要为子孙做牛马,子孙自有子孙福。

畏首畏尾,身其余几?

【语出】《左传·文公十七年》。

【通讲】前也怕,后也怕,身上还剩多少是不怕的?

【鉴赏】鲁文公十七年，晋灵公认为郑穆公亲附楚国，因此在与宋、卫等国国君会盟时不肯会见郑穆公。郑国子家写了封信给晋灵公，信中说郑国位于晋、楚两大国之间，北边怕晋国，南边怕楚国，没有应邀出席盟会实在是无奈之事，并引用古语“畏首畏尾，身其余几”，请求晋国不要逼郑国投靠楚国。此句形容胆子小，疑虑重重。它提醒人们：办事要果断坚决，不能总是忧心忡忡，陷于畏惧之中。如果总是患得患失，前怕狼后怕虎，以致束手无策，就会坐失良机。

我不希荣，何忧乎利禄之香饵？我不竞进，何畏乎仕宦之危机？

【语出】明·洪应明《菜根谭》。

【通讲】饵：可以达到诱惑人目的的东西。竞进：与人争夺。我如果不希望荣华富贵，又何必担心他人用名利作饵来引诱我呢？我如果不和人竞争高低，又何必恐惧在官场中所潜伏的宦海危机呢？

【鉴赏】古代官场中四处布满陷阱充满荆棘，人们为人处世要想不误蹈陷阱、误踏荆棘，最好是把荣华富贵和高官厚禄都看成过眼烟云。陷阱对于想图功名者来说才是陷阱，而对于轻名利者则不是陷阱，不希荣达，则不畏权势。

我有功于人不可念，而过则不可不念；人有恩于我不可忘，而怨则不可不忘。

【语出】明·洪应明《菜根谭》。

【通讲】功：对他人有恩或帮助的事。过：对他人的歉疚或冒犯言行。自己帮助或救助过别人的恩惠，不要常常挂在嘴上或记在心头，但是对不起别人的地方却不可不经常反省；别人曾经对我有过恩惠不可以轻易忘怀，别人做了对不起我的地方不可不忘掉。

【鉴赏】一个有修养的人待人的恩怨观是以恕人克己为前提的。为人不可斤斤计较，少想别人的不足、别人待我的不是；别人于我有恩有劳应记取于心。多看别人的长处，多记别人的好处，人际关系就和谐了。

我有三宝,选而保之。一曰慈,二曰俭,三曰不敢为天下先。慈故能勇;俭故能广;不敢为天下先,故能成器长……夫慈,以战则胜,以守则固。天将救之,以慈卫之。

【语出】《老子》第六十七章。

【通讲】成器长(zhǎng):成为万物的首长。我有三件宝贝,我掌握并保存着它们。第一件叫慈爱,第二件叫节俭,第三件叫不敢处在天下人的前边。因为慈爱,所以能勇敢;因为节俭,所以能富裕;因为不敢处在天下人的前边,所以能做万物的首长……慈爱,用它去征战就能获胜,用它去守卫就能巩固。上天要救助谁,就用慈爱去卫护谁。

【鉴赏】慈、俭是中华民族的传统美德。"不敢为天下先",一方面有谦逊的精神,另一方面却显得懦弱,是老子"无为"思想的具体表现之一,这是要注意的。

无论作何等人,总不可有势利气;无论习何等业,总不可有粗浮心。

【语出】清·王永彬《围炉夜话》。

【通讲】势利气:趋炎附势、唯利是图的习气。粗浮心:粗俗、浮躁的心情。无论选择什么样的做人方法或你是什么样的人,都不能够有趋炎附势、追名逐利的习气;无论你选择什么样的事业,都不能够有心气轻浮、粗俗急躁的心思。

【鉴赏】做一个人,不能做势利的人,也不能做虚浮的人。他们只有地位和财产,不懂得人生有比财富和地位更重要的东西。他们做起事来,往往是肤浅虚浮,不切实际。终究会一事无成。这是不可取的。

毋偏信而为奸所欺,毋自任而为气所使;毋以己之长而形人之短,毋因己之拙而忌人之能。

【语出】明·洪应明《菜根谭》。

【通讲】气:发扬于外的精神,此处指一时的意气。形:对比。一个人不要误信他人的片面之词,以免被一些奸诈之徒所欺骗;不要过分信任自己的才干,以免受到一时意气的驱使;不要仰仗自己的长处去对比人家的短处;尤其不要由于自己笨拙,就嫉妒他人的才能。

【鉴赏】一个人要有很好的修养,往往具备公正、无私、诚恳、同情的品性,而杜绝偏袒、自私、欺骗、嫉妒等。人有本领、能力强是好事,但如果借此而形成许多恶习,便变成了坏事。

勿贪意外之财,勿饮过量之酒。

【语出】清·朱用纯《朱子治家格言》。

【通讲】不要贪图不应该得到的财物,不要饮用超量的酒。

【鉴赏】不贪财,不酗酒,这是为人的基本。

勿吐无益身心之语,勿为无益身心之事,勿近无益身心之人,勿入无益身心之境,勿展无益身心之书。

【语出】清·金缨《格言联璧·持躬》。

【通讲】不要说对自己身心无益的话,不做无益身心的事,不接近无益身心的人,不进入无益身心的环境,不看无益身心的书籍。

【鉴赏】外部因素对一个人的影响是显而易见的,如果与品行不端的人为伍,如果生活在污浊的环境中,如果阅读了有害的书籍,对他们的健康生长都极其不利,因此要尽可能地远离这些不良的外部环境,同时青少年本身更要加强自身的道德修养,提高自身免疫力,不做无益身心健康的事,只有这样,才能健康成长,成为社会的栋梁。

悉能破坏一切恶趣,悉能远离一切恶友,悉能制伏一切外道。

【语出】《大方广佛华严经·入不思议解脱境界普贤行愿品》。

【通讲】全都能够破坏所有一切的恶道恶趣,全都能够远远地离开一切的恶友,全都能够制伏一切的外道,不让他妨害修正道的人。

【鉴赏】环境对人的成长影响极大,要远离一切坏的人和物。

闲中不放过,忙处有受用;静中不落空,动中有受用;暗中不欺隐,明处有受用。

【语出】明·洪应明《菜根谭》。

【通讲】在闲暇的时候不要轻易放过宝贵的时光,要利用空闲做些事情,等到忙碌紧张时就会有受益不尽之感;当安闲的时候也不要忘记充实自己的精神生活,等到大批量的工作到来之时才会有从中得利之感;当你一个人静静地在无人处,却能保持你光明磊落的胸怀,既不生邪念也不做坏事,那你在众人面前、在社会、在工作中就会受到人们的尊重。

【鉴赏】做事做人都不是一朝一夕就能功德圆满、功成名就的,平时不抓紧时间积累知识,平时不注意修身养性,指望临时受用,不可能有长久的效果。一个君子必须注意平时的磨炼、积累,才会临事有一定之规,做事有一定见识。

小处不渗漏,暗处不欺隐,末路不怠荒,才是个真正英雄。

【语出】明·洪应明《菜根谭》。

【通讲】渗漏:侵蚀;走漏。怠:懒惰无进取心。荒:颓丧不上进。做人做事就是细微的地方也不可粗心大意,有所疏漏;即使在没人听见没人看见的地方,也绝对不可以做见不得人的坏事;尤其是处于穷困潦倒不得意的时候,仍旧不要失去奋发上进的雄心壮志。这样的人才算得上是真正有作为的英雄。

【鉴赏】一个人的成就是平时点滴积累而成的。从大处着眼、小处着手,意志、品德、待人,无不从小处做起,一个人一生的事业成功与失败,往往就在于一些不为人所注意的小节上,欲有为者应大处着眼,小处着手,千里之行,始于足下。

小事糊涂,大事不糊涂。

【语出】宋·朱熹《宋名臣言行录前集》。

【通讲】小事情模模糊糊,大事情一点不含糊。

【鉴赏】大是大非,要认真对待,鸡毛蒜皮的小事不必计较。否则,捡了芝麻,丢了西瓜。

些小利,莫见尽;论彼此,俗了心。学大方,人自称。

【语出】明·无名氏《女儿经》。

【通讲】尽:此指为求得些小利益而竭力去达到极端。俗:庸俗。称:赞扬。不要为达到某些小利益而斤斤计较彼此都不让步,这样不但得不偿失,还伤了和气。宽容他人,大方待人处事的作风,自然会得到人们的赞扬。

【鉴赏】在处理与人关系时,要让步,要宽容。

心能辨是非,处事方能决断;人不忘廉耻,立身自不卑污。

【语出】清·王永彬《围炉夜话》。

【通讲】廉:清正廉洁。耻:可耻;耻辱。古人将孝、悌、忠、信、礼、义、廉、耻作为基本的道德标准。卑:人格低下。污:贪污受贿。心中能够辨别什么事情是不正确的,处理事情就能做出决断;人能不忘记廉耻之心,为人处事就不会做出品行低下的事。

【鉴赏】人要有正确的立场,能明辨是非,从而有正确的判断力和果敢的决断力。立身处世就不会迷失方向,不忘廉耻。

兴一世之功,不当恤流俗之议也。

【语出】明·归有光《寄王太守书》。

【通讲】恤:担忧。要想建立划时代的功业,就不应该把一般没有远见的人的议论放在心上。

【鉴赏】建立旷世之功的事业,往往要遭到目光短浅的人的反对。应力排众议,坚持到底,取得成功。

行事不可任心,说话不可任口。

【语出】清·申居郧《西岩赘语》。

【通讲】做事不可随心所欲,说话不可信口开河。

【鉴赏】做事说话都要小心谨慎。

性躁心粗者一事无成,心和气平者百福自集。

【语出】明·洪应明《菜根谭》。

【通讲】性情急躁粗心大意的人,做什么都不容易成功以致一事无成;性情温和心绪平静的人,往往各种福分会自然到来。

【鉴赏】人遇事宜心平,做事宜气和。只要冷静观察,自然相处,不强求,自然就无烦恼。真是性躁无功,平和徼福。

胸怀广大,须从平淡二字用功。凡人我之际,须看得平,功名之际须看得淡,庶几胸怀日阔。做好人,做好官,做名将,俱要好师,好友,好榜样。

【语出】《曾胡治兵语录·尚志》。

【通讲】一个人要胸怀广大,只有从"平淡"两个字上下功夫。凡为人处事,要有平常之心,对功名要看得淡。这样,胸怀就会日渐开阔。做好人,做好官,做名将,必须要有好的老师,好的朋友,好的榜样。

【鉴赏】对待功名必须看淡。

一念慈祥,可以酝酿两间和气;寸心洁白,可以昭垂百代清芬。

【语出】明·洪应明《菜根谭》。

【通讲】昭:明。垂:流布。一念之间的慈祥,可以创造人际的和平之气;心地纯洁清白,可以使美名千古流传。

【鉴赏】为人处世慈祥清白,是非常重要的。日常生活同样要检点自己,从待人到律己都应保持心灵的完美,所谓与人为善、处事勿贪。坚决拒贿,认真修身养性,以便保持寸心洁白而留清名。

一念收敛,则万善来同;一念放恣,则百邪乘衅。

【语出】明·吕坤《呻吟语·存心》。

【通讲】一个念头收敛约束,则众多美好的事物都会前来与它相聚;一个念头放纵恣肆,则众多邪恶都会乘虚而寻衅侵害。

【鉴赏】没有我们的心灵,我们将不会感受和意识到任何一种事物。天堂地狱之门都是由你自己亲手打开的。做人要仔细慎重,自我修养的进程要锲而不舍,不能任意放松对自己的要求,就能维持心灵的纯净平和,达到精神的天堂。

一失脚成千古恨,再回头是百年人。

【语出】明·唐寅《废弃诗》。

【通讲】失脚:失足,比喻堕落或犯严重错误。千古:久远的年代。百年:人的一生;终身。百年人:百年之后的人,指已经死去的人。一旦堕落或犯了严重的错误,就将遗恨终生,要想不犯这个错误已是下一辈子的事了。

【鉴赏】人立身处世要谨慎,免得出事后后悔莫及,悔恨终身。诗句劝人处事谨慎、莫误迷途,以免影响前程,后悔不及。全联造语警切,立论肯綮,具有指导人生、警醒世人的教育意义。

宜如临深渊,如履薄冰,战战栗栗,日慎一日。

【语出】《后汉书·光武帝纪上》。

【通讲】应该像面临着深渊和在薄冰上行走一样提心吊胆,害怕得发抖,一天比一天更加谨慎。

【鉴赏】这是刘秀称帝后的第二年颁布的一道诏书,目的是告诫为他登位立下汗马功劳的功臣们要时刻保持谨慎的态度。事业成功时,就要以"如临深渊,如履薄冰"的态度来待人接物,才能持盈保泰,永享幸福。

宜未雨而绸缪,毋临渴而掘井;自奉必须俭约,宴客切勿留连。

【语出】明·朱用纯《朱子家训》。

【通讲】宜:应当。绸缪:缠缚,这里指修好房子,引申指预先做好准备工作。毋:不可以。临:到了。自奉:个人的生活消费。俭约:俭省;节约。宴:请宾客朋友喝酒吃饭。切:务必,有绝对的意思。勿:不可以。留连:依恋,此处作无节制、挥霍、浪费解。还没有下雨,就应该修好房子做好准备;不要口渴了才去挖井;个人生活消费必须节约,宴请客人也必须节制,不能浪费。

【鉴赏】凡事预则立,预先都要做好充分的准备。我们处事时,事前要有预见、有准备,而不要事到临头才应对。人无远虑,必有近忧。人要有远见、计划或者准备,才能不至于"临时抱佛脚",或者手忙脚乱。做事要预先做好准备。生活要节俭,待客也不要浪费。

以患难时心居安乐,以贫贱时心居富贵,以屈局时心居广大,则无往而不泰然。以渊谷视康庄,以疾病视强健,以不测视无事,则无往而不安稳。

【语出】明·吕坤《呻吟语·人情》。

【通讲】在身处患难的时候，心里却感觉身处在安宁欢乐的环境里；在贫穷卑贱的时候，心里却感觉身处在富贵荣华的环境中；在受到屈辱而局促的时候，心里却感觉处在那广阔高大的空间里。能做到这些，也就无往而不能够感到泰然自若了。如果能以渊谷看待康庄大道，能以疾病看待强壮健康，能以突发灾祸看待平安无事。那么，也就到哪里都是安定平稳的感觉了。

【鉴赏】怎样对待生活？在那祸患灾难的时候，心里却很安乐，能够把生活看透了，一切幸运或者倒霉，都是正常的生活，也就没有什么悲哀与痛苦了。不把任何逆境放在心上。时时换个角度看问题，做好预防和自我克制，就会处乱不惊，从容应对任何事变和不测。

易以理服，难以力胜。

【语出】宋·苏轼《两浙转运副使孙昌龄可秘阁校理知福州》。

【通讲】理：道理。力：暴力。（对待百姓）容易用道理使其服从，难以用暴力去战胜。

【鉴赏】无论治理社会，还是处理人与人之间的关系，都要善于以理服人，不能用暴力强制。

营大者不计小名，图远者弗拘近利。

【语出】《北史·太武五王传》。

【通讲】干大事情的人不计较小的名声，追求远大理想的人不拘泥于眼前利益。

【鉴赏】眼睛要看得远些。

有一念而犯鬼神之禁，一言而伤天地之和，一事而酿子孙之祸者，最宜切戒。

【语出】明·洪应明《菜根谭》。

【通讲】酿：本来当制酒解，此处是造成的意思。切戒：深深地引以为戒。假如有一种念头触犯了鬼神的禁忌，有一句话破坏了人间祥和之气，或者做一件事成为后代子孙祸根，所有这些行为都必须特别加以警惕、加以警戒。

【鉴赏】立身处世,小心谨慎,每做一事,要为自己着想,要为别人着想;要看眼前,也要为子孙后代考虑,多为自己的儿孙积阴德。

与小人处,一分计较不得,须要放宽一步。

【语出】明·吕坤《呻吟语·应务》。

【通讲】在与小人相处的时候,少与他斤斤计较,必须要对他放宽一步才行。

【鉴赏】小人工于心计,什么事情都会干出来,所以君子得饶人处且饶人,不必与小人斤斤计较。跟小人斗智斗法有时贬低自己人格,浪费时间与情感。

遇故旧之交,意气要愈新;处隐微之事,心迹宜愈显;待衰朽之人,恩礼当愈隆。

【语出】明·洪应明《菜根谭》。

【通讲】隐微:隐私的小事。衰朽:年老力衰的人。遇到多年不见的老友,情意要特别真诚,气氛要特别热烈;处理某种隐秘事时,居心要特别坦诚,态度要特别开朗;服侍身体衰弱的老人,举止要特别殷勤,礼节要更加周到。

【鉴赏】对待老友,对待老人,在无人知晓的地方办事,都要热情、光明磊落,才能显示出不平凡的人格。一个人在接待和处事上可以充分表现出修养的高低。要立身于世,这是起码的知识。

遇事之易者未足喜,遇事之难者未足忧。

【语出】宋·吕祖谦《左氏博议·楚屈瑕败蒲骚》。

【通讲】碰上容易做的事不要显得十分高兴,碰上难做的事不可以忧心忡忡。

【鉴赏】看起来容易做的事不一定能做好,似乎难做的事不一定就做不好。说明对易做之事不可掉以轻心,对难做之事不可丧失信心。

御物以慈，节财以俭，有典有则，不矜不骄。

【语出】《宋史 · 张昭传》。

【通讲】处理事务，慈悲为怀；对待钱财，以俭为要；依法办事；不可傲慢。

【鉴赏】这是国家工作人员应有的品质。

在官惟明，莅事惟平，立身惟清。

【语出】汉 · 马融《忠经 · 守宰章》。

【通讲】做官要明察秋毫，处理事务要公平，为人处世要清正廉洁。

【鉴赏】明智、公平、清廉是官员的基本品格，官员要认真养成。

在上位不陵下，在下位不援上。

【语出】《中庸 · 十三章》。

【通讲】身居要职，不欺压下属；地位卑下，不趋炎附势。

【鉴赏】这是处理上下级关系的正确做法。

在下之人，负其能不肯谄其上；上之人，负其位不肯顾其下。

【语出】唐 · 韩愈《与于襄阳书》。

【通讲】负：自负。身居下位的人，因自己有才能而自负，不肯屈从于他的上司；身居上位的人，因自己有地位而自负，不肯顾惜自己的属下。

【鉴赏】描写上下关系的世态习俗：下不屈从于上，上不顾惜于下。

志不慑者，得于预备；胆易夺者，惊于猝至。勇者能搏猛兽，遇蜂蠆而却走；怒者能破和璧，闻釜破而失色。

【语出】元 · 吴亮、许名奎《劝忍百箴 · 变之忍》。

【通讲】志不能被屈服者，得之于事先有所准备；轻易就被吓破胆者，受惊于变故仓促而至。能够搏击猛兽的勇士，遇到蜂蝎却往往退却；愤怒时能够打碎价值千金玉石的人，却不免因为锅被打破而失色。

【鉴赏】如何面对突发事件？为人处世不先把计划构想好，就没有办法应付仓促的变故。

治官事当如家事，惜官物当如己物。

【语出】《宋史·冷应澂传》。

【通讲】治理官事应当如同家事，爱惜官物应当如同己物。

【鉴赏】办理公务如同办理家事，就会认真、快速；把公家的东西看作自己的东西，就会关心、爱惜，不会浪费。这是每个公务员应有的操守。

逐鹿者，不顾兔；决千金之货者，不争铢两之价。

【语出】《淮南子·说林训》。

【通讲】猎取和追赶麋鹿的人，就顾不着去捉兔子；决定价值千金货物的买卖人，就不会为微小的差价而争执不休。

【鉴赏】顾兔和争铢两之价是不明智的，因为鹿大于兔，千金重于铢两。办事不能因小失大。

追虎不可无退步，追贼不可无去路。

【语出】清·牛树梅《天谷老人小儿语补》。

【通讲】去路：离开的路，即退路。追逐老虎，须给自己留下后退的地步；追赶窃贼，要给自己留下后退的道路。

【鉴赏】办任何事，都要考虑留点后路，不要把事做绝，把路走尽。

自处超然，处人蔼然；无事澄然，有事斩然；得意淡然，失意泰然。

【语出】清·金缨《格言联璧·存养》。

【通讲】独处时超脱一些，和人相处和蔼一些；无事时安定心性，有事时迅速果断；志得意满时把一切看淡一些，困顿失意时泰然处之。

【鉴赏】人在不同的处境下应有不同的对待态度。

作本色人，说根心话，干近情事。

【语出】明·吕坤《呻吟语·修身》。

【通讲】做率真的人，说真心的话，干通情达理的事。

【鉴赏】做老实人，说老实话，干老实事。这才是最实在的。

2 待 人

报怨以德。

【语出】《老子》第六十三章。

【通讲】对于和我有怨恨的人，用恩惠来对待他，如此就可化敌为友。

【鉴赏】人要有仁慈心，给怨恨自己的人以恩惠，就可以化敌为友、和谐相处，对人对己，都有好处。

本根厚而后枝叶茂，每事宽一分即积一分之福……揆之天道，证之人事，往往而合。

【语出】明·吴麟徵《寄六弟玉书》。

【通讲】揆：揣度；考察。树木只有根深然后才能有枝叶繁茂，每件事宽容一点就积了一分福报……考察天道，求证于人事，往往相合。

【鉴赏】对人对事一定要宽厚。

宾至如归，无宁灾患，不畏寇盗，而亦不患燥湿。

【语出】《左传·襄公三十一年》。

【通讲】客人到这里就像回到自己家里一样，没有灾患，不怕盗贼，也不怕干燥或潮湿。

【鉴赏】春秋时，郑国子产奉命出访晋国。晋平公因为鲁国有丧事，没有接见他。子产就派人把接待外宾的宾馆围墙拆掉，把车马赶进去。晋国大夫士文伯责备子产说，我们为保证诸侯宾客的安全，修缮好宾馆，造了高高的大门，筑了厚厚的墙垣。现在你们把墙拆了，宾客的安全由谁负责？子产回答说，郑国狭小又夹在大国之间，随时要向大国进贡。这次贵国国君没有空闲接见我们，我们带来的礼物既不敢冒昧进献，又不敢让它们日晒夜露，造成腐坏。我听说晋文公做盟主时，接待诸侯宾客的宾馆高大宽敞，就像自己的正厅。宾客来了，就像到家里一样。如今，你们的离宫宽广,却把宾客安顿在像给下人住的地方,门口窄小得连车子都进不去,宾客来了也不知什么时候才能被接见。士文伯回去向晋平公报告。晋平公自知理亏,派士文伯向子产赔礼道歉,新建了接待诸侯的宾馆。"宾至如归"一词已成为成语,形容主人待客的殷勤、热情、周到,起居饮食舒服,让客人感觉就像回到自己家里一样。

不乘人于利,不迫人于险。

【语出】汉·刘向《新序·杂事四》。

【通讲】乘:趁;因利乘便。险:危难。不钻人家的空子取利,也不会在人有危难之时落井下石。

【鉴赏】与人交往要光明正大。

不吹毛而求小疵,不洗垢而察难知。

【语出】《韩非子·大体》。

【通讲】疵:疤痕;毛病。垢:污垢;肮脏的东西。不要吹开皮上的毛发去找寻里面的小疤痕,不要洗掉肮脏的东西去细究难以知道的毛病。

【鉴赏】这两个比喻常用以形容古时候顾全大局者不会寻察细微的问题,不会轻易予人以罪。由此演变出成语"吹毛求疵"。现今可用以表述在人际关系的处理中,对待他人要看主要方面,对人持一种较为宽容的态度,不要有意挑剔别人的毛病、缺点、过错。

不见其诚己而发,每发而不当;业入而不舍,每更为失。

【语出】《庄子·庚桑楚》。

【通讲】自己并非真诚却任意表现情感,必然屡屡陷入窘境。遇事有先入成见而不放弃,后面每一步都会错误。

【鉴赏】以诚待人,真诚的人是不会放任自己的,这也是取得他人信任尊重的重要原因。

不敬他人,是不自敬也。

【语出】《旧唐书·席像传》。

【通讲】不尊重别人,等于是不尊重自己。

【鉴赏】在人际关系中,要懂得尊重别人。

不面誉以求亲,不愉悦以苟合。

【语出】三国魏·杜恕《体论》。

【通讲】不当面赞美别人以求得对自己的好感,不无原则地保持一团和气。

【鉴赏】在处理人与人关系上的最佳方法。

不以众人待其身,而以圣人望于人,吾未见其尊己也。

【语出】唐·韩愈《原毁》。

【通讲】不以对众人的标准对待自身,却拿圣人的标准去要求别人,我实在看不出他是尊重自己啊。

【鉴赏】对别人要求不要太高,对自己要求不要太低。

不责人所不及,不强人所不能,不苦人所不好。

【语出】隋·王通《中说·魏相》。

【通讲】责:责求;苛求。强:勉强;强迫。苦:使人窘迫。好:喜欢。不要责求别人做所不能做的事,不要强迫别人做所不擅长的事,不要苦逼别人做所不喜好的事。

【鉴赏】在人际交往中,要注意不要强人所难。

不责人小过,不发人阴私,不念人旧恶。

【语出】明·洪应明《菜根谭》。

【通讲】不要找他人的小毛病,不要揭发他人私生活中的缺陷,不要一直记住他人过去的错误。

【鉴赏】此“三不”应成为我们处事待人的原则,这有利于人和人之间的和谐。

乘人之危,非仁也。

【语出】《后汉书·盖勋传》。

【通讲】趁着别人遇难的时候,而去要挟、侵害人家,这不是有道德的人所能干出来的。

【鉴赏】劝人不能落井下石。

冲撞我,只在心;分尊我,固当敬;分卑我,也莫陵。

【语出】明·无名氏《女儿经》。

【通讲】冲撞:因口语或行动的不礼貌而冒犯。分:辈分;地位。卑:辈分、地位都低的人。陵:通“凌”,欺辱。人与人接触多会发生摩擦。如果别人冒犯了自己,你应该把对他的不满放在心里,并逐渐忘掉。辈分比我大,地位比我高的人当然要尊敬:即使辈分和地位都比我低的人,也不要去欺辱他,而应该同样尊重他。

【鉴赏】劝诫女子在与他人关系中的行为规范。

处难处之事愈宜宽,处难处之人愈宜厚。

【语出】清·金缨《格言联璧·处事》。

【通讲】处理难以处理的事更应该宽松,与难以相处的人相处更应该亲厚。

【鉴赏】难处理的事情,时间应该宽松些,才能处理好;对难以相处的人,应该亲近宽厚,才会与人之相好。

处身不妨于薄,待人不妨于厚;责己不妨于厚,责人不妨于薄。

【语出】明·吕坤《呻吟语·修身》。

【通讲】对待自己,可以多一些刻薄;但对待他人,最好是能够仁厚一些。责备自己的时候,不妨严厉一些;责备他人的时候,不妨宽松一些。

【鉴赏】在处理个人与社会、他人之间的关系时,要宽以待人、严于律己,才会使自己更从容地适应社会。

处世以讥讪为第一病痛。

【语出】明·吕坤《呻吟语·修身》。

【通讲】为人处世的最大毛病是喜欢讥笑别人。

【鉴赏】讥笑人会让人伤心。

处事要代人作想。

【语出】清·王永彬《围炉夜话》。

【通讲】处理事情要多站在他人立场上,为人着想。

【鉴赏】一个人了解别人比较容易,了解自己却比较困难。在立身行事时,常将此情思彼情,严于律己,宽以待人。

但责己,不责人,此远怨之道也;但信己,不信人,此取败之由也。

【语出】清·王永彬《围炉夜话》。

【通讲】远怨之道:远离怨恨的途径。只对自己严格要求,而又不苛求于他人,这是远离怨恨的处事方法;只相信自己,不相信他人,这是导致失败的处事方法。

【鉴赏】处理人际关系,要掌握两个原则:一是责己不责人,二是信己也信人。与其让别人适应自己,不如自己主动去适应别人,多反省自己,少指责别人,只信任自己,不相信别人的人,自己先有失信之意。不与人为善,自然难与人合作,也许失败就由此而始。

当着矮人,别说矮话。

【语出】清·曹雪芹《红楼梦》第四十六回。

【通讲】当着有短处人的面,不要说他的短处。

【鉴赏】批评要注意方式方法。

道不加修,则贤者不与;文日益有名,则同进者忌。

【语出】唐·韩愈《与陈给事书》。

【通讲】修:修养。与:交往。忌:嫉妒。道义不加修养,有德行的人就不愿与之交往;文章日益有名,同道者就会嫉妒。

【鉴赏】说明苛求人、为人清高以及嫉妒人的世态习俗。

得饶人处且饶人。

【语出】明·冯梦龙《醒世恒言》卷五。

【通讲】能饶恕人的地方就饶恕人。

【鉴赏】劝人心肠要宽厚，做人不要太刻薄，给人方便就是给自己方便。切莫为琐事跟他人斤斤计较。

甘受人欺，定非懦弱；自谓予智，终是糊涂。

【语出】清·王永彬《围炉夜话》。

【通讲】懦弱：是指胆小怕事、软弱无能。甘愿受人欺侮的人，一定不是懦弱之辈；自认为有智慧者，终究是个糊涂的人。

【鉴赏】在处理人与人的关系上，应该多忍让，即使受人欺负，也不必太计较，自以为聪明的人，往往看不到自己的糊涂之处，反而误事。

苟所言出于忠诚，虽事不尽是，犹欢然受之。

【语出】晋·傅玄《傅子·通志》。

【通讲】只要所说的话出于真诚之心，即使说得不全对，别人也会欣然接受的。

【鉴赏】人一定要以真诚之心待人。

古之君子，其责己也重以周，其待人也轻以约。

【语出】唐·韩愈《原毁》。

【通讲】古时候的君子，他们对自己要求严格而全面，对别人则宽容而简单。

【鉴赏】“严以律己，宽以待人”，应该是我们为人处世的准则。只有这样做，大家相处得才会融洽，才会对自己的人生、事业有所帮助。

故人行事施予，以利之为心，则越人易和；以害之为心，则父子离且怨。

【语出】《韩非子·外储说左上》。

【通讲】所以一个人做事和助人时，如果从对他人有利处出发考虑，那么与疏远的越国人也容易和谐相处；如果从对他人有害处出发考虑，那么父亲和儿子之间也会分离并产生怨恨。

【鉴赏】韩非对于“利”“害”二字，分析十分透彻。社会是人类群体的共同体，作为个体的人需要和其他不同的个体打交道。生活中，为人处事多为他人考虑，时时换位思考，常常有意想不到的收获。

好议论人长短，妄是非正法，此吾所大恶也。

【语出】汉·马援《诫兄子书》。

【通讲】妄：胡乱。是非：议论好坏。喜欢议论人家的长短，胡乱地评论正常的法制，这是我最厌恶的事。

【鉴赏】马援在这几句中告诉侄子马严、马敦自己最厌恶的事就是妄评别人的长短。

好责人者，自治必疏。

【语出】清·申居郧《西岩赘语》。

【通讲】爱指责别人的人，对自己的要求必然疏放。

【鉴赏】对人严，对己松，是要不得的。

和气迎人，平情应物。抚心希古，藏器待时。

【语出】清·王永彬《围炉夜话》。

【通讲】藏器待时：胸怀大才等待时机。心平气和地与人交往，以平常的心情待人接物。以古人的高尚心志相期许，守住自己的才能以等待时机。

【鉴赏】待人不可不和气。和气是自身修养和博大气度的体现，可以避免许多不愉快的事情发生，还有利于身心之健康。在身处逆境时，能够以平和的心情对待，不因没有被人认识而气馁，这都是应该有的修养。

毁人者，自毁之；誉人者，自誉之。

【语出】唐·皮日休《鹿门隐书六十篇》。

【通讲】说别人坏话的人，等于是自己说自己的坏话；赞扬别人长处的人，等于是自己赞扬自己的长处。

【鉴赏】说别人坏话的人,被人看轻;说别人长处的,被人尊敬。

己所不欲,勿施于人。

【语出】《论语·颜渊》。

【通讲】欲:想要。施:施行;强加。自己不想要的东西,不要强加给别人。

【鉴赏】不要把自己不喜欢的东西强加给别人。我们虽不知道别人想要什么,但却知道自己不想要什么,从人的共性出发,自己不要的,别人也不会想要。我们要成人之美,而不能陷人于不幸。

记人之功,忘人之过,宜为君者也。

【语出】《汉书·陈汤传》。

【通讲】能牢记他人的功绩,忘掉他人的过失,就是适合于做君主的人。

【鉴赏】作为君主或领导,要多看人家的功绩,宽容人家的过失,才能广泛用人,获取民心。

将欲论人短长,先顾自己何若。

【语出】清·申涵光《荆园小语》。

【通讲】要想谈论别人的长短,先要看看自己做得怎么样。

【鉴赏】不要去议论人家的长短。

竭诚则吴越为一体;傲物则骨肉为行路。

【语出】唐·魏徵《谏太宗十思疏》。

【通讲】吴越:吴和越是春秋时两个仇敌之国。骨肉:指亲属。行路:路人。竭诚待人,即使是吴国人和越国人也能结为一个整体;傲视他人,即使是骨肉同胞也会成为陌生的路人。

【鉴赏】对人真诚,即使是敌对的人也可以合作;对人高傲,即使是亲人也会成为路人。待人的态度非常重要。

敬他人,即是敬自己;靠自己,胜于靠他人。

【语出】清·王永彬《围炉夜话》。

【通讲】尊敬他人,就是尊敬自己;依靠自己,胜过依靠他人。

【鉴赏】尊敬别人的人,别人也一定会尊敬你。能够设身处地为他人着想,敬重他人的人格,敬重他人的劳动,一个人只要自身立得起,无论外界因素有何变化,都能依靠自己的能力自立于世。

居心不净,动辄疑人;人自无心,我徒烦扰。

【语出】清·申涵光《荆园小语》。

【通讲】心存邪念,就会动辄猜疑别人;其实别人并没有那个意思,自己反而招致烦恼。

【鉴赏】为人不要多疑。

举其一不计其十,究其旧不图其新,恐恐然惟惧其人之有闻也。

【语出】唐·韩愈《原毁》。

【通讲】举:列举。图:考虑。恐恐然:很害怕的样子。闻:声望。列举出别人的一个缺点却不考虑他的十个优点,追究别人过去的缺点而不考虑他现在的优点,提心吊胆就怕别人有点名声。

【鉴赏】描写现今有地位的人妒贤嫉能不良品德。批判心胸狭窄的小人严于待人、宽以待己。金无足赤,人无完人。用发展的眼光、以善意的立场来看别人的优缺点。

捐资济贫,当效尧夫之助麦;以物申敬,聊效野人之献芹。

【语出】《幼学故事琼林》。

【通讲】申敬:表示敬意。献芹:谦言礼品微薄。捐献资财去周济穷人,应当学习宋朝范仲淹的次子尧夫,他把收租所得的一船麦子都送给了处于困境的朋友石曼卿;用物品表达敬意,姑且效法田野村民采了芹菜送人一样。

【鉴赏】济贫,物品应厚重;送礼,礼轻情意重。

君子不以其所能者病人,不以人之所不能者愧人。

【语出】《礼记·表记》。

处事

【通讲】病:责备。君子不用自己能做到的事去责备别人,也不用别人做不到的事去使人难堪。

【鉴赏】对自己要求高,对别人要求低,是处理人和人之间关系的原则。

君子不以形迹疑人,亦不以言语信人。

【语出】清·申居郧《西岩赘语》。

【通讲】君子不会从他人的举止或神色上随便怀疑别人,也不会凭言语而轻信一个人。

【鉴赏】为人不要多疑,也不要轻信人。

君子好人之好,而忘己之好;小人好己之好,而忘人之好。

【语出】汉·扬雄《法言·君子》。

【通讲】君子赞扬别人的长处,而忘记了自己的优点;小人只看到自己的优点,而忘记了别人的长处。

【鉴赏】多看别人的长处,不看自己的长处,这是人品德修养的目标。

临事须替别人想,论人先将自己想。

【语出】宋·弘一大师《格言别录》。

【通讲】遇事之时先替别人着想,评论别人先看看自己做得怎样。

【鉴赏】要多为别人着想,要严格要求自己。

论人当节取其长,曲谅其短;做事必先审其害,后计其利。

【语出】宋·弘一大师《格言别录》。

【通讲】评说他人应当选取其长处,宽谅其短处;做事一定要先细察有什么坏处,然后再看有什么好处。

【鉴赏】待人要宽,处事要衡量得失而后行。

论人之非当原其心,不可徒泥其迹;取人之善当据其迹,不必深究其心。

【语出】清·金缨《格言联璧·接物》。

【通讲】谈论他人的过失应当推究他的初衷,不能仅仅拘泥于事情的结果;谈论他人的长处,只看他做的好事就可以了,不必深究他的动机。

【鉴赏】谈论人的过失和长处都应有一个恰当的办法。论述了礼仪与法的关系。

面折其过,退称其美。

【语出】清·申居郧《西岩赘语》。

【通讲】当面指责人的过错,背后称赞人的优点。

【鉴赏】做人要做一个光明正大的人。

莫妒他长,妒长,则己终是短;莫护己短,护短,则己终不长。

【语出】宋·弘一大师《格言别录》。

【通讲】不要妒忌他人的长处,妒忌他人的长处,那么到最后都是自己的短处;不要袒护自己的短处,袒护自己的短处,那么到最后也变不成长处。

【鉴赏】不护己短,不妒他长,是为人的美德。

能择善者而从之,美自归己。

【语出】《资治通鉴·宋文帝元嘉六年》。

【通讲】能选择别人的优点去学习,这种优点自然也就属于自己了。

【鉴赏】要善于向别人学习。

宁人负我,无我负人。

【语出】《晋书·沮渠蒙逊载记》。

【通讲】宁肯别人对不起我,我不能对不起别人。

【鉴赏】这是个人立身处世的一种可贵的原则,值得践行。

平生不解藏人善,到处逢人说项斯。

【语出】唐·杨敬之《赠项斯》。

【通讲】不解:不会。善:优点。项斯:晚唐诗人,既有诗才,又有品德、气度。一辈子从来不会掩盖别人的优点,每逢见到人,总要把项斯夸奖一番。

【鉴赏】要善于发现、赞扬别人的优点,抹杀和妒忌都是很不应该的。

强令之笑不乐,强令之哭不悲。强令之为道也,可以成小,而不可以成大。

【语出】《吕氏春秋·功名》。

【通讲】不悲:不是发自内心,故不乐不悲。为:学习。道:某种理论。小:虚名。大:大业。被强逼的笑不快乐,被逼迫的哭不悲伤。被强迫做的办法,可以作出虚名,而不会有大的成就。

【鉴赏】无论让人做什么事情,强逼的方法是不可取的。

轻言骤发,听言之大戒也。

【语出】明·吕坤《呻吟语·应务》。

【通讲】听到别人的话,不加分析就立即做出反应,这是听人言谈时最忌讳的。

【鉴赏】要认真听完人家的话。

劝人不可指其过,须先美其长。人喜则言语易入,怒则言语难入。

【语出】宋·吴曾《能改斋漫录·李逢吉裴度谏穆宗》。

【通讲】劝告他人不要直指他的过错,应先称赞他的长处。人只有高兴时,劝告他的话才容易接受;而恼怒的时候,他便什么话也听不进去了。

【鉴赏】劝告人要讲究方式方法。

劝人生,济困扶穷。

【语出】清·曹雪芹《红楼梦》第五回。

【通讲】人生在世时,应多做济困扶穷的好事。

【鉴赏】对困难、穷困的人多帮助是应该的,助人为乐是中华民族的传统美德。

人才高下,不能钧同,同时并进,高者得荣,下者惭恚,毁伤其行:二累也。

【语出】汉·王充《论衡·累害》。

【通讲】钧:通“均”。恚(huì):怨怒。才能有高有低,不能齐一均同,他们同时做官,才能高的得到尊荣,才能低的羞惭怨恨,从而对对方的品行进行毁伤:这是第二种困扰。

【鉴赏】朋友之间由于才能高低不同,导致地位高下不同。在此情形下,后者易对前者产生妒忌谗毁的心理,这是不对的。

人虽至愚,责人则明;虽有聪明,恕己则昏。苟能以责人之心责己,恕己之心恕人,不患不至圣贤地位也。

【语出】《宋史·范纯仁传》。

【通讲】人虽非常愚蠢,谴责别人是很明白的;一个人虽然聪明,对自己的过失则是糊涂的。如果能以谴责别人的心态来谴责自己,以宽恕自己的心态宽恕别人,不怕不达到圣贤的地位。

【鉴赏】对己严,对人宽,是人必备的道德品质。

人有难必救,有恩必报。

【语出】《宋史·李毂传》。

【通讲】他人有困难一定给予救助,有恩德一定要回报。

【鉴赏】在人际关系中,别人有困难,必须去帮助,别人对自己有恩情的,必须知恩必报。

人有喜庆,不可生妒忌心;人有祸患,不可生喜幸心。

【语出】明·朱用纯《朱子家训》。

【通讲】喜庆:吉祥可贺的事。妒忌:对胜过自己的人心怀怨恨。祸患:灾祸或患难。喜幸:高兴欢欣。别人有吉祥可贺的喜事,不能有妒忌心;别人有灾祸或患难,不能有高兴欢欣的心理。

【鉴赏】人们应培养同喜心、同情心,而杜绝妒忌和幸灾乐祸之心。

人之有德于我也，不可忘也；吾有德于人也，不可不忘也。

【语出】《战国策·魏策四》。

【通讲】别人对我有恩惠，不可以忘记；我对别人有恩惠，不可以不忘记。

【鉴赏】战国时期，魏国信陵君杀掉晋鄙，挽救了邯郸，击破秦军，保全了赵国。“人之有德于我也，不可忘也；吾有德于人也，不可不忘也”，是唐雎劝信陵君忘掉自己对赵国的恩惠所说的话。施恩不望报，受恩永不忘，是中国人的传统美德。一个人做了好事切不可居功自傲，于人有恩德的事不应放在心上，受恩永不忘，滴水之恩当涌泉相报。对那些忘恩负义或恩将仇报的行为，或自己给了别人一点帮助或一点好处便念念不忘。动辄重提，都会遭到人们的鄙弃，为大众所不齿。

忍、激二字是祸福关。

【语出】明·吕坤《呻吟语·存心》。

【通讲】忍耐还是冲动是事关祸福的关键。

【鉴赏】每个人要学会忍耐，不要激烈冲动。遇事能忍，才能够成就大事；遇事激动，便无法与之共事。凡事退一步海阔天空，一时冲动，不顾一切，那是莽撞，该忍处偏要忍得，等待时机成熟再出手，方能做得大事业。

舍己从人，不虐无告，不废困穷。

【语出】《尚书·大禹谟》。

【通讲】无告：无所求告的人。废：抛弃。困穷：困苦贫穷、无所依靠的人。人们要舍弃自己身上错误的东西，听从他人正确的指点；不欺负弱小无助的人，不抛弃贫困而无所依靠的人。

【鉴赏】为人要多帮助人，不要去欺负弱势群体。

士君子贫不能济物者，遇人痴迷处出一言提醒之，遇人急难处出一言解救之，亦是无量功德。

【语出】明·洪应明《菜根谭》。

处事

【通讲】济物：用金钱救助人。明理达义的人，虽说家贫不能用财物来救助他人，可是当遇到有人感到迷惑而不知如何解决时，能从旁边指点一番使他有所领悟，或者遇到急难事故能从旁边说几句公道话来解救他的危难，也算是一种很大的善行。

【鉴赏】随着社会的发展，给人帮助的形式多种多样，尤其是无形的东西如知识、智慧和经验日益受到重视，出点子服务逐步走向一般民众，尤其在商品经济下的市场竞争中，更需要的是人的智慧，有用的点子，即人才被越来越重视。

是迷路人忽闻是语，方知险道，即便退步，求出此路。是善知识，提携接手，引出险道，免诸恶道。至于好道，令得安乐。而语之言：咄哉迷人。自今已后，勿履是道。此路者，卒难得出，复损性命。是迷路人，亦生感重。

【语出】《地藏菩萨本愿经·阎罗王众赞叹品》。

【通讲】迷路人猛然听到这话，方才明白脚下是条险道，立刻就退转了，他想离开这条险路。这是善知识，就帮助他，拉着他的手，领他走出这条险路，以免许多的毒物去伤害他。然后再叫他走到平坦的大道上，让他能够平安快乐。再告诉他说：喂，迷途的人，从今天以后，再不要迷失方向了。如果走进险道，那就很难再走出来，甚至会丢了性命。迷路人听了这话，心中非常感激。

【鉴赏】告诫人们要走出险道，以避免许多危险。人们要走正道，一定要注意不要迷失生活的方向。

四海皆兄弟，谁为行路人？

【语出】汉·苏武《诗》。

【通讲】四海：即天下，旧以中国四境有海环绕，故称。普天下的生灵，都是休戚相关的人间骨肉，有哪一个是离世独立的路上行人？

【鉴赏】抒写热情相激的深意，生动地表达了送别双方嵚崎磊落的胸襟。开创了后世赠别诗中积极人生的豪放诗风。

推赤心于人腹中。

【语出】《宋史·太祖纪三》。

【通讲】将自己真诚的心推置入别人的心腹中。

【鉴赏】必须真诚待人。

惟是有恻隐之心方会动……动处便是恻隐。若不会动,却不成人。

【语出】宋·朱熹《朱子语类》卷五十三。

【通讲】动:天地化生万物时的运动变化。恻隐:对别人的痛苦或不幸表示同情。人只是有同情怜悯之心的时候才会心动……心动之处就是同情。如果不会动,就不能算是人。

【鉴赏】人心动处最明显的是恻隐之心,这也就是天地生理的表现。如果人没有恻隐之心,那么人道就绝灭。人道绝灭,人的生理也就绝了。人应该具有起码的同情心,否则,就很难说是人了。

谓己不可,自诬也;谓人不可,诬人也。

【语出】清·陈确《圣人可学而至论》。

【通讲】诬:诬蔑。说自己不行,这是诬蔑自己;说别人不行,这是诬蔑别人。

【鉴赏】要实事求是地看待自己和别人。

勿以己才而笑不才。

【语出】《晋书·殷仲堪传》。

【通讲】才:才能,这里指长处。不要用自己的长处去笑话别人的短处。

【鉴赏】人各有所长,亦各有所短。要互相尊重,互相学习。

先王肇修人纪,从谏弗咈,先民时若。居上克明,为下克忠,与人不求备,检身若不及,以至于有万邦,兹惟艰哉!

【语出】《尚书·伊训》。

【通讲】先王开始潜修人伦纲纪,听从臣民的规劝,不加违背,顺从先辈贤人的教诲。在上位者能够明察下情,这样在下位者才能够对上竭诚。对别人不能求全责备,反省自身唯恐赶不上别人。这样才能够拥有天下,这是多么艰难啊!

【鉴赏】“严于律已,宽以待人”,是中华民族的传统美德,自古便被视为个人良好道德修养的重要标志之一。中华民族是一个高度重视克己修身的民族,不论是在工作中还是生活中,不能只知道责备别人,总在别人那里找不是,而应该多看看自己身上的缺陷,多在自己身上找问题,这样才能既促进团结,又改正错误;既给人空间,又让人进步。

小人固当远,然断不可显为仇敌;君子固当亲,然亦不可曲为附合。

【语出】清·金缨《格言联璧·接物》。

【通讲】小人固然应该疏远,但万万不可明显地把他当作仇敌看待;君子固然应该亲近,但也不能违背自己的本心而盲目附和他。

【鉴赏】对待小人和君子的正确态度,不当仇敌,不盲目附和。

小人亦有好处,不可恶其人并没其是;君子亦有过差,不可好其人并饰其非。

【语出】清·金缨《格言联璧·接物》。

【通讲】小人也有他的优点,不能厌恶他的为人就把他的优点一笔抹杀;君子也有出差错的时候,不能喜爱他的为人就掩饰他的过失。

【鉴赏】要全面看待小人和君子,不能全盘否定和肯定。

形莫若就,心莫若和。虽然,之二者有患。就不欲入,和不欲出。形就而入,且为颠为灭,为崩为蹶。心和而出,且为声为名,为妖为孽。

【语出】《庄子·人间世》。

【通讲】就:亲近。和:疏导。入:关系太深。出:过于显露。对于有权势而品德差的人,表面上应该亲近,内心要准备在适当时机加以疏导。但这两种态度仍有麻烦:亲近不要太过分,和善不要太露骨。外表迁就太过,就要招致毁灭，招致崩溃。和善太露骨，就会以为你是在争名声，就会招致灾祸。

【鉴赏】对于那些本心不愿接近而客观形势要求自己必须接近的人或事，庄子认为：无论亲近的表示还是正确的疏导，都要掌握好分寸与时机。

虚己以求过，明恕以思咎。

【语出】《魏书·高祖纪上》。

【通讲】虚己：虚心。求：寻找；寻求。明：明智。恕：原谅；宽恕。思：思考。咎：过失。虚心寻找自己的过失，明智地用宽恕之心思考别人的失误。

【鉴赏】虚己求过。恕人思咎，是中国传统的为人处世的原则。对己严，对人宽，培育了中华民族笃实宽厚的民风。我们要坚持对他人尊重、宽容，对自己谦让严格的道德操守。

以先知觉后知，同尘而与天下俱洁。

【语出】《魏书·彭城王勰传》。

【通讲】同尘：同乎流俗。让先知的人启发、觉悟后知的人，则先知者与天下之人同乎流俗而共同高洁。

【鉴赏】人不仅独善其身，还应带动大家共同进步。

以小人之虑，度君子之心。

【语出】南朝宋·刘义庆《世说新语·雅量》。

【通讲】小人：道德品质不好的人。度：推测。用卑劣的想法去推测品行高尚的人的心思。

【鉴赏】君子的雄心哪能被小人所理解，君子也不必顾忌小人的攻击而停下前进的步伐。

以欲从人，则可；以人从欲，鲜济。

【语出】《左传·僖公二十年》。

【通讲】鲜：少。济：成。让自己的愿望服从别人，可以；让别人服从自己的意愿，很少成功的。

【鉴赏】《史记·楚世家》记载,春秋时期,宋襄公想要会合诸侯(其实是想当霸主),鲁国大夫臧文仲一针见血地指出:"以欲从人,则可;以人从欲,鲜济。"后来,楚王乘机攻打宋国,射伤了宋襄公,襄公不久便因伤而死。宋襄公的欲望太过分,引起诸侯的愤怒。自古的经验告诉我们,使自己的欲望服从他人则可以成就事业,强迫别人服从自己的欲望则少有成事的。当个人心愿符合大家的共同利益时,能够得到合力,事情就能成功。只有把共同理想与个人心愿结合起来,把倡导对国家、集体的责任感和奉献精神与实现个人的愿望统一起来,个人愿望的实现才会有深厚的社会基础和持久的生命力。

以真实肝胆待人,事虽未必成功,日后人必见我之肝胆;以诈伪心肠处事,人即一时受惑,日后人必见我之心肠。

【语出】清·金缨《格言联璧·处事》。

【通讲】以真诚之心待人,即便事情当时没办成,但时间长了,别人就会明白自己的一番苦心;以伪骗之心待人,即使别人一时受惑,但时间长了,别人就会认清自己的真面目。

【鉴赏】要真心实意地为人办事。

远而无介,就而无谄。

【语出】隋·王通《中说·问易》。

【通讲】对远处的人不要心存隔阂,对近处的人不要一味谄媚。

【鉴赏】对相处远近的人都要一视同仁。

灾人者,人必反灾之。

【语出】《庄子·人世间》。

【通讲】灾人:害人。害人的人必定会遭人所害。

【鉴赏】告诫人们不可有害人之心。

责人者,原无过于有过之中,则情平;责己者,求有过于无过之内,则德进。

【语出】明·洪应明《菜根谭》。

【通讲】原:宽恕;原谅。对待别人要宽厚,当别人犯过错时,像他没犯过错一样原谅他,这样才会心平气和;要求自己应严格,应在无过时也要时时找自己的差距,这样才能使自己的品德进步。

【鉴赏】为人处世之道,必须“宽以待人,严以律己”,责人宜宽,责己宜苛。要有宽广的胸怀,常常“闭门思过,防患未然”。

责我以过,当虚心体察,不必论其人何如。

【语出】清·申涵光《荆园小语》。

【通讲】对我的缺点进行批评的,应当虚心体会行察,而不必管他是什么人。

【鉴赏】要认真对待别人对自己的批评。

自后者人先之,自下者人高之。

【语出】汉·扬雄《法言·寡见》。

【通讲】把自己居于别人后边,别人就会把自己让在前边;把自己置于下位,别人就会把自己抬高。

【鉴赏】谦让是人的美德,谦让的人,也会受到别人的尊敬。

3 正　己

爱人而人不爱，敬人而人不敬，君子必自反也；爱人而人即爱，敬人而人即敬，君子益加谨也。

【语出】清·金缨《格言联璧·接物》。

【通讲】喜爱他人而他人不喜爱自己，尊敬他人而他人不尊重自己，君子一定会深刻反省；爱他人若他人立即爱自己，尊敬他人若他人立即尊敬自己，君子会更加谨慎。

【鉴赏】在处理与人的关系上，要尊重别人，要严格要求自己。

不患人之不己知，患不知人也。

【语出】《论语·学而》。

【通讲】患：担心。知：了解。不要担心别人不了解自己，而应担心自己不了解别人。

【鉴赏】要积极主动地了解别人而不要消极被动地担心他人不了解自己。因为只有对别人有了充分的了解才能更好地与之相处，才能学习别人的长处，弥补自己的不足，才能为别人所知，得到他人的理解。如果能持有这种积极的处世观，对提高自己的个人修养将大有好处。

不可以一时之得意，而自夸其能；亦不可以一时之失意，而自坠其志。

【语出】明·冯梦龙《警世通言》卷十七。

【通讲】以：因为。坠：丧失。几句告诫人们：不要因为一时得意而骄傲自满，也不要因为一时失意而丧失信心。

【鉴赏】人们不论处在顺境还是逆境，都要正确对待自己。

不为十分人，不责十分事；既为十分人，须责十分是。

【语出】宋·邵雍《责己吟》。

【通讲】自己不是完美无缺的人,就不要要求别人做十全十美的事;自己既然是群众的楷模,就应该要求自己把事情做得尽可能完善。

【鉴赏】榜样的力量是无穷的。如果领导是语言的巨人,行动的矮子,群众是不买账的。

不行礼义,一不祥也;嗜欲无止,二不祥也;不听强谏,三不祥也。

【语出】《淮南子·人间训》。

【通讲】国君不行礼义,是国家的第一个不祥之兆;国君嗜欲无止,是国家的第二个不祥之兆;国君不听死谏,是国家的第三个不祥之兆。

【鉴赏】一个领导者的道德才能、决策判断对一个国家而言,真是举足轻重。因为民众都在看着他,以他为榜样。作为领导者,除了以身作则外,还应该对自己高标准、严要求。

不怨天,不尤人,下学而上达,知我者其天乎!

【语出】《论语·宪问》。

【通讲】尤:责备。下学:即学下,学的是平常的知识。上达:即达上,通达于仁义。不一味地抱怨命运,不责备别人,通过学习平常的知识,理解其中的哲理,获得人生的真谛,理解我的难道只有苍天吗!

【鉴赏】对待现实要有正确的态度。努力以自己的才学改造社会,把自己失败的原因归为内因,主张责己,这才是伟大的人格。

处世忌太洁,至人贵藏辉。

【语出】唐·李白《沐浴子》。

【通讲】为人处世不能过分清高,圣贤之人懂得不炫耀自己。

【鉴赏】清高和炫耀自己都是不恰当的。

但攻吾过,毋议人非。

【语出】清·陈确《不乱说》。

【通讲】只是努力克服自己的缺点,不要议论别人的是非。

【鉴赏】多做自我批评,不要眼睛只盯着别人的错处。

苟能以攻人之心而攻己之心,则过失不胜其攻矣。

【语出】宋·王令《招学说寄兴叔》。

【通讲】如果能以指责别人的心境那样指责自己,那么自己的缺点错误就很容易纠正了。

【鉴赏】严格要求自己,会很快改正自己的缺点。

古之君子,以其所难者,先身而后民;以其所利者,先民而后身。

【语出】宋·杨万里《见执政书》。

【通讲】古代的君子,对艰难困苦的事,自己首先做到而后要求于百姓;富贵享乐之事,先让百姓享受,自己放在后面。

【鉴赏】吃苦在前,享乐在后,一切为了人民,这是执政者应该注意的。

好说己长便是短,自知己短便是长。

【语出】清·申居郧《西岩赘语》。

【通讲】喜欢宣扬自己的长处,这恰是他的短处;知道自己的短处,这正是他的长处。

【鉴赏】不要宣扬自己的长处,而应知道自己的短处。

毁我之言可闻,毁我之人不必问也。使我有此事也,彼虽不言,必有言之者。我闻而改之,是又得一不受业之师也。使我无此事耶,我虽不辨,必有辨之者。若闻而怒之,是以多一不受言之过也。

【语出】明·吕坤《呻吟语·修身》。

【通讲】诋毁我的言论可以去听,但诋毁我的人是谁,也就不必去追问了。假使我真有这样的事情,即便他不说,也一定会有别人说话的。我听从他说的话改正了,就又得到了一个不受业门下的恩师了。假使我没有这样的事情,我即使不去辩白,也一定会有人替我自己去辩白的。若是一听了别人的诋毁,便雷霆大怒,这就是又多了一重不接受别人言论的过错啊!

【鉴赏】正确对待别人对自己的批评或诋毁,是人生修养的关键。正确的态度就是不动怒、认真听,有则改正,无则加勉。

己不如礼,则人不服。

【语出】《三国志·吴志·诸葛恪传》。

【通讲】自己的言行不符合礼的要求,那么别人是不会信服你的。

【鉴赏】言教不如身教,自己做好了,人家就会心服。

君如杅,民如水,杅方则水方,杅圆则水圆。

【语出】《后汉书·吕强传》。

【通讲】杅:同"盂",盛汤水或食物的器具。国君好比是盛水的盂,人民好比是盂中的水,水盂是方形的话,水就成方形,水盂是圆形的话,水就成圆形。

【鉴赏】要皇帝做出好的榜样。

君子求诸己,小人求诸人。

【语出】《论语·卫灵公》。

【通讲】求:前一个"求",指严格要求自己;后一个"求",指苛求别人。君子严格要求自己,小人则苛求别人。

【鉴赏】人们不要苛求别人,而要严格要求自己。这是人们处世的准则。

律己宜带秋风,处事宜带春风。

【语出】清·张潮《幽梦影》。

【通讲】对待自己要像秋风一样严厉,和别人处事要像春风一样温暖。

【鉴赏】对自己要严格要求,对别人要给予春风般的和煦。

宁与燕雀翔,不随黄鹄飞。

【语出】三国魏·阮籍《咏怀》。

【通讲】黄鹄:天鹅之类。宁愿和燕雀一起飞来飞去,也不跟着天鹅高飞。

【鉴赏】诗人以燕雀和黄鹄对举,比喻小才不勉强去追随大才,说明人生在世,要自量力而知进退。也劝告人们不必高攀别人。

轻财足以聚人,律己足以服人;量宽足以得人,身先足以率人。

【语出】宋·李邦献《省心杂言》。

【通讲】谁不看重钱财而乐善好施,便可以将众人聚集在自己身边;严格要求自己的一举一动,就能使他人信服;气量宏大,便可得到他人的帮助;凡事身先士卒,就能成为他人的榜样。

【鉴赏】论述了为人处世之道,阐述了对待他人的态度。轻财重义,众人就会聚集在你的身边,能够自我约束,就会使人信服,也容易得到他人的帮助。凡事都能够带头去做,那么自然能够率领部下去实现自己的理想和目标。

人不可自恕,亦不可令人恕我。

【语出】清·李惺《药言》。

【通讲】恕:宽恕;原谅。人不能自己原谅自己,也不能总是要求别人原谅自己。

【鉴赏】人对自己一定要严格要求。

人非人不济,马非马不走,土非土不高,水非水不流。

【语出】《大戴礼记·曾于制言上》。

【通讲】济:成功。走:跑。一个人没有别人帮助就不会取得成功,一匹马没有别的马一起出力就不能把车拉得飞快;一堆土若没有别的土堆积在一起就不会成为高丘,一滴水若不和别的水汇合在一起就不能成为江河而流动。

【鉴赏】团队精神很重要,单枪匹马很难成事。

人非圣贤,孰能无过?

【语出】清·汤斌《汤子遗书》。

【通讲】人不是无所不知无所不晓的圣贤，谁能没有过错？

【鉴赏】人要正视自己的缺点。

人皆知涤其器，而莫知洗其心。

【语出】唐·马总《易林·物理论》。

【通讲】皆:全;都。涤:洗。器:器具。人们都知道应该把器具洗干净，却不知要经常清洗自己的内心。

【鉴赏】人的思想要适应形势的需要，必须不断改造提升。

人君宜先正其身，亦如治家，家长不正，家亦乱矣。

【语出】宋·刘安世《应诏言事》。

【通讲】君主应该首先端正自己，这也像管理家庭一样，家长言行不端正，家庭就紊乱了。

【鉴赏】不论在国家，还是在家庭，国家领导人和家长的表率作用都是非常重要的。

日间不作亏心事，半夜敲门不吃惊。

【语出】清·袁于令《西楼记》第三十四出。

【通讲】白天不做亏心的事情，半夜有人来敲门也不怕。

【鉴赏】不做亏心事就能活得安稳。

善禁者，先禁其身而后人；不善禁者，先禁人而后身。

【语出】汉·荀悦《申鉴·政体》。

【通讲】善于用禁令治理社会的人，首先会按禁令要求自己，然后才去要求别人；不善于用禁令治理社会的人，首先会要求别人按照禁令去做，然后才要求自己。

【鉴赏】荀悦以此告诫统治者正人先正己，方能令行禁止，才是“善禁”。各级领导干部要以身作则、率先垂范，发挥表率和带动作用。越是严格要求自己，越能产生模范带动的辐射作用，释放出以上率下的正能量。

善为国者必先治其身。

【语出】《三国志·魏志·齐王纪传》。

【通讲】善于治理国家的人一定要先治理好自己。

【鉴赏】贤吏才能治理好国家。

身不正,则人不从。

【语出】《尸子》卷上。

【通讲】自身为人处事作风不端正,那么别人就不会听从你的。

【鉴赏】领导者自身要过硬,才能号令别人。

释己而教人者逆;正己而化人者顺。逆者难从,顺者易行。难从则乱,易行则理。如此理身理家理国,可也。

【语出】汉·黄石公《素书·安礼》。

【通讲】放纵自己却要教育别人,这是违背事物本性的;先端正自己而后再感化别人,则顺应了事物发展。违背事物本性的行为难以使人服从,顺应事物变化的行为则容易开展。难以使人服从就会乱,事情容易开展就能得到治理。像这样来治理自身、治理家庭、治理国家,当然是可行的。

【鉴赏】领导者律己的重要性。正己然后教人,事情就好办了。

嗜欲喜怒之情贤愚皆同,贤者能节之,不使过度;愚者纵之,多至失所。

【语出】唐·吴兢《贞观政要·慎终》。

【通讲】嗜、欲、喜、怒之情贤人和愚人都同样有。但贤人能节制,不使它超过限度;而愚人则放纵它,往往造成错误。

【鉴赏】必须善于节制喜怒之情。

天下敬职,万邦以宁。

【语出】汉·马融《忠经·观风》。

【通讲】如天下所有人都能忠实于自己的职务,那么所有的国家都会安和乐利。

【鉴赏】每个人都做好自己,社会将变得非常美好。

勿扬人之短,勿说己之长。

【语出】汉·崔瑗《座右铭》。

【通讲】不要谈论别人的缺点,不要夸耀自己的长处。

【鉴赏】对人宽、对己严,不揭人之短,不夸己之长,是处理人际关系的一个重要原则。

毋道人人短,毋说己己长。

【语出】汉·崔瑗《座右铭》。

【通讲】毋:别;不要。不要说人家的短处,也不要说自己的长处。

【鉴赏】要严格要求自己,而对他人要宽容。

心要虚,无一点渣滓;心要实,无一毫欠缺。

【语出】明·吕坤《呻吟语·存心》。

【通讲】心灵要清虚,没有一点的污秽;心灵要实在,没有一毫的欠缺。

【鉴赏】人的心灵应该与宇宙同为一体,才能够得到自在与充实,才能够做到清虚与空明。虚而能应,实而能安,所以君子扩大自己的胸怀来使心灵清虚,滋养自己的精神来使心灵充实。

学者事事要自责,慎无责人。人不可我意,自是我无量;我不可人意,自是我无能。时时自反,才德无不进之理。

【语出】明·吕坤《呻吟语·修身》。

【通讲】学习做人的人,每件事情都要责备自己,千万不要去责备他人。他人满足不了我的意愿,自然是我没有肚量;我不能够满足他人的意愿,那是我自己没有能力。时刻都能够自我反省,自己的才能和道德绝对不会有不进步的道理。

【鉴赏】对自己要求要严格,而批评别人要谨慎,过多地责备他人,只能带来反感和记恨。别人让我不满意,只能说我心里容量还小。我不让人满意,正说明咱自己的能力不够。常常反省一下,会给自己带来好处。自责与自反,会有助于自我进修和提高。

以责人之心责己,则寡过;以恕己之心恕人,则全交。

【语出】宋·李邦献《省心杂言》。

【通讲】责:责求。寡:少。恕:宽恕;原谅。全:保全。交:交情;交谊。用责求他人的心来责求自己,就能少犯错误;用宽恕自己的心去宽恕别人,就能保全友谊。

【鉴赏】与人交往的原则:对己严,对人宽。

与人当宽,自处当严。

【语出】清·唐甄《潜书·取善》。

【通讲】对待别人应当宽宏大量,自己为人处事应当严格要求。

【鉴赏】处理人际关系很重要的是对人宽、对己严。

欲胜人者必先自胜,欲论人者必先自论,欲知人者必先自知。

【语出】《吕氏春秋·先己》。

【通讲】想要胜过别人的人,一定先要克制自己;想要评论别人的人,一定先要评论自己;想要了解别人的人,一定先要了解自己。

【鉴赏】说明修身的重要性。自知者才是优异之人,能战胜自己私心杂念的人,才是超众的伟大之人。在学习和工作中,我们要对自己有全面、客观的认识和把握。只有不断审视自我、调整自我、完整自我,才能走向至真、至善、至美的境界。

欲治身,先治心;欲责人,先责己。

【语出】《元史·裕宗传》。

【通讲】要修身,应先从心灵做起;想要求别人,首先要求自己。

【鉴赏】这是大臣劝谏裕宗皇帝的话,但对普通人来说也一样有用。因为品德的修养是人生的基础,要想事业有成,首先要有美好的心灵,要有高尚的品德。只有宽以待人、严以律己,才能在社会中相处融洽,把党的事业和自己的事情做好。

誉乎己则惧焉,惧无其实而掠美也;毁乎己则幸焉,幸吾得知而改之也。

【语出】清·方苞《通蔽》。

【通讲】说自己的好话就害怕,害怕没有那些品德而徒有好的名声;说自己不好的话就高兴,高兴知道那些缺点就可以改正了。

【鉴赏】这是对待毁誉应有的态度。

责己则攻短,论人则取长。

【语出】清·恽敬《与李汀州》。

【通讲】责己:要求自己。对自己要揭露缺点,对别人要取其长处。

【鉴赏】取人之长补己之短,事情才能成功。

责己者,可以成人之善;责人者,适以长己之恶。

【语出】元·许衡《鲁斋语录》。

【通讲】责求自己,可以促成他人为善;责求别人,正好助长自己的错误。

【鉴赏】为人处世应该多责己,不责人。

责人之心责己,恕己之心恕人。

【语出】《增广贤文》。

【通讲】责:责备。恕:宽恕。以责备别人的心来责备自己,以宽恕自己的心来宽恕别人。

【鉴赏】在与人相处时,要对己严,对人宽。

正己帅下,令行政举。

【语出】《明史·李棠传》。

【通讲】帅:通"率",带领。端正自己以带领下属,命令就可以畅通,政事就可以办好。

【鉴赏】君王和各级领导人先正己,是非常重要的。

正其行而不苟合于世。

【语出】汉·陆贾《新语·辨惑》。

【通讲】使自己的行为端正而不随便附和世俗。

【鉴赏】高洁自守，不受玷污，不改素节，矢志不渝。

自敬则人敬之，自慢则人慢之。

【语出】明·薛瑄《读书录》卷一。

【通讲】自己尊重自己的人，别人才尊重他；自己轻视自己的人，别人也会轻视他。

【鉴赏】自重自爱，是做人的基本原则。自贱自轻，谁还把你当人呢？

罪己不如正己，格事不如格心。

【语出】《明史·张养蒙传》。

【通讲】罪：怪罪；归罪于。正：纠正。格：正；纠正。怪罪自己不如纠正自己的错误，纠正错误的行为不如纠正错误的思想。

【鉴赏】这是大臣张养蒙极力劝谏明神宗的话。这说明人犯了错误不仅要承认错误，还要及时地改正错误，更要从思想深处探究产生错误的原因。

4 守　正

处事有何定凭，但求此心过得去；立业无论大小，总要此身做得来。

【语出】清·王永彬《围炉夜话》。

【通讲】定凭：一定程度的准则。为人处世，以什么作为判断是非的标准呢，只要做到问心无愧就行了；创业不一定要说什么大小，一定要根据自己的能力来选择，只要适合自己就行。

【鉴赏】一个人做事要符合正道，出于良心，这样才能服人。建立功业不论大小，都要从自己的兴趣、爱好、能力出发，符合自身的条件。

苟非吾之所有，虽一毫而莫取。

【语出】宋·苏轼《前赤壁赋》。

【通讲】假若不是我应该得到的，虽然是很小的东西也不据为己有。

【鉴赏】别人的东西，再小也不能拿。

货恶其弃于地也，不必藏于己；力恶其不出于身也，不必为己。

【语出】《礼记·礼运》。

【通讲】财物不能被抛弃在无用的地方，但也不能藏于己身；人不能有力而不出力，但也不能只为自己出力。

【鉴赏】必须发扬大公无私的精神。

立心正，进道勇。

【语出】宋·弘一大师《格言别录》。

【通讲】存心公平正直，向正道迈进就会勇敢坚决。

【鉴赏】心正道正，就会勇往直前。

宁可湿衣，不可乱步。

【语出】清·李汝珍《镜花缘》第二十回。

【通讲】下雨天走路宁可衣服被淋湿，也要坚持规行矩步而不肯快走。

【鉴赏】讥刺那些死守教条、不能随机应变的人。

平生不作亏心事，半夜敲门不吃惊。

【语出】明·兰陵笑笑生《金瓶梅》第四十七回。

【通讲】平生要是没有伤天害理的行为，就是半夜里有人来敲门，也不会心慌害怕。

【鉴赏】这是两句劝人谨慎操行、持守中正的格言诗。喻世劝善、教化人生。

劝君莫作亏心事，古往今来放过谁。

【语出】明·冯梦龙《古今小说·沈小官一鸟害七命》。

【通讲】放过谁：谁能逃过惩罚。劝君不要做亏心事，古往今来凡是做坏事的人都逃不过惩罚。

【鉴赏】奉劝人们不要做亏心事。

人生天地间，要做有益于世底人。纵没这心肠、这本事，也休作有损于世底人。

【语出】明·吕坤《呻吟语·修身》。

【通讲】人活在这天地之间，就要做一个对世界有益处的人。纵使没有这样的心肠和这样的本事，但也不能去做那对世界有损害的人。

【鉴赏】有益于世、不损于世，是做人的基本道德，每个人都应积极追求。

任情终有失，执法永无差。

【语出】清·李玉《清忠谱·囊首》。

【通讲】凭着感情办事终究会出现失误，依照法则办事永远也不会有差错。

【鉴赏】做事必须严格遵循规章，切不可凭一时的感情冲动。

事者，难成而易败也；名者，难立而易废也。

【语出】《淮南子·人间训》。

【通讲】成就一件事情非常困难，毁损它却很容易；确立一个好的声誉极其困难，败坏它却十分容易。

【鉴赏】对已成的事业和已有的名声要十分珍惜。

书有未曾经我读，事无不可对人言。

【语出】清·金缨《格言联璧·持躬》。

【通讲】所藏的书，历历在目，没有没读过的；所做的事，清清如水，没有什么不可对人说的。

【鉴赏】书常读，事正做。

为不善乎显明之中者，人得而诛之；为不善乎幽闲之中者，鬼得而诛之。明乎人，明乎鬼者，然后能独行。

【语出】《庄子·庚桑楚》。

【通讲】在光天化日之下作恶，人人都可以抓住他，惩罚他；在阴暗的角落里作恶，鬼神自会惩罚他。能以清白光明之心对待人、对待鬼的，即使无人监督也不会作恶。

【鉴赏】人不要作恶，为恶必定受到惩罚，不是受到法律的制裁，就是受到内心的谴责。法律的制裁或可数年结束，心灵的谴责将困扰终生而不宁。

谓鬼神之无知，不应祈福；谓鬼神之有知，不当为非。

【语出】清·金缨《格言联璧·悖凶》。

【通讲】如果说鬼神无知的话，就不应当祈求幸福；如果说鬼神有知的话，就不应当为非作歹。

【鉴赏】实际上，鬼神是没有的。

闻毁勿戚戚，闻誉勿欣欣，自顾行何如，毁誉安足论？

【语出】唐·白居易《续座右铭》。

【通讲】听到诋毁不要忧伤，听到赞誉不要欣喜。只要知道自己的品行如何就行了，他人的诋毁、赞誉哪还值得放在心上？

【鉴赏】自己的品德搞好了，就不管别人的诋毁和赞誉。

心苟无瑕，何恤乎无家！

【语出】《左传·闵公元年》。

【通讲】心：内心。苟：如果；假如。无瑕：没有瑕疵。瑕：缺失；缺憾。恤：忧虑；担心。心中如果没有缺失，何必担心没有家！

【鉴赏】春秋时晋国太子申生已有失宠的迹象，士蔿就告诫他应尽早有准备，士蔿劝申生趁早逃亡，说坦荡荡做人，就必定会有安身立命之地。激励人们不要为小事患得患失，要勇敢地追求远大的目标。

行必虑正，无怀侥幸。

【语出】唐·马总《意林·鬻子》。

【通讲】行为必须考虑正大光明，凡事不可存侥幸心理。

【鉴赏】光明正大，不存侥幸之心，是人们应有之品格。

仰不愧天，俯不愧人，内不愧心。

【语出】唐·韩愈《与孟尚书书》。

【通讲】做人要讲良心，上对得起苍天，下对得起黎民，更要对得起自己的良心。

【鉴赏】每个人做任何事都要遵循道德规范，忠于职守，多做对国家、人民有利的事。不自私自利，不危害他人。

仰不愧于天，俯不怍于人。

【语出】宋·朱熹《朱子语类》卷五十二。

【通讲】怍：惭愧。抬起头来不觉得自己有什么对不住上天的，低下头去不觉得自己有什么对不住别人的。

【鉴赏】在为人处世上应尽量做到问心无愧。只有心存公正,与人为善,才能心安理得。

有其有者安,贪人有者残。

【语出】《后汉书·臧宫传》。

【通讲】自己只享有应得的那一部分就能保平安,贪图掠取别人财富的人最后必然破灭。

【鉴赏】不属于自己的东西不应去贪求,更不应去侵占。

欲不匮则博施,欲长乐则守分。

【语出】宋·李邦献《省心杂言》。

【通讲】匮(kuì):缺乏。博施:广施恩惠。长乐:永远快乐。守分:恪守自己的本分。要想使自己财物不缺乏,就得多施舍;要想使自己永远快乐,就要安分守己。

【鉴赏】博施即种福,所以能不匮;安分守己,则少招惹是非,所以能长乐。

5 淡　泊

爱名尚利，小人哉。

【语出】隋·王通《中说·问易》。

【通讲】贪图虚名，喜欢钱财的人，便是小人。

【鉴赏】名利思想要不得。

不荣通，不丑穷。

【语出】《庄子·天地》。

【通讲】荣：以……为荣。丑：以……为丑。通：通达；得志。穷：潦倒。不以飞黄腾达为荣耀，不以穷困潦倒为羞耻。

【鉴赏】人生道路是曲折的，不论处境是好是坏，都要正确对待。

不以物喜，不以己悲。

【语出】宋·范仲淹《岳阳楼记》。

【通讲】一个人在境遇好或取得成功的时候，不要过分高兴，忘乎所以；也不要在境遇不好或失败的时候，过分伤心，灰心丧气。

【鉴赏】人的一生大多不会一帆风顺，无论是顺境还是逆境，都要泰然处之。一个人只有做到心胸开阔，志向远大，宠辱不惊，才能成就一番大的事业。

宠位不足以尊我，而卑贱不足以卑己。

【语出】汉·王符《潜夫论·论荣》。

【通讲】地位高贵不自以为荣尊，地位低下不自以为卑贱。

【鉴赏】要正确看待地位的高低。

此身常放在闲处，荣辱得失谁能差遣我；此心常安在静中，是非利害谁能瞒昧我。

【语出】明·洪应明《菜根谭》。

【通讲】瞒昧:隐瞒实情。只要经常把自己的身心放在安闲的环境中,世间所有荣华富贵与成败得失都无法左右我;只要经常把自己的身心放在清静的环境中,人间的功名利禄与是是非非就不能欺蒙我。

【鉴赏】要做到身放闲处,心在静中,就会把人间的荣辱得失,是非利害视同乌有。这利于帮助自我调节,防止陷入功名富贵的迷潭,难以自拔。

到处伛偻,笑伊首何仇于天、何亲于地;终朝筹算,问尔心何轻于命、何重于财?

【语出】清·金缨《格言联璧·敦品》。

【通讲】到处卑躬屈膝,低头哈腰,可笑的是他的头为什么与天那么有仇,又因什么与地那么亲密;整日谋划怎样发财,请问你的心怎么把性命看得那么轻,又因什么把钱财看得那么珍重?

【鉴赏】不要把钱财看得那么重。

富贵何如草头露。

【语出】唐·杜甫《送孔巢父谢病归游江东兼呈李白》。

【通讲】世间的富贵荣华,简直就像草叶上的露水一般无足轻重。

【鉴赏】劝诫人们不必去追求富贵。

功名本是无凭事,不及寒江日两潮。

【语出】宋·陆游《舟中感怀三绝句呈太傅相公兼简岳大用郎中》。

【通讲】人生在世,功名富贵实在是虚幻而不可靠,还比不上寒江每天两次的涨潮和退潮来得有规律。

【鉴赏】功名富贵有什么可追求的呢?这是作者陆游宦途失意、人海浮沉,一生遭遇变幻莫测,而发出的感叹。

功名官爵,货财声色,皆谓之欲,俱可以杀身。

【语出】宋·李邦献《省心杂言》。

【通讲】名位官职和钱财声色,都可称为私欲,这些都可招致杀身之祸。

【鉴赏】劝诫人们不要贪财好色成名而不顾性命。

归反璞，则终身不辱也。

【语出】《战国策·齐策四》。

【通讲】璞：指蕴藏有玉的石头或未雕琢的玉。回复原来的自然状态，那么就能终身不会受辱了。

【鉴赏】战国时期，颜斶向齐宣王阐述了得士者昌、失士者亡的道理，使齐宣王改变了王者尊贵的看法。当齐宣王提出要礼遇颜斶的时候，却遭到颜斶的拒绝。颜斶表明自己更愿意过晚食当肉、安步当车、无拘无束的生活，"归反于璞，则终身不辱也"。这句启示人们：不为物欲所诱惑，不为私心所困扰，过自然、纯真的生活，便不会受到毁誉羞辱。

君子祸至不惧，福至不喜。

【语出】《史记·孔子世家》。

【通讲】君子，即使祸患临头也不怕，福运来到也不高兴。

【鉴赏】修养很高的人对于祸福要有持重态度。

帘前春色应须惜，世上浮名好是闲。

【语出】唐·岑参《暮春虢州东亭送李司马归扶风别庐》。

【通讲】门外的春景值得珍惜，只要有这种美丽风景可欣赏，世间的虚名实在不足重视。

【鉴赏】劝诫人们不追求虚名。

趋炎附势之祸，甚惨亦甚速；栖恬守逸之味，最淡亦最长。

【语出】明·洪应明《菜根谭》。

【通讲】趋炎附势：攀附权贵。攀附权贵的人固然能得到一些好处，但是为此所招来的祸患是凄惨而又快速的；能安贫乐道、恪守自己独立人格的人固然很寂寞，但是因此所得到的平安生活时间很久，趣味也浓。

【鉴赏】只有那些不贪名利不趋炎附势的人，每天过着自由恬淡的生活，才能宁静以致远，淡泊以明志，远祸而快乐，冷眼看世界。这就是守正安分，远祸之道。

让名者名归之，让利者利归之。

【语出】清·胡达源《弟子箴言·崇礼让》。

【通讲】把名誉让给别人的人，名誉终归于他；把利益让给别人的人，利益终归于他。

【鉴赏】不求名利的人最终将收获名和利，实际生活中有很多这样的例子。

人之失者，未必非得也；吾之无失者，未必非大失也。

【语出】清·钱大昕《弈喻》。

【通讲】别人所错失的，未必没有得到；而我所没有错失的，未必不是大的失误。

【鉴赏】有失必有得，有得必有失，要很好地处理得和失的关系。

世之治乱，国之存亡，民之死生，只是个我心作用。只无我了，便是天清地宁、民安物阜世界。

【语出】明·吕坤《呻吟语·谈道》。

【通讲】对人世间的治乱，国家的存亡，老百姓的生死的关注，都只是心灵的作用。只要是能够做到"无我"了，便就是天地清宁、人民安生、物质丰富的世界了。

【鉴赏】只要心灵之中没有了我，一片空明，就会感到自在欢乐，天下无处不也同样自在。世事跌宕也自会从容衍化。

是故非澹漠无以明德，非宁静无以致远，非宽大无以兼覆，非慈厚无以怀众，非平正无以制断。

【语出】《淮南子·主术训》。

【通讲】不把眼前的名利看得轻淡就不会有明确的志向，不能静下心来全神贯注地学习就不能实现远大的目标，心胸不宽大就无法做到恩泽广覆，不是慈厚就无法安抚众人，不是公平政治就无法做裁决。

【鉴赏】这句话，对于做人做官都有深刻启示。淡泊处世，静心思考，磨炼意志，砥砺志趣，耐得住寂寞，守得住清贫。

虽以天下誉之，得其所谓，謷然不顾；以天下非之，失其所谓，傥然不受。天下之非誉，无益损焉，是谓全德之人哉！

【语出】《庄子·天地》。

【通讲】謷(áo)然:高远貌。傥然:淡然;无动于衷。就是普天下的人都称赞他,称赞得很正确,他也傲然不顾;就是普天下的人都反对他,把他说得一无是处,他也淡然处之。天下人的毁誉,对他无益也无损,这就是道德完全的人啊。

【鉴赏】在坚持真理的道路上,应该不受外界事物言语的影响,要有自己的一定之规和主见,不能随风倒。

贪于近者则遗远，溺于利者则伤名。

【语出】《晋书·宣帝纪》。

【通讲】贪图眼前利益的人就会失掉长远利益,沉溺于物质利益的人就会有损于名誉。

【鉴赏】长远利益高于眼前利益,名誉高于物质利益。

恬淡有趋舍之义，平安知祸福之计。

【语出】《韩非子·解老》。

【通讲】安静淡泊才能把握取舍的意义,安定闲适才能了解祸福的端倪。

【鉴赏】坚持初心,不为外部事物所引诱,不受世间百态的搅扰。恬淡静谧的情怀能够使人更为睿智,看待事物更为清透。在当今忙碌烦躁的生活中,应当少一些纷乱,多一些简单。试试用包容理解的心态为人处世,人生将会真切自得许多。

为而不恃，功成而不处。

【语出】《老子》第七十七章。

【通讲】为:做(施德于人的事)。恃:仗恃。处:居。做了对别人有好处的事却不仗着这来图人报答,有了功劳而不居功自傲。

【鉴赏】启示我们要培育和践行一心为人而不谋名、不图利的高尚行为。

争名者于朝，争利者于市。

【语出】《战国策·秦策一》。

【通讲】争名要到朝廷上去，争利要到集市上去。

【鉴赏】战国时期，秦在商鞅变法后准备拓展土地。司马错主张攻蜀，张仪主张攻韩。张仪认为如果攻打韩，可以直逼东、西二周的郊外，占领三川之地，还可以挟天子以令诸侯。“争名者于朝，争利者于市”，三川、周室正是天下的集市和朝廷，而蜀只不过是偏僻小国，损兵费力也得不到称王的名声。追求名誉必须到人多众望的地方去，追求利益必须到市场交易中求得，所求必从其路，否则就是缘木求鱼。人们首先必须清楚地认识到自己真正追求的是什么，才能确定实现目的的方式和手段。

做人要做个万全。至于名利地步，休要十分占尽，常要分与大家，就带些缺绽不妨。何者？天下无人己俱遂之事。我得人必失，我利人必害，我荣人必辱，我有美名人必有愧色。是以君子贪德而让名，辞完而处缺，使人我一般，不哓哓露头角、立标臬，而胸中自有无限之乐。孔子谦己，尝自附于寻常人，此中极有意趋。

【语出】明·吕坤《呻吟语·修身》。

【通讲】做人要力求完美无缺。至于那些名声利益和地位权势的事情，千万不要完全地占据，经常要分配给大家一些，就是自己带上一些缺陷也没有什么关系。为什么呢？就因为天下没有什么两全其美的事。我得到了，别人就有可能失去；对我有利，对别人就有可能有害；对我来说是光荣，对别人来说就有可能是耻辱；我获得了美名，别人就有可能会因此感到惭愧。所以，君子顾及道德而谦让名声，谢绝完美而身处残缺，使别人和我自己都一样。不会唯我独尊、标新立异，但在胸中却自然充满了无限的快乐。孔子很谦虚，常把自己比作寻常之人。这里边的确有着非常深刻的意味。

【鉴赏】要努力做个完美的人。关键在于正确对待名利地位。名利地位、荣华富贵为身外之物，不能没有，也不必太多，只要够了就行。不妨分给大家一些，让大家都高兴。大家都希望得到的东西我能让，名利我自己不独占，就会拥有美好的德行。

6 知　足

常思某人境界不及我，某人命运不及我，则可以知足矣；常思某人德业胜于我，某人学问胜于我，则可以自惭矣。

【语出】清·王永彬《围炉夜话》。

【通讲】自惭：自我惭愧。常常想想某人的处境还不如我，某人的命运还没有我好，那么就能够感到满足而知足常乐；常常想想某人的品行超过我，某人的学问比我渊博，那么就会自我羞愧而奋发努力。

【鉴赏】对于物质的追求，可以采取“比上不足，比下有余”的态度，它虽然表现了一种安于现状的心态，但其中却蕴藏着特定的生活哲理，在实际生活中具有多重效应，它既可作为人们安于现状、不思进取的心理依据，又可以作为承认现实，平衡自我，保持乐观生活态度的心理调适手段。在品德与学业上，则要向更高的人看齐，不能有浅尝辄止、沾沾自喜的心态。荀子《劝学》上说，学习的起点在哪里？学习的终点在哪里？回答是：它的课程从诵经开始，到读礼结束；它的原则从读书开始，最终成为圣人。真正踏实地学习，持之以恒地不懈努力，学到老死才能停止。

诚能见可欲，则思知足以自戒。

【语出】唐·魏徵《谏太宗十思疏》。

【通讲】见可欲：见到自己喜欢的东西。自戒：自我警戒。诚：假如。如果见到能引起自己喜欢的东西，就想到应当知足而警诫自己。

【鉴赏】知足常乐，不要过多地欲求。

非无足财也，我无足心也。

【语出】《墨子·亲士》。

【通讲】不是财物不能满足需要，而是个人欲望没有止境。

【鉴赏】这种俭朴知足的观点，在今天仍有借鉴意义。

贵名不可以比周争也，不可以夸诞有也，不可以势重胁也。

【语出】《荀子·儒效》。

【通讲】比周：结党营私。不能用结党营私，夸大荒诞、以权势要挟等手段获取尊贵的名声。

【鉴赏】名声是很重要的，但绝不能靠歪门邪道得到。

患人知进而不知退，知欲而不知足，故有困辱之累，悔吝之咎。

【语出】《三国志·魏志·王昶传》。

【通讲】患：担忧。累：过错；过失。吝：悔恨。咎：罪过；过失。担心的是人们知道前进却不知道后退，知道索取却不知道满足，所以才有了受到困窘侮辱的过错，有了感到悔恨的过失。

【鉴赏】进退不要失据，知足才能常乐。回首过去世事的成败，那些争名夺利、欲望无穷的人从来得不到善终，只有那些淡泊无为、知足常乐的人能够世代享受福禄，不会感到悔恨困窘。

名与身孰亲？身与货孰多？得与亡孰病？甚爱必大费，多藏必厚亡。故知足不辱，知止不殆，可以长久。

【语出】《老子》第四十四章。

【通讲】身：身体；生命。货：货利；财富。多：重。病：有害。厚亡：惨重的损失。知足：指心理上的节制。知止：指行为上的节制。名誉与生命，哪一个更亲切？生命与财产，哪一个更贵重？获得与丧失，哪一样更有害？过分贪求名利，必定会付出更大代价；过分聚积财富，必定会遭到更惨重的损失。所以知道满足，行为适可而止，才能长久平安。

【鉴赏】阐述了老子的贵身、重己、轻利的思想，不应该为名、为利考虑得失，知足不辱，知止不殆，因此也就可以长久安全。老子告诫人们不要因争得名利而丧生，要少私寡欲，知足知止，清静无为，顺其自然。

人有公私，故言有邪正。正言务规谏，邪言务谤谀。

【语出】《明史·唐铎传》。

【通讲】人心有公私，所以人言有正邪。正言追求规谏讽劝，邪言追求诽谤奉承。

【鉴赏】人有公心,必有公论。

天下有道,却走马以粪;天下无道,戎马生于郊。祸莫大于不知足,咎莫大于欲得。故知足之足,常足矣。

【语出】《老子》第四十六章。

【通讲】治理天下合乎“道”,就可以做到太平安定,把战马退还到田间给农夫用来耕种治理;天下不合乎“道”,连怀胎的母马都要被送上战场,以致产驹于野外。祸患没有比不知足更为严重的了,灾难没有比贪得无厌更为深重的了。所以应该知足常乐。

【鉴赏】老子十分推崇“知足”。古往今来,多少贪夫徇财,就是由于不知足,跌入罪恶的深渊。党员干部要谨防“贪欲”之害,无论什么情况下都要把握住自己,洁身自好,清廉自律,不要干出“一失足成千古恨”的蠢事,更不能突破党纪法规的底线。

万物安于知足,死于无厌。

【语出】明・吕坤《呻吟语・修身》。

【通讲】万种事物都会因为知道满足而得到安宁,也同时会因为贪得无厌而将自己引入死途。

【鉴赏】人很重要的品德就是要知足,不能贪心。知足者常乐,而往往由于贪心过度而失去生命。认清这一道理,有助于我们正确处理日常得失,保持心灵安康。

为人但知足,何处不安生?

【语出】元・耶律楚材《西域河中十咏》。

【通讲】为人处世只要知道满足,还有什么地方不能平安地度过一生呢?

【鉴赏】人应该知足则安,而不应欲望无厌。

欲而不知止,失其所以欲。有而不知足,失其所以有。

【语出】《史记・范雎蔡泽列传》。

【通讲】有欲望而不知足，会失去所有的欲望；占有不知节制，会失去已经占有的东西。

【鉴赏】人要知足，只有知足，才会常乐。欲望也罢，占有也罢，都不能无度地攫取，否则会落得两手空空，甚至引火烧身。

知足不辱，知止不殆，可以长久。

【语出】《老子》第四十四章。

【通讲】一个人如果知道满足，就不会招来耻辱；知道适可而止，便不会遇到危险。才可以永远处于不败之地。

【鉴赏】一个人如果知道满足，就会常常感到满足；知道适可而止，就可以明白一切事情都有止境的道理，这样也就可以长久存在了。

知足不辱，知止不殆，穷兵极武，未有不亡。

【语出】《晋书·苻融载记》。

【通讲】知道满足，就不会受耻辱；知道适可而止，就不会败亡。滥用武力的人，没有不灭亡的。

【鉴赏】不滥用武力，走和平发展道路，才是强国之道。人的要求和行为都必须恰如其分，有所限制，否则，将会后患无穷。

知足常足，终身不辱；知止常止，终身不耻。

【语出】《增广贤文》。

【通讲】知足的人经常感到满足，这样终身都不会受辱；知道节制的人常有节制，这样一生都不会遭受耻辱。

【鉴赏】懂得知足和节制，不贪求、不放纵，就可以立于不败之地。

知足者，不以利自累也；审自得者，失之而不惧；行修于内者，无位而不怍。

【语出】《庄子·让王》。

【通讲】怍：惭愧。知足的人不会因为利禄而拖累自己，自得其乐的人遇到损失也不忧惧，注意内心修养的人没有什么爵位也不惭愧。

【鉴赏】要懂得知足，不要追求名利、地位、享受、官位，要注意内心修养，自得其乐，这样的人生才是最有意义的。

知足者常足也，不知足者无足也。

【语出】晋·葛洪《抱朴子·知止》。

【通讲】知道满足的人，就会觉得自己经常是满足的；不知道满足的人，永远不可能有满足的时候。

【鉴赏】人对生活的追求、对名利的追求，要知足；人对事业的追求、对为国家、为人民作贡献的追求要不知足。

自古已来，身居富贵，能知止足者甚少。

【语出】《旧唐书·李靖传》。

【通讲】已来：以来。从古到今，地位很高、生活优裕而能够知道适可而止的人是很少的。

【鉴赏】要记得：知足常乐，欲壑难填。

7 尚 节

处事有疑，非智；临难不决，非勇。

【语出】《旧唐书 · 尉迟敬德传》。

【通讲】处理事务迟疑不决，不能算是明智；面对危难不能决断，不能算是勇敢。

【鉴赏】处事必须坚决果断，否则，将贻误大事。

饿不苟食，死不苟生。

【语出】《商君书 · 画策》。

【通讲】即使挨饿也不会见东西就吃，即使死去也不苟且偷生。

【鉴赏】人生必须有意义，要有尊严地活着。

过犹不及。

【语出】《论语 · 先进》。

【通讲】超过分寸跟达不到分寸是一样的。

【鉴赏】这提示了在社会生活中要掌握分寸，做得恰到好处。这是儒家对“中庸之道”的一个说明。

良将不怯死以苟免，烈士不毁节以求生。

【语出】《三国志 · 魏志 · 庞德传》。

【通讲】优秀的将领不会畏惧死亡而苟且偷生，忠烈之士不会毁坏名节而求得生存。

【鉴赏】这是曹操大将庞德在与关羽作战不利的情况下与督将成何说的一句话，庞德被关羽抓到，关羽劝其投降，但他“宁肯做国家的鬼，不做敌人的将”，终于被关羽所杀。为了国家和人民，勇于牺牲，直至献出宝贵的生命。庞德的果敢坚毅，投身危难、成就功名，这种精神值得我们学习。

人臣上书，不激切不能起人主意，激切则近讪谤。

【语出】《新唐书·魏徵传》。

【通讲】臣子上章奏，言辞不激烈直率就不能引起君主的注意，激烈直率了就接近于诽谤。

【鉴赏】给国家机关和领导上书言事，都是可以的，但要注意分寸的把握，实事求是，情真意切。

人生世间，每事欲快。快驰骋者，人马俱疲；快酒色者，膏肓不医；快言事者，驷不可追；快斗讼者，家破身危；快然诺者，多悔；快应对者，少思；快喜怒者，无量；快许可者，售欺。与其快性而蹈失，孰若徐思而慎微。噫，可不忍欤！

【语出】元·吴亮、许名奎《劝忍百箴·快之忍》。

【通讲】人生在世，凡事都想图个痛快。任意驰骋者，人马俱疲；醉心酒色者，病入膏肓；信口开河者，错话驷马难追；喜欢打架斗讼者，家破人亡；轻易许诺别人者，多后悔；应对如流者，欠于思考；喜怒无常者，缺少度量；轻易苟合他人者，必欺骗别人。与其随心所欲而失误，不如谨慎思考而又细致入微。唉，怎么能不忍呢！

【鉴赏】人们追求快乐，往往就同时破坏了法度。人们应当随时随处思考，这样处己待人，应事接物就没有不合规矩的了。慎重的人一定能做大事。

事当快意处须转，言到快意时须住。

【语出】宋·弘一大师《格言别录》。

【通讲】事情做到十分高兴的时候应当转换，防止因骄傲反而将好事做错；话说到十分高兴的时候应当停止，防止忘乎所以反遭耻辱。

【鉴赏】凡事不要太过，要适可而止。

事遇机关须退步，人逢得意早回头。

【语出】明·兰陵笑笑生《金瓶梅》第九十二回。

【通讲】机关：机谋奸诈。得意：称心如意。办事遇到机谋奸诈，就要抽

处事

身退步;已经称心如意,就要及早回头。

【鉴赏】人们不论处于顺境逆境,都要留有余地,适可而止。

是与非,甚勿理;略不逊,讼自起;公差到,悔则迟。

【语出】明·无名氏《女儿经》。

【通讲】甚:什么。公差:封建时代官府衙门里的办事人员,其职责相当于今天法院的办案人员。略:稍微。逊:恭顺。讼:官司。对于那些说不清的问题,不要刨根究底,如果稍有偏差,处理不妥当或态度不恭,就会越闹越僵,甚至引起打官司,到那时悔恨就太晚了。

【鉴赏】在处理与人争执时,尽量克制,不要诉讼。

虽鞭之长,不及马腹。

【语出】《左传·宣公十五年》。

【通讲】马鞭虽长,也打不到马腹。

【鉴赏】春秋时期楚庄王仗着势力强大,不征得宋国同意派大夫申舟经宋国出使齐国,宋国杀了申舟。楚庄王派兵攻打宋国,把宋军围困了半年。宋国向晋国求援,大夫伯宗向晋景公建议不要出兵,说"虽鞭之长,不及马腹",不要为了宋国而与楚国争锋。此句比喻相隔太远,力量达不到,无能为力。启示人们不要太自傲,不要去干那些条件不足,力所不及,做不到或者现有力量不能办到的事。

贪痴无底蛇吞象,祸福难明螳捕蝉。

【语出】明·冯梦龙《古今小说·陈御史巧勘金钗钿》。

【通讲】贪痴:贪心狂妄。螳捕蝉:螳螂捕蝉,黄雀在后。贪心狂妄,没有止境,就像蛇想要把大象吞下去一样;人的祸福难以猜测,就像螳螂捕蝉,而黄雀在后欲啄螳螂一样。

【鉴赏】凡事都必须考虑全面,走一步,看两步。

众人重利,廉士重名,贤人尚志,圣人贵精。

【语出】《庄子·刻意》。

【通讲】精:素朴的精神。凡夫俗子看重私利,廉洁之士看重名声,贤能之辈崇尚志向,圣哲之人以素朴的精神为贵。

【鉴赏】人各有所求,但不能求私利,要求廉洁的好名声,要崇尚舍己为人、一心为人民的崇高志向,要以朴素的精神指导自己的生活。

8 重　　义

大义灭亲。

【语出】《左传·隐公四年》。

【通讲】为了维护人间的真理正义，有时不得不牺牲骨肉至亲。

【鉴赏】至亲骨肉犯了法，干了坏事，决不宽恕，该杀的杀，该坐牢的坐牢，一切为了公平正义。

地位清高，日月每从肩上过；门庭开豁，江山常在掌中看。

【语出】宋·朱熹题白云岩书院对联。

【通讲】上联说儒者肩负社会道义，两袖清风，可昭日月；下联说儒者读万卷、品万物、识时局，身在书斋，心系天下。

【鉴赏】寥寥数语，把古代知识分子的责任以及应具备的品质说得清楚明白，给人以深刻启迪。朱熹用寥寥数语，勾勒出思接千载、视通万里的宏大气象，隐喻着修齐治平的理想境界。领导干部肩负着重大职责，更应心胸开阔、志存高远，做到心底无私天地宽，才能达到日月每从肩上过、江山常在掌中看的思想境界。

坟畔休留桧，行人欲斧之。

【语出】元·胡炳文《拜岳鄂王墓》。

【通讲】在岳飞将军墓畔休要种桧树，因为路过那里的人，看到桧树就想用斧砍掉它。

【鉴赏】赞颂宋代民族英雄岳飞的爱国主义精神，鞭挞陷害忠良、出卖民族利益的秦桧。

士为知己者死，女为悦己者容。

【语出】《战国策·赵策一》。

【通讲】士人愿为知己者死命，女人愿为欣赏、喜欢自己的人精心妆扮。

【鉴赏】春秋末战国时期，豫让在范氏、中行氏手下做事，不受重视，转投智伯后，得到信任和重用。后来赵、魏、韩三家瓜分了智伯的土地，赵襄子把智伯的人头做成酒杯。“士为知己者死，女为悦己者容”，豫让发誓要报答智伯。他想方设法刺杀赵襄子，但都没能成功。在被赵襄子的兵士团团围住后，他剑击赵襄子的衣服后伏剑而死。“士为知己者死，女为悦己者容”常被拆成两句话使用。“士为知己者死”反映了人们为了报答知己，万死不辞的精神。在古代，“士为知己者死”常常只是指个人之间的关系。如今，“士为知己者死”的“知己”不再是指某个具体的人，而是指一种理想、一种大义、一份天职。它既可以是国家，也可以是人民，或者只是与己无关的他人的利益。

士之为人，当理不避其难，临患忘利，遗生存义，视死如归。

【语出】《吕氏春秋·士节》。

【通讲】士的为人，面对真理不避危难，面临祸患忘却私利，舍生取义，视死如归。

【鉴赏】为了正义、真理不怕祸患危难，敢于牺牲生命。我们每个人都应有这种高贵的品德。

贪耳目之玩，忽祸败之端，是无智也。

【语出】唐·崔令钦《教坊记》。

【通讲】贪图音乐女色这类玩乐是忽视祸败的开端，这是最愚昧无知的。

【鉴赏】耽于女色玩乐是腐败的开始，这样的教训还少吗？

义正所在，视死犹归。

【语出】晋·葛洪《抱朴子·行品》。

【通讲】为了义和正理，看待死如同看待回家一般。

【鉴赏】为保卫正义必须勇于自我牺牲，我们要努力培养这种美德品行。

愿君学长松，慎勿作桃李。

【语出】唐·李白《赠韦侍御黄裳》。

【通讲】希望你向长松学习，不要做桃花李花。

【鉴赏】鼓励人们抗拒恶势力，受到挫折也不改变自己的决心，绝不要做受环境摆布的软弱桃李，做一个堂堂正正的大丈夫。

丈夫宁可玉碎，不能瓦全。

【语出】《北齐书·元景安传》。

【通讲】有志之士宁可做玉器被打碎，也不愿做陶器得到保全。

【鉴赏】宁愿为正义而献身，不愿苟全性命。

9 达　观

不以生故自宝兮，养空而浮；德人无累兮，知命不忧。细故蒂芥兮，何足以疑！

【语出】汉·贾谊《鵩鸟赋》。

【通讲】不因为活着就过于珍惜自己的生命，只保养空虚之性似浮舟一般。上德之人无所牵累，知道天命而不生忧愁。死生祸福，原属小事，又何足以疑惑挂怀！

【鉴赏】这是对人生的看法。表现了对死生祸福看得很淡的超脱的人生观。

不以死生祸福累其心。

【语出】宋·王安石《答陈柅书》。

【通讲】以：因为。不因为生死、祸福使自己的精神受累。

【鉴赏】人要达观，在达观的人看来，生与死是一回事，不必因活着而欢乐、因死亡而悲哀。

成大事者，不恤小耻；立大功者，不拘小谅。

【语出】明·冯梦龙《东周列国志》第十六回。

【通讲】事：事业。恤：忧虑。小耻：指很平常的羞辱。立：建。拘：拘泥；束缚。谅：诚信；信誉。做大事业的人，不因小小的羞辱而忧心忡忡；建大功勋的人，不被小小的信誉捆住手脚。

【鉴赏】劝诫人们不能因小失大，要以建功立业为着眼点。

处患难者勿为怨天尤人之言，处贵显者勿为矜己傲物之言。

【语出】清·钱大昕《十驾斋养新录·文字不苟作》。

【通讲】身处困境，不要怪罪周围环境或他人；身在高位，不要吹嘘自己、看不起别人。

【鉴赏】应该正确对待患难时和显贵时的态度。

达人观之，生死一耳；何必生之为乐，死之为悲？

【语出】清 · 蒲松龄《聊斋志异 · 陆判》。

【通讲】在通情达理的人看来，生和死是一回事，何必活着就高兴，而对死亡悲伤呢？

【鉴赏】要正确对待生与死，不怕死的人反而活得长。

叠浪高潭浑不畏，舸艚船上唱歌来。

【语出】明 · 杨慎《沅江曲》。

【通讲】他们全然不怕那层层叠叠的浪涛和既深且险的急流，驾着一艘小木船唱着歌飞驶而来。

【鉴赏】赞颂劳动人民征服自然的能力和他们那种乐观、无畏的精神。

根深不怕风摇动，树正何愁月影斜。

【出处】《增广贤文》。

【通讲】树的根扎得深，就不怕大风吹得摇动；树干长得正，也不怕影子会歪斜。

【鉴赏】说明为人正直、行为端正，就什么也不必惧怕。

今朝有酒今朝醉，明日愁来明日愁。

【语出】唐 · 罗隐《自遣》。

【通讲】今日有酒，就一尽今日的酒兴；明天的烦恼，留待明天去担心、发愁。

【鉴赏】表达了诗人从容处事、洞观世变的旷达的态度，并要善于从逆境中自我解脱。

人非尧舜，谁能尽善？

【语出】唐 · 李白《与韩荆州书》。

【通讲】人不是唐尧、虞舜，哪个又能完美无缺呢？

【鉴赏】人无完人，对人要求不能太高。

人心如谷种,满腔都是生意,物欲锢之而滞矣,然而生意未尝不在也,疏之而已耳;人心如明镜,全体浑是光明,习染熏之而暗矣,然而明体未尝不存也,拭之而已耳。

【语出】清·金缨《格言联璧·存养》。

【通讲】人心就像谷种子一样,全是朝气蓬勃的生机,只是受到外物的利诱滞缓了它的生意,但满腔的生机始终都存在着,理顺它就可以了;人心如同明亮的镜子一样,全身都是光明鲜亮的,只是由于习俗的侵染而黯淡了,但光明鲜亮的本质始终都存在着,擦拭它就可以了。

【鉴赏】人心为谷种、如明镜,既有生机光明的一面,也有被利诱、被蒙尘的一面,必须紧密关注。

日啖荔枝三百颗,不妨长作岭南人。

【语出】宋·苏轼《惠州一绝》。

【通讲】如果每天吃三百颗荔枝,不妨永远做岭南人。

【鉴赏】苏轼在宋哲宗绍圣元年被以"讥斥先朝"的罪名贬谪岭南,"不得签书公事"。第二年苏轼在惠州第一次吃到荔枝,便对荔枝赞不绝口,他多次在诗文中流露出对荔枝的喜爱之情。"垂黄缀紫烟雨里,特与荔枝为先驱。海山仙人绛罗襦,红纱中单白玉肤。不须更待妃子笑,风骨自是倾城姝"(《四月十一日初食荔枝》)。"日啖荔枝三百颗,不妨长作岭南人",表面上看诗人赞叹荔枝之美味,抒发对岭南的留恋之情,但其实这是诗人把满腹苦水唱成了赞歌,表现诗人豁达、洒脱的人生态度。这句诗在《食荔枝二首(其二)》为"日啖荔枝三百颗,不辞长作岭南人"。

身挫凭乎道胜,时屯寄于情泰。

【语出】南朝梁·刘勰《文心雕龙·杂文》。

【通讲】屯:困难。泰:安。身遭挫折而凭借道义的胜利来自我解嘲,生不逢时而依靠感情的平泰来聊以自慰。

【鉴赏】这两句揭示了当人们面对不堪的现实时可采取的态度。身处逆境又无力改变之时,我们更应找寻、发现自我精神的可贵。这不是精神胜利法的委曲求全,而是内心的平和淡静,用内在的精神力量去消化世界对自己的不公平，这是一种积极的处世之道。

士生于世，使其中不自得，将何往而非病；使其中坦然，不以物伤性，将何适而非快。

【语出】宋·苏辙《黄州快哉亭记》。

【通讲】人活在世上，假使他不愉快，那么无论到什么地方他都不会快乐；假若他很坦然，不使身外之物——名利来伤害他的本性，那么无论到什么地方，他都不会不快乐。

【鉴赏】快乐不能用金钱来衡量：快乐在每个人的心中，快乐需要一个好的环境、氛围和一个永远好的心情。

是非终日有，不听自然无。

【语出】《增广贤文》。

【通讲】有人来说是非话，不去听它，是非自然就消失了。

【鉴赏】是非由人去说，自己能正确对待，也就无人闲言碎语了。

书册埋头无了日，不如抛却去寻春。

【语出】宋·朱熹《出山道中口占》。

【通讲】与其终日埋头在书堆里，好像永远没有尽头，还不如放下书本，到郊野去痛快地寻春吧！

【鉴赏】朱熹是宋朝的大学者，终年埋首书房，研究学问，著书立说。偶尔放下书本，到郊外散心，面对一片青山绿野，鸟语花香，胸襟为之舒展开朗。终年埋首书堆的人，应该抽空到户外去散散心，多与大自然接近，享受美好的时光。

谁道人生无再少，门前流水尚能西。

【语出】宋·苏轼《浣溪沙》。

【通讲】谁说人老了不能再变少年，门前流水还能向西流哩。

【鉴赏】描写当地风光，兼抒乐观情怀。但这里却借景抒情，表达了词人的乐观思想。水一般是向东流入海洋的，故李煜有“人生长恨水长东”之句；而人的青春也一去不可复返，即古人所云“花有重开日，人无再少时”。苏轼看到兰溪之水向西流，遂发此奇想，这是跟他旷达的襟怀、丰富的想象分不开的。

死犹未肯输心去，贫亦其能奈我何？

【语出】清·黄宗羲《山居杂咏》。

【通讲】死亡尚且不能使我屈服，贫穷又能把我怎么样呢？

【鉴赏】这是对待贫穷的正确态度。

随富随贫且欢乐，不开口笑是痴人。

【语出】唐·白居易《对酒》。

【通讲】不论是贫是富，都应该欢乐地过日子，人生在世，如果不肯开颜欢笑，那只是一个痴愚呆笨的人而已。

【鉴赏】这种乐观主义生活态度，应该是每个人都要有的。人生在世，应笑对任何贫困和苦难，很好地度过一生。

天生我材必有用，千金散尽还复来。

【语出】唐·李白《将进酒》。

【通讲】上天给了我才能必然能得到应用；千金之财化完了还会重新得到。

【鉴赏】表明诗人尽管政治上受到挫折，但仍对自己充满信心，对未来也持乐观态度。

天无绝人之路。

【语出】元·无名氏《货郎担》第四折。

【通讲】天不会有绝人之路。

【鉴赏】勉励人遇到巨大困难时，总能找到解决问题的办法。

万事难并欢，达生幸可托。

【语出】南朝宋·谢灵运《斋中读书》。

【通讲】达生：《庄子·达生》中说人之生死自己无法改变，只有达生者才能遗世。人生遇到的各种事很难都是快乐的，只有善于养生的人才能幸福地生活在这个世界上。

【鉴赏】对人生要看开些，乐观处世，才能一生幸福。

总之君子之身，可大可小；丈夫之志，能屈能伸。

【语出】《幼学故事琼林》。

【通讲】总结一句话，君子身上的才识可以大用也可以小用；有志向、明事理的人，能忍能让，能屈能伸。

【鉴赏】大丈夫必须能屈能伸。

10 自　　立

不随俗而雷同，不逐声而寄论。

【语出】汉·王符《潜夫论·德化》。

【通讲】不应附和世俗见解而没有自己的观点，也不应人云亦云地发表议论。

【鉴赏】要坚持独立的见解，不随声附和，不人云亦云。

尺有所短，寸有所长；物有所不足，智有所不明，数有所不逮，神有所不通。用君之心，行君之意，龟策诚不能知事。

【语出】战国楚·屈原《卜居》。

【通讲】数：卦数；策数；数术。逮：及；到。用尺量有时尺太短，用寸量有时寸太长；事物往往有不完美之处，聪明的人也有糊涂的时候；蓍卦有时推算不到，神灵有时也不通晓，还是运用你自己的心思，去做你自己想做的事情吧，龟甲和蓍草确实不能判别这些事情。

【鉴赏】句中蕴含着丰富的哲理值得人们细细品味。人和物各有长处和短处，不能一概而论。要善于发挥长处，而避其短处。

凡谋事贵采众议，而断之在独。

【语出】清·宋纁《古今药言憬然录》。

【通讲】凡是谋划一件事，贵在吸取大家的意见，最后拿主意要靠自己。

【鉴赏】在广泛听取意见后必须加以集中，形成决议，不能议而不决。

好男不吃分家饭，好女不穿嫁时衣。

【语出】清·吴敬梓《儒林外史》第十一回。

【通讲】分家饭：是指兄弟分家时，祖先所留下的产业。嫁时衣：是指女子出嫁时，父母所送的嫁妆。有志气的男人，绝不贪恋分家时留下的产业；

有志气的女子，绝不留恋出嫁时收到的衣服。

【鉴赏】这两句诗劝人自立，应该依凭自己的头脑与双手，努力开创自己的事业，不该依赖祖先的遗产。

恃人不如自恃也，明于人之为己者，不如己之自为也。

【语出】《韩非子·外储说右下》。

【通讲】恃：依靠。依靠他人，不如依靠自己，别人为自己考虑、做事，不如自己为自己做事。

【鉴赏】依赖性是幼稚的表现，成熟的人应该具有独立的精神，依靠自己的能力来处理、解决面临的一切事情，别人为自己考虑做事，必然有他的目的、用心，欠了人情，总不是滋味。自己为自己考虑、做事，既能使自己心安理得、又能增长自己的智慧。

因思自强之道，宜求诸己，不可求诸人，求人者制于人，求己者操之己。

【语出】清·彭玉麟《会商海防事宜》。

【通讲】我考虑中国自强之道，应该建立在独立自主的基础之上，不可依赖外人。依赖外人将最终受制于外人，依靠自己一切掌握主动。

【鉴赏】把自主看作是自强的根本，中国要富强，单靠别国的好心援助是不可能的，必须靠自己的力量，要有自主的能力。

在众不失其寡，处言愈见其默。

【语出】南朝宋·颜延之《陶征士诔》。

【通讲】处：居处；在。在众人当中有自己特立独行的操守，在他人放声高谈时越见他的沉静。

【鉴赏】描绘了陶渊明一生的沧桑和高风亮节。这对我们也有借鉴作用。

众志之多疑，不如一心之独决也。

【语出】明·刘基《郁离子·多疑不如独决》。

【通讲】人多而迟疑不决，不如一个人能够做出决断。

【鉴赏】要在民主基础上集中，不能议而不决。

11 有　容

彼之理是，我之理非，我让之；彼之理非，我之理是，我容之。

【语出】清·金缨《格言联璧·接物》。

【通讲】对方有理，自己没理，要让人；对方无理，自己有理，要容人。

【鉴赏】要善于待人，多多退让。

必有忍，其乃有济；有容，德乃大。

【语出】《尚书·君陈》。

【通讲】能忍耐，就可办成事情；宽宏大量，就有高尚的道德。

【鉴赏】能够容忍就有好处，度量要像大海一样包容一切，像春天一样孕育万物。

不敢以意气凌人，不敢以言语骄人。

【语出】清·胡达源《弟子箴言·崇礼让》。

【通讲】处事不能以势压人，说话不能傲气十足。

【鉴赏】为人处世要谦逊和善。

不能容人者无亲，无亲者尽人。

【语出】《庄子·庚桑楚》。

【通讲】尽人：尽于人，为众人所弃绝。不能容人的人，没有人亲近他。没有亲近的人，等于被社会抛弃。

【鉴赏】在处理人际关系中，要学会容人。能否容人，是胸怀问题。容人，不但指团结志同道合者，还更指兼容意见不同者，特别是反对过自己的人。这样才可以团结大多数人，完成伟大的事业。否则理想无从实现。

不念旧恶，此清者之量。

【语出】宋·朱熹《论语集注》。

【通讲】对过去的怨恨不耿耿于怀，这才是清廉正直的人所应有的度量。

【鉴赏】为人处世，要胸怀宽广。宽以待人，不要对以往的嫌隙和怨恨耿耿于怀。

不受触者，怒不顾人；不受抑者，忿不顾身。一毫之挫，若挞于市：发上冲冠，岂非壮士！不以害人，则必自害，不如忍耐，徐观胜败。名誉自屈辱中彰，德量自隐忍中大。

【语出】元·吴亮、许名奎《劝忍百箴·挫折之忍》。

【通讲】不能忍受别人冒犯的人，发起怒来不会顾及别人；不能忍受别人贬抑的人，忿愤时不会考虑后果。受到一点挫折，就好像在大庭广众之下受到侮辱，气得怒发冲冠，难道是壮士！不能忍受挫折，不是害了别人，就是害了自己，不如忍耐性情从旁慢慢观察胜败。名誉在屈辱中得到彰显，德量从隐忍中增长。

【鉴赏】不能受别人的冒犯和贬抑的人，发起怒来哪里顾及别人和自身呢？如果首先自己就暴躁发怒，只能让自己受害，而不是别人。不能在挫折面前忍耐的人，是非常危险的。

步步占先者，必有人以挤之；事事争胜者，必有人以挫之。

【语出】清·金缨《格言联璧·持躬》。

【通讲】老想抢在别人前边的人，一定会有人排挤他；每件事都想超过别人的人，一定会有人使他受到挫折。

【鉴赏】凡事都要让人，道路就非常宽广。

持身不可太高洁，一切污辱垢秽要茹纳得；与人不可太分明，一切善恶贤愚要包容得。

【语出】明·洪应明《菜根谭》。

【通讲】茹纳得：容忍得下。立身处世不可自命清高，对于一切羞辱、脏污要适应并能容忍得下；与人相处不可善恶分得过清，不管是好人、坏人都要习惯以至包容。

【鉴赏】每个人必须学会适应社会和人生，要有清浊并色、善恶兼容的广阔胸怀，即要善于容纳错的、污的、恶的，把它作为向上向善的借鉴。

川泽纳污，所以成其深；山岳藏疾，所以就其大。

【语出】《隋书·长孙平传》。

【通讲】纳：容纳。污：污垢；污浊的东西。藏：隐藏；储藏。成：完成；实现。川泽能够接受肮脏，所以形成了它的深远；山岳能够包容缺点，所以成就了它的高大。

【鉴赏】隋朝大都督邴诏曾被人诬告诽谤朝廷之罪，隋文帝愤怒地要将之处斩，长孙平劝谏说，山川能纳污藏疾，君主也当有含垢纳污之量。皇上接受了长孙平的进言，赦免了邴诏。可以说，世间总是正邪善恶交错并存，人们在这个社会上生活，就得有清浊并包的雅量；否则就会成为孤芳自赏的孤家寡人，孤立无援，何以成就一番伟业？

大丈夫当容人，勿为人所容。

【语出】宋·朱熹《朱子语类》卷三十五。

【通讲】有作为的人应该能谅解和宽容别人，但不应让别人来宽容自己。

【鉴赏】人们都应该严以律已，宽以待人。

大丈夫能屈能伸。

【语出】清·李宝嘉《文明小史》第三十六回。

【通讲】大丈夫在厄境时候，能够忍受委屈；当施展抱负的时候，能大展宏图。

【鉴赏】世界是复杂多变的，每个人面临的环境也是复杂多变的，能坦然面对顺境和逆境，才是个大丈夫。

地之秽者多生物，水之清者常无鱼；故君子当存含垢纳污之量，不可持好洁独行之操。

【语出】明·洪应明《菜根谭》。

【通讲】一块堆满了腐草和粪便的土地，才是能生长许多植物的好土壤；一条清澈见底的河流，常常不会有鱼虾。所以君子应该有容忍庸俗的气度和宽恕他人的雅量，绝对不可因自命清高不跟任何人来往而陷于孤独。

【鉴赏】我们立身处世的基本态度，必须有清浊并容的雅量。一个人要想创造一番事业，就必须有恢弘的气度，能容天下的人才能为天下人所容，所以凡是一个能创大事业的人一定有容忍人的度量，谦让是美德，容人同样为美德。

海纳百川，有容乃大；壁立千仞，无欲则刚。

【语出】清・林则徐题于书室的一副自勉联。

【通讲】大海可以容纳千百条河流，因为它有广阔的胸怀，所以是世间最伟大的；悬崖绝壁能够起立千丈，是因为它没有过分的欲望，不向其他地方倾倒。

【鉴赏】一个人要想气度宽广、胸怀博大，就不仅要宽容别人，还要不断地吸取不同的知识。要广泛听取各种不同意见，才能把事情办好，立于不败之地。而只有去除私欲，才能无所畏惧，一身正气，达到大义凛然的境界。“无欲则刚”的操守，将使我们在障眼的迷雾中辨明方向，勇往直前；也将使我们在与邪恶的斗争中挺立世间，克敌制胜。

好讼之子，多致终凶；积善之家，必有余庆。

【语出】《增广贤文》。

【通讲】好与别人争是非高下的人，最后多要倒霉；积德行善的人家，则吉庆有余。

【鉴赏】与人为善，宽以待人，这是处理人际关系的要则。

江海所以能为百谷王者，以其善下之，故能为百谷王。

【语出】《老子》第六十六章。

【通讲】江海之所以能够汇纳一切溪流成为所有河流之王，是因为它善于处在溪谷的下游，因此才能汇纳百川成为河之王。

【鉴赏】君子务居下流。只有不耻下问、虚心好学的人才能真正学到知识;只有谦逊待人的人,才会得到人们真心的拥护和支持。

将相顶头堪走马,公侯肚里好撑船。

【语出】《增广贤文》。

【通讲】将相的头顶上可以走马,公侯的肚里可以撑船。

【鉴赏】领导者应该心胸宽广,应该有宏大的气量,容忍各种人。

居敬而行简,可以临民;爱人多容,可以得众。

【语出】《三国志·吴志·孙皎传》。

【通讲】如果居心恭敬、行事简约,就可以管理百姓;如果能爱护百姓、多方宽容别人,就可以得到众人的支持。

【鉴赏】每个公务员应该努力做到"居敬""行简""爱人",就会得到人民的拥护和点赞。

莫三人而迷。

【语出】《韩非子·内储说上》。

【通讲】莫:不与……商量。三:众多。做事不和众人商量就会迷惑。

【鉴赏】做事要多和人商量,兼听人言,博采众议,对做好事情是非常重要的。

牡丹虽好,绿叶扶持。

【语出】明·顾起元《客座赘语》。

【通讲】牡丹花虽然艳丽好看,也需要周围的绿叶来映衬。

【鉴赏】要有群众观点,个人即使很有本事,也要有群众的支持才能办好事。

清能有容,仁能善断。

【语出】明·洪应明《菜根谭》。

【通讲】清廉洁白之士要有容人的雅量,而宽仁大度的人要具备果断的勇气。

【鉴赏】对人能容人,对事能善断,这是人应该培养的美德。

胜败兵家事不期,包羞忍耻是男儿。

【语出】唐·杜牧《题乌江亭》。

【通讲】期:预料。战争的胜败是难以预知的事情,能够忍辱负重的人才算得上男子汉。

【鉴赏】社会环境极其复杂多变,人们必须学会忍辱负重。

使气最害事,使心最害理,君子临事平心易气。

【语出】明·吕坤《呻吟语·应务》。

【通讲】凡事意气用事,最容易损害事情本身;凡事都绞尽脑汁动心思,最容易伤害道理。君子遇到事情的时候,要平心静气。

【鉴赏】认真地对待每件事,分析来龙去脉,然后加以判断处理。决不能意气用事,也不能急躁,不能凭一时的冲动或者自己的血气之勇。处世静心静气,做到心安理得。

网开三面,危疑者许以自新;耳达四聪,瑕累者期于录用。

【语出】唐·刘禹锡《贺赦表》。

【通讲】网开三面:比喻宽大。危疑:有危害嫌疑。许:允许。自新:自己改过。四聪:听闻广泛。瑕累:为小缺点所累。期:希望。网开三面,允许犯错的人改过自新;听闻广泛,大胆使用有小缺点错误的人。

【鉴赏】论述了宽以待人的道理。

毋并进君子、小人以为包荒,毋兼容邪说、正论以为皇极。

【语出】《宋史·吴潜传》。

【通讲】包荒:出自《周易》之泰卦,本意指对荒秽遐远都能容受,这里有包含荒秽、容忍的意思。皇极:帝王统治的准则。不可同时任用有才德的人与坏人,美其名曰容忍;不可对邪说与正论都兼容并蓄,美其名曰这是帝王统治的准则。

【鉴赏】我们常说对人对事要包容,但这种包容是有原则的,岂能将小人包容进君子里、邪说包容进正论里呢?

有事须相问,平章莫自专。

【语出】唐·王梵志《诗》。

【通讲】平章:筹划。遇到事情应当互相商量,筹划事情不要自己说了算。

【鉴赏】多听大家的意见,多商讨,才会把事情办好。

愚者言而知者择焉。

【语出】《淮南子·说林训》。

【通讲】愚笨的人说的话,聪明人也能从中选择有用的东西。

【鉴赏】要善于听取各种人的意见,从中汲取智慧。

12 抑　欲

保生者寡欲，保身者避名。无欲易，无名难。

【语出】宋·李邦献《省心杂言》。

【通讲】养护身体的人减少私欲，爱惜生命的人避开声名。没有私欲容易，不想出名则难。

【鉴赏】人们对名声的追求比较执着，这不利于保护生命，应引起人们的重视。

不逆命，何羡寿？不矜贵，何羡名？不要势，何羡位？不贪富，何羡货？

【语出】《列子·杨朱》。

【通讲】逆：预测。矜（jīn）：珍爱。矜贵：以地位高为荣。要（yāo）：通“徼”，求。货：财物。不预测命运，还羡慕什么长寿？不以地位高为荣，还羡慕什么名望？不追求权势，还羡慕什么地位？不贪爱富贵，还羡慕什么财物？

【鉴赏】人生所羡慕、所追求的大致不外长寿、名望、地位、财物四种，但是也为这些名利所累。倘若不再昼思夜想自己命长命短，也就不去羡慕长寿；不以高贵为荣，也就不羡慕名望；不追求权势，也就不羡慕地位；不贪图富有，也就不羡慕财物。不羡慕，不追求，也就不为其所累。一切顺其自然，就会成为一个自由自在的人。这几句可用于表现一种旷达、自然的人生观；也可分别用以表示不羡长寿、不慕名望、不争高位、不贪财货、不为利诱的自主自尊的超凡脱俗的人格。

不嫌亏以求盈，不违险以趋平；不鬻智以干禄，不辞爵以吊名；不贪进以自明，不恶退以怨人。

【语出】汉·王充《论衡·自纪》。

【通讲】不因为嫌弃贫贱而追求富贵，不因为逃离危险而追求安稳；不卖弄才智而追求爵禄，不辞退爵禄而追求名声；不贪图晋升而自我炫耀，不厌恶退隐而埋怨别人。

【鉴赏】执政者要严于律己、随遇而安。

不知足者之忧，终身不解。

【语出】《韩非子·解老》。

【通讲】贪得无厌的人的忧虑，一辈子都无法消除。

【鉴赏】欲望无止境的人，永远不会满足，难免总是忧虑。抛开贪欲吧！

不逐物是个大雄力量，学者第一工夫全在这里做。

【语出】明·吕坤《呻吟语·修身》。

【通讲】不追逐物质的欲望，便是一个大丈夫的做派，修行人的第一等工夫全看此处表现如何。

【鉴赏】不追求物欲，不追求物质享受，这是做人最重要的道德修养。

大病只一自是，不肯克己。

【语出】清·陈确《示仲儿》。

【通讲】人的最大毛病是自以为是，不肯克制自己的欲望。

【鉴赏】人不要自以为是，放纵自己的欲望。

地力之生物有大数，人力之成物有大限，取之有度，用之有节，则常足；取之无度，用之无节，则常不足。

【语出】《资治通鉴·唐德宗贞元十年》。

【通讲】大地的力量生出的物质是有大的定数的，人的力量创造的物质是有限度的，取用他们有限度，使用它们有节制，那么就时常能充足。取用它们没有限度，使用他们没有节制，那么就经常不能满足。

【鉴赏】无论人力还是物力都要合理使用，不要竭泽而渔，无度地向大自然索取，破坏生态平衡，否则会受到大自然报复。人只有同万物和谐相处，才能形成一个美好的世界。

耳之欲五声，目之欲五色，口之欲五味，情也。此三者，贵贱愚智贤不肖欲之若一，虽神农、黄帝其与桀、纣同。圣人之所以异者，得其情也。由贵生动则得其情矣，不由贵生动则失其情矣。此二者，死生存亡之本也。

【语出】《吕氏春秋·情欲》。

【通讲】人无论是高贵的还是卑贱的，愚蠢的还是聪明的，贤德的人还是品行不怎么样的，都想听到美声，看到美色，吃到美味。这些欲望，神农、黄帝与暴君夏桀、商纣都是相同的。圣人之所以不同于一般人，在于他们的各种欲望适度。从珍爱自己的生命出发，各种欲望就会适度有节；不从珍爱自己的生命出发，各种欲望就会失去节制，就会过分。这两种情况是关乎生死存亡的根本。

【鉴赏】人对欲望要有节制，这样才有益于养生长寿。

凡论人心，观事传，不可不熟，不可不深。天为高矣，而日月星辰云气雨露未尝休矣；地为大矣，而水泉草木毛羽裸鳞未尝息也。凡居于天地之间、六合之内者，其务为相安利也，夫为相害危者，不可胜数。人事皆然。事随心，心随欲。欲无度者，其心无度。心无度者，则其所为不可知矣。

【语出】《吕氏春秋·观表》。

【通讲】凡是评论之心，观察事物的发展变化，不可不深思熟虑。天是最高的了，而日月星辰、云气雨露都不曾停止过；地是很大的了，而水泉草木、鸟兽虫鱼也都不曾灭绝过。凡是处在天地之间、上下四方之内的人与物，应该是尽力做到互安互利。可实际上，互相危害的却不可胜数。人与事都是如此。事情随着心发展，心随着欲望变化。欲望没有限度的人，他的心也就没有限度。心中没有限度的人，他的所作所为也就无法了解了。

【鉴赏】世界上的人和物，都要互安互利，但是却经常互相危害。究其因，就是私欲膨胀。我们要正确对待欲望，要能很好地控制私欲。

防欲如挽逆水之舟,才歇手便下流;为善如缘无枝之树,才住脚便下坠。

【语出】清·金缨《格言联璧·持躬》。

【通讲】防止私欲如同牵拉逆水而上的船只,刚一停手船就会顺流漂下;做好事如攀缘没有旁枝的树干,刚停脚便会下滑。

【鉴赏】防欲和为善都很艰难,都要逆水行舟,不断努力才行。

放情者危,节欲者安。

【语出】三国魏·桓范《政要论·节欲》。

【通讲】放纵享受的人一定有危险,节制欲望的人必然平安。

【鉴赏】欲望是会给人带来创业建功的动力,但不节制欲望也会给人带来灾祸。

患生于多欲,害在于弗备。

【语出】《淮南子·缪称训》。

【通讲】灾祸产生于私心太重,灾祸产生于不事先准备。

【鉴赏】根除私欲,多做准备,这便是可以免去灾祸的原因。

黄帝言曰:"声禁重,色禁重,衣禁重,香禁重,味禁重,室禁重。"

【语出】《吕氏春秋·去私》。

【通讲】黄帝说过:"不要过分地追求声音的好听,不要过分地追求色彩的好看,不要过分地追求衣服的华丽,不要过分地追求芳香的浓郁,不要过分地追求味道的醇美,不要过分地追求居室的高大富丽。"

【鉴赏】说明物欲不能过度,过度就会有害于养生全性。

节乎己者,贪心不生。

【语出】唐·马总《易林·文子》。

【通讲】如果能够节制自己的私欲,就不会产生贪婪之心。

【鉴赏】私欲的满足,必须靠钱财,这样就会贪婪,想占有最大的财富。

节制了私欲，自然贪心也就不存在了。

竞功名有如车下坡，惊险谁参破？

【语出】元·贯云石《清江引》。

【通讲】在功名场中竞争角逐，就好像车儿下坡，极其惊险，但有谁能把它看破呢？

【鉴赏】作者描写追逐功名的极端危险性，给人们以很好的忠告。

君子则以礼防情，以义割欲，故得循道；循道则无祸。小人纵贪利之欲，逾礼犯义，故得苟佞；苟佞则有罪。

【语出】汉·王充《论衡·答佞》。

【通讲】君子能够用礼来控制情，用义来限制欲，所以能够遵循大道；遵循大道就没有灾祸。小人放纵贪图利禄的情欲，违犯礼义，所以就会苟且谄媚；苟且谄媚就有了罪过。

【鉴赏】遵守礼义，节制情欲，就会远离犯罪。

可损之善，莫善损忿欲。

【语出】唐·魏徵《群书治要·周易》。

【通讲】关于控制自己，莫过于抑制愤怒和情欲。

【鉴赏】制怒和节欲是养生之道。

克伐怨欲，须从根上除治。

【语出】宋·朱熹《朱子语类》卷四十四。

【通讲】克：好胜。伐：自矜。怨：怨恨。欲：私欲。（人的）好胜、自矜、怨恨、私欲（这些不好的情欲），必须从根本上去清除治理。

【鉴赏】今天可引此语教育人们要端正身心，必须从根上去清除自身的各种怪念邪欲。

乐不可极，极乐成哀；欲不可纵，纵欲成灾。

【语出】唐·吴兢《贞观政要·刑法》。

【通讲】享乐不能追求极致，享乐至极就会导致悲哀；欲望不能放纵，放纵了就会变成灾害。

【鉴赏】劝诫人们乐极会生悲、纵欲受祸。

藜口苋肠者，多冰清玉洁；衮衣玉食者，甘婢膝奴颜。盖志以澹泊明，而节从肥甘丧也。

【语出】明·洪应明《菜根谭》。

【通讲】藜：藜科一年生草本植物，嫩苗可蒸煮吃。苋：属苋科一年生草本植物，茎叶可食。冰清玉洁：形容人的品德像冰一样清明透澈，像玉一样纯洁无瑕。衮衣：古代帝王所穿的龙服，此处比喻华服。玉食：形容山珍海味等美食。衮衣玉食：指权贵。婢、奴：古代的罪人，没有自由和独立人格，后比喻自甘堕落而没骨气的人。婢膝奴颜：也作"奴颜婢膝"，形容卑躬屈膝、谄媚奉承的奴才相。澹泊：甘于寂寞清静无为的生活境界。肥甘：美味，喻物质享受。能过吃粗茶淡饭生活的人，他们的操守多半像冰玉般纯洁；而讲求华美、饮食奢侈的人，多半甘愿做出卑躬屈膝的奴才面孔。因为一个人的志向要在清心寡欲的状态下才能表现出来，而一个人的节操都从贪图物质享受中丧失殆尽。

【鉴赏】贪赃枉法、以权谋私、腐化堕落的人的犯罪动机大多是为了追求物质、享受奢华而致。人要有理想、有追求，生活上向低标准看齐，工作上向高标准看齐，不能玩物丧志，成为社会的罪人。

利欲不存于心，则视爵禄犹粪土矣。

【语出】汉·王充《论衡·非韩》。

【通讲】粪土：秽土、脏土，比喻不值钱的东西。心里不存在物质欲望，就会把官爵俸禄看得如同粪土一般了。

【鉴赏】做人要清心寡欲，视金钱和官位如粪土。

利者人之所同嗜，害者人之所同畏。利为害影，岂不知避。贪小利而忘大害，犹痼疾之难治。

【语出】元·吴亮、许名奎《劝忍百箴·利害之忍》。

处事

【通讲】“利”是人们都喜爱的,“害”是人们都畏惧的。“利”就像“害”的影子,形影不离,怎可不知道躲避。贪求小利而忘了大害,如同染上绝症难以治愈。

【鉴赏】利害是得失的根本,得失是成败的根源。接受得到而讨厌失去,这是人之常情,聪明智慧的人看到名利,就考虑到灾害。愚蠢的人看到名利,就忘记了灾害。考虑到了灾害,灾害就不会发生;忘记了灾害,灾害就会出现。虽然士人怀有远大志向,但也会因贪求利禄而丧生,这必须引以为戒。

临财莫过乎让。

【语出】《晋书·王祥传》。

【通讲】遇到财利,没有比谦让更好的了。

【鉴赏】对钱财贪得无厌,必遭祸殃。

名利著人浓似酒,肝肠热醉不能醒。

【语出】元·张弘范《浣溪沙》。

【通讲】名利之醉人,比烈酒还厉害,它浸入肝肠,使人沉湎不醒。

【鉴赏】描写名利对人的危害,足以警诫世人。

侵欲无厌,规求无度。

【语出】《左传·昭公二十六年》。

【通讲】厌:满足。侵吞的欲望没有满足,贪求的野心没有限度。

【鉴赏】“侵欲无厌,规求无度”用来形容贪得无厌。贪婪的人为了满足私欲,往往会丧失理智,甚至不顾道德、法规的约束和舆论的谴责,一味贪求,没有限度。贪婪是许多祸事的原因,贪财而取危,贪权而取竭。

穷者梦富贵,达者梦神仙。

【语出】宋·戴复古《梦中亦役役》。

【通讲】穷人做梦想富贵,富人梦中做神仙。

【鉴赏】本诗对人生私欲作了深刻的批判。

仁义莫交财，交财仁义绝。

【语出】清·梁章钜《退庵随笔·交际》。

【通讲】要想保全仁德和信义，就不要和钱财打交道；如果和钱财打交道，仁德和信义就会弃绝。

【鉴赏】交往中谈到钱就失去仁义，这是很不恰当的。

声色者败德之具，思虑者残生之本。

【语出】宋·李邦献《省心杂言》。

【通讲】靡靡之音和女色都是坏人品德的工具，思虑过深便是残害身体的根本。

【鉴赏】忧虑、沉迷女色和靡靡之音都有害于身体。

士大夫之患，莫大于近名。

【语出】《清史稿·陈德华传》。

【通讲】士大夫最大的祸害，没有比追逐名誉更大的了。

【鉴赏】名利思想要不得，它只会把人引向歧途，祸害无穷。

世路无如人欲险，几人到此误平生。

【语出】宋·朱熹《宿梅溪胡氏客馆观壁间题诗自警二绝》。

【通讲】世间最危险的莫过于人的欲望，不知有多少人因为抵制不住自己的欲望而误了一生。

【鉴赏】人不可无欲，但要善于节制。人们要洁身自好，不可令私欲膨胀而留下终生之恨。许多落马的高官，因色、钱，用权做交易，陷入囹圄，值得我们深思。

受享过分，必生灾害之端。

【语出】《增广贤文》。

【通讲】过分地贪图享受，必定是滋长灾祸的开端。

【鉴赏】追求享受，不加节制，会引来祸端。

饕贪而无餍，近利而好得者，可亡也。

【语出】《韩非子·亡徵》。

【通讲】饕(tāo)：贪。餍(yàn)：满足。极度贪婪而永远不满足，一味追求财利而贪占便宜，难逃灭亡。

【鉴赏】人在私欲的膨胀中发酵出不健康的心理，无穷尽地想要拥有，过分的逐利和过度的贪婪易将人推入无底的深渊。贪荣慕利，贪得无厌，实际上是一种自我毁灭，最终只会众叛亲离，一无所获。

天生人而使有贪有欲。欲有情，情有节。圣人修节以止欲，故不过行其情也。

【语出】《吕氏春秋·情欲》。

【通讲】天生育人而使人有贪心有欲望。欲望产生情感，情感具有节度。圣人遵循节度以克制欲望，所以不放纵自己的感情。

【鉴赏】人有欲望，但欲望要有节制，不能纵欲，这就需要具有修养。

唯不求利者为无害，唯不求福者为无祸。

【语出】《淮南子·诠言训》。

【通讲】只有不贪图利益的人才不会遭受损失，只有不谋求福禄的人才会免遭祸患。

【鉴赏】安分守己，没有他求，就会平安无事。

养心莫善于寡欲。

【语出】《明史·宋濂传》。

【通讲】寡：减少。欲：欲望；欲念。修养身心没有比寡欲更好的办法了。

【鉴赏】这是宋濂开给明太祖朱元璋的一剂药。当时太祖心神不宁，宋濂就说治疗的办法就是清心寡欲。这也可以作为今天人们的一种养生之道。保持一颗清静之心，淡泊名利，心胸豁达，知足常乐，才能在生活上过得开心、幸福，延年益寿。欲望少了，有利于身心健康。

饮食，人之大欲。未得饮食之正者，以饥渴之害于口腹。人能无以口腹为心害，则可以立身而远辱。鼋羹染指，子公祸速；羊羹不遍，华元败衄。觅炙不与，乞食白痴刘毅未贵，罗友不羁。舍尔灵龟，观我朵颐。饮食之人，则人贱之。噫，可不忍欤！

【语出】元·吴亮、许名奎《劝忍百箴·食之忍》。

【通讲】吃喝是人的重要欲望，没有尝到饮食正常滋味的人，是因为饥渴损害了他的口腹。人们如能不把口腹所受到的饥渴损害当作心病，那么他就可以因此立身于社会而远离受辱。只因用手指蘸点甲鱼汤尝尝，子公很快招来祸患；因车夫没有分到羊肉汤，华元遭到惨败。别人不给刘毅熟肉吃，是因为他还没有做官；罗友被人看作是讨饭吃的傻子，实际上他却有非凡才能。你放弃灵龟般的静息，却要观望我吃喝动作。专讲吃喝的人，就会被人看不起。唉，怎么能不忍呢！

【鉴赏】吃饭、喝水，这是人人都有的大的欲望，但要节制饮食。专讲吃喝的人，人们就会看不起他。历史上乱吃乱喝的人，都遭遇不测，应该引为教训呀！

镇之以无名之朴。无名之朴，亦将不欲。不欲以静，天下将自定。

【语出】《老子》第三十七章。

【通讲】用“道”的真朴来镇住它们，贪欲就兴不起来。不起贪欲就宁静，天下将会太平安定。

【鉴赏】老子提出了要达到社会稳定，就要无欲。要用“道”的真朴来镇住贪欲。“不欲以静”，天下自然安定。

十七

社交

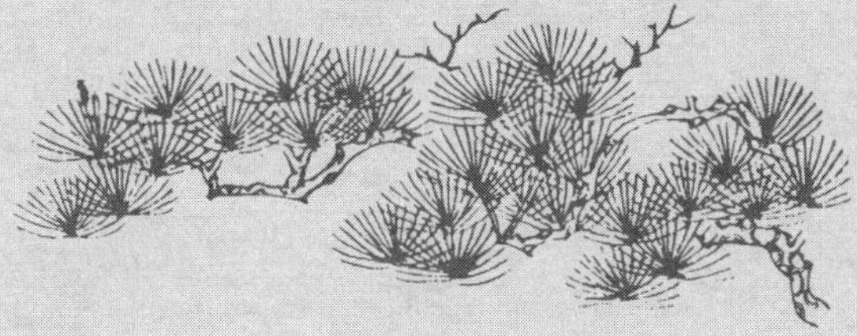

1 观　人

爱而知其恶，憎而知其善。

【语出】《礼记·曲礼上》。

【通讲】恶：缺点。善：优点。爱一个人，也应同时看到他的缺点，憎恨一个人，也应同时看到他的优点。

【鉴赏】要实事求是地评价一个人，而不能为个人的爱憎情感所左右。

爱之则不觉其过，恶之则不知其善，所以事多放滥，物情生怨。

【语出】《后汉书·爰延传》。

【通讲】对于你喜爱的人，你往往看不出他有什么缺点；对于你讨厌的人，你往往看不出他有什么优点。这样一来，很多事情就容易被放纵、泛滥，人们就产生怨望。

【鉴赏】这是爰延向皇帝所进之言，即作为君主，不应有偏信偏爱之举。对我们今天的各级领导，仍有借鉴之意。

翻手作云覆手雨，纷纷轻薄何须数。

【语出】唐·杜甫《贫交行》。

【通讲】那些人们翻云覆雨、变化无常，表现了他们的轻薄，简直不值一提。

【鉴赏】诗人谴责那些反复无常的势利小人。

非宅是卜，惟邻是卜。

【语出】《左传·昭公三年》。

【通讲】卜：占卜；选择。不是住宅需要选择，而是邻居需要挑选。

【鉴赏】说明邻居是非常重要的，所以要好好选择邻居。

夫以人言善我,必以人言罪我。

【语出】《韩非子·说林上》。

【通讲】用好听的话讨好我的人,也必定会在背后对别人说我的坏话。

【鉴赏】当面讨好人的人,背后会说你的坏话,要多留一个心眼。

夫有尤物,足以移人。

【语出】《左传·昭公二十八年》。

【通讲】尤物:指美貌女子。移人:使人的精神情态等改变。具有特别姿色的女人,足以使人改变心性。

【鉴赏】晋国的叔向要娶申公巫臣的女儿为妻,叔向母亲认为特别漂亮的人一定有特别丑恶的行为。夏之妺(mò)喜(夏朝末代国王夏桀的宠妃),殷之妲(dá)己(商纣王的宠妃),周之褒姒(bāo sì)(周幽王姬宫涅的王后),这几个美色就是三代灭亡的原因。叔向听后,不敢娶那个女人了。此句用以警诫后人勿钟情于庸俗、低俗、媚俗的东西,猎艳搜奇,玩物丧德,在物欲、色欲、贪欲等面前抵挡不住诱惑,导致失身下马,这些应该成为前车之鉴。

后生可畏,来者难诬。

【语出】三国魏·曹丕《与吴质书》。

【通讲】诬:诬蔑;妄加品评。年轻人有希望,很有可能超过前人,因而值得敬畏,后来人不能妄加品评。

【鉴赏】用发展变化的眼光来看待新生事物。热情地加以支持,而不要乱加指责。

回眸一笑百媚生,六宫粉黛无颜色。

【语出】唐·白居易《长恨歌》。

【通讲】她回头转睛一笑,便出现各种娇媚动人的姿态,后宫所有的美人在她面前都失去了光彩。

【鉴赏】这是《长恨歌》中描写杨贵妃美貌的名句。突出描写了杨贵妃的眼睛,因为眼睛最能体现人物神采,眼珠一转,微微一笑,就展现了千娇百媚的神态。诗人又用对比手法,美人云集的六宫粉黛也相形见绌,凸显了杨贵妃出众的美丽。

见其远者大者,不食邪人之饵,方是二十分识见。

【语出】明·吴麟徵《诫昌侄》。

【通讲】识见、目标远大的人,不吃奸邪的人的食饵(原指钓鱼用的鱼食,此指坏人的引诱),才是有二十分的见识和能力。

【鉴赏】说明要很好地认识人,不宜交往坏的朋友。

倨傲者人望而畏之,只成得一个侮慢自贤;懒散者人望而鄙之,只成得一个怠惰自甘。

【语出】清·胡达源《弟子箴言·崇礼让》。

【通讲】性情傲慢的人令人望而生畏,只能落得一个待人轻慢、自以为贤的名声;性情懒散的人令人望而生厌,只能落得一个懈怠拖沓、自作自受的下场。

【鉴赏】人们要戒除倨傲和懒散,因为它不利于团结和相处。

君子以心导耳目,小人以耳目导心。

【语出】唐·马总《意林·子思子》。

【通讲】君子用自己的心念引导耳朵去听、眼睛去看对身心有益的东西,小人用耳朵去听、眼睛去看那些能引发私心杂念的东西。

【鉴赏】心是引导一切的。

君子之事上也,必忠以敬,其接下也,必谦以和;小人之事上也,必谄以媚,其待下也,必傲以忽。

【语出】清·金缨《格言联璧·敦品》。

【通讲】君子对待上级一定忠诚恭敬,对待下属一定谦虚和气;小人对待上级一定谄媚巴结,对待下属一定傲慢怠忽。

【鉴赏】对待上级和下级的两种截然不同的态度,是区别君子和小人的重要标志。

君子之心不胜其小，而气量涵盖一世；小人之心不胜其大，而志意拘守一隅。

【语出】清·金缨《格言联璧·存养》。

【通讲】君子的心性很小，十分容易满足，但他的胸怀可以包容万物；小人的心性很大，欲望难以满足，但他的心胸只局限在一个小角落里。

【鉴赏】有道德的人胸怀大。

君子周而不比，小人比而不周。

【语出】《论语·为政》。

【通讲】周：团结；亲和。比：勾结。君子亲密团结而不想勾结，小人互相勾结而不亲密团结。

【鉴赏】孔子用对比的方法论述了怎样辨别君子和小人。君子与小人的本质区别在于君子为人做事顾全大局而不损人利己，和绝大多数人都能友好相处。小人则不同，于公于私，于人于己，一切都从私利出发，结党营私，搞小集团，自私自利，处事不公，关键时候他们的小人面目会暴露无遗。在比较中就能判断谁是君子，谁是小人。

困，德之辨也。

【语出】《周易·系辞下》。

【通讲】对于一个人来说，困境就是他德行的试金石。

【鉴赏】遇到困难，如何对待，可以看出一个人的品质。

人有所优，固有所劣；人有所工，固有所拙。非劣也，志意不为也。非拙也，精诚不加也。

【语出】汉·王充《论衡·书解》。

【通讲】人有优秀的地方，也一定会有缺陷的地方；人有灵巧的一面，也必定会有笨拙的一面。这不是天生的不足，而是他的意志不够坚定；亦不是他不擅长，而是他没有专注地学习。

【鉴赏】要全面辩证地看一个人。既要看他的长处，又要看他的短处。金无足赤，人无完人。有缺点或不擅长之处的原因，或因为心志不在其上，或因为毅力不够坚强。

听言必审其本,观事必校其实,观行必考其迹。

【语出】晋·傅玄《傅子·通志》。

【通讲】听他说话一定要审察其本质,看他做事一定要检验其实效,观察别人的行为举止必须要核查其前因后果。

【鉴赏】要善于从说话、做事、行为等三个方面来了解人、考察人,才会得出正确的结论。

听言不如观事,观事不如观行。

【语出】晋·傅玄《傅子·通志》。

【通讲】听他说的话,还不如观察他做的事;观察他做的事,还不如看他的品行。

【鉴赏】关键要看人的品行。

养之则为君子,暴之则为匹夫。一朝之忿,忘其身以及其亲,非惑欤!噫,可不忍欤!

【语出】元·吴亮、许名奎《劝忍百箴·气之忍》。

【通讲】能培养"刚正之气"的就成为君子,只有暴躁之气的就成为小人。因一时愤怒,忘记了自己以及自己的亲人,这不是糊涂吗?唉,怎么能不忍呢!

【鉴赏】如能培养浩然刚正的气,就可以与义配合起来。行动起来就是合乎义礼的勇,这样才会成为君子。如果损失了对气的培养,行动起来就只有粗暴的气,这只是血气之勇,这种小人的怒气发作起来,容易突然扩大,如果不压抑忍耐,而是由着性子妄自行事,必定使自身遭到杀戮之刑,还要拖累自己的亲人,所以一定要辨清糊涂而抑制住怒气。喜欢称雄斗勇而使父母受到危难,这不是糊涂又是什么?

以富为是者,不能让禄;以显为是者,不能让名;亲权者,不能与人柄。操之则慄,舍之则悲,而一无所鉴,以窥其所不休者,是

天之戮民也。

【语出】《庄子·天运》。

【通讲】亲权:亲近权柄、追逐权力。鉴:镜子,此指照镜而自明。戮民:被刑戮之人。追求富有的人,不会让出他的利禄;追求显赫的人,不会让出他的名声;迷恋权势的人,不会授人权柄。得到了利禄、名声和权势,便唯恐丧失而不安,一旦丢掉,便又悲苦不堪。他们一点也看不见自己那个样子,眼睛只盯住自己所无休止追逐的东西,这样的人只能算是被大自然所刑戮的人。

【鉴赏】身外之物,无论钱财、声名、地位、权力终是生不带来、死不带走的东西,我们要正确对待这些身外之物,可利用、可掌握,却不可去追逐这些东西,成为这些东西的奴隶。否则,会受到应有的惩罚。

饮宴之乐多,不是个好人家;声华之习胜,不是个好士子;名位之念重,不是个好臣士。

【语出】明·洪应明《菜根谭》。

【通讲】士子:指读书人或学生。经常宴饮作乐,不是一个正派人家;习惯于靡靡之音和华丽艳服,不是一个正派书生;名利权位观念太重,不是一个好官吏。

【鉴赏】名位安乐,不可贪图。一个有志于学业,有作为的人,在享乐上过于贪图,在名位上太过看重是难以有所成就的。这是必须高度警惕的。

2 知　人

道吾好者是吾贼，道吾恶者是吾师。

【语出】《增广贤文》。

【通讲】当面奉承自己的人，恰恰正是算计自己的贼人；当面指出自己缺点的人，反而是能教育自己的老师。

【鉴赏】正确对待别人的奉承和批评。

好而知其恶，恶而知其美者，天下鲜也。

【语出】《大学》。

【通讲】对所喜欢的人和事，能够同时看到他的坏处，对所厌恶的人和事，能够同时看到他的好处的人，在普天之下是非常少的。

【鉴赏】要正确地看一个人，不因喜欢而忽略他的缺点，不因厌恶而看不到他的优点。

好誉人者谀，好人誉者愚。夸燕石为瑾瑜，诧鱼目为骊珠。尊桀为尧，誉跖为柳。爱憎夺其志，是非乱其口。世有伯乐，能口题于良马；岂伊庸人，能定驽骥之价，古之君子，闻过则喜。好面誉人，必好背毁。噫，可不忍欤！

【语出】元·吴亮、许名奎《劝忍百箴·誉之忍》。

【通讲】喜欢过度赞扬别人的人是佞人，喜欢听阿谀奉承话的人是愚人。夸口说燕石为美玉，将鱼眼睛说成珍珠。将暴君桀尊为仁主尧，把强盗誉为圣人柳下惠。因爱憎而移其志趣喜好，说话颠倒是非。世上有伯乐，能够品评辨识良马，岂是庸人凡才而能确定坏马与骏马的价格！古代的君子，闻已有过则喜。好当面奉承人者，必然好背后诋毁人。唉，怎么能不忍呢！

【鉴赏】不掂量是不是合于礼义，而一味阿谀奉承，是再谄媚不过的了。

誉，就是表扬别人好的方面过了度。谀，就是不根据是非原则说人好话，是为了谄媚逢迎。不明辨事情的是非而喜欢别人赞扬自己的人，是再糊涂不过的了。喜欢当面奉承别人的人，也必然喜欢背后诋毁别人，这是应该反对和制止的。

何以变真性，幽篁雪中绿。

【语出】唐·李彦远《采桑》。

【通讲】如何才能认识一个人的品行呢？看看严寒中翠绿的竹林吧。

【鉴赏】要经受苦难的人生，才能正确看待人。

己自知而后知人也。

【语出】《鬼谷子·反应》。

【通讲】应该首先有自知之明，然后才会真正有知人之明。

【鉴赏】人无完人。

面誉者，背必非。

【语出】宋·李邦献《省心杂言》。

【通讲】当面赞美你的人，背后一定说你的坏话。

【鉴赏】要注意两面派。

莫信直中直，须防仁不仁。

【语出】明·吴承恩《西游记》第八十一回。

【通讲】莫：不要。直中直：非常正直。不要轻信貌似正直的人，务必提防貌似仁慈而实则凶恶的人。

【鉴赏】两面派、笑面虎，是非常可怕的，务必提高警惕，认真识别。

能媚我者，必能害我，宜加意防之；肯规予者，必肯助予，宜倾心听之。

【语出】清·金缨《格言联璧·接物》。

【通讲】能谄媚我的人，一定能陷害我，应该小心谨慎，加意提防；能规劝我的人,一定能济助我,应该坦诚相见,认真听取。

【鉴赏】对谄媚的人要小心,对规劝的人要真心。

气性乖张,多是夭亡之子;语言尖刻,终为薄福之人。

【语出】清·王永彬《围炉夜话》。

【通讲】气性乖张:脾气性格固执、孤僻。脾气性格偏执怪异的人,一定是早夭的人;言语刻薄尖酸的人,肯定是福分很少的人。

【鉴赏】如果人脾气古怪执拗,必定心胸狭窄,气量窄小,自然寿命不长。语言是心灵的折射,尖酸刻薄的人,其心灵也必定阴暗,那么要得到更多的福分也是不可能的了。

巧言令色,鲜矣仁!

【语出】《论语·学而》。

【通讲】巧言:花言巧语。令:美好,善。令色:假装和善的面目。鲜:少。鲜矣仁:"仁鲜矣"的倒装。花言巧语、假装和善的脸色,这样的人很少有仁德!

【鉴赏】在本章孔子不说"仁鲜矣",而说"鲜矣仁",可见圣人的良苦用心。从正面提醒人们花言巧语、一副讨好的脸色,往往是很少有仁德的人。告诉人们要透过现象看本质,不要被虚伪的表面所迷惑,要注重内在的品德修养。在当今社会,尤其是当政者,不要被谄媚奉承之人的伪善面孔影响自己对大是大非的判断,而对那些脚踏实地、表里如一的人应多听他们的想法,永远牢记"忠言逆耳"这句名言。

人固未易知,知人亦未易也。

【语出】《史记·范雎蔡泽列传》。

【通讲】一个人本来很难被他人了解,要了解人也不是一件容易的事。

【鉴赏】这是侯嬴含蓄批评信陵君的话,因为他慑于强秦的压力,不敢为魏国国相魏齐讲话,终使魏齐自刎身亡。而这句话含有深刻的哲理,了解人和被人了解都是很不容易的,要做到了解,必须深刻观察和认真思考。

人心险于山川，诚难知也。

【语出】《金史·世宗纪中》。

【通讲】人的内心比山川更险峻，实在难以测知啊。

【鉴赏】知人知面不知心，必须从与之交往中探秘他人的内心世界，才能应付自如。

人心之不同，如其面焉。

【语出】《左传·襄公三十一年》。

【通讲】人心不相同，就像人的面貌各不相同一样。

【鉴赏】春秋时，郑国大夫子皮打算让谨慎敦厚的尹何担任自己封地上的主管，他就此征求子产的意见。子产认为让没有管理经验的尹何边学边做地管理国家大事，必定会造成重大损失。子皮听了连连点头，并表示即使是自己的家事也要听从子产的意见。子产说“人心之不同，如其面焉”，我哪敢说您的面目就跟我的一样呢？子皮觉得子产是个忠诚的人，就把政事托付给他。子产也致力于郑国的管理。此句以形象的比喻，揭示出人和人之间无论品行、性格、思想、感情往往存在着差异。对同一件事情，人们的反应和表现千差万别，难以预料。唐代诗人白居易有诗：“唯有人心相对时，咫尺之间不能料。”(《天可度》)虽然近在咫尺，但人心难以猜测。

人之相知，贵识其天性，因而济之。

【语出】三国魏·嵇康《与山巨源绝交书》。

【通讲】济：用，使……发挥作用。人与人之间能够做到相知，贵在能认识到对方的本性，然后根据他的本性特长，使他发挥自己应有的作用。

【鉴赏】真正的朋友在于知心，只有以心相交才是真正的知己。正确地识人、用人，才能使人真正发挥他的作用。

三日不见面，不作旧时看。

【语出】宋·释道元《景德传灯录·德谦禅师》。

【通讲】三天不见面，就不能用老眼光看人了。

【鉴赏】人经常会变化，要善于观察人的变化。

世有雷同之誉而未必贤也，俗有欢哗之毁而未必恶也。

【语出】晋·葛洪《抱朴子·广譬》。

【通讲】誉:称赞;赞美。毁:诽谤。受到众人称赞的人不一定是贤人，受到世俗胡乱诽谤的人不一定是坏人。

【鉴赏】要全面地看人，不能光从人们的评价中来决定一个人的好坏。

虽笑未必和，虽哭未必戚。

【语出】唐·孟郊《择友》。

【通讲】即使笑脸相迎，但未必就是和我知心;即使哭得很悲伤，但未必就是替我忧愁。

【鉴赏】笑和哭的人都不一定是朋友，要加以警惕。

听言者，以言观意也;听言而意不可知，其与桥言无择。

【语出】《吕氏春秋·离谓》。

【通讲】桥言:乖戾的语言。无择:无异。听别人讲话，是为了通过他的言语来了解他的思想;如果听别人讲话却不懂得他的思想，那么，听他讲话就与听乖戾欺诈之言没有什么不同了。

【鉴赏】语言是思想的直接现实，听人讲话，必须深刻了解他的思想。

吾能知人之失，而不能见吾之失;吾能指人之小失，而不能见吾之大失。

【语出】清·钱大昕《弈喻》。

【通讲】我能够知道别人的过失，而不能发现自己的过失;我能指出别人的小过失，而不能发现自己的大过失。

【鉴赏】说明了生活中的一个哲理，即发现他人的过失容易，发现自己的过失困难。

小人殉财，君子殉名。其所以变其情、易其性，则异矣;乃至于弃其所为而殉其所不为，则一也。

【语出】《庄子·盗跖》。

【通讲】小人为追求财物而丢命，君子为追求名誉而丧生。他们改变真情、更改本性的原因虽不相同，但在抛弃应该做的、追求不该做的这一点上则是相同的。

【鉴赏】小人为财而死，君子为名而生，这是极普遍的而且有很长历史的社会现象。人活着究竟为了什么呢？为了全人类的文明和进步。至于个人的名和利，是必须永远抛弃的。

小人专望人恩，恩而不感；君子不轻受人恩，受则难忘。

【语出】明·钱琦《钱公良测语·规世》。

【通讲】小人一心希望别人施惠，接受了心中也不感激；君子不轻易接受他人的恩惠，接受了就不会轻易忘掉。

【鉴赏】得人恩惠，必须牢记并努力报答，这是做人的底线。

心之鄙者，不可与论君子之达观；质之愚者，不可与论君子之通变也。

【语出】明·薛应旂《薛子庸语·克念》。

【通讲】内心卑陋的人，不可以和他谈论君子处世的宏阔达观；本性固执愚笨的人，不可以和他谈论君子处世的讲究变通。

【鉴赏】不同的人有不同的品格，要根据他的品格来谈论相关事宜，否则等于对牛弹琴。

言，心声也；书，心画也。声画形，君子小人见矣。

【语出】汉·扬雄《法言·问神》。

【通讲】书：文字。形：表现出来。言为心声，书为心画，从一个人的谈话与文字中可以看出他是小人还是君子。

【鉴赏】说明文如其人。

有人则作，无人则辍之谓伪，观人者，审其作辍而已矣。

【语出】汉·扬雄《法言·孝至》。

【通讲】有人在跟前时就干，无人看得见时就不干，这就叫虚伪。因而观察人,只需考察他什么时候干什么时候不干,也就够了。

【鉴赏】提供了观察人的极好办法。

知人易,自知难。

【语出】汉·赵晔《吴越春秋·勾践伐吴外传》。

【通讲】了解别人比较容易,客观如实地了解自己却很困难。

【鉴赏】人们往往难以正确剖析自己。也往往看别人的缺点清清楚楚、对自己的问题却看不到。这是很不好的,我们可要警惕呀!

"知人则哲,惟帝其难之。"古今一也。

【语出】宋·王安石《知人》。

【通讲】哲:圣明。"能够识别人的好坏,那就是最圣明的人,就是像尧舜那样的人也是很难做到的。"自古至今都是一样的。

【鉴赏】要善于识别人。因为人善伪装,当他戴上面具以后,你是看不透的。所以我们应该多一些社会知识,注意静观,不要轻信,更不要盲从。这样才会看清人的真面目。

知人者智,自知者明;胜人者有力,自胜者强;知足者富,强行者有志;不失其所者久,死而不亡者寿。

【语出】《老子》第三十三章。

【通讲】强:果决。强行:有勤行的意思。死而不亡:身殁而道犹存。能够认识别人的人富有智慧的人,能够了解自己的人才算是明智的人;能够战胜别人的人是有力量的人,而能够战胜自己的人才称得上一个真正意义上的强者;知道满足的人可称得上一个富有的人,勤于努力、永不懈怠的人是有志气的人;不离开根本之点的人才能长久,肉体死了而精神不死的人才可说是真正的长寿之人。

【鉴赏】阐述个人的修养问题。要努力做到"自知""知人"、"自胜""胜人"、"知足""强行"和"不失其所""死而不亡"。其中,"自知"和"自胜"更具有决定意义。其中讲述的是生活和处世的辩证法。如果能够正视自己,战胜自己的弱点,那在事业的追求上,才能达到成功。

至人不相，达人不卜。

【语出】三国魏 · 嵇康《卜疑集》。

【通讲】真正聪明的人不去相面，通达事理的人不去问卜。

【鉴赏】嵇康在这篇文章里充分论述了他对占卜迷信的怀疑态度。古人这种反对迷信的唯物主义观点值得我们称赞。难道我们现代人还去算命、卜卦吗？

志大者遗小，用权者离俗。

【语出】汉 · 桓宽《盐铁论 · 复古》。

【通讲】志向远大的人不计较个人的小得失，善于权谋的人不同于见识短浅的世俗之人。

【鉴赏】要做一个志向远大的人。

志高则操与人异，望远则意不顾近。

【语出】汉 · 王充《论衡 · 答佞》。

【通讲】志向高的人品行就和常人不同，目光远的人心思就不往近处想。

【鉴赏】志向要高，目光要远大。

志善者忘恶，谨小者致大。

【语出】汉 · 桓宽《盐铁论 · 褒贤》。

【通讲】想要为善的人不会去干坏事，对于小事谨慎的人往往会成就大事。

【鉴赏】要成就大事业必须从小事做起做好。

志士惜年，贤人惜日，圣人惜时。

【语出】清 · 魏源《默觚 · 学篇三》。

【通讲】有志气的人珍惜一年的时光，有才能的人珍惜一天的时光，品德最高尚的人珍惜每时每刻的时光。

【鉴赏】珍惜寸阴，点燃人生的光辉。

知者不惑，仁者不忧，勇者不惧。

【语出】《论语·子罕》。

【通讲】知：同“智”，聪明，智慧。惑：迷惑。忧：忧虑；忧愁；担心。惧：害怕；恐惧。聪明的人不会迷惑，有仁德的人不会忧愁，勇敢的人无所畏惧。

【鉴赏】孔子认为，聪明的人通达明理、明辨是非、懂得善恶，所以没有什么会迷惑。仁德修养好的人，大公无私、襟怀坦白，立志追求仁道而不改其乐，所以没有什么可忧愁的。具备道德勇气的人，不畏强权、挺身而出，能勇敢地责难坏人，伸张正义，维护社会的公义，所以无所畏惧。知、仁、勇三种品格是代表孔子理想完美的人格，孔子也教育人们应该具备这三种道德品格修养。只有不惑、不忧、不惧，才会在任何环境中生活得有礼有节，也才会在社会上立于不败之地。

知者乐水，仁者乐山。知者动，仁者静。知者乐，仁者寿。

【语出】《论语·雍也》。

【通讲】知：通“智”，聪明。乐(yào)：喜爱；喜欢。仁：仁德。寿：长寿。聪明的人喜爱水，仁德的人喜爱山。聪明的人活跃，仁德的人沉静。聪明的人快乐，仁德的人长寿。

【鉴赏】孔子深刻地剖析了智者和仁者在性格上的差异，用水、动，乐、山，静、寿分别说明智者和仁者性格的不同。孔子认为聪明的人明理通达、善于思考、办事灵活，不拘泥于形式，因而喜爱川流不息的水，也就好动。这样的人自然心胸豁达，行动潇洒，快乐也就常常伴随于他。仁德的人遵守义礼、行为规范，做事合情合理、清心寡欲，因此喜爱稳定不迁的山。这样的人生性好静，自然淡泊名利，与世无争，长寿也就归属于他。智者喜水，仁者喜山，都是对大自然的崇尚，也是他们精神的蕴含。告诉人们要像智者喜水、仁者爱山一样愉快而长寿。

智则不可测，严则不可犯。

【语出】宋·苏洵《心术》。

【通讲】智：智谋。测：推测。严：威严。犯：侵犯。有智谋就深不可测，有威严就不可侵犯。

【鉴赏】要努力做一个有智谋、有威严的人。

3 交　　友

本以势力交，势尽交情已。

【语出】唐·崔膺《感兴》。

【通讲】把权势作为交友的基础，要是权势没有了，友情也就完结了。

【鉴赏】友情必须是心与心的交流，才会永远牢靠。

比于君子则为善，比于小人则为恶。

【语出】宋·朱熹《朱子语类》卷二十四。

【通讲】比：亲近；亲密。与品德高尚的人相亲近就会行为善正，与道德败坏的小人相勾结就会行为邪恶。

【鉴赏】近朱者赤，近墨者黑，在交友上一定要慎重。

博弈之交不终日，饮食之交不终月，势力之交不终年，惟道义之交，可以终身。

【语出】清·金缨《格言联璧·接物》。

【通讲】那些赌场上结交的，吃喝玩乐而结交的，因权势而结交的朋友必不是真正的朋友，势必难以长久。只有建立在道义基础上的朋友，才能终身。

【鉴赏】能患难与共、相伴一生的朋友必是道义之交，是以共同的理想为基础的。我们一定要慎交、慎行。

不思而立言，不知而定交，吾其惮也。

【语出】唐·皮日休《鹿门隐书六十篇》。

【通讲】不思考而发表言论，不了解别人就交为朋友，这是我最担心的。

【鉴赏】讲话、交友都应谨慎。

不以利交则无咎。

【语出】明·薛瑄《读书录》卷三。

【通讲】不以利害结交朋友,就不会有差错。

【鉴赏】交朋友不以利害,这是原则性问题。

不知其人,视其友。

【语出】《史记·张释之冯唐列传》。

【通讲】不了解那个人的为人,就看他所结交的朋友。

【鉴赏】人以群分,物以类聚。通过观察他所结交的朋友,就可以推测他的为人。

巢林宜择木,结友使心晓。

【语出】晋·谢惠连《相逢行》。

【通讲】鸟儿在树林做窝都选择适宜的树,结交朋友也应该了解对方的心理。

【鉴赏】交友要知心。

酬酢以为宾荣,吐纳而成身文。

【语出】南朝梁·刘勰《文心雕龙·明诗》。

【通讲】酬:主人敬酒。酢:客人回敬。宾荣:宾客的荣宠。吐纳:偏义复词,偏"吐",指诵诗。身文:本身的文化素养。用朗诵诗歌来互相酬答,既可作为宾主的体面光荣,又可表现自身的文化修养。

【鉴赏】吟诵诗歌是春秋时期就开始流行的一种社交活动。这两句话揭示了诵读诗歌的重要意义不仅在于彰显自己的体面,而且能够表现内在丰厚的修养。孔子曰:"不学诗,无以言。"正在于此。这两句说明了学习文学、文化对人的积极作用。

大凡君子与君子以同道为朋,小人与小人以同利为朋。

【语出】宋·欧阳修《朋党论》。

【通讲】道:道义。君子与君子交往的基础是有共同的道义;小人与小人交往的前提则是因为有相同的利益。

【鉴赏】在交友的过程中应小心谨慎。要交君子,不要交小人。多一些君子之朋,于国于家于公于私都有益而无害。不交小人之朋,否则会乌烟瘴气,祸国殃民。

大凡师则求其贤于己者,友则求其胜者,至于不肖者,则当绝之。

【语出】宋·朱熹《朱子语类》卷二十一。

【通讲】一般来说,找老师就要找比自己贤能的人,交朋友就应交胜过自己的人,至于那些不正派的人,就应当断绝与他们来往。

【鉴赏】求师交友,都应找那些"贤于己"、胜于己的人,切不可与"不肖者"为伍。这是与人交往必须注意的原则。

《大学》首重夫明新,小子莫先予应对,其容固宜有度,出言尤贵有章。智欲圆而行欲方,胆欲大而心欲小。

【语出】《幼学故事琼林》。

【通讲】《大学》一书开宗明义最重要的是明德新民。说凡做弟子的,先要在交谈应对上下功夫。穿着容貌当然要注意得当,但更重要的是说话要有分寸和章法;唐朝的孙思邈说过,人生的智谋越是高深,他的行为便更要合乎道德规范。胆子要大,用心却要细。

【鉴赏】说明与人交谈的艺术。

道不同,不相为谋。

【语出】《论语·卫灵公》。

【通讲】道:道路;主张;理想。谋:商量;讨论;合作。理想、道路不同的人,没有必要相互商量、听取对方的意见。

【鉴赏】做人、做事、理想、人生观、原则根本不同、根本对立的人,就没有必要听取对方的意见,不必在意对方的批评。要坚持自己的主张,不为对方所动摇。不是内部可以商量解决的事情,就没有必要再浪费时间,应坚决地不予理会。

道义相砥，过失相规，畏友也；缓急可共，死生可托，密友也；甘言如饴，游戏征逐，昵友也；利则相攘，患则相倾，贼友也。

【语出】明·苏濉《鸡鸣偶记》。

【通讲】在道义和学业上互相砥砺，对缺点、错误直言规劝的是"畏友"；以心相交、生死与共的是"密友"；互相吹捧、只讲吃喝玩乐的是"昵友"；以利取人、朋友遇到困难或不幸时非但不伸手相助、反而落井下石的是"贼友"。

【鉴赏】择友在人生的路途中很重要。《抱朴子·交际》中曾这样对朋友下一定义："朋友也者，必取乎直谅、多闻、拾遗、斥谬，生无请言，死无托词，终始一契，寒暑不渝者"。所谓交友，应当选择为人正直信实、学问好、为大义能视死如归，无论何时何地都能始终如一的人做朋友。得不到益友，则不如其无友。

定交而不求益，故交立而益厚。

【语出】《晋书·潘尼传》。

【通讲】与朋友定交不在于追求利益，那么朋友之间的友情会更加深厚。

【鉴赏】交友不能以利益为目的，而应互相帮助、互相进步，这样才能长久。

泛交而不择，取祸之道。

【语出】宋·朱熹《朱子语类》卷四十九。

【通讲】广泛地交接朋友而不加选择，(这是)自取祸害之道啊！

【鉴赏】交友不可过滥，而应有所选择。否则，就会给自已带来祸害，不可不警惕呀！

共君一席话，胜读十年书。

【语出】宋·程颢、程颐《二程遗书》卷十八。

【通讲】跟您谈一次话，胜过苦读十年书。

【鉴赏】与有知识的人谈话，可以收获很多知识。

古交如真金，百炼而后不改其色；今交如暴流，盈涸而不保朝夕……盖君子之交，慎终如始；小人之交，其名为市……指天誓不相负，反眼若不相识。噫，可不忍欤！

【语出】元·吴亮、许名奎《劝忍百箴·交友之忍》。

【通讲】古人的交情，就像真金一样，经千锤百炼也不改变颜色；今人的交往，就像七八月的洪水，早晨是满的，晚上可能就干涸了……有道德的人之间的交往，应该始终如一；而市井小人之间的交往，就像市场生意一样……相交时，指天发誓，终不相负，但转眼之间，便如同不相识的路人一样。唉，怎么能不忍呢！

【鉴赏】怎样交友，交怎样的朋友，这是人生的一大问题，君子之交像芬芳的美酒，酒味浓醇；与不好的人结交，如同槿花的花心，朝开夕落。只有与人结下牢固的交情，才能称得上贤良的人。在交友上要始终如一，保持谨慎，只有这样的友谊才能长久。

社交

古人交绝，不泄恶言。

【语出】《南齐书·王秀之传》。

【通讲】古人断绝交情，不发泄中伤对方的言语。

【鉴赏】人应该好聚好散。

古之君子，交绝不出恶声。

【语出】《战国策·燕策二》。

【通讲】古代的君子，和朋友断绝交往，也绝不说对方的坏话。

【鉴赏】战国时期，名将燕国乐毅带兵伐齐，拿下七十多座城池，仅余三城未下。此时燕昭王去世，燕惠王即位，中了齐人的反间计，怀疑乐毅，临阵换将。乐毅见势不妙，逃亡赵国。燕惠王害怕乐毅为赵攻燕，写信责备乐毅背弃了燕昭王对他的知遇之恩。乐毅在回信中对燕惠王没有一句埋怨的话，并说“古之君子，交绝不出恶声”，又表明自己虽身在赵国，但绝不会谋燕。这句话警醒我们：即使不得已与朋友绝交，也要宽宏大度，不能当面大吵大骂，恶语相讥；更不能拳脚相向，反目成仇；也不要在背后讲对方坏话，揭露隐私，侮辱人格。应懂得修心养性以修口为先，修口积德，谦恭忍让,不要恶语失德,自毁人格。

寒夜客来茶当酒。

【语出】宋·杜耒《寒夜》。

【通讲】寒夜客人来访,主人以茶代酒招待。

【鉴赏】这是杜耒七言绝句《寒夜》的头一句。寒夜去访朋友,可见是老朋友。主人以茶代酒来招待,可见相互之间无须客套。屋外寒气逼人,屋内温暖如春,"竹炉汤沸火初红"。一幅老友围坐炉前、品茗清谈的画面浮现在读者面前。淡淡清茶,浓浓友情,只有志趣相投、雅兴相合的人才能如此。这首诗被《千家诗》选入,流传很广。诗句口语化,让人脱口而出,但意境隽永。

好合不如好散。

【语出】宋·弘一大师《格言别录》。

【通讲】相交时十分热火不如分手时心平气和。

【鉴赏】在处理人与人的关系时,可以和好地合在一起,如果分手,也不要意气用事,闹得不欢而散。

何者为益友?凡事肯规我之过者是也;何者为小人?凡事必徇己之私者是也。

【语出】清·王永彬《围炉夜话》。

【通讲】徇己之私:自私自利,唯利是图。什么样的人可以称为益友?那些愿意规劝我改正过错的人就是益友;什么样的人是小人?任何事情都曲从自己私利、私情的人就是小人。

【鉴赏】如何交朋友?交什么样的朋友?规我过者为益友,偏私我者为小人。真正的朋友,建立在情义相通的基础上,对于彼此的长处,能够互相学习,对于彼此的缺点,能够及时提醒,这样才能称之为益友。否则,就是小人,是不能交的。

患难相随,休戚与共。

【语出】《明史·瞿式耜传》。

【通讲】患难时互相跟随，忧乐时共同承受。

【鉴赏】真正的朋友关系应是共患难、同忧乐。

鉴明则尘垢不止，止则不明也。久与贤人处则无过。

【语出】《庄子·德充符》。

【通讲】镜子明亮是由于尘土没有落在上面，落上尘土镜子就不明亮了。长久地跟贤人相处就能够没有过错。

【鉴赏】与贤人相处，受到贤人的影响，就能自愧自己的缺点，思悔改，便会慢慢改正，使无过错。

讲学以会友，则道益明；取善以辅仁，则德日进。

【语出】清·胡达源《弟子箴言·儆骄惰》。

【通讲】通过研讲学问来广交朋友，则事理愈加明晰；通过做好事而充实仁爱之心，则德行便日见增益。

【鉴赏】做学问、交朋友，做好事、增德行。

交友须带三分侠气，作人要存一点素心。

【语出】明·洪应明《菜根谭》。

【通讲】素：本指未经染色的纯白细绢，引申为纯洁。素心：即赤子之心。与朋友相处时要抱着患难与共、拔刀相助的侠义精神，而做人要有一颗天真善良的赤子之心。

【鉴赏】交友做人应该保持一颗纯洁的赤子之心。行善济世，关心社会。人始终应该保持一颗纯洁之心，与志向一致、有侠肝义胆之人一起为社会服务。

交友者，识人不可不真，疑心不可不去，小嫌不可不略。

【语出】清·魏禧《日录里言》。

【通讲】交友，待人要真诚，不能存有疑心，肚量要大，小事上不计较。

【鉴赏】友谊对于人类非常重要，如同空气，旦夕不可或缺。友谊是志同道合的结合，你若想赢得友谊，就请敞开你的胸怀，放出你的真情。

结交莫羞贫,羞贫友不成。

【语出】汉 · 无名氏《古诗》。

【通讲】结交朋友不能嫌人家穷,若是嫌穷就交不成。

【鉴赏】说明“羞贫”(以贫穷者为羞耻)是无法结交到朋友的。这句话在艺术上运用了回环之美。

结有德之朋,绝无义之友。

【语出】明 · 无名氏《名贤集》。

【通讲】结交有道德的朋友,弃绝没有道义的朋友。

【鉴赏】交朋友要看清对方的品德,不可乱交。

君子芳桂性,春荣冬更繁;小人槿花心,朝在夕不存。

【语出】唐 · 孟郊《审交》。

【通讲】君子像桂树的性情,春天茂盛,冬天更繁荣;小人像木槿的花心,早晨还在,晚上就凋谢了。

【鉴赏】交友须审慎。选择好友,友谊长存;遇着“小人”,转瞬翻脸。

君子忌苟合,择交如求师。

【语出】唐 · 贾岛《送沈秀才下第东归》。

【通讲】君子最忌无原则的附和,选择朋友要像求师那样慎重。

【鉴赏】交友要非常慎重。

君子交绝犹无恶言。

【语出】晋 · 葛洪《抱朴子 · 交际》。

【通讲】君子宣布绝交时,也不会恶语伤人。

【鉴赏】好聚好散,是交友应遵循的原则。

君子交有义,不必常相从。

【语出】三国魏 · 郭遐叔《赠嵇康》。

【通讲】如果交朋友是以道德为基础,则不必时常相随相从。

【鉴赏】君子交往重在道义，无须形影不离。

君子居必择乡，游必就士，所以防邪僻而近中正也。

【语出】《荀子·劝学》。

【通讲】君子定居时一定要选择好地方，外出交游一定要和有道德、有学问的人结伴，这样就能够防止自己受邪恶乖僻之人的影响，而逐渐接近“礼”“仁”之道。

【鉴赏】强调在自我修养中交友的重要性。

君子先择而后交，小人先交而后择，故君子寡尤，小人多怨。

【语出】隋·王通《中说·魏相》。

【通讲】君子先选择人而后交往，小人先交往而后选择人，所以说君子少有过失，小人多有怨恨。

【鉴赏】交友要认真选择啊。

君子相送以言，小人相送以财。

【语出】《史记·滑稽列传》。

【通讲】有德行的人相交，互赠有益的意见；重利轻义的人相交，重在钱财往来。

【鉴赏】不同的人有不同的交往形式。君子以好言相赠，小人以钱财往来。

君子之交淡若水，小人之交甘若醴；君子淡以亲，小人甘以绝。彼无故以合者，则无故以离。

【语出】《庄子·山木》。

【通讲】君子的交谊淡如清水，小人的交往甘如甜酒；君子之交淡泊却易保持亲近，小人之交甜蜜却利断义绝。凡是无缘无故而结合的，那么也会无缘无故地分手。

【鉴赏】唯有这种淡如水的君子之交，才能交情久而亲，才能在艰苦卓绝时感受到倾心相助之力。而小人之交则靠的是各种利益，诸如权势、钱财、色相、酒肉之类，一旦没有了，则利断义绝，马上分手。人们一定要掌握交友的原则。

可与往者与之，至于妙道。不可与往者，不知其道，慎勿与之，身乃无咎。

【语出】《庄子·渔父》。

【通讲】妙道：玄妙之道，指美好境地。可以与他交往的人才与之交往，直到领悟玄妙的大道，形成最好的友谊。不可和他交往的，不知道他奉行什么道的，则切切不可与他们交往，这样，自己才不会招惹麻烦。

【鉴赏】慎于交往，必须与志同道合者交往。“道不同，不相谋”。这是我们必须永远记取的。

两心不可以得一人，一心可以得百人。

【语出】《淮南子·缪称训》。

【通讲】对人不诚心，虚情假意，连一个朋友也得不到；对人诚心真意，就可以得到很多朋友。

【鉴赏】交友的原则必须诚心。

落落者难合，一合便不可离；欣欣者易亲，乍亲忽然成怨。

【语出】清·金缨《格言联璧·接物》。

【通讲】性格孤僻的人难以相合，一旦相合便难以分离；性格喜悦自得的人容易亲近，刚刚亲近忽然结下仇怨。

【鉴赏】不同性格的人，有不同的交往方式。

乃知择交难，须有知人明。莫将山上松，结托水上萍。

【语出】唐·白居易《寓意诗》。

【通讲】乃：才。结托：结交。这才知道择人交友的难处，交友要有了解对方的明见。不要让山上的青松，去结交像浮萍一样见异思迁的人。

【鉴赏】交坏人而伤了自己。形象地说明交友必须谨慎，防范人心叵测。

能结交直道朋友，其人必有令名；肯亲近耆德老成，其家必多善事。

【语出】清·王永彬《围炉夜话》。

【通讲】耆德老成：德高望重之人。能够结交走正道的人做朋友，这样的人也一定有好的名声；愿意与年高德劭、老实诚实的人亲近，这样的人家一定常做善事。

【鉴赏】“近朱者赤，近墨者黑。”与正直的人交朋友，品德也会随之高尚起来；德高望重的老人，生活经历很丰富，经常向他们求教可以避免自己走弯路，在他们的指点之下，家业会兴旺。

能与忠良，吉孰大焉。

【语出】《左传·成公十七年》。

【通讲】与：结交。能交上忠实善良的朋友，这是最大的好事。

【鉴赏】交友务必谨慎，交什么样的朋友，对自己一生发展有很大的影响。

朋友不信，则其交易绝。

【语出】唐·武则天《臣轨下》。

【通讲】朋友之间不讲信义，便容易断绝交情。

【鉴赏】交朋友要以信义为基础。

朋友深交者易怨，父子滞爱者多愆。

【语出】《新唐书·褚遂良传》。

【通讲】滞爱：溺爱；宠爱。愆：过失；失误。朋友之间交往深厚者容易结下怨恨，父子之间溺爱会产生很多过失。

【鉴赏】凡事都有个度，超过这个度就会产生问题。朋友之交淡如水，父亲对子女的关怀爱护，都应恰如其分。

平地把手笑，乘崖拔足挤。

【语出】宋·王令《交难赠杜渐》。

【通讲】把手:握手。平道坦途上,彼此手握手欢笑不已;登上悬崖,则挪动双脚,试图将对方挤落。

【鉴赏】揭露平时称朋道友,一遇危险则必置对方于死地的险恶世风。

岂曰无衣,与子同袍。

【语出】《诗经·秦风·无衣》。

【通讲】怎么说没有衣服呢?我的长衣可以跟你共用啊!

【鉴赏】表现了战友、同志之间慷慨友爱。

亲贤学问,所以长德也。

【语出】汉·刘向《说苑·建本》。

【通讲】亲近贤能的人并向他们学习、请教,就会增进自己的品德学问。

【鉴赏】要注重向贤人学习。

轻言轻动之人,不可以与深计。

【语出】明·薛瑄《读书录》卷一。

【通讲】轻言妄动的人,不能和他谋划大事。

【鉴赏】与沉稳的人谋划大事才会成功。

人生得一知己足矣。

【语出】清·徐时栋《烟屿楼笔记》。

【通讲】一生当中能有一个了解自己而又情谊深挚的人就满足了。

【鉴赏】知己难得,得一则足。

人生结交在终始,莫为升沉中路分。

【语出】唐·贺兰进明《行路难》。

【通讲】结交朋友要始终如一,不要因为各自的得意或失意而中途分手。

【鉴赏】交朋友要以道义为标准,不可以私利为标准。

人生乐在相知心。

【语出】宋·王安石《明妃曲》。

【通讲】人生最大的乐事,在于能有一个相互知心的真正朋友。

【鉴赏】朋友相交,贵相知心。在人生的道路上,若能得到一个真心的知己,真是最大的乐事。

人无害虎心,虎有伤人意。

【语出】元·纪君祥《赵氏孤儿·楔子》。

【通讲】人没有伤害老虎的心肠,老虎却有伤害人的歹意。

【鉴赏】老虎的本性是要吃人的,人们不能不防。坏人心地险恶,必须提防。

人之相知,贵在知心。

【语出】汉·李陵《答苏武书》。

【通讲】朋友之间的相互交往,最可贵的是理解对方的内心。

【鉴赏】交友要知心。

善人不能戚,恶人不能疏者,危。

【语出】《晏子春秋·问上》。

【通讲】戚;亲近。疏:疏远。一个人不能亲近好人,不能疏远恶人,就很危险了。

【鉴赏】前人说:“近朱者赤,近墨者黑。”荀子说:“故君子居必择乡,游必就士。”(《荀子·劝学》)说明为人处世,应多接近贤人善士,疏远佞人恶者。若不能防邪僻、远小人,亲贤者、近善士,势必导致灾祸加身。表明接触人、任用人一定要审慎。

善人同处,则日闻嘉训;恶人从游,则日生邪情。

【语出】《后汉书·爰延传》。

【通讲】和善良的人生活在一起,那么天天可以得到好的教育;和坏人在一起游玩,那么就会不断产生邪恶之念。

【鉴赏】交游要和好人一起，而不和恶人一起。

师友当以老成庄重、实心用功为良。若浮薄好动之徒，无益有损，断断不宜交也。

【语出】明·吴麟徵《家诫要言》。

【通讲】师友应当以经历多、经验丰富、老练成熟为好。假若是浮躁浅薄、好兴风作浪的人，对自己有害无益，绝对不能交往。

【鉴赏】交友要谨慎，交好友，不交坏友。

使人有面前之誉，不若使人无背后之毁；使人有乍处之欢，不若使人无久处之厌。

【语出】清·金缨《格言联璧·敦品》。

【通讲】使人有当面的赞誉，不若使人无背后的诋毁；使人有暂时相处的欢乐，不若使人长久相处却不厌烦。

【鉴赏】真正的朋友在背后不讲坏话，在一起时能长久相处。

始交不慎，后必成仇。

【语出】清·申居郧《西岩赘语》。

【通讲】交朋友开始时不慎重选择，以后必然会成为仇人。

【鉴赏】交友要慎重。

士友当亲，而贤否不可不辨；财利当远，而会计不可不明。

【语出】《宋史·王遂传》。

【通讲】会计：管理财物及出纳等事。士人朋友应当亲近，而善恶不可不分辨；财利应当疏远，而财利的管理不可不明白。

【鉴赏】兄弟明算账，结交要注意对方的品质，财物要分清。

势利之交，古人羞之。

【语出】《汉书·张耳陈余传赞》。

【通讲】把权势利益作为结交的基础，古人认为是可耻的。

【鉴赏】不能把权势利益作为结交朋友的基础。

势利之交，难以经远。

【语出】三国蜀·诸葛亮《论交》。

【通讲】建立在权势和名利之上的交情，是难以持久的。

【鉴赏】交友的原则是以心相交，心心相通，友情才能长存。

受人之恩，绝口无言，少不如意，怨恨不已，此等人岂可为友？

【语出】清·申居郧《西岩赘语》。

【通讲】受到别人恩惠，便绝口不提，而一旦有不如意的，就没完没了地怨恨，这样的人怎么能交为朋友？

【鉴赏】不能与知恩不报的人交朋友。

同是天涯沦落人，相逢何必曾相识？

【语出】唐·白居易《琵琶行》。

【通讲】大家都是流落天涯之人，相逢人又何必考虑从前是否曾经相识。

【鉴赏】尽管他们从前并不认识，但相同的命运却可以使心灵沟通，得以相互同情和相互安慰。

唯乱门之无过。

【语出】《魏书·张普惠传》。

【通讲】不要经过爱惹是生非者的大门(以免带来麻烦)。

【鉴赏】交往的人必须很谨慎，爱惹是生非的人，连他的门都不要经过，否则，麻烦可大啦。

习与正人居，不能无正；习与不正人居，不能无不正。

【语出】《新唐书·姚思廉传》。

【通讲】习惯于和正派的人相处在一起，不能不正派；习惯于和不正派的人相处在一起，不能正派。

【鉴赏】近朱者赤，近墨者黑，和什么样的人在一起，是很关键的。

狎昵恶少，久必受其累；屈志老成，急则可相依。

【语出】明·朱用纯《朱子家训》。

【通讲】狎昵(xiá nì)：不拘礼节地亲近交往。屈志：才高位低，却谦恭附从于他人的人。老成：阅历多而练达世事。不拘礼节地亲近行为不良的少年并与之交往，必定会受到他们的连累。恭敬自谦，虚心地与那些阅历丰富而善于处事的人交往，有紧急事情时则可以互相依靠。

【鉴赏】人们不要与恶少交往，而要和老成的人交往。

贤者善人以人，中人以事，不肖者以财。

【语出】《吕氏春秋·赞能》。

【通讲】贤人交友主要是根据这个人的品德，普通人交友则根据对方处事的才能，不正派的人交友就专看人家的财富。

【鉴赏】阐明了交友的原则，一定要与道德高尚的人做朋友。

一死一生，乃知交情。一贫一富，乃知交态。一贵一贱，交情乃见。

【语出】《史记·汲郑列传》。

【通讲】只有经历生离死别，才能知道交情的深厚；只有经历了富贵和贫贱的沧桑变化，才能知晓交情的真实状态。同样，只有经历了尊贵与低贱两种处境，真正的交情才能显现出来。

【鉴赏】西汉的汲黯、郑庄二人，烜赫一时，宾客盈门；因罪贬官时，宾客纷纷离去。这说明真诚的友谊，只有在一个人地位发生急遽变化的时候，看得最清楚。交情必须经历生死贫富和贵贱的考验才能显示出来。真正的友谊不会受客观环境变化而变化，这也是做人的本分。

衣莫若新，人莫若故。

【语出】《晏子春秋·杂上》。

【通讲】莫若：不如。故：故人；老朋友。衣服旧的不如新的好，而人却没有比彼此了解的老朋友更好的了。

【鉴赏】这是墨子告诫齐景公的话，而景公却嫌故人知实情，摸老底，不听老臣晏子的劝告。后晏子辞官，百姓大乱，景公不得不重新召回晏子理政。这两句话至今仍有格言意义。

以财交者，财尽而交绝；以色交者，华落而爱渝。

【语出】《战国策·楚策一》。

【通讲】华：同“花”。渝：变。用钱财与人结交，钱财用完了，交情也就断绝了；用美色与人结交，容颜衰退了，爱情也就改变了。

【鉴赏】人们不可用财、色交友，否则不仅不会有真正的朋友，而且还会带来祸害。子曰：“益者三友，损者三友。友直，友谅，友多闻，益矣。友便辟，友善柔，友便佞，损矣。”即益友有三：正直的人，诚信的人，知识广博的人；损友有三：谄媚逢迎的人，表面奉承而背后诽谤的人，花言巧语的人。《名贤集》有古训：“结有德之友，绝无义之朋。”

以淡字交友，以聋字止谤，以刻字责己。

【语出】宋·弘一大师《格言别录》。

【通讲】用“淡”字来交朋友，用“聋”字来消除诽谤，用“刻”字来严格要求自己。

【鉴赏】在处理人与人关系时，朋友相交要“淡”，不要吃喝送礼，对别人的诽谤要装聋作哑，对自己要严格要求。

以权利合者，权利尽而交疏。

【语出】《史记·郑世家》。

【通讲】用权和利交好者，若权和利丧失的话，交往就疏远。

【鉴赏】交往应当考虑人情道义，而不应以权力和利益。

益者三友，损者三友。友直，友谅，友多闻，益矣。友便辟，友善柔，友便佞，损矣。

【语出】《论语·季氏》。

【通讲】益者：有益的。损者：有害的。三友：三种朋友。谅：宽容。便辟：习惯争论；喜欢驳斥他人。善柔：柔弱，这里指没有原则、没有立场、没有主见的人。便佞(nìng):习惯巧言谄媚。有益的朋友有三种,有害的朋友也有三种。与正直的人交友,与宽容的人交友,与知识丰富的人交朋友,是有益的。与那些习惯争论的人交友,与没有原则、立场、主见的人交友,与习惯于拍马谄媚的人交友,都是有害无益的。

【鉴赏】朋友在每个人的生活中都很重要,对自己的影响也很大。要坚持正确的交友原则,交益友,不交损友。

用人不宜刻,刻则思效者去;交友不宜滥,滥则贡谀者来。

【语出】明·洪应明《菜根谭》。

【通讲】滥:轻率;随便。贡:贡献。谀:阿谀。贡谀:说好听话来逢迎讨好人。用人要宽厚而不可太刻薄,太刻薄就会使想为你效力的人离去;交友不可太多太浮,如果这样,那些善于逢迎献媚的人就会设法接近你,来到你的身边。

【鉴赏】交友不可滥,待人用人不能刻薄。要牢记刻失人和、滥招恶友的危害。

游必择友。

【语出】汉·王充《论衡·自纪》。

【通讲】交游一定要选择朋友。

【鉴赏】交友要慎,要交好朋友,不交坏朋友。

友同心恩笃,异心疏薄;疏薄怨恨,毁伤其行:一累也。

【语出】汉·王充《论衡·累害》。

【通讲】一累:第一种困扰。朋友之间同心时感情深厚,异心时疏远冷淡;疏远冷淡产生怨恨,进而对对方的品行进行毁伤:这是第一种困扰。

【鉴赏】朋友之间应当好合好散,不要反目为仇。

有白头如新,倾盖如故。

【语出】《史记·鲁仲连邹阳列传》。

【通讲】盖,车篷。有的人相处到头发花白,可是彼此交情还像新认识一样;有的人只路途相遇,停车叙谈、车盖相接那样短暂相处,却好像多年的老朋友。

【鉴赏】说明了交友过程中常见的两种现象。没有真正推心置腹,或以虚言假言,戴着面具相互面对,是永远不能成为朋友的。只有同心同德,产生共鸣,相互关切,才能成为老朋友。

有财有势即相识,无财无势同路人。

【语出】唐·孟郊《伤时》。

【通讲】有钱财有势力,就互相交往成了朋友;没有钱财没有势力,就跟素不相识的同路人一样。

【鉴赏】只重利不重义,就不会有真正的好朋友。

有约不来过夜半,闲敲棋子落灯花。

【语出】宋·赵师秀《约客》。

【通讲】已过半夜,约请的友人还没有来,我闲着无聊敲打棋子,灯花点点落了下来。

【鉴赏】诗的一二句描写了黄梅时节的雨声和蛙鸣声,衬出夜之静谧,也衬出等待"有约不来"的烦躁之情。"过夜半"可见等待时间之久,夜深难眠,可见期盼之殷。等待的过程百无聊赖,于是"闲敲棋子"。"闲"看出无聊的心境。"敲"字用得好,棋子可能是等待友人一起来下的,现在却被诗人下意识地敲打,一个小动作足见焦躁不安,以致"灯花"也落下。一个失望、怅惘的诗人形象跃然纸上。诗中并无一字点出烦闷,只是曲折委婉地隐匿在描写中。

与朋友交游,须将他好处留心学来,方能受益;对圣贤言语,必要在平时照样行去,才算读书。

【语出】清·王永彬《围炉夜话》。

【通讲】与朋友交往,将他的优点都学到手,才能得到益处。对于古圣先贤所说的话,定要在平日生活中遵循去做,才算读到书。

【鉴赏】人生不能无友,交友的目的在于互相学习。与朋友相交,时时留心对方的长处,以朋友的智慧启迪自己的蒙昧,读书的人,都按圣贤之语行事,否则学而不能行,不仅肤浅,而且无用。

与善人交,如入芝兰之室,久而不闻其香;与恶人交,如入鲍鱼之肆,久而不闻其臭。

【语出】《幼学故事琼林》。

【通讲】鲍鱼之肆:咸鱼店。与善良的人交往,如同进入插满芝兰的房间一样,时间久了,不知不觉受到了熏陶;与品行恶劣的人交往,好像进入卖咸鱼的店肆,久了受其影响,就像连鱼腥臭都闻不出来一样。

【鉴赏】与什么人交往,就会受到什么样的影响,交友必须谨慎。

遇朋友交游之失,宜剀切,不宜游移;处家庭骨肉之变,宜委屈,不宜激烈。

【语出】清·金缨《格言联璧·齐家》。

【通讲】剀切:切中事理。遇到朋友结交歹人的时候,应该直截了当地指出,不应欲言又止,态度不明;遇到家庭内部发生冲突,应该委曲求全,不应该激烈对抗。

【鉴赏】这句话说明了对待朋友和家人的不同做法,对朋友态度鲜明,对家人不应对抗冲突。

责人者不全交,自恕者不改过。

【语出】宋·李邦献《省心杂言》。

【通讲】老是责备别人的人不能保全交情,常宽恕自己的人不能改正过错。

【鉴赏】对人严,对己宽,是不能保全交情的。

择友以求益,改过以全身。

【语出】清·金缨《格言联璧·持躬》。

【通讲】有选择地交朋友以得到益处,改正过错以很好地保全自身。

【鉴赏】选择好友、改正缺点,是个人修养的目标。

丈夫会应有知己，世上悠悠何足论。

【语出】唐·张谓《赠乔林》。

【通讲】一个人一定要有几个了解自己的好朋友，世人的毁誉又何必去重视。

【鉴赏】说明交朋友的重要性。

直木无阴，直士无徒。

【语出】汉·任奕《任子·道论》。

【通讲】直：正也。阴：阴凉。徒：朋友。长得太直的树木，就不会投下树阴；为人过于耿直，也不会有朋友。

【鉴赏】要根据具体情况来说话，委婉一些会更让人接受。

子曰："以势交者，势倾则绝；以利交者，利穷则散。故君子不与也。"

【语出】隋·王通《中说·礼乐》。

【通讲】孔子说："以权势交友的，权势失去了，交情也随之断绝；以利益交友的，利益穷尽了，交情也随之结束。这是君子所不做的。"

【鉴赏】势利之交不长远。小人之间的交往，掺杂着浓重的功利因素，倘若对方满足不了自己的功利需求时，就很容易疏离甚至断交。所以与人交往，要亲君子，远小人。在与人交往时，既要真诚待人、乐于助人，更要讲党性、讲原则，坚持按党纪国法、政策制度办事，不搞"关系学""权谋术"，更要避免"小兄弟""小圈子"。

4 友　谊

海内存知己，天涯若比邻。

【语出】唐·王勃《送杜少府之任蜀川》。

【通讲】四海之内有个知己，即使远隔天涯，却仍能像邻居一般亲密。

【鉴赏】歌颂友谊长存。

有缘千里来相会，无缘对面不相逢。

【语出】明·施耐庵《水浒传》第三十五回。

【通讲】缘：又称因缘，佛教语，指产生结果的直接原因及促成这种结果的条件。如果彼此有缘，即使相隔千里也能相会；如果双方无缘，虽然近在咫尺，也不会相逢、相识。

【鉴赏】描写人的分合自有其不可改变的前因。旧小说中多用以指男女婚配因缘前定，表达人与人之间风云际会的偶然和难得。

至白涅不缁，至交淡不疑。

【语出】唐·孟郊《劝友》。

【通讲】涅：染。缁：黑。淡：淡薄。最白的东西染不黑，最亲密的友谊像水一样淡，但彼此永远信任。

【鉴赏】说明真正的友谊不是以物质为基础的。

5 酬　报

所贵于天下之士者，为人排患、释难、解纷乱而无所取也。

【语出】《战国策·赵策三》。

【通讲】人们之所以尊重天下的士人，就是因为他们能够替他人排除忧患、消除灾难、解除纷乱而丝毫没有索取啊。

【鉴赏】充分体现了鲁仲连具有不畏强权、见义勇为、扶危济困的高贵品质。今人当奋起学习。

投我以桃，报之以李。

【语出】《诗经·大雅·荡》。

【通讲】别人给了我一个桃子；我一定要送给对方李子。

【鉴赏】说明对人的恩惠要予以报答，人们交往应礼尚往来。

6 言　论

爱我者之言恕，恕故匿非；憎我者之言刻，刻必当罪。

【语出】清·陈确《瞽言·近言集》。

【通讲】恕：宽恕。匿（nì）：隐藏。非：错误。刻：尖刻。当：正对着。喜欢我的人批评我总是很宽恕，宽恕自然就会掩盖一些错误；憎恨我的人批评我总是十分尖刻，尖刻则会直戳我的错误。

【鉴赏】很希望能得到尖锐的批评。

病从口入，祸从口出。

【语出】晋·傅玄《口铭》。

【通讲】疾病是用口吃进来的，祸患是用口说出来的。

【鉴赏】吃东西要谨慎，否则就会招来疾病。讲话也要小心谨慎，该讲的讲，不该讲的不能讲，否则会惹祸，引火烧身。

乘兴说话，最难检点。

【语出】清·申居郧《西岩赘语》。

【通讲】人在兴头上说的话，最难把握说得有没有纰漏。

【鉴赏】说话要检点，不能胡说八道。

唇齿之伤，甚于猛兽之害；刀笔之烈，惨于酷吏之刑。

【语出】清·胡达源《弟子箴言·慎言语》。

【通讲】言语给人带来的伤害，有时比猛兽还要厉害；文字给人造成的灾祸，有时比酷吏的刑具还要厉害。

【鉴赏】不要用语言文字去攻击人（自己的同志、亲友）。

动必三省，言必再思。

【语出】唐·白居易《策林五》。

【通讲】三省:多多反省。行动前要反复审察,讲话前要反复思考。

【鉴赏】对行动和话语要非常谨慎,避免出错。

凡君子之说也,非苟辨也;士之议也,非苟语也。必中理然后说,必当义然后议。

【语出】《吕氏春秋·怀宠》。

【通讲】有修养的人说话,决不胡搅蛮缠;有知识的人议论,也决不胡说八道、信口开河。有修养、有知识的人,一定要符合道理和原则,然后才说话或议论。

【鉴赏】说明说话的修养。

凡为人言者,理胜则事明,气胜则招怫。

【语出】宋·程颢、程颐《二程遗书》卷十一。

【通讲】怫:不满;怨恨。凡是和人谈话,能以理服人,则容易弄清是非;若是急躁发怒,就会带来怨恨。

【鉴赏】与人谈话,不要急躁发怒,关键要说清道理,弄清是非。

辅弼之臣瓦解,而邪谄之人并进。

【语出】《汉书·东方朔传》。

【通讲】辅弼:辅佐。辅佐皇帝的大臣被瓦解驱走,而进谗言的官员就会进来。

【鉴赏】恶人当道,谗言横行。

贵人之前莫言贱,彼将谓我求其荐;富人面前莫言贫,彼将谓我求其怜。

【语出】清·金缨《格言联璧·敦品》。

【通讲】在显贵的人面前不要谈论卑贱,他会认为我请他举荐;在富人面前不要谈论贫穷,他会认为我求他怜悯。

【鉴赏】讲话要注意场合,不要给人带来误会。

好言自口，莠言自口。

【语出】《诗经·小雅·正月》。

【通讲】好话从你嘴里说出来，坏话也从你嘴里说出来。

【鉴赏】这是西周大夫责骂周幽王的话。后用来抨击一个人说话做事反复无常、出尔反尔。

华言虚也，至言实也，苦言药也，甘言疾也。

【语出】《晋书·段灼传》。

【通讲】浮华的言论是空虚而无用的，正直的言论是实话而可取的，逆耳的诤言是良药而可治病的，好听的话是花言巧语而害人致病的。

【鉴赏】辨别各种话，采取不同的态度，是一个领导者必备的政治品质。

举善不以窅窅，拾过不以冥冥。

【语出】《鹖冠子·天则》。

【通讲】窅窅(yǎo yǎo)：隐晦不明。拾过：指出错误。冥冥：义同“窅窅”。不在优点还不明显时就表扬，不在过错还没完全暴露出来的时候就批评。

【鉴赏】我们对褒、贬、赏、罚要慎重，以免弄错。

君子不畏虎，独畏谗夫之口。

【语出】汉·王充《论衡·言毒》。

【通讲】谗夫：背后造谣中伤的人。品行端正的人可以不惧怕凶残的老虎，唯独怕那种摇唇鼓舌、搬弄是非的人。

【鉴赏】毒虫猛兽是可防范的，“谗夫之口”则往往是正直人的陷阱，可要认真提防。此句形容谗言之可畏。

开直言，广视听，理之萌也。甘谄谀，蔽近习，乱之象也。

【语出】《资治通鉴·唐宪宗元和元年》。

【通讲】提倡有话直说，多听听，多观察，治就从这儿产生了。喜欢吹捧，被自己所亲狎的人欺骗，乱也就从这儿产生了。

【鉴赏】听直话,国家治;听吹捧话,国家乱。

狂夫有可择之言,愚者有一得之虑。

【语出】唐·吕温《代李侍郎论兵表》。

【通讲】狂乱糊涂的人,也有可加选择的好意见;愚笨的人,也有可取的某种好想法。

【鉴赏】狂夫和蠢人也有可取的主意,我们怎能因人废言呢?

詈言不见血,杀人何纷纷。

【语出】唐·孟郊《秋怀》。

【通讲】詈(lì):骂。詈言:毁谤的话。何:多么。纷纷:形容多。毁谤人的话杀人不见血,但被它杀害的人却多得数不清。

【鉴赏】深刻揭露了历代谗毁杀人的事实,表现了诗人对之深恶痛绝的态度。

貌言,华也;至言,实也;苦言,药也;甘言,疾也。

【语出】《史记·商君列传》。

【通讲】貌言:有礼貌的话;客套话。华:"花"的本字。至言:深刻而中肯的话。疾:病,引申为祸患。客气的话是花,深刻中肯的话才是果实;逆耳的话是良药,甜言蜜语乃是祸根。

【鉴赏】商鞅向赵良征求意见,赵良不肯说,商鞅用这句话表示他愿意听取对方的逆耳忠言,鼓励赵良敢于说真话。

明者慎言,故无失言;暗者轻言,自致害灭。

【语出】北朝齐·刘昼《刘子·慎言》。

【通讲】失言:指说了不应当说的话。暗:光线不明,此指昏庸,糊涂。害灭:危害和丧亡。明智的人说话很谨慎,所以没有说错了话的时候;糊涂的人说话很轻率,所以可能自招其祸。

【鉴赏】说话要谨慎,不可轻率,才能立于不败之地。

讷为君子，寡为吉人。乱之所生也，则言语以为阶。口三五之门，祸由此来。白珪之玷尚可磨，斯言之玷不可为。齿颊一动，千驷莫追。噫，可不忍欤！

【语出】元·吴亮、许名奎《劝忍百箴·言之忍》。

【通讲】说话谨慎是君子，话说得少是好人。祸乱的产生，是以言语为阶梯的；口是三五之门，祸乱从这儿产生。白珪有了缺损可以磨平，说话不当却无法补救。话一出口，四千匹马也追不回。唉，怎么能不忍呢！

【鉴赏】人招惹祸害，其中言语是最厉害的。不要多说话，多说话就多过失；一旦说话不当，却无法补救。这段话深刻地告诫人们说话要谨慎。话一说错，就不能补充纠正了，悔恨也来不及了。

佞言似忠，奸言似信。

【语出】《宋史·李沆传》。

【通讲】佞：用巧言奉承人；奸伪。忠：忠于君主。奸：邪恶。信：诚实。巧言奉承的话听起来很忠诚，邪恶的话听起来很可信。

【鉴赏】溢美之词、逢迎之话都是佞言，邪恶之人可以口蜜腹剑，好话说尽，所以奸言听上去很可信。因此我们要特别警惕那些佞言、奸言，多思审辨，不受其惑。

怒多横语，喜多狂言。

【语出】清·胡达源《弟子箴言·慎言语》。

【通讲】愤怒时多出蛮横之语，高兴时多说狂妄之言。

【鉴赏】讲话不要受情绪的影响。

怒中之言，必有泄漏。

【语出】明·冯梦龙《东周列国志》第四十六回。

【通讲】人在愤怒之时说的话，肯定会有错误和漏洞。

【鉴赏】人处在盛怒之下所讲的话都不能当真。

片辞贵白璧，一诺轻黄金。

【语出】唐 · 李白《经离乱后天恩流夜郎忆旧游书怀赠江夏韦太守良宰》。

【通讲】片辞：片言只语；很少的话。贵："贵于"之省。轻：使……变轻。片言只语比白璧还贵重，一声允诺比黄金还值钱。

【鉴赏】这两句诗原是称赞韦太守不轻易说话，既说就必行。也称许不轻言的人。

巧语悦人，自扰其身。

【语出】清 · 曾国藩《谨言箴》。

【通讲】用花言巧语取悦于人，最终只能给自身带来灾祸。

【鉴赏】说话要谨慎，杜绝花言巧语。

人不说不知，木不钻不透。

【语出】元 · 无名氏《冻苏秦》第四折。

【通讲】话不说明他人就不会知道，犹如木板不钻就不会被穿透一样。

【鉴赏】有话要说清、说明、说透。

日出万言，必有一伤。

【语出】清 · 黄小配《大马扁》第四回。

【通讲】话说得过多了，必然有伤害别人的话。

【鉴赏】少说为佳，言多必失。

三人成虎，十夫揉椎。众口所移，毋翼而飞。

【语出】《战国策 · 秦策三》。

【通讲】揉椎：揉木棒使之弯曲。三人说市中有虎，十人说木棒已被拉弯，别人就会相信。众口一词地编造谎言，谎言没有翅膀也会满天飞。

【鉴赏】流言可以耸动视听，夸大不实的传闻、谣言重复多次，会使人信假为真。网络时代，各种流言、谣言、小道消息、虚假信息在"网"上迅速蔓延、传播，必须提高辨别真假的能力，切不可人云亦云。

慎于言者不哗，慎于行者不伐。

【语出】《韩诗外传》卷三。

【通讲】伐：自我夸耀。说话谨慎的人不浮夸，做事谨慎的人不自诩。

【鉴赏】这是孔子告诫子路的话，要他说话做事谦虚、谨慎，不要浮夸、矜伐。今天也是适用的。

视玉帛而取者，则曰牵于寒饥；视家国取之者，则曰救彼涂炭。

【语出】唐·罗隐《英雄之言》。

【通讲】玉帛：这里指财物。涂炭：比喻困境。看见财物而取之者，会说是因为饥饿寒冷；看见国家而取之者，会说是为了拯救处于困境中的百姓。

【鉴赏】强盗做坏事往往有冠冕堂皇的借口，我们要善于识别。

说人之短，乃护己之短；夸己之长，乃忌人之长。

【语出】《正学编·二程子》。

【通讲】说别人的短处，便是掩遮自己的短处；夸自己的长处，就是忌妒别人的长处。

【鉴赏】不宜说人之短，说己之长。

堂堂八尺躯，莫听三寸舌；舌上有龙泉，杀人不见血。

【语出】宋·罗大经《鹤林玉露听谗诗》。

【通讲】堂堂正正的男子汉，不要听信他人的谗言；说谗言的人舌头上带有利剑，杀死了人却不会流血。

【鉴赏】谗言会杀人，男子汉绝不听信别人的谗言。

惟得道之深者，然后能浅言。凡深言者，得道之浅者也。

【语出】明·吕坤《呻吟语·谈道》。

【通讲】只有掌握深奥大道的人，才能够用最浅显的话语把深奥的道理表达出来。凡是用艰涩词语描述道理的人，他得到的道是最浅显的。

【鉴赏】我们使用语言是为了说清道理，而不是故弄玄虚。语言只是一种工具，不能本末倒置。

无多言，多言多败；无多事，多事多患。

【语出】《孔子家语·观周》。

【通讲】不要多说话，话说多了必有失言之处；不要多管闲事，多管闲事多惹麻烦。

【鉴赏】说话要谨慎，不多管闲事，是每个人应注意的事情。

无稽之言勿听，弗询之谋勿庸。

【语出】《尚书·大禹谟》。

【通讲】没有查考过的话不要听，没有经过充分磋商的主意不要采用。

【鉴赏】采用人家的建议主张都要慎重。

五刃之伤，药之可平；一言成疠，智不能明。

【语出】唐·刘禹锡《口兵戒》。

【通讲】被刀砍了五次的伤口，敷了药也会愈合；一句话带来的灾害，能使有智慧的人受到蒙蔽。

【鉴赏】言语之害比刀伤还重。

喜时说尽知心，到失欢须防发泄；恼时说尽伤心，恐再好自觉羞惭。

【语出】清·金缨《格言联璧·接物》。

【通讲】高兴时把知心话说尽了，到合不来时，要防止人家把所知道的全说出来；恼怒时说尽了伤情面的话，须防再度和好时，自己的面上觉得羞愧。

【鉴赏】对人说话必须顾及后果。

言而当，知也；默而当，亦知也。

【语出】《荀子·非十二子》。

【通讲】当(dàng)：合适；恰当；得体。知：通“智”，聪明。该说时说，这是聪明；该沉默时沉默，这也是聪明。

【鉴赏】荀子认为说话适时得当和知时守默都是聪明的表现。对于现今不看情况乱说的人也会有所教益。

言美则响美，言恶则响恶。

【语出】《列子·说符》。

【通讲】响：反响。言谈美好，那么反应也美好；言论恶劣，那么反响也恶劣。

【鉴赏】言谈及反响如影随身，身长影亦长，身短影亦短。要想得到好的反响，就要有美的言谈。这两句可用来说明对某些人反响的美恶是其言谈美恶的必然结果，也可用来强调人要注重言谈美，不可口出恶语。

社交

言以简为贵。

【语出】宋·程颢、程颐《二程粹言·心性篇》。

【通讲】说话贵在简明扼要。

【鉴赏】啰里啰唆的话令人生厌，没有一点效果。

言以足志，文以足言。

【语出】《左传·襄公二十五年》。

【通讲】言语用来表达心志，文采用来修饰语言。

【鉴赏】《左传·襄公二十五年》记载，仲尼曰："《志》有之：'言以足志，文以足言。'不言，谁知其志？言之无文，行而不远。"（孔子说："《志》上有这样的话，'言语用来表达心志，文采用来修饰语言。'不说，谁知道你的心志？言辞没有文采，就不能流传到远处。"）言为心声。语言是思维的物质外壳，更是心灵的窗户和思想的载体。人们可以从一个人的言语和文章，判断其内心境界的厚薄高下和对事物的洞见程度。

言易泄者，召祸名媒也。

【语出】唐·武则天《臣轨下》。

【通讲】说话容易泄露秘密，是招致祸害的媒介。

【鉴赏】保密是非常重要的，事不密则败。

言有尽而意未穷。

【语出】宋·严羽《沧浪诗话·诗辨》。

【通讲】话说完了,而意味没有完。

【鉴赏】写作要意味无穷。

言者以谕意也。言意相离,凶也。

【语出】《吕氏春秋·离谓》。

【通讲】凡说的话,都是为了表达思想的。如果说出来的话和思想相背离,那就不好了。

【鉴赏】言辞与表达的思想要一致,不能以辞害意。

言之者无罪,闻之者足以为戒。

【语出】《魏书·高祖纪上》。

【通讲】提意见的人没有过失,听取意见的人要引以为戒。

【鉴赏】这是北魏孝文帝下的诏书,体现了他对进谏者所采取的宽容态度。我们更要虚怀若谷,广泛听取意见,有则改之,无则加勉。

言志已酬便无志。

【语出】梁启超《志未酬》。

【通讲】若说志愿已经实现,则表明本来就没有志愿。

【鉴赏】说明志愿应随时代发展而无停止之时,培养"但有进兮不有止"的精神境界,克服短视,树立大志。

一介有能,片言可用。

【语出】《陈书·后主纪》。

【通讲】一介:一个,指一个人,多含藐小、卑贱的意思。片言:简短的文字或语言。一个微不足道的人有他能胜任的地方,简短的语言有它可用之处。

【鉴赏】不要小看微不足道的人和简短的语言,重视它都有用处。

一人之辨,重于九鼎之宝;三寸之舌,强于百万之师。

【语出】南朝梁·刘勰《文心雕龙·论说》。

【通讲】《史记·平原君列传》载，平原君赵胜称赞毛遂说："毛先生一至楚，而使赵重于九鼎大吕，毛先生以三寸之舌，强于百万之师。"此句意思是一人的辩论，比九鼎国宝还要贵重；三寸善于说话的舌头，比百万大军还要强大。

【鉴赏】这句话用以形容口语表达有了相当高的技巧和艺术水平的时候具备的能力。这两句话以形象的方式表现出言语的力量，九鼎之重不如一言，百万之师不如一语，往往用以形容某人的言论具有巨大的改变现实的力量。

一声而非，驷马勿追；一言而急，驷马不及。

【语出】《邓析子·转辞》。

【通讲】声：指说出口的话。非：不对。驷马：四匹马拉的车。一句话说得不对，即使是四匹马拉的车也不能挽回；一句话说出口，即使是四匹马拉的车也追赶不上。

【鉴赏】劝人说话应谨慎。

一时劝人以言，百世劝人以书。

【语出】清·金缨《格言联璧·惠吉》。

【通讲】一时劝人行善用口去说，百世劝人行善就去写书。

【鉴赏】书籍有长远的育人作用。

一言白璧轻，片善黄金贱。

【语出】南朝梁·刘孝绰《三日侍安成王曲水宴》。

【通讲】说话算数，哪怕是一句，比玉石还重；做好事，哪怕是一点，比黄金还贵。

【鉴赏】讲话诚信，努力做好事，是一个人的应有品质。

一言王而天下治，一言倚而天下靡。

【语出】《申子·君臣》。

【通讲】一句关键的话说好了，国家就会治平；一句关键的话说错了，国家就会倾覆。

【鉴赏】话要三思而说。

一言之善，贵于千金。

【语出】晋·葛洪《抱朴子·释滞》。

【通讲】一句有价值的话，比千两黄金还可贵。

【鉴赏】对人要多说有益的话。有见识的意见是不能用金钱衡量其价值的，难道我们不应该认真听取吗？

以聪明听说，则妄说者止；无以聪明听说，则尧、桀无别矣。

【语出】《吕氏春秋·别类》。

【通讲】如果能凭借耳聪目明来听取议论，那么，胡乱议论的人就得住口；如果不凭借耳聪目明听取议论，那么，连被议论的人是圣王尧还是暴君夏桀也无法分别。

【鉴赏】劝诫人们应该养成“以聪明听说”的习惯，正确对待别人的议论，从而判断议论者和议论对象的是与非。

以言取士，士饰其言；以行取人，人竭其行。

【语出】《梁书·武帝纪上》。

【通讲】饰：掩饰；粉饰。竭：尽。如果根据言词来选取士人，他们一定会粉饰其言辞；如果根据行动选择人才，人们就会尽力而行。

【鉴赏】选才不仅要听其言，更要观其行，不仅要看一时的行，还要看其一贯的行。不能仅凭一时的印象就委以重任，这样只会危害国家。

谀言顺意而易悦，直言逆耳而触怒。

【语出】宋·欧阳修《为君难论下》。

【通讲】谀：阿谀；奉承。悦：高兴。逆耳：听起来让人感到不舒服的话。触怒：触动怒气。奉承的话，听了不但顺心而且容易讨人喜欢；正直的话，听了不但刺耳而且还容易惹人恼怒。

【鉴赏】要讲真话，要讲正直的话。

与其用之之疑，曷若取之之慎。

【语出】宋·李觏《强兵策》。

【通讲】曷：怎么。曷若：怎比得上。对待人才，与其在使用的时候心存疑忌，倒不如在选拔的时候小心谨慎。

【鉴赏】对待人才要慎重选取，既然使用了，就必须充分信任。

与人善言，暖于布帛；伤人之言，深于矛戟。

【语出】《荀子·荣辱》。

【通讲】对人讲有帮助的话，比布帛还温暖；伤害人的话，比矛戟造成的伤口更深。

【鉴赏】对人讲话要谨慎，要注意方式方法。

欲加之罪，其无辞乎？

【语出】《左传·僖公十年》。

【通讲】其：岂；难道。要给人加上罪名，还怕没有借口吗？

【鉴赏】鲁僖公十年夏，周公忌父、王子党会合齐国的隰朋立了晋惠公。晋惠公要杀曾立公子重耳为国君的里克，派人对他说，如果没有您，我就没有今天。尽管如此，您杀了两个国君和一个大夫，做您国君的人，不也太难了吗？里克说："欲加之罪，其无辞乎？"说完，用剑自杀。这两句今多写作"欲加之罪，何患无辞"，用以谴责那些随意罗织罪名，随心所欲制造借口，无端诬陷别人的人。

赠人以言，重于金石珠玉。

【语出】《荀子·非相》。

【通讲】用正言勉励别人，比赠送金玉珠石更珍贵。

【鉴赏】金玉良言会催人上进，增长才智，比送财宝要好得多。

赵良曰："千羊之皮，不如一孤之掖；千人之诺诺，不如一士之谔谔。武王谔谔以昌，殷纣墨墨以亡。君若不非武王乎，则仆请终日正言而无诛，可乎？"商君曰："语有之矣，'貌言华也，至言实

也，苦言药也，甘言疾也。'夫子果肯终日正言，鞅之药也。鞅将事子，子又何辞焉！"

【语出】《史记·商君列传》。

【通讲】掖：通"腋"，狐皮以腋部价值最高。诺诺：随声附和。谔谔(è)：直言争辩的样子。墨墨：沉默。赵良对商鞅说：一千个人说恭维话，不如一个人说真话有价值，这就好比一千张羊皮抵不上一只狐狸腋下的皮毛珍贵一样。周武王听了直言所以昌盛，商纣王昏暗所以灭亡。希望能够终日直言但不会受到惩戒。商鞅听了赵良的话，感慨地说：美词巧言好比花朵，直言不讳好比果实，逆耳忠言好比药石，甜言蜜语好比疾病。并力请赵良直言不讳。

【鉴赏】由赵良与商鞅的这段对话可以看出，古人对谔谔之言是何等珍视。谔谔之言为何可贵？乃因很多"谔言"切中时弊，使人们看清了问题的本质，看到了工作中的不足。的确，讲真话、听真话，都需要勇气，尤其是在利益关系和人际关系都很复杂的当下。小问题没有提醒，大问题无人批评，以致酿成大错。

正人之言，明知其为我也，感而未必悦；邪人之言，明知其佞我也，笑而未必怒。

【语出】清·申涵光《荆园小语》。

【通讲】正直人的话，明知道他本心是为了我好的，然而自己心里虽然感动，但面上却难显出喜悦之色；不正派人的话，明知他是用花言巧语迷惑我的，然而自己虽然表面上讥笑他，但心里并不怎么恼怒。

【鉴赏】花言巧语虽然受用，却是害人的毒药；金玉良言虽然难听，却是有益的良药。

知无不言，言无不尽。

【语出】《宋史·张俊传》。

【通讲】凡是知道的，没有不说出来的；凡是要说的，就全部说出来。

【鉴赏】在民主生活会上，在讨论规划或替单位谋划的会上，都应该讲出自己的全部意见。

忠言逆耳利于行,毒药苦口利于病。

【语出】《汉书·张良传》。

【通讲】忠:忠诚。逆耳:不顺耳;不中听。行:做事;办事。毒药:辛烈的药物。诚恳的劝告听起来不顺耳,却有利于立身行事;辛烈的中药虽苦却有利于治疗疾病。

【鉴赏】一个人要有所作为,必须先要敢于磨炼自己的品格,善于听取不同意见,耳中经常听不爱听的话。这才有利于自己的成长、事业的成功。

终身为善,一言则败之。

【语出】《孔子家语·六本》。

【通讲】即使做了一辈子好事,如果说了一句不该说的话,也会使你前功尽弃。

【鉴赏】人讲话应该谨慎。

众口毁誉,浮石沈木。

【语出】唐·马总《意林·陆贾新语》。

【通讲】众人诋毁或赞誉一个人,便会产生使石头浮在水面、木头沉在水底那样的结果。

【鉴赏】众人的诋毁或赞誉力不可挡。

子贡问曰:"有一言而可以终身行之者乎?"子曰:"其'恕'乎!己所不欲,勿施于人。"

【语出】《论语·卫灵公》。

【通讲】子贡问:"有没有一句可以终身奉行的话呢?"孔子答道:"应该是'恕'吧。自己不愿意做的事情,就不要强加到别人身上。"

【鉴赏】关于"己所不欲,勿施于人",朱熹《论语集注》释为:"推己及物。"就是说,用自己的心意去推想别人的心意,设身处地替他人着想。这句话揭示了处理人际关系的一项重要原则:与人相处应当将心比心、换位思考。故孔子提倡"恕"道,主张宽恕别人。"己所不欲,勿施于人"抛弃了自我中心主义,体现出更强的自我责任与道德约束,这是中华文明的内在品格。

7 其　　他

辩者，求服人心也，非屈人口也。

【语出】三国魏·徐幹《中论·核辩》。

【通讲】辩论的人，是要让别人心里佩服，并不是让别人嘴上服从。

【鉴赏】辩论的目的，是让人心服口服。

十八

感情

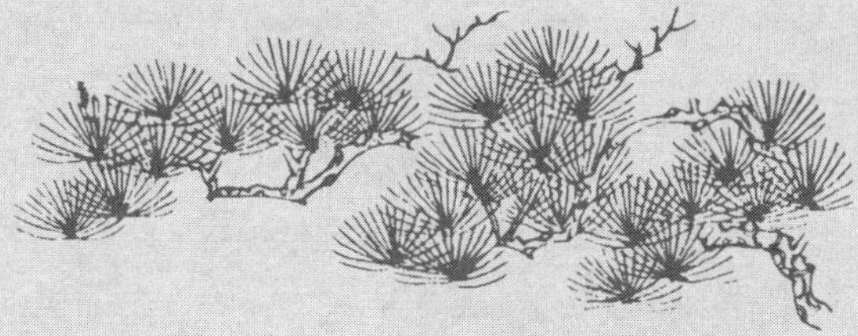

1 爱 情

不爱独枝莲，只惜同心藕。

【语出】南朝 · 无名氏《读曲歌》。

【通讲】独枝莲花虽然亭亭玉立，但我不爱；我只爱那丝不断、节相连的同心藕。

【鉴赏】这两句话表达了女主人公对爱情的态度。“独枝莲”与“同心藕”有“独自怜”和“同心偶”的意蕴，两者都是谐音双关语。

不是不修书，不是无才思，绕清江买不得天样纸。

【语出】元 · 贯云石《清江引 · 惜别》。

【通讲】不是不肯写信，不是没有才思，而是因为绕遍了整个清江，买不到像天一样大的纸。

【鉴赏】对情人有诉不完的衷情，说不完的知心话，普通的信纸容纳不了，所以必须要一张天一样大的纸。用通俗、夸张的语言来表达感情，妙极了！

不是姻缘莫强求。

【语出】明 · 冯梦龙《古今小说 · 穷马周遭际卖䭔媪》。

【通讲】男女没有缘分就不必勉强结婚。

【鉴赏】男女双方如果没有对对方强烈的爱就不要勉强地走到一起。

长于春梦几多时，散似秋云无觅处。

【语出】宋 · 晏殊《玉楼春》。

【通讲】年华啊，你能比春梦长多少时间？恋人一分开，就像秋云再也寻不着踪迹。

【鉴赏】词写人生无常、情侣易散的悲哀。

得成比目何辞死！愿作鸳鸯不羡仙。

【语出】唐·卢照邻《长安古意》。

【通讲】能像比目鱼那样成双作对，那就连死都不会推辞；情愿做相亲相爱的鸳鸯，而不去羡慕美好的神仙生活。

【鉴赏】描写青年男女对爱情生活的热情向往，即使牺牲一切也在所不惜。

东边日出西边雨，道是无晴还有晴。

【语出】唐·刘禹锡《竹枝词》。

【通讲】东边出太阳，西边又下雨，说是无晴(情)，却又有晴(情)。

【鉴赏】描写青年男女的恋情，使用了谐音双关。古趣盎然。

夫何瑰逸之令姿，独旷世以秀群；表倾城之艳色，期有德于传闻。

【语出】晋·陶渊明《闲情赋》。

【通讲】夫:彼。何:何其。瑰逸:奇妙卓出貌。令:美好。旷世:当代无比。秀群:超出众人。表:显示。倾城:形容女子的绝色容貌。你的姿容是多么美丽，简直是盖世无双；显露出倾城般的鲜艳光彩，追求有高尚的德操而远近扬名。

【鉴赏】陶渊明唯一一篇歌咏爱情的赋体作品是《闲情赋》。大胆地讴歌了男女爱情，刻画了在凄美缠绵、悲切哀婉的氛围之下心目中理想的佳人形象，谱写了一曲中国古代的爱情绝唱。

海枯石烂两鸳鸯，只合双飞便双死。

【语出】金·元好问《西楼曲》。

【通讲】即使海枯石烂，也像鸳鸯一般永不分开；要么一起飞，要么一起死。

【鉴赏】表达了坚贞不贰的爱情。

举手长劳劳，二情同依依。

【语出】汉乐府《孔雀东南飞》。

【通讲】劳劳:忧伤的样子。依依:依恋不舍的样子。两人挥手分别,各自忧伤不已,心里感到依依不舍。

【鉴赏】这是赞颂爱情的好诗句。

两情若是久长时,又岂在朝朝暮暮!

【语出】宋·秦观《鹊桥仙》。

【通讲】两人的感情若能长久,又何在乎朝夕相伴。

【鉴赏】真正的爱情不在乎朝夕相伴,而在于历久不忘,经得起分离的考验。

楼船无舵是郎意,断桥有柱是侬心。

【语出】元·杨维桢《西湖竹枝歌》。

【通讲】楼船没有舵,好比郎君的情意;断桥而有柱,恰似我的一颗心。

【鉴赏】这是坚定爱情的宣言书,对方情意虽难以捉摸,但自己在任何情况下都不会变心。

侬似衣上花,春风吹不去。

【语出】清·吴伟业《古意》。

【通讲】我就像绣在衣服上的花朵,春风吹它也吹不去。

【鉴赏】诗句表现出这位女子在爱情生活中的热烈、缠绵和执着。语言清新自然,风格明丽轻快。

侬做北辰星,千年无转移。

【语出】南朝·吴声歌曲《子夜歌》。

【通讲】侬:我。北辰星:北斗星。我愿做北斗星,千万年都不转移。

【鉴赏】对爱情坚贞不渝。

色不迷人人自迷,情人眼里出西施。

【语出】清·黄增《集杭州俗语诗》。

【通讲】不是"色"有媚人的魔力,而是人为"色"乱了方寸;所以,在钟情者的心目中,意中女子会出落得西施一般美。

【鉴赏】描写情所独钟者的迷恋。

身无彩凤双飞翼,心有灵犀一点通。

【语出】唐·李商隐《无题》。

【通讲】彩凤:美丽多彩的凤凰。灵犀:旧说犀牛是灵兽,故有灵犀之称。灵犀一点通:犀角中有白色纹理通于两端,这里比喻两心相通。(咱们)在形体上不能比翼双飞,但心里却早已彼此相通。

【鉴赏】这是情人之间的倾诉。即使不能在一起,但相爱的心却是相通的。后句后也表示人和人之间有相同的思想志趣。

十年生死两茫茫,不思量,自难忘。

【语出】宋·苏轼《江城子·乙卯正月二十日夜记梦》。

【通讲】十年之间,隔着生死的界限,两处茫茫,即使不去思量,也难以忘却。

【鉴赏】苏轼对发妻王弗的悼亡词。描写对妻子刻骨铭心的忆念,感情真挚。

天长地久有时尽,此恨绵绵无绝期。

【语出】唐·白居易《长恨歌》。

【通讲】天地虽然长久,但总有到尽头的时候;唯有这种永别的哀愁,却是绵延不断,永远没有断绝的一天。

【鉴赏】这里所说的"恨"是情人爱恨交集的恨,是生离死别的恨,是杨贵妃已死,唐明皇此后不得再见的恨。人间有太多的痛苦,都可用"天长地久有时尽,此恨绵绵无绝期"来表达那份永无休止的悲恨。"天长地久有时尽"也可用来说明事物发展变化的规律。宇宙间一切事物都有生长、发展、衰亡的过程,永恒不变、万古长存的事物是没有的。

停梭怅然忆远人,独宿孤房泪如雨。

【语出】唐·李白《乌夜啼》。

【通讲】停下织布机的梭子,怅然想念在远方的丈夫。黯然独处空闺,伤心泪像雨点般流下。

【鉴赏】此诗是根据窦滔的故事而写。窦滔为官客居他乡，妻苏蕙久等不归，于是就织锦送给丈夫，锦里面织进了一首诗。据说是一首"回文诗"，可以倒着或反复回旋地阅读。当时窦滔已经另结新欢，得妻的织锦深受感动，终于回到苏惠身边。

我欲与君相知，长命无绝衰。

【语出】汉·乐府古辞《上邪》。

【通讲】相知：相亲。命：令；使。我要与你相爱，并要使这种相爱永远不绝不衰。

【鉴赏】这是坚贞爱情的宣言书。这位女子要与夫君相爱到永久。

一丝为定，千金不易。

【语出】明·沈璟《一种情》第四出。

【通讲】微小的东西可以作为定情的信物，再贵重的东西也不能改变。

【鉴赏】爱情不靠钱物来维系。

衣带渐宽终不悔，为伊消得人憔悴。

【语出】宋·柳永《蝶恋花》。

【通讲】衣带渐宽：是指人逐渐消瘦，衣带都变得宽松了。为伊消得：为了他值得。思念他，想念他，为他而逐渐消瘦，为他而憔悴不堪；原本合身的衣带现在已觉宽松了，这一份真心真情却永不改变，绝不后悔。

【鉴赏】这两句词是描写有情人的痴心真情，此身长在，此情不变，即使受尽痛苦折磨，即使为他消瘦憔悴，还是愿意为爱情而牺牲一切。写得极其形象化，王国维便以这两句词来比喻人成就大学问、大事业所必经的第二境界。由于对理想的执着，因此信心极其坚定，即使饱受挫折，尝尽风霜，仍旧坚持到底，始终不变。

愿得一心人，白头不相离。

【语出】汉·无名氏《白头吟》。

感情

【通讲】希望能得到一个一心一意来爱她的人，与她白头偕老，永不分离。

【鉴赏】心心相爱，白头偕老。这种对爱情的追求值得赞叹。

在天愿作比翼鸟，在地愿为连理枝。

【语出】唐·白居易《长恨歌》。

【通讲】比翼鸟：雌雄比翼而飞的鸟。连理枝：两棵树不同根而枝干却合生在一起。我们俩人如在天上，愿意化作那比翼双飞的小鸟；若在地下，愿意变为枝干相连的树枝。

【鉴赏】这两句诗是唐玄宗与杨贵妃真情相爱时，两人所立下的誓言。比翼双飞是形容男女的恩爱相依，树枝连理是比喻夫妻的同心相连。可用来表达情意相爱、永不变心的坚贞爱情。

2 相　思

初将明月比佳期，长向月圆时候，望人归。

【语出】宋·晏幾道《虞美人》。

【通讲】因为我当初就将明月与佳期相比，所以一直在月圆时盼望他回家。

【鉴赏】诗句写怨别。多情的女子每到月圆之夜便倚楼望月。一次次的失望但心未死，每到月圆时候，她又出来望月盼人了，可谓是对爱情的坚贞不渝！

此情无计可消除，才下眉头，却上心头。

【语出】宋·李清照《一剪梅》。

【通讲】这种相思之情无法消除，紧蹙的眉头刚刚舒展，却又涌上烦乱的心头。

【鉴赏】《一剪梅》是一首别离词，是词人和丈夫分离后的相思之作。结尾句“此情无计可消除，才下眉头，却上心头”历来为人称道。王士禛在《花草蒙拾》中指出这三句是从范仲淹《御街行》“都来此事，眉间心上，无计相回避”脱胎而来，但认为李词这句“特工”。词中“眉头”对应“心头”，“才下”对应“却上”，情感的起伏变化，相思愁之深之多，被词人具体化，形象地表现出来。与李煜《乌夜啼》的“剪不断，理还乱，是离愁，别是一般滋味在心头”有异曲同工之妙。

费长房缩不就相思地，女娲氏补不完离恨天。

【语出】明·杨慎《中吕·粉蝶儿》。

【通讲】费长房的缩地术缩不了这块辽阔的相思地，女娲氏炼石补天补不好这片离恨天。

【鉴赏】描写夫妻分离，相思无限的情怀。

海上生明月，天涯共此时。

【语出】唐·张九龄《望月怀远》。

【通讲】海上升起了一轮明月，普天之下都同时沐浴着她的清辉。

【鉴赏】描写远隔两地的相思之情。

红豆不堪看，满眼相思泪。

【语出】后唐·牛希济《生查子》。

【通讲】手执红豆不忍细看，满眼含着相思的热泪。

【鉴赏】描写男女相思之情，表现他们深挚的爱情。

花自飘零水自流，一种相思，两处闲愁。

【语出】宋·李清照《一剪梅》。

【通讲】花在飘零，水在飘流，一种离别相思，化作你我两处闲愁。

【鉴赏】《一剪梅》是一首别离词，是词人和丈夫分离后的相思之作。词句看似在写落花流水之景，两个"自"字实则蕴含有容貌、年华、人生易逝之感，隐隐透出"无可奈何花落去"之憾，"水流无限似侬愁"之恨。这种"苦恨"藏在两人心中，可见心有灵犀和情义之深。

换我心，为你心，始知相忆深。

【语出】后蜀·顾敻《诉衷情》。

【通讲】把我的心换作你的心，你才能知道我想你想得有多么深。

【鉴赏】描写怨情。情人有约不来，词中女子相思入骨，发出怨语。

黄河水流不尽心事，中条山隔不断相思。

【语出】元·贾固《中吕·醉高歌过红绣鞋·寄金莺儿》。

【通讲】我的情意像黄河之水流不尽，我的相思连中条山都隔不断。

【鉴赏】描写作者为他所眷恋的歌妓金莺儿的相思之情。借奔流不息的黄河水来象征爱情的永不干涸，相思之情可以越过高耸的中条山。创意新颖。

人道海水深，不抵相思半。

【语出】唐·李冶《相思怨》。

【通讲】人们都说海水最深，其实还不如相思的一半呢。

【鉴赏】极言相思之深。

天涯地角有穷时，只有相思无尽处。

【语出】宋·晏殊《玉楼春》。

【通讲】天涯地角虽远总有边际，只有相思的痛苦无边无际。

【鉴赏】描写少女的闺怨。

窈窕淑女，寤寐求之。

【语出】《诗经·周南·关雎》。

【通讲】美丽善良的姑娘，睡梦里都追求她。

【鉴赏】美丽的姑娘，值得男子追求。

忆君泪落东流水，岁岁花开知为谁。

【语出】唐·李颀《题卢五旧居》。

【通讲】我想起你来眼泪就像往东流的水那样，不知每年开的花是在为谁开。

【鉴赏】女子对丈夫的思念之情，表现了纯真的爱情。

与君相见即相怜，有分终须到底圆。

【语出】元·蓬莱《与君相见即相怜》。

【通讲】和你相见就把你爱怜，有缘分到头来总会团圆。

【鉴赏】表现女子对夫君的爱恋之情。

欲寄君衣君不还，不寄君衣君又寒。

【语出】元·姚燧《凭栏人·寄征衣》。

【通讲】想给你寄上衣服，但怕你不回家；要是不给你寄，又担心你衣单身上寒。

【鉴赏】描写一个征人的妻子对丈夫的深切的爱。说明她无时无刻不在深深地思念和惦挂着出征在外的丈夫。语言整饬凝练。

只愿君心似我心，定不负相思意。

【语出】宋·李之仪《卜算子》。

【通讲】只要你的心像我一样，一定不辜负你的一片相思之意。

【鉴赏】词写离别相思，表达忠贞爱情。

3 快　乐

碧山过雨晴逾好，绿树无风晚自凉。

【语出】元·黄缙《夏日漫书》。

【通讲】青山经过一番雨洗，天晴时分外觉得好看；绿树下虽然没有风，但到了晚上自然觉得凉爽。

【鉴赏】两句写出了诗人在乡居生活中闲适与满足的心情，对仗工稳，意境清新。

春风得意马蹄疾，一日看尽长安花。

【语出】唐·孟郊《登科后》。

【通讲】得意洋洋骑着马儿在春风中跑，一天中看尽长安满城花。

【鉴赏】这是诗人 46 岁时获得进士及第后写的诗句。抒写了兴奋畅快、愿望得到满足时的得意之情。

但愿人长久，千里共婵娟。

【语出】宋·苏轼《水调歌头》。

【通讲】但愿我们健康长寿，虽然相隔千里，却仍在同一轮明月照耀之下。

【鉴赏】表达了诗人对远别的弟弟苏辙的美好祝愿，并给人一种温馨的慰藉和奋发的意绪。

书当快意读易尽，客有可人期不来。

【语出】宋·陈师道《绝句四首》。

【通讲】读来使人感觉快乐的书，总觉得很快就读完了；讨人喜欢的客人，却老是久等不来。

【鉴赏】常用来说明读书的快乐，也可用来赞美一本书的引人入胜，也常用来表示对挚友的热切期盼。

以中有足乐者，不知口体之奉不若人也。

【语出】明·宋濂《送东阳马生序》。

【通讲】由于心中有足够的乐趣，就从来不想自己嘴里吃的食物和身上穿的衣服不如别人。

【鉴赏】不在乎自己吃的穿的戴的不如别人，在学习中还是找到了无尽的乐趣和享受。我们现代的学生，难道不应该向古人宋濂学习吗？

愿令众生常得安乐，无诸病苦。欲行恶法皆愁不成，所修善业，皆速成就。关闭一切诸恶趣门，开示人天涅槃正路。

【语出】《大方广佛华严经·入不思议解脱境界普贤行愿品》。

【通讲】愿意使一切众生经常得到安乐，没有各种的疾病痛苦。众生如果要做恶的事情，唯愿他们都做不成；众生所修的善业，唯愿他们赶紧快速修成。把一切恶趣的门都关闭了，开放显示人天涅槃的正确道路。

【鉴赏】要使民众得到安乐，远离疾病痛苦。要做善事，不做恶事。

4 忧　愁

把酒送春春不语，黄昏却下潇潇雨。

【语出】宋·朱淑真《蝶恋花》。

【通讲】我举起酒杯送别春天，春却默默无语，在黄昏时淅淅沥沥地下起小雨来。

【鉴赏】全词描写了暮春景色，抒发了词人惜春、伤春的情感，展露了词人郁闷寡欢的愁闷心境。

白发三千丈，缘愁似个长。

【语出】唐·李白《秋浦歌》。

【通讲】头上白发三千丈，只因为我的愁绪像它一样漫长。

【鉴赏】诗人胸中有满腔愤懑，万斛愁情，在这首诗中喷薄而出。愁生白发，愁重发长，感情真切。

沉忧能伤人，绿鬓变霜蓬。

【语出】唐·李白《怨歌行》。

【通讲】绿鬓：黑色鬓发，年轻人头发黑而有光，其色似浓绿，故云绿鬓或绿云。忧愁能够损伤人的身体，使人变老，黑发变成白发。

【鉴赏】乐观有助于养生。

抽刀断水水更流，举杯浇愁愁更愁。

【语出】唐·李白《宣州谢朓楼饯别校书叔云》。

【通讲】抽刀来断流水，但水依然在流；用饮酒来消除愁思，却更加增添了忧愁。

【鉴赏】诗句形象地抒发出诗人意欲摆脱胸中愁烦的强烈感情。

寸寸关河，寸寸销魂地。

【语出】清·文廷式《蝶恋花》。

【通讲】一寸一寸的江山，便是一寸一寸令人销魂的地方。

【鉴赏】表现了山河破碎的深愁惨痛。

厄穷而不悯，遗佚而不怨。

【语出】《韩诗外传》卷三。

【通讲】遇到困境也不忧愁，没被任用也不抱怨。

【鉴赏】控制情绪，保持良好的心态有益健康。

花红易衰似郎意，水流无限似侬愁。

【语出】唐·刘禹锡《竹枝词》。

【通讲】花的红艳很容易衰败，如同郎君对我的情意；流水永无休止，恰像我无尽的愁思。

【鉴赏】这是爱情诗，写一个少女恋爱中的心理状态。风格上很像民歌，最明显的特点是比兴手法用得生动巧妙。

举世尽从愁里老。

【语出】唐·杜荀鹤《秋宿临江驿》。

【通讲】世间的人之所以衰老，都是由忧愁引起的。

【鉴赏】忧愁是衰老的主要原因，要多加控制。

苦心殊易老，新发早年生。

【语出】唐·方干《赠功成将》。

【通讲】过于劳心很容易衰老，年纪轻轻就会长出白发。

【鉴赏】忧心容易衰老。

流水落花春去也，天上人间。

【语出】南唐·李煜《浪淘沙》。

【通讲】像流水载着落花，春天渐渐逝去；一在天上，一在人间，两处茫茫难相见。

【鉴赏】词人用这样的比喻表示希望的彻底破灭，并对人生的归宿怀有深重的忧虑。

楼儿忒小不藏愁，几度和云飞去觅归舟。

【语出】宋·蒋捷《虞美人·梳楼》。

【通讲】这座楼太小藏不下一腔忧愁，我曾几次跟着云彩去寻找载我归家的小舟。

【鉴赏】描写羁旅穷愁。愁大楼小，于是只能飞出去跟随天上云彩去寻觅回归故乡之舟，以解浓浓的乡愁。

木欣欣以向荣，泉涓涓而始流。羡万物之得时，感吾生之行休。

【语出】晋·陶渊明《归去来兮辞》。

【通讲】羡：羡慕。得时：遇到大好时光。休：尽头。草木欣欣向荣，泉水涓涓流淌，很羡慕万物都遇到大好时光，感悟到我生命将要走向尽头。

【鉴赏】描写草木欣欣向荣、泉水涓涓流淌，慨叹自己生命将要走到尽头，情景交融。

人生不满百，常怀千岁忧。

【语出】汉乐府《西门行》。

【通讲】人生不满百岁，却常常为千年的事情担忧。

【鉴赏】要快乐地生活，何必去担忧身后的事情呢。

问君能有几多愁，恰似一江春水向东流。

【语出】南唐·李煜《虞美人》。

【通讲】试问你有多少愁与恨，这愁恨啊正像一江春水，滔滔不绝，向东流去。

【鉴赏】写尽国破家亡的愁恨，一腔愁恨如江水出峡，奔流不息。形象鲜明生动，情感深沉浓烈。

无远虑者有近忧。

【语出】汉·黄石公《素书·安礼》。

【通讲】不能有远见地考虑到将来可能出现的问题，很可能在最近就有令人忧虑的事发生。

【鉴赏】我们不应只顾眼前利益，而忘记将来产生的问题。

毋忧拂意，毋喜快心，毋恃久安，毋惮初难。

【语出】明·洪应明《菜根谭》。

【通讲】拂意：不如意。快心：称心如意。惮：恐惧；害怕。不要为事不如意发愁，不要为称心的事而兴奋；不要由于长久的安居而以此为依赖，不要由于一件事一开始有困难就畏缩不前。

【鉴赏】世事无常，世间一切事物总处于变化之中，在一定条件下可以转化，在人生道路上只有不惧困难，不怕艰险，才能有所收获。

心之忧危，若蹈虎尾，涉于春冰。

【语出】《尚书·君牙》。

【通讲】管理国家大事的人对处理每一件事都要兢兢业业，应有踩着老虎尾巴和走在春天即将融化的冰河上一样的危惧感。

【鉴赏】这是周穆王任命君牙为大司徒时对他的训诫。身居要职的人，必须随时有这种危惧感，因为他的一言一行对国家和人民关系重大。

寻寻觅觅，冷冷清清，凄凄惨惨戚戚。

【语出】宋·李清照《声声慢》。

【通讲】到处寻找，苦苦搜索，却只见冷冷清清，让人愁苦凄惨悲戚。

【鉴赏】《声声慢》表达了深愁、浓愁、无尽的愁，正是经历了国破家亡、流离失所，饱经离乱的词人后期生活的写照。开首三句“寻寻觅觅，冷冷清清，凄凄惨惨戚戚”历来为人推重。词人大胆新奇地使用叠字来写愁苦心情，张端义《贵耳集》云：“此乃公孙大娘舞剑手。本朝非无能词之士，未曾有一下十四叠字者。”“寻寻觅觅”，词人若有所失，到处张望，寻找无果，在房中四处搜索，希望落空，于是“冷冷清清”，一股孤寂清冷的气氛袭来，词人感到"凄凄惨惨戚戚"。"冷冷清清,先感于外;凄凄惨惨戚戚,后感于心,进入愁境。"(吴熊和《唐宋词通论》)开首这十四个字,领起全词,贯穿全词,辐射全词,成了拧紧所有愁绪的一个"大结",死别之愁、永恒之愁、个人遭遇与家国兴亡交织在一处,"怎一个愁字了得",在读者的心灵深处产生了强烈的共鸣!

衙斋卧听萧萧竹,疑是民间疾苦声。些小吾曹州县吏,一枝一叶总关情。

【语出】清·郑燮《潍县署中画竹呈年伯包大中丞括》。

【通讲】些小:微小。吾曹:我辈,指自己和包括其他人。当时山东大涝,潍县尤烈,饿殍遍野。这首诗巧妙地以竹声作引,托物取喻。首句写自己在衙署书房内休息,听到窗外风吹竹叶之声,表现了作者忧心如焚、夜不成寐的心境。次句由自然界的风竹之声联想到百姓啼饥号寒的疾苦。第三句是说我们只是小小的州县官。第四句,"一枝一叶"表面咏竹,暗喻民间疾苦。

【鉴赏】群众利益无小事。对老百姓来说,身边每一件琐碎的小事,都是实实在在的大事,有的甚至还是急事、难事。如果这些小事得不到及时解决,就会影响他们的思想和情绪。我们要重视对小事的处理。

悦亲戚之情话,乐琴书以消忧。

【语出】晋·陶渊明《归去来兮辞》。

【通讲】悦:喜悦。喜欢倾听亲戚们感情真挚的话语,乐于以抚琴读书来消除忧愁与烦恼。

【鉴赏】表达了作者决心辞官归隐的情怀。

丈夫有泪不轻弹,只因未到伤心处。

【语出】明·李开先《宝剑记·夜奔》。

【通讲】男子汉也是有眼泪的,他抑制住自己,不让泪水轻易溅出眼眶,只是因为还没到让他真正值得为之伤心泪落的地步。

【鉴赏】诗句描写深藏于怀的愁人伤感,真切地反映了"丈夫"之悲的心态和风格，也表明男子汉必须意志坚强。

只恐双溪舴艋舟，载不动许多愁。

【语出】宋·李清照《武陵春·春晚》。

【通讲】只担心双溪蚱蜢般的小船，载不动这许多的忧愁。

【鉴赏】《武陵春·春晚》借暮春之景，写出了词人内心深处的苦闷和忧愁。“只恐双溪舴艋舟，载不动许多愁”是广为传诵的名句。“愁”是心中所感，只可意会，难以捉摸，诗人常运用比喻将“愁”化为具体的形象，各具特色。如李煜《虞美人》：“问君能有几多愁？恰似一江春水向东流。”以水之多比愁之多。而李清照想象独特，把“愁”搬上了船，让“愁”有了形体、重量，不但可随水而流，并且可以用船来载。但愁重舟轻，“舴艋舟”承载不了那巨大深沉的痛苦。这个比喻紧承上句的“轻舟”，寓情于景，浑然天成。

5 怨　恨

不才明主弃，多病故人疏。

【语出】唐·孟浩然《岁暮归南山》。

【通讲】因我的不才，明主把我舍弃了；因我的多病，故人与我疏远了。

【鉴赏】这两句是诗人因怀才不遇、功名难就而发出的怨怼之辞。

不管烟波与风雨，载将离恨过江南。

【语出】宋·郑文宝《柳枝词》。

【通讲】这船儿不管烟波浩渺，风雨满天，载着行人的离恨开往江南。

【鉴赏】以船载离恨，设想奇妙，前面加上“不管烟波与风雨”，愈见其离恨之深了。

不应有恨，何事长向别时圆！

【语出】宋·苏轼《水调歌头》。

【通讲】月亮不该有怨恨之情，却为什么常在人们离别时变圆！

【鉴赏】表面上指责月亮示圆恼人，实际上深情地表达出作者目睹圆月倍增、自己不能团圆之恨。

地也，你不分好歹何为地？天也，你错勘贤愚枉做天！

【语出】元·关汉卿《窦娥冤》第三折。

【通讲】地呀，你分辨不出好和坏还算什么地？天呀，你颠倒了贤和愚白白地做了天！

【鉴赏】抒发了窦娥的满腔怨气，刻画了窦娥不甘心向命运低头，为自己负屈衔冤而反抗、呐喊的复杂性格。

抚剑长号归去也，千山风雨啸青锋。

【语出】清·康有为《出都留别诸公》。

【通讲】抚摸长剑，大声呼号："我回去了！"千山风雨也跟着青锋宝剑呼啸起来。

【鉴赏】抚剑长号，抒发出康有为上书清帝但变法失败壮志难申的愤慨。

含情欲说独无处，传与琵琶心自知。

【语出】宋·王安石《明妃曲》。

【通讲】满腹心事想要诉说却无处可说，只能通过琵琶弹奏给自己听。

【鉴赏】明妃（王昭君）和亲远嫁匈奴，迎亲队伍离长安渐行渐远，明妃对汉朝的留恋越发浓重，但无处诉说。弹奏手中的琵琶，但是汉皇听不见，胡人听不懂，埋藏在心中的深情还有谁能倾诉？只有自己暗自伤心，正如杜甫《咏怀古迹》"千载琵琶作胡语，分明怨恨曲中论"。"独"和"自"道出明妃的孤单、寂寞，内心的矛盾与痛苦。下文的"汉宫侍女暗垂泪"更是衬出明妃的苦痛之深。诗人对明妃的悲剧命运扼腕叹息，深表同情。

华而不实，怨之所聚也。

【语出】《左传·文公五年》。

【通讲】华：同"花"，比喻言论和虚名。实：果实，比喻行为和实际。言过其实，空有虚名而无实际，怨恨就会聚集到身上。

【鉴赏】晋国的阳处父到卫国，回国时路过甯地。甯嬴仰慕他，紧随着他。但甯嬴到温地又回来了，对妻子说，阳处父"华而不实，怨之所聚也"，触犯别人又聚集怨恨，不能够安身自保。我怕不能得到好处反而遭到祸害，所以离开他。这句话形容外表好看，内里空虚，名实不副。也指表面上很有学问，只满足于一知半解，不肯刻苦钻研，好高骛远，实际腹中空空的人，用于批评华而不实的人和事，也从反面劝告人要实实在在，实事求是，养成务实的行为习惯。成语"华而不实"即从此来。

苦恨年年压金线，为他人作嫁衣裳。

【语出】唐·秦韬玉《贫女》。

【通讲】使我感到又苦又恨的是，我年复一年地压线刺绣，却都是在为别人做出嫁的衣裳。

【鉴赏】这两句诗写一个贫女心中的怨恨。她因家贫而不能出嫁，却每年为别人做出嫁的衣裳。

凄凉读尽支那史，几个男儿非马牛！

【语出】清·蒋智由《有感》。

【通讲】读完中国历史感到满目凄凉，在历史上有几个男子汉不是做牛做马呢！

【鉴赏】过去中国人民一直处在不是异族统治，就是封建主义的压迫之下，过着牛马一般的生活。

前不见古人，后不见来者。

【语出】唐·陈子昂《登幽州台歌》。

【通讲】逝去的明主已不复可见，后来的知音又不能遇到。

【鉴赏】表现了诗人悲愤激越的感情。

妾心正断绝，君怀那得知。

【语出】唐·郭振《子夜春歌》。

【通讲】我的心千头万绪，如今好像要断裂一般，我怎么知道你能了解我这种心情？

【鉴赏】描写女人对丈夫无限怨愤的心情。

山外青山楼外楼，西湖歌舞几时休？

【语出】宋·林昇《题临安邸》。

【通讲】远处青山连绵不绝，近处楼阁重重叠叠，西湖上的歌舞几时才会休止？

【鉴赏】《题临安邸》是南宋诗人林昇创作的一首七言绝句，写在临安城一家旅店墙壁上。“山外青山楼外楼，西湖歌舞几时休”，诗人抓住临安城最有代表性的两个特征——楼阁和歌舞来写。楼阁雕梁画栋，一个接一个；歌舞曼妙多姿，一曲接一曲。写出繁华生活和太平气象。此时的南宋统治者谋求“王业之偏安”，在“天堂”杭州建明堂，修太庙，宫殿楼观相继矗立,"直把杭州作汴州"。醉生梦死的生活让当政者不思恢复中原,更加纵情于声色犬马之中。这层层的楼台和曼妙的歌舞无异于是殷纣王的鹿台、隋炀帝的江都宫和陈后主的《玉树后庭花》、唐明皇的《霓裳羽衣曲》,歌舞升平中南宋正蹈汴京沦陷的覆辙而不自省,岂不悲哉!"几时休"则把诗人的愤激之情及对国家民族命运的深切忧虑之情表现出来。

唯有落红官不禁,尽教飞舞出宫墙。

【语出】宋·武衍《宫词补遗》。

【通讲】宫词:宫女抒情诗。唯有那落花官家不禁止,尽管让它漫天飞舞,飞出宫墙。

【鉴赏】古代许多良家女子,被选入宫,既得不到皇帝宠幸,也失去人身自由,思想极为痛苦。

毋以小嫌疏至戚,毋以新怨忘旧恩。

【语出】清·金缨《格言联璧·接物》。

【通讲】不要因为有一点小毛病就疏远最亲近的人,不要因为新结的仇怨而忘记以前的恩情。

【鉴赏】在处理人与人的关系上,要全面地看人,要历史地看人。不要随意地疏远和结怨于人。

血气之初,寇仇之根。报冤复仇,自古有闻,不在其身,则在子孙。人生世间,慎勿构冤……莫惨乎深文以致辟,莫难乎以德报怨。君子长者,宽大乐易,恩仇两忘,人己一致。

【语出】元·吴亮、许名奎《劝忍百箴·仇之忍》。

【通讲】血气方刚的年轻人,最易埋下怨仇的祸根。报仇雪恨,自古就不断发生。不能对其本人复仇,则泄恨于其子孙。人生在世,应慎重言行,勿结怨仇……最惨的事是罗织罪名以致人死地,最难的事是以德报怨。君子即长者,宽容而又平易的人,能够不计恩仇,使和谐一致。

【鉴赏】血气方刚时,要提防好斗。不把个人恩仇记在心里。别人与自己若都无所猜忌防范,社会就会很和谐。

遗民泪尽胡尘里，南望王师又一年。

【语出】宋·陆游《秋夜将晓出篱门迎凉有感》。

【通讲】胡尘：即胡马扬尘，借指侵略者统治的横暴。在金人铁蹄践踏下的遗民，流尽了泪水；盼望南宋王师的来到，又等了一年。

【鉴赏】诗句表现了作者怀念北方人民、渴望收复失地的心情。

属纩之时，般般都带不得。惟是带得此心，却教坏了，是空身归去矣。可为万古一恨。

【语出】明·吕坤《呻吟语·存心》。

【通讲】纩(kuàng)：绵絮。属纩：用新绵置于死者鼻前，查验其是否咽气。死的时候，什么东西都带不走。只有颗心灵能带得走，不想生前在尘世里受污染，所以是空着手回阴间。这可以说是万古的一大恨事了。

【鉴赏】人死的时候，生前孜孜以求的荣华富贵，声名地位，都不能随身带走，所以不必去追逐名利地位。心地如果善良，生活在世间的时候安详，临死的时候也会安详地面对死亡。能够安详地面对死亡的人，一定是世界上最幸福的人。

自知者不怨人，知命者不怨天；怨人者穷，怨天者无志。

【语出】《荀子·荣辱》。

【通讲】有自知之明的人不怪别人，懂得人偶然会碰上不幸的事，所以也不怪怨天。喜欢怪怨别人的人总是缺少办法，喜欢责怪天的人是没有志气的人。

【鉴赏】面对困难、悲苦应多份坦然，少些怨恨，就算自己努力了也争取了，结果还不尽如人意的话，也不必怨天尤人。凡事我们都当靠自己去积极争取，就是失败了也不要气馁。人只有善于利用各种条件，消除各种不利因素，依靠自身的努力和才干把握机遇，坚持不懈地努力才能有所作为。

6 惜　春

春去也，飞红万点愁如海。

【语出】宋·秦观《千秋岁》。

【通讲】春天去了，那万点飞花织成了像沧海一样的愁情。

【鉴赏】此词写贬谪中的愁绪。

春宵一刻值千金，花有清香月有阴。

【语出】宋·苏轼《春宵》。

【通讲】“春宵”原本是古代帝王居住宴乐的宫殿名，曰“春宵宫”。相传周穆王东巡曾宴会西王母于此；春秋时，吴王夫差与西施宴乐也在此。春天的夜晚，即使仅有短暂的一刻也值千金。花儿散发着丝丝缕缕的清香，月光在花下投射出朦胧的阴影。

【鉴赏】春夜，盛开的花朵，清幽的花香，朦胧的月色，令人陶醉。此美景又怎能让它白白过去呢？要尽情享受。“春宵一刻值千金”是千古传诵的名句，常被人们用来形容良辰美景的短暂和宝贵。诗句华美而含蓄，耐人寻味。唐代诗人白居易在《长恨歌》中描写唐明皇与杨贵妃沉醉宫廷宴乐后，发出“春宵苦短日高起，从此君王不早朝”的感叹，“春宵”便有了“美好时刻”之意了。但是，对这一美好时刻的理解有褒有贬。苏轼青年时期写这首《春宵》当然是取追求美好时光之褒义，可是，在那宫廷宴乐作为最高享受的社会，“片刻春宵”总不免带有纸醉金迷、寻欢作乐的阴影。后人对“春宵一刻值千金”的鉴赏，从“美好时刻”之意，扩而广之，由一刻扩为无限刻的“大好春光”，再由春光扩为时光，于是，以此劝导人们要从珍惜“一刻春宵”开始起，珍惜“大好时光”，努力作为，绝不浪费光阴！这是褒义的鉴赏。然而，只追求“片刻春宵”而醉生梦死的总有人在，这是贬义的鉴赏。对此类人，应劝他们抛弃享乐，珍惜光阴，努力作为！

金乌长飞玉兔走，青鬓长青古无有。

【语出】唐·韩琮《春愁》。

【通讲】金乌、玉兔：古代传说太阳中有三足乌，月亮中有白兔。日月穿梭，时光流逝，自古以来没有青春常在的事情。

【鉴赏】青春是极其宝贵的，青春难再，可要抓住易逝的青春年华，打好人生的基础。金无足赤，人无完人，看人要看主要方面。

且长凌风翮，乘春自有期。

【语出】唐·祖咏《汝坟秋同仙州王长史翰闻百舌鸟》。

【通讲】将要趁有限期的春风展开翅膀、凌空翱翔。

【鉴赏】春光宝贵，要抓紧干出一番事业来。

7 怀　　古

大江东去，浪淘尽、千古风流人物。

【语出】宋·苏轼《念奴娇》。

【通讲】长江滚滚东流，那滔滔巨浪，淘尽了千古以来的风流人物。

【鉴赏】描绘奔腾不息的长江江水、前仆后继的历史人物，以及作者登临怀古的激荡心情。充满了历史的沧桑之感。

楼船夜雪瓜洲渡，铁马秋风大散关。

【语出】宋·陆游《书愤》。

【通讲】乘着高大的战舰在雪夜里大破金兵于瓜洲渡口，骑上披着战甲的骏马在秋风中大败金兵于大散关。

【鉴赏】《书愤》是陆游的七律名篇之一，全诗有追怀往事和立誓报国的两重感情。“楼船夜雪瓜洲渡，铁马秋风大散关”拈出诗人的旧游之地。前句指的是十年前宋兵在瓜洲一带抵御金兵之事，被宋人夸耀为大获胜利的战役，诗人在《过采石有感》中说“快心初见万楼船”。后句指的是宋兵在大散关和金人的争夺战。诗人写作此诗时已 62 岁，退居山阴老家，“镜中衰鬓已先斑”，北征又一次成了泡影，回顾往昔，“塞上长城空自许”，令人叹惋！诗句蕴含着多么丰富的愤慨和辛酸之情！诗句对仗工整，气势豪迈，被广为传诵。

南朝无限伤心史，惆怅秦淮玉笛声。

【语出】清·王士禛《雨后观音门渡江》。

【通讲】在金陵建都的南朝有无限伤心的历史，秦淮河上正传来令人惆怅的玉笛声。

【鉴赏】观音门是南京城的北门之一。抒发作者在此渡江时对南朝兴亡的怀古之情。

千古兴亡多少事，悠悠，不尽长江滚滚流。

【语出】宋·辛弃疾《南乡子》。

【通讲】千古多少兴亡事，漫长而悠远啊，犹如不尽长江滚滚东流。

【鉴赏】谴责南宋统治者的腐败无能。大处落墨，气势壮阔。

秦时明月汉时关，万里长征人未还。

【语出】唐·王昌龄《出塞》。

【通讲】秦汉时的明月啊秦汉时的边关，万里长征的将士，至今还未归来。

【鉴赏】描绘辽阔的边塞和悠久的岁月，发怀古之幽情。读者把关塞同秦时的筑关备胡、汉时在关内外与胡人发生的一系列战争联系起来。因而发出“万里长征人未还”的感慨。

噫嘻！秦之阿房，楚之章华，魏之铜雀，陈之临春、结绮，突兀凌云者何限，运去代迁，荡为焦土，化为浮埃，是亦一蜃也。

【语出】宋·林景熙《蜃说》。

【通讲】蜃：空气疏密不同光线折射而起的一种自然现象。哎呀！秦有规模宏大的阿房宫，楚有豪华的章华宫台，曹魏有铜雀台，南朝陈后主有临春、结绮亭台楼阁。那些高耸云端的楼台不知多少，时运去了，朝代换了，便化作焦土浮尘、烟消云散，这都是浮光一现呀。

【鉴赏】历朝历代的君主，大多大兴土木，建造楼台。当时过境迁，在改朝换代的变革中都已灰飞烟灭，变成海市蜃楼了。

8 爱 憎

布被秋宵梦觉，眼前万里江山。

【语出】宋·辛弃疾《清平乐·独宿博山王氏庵》。

【通讲】布被耐不住秋夜的寒冷，一梦醒来，眼前还是那梦中所见到的万里江山。

【鉴赏】描写诗人虽处逆境，依然胸怀祖国、壮志不坠的高尚品格。词情激壮，极其感人。

从教一掬新亭泪，江水平添十丈深。

【语出】清·顾炎武《白下》。

【通讲】新亭泪：东晋贵族在新亭（在今南京）集会，因北方沦陷而流泪，用以比喻亡国之痛。白下：南京的别称。任凭这一捧思念故国的泪水流下，似乎这长江边的水也猛涨了十丈。

【鉴赏】抒发了诗人对国家、民族的深厚感情。

莫令青冢草，生近李陵台。

【语出】明·陈恭尹《明妃怨》。

【通讲】青冢：相传是西汉王昭君的坟墓（在今呼和浩特市南）。王昭君因奉命与匈奴联姻而老死于塞北。李陵：因战败而投降匈奴的西汉将军，李陵台相传是他眺望故乡的地方。不要让青冢上的青草，生长在靠近李陵台的地方。

【鉴赏】昭君远嫁匈奴是和亲，李陵投降匈奴，有辱于国。作者是非分明，赞昭君而贬李陵，也给后人以启示。

青山有幸埋忠骨，白铁无辜铸佞臣。

【语出】清·徐氏女《咏岳墓》。

【通讲】青山十分有幸,得以埋葬忠臣的遗骨;白铁无辜,却被铸造成奸臣的形象。

【鉴赏】歌颂为国尽忠的岳飞,对秦桧等佞臣表示痛恨和唾弃。

全家白骨成灰土,一代红妆照汗青。

【语出】清·吴伟业《圆圆曲》。

【通讲】汗青:史册的代称。他一家人的白骨都成了灰土,唯有这一代美人陈圆圆却永远在史册上留下了名字。

【鉴赏】这是对汉奸吴三桂的讽刺。愤怒谴责了吴三桂投降清朝的卑劣行为。

天堂无则已,有则君子登;地狱无则已,有则小人入。

【语出】清·金缨《格言联璧·悖凶》。

【通讲】天堂没有则已,有的话则君子登居;地狱没有则已,有的话则小人进去。

【鉴赏】好人应该上天堂,坏人应该入地狱。

仰天长啸,壮怀激烈。

【语出】宋·岳飞《满江红》。

【通讲】对着苍天发出长长的呼啸,内心充满着无限的激情。

【鉴赏】抒发了愤慨到极点的情绪,表示心情的高昂激动,满怀的激愤郁气。表现了作者强烈的爱国情感。

直须卧薪而尝胆兮,激壮士之捐身。便可以朝清漠北兮,夕枕燕云。

【语出】辽·萧瑟瑟《讽谏歌》。

【通讲】君王应当卧薪尝胆啊,激励壮士为国献身。便能早晨扫清漠北地区啊,晚上安枕于燕、云十六州。

【鉴赏】作者萧瑟瑟是辽国末代君主天祚帝耶律延禧的妃子。此诗为讽谏天祚帝而作。饱含爱国情感。诗句情绪激昂、气魄宏伟、结构巧妙、生动鲜明,富有艺术性。

9 离　　情

别时容易见时难。

【语出】南唐·李煜《浪淘沙》。

【通讲】人世间分离很容易,而相见真是难!

【鉴赏】作者所抒发的感情不是对亲友,而是对故国河山,因而更加感人。

不思量除是铁心肠!铁心肠也愁泪滴千行。

【语出】元·马致远《汉宫秋》第三折。

【通讲】只有铁石心肠才可能不想念!不,铁石心肠也愁得泪雨涟涟。

【鉴赏】写尽了离愁别恨,典雅清丽。

愁肠已断无由醉。酒未到,先成泪。

【语出】宋·范仲淹《御街行·秋日怀旧》。

【通讲】愁肠寸断,想要借酒浇愁,也难以使自己沉醉。酒还未到愁肠,却先化成了泪水。

【鉴赏】此词写离愁。喻多奇警,语更新奇,堪称写愁妙笔。

窗间斜月两眉愁,帘外落花双泪堕。

【语出】宋·晏殊《玉楼春》。

【通讲】窗前的斜月好似含愁的双眉,帘外的落花犹如悲啼的眼泪。

【鉴赏】写尽相思之苦、离别之情。对仗工整,比喻恰切。

春愁离恨重于山,不信马儿驮得动。

【语出】宋·石孝友《木兰花》。

【通讲】满怀的春愁离恨比山还要重,我不信马儿能把它载得动。

【鉴赏】抒写欢会之后的离愁。

此生此夜不长好，明月明年何处看。

【语出】宋·苏轼《阳关曲·中秋月》。

【通讲】我这一生遇到的这么美妙的中秋之夜不能长久，明年的中秋，我又会在哪里观赏月亮呢？

【鉴赏】这两句抒发了作者与弟弟苏辙久别重逢、共赏中秋月之后，不久又得分手的哀伤与感慨。诗的前两句“暮云收尽溢清寒，银汉无声转玉盘”，云气收尽，秋夜清寒，银河流泻，月儿皎洁，描绘了赏心悦目的中秋美景。作者陶醉于月圆人团聚之中，又不由得感叹“人有悲欢离合，月有阴晴圆缺”，兄弟离别后，来年不知还能否相聚，又能在哪儿欣赏明月？哀伤之情陡然而出。从月色的美好写到相聚的愉快，最后归结到别情，意味深长。

东飞伯劳西飞燕，黄姑织女时相见。

【语出】南朝梁·萧衍《东飞伯劳歌》。

【通讲】伯劳：鸟名。黄姑：是“河鼓”的谐音，“河鼓”就是牵牛星。伯劳鸟飞向东，燕子飞向西，牵牛、织女两颗星星，隔着天河时时相望。

【鉴赏】比喻情人之间的分离和与所爱之人可望而不可即的悲伤。

多情自古伤离别，更那堪冷落清秋节！

【语出】宋·柳永《雨霖铃》。

【通讲】自古多情的人就为离别伤感，又怎能经得住这冷落凄凉的秋天！

【鉴赏】抒写伤离惜别之痛。

烽火连三月，家书抵万金。

【语出】唐·杜甫《春望》。

【通讲】战争的烽火连续三个月不断，一封家信犹如万两黄金那样珍贵。

【鉴赏】描写离乱中与亲人音讯久隔、急盼来信的心情。语言清新自然、明白如话。

浮云游子意，落日故人情。

【语出】唐·李白《送友人》。

【通讲】天上漂泊无依的云朵，就像你登程远行时的心；天边依恋余晖的夕阳，好似我送你离去时的心情。

【鉴赏】描写送别双方的依依深情，借景抒情、象征说事。

侯门一入深如海，从此萧郎是路人。

【语出】唐·崔郊《赠去婢》。

【通讲】一进王侯贵族家的大门，就好像掉进了深不可测的大海，从此我的萧郎就成为陌路之人。

【鉴赏】描写封建社会里因权势造成的爱情悲剧。

剪不断，理还乱，是离愁。别是一番滋味在心头。

【语出】南唐·李煜《相见欢》。

【通讲】剪它不断，理它更乱，离愁像一把乱丝。把它咽下去，又是一种说不出的滋味。

【鉴赏】深刻描写离愁。含蓄蕴藉，情感凄婉深挚。

良友远别离，各在天一方。

【语出】汉·苏武《别诗》。

【通讲】好朋友远行在即，就要分离，从今后，你在天的那一边，我在天的这一头。

【鉴赏】描写与良友离别的怀念之情。

人有悲欢离合，月有阴晴圆缺。

【语出】宋·苏轼《水调歌头》。

【通讲】人生虽有欢聚，却总有悲离；月亮有时晴圆，却总有阴缺之时。

【鉴赏】诗人因中秋赏月引发对远在他乡的弟弟的怀念而升华到对人

生哲理的思考。人生和自然都有对立统一的矛盾现象，不必为离别而生无谓的悲哀、为月亮的圆缺而生莫名的惆怅。

伤心桥下春波绿，曾是惊鸿照影来。

【语出】宋·陆游《沈园二首》。

【通讲】那令人伤心的桥下春水依然碧绿，当年这里曾经映照她美丽的身影。

【鉴赏】这是陆游 75 岁重游沈园写下的。陆游婚后三年被母亲逼迫与结发妻子表妹唐婉离婚，31 岁时他在沈园偶遇唐婉夫妇，“怅然久之，为赋《钗头凤》一词题壁间”。唐婉见后也奉和一首，不久郁郁而死。几十年间，陆游陆续写了多首悼亡诗，《沈园二首》是其中最脍炙人口的。“伤心桥下春波绿，曾是惊鸿照影来”，睹物思人，物是人非。春水盈盈，碧波荡漾，一池春水勾起的是多情人伤心的回忆，昔日“翩若惊鸿”（曹植《洛神赋》）的女神已一去不返。虽然已经四十余年，诗人的怀念之情绵绵不绝，美丽的倩影永留心中。诗人心中的寥落哀伤之情可以想见。

上穷碧落下黄泉，两处茫茫皆不见。

【语出】唐·白居易《长恨歌》。

【通讲】从天上到地下都寻遍了，两处都是渺渺茫茫，找不见踪影。

【鉴赏】原诗中这两句，是写唐玄宗返长安后派道士到处寻觅杨贵妃魂魄的情景。后来人们也用来形容对竭尽一切力量到处寻找的行为。

世上万般哀苦事，无非死别与生离。

【语出】明·冯梦龙《醒世恒言》卷十九。

【通讲】世上许许多多的哀苦事情，无非死别和生离而已。

【鉴赏】生离死别是人生最悲痛的事。

桃花潭水深千尺，不及汪伦送我情。

【语出】唐·李白《赠汪伦》。

【通讲】桃花潭的水虽有千尺之深，但它还不及汪伦送别我的一片深情。

【鉴赏】以桃花潭水反衬,不仅拈出相别之地,而且将抽象的感情化为具体的形象,空灵透辟,感人至深。

桃李春风一杯酒,江湖夜雨十年灯。

【语出】宋·黄庭坚《寄黄幾复》。

【通讲】当年在桃李盛开的春风里共饮美酒,一别十年,飘零江湖,夜雨中独自对着寒灯。

【鉴赏】这是黄庭坚的七律名篇,作于元丰八年(1085)。诗人与黄幾复少年交游,交情很深。此联在当时就很有名,《王直方诗话》云:“张文潜谓余曰:黄九云:‘桃李春风一杯酒,江湖夜雨十年灯。’真奇语。”上句追忆京城相聚之乐,下句抒写别后相思之深。“桃李春风”与“江湖夜雨”是“乐”与“哀”的对照,少年得志、相聚欢乐与漂泊江湖、凄风苦雨的强烈对比。“一杯酒”与“十年灯”是“一”与“多”的对照,相会畅饮却时日短促与江湖颠沛且十年孤独的强烈对比。快意与失望,暂聚与久别,往日的交情与当前的思念,都从时、地、景、事、情的强烈对照中表现出来,令人回味无穷。

10 思 乡

悲歌可以当泣，远望可以当归。

【语出】汉·无名氏《悲歌》。

【通讲】这伤心的歌儿，可以用它来表达我的低声哭泣；这遥远的眺望，就权当是我回到了家里。

【鉴赏】作品所欲表达的是思乡之情。

北风胡马南枝鸟，肠断当筵蜀国弦。

【语出】明·杨慎《锦津舟中对酒别刘善充》。

【通讲】胡马依恋着北风，越鸟栖止于向南的树枝，这种对故乡的深切思念，通过筵席上蜀国的琴弦传达出来，令人肝肠欲断。

【鉴赏】作者因获罪于朝廷，被长期贬谪在云南。此诗写他在贬谪中对故乡的依恋难舍之情。

病中最觉风露早，归梦不知山水长。

【语出】宋·王安石《葛溪驿》。

【通讲】人在身患疾病时最容易感觉到风露的早来，在归途的梦中不知山高水长、路途遥远。

【鉴赏】这首诗写于作者自临川赴钱塘途宿驿中。全诗抒发了作者的旅愁乡思。“病身最觉风露早，归梦不知山水长”是诗中名句。羁旅途中，病身弱体，最能感受到秋风的萧瑟、透骨的寒意，连心似乎都浸透在寒风之中。正如刘禹锡诗中所言“何处秋风至，萧萧送雁群。朝来入庭树，孤客最先闻”。后半句为虚写，在梦境中回到家乡，不觉路途遥远，可梦醒时分，家在何处？更增添怅惘之感。思家之悲切可想而知。

不忍登高临远，望故乡渺邈，归思难收。

【语出】宋·柳永《八声甘州》。

【通讲】渺邈(miǎo miǎo):遥远看不清楚。不忍心登高望远,因为那远处的故乡,会惹起我难以控制的乡思。

【鉴赏】此词写羁旅中的思乡之情。笔致曲折,感情深婉。

春风又绿江南岸,明月何时照我还?

【语出】宋 · 王安石《泊船瓜洲》。

【通讲】春风又吹绿了大江南岸,明月呀,你什么时候才能够照着我回家呢?

【鉴赏】这首小诗抒发了诗人眺望江南、渴望回乡的情感。“春风又绿江南岸,明月何时照我还”为千古名句,也是王安石讲究炼字的有名例子。洪迈《容斋续笔》卷八云:“吴中士人家藏其草。初云‘又到江南岸’,圈去‘到’字,注曰‘不好’。改为‘过’,复圈去而改为‘入’。旋改‘满’。凡如是十许字,始定为‘绿’。”真是“语不惊人死不休”!春风拂煦,百草萌生,千里江岸,绿意盎然,将看不见的春风转换成鲜明的视觉形象,有一种动感,写出春风的精神,格调清新。王安石的变法遭到反对派的猛烈攻击,他依恋秀丽的钟山,希望辞官归家,因而发出“明月何时照我还”的问句,表达内心的想法。

独在异乡为异客,每逢佳节倍思亲。

【语出】唐 · 王维《九月九日忆山东兄弟》。

【通讲】我独自在外地作客,每逢重阳佳节就格外思念自己的亲人。

【鉴赏】表达了诗人虽流落他乡,仍念念不忘亲人的心情。

举头望明月,低头思故乡。

【语出】唐 · 李白《静夜思》。

【通讲】抬起头来望着那天际的明月,低下头去思念自己的故乡。

【鉴赏】这是抒写游子思乡之情的名句。清新自然、明白如话、回味无穷。

落叶他乡树,寒灯独夜人。

【语出】唐 · 马戴《灞上定居》。

【通讲】飘着落叶的是异乡的树,夜对寒灯的是孤独的人。

【鉴赏】描写诗人滞留他乡的孤独心情。

清明时节雨纷纷,路上行人欲断魂。

【语出】唐·杜牧《清明》。

【通讲】“断魂”者,犹如魂将与肉体分离也,用以形容行人极度哀伤的神情。清明时节,家家户户都在祭祖扫墓,可他却奔走在连绵不断的蒙蒙细雨之中,悲伤愁苦,神色黯然。

【鉴赏】使这位“行人”为之“断魂”的不仅是连绵春雨所造成的行役之苦,更主要的还是他原来就在胸中蓄积着忧愁怨恨,在连绵春雨的撩拨下,旧怨新愁一齐涌上了心头,不能自已。这两句诗语言清新自然,明白如话。

人情同于怀土兮,岂穷达而异心。

【语出】三国魏·王粲《登楼赋》。

【通讲】人人都有思念故土的情怀,不会因为处境的好坏而改变。

【鉴赏】月是故乡明,故乡的情结深。

人言落日是天涯,望极天涯不见家。已恨碧山相阻隔,碧山还被暮云遮!

【语出】宋·李觏《乡思》。

【通讲】人说日落的地方是天涯,我极力眺望天涯,却看不见家。我怨恨青山阻隔了视线,青山又被层层暮云遮盖了。

【鉴赏】落日黄昏,百鸟归巢,群鸦返林,远在异乡的游子,触景生情,难免生发乡思之愁。这首诗所抒发的正是游子在落日黄昏时所滋生的浓郁乡思之情。家乡被青山阻隔,青山又被暮云遮掩,一重又一重的障碍,天涯已经够远了,但望得见天涯,家乡却更在天涯之外。诗人极力写出家乡的遥远。诗人对空间距离这一别样感受,虽出乎常理,又在情理之中。钱锺书说诗歌里有两种写法,“一是天涯虽远,而想望中的人物更远”;“二是想望中的人物虽近,却比天涯还远”。这首诗属于第一种写法。钱锺书在《宋诗选注》引用石延年《高楼》“水尽天不尽,人在天尽头”;范仲淹《苏幕遮》

"山映斜阳天接水，芳草无情，更在斜阳外"；欧阳修《踏莎行》"楼高莫近危阑倚，平芜尽处是春山，行人更在春山外"、《千秋岁 · 春恨》"夜长春梦短，人远天涯近"。《乡思》这种透过一层、加一倍的写法，层层递进，乡思也愈发浓重。

万壑有声含晚籁，数峰无语立斜阳。

【语出】宋 · 王禹偁《村行》。

【通讲】傍晚时分四周的山谷回荡着声响，几座山峰默默无语地矗立在夕阳下。

【鉴赏】《村行》是一首七言律诗，写于宋太宗淳化二年王禹偁被贬为商州团练副使时。全诗以村行为线索，描绘了秋天山野迷人的景色，抒发了诗人的思乡之情。"万壑有声含晚籁，数峰无语立斜阳"最为精警。上句描声，傍晚万壑充满了秋天的乐章；下句绘色，金色夕阳中山峰默默伫立。"有声"与"无语"相映成趣，越发显出暮色里山村的沉寂。尤其是"数峰无语立斜阳"不从正面着墨，而从反面道来，饶有情趣。钱锺书《宋诗选注》："按逻辑说来，'反'包含先有'正'，否定命题总预先假设着肯定命题。诗人常常运用这个道理。山峰本来是不能语而'无语'的，王禹偁说它们'无语'或如龚自珍《己亥杂诗》说'送我摇鞭竟东去，此山不语看中原'，并不违反事实；但是同时也仿佛表示它们原先能语、有语、欲语而此刻忽然'无语'。这样，'数峰无语''此山不语'才不是一句不消说得的废话。……改用正面的说法，例如'数峰毕静'，就削减了意味，除非那种正面字眼强烈暗示山峰也有生命或心灵的，像李商隐的《楚宫》'暮雨自归山悄悄'。"

11 愤　怒

忿如火，不遏则燎原；欲如水，不遏则滔天。

【语出】清·金缨《格言联璧·存养》。

【通讲】愤怒如同星星之火，不遏制就会轰然而起，烧光一切；欲望如同涓涓细流，不遏制就会滔滔而下，冲垮一切。

【鉴赏】愤怒和欲望都要遏制，否则后果不堪设想。

怒为东方之情，而行阴贼之气。裂人心之大和，激事物之乖异；若火焰之不扑，期燎原之可畏。大则为兵为刑，小则以斗以争……怒于国则干戈日侵，怒于家则长幼道丧。

【语出】元·吴亮、许名奎《劝忍百箴·怒之忍》。

【通讲】怒属于东方的性情并导致阴险之气，它破坏人内心的和谐，致使事物乖张不顺，如同火焰不被扑灭，就有燎原的可怕后果。大矛盾产生战争和刑杀，小矛盾则导致争斗不已……国家之间积怨会使战事不断，家庭内不和则使人伦之道沦丧。

【鉴赏】人要学会制怒，如果发太大的怒气，就会败坏内心的和气。内心如果气愤不满，就会得不到正道。在家庭中，愤怒会导致家里父子兄弟互相争斗、夫妻互相反目等，这样，就会使家庭失去人伦之道。人如果有发怒的时候，应当考虑日后的灾难性后果，以抑制他的愤怒。

怒于室者色于市。

【语出】《战国策·韩策二》。

【通讲】人在家里受气，会在大庭广众之中表露出来。

【鉴赏】现实社会中“怒于室者色于市”的事经常发生，既有在家里受气迁怒于外人，也有在外受气迁怒于家人，还有工作中迁怒于同事等。用迁怒来寻求所谓的平衡，往往是旧怒未消，又添新愁，形成恶性循环。“一等人有本事没脾气，二等人有本事有脾气，三等人有脾气没本事”，人要切实加强内修之德，学会自省，控制情绪做到不迁怒。后又作“室怒市色”。

琼岛生尘，珠厓割土，此恨何时雪？

【语出】清·张景祁《酹江月》。

【通讲】琼岛：琼州岛，即今海南岛，在中法、中英《天津条约》中定为通商口岸。珠厓：指海南岛海口市，然依文意似指香港、九龙，为了对仗，故如此说。海南岛染上了胡尘，香港割让给英人，此恨何时能雪？

【鉴赏】抒发作者对列强的侵略、清廷的腐败无能表示满腔义愤。

商女不知亡国恨，隔江犹唱后庭花。

【语出】唐·杜牧《泊秦淮》。

【通讲】商女：一般研究者认为是上句“酒家”中的歌妓，然据陈寅恪《元白诗笺证稿》，“此商女当即扬州之歌女，而在秦淮商人舟中者”。商女不知南朝陈后主亡国之恨，隔着江水还在唱着《玉树后庭花》。

【鉴赏】此诗写伤时怀古之情。实际是对晚唐荒淫的社会生活现象予以委婉的讽刺。

司马昭之心，路人所知也。

【语出】《三国志·魏志·高贵乡公纪》裴松之注引《汉晋春秋》。

【通讲】司马昭的阴谋和野心非常明显，大家都看出来了，就连行路之人都知道。

【鉴赏】这是三国时期魏王曹髦说的话，当时大将军司马昭蓄意夺取王位，已是众人皆知。此语用来指那些充分暴露出来的野心和阴谋。

四海无闲田，农夫犹饿死。

【语出】唐·李绅《悯农》。

【通讲】四海之内没有一分不种庄稼的土地，可是辛辛苦苦的农夫还是饥饿而死。

【鉴赏】描写在封建时代，租重税苛，农民辛苦终年，不得温饱，甚至饥饿而死。批判了旧社会的黑暗。

血气之怒不可有，义理之怒不可无。

【语出】宋·朱熹《朱子语类》卷十三。

【通讲】血气之怒：指一时冲动而生发的感情上的愤怒。义理之怒：出于正义公理而生发的愤怒。仅凭感情冲动而产生的愤怒是不应有的，面对违背伦理而产生的愤怒却不可没有。

【鉴赏】人是有感情的，怒火中烧也时有发生。但不可感情用事，为些小事而愤怒；但对违反原则，有损社会公德的不良行为，却应有愤恨之怒。

于怒时且权停阁这怒，而观理之是非，少间自然见得当怒不当怒。

【语出】宋·朱熹《朱子语类》卷三十。

【通讲】阁：通“搁”。少间：过一会儿。（对某一件事）感到愤怒时暂且先遏制住这一怒气，然后审视一下（这事）从“理”上看是正确的还是错误的，过一会儿自然就看得出对这件事该不该发怒。

【鉴赏】人们不要轻易发怒，随便发怒，伤害身体，又不易于事情的解决。要记住“制怒”。

众怒难犯，专欲难成。

【语出】《左传·襄公十年》。

【通讲】专欲：个人专断的欲望。众人的怒气难以触犯，专权的想法难以实现。

【鉴赏】春秋时期，郑国发生叛乱，大夫尉止杀死大夫子驷，子孔与子产一起平定叛乱，杀死尉止。子孔掌权后，制作盟书，规定官员各守其位，听取执政的法令。子产劝阻他，“众怒难犯，专欲难成”。子孔当众烧掉盟书，众人也就安定下来。此句反映出民本思想。提醒人们绝不可以做群众不满意的事情，众怒难犯。群众力量最大，任何时候都应重视人民群众的作用，个人专权的欲望难以实现，想搞专权独裁，绝没有好下场。

众怒难任，蓄怨终泄。

【语出】唐·陆贽《奉天请罢琼林大盈二库状》。

【通讲】众人的愤怒是难以承受的，一旦愤怨积多，总会有爆发的时候。

【鉴赏】众人的怨怒一旦爆发，不可收拾，必须加以重视。

12 悔　恨

奔驷不能追既往之悔，思改而无自反之蹊。

【语出】晋·葛洪《抱朴子·酒诫》。

【通讲】驷：古代由四匹马拉的一驾车。反：同“返”。蹊：山路，这里泛指道路。飞奔的马车，不能追回已成过去的悔恨；事后想要寻找改正已经犯了过失的回头路，是没有的。

【鉴赏】原意是说饮酒过度，干出许多蠢事而后悔不及。现在可以警戒所有不能慎终如始的人。

不慎其前而悔其后，虽悔无及矣。

【语出】汉·刘向《说苑·建本》。

【通讲】事前不谨慎，事后才悔恨，虽然有改悔之心但来不及了。

【鉴赏】说明防患于未然的重要性。

嫦娥应悔偷灵药，碧海青天夜夜心。

【语出】唐·李商隐《嫦娥》。

【通讲】嫦娥应该悔恨偷吃了不死之药，只落得身居碧海青天中的月宫，而夜夜感受着孤单寂寞。

【鉴赏】相传嫦娥原为后羿之妻，后因偷吃不死之药飞到月宫。但并没有给她带来幸福，只是独处无聊，可以想见她的悔恨之情，以及她对后羿的留恋之意。亲人、故土、家园是不能舍弃的，哪怕是极乐的天堂。

及溺呼船，悔之无及。

【语出】《三国志·魏志·董卓传》裴松之注引《典略》。

【通讲】等到要被水淹死时，才呼唤船家救命，后悔已经来不及了。

【鉴赏】凡事预则立，必须做好各种预警工作，才能保证平安无事。

已为而悔，莫若早戒；患至而忧，不如预谋。

【语出】明·方孝孺《杂铭·户》。

【通讲】已经做了错事才感到后悔，不如开始就戒惧谨慎；灾祸来临才忧虑，不如事先考虑好办法。

【鉴赏】预先做好各种谋划，就可以避免产生灾祸，也就不会后悔忧虑。

盖世功劳，当不得一个矜字；弥天罪恶，最难得一个悔字。

【语出】清·金缨《格言联璧·持躬》。

【通讲】矜：自尊自大。盖世的功劳，一个“矜”字就能将他毁灭；再大的罪恶，一个“悔”字就能使他回头。

【鉴赏】有功劳也不能高傲，有罪过应该悔罪。

早知今日事，悔不慎当初。

【语出】宋·释普济《五灯会元·惠林宗本禅师》。

【通讲】早知有今天这种结局，后悔当初不采取慎重的行动。

【鉴赏】表达了作者愧悔的心情。

13 恐 惧

惶恐滩头说惶恐，零丁洋里叹零丁。

【语出】宋·文天祥《过零丁洋》。

【通讲】惶恐滩：在今江西万安县赣江中，水急滩险，乘船经此的人都感到十分惶恐。零丁洋：在广东珠江口。从前在江西惶恐滩头诉说着惶恐的心情，如今在零丁洋里叹息着身世的伶仃。

【鉴赏】此诗作于被俘以后。这两句以两个带有感情色彩的地名相对，并被用来表现昔日的惶恐和今日的零丁。

近乡情更怯，不敢问来人。

【语出】唐·宋之问《渡汉江》。

【通讲】越是接近家乡越是感到胆怯，碰到家乡来人，也不敢询问一声。

【鉴赏】深刻描写回乡时的特殊矛盾心情，以反笔写出恐惧，很有艺术性。

战战兢兢，如临深渊，如履薄冰。

【语出】《诗经·小雅·小旻》。

【通讲】怀着战栗恐惧的心情，有如站在极深的水潭边上和踩在结冰很薄的水面上一样。

【鉴赏】做任何事情，都必须谨慎认真。

战战慄慄，日慎一日。

【语出】《淮南子·主术训》。

【通讲】为人处世，任何时候都要严格要求自己，怀着怕犯错误的恐惧；即使在没有差错的情况下，也要一天比一天更谨慎。

【鉴赏】尧、舜、禹、汤、文、武之所以兴旺发达，就在于他们一直心怀戒惧，不敢稍有疏忽。这是值得我们借鉴的。

14 悲 痛

百年世事不胜悲。

【语出】唐·杜甫《秋兴八首》。

【通讲】百年来的纷扰世事，实在令人悲痛万分，愤恨不已。

【鉴赏】唐朝自从玄宗天宝以后，内忧外患侵扰不已，杜甫有感于国家多难，于是写下这首诗感叹世事不堪回首，借此抒发满怀忧国忧民的悲愤之情。

拜迎长官心欲碎，鞭挞黎庶令人悲。

【语出】唐·高适《封丘作》。

【通讲】俯身迎候上司时的屈辱，使我的精神不堪折磨；苦刑拷打老百姓的惨状，使我感到欲救不能的悲哀。

【鉴赏】这二句，从揭示黑暗的社会现实入手，写诗人身为风尘小吏的内心痛苦。全联整饬精练、对仗工稳，辞意连贯、语势生动。

悲莫悲兮生别离，乐莫乐兮新相知。

【语出】战国楚·屈原《九歌·少司命》。

【通讲】再悲伤啊莫过于活生生的别离，再快乐啊莫过于新相交的知己。

【鉴赏】这两句诗概括了一种人生的经验和复杂的感情，富有哲理，加上对仗工稳，所以成为千古之绝唱。

春花秋月何时了，往事知多少。

【语出】南唐·李煜《虞美人》。

【通讲】春花岁岁开，秋月年年圆，不知何时才能了结？往事如烟，又谁知它有多多少少。

【鉴赏】这是描写人间美景引发伤感的诗句,为南唐后主李煜归宋后所作。相传宋太宗听到他于府中歌此词,看出他有留恋故国的情绪,即赐以牵机药,将他毒死。

春无主,杜鹃啼处,泪染胭脂雨。

【语出】明·陈子龙《点绛唇·春日风雨有感》。

【通讲】春天没有了主人,杜鹃鸟哀啼的地方,血泪交迸,如同染上胭脂般的红雨。

【鉴赏】作为明末爱国志士的诗人,面对暮春、花落鹃啼的景色,抒发国破家亡的悲痛。

大树无枝向北风,十年遗恨泣英雄。

【语出】明·高启《吊岳王墓》。

【通讲】大树上没有一枝面向北边,十年抗金之功毁于一旦,无穷的遗恨使人为英雄悲泣。

【鉴赏】岳飞墓上的树木的枝干没有一枝向着北方,说明岳飞死后仍忠于南宋。由于投降派的陷害,他的抗金计划没能实现。诗句歌颂了岳飞的爱国精神,又隐含着对以宋高宗、秦桧为代表的投降派的批判和谴责。

感时花溅泪,恨别鸟惊心。

【语出】唐·杜甫《春望》。

【通讲】感伤时事,花儿令我泣下;怨恨别离,鸟儿令我心惊。

【鉴赏】抒写了作者内心的悒郁与沉痛,情景交融,对仗工整,韵律严谨。

恨未从军轻一掷,头颅无价哭无声。

【语出】宋教仁《哭铸三尽节黄花岗》。

【通讲】恨自己没有参加军队,用自己的生命作孤注一掷。我为无价的烈士的头颅,痛哭也哭不出声音来了。

【鉴赏】沉痛哀悼广州反清武装起义死难的烈士。

感情

借钱塘潮汐，为君洗尽，岳将军泪。

【语出】宋・陈德武《水龙吟・西湖怀古》。

【通讲】誓借钱塘江的潮水，为你洗尽为岳飞将军痛哭的泪水。

【鉴赏】悼念岳飞的撼动人心的词句。措词新奇，气势豪迈。

可怜五族共和史，容易昙花一现中。

【语出】宁调元《残棋》。

【通讲】可怜这汉、满、蒙、回、藏五族共和的历史，只是昙花一现，很快就消失了。

【鉴赏】诗中对辛亥革命胜利果实的丧失、共和政体的短命，表现了强烈的愤慨和无比沉痛的心情。

莫道不消魂，帘卷西风，人比黄花瘦。

【语出】宋・李清照《醉花阴》。

【通讲】不要说不会销人魂魄，西风卷起珠帘，帘内的人儿比那黄花更加消瘦。

【鉴赏】《醉花阴》表达的是孤独寂寞的词人在重阳节对丈夫的思念。结句"莫道不消魂，帘卷西风，人比黄花瘦"为千古传诵之名句。元・伊世珍《琅嬛记》卷中引《外传》："易安以重阳《醉花阴》词函致明诚。明诚叹赏，自愧弗逮，务欲胜之。一切谢客，忘食忘寝者三日夜，得五十阕，杂易安作，以示友人陆德夫。德夫玩之再三，曰：'只三句绝佳。'明诚诘之。曰：'莫道不销魂，帘卷西风，人似黄花瘦。'正易安作也。""莫道不消魂"直承前句"东篱把酒"，使"人比黄花"的比喻与全词的整体形象相结合。"帘卷西风"为"人比黄花瘦"作环境气氛的渲染，使人想象出一幅画面：重阳佳节，寂寞佳人独对西风瘦菊，自叹自怜。有了季节与环境气氛的烘托，"人比黄花瘦"便有了深厚的意境。"莫道不消魂，帘卷西风，人比黄花瘦"三句连成一气，创造了一个凄清寂寥的深秋怀人的境界。

被发何时下大荒，河山举目共凄凉。

【语出】明・黄周星《秋日与杜子过高座寺登雨花台》。

【通讲】我不知何时披头散发来到这广阔的荒野，举目远眺，眼前的河山都是那么凄凉。

【鉴赏】表现出明朝遗民对明朝山河沦丧的痛苦心情。

忍泪失声询使者，几时真有六军来？

【语出】宋·范成大《州桥》。

【通讲】他们忍着眼泪泣不成声地询问我朝使者："什么时候才真有朝廷的军队到来？"

【鉴赏】此诗写沦陷区人民盼望回归祖国的心情。表达了人民对南宋朝廷的殷切期望，并尖刻地讽刺了南宋朝廷的腐败无能。形神兼备，感情深挚。

死去元知万事空，但悲不见九州同。

【语出】宋·陆游《示儿》。

【通讲】九州：指全中国。人一旦死去，应知世上一切都是一场空幻；而我却深深地悲叹，不能亲眼见到全国九州的统一。

【鉴赏】是爱国诗人陆游的绝笔诗。他一生念念不忘收复中原，不幸壮志未酬，遗恨终生。陆游不愧是个爱国诗人，我们要学习他忧国忧民的情怀。

四百万人同一哭，去年今日割台湾。

【语出】清·丘逢甲《春愁》。

【通讲】四百万人民都在同声恸哭，正是去年的今天，台湾被割让给了日本。

【鉴赏】1894 年中日甲午战争后，根据清政府与日本签订的丧权辱国的《马关条约》，台湾、澎湖列岛在 1895 年被割让给日本。作者是台湾抗日志士之一，曾率领义军与侵略军浴血奋战。诗中极写台湾人民在被迫脱离祖国以后的悲愤、沉痛心情，同时也有力地表现出了诗人的爱国主义思想。

呜呼！身前既不可想，身后又不可知；哭汝既不闻汝言，奠汝又不见汝食。纸灰飞扬，朔风野大，阿兄归矣，犹屡屡回头望汝也。

【语出】清·袁枚《祭妹文》。

【通讲】唉，你身前的事情我不再想了，身后在九泉之下的事我也无法得知。哭祭你时听不到你说话，祭奠你时又不见你来吃这些食物。只有眼前烧过的纸灰到处飞扬，野地里的风很大，哥哥我回去时，还不断地回头在望你。

【鉴赏】哀悼亲人的名篇。声泪俱下，感人至深。

物是人非事事休，欲语泪先流。

【语出】宋·李清照《武陵春·春晚》。

【通讲】景物依旧，人事已变，一切事情都已经完结。想要诉说，还没开口，先泪如雨下。

【鉴赏】《武陵春》借暮春之景，写出了词人内心深处的苦闷和忧愁。因金兵进犯，词人南下，历经坎坷，流离漂泊，此时丈夫已病故，自己孑然一身、流落金华。目见春景，睹物思人，“物是人非”，不禁悲从中来，感到万事皆休。无尽的痛苦不知从何说起，眼泪已控制不住悲情夺眶而出。“欲语泪先流”几字看似平常，却把那种难以抑制的满腹忧愁一下子倾泻出来，感人肺腑、动人心弦。

织发为君衣，君看不如纸。割腹为君食，君咽不如水。

【语出】明·袁宏道《妾薄命》。

【通讲】用我的头发织成你的衣服，你却把它看得连纸也不如；割下我肚子的肌肉给你吃，你还觉得不如一口水。

【鉴赏】描写一个痴情女子遭丈夫遗弃后心中的痛苦。鞭挞喜新厌旧、见异思迁之徒。

15 其　他

北望燕云不尽头，大江东去水悠悠。

【语出】宋・汪元量《湖州歌》。

【通讲】举目北望，云天茫茫，没有尽头；大江东去，江水悠悠，浩渺无际。

【鉴赏】《湖州歌》是元灭南宋时，汪元量被元军押解到燕山一带途中所作，本诗是其中的第六首。全诗叙述了作者在世事变迁时对故国的眷恋和亡国的悲伤之情，寄托了"亡国之苦，去国之戚"。"北望燕云不尽头"用茫茫白云写出艰难的路途没有尽头，充满前途未卜的愁绪。"大江东去水悠悠"则借滔滔东流的江水表达自己起伏的心潮，传达出哀伤、凄凉、无奈的心绪。作者曾有诗"书生空有泪千行"，说的就是这种心情。诗中所写景象越是阔大，衬出悲凉之情越发沉郁。

故河不出图，夫子有叹，如或可造，无劳喟然。

【语出】南朝梁・刘勰《文心雕龙・正纬》。

【通讲】河不出图：语出《论语・子罕》"子曰：'凤鸟不至，河不出图，吾已矣乎"。（孔子说："凤凰不飞来，黄河不出现河图，我算了吧！"）夫子：孔子。所以黄河不再有龙马负图出现，孔子才有感叹，如果这些事情是可以伪造的，那孔子也就无须劳神去喟然叹息了！

【鉴赏】这两句说明天降异象是证明圣人在世的信号，这种信号是上天自然地垂示，而不是人为的矫做。批判了弄虚作假、代天立示的人和事。

舟人那识伤心地，遥指前程是马关。

【语出】清・吴保初《乙巳游日本绝句》。

【通讲】船夫哪里知道这是令人伤心的地方？他只管遥指着前方，说是马关到了。

【鉴赏】清政府在甲午战争中打了败仗，被迫与日本签订了《马关条约》，赔款割地，丧权辱国。作者在1895年签约一年来到日本，在将达马关时触景生情作了此诗，抒发了作者的爱国情怀和悲愤心情。

十九

人才

1 识　贤

不以求备取人，不以己长格物。

【语出】唐·吴兢《贞观政要·任贤》。

【通讲】求备：要求完美。取：选取；采用。己长：自己的长处。格物：要求人；纠正人的行为。不以完美的标准去衡量人，不用自己的长处去纠正人的行为。

【鉴赏】这是吸取人才和待人接物的基本态度。求全责备或以自己的长处衡量别人的短处，就会失去人才。

不以一眚掩大德。

【语出】《左传·僖公三十年》。

【通讲】眚(shěng)：过错。不因为一次过错掩盖了大德。

【鉴赏】孟明视、西乞术、白乙丙三位大将奉秦穆公之命向东远征郑国，但郑国已有防备，袭击无望，结果秦军在回国途中被晋军大败于崤山，三位将领也被俘。后经晋文公夫人（秦穆公嫁与重耳之女）说情，孟明等才回到秦国。秦穆公穿着丧服在郊外迎接孟明他们，说："孤之过也，大夫何罪？且吾不以一眚掩大德。"不能因为人一时一事的过错，就抹杀、否定他的全部功绩。这句话启示我们，选人用人不因某个缺点而掩盖其长处弃之不用，要辩证地看待人的优缺点，才能做到人尽其才，才尽其用，各司其职，各展其能，充分发挥他们的聪明才智。

不知人之短，不知人之长，不知人长中之短，不知人短中之长，则不可以用人，不可以教人。用人者，取人之长，辟人之短；教人者，成人之长，去人之短也。

【语出】清·魏源《默觚·治篇七》。

【通讲】辟：同"避"。不了解一个人的短处，又不了解一个人的长处，不能发现一个人长处中的短处,也不能发现一个人短处中的长处,就无法合理用人、育人。正确的用人育人方法:认为用人就是用人所长,避人所短;教育人就是成人所长,去人所短。

【鉴赏】魏源的人才思想充满了辩证法,至今仍有着重要的启迪作用。对干部的认识,不能停留在感觉和印象上,必须健全考察机制和办法,多渠道、多层次、多侧面深入了解。要全面地辩证地认知人,才能很好地教育人,任用人。

才者璞也,识者工也。良璞授于贱工,器之陋也;伟才任于鄙识,行之缺也。

【语出】南汉·王定保《唐摭言·四凶》。

【通讲】人才就像未经雕琢的玉石,发现人才的人像做玉的工匠。好的玉石落到技术低劣的工匠手里,做出来的玉器一定简陋;有卓越才能的人在见识短浅的人的手下做事,做出来的事情也一定十分欠缺。

【鉴赏】要善于发现和使用人才,让人才发挥最大的作用。

曹沫释其三尺之剑,而操铫耨与农夫居垄亩之中,则不若农夫。

【语出】《战国策·齐策三》。

【通讲】铫耨:铫和耨,泛指农具。曹沫放下三尺长的剑,拿着农具跟农夫一起到田间操作,可是本领还赶不上农夫。

【鉴赏】曹沫是鲁国有名勇士。手持农具不如农夫者,是用其短处的缘故。要正确使用人才,要扬其所长,避其所短。

长江后浪推前浪,一代新人换旧人。

【语出】《增广贤文》。

【通讲】长江大水奔流不断,后面的波浪不停地推挤着前面的波浪。世间也是人才辈出,一代接一代的新人,不停地在替换着旧人。

【鉴赏】比喻后生可畏,人才辈出;也比喻人世的新陈代谢。对老一代而言,有一种时不我与的哀叹;对新生一代而言,却有一种意气飞扬的豪情。

臣光曰："为治之要，莫先于用人，而知人之道，圣贤所难也。是故求之于毁誉，则爱憎竞进而善恶浑殽；考之于功状，则巧诈横生而真伪相冒。要之，其本在于至公至明而已矣。为人上者至公至明，则群下之能否焯然形于目中，无所复逃矣。苟为不公不明，则考课之法，适足为曲私欺罔之资也……"

【语出】《资治通鉴·魏明帝青龙四年》。

【通讲】司马光主张：治理国家的关键，首推用人。司马光认为，识别人才的根本在于领导者是否至公至明。领导者至公至明，那么下属有无能力便会一目了然；如果不公不明，那么考核机制必将成为徇私、欺骗的凭借。

【鉴赏】实现我们的各项目标任务，关键在党，关键在人。关键在党，就要确保党在发展中国特色社会主义历史进程中始终成为坚强的领导核心；关键在人，就要建设一支宏大的高素质干部队伍。

从来天下士，只在布衣中。

【语出】清·屈大均《鲁连台》。

【通讲】自古以来，天下的杰出人才，都出在平民百姓中间。

【鉴赏】杰出人才肯定要经历各种磨难才会产生，平民百姓往往会经历各种磨难，是产生人才的最好土壤。

道远知骥，世伪知贤。

【语出】三国魏·曹植《矫志》。

【通讲】道路遥远才知道马的好坏，世间虚伪才知道是否贤人。

【鉴赏】只有经过艰难困苦的考验，才能发现、识别人才。

得人之道，在于知人；知人之法，在于责实。

【语出】《宋史·苏轼传》。

【通讲】得到人才的方法在于认识人，认识人的方法在于求实。

【鉴赏】怎样选拔人才？从古到今都是知人求实。

阿党不治乎本朝。

【语出】《晏子春秋·问上》。

【通讲】结党营私的人不让他在朝廷里任职。

【鉴赏】结党营私必损坏国家，这种人绝不能任用。

峨冠博带而为士，当自拔于凡庸；喜怒笑颦之易动，人已窥其浅中。故临大节而不可夺者，必无偏躁之气；见小利而易售者，失之斗筲之器。礼义以养其量，学问以充其智。不戚戚于贫贱，不汲汲于富贵，庶可以立天下之大功，成天下之大事。噫，可不忍欤！

【语出】元·吴亮、许名奎《劝忍百箴·为士之忍》。

【通讲】峨冠：高而大的帽子。筲：一种竹器，可容一斗二升。士大夫戴高冠，系宽带，应该在行事上不同于凡俗。轻易地喜笑怒悲，别人就会容易了解他的内心。故此说，在生死关头能够不屈服的，必定没有偏狭浮躁之气；而见到一点小利就出卖自己的人，只能是气量狭小的人。以礼义之说来培养自己的度量，以学问来扩充自己的智慧。不为贫贱而忧戚伤心，不为富贵而沾沾自喜。这样才可以立下宏大的功绩，成就伟大的事业。唉，怎么能不忍呢！

【鉴赏】官员和读书人应该有怎样的德行，这里做了很详细的说明，这对于我们今天仍有借鉴作用。

风无雄雌之异，而人有遇不遇之变。

【语出】宋·苏辙《黄州快哉亭记》。

【通讲】风并没有雄雌的区别，而人却有是否受到赏识的不同。

【鉴赏】要努力使自己能得到领导或别人的赏识。

简能而任之，择善而从之，则智者尽其谋，勇者竭其力，仁者播其惠，信者效其忠。

【语出】唐·魏徵《谏太宗十思疏》。

【通讲】简：选。信者：忠诚的人。知人而善任之，择善而从之，聪明的人就会奉献出全部的计谋,勇敢的人则会竭尽全力,仁德的人就会广积德义,诚信的人就会全力效忠。

【鉴赏】指出知人善任、择善而从的结果。值得我们今天效仿。

精练藏于矿朴,庸人视之忽焉。

【语出】汉·王褒《四子讲德论》。

【通讲】精练:金子。庸人:平常人;见识浅陋的人。忽:不注意。金子藏在矿石里,见识浅陋的人对它熟视无睹。

【鉴赏】识才要独具眼光。

骏马能历险,力田不如牛。坚车能载重,渡河不如舟。舍长以就短,智者难为谋。生材贵适用,幸勿多苛求。

【语出】清·顾嗣协《杂兴》。

【通讲】骏马能历险,耕田不如牛。坚车能载重,渡河不如舟,如果舍长就短,即使智者也会捉襟见肘、无能为力。人才贵在适用,不必苛求,只要具备相应的才能就可予以任用;苛求,强人所难,只会把大批人才拒之门外。

【鉴赏】此诗短小精悍,言简意赅,寓理深刻,揭示了物各有其利、各有其弊,人各有所长、各有所短,因此要因材施用、用其所长、避其所短的辩证道理。要科学合理地使用干部,用当其实、用其所长。的确,每个人的特点不同、特色有别、特长各异,关键在于任人之长,不强其短;任人之工,不强其拙。

良玉未剖,与瓦石相类;名骥未驰,与驽马相杂。

【语出】《北史·苏绰传》。

【通讲】质地优良的玉石,在它还没有从包裹它的石头里剖出来的时候,它和普通的石块、瓦砾没有什么两样;名贵的千里马,当它没有奔驰的时候,和那些劣马看不出多少区别。

【鉴赏】要善于鉴别人才,发现人才,使用人才。

龙镳就路，驽骏相悬。

【语出】唐·王勃《上皇甫常伯启》。

【通讲】龙：古代指八尺以上的骏马。镳（biāo）：马具。千里马昂首驰骋，劣马和良马之间的差距就一下拉开了。

【鉴赏】人才的差别，在使用中就会显示出来。

牛骥以并驾而俱疲，工拙以混吹而莫辨。

【语出】明·张居正《陈六事疏》。

【通讲】骥：骏马。并驾：并排拉一辆车。工拙：精巧和笨拙，指善于吹奏和不善于吹奏。混吹：混合吹奏。老牛和骏马因为合拉一辆车而一起疲劳。善吹奏的和不善吹奏的因为一同吹奏而不能分出好坏。

【鉴赏】不分才能高下一同使用，无法显出究竟谁有才、谁无才。必须选拔和使用贤才，摒斥无能之辈。

岂无市骏者，尽是凡人目。相马失于瘦，遂遗千里足。

【语出】唐·白居易《羸骏》。

【通讲】难道没有买良马的人？可惜都是些不识货的目光。鉴别马所常犯的错误往往是以肥瘦作为标准，所以就发现不了千里马。

【鉴赏】看现象不看实质，往往认识不了事物，发现不了人才。

十步之间，必有茂草；十室之邑，必有俊士。

【语出】汉·王符《潜夫论·实贡》。

【通讲】十步之内，一定有生长茂盛的绿草；十户人家的小邑，一定有才干超群的人。

【鉴赏】人才是很多的，关键在于能否发现人才、用好人才。

时危见臣节，世乱识忠良。

【语出】南朝宋·鲍照《代出自蓟北门行》。

【通讲】在形势险恶的时候，才能真正了解臣属的品质是否忠贞；当国家混乱的时候，才能识别一个人是否忠诚。

【鉴赏】在生死存亡的关头,最能考验和识别人的品行。只有经过严峻的考验,才能识别谁是真正以身许国的忠良之士。

世上岂无千里马? 人中难得九方皋!

【语出】宋·黄庭坚《过平舆怀李子先时在并州》。

【通讲】九方皋:春秋时由伯乐推荐给秦穆公的一位相马专家,他的名字后来成了善于举贤荐能的知音者的代称。世界上难道真的没有千里马?难得的只是缺少能识别千里马的九方皋。

【鉴赏】人才是可贵的,但善于发现人才、擢拔人才的人更是可贵的。这句诗描写千里马没有人赏识,抒发了不能理解和无限愤慨的心情。

天下之实材,常深伏而不发,非遇事焉,则有终身不可窥者。

【语出】宋·张耒《知人论》。

【通讲】世上真正有才能的人,常常隐蔽得很深而不容易显示出来,不遇到一定的事件和机会,有的人往往一辈子都发现不了。

【鉴赏】了解和发现人才是很困难的。要注意在实际斗争中加以考察和鉴别,从而选拔出真正的人才。

无求备于一人。

【语出】《晋书·刘颂传》。

【通讲】不能要求每一个人都完美无缺。

【鉴赏】对人不能求全责备。

新进之士喜勇锐,老成之人多持重。

【语出】宋·欧阳修《为君难论下》。

【通讲】新提拔的人奋勇而有创新,有经验的人处事稳重。

【鉴赏】新老人物各有千秋。都要重视,都要让其发挥作用。

选举良才,为政之本。科别行能,必由乡曲。

【语出】《后汉书·和帝纪》。

【通讲】选举优良人才，是办好政事的根本。要分清楚各人的品德才能，只有该人所在的乡里最了解。

【鉴赏】选拔人才要重视基层群众的意见，他们最了解人才的才德。

以全举人固难，物之情也。人伤尧以不慈之名，舜以卑父之号，禹以贪位之意，汤、武以放弑之谋，五伯以侵夺之事。由此观之，物岂可全哉？

【语出】《吕氏春秋·举难》。

【通讲】按十全十美的要求推举人才本来就难于做到，这是所有事物的共同特点。有人用不慈诋毁尧的名声，用不孝诋毁舜的名声，指责禹有贪图帝位之心，指责商汤、周武王有放逐君主、弑杀君主的图谋，批评五霸对他国侵犯掠夺。圣主贤君也难免要受到一些人的毁谤或责难，由此可见，要求任何一种事物十全十美都是不可能的。

【鉴赏】金无足赤，人无全才，重用人才不可求全责备。推举人才要看主流。

以人之小恶，亡人之大美，此人主所以失天下之士也。

【语出】《吕氏春秋·举难》。

【通讲】因为人家的小毛病，丢掉人家的大优点，这是君主失掉天下杰出人才的原因。

【鉴赏】看待人才要从大的方面着眼。

用贤必考核事功，勿以一人誉用之，一人毁去之。出令要无反汗，纳善要知转圜。

【语出】《宋史·辛次膺传》。

【通讲】反汗：本指汗出不能反，后称人行事翻悔或不守诺言为反汗。转圜：转动圆的物体，比喻从顺而不停滞。任用贤人一定要考核其功绩，不可因一人的赞誉而任用他，一人的诽谤而免除他。发布命令不可翻悔，采纳好的意见要像转动圆的物体那样顺畅。

【鉴赏】用人必须广泛听取各方面的意见，就像现在干部任用时任前公示一样。

有其德无其位，君子安之；有其位无其功，君子耻之。

【语出】宋·胡宏《知言·好恶》。

【通讲】德：德行、修养。位：职位、官位。有德行而无与之相应的官位，贤者能够安心对待；有官位而没有与之相应的功绩，贤者会引为耻辱。

【鉴赏】人生最重要的是应具有很高的德行和修养，而不是官位的有无和大小。

有贤而不知，一不祥；知而不用，二不祥；用而不任，三不祥也。

【语出】汉·刘向《说苑·君道》。

【通讲】有了有才能的人而不了解，一不吉利；了解了而不任用，二不吉利；任用而不信任，三不吉利。

【鉴赏】知、用、任的用人观点，是很全面而又有见地的，值得借鉴。

正患己不能知，安可诬一世之人。

【语出】《资治通鉴·唐太宗贞观元年》。

【通讲】只怕自己无法识豪杰高士，怎么可以诬蔑世上都无贤人呢！

【鉴赏】天下不缺人才，而只缺识才之人。当然，人不可能十全十美，对人才也不能一概苛求。要量才为用，取其所长，助其成长。

治国之难在于知贤而不在自贤。

【语出】《列子·说符》。

【通讲】治理国家的困难在于识别、任用贤能，而不在于自己贤能。

【鉴赏】这句话道出了识贤择佐的重要性。治理国家，光凭孤家寡人是不行的。个人贤能，只是使一个人的才智起作用；善于识贤择佐，使众多的贤人能者都发挥自己的才能，那国家治理起来就容易得多了。这句可用于说明知贤择佐的重要性。

资格为用人之害。

【语出】宋·叶适《资格》。

【通讲】论资排辈是使用人才的弊病。

【鉴赏】资格只表现过去,能力才彰显现在。使用人才主要看能力,而不看资格。

自古所以治少而乱多,盖由君子小人之不辨也。

【语出】宋·王十朋《除知湖州上殿札子三首》。

【通讲】自古和平的时候少而战乱的时候多,这都是因为不能辨别君子和小人的缘故。

【鉴赏】小人当政,国必大乱。

2 求　贤

凡为天下，治国家，必务本而后末；所谓本者，非耕耘种殖之谓，务其人也。务其人，非贫而富之，寡而众之，务其本也。

【语出】《吕氏春秋·孝行》。

【通讲】本：根本，这里指人才。殖：通“植”。凡是治理天下、国家，必须先解决根本问题然后再考虑细枝末节；这里所说的本，不是指农业，而是指选拔治国的人才。寻求人才，并非让贫困的人使他富有，东西少的人使他增多，而是求得治理国家的根本。

【鉴赏】人才是国家的根本。人才济济，事业兴旺；人才匮乏，则百事俱废。一定要抓好人才的培养。国家的富强依靠大批各类专门人才，失去人才，国家是没有前途的。获得人才，要善于用人，还要善于人事工作，调动人民群众的积极性，为国家效力。

故贤主之求有道之士无不以也，有道之士求贤主无不行也，相得然后乐。

【语出】《吕氏春秋·本味》。

【通讲】以：用。行：做事。相得：互相得到。所以贤明的君主寻求有道之士，没有不重用的；有道之士寻求贤明的君主，没有不竭力做事的。（他们）互相得到然后高兴啊。

【鉴赏】贤主求贤才，贤才寻贤主，心心相印、配合默契，成就事业。

国之宝器，其在得贤。

【语出】《隋书·苏威传》。

【通讲】国家的宝贵器用，在于得到贤才。

【鉴赏】贤才是国家的宝物，当政者应该予以足够的重视。

今有良医于此，治十人而起九人，所以求之万也。故贤者之致功名也，必乎良医，而君人者不知疾求，岂不过哉？

【语出】《吕氏春秋·察贤》。

【通讲】察贤：通过观察发现贤人。所以：因此。乎：越过。疾：努力。过：过失。君人：国君。今有高明的医生在这里，治疗十个人而治愈好九人，因此求他看病的有上万人。贤明的人创造的功名，必定超过良医，而君王们不知道努力寻求，难道不是过失吗？

【鉴赏】不知道寻求贤人才士的君王是昏庸的君王。

明主劳于求贤而逸于任人。

【语出】清·顾炎武《日知录·保举》。

【通讲】圣明的君王总是花大力气寻求贤人，而任用了人才自己就可以轻松了。

【鉴赏】必须重视人才开发。挖掘人才是基础，任用人才是结果。

求人之道，须如白圭之治生，如鹰隼之击物，不得不休。又如蚨之有母，雉之有媒，以类相求，以气相引，庶几得一而可及其余。

【语出】《曾胡治兵语录·用人》。

【通讲】蚨：即青蚨，虫名，又指钱。求人才的方法，要像“商祖”白圭治理他的生产、鹰隼袭击食物那样，不达目的绝不罢休。又要像青蚨之有母，野鸡之有媒，以类相求，以气相引荐，这样，就可以由少数人才而得到许多人才。

【鉴赏】说明了求取人才的方法。

求士莫求全，毋以二卵弃干城之将；用人如用木，毋以寸朽弃连抱之材。

【语出】《幼学故事琼林》。

【通讲】选拔将士不要要求各方面都好，不要像《史记》上说的苟变因吃了人家两个鸡蛋，就不能当大将；用人如用木，取其所长，弃其所短，不要因几尺之朽而丢弃整根木头。

【鉴赏】不能因小节有些问题而弃用人才,否则就太可惜了。

求贤如饥渴,受谏而不厌。

【语出】《三国志·吴志·张纮传》。

【通讲】谏:劝谏。厌:厌烦。求贤才如饥渴,受劝谏不厌烦。

【鉴赏】张纮十分重视人才,善于听取不同意见,值得我们今天借鉴。

取人以才学,不以年貌。

【语出】《金史·温迪罕达传》。

【通讲】选取人才应依据学识才干,而不凭借年龄相貌。

【鉴赏】这是人事的重要制度,只有这样,才能选拔到人才。

取士之方,必求其实;用人之术,当尽其材。

【语出】宋·欧阳修《详定贡举条状》。

【通讲】取士:选任人才。方:方法。实:实际才学。术:技巧。选取人才恰当的方法是必须考察他的实际能力;使用人才的方法则是应当让他使出全部才干。

【鉴赏】论述选用人才的方法在于注重实际才学和人尽其才。

十室之邑,必有忠信;世不乏骥,求则可致。

【语出】《晋书·虞预传》。

【通讲】十家聚居的小地方,一定有忠贞诚信的人;社会上不缺乏千里马,只要去求取就可以得到。

【鉴赏】贤能之才和千里马到处都有,就看你会不会求取。

水泉深则鱼鳖归之,树木盛则飞鸟归之,庶草茂则禽兽归之,人主贤则豪桀归之。故圣王不务归之者,而务其所以归。

【语出】《吕氏春秋·功名》。

【通讲】桀:同“杰”。所以归:归服的条件。水、泉深,那么鱼、鳖就归服到那里;树木长得茂盛,那么飞鸟就归服到那里;丛草繁茂,那么禽兽就归服到那里；君王贤明，那么豪杰就归服到那里。因此，圣明的君王不致力于归来的人，而创造招致豪杰归来的条件。

【鉴赏】要招揽天下有才之士，必须创造良好宽松的环境。

为政首在得人，则求才宜亟矣！

【语出】清·左宗棠《保举人材恳敕吏兵两部通融资格录用折》。

【通讲】治国理政，首先要有一批德才兼备的人物，因此，寻求与培养一大批人才，则是中国目前最为急迫的事情！

【鉴赏】选拔有真才实学之士，讲求科学技术的研究和推广，这是中国得以自强的关键。

为治之本在于得人。

【语出】《元史·王恽传》。

【通讲】使国家得到治理的根本在于得到人才。

【鉴赏】得人才者得天下，人，是第一可宝贵的。

先王之索贤人，无不以也。极卑极贱，极远极劳……有能益人之寿者，则人莫不愿之；今寿国有道，而君人者而不求，过矣。

【语出】《吕氏春秋·求人》。

【通讲】古代帝王寻求贤人都是尽心尽力的。他们可以对贤人极其谦卑，可以不顾贤人出身低贱。为求贤不怕路远，不惜辛劳……世上有能使人延年益寿的人，人们没有不愿去寻求的；如今有能使国运长久的贤人，可是君主却不去努力寻求，这就大错特错了。

【鉴赏】努力寻求贤才是保证国运长久的关键。

因才而任，毋违所长；量能授官，毋拘流品。

【语出】《宋史·汪大猷传》。

【通讲】流品：类别；等级。根据才能来任用，不可违背他的特长；酌量其能力的高下授予官职，不可拘泥于级别。

【鉴赏】用人用其长，任官凭其能，这是古今通用的人事原则。

欲求有道之士，则于江海之上，山谷之中，僻远幽闲之所，若此则幸于得之矣。

【语出】《吕氏春秋·观世》。

【通讲】要想访求有道之士，就要到江湖上、山谷中和僻远幽静地方去访求，这样或许有幸能得到他们。

【鉴赏】求贤必须若渴。

择才不求备。

【语出】唐·元稹《遣兴十首》。

【通讲】选择人才，不能要求完美无缺。

【鉴赏】人无完人，不要因为一些缺点而漏选人才了。

择天下之士，使称其职；居天下之人，使安其业。

【语出】唐·柳宗元《梓人传》。

【通讲】选拔天下有才能的人，使他们胜任与自己才能相称的工作；安置天下人民，使他们安于各自的职业。

【鉴赏】人尽其才，人安其业，是各级执政者的职责。

志人之所短，而忘人之所修，而求得其贤乎天下，则难矣。

【语出】《淮南子·氾论训》。

【通讲】只记着别人的缺点，忘记别人的优点，这样去寻求天下的人才，那就困难了。

【鉴赏】选用人才不应求全责备，因瑕掩瑜，而要用其所长。

3 举 贤

不拘资格,精择其人。

【语出】《明史·胡松传》。

【通讲】不拘泥于资历、标准,要精心地选拔人才。

【鉴赏】用人要注意两点,一是不注重出身资历,二是要精选人才。

成远算者不恤近怨,任大事者不顾细谨。

【语出】《明史·汤和传》。

【通讲】恤:担忧;忧虑。细谨:细节;琐事。有长远打算的人不应为眼前的一点怨言而担忧;做大事的人不必顾及一些细微琐事。

【鉴赏】明初,倭寇经常骚扰浙江沿海的居民,浙民深受其害。于是明政府便大力加强海防,筑城列寨,造船增兵,因而大量征用劳力,征收财物,引起浙民不满,有人将这种抱怨反映给汤和,汤和说了上面那句话,后来,筑好防备,倭寇不再惊扰百姓,浙民由怨恨转为感恩。这证明了汤和判断的正确。

得人者,行进贤之赏;谬举者,坐不当之辜。

【语出】唐·白居易《为人上宰相书》。

【通讲】对推荐人才的人,应该给以荐贤举能的奖赏;对推荐不当的人,应该办他荐举不当的罪。

【鉴赏】推荐人才必须对国家负责、认真谨慎;对举荐人也要有奖罚机制。

古之立大事者,不唯有超世之才,亦必有坚忍不拔之志。

【语出】宋·苏轼《晁错论》。

【通讲】古来成大事业者,不只要有杰出的才能,还必须有坚强不可改易的意志。

【鉴赏】意志坚和才干好，是成就大事的两个基石。在艰苦困难的情况下意志坚定、毫不动摇，并努力为自己的目标奋斗终生，最终必将胜券在握。坚定成就事业，心中充满了期盼与渴望，不管遇到多大的艰难险阻，也义无反顾，勇往直前，最终走向成功。

官无常贵而民无终贱，有能则举之，无能则下之。

【语出】《墨子·尚贤上》。

【通讲】常：永久。下：罢免。为官的不会永久富贵，老百姓也不会终身贫贱，有才能的人要选拔，没有才能的人要罢免。

【鉴赏】提倡推举有才能的人。

归国宝，不若献贤而进士。

【语出】《墨子·亲士》。

【通讲】把珍贵的宝物奉献给国君，不如推荐德才兼备的人才。

【鉴赏】对国家来说，人才比一切珍宝更可贵。人人重视人才，这是非常重要的。

国以简贤为务，贤以孝行为首。

【语出】《后汉书·韦彪传》。

【通讲】要治理好国家，选拔贤能的人才是首要的任务。贤与不贤的标准，孝顺与否是首要的一条。

【鉴赏】孝行在人的道德品质中占有重要地位。

荐举之权宜用众，不宜用独；宜用下，不宜用上。

【语出】清·冯桂芬《校邠庐抗议·广取士议》。

【通讲】推荐选拔人才，要听取大多数人的意见，不要一人独断专行；要听取下层人们的意见，不要只听上面的意见。

【鉴赏】选拔人才，要以多数人和下层人们的意见为主。选人要注意全面考察，兼听则明，偏信则暗。

将营大厦，不忧乎群材之不足，而忧夫栋梁之不可得。

【语出】元·胡祗遹《营室喻》。

【通讲】营:建造。将要建造高大的房屋,不担心大部分材料不够,最担心的是难找到栋梁之材。

【鉴赏】用“栋梁之材”比喻有杰出才能、能承担重任的人才极其稀少,真是举贤难呀!

举贤以临国，官能以敕民。

【语出】《晏子春秋·问上》。

【通讲】举:推举。临:治理。官:任命官职。敕:治理。要推举有德行的人治理国家,任命有才能的人管理百姓。

【鉴赏】治国理政需要有才德的人。

论大功者不录小过，举大美者不疵细瑕。

【语出】《汉书·陈汤传》。

【通讲】评定有大功劳的人不计较他的小过失,举荐有大才德的人不挑剔他的小缺点。

【鉴赏】对人不能求全责备。

明其视，则举不失德；广其听，则野无遗贤。

【语出】唐·白居易《策林二十九》。

【通讲】看得清楚,推举的人才就会是有德行的;广泛听取意见,社会上就不会有未被任用的人才。

【鉴赏】认真考察,广泛听取意见,是选择人才的重要措施。

取其道不取其人，务其实不务其名也。

【语出】《资治通鉴·汉顺帝永建二年》。

【通讲】道:此处指政治主张。选拔人才,应取其政治主张而不看他是什么样的人,应注重其真才实学而不看他的名气大小。

【鉴赏】如何选择人才？一是德，二是才。

任官惟贤材。

【语出】《尚书·咸有一德》。

【通讲】委任官职，只应选择有德才的人。

【鉴赏】当官要为老百姓服务，掌握公权力，要选贤人才行。

士宜以才行为先，不可纯以阀阅。

【语出】《后汉书·韦彪传》。

【通讲】阀阅：本指古代仕宦人家大门外的左右柱，此代指仕宦人家。对于士人的选拔标准，应当以才能品德为依据，而不应只看他的家世出身。

【鉴赏】选拔人才不能只看出身，应以才德为依据。

事在是非，公无远近。

【语出】唐·张九龄《与李让侍御书》。

【通讲】只要是非清楚，为公事举荐人才，不必考虑与自己关系的亲疏远近。

【鉴赏】只要出于公心，举荐人才可以不避亲疏。

外举不弃仇，内举不失亲。

【语出】《左传·襄公二十一年》。

【通讲】举：举荐。举荐外族人不避开仇人，举荐族内人时不避开亲人。

【鉴赏】《左传·襄公三年》记载：晋国大夫祁奚请求退休，晋侯问谁可以接替他的职位，祁奚推举仇人解狐。解狐还未上任就死了，祁奚推举自己的儿子祁午。这时羊舌职死了，祁奚推举羊舌职的儿子伯华接替。时人称祁奚“能举善”。《左传·襄公二十一年》记载叔向的评论“祁大夫外举不弃仇，内举不失亲”，指推荐人才，要出于公心，坚持唯才是举、唯贤是举。不计个人恩怨，不任人唯亲，公正无私。

为国之要，进贤是先。

【语出】《宋史·窦贞固传》。

【通讲】治理国家的大要，荐引贤能的人是第一要务。

【鉴赏】选贤任能，是治理国家的根本。

政之治乱，必慎所举，故进贤受上赏，蔽贤蒙显戮。

【语出】《隋书·何妥传》。

【通讲】选举时一定要谨慎，这关系到政治局面是安定还是混乱。所以荐举贤才应得到重赏，压制人才应受到严厉的惩罚。

【鉴赏】这是选拔贤才的正确方法，至今仍有借鉴意义。

治国之道，务在举贤。

【语出】三国蜀·诸葛亮《便宜十六策·举措》。

【通讲】治理国家的方法，重要的就是在于举荐贤人。

【鉴赏】干部是决定的因素，治理国家必须依靠贤人。

4 任 贤

不党父兄，不偏贵富，不嬖颜色，贤者举而上之……不肖者抑而废之。

【语出】《墨子·尚贤中》。

【通讲】不袒护家庭成员，不偏向有钱有势的人，不屈从所宠幸的人的要求。应该做到只要是德才兼备的人就提拔，缺德少才的人就降职或撤销职务。

【鉴赏】古代这种正确的用人标准，还值得今天我们借鉴。

不仁不智而有材能，将以其材能辅其邪狂之心而赞其僻违之行，适足以大其非而甚其恶耳。

【语出】汉·董仲舒《春秋繁露·必仁且知》。

【通讲】没有道德和智慧但却拥有才能的人，必将会用他的才能掩饰他邪恶疯狂的野心和不正当的行为，这恰使他的罪恶变得更加深重。

【鉴赏】挑选人才一定要慎重，必须侧重于人品。

不以牛，虽不得田，其害小；不以贤，则天下受祸，其害大。

【语出】明·宋濂《商于子驾冢》。

【通讲】耕田不用牛，虽然耕不好田，但它的危害性比较小；治理国家不选用贤能的官吏，就会使天下的老百姓遭殃，其危害性更大。

【鉴赏】说明使贤任能的必要性。

不以小疵妨大材。

【语出】《汉书·平帝纪》。

【通讲】不能由于小的缺点而影响大才的任用。

【鉴赏】金无足赤，人无完人。要从大的方面着眼，来很好地使用人才。

人才

才高行诐。

【语出】《北齐书·孙搴陈元康等传赞》。

【通讲】诐(bì):邪僻。才华出众而行为不端。

【鉴赏】在任何时候都不应当重用这种有才而无德的人。

成功立事,非委贤莫可;改制规模,非任能莫济。

【语出】《魏书·李冲传》。

【通讲】要创立事务成就功业,一定要委任贤才;改定制度、规制、格局,不任用能臣就不会成功。

【鉴赏】举贤任能,才能建功立业。

乘不肖人于势,是为虎傅翼也。

【语出】《韩非子·难势》。

【通讲】把不正派的人安排在重要的职位上,是为虎添翼。

【鉴赏】用人不当是国家的祸患。

大器不可小用,小士不可大任。

【语出】南朝梁·萧绎《金楼子·杂记下》。

【通讲】大器:喻指才能高、能担当大事的人。小士:指才能低、无法担当大事的人。才能高的人不可以给予小用。才能低的人不可委以大任。

【鉴赏】要善于使用人才,对贤人要重用。

得贤杰而天下治,失贤杰而天下乱。

【语出】宋·范仲淹《选任贤能论》。

【通讲】得到贤明和杰出的人才,国家就安定而有秩序;抛弃了贤明和杰出的人才,国家就混乱。

【鉴赏】人才对治理国家非常重要。

得贤人,国无不安,名无不荣;失贤人,国无不危,名无不辱。

【语出】《吕氏春秋·求人》。

【通讲】得到有才德的人,国家没有不安定的,名声没有不荣耀的;失去了有才德的人,国家没有不危亡的,名声没有不受辱的。

【鉴赏】有才德的人是国家的栋梁。贤人治国,国家才能富强。

得贤须任,既任须信,既信须终,既终须赏。

【语出】唐·陈子昂《答制问事·贤不可疑科》。

【通讲】得到了贤人就该任用他,既然任用就该信任他,既然信任就该有始有终,既然有始有终,做出了成绩,就应该奖赏他。

【鉴赏】使用贤人的规矩和办法。

凡人有才固难,能用其才尤难。

【语出】《明史·王叔英传》。

【通讲】大凡人能具有一定才能固然难得,能施展他的才能那就更难得了。

【鉴赏】人才难得,用好人才更难得。

凡用人之道,采之欲博,辨之欲精,使之欲适,任之欲专。

【语出】宋·司马光《稽古录》卷十六。

【通讲】道:规律;道理。任用人才的原则是:选择人的范围要广,挑选的人确有真才实学,使用的人要适合其职务,任用的人要让他专心其职。

【鉴赏】很好地选用人才,发挥人才的作用,这是人事的核心。

非才之难,所以自用者实难。

【语出】宋·苏轼《贾谊论》。

【通讲】要有才能并不难,要使自己的才能发挥作用确实很难。

【鉴赏】要注重发挥人才的作用。

非成业难,得贤难;非得贤难,用之难;非用之难;任之难。

【语出】《三国志·吴志·钟离牧传》裴松之注引《会稽典录》。

【通讲】成就事业并不是最困难的事,得到德才兼备的人才才是不容易的;得到人才也并不是最难的事,而能够重用他才是最难办到的;重用人才也并不是最难的事,加以充分信任才是更为困难的。这是孙吴的扬武将军钟离牧引用秦昭王时名将白起的话,说明自己虽被重用,但未得到信任。

【鉴赏】信任人,让他充分发挥聪明才智,是事业发展的根本。成就大业,离不开贤才辅佐。及时发现、正确任用贤才,使他们充分发挥才干和作用。那就没有成就不了的事业。

夫势者,非能必使贤者用己,而不肖者不用己也。贤者用之则天下治,不肖者用之则天下乱。

【语出】《韩非子·难势》。

【通讲】权势,并不能保证一定让贤明睿智的人使用它,昏聩无能的人不使用它。贤明睿智的人使用权势,天下就太平;昏聩无能的人使用权势,天下就动乱。

【鉴赏】当时的时代背景使得韩非以法治国的思想必须得到君权的支持。法律的维持离不开权势,法律的执行也离不开人。其实,权势本身没有善恶之分,权势带来的结果实际上取决于运用它的人。如果让贪婪昏庸之辈获得权势,那么天下难以太平。

苟有所见,虽布衣之贱,远守之微,亦可施用。

【语出】唐·刘禹锡《夔州论利害表》。

【通讲】苟:如果。见:见识。布衣:平民。远守:疏远不亲。微:地位低下。只要有所见识,不管其地位是否低下、关系是否疏远不亲,都可以加以任用。

【鉴赏】使用人才的原则,今天仍可以借鉴。

故贤主之于贤者也,物莫之妨,戚爱习故不以害之,故贤者聚焉。贤者所聚,天地不坏,鬼神不害,人事不谋。

【语出】《吕氏春秋·求人》。

【通讲】所以贤明的君主任用贤者,不因外物受到妨害,不因亲人、爱幸或身边的人使人家受到伤害,所以贤者才聚集到他那里。贤者所聚的地方,天地不会降灾,鬼神不会作祟,人们也不会谋算。

【鉴赏】任用有才能的人,不使他受到伤害,有才能的人对社会会产生很大的作用。

官人不得于上,黎民不安于下。

【语出】《后汉书·和帝纪》。

【通讲】上面如果没有好的官吏任职,下面的黎民百姓就不得安宁。

【鉴赏】国家工作人员选用贤人,才能全心全意为人民服务,老百姓才会幸福安康。

官由德序,位以才升。

【语出】《宋史·窦贞固传》。

【通讲】凭道德修养确定官级高低,按才识能力安排职位升迁。

【鉴赏】这种人事原则值得各级为政者采纳。

官在得人,不在员多。

【语出】《资治通鉴·唐太宗贞观元年》。

【通讲】官员不在多,在于用人得当。

【鉴赏】建立精干的官员队伍,是治国理政的要务。

国家用人,当以德器为本,才艺为末。

【语出】清·玄烨《讲筵绪论》。

【通讲】国家用人,应当把品德气度作为根本,而把才干技艺作为末梢。

【鉴赏】用人,首先要注意品德,其次才是才干。

国以任贤使能而兴,弃贤专己而衰。

【语出】宋·王安石《兴贤》。

【通讲】"任贤"则国家兴盛,"弃贤"则国家衰亡。

【鉴赏】从国家的兴衰的高度,提出"任贤"与"弃贤"的问题。劝诫执政者要任贤使能,不能自专。

今日所当讲求，尤在用人一端。人材有转移之道，有培养之方，有考察之法。人材以陶冶而成，不可眼孔太高，动谓无人可用。

【语出】《曾胡治兵语录·用人》。

【通讲】今天应当讲究的大事，就是用人。人才是可以潜移默化的。人才有变化转移的规律，有培养、考察的方法。人才是锻炼出来的，不可眼光太高，动辄就说没有可用之人。

【鉴赏】全面论述了用人之道。

九州生气恃风雷，万马齐喑究可哀。

【语出】清·龚自珍《已亥杂诗》。

【通讲】整个中国只有依靠风雷激荡才能有蓬勃的生气，要是善于长嘶的马群都成了哑巴，毕竟会使人感到悲哀。

【鉴赏】诗句表现了作者对当时那种死气沉沉的现实的不满，他认为中国必须出现烈风迅雷，才能打破那种令人窒息的沉闷局面。诗句慷慨激昂，气魄雄浑。

举逸民，天下之民归心焉。

【语出】《论语·尧曰》。

【通讲】逸民：有超人节操的隐士。起用有超人节操的隐士治理国家，那么天下的人民都会拥护你。

【鉴赏】贤才治国，人民才会诚服。

君子不以私害公。

【语出】汉·刘向《新序·义勇》。

【通讲】君子用人不应出于私心而损害国家的利益。

【鉴赏】不以私害公，是用人的基本原则。

开国承家，小人勿用。

【语出】《周易·师》。

【通讲】开创和治理国家，不能信用不正派的人。

【鉴赏】用人要贤，才能治理好国家。

乐闻警戒，不喜导谀，则听言用人之要也。

【语出】清·郑端辑《朱子学归》卷十六。

【通讲】高兴听忠告的话，不高兴听奉承讨好的话，这是听取意见和任用人才的关键。

【鉴赏】爱对领导讲奉承讨好话的人，不可任用。敢对领导讲真话、正直话的人，应该任用。这关键在于领导也要正直。

力弱者勿任其厚负，才卑者勿尸其隆位。

【语出】宋·黄晞《聱隅子·三王篇》。

【通讲】任：使担负。厚负：厚重的东西。卑：低下。尸：居其位而不做事。隆位：高位。力气小的人不要让他背很多的东西，才能低下的人不要让他占据高位。

【鉴赏】要以才能大小选用人，才高则职位高，才低则职位低。

明君用人，如大匠用材，随其巨细长短，以施规矩绳墨。

【语出】《元史·刘秉忠传》。

【通讲】明：明智；贤明。大匠：技艺高超的木工。随：沿着；顺着。巨：最；极。施：实施。规：画圆形的工具。矩：画方形的工具。绳墨：木匠用的墨线。明智的君主使用人才，就像技艺高超的木工使用木材那样，根据木材的粗细长短，用墨线画圆或方形来取材。

【鉴赏】这是刘秉忠就皇帝如何使用人才说的话。"置才使用"，这是当政者用人的基本原则。各级领导重视人才，使他们各展所长，在建设社会主义国家中发挥最大的作用。

能用度外人，然后能周天下。

【语出】宋·沈括《梦溪笔谈》卷二十五。

【通讲】度外：常规之外。周：救济，这里是治理的意思。能不按传统的常规去任用人，这样才能把天下治好。

【鉴赏】要打破常规任用贤才,才能把国家治理好。

能者进而由之……不能者退而休之。

【语出】唐・柳宗元《梓人传》。

【通讲】对有才能的人要放心地加以使用……对没有才能的人要加以罢免。

【鉴赏】要善于使用人才。

人不可以求备,必舍其所短,取其所长。

【语出】《资治通鉴・唐太宗贞观二十年》。

【通讲】对人不可求全责备,应用其所长,舍其所短。

【鉴赏】要善于使用人才。

人材进退由私门,大非朝廷美事。

【语出】《宋史・陈俊卿传》。

【通讲】官员的任命和免职,完全凭借私人关系,绝不是对国家有利的好事。

【鉴赏】宋孝宗时,曾觌、王抃卖官鬻爵。元老大臣陈俊卿离京任外官,辞行时,向孝宗指出,这种不由朝廷任免,全凭私人请谒的风气,最终将毁掉国家。提拔任用官员,必须在阳光下,按一定制度来操作。

人固难全,权而用其长者,当举也。

【语出】《吕氏春秋・举难》。

【通讲】人本来就难以十全十美,衡量以后用其所长,这是选择人才的恰当做法。

【鉴赏】要善于使用人才,而不要求全责备。

人君不亲小事,百官有司各任其职。

【语出】《三国志・吴志・步骘传》。

【通讲】亲:亲自。司:主持。君主不亲自处理小事,百官和主管部门各自承担他们的职责。

【鉴赏】人才对于国家的兴衰成败举足轻重。为政者只要知人善用，其实不要事必躬亲，只要抓大事，天下也能大治。

人主之职在知人，进君子而退小人，则大功可成。

【语出】《宋史·李纲传上》。

【通讲】国君的职责主要是知人善任，任用有才德的人，斥退小人，这样就可完成大的功业。

【鉴赏】用人是最高的政治，举贤荐能，国则兴，否则，国则亡。

任能者责成而不劳，任己者事废而无功。

【语出】汉·桓宽《盐铁论·刺复》。

【通讲】能：才能。责成：指定他人完成任务。事废：事情做不成。无功：没有功效。善于任用能人的人督责他们去完成任务而自己并不劳累；凡事都要自己动手去做的人，事情做不成而没有功效。

【鉴赏】合理使用人才能收到事半功倍的效果。

任人各以其材而百职修。

【语出】宋·欧阳修《文正范公神道碑铭序》。

【通讲】使用人才时，如果能够发挥各人的专长，那么，各种部门的工作都能搞好。

【鉴赏】用人必须发挥各人的专长。

任人之长，不强其短；任人之工，不强其拙。

【语出】《晏子春秋·问上》。

【通讲】长：擅长。强(qiáng)：迫使；勉强。短：短处。工：巧。任用人的长处，不勉强人的短处；任用人的巧处，不勉强人的拙处。

【鉴赏】人各有其长处和短处，知人善任者用人之长而避人之短，用人之巧而略其拙，就能充分发挥人的内在潜力，取得最大效用。若一味地看人的短处和拙处，那就无人可用了。

任贤而二，五尧不治。

【语出】宋·宋祁《杂说》。

【通讲】任用有才能的人，而又不能做到坚信专一，即使多几个像唐尧那样的人也无法治理好国家。

【鉴赏】疑人不用，用人不疑，这是用人的根本原则。

任贤使能，天下之公义。

【语出】宋·苏轼《赐吕大防上第二表辞免恩命不允断来章批答》。

【通讲】公义：通行的道理。任用有德行和有才能的人，是天下通行的道理。

【鉴赏】说明了使贤任能的必要性。

若爱而知其恶，憎而知其善，去邪勿疑，任贤勿贰，可以兴矣。

【语出】《旧唐书·魏徵传》。

【通讲】如果喜爱一个人又能知道他的缺点，憎恶一个人又能知道他的长处，斥退邪恶的人毫不迟疑，任用贤良之臣没有二心，国家就可以兴旺了。

【鉴赏】为政者要想使自己的统治巩固，就要学会用人。为政者应该具有伯乐那样的慧眼，善于辨别奸佞与忠贤，只有这样，才能避免用错人，才不至于贻误国家大事。

若必廉士而后可用，则齐桓其何以霸世！……唯才是举，吾得而用之。

【语出】三国魏·曹操《求贤令》。

【通讲】假如必定是廉洁有操守之士才可以用，那么桓公凭什么称霸天下？……只要是有才能之人，我得到了就要用他。

【鉴赏】曹操是主张唯才是举的，这在用人时不可求全责备是有意义的，即使对于品德差的人也是要恰当使用的，但要采取谨慎态度。

善为政者，务在于择人而已。

【语出】三国魏·杜恕《体论》。

【通讲】善于治理政事的人,最重要的是选拔、使用人才。

【鉴赏】要善于任用人才。

善行,无辙迹;善言,无瑕谪;善数,不用筹策;善闭,无关楗而不可开;善结,无绳约而不可解。是以圣人常善救人,故无弃人;常善救物,故无弃物。是谓袭明。

【语出】《老子》第二十七章。

【通讲】瑕谪(xiázhé):玉上的斑点,喻缺点、毛病。筹策:古时用来计数的器具。关楗(jiàn):门闩。无弃人:没有被遗弃的人。袭明:非常聪明。袭,非常、很之意。善于行走的,不留痕迹;善于言谈的,没有语病;善于计算的,不用筹策;善于关闭的,不用门闩却使人不能打开;善于捆缚的,不用绳索却使人不能解脱。因此,有"道"的"圣人"总是有本领做到人尽其才,所以,没有被遗弃的人;总是善于做到物尽其用,所以,没有被废弃的东西。这就叫作内藏着聪明智慧。

【鉴赏】老子首先举了善行、善言、善数、善闭、善结五个事例说明因顺应自然的效果,接着老子说明圣人常因顺自然救人济物,做到人尽其才,物尽其用,做到没有废人、废物,自然更高明。

世阙才而贻乱,时得贤而兴治。

【语出】《宋书·谢灵运传》。

【通讲】世道缺少有才能的人会留下祸乱,得到贤能的人则会走上大治。

【鉴赏】贤才对于治理国家至关重要,要多多重视并任用贤才。

所谓五材者:勇、智、仁、信、忠也。勇则不可犯,智则不可乱,仁则爱人,信则不欺,忠则无二心。

【语出】《六韬·龙韬·论将》。

【通讲】所谓五种素质是指:勇敢、智慧、仁爱、守信、忠诚。勇敢就不会受到任意侵犯,智慧就能遇事镇定应对,有仁爱之心就能爱护人,有守信的品德就不会欺下瞒上,忠诚就不会离心离德。

【鉴赏】姜太公的选将标准对今天仍具有借鉴意义。有此“五材”,大体上可称得上优秀的领导者了。

为政以得人为要。不得其人,虽良法美意,徒美观听,于民无济也。

【语出】《清史稿·世宗纪》。

【通讲】治理国家,用人得当是最重要的。用人不当,虽然有良好的法规和美好的意愿,只能是表面上好看、好听,对于百姓却无所补益。

【鉴赏】干部是决定的因素,用贤良之才是治国的关键。

为政之要,惟在得人,用非其才,必难致治。今所任用,必须以德行、学识为本。

【语出】唐·吴兢《贞观政要·崇儒学》。

【通讲】治国的关键,在于得人才。用人不当,必然难以达到治理。现今用人,必须以德行、学识作为根本标准。

【鉴赏】唐太宗很清醒地认识到,要治理好国家,必须人尽其才、才尽其用、用当其时,使人才辈出。这就要坚持正确的用人导向,选拔、培养、使用人才,形成人才济济、群贤毕至的局面。

为治者,因宜以设官,举贤以任职,故上下和平,民无怨谤。若官非其人,奸邪在位,则政教陵迟,至于凋薄。

【语出】《魏书·高宗纪》。

【通讲】怨谤:诅咒;怨恨。陵迟:衰微;衰颓。凋薄:衰败。治理天下的人,设官用人要适宜,选取贤才为官,则天下太平,百姓没有怨恨之心。如果选官不当,使得奸邪小人身在官位,那么政治教化就会衰微,导致最终败亡。

【鉴赏】如何设官用人,是治国理政的关键。

无事不讲储材,有事轻言破格,非用人无弊之道也。

【语出】《明史·赵士春传》。

【通讲】没有变故的时候不讲究储备人才，有变故的时候轻易讲破格使用，不是正确的用人方法。

【鉴赏】正确的用人方法是经常发现、培养好人才。

贤能不待次而举，罢不能不待须而废。

【语出】《荀子·王制》。

【通讲】德才兼备的人要破格任用，无才无德的人要立刻罢免。

【鉴赏】德才兼备是用人的准则。

行爵出禄，必当其位。

【语出】《吕氏春秋·孟夏纪》。

【通讲】授予官职，赐予俸禄，一定要与(任用者的)职位相称。

【鉴赏】这是人事的一个重要原则，官职要符合被任用者的能力，俸禄要符合被任用者的功绩。

尧有子十人，不与其子而授舜；舜有子九人，不与其子而授禹。至公也。

【语出】《吕氏春秋·去私》。

【通讲】尧有十个孩子，不把王位传给他的孩子而授给舜；舜有九个孩子，不把王位传给他的孩子而授给禹。这是最无私啊。

【鉴赏】帝位不传自己的儿子，而传给贤人，这种任人唯贤、大公无私的用人制度在远古就有了，值得我们学习传承。

野无遗贤，万邦咸宁。

【语出】《尚书·大禹谟》。

【通讲】民间没有遗漏的贤才未被朝廷采用，那么天下就会安宁。

【鉴赏】人才会得到充分的使用，国家一定安宁。

一人不兼官，一官不兼事。

【语出】《韩非子·难一》。

【通讲】一个人不可兼任两个官职,身居一职不可兼两种事务。

【鉴赏】这是使用官员的正确方法。专心做一件事,才会把事情做好。

用人之标准,当视办事之范围。有官而无事者存其官,而不必置其人;有事而人多者减其人,以适当于事。

【语出】清·张謇《就部任时之通告》。

【通讲】使用人的标准,应该根据所要办的事情的需要、大小而定。有官位而没有事需要做的,应该保留官位而不必去任命人;有事情做然而做的人过多时,应该裁减人员,以适合于事情的需要为准。

【鉴赏】是否要任用人才,应当根据实际需要。没有到需要设官时,就要空着官位;如果实际工作中所用的人已超过了所需要的人,就应该大胆裁减。

治民之官,牧宰为急。

【语出】《宋史·范正辞传》。

【通讲】牧宰:州官称牧,县官称宰,泛指州县长官。治理百姓的官员,最要紧的是州县长官。

【鉴赏】基层国家机关工作人员是政权的基础,也较多地与民众接触,所以要选好用好基层官员。

治天下要务,惟用人、理财两大事。

【语出】《清史稿·柴潮生传》。

【通讲】治理国家最重要的事情,只有用人、治理财物两件大事。

【鉴赏】用贤才,才能治理好国家;理好财,才能使国家富强。这当然是治国理政的要略。

5 重　贤

百万之众，不如一贤。

【语出】《汉书·傅喜传》。

【通讲】百万精锐的雄兵，不如一个贤能的人才。

【鉴赏】说明贤才的重要性。

不弃死马之骨者，然后良骥可得也。

【语出】唐·白居易《为人上宰相书》。

【通讲】不舍弃死马的骨头，过不了多久，世所稀有的千里马也就能够得到了。

【鉴赏】连死马的骨头都那么重视，千里马就自然来到你的身边。只有重视人才，才会发现并聚集人才。

臣闻地广者粟多，国大者人众，兵强则士勇。是以太山不让土壤，故能成其大；河海不择细流，故能就其深；王者不却众庶，故能明其德。

【语出】秦·李斯《谏逐客书》。

【通讲】我听说土地宽广能长出更多的粮食，国土辽阔能有更多的人口，兵器好了士兵就勇猛。正因为泰山不拒绝土壤，所以才变得高大；河海不拒绝细流，所以才形成深广；国家管理者不排斥民众，才能表现他管理才能的伟大和管理决策的英明。

【鉴赏】这三句话出自李斯《谏逐客书》。李斯以泰山、河海作比喻，从正反两个方面说明"逐客"为一大失策，分析了用客与逐客对秦的利害关系，证明了客卿在秦的发展壮大过程中的独特作用，从而使秦王政当即收回成命。一个国家和民族是否兴旺发达，最重要的标志就在于是否吸引聚集各种人才。对今天来说，我们要重视各种人才，团结一切可以团结的力量，依靠群众，才能取得事业的发展。

得十良马，不若得一伯乐；得十良剑，不若得一欧冶；得地千里，不若得一圣人。

【语出】《吕氏春秋·赞能》。

【通讲】得到十匹好马，不如得到一个能够识别千里马的伯乐；得到十把好剑，不如得到一个善于制造宝剑的欧冶；得到千里土地，不如得到一位圣人。

【鉴赏】物资易得，人才难求。一定要善于培养、发现和使用人才。人是最重要的，有了人，什么东西都可以创造出来，要重视人的作用。

得贤者昌，失贤者亡，自古及今，未有不然者也。

【语出】《韩诗外传》卷七。

【通讲】贤：贤人；贤才。不然：不是这样。得到贤才，国家就会昌盛；失掉贤才，国家就会衰亡。从古到今，没有不是这样的。

【鉴赏】优秀的人才非常重要，人是决定因素。有了人，就会创造出人间奇迹。

国之强弱，不在甲兵，不在金谷，独在人才之多少。

【语出】宋·张孝祥《论用才之路欲广札子》。

【通讲】国家的强弱，不决定于军队的多少，不决定于金钱、粮食的多少，而只决定于人才的多少。

【鉴赏】人是第一可宝贵的，人才的聚集必将产生巨大的作用。

敬教劝学，建国之大本；兴贤育才，为政之先务。

【语出】明·朱舜水《劝兴》。

【通讲】重视教育是建国的根本，培养人才是治理国家的首要任务。

【鉴赏】教育对于培养和造就人才、实现国家大治极其重要。

前哲以善人为宝，不以珠玉为宝。

【语出】《南史·营浦侯遵考传》。

【通讲】前哲:前代的贤人。善人:有道德修养的人。古代贤人把有才能的人视为至宝,而不把珠玉当作宝贝。

【鉴赏】自古以来,都非常重视、尊重人才。而人才是无价之宝,是国家的栋梁,我们要非常重视人才。

人才难得而易失,人主不可不知之。

【语出】清·梁佩兰《金台吟》。

【通讲】人主:君主。有才能的人难以得到而又容易失去,做君主的不能不清楚这一点。

【鉴赏】要非常重视、关怀、培养人才。

人之有干能,固不易得,然不若德行之士最优也。

【语出】《金史·世宗纪下》。

【通讲】有才干的人,当然不易得到,然而,品行高尚的人更难能可贵。

【鉴赏】有才干,更要有道德,这才是真正的人才。

若夫有道之士,必礼必知,然后其智能可尽也。

【语出】《吕氏春秋·观世》。

【通讲】对有道之士,一定要礼遇他们,一定要了解他们,这样,他们的智慧和能力才能全部发挥出来。

【鉴赏】对待人才的应有态度,值得各级领导者记取。

尚贤为政之本也。

【语出】《墨子·尚贤中》。

【通讲】崇尚有才德的人,是国家的根本。

【鉴赏】像周恩来这样有才德的人,对国家作出多大贡献呀。谁会不加以崇尚呢?

蛇无头不行。

【语出】《敦煌变文集·李陵变文》。

【通讲】蛇没有脑袋就不能行进。

【鉴赏】人们的行动必须要有带头人。

身之病待医而愈,国之乱待贤而治。

【语出】汉·王符《潜夫论·思贤》。

【通讲】身体患病有待良医治愈,国家混乱需要贤才治理。

【鉴赏】贤才对于治理国家极其重要。

世之不显,厥犹翼翼。思皇多士,生此王国。王国克生,维周之桢。济济多士,文王以宁。

【语出】《诗经·大雅·文王》。

【通讲】周文王尊贤礼士,贤才济济,所以国势强盛。

【鉴赏】千秋基业,人才为先,像周文王那样尊贤礼士,深得人心,使之成为一种社会风气、一种价值追求,才能感召人才、吸引人才。在体制机制上,需要建立发现人才、培育人才、凝聚人才的一整套有效制度,为各类人才各展所学、各尽其能打造坚实的舞台。

世之人主,得地百里则喜,四境皆贺,得士则不喜,不知相贺,不通乎轻重也。

【语出】《吕氏春秋·不侵》。

【通讲】贺:庆贺。不通:不知。世上的君主,得到百里的土地就高兴,举国上下都做庆贺,得到贤士则不知道高兴,不知道庆贺,这就是不知道孰轻孰重啊。

【鉴赏】圣明的人主,应该得轻土地,重人才。

天生万物,唯人为贵。

【语出】《孔子家语·六本》。

【通讲】在天地生存的万物之中,只有人类是最宝贵的。

【鉴赏】人会创造一切,人是最可宝贵的。

天下之要,人才而已。

【语出】清·平步青《霞外捃屑·枢言》。

【通讲】国家最重要的是人才。

【鉴赏】国家的安危强弱,关键在于是否有很多的人才。

我一沐三捉发,一饭三吐哺,起以待士,犹恐失天下之贤人。

【语出】《史记·鲁周公世家》。

【通讲】沐:洗头发。捉发:提起头发。吐哺(bǔ):吐出口中所吃食物。我常常洗一次头三次提起头发,吃一顿饭三次吐出口中的食物,频频起身接待来访的人,是唯恐失掉天下的人才。

【鉴赏】周公在百忙中认真接待知识分子,唯恐失去人才,这种爱才精神值得我们学习。正是因为他重视贤才,才开辟了一个新的历史时代。

治天下,在进君子退小人。

【语出】《明史·邹智传》。

【通讲】治理国家,在于重用高尚贤能的君子,黜退卑鄙奸邪小人。

【鉴赏】国家机关要用贤才,而不能用小人。

重亲民之吏,而不数迁;重则乐其职,不数迁则志不流于他官;乐其职,而志不流于他官,则尽力恤其下。

【语出】晋·傅玄《傅子·安民》。

【通讲】要重视与群众接触较多的干部,不要频繁地调动他们的职务。由于受到重视,他们就会安于职守;不轻易调动职务,他们就不会见异思迁,而想另任其他职位。他们安于职守,不想改任他职,就会尽力做好本职工作,关心下属。

【鉴赏】干部任职的适当的稳定性,是组织稳定的重要组成部分。这是当今使用干部必须注意的一个问题。

6 轻　贤

策之不以其道，食之不能尽其材，鸣之而不能通其意，执策而临之曰："天下无良马！"呜呼！其真无马邪？其真不知马也！

【语出】唐·韩愈《杂说四·马说》。

【通讲】策：鞭打。道：客观规律。食：喂养。材：同"才"。鸣：马叫。通：明白。执策：握着马鞭子。驱使它，却不按照（驱使千里马）的正确方法；喂养它，又不能使它充分发挥才能；听它叫，却不能通晓它的意思。却拿着马鞭说："天下没有良马！"是真的没有良马吗？不，是真的不识马啊！

【鉴赏】揭露了当时社会不能发现人才、不会合理使用人才，更不爱惜人才，以致压抑、埋没和糟蹋人才的不合理现象。

此处不留人，自有留人处。

【语出】南朝陈·陈叔宝《戏赠沈后》。

【通讲】你这里不留我，总有留我的地方，我还可到别处去。

【鉴赏】用以表示在某处不得意，在其他地方一样可以落脚，不必计较于一时一地的成败、去留。也常常被用作劝慰之词。

寒之之日长而暴之之日短，植之之人寡而拔之之人多。

【语出】宋·王安石《乞出表二》。

【通讲】寒：阴不见日。暴：同"曝"，晒。植：栽培。寡：少。受到温暖的日子短暂，被冷搁的时光长久。比喻扶助和培养人才的人太少，糟蹋和排斥人才的人却非常多。

【鉴赏】批判社会不重视人才的歪风邪气。

何世无奇才？遗之在草泽。

【语出】晋·左思《咏史》。

【通讲】哪一个时代没有杰出的人才？只不过当权者把他们遗忘在荒野沼泽中罢了。

【鉴赏】左思才华横溢,但因出身寒门,被埋没。这里提出了发现人才,使用人才的重大问题,特别是应在基层民间发现人才、使用人才。

骅骝拳局不能食,蹇驴得志鸣春风。

【语出】唐·李白《答王十二寒夜独酌有怀》。

【通讲】骅骝:古代的一种良种马,比喻有才能的贤能之士。蹇驴:跛脚的驴子,比喻才能低下的小人。骏马蜷缩在食槽下,得不到食料;跛脚的驴子,却春风得意,踌躇满志。

【鉴赏】这两句话描写贤能之士受到压制,有志难伸,而小人却志得意满,有力批判了当时昏暗的现实。

马之千里者,一食或尽粟一石;食马者不知其能千里而食也。

【语出】唐·韩愈《杂说四·马说》。

【通讲】一食:吃一顿。或:有时。尽:吃完。一石:一担。食马者:喂马的人。食:喂养。千里马吃一顿有时要吃完谷子一担;但由于喂养马的人不了解它一天能跑一千里而不能正确地喂养它。

【鉴赏】揭示当时社会埋没人才的现象。

木秀于林,风必摧之;堆出于岸,流必湍之;行高于人,众必非之。

【语出】三国魏·李康《运命论》。

【通讲】堆:土堆。湍:急冲。非:诽谤。如果一棵树比整个树林都秀美挺拔,那么风就一定会摧折它;如果一个土堆突出岸边,那么水流也一定会把它冲掉;如果一个人的品行高于常人,那么也必定会遭到诽谤。

【鉴赏】卓越、超凡的人往往受到攻击,这种病态的社会现象要引起人们的重视;另一方面,即使你才高八斗,也不能自命清高,努力把个人的聪明才智用到为社会、人类奉献时,自己才会被认可。

去一正人，天下失望，忠党沮气，谗邪之人争进矣。

【语出】《宋史·王存传》。

【通讲】沮气：灰心丧气。排斥一位正直的人，天下失望，忠诚的人就会灰心丧气，邪恶的人就会乘机争进。

【鉴赏】用人恰当，非常重要。

用才未尽，不若闲。

【语出】《辽史·萧陶苏斡传》。

【通讲】用人而不使他发挥全部才能，不如将其闲置起来。

【鉴赏】必须人尽其用。

7 才 难

宠利毋居人前，德业毋落人后；受享毋逾分外，修为毋减分中。

【语出】明·洪应明《菜根谭》。

【通讲】宠利：荣誉、金钱和财富。德业：德行；事业。修为：涵养学习和品德修养。分：此指范围。追逐功名利禄不要抢在他人之先，进德修业不要落在他人之后。享受物质生活不要超过允许的范围，修养品德要达到自己分内所应达到的标准。

【鉴赏】名利地位固然能鼓励人奋发向上，但是假如过分看重名利，有时也会给人带来无限的苦恼和祸害。从道德修养来看，在名利享受上不争先，不分外；在德业修养上要努力向前，努力做个品德高尚的人。

盖有非常之功，必待非常之人。故马或奔踶而致千里，士或有负俗之累而立功名。

【语出】汉·刘彻《武帝求茂材异等诏》。

【通讲】非常：超乎寻常。踶(dì)：踢。负俗：被世人讥讽嘲笑。累：毛病。大凡要建立不平常的功劳，一定要依靠不平常的人才。所以马有会狂踢人却能跑千里路的，士人有受世俗讥讽嘲笑的毛病但能建立功名的。

【鉴赏】反映了汉武帝不拘一格笼络接纳人才的心理，也从侧面反映出汉武帝对人才的需求不再局限于传统的德才标准。人是生产力中最活跃的因素，也是科技创新最关键的因素。这就需要在全社会积极营造鼓励创新、勇于创新、包容创新的良好氛围，既要重视成功，也有宽容试错成本；这就需要培养大批创新型青年人才，为拔尖创新人才脱颖而出铺路搭桥。

高材多戚戚之穷，盛位无赫赫之光。

【语出】唐·韩愈《与于襄阳书》。

【通讲】戚戚：郁郁寡欢的样子。赫赫：显赫的样子。学问广博的人往往郁郁寡欢而不得志,地位显赫的人也不能将好名声流传下去。

【鉴赏】批判社会压抑人才的错误做法。

任贤非难,知贤为难;使能非难,知能为难。

【语出】宋·杨万里《壬辰轮对第二札子》。

【通讲】任用贤德的人并不太难,识别有贤德的人才真正困难;使用有才能的人并不太难,理解有才能的人才真正困难。

【鉴赏】要善于发现和使用德才兼备的人。

8 论　贤

成大事功，全仗着秤心斗胆；有真气节，才算得铁面铜头。

【语出】清・王永彬《围炉夜话》。

【通讲】秤心斗胆：意指做事要细心谨慎而胆识要卓越超人。铁面铜头：意指铁面无私，坚硬刚强。能够成就大事业的人，完全是凭着坚定的信念和卓越的胆识；有真正高尚的志气和节操的人，才能做到铁面无私、坚忍不拔。

【鉴赏】历史上能成就大业的人，不仅要有杰出的才能，还必须有坚韧不拔的意志。只要我们确定目标去奋斗，每个人都能成功。大丈夫为人处世，要有正直的节操，做到孟子说的"富贵不能淫，贫贱不能移，威武不能屈"。

出师一表真名世，千载谁堪伯仲间。

【语出】宋・陆游《书愤》。

【通讲】《出师表》真是举世闻名，千载以来谁能与诸葛亮相比！

【鉴赏】《书愤》是陆游七律名篇之一，写作此诗时诗人已 62 岁，罢官 6 年闲居故乡后刚被起用。全诗表达诗人追怀往事和立誓报国的情感。"出师一表真名世，千载谁堪伯仲间"用典明志。通过诸葛亮坚持北伐的典故，追慕先贤，表明自己收复中原之志。陆游想起少年时立志收复中原，他"气涌如山"。"千载谁堪伯仲间"流露出无奈之情，朝野上下主张投降的小人有谁能与诸葛亮相比？诗人渴望效法诸葛亮，施展抱负，"鞠躬尽瘁，死而后已"，其殷殷爱国之情至死不移。

粗粝能甘，必是有为之士；纷华不染，方称杰出之人。

【语出】清・王永彬《围炉夜话》。

【通讲】粗粝：粗糙而劣质的食物。纷华：缤纷华丽的场面。能够甘于粗糙的饮食，一定是有作为的人；能够不受声色荣华引诱的人，才能算是杰出的人。

【鉴赏】能够艰苦朴素的人,必定大有作为。杰出而优秀的人,必须善于控制自己,不受环境的影响。

大抵任事之人,断不能有毁而无誉、有恩而无怨。自修者但求大闲不逾,不可因讥议而馁沈毅之气。衡人者但求一长可取,不可因微瑕而弃有用之材,苟于峣峣者过事苛求,则庸庸者反得幸全。

【语出】《曾胡治兵语录 · 勇毅》。

【通讲】凡是有职事在身的人,绝不可能只有人指责而没有人称赞,有人感恩而没有人怨恨。自我修养的人,只要大节不亏,小节修养不够也不要紧。不能因为有人讥刺,就泄了沉毅之气。选拔人才,只要他有一方面的长处,就可以任用,不可因为有一点不足,就将有用之才抛弃。如果对有出类拔萃之才的人苛求,则庸庸碌碌的人反而得以侥幸被委以重任。

【鉴赏】论述了用人之道。

大将以救大局为主,并以救他人为主。须有嘉善而矜,不能之气度,乃可包容一切。觉得胜仗无可骄人,败仗无可尤人。即他人不肯救我,而我必当救人。

【语出】《曾胡治兵语录 · 仁爱》。

【通讲】大将以救大局为主,同时以救援他人为主要职责。必须要有嘉奖人才、同情并帮助能力不强的人的气度。这样,才会有宽广的胸襟,包容一切。觉得打了胜仗没有什么值得骄傲的,打了败仗也没有什么可以抱怨的。即使别人不肯救我,我也一定要救别人。

【鉴赏】论述了战争中大将应有的品质。

大人物皆正大光明,无不可言之事;小家数多琐屑微暖,有不可问之心。

【语出】清 · 胡达源《弟子箴言 · 辨义利》。

【通讲】成就大事的人心地坦荡,正大光明,没有什么难对人说的事;难成大器的人多琐屑不堪,心存暧昧,有别人难问出来的心思。

【鉴赏】为人必须正大光明,不能心存暧昧。

大事、难事看担当,逆境、顺境看襟度,临喜、临怒看涵养,群行、群止看识见。

【语出】明·吕坤《呻吟语·修身》。

【通讲】遇到大的事情和难以处置的事情时,就要看你有没有担当的能力;无论在逆境还是在顺境,要看你有没有胸襟和气度;面临喜悦和愤怒的时候,就要看你的涵容和修养如何;大家一起行动,一起止步,就要看你的认识和见解怎样。

【鉴赏】关键场合最能考验人,见识一个人的真才干、真风度、真灵魂。能够担当大事、难事的人,是可以对他放心,把他作为依靠力量的。懂不懂得自我约束,面不更色,泰然大度就是你涵养的深度。

非才则无以济其志,非术则无以辅其才。是以古之君子未有不兼是三者而能有为于世者也。

【语出】宋·朱熹《通鉴室记》。

【通讲】术:学术;学问。没有才能就没有东西用来成就他们的志向,没有学识就没有东西用来辅助他们的才能。因此古代的君子没有不是(才、志、术)三者同时具备从而能够大有作为于当世的。

【鉴赏】才、志、术三者对于人成就功业是非常重要的,人们只有三者兼具而又以志为本,才能“有为于世”。

高者未必贤,下者未必愚。

【语出】唐·白居易《涧底松》。

【通讲】做大官的人,未必有才能;居下位的人,未必就不聪明。

【鉴赏】不能以官职大小、地位高低来衡量一个人。

故今日之责任,不在他人,而全在我少年。少年智则国智,少年富则国富,少年强则国强,少年独立则国独立,少年自由则国自

由，少年进步则国进步，少年胜于欧洲，则国胜于欧洲，少年雄于地球，则国雄于地球。

【语出】梁启超《少年中国说》。

【通讲】所以说今天的责任，不在别人身上，全在我们少年身上。少年聪明我国家就聪明，少年富裕我国家就富裕，少年强大我国家就强大，少年独立我国家就独立，少年自由我国家就自由，少年进步我国家就进步，少年胜过欧洲，我国家就胜过欧洲，少年称雄于世界，我国家就称雄于世界。

【鉴赏】论述少年对国家的重要性。少年代表着国家的希望和前途，要担当起振兴国家的重任。

故物舍其所长，之其所短，尧亦有所不及矣。

【语出】《战国策·齐策四》。

【通讲】因而一个人如果舍弃他的长处，使用他的短处，就是像尧舜那样的圣人也有不如人的地方。

【鉴赏】战国时期，孟尝君讨厌身边一位舍人，要把他赶走。鲁仲连对孟尝君说："物舍其所长，之其所短，尧亦有所不及矣。"孟尝君听从鲁仲连的话，没有把那个舍人赶走。此句启示我们：金无足赤，人无完人。人都各有长处与短处，扬长避短就能发挥一个人的才能，把事情办好；与此相反，舍其长而用其短，就办不好事情。

顾大体者，不区区于小节；顾大事者，不屑屑于细顾；视大圭者，不察之于微始；得大木者，不快快于木蠹。以玷弃圭则无全玉，以蠹废材则天下无全木。苟变干城之将，岂以二卵而见麾；陈平出奇之智，不以盗嫂而见疑。

【语出】元·吴亮、许名奎《劝忍百箴·小节之忍》。

【通讲】照顾大局的人，不拘泥于区区小节；做大事的人，不追究一些细碎小事；观赏大玉圭的人，不细考究它的小疵；得巨材的人，不为其上的虫蛀而怏怏不乐。因为一点瑕疵就扔掉玉圭，就不会有完美的美玉，因为一点蠹蚀就扔掉木材，天下就没有完美的良材。苟变是捍卫国家的良将，不因为吃别人的两个鸡蛋而废止不用；陈平有出奇制胜的智计，不应因为他和嫂子有不正当关系而受到怀疑。

【鉴赏】要办大事的人,不计较小事;成就大功业的人,不追究琐事。应当从大处着眼,舍弃细小之事。

贵珠出乎贱蚌,美玉出乎丑璞。是以,不可以父母限重华;不可以祖祢量卫、霍也。

【语出】晋·葛洪《抱朴子·博喻》。

【通讲】重华:舜的名字。他的父母溺爱其弟,曾几次企图害死舜。祢(nǐ):古人对宗庙中父亲牌位的称呼。祖祢:先祖和先父,这里指出身。卫、霍:汉武帝时名将卫青、霍去病,他们的先辈都是奴隶。名贵的珍珠,是从不值一提的蛤蚌中产生的;漂亮的玉石,是从粗糙丑陋的璞石里琢磨出来的。因此,不应该因为虞舜的父母德行不好,就减少对虞舜的赞美;不应该因为卫青、霍去病出身微贱,就否定他们的才能和功绩。

【鉴赏】不能以父母的好坏、个人的出身高低来看一个人,限制了对人才的使用。葛洪这种反对血统论的观点是值得借鉴的。

后生可畏,焉知来者之不如今也?

【语出】《论语·子罕》。

【通讲】后生:即生于后,指年少的人。畏:惧怕。焉:怎么;哪里。年轻人是新生力量,很有可能超过前人,因而值得敬畏。哪里知道后来的就不如今天的人呢?

【鉴赏】长江后浪推前浪,一代新人换旧人。年轻人朝气蓬勃,具有旺盛的生命力,他们是未来世界的主宰。人老了以后,要善于发现新人,乐于让贤,促进社会发展。

既谓之才,则不宜以阶级限,不应以年齿齐。

【语出】《宋书·周朗传》。

【通讲】既然算是人才,就不应该把出身作为评价的标准,也不应该用资历和年龄来要求。

【鉴赏】出身等级、资历,是限制选拔人才的因素,必须坚决摈弃。

精于理者，其言易而明；粗于事者，其言费而昏。

【语出】宋·杨万里《庸言十》。

【通讲】精通事理的人，说话简单明了；疏于事理的人，说话含糊不清。

【鉴赏】人必须要精通事理。

居俭动敬，德让事咨，而能避怨，以为卿佐，其有不兴乎！

【语出】《国语·周语下》。

【通讲】居处节俭，行动恭敬，品德谦让，遇事咨问，而且还能够远避怨恨，这样的人作为国家的辅佐大臣，国家能不兴旺发达吗？

【鉴赏】选用人才的焦点是人品。

君子威而不猛，忿而不怒，忧而不惧，悦而不喜。

【语出】三国蜀·诸葛亮《便宜十六策·喜怒》。

【通讲】君子有威仪而不凶猛，有愤怒而不暴怒，有忧愁而不恐惧，有和悦之态而不喜形于色。

【鉴赏】有道德修养的人必须做到不凶猛、不暴怒、不悲惧、不喜形于色。

君子要居明不露，才华不逞，才有肩鸿任巨的力量。

【语出】明·洪应明《菜根谭》。

【通讲】鸿：通“洪”，大的意思。肩鸿：担负大责任。君子要做到不炫耀聪明，不显露才华，如此才能培养出肩负重大使命的毅力。

【鉴赏】一个具有才华的人，最好是能保持深藏不露的态度，人的精力是有限的，忙于小便忽于大，贪得多便难以专，因此，不露才华、不显聪明，才能承担以后的大任。

良医服百病之方，治百人之疾；大才怀百家之言，故能治百族之乱。

【语出】汉·王充《论衡·别通》。

【通讲】大才：非凡人才。良医掌握治各种病的药方，所以能治好各种人的疾病；大才掌握各家理论，所以能治理各种变乱。

【鉴赏】人才难得，需要各种各样的杰出人物，为天下排忧解难。

量小非君子，德高乃丈夫！

【语出】明·无名氏《名贤集》。

【通讲】器量狭小，不是有德行的人；道德高尚，才是大丈夫！

【鉴赏】要努力做器量大、有德行的人。

能忍辱者，必能立天下之事。圯桥匍匐取履，而子房韫帝师之智；市人笑出胯下，而韩信负侯王之器。死灰之溺，安国何羞；厕中之箦，终为应侯。盖辱为伐病之毒药，不瞑眩而瘳。故为人结袜者为廷尉，唾面自干者居相位。噫，可不忍欤！

【语出】元·吴亮、许名奎《劝忍百箴·辱之忍》。

【通讲】能够忍受侮辱的人，一定能建立统一国家的事业。张良在桥下爬着给老人捡鞋子，从此他胸怀帝师的智谋；市场上的人讥笑韩信从别人胯下爬出，其实他负有王侯的气量。被看成是不可能复燃的死灰，韩安国受到何等侮辱；被裹在厕所的席子里，范雎最后被封为应侯。侮辱实在是给人治病的毒性药物，不使病人昏迷又怎能治好病呢？所以为别人结束袜子的张释之能当廷尉；甘心让别人吐在脸上的唾沫自己干掉的娄世德居于宰相的地位。唉，怎么能不忍呢！

【鉴赏】《说苑·众谈》说："能够忍受耻辱的人安全，能够忍受羞辱的人可以生存。"能忍受极大的耻辱，才能成就大事业。如果不能忍受难以忍受的事，就不能成为人才。

能为人则者，不为人下矣。

【语出】《左传·昭公元年》。

【通讲】则：准则；榜样。能成为别人准则的人，不会处于人下。

【鉴赏】鲁昭公元年正月十五，楚公子围在虢地与诸侯国大夫会见，重温襄公二十七年宋国盟会的友情。祁午赞誉赵文子辅佐晋国作为盟主会合诸侯、大夫，安定国家、平定动乱的功劳，认为楚国不守信用欺骗晋国，提醒赵文子要加以戒备。赵文子则认为,楚国之所以驾凌在晋国之上,是因为子木有害人之心,我有爱人之心;我要用信用作为根本,继续做下去;好比农夫,只要勤于除草培土,即使有一时灾荒,最终也一定获得丰收。而且听说"能为人则者,不为人下矣",我难在不能做到这一点,楚国不可能成为祸患。此句告诉我们要以自己的行动做出榜样,赢得尊重,树立威信。成为大家遵循的准则,当然不会处于人下。执政者、管理者更需要以身作则,其身正,不令而行。

能者非他,能自树立,不因循者是也。

【语出】唐·韩愈《答刘正夫书》。

【通讲】能者并没有什么特别过人之处,而是能够树立自己的立场观点,不因循守旧的人。

【鉴赏】韩愈为文主张抒意立言,自成一家新语,并鼓励创造性人才。如果只是一味地因循守旧,必定被抛弃于历史的车轮之后,只有不断创新,方能走在时代的前列,方能永立于不败之地。

琼艘瑶楫,无涉川之用;金弧玉弦,无激矢之能。

【语出】晋·葛洪《抱朴子·博喻》。

【通讲】用美玉做的船和桨,没有渡人的作用;用黄金做弓,玉石做弦,没有射箭的功能。

【鉴赏】选择人才要讲求实用,也不能把人才当作华而不实的摆设。

求之其本,经旬必得;求之其末,劳而无功。功名之立,由事之本也,得贤之化也。非贤,其孰知乎事化?故曰其本在得贤。

【语出】《吕氏春秋·本味》。

【通讲】做事情抓住了根本,短时间就必有所得;如果只抓那些细枝末节,只能是劳而无功。要建功立业,就要抓住事情的根本,要得到贤人的启发和指点。除非贤人,谁能了解事物的发展变化?所以说,建功立业的根本就在于得到贤人。

【鉴赏】人是第一位的,有才能的人是事业成功的关键。

全材实难，贵在量能器使，用当其才则可奏功，用违其才亦足偾事。

【语出】清·左宗棠《敬陈荐举人材折》。

【通讲】偾(fèn)事：败事；坏事。全能的人才实在难得，贵在能量才录用，用才得当则可有所成就，用才不当也足以因此坏事。

【鉴赏】领导者要知才善任。只有识才准确，使用得当，才能充分发挥其专长以成就事业。

人才难得，能否不一。性忠实而才识有余，上也；才识不逮而忠实有余，次也；有才而难保，可藉以集事，又其次也。怀邪观望，随时势改变，此小人也，终不可用。

【语出】《宋史·刘挚传》。

【通讲】人才难以找到，有的人有才能，有的人才能低劣。本性忠实而才识高明的人，是上等人才；才识不足而忠实有余的人，是次等人才；有才能而不一定可靠，但可以依靠去完成工作的人，属于第三等人。存心不良，观望等待，随时势投机取巧的人，这是小人，根本不可用。

【鉴赏】分析人才的不同情况，以便更好地用人。

人臣若无学业，不能识前言往行，岂堪大任？

【语出】唐·吴兢《贞观政要·崇儒学》。

【通讲】臣子若不读书，没有学问，不能识别前人的言论和行为，那怎么能承担重大责任？

【鉴赏】不读书，不能从历史得到借鉴，没有广博的知识，只能是鼠目寸光，这样的人怎堪重任？

人各有能有不能。

【语出】《左传·成公五年》。

【通讲】人们各有所能，也各有所不能。

【鉴赏】鲁成公五年春季，晋国的赵同、赵括把异母兄弟赵婴放逐到齐国。赵婴说："有我在，所以栾氏不敢作乱。我走后，两位兄长恐怕就有忧患了。况且人各有能有不能,赦免我又有什么坏处?"赵同、赵括不听。赵婴梦见天使对自己说:"祭祀我,我降福给你。"派人向士贞伯询问。士贞伯说不知道。不久士贞伯又告诉别人说:"神灵降福给仁爱的人,而不降祸给淫乱的人。淫乱而没有受到惩罚,这就是福了。祭祀了,难道就能免除灾祸?"赵婴祭祀了神灵,第二天就逃亡了。人的才能智慧总是各有长短,不能求全责备,要树立"不拘一格、才尽其用"的用人观念。明人顾嗣协有诗云:"骏马能历险,力田不如牛。坚车能载重,渡河不如舟。舍长以就短,智者难为谋。生材贵适用,慎勿多苛求。"扬长避短,使人才各得其所、各尽所能、各展其才、各建其功。

人之才能,自非圣贤。有所长,必有所短;有所明,必有所蔽。

【语出】明·王守仁《陈言边务疏》。

【通讲】人的才能,自然不如圣人。必然有长处,也有短处;在有的事情上看得很清楚,有的事情上糊涂。

【鉴赏】对待人才,不应求全责备。

任大者思远,思远者忘近。

【语出】汉·桓宽《盐铁论·散不足》。

【通讲】能够担起重任的人一定有深谋远虑,有深谋远虑的人不会计较眼前的利益得失。

【鉴赏】深谋远虑是做大事的人应有的品质。

圣人被褐怀玉。

【语出】《老子》第七十章。

【通讲】褐:粗布衣服。圣人穿的是粗布衣服,身上却揣着宝玉。

【鉴赏】圣人在乱世应韬晦以求避祸。也形容外表朴实无华但心灵高尚的人。

识时务者为俊杰,昧先见者非明哲。

【语出】《幼学故事琼林》。

【通讲】认清形势变化的人才是真正的聪明人,不明白将要出现的细微变化的人并不是明智之人。

【鉴赏】自然规律和真理似乎看不见、摸不着,不可揣摩,但它会通过一种方式告诉我们,并且让我们千万不要违背。有智慧的人往往可以先知先觉,通过捕捉细微变化感知宇宙万物变化。后知后觉者可以通过学习,了解事物的真相,效法圣贤,以不变应万变。

士人贵经世,经史最宜熟。工夫须逐段作去,庶几有成。

【语出】明·吴麟徵《示儿辈》。

【通讲】读书人看重治理世事,对古代的儒家经典和史籍最为熟悉。工夫一一做去,差不多就会有成就了。

【鉴赏】说明读书人如何育成经世之才。

士有忍死之辱,必有就事之计。

【语出】《后汉书·第五种传》。

【通讲】能忍受最大耻辱的人,必定有能任大事的谋略。

【鉴赏】忍辱负重,才能担当大任。

世必有非常之人,然后有非常之事;有非常之事,然后有非常之功。

【语出】汉·司马相如《难蜀父老》。

【通讲】大凡世上一定要有不同寻常的人,才能有不同寻常的事;有不同寻常的事,才能建立不同寻常的功业。

【鉴赏】这是对非常之人所做的非常之事的肯定,赞扬了“不因循,不守常”的风格,反映了当时积极进取的社会精神风貌。

天生才甚难,不忍以微瑕弃也。

【语出】《明史·徐溥传》。

【通讲】微瑕:小缺点;小毛病。人才难得,不忍心因为一点点小缺点就摒弃不用。

【鉴赏】徐溥认为人才很难得,不要因小过而损贤才。领导者不仅要重视人才,还要给人才一个宽松、和谐的发展环境,不能因小的过错而弃用,这样才能让他们各展所长,给国家作出贡献。

同是物也,人能学则贵,异于万物矣;同是人也,能学则异于常人矣;同是学人也,博学则胜于陋学矣。同是博学,通于宙合,则胜于一方矣;通于百业,则胜于一隅矣。通天人之故,极阴阳之变,则胜于循常蹈故、拘文牵义者矣。

【语出】清·康有为《长兴学记》。

【通讲】同样作为自然物体,人因为能学习而显得高贵,与其他万物有着明显的区别;同样是人,善于学习的人就与常人显得不同;同样是善于学习的人,知识广博的就胜过知识贫乏的。同样博学的人,如能达到全方位,就胜过只专一方面的;对各行各业都了解的,就胜过只知道某一角落的。而能够通达宇宙人生的大道理,精于阴阳矛盾的变化的,则胜过只能循规蹈矩,按教条解释、办事的人。

【鉴赏】知识越广博精深自然越好。而真正达到学习修养的极高境界时,人会突破原有知识框架的限制,并且不再按照知识中的一般规定去行动。

修身者,智之符也;爱施者,仁之端也;取予者,义之表也;耻辱者,勇之决也;立名者,行之极也。士有此五者,然后可以托于世,而列于君子之林矣。

【语出】汉·司马迁《报任安书》。

【通讲】修身:努力提高道德修养。符:证据。施:施恩。耻:动词,即知道耻辱。决:决心。立名:树立好的名声。行:品行。极:最高准则。君子必须不断提高自己的思想修养,才能对生活中遇到的问题作出明智的选择;慷慨爱人,是培养“仁慈”情操的开端;当取则取,当予则予,这是君子遵守道义的表现;君子受辱而知羞耻,因此行为果断而英勇不屈;建功立业扬名于世,这是君子的最高品行。志士有这五种品德,然后就可以托身于社会,排在君子的行列中了。

【鉴赏】司马迁从当时社会意识中举出这五条作为衡量一个人是否为君子的标准，表现出他争当君子，并以此作为人生的目标而奋斗终身的决心。

一年之计，莫如树谷；十年之计，莫如树木；终身之计，莫如树人。

【语出】《管子·权修》。

【通讲】想在一年内获得利益，不如栽种谷物；想在十年内都有好处，不如栽种树木；希望终身都有利益，不如致力于培养人才。

【鉴赏】国家教育人民是非常重要的，培养人才是长期的任务。

以耿介拔俗之标，潇洒出尘之想，度白雪以方洁，干青云而直上。

【语出】南朝齐·孔稚圭《北山移文》。

【通讲】标：风度；格调。度：比量。方：比。干：犯；凌驾。北山：即钟山，也即南京的紫金山。(真隐士)具有光明正直、超拔流俗的品格，潇洒馥郁、自然出尘的理想，同时品德好像白雪一样纯洁，可与青云比高。

【鉴赏】孔稚圭对真隐士的高贵品格的描绘应当作为我们道德修养的标准，我们要做个真正的人。

有德而有才，方见于用。如有德而无才，则不能为用，亦何足为君子。

【语出】宋·朱熹《朱子语类》卷三十五。

【通讲】德才兼备的人才能为世所用，如果有德而无才，就不能为当世所用，这样的人又怎么能成为君子呢？

【鉴赏】德才兼备是用人之道，也是成为君子的必要条件。

智者不逆天，不逆时，不逆人也。

【语出】三国蜀·诸葛亮《将苑·智用》。

【通讲】凡是有才智的人，不会悖逆天时条件，不会丧失时机，也不会违背人们的意志。

【鉴赏】情势、时机、人心,是办事的三大基石。务必顺应,不可违背,否则,一事无成。

诸生业患不能精,无患有司之不明。行患不能成,无患有司之不公。

【语出】唐·韩愈《进学解》。

【通讲】学生们,不要担心选拔人才的人不公平,只怕你们的学业不精湛;不要担心他们做不到公平,只怕你们的品行无所成就!

【鉴赏】说明只要自己学业精湛,品行优秀,就不必担心不被任用。

做大事人,要三资具备:曰识,曰才,曰力。

【语出】清·魏禧《日录里言》。

【通讲】做大事业的人要具备三种资质,就是:学识、才干、毅力。

【鉴赏】无识不足料变,无才不足成事,无力不足持久。做大事业的人,必定具备识、才、力三种品格。

9 育　才

崇治之道，必也须才；养才之要，莫先于学。

【语出】《魏书·郑道昭传》。

【通讲】追求安定的途径，一定需要人才；培养人才的关键，莫过于首先设立学校。

【鉴赏】抓紧教育，培养人才，是治国理政的首要任务。

夫人虽禀定性，必须博学以成其道，亦犹蜃性含水，待月光而水垂；木性怀火，待燧动而焰发；人性含灵，待学成而为美。

【语出】唐·吴兢《贞观政要·崇儒学》。

【通讲】人虽然天生具有好的品性和气质，但必须博学才能有所成就，就像大蛤本性含水，但要等月光照射才喷出水来；木材本性包含火的因素，但要靠发火的工具才能引燃；人的本性中包含着聪明灵巧，但要等学业完成才显出美的本质。

【鉴赏】这是唐太宗对中书令岑文本所说的一段话，阐述了教育对人的品性形成、潜力开发的重要性。人的天赋差别不大，也没有不能用的人才。关键在于领导者有意识地给予培养，以造就可用之才。

夫善国者，莫先育才；育才之方，莫先劝学。

【语出】宋·范仲淹《上时相议制举书》。

【通讲】善于治理国家的人，没有不把培育人才放在首位的；重视培育人才的办法，又没有不把提倡、鼓励读书放在首位的。

【鉴赏】人才、知识、技能、学问，对于人们是很重要的。

古者小学，教人以洒扫、应对、进退之节，爱亲、敬长、隆师、亲友之道，皆所以为修身、齐家、治国、平天下之本。

【语出】宋·朱熹《小学书题》。

【通讲】古时候的小学教导学生在家应该洒扫庭院居室，并学习出外如何向老师请教、回答问题的礼仪，爱父母，尊重长辈、敬重老师，与朋友相亲友爱的道理和方法，这些都是修养自身、管理家庭、治理国家、天下和平的根本。

【鉴赏】让少年儿童养成做人、做事和学习方面的良好习惯，必然受用终身，也是成就事业的基础。

马越险则驽骏别，刃试坚则钢铅见。

【语出】明·何景明《郑子擢郎中序》。

【通讲】马越历险就越看出是劣马还是良驹，刀刃是钢还是铅只能在砍坚硬的东西时才可分别。

【鉴赏】青年人就应该有远大的抱负，敢于直面风浪，不做温室里的花朵，而应做暴风雨中的雄鹰，搏击蓝天，翱翔长空，在战斗中成长。

木受绳则直，金就砺则利。

【语出】《荀子·劝学》。

【通讲】木材经墨线作用之后，就能加工成端直的材料；刀剑在磨石上打磨之后，才能变得锋利。

【鉴赏】人们要经过学习和教育，才能改造和培养成才。

人材须用而后见。

【语出】《宋史·魏胜传》。

【通讲】人才必须通过实践处事而后显露出来。

【鉴赏】在使用中发现和锻炼人才。

人皆知外洋各国之强由于兵，而不知外洋之强由于学。夫立国由于人才，人才出于立学，此古今中外不易之理。

【语出】清·张謇《代鄂督条陈立国自强疏》。

【通讲】人人都知道外国列强的强大是由于其军队强大，而不知其强大是由于教育发达。建设国家需要人才，而人才是靠教育来培养的，这是古今中外不变的道理。

【鉴赏】百年大计,教育为本,一个国家的强弱决定于其国民的素质。而人的素质,决定于是否有一个良好的教育机制。

人之才,譬如草木焉,雨以濡之,风以动之,则其长也。

【语出】宋·苏辙《私试进士策问》。

【通讲】人的才能像草木一样,用雨滋润它,用风吹动它,它就这样逐渐成长起来了。

【鉴赏】人才的成长,需要细心的教育和培养。

时人不识凌云木,直待凌云始道高。

【语出】唐·杜荀鹤《小松》。

【通讲】世上的人不认识这是将来可以高入云霄的树木,一直要等到它已经高入云霄了,才承认它的伟岸。

【鉴赏】人和树木一样,有才华的年轻人也往往被一些目光短浅的人所轻视。诗人为年轻的才智之士发出呼吁,要求人们能以发展的眼光来看待年轻人的成长。好好加以爱护和培养,这样才能更好地成才。

万卷藏书宜子弟,十年种木长风烟。

【语出】宋·黄庭坚《郭明甫作西斋于颍尾请予赋诗》。

【通讲】藏书万卷,可作子弟们的精神食粮;十年栽树,风烟中可长成栋梁。

【鉴赏】这可以成为格言的诗句,用形象生动的语言表达出来,意境就分外优美而深邃。

物不经锻炼,终难成器;人不得切琢,终不成人。

【语出】明·李贽《焚书·答耿司寇》。

【通讲】物品不经过锻造烧炼,终究难做成美器;人不经历各种挫折磨难,终究难成为人才。

【鉴赏】经历艰难困苦,可以长成人才。

新竹高于旧竹枝，全凭老干为扶持。

【语出】清·郑燮《新竹》。

【通讲】新生的竹高于旧的竹，只是靠旧竹老干的扶持。

【鉴赏】说明青出于蓝而胜于蓝，而新一代的成长又靠老一代的扶植。

育才造士，为国之本。

【语出】唐·权德舆《进士策问五道》。

【通讲】培育人才，造就人才，是国家的根本。

【鉴赏】人是第一可宝贵的，要重视人才。

曾谓人才以陶冶而成，胡亦曰人才由用才者之分量而出，可知用人不必拘定一格。而董陶栽成之术，尤在用人者运之以精心，使人人各得显其所长，去其所短而已。

【语出】《曾胡治兵语录·用人》。

【通讲】曾国藩认为人才是靠培养锻炼而成，胡林翼也说人才是靠用人者的量才而用。可见用人不必拘于一格。而培养人才的方法，重要的是用人者要细心考虑、极力观察人才的德行，使他们做到扬长而去短。

【鉴赏】说明了培养人才的办法。

子弟者，大人之胚胎；秀才者，士大夫之胚胎。此时若火力不到，陶铸不纯，他日涉世立朝，终难成个令器。

【语出】明·洪应明《菜根谭》。

【通讲】令器：美好的栋梁之材。小孩是大人的前身，学生是官吏的前身。假如在这个阶段学习不多、磨炼不够，将来踏入社会，很难成为一个有用之才。

【鉴赏】对年青一代的教育是很重要的，国家社会的未来在下一代人身上，教育学习，培养品德，锻炼意志，下一代人将来才会有所作为，成为有用之才。要注意幼不陶铸，长不成器。

10 智　慧

不与人争得失,惟求己有知能。

【语出】清·王永彬《围炉夜话》。

【通讲】不和他人去争名利上的得失,只求自己能够不断增长智慧与能力。

【鉴赏】真正聪明的人专心致力于自己能力的提高,不必与人争名利,这样必会有远大的前途。

察其秋毫,则大物不过矣。

【语出】《吕氏春秋·察微》。

【通讲】秋毫:鸟兽在秋天长出来的细毛,比喻极微小的事物。能够明察秋毫,大事就不会出现过失了。

【鉴赏】说明为人精明,目光敏锐,任何小问题都看得很清楚。

聪明勿使外散,古人有纩以塞耳,旒以蔽目者矣;耕读何妨兼营,古人有出而负耒,入而横经者矣。

【语出】清·王永彬《围炉夜话》。

【通讲】纩以塞耳:是用丝绵塞住耳朵,以防外忧的意思。聪明的人不要过于外露,古代有用丝绵堵塞耳朵,用帽饰遮住眼睛来掩饰聪明的人;耕田和读书不妨兼顾,古代有人白天扛着农具出去耕种,夜晚则回家捧着经书阅读。

【鉴赏】善于全身的人从不锋芒毕露,以免遭人暗算。且耕且读,是古代读书人憧憬的生活方式,边劳动边读书既不相互妨碍,又相得益彰,劳力和劳心相结合既有益于身体,又能健脑,何乐而不为呢?

夫相,大官也。处大官者,不欲小察,不欲小智。故曰:"大匠不斫,大庖不豆,大勇不斗,大兵不寇。"

【语出】《吕氏春秋·贵公》。

【通讲】不欲小察:不在小处挑剔。小智:小聪明。大匠不斫:高明的木匠不自己砍削。大庖不豆:高明的厨师不亲自宰割。大勇不斗:最为勇敢的人不做私斗。寇:侵略。国相,是大官,当大官的人,不应该在小事情上去苛求,不应该玩弄小聪明。所以说:"高明的木匠不自己动手砍削(而只设计示范)。高明的厨师不自己动手宰割(而只调和五味)。最为勇敢的人不做格斗,强大的军队不侵略别人。"

【鉴赏】位居高官的人,不应事无巨细,而应致力于大政方针的筹划安排上。

夫知者举事也,满则虑溢,平则虑险,安则虑危,曲则虑直,由重其豫,惟恐不及,是以百举而不陷也。

【语出】汉·刘向《说苑·权谋》。

【通讲】有智慧的人办事,满了要考虑溢出,平安时要考虑危险,顺利时则考虑曲折,特别重视预测,唯恐考虑不周,所以办了很多事也不至于陷入困境。

【鉴赏】要透过目前平安、顺利的景象看到未来的趋势和可能的危险,由此再加以预防,所以百事不陷。

慧者心辩而不繁说,多力而不伐功,此以名誉扬天下。言无务为多而务为智,无务为文而务为察。故彼智无察,在身而情(惰),反其路者也。

【语出】《墨子·修身》。

【通讲】具有大智慧的人,内心清楚却不多说,努力做事却不自夸,以此就可以名扬天下。说话不图繁多而讲究富有智慧,不图文采而讲究清楚明白。没有智慧就不能明察,再加上自身的懈怠,想成功却只会背道而驰。

【鉴赏】与先秦儒家一样,修身也是墨家思想体系中的有机组成部分。墨家不但认识到修身是立身行事之本,而且重视实践、反省等修养方法以及环境对于修身的影响。墨家的修身观对中国传统修身思想产生了重要影响。实事求是体现在为人处世上,就是说老实话、办老实事、做老实人。一切从实际出发,尊重事实、尊重科学,不唯上、不唯书、只唯实,最终能得到群众的认可、社会的肯定。

集众思,广众益。

【语出】《三国志·蜀志·董和传》。

【通讲】集中众人的智慧,广泛吸收有益的意见。

【鉴赏】不要搞一言堂。要广泛听取各方面意见,把事情办好。

巧者一决而不犹豫,是以疾雷不及掩耳,迅电不及瞑目。

【语出】《六韬·军势》。

【通讲】决:决断。瞑:合。智巧者一旦作出决断就不再犹豫,就如急电迅速到来不及掩耳朵,闪电快速到来不及合眼。

【鉴赏】不论打仗还是办事情,都要神速,一旦下定决心,就要迅速行动,才能抓住时机取得成功。

知有所困,神有所不及也。虽有至知,万人谋之。

【语出】《庄子·外物》。

【通讲】才智有困窘的时候,神思有考虑不到的地方。即使有最高超的智慧,也抵挡不了万人的谋算。

【鉴赏】要正确对待自己,正确对待群众。自己再聪明,也有失误的时候,这就要求遇事多听取群众意见,兼听则明。

知止而后有定,定而后能静,静而后能安,安而后能虑,虑而后能得。

【语出】《大学》。

【通讲】止:目标,朱熹《大学章句》释为“止者,所当止之地,即至善之所在也”。静:静心,朱熹释为“静,谓心不妄动”。虑:思考精审,朱熹释为“虑,谓处事精详”。虑而后能得:知道目标所在,这样才能志向坚定。志向坚定才能够镇静不躁,镇静不躁才能够心安,心安才能够思虑周详,思虑周详才能够有所收获。

【鉴赏】《大学》原为《礼记》第四十二篇,北宋程颢、程颐兄弟把它从《礼记》中抽出，编次章句。后朱熹将《大学》《中庸》《论语》《孟子》合编注释，称为"四书"，从此《大学》成为儒家经典。这段话出自《大学》首章，记录了一个完整的思维运行过程：止—定—静—安—虑—得。心浮气躁、急功近利、患得患失，还是因为权力观、地位观和利益观不正确，一心想着仕途升迁，罔顾群众利益，要坚守做人的操守和从政的道德，才能静心思考，冷静处世，砥砺意志。

智士也者，国之器。

【语出】汉·刘向《新序·杂事四》。

【通讲】智慧之士是国家的重器。

【鉴赏】有智慧的人善于出谋划策，是治理国家的难得的人才。

智术之士，必远见而明察，不明察，不能烛私；能法之士，必强毅而劲直，不劲直，不能矫奸。

【语出】《韩非子·孤愤》。

【通讲】懂得运用统治手段、策略的人，一定有高远的见识，并且能够明察秋毫，如果不能明晰机警地观察，就不能发觉隐私；能够善于推行依法治国的人，一定是刚强坚决果断正直，不果断正直，就不能纠正邪恶。

【鉴赏】善于运用策略和善于依法而治的人，能够刚强果断，明察秋毫，他们如果能被任用，那么有私心的、无视法令的位尊权重之臣就必定不容于法律，这些重臣就无法实施任何的阴谋诡计、无法实施任何邪恶的行动。

智所以相过，以其长见与短见也。

【语出】《吕氏春秋·长见》。

【通讲】人的智慧之所以彼此有差异，是因为有的人具有远见，有的人目光短浅。

【鉴赏】说明人必须有远见。

智者之虑，必杂于利害。

【语出】《孙子·九变》。

【通讲】杂:夹杂,兼顾。聪明人考虑问题,一定要同时兼顾利益和害处两个方面。

【鉴赏】做任何事情,都要权衡利弊,聪明的领导者行动前都要趋利避害,争取最好结果,留有余地。

众人之智,可以测天;兼听独断,惟在一人。此大谋之术也。

【语出】汉·刘向《说苑·权谋》。

【通讲】汇合众人的智慧,可以探测神秘的上天;兼听各方面的意见,然后独立作出决断,这只能由一个人来作。这是进行重大计划的方法。

【鉴赏】通过集中各人意见,最后由最高领导者做出决策,这是科学的决策方法。

11 英　　才

百世一人，千载一时。

【语出】宋・苏轼《祭司马君实文》。

【通讲】一百世才能遇到这么一位人物，一千年才能遇到这么一次时机。

【鉴赏】难得其人，难逢其时。

不有屈原，岂见《离骚》？惊才风逸，壮志烟高。

【语出】南朝梁・刘勰《文心雕龙・辨骚》。

【通讲】如果没有伟大的作家屈平，岂能见到伟大的作品《离骚》？惊人的才华像长风奔放飘逸，壮烈的志气如烟云直冲九霄。

【鉴赏】屈原所作的《离骚》在文学史、思想史上有重要的地位。这种影响的产生根源于他非凡的才华，以及志虑忠纯的本心。这两句话既是对屈原的肯定，也是对文学作品影响力产生的分析，国人常说“文如其人”，正是奔放的才华与非凡的志气才能成就一部有影响的作品。

后来者居上。

【语出】《史记・汲郑列传》。

【通讲】居：处。上：上位。后来到的反而处于上位。

【鉴赏】汉朝的汲黯位列九卿，当时公孙弘和张汤都是个小吏。后汲黯因直谏并反对汉武帝反击匈奴而失宠，而公孙弘当了丞相并封侯，张汤则任御史大夫，地位均超过了汲黯。黯不满，对武帝说：“陛下用群臣，如积薪耳，后来者居上。”现用来说明后学胜过前人，一代更比一代强。

江山代有才人出，各领风骚数百年。

【语出】清・赵翼《论诗》。

【通讲】才人:优秀的人才。风骚:才华;文采。各个时代都有优秀的人物出现,他们各自影响了几百年的才华倾向。

【鉴赏】反映了作者创作不应迷信古人,每个时代都有自己的优秀作家来领导诗坛的文艺思想。引申为不断创新,以发展变化的观点来看待各种事物。

三代之辅弼,本道德以为事功;后世之宰衡,恃才气以为事业。

【语出】清·胡达源《弟子箴言·裕经济》。

【通讲】夏、商、周时的大臣,以道德辅佐君王,从而成就自己的功绩;后世的大臣,凭借自己的才气辅佐君王,以显示自己的成就。

【鉴赏】以道德和才气辅佐君王,成就大业。

唯英才特达,则炳曜垂文,腾其姓氏,悬诸日月焉。

【语出】南朝梁·刘勰《文心雕龙·诸子》。

【通讲】特达:超出一般人之上。曜:同"耀"。只有才华出众的人,才能垂留下光辉闪耀的文章,使其声名传布,像悬挂在天上的太阳、月亮。

【鉴赏】这两句说明了人的才华德行与影响之间的关系。才高德昭,便有留名万世的可能。原文指的是先秦诸子文章得以流传的原因。借此,也可用于勉励人生,引导人们思考自己的人生价值取向。

贤人君子,明于盛衰之道,通乎成败之数,审乎治乱之势,达乎运就之理。故潜居抱道,以待其时。

【语出】汉·黄石公《素书·原始》。

【通讲】具有杰出才能的人士,能明了事物兴旺与衰败的道理,能精通事关胜败的谋略,能明察治理天下的方法,能够以豁达的态度去对待个人的进退。所以这样的人能够坚持自己的信念,过着隐居的生活,等待合适的发挥自己才干的机会。

【鉴赏】外部条件对于事业的成功是非常重要的。具有雄才大略的仁人志士没有合适的机会去一展才华,也只能自叹怀才不遇。耐心地等待机遇,有机会便当仁不让,没有机会便独善其身。

智者不倍时而弃利，勇士不怯死而灭名。

【语出】《史记·鲁仲连邹阳列传》。

【通讲】倍:通“背”,违背。明智的人不会因违背时势而放弃利益;勇敢的人不会因贪生怕死而损坏名声。

【鉴赏】如何当智者,如何算勇士,这里做了最好的阐释。

智者不为非其事，廉者不求非其有。

【语出】《韩诗外传》卷一。

【通讲】聪明的人不做不应当做的事,廉洁的人不贪图不应当拥有的财物。

【鉴赏】多一事不如少一事,不要插手别人的事,不要越俎代庖,所以聪明的人不会去做不应当做的事,廉洁的人不去贪求不属于自己的财物。

中华七万里，何地无人杰。

【语出】清·归庄《古意》。

【通讲】中国地域辽阔,哪个地方没有杰出的人物呢?

【鉴赏】中华民族是富有智慧的民族,产生许多杰出的人才。

庄王不为小害善，故有大名；不蚤见示，故有大功。

【语出】《韩非子·喻老》。

【通讲】蚤:通“早”。楚庄王没有因为小事而妨碍大的善举,所以有好的名望;没有较早显现出自己的才干,所以有大的功勋。

【鉴赏】楚庄王在执政的头三年,没有发布任何命令,也没有处理政事。但等他着手处理时,兴办了九件事情,废除了十件,诛杀了五位大臣,任命了六位,将国家治理得井井有条。之后起兵各方征讨,而后称霸天下。他的故事提醒我们,做事要准备充分,注重前期的积累,不要急功近利,而应该韬光养晦,才能越大的人可能越晚成功。

12 见 识

不自是者博闻。

【语出】宋·李邦献《省心杂言》。

【通讲】不自以为是的人,就会有很广博的见识。

【鉴赏】不自以为是的人会广泛听取众人的意见,会广泛学习,就有广博的见闻。

非识无以断其义,非才无以善其文,非学无以练其事。

【语出】清·章学诚《文史通义·史德》。

【通讲】没有见识就不能判明事理,没有才华就不能写出好文章,没有学问就不能熟练解决事务。

【鉴赏】要努力把自己培养成有见识、有才华、有学问的人,这对走好人生道路非常重要。

为人上者,最怕器局小,见识俗。

【语出】明·吕坤《呻吟语·治道》。

【通讲】器局:度量。身居要职的人,最怕度量小又没真知灼见。

【鉴赏】高官者的修养应是度量大,见识高。

坐井而观天,曰天小者,非天小也。

【语出】唐·韩愈《原道》。

【通讲】井底之蛙之类观察天空说天很小,其实并不是天小。

【鉴赏】批判社会上有些人视野太小。

13 体　察

父不能知其子，则无以睦一家；君不能知其臣，则无以齐万国。

【语出】唐 · 吴兢《贞观政要 · 择官》。

【通讲】齐：使整齐，使团结一致。父亲如不了解自己的儿子，就难以使全家人和睦；国君如不能了解自己的臣子，就无法使属国与之一致。

【鉴赏】说明体察下情对于家庭乃至国家的重要性。

后生可畏，来者难诬。

【语出】三国魏 · 曹丕《与吴质书》。

【通讲】年轻人有希望，令人敬畏；后来者怎样，不妄加评论。

【鉴赏】一切要以人的实迹评论。

路不险，则无以知马之良；任不重，则无以知人之材。

【语出】唐 · 马总《意林 · 中论》。

【通讲】道路不艰险，就无法知道马是否优良；肩上的担子不重，就考验不出一个人是否有才能。

【鉴赏】艰难险阻，是考验人才的试金石。

马不可以服重，牛不可以追速。

【语出】《淮南子 · 齐俗训》。

【通讲】服重：驮载重物。追速：快跑。马不可以驮载太重的东西，牛不可以快跑。

【鉴赏】物各有所长，各有所短，应避其所短，扬其所长。

明足以察秋毫之末，而不见舆薪。

【语出】《孟子 · 梁惠王上》。

【通讲】秋毫：秋天鸟兽身上新长的细毛。末：末梢。舆：车子。薪：柴。

眼睛能够看到秋天鸟兽身上新长的细毛的末梢,却看不到整车的柴草。

【鉴赏】比喻只看到小的地方,而看不到大的方面。对事物的体察极不到位。

破天下之至巧者以拙,驭天下之至纷者以静。众无大小,推诚相与。咨之以谋,而观其识;告之以祸,而观其勇;临之以利,而观其廉;期之以事,而观其信。知人任人,不外是矣。

【语出】《曾胡治兵语录·诚实》。

【通讲】战胜天下最巧者的方法是用"拙",驾驭天下最纷乱的事的方法,是用"静"。不论人们的尊卑贵贱,都应当推诚相待。向他们询问谋略,以观察其见识的高低;让他们去办一件危险的事情,以观察他们的勇气如何;让他们面对有利可图的环境,以观察他们的廉洁程度;限期他们完成一件事情,以观察他们的信用如何。了解人,任用人,不过就是这些办法了。

【鉴赏】要很好地知人、用人。

人君贵明不贵察。

【语出】《明史·蔡时鼎传》。

【通讲】作为人主,重要的是明辨大是大非,而不在于详察那些细微末节。

【鉴赏】劝告人主体察的重点是大是大非,而不必注意细枝末节。

若赏不遗疏远,罚不阿亲贵,以公平为规矩,以仁义为准绳,考事以正其名,循名以求其实,则邪正莫隐,善恶自分。

【语出】唐·吴兢《贞观政要·择官》。

【通讲】如果赏赐不遗漏疏远的人,处罚不偏袒宗亲贵臣,把公平作为衡量是非的标准,将仁义作为区别善恶的准绳,通过考察官吏的是非功过来确定他们任职的名分,按照所担任的职务去了解官吏的工作实绩,这样,奸邪和正直都不会被隐瞒,好与坏自然分清。

【鉴赏】考核人才要亲疏不避,有统一的标准。实际工作的业绩是考察一个人的智力、才干的基本点,也是赏罚、升迁的主要依据。

三人行，必有我师焉。择其善者而从之，其不善者而改之。

【语出】《论语·述而》。

【通讲】三人：几个人。师：老师。择：选。几个人同行，肯定有我的老师。选择好的来跟从，而发现有不好的就加以改正。

【鉴赏】为人要谦逊，向别人学习，来提高自己的见识。

生材贵适用，慎勿多苛求。

【语出】清·顾嗣协《杂兴》。

【通讲】使用人才，应用其所长，不能求全责备。

【鉴赏】人各有特长，要用其所长，充分发挥他的长处，才能做到才尽其用。

岁不寒，无以知松柏；事不难，无以知君子。

【语出】《荀子·大略》。

【通讲】终年不冷，就无从知道松柏的性格；事情不难，就无从知道君子的才品。

【鉴赏】岁寒，然后知松柏之后凋也。只有在关键时刻，才显露君子的本色。

闻不言之言。

【语出】《庄子·徐无鬼》。

【通讲】要听那种不说出口的无声语言。

【鉴赏】不论从政或与人交往，这都是极重要的方法。

贤不肖之所欲与人同，尧、桀、幽、厉皆然，所以为之异。故贤主察之，以为不可，弗为；以为可，故为之。为之必繇其道，物莫之能害，此功之所以相万也。

【语出】《吕氏春秋·贵当》。

【通讲】贤明的君主和不肖的君主，他们的欲望跟一般人相同，尧这样的圣王和夏桀、周幽王、周厉王这样的昏暴君主的欲望都是如此，但他们达到自己欲望的手段和做法不同。贤明的君主对准备要做的事都要加以审察,认为不能做就不去做,认为可以做就去做。做时一定遵循恰当的途径,所以外界没有什么东西能够妨害他,这是他们的功业远远超过不肖君主的原因啊。

【鉴赏】每个人都有自己的欲望,但达到自己欲望的途径和手段却有所不同。正确的态度应该是对自己要做或准备要做的事加以思考和审察,当做则做,不当做则不做,而且,要做就必须遵循恰当的原则。

以所见可以占未发,睹小节固足以知大体。

【语出】汉·刘向《说苑·尊贤》。

【通讲】占:预测。小节:小事。用所看到的东西,能够预测没有发现的东西;看到小事就足以了解事情的全部。

【鉴赏】这是体察的真味,以现在知未来,以小知大。

欲穷千里目,更上一层楼。

【语出】唐·王之涣《登鹳雀楼》。

【通讲】你想望到更远的地方,请再登上一层楼吧。

【鉴赏】诗句富有哲理,要想看得更远,就要不断攀登。它的好处在于虚处传神、穷极高妙、壮美无垠。

欲兴利者,必先洞察其利弊之源,庶堪得间而入,游刃于虚。

【语出】清·郑观应《致张蔼卿观察书》。

【通讲】如果想发挥优势,必须先观察研究造成优势和弊端的根源,这样或许能够找到入手的机会或地方,从而克服弊端,做到游刃有余。

【鉴赏】做事必须深入调查,获取信息,然后通过对信息分析、研究与综合,找到恰当的对策,从而达到目的。

众恶必察,众好必察易,自恶必察,自好必察难。

【语出】清·金缨《格言联璧·持躬》。

【通讲】众人的好恶容易察明,但自身的缺点好恶则不易发现。

【鉴赏】厌恶和喜好考察起来,个人比众人难。

众恶之,必察焉;众好之,必察焉。

【语出】《论语·卫灵公》。

【通讲】众:众人;大家。察:考察;省思。大家都厌恶他,一定要去考察(他);大家都喜欢他,也一定要去考察(他)。

【鉴赏】实践是检验真理的唯一标准。所以在生活中,不管对人还是对事,都应以实践来检验。不论众好、众恶都不能人云亦云,必须认真考察而后得出自己的见解。在为人处世中,能够有独立的见解,这是人们所追求的。

二十

社会

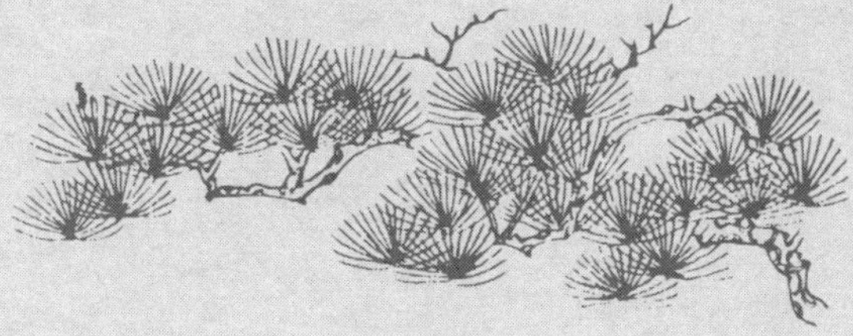

1 家 庭

爱其子而不教，犹为不爱也；教而不以善，犹为不教也。

【语出】明·方孝孺《杂诫》。

【通讲】爱自己的孩子但不加管教，这和不爱一样；管教而不向好的方面引导，这和不管教一样。

【鉴赏】疼爱孩子但不能溺爱，要管教孩子向好的方向发展。

暗中时滴思亲泪，只恐思儿泪更多。

【语出】清·倪瑞璇《忆母》。

【通讲】自己常暗中思念自己的母亲而流泪，只怕母亲思念自己，泪水会流得更多。

【鉴赏】深刻地描绘了母子相思亲爱的真挚情感。

不痴不聋，不作家翁。

【语出】《资治通鉴·唐代宗大历二年》。

【通讲】家翁：亲家公。不能适当地装痴装聋，就做不了好父亲。

【鉴赏】在家庭生活中，长辈不要过多地干涉晚辈、指责晚辈，才会有和谐的家庭氛围。

草草杯盘供笑语，昏昏灯火话平生。

【语出】宋·王安石《示长安君》。

【通讲】草草准备菜肴，只是为了与亲人一起闲谈说笑，在昏暗微弱的灯光下叙说各自的生活。

【鉴赏】长安君是作者的大妹，名文淑，嫁工部侍郎张奎为妻。本诗亲切自然，描绘了温暖亲昵的家庭气氛。

出嫁后，公姑敬；丈夫穷，莫生嗔。

【语出】明·无名氏《女儿经》。

【通讲】公姑：公婆，丈夫的父母。嗔：不满；生气。女孩子出嫁后，首先要像孝敬父母一样孝敬公婆。如果丈夫家穷，做媳妇的也不要埋怨、责怪，更不要嫌弃。

【鉴赏】女子嫁人后的行为规范。

慈母有败子。

【语出】《史记·李斯列传》。

【通讲】慈母容易溺爱子女，导致子女不成器。

【鉴赏】不严格管教子女，祸害无穷。

当家才知柴米价，养子方晓父娘恩。

【语出】明·吴承恩《西游记》第二十八回。

【通讲】当了家才知道柴米价钱之贵，有了儿女才知道父母的恩情有多深。

【鉴赏】自己当家做了父母之后才会懂得父母的深恩。

凡遇事物突来，必熟思审处，恐贻后悔；不幸家庭衅起，须忍让曲全，勿失旧欢。

【语出】清·王永彬《围炉夜话》。

【通讲】曲全：委曲求全。凡是遇到突如其来的情况，一定要深思熟虑后再慎重处理，以免处理过后又后悔；如果家庭中不幸发生纠纷，一定要以忍让之心委曲求全，不要因此失去过去的和睦欢乐。

【鉴赏】怎样处理突发事件和家庭矛盾，这是人们经常会碰到的事情。对突发事件，要深思熟虑，仔细分析事情的前因后果，在权衡利害得失的基础上，做出最佳选择。对于家庭矛盾很难用“是”与“非”来做出判断，只能通过互相理解、宽容来化解，以保持家庭的和睦和安宁。

负重道远者，不择地而休；家贫亲老者，不择禄而仕。

【语出】汉·刘向《说苑·建本》。

【通讲】肩上的担子重而且路途遥远，不管什么地方都可以休息；家境贫寒又有双亲在堂，不管俸禄多少都可以去做官。

【鉴赏】为了养家糊口，不管什么报酬都可以去做。

公姑病，当殷勤；爷娘病，时时问；丈夫病，要温存。

【语出】明·无名氏《女儿经》。

【通讲】公婆或父母生病了都要细心照料，时刻关心；丈夫生病了，更应当温存体贴。

【鉴赏】劝诫女子嫁人后在家庭生活中的行为规范。

公婆言，莫记恨。丈夫说，莫使性。

【语出】明·无名氏《女儿经》。

【通讲】公公婆婆说了些自己不爱听的话，或指出自己的缺点，一定不要往心里去；丈夫批评自己，也不要发脾气。

【鉴赏】劝诫女子嫁人后处理与公婆、丈夫关系的行为规范。

姑儿小，莫见尽；叔儿幼，莫理论。

【语出】明·无名氏《女儿经》。

【通讲】姑：丈夫的姐妹。见尽：计较。叔：丈夫的兄弟。当嫂子的不要同小姑、小叔斤斤计较，要多让他们一点。

【鉴赏】劝诫女子嫁人后在家庭生活中的行为规范。

家人有过，不宜暴扬，不宜轻弃；此事难言，借他事隐讽之；今日不悟，俟来日正警之。如春风解冻，如和气消冰，才是家庭的型范。

【语出】明·洪应明《菜根谭》。

【通讲】隐讽：借用其他事物来暗示，婉转劝人改过。俟：等待。型范：典型模范。如果家里的人犯有什么过错，不能随便大发脾气乱骂，更不可以用冷漠的态度进行冷战而不管他；如果不好直接批评，则可以借他事暗示他改正；如果没办法立刻使他悔悟，就要拿出耐心等待来日再提醒劝告。

要循循善诱,要像春天的和风解除冰天雪地似的冬寒一样慢慢来,要像温暖的气流消融冰雪一样在不知不觉间进行,这样和睦的家庭才算是模范家庭。

【鉴赏】怎样治家,如何解决子女教育问题,处理家庭关系同样要讲究方式,那种家长式的作风早已成为过去,许多家庭矛盾往往要假以时日消除或者婉转一下才能沟通。和睦的家庭、融洽的气氛就成了事业成功的基础。

家庭之言,天伦恩义之所系也,断不可有偏好偏恶之心,一涉乎偏,则家道必乖,何以对吾亲;堂陛之言,天下安危之所系也,断不可存私喜私怒之见,一涉乎私,则治术必坏,何以对吾君?

【语出】清·胡达源《弟子箴言·慎言语》。

【通讲】家庭中说的话,维系着至亲之间的和乐和恩义,且不可流露出喜欢谁厌恶谁的意思,一涉及偏爱,家道就会衰败,还有何面目见自己的亲人;朝廷上说的话,关系着国家的安危,且不可以自己的喜怒为取舍的标准,一涉及自私,治国之道就必毁废,怎么能对得起自己的君王?

【鉴赏】在家里,在社会公众场合,讲话都必须十分小心谨慎,不可偏颇和自私。

家有万贯,不如出个硬汉。

【语出】清·钱大昕《恒言录》卷六。

【通讲】家有万贯资产,不如有一个顶天立地的男儿。

【鉴赏】人是第一宝贵的,家中有一个有德有才、不怕任何艰难困苦的男儿,比家有万贯资产都强。人可以创造出多得多的财富。

家有一心,有钱买金;家有二心,无钱买针。

【语出】明·徐畛《杀狗记》第十九出。

【通讲】全家齐心协力,就有钱买金条;全家人不齐心,连买针的钱都没有。

【鉴赏】全家人团结一心，家业就会兴旺发达，全家人不齐心就会一无所有。

谨守父兄教条，沉实谦恭，便是醇潜子弟；不改祖宗成法，忠厚勤俭，定为悠久人家。

【语出】清·王永彬《围炉夜话》。

【通讲】醇潜：忠厚谦虚，敦实沉稳。谨慎地遵守父亲兄长的教导，沉稳诚实、谦逊恭敬，就是忠厚的好子弟；不随意改变祖宗传下来治家的好方法，忠诚厚道、勤奋俭朴，一定能使家道延续、长久不衰。

【鉴赏】传统的治家思想，要求子弟遵守父兄的教诲，要诚实谦恭兴业，忠厚勤俭兴家。这与儒家思想中的温、良、恭、俭、让和仁、义、礼、智、信的道德要求相适应，是历代治家经验的总结，应该成为家庭成员遵守的基本道德准则。

刻薄成家，理无久享；伦常乖舛，立见消亡。

【语出】明·朱用纯《朱子家训》。

【通讲】刻薄：冷酷无情，不厚道。理：常理。伦：人伦，即君臣、父子、夫妇、兄弟、朋友。常：五常，即仁、义、礼、智、信。伦常：指封建伦理道德、伦理纲常，即人与人之间相处生活的关系和应当遵守的行为准则。乖：冲突；不和谐。舛：错乱；不齐。冷酷无情治家，理应无法持久；伦常错乱不齐，立刻可以看到家庭衰落而灭亡。

【鉴赏】治家的原则。其中的伦常要剔除封建之糟粕。

黎明即起，洒扫庭除，要内外整洁；既昏便息，关锁门户，必亲自检点。一粥一饭，当思来处不易；半丝半缕，恒念物力维艰。

【语出】明·朱用纯《朱子家训》。

【通讲】黎：黑色。黎明：即天色开始发亮的时候。洒扫：洒水和扫地。庭除：门前的台阶。既：已。昏：黄昏；傍晚。门户：古代称双扇的门叫门，单扇的叫户。检点：细心查看。来处：指一种东西在得到之前的各种工作和手续。缕：织布的线。恒：常常。物力：物产资财。维：是。艰：困难。天一亮就起床,洒水、扫地,室内室外、门前台阶都要清理干净。傍晚以后就要休息,要亲自检查门户是否都关锁好了。一粥一饭,都要考虑来之不易,一丝一线,都要想到物质资财得来的困难。

【鉴赏】治理家庭的原则,还可以作为今天治家的借鉴。

里有言,莫外说;外有言,莫内传。

【语出】明·无名氏《女儿经》。

【通讲】家中有点小摩擦也是正常的,自家的事自家解决,不应该在邻里、亲友间乱说,避免引起家庭纠纷,造成感情不和。在邻里或街头巷尾听到的闲话,也不要在家里议论:要记住祸从口出,搬嘴弄舌往往要给自己惹来麻烦。

【鉴赏】在家庭生活中要内外有别,言语要谨慎。

立爱惟亲,立敬惟长。始于家邦,终于四海。

【语出】《尚书·伊训》。

【通讲】在家庭里要建立慈爱相待的关系,晚辈对待长辈要尊敬而有礼貌。这样就可以从家庭和较大范围内建立和谐的关系,最终使全人类变成融洽的整体。

【鉴赏】这是商朝辅政大臣伊尹对新即位的太甲所作训辞中的话,为个人行为所确定的道德规范。今天对确定人与人之间的正确关系,形成家庭、社会的和谐安定,仍有一定的积极意义。

邻舍人,不可轻;亲戚来,把茶烹。尊长至,要亲敬;粗细茶,要鲜明。

【语出】明·无名氏《女儿经》。

【通讲】轻:轻视;看不起。烹:煮。不要看不起街坊邻居;有亲戚来做客要先敬茶;对客人中的长辈要亲切又恭敬;粗茶留给自家喝,好茶用来招待客人。这一点一定要明白,不要混淆。

【鉴赏】劝诫女子嫁人后与邻居、亲戚往来间的行为规范。

器具质而洁,瓦缶胜金玉;饭食约而精,园蔬愈珍馐。

【语出】明·朱用纯《朱子家训》。

【通讲】质:质朴,此作“质料结实”解。缶:瓦质容器的一种,俗称瓦罐。胜:超过。约:简单。精:精美可口,烹饪得法。愈:超过。珍馐:滋味好的食物。器具质料结实又清洁,瓦缸胜过金玉;饭食简单而精美可口,园中的菜蔬超过珍馐美味。

【鉴赏】饮食方面的治家原则。在治家中,要注意清洁,要注意简约。表达了作者安贫乐道的思想。

听妇言,乖骨肉,岂是丈夫;重赀财,薄父母,不成人子。

【语出】明·朱用纯《朱子家训》。

【通讲】妇言:妻子的话,此指妻子不负责任的话语。乖:冲突;矛盾;不和谐。骨肉:喻至亲。乖骨肉:指不认亲人,即违背父母,使兄弟不和或因此虐待子女。丈夫:古代成年男子的通称,此指家庭中女子的配偶。赀(zī):货物。薄:刻薄、不厚道,此指对父母生活费用的克扣。不成:不是。人子:做子女的道理。听了妻子不负责任的挑拨的话语,就违背父母,使兄弟不和甚至虐待子女,这哪里是个男子汉?看重财物,对父母却很刻薄,甚至克扣父母的生活费用,这怎么有做子女的道理?

【鉴赏】治家的原则,男子汉要善于处理家庭中的各种关系。

毋为财货迷,毋为妻子蛊;毋令长者疑,毋使父母怒。

【语出】明·吴麟徵《家诫要言》。

【通讲】毋:不要。蛊(gǔ):诱惑使乱。不要被财物所迷惑,不要为妻子所诱惑,不要使长者疑虑,不要使父母发怒。

【鉴赏】人在家庭生活中应该处理好的几种人际关系。

些小事,莫出门;坐起时,要端正;举止时,切莫轻。

【语出】明·无名氏《女儿经》。

【通讲】举止:一举一动。轻:轻率。女孩子不要因为一点点小事就轻易出门,不要为小事烦心劳神、浪费时间。女孩子坐、立都要端正,一举一动都不要表现出轻浮的样子。待人接物要让人看出有教养，轻浮只会让人轻视和耻笑。

【鉴赏】劝诫女子在平常生活中的行为规范。

要知身修而后家齐，夫义自然妇顺。

【语出】《幼学故事琼林》。

【通讲】要知道提高自己的修养，逐步改正过失，那么家庭就和美了；作为丈夫，懂礼仪，重义气，那么妻子自然就顺从了。

【鉴赏】说明男子汉如何齐家的道理。

一家二贵，事乃无功。

【语出】《韩非子·扬权》。

【通讲】贵：地位尊显的人；当家主事的人。一个家庭中有两个地位尊显的当家作主者，容易导致任何事情都无法成功。

【鉴赏】韩非主张实施中央集权的政策，旨在加强一国之君的绝对权力。如果一个国家有两位君主，容易政出多门，好似一个家庭有两个主事的，容易意见不一，使得家里其他人不知所措，不明白到底该听从谁。甚至由于两位主事者为了增强自己的权力而互相争斗，导致整体的混乱。韩非这种强调中央集权的理念非常符合当时的历史局面。

与肩挑贸易，毋占便宜；见穷苦亲邻，须加温恤。

【语出】明·朱用纯《朱子家训》。

【通讲】肩挑：指用扁担挑货物沿街叫卖的小商贩。贸易：以金钱或货物交换货物，俗称买卖。便宜：以少的代价获得较多的好处叫占便宜，与“吃亏”相反。恤：抚恤；关心体恤。与沿街叫卖的小商贩做生意，不要占他们的便宜；亲戚和邻居，要给予温存照顾，殷切慰问，以钱物援助有困难的人。

【鉴赏】治家的原则，对今天仍有借鉴意义。

正家，而天下定矣。

【语出】《周易·家人》。

【通讲】使家庭安定方正,才能安定天下。

【鉴赏】家庭是社会的细胞,家庭安定国家才会安定。

治家严,家乃和;居乡恕,乡乃睦。

【语出】清·王豫《蕉窗日记》卷二。

【通讲】治家严格,家庭就和睦;对乡人宽缓,和乡人的关系就亲密。

【鉴赏】治理家庭及为人处世对家庭和乡邻有重大意义,不能忽视。

妯娌多,都一心。本等话,莫生嗔。

【语出】明·无名氏《女儿经》。

【通讲】嗔:怒;生气。本等:本分;恰如其分。妯娌们再多,也应该同心同德、和睦相处、宽容谦让。即使有些小矛盾,也不应该斤斤计较。

【鉴赏】劝诫女子嫁人后要处理好与妯娌的关系。

子孙孝善,是家兴也。

【语出】汉·王充《论衡·治期》。

【通讲】子孙后代孝敬善良,是家庭兴旺的象征。

【鉴赏】要教育好子女,培养好后代。

子孝双亲乐,家和万事成。

【语出】明·柯丹丘《荆钗记》第三出。

【通讲】儿子孝顺,父母亲都很快乐,家庭和睦什么事情都能办成。

【鉴赏】孝顺与和睦是家庭生活的两大要素。

2 婚 姻

痴汉偏骑骏马走，巧妻常伴拙夫眠。

【语出】明·谢肇淛《佚题》。

【通讲】痴呆的汉子偏能骑着一匹骏马，聪明的妻子常常与笨拙的丈夫相伴一生。

【鉴赏】这两句诗鞭挞了封建婚姻制度，反映了因婚姻不能自主而丧失终身幸福的妇女们的内心痛苦。

婚娉过礼，则嫁娶有失时之弊；厚葬送终，则生者有糜费之苦。

【语出】《魏书·高祖纪上》。

【通讲】结婚和订婚超过常礼，那么出嫁和娶妻就会有错过时机的弊端；送埋死者时予以厚葬，那么生者就会有耗费过度的苦恼。

【鉴赏】婚嫁丧葬，红白喜事，都要节俭简约。

婚姻毋论财。

【语出】《明史·太祖纪二》。

【通讲】婚姻大事不要根据（对方）财物（而定）。

【鉴赏】婚嫁不论财，这在古代还是很进步的观点。对我们今天仍有借鉴意义。

寄言痴小人家女，慎莫将身轻许人。

【语出】唐·白居易《井底引银瓶》。

【通讲】寄语痴情的年轻少女们：千万慎重，不要随便把终身托付给别人。

【鉴赏】这两句，是作者借女主人公之口，告诫痴情少女们的警世良言。

嫁女择佳婿，毋索重聘；娶媳求淑女，勿计厚奁。

【语出】明·朱用纯《朱子家训》。

【通讲】佳婿：品德端正、有进取心的女婿。聘：订婚时男家送给女家的财礼。淑女：贤惠有德的女子。勿：不要。计：计算；计较。奁（lián）：古代妇女梳妆用的镜匣，代指女子随嫁的钱物。厚奁：随嫁物很多，即丰厚的嫁妆。嫁出女儿要选择品德端正、有进取心的女婿，不要向男方索取厚重的聘礼；娶媳妇要求贤惠有德的女子，不要向女方索取丰厚的嫁妆。

【鉴赏】嫁娶方面的治家原则。不要在婚姻关系上去索取钱财，重要的是选择好“人”。为人之父母者在嫁娶女儿媳妇的时候要注重对方的人品而不是聘礼与嫁妆。

乐调而四时和。阴阳之变，万物之统也，可不慎与。

【语出】《史记·外戚世家》。

【通讲】乐：音乐。调：调和。统：根源。音乐协调，四时才能和畅；阴阳变化是万物的根源，能不谨慎吗？

【鉴赏】对待婚姻大事必须谨慎。

莫将一日意，误结百年心。

【语出】元·杨维桢《白头吟》。

【通讲】不要因为一天的情意，就错误地同对方缔结百年之好。

【鉴赏】描写对婚姻的态度。对丈夫的外遇进行讽谏。对今天也有警示意义，不要因一时感情冲动，草率结百年之好。

男大须婚，女长须嫁。

【语出】宋·释普济《五灯会元·侍郎杨杰居士》。

【通讲】男孩子长大了就必须结婚，女孩子长大了就必须嫁人。

【鉴赏】男女到了婚配年龄，应当结婚成家。

男女同姓，其生不蕃。

【语出】《左传·僖公二十三年》。

【通讲】蕃(fán):繁衍。男女同姓通婚,子孙不能昌盛。

【鉴赏】此句阐明近亲婚配的危害。同姓不婚始于西周初期,之后,诸朝历代都对同姓不婚有严格的规定,大多以法律条文的形式确定下来。违反者,轻则受到舆论谴责,重则受到法律惩处。近亲结婚易生出畸形的孩子,或身体残缺,或弱智痴愚,以致后代不能繁盛。上古时代,同姓必同宗,后世同姓则不一定有血缘关系。我国现代婚姻法规定直系血亲和三代以内的旁系血亲之间禁止结婚,如堂兄妹(或堂姐弟)、表兄妹(或表姐弟)等不能结婚。

千里姻缘着线牵,古来儿大母难专。

【语出】明·张四维《双烈记》第十二出。

【通讲】有缘分,哪怕相距千里之远,也能成婚。从古以来儿子大了,做母亲的也很难专断了。

【鉴赏】男女双方只要有缘分,彼此相距再远,也能结为夫妻。

姻事只择古旧门坊、守礼敦实之家,可无后患。

【语出】明·吴麟徵《家诫要言》。

【通讲】敦实:厚道诚实。婚姻大事只能选择懂得底细的古旧邻坊、遵守礼义道德且厚道诚实的人家,才没有后患。

【鉴赏】提出婚姻选择的要求。

做买卖不着只一时,讨老婆不着是一世。

【语出】明·冯梦龙《古今小说·蒋兴哥重会珍珠衫》。

【通讲】不着:不如意。做买卖不称心只是暂时的,娶的妻子不如意将影响一辈子。

【鉴赏】警诫人们结婚娶妻是头等大事,千万不可轻率。

3 父母子女

不孝有三，无后为大。

【语出】《孟子·离娄上》。

【通讲】为人子有三种不孝行为，其中最大的就是没生育子女，以致使祖宗断绝香火。

【鉴赏】传宗接代，接续香火，让民族和国家不断延续，这是极其重要的。至于其他三不孝中的二不孝是什么，据学者考证，一是为奉承父母而竟陷父母于不义，二是亲老家贫而又不奉养。

慈母手中线，游子身上衣。

【语出】唐·孟郊《游子吟》。

【通讲】慈母手中的针线，缝成了游子身上的衣服。

【鉴赏】咏颂母亲的佳句令人感动。

慈母之爱子，有一片真挚之心，故疴痒皆悉其隐；好官之爱民，有一片恻怛之意，故痌瘝切于乃身。

【语出】清·胡达源《弟子箴言·裕经济》。

【通讲】疴：病。疴痒：喻指身体的小毛病。恻怛：忧伤；哀怜。痌：同"恫"，痛。瘝：病。慈母对儿女的热爱，全然是一片真挚之心，因此，儿女的一痛一痒，母亲都知道得清清楚楚；好官对百姓的爱护，全然是一片哀怜之意，因此，百姓的病痛疾苦，就像患在自己身上一样。

【鉴赏】官员要爱民如父母爱子。

儿孙自有儿孙福，莫与儿孙作马牛。

【语出】元·无名氏《渔樵记》第三折。

【通讲】儿孙有儿孙的福气，不必还为儿孙做牛做马来为他们操劳。

【鉴赏】后代自有他们自己的生活，奉劝做父母的不必为子女过分地操劳。

夫事其亲者，不择地而安之，孝之至也；夫事其君者，不择事而安之，忠之盛也；自事其心者，哀乐不易施乎前，知其不可奈何而安之若命，德之至也。

【语出】《庄子·人间世》。

【通讲】侍奉双亲的人，无论在什么地方都要使父母安适，这才是至孝；臣子事君，无论何事都要使君上放心，这才叫尽忠；至于自己身心的修养，不受悲哀和欢乐的影响，知道世事艰难，在无可奈何时能安之天命，这就是最高的修养。

【鉴赏】封建社会讲究忠孝，今天对父母孝敬，对国家和党忠诚，都是非常重要的。将悲哀与欢乐置之度外，努力去做，如仍不成功，则顺应自然，泰然处之，这才是道德修养达到的最高境界。

弗爱弗利，亲子叛父。

【语出】《淮南子·缪称训》。

【通讲】不加以爱护、不给以好处，连亲生儿子也要背叛父亲。

【鉴赏】要给人关爱和利益。

父不父，则子不子。

【语出】《管子·形势》。

【通讲】父亲不像当父亲的样子，儿子也不会像儿子应该有的样子。

【鉴赏】父亲要做子女的榜样，言传身教是非常重要的。

父慈于箠，家有败子。

【语出】宋·宋祁《杂说》。

【通讲】当父亲的在该用鞭子惩罚儿子时过分地宽恕，家庭里就会出现败家之子。

【鉴赏】棍棒教育不可取，但从严要求子女还是需要的。

父母爱之，喜而不忘；父母恶之，劳而不怨。

【语出】《孟子·万章上》。

【通讲】父母疼爱自己，心里当然高兴却不忘记作为子女的职责；父母厌恶自己，做子女的也默默地服侍而不心存怨恨。

【鉴赏】父母生养了自己，做子女的，不论父母对自己什么态度，都要孝敬父母，善待父母。

父母之恩，与天地等；人子事亲，存乎孝敬。怡声下气，昏定晨省……为子不孝，厥罪非轻；国有刀锯，天有雷霆。噫，可不忍欤！

【语出】元·吴亮、许名奎《劝忍百箴·孝之忍》。

【通讲】父母的恩德和天地一样广大；子女侍奉父母，要怀着孝敬之心，轻声细语，悦耳动听，黄昏时要向父母请安，早晨要向他们问好……做儿子的不孝敬父母，这种罪不轻呀；国家有刀锯之刑，上天有雷霆之威。唉，怎么能不忍呢！

【鉴赏】父母亲生育、哺育了我，这恩德比天还大，没有极限。凡是做孩子的一定要孝敬父母，冬天要让父母暖和，夏天要让父母清凉，黄昏时让父母安定下来，要常回家看望父母，要经常向父母问安。如果不孝敬父母，其罪不小呀。

骄子不孝。

【语出】《史记·梁孝王世家》。

【通讲】骄子：娇生惯养的儿子。娇生惯养的儿不能成为孝子。

【鉴赏】做父母的娇惯子女，只能自食苦果。

慢人亲者，不敬其亲者也。

【语出】《三国志·魏志·司马朗传》。

【通讲】不尊敬别人父母的人，也一定是不尊敬他自己父母的人。

【鉴赏】人的品质决定他的行为。一定要注意提高自己的道德水平。

门户可以托父兄，而丧德辱名非父兄所能庇；生育可以由父母，而求疾蹈险非父母所得由。为人子弟者不可不知。

【语出】明·吕坤《呻吟语·伦理》。

【通讲】出身门户可以依托父母兄弟，然而败丧德性、侮辱名声的事情却不是父母兄弟能够给予庇护的；自己的降生并且接受教育可以由得了父母，然而遭遇疾病、面临危险的事情却是由不得父母的。年轻人，千万不能够不知道这个道理。

【鉴赏】我们自己的出身门户可以由父母来决定。但父母不能跟着自己一辈子，也不能永远宠爱自己；将来踏入社会，如果没有吃苦耐劳的精神、临危不惧的胆识，恐怕就不好对付了。作为年轻人，千万不能事事仰赖父母兄弟，自己一定要拥有真正的生活能力。

无药可延卿相寿，有钱难买子孙贤。

【语出】元·无名氏《冤家债主·楔子》。

【通讲】即使官居卿相，也没法找到什么药可以延长他的寿命；即使家财万贯，也购买不到自己子孙的好品德。

【鉴赏】药物搞不来健康长寿，金钱买不到子孙贤惠。必须注意养生，必须注意对子孙的教育。运动使人长寿，教育使子孙贤达。

孝于亲则子教，钦于人则众钦。

【语出】宋·李邦献《省心杂言》。

【通讲】你对父母孝顺，你的子女对你也孝顺；你敬重别人，别人也敬重你。

【鉴赏】孝敬父母与一个社会的文明礼仪和个人的道德修养是密不可分的。礼源于内心对他人的尊重，而尊重他人首先要从孝亲开始。善待有修养的人，首先就要从孝敬父母做起。

孝在于质实，不在于饰貌。

【语出】汉·桓宽《盐铁论·孝养》。

【通讲】孝养父母在于有一颗诚挚之心、感恩的心，而不在于外在物质方面的夸饰与丰厚。

【鉴赏】给父母一幢别墅，一笔财富，这都只是物质上的，而父母真正需要的是儿女的陪伴、精神上的关爱，如果只是在礼节形式方面做得周全，而内心缺乏敬意与爱心，这只是徒有其表，称不上尽孝。

孝子之于亲也，爱之以心，事之以财。

【语出】《战国策·楚策三》。

【通讲】孝子对于父母，用真心去爱他们，用钱财去养他们。

【鉴赏】此句概括了孝子要从精神和物质两方面事亲。孔子说，孝子侍奉父母，平时的言行要现出恭敬之态；服侍饮食起居要现出和悦愉快之态；父母生了病，要现出忧虑之态；父母去世了，要现出悲哀之态；祭祀先人，要现出庄重严肃之态。这五方面做得完备周到了，才称得上能够侍奉父母了。

养其谊，藏其伪，时其节，慎其施。

【语出】汉·刘向《说苑·建本》。

【通讲】教育子女要培养他们和别人的友谊，去除他们身上的虚伪，从小培养他们的节操，让他们要小心谨慎地做每一件事。

【鉴赏】教育孩子要有恰当的方法和着重培养的方面。

至亲莫如父子，至爱莫如夫妻。

【语出】明·梁辰鱼《浣纱记》第十六出。

【通讲】至：最。父子间的感情最亲，夫妻间的相爱最深。

【鉴赏】说明父子、夫妻的亲密关系。

椎牛而祭墓，不如鸡豚逮亲存也。

【语出】《韩诗外传》卷七。

【通讲】豚(tún)：小猪。杀牛以祭祀父母的亡灵，不如在父母健在时杀鸡宰猪去孝敬。

【鉴赏】在父母活着的时候来学孝敬父母是真正的孝顺。

子弟傲慢，父兄教以谨敬；吏民横悖，长吏示以和顺。

【语出】汉·王充《论衡·谴告》。

【通讲】长吏：旧指地位较高的官员。子弟傲慢，父兄就教育他们要谨慎、恭敬；吏民蛮横，长官就告诫他们要和善温顺。

【鉴赏】要善于说服教育，要以善劝恶，不要以恶攻恶。

子孙若贤，不待多富；若其不贤，则多以征怨。

【语出】汉·王符《潜夫论·务本》。

【通讲】子孙明智上进，不需要你给他留下富有的遗产；子孙不争气，遗留给他的财富多了，反而因此招致灾祸。

【鉴赏】给子孙留下什么，值得每个父母深思熟虑。

子者，人情所通；亲者，人所力报也。

【语出】汉·王充《论衡·祸虚》。

【通讲】对子女的疼爱，是人之常情；对父母的恩情，是人们要竭力报答的。

【鉴赏】这是疼爱子女、孝敬父母所应发扬的美德。

4 兄弟姐妹

处父兄骨肉之变，宜从容不宜激烈；遇朋友交游之失，宜剀切不宜优游。

【语出】明·洪应明《菜根谭》。

【通讲】从容：镇静不慌乱。剀切：切实、直截了当。优游：柔和、模棱两可。遇到父母兄弟或骨肉至亲之间发生纠纷或人伦惨变，应该持沉着、从容的态度，绝不可感情用事，采取激烈言行而把事情弄得更坏；跟知心好友交往，遇到朋友有过失，应该诚恳地直言规劝，绝对不可以由于怕得罪人而模棱两可，眼看着他继续错下去。

【鉴赏】亲朋好友如何相处，有个大学问。家人天天在一起，以激烈的方式解决矛盾，连个缓冲的余地都没有，很可能激化出更大的矛盾。交友应交心，而不是做酒肉朋友。

兄弟不睦，则子侄不爱。

【语出】北朝齐·颜之推《颜氏家训·兄弟》。

【通讲】兄弟之间不和睦，子侄辈就不会相亲爱。

【鉴赏】兄弟矛盾必定会影响下一代，长辈要做团结的模范。

兄弟虽和勤算数。

【语出】清·黄小配《廿载繁华梦》第十四回。

【通讲】兄弟感情再好，但在钱的问题上也要算清楚。

【鉴赏】亲兄弟明算账，经济上利益互不侵害，才有利于兄弟之间的团结。

兄弟虽有小忿，不废懿亲。

【语出】《左传·僖公二十四年》。

【通讲】懿(yì)：美；好。兄弟间即使有小小的怨恨，也不能废除是至亲的亲人。

【鉴赏】鲁僖公二十四年，郑国要进攻一边听从郑国一边却又亲附卫国的滑国，郑文公还下令逮捕了周襄王派去请求不要进攻滑国的使者。周襄王大怒之下准备领着狄人攻打郑国。富辰进谏周襄王说，上等的策略是用德行安抚百姓，其次是亲近亲属，然后推及别人，"兄弟虽有小忿，不废懿亲"。他规劝周襄王不必为了小小的怨恨抛弃郑国这个亲戚。此句主要强调亲情。兄弟是骨肉同胞，有至亲的血缘关系。兄弟间即使发生矛盾，也不应影响到手足之情。同时也警戒那些为了切身的利害争权夺利，不顾骨肉至亲，甚至反目成仇的"兄弟"。

兄弟阋于墙，外御其务。

【语出】《诗经·小雅·常棣》。

【通讲】阋(xì)：争吵；争斗。弟兄间在家里互相争吵，对外部敌人，就团结起来进行抵抗。

【鉴赏】大敌当前，应放弃内部争斗而团结对敌。

兄友弟恭，人之大伦，虽有小忿，不废懿亲。舜之待象，心无宿怨；庄段弗协，用心交战。许武割产，为弟成名；薛包分财，荒败自营。阿奴火攻，伯仁笑受；酗酒杀牛，兄不听嫂。世降俗薄，交相为恶，不念同乳，阋墙难作。噫，可不忍欤！

【语出】元·吴亮、许名奎《劝忍百箴·兄弟之忍》。

【通讲】哥哥友爱，弟弟恭顺，是为人的重要伦理，即使有一点小的矛盾，也不能丢掉了骨肉的亲情。舜对待他的弟弟象，心中没有一点怨恨；庄公和段叔不能和睦相处，便处心积虑地互相争战。许武分割家产，是为了帮助弟弟成名；薛包分家，则把老朽荒败的部分留给自己。周凯含笑承受弟弟的火攻；牛弘的弟弟因醉酒而杀牛，牛弘不听妻子的唠叨。近世以来礼俗败坏，兄弟之间都搞不好关系，不念及一母所生，自己兄弟之间争斗不止。唉，怎么能不忍呢！

【鉴赏】兄弟之间如何相处，应该是兄友弟恭。骨肉亲情间，要友爱互助，和睦相处。

5 夫　妇

鲍宣之妻，提瓮出汲，雅得顺从之道；齐御之妻，窥御激夫，可称内助之贤。

【语出】《幼学故事琼林》。

【通讲】汉朝人鲍宣的妻子桓少君是富家女子，但她婚后居然身穿布衣提着瓦瓮去打水，这是很懂得顺从道理的女子；齐国晏子的车夫之妻见丈夫为晏子赶车时洋洋得意的模样，就激励他上进，丈夫改正后果然当了官，这可称得上是贤内助了。

【鉴赏】妻子贤惠可助夫旺。

不弃糟糠，宋弘回光武之语；举案齐眉，梁鸿配孟光之贤。

【语出】《幼学故事琼林》。

【通讲】“糟糠之妻不下堂”，这是后汉人宋弘回答汉光武说的话；后汉梁鸿的妻子孟光给丈夫端饭时，总是把端饭的盘子举到和眉毛一样高，这是形容妻子尊敬丈夫的样子。

【鉴赏】夫妻要不离不弃，互尊互敬。

诚知此恨人人有，贫贱夫妻百事哀。

【语出】唐·元稹《遣悲怀》。

【通讲】我深知永久分别的恨事人人都会有，贫贱的夫妻之间显得事事悲哀。

【鉴赏】抒发了诗人对亡妻的无限思念和爱恋之情。

丑妻，布衣，自有天然味。

【语出】明·康海《朝天子》。

【通讲】并不漂亮的妻子，粗布制成的衣服，自有一种天然的风味。

【鉴赏】诗人抒发了对丑妻、布衣表示满意的情怀。展现了不慕美女、不追求物质生活的安分、知足的思想,值得称赞。

夫君愁,说比论。好言劝,解愁闷。夫骂人,莫齐逞。

【语出】明·无名氏《女儿经》。

【通讲】说:劝解。比:按照。论:道理。齐:同。逞:逞强。丈夫生气时要好言相劝,千万不要火上浇油。而最好的办法是慢慢地晓之以理、动之以情,使丈夫心中的忧愁一扫而光。有时丈夫失去自制开口骂人,你也要忍让,别和他对骂。

【鉴赏】劝诫妻子与丈夫要和睦礼让。

夫妻本是同林鸟,巴到天明各自飞。

【语出】明·冯梦龙《警世通言》卷二。

【通讲】夫妻就像那夜晚共宿在一起的同林鸟,等到天亮以后,就各自离散分飞了!

【鉴赏】这两句诗是比喻夫妻结合只是偶然,比喻夫妻不能同甘苦、共患难,也常用来比喻夫妻遭难,不幸被强迫分离。

夫子贵,莫骄矜;出仕日,劝清政;抚百姓,劝宽仁。

【语出】明·无名氏《女儿经》。

【通讲】夫子:旧时妻子对丈夫的称呼。矜:自尊自大。仕:仕途。劝:勉励。抚:抚慰;慰问。如果丈夫很富有或者有很高的社会地位,也不要因此骄傲,看不起别人。丈夫出外做官,要勉励他做一个清正廉洁的好官,对百姓要多加体恤,宽厚仁慈。

【鉴赏】劝诫丈夫如果是官员,女子应该有的行为规范。

忽闻河东狮子吼,拄杖落手心茫然。

【语出】宋·苏轼《寄吴德仁兼简陈季常》。

【通讲】忽然听到太太如河东狮子般的吼叫,不觉拄杖从手中掉落,心里一片茫然。

【鉴赏】苏东坡的好朋友陈季常非常畏惧自己以凶悍嫉妒闻名的妻子柳氏，陈季常喜蓄歌伎，每当宴请宾客时，如果有歌伎在场，柳氏就会用杖敲击墙壁，于是客人纷纷散去。佛家以“狮子吼则百兽惊”比喻佛教神威，此处是苏东坡用佛家语与陈季常开玩笑。“河东”是柳姓的郡望，陈季常妻子姓柳，所以用“河东”来指代。后用“河东狮吼”指悍妻发怒。

或穿墉以窥宾，或断机而勖学。

【语出】《幼学故事琼林》。

【通讲】墉(yōng)：墙。有的女人同晋朝山涛的妻子韩氏一样，知道山涛同嵇康、阮籍相处，便在墙上开个小洞察看他的实在情形；有的则同乐羊子的妻子一样，因为乐羊子求学中途而归，她把织机上的布头剪断，勉励乐羊子重新回去求学。

【鉴赏】妻子应该帮助丈夫走正道。

贾大夫之射雉，未足欢愉；百里奚之烹雌，何嫌寂寞。

【语出】《幼学故事琼林》。

【通讲】春秋时有贾大夫，为讨得妻子一笑，到如皋地方去打野鸡，其实这是不值得高兴的；秦穆公的宰相百里奚穷困时，他的妻子煮母鸡给他送行，后来百里奚当了宰相，回想起这件事，虽只身一人，也不感到寂寞。

【鉴赏】夫妻之间互相帮助应该符合义理。

结发为夫妻，生死两不疑。

【语出】汉·苏武《诗》。

【通讲】结发：古代成婚之夕，有男女共髻束发之礼，故用以借指婚配。世上男女，一旦姻缘缔就，结为夫妻，就要互相体贴、互相信任，永不怀疑。

【鉴赏】句中提出的“恩爱”“不疑”的原则是对爱情的肯定。这种“夫妻之道”，有着超越朝代的意义。

今生缘已断，愿结再生缘。

【语出】元·王氏《临江仙》。

【通讲】这辈子的缘分已经没有,只希望来世再结姻缘。

【鉴赏】这是坚贞的爱情,即使这辈子无法做夫妻,来世也要成为夫妻。

君当作磐石,妾当作蒲苇;蒲苇纫如丝,磐石无转移。

【语出】汉乐府《孔雀东南飞》。

【通讲】你应当做磐石,我应当做蒲苇;蒲苇像蚕丝一样柔而且韧,磐石永远坚定不会转移。

【鉴赏】表现了青年男女争取爱情自由的坚强意志。艺术上比喻形象贴切。

君为塞下土,妾作山头石。

【语出】明·刘绩《征妇词》。

【通讲】你如果以身殉国成为塞下之土的话,我就去做永远伫立山头的望夫石。

【鉴赏】描写这一征妇既以国家利益为重,又有对丈夫热爱始终不渝的真挚感情。

留住花枝,留不住花魂。

【语出】清·周济《虞美人》。

【通讲】比喻留得住人,留不住心。

【鉴赏】女子有了外心,强留在身边也无益,应该及早与其分道扬镳。

柳氏秃妃之发,郭氏绝夫之嗣,此女之妒者。

【语出】《幼学故事琼林》。

【通讲】秃:光头。绝嗣:没有生育儿女,断了后代。唐太宗赐给尚书任环两个美女,任环的妻子柳氏嫉妒,想尽办法使两个美女头发烂掉变成秃子;晋朝贾充的妻子郭氏生儿子后让乳母抚养,而郭氏怀疑丈夫与乳母通奸,便杀死了乳母,结果孩子因思念乳母也死了,最后他们断绝了后代。这些是最嫉妒的女人。

【鉴赏】女人嫉妒之心非常可怕,绝不能娶这样的女子为妻。

美人含怒夺灯去，问郎知是几更天。

【语出】清·袁枚《寒夜》。

【通讲】美人一把将灯夺走，愤愤地嗔怪苦读中的郎君；你可晓得已是夜深几更天了？

【鉴赏】这是一幅夫妻生活的特写。丈夫苦读，好学不倦，妻子体贴入微，恐其伤身，催其早眠。

男女居室，人之大伦也。

【语出】《孟子·万章上》。

【通讲】男女之间结为夫妻，是人类最重要的伦理纲常。

【鉴赏】男婚女嫁，建立家庭，传延后代，是人类生存发展的关键。

男女正，天地之大义也。

【语出】《周易·家人》。

【通讲】男女各得其位，互相协力合作，就是天地间最重要的大道。

【鉴赏】男女组成家庭，生育后代，使种族延续。

《诗》称偕老，《易》著家人。

【语出】《幼学故事琼林》。

【通讲】《诗经》里称说的"偕老"，是和夫君白头到老的意思；《易经》里所记载的《家人》卦是女子守贞节的意思。

【鉴赏】夫妻应该白头偕老，而女子应守贞节的观点则是错误的。

搵妾灯前泪，缝君身上衣。

【语出】元·吕止庵《后庭花·秋思》。

【通讲】揩拭我在灯前流下的眼泪，缝制你身上的衣服。

【鉴赏】描写一个女子对丈夫的深情和思念。对仗自然工整，语言生动简练。

谐和类琴瑟，坚固同胶漆。

【语出】唐·魏求己妹《赠外》。

【通讲】琴瑟：两种乐器，常用来比喻夫妻和谐。类：同。夫妻之间的和谐如同琴瑟，感情的坚固如同胶漆。

【鉴赏】说明夫妻间感情非常深厚。

阴阳和而后雨泽降，夫妇和而后家道成。

【语出】《幼学故事琼林》。

【通讲】阴阳调和，才会有雨降下来；夫妇和睦，家庭才会幸福美满。

【鉴赏】夫妇和睦，建立美满家庭。

与君一日为夫妇，千年万岁亦相守。

【语出】唐·张籍《妾薄命》。

【通讲】与你做一日夫妻，即使再过一千年一万年也会和你长相厮守。

【鉴赏】这位女子对爱情多么专一呀！

鸳鸯自是多情甚，雨雨风风一处栖。

【语出】清·季淑兰《消夏词》。

【通讲】那成双成对的鸳鸯鸟，非常多情，任凭风吹雨打，它们总是相亲相爱地栖息在一起。

【鉴赏】称颂感情好、形影不离的夫妻。

愿普天下有情的都成了眷属。

【语出】元·王实甫《西厢记》五本四折《清江引》。

【通讲】愿天下有真正爱情的男女都能结成夫妻。

【鉴赏】提倡婚姻应由男女双方自主，赞颂纯洁的爱情。

正家之道，始于夫妇。上承祭祀，下养父母。唯夫义而妇顺，乃起家而裕厚。

【语出】元·吴亮、许名奎《劝忍百箴·夫妇之忍》。

【通讲】振兴家庭之道始于夫妇。对上承担祭祀天地祖先之责,对下承担奉养父母之劳。只有丈夫仁义、妻子柔顺,才能振起家风,生活富裕。

【鉴赏】如何对待婚姻,如何处理夫妇关系,就是丈夫按照丈夫之道行事,妻子按照妻子之道行事,这样一家之道就正了,天下也都会安定了。夫妇对上则祭祀天地祖先,对下则延续后代。丈夫温和而仁义,妻子顺从而温柔。

治天下者,正家为先;正家之道,始于谨夫妇。

【语出】《明史·后妃传序》。

【通讲】治理国家的人,以治家为首要的事情;治家的途径,始于严谨夫妇关系。

【鉴赏】这是洪武元年修撰《女诫》时朱元璋说的一句话。有良好的夫妇关系,才能家和。家和万事兴,天下也就太平了。

妆罢低声问夫婿,画眉深浅入时无?

【语出】唐·朱庆余《闺意上张水部》。

【通讲】梳妆完毕轻声问一下夫婿:你看我眉毛的深浅浓淡,画得是否入时?

【鉴赏】相传张籍善于推荐人才,所以朱庆余在考进士前写此诗给他,意在推测自己的文章是否合格。但诗句后来常用于表示夫妻恩爱方面。语意委婉、风姿绰约,娇媚动人,十分奇妙。

自古妻贤夫祸少,应知子孝父心宽。

【语出】明·凌濛初《初刻拍案惊奇》卷十三。

【通讲】自古以来,妻子贤惠,丈夫的祸难就少;儿子孝顺,做父亲的心里就感到宽慰。

【鉴赏】说明了夫妻、父子的关系。

6 教 化

德礼为政教之本，刑法为治教之用。

【语出】唐·长孙无忌《唐律疏议·名例一》。

【通讲】道德和社会规范是政治和教化的根本，刑罚则是为政治和教化服务的。

【鉴赏】教育和惩罚相结合，以刑辅治，是一种很有效的方法。

夫风化之本在于正人伦，人伦之正存乎设庠序。

【语出】《晋书·王导传》。

【通讲】庠序：古代的学校名，后泛指学校。教化人们的根本在于端正人与人之间的伦常关系，要端正这种伦常关系在于设立学校。

【鉴赏】设立学校以教化人是国家的重要任务，是非常有必要的。

夫万民之从利也，如水之走下，不以教化堤防之，不能止也。

【语出】《汉书·董仲舒传》。

【通讲】老百姓追求物质利益，就像水往低处流一样，如果不用教育、训导的方法来防范它，是不可能阻止的。

【鉴赏】用教育、训导的方法阻止人们去追求物质利益，对于崇尚及过度追求物质利益的倾向，加以适当规范却是必要的。

富而教之，仁义以之兴；贫而为盗，刑罚不能止。

【语出】《隋书·食货志》。

【通讲】人民富裕了，再教化他们，仁义就会因此兴起；人民由于贫困而做盗贼，就是严刑峻法也无法制止。

【鉴赏】道德教化必须以经济为基础，使人民富裕，可以提升老百姓的道德水平。

教妇初来，教儿婴孩。

【语出】北朝齐·颜之推《颜氏家训·教子》。

【通讲】教育媳妇，要从她刚进家门时就开始；教育子女，要从他还是孩童时就认真严格要求。

【鉴赏】父母对子女的教育，应该从小、从最初就注意。

乐至则无怨，礼至则不违。

【语出】《魏书·刁雍传》。

【通讲】乐律流传的地方百姓就不会有怨恨之心，礼制广布的地方百姓就没有违反之意。

【鉴赏】礼、乐在社会中的作用非常大。它可以教化人民从德从善。

民亲爱则无相害伤之意，动思义则无奸邪之心，夫若此者，非律之所使也，非威刑之所强也，此乃教化之所致……圣人甚尊德礼而卑刑罚。

【语出】汉·王符《潜夫论·德化》。

【通讲】百姓相亲相爱，便不再彼此怀有恶意；有所举动时便想到道义，就不会产生邪恶的想法。像这种境界，并不是靠使用法律和严刑所能勉强达到的。这只能是对民众实施教化的结果……因此圣人很重视德礼上的教育，而轻视用施加刑罚的办法来治理国家。

【鉴赏】的确，仁义道德是不能由严刑中产生的，它只能是对民众进行教化的结果。但是，德礼和刑罚也有各自的适用范围。任何国家，只有德礼与刑罚并重才能长治久安。

民无廉耻，不可治也；非修礼义，廉耻不立；民不知礼义，法弗能正也。非崇善废丑，不向礼义，无法不可以为治也。不知礼义，不可以行法。

【语出】《淮南子·泰族训》。

【通讲】百姓无廉耻之心，是无法治理的；不去修治礼义，廉耻观念是无法建立起来的,百姓不知道礼义,用法律约束也不能使他们进入正道。不崇尚美好,废弃丑陋,那么百姓也不会向往礼义,而不向往礼义,那么更是没有什么法律能够治理的了。不懂得礼义,无法推行法律。

【鉴赏】知礼才会守法,单用法律去约束,不如用礼义去引导,使百姓具有廉耻之心,自觉行事。

南面而治天下,莫不以教化为大务。

【语出】《汉书·董仲舒传》。

【通讲】治理天下,教化是根本。

【鉴赏】用教育来感化民众,奸邪风气全部消失,国家就治理得好。

然后一轨九州,同风天下。

【语出】《晋书·苻坚载记上》。

【通讲】一轨:一条车道,引申为政治上的统一。同风:共同受到风教。全国达到政治上的统一,天下人民共同受到风化教育。

【鉴赏】只有国家统一,用共同的价值观来统一人民的思想,才能使国家繁荣富强。

人情物态,日趋变怪,非礼义法纪所能格化,幸早为计。

【语出】明·吴麟徵《寄禀伯兄秋圃》。

【通讲】格:匡正。化:教化;感化。社会上的人情世故,风俗习惯,越来越变得奇怪,不是礼义法纪所能匡正教化的了,应该尽早来商量个办法。

【鉴赏】感叹社会风气变坏,要想法加以改变。

少成若天性,习惯如自然。

【语出】《汉书·贾谊传》。

【通讲】从小就养成的品行就像天生的一样,经常去做的事情就像自然会做的一样。

【鉴赏】贾谊强调治国应以礼义教化为主,提醒统治者重视培养接班人对延续王朝统治和国家命运十分关键和重要。当今,我们也要重视对青少年的教育,使他们从小就养成良好的品德和习惯,既使他们一生受用不浅,也为立国治国打下基础。

虽云色白,匪染弗丽;虽云味甘,匪和弗美。

【语出】晋·葛洪《抱朴子·勖学》。

【通讲】尽管(纺织品)颜色洁白而没有污染,但不染色就不会华丽;尽管食物味道是甜的,但不加调和就不会成为味道鲜美的食品。

【鉴赏】人要经过教育学习,才能成才。

天下之治乱在人心,人心之邪正在学术。

【语出】《清史稿·骆钟麟传》。

【通讲】学术:本指较为专门、系统的学问,此引申指教化。国家的安定或动乱取决于人心,人心的邪恶或正直取决于教化。

【鉴赏】教育是国家的基本,要努力抓好教育。

闻伯夷之风者,贪夫廉而懦夫有立志;闻柳下惠之风者,薄夫敦而鄙夫宽。

【语出】汉·王充《论衡·率性》。

【通讲】伯夷:商末孤竹君的长子,后让出王位而投奔周,又因反对武王伐纣而逃避到首阳山,不食周粟而死。古时作为廉让有志的代表。柳下惠:春秋时鲁国大夫,以善于讲究贵族礼节著称。听说伯夷风范的人,贪婪的人会变得廉洁,懦弱的人会立定志愿;听说柳下惠风范的人,刻薄的人会变得厚道,野蛮的人会变得宽容。

【鉴赏】榜样的力量是无穷的,教化会战胜人本性中的丑恶。

以礼义治心,则邪说不入;以学校治民,则祸乱不兴,刑罚非所先也。

【语出】《明史·宋濂传》。

【通讲】用礼义修养身心,邪说就不会乘虚而入;用学校教化百姓,祸乱就不会兴起。刑罚并不是重要的事。

【鉴赏】宋濂向明太祖推荐《大学衍义》，认为为人之君，仁政、教化是最根本的治国思想，而刑罚只不过是一种辅助手段而已。这对今天来说，也值得借鉴。

以礼乐为本，刑政为末。

【语出】宋·苏辙《河南府进士策问三首》。

【通讲】礼乐是根本，刑治是次要的。

【鉴赏】礼乐教化是治国的根本，而刑罚应是次要的。

逸居而无教，则近于禽兽。

【语出】《孟子·滕文公上》。

【通讲】逸居：生活安乐。教：教化。生活安逸却没有及时有效的教化，那就和禽兽差不多了。

【鉴赏】用儒家的思想和伦理原则去教化百姓是很重要的，现今也启示我们教育的重要性。

营国之本，礼教为先。

【语出】《魏书·任城王传》。

【通讲】治理国家的根本，首先必须推崇礼仪教化。

【鉴赏】治国的首务是对老百姓的礼仪教化。

政教习俗，相顺而后行。

【语出】《荀子·大略》。

【通讲】政令教化与风俗民情相适应，然后国家治理才能行得通。

【鉴赏】教育化民是非常重要的，而风俗民情是千百年来沿袭下来的，两者要互相配合，才能成功。

7 习 俗

道不拾遗,民不妄取。

【语出】《战国策·秦策一》。

【通讲】路上没有人把别人丢失的东西捡走,百姓都不取非法的东西。

【鉴赏】战国时期卫国人商鞅由魏国到了秦国,受到秦孝公的重用。商鞅先后制定一系列新法,一切按照法令的规定办,执法严明。经过一年的变法,秦国社会“道不拾遗,民不妄取”,兵力强大,诸侯都感到害怕。“道不拾遗”已成为成语,形容良好的社会风气。

致君尧舜上,再使风俗淳。

【语出】唐·杜甫《奉赠韦左丞丈二十二韵》。

【通讲】我希望辅佐君主,达到尧与舜那样的英明,使社会风俗再度趋向朴厚淳美。

【鉴赏】诗句表达了诗人杜甫的政治理想和政治抱负。他这种宏伟的抱负和积极入世的进取精神,值得我们学习。

8 世 态

夫夷以近，则游者众；险以远，则至者少。而世之奇伟、瑰怪、非常之观，常在于险远，而人之所罕至焉。

【语出】宋·王安石《游褒禅山记》。

【通讲】夷以近：平坦而离得很近。非常之观：少见而不平凡的景象。那些平坦离得很近的地方，去游览的人就很多；险恶而很远的地方，能到的人就很少。然而世界上奇丽、伟大、瑰丽、怪异、不平凡的景观，经常在危险而很远的地方，所以不是有志向的人是无法到的。

【鉴赏】借游洞之亲身经历，抒发了志向对做事成功与否的重大意义。

好谀是人生大病。

【语出】清·申居郧《西岩赘语》。

【通讲】爱听恭维话，这是人生的通病。

【鉴赏】爱听巴结的话，使人飘飘然的，是很危险的。

画虎画皮难画骨，知人知面不知心。

【语出】明·邵璨《香囊记·说亲》。

【通讲】画老虎容易画出它的皮和毛，而难以画出里面的骨头；了解一个人容易知道他的面目，却不能了解他的内心。

【鉴赏】在现实社会，对人对事不能光了解表面，而要深入其内里，掌握其本质。

黄金销铄素丝变，一贵一贱交情见。

【语出】唐·骆宾王《帝京篇》。

【通讲】黄金也有用光时，白丝也有变黑时，当人从富贵变成贫贱后，最能考验友情的真假。

【鉴赏】此诗是根据翟公故事而作：古人翟公在朝当官时，家中经常高朋满座，后来丢官就门可罗雀，复官之后门前又车水马龙。因此他就在门口挂了一块木牌写："一死一生乃知交情，一贫一富乃知交态。"说明世态炎凉。

家贫僮仆慢，官罢友朋疏。

【语出】唐·耿沣《春日即事》。

【通讲】慢：怠慢；疏远。家道衰落了，连僮仆也怠慢起来；官职被罢免了，亲朋好友也纷纷疏远。

【鉴赏】描述出了社会的炎凉世态。

家贫则思良妻，国乱则思良相。

【语出】《史记·魏世家》。

【通讲】家境贫寒就思念贤惠的妻子，国家动荡就渴望有贤才的宰相。

【鉴赏】不论治理小家或大家（国家）都需要德才兼备、智勇双全的人，才能应付时变，治理家国。因此要重视人才，不要到了家贫、国乱的时候才后悔。

见富贵而生谄容者，最可耻；遇贫穷而作骄态者，贱莫甚。

【语出】明·朱用纯《朱子家训》。

【通讲】富贵：钱多而有权势的人。谄(chǎn)容：奉迎讨好的言语和表情，俗称"拍马屁"。骄态：傲慢无礼的态度。莫甚：无过于此，已达极限的意思。看到富有而有权势的人，就生出奉迎讨好的言语和表情，是最可耻的；碰到贫困潦倒的人表现出傲慢无礼的态度，真是作践到极点。

【鉴赏】对富贵和贫穷人的不同态度，可以看出一个人的道德品质，对品德不端者给予深刻的批判和鞭挞。

贱日岂殊众，贵来方悟稀。

【语出】唐·王维《西施咏》。

【通讲】殊众：有异于众人。方：才。贫寒低贱的时候，有谁认为她不同于众而另眼看待？高贵之后，人们便纷纷觉得她确实是难寻其匹的绝代佳人。

【鉴赏】借咏西施刻画出世态的炎凉。

狡兔尽则良犬烹，敌国灭则谋臣亡。

【语出】《韩非子·内储说下》。

【通讲】狡猾的兔子死了，再也不需要猎狗，猎狗就被烧煮吃了；敌国灭亡了，再也不需要谋臣，谋臣就被害死了。

【鉴赏】随手拈来，历史上不少君主都是与谋臣们能够共患难不能共富贵，如勾践与范蠡，刘邦与张良、韩信。在困难时期他们能够与将士们同甘共苦；一旦成功，就担心功臣们危及自己的统治，翻脸不认人，铲除功臣。此处生动的隐喻手法对当世依然起着警示的作用。无论是夫妻、朋友还是合作伙伴，都不应只同患难，不能共富贵。

利之所在，虽千仞之山，无所不上；深源之下，无所不入焉。

【语出】《管子·禁藏》。

【通讲】千仞之山：极高的山。利益在的地方，虽然有千仞的高山，也会爬上去，就是在深深的源泉下面，也会下去。

【鉴赏】人们为了追逐利益而无孔不入。

猛兽吞狐，泰山压卵。

【语出】《晋书·孙惠传》。

【通讲】猛兽吞食狐狸，泰山压着鸡蛋。

【鉴赏】以强抑弱，以大压小，势不可挡。

名高毁所集，言巧智难防。

【语出】唐·刘禹锡《萋兮吟》。

【通讲】名：名望。毁：诽谤。智：聪明人。名望高，则各种各样的诽谤指责就会从四面八方纷至沓来；蓄意伤人的花言巧语，即使是聪明人也难以防备。

【鉴赏】揭露了百般诋毁贤才的恶劣世风。

鸟之将死,其鸣也哀;人之将死,其言也善。

【语出】《论语·泰伯》。

【通讲】善:友好;和气。鸟将要死的时候,它的鸣叫声极其哀伤;人快要死时,他的话也往往十分友善。

【鉴赏】人生在世,受种种利害制约,说的话,也往往言不由衷,一旦人到了危难关头,生命的火焰即将熄灭的时刻,一切利害、荣华均成了过眼云烟,此时说话往往会流露友情善意。生物走向死亡时,都会感到悲伤,而同时也变得善良。出于对生命的珍惜和眷恋,总是希望将自己内心最美好的东西留下。

农攻粟,工攻器,商攻货。

【语出】《吕氏春秋·上农》。

【通讲】务农的目的就是五谷丰登;做工则是为了给人们提供生活器用;经商的本质就是使财货畅流,使人们生活用度方便充裕。

【鉴赏】农民以体力劳动从事耕耘,手工业者以其精工巧技制造器械。商人以其审时观变从事贸易,农工商各得其所,各展其能。

贫居闹市无人问,富在深山有远亲。

【语出】明·罗贯中《三遂平妖传》第十八回。

【通讲】闹市:繁华热闹的街市。远亲:血统关系疏远的亲戚。家道贫寒的人,即使住在繁华的街市也无人探问;家道富庶的人,即使住在深幽的山谷也有远房亲戚。

【鉴赏】深刻地揭露了以钱财交人的炎凉世态。

钱无耳,可使鬼。

【语出】《晋书·鲁褒传》。

【通讲】钱没有耳朵,但可以役使鬼神。

【鉴赏】钱的确有很大的作用,但也不能看得过重,钱能通神是无稽之谈，我们决不能把钱的作用过分扩大。

钱之为体，有乾有坤。内则其方，外则其圆。其积如山，其流如川。动静有时，行藏有节。市井便易，不患耗折。难朽象寿，不匮象道。故能长久，为世神宝。亲爱如兄，字曰孔方。

【语出】晋·鲁褒《钱神论》。

【通讲】体：形状。乾、坤：天地。耗折：消耗亏损。匮：缺乏。道：大自然运行的规律。钱的形状就像天地那样内方外圆。囤积起来像山，流通的时候像大河奔流。钱币的流通与存贮不仅有一定的时令，而且有一定的法度。在市场上买卖便于交易，不容易消耗亏损。像人长寿而不易衰损，像大自然一样运行不息，不会缺乏。因此钱币能长久存在，成为世上的神明之宝。人们像对待兄弟般亲近它，叫它孔方兄。

【鉴赏】精辟概括了钱的形状、特性及用途。也集中批判了"金钱拜物教""金钱万能"发人深省。

强龙不压地头蛇。

【语出】明·吴承恩《西游记》第四十五回。

【通讲】地头蛇：地方上的恶势力。强大的龙也压不过本地的蛇。

【鉴赏】外来的势力再大，也难惹盘踞在地方上的恶势力。

巧言易信，孤愤难伸。

【语出】唐·刘禹锡《苏州谢恩赐加章服》。

【通讲】巧言：谄媚的话。孤愤：私下的愤怨。申：申诉。谄媚的话容易使人相信，私下的愤怒难以申诉。

【鉴赏】描写当时社会的世态习俗。

求人不如求己。

【语出】宋·陈规《靖康朝野佥言后序》。

【通讲】求别人帮忙，不如靠自己努力去做来得实在。

【鉴赏】要发挥主观能动性，尽量自己完成该做的事情，不要轻易去麻烦别人。

人吃人,钞买钞,何曾见?贼做官,官做贼,混愚贤,哀哉可怜!

【语出】元·无名氏《醉太平·讥奸佞专权》。

【通讲】这种人吃人、钞买钞的现象什么时候见过?贼做了官,官做了贼,好人坏人混淆不分,真叫人伤心可怜!

【鉴赏】描绘元代末期,吏治腐败,人民的悲惨生活。批判统治者,对人民寄予深切的同情。

上山擒虎易,开口告人难。

【语出】元·高明《琵琶记·祝发买葬》。

【通讲】上山去打虎,可以自决自做,因此还可以说是比较容易的事;遇事求人,人家帮不帮忙,自己心里没有数,很难开口去说,因此说比上山打虎还要难。

【鉴赏】不要轻易去求人借钱、办事。

甚矣,人之好怪也!不求其端,不讯其末,惟怪之欲闻。

【语出】唐·韩愈《原道》。

【通讲】端:始。人们喜好奇谈怪论的风气是何等严重啊!对任何事情都不追究它的本原,也不探究它的结果,就是想听荒谬怪诞的谈论。

【鉴赏】批判社会喜好奇谈怪论的世态习俗。

世人多蔽,贵耳贱目,重遥轻近。

【语出】北朝齐·颜之推《颜氏家训·慕贤》。

【通讲】蔽:蒙蔽。世间的人往往好受蒙蔽,他们相信耳朵听见的,而疑惑眼睛看见的;重视远处的,而瞧不起近处的。

【鉴赏】凡事不可轻信,而应考察比较,然后再下结论,才能不受蒙蔽。

世事洞明皆学问,人情练达即文章。

【语出】清·曹雪芹《红楼梦》第五回。

【通讲】透彻了解世界上的事物就是学问，熟悉通达人情世故就是文章。

【鉴赏】教育人们要深刻了解人世间的各种事情，以及为人处世的道理。

世有十态，君子免焉：无武人之态（粗豪），无妇人之态（柔懦），无儿女之态（娇稚），无市井之态（贪鄙），无俗子之态（庸陋），无荡子之态（儇佻），无伶优之态（滑稽），无闾阎之态（村野），无堂下人之态（局迫），无婢子之态（卑谄），无侦谍之态（诡暗），无商贾之态（炫售）。

【语出】明·吕坤《呻吟语·修身》。

【通讲】世间的人处世有十种姿态，君子却是应该避免的：不应该有武人的姿态，他们粗鲁豪放；不应该有妇人的姿态，她们柔弱怯懦；不应该有小儿小女的姿态，他们娇嫩幼稚：不应该有市井小人的姿态，他们贪婪鄙吝；不应该有凡夫俗子的姿态，他们平庸愚陋；不应该有浪荡公子的姿态，他们浮薄轻佻；不应该有戏子优伶的姿态，他们巧言令色；不应该有乡里村民的态度，他们俗野无礼；不应该有站在堂下人的姿态，他们拘束促迫；不应该有奴婢丫头的姿态，他们卑贱谄媚；不应该有侦探间谍的姿态，他们鬼鬼祟祟；不应该有商贾的姿态，他们自我炫耀。

【鉴赏】这世间的十态都是被社会扭曲的，我们固然不能因此看不起他们，但从一个人积极发展的角度，首先从精神生活上树立自己，就必须去除这些的影响。

事修而谤兴，德高而毁来。

【语出】唐·韩愈《原毁》。

【通讲】事修：事情办成功了。谤：诽谤。兴：兴起；发生。毁：诋毁。事情办成功了，诽谤之辞便随之兴起；道德高尚了，诋毁之言也随之而来。

【鉴赏】说明了“妒贤嫉能”这种浇薄的社会风气所造成的严重危害。

寺无僧狐狸弄瓦，官无事乌鼠当衙。

【语出】元·乔吉《折桂令·荆溪即事》。

【通讲】庙神没有灵验,所以狐狸在那里摔瓦作祟;当官的不管事,衙门中让那些鸟鼠一般的吏役当了权。

【鉴赏】揭露并讽刺元代地方政府机关的腐败和黑暗。

俗恶俊异,世疵文雅。

【语出】《宋书·颜延之传》。

【通讲】世俗之徒,讨厌杰出人才;社会风气,总是对那些有教养的人吹毛求疵。

【鉴赏】要创造出让人才辈出、爱惜人才、保护人才的社会环境,这对社会发展是非常重要的。

太平之世多长寿人。

【语出】汉·王充《论衡·气寿》。

【通讲】太平盛世长寿的人很多。

【鉴赏】世道太平,人寿年丰。现在好多人说:现在世道好,可要多活几年,享受享受幸福的生活。这样,长寿人就多了。

天下本无事,但庸人扰之耳。

【语出】《新唐书·陆象先传》。

【通讲】天下本来没有多少事情,只不过平庸的人总爱搅扰生事而已。

【鉴赏】平庸的人容易搅扰生事,必须严加防范。

同欲者相憎,同忧者相亲。

【语出】《战国策·中山策》。

【通讲】欲望相同的人会相互憎恶,有共同忧患的人会相互亲近。

【鉴赏】此句说明内心的企求相同的人往往会成为竞争对手,唯恐他人得到而自己得不到,所以容易相互产生憎恶甚而仇视的心理;有共同的痛苦或忧患的人,或同病相怜,或同仇敌忾,所以容易相互亲近,引为知己。

子系中山狼，得志便猖狂。

【语出】清·曹雪芹《红楼梦》第五回。

【通讲】子：你。系：是。子系："子"和"系"两字并在一起，就是"孙"字，喻指贾迎春的丈夫孙绍祖。中山狼：见宋人传奇《中山狼传》，写战国时赵简子猎于中山射伤一狼，东郭先生将狼救活，狼不但不知报恩，反要吃掉东郭先生；后人常用"中山狼"比喻忘恩负义的人和玩弄权术、心狠手辣的家伙，这里借喻孙绍祖，他是酗酒、好色、应酬权变的恶棍，在和贾府联姻前，"希慕宁荣之势"，拜在贾府门下，一旦联姻，便猖狂起来，凶相毕露。他就像一头忘恩负义的狼一样，一旦得志便无比猖狂。

【鉴赏】诗句揭露那些"应酬权变"、伪君子的狰狞面目，他们一旦得势之后，就表现得无比猖狂，飞扬跋扈，不可一世。作者给予无情的鞭挞。

自古佳人多命薄。

【语出】宋·苏轼《薄命佳人》。

【通讲】佳人：青春美女。命薄：就是薄命，人生道路多阻难，表示命运不佳。自古以来，美人大多命薄。

【鉴赏】一方面，在旧社会，妇女地位低下，哪怕美女也难逃噩运。另一方面，佳人未必多薄命，佳人而能有美好命运的，为数也颇多呢。关键在于要很好地掌握自己的命运。

9 境　遇

处富贵之地，要知贫贱的痛痒；当少壮之时，须念衰老的辛酸。

【语出】明·洪应明《菜根谭》。

【通讲】痛痒：痛和痒都是一种病，此处比喻痛苦。当你居富拥贵时，你要了解贫贱人家的痛苦才行；当你年轻力壮时，应当想到年老体衰后的悲哀。

【鉴赏】在富贵时想不到贫穷，既难使富贵长久，也谈不上具备好的品德。一个人不管身处贫困富贵，都应珍惜时间，爱惜生命。要特别珍惜青春而顾念晚年的衰老生活。惜时如金是事业的最基本要求，否则，一生一事无成，老来将不堪回首。

处贵则戒之以奢，持满则守之以约。

【语出】《隋书·梁毗传》。

【通讲】处于尊贵地位时要警惕奢侈，保持富足就要遵从节约。

【鉴赏】这是梁毗在皇上面前弹劾刘昉的话，但刘昉倚仗皇帝的宠爱而不自持，最终自取灭亡。有了权势，更觉得高贵无比、官气十足，不思为民造福，有了财富便显得趾高气扬，骄奢淫逸，最终都是要失败的。

处乱世与太平时异，只一味节俭收敛，谦以下人，和以处众。

【语出】明·吴麟徵《家诫要言》。

【通讲】收敛：收拢，聚集。处乱世时与太平时不一样，要一味地节俭收敛，不能放纵，对下属要谦逊，对老百姓要和睦。

【鉴赏】告诫人们在乱世时应采取的态度。

处逆境心须用开拓法，处顺境心要用收敛法。

【语出】清·金缨《格言联璧·存养》。

【通讲】身处逆境,必须心胸宽广,艰苦努力,在开拓中重新起家;身处顺境,必须收敛身心,防止得意忘形,一败涂地。

【鉴赏】人处逆境、顺境,都要正确对待。

但教方寸无诸恶,狼虎丛中也立身。

【语出】五代·冯道《偶作》。

【通讲】方寸:心灵。狼虎丛中:比喻险恶污浊之地。只要心灵高洁,即使在虎狼环视的险恶污浊的环境中也能够生存下去。

【鉴赏】心灵高洁能战胜险恶的环境。

横逆困穷是锻炼豪杰的一副炉锤,能受其锻炼则身心交益,不受其锻炼则身心交损。

【语出】明·洪应明《菜根谭》。

【通讲】横逆:不顺心的事。困穷:穷困。横逆困穷是锤炼英雄豪杰心性的洪炉,接受这种锻炼对形体与精神均有益处,反之如果承受不了这种恶劣环境的煎熬,那么将来他的肉体和精神都会受到损伤。

【鉴赏】困苦穷乏是锻炼人的磨刀石。如果不经过一番艰苦磨炼,将来不但很难给自己创造光明的前途,也很难为国家社会肩负起艰巨任务,一个能在横逆中奋勇斗争的人才算英雄好汉,一个在困苦中倒下去的人就是凡夫俗子。身心的锻炼是要有不屈的追求、要有坚强的意志。

蛟龙离水,匹夫可制。

【语出】明·冯梦龙《东周列国志》第二十回。

【通讲】制:制服。蛟龙一离开水,一个普通人都可以制服它。

【鉴赏】离开一定的条件,再有能耐的人也毫无能耐。

居逆境中,周身皆针砭药石,砥节砺行而不觉;处顺境中,眼前尽兵刃戈矛,销膏靡骨而不知。

【语出】明·洪应明《菜根谭》。

【通讲】销膏靡骨:融化脂肪、腐蚀骨骼。一个人如果生活在逆境中,身边所接触到的全是医疗自身不足的良药,在不知不觉中会使你敦品励行磨炼自己的意志。反之一个人如果生活在顺境中,这就等于在你的面前摆满了消磨你精神意志的刀枪,在不知不觉中使你身心受到腐蚀而走向失败的路途。

【鉴赏】人生的境遇有起有落,看待人生的起落顺逆应该有辩证的观点。所以贫与富不是绝对不变的,顺与逆也是可以相互转化的。

逆境长存戒心,故以之成君子;顺境易生放心,故以之陷小人。

【语出】清·申居郧《西岩赘语》。

【通讲】身处逆境便会长存警戒之心,所以说逆境是用来成全君子之人的;身处顺境容易放任自流,所以说顺境是用来陷害小人的。

【鉴赏】逆境有利于锻炼人,要善于对待逆境和顺境。

人虽智而不遇时无功。

【语出】《吕氏春秋·首时》。

【通讲】即使是聪明人,若遇不上适当的时机也不会有什么成就。

【鉴赏】时势造英雄,天时、地利、人和是事业成功的关键。

世有无妄之福,又有无妄之祸。

【语出】《战国策·楚策四》。

【通讲】无妄:不测;意外。人世间有出乎意料的福,又有出乎意料的祸患。

【鉴赏】战国时期,楚考烈王无子,野心家李园利用春申君把怀有春申君孩子的妹妹献给楚王,将生下的孩子立为太子。李园担心春申君泄露秘密,欲杀之灭口。此时朱英提醒春申君“世有无妄之福,又有无妄之祸”。但春申君没有警惕,最终被李园所杀。世事变幻莫测,错综复杂,难以预料。人的一生不可能都风平浪静,可能出现突如其来的变故或福祸,应以平常心对待,并有所应对。既不因出乎意料的降福而兴高采烈、忘乎所以,也不因突如其来的祸患而惊慌失措、坐以待毙。

宵行者能无为奸，而不能令狗无吠己。

【语出】《战国策·韩策三》。

【通讲】奸：邪恶。走夜路的人能够不做坏事，却不能禁止狗朝自己叫。

【鉴赏】战国时期，韩国段产对新城君说，“宵行者能无为奸，而不能令狗无吠己”，他能做到在大王面前不非议别人，却无法让别人不在大王面前非议自己，希望新城君能够明察。虽说“身正不怕影子斜”，但你能管住自己不做亏心事，却阻止不了别人对你无事生非、捕风捉影、制造流言蜚语。当出现这种情况时，勇者能击退流言，智者能阻止流言，仁者能消解流言。不能让恶者拨弄流言得逞，使愚者处于流言风气中。

与善人居，如入兰芷之室，久而不闻其香，则与之化矣。与恶人居，如入鲍鱼之肆，久而不闻其臭，亦与之化矣。

【语出】汉·刘向《说苑·杂言》。

【通讲】和道德高尚的人生活在一起，就像进入充满兰花香气的屋子，时间一长，自己本身因为熏陶也会充满香气，于是就闻不到兰花的香味了；和品质低劣的人生活在一起，就像进了卖鲍鱼的店铺，时间一长，连自己都变臭了，也就不觉得鲍鱼是臭的了。

【鉴赏】好、坏环境都会对人产生潜移默化的影响。而交友对于一个人人格之养成又是具有极大的作用，所以在交友上不可不慎。我们必须提高自身修养，培养高尚情操，才能交到真正的朋友，才能使友谊地久天长。

志骄于业泰，体逸于时安。

【语出】《旧唐书·太宗贤妃徐氏传》。

【通讲】思想上自满放纵，往往在于事业上一帆风顺；追求感官上的舒适快乐，常常是由于生活在一个安宁富裕的环境里。

【鉴赏】事业成功，环境优越，但绝不能忘掉艰苦奋斗。

众里寻他千百度。蓦然回首，那人却在灯火阑珊处。

【语出】宋·辛弃疾《青玉案》。

【通讲】在喧闹的人群中寻找千百遍，也不见她的倩影，忽然回头一看，她却悠闲地站在灯火稀落的地方。

【鉴赏】词句描写元宵之夜寻得所思念的女子的情景。它还蕴含这样的哲理:凡事都须经过艰苦跋涉,往往踏破铁鞋无觅处,最后才能得来全不费功夫。这也是“古之成大事业、大学问者”必经的境界之一。

酌贪泉而觉爽,处涸辙以犹欢。

【语出】唐·王勃《滕王阁序》。

【通讲】贪泉:相传广州附近石门有水名贪泉,据说人一饮此水就会变得贪得无厌。觉爽:虽身处污浊的环境仍然保持高洁的品格。涸辙:干涸了的车辙,指穷困的境遇。喝着贪泉的水却品行愈加高洁,处在干涸的车辙中而心情依然乐观。

【鉴赏】出污泥而不染,处恶境而乐观,人们应该培养这种优秀品质。

邹鲁多鸿儒,燕赵饶壮士,盖风土之然乎。

【语出】唐·李白《春于姑熟送赵四流炎方序》。

【通讲】邹、鲁地方出了许多大学问家,燕、赵地方出了许多勇士,这大概是山川风俗的原因吧?

【鉴赏】环境对一个人的气质的形成有着重大影响。

10 是 非

辞多类非而是，多类是而非。是非之经，不可不分。此圣人之所慎也。然则何以慎？缘物之情及人之情以为所闻，则得之矣。

【语出】《吕氏春秋·察传》。

【通讲】言辞有很多似乎错误而其实是正确的，也有很多似乎正确而其实是错误的。正确和错误的界限，不能不分清。这是连圣人都要慎重对待的。那么，怎样慎重对待呢？就是要根据事物和人的情理来考察所听到的传闻，这样就可以得到真实的情况了。

【鉴赏】要善于辨别是非，处理是非。

夫是非之争地，如岁时然，昼夜更迭，不相一也。昨日是而今日非矣，今日非而后日又是矣。虽使孔夫子复生于今，又不知作如何非是也，而可遽以定本行罚赏哉！

【语出】明·李贽《藏书·世纪列传总目前论》。

【通讲】是和非的争论具有时代性，就像一年时节的变化、昼夜的更迭而不同。昨天为是今天又变成非了，今天为非的后天又变成是了。孔子之是非只是他生活的那个时代的是非标准，如果孔子生活在现在，又不知道哪是哪非了。怎么可以按孔子之是非为固定不变的原则来决定赏罚呢！

【鉴赏】世异时移，形势变化产生新情况、带来新问题，过去合理的现在不一定合理，过去有效的现在不一定有效。只有保持创新敏感，才能追赶上时代的潮流。世异则事异，事异则备变，需要不断打破思维定式、更新理念观念。做到应势而动，只有把握创新规律，才能不断走在时代的前列。

毁誉之来，皆不徒然。

【语出】《后汉书·窦融传》。

【通讲】诋毁攻击和夸奖赞美，都不是平白无故的。

【鉴赏】这是光武帝刘秀给凉州牧窦融诏书里的话。原意是说京师许多人对他的攻击,是受敌人离间所引起的。现在用来说明赞美与诽谤都是事出有因的,应引以为自警。

两刃相割,利钝乃知;二论相订,是非乃见。

【语出】汉·王充《论衡·案书》。

【通讲】见:同"现"。两把刀互相切割,谁利谁钝就立刻知道了;两种对立的理论互相比较,谁正确、谁谬误就清楚了。

【鉴赏】一件事物有用无用,一种理论是真理或是谬误,只有通过交锋和比较,才能正确判定它。

鲁有恶者,其父出而见商咄,反而告其邻曰:"商咄不若吾子矣。"且其子至恶也,商咄至美也,彼以至美不如至恶,尤乎爱也。故知美之恶,知恶之美,然后能知美恶矣。

【语出】《吕氏春秋·去尤》。

【通讲】鲁国有个很丑的人,他父亲外出看见了商咄,回来后告诉他的邻居说:"商咄不如我儿子漂亮。"其实,他儿子是非常丑的,商咄是非常漂亮的,他之所以认为最漂亮的不如最丑的,这是因为他被自己的偏爱所局限。所以,知道了漂亮可以被认为是丑,丑可以被认为是漂亮,然后就能知道到底什么是漂亮,什么是丑了。

【鉴赏】单从个人的爱恶出发,就不能正确地认识客观世界万物。

清官难断家务事。

【语出】清·曹雪芹《红楼梦》第八十回。

【通讲】清明的官员也很难判断家务事的是非。

【鉴赏】形容家务事外人难以插手。

以非为是,以是为非,是非无度,而可与不可日变。

【语出】《吕氏春秋·离谓》。

【通讲】日:每天,这里指经常。将错误当作正确,将正确当作错误,是非之间无区别,法律许可与不许可便时常变换。

【鉴赏】法律是严肃的,法律的条文不能随意解释,罪与非罪的界限也必须清楚,否则人们将无所适从。

知往日所行之非,则学日进矣;见世人可取者多,则德日进矣。

【语出】清·王永彬《围炉夜话》。

【通讲】所行之非:指错误的恶劣行为。能够认识到自己过去所作所为的错误,那么学问就在不断进步;能够看得到他人行为中值得学习的地方,那么品德就会不断进步。

【鉴赏】"严于律已,宽以待人"是良好的美德。经常反躬自问,检查有哪些地方做得不对,哪些地方还需要不断改进,这样,就能总结经验,吸取教训,避免犯同样的错误。常用这种谦虚自省的胸襟,那么学问就会不断长进。这里的学问,不仅指书本上的学问,也包括怎样做人、怎样待人接物等学问。对他人要多看到长处,充分肯定其优点,即使是千尺之朽木,也必有尺寸可用之良材,何况绝大多数人是正直向上、追求进步的呢?能看到他人的长处,才能容人,自已心胸也会更开阔,德业也就可以日益增进。

著是而去非,舍邪而适正。

【语出】宋·陆九渊《语录下》。

【通讲】著:显著;明确。是:对的。非:错的。邪:邪道;不合规矩。适:趋;到。正:正道;正轨。明确对的而去掉不对的,舍弃邪道而趋向于正道。

【鉴赏】人们在是非场合面前必须有明确的是非观。

11 见 闻

多见者博，多闻者知。

【语出】汉·桓宽《盐铁论·刺议》。

【通讲】知：同“智”，聪明。看得多的人知识就渊博；听得多的人头脑就聪明。

【鉴赏】多见多闻可以使人睿智。

将赡才力，务在博见。

【语出】南朝梁·刘勰《文心雕龙·事类》。

【通讲】将：要。赡(shàn)：丰富。要丰富自己的聪明才智，务必做到扩大视野、博闻广见。

【鉴赏】此条以含蓄的表达方式说明这样一个道理：学习不可以孤陋寡闻，独学而无友。要想成为有才干的聪明人，必须做到博闻广见，融会贯通。此句句式整齐、文字简净而说理明白透彻，然而失之文雅，不够通俗，因而限于“典籍文化”的圈子之内，很少行之于口。

12 改　革

常人安于故习，学者溺于所闻。

【语出】《商君书·更法》。

【通讲】溺:沉溺。平民百姓往往安于以往的习惯而不愿改革，有知识的人又局限在原先所知道的知识范围而抱有偏见。

【鉴赏】实施重大变革，必须反对习惯势力和偏见。

惑者知反，迷道不远。

【语出】明·杨慎《古今谚》。

【通讲】迷惑糊涂的人知道改悔，走错决不会走得太远。

【鉴赏】要有敢于改掉旧习惯的勇气。

损益贵适时宜。

【语出】《明史·蹇义传》。

【通讲】时宜:当时的需要或风尚。对事情进行增减或兴革，贵在适应时代的发展，符合当时的需要。

【鉴赏】改革要符合当时的需要，社会的风尚。

13 创　新

变则新，不变则腐；变则活，不变则板。

【语出】清·李渔《闲情偶寄·演习》。

【通讲】有变化就革新，没有变化就陈腐；变化就活泼，不变化就死板。

【鉴赏】写作等要变革创新，才有发展前途。

不特推陈出新，饶有别致。

【语出】清·戴延年《秋灯丛话·忠勇祠联》。

【通讲】在前人的基础上剔除旧的，创造新的，使之富有别具一格的新风貌。

【鉴赏】人们要不断地推陈出新，才能推动科学的发展，世界的进步，才使我们的生活走向美好，创新并不是连根拔除，建立新的，而是继承优良的，开拓更广的、更美的天地。

沉舟侧畔千帆过，病树前头万木春。

【语出】唐·刘禹锡《酬乐天扬州初逢席上见赠》。

【通讲】沉船旁边的千帆疾驶而过；病树前头的万木欣欣向荣。

【鉴赏】这两句诗说明：在陈旧腐朽事物即将消亡的同时，新生事物正在蓬勃发展起来。

但开风气不为师。

【语出】清·龚自珍《己亥杂诗》。

【通讲】我只以著书立说来开启一代风气；从来不收学生或以老师的身份招党聚众。

【鉴赏】诗句赞美那些开创时代风气的人，能够引导社会走进一个更新更美的境界。

世异则事异，事异则备变。

【语出】《韩非子·五蠹》。

【通讲】时代变了，面临的问题就不一样了；面临的问题不同，与之相适应的方法、措施也相应地要作出改变。

【鉴赏】韩非批评那种“事必法古”的守旧观点，倡导因时变化的变革思想。这对我们很有启发，必须坚持改革开放的方针政策，才能使我们国家不断强大。

是以圣人不期修古，不法常可，论世之事，因为之备。

【语出】《韩非子·五蠹》。

【通讲】修古：远古时代。因此睿智至善的人不向往远古时代的惯例制度，不效仿长期以来被人们认同的规则方法，而是根据当今社会的实际情况，制定采取相应合适的对策措施。

【鉴赏】这里体现了韩非主张改革的创新进取精神。曾被采用过的方法、规则、制度虽然以前有效，但随着社会的不断发展，新情况、新问题不断出现，不要生搬硬套地按老制度和老方法去解决问题。恰当的做法应当是在研究当前情况和形势的基础上，采用合适的方法和措施。这对我们的改革开放依然具有借鉴意义。改革开放的过程中，可以灵活地跳出过去的条条框框，根据实际情况，求新求变。

守道兼权，触类生变。

【语出】《晋书·索靖传》。

【通讲】在自己固定的骨架中，吸收别人的长处，然后触类旁通，加以改造变化，再产生新意。

【鉴赏】不论从事任何一种艺术、技术和做学问，既不拒绝吸收别人长处，更要注意发挥创造，就新意频出。

汤之《盘铭》曰：“苟日新，日日新，又日新。”

【语出】《大学》。

【通讲】本义是指洗澡除去肌肤上的污垢，使身体焕然一新，在这里引申为精神上的弃旧图新。因此,这句话的意思是:如果能每天除旧更新,就要持之以恒。

【鉴赏】"苟日新,日日新,又日新"是商朝的开国君主成汤刻在澡盆上的警辞,旨在激励自己自强不息,创新不已。中国传统文化是比较强调创新的,要求人们以一种革新的姿态,适应并推动社会发展,而不能因循守旧,阻挡历史前进的步伐。在历史的关键节点,这样的创新意识往往会迸发出来,成为推动社会进步的强大力量。

天变不足畏,祖宗不足法,人言不足恤。

【语出】《宋史·王安石传》。

【通讲】恤:忧虑。自然界的变化不必畏惧,人们的议论无须忧虑,祖宗的戒规不一定要遵循。

【鉴赏】要敢于创新,敢于变革,不怕别人议论。

惟陈言之务去,戛戛乎其难哉!

【语出】唐·韩愈《答李翊书》。

【通讲】戛戛:困难的样子。陈旧的思想和言辞必须舍弃,真是困难啊!

【鉴赏】文章贵在创新,要脱出前人的窠臼是不容易的。

须破得旧说,方立得新说。

【语出】宋·朱熹《答陈肤仲》。

【通讲】要破除旧的学说,才建立得起新的学说。

【鉴赏】做学问要破旧立新,立于创新。

学者当自树其帜。

【语出】清·郑板桥《与江宾谷江禹九书》。

【通讲】学者应努力在前人的基础上有所发现,自创新说。

【鉴赏】做学问必须有创新。

社会

治世不一道,便国不必法古。

【语出】《商君书·更法》。

【通讲】道:方法。便:有利。法:效法。治理国家不一定用同一种方法,有利于国家不一定效法古人。

【鉴赏】治理国家,要勇于革新。

14 理　　家

积善之家,必有余庆;积不善之家,必有余殃。可知积善以遗子孙,其谋甚远也。贤而多财,则损其志;愚而多财,则益其过。可知积财以遗子孙,其害无穷也。

【语出】清·王永彬《围炉夜话》。

【通讲】积善:相当于古今之人所说的积德。余庆:增加恩泽。凡是多做好事的人家,必然遗留给子孙许多的恩泽;而多行不善的人家,遗留给子孙的只是祸害。由此可知多做好事,能为子孙留些后福,这样才是为子孙做深远的打算。贤能而有许多钱财,就会损害他的志向;愚笨而有许多金钱,就会增加他的过失。因此可知留给子孙钱财,害处很大。

【鉴赏】不要给子孙留下钱财。贤能的人,因为财富太多,往往会失去奋斗的锐气;愚笨而无德的人,如果财富太多,则更有助于其做恶事。

家富而愈俭。

【语出】《荀子·儒效》。

【通讲】家境愈好,就愈应该节俭。

【鉴赏】即使富裕也要节俭持家。

家有常业,虽饥不饿。

【语出】《韩非子·饰邪》。

【通讲】一个家庭如有一定的正当职业,即使再穷,甚至于遇到荒年,也不至于饿死。

【鉴赏】坐吃山空,所以必须有正当职业,经常有经济收入,才能保证正常生活的需要。

家有千贯,不如日进分文。

【语出】元·秦简夫《东堂老》第一折。

【通讲】家里有一千贯钱,比不上每天收入分文。

【鉴赏】如果平时没有收入,就会坐吃山空。

老吾老,以及人之老;幼吾幼,以及人之幼。

【语出】《孟子·梁惠王上》。

【通讲】老吾老:前一个“老”字是动词,意为尊敬,后则为名词,意为老人。幼吾幼:前一个“幼”字是动词,意为爱护;后则为名词,意为幼童。尊敬自己的长辈,从而推广到尊敬别人的长辈;爱护自己的儿女,从而推广到爱护别人的儿女。

【鉴赏】尊老爱幼是中华民族的传统美德。孟子的伦理道德学说,基本上继承了孔子思想,并有所发展。他认为,恻隐是仁爱的基础,为仁行善就是推己及人、由近及远。所以他向齐宣王推行他的中国传统政治哲学的最高理想——王道与仁政。如果齐宣王施行仁政能从自身做起,然后推行到全国人民,每个人尊敬自己的长辈并推及他人的长辈,爱护自己的儿女并推及他人的子女,博爱天下之人,体现对整个社会老弱群体的关注与爱心。做到这些,国家就容易治理,人民也能安居乐业。

人情无穷,而礼为适宜。

【语出】《明史·礼志》。

【通讲】人情是没有穷尽的,而以符合礼制为合宜。

【鉴赏】在社会上生活的人,总难免有许多人情来往,礼节不要太苛细,礼到则可,礼轻情意重,不必为厚重的礼物所累垮。

祖宗虽远,祭祀不可不诚;子孙虽愚,经书不可不读;居身务期质朴,教子要有义方。

【语出】明·朱用纯《朱子家训》。

【通讲】远:久远。祭祀:古代拜天叫祀,拜地叫祭,今凡祭拜神鬼、祖宗的仪式,统称为祭祀。诚:真实;态度诚恳。愚:笨拙。经书:指儒家学派的经典著作四书五经。居身:持身处世。义:适当。义方:做人的正道。祖宗虽然久远,但都要诚心诚意地做好祭祀;子孙即使愚笨,也要学习儒家经典著作;持身处世必须达到朴实无华,办事认真负责;教育子女要走做人的正道。

【鉴赏】讲述了治家的原则。

15 人 情

洛阳亲友如相问，一片冰心在玉壶。

【语出】唐·王昌龄《芙蓉楼送辛渐》。

【通讲】冰心：语本鲍照《代白头吟》："清如玉壶冰。"比喻性格的高洁。洛阳的亲友如果问到我，就说我的心像玉壶里的冰一样清澈莹洁。

【鉴赏】描写诗人问心无愧，清白无瑕，托朋友带话以释别人怀疑的心情。

裕官财以教廉，禁民罢以教富。人情之大原，而王政之急务也。

【语出】清·包世臣《说储》上篇。

【通讲】对官吏实行高薪养廉，对人民实行休养生息。这是人情的基本方面，是良好政治所急需做到的事情。

【鉴赏】治理社会必须注意对官吏高薪养廉和对人民休养生息这两个重要方面。

做雨要做连绵雨，做人莫做无情人。

【语出】清·无名氏《山歌》。

【通讲】做雨要做连绵不断的雨，做人不要做无情无义之人。

【鉴赏】这支山歌由晚清学者、诗人黄遵宪采录在他的《人境庐诗草》(手稿本)中，据说这是嘉应(今广东梅州)地方的民歌。也可以理解为在人际关系中，要做有情有义的人。

16 天人合一

天地交而万物通也，上下交而其志同也。

【语出】《周易·泰》。

【通讲】天地相交则万物繁茂，上下交流则志向一致。

【鉴赏】自然界和社会间的交流非常重要。

图书在版编目(CIP)数据

中国古代名句鉴赏辞典 / 林玉山主编. —上海：上海辞书出版社，2024（2025.1重印）

ISBN 978-7-5326-6104-6

Ⅰ. ①中… Ⅱ. ①林… Ⅲ. ①名句-鉴赏-中国-古代-词典 Ⅳ. ①H136.3-61

中国国家版本馆 CIP 数据核字(2023)第 129481 号

ZHONGGUO GUDAI MINGJU JIANSHANG CIDIAN

中国古代名句鉴赏辞典

林玉山 主编

责任编辑 周美玲
装帧设计 王轶颀
责任印制 曹洪玲

出版发行 上海世纪出版集团
上海辞书出版社®（www.cishu.com.cn）
地 址 上海市闵行区号景路 159 弄 B 座(邮政编码：201101)
印 刷 山东韵杰文化科技有限公司
开 本 890 毫米×1240 毫米 1/32
印 张 40.5
字 数 1 245 000
版 次 2024 年 1 月第 1 版 2025 年 1 月第 2 次印刷
书 号 ISBN 978-7-5326-6104-6/H·769
定 价 148.00 元